云服务下的
人力资源管理

Human Resource Management:
Based on Cloud Service

上册

戴良铁 著

暨南大学出版社
JINAN UNIVERSITY PRESS

中国·广州

图书在版编目（CIP）数据

云服务下的人力资源管理（上册）/戴良铁著. —广州：暨南大学出版社，2015.1
ISBN 978-7-5668-1161-5

Ⅰ. ①云…　Ⅱ. ①戴…　Ⅲ. ①互联网络—应用—人力资源管理　Ⅳ. ①F241-39

中国版本图书馆 CIP 数据核字(2014)第 219398 号

出版发行：暨南大学出版社

地　址：中国广州暨南大学
电　话：总编室（8620）85221601
营销部（8620）85225284　85228291　85228292（邮购）
传　真：（8620）85221583（办公室）　85223774（营销部）
邮　编：510630
网　址：http：//www.jnupress.com　http：//press.jnu.edu.cn

排　版：广州市天河星辰文化发展部照排中心
印　刷：广东信源彩色印务有限公司

开　本：787mm×1092mm　1/16
印　张：48
字　数：1180 千
版　次：2015 年 1 月第 1 版
印　次：2015 年 1 月第 1 次

定　价：98.00 元（上下册）

序

出一本系统、全面的人力资源管理的书，并与云计算结合，开发出与这本书配套的云服务平台，在我国还是第一次。作者为此花了 5 年多的时间，组建了两个团队，一个是以作者的研究生为主的理论研究团队，一个是以专业程序员为主的软件开发团队。为此，作者投入了近 60 万元。现在总算有了初步的成果，呈现给各位读者。

本书适用于企事业单位的各级管理人员、人力资源管理领域的从业人员以及人力资源管理专业的研究生和本科生。

本书的特点是：各章的前半部分是理论、方法、工具、案例，后半部分是与前面内容相对应的云服务平台的各个模块的介绍。读者通过上网运行本服务平台，对这些模块按书中的指导进行操作，可以更深入理解和具体掌握前面的内容。

感谢研究生们和程序员们！他们为本书的出版和云服务平台的开发付出了艰辛的努力，作出了杰出的贡献。

尽管投入了很多时间、精力和金钱（对作者而言），但是由于 18 个系统 200 多个模块涵盖了整个人力资源管理体系，有些模块的运行可能会出现问题，也有些模块可能会显得较简陋，功能较简单，书中的错漏也在所难免，恳请读者随时提出批评与建议，我们会进一步完善。

作者的电子邮箱是：dailiangtie@ 126. com。

作者的网站是：www. liangtie. com. cn。欢迎各位读者进入“人力资源管理云服务平台”！

戴良铁
2014 年 11 月 17 日
于暨南大学管理学院

目　录

1 人力资源管理概论

本章提要

当今世界正处于从产品竞争、技术竞争，到知识竞争，最终转化为人才竞争的时代。人才的竞争实质上就是对人力资源的管理。本章介绍了人力资源管理的定义、任务和意义，人力资源管理的演变和发展历程，现代企业管理理念的转变，日本与美国企业的人力资源管理模式，人力资源管理的发展趋势，人力资本理论，人力资源管理的研究方法和工具等几个方面，以期使读者从宏观角度全面地、系统地理解企业人力资源管理，加速人力资源的开发和利用，提高我国人力资源管理的水平。

1.1 人力资源管理的定义、任务和意义

1.1.1 基本概念

一、什么是人力资源

企业为从事各种经营管理活动，需要投入各种资源。这些资源主要包括五类，即人、财、物、信息、时间。企业发展所需的这些资源也可以分为“人力”与“物力”两大类。财、物、信息、时间都可视为“物力”类，它们均易于界定和测量。“人力”则受到多种因素复杂规律的制约，包括情感、心理、价值观等因素，是难以预计、界定和测量的。以人的要素为基础的人力资源是企业最重要的资源，也是企业其他资源发挥作用的基础。

所谓人力资源，是指在一定的时间、空间条件下，企业或者其他组织所拥有的具有劳动能力的人员的数量和质量的总和。这里既包括有特殊技能的人才，也包括普通的劳动者。

二、人力资源的特征

人力资源是进行社会生产最基本最重要的资源，与其他资源相比较，它具有如下特点：

1. 人力资源具有能动性

这是人力资源与其他资源相比最根本的区别。人力资源具有思想、情感和思维，具有主观能动性，能有目的、有意识地主动利用其他资源去推动社会和经济的发展，因此它在经济建设和社会发展中起到积极的、主导的作用，其他资源则处于被动使用的地位。

人力资源是唯一能起到创造作用的因素。由于人具有创造性思维的潜能，这种潜能可在两个方面发挥作用：

（1）人在社会和经济发展过程中往往能创造性地提出一些新方法，加速社会的进步和

经济的发展。

（2）人能适应环境的变化和要求，担负起应变、进取、创新发展的任务，从而使组织更加有活力。

人力资源的能动性体现在三个方面：

（1）自我强化：通过接受教育或主动学习，使得自己的素质（如知识、技能、意志等）得到提高。

（2）选择职业：在人力资源市场中具有择业的自主权，即每个人均可按自己的爱好与特长自由地选择职业。

（3）积极劳动：人在劳动过程中，会产生敬业、爱业精神，能够积极主动地利用自己的知识与能力、思想与思维、意识与品格，有效地利用自然资源、资本资源和信息资源为社会和经济的发展创造性地工作。

2. 人力资源具有双重性

人力资源既是投资的结果，同时又能创造财富，或者说，它既是生产者，又是消费者。个人和社会是人力资本投资的主体，包括对人力资源用于教育的投资、用于卫生健康的投资以及用于人力资源迁移的投资。这些人力资本投资的程度决定了人力资源质量的高低。由于人的知识是后天获得的，为了提高知识与技能，必须接受教育和培训，必须投入财富和时间，投入的财富构成了人力资本的直接成本（投资）的一部分。人力资本的直接成本（投资）的另一部分是对卫生健康和人力资源迁移的投资。另外，人力资源由于投入了大量的时间用于接受教育和提高知识与技能，从而失去了许多就业机会和收入，这构成了人力资本的间接成本（即机会成本）。从生产与消费的角度来看，一方面，人力资本投资是一种消费行为，并且这种消费行为是必需的，先于人力资本收益的，没有这种先前的投资，就不可能有后期的收益。另一方面，人力资源与一般资本一样具有投入产出的规律，并具有高增值性。研究证明，对人力资源的投资无论是对社会，还是对个人，所带来的收益要远远大于对其他资源的投资所产生的收益。

3. 人力资源具有时效性

人力资源存在于人的生命之中，它是一种具有生命的资源，它的形成、开发和利用都要受到时间的限制。作为生命有机体的人有其生命的周期，每个人均要经过幼稚期、青壮年期、老年期。由于每个时期人的体能和智能的不同，其各个时期的劳动能力各不相同，因此人力资源在各个时期的可利用程度也不相同。从个人成长的角度来看，人才的培养也有幼稚期、成长期、成熟期和退化期的过程，相应地，其使用则经历培训期、试用期、最佳使用期和淘汰期的过程。这是由于随着时间的推移，社会将不断进步，科学技术也将不断发展，使得人的知识和技能相对老化而产生的结果。人力资源的开发与管理也必须尊重人力资源的时效特征。

4. 人力资源具有再生性

与物质资源相似，人力资源在使用过程中也会出现有形磨损和无形磨损。有形磨损是指人自身的疲劳和衰老，这是一个不可避免的、无法抗拒的损耗。无形磨损是指个人的知识和技能与科学技术发展相比的相对老化，我们可以通过一定的方式与方法减少这种损耗。物质资源在形成产品、投入使用并磨损以后，一般予以折旧，不存在继续开发的问题。人力资源在使用过程中，有一个可持续开发、丰富再生的独特过程，使用过程也是开发过程。人在工作以后，可以通过不断学习来更新知识，提高技能；而且，通过工作可以积累经验、充实提高。所以，人力资源能够实现自我补偿、自我更新、自我丰富和持续开发。这就要求人力资源的开发与管理要注重终身教育，加强后期培训与开发，不断提高其德才水平。

5. 人力资源具有社会性

由于每一个民族（团体）都有其自身的文化特征，每一种文化都是一个民族（团体）共同的价值取向，但是这种文化特征是通过人这个载体而表现出来的，由于每个人受自身民族文化和社会环境影响的不同，其个人的价值观也不相同，他们在生产经营活动、人与人交往等的社会性活动中，其行为可能与民族（团体）文化所倡导的行为准则发生矛盾，可能与他人的行为准则发生矛盾，这就要求人力资源管理注重团队的建设，注重人与人、人与群体、人与社会的关系及利益的协调与整合，倡导团队精神和民族精神。

三、什么是人力资源管理

人力资源管理，就是综合运用心理学、管理学、系统科学、信息科学等学科的原理、方法，对与一定物力资源相结合的人力资源进行科学、系统的培训、组织和调配，使人力资源、物力资源经常保持合理比例，同时对人的心理和行为进行有效的开发、控制和管理，充分发挥人的主观能动性，使人尽其才，事得其人，人事相宜，以实现组织目标。

根据定义，可以从两个方面来理解人力资源管理，即：

第一，对人力资源外在要素——量的管理。对人力资源进行量的管理，就是根据人力和物力的变化，对人力进行恰当的培训、组织和管理，使二者经常保持合理的比例和有机的结合，使人力和物力都充分发挥出最佳效应。

第二，对人力资源内在要素——质的管理。主要是指采用现代化的科学方法，对人的思想、心理和行为进行有效的管理（包括对个体和群体的思想、心理和行为的控制和管理），充分发挥人的主观能动性，以达到组织目标。

1.1.2 现代人力资源管理与传统人事管理的区别

现代人力资源管理深受经济竞争环境、技术发展环境和国家法律及政府政策的影响，是近20年来出现的一个崭新的、重要的管理学领域，远远超出了传统人事管理的范畴。具体来说，存在以下一些区别：

（1）传统人事管理的特点是以“事”为中心，只见“事”，不见“人”，只见某一方面，而不见人与事的整体性、系统性，强调“事”的单一方面的静态的控制和管理，其管理的形式和目的是“控制人”；而现代人力资源管理以“人”为核心，强调一种动态的、心理的调节和开发，管理的根本出发点是“着眼于人”，其管理归结于人与事的系统优化，使企业取得最佳的社会效益和经济效益。

（2）传统人事管理把人设为一种成本，将人当作一种“工具”，注重的是投入、使用和控制。而现代人力资源管理把人当作一种“资源”，注重产出和开发。

（3）传统人事管理是某一职能部门单独使用的工具，似乎与其他职能部门的关系不大，但现代人力资源管理却与此截然不同。各组织中实施人力资源管理职能的人事部门逐渐成为决策部门的重要伙伴，从而提高了人事部门在决策中的地位。人力资源管理涉及企业的每一个管理者，现代的管理人员应该明确：他们既是部门的业务经理，也是这个部门的人力资源经理。人力资源管理部门的主要职责在于制订人力资源规划、开发政策，侧重于人的潜能开发和培训，同时培训其他职能经理或管理者，提高他们对人的管理水平和素质。所以说，企业的每一个管理者，不但要完成企业的生产、销售目标，还要培养一支为实现企业组织目标能够打硬仗的员工队伍。

1.1.3 人力资源管理的具体任务

人力资源管理关心的是“人的问题”，其核心是认识人性、尊重人性，强调现代人力资源管理“以人为本”。一个组织中，围绕人，主要关心人本身、人与人的关系、人与工作的关系、人与环境的关系、人与组织的关系等，是人力资源管理的核心特征。

人力资源管理的任务体现在人力资源的获取、整合、激励、控制、调整及开发的过程中，即人力资源管理的任务主要包括求才、用才、育才、激才、留才等内容。具体来说，人力资源管理主要有以下任务：

1. 人力资源管理规划

根据组织的发展战略和经营计划，评估组织的人力资源现状及发展趋势，收集和分析人力资源供给与需求方面的信息和资料，预测人力资源供给和需求的发展趋势，制定人力资源的配置、岗位需求与要求、招聘、调配、培训、考核及职业发展计划等政策和措施。

2. 人力资源的成本核算与管理

人力资源管理部门应与财务等部门合作，建立人力资源淘汰会计体系，开展人力资源投入成本与产出效益的核算工作。人力资源会计工作不仅可以改进人力资源管理工作本身，而且可以为决策部门提供准确和量化的依据。

3. 定岗、定员、定编、岗位分析、工作设计、劳动定额管理

对组织中的各个工作和岗位进行分析，确定每一个工作和岗位对员工的具体要求，包括技术及其种类、范围和熟悉程度，学习、工作与生活经验，身体健康，工作的责任、权利与义务等方面的情况。这种具体要求必须形成书面文件，这就是工作岗位职责说明书。

4. 招聘、选拔与录用

根据组织内的岗位需要及工作岗位职责说明书，利用各种方法和手段，如接受推荐、刊登广告、举办人才交流会、到职业介绍所登记等从组织内部或外部吸引应聘人员，并且经过资格审查，如受教育程度、工作经历、年龄、健康等方面的审查，从应聘人员中初选出一定数量的候选人，再经过严格的考试，如笔试、面试、评价中心、情景模拟等方法进行筛选，确定最后录用人选。人力资源的选拔，应遵循平等就业、双向选择、择优录用等原则。

5. 教育培训

任何应聘进入一个组织（主要指企业）的新员工，都必须接受入职教育，这是帮助新员工了解和适应组织、接受组织文化的有效手段。入职教育的主要内容包括组织的历史发展和未来发展规划、职业道德和组织纪律、劳动安全卫生、社会保障和质量管理知识与要求、岗位职责、员工权益及工资福利状况等。为了提高广大员工的工作技能，有必要开展

富有针对性的岗位技能培训。对于管理人员，尤其是对即将晋升者有必要开展提高性的培训和教育，目的是促使他们尽快具有可以在更高一级岗位上工作的知识、熟练技能、管理技巧和应变能力。

6. 绩效管理

对照工作岗位职责说明书和工作任务，对员工的工作能力、工作业绩、工作表现及工作态度等进行评价，并给予量化处理的过程。考核结果是员工晋升、奖惩、薪酬、培训、职业生涯规划与管理等的有效依据。

7. 薪酬、福利与劳动保障管理

员工一旦被组织聘用，就与组织形成了一种雇用与被雇用的相互依存的劳资关系，为了保护双方的合法权益，有必要就员工的工资、福利、工作条件和环境等事宜达成一定协议，签订劳动合同。

合理、科学的工资报酬福利体系关系到组织中员工队伍的稳定与发展。人力资源管理部门要从员工的奖励、职级、岗位及实际表现和工作成绩等方面，来为员工制定相应的、具有吸引力的工资报酬福利标准和制度。工资报酬应随着员工的工作职务升降、工作岗位的变换、工作表现的好坏与取得的工作成绩进行相应的调整。

员工福利是社会和组织保障的一部分，是工资报酬的补充或延续。它主要包括政府规定的退休金、养老保险、医疗保险、失业保险、工伤保险、带薪休假与节假日等，并且为了保障员工的工作安全与卫生，必须提供必要的安全培训教育和良好的劳动工作条件。

8. 职业生涯规划与管理

人力资源管理部门和管理人员有责任鼓励和关心员工的个人发展，帮助其制订个人发展计划，并及时进行监督和考察。这样有利于促进组织的发展，使员工有归属感，激发其工作积极性和创造性。人力资源管理部门在帮助员工制订其个人发展计划时，有必要考虑它与组织发展计划的协调一致性。也只有这样，人力资源管理部门才能对员工实施有效的帮助和指导，促使个人发展计划的顺利实施并取得成效。

1.1.4　人力资源管理的基本组织形式

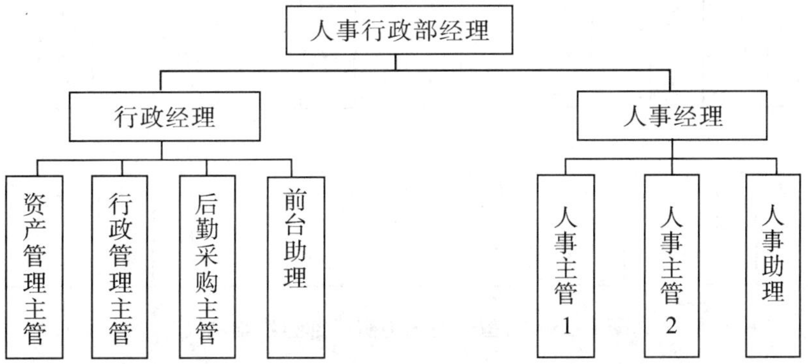

图1－1　小型企业人力资源部组织结构图

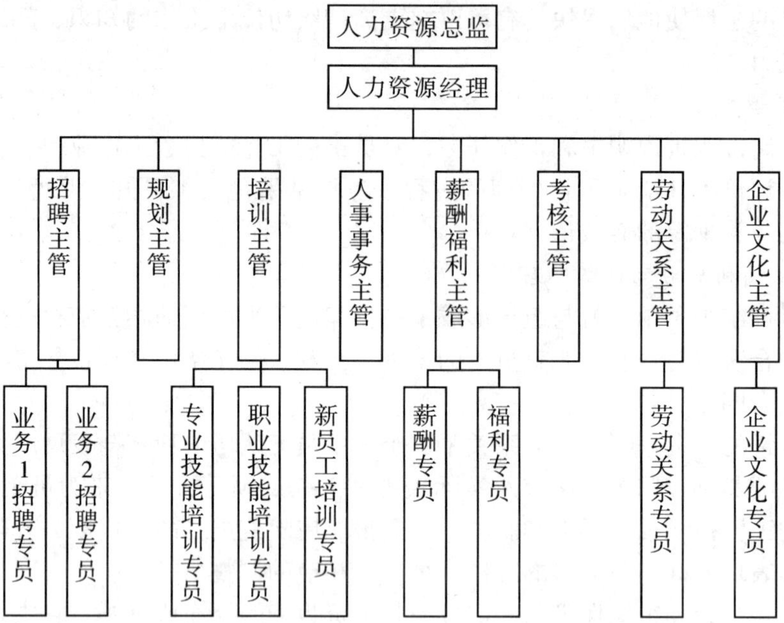

图1－2　中型企业人力资源部组织结构图

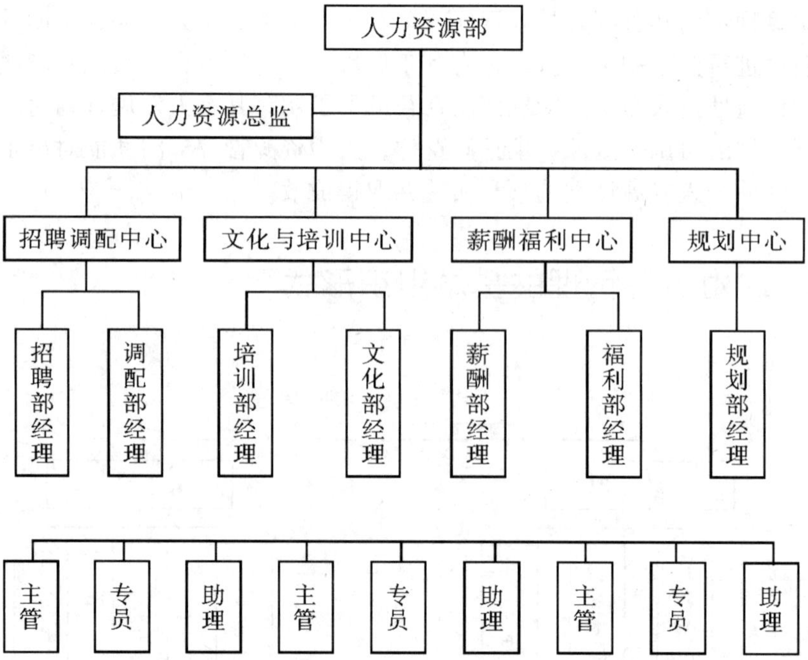

图1－3　大型企业人力资源部组织结构图

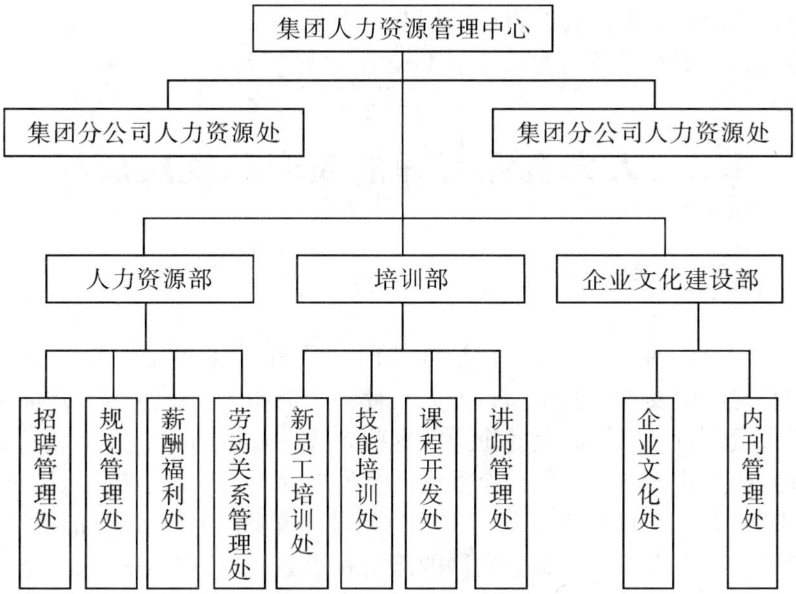

图1－4 集团公司人力资源部组织结构图

1.1.5 人力资源管理的意义

在人类所拥有的一切资源中，人是第一宝贵的，自然成为现代管理的核心。不断提高人力资源开发与管理的水平，不仅是当前发展经济、提高市场竞争力的需要，也是一个国家、一个民族、一个地区、一个单位长期兴旺发达的重要保证，更是一个现代人充分开发自身潜能、适应社会、改造社会的重要措施。

现代人力资源管理对企业的意义，至少体现在以下几个方面：

1. 对企业决策层

人、财、物、信息等，可以说是企业管理关注的主要方面，人又是最为重要的第一资源，只有管理好了“人”这一资源，才算抓住了管理的要义、纲领，纲举才能目张。

2. 对人力资源管理部门

人不仅是被管理的“客体”，更是具有思想、感情、主观能动性的“主体”，如何制定科学、合理、有效的人力资源管理体制政策和制度，并为企业组织的决策提供有效信息，永远都是人力资源管理部门研究的课题。

3. 对管理人员

任何管理者都不可能是一个“万能使者”，更多应该是扮演一个“决策、引导、协调”属下工作的角色。他不仅仅需要有效地完成业务工作，更需要培训下属、开发员工潜能、建立良好的团队组织等。

4. 对普通员工

任何人都想要掌握自己的命运，但自己适合做什么，企业组织的目标、价值观念是什么，岗位职责是什么，自己如何有效地融入组织之中，如何结合企业组织目标开发自己的潜能并发挥自己的能力，如何设计自己的职业人生等，是每个员工十分关心而又深感困惑的问题，需要人力资源管理部门为每位员工提供有效的帮助。

1.2　人力资源管理的演变和发展历程

1.2.1　福利人事和科学管理阶段

人力资源管理诞生的源头是18世纪发生的工业革命。18世纪中期，瓦特发明蒸汽机，蒸汽机的使用和推广引发了工业革命，使人类社会从生产方式到生活方式都发生了深刻的变化，产生了大量实行新工厂制度的企业，这些企业在竞争和机遇中不断发展壮大，同时劳工问题也日益凸显，逐渐成为制约企业进一步发展壮大的瓶颈。这些劳工问题表现为：

（1）人们不喜欢工厂的劳动方式，工厂生活非常单调，一年到头都要定时定点上班，很多人不愿意去工厂工作。为了企业发展的需要和招募到足够多的工人，企业不得不采用各种福利来吸引工人。例如，提供住宿，进行员工教育，丰富其工厂生活等。

（2）工人进入工厂以后，仍然不习惯工厂的劳动方式。例如，按时出勤、接受监督、根据机械速度劳动等。工厂主也会组织一些郊游、聚餐等活动，以提高工人工作积极性和忠诚度。

（3）当时社会生活两极分化严重，工人生活非常艰苦，资本家却非常富有，劳资关系极其紧张，有的工厂出现工人破坏机器的行为，为了缓和这种矛盾，工厂主开始了早期的福利人事尝试，由单位单方面提供一些资源，改善员工及其家庭的工作和生活条件。正是这些劳工问题，才使得福利人事逐渐形成。

同样关心劳工问题的管理学家还有泰勒（Frederick. W. Taylor），他所倡导和推动的科学管理运动被认为是现代管理诞生的标志。其科学管理的原理和实践的主要内容可概括为以下几点：

（1）对工人工作的每一个操作要素进行研究，以科学的研究成果代替凭经验的劳动方法。

（2）科学地挑选工人，合适的人和一定的工作内容相匹配，并对工人进行培训，使之拥有工作所需要的技能。

（3）用科学的方法制定出合理的工作标准，包括数量、质量、程序标准和标准的环境。

（4）建立以生产绩效为基础的计件工资制，这种工资制度具有较强的激励性。

（5）将管理工作从生产过程中分离出来，推行职能制和直线职能制。

从泰勒的科学管理思想中可以看出他已经充分认识到科学管理的核心是人的问题，但此时的人性假设的是“经济人”假设。在那个时代，资本高速扩张，工人工作只为填饱肚子，泰勒的管理思想也只能成为雇主和“效率专家”有效地管理和剥削工人的方法和工具。

1.2.2 人事管理阶段

人力资源管理发展的第二个阶段是人事管理阶段。20 世纪 30 年代，梅奥的霍桑实验使管理进入了这一新的阶段。霍桑实验证明，员工的生产率不仅受到工作方式和报酬水平的影响，还受某些社会因素和心理因素的影响。工作环境、领导风格和管理者的支持等会强烈地影响员工的情绪、态度和感情，进而影响员工的工作积极性和劳动生产率。霍桑实验不仅使有关工作中的人性假设发生了改变，“社会人假设”逐渐取代“经济人”假设，也引发了管理学界对组织中人的因素的关注，于是工业社会学、人际关系学、工业关系学和行为科学等新兴学科应运而生。工业社会学主要研究组织化的员工问题，并强调社会的相互作用；人际关系学主要观点是管理应该更多地关心人而不是关心生产；工业关系学认为管理层和工人的利益矛盾应该通过谈判和工业关系专家的参与来进行解决。这些学科涌现出了大量的研究成果和管理思想，推动了人事管理的迅速发展。

在这个阶段，人事管理逐渐成型，人事管理的职能日渐完善，不仅包括初始的福利工作，还包括人员招聘、培训、工资管理和劳资关系管理等，人事管理部门的地位也不断上升。在这个阶段，人事管理依然停留在战术层面上，人事管理依然是以事为中心，只是对人进行管理的一系列活动的集合。

1.2.3 人力资源管理阶段

“人力资源”这一名词是由彼得·德鲁克于 1954 年在其专著《管理的实践》一书中首先提出的，他指出人力资源是管理者必须关注的具有特殊性质的资源，人力资源拥有其他资源所没有的素质，包括协调能力、综合能力、判断力、想象力和自主权等。20 世纪 60 年代，美国经济学家舒尔茨提出人力资本学说，梅耶斯、皮格尔斯等人出版了《人力资源管理：人事管理阅读材料》一书。从 20 世纪 70 年代开始，人力资源管理的概念才逐渐被企业界所关注。到了 20 世纪 80 年代，人力资源管理的概念已被广泛接受并替代了人事管理的提法。

此阶段人力资源管理的特点主要表现在以下几个方面：

（1）将人作为组织中最具活力、最具能动性和最具创造性的核心。

（2）将人力看作一种资本，并且是最具增值潜力的资本。

（3）将人力资源的开发放在首位，更加有效地利用人力资本。

（4）人力资源管理部门的地位大大提高。

1.2.4 战略性人力资源管理阶段

Devanna 等人 1981 年合著的《人力资源管理：一个战略观》被认为是战略性人力资源管理诞生的标志。20 世纪 90 年代以后，很多学者相信，人力资源的价值创造过程具有路程依赖性和因果关系的模糊性的特征，竞争对手难以模仿。这一思想直接导致了战略性人力资源管理的兴起。在有关战略性人力资源管理的研究中，不同的学者对“战略”有不同的关注点和不同的认识，主要的争议点在于：是否存在一种普适的战略性人力资源管理的模式，还是应根据企业战略实施不同的人力资源管理实践。多蒂（D. H. Doty）等人认为，战略性人力资源管理类型可以分为内部型、外部型和混合型，企业应该根据不同的战略采用不同的人力资源管理类型。而杰夫瑞·普费弗（Jeffrey Pfeffer）研究发现高绩效企业普遍采用16种最优的人力资源管理实践，例如，内部晋升、正规培训系统、绩效薪酬、利润分享、员工参与等，这是一种典型的普适性观点。战略性人力资源管理认为人力资源管理在组织的管理活动中应该处于核心位置而不是协调位置，强调人力资源与组织战略的匹配，以“整合”和“适应”为特征。

战略性人力资源管理阶段的特点是：

（1）将人力资源管理完全整合进企业的战略之中。

（2）人力资源是组织中最重要的资源，是一种战略上的资源。

（3）人力资源管理者是组织战略决策的关键参与者，扮演着战略决策者、变革推动者、战略执行者等多重角色。

（4）增加了人力资源战略、企业文化建设、组织结构设计、知识管理等职能。

1.3 现代企业管理理念的转变

1.3.1 企业管理理念变革的历程

企业管理理念的发展往往是随着整个社会经济的发展而同步进行的。企业管理活动以什么为本，从根本上说是由当时的生产力水平决定的。纵观近代世界经济发展史，企业管理理念的沿革大致经历了以下历程：

1. 以机器为本

这是资本主义前期的管理思想。当时，企业最关注机器，认为谁拥有先进的机器，谁就能走在市场的前列，把职工也当作机器一样对待。

2. 以技术为本

19世纪20年代初，随着科技的迅速发展，企业经营者们普遍开始重视经营管理的技术和方法，人是围绕着既定的技术程序运转的。

3. 以资本为本

20世纪30年代以后，由于世界资本主义的大量资本输出，管理的战略资源表现为金融资本，有了资本就意味着有了一切，因此形成了以资本为主宰的管理思想。

4. 以人为本

20世纪60年代以后，管理的战略资源是人，人能够整合信息和知识，人具有创造性，人是企业获得利润的主要途径，于是就形成了人本管理的理论和实践。

5. 以能为本

21世纪是一个以知识、智力和创新能力为基础的知识经济时代。知识变成能力才有用，能力作用于知识才有力。能力将成为知识经济时代支配和操纵社会与人的发展的主导力量，人们只有依靠能力才能实现自身价值，于是就形成了能本管理的理论和实践。可以说，能本管理是人本管理的更高阶段。

下面重点介绍人本管理和能本管理两种管理理念。

1.3.2 人本管理

人本主义心理学的基本观点是，人作为一个生物体是受他们自己的价值观和选择性所支配的。马斯洛称这场人本主义运动为第三势力。他就是这场运动的发动者。人本主义心理学的产生有其深刻的社会原因。

马斯洛的需要层次理论为组织管理指出了调动员工积极性的工作方向和内容。例如，任何组织都应从物质和精神两个方面去满足职工的合理需要。

人的需要按不同的情况（因人，因时，因地制宜）而有所不同。为此，要根据不同人的不同需要，有针对性地采取不同的管理措施，才能取得效果。这种管理方式以人性为中心，按人性的基本状况进行管理，这就是所谓的“人本管理”。

一、人本管理的理论模式

1. 确立人本管理理论模式的依据

（1）企业人是一个完整意义上的人，具有社会人的角色。人本管理应该始终坚持把企业人本身不断的全面发展和完善作为最高目标，为个人的发展和更好地完成其社会角色提供选择的自由。

（2）企业人的心理、动机、能力和行为都是可以塑造、影响和改变的，社会和企业的环境、文化及价值观的变化也同样可以影响企业人的心理和行为方式。

（3）作为管理主体和客体的人之间具有相关性，其目标是可协调的。

2. 人本管理理论模式的内容

人本管理的理论模式是：主客体目标协调—激励—权变领导—管理培训—塑造环境—文化整合—生活质量法—完成社会角色。

（1）主客体目标协调。作为管理主客体的人具有其生物存在和社会、人际关系的相关性，只要企业人的目标趋于一致，即管理主客体目标协调，必然在确保各自利益不招致较大损害的前提下，开展分工与协作，使人本管理在实施管理和领受管理的双方之间达成共识，于是就开始了人本管理。

（2）激励。激励是指管理者针对下属的需要，采取外部诱因进行刺激，并使之内化为按照管理要求自觉行动的过程。

（3）权变领导。权变领导即企业管理者以影响管理的各种因素为依据，抓住以人为本的前提，采取有利于自己的领导。

（4）管理培训。人本管理的过程，也就是培训员工，教会他们完成企业人的职能和义务，传授他们作为社会角色进行活动的专长、技能。更重要的是，通过管理培训，使员工把完成自己担当的企业人和社会角色任务，看作是自己的理想和追求。

（5）塑造环境。在企业和社会范围内塑造有助于人的主动性、积极性、创造性的充分发挥和人的自由全面发展的环境氛围，以建立企业人的劳动绩效与获得相应的生活资料、物质和精神奖励相联系的有效机制，使个人感觉到自己的劳动为企业和社会所承认。

（6）文化整合。指企业文化对企业人的心理、需要和个人行为方式的形成和发展起着引导、规范、激励等制约和影响作用。人本管理正是要利用文化整合功能，培育和塑造企业人的文化特质，使其受到有利于个人发展和企业目标实现的积极的文化熏陶。

（7）生活质量法。就是企业在确定目标时，在承认企业需要利润的前提下，充分考虑企业员工的利益要求并保障社会利益，从而将企业利益与社会利益统一起来。

（8）完成社会角色。这是指企业人在担任企业角色的同时也要完成其所扮演的社会角色。企业实施人本管理，从根本意义上说，是确立人在管理过程中的主导地位，以调动企业人的主动性、积极性和创造性，以此促进企业、社会和个人发展目标的实现。

二、人本管理的基本内容

1. 以激励为主要方式

激励是一个领导行为的过程，它主要是激发人的动机，使人产生一种内在动力，朝着所期望的目标前进的活动过程。有未得到满足的需要，才会引起动机，所以它是激励的起点。激励必须是领导者利用某种外部诱因，刺激人的未得到满足的需要，诱发人的“潜在的需要”，一旦潜在的需要变成现实的需要，就会引起动机。人的需要，有精神的和物质的，因此外部诱因也应有物质的和精神的，我们应该用不同的诱因刺激人们相应的需要。激励的目的是激起人们按照管理要求，按目标要求行事。

2. 建立和谐的人际关系

人们在一定的社会中生产、生活，就必然要同其他人结成一定的关系，不同的人际关系会引起不同的情感体验。

（1）人际关系会影响到组织的凝聚力、工作效率、人的身心健康和个体行为。

（2）建立没有矛盾和冲突的人际和谐，达成企业成员之间的目标一致性，以实现企业成员之间的目标相容性，以形成目标期望的相容从而建立和维持和谐关系。

3. 积极开发人力资源

人力资源开发是组织和个人发展的过程，其重点是提高人的能力，核心是开发人的潜能。所以说，人力资源开发是一个系统工程，它贯穿于人力资源发展过程的始终。

企业从事生产经营活动，需要具备两个基本条件：一是占有资金；二是拥有掌握专业技能，从事管理和操作的人员。两者之间，人的因素更为重要。人力资源的核心问题是开发人的智力，提高劳动者的素质。所以说，制订和实施人才战略，是企业实现发展战略的客观要求。

4. 培育和发挥团队精神

能否培育团队精神，把企业建成一个战斗力强的集体，受许多因素的影响，也需要有系统配套的措施。培育良好的团队精神，并使之得到充分发挥，需要具备以下条件：

（1）明确合理的经营目标。我们要有导向明确、科学合理的目标，把经营目标、战略、经营观念融入每个员工头脑中，成为员工的共识。为此，我们必须把目标进行分解，使每一个部门、每一个人都知道自己承担的责任和应作出的贡献，把每一个部门、每一个人的工作与企业总目标结合在一起。

（2）增强领导者自身的影响力。领导是组织的核心，一个富有魅力和威望的领导者，自然会把全体员工紧密团结在自己的周围。

（3）建立系统科学的管理制度。系统科学的管理制度能使管理工作和人的行为制度化、规范化、程序化，是生产经营活动协调、有序、高效运行的重要保证。

（4）良好的沟通和协调。沟通主要是通过信息和思想上的交流达到认识上的一致，协调是取得行动的一致。

（5）强化激励，形成利益共同体。即通过简单有效的物质激励体系，形成一个荣辱与共、休戚相关的企业命运共同体。

（6）引导全体员工参与管理。这样企业能够做到吸引每一个员工直接参与各种管理活动，使全体员工不仅贡献劳动，而且还贡献智慧，直接为企业的发展出谋划策。

三、人本管理的机制

有效地进行人本管理，关键在于建立一整套完善的管理机制和环境，使员工处于自动运转的主动状态，激励员工形成奋发向上、精益求精的精神。

（1）动力机制。主要包括物质动力和精神动力，即利益激励机制和精神激励机制，二者相辅相成，形成一个整体。

（2）压力机制。包括竞争的压力和目标责任压力。竞争使人面临挑战，有危机感，从而使人产生一种拼搏向上的力量；而目标责任制在于使人们有明确的奋斗方向和承担一定的责任，迫使人们努力去履行自己的职责。

（3）约束机制。由制度规范和伦理道德规范两种规范组成。前者是企业的法规，是一种有形的强制约束；而后者主要是自我约束和社会舆论约束，是一种无形的约束。

（4）保证机制。主要指法律的保护和社会保障体系的保证。前者主要是保证人的基本权利、利益、名誉、人格等不受侵害，而后者则是保证人的基本生活。

（5）选择机制。主要是指企业和企业员工的双向选择的权利，创造一种良好的竞争机制，有利于人才的脱颖而出和优化组合，以建立企业结构合理、素质优良的人才群体。

（6）环境影响机制。人的积极性、创造性的发挥，要受环境因素的影响。通常，环境因素由两个方面组成，一是和谐、友善、融洽的人际关系，二是令人舒心愉快的工作条件和环境。

四、人本管理的四个阶段

以人为本的员工管理模式的关键在于员工的参与。企业管理有四种基本模式：命令式管理、传统式管理、协商式管理、参与式管理。命令式管理和传统式管理是集权式管理，而协商式管理和参与式管理则属于以人为本的管理。根据员工参与程度的不同，可以将以人为本的管理模式分为四个阶段：

1. 控制型参与管理

控制型参与管理适合开始导入参与管理模式时使用。严格地讲，它不属于真正意义上的参与管理，只是从传统管理向现代管理的一种过渡。控制型参与管理强调控制，在传统的自上而下式管理模式之上，引入自下而上的管理反馈机制，让员工的建议和意见有一个正式的反馈渠道，渠道的建设和管理仍然由管理人负责。

2. 授权型参与管理

在授权型参与管理阶段，员工被赋予小量的决策权，能够较灵活地处理本职工作以内的一些事务。授权型参与管理的重要意义在于它让员工养成了自主决策并对决策负责的工作习惯。在这个阶段，要允许员工犯错误，但不能连续犯同类的错误，管理人员的管理职能逐渐转化为指导职能。

3. 自主型参与管理

员工有更大的决策权限，也要为决策的失误负更大的责任。公司对每位员工实行目标管理，管理人员从指导职能逐渐转化为协调职能。

4. 团队型参与管理

团队型参与管理是参与管理的较高形式。它打破了传统的行政组织结构体系，根据公司发展需要临时组建或撤销职能团队。每个职能团队中的成员可以自由组合，也可以由公司决策层指定。由于部门的撤销，大量的管理人员将加入团队，他们失去了管理的工作职能。在团队中，由团队成员自主选择团队协调人。团队协调人不是团队的领导，没有给其他成员安排工作的权力，他只在团队内部或者外界沟通发生冲突时起到调解人的作用。团队协调人不是公司正式任命的，可以根据团队的需要随时选举和撤销。团队协调人也有自己的岗位工作，与团队其他人员待遇同等。公司给每个职能团队指定工作目标，由团队成员讨论达成工作目标的方式，然后各自分工，相互协作，完成工作。

1.3.3 能本管理

所谓能本管理，是指以人的能力为本的管理。其总的目标和要求是：通过采取各种行之有效的方法，最大限度地发挥每个人的能力，从而实现能力价值的最大化，并把能力这种最重要的资源通过优化配置，形成推动社会全面进步的巨大力量。

一、能本管理的内涵

所谓能力，从哲学上讲，就是指一个人具有的改造客观和主观世界的才能；从管理学上讲，就是指一个人具有促进管理目标实现的才能。能本管理主要包括以下几层含义：

（1）把个人具有的组织发展所需要的能力作为首要管理对象，而不是笼统地把抽象的“人”作为管理对象，使管理对象更加具体。

（2）把人的能力作为管理的根本出发点，把人的能力看作是管理中起决定性作用的因素。

（3）把提高人的能力作为管理的首要目标。把提高和发挥人的能力作为管理第一追求目标，把人的能力的提高和发挥程度作为评价组织绩效的首要标准。

（4）把提高和发挥能力作为主要激励手段。改变传统管理的激励方式，主要依靠以人的能力的提高和发挥创造良好环境作为激励手段。

二、能本管理的机制

从能本管理的内在机制看，主要有三个方面或三套机制：

1. 能力发现机制

根据组织发展需要和个人能力现状，管理者确定组织认可的能力范围。在此基础上，管理者采用一定的方式方法，科学地测定每个组织成员的能力总量和结构状况。不同类型的组织以及同一类型组织在其发展的不同阶段，或同一组织的不同部门和不同岗位，对其组织成员的能力有不同的需要。因此，每个组织都要根据其组织使命和不同岗位特点，确定组织认可的能力范围。由于能力构成的复杂性和能力测评方法的局限性，总是有一部分能力难以测评出来，因此，可以考虑在确定的能力范围之外，规定一个能力的“范围”，也就是组织成员所具有的难以归类、难以测评的能力。

2. 能力使用机制

在对组织成员的个人能力进行科学测定的基础上，对具有不同能力的组织成员给予不同的待遇，组织成员的能力越高，结构越合理，给予其待遇就越好。按照组织长远发展和组织成员提高个人能力的需要，将具有不同能力的组织成员配置到不同的岗位上，实现组织成员的能力的优化组合，达到能力与职位相匹配、能力与岗位相匹配、能力与责任相匹配的目标。在对能力进行合理配置的基础上，对组织成员的个人能力发挥状况进行考核，鼓励干部把个人所拥有的能力完全充分地发挥出来。

3. 能力开发机制

能力开发，是指按照组织长远发展需要，采取各种有效措施促使组织成员的潜在能力转化为现实能力，促使组织成员不断提高已有能力的系统活动。把能力开发作为组织成员福利待遇的重要组成部分和促使组织成员努力工作的激励手段，对组织成员进行有计划、有重点的能力开发；定期对组织成员自我能力开发状况进行考核，促进成员进行自我能力开发。

三、能本管理的原理

1. 能力成长原理

（1）年龄与能力成长。一个人刚出生时其能力很低，随着年龄的增长个人能力也会不断地增长。但增长到一定程度以后，个人能力将不再增长，并逐渐出现能力衰减的趋势，直到一个人死亡时其能力将完全失去。

（2）知识与能力成长。一个人的知识总量越多，其能力就越高，没有知识，就没有能力；知识增长越快，其能力成长也就越快。但是，个人的知识总量及其增长速度受到智力的制约，没有智力就不可能掌握知识。

（3）经验与能力成长。一个人的能力会随着经验的积累而不断增加，但是，一个人的经验积累到一定程度以后，经验的继续积累并不一定促进能力的成长，因为经验积累过度后，会使个人形成思维定式，降低个人吸收新知识的欲望。

2. 能力实现原理

按照所处状态，能力可分为潜在能力和现实能力。潜在能力转化为现实能力，就是能力实现问题。

（1）能力实现与职位能力要求的适应度。个人潜在能力与职位能力要求的适应有四种情况：其一，完全适应，即个人潜在能力与所在职位对能力的要求完全一致。这种情况下，个人潜在能力得到完全发挥，个人能力总量不变。其二，高度适应，即个人潜在能力与所在职位对能力的要求略有差距。这种情况下，个人潜在能力能够得到完全发挥，个人能力也会迅速提高。其三，低度适应。低度适应又有两种情况：一种情况是个人潜在能力远远达不到所在职位对能力的要求，另一种情况是个人潜在能力远远超过所在职位对能力的要求。这两种情况都使个人潜在能力难以较好发挥，个人能力也难以较快提高。其四，完全不适应，即个人潜在能力与所在职位对能力的要求完全不一致。这种情况将使个人潜在能力难以得到发挥，个人能力不会提高。

（2）能力实现与激励程度。潜在能力的发挥与激励程度存在正相关的关系，即对一个人采取的激励措施越有力，其发挥潜在能力的积极性越大，从而能力实现的程度越高。要强调两点：其一，能力实现与激励程度之间不是简单的线性关系。当无激励时，一个人的能力也能得到一定程度的实现；当从无激励到有激励时，个人能力的实现程度有一个很大程度的提高；随着激励不断增强，能力实现程度也在不断增加。但是，当激励程度达到某一临界值后，能力实现程度提高的速度将逐渐放慢。其二，能力实现程度与个人获得激励预期密切相关，即当一个人对认为自己能够通过努力获得激励的预期越肯定，其发挥潜在能力的积极性就越高，从而能力实现程度就越高；当一个人认为自己根本不可能通过努力获得激励（获得激励的预期为零）时，这个人将几乎不可能发挥潜在能力，能力实现程度将很低。

（3）能力实现与工作压力。在没有压力的情况下，组织成员的潜在能力基本都不能转化为现实能力；给予组织成员一定的压力以后，组织成员的能力实现程度会突然提高很多；随着压力的逐步增加，组织成员的能力实现程度也会随之提高。但是，工作压力增加到一定程度以后，组织成员的能力实现程度的提高程度将会逐渐减小，直至工作压力的增加不能使组织成员的能力实现程度有提高，以致降低组织成员的能力实现程度。

3. 岗能匹配原理

不同的岗位对能力有不同的要求，岗位对能力的要求既包括总量的要求，也包括结构的要求；一个人的能力不同，适应的岗位类别不同，对岗位难易程度的要求也不同，因此，必须使能力与岗位之间保持良好的匹配关系。有些组织成员需要能力与岗位必须高匹配，才能取得高绩效；有些组织成员需要能力与岗位低匹配，就可以取得高绩效。有些组织成员在能力与岗位低匹配的情况下，只能取得低绩效；有些组织成员在能力与岗位高匹配的情况下，也只能取得低绩效。

4. 能酬匹配原理

具有不同的能力总量和结构特点的组织成员，应该给予不同的报酬，能力总量越高，待遇越好；在能力总量相同的情况下，能力结构越能适应组织发展需要，待遇越好。能力与报酬的匹配程度越高，组织成员的工作绩效将会越好。要强调的是，对具有不同能力的组织成员应设计不同的报酬结构。对于主要从事结构化工作、能力结构较为稳定的组织成员，应以固定报酬作为其报酬的主要组成部分；对于主要从事非结构化工作、能力结构不够稳定、潜在能力较大的组织成员，应以非固定报酬作为其报酬的主要组成部分，将其报酬与其能力发挥情况联系起来考核。

5. 能级匹配原理

一个组织具有各种各样的工作和各种各样的岗位，需要组织成员具有的能力等量级（简称“能级”）不同，高难度的工作和岗位需要高能级的组织成员，低难度的工作和岗位需要低能级的组织成员，高能级的成员与低能级的成员应保持一个合理的配比关系。对于一个组织而言，并不是高能级的成员越多越好，如果高能级的成员并未从事需要高能级才能胜任的工作，这些高能级人员就会外流出去；相反，也不是低能级的成员越多越好，因为如果低能级的成员太多，将会使组织缺乏持续创新能力，使组织的长远发展受到影响。

1.4 日本与美国企业的人力资源管理模式

一、日本企业的人力资源管理模式

日本企业的人力资源管理模式是在第二次世界大战以后，日本经济恢复和高速发展时期形成的。当时，它们在人力资源管理中不注重市场调节，规范化和制度化程度也比较低，企业注重劳资双方的合作关系。日本企业中独到的人力资源管理制度，为日本的经济腾飞作出了突出的贡献。但近来关于改革这些人力资源管理模式的讨论也从未间断过。日本企业人力资源管理模式的基本特点是：

1. 重视员工素质和对员工的培训

日本企业聘用员工时，不看重个人的具体技能，而是强调基本素质。其基本思想是：高素质的员工可以通过企业自己的培训胜任所有的工作。

为了保证获得高素质的员工，日本企业非常注重与学校的合作。在不同学校之间，企业认为好学校的学生素质比较高，更加愿意优先录用。学校从自身利益出发，也很愿意与企业合作，尽量向企业提供关于学生的准确信息。

日本企业因为在招聘时重个人素质而轻特殊技能，所以在培训新员工上要花更大的工夫。员工在培训中，不仅要学习技术方面的“硬技能”，而且还要学习企业内部的管理制度、上下左右关系和行为准则等很多“软知识”和“软技能”。这种软知识、软技能的一个特点是，只有员工将来继续在本企业就业时，这些知识和技能才能发挥作用，帮助员工提高劳动生产率。

2. 有限入口和内部提拔

日本企业里有新的工作需要时，会尽量通过重新培训已有的员工，通过内部调节来满足其需要。

在日本企业中，外部招聘来的管理人员，无论其能力多强，如果没有一段相当长的时间熟悉企业内的制度和体系，与上下左右建立起密切的工作和个人关系，都是很难开展工作的。因此，在日本企业，员工的使用有“有限入口”和“按部就班，内部提拔”的特点。也就是说，员工要从基层进入企业，然后在按部就班提拔的过程中熟悉情况，在上下左右建立起工作和个人关系，为以后从事管理工作创造条件。

3. 终身就业、弹性工资和合作性劳资关系

日本的劳动力市场，特别是已经就业的员工更换工作的二次劳动力市场显得很不发达。具体表现为：第一，日本企业里员工就业非常稳定，更换工作者人数很少；第二，市场对更换工作者有相当的歧视。中途更换工作者，工资平均要损失一半左右，至退休时，其收入仍只相当于同类员工未更换过工作者的三分之二。

从企业一方来看，在对员工进行大量的培训以后，一般也不愿意员工离开企业，因此，即使是经济不景气时，日本企业也不会轻易解雇员工，这样员工在企业终身就业，其利益就和企业完全拴在一起了。另外，由于员工对企业经营情况的及时了解和对企业的依赖，使员工更加愿意也更加容易和企业合作，这样就形成了日本企业中的合作性的劳资关系。

日本企业人力资源管理模式的独特性及其在日本战后经济恢复和高速发展时期的巨大作用，引起了人们对这种管理模式的极大兴趣。日本企业独特的人力资源管理模式的出现，固然有其特殊的历史文化渊源，如强调合作和团体主义精神，但战败后的经济惨状，迫使日本企业寻求一种灵活的、大规模的生产方式。要使企业的劳动组织具有灵活性，企业内部的管理制度必须相应灵活，分工不能太细，规章制度也不能太多，这样才能随时根据生产发展的需要，把劳动力在不同的部门和工种之间来回调动。灵活、大规模生产的技术特点，决定了在这种生产制度下，普通工人的素质和责任心对企业的成功是至关重要的。如何保证工人的利益，使工人忠于企业，愿意积极地掌握技术，尽最大的努力保证生产的顺利进行和产品的质量等，都需要企业为工人提供诸如终身就业的保障等人力资源管理模式。

二、美国企业的人力资源管理模式

20 世纪 80 年代以来，随着形势的发展，越来越多的美国企业已经开始对传统的人力资源管理模式进行必要的修改，但直到现在为止，历史上形成的美国企业的人力资源管理模式的主要特点仍然没有多少变化。它们的基本特点是：注重市场调节、制度化管理、劳资关系的对抗性。

1. 发达的劳动力市场在调节人力资源分配中的作用

美国的劳动力市场非常发达，对配置社会上的劳动资源起着极为关键的中介作用。美国企业的人力资源管理体制对市场的依赖性很强。从雇主一方来说，无论需要什么人才，比如经理、勤杂、秘书、研究人员或生产工人，都到市场上登广告，通过规范的人员筛选、招聘程序聘用企业需要的人才。或者通过有目标的市场竞争，把自己需要的人才从别的企业“挖”过来。对于企业不需要的人，则会几乎是毫不留情地予以解雇，由市场这一杠杆来重新安排其就业和去向。从劳动者一方来说，从在学校学习选择专业起，就要注意劳动力市场的动向，使所学知识、专业既符合自己的兴趣与特长，又与劳动力市场的需要和将来的就业机会结合起来。就业以后，员工如果对自己的兴趣和特长有新发现，或者兴趣和特长起了变化，或者发现了新的更为理想的就业机会，也会拂袖而去毫不犹豫地另谋高就。市场对这种变换工作的员工，不仅不予歧视，反而认为能在这种市场流动、竞争中找到更好工作的员工是“市场价值很高”的优秀员工。所以，企业中雇主和员工之间就是直截了当的短期的市场买卖关系。劳动者付出劳动，雇主付给合理的报酬，员工对企业也很少有忠诚可言。在这样一种以短期的市场买卖关系为核心的就业关系下，企业员工的流动性很大，稳定性就相对较差。

2. 人力资源管理的制度化和人才提拔上的“快车道”

美国的企业管理，自泰勒的“科学管理”诞生以来，历来讲究制度化。这个特点体现在人力资源管理上，表现为：分工明确，责任清楚，对常规问题处理的程序和政策都有明文规定。比如，美国一家汽车制造厂中的蓝领工人的工种，有电工、机械工、清洁工、托运工等达数百种之多，并且每一工种对工作人员的个人素质、技术技能要求、工作岗位职责等都有明文规定。在美国企业中，谁在什么位置或干什么工种，谁就做什么，不同位置和工种的工作人员是不能随便交叉使用和“侵权”的。在这样明确和精细的分工条件下，企业内部实行垂直领导，等级关系明确，上级对重大问题进行决策，下级对上级的批示必须无条件执行。

专业化和制度化加上注重市场调节的管理制度，使企业在招聘和提拔员工时都有较大的回旋余地。员工进入一个企业的途径可以是多种多样的：受教育较多的人，进入企业时的位置通常要比同时进入该企业的受教育较少的人的位置要高；企业的高层领导，既可以从企业内部提拔，也可以从别的企业中“挖”来；新员工只要能在工作中作出成绩，就可能很快得到提拔，而不必论资排辈“熬年头”。

3. 对抗性的劳资关系

美国企业中劳资双方的关系是对抗性的。这种对抗性的关系表现在以下两个方面：管理者一方认为管理是自己的事，至于工人的劳动贡献，已通过工资形式加以补偿了，工人不应该再有别的要求，不应该参加管理，也无权过问企业的经营情况。企业的管理者利用自己信息上的优势，总是想尽办法压低员工的工资。工人则觉得自己不参加管理，不了解企业的经营情况，自己的劳动成果大部分都被企业“剥削”去了。与此同时，自己不参加管理，对自己的命运无法控制。企业需要时，自己才能就业并获取应得的收入；危机来了，市场不景气，自己就会被一脚踢开，连基本的生活保障都没有。由于这些原因，工人对企业完全没有信任，对管理者怀着敌对的情绪，认为只有工会组织通过斗争才能保障自己的权利；只有通过罢工或用罢工作威胁，给企业造成足够的损失，才能迫使企业让步，给自己增加工资和提供就业保障。

4. 刚性薪酬体系

在美国企业中，工人收入的95%甚至99%以上都是按小时计算的固定工资。这样的薪酬体系，在危机时期美国企业很难说服工人减少工资，帮助企业渡过难关。造成这一状况的原因主要有三点：

（1）在美国企业，由于管理者和工人之间存在企业经营信息的不对称，工人在被告知企业经营不佳时，很难核实印证，加上工人存在资方总是在想方设法压低工资的基本想法，因此，很难与资方合作。

（2）美国工人每次增加的工资，都是通过斗争辛苦得来的，经济不景气时降下去了，很难相信经济繁荣时企业会自动再把它加回来。

（3）美国的劳动力市场发达，工人的流动性比较大。这家企业倒闭了，工人还可以到其他企业就业，但企业在聘用员工时，常常会以某人前面一家企业就业期间的工资变化情况来判断这个人的能力。在前面一家企业就业时工资增加越快越多，会被认为是越有能力；反之，如果上次就业期间工资有所下降，会被认为是没有能力或被怀疑是犯了错误。这样工人在接受减少工资后再失业，不仅现在会遭受损失，将来再就业时还会处于不利的地位，遭受第二次损失。所以，从失业和再就业的角度考虑，工人也是不愿意在工资上作让步来帮助企业渡过难关的。如此，企业在危机时就无法通过降低工资来降低劳动力成本，保证就业，只能通过解雇工人来降低劳动力成本和消除剩余生产能力。这样劳资双方都采取不合作的态度，其恶性循环的结果，就是我们看到的美国企业中的工资刚性和就业的不稳定性同时存在。

1.5 人力资源管理的发展趋势

人力资源管理的理论研究及其在社会生活各领域中的实践与推广应用正在迅速地发展，尤其是改革开放以来，我国五千年历史的古代人力资源管理思想以及新中国成立以来的中国现代管理思想与改革开放形成的社会主义市场经济理论相适应的具有中国特色的中国人力资源管理得到了极大的发展，不论是政府部门还是企业事业界乃至社会团体都给予了极大的关注，人力资源管理的理论研究与实践已成为中国社会政治经济中一个重要领域。

1. 教育和培训将发展成为一种产业的趋势

21世纪，在经济领域表现为市场的竞争更加残酷和激烈。竞争的核心是科学技术的竞争，谁掌握了先进的科学技术谁就能在竞争中立于不败之地，但是先进的科学技术是依靠人来掌握、依靠人来发展的。科学技术的载体是人而不是科学技术本身。由此，说到底还是人的竞争，即人才优势的形成，人力资源开发与管理发展水平的竞争，因为人才不会自己产生和生成，需要靠发展教育、普及教育，包括高等教育、职业教育、成人教育和继续教育来完成。

2. 管理目标方面的趋势

随着未来企业组织越来越网络化、扁平化、灵活化、多元化和全球化，相应地，未来的企业人力资源管理也会在管理目标、管理职能、管理技术以及对管理体制人员的要求等方面发生新的变化。

未来的企业人力资源管理是一种未来战略型的企业人力资源管理，即围绕企业战略目标而进行的人力资源管理。未来战略型的企业人力资源管理是为众多的利益者服务的。未来企业的利益相关者主要是指本企业、投资者（股东）、客户、员工、社区和战略伙伴等。

3. 管理职能方面的趋势

随着外在环境的不断变化，企业在人员、组织、管理等方面必然会出现一些变化。因此，企业人力资源管理职能也必然要发生巨大的变化。具体表现在：

（1）缩小规模，即裁员的趋势；

（2）技术进步要求精简某些部门，如会计部门和管理部门工作量的减少趋势；

（3）在世界范围内配置资源的趋势，包括人力资源；

（4）公司合并由此获得人才优势；

（5）企业组织越来越网络化、扁平化，使企业管理层次极大限度地呈现减少的趋势；

（6）实现风险付酬的趋势；

（7）在企业组织越来越网络化、扁平化、灵活化、多元化和全球化的形势下，企业人力资源的管理趋向于适应性强、变化速度快和重新配置资源的趋势。

4. 管理技术方面的信息化趋势

人力资源管理系统是基于当代先进的人力资源管理理念、工具和网络技术手段，通过信息手段建立起的人力资源信息化应用平台，实现人力资源的集中信息管理的系统。它的英文名是 HRMS，即 Human Resource Management System 的缩写。HRMS 的特点是从人力资源管理的角度出发，用集中的数据库将几乎所有与人力资源相关的数据（如薪酬福利、招聘、个人职业生涯的设计、培训、职位管理、绩效管理、岗位描述、个人信息和历史资料）统一管理起来，形成集成的信息源。友好的用户界面，强有力的报表生成工具、分析工具和信息的共享使得人力资源管理人员得以摆脱繁重的日常工作，集中精力从战略的角度来考虑企业人力资源规划和政策。

5. 未来人力资源管理者应具备的能力

未来战略型的人力资源管理要求未来的人力资源管理者应该能扮演五种角色：

（1）一个精明的生意人；

（2）一个优秀的人际关系专家；

（3）一个战略设计者；

（4）一个卓越的心理学专家；

（5）一个识多见广的博学家。

要成功地扮演这些角色，人力资源管理者须具备以下业务管理能力：

①自我发展能力；②适应能力；③重新配置资源的能力；④建立和预测商业影响的能力；⑤一流的解决问题的能力；⑥推进企业改革的能力；⑦不断用新知识武装自己的能力；⑧善于处理模糊不全的信息的能力；⑨遥控指挥的能力；⑩提高快速反应并使之成为竞争优势的能力；⑪成为提高劳动生产率的专家或顾问的能力；⑫成为世界一流管理专家的能力；⑬善于公关以及与其他公司员工合作的能力；⑭会推销自己使之成为雇主首选的能力；⑮善于领导和发展人力资源管理部门的能力；⑯善于运用科学技术以推进发展人力资源开发和管理的能力。

1.6 人力资本理论

人力资本（Human Capital），是指劳动者的体力劳动和脑力劳动的价值总和。劳动者在成长过程中会受到教育、培训、经验等多元投资，从而在知识和技能方面存有一定的积累。这种知识与技能可以为劳动者带来工资等收益，这种非物质的特定价值就是人力资本。

1.6.1 古典人力资本理论

古代有很多思想对人力资本思想有很大的影响。最早可以追溯到柏拉图时期，他在其《理想国》中论述了教育和培训的价值，并认为可以通过教育来发展人的先天能力。随后，亚里士多德和阿奎那也认识到教育的经济作用。古希腊之后，培根提出了“知识就是力量”的口号。威廉·配第在其《政治算术》中根据劳动价值论，充分肯定了人的经济价值，并尝试去衡量人的经济价值。后来，威廉·法尔用“资本化收入法”来进行精确衡量。继配第和法尔之后，恩格尔提出用于反映家庭收入和支出关系的著名定律——恩格尔定律。他在计算人的经济价值时，区分了两种价值：人的成本价值和投资价值，这种区分思想对后来的研究具有非常重大的意义。

在经济学历史上，第一个将人力看作资本的是亚当·斯密。他认为，那些从事需要有很多特殊技巧（这些特殊技巧需要花费很多工夫和时间才能掌握）的工作的人应该拥有高于普通劳动者的工资，以补偿其投入的时间和金钱。同时，他还认为，人所具有的知识和技能是一种固定的资本，能够创造价值。德国经济学家杜能认为，受过高等教育的人在同样的条件下，能比没有受过高等教育的人创造更多的价值。英国经济学家马歇尔认为，在所有的投资中，对人本身的投资是最有价值的投资。

在人力资本思想史上，费雪在他的《资本和收入的性质》一书中首次提出人力资本的概念。费雪之后，经济学家沃尔什于 1935 年在《人力资本观》一书中，首次使用费用与效益相比较的方法，分析了不同文化程度的学生所花费的教育费用和毕业后因能力提高而使收入增加的情况，得出了各级教育的收益率。

1.6.2 现代人力资本理论

1979 年诺贝尔奖获得者西奥多·W. 舒尔茨（T. W. Schultz）是公认的人力资本理论的构建者。他认为人力是社会进步的决定性因素，人力不是无偿取得的，是需要耗费资源的，人力是投资的结果，人力主要包括知识和技能的形成。因此，他把人力资本定义为凝结在劳动者本身的知识、技能及其所表现出来的劳动能力。在此基础上，他用收益率法测算了人力资本投资中最重要的教育投资对美国在 1929—1957 年间经济增长的贡献，其比例高达 33%。这一结果受到人们的广泛关注。

另一位人力资本理论的主要推动者是加里·S. 贝克尔（Gary S. Becker）。他与舒尔茨的关注点不同在于，舒尔茨对人力资本的研究主要集中于教育对经济的宏观作用分析，而贝克尔则主要从微观进行分析。贝克尔在他的代表作《人力资本》一书中，分析了正规教育的成本和收益问题，还重点讨论了在职培训的经济意义，也研究了人力资本投资与个人收入分配的关系，这些都具有开创性的意义。他还尝试把人力资本理论外推到经济学之外的领域，这些领域包括婚姻生育、犯罪行为学等。针对这些领域，贝克尔还提出了新的概念，如家庭时间价值和时间分配，养育孩子的直接成本和间接成本等。

另一位推动人力资本理论迅速发展的学者是爱德华·富尔顿·丹尼森（Denison, Edward F）。以往用传统经济分析方法估算劳动和资本对国民收入增长起作用的大小时，常常会产生大量的未被认识的、难以用劳动和资本的投入去解释的残值，因此人力资本理论并不被人们完全信服。丹尼森通过精细分解计算，论证出了在美国 1929—1957 年的经济增长中，23% 归因于教育的发展。他的这种对人力资本要素的计量分析的方法和思想有力地推动了人力资本理论的发展。

1.6.3 当代人力资本理论的发展

继舒尔茨、贝克尔、丹尼森之后，对人力资本理论作出重大贡献的学者之一是保罗·罗默（Romer, Paul M）。罗默在1986年发表的《收益递增经济增长模型》一文中，建立了四要素内生经济增长模型，即罗默模型。原有的内生经济增长模型包括技术创新、劳动分工程度、政府实施的某些经济政策等。罗默创新性地把知识作为一个变量完整纳入到经济和技术体系之内。他强调了知识的两个特点：专业知识的积累随着资本积累的增加而增加和知识具有溢出效应。罗默还在罗默模型思想的指导下建立了生产函数：$F_i = F(k_i, K, x_i)$，其中，F_i为i厂商的产出水平，k_i为i厂商生产某产品的专业化知识，x_i为i厂商其他各生产要素的向量，K为整个社会的知识水平之和。

另一位作出重大贡献的学者是罗伯特·卢卡斯（Lucas, Robert E）。卢卡斯在1988年发表了《论经济发展的机制》一文，在此文中他提出了经济增长模型。其模型为：$h'(t) = h(t)\delta[1-u(t)]$。

其中$h(t)$表示劳动技能的人力资本，$h'(t)$表示人力资本的增量，δ表示人力资本的产出弹性，u表示全部生产时间，$[1-u(t)]$表示脱离生产的在校学习时间。由公式可以看出，若$u=1$，则$h'(t)=0$，即人力资本的增量为0；若$u=0$，则$h(t)$按照δ的速度增长，$h'(t)$达到最大值。由卢卡斯模型可知，教育对经济增长的作用强调人力资本积累是经济得以持续增长的决定性因素和产业发展的真正源泉。

1.7 人力资源管理的研究方法

1.7.1 研究的基本程序

人力资源管理的研究非常注重解决问题时不靠主观印象下结论，一定要有事实根据，因此要求遵循一定的科学研究程序。

一、研究课题的选择

研究课题的类型有很多，它可以从实际中提出，由研究者进行分析；也可以是验证某种理论，或者为已建立的理论中未曾回答的问题寻找实际依据；也可以是澄清某些矛盾的研究结果。

选择课题时应该充分了解该研究领域中已有的研究文献和趋势，还应考虑研究者的能力和专业知识、研究者对课题的兴趣、研究的创新性，以及研究的费用和代价。

一个问题可能很大，很广泛，要着手研究它，必须加以具体化，使之成为可研究的具体课题。例如，调动职工的积极性，这是个大问题。在具体分析时就要注意将它划分为一个个可研究的子课题，比如工资等级划分方法的影响、职工需要特点的分析、奖励方式的影响、领导作风的影响以及员工价值观的影响等具体的子课题。

判断研究课题的优劣，有以下三个标准：

（1）所研究的问题应涉及两个或两个以上变量之间的关系；

（2）所研究的问题应尽可能明确、具体；

（3）具有通过实际研究解决问题的可能性。

二、根据课题的研究目的建立假设

建立假设是研究的前提。假设不是随随便便想出来的，而是研究者根据课题研究的目的，在广泛查阅前人已有研究文献的基础上提出来的。一个假设的好坏，直接影响到整个研究的实施。

一般来说，可以从以下几个方面来研究假设的优劣：

（1）假设必须可以被验证。如果一个假设根本无法加以证实或否定，那就不是一个有意义的假设。

（2）假设应针对研究的目的。即证明或推翻这种假设能对所研究的问题提供某种程度的解答。

（3）假设及假设的论证应具备可操作性。一般来说，能够通过调查或实验取得某种数量化的资料。

（4）假设应当是启发式的。假设可以使研究者有明确的方向，从什么地方开始，达到什么目标。而且从某一假设的验证可以进一步推出下一步的假设或解决问题的进一步可能途径，从而有利于研究工作的不断深入。

（5）假设要有根据。强调假设要有根据，并不是否定“大胆假设”，而是强调了解已有研究文献的重要性。事实上，真正有创新的研究往往来源于大胆假设。例如，德国人魏格纳提出大陆漂移学说就是这样。这一学说最初设想的提出源于他对地图的观察，南美大陆东部凸出，而非洲西岸、刚果、几内亚地方则凹进，从地图上看，这两部分正好吻合。于是，他便提出了“这两个大陆本来会不会是一个整体呢？是什么原因将这两个大陆分开的呢？”的假设。这样的假设，可谓大胆假设。为了证明南美大陆和非洲大陆曾经连在一起，魏格纳对两个大陆沿岸的岩石特征、动植物分类等进行了调查。因为两个大陆的所有这些特征是完全相同的，可以推断这两个大陆曾经是连在一起的。

三、调查和实验的设计

调查和实验设计已成为一门专门的学问。它的基本目的有两个方面：一是回答所研究的问题，即对研究假设进行检验；二是控制研究中的变量。

1. 研究中常见的变量

（1）自变量、因变量和中介变量。

自变量是另一变量变化的原因，因变量是自变量作用的结果，这两种变量一般可通过直接或间接的方法予以测量。

中介变量，也称中间变量，是介于原因和结果之间起媒介作用的变量。中介变量通常用来解释自变量和因变量关系的构成机制，反映研究者如何看待或说明自变量和因变量之间的关系。中介变量可以分为完全中介变量和部分中介变量。完全中介变量指的是中介变量的加入使得自变量和因变量之间的相关性变成0。也就是说，这个中介变量是一个单一主导性的中介变量。部分中介变量指的是中介变量的加入使得自变量和因变量之间的相关性降低了，但没有变成0，这说明在自变量和因变量之间还可能存在多个中介变量。中介变量的构建在很大程度上取决于研究者对所研究现象采取的理论立场，因此，探讨中介变量对最终形成理论具有重要意义。与调节变量不同的是，中介变量既担当自变量又担当因变量的角色，如图1－5所示。

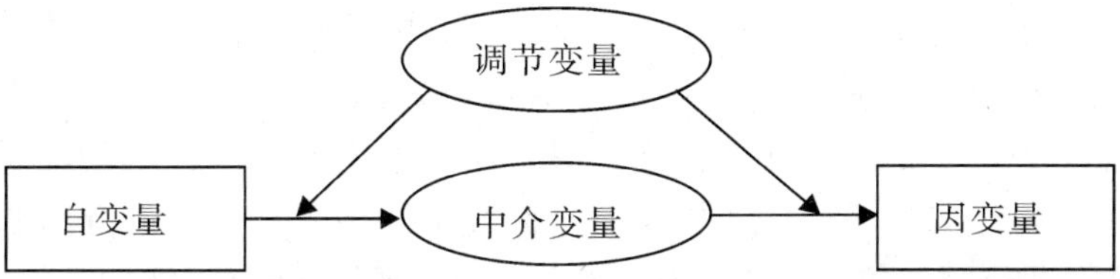

图1－5 自变量、因变量、中介变量、调节变量之间的关系

一个变量成为中介变量的条件：①自变量的变异能够显著解释中介变量的变异；②中介变量的变异能够显著解释因变量的变异；③控制中介变量后自变量和因变量之间原来存在的显著关系明显降低，则表明中介效应发生。

对调节变量的统计分析通常采用的方法是：方差分析、层次回归和结构方程模型。如果调节变量为显变量，其统计分析为：当自变量和调节变量都是类别变量时，作方差分析；当自变量和调节变量都是连续变量时，用带有乘积项的回归模型作层次回归分析。

对中介变量的统计分析通常采用的方法是：层次回归和结构方程模型。

（2）控制变量和干扰变量。

一项研究中往往包含多个自变量和因变量。一旦确定了我们要研究的自变量和因变量，其他自变量就需要保持恒定，这些自变量称为控制变量。

当一个变量的变化可能改变其他两个变量之间的关系时，这个变量称为干扰变量。例如，考察不同培训方法的效果时，受培训人员已具备的专业知识程度就是一个干扰变量。因此，在研究设计上，要充分考虑那些可能影响自变量与因变量之间关系的干扰变量。协方差分析是消除干扰变量影响的一种统计方法。

（3）变量的操作定义。

所谓变量的操作定义，是指把研究中所涉及的心理变量给予可重复、可测量的定义。例如，在广告研究中，以被试的瞳孔变化作为其对广告画面是否感兴趣的指标。研究中变量操作定义的质量，将直接影响研究的可重复性、可信性和普遍性。例如，在亲社会行为的研究中，若以中学生捐献的钱数作为行为的指标则可能反映的情况与实际情况不符，因为各个学生的家庭经济状况可能有较大差别，同样是5元钱，所反映的利他行为的程度可能大有不同。

2. 研究设计的原则

研究设计总的指导思想是尽量把无关变量的影响剔除，使误差变异最小，而使系统变异最大。

（1）使系统变异的效应最大。系统变异是指因变量的变异中可以由研究者操纵的自变量解释的那一部分变异。研究设计的目的在于使这部分变异最大。提高系统变异的方法主要有两种：一是选取适当的自变量变化水平，使自变量水平的改变所引起的变异在因变量中反映出来；二是提高测量的辨别力，即选择对自变量变化敏感的因变量。

（2）控制无关变异。无关变异是指研究中研究者不感兴趣，但对因变量有影响的变量所引起的变异。无关变异可能由被试内部的因素引起，如年龄、性别、学习、疲劳等，也可能由来自外部的因素所引起，如环境、任务要求。总之，所有可能做自变量的因素均可能成为无关变异的来源。例如，用两组工人试验不同的奖励制度对生产效率的影响。这里研究者关注的是奖励制度的差异（自变量）对生产效率（因变量）的作用。但是，如果两组工人选得不整齐，一组工人积极性高，另一组工人积极性低，就很难说明奖励制度的差异对生产效率的作用如何了。人力资源管理研究中控制无关变异最常用的方法是随机化（randomization），即研究对象或被试是从一个更大的、研究者感兴趣的总体中随机选择的。

（3）使误差变异最小。把随机变异和测量误差减少到最低限度，在研究中注意采用具有较高效度和信度的测量工具，在研究取样与实验安排中尽可能运用随机化程序，这是减少误差变异的有效途径。

四、数据的收集

在人力资源管理研究中，要说明某种结果，必须有可靠的数据。数据的可靠性是研究水平高低的重要决定因素。数据的收集过程也就是对事物的某些属性进行测量的过程。人事心理测量往往是十分间接的测量，又对测量程序给予明确的规定，使测量结果尽可能地避免受到误差因素的影响，以便得到可靠和有效的数据。

测量一般可以分为四种水平，它们是由所使用的测量工具——量尺（scale）的水平决定的。

1. 比例量尺

比例量尺对于测量工具有两个要求：一是有一个绝对零点；二是每一测量单位应该相等。例如，长度测量，米尺有一零刻度线，每一测量单位（如厘米）均相等。用这样的量尺测量出的数据，可以进行加、减、乘、除四则运算，这种水平的量尺称为比例量尺。

2. 等距量尺

有些测量工具，只有相等单位，没有绝对零点，这种量尺称为等距量尺。人们说明等距量尺最爱引用的一个例子就是摄氏温度计。温度计的零度不是绝对的零点。在这种情况下，我们可以说35度比34度高，并且这两个度数的差与24度和23度的差是相等的，但我们不能说24度是12度的两倍。因为在这个尺度上没有绝对意义的零，摄氏0度是人为规定的，不具备物理上的绝对意义，因此在这个尺度上不能做乘除法，倍数在这里没有实际意义。再如，研究犯罪现象时，初次犯罪年龄是一个等距量尺上的量值，因为这个量尺不具备绝对零点，刚出生的孩子是不会犯罪的。假设某一国家少年犯罪的平均年龄在1950年是16岁，在1980年是14岁，我们可以说，这个国家的少年犯的平均年龄在30年里提早了两年，但不能说提早了1/8。很显然，等距量尺测出的数据可以进行加减运算，不能进行乘除运算。不过，等距量尺的差值可以进行乘除运算，因为等距数据的差值有绝对零点，如果两个数值相等，差值即为零。

3. 顺序量尺

顺序量尺又叫等级量尺，它的特点是既无绝对零点，又无相等单位。例如，工人按技术分为八级工，数字由大到小，是技术高低的衡量。这里的等级只是表示一种顺序关系，并不能求出等级之间的差异有多大。比如，八级工的技术比六级工高，六级工比四级工高，但不能认为八级工高于六级工的技术差别正好就是六级工高于四级工的差别（不存在 $8-6=6-4$ 的关系）。更不能说八级工的技术就是四级工的两倍，或者说两个四级工顶一个八级工。从原则上讲，顺序量尺的测量结果不能进行加、减、乘、除四则运算。如果需要对等级数据进行四则运算，那么要假定等级数据近似于等距数据。例如，一般来说，把一个学生的三次操行评定成绩，优、良、中加起来求平均等级是没什么意义的，但如果教师认为优、良、中之间的差异近似相等，也可以按等距数据进行处理，获得一个近似的等级均值。

4. 分类量尺

这种量尺又叫名义量尺。在这种量尺上，首先根据事物的某一属性将其归入一定的类别。例如，根据性别可以将人分为男、女；根据身份可以将人分为工人、农民、干部、知识分子等。其次，给每一类别赋予一个数值来代表这一类的名称。例如，把男性编码为1，女性编码为2作为类别的标志。上百种职业也可以都用不同的数字编码分类。这里，数字是人为地被赋给被测物的，仅仅作为命名的手段和鉴定同类的记号，丝毫不代表事物本身的数量差别。因此，在分类量尺上可作的数学运算是极其有限的。对于是否同类，数学上用“=”或“?”表示。此外，还可以计算每类的分布频数，在总体中所占的比例，以及特定的相关分析，如列联相关等。

在人力资源管理的测量中，大量的测量是等距测量和顺序测量。为了能进行有效的数学运算，人们常常设法努力提高测量水平，使之达到等距水平。但在很多情况下，提高测量水平是很困难的，例如，采用顺序量表获取的等级数据是人力资源管理研究中常常遇到的，如不进行四则运算，很难进行精确的分析，这时可以采用等距数据的方式进行处理，不过最好对有关的假定给予说明，这样可以正确估计分析的精度。

五、数据的统计分析

通过调查或实验获得的大量数据，如果不进行加工分析，是无法进行总结概括的。加工整理的目的主要有两个：一是简化、概括、归纳；二是检查各种变量之间的关系、分析各种复杂的相互关系中的主要矛盾。

随着计算机的飞速发展和普及，人们借助计算机来解决数据处理和分析问题方面的能力有了极大的提高。一些多元统计分析方法如因素分析、聚类分析、多维标度法等在没有计算机之前是不可想象的，而现在已广泛用于解决各种实际问题。目前，我国使用较多的统计软件是SPSS，即社会科学统计软件，它是当前人力资源管理最常用的统计分析软件。

六、作出结论

对大量数据进行加工分析之后，应作出结论，即证实或推翻事前的假设。下结论时要注意两个方面的问题：

1. 注意不能夸大研究的外部效度

所谓的外部效度，是指研究的概括力或外推力。例如，我们调查大学生的职业价值观和择业倾向之间的关系，这是一个局限于大学生被试的结论，不能由此而推论出中专生和高中生也是如此。

2. 要注意研究的内部效度的高低

内部效度与无关变量的控制有关。当研究中未得到控制的无关变量越大时，就存在越大的以下可能性：因变量的变异不是由自变量引起的，无关变量在某种程度上影响了因变量，研究的内部效度是低的。例如，我们把工人按年龄分成青年组和老年组，调查他们对工厂福利措施的满意度。结果发现青年组都倾向于不满意，而老年组都倾向于满意。如果不加以分析而下结论认为年龄不同，对福利措施的要求不同，可能就失之主观了。因为这个调查未控制的无关变量很多，比如，老年组工人一般工龄长，工资收入高，对工厂感情深，对福利要求不那么迫切；而青年组工人文化水平高，收入低，对工厂的文化设施不满足等。这些内在因素可能都比年龄因素影响大，如果只分析年龄因素，就没有真正触及问题的实质。

1.7.2 研究的取样

一、取样在研究中的重要性

取样是在全体调查对象中随机地选取一部分对象作为代表加以调查分析，并以此推断全体调查对象状况的过程。其中全体调查对象称为总体，从中选出的那部分代表称为样本，每一个具体的调查对象称为抽样单位。样本中所包含的抽样单位的数目，称为样本容量。

1. 取样研究能有效代替总体研究

人们往往怀疑取样研究的有效性。在 21 世纪初，统计学家们曾就取样研究能不能替代全面研究进行过热烈的争论，后来人们在事实面前逐步接受了取样的思想。实践证明，取样不仅能节省人力与物力，显著地提高研究效率，还能使研究结果更为准确、有效和可靠。

1944 年，当世界反法西斯战争还在进行时，美国政府已开始考虑胜利后大批军人复员转业的问题。按照当时规定，军人复员可以不经过考试而进入大学学习，那么应该准备多少教学设施来迎接大批复员军人呢？取样调查显示将有 8% 的复员军人愿意进大学学习，而实际进入大学学习的为 8.1%，取样预测与实际情况仅差 0.1%，从而使美国政府既节省了大量开支，又避免了许多社会问题的发生。

2. 取样的严密程序能保证样本的代表性，提高研究的外部效度

取样之所以有其价值，在于它要求研究者在开始研究时要认真考虑以下几个问题：所研究的是什么总体？需要多大的样本？样本的主要特点是什么？如何选取这种样本？如何使样本具有足够的代表性？如何减少取样误差？

1936 年是美国的大选年，《文学文摘》杂志的预测最引人注目，共发出了 1 000 万份问卷，大约回收了 240 万份，当时不少进行抽样研究的人认为只要散发和回收的问卷足够多，就可以获得相当准确的结果。与此同时，一位名叫乔治·盖洛普的年轻人主持的美国第一家民意测验研究所也进行了总统选举的预测，这位年轻人认为不择对象地散发问卷是

不科学的，难以保证预测的准确性，精心选择有代表性的少量人进行取样调查，可以得到更为准确的预测结果。《文学文摘》根据对回收问卷的统计分析，预言兰登将以高出15%的压倒性多数票击败罗斯福。而盖洛普则预测罗斯福击败兰登，选票的比例是55.7%和44.3%。实际结果则是罗斯福为60.8%，兰登为36.5%。《文学文摘》的失败和盖洛普的成功使人们充分认识到，仅仅依赖样本大，并不能保证取样调查结果的准确性，取样的合理性和严密性才是关键。

目前，取样研究已经形成了一套相当完整的方法体系，采用这种研究方法所得到的结果已经达到十分准确的程度。1968年，在有三个竞选人的复杂情况下，盖洛普民意测验机构预测尼克松将以43%的得票当选，而实际尼克松的得票比例为42.9%，这种取样研究结果的准确程度十分惊人，而且，想取得这样准确的结果，2 000人的样本研究似乎已经足够了。这无疑表明了取样的合理性、严密性和有代表性可以极大地提高研究的外部效度，使结论有较广泛的代表意义。

有些研究者甚至认为，取样研究可以比总体研究获得更为准确可靠的结果。乍听似乎不可思议，但考虑到研究工作中的实际情况，这种观点又有它的道理。因为在总体研究中，由于大量人员参与调查活动，人员的素质难以保证，再加上大规模的数据处理，操作性的误差和数据加工方面的误差急剧增多，从而使研究的准确性与可靠性明显降低。这类误差又称为非取样误差。而取样研究由于规模小，调查人员可经过严格筛选和培训，在很大程度上排除了可能造成非取样误差的因素，并有可能对样本作出更为细致的测试与分析，从而全面提高研究质量。

二、取样的程序和方法

1. 界定总体

对总体特征作出明确的界定。例如，要了解学生的作业负担，就需要明确调查对象的范围是全国范围还是某一地区范围；是处于哪个年龄阶段的学生；是重点学校的学生还是非重点学校的学生；是城市学生、市郊学生还是农村学生等。通常，为了节省时间、精力和经费，研究者选择一定范围和大小的总体作为研究对象，从而选取较小的样本。在这种情况下，其研究结论就不应该超越那一总体，除非有证据表明这一总体具有许多与另一更大的总体相似的特征。

2. 选取样本

运用适当的取样方法抽取样本。这里介绍几种常见的抽样方法。

（1）简单随机抽样法。

简单随机抽样（Simple Random Sampling）又叫完全随机抽样。在随机抽样中，总体中每一个被抽选的机会是均等的。运用随机取样方法所选取的样本称为随机抽样。在实际研究中，人们常常采用“随机表抽样法”来达到随机抽样的目的。这种方法是运用严格制作的随机数字量表来进行的。在计算机普及的今天，研究者也可采用计算机来协助抽取随机样本。

简单随机抽样法特别适合于研究者对所研究的总体中各类个体的比例不是很清楚的情况。

（2）分层随机抽样法。

分层随机抽样法（Stratified Random Sampling）是先把总体分成若干层次或子总体，然后独立、随机地从每一层次或子总体中选取样本。分层的原则是把性质相似的个体放在同一层次内。如调查居民经济收入，由于城市和农村经济生活差别很大，应该按城乡分成两个层次。因此，要运用这种方法，必须了解个体有几种不同类型以及相应的比例，为分层抽样提供基础。

分层随机抽样可以分成“等比例分层取样”和“不等比例分层取样”两种方法。前者按每一层次个体在总体中所占比例来决定样本中该层次个体的数目；后者则不按上述比例取样，而是根据研究者对不同层次个体的研究兴趣和研究的实际情况来确定不同比例。例如，某厂有男工 400 人，女工 200 人，各按 1/10 的比例抽样；男工抽选 40 人，女工抽选 20 人，组成一个 60 人的样本。但是，有时按等比例分层抽样所获得的某一层次的样本数太少，难以体现该层次个体的组成情况，此时对这些层次就需要适当提高取样比例，这就是不等比例分层抽样法。例如上例中，200 名女工只抽取 20 人（是个小于 30 人的小样本），代表性差，可以放宽抽样比例为 1/5，这样抽取 40 名就比较合适了。

与简单随机抽样相比，分层随机抽样弥补了忽视已有信息的缺点，分层依据实际上就是对已知的总体特征加以利用，因此在相同样本数量情况下，抽样误差较小，或者说在相同误差要求下，样本容量可以小一些。总体方差是客观存在的，不因抽样方式不同而改变。在分层抽样中，总体方差分解为层次方差与层次间方差，而分层抽样对每一个层次都作了调查，因此，最后影响抽样平均误差的仅仅是平均层次内方差，如果分层时尽量把性质相同的个体归为同一层次，就缩小了层次内方差，最终导致抽样平均误差较小，这是分层抽样法的优势所在。

分层随机抽样法是实际调查中最常用的抽样方法之一。

（3）系统抽样法。

系统抽样法（Systematic Sampling）又叫等距抽样法，是从总体中取一随机起点，从该点开始按固定间隔抽取样本的一种方法。例如，在 2 000 人的总体中选取 250 人的样本，样本与总体之比为 1/8，在系统取样时就从随机起点开始分别选取第 8 名、第 16 名……以此类推。

系统抽样与简单随机抽样相比具有许多优点。首先，它省去了烦琐的查看“随机数字表”和制作号码签等工作。其次，它又在一些简单随机抽样无法开展的地方发挥作用，例如在百货商场作市场调查，可以在商场门口每出去 50 人或 100 人就抽问 1 人。因为系统抽样可以使样本比较均匀地散布在总体中，所以其抽样效果比简单抽样要好。但是，系统抽样要注意总体中有无周期性的波动或变化，以避免抽样带来较大的偏误。

（4）整群抽样。

整群抽样（Cluster Sampling）是指将总体划分为若干群，以群为单位从总体中随机抽取一些群，对抽中的群内各个体实行全面调查的方法。例如，调查居民户时，并不直接抽选户，而是以街道办事处为单位来抽样，对于抽中的街道办事处的居民户再进行调查。

整群抽样与分层抽样容易混淆。分层抽样的分层是为了归类，是尽量加大层次间的差异而缩小层次内的差异；而整群抽样是设法尽可能减少群类间的差异，从而增加对于总体的代表性。

整群抽样的优点在于调查单位集中在少数群里，便于组织调查，节省人力、物力和财力。但也由于样本集中，在总体中分布不均匀，代表性差，因此同其他抽样方法相比，抽样误差较大。影响抽样误差的有群内、群间两部分误差，由于对抽中群作全面调查，因此群内方差不影响整群抽样误差。所以，为提高整群抽样精度，需要尽可能加大群内差异，减少群间差异。

除了上面介绍的取样方法以外，还有其他一些取样方法，读者可参考有关专著。取样是为研究服务的，应根据研究的目的和要求、经费与人员条件、研究对象的特点等情况，选用适当的取样方法。

3. 样本的统计推论

样本的统计推论是从样本的统计数据中估算出总体的有关参数，它是取样不可缺少的一步，关系到总体参数的可靠性、取样的误差乃至取样的效果和实际意义。因为人们虽然对样本进行研究，但真正关心的是总体的状况。

上面介绍了取样的基本方法和过程，在认识到取样的重要性的同时，也应看到取样的某些局限性，从而保持清醒的研究头脑。首先，取样的作用取决于是否能够运用样本数据准确估计总体参数。其次，取样的目的是为了研究总体，而样本统计值所反映的只是对总体的一种统计意义上的估计，如果不配合其他形式的研究（如典型调查），就会给人一种只见森林不见树木的感觉，只有死板的数字，缺乏活生生的本质内容。最后，取样研究一定要防止绝对化倾向，避免对样本信息给予过分的解释。

1.7.3 研究设计方法

一、常见的研究设计方法

1. 案例研究

案例研究（Case Study）是指研究者通过查阅记录、访谈、发调查表和观察等方式搜集关于某个特定的人或群体的详尽资料，然后进行分析的研究设计方法。该方法特别适用于在新情境中发现问题。它要求研究者对新事物要敏锐、搜集的资料要详尽而且要有驾驭众多资料的能力。例如，要帮助一个新员工迅速适应作业班组的活动，案例研究就很有用。比如，有一个六人班组由于退休而少了一个人，其位置由一个新来的员工接替。这就需要事先了解清楚这个班组的一些惯例和规范，如午休时间、娱乐活动和每天的生产限额等，并告诉新来的员工。

案例研究有助于发现新问题，但不适合于探究变量间的因果关系，而且它有一个较大的缺陷就是外部效度较低，案例研究的结果很难外推。

2. 现场调查

现场调查（Field Survey）的特点是，所研究的变量不是由研究者操纵的，研究者只是顺着事件发展的自然顺序通过调查和测量等方法搜集与变量有关的资料，然后分析变量间的关系。由于没有研究者的干预和操纵，从而大大减少了实验室研究的人为性，被试是在自己熟悉的环境中表现出的自然行为，这无疑增加了研究的外部效度。但由于研究者对各种变量只是进行观察记录而不加以干预，从而使得变量之间关系的确定较为困难，因此研究的内部效度较低。例如，对工作满意度、领导方式与工作绩效三者之间关系的现场调查分析，对工作满意是否会导致高效率？领导方式与工作绩效间又如何联系？因为缺乏对变量的操纵，难以排除其他外部因素介入的可能性，所以有关各变量之间的因果关系难以确定。弥补这一缺陷的做法通常是尽量多搜集在各种情况下的材料进行对比分析，逐步排除外部因素影响的可能性。美国的坎贝尔提供了一个说明现场调查法特点的例子。1956 年，美国康涅狄格州由于上一年交通死亡率太高而采取了限制车速的方法，结果本年度比上一年少死 40 人。那么，是不是可以说是由于限制车速而导致了交通死亡率的下降呢？似乎不能很肯定地这样下结论，因为这里有很多情况要考虑。例如本年度雨雪是否比上一年要少？或者是否因车用防滑器具价格下降，很多司机因此而愿意花钱买安全？也可能是州政府投资改善了公路设施？也可能是交通死亡率的正常波动现象？如果要排除这些外部可能因素的影响，需要搜集更多的资料。比如把前五年的死亡率制成表，考察波动情况，把条件近似但未采取限速措施的邻州作为对照组等，这样会有助于排除疑点，使研究的结论较为明确。

3. 现场实验

现场实验（Field Experiment）是在不断发展变化着的真实现实环境中，通过操纵一个或几个变量进行变量间关系研究的方法。现场实验由于是在真实环境中进行，故其研究结论的外部效度要高于实验室研究。但要保证外部效度，需要采取一定措施，尽量避免现实环境中的被试由于知道有人要研究他们而改变他们的真实行为。现场实验由于允许研究者对变量进行一定程度的操纵，故对变量间因果关系的把握程度比现场调查要高，也即其内部效度要高一些。

现场实验的一个典型例子就是前面提到的那个关于人际关系培训班对管理人员的领导行为和工作绩效的影响的研究。这个研究的目的是要回答这样一个问题：参加人际关系培训班的管理人员在工作中的行为有什么变化？原来的假设认为：①受过培训的管理人员会更容易察觉别人的需要；②会更经常地为下级着想并妥善地为他们解决工作中的一些实际问题；③会对下级表示关心和体贴。而他们的上级会认为，他们比没培训过的管理人员工作得更有成效。具体的研究程序是这样：在组织中随机选出 24 名同级的管理人员，然后随机分成两组，一组为接受人际关系培训班的实验组，一组为对照组。由于采用随机抽样的方法，可以认为这两组在受训前是一样的。另外，可以将这种实验操纵隐含在实际工作安排中，使被试无法察觉他们正在被研究。这里实验要操纵的自变量就是人际关系培训班中所进行的培训，培训连续进行 28 个星期，每星期 90 分钟的课，内容涉及管理方式、领导艺术、激励、交往等方面的内容。因变量就是这些管理人员的态度、领导行为和工作绩效方面的变化。领导方式和对人的态度有相应的量表测定，工作绩效则由其上司按照其技术业务知识、干劲与进取心、可靠性、合作精神及组织能力等各个方面给予评定。为避免其上司的主观效应，应尽力避免其上司对实验目的的了解，这样因变量测定的客观性才能保证。可以看出，由于是在真实的工作情境中进行，且对被试和其上司隐瞒实际的研究程序，可以保证该项研究具有一定的外部效度和内部效度，即研究结论比较明确且有一定的普遍意义。

4. 实验室实验

实验室实验（Lab Experiment）是研究者在实验室中进行的研究，由于研究者可以借助实验室对实验条件进行严密的控制，故这种研究可以帮助研究者有效地确定各变量之间的因果关系。因此，实验室实验的内部效度是最高的。由于实验室的环境与真实的工作环境不同，故其研究结论的局限性也是很明显的。一般来说，不能把实验室实验获取的结论直接应用到真实环境中去。因此，实验室实验的缺陷就在于其外部效度较低。而且事实上，实验室里所做的许多工作在现实环境中都是无法再现或无法应用的。比如，即使在实验室中找出一种理想的组织模型，也很难迅速变革现有的组织结构去适应这种理想的模型。因此，一方面，实验室实验由于可以做到严格地控制条件，进行精确测量，统计信度高，可重复验证，被认为是一种过硬的研究方法。另一方面，由于其外部效度低，也日益受到越来越多的批判。著名社会心理学家奥尔波特的话比较有代表性，他指出："这里有一个严重的缺点：巧妙漂亮的实验往往缺乏概括力……当前许多研究似乎只能说明在特定条件下研究的小范围的现象，即使实验可以成功地重复，也没有证据表明结果有较广泛的效度。正是由于这个原因，当前的一些研究似乎只停留在漂亮的细节上——经验主义的片段上，仅此而已。"

因此，作为研究者研究人力资源管理中的问题，不能只想集中精力研究那些只能在实验室完成的问题，而应该通过对现实生活的研究来选定实验室研究的方向，而且实验室获取的结果也应通过对现实生活的研究而不断检验才有实际意义。

二、研究设计方法的比较

上面讨论过的每一种研究设计方法都各有其优点和缺点。研究者在选定某种设计方法后，就不得不放弃其他设计方法。

1. 真实性

在真实环境中，例如在某个组织内部进行研究工作，其主要优点在于环境的真实性和行为的真实性。研究人员能保证研究是在自然而又不断变动着的条件下进行的。按这个标准来衡量，现场调查和现场实验两种设计方法的优点比较突出。

2. 变量范围

从研究所能涉及的变量来看，案例研究和现场调查具有优势，它们能把研究人员感兴趣的许多变量综合起来。但它们对把握变量间的关系却往往力不从心。实验室实验和现场实验一次所能涉及的变量范围很有限，但对变量间关系的把握能力却较好。

3. 内部效度

从内部效度的角度来看，实验室中进行的研究往往要高于现场中进行的研究。在实验室实验中，研究人员可以严格控制各种干扰变量，使得被观察的行为只和其认为的确存在着的原因结合起来。而且研究人员可以反复进行同一条件下的实验，反复观察，这样就保证了研究的可靠性和科学性。不过在理想环境中得出的结论往往难以直接推广到真实环境中去。

4. 外部效度

外部效度和真实性有共同之处，它强调研究结论的普遍意义。因此，现场进行的研究的外部效度要高于实验室中进行的研究，因为从现实环境中获取的结论较易推广到现实环境中去。在这里，案例研究和实验室研究的外部效度较低，现场调查和现场实验的外部效度较高。各种设计的比较见表 1－1。

表 1－1　不同实验设计的比较

设计	标准			
	真实性	范围	内部效度	外部效度
案例研究	中	大	低	低
现场调查	高	大	低	高
现场实验	高	小	中	高
实验室实验	低	小	高	低

除了考虑上面四个标准以外，研究人员还得权衡一下这个事实，就是各种设计的相对费用和所要求的资源种类是各不相同的。

总之，没有哪种研究设计是十全十美的。关键是要了解各种研究设计的优点和缺点，结合研究目的和客观实际选择一种可行的研究设计，然后尽量发挥其优点，并尽一切努力弥补其固有的缺陷。

三、资料搜集方法

研究工作的质量不仅取决于研究设计是否适当，而且也取决于所采用的资料搜集方法的适当性。人力资源研究常用的资料搜集方法有观察法、访谈法、问卷法和量表法。

第一，观察法。

每个人都会观察别人的举动，在这种观察的基础上来推断别人的动机、情感和意图。观察法就是指在一定的时间内对特定行为表现进行考察而搜集研究资料的一种方法。例如，通过对操作工操作行为的观察进行动作分析，为制订技术培训方案提供依据；通过对管理人员日常工作的考察进行职务分析，作为建立工作责任制和提高管理效率的基础；当实施一项新的管理措施后，通过观察员工的工作表现（如迟到、早退和缺勤）来评价管理措施的效果等。

1. 观察法的类型

（1）观察法可以按事先是否有具体观察项目而分成“有结构观察”和“无结构观察”。

有结构观察中，观察者有比较严密的观察和记录的计划；无结构观察则一般没有详细的有关资料搜集的计划。无结构观察一般由于了解情况进行探索，为以后的研究做准备。有结构观察一般是为了消除观察者的偏见和主观性而采用的方法，它要求观察者明确需要观察的行为特征，因此需要对行为进行明确的分类和定义。一般来讲，有结构观察为避免主观性，需要两个以上的人同时进行观察。例如在进行企业诊断时，对员工的工作情况进行有结构的观察。比如，一个车间内上班后有多少人迟到；上班后经过多少时间，工人才开动机器进行操作；有多少工人在工作期间离开岗位；有多少工人提前下班去食堂等。

（2）观察法还可以按照对行为的不同取样方式，分成“事件取样观察”和“时间取样观察”。

事件取样观察只对与研究目的有关的预先确定了的行为进行观察。时间取样观察则是在一定时间间隔内进行观察，对这一时间内发生的各种行为表现作全面的记录。例如，一位公共关系处的处长想给新来的下属写份鉴定，于是他就开始观察这位下属在与其工作性质有关的一些行为表现如何。比如这位下属跟同事、下属和公众打交道的效果如何；他是怎样掌握会议的；怎样代表公司出席商务会议的；他是怎样给上级写报告的；这些报告是不是完整、准确、切题；等等。这位处长所采用的就是事件取样观察法，在进行了对许多与工作性质密切相关的典型事件的观察以后，他就可以较为客观地评价这位新来的下属了。至于时间取样观察的例子，在企业管理中也经常可以见到。例如，某办公室主任注意到他的一位下属经常会离开自己的办公桌到邻桌的工作人员那儿聊天。这不仅浪费他自己的工作时间，也会影响别的工作人员的工作。为了摸清楚情况，这位办公室主任采用了时间取样的观察方法，以便把这位下属在桌子边工作的行为和离开桌子聊天的行为都记录下来。为保证客观，他决定连续观察三个星期，每天大约一小时去观察一次。这样他就比较客观准确地获得了第一手资料。

2. 观察法应用中的注意事项

（1）要明确观察的事。许多观察之所以失败或者收效甚微，原因之一就是没有明确具体的要观察的内容。

例如，一位经理可能这样介绍他的一位下属 A：“唉，A 这人可真不容易相处。他脾气很坏，爱闹别扭。他行为放肆，带有破坏性。他一不高兴就老是绷着个脸，他还不服从领导，不遵守规章制度。我不清楚他是太幼稚、不机灵呢，还是考虑问题不合情理？总之，他工作积极性很低。他缺乏动力，还有点敌意。我怀疑他家里会不会有什么问题。”

如果这位经理这样介绍他的下属，所搜集的资料就会有意义得多：“嗯，每次你给 A 作什么指示，他的反应准是马上告诉你这事为啥干不了。他经常威胁别的职工，甚至跟人家打过几次架。他经常擅离工作岗位去跟其他工人开玩笑。有时候，他还不遵守规章制度，如在禁烟区里抽烟，干活时不带护目镜等。这个月他还上班迟到过 7 次，工间休息回来也迟到过 12 次。”这样的观察就可以用具体的能计数的术语来说明 A 的行为了，这样进一步的分析也就有了比较客观明确的基础了。

（2）要避免观察评定中的反应偏向。在观察时，要求观察者用预先设计好的评定量表对所观察的特征和行为作出评定。比如歌曲大奖赛的评委们就是按事先商定好的标准——评定量表，从几个方面对歌手进行评定打分的。观察评定中一个要避免的缺陷就是观察者的反应偏向。

比较常见的反应偏向有以下三种：

晕轮效应：也叫光环效应，这是以对观察客体已有的好印象而形成的恒定的反应偏向。例如日常生活中常有这种情况，因为某人同意自己的意见，就认为这个人是聪明的、正直的和善良的。研究表明，在所评定的内容定义不明确、不易观察时，晕轮效应所造成的观察评定中的反应偏向就越强烈。

过严或过宽反应偏向：观察评定中另一个要注意避免的反应偏向就是评定过宽或过严。要防止对某组或某类型的观察对象评定过宽而对另一组另一类型评定过严。

趋中效应：这是指观察评定者在评定中为避免作出极端判断而倾向于作出中性评判的反应偏向。当观察者对所评定的对象不熟悉时，容易出现这种反应偏向。

作为一种数据搜集方法，观察法有其优点和缺点，在研究中应注意扬长避短。

（1）观察法的优点：①可以取得被试不愿意或者没有能够报告的行为数据，因此对数据的采集具有直接性。②观察者看到的情景是当时的实际情况，并且在行为发生的当时作即时记录，因此数据较为准确、真实、可靠，具有及时性。③观察者是在真实情境下观察，被观察者没有意识到别人在观察，不会伪装和掩饰自己的行为，因此具有自然性。研究表明，在观察的基础上，比较有把握作出有关心理因果关系的推论，这是问卷法或其他数据搜集方法难以实现的。

（2）观察法的缺点：观察结果的质量在很大程度上依赖于观察者的能力和所接受的培训。观察者需要接受严格的培训才能保证观察的质量，因此观察法在实际运用中的成本也比较高。

第二，访谈法。

访谈法是研究者通过与研究对象的交谈来收集有关行为数据资料的方法。它是人力资源研究中最常用的方法之一，例如双因素动机理论就是通过访谈法进行研究而建立的。同观察法相比，访谈法的优点在于访谈者可以结合课题研究的目的向访谈对象询问一些较深刻的问题，而这些问题的答案往往是不能通过观察而获取的。例如，观察到某些工人效率下降，原因是什么？无法从表面上得到答案，但通过访谈就可以了解到有的工人是家里有病人，干活老是分心；有的是对领导不满意，想调换工作；还有的是与同事闹矛盾等。

1. 访谈的类型

访谈可以大致分为两类，即“结构性访谈”和“非结构性访谈”。

（1）结构性访谈。结构性访谈一般都事先准备好一个提纲，先问什么、后问什么都有计划。而且是采用“分枝式”，即一个问题之后，有几种备选答案，根据访谈对象的回答来解决下面的提问。例如这样一个简单的例子，问：“你结婚了吗？”答：A 已婚　B 未婚。若答“已婚”则问：“你有小孩吗？”；若答“未婚”则问：“你是否与父母住在一起？”一般来讲，为了方便数据搜集和处理，访谈的项目都有严密的编码，以便计算机进行统计处理。

（2）非结构性访谈。非结构性访谈则是一种自由提问和作出回答的访谈形式。一般是为了补充和充实已有的研究结论而进行的调查。例如，在职业兴趣的研究中，通过较大规模的抽样调查确定职业兴趣量表的效力以后，还需要进行一些个体的访谈来协助说明量表的检测结果。访谈一般是围绕与个体职业兴趣有关的问题展开，如“你常与他人谈及的想选择的职业是什么？”、“你以前曾考虑过想选择的职业有哪些？”、“学校里组织的各种课外活动你比较喜欢参加的有哪些？”等。通过这种访谈可以了解到较为丰富的背景材料，从而为职业量表调查结果提供解释的依据，便于职业咨询和诊断。

2. 访谈法应用中的注意事项

访谈是谈话人之间的一种社会过程和社会交往的产物。访谈双方的心理特征、态度、期望、动机、知觉和行为，访谈所处的情境、信息传递的性质等均会影响访谈的效果。因此，访谈也是一门艺术。访谈不仅要求访谈项目的编排要具备一定的信度、效度和灵敏度，还取决于访谈者的访谈技巧。

（1）提问方式。访谈问题的提法常常影响对问题的反应。例如，访谈中应避免问及对方个人生活中的问题，避免问收入、家庭经济情况等。若确有必要问，可换一种方式问，如把收入分为200元以下，200元至600元，600元至1 000元，1 000元以上四类。让访谈对象指出其收入在哪一类，这比直接问对方月收入多少更容易被接受。

提问要通俗易懂，避免用令人费解的词汇和句式。例如这样一种双重否定式提问："你认为不存在男女差别的单位几乎没有吗？"

提问要避免倾向性。例如，"学术会议声明指出，发展核电站，有可能造成放射性污染，你怎样看待这个问题？"或者"你赞成……吗？""有这样一种意见……你也这样认为吗？"等。正确方法应该是采用中性的方式提问："有这样一种意见……你是同意，还是反对？"

提问还要注意避免带有感情色彩。例如"有的酒家提倡'跪式服务'，你是否认为最好废除这种封建习俗？"这种提问，因使用了"封建"这个带有感情色彩的词，回答可能出现误差。再比如"你喜欢这个单位吗？"，这种提问也带有一定的感情色彩，而且限制了回答的内容。若改为："你可以告诉我一些有关这个单位的情况吗？"这种问法就比较中性，访谈对象可以自由作答，提问者可从其谈话中分析对方对单位的态度。

（2）访谈问题的设计策略。访谈设计中常采用这样一些提问方式：开放式提问和闭合式提问。开放式提问是让访谈对象自由回答的一类问题。例如，"当生产定额没有完成时，你们班组里会出现一些什么情况？"闭合式提问则是限制回答内容和方式的提问形式。例如，"你们班组里的人是不是能感到新的奖励措施有助于调动生产积极性？"采用开放式提问还是闭合式提问应考虑以下几个因素：

①访谈目的。如果访谈目的不仅要了解访谈对象的态度或特征，还要了解他所持意见的基础、回答问题的参考框架以及感觉的强度等，宜采用开放式提问。

②资料的可及程度。有些访谈对象对所问及的问题有清楚的了解，且表达能力较强，这时采用开放式提问比较有利。反之，若访谈对象对所问及的问题不够了解或缺乏表达自己看法的能力，这时采用闭合式提问就有助于访谈对象表达自己的看法。

③对访谈对象情况的了解程度。一般来讲，在访谈初期，由于对访谈人情况不够清楚，可以采用开放式提问；而在研究后期，在掌握了相当的资料以后，可以以闭合式提问为主。因为闭合式提问便于编码，比较适合采用计算机进行分析处理，有利于结论的定量化。

④访谈问题设计中另外一个问题是采用直接提问方式还是间接提问方式。直接提问是要求访谈对象直接表示自己的态度或需要的程度；间接提问则是将真正的意图隐含起来向访谈对象提问，以了解其态度和需要。一般来说，当双方沟通困难、所提问题会产生较大的情绪障碍、访谈对象的意见会受到社会赞许和社会规范的较大影响时，以间接提问为好。间接提问的方式很多，如罗夏测验（Rorschach Test）、主题统觉测验（TAT—Thematic Apperception Test）、图画式挫折测验（PFT—Picture Frustration Test）和句子完成测验（SCT—Sentence Completion Test）等。也可以采用表面直接的提问，实际上却是以间接提问的方式来获取直接方式得不到的资料。例如著名的"速溶咖啡"销售的深层动机研究就是采用这样一种方式。通过直接提问，无法了解顾客不喜欢速溶咖啡的真正原因。研究者提供两张购物单，如表1－2所示。

表1－2 购物单

购物单1	购物单2
1听发酵粉	1听发酵粉
2块面包、1根胡萝卜	2块面包、1根胡萝卜
1磅速溶咖啡	1磅新鲜咖啡
1.5磅碎牛肉	1.5磅碎牛肉
2听桃子	2听桃子
5磅土豆	5磅土豆

这两种购物单上的项目，除一张上写的是速溶咖啡，另一张上写的是新鲜咖啡这一项不同之外，其他各项均相同。把这两种购物单分别发给两组妇女，请她们描绘按购物单买东西的家庭主妇是什么样的妇女。结果表明，看速溶咖啡购物单的那组妇女有一半人说，购物单的主人是个懒惰的、生活没有计划的女人；有12%的人把她说成是挥霍浪费的女人；还有10%的人说她不是一位好妻子。另一组妇女则把按新鲜咖啡购物单购货的妇女描绘成勤俭的、讲究生活的、有经验的和喜欢烹调的。这样研究者以直接提问的方式间接地探究了当时美国妇女的购物动机。当时的美国妇女有一种带有偏见的自我意识：作为家庭主妇，担负繁重的家务劳动乃是一种天职，而任何企图逃避这种劳动的行为都是值得谴责的行为。速溶咖啡所渲染的省时省力、方便快捷的产品特点恰恰有帮助懒人之嫌。谁愿意因购买速溶咖啡而成为受人谴责的懒惰的失职的主妇？这就是当时人们的一种潜在的购买动机，也是速溶咖啡被拒绝的真正原因。

可见，根据具体的研究对象和实际情况恰当地选择提问的方式和策略会使研究取得较好的效果。

3. 访谈法的优缺点

访谈法的优点主要体现在以下几个方面：

（1）访谈法比较灵活，谈话双方都可以随时改变策略和方式，有利于了解新的或较新层次的信息。

（2）访谈法适用面广，可用于不同问题，既可用于成人，也适合于儿童，并可对各种类型的人进行（包括文盲）。

（3）访谈法能够比较有效地收集访谈对象的态度、知觉、意见等方面的资料，资料收集的面广泛。

（4）访谈法容易建立主客双方融洽的关系，有利于消除顾虑，使被访谈人坦率直言，提高结果的信度和效度。

访谈法的缺点主要有以下几个方面：

（1）访谈法对访谈员的要求比较高，需进行严格的培训，既要注意访谈策略和提问方式，还要在访谈进程中把握访谈进行的方向，使访谈能达到预期的目的。

（2）访谈结果的处理和分析比较复杂，需要有专门人员负责。

（3）访谈工作从设计到实施需要做好前期准备工作，比较花费时间和精力，费用较高。

在运用访谈法时，应十分重视访谈设计，注意访谈法可能出现的偏差和口头报告的局限性，并对访谈人员进行严格而规范的训练。

第三，问卷法和量表法。

问卷法和量表法不但是人力资源研究中常用的方法，也是经济学、社会学、管理科学和各种教育研究的重要方法，特别是一些现场应用研究。由于现代化的生产条件、正常的教学和计划、繁忙的商业活动等都限制了进行现场实验的可能性，因此问卷法和量表法的作用就越来越重要。另外，问卷法和量表法也是大规模调查和数量化分析的必要工具。

问卷法和量表法是通过书面形式、以严格设计的心理测量项目或问题，向研究对象收集资料和数据的一种方法。

严格地讲，问卷法和量表法具有一定的区别。前者是根据研究的对象和内容拟定一系列的项目由被试自行填写作答，可以看成是一种书面的“访谈法”。项目的设计方式与访谈法相类似，根据所获得的数据可以进行分析并找出一些规律供管理工作者参考。而量表法则有更高的要求，针对所研究的问题，要发展一种理论构想。量表的项目应能体现这种理论构想，而且所有的项目需进行严格的信度和效度检验，并制定相应的标准。换言之，量表法是一种标准化测试工具的建立方法。例如，日本的三隅二不二教授所建立的用于领导行为研究的 PM 量表就是基于 PM 理论提出的。其中 P（Performance）是指完成团体目标的领导职能，M（Maintenance）是指维系和强化团体的领导职能。在实际应用中，问卷法和量表法往往是结合使用的。

一般来讲，量表的编制要求十分严格，需要专业研究人员来进行研究。问卷的编制和使用则相对来讲比较灵活自由，因此应用也更为广泛和普遍。

1. 问卷法的常见项目方式

（1）二项选择式。以“是、否”或“正、误”对问题作出回答，如“你对目前的工作满意吗?”

□是

□否

（2）多项选择式。在数个备选答案中选择贴近自己想法的一种，如“你是否常去看电影?”

□极少（每半年一次或更少）

□很少（每两个月一次或更少）

□有时（每月一次或两次）

□经常（每周一次或更多）

括号中的注释是为了让答卷人对“有时”、“经常”等词有一个明确的数量概念，避免由于理解不同而造成误差。

（3）排序法。按照一定的标准对备选答案排出等级或序列，如：你最喜欢哪个国家?第二喜欢哪个国家?第三喜欢哪个国家?

	美国	法国	英国	中国	……	其他
第一喜欢	1	2	3	4	……	9
第二喜欢	1	2	3	4	……	9
第三喜欢	1	2	3	4	……	9

（4）量表式以心理表示式让被试对问题作出反应，如5点式量表的问卷项目：“有人认为父母有权决定自己生几个孩子。”你是否同意？

非常同意	同意	不一定	不同意	非常不同意
1	2	3	4	5

2. 问卷设计的一般步骤

第一步，根据研究目的与假设搜集项目资料。

项目资料的搜集方法一般有两种。一种是选取有一定代表性的样本对所需研究的问题发表自己的意见和看法。例如，搜集有关领导行为测评的项目，可以通过访谈和书面提问的方式向被试了解情况，“你心目中的领导应是怎样的？”然后由研究人员对反馈回来的条目逐一进行内容分析和归类，保留那些被提到两次以上的项目。另一种方法是从已有的量表或问卷中搜集相关的具有良好信度和效度的项目。例如，日本的三隅二不二教授在研究PM问卷的初期，就是采用此法搜集项目的。他首先从一些已被公认具有较高信度和效度的问卷中搜集了886条项目，在实际测试中经过分类筛选保留其中385条。随后又依据赫兹伯格提出的激励—保健双因素理论分别制订出各12条项目作为测定有关激励与保健的问题，这些项目作为问卷的原始项目。

第二步，确定问卷的形式。

问卷的形式宜简洁明了，清楚自然，以便于被试填写作为最大原则。当然，问卷的形式也要考虑研究的对象、范围以及分析和解释方法等方面的因素。

第三步，修订项目。

项目的搜集和修订是个反复进行的过程。一般来讲，对于问卷搜集到的原始项目进行专家诊断和现场实测来进行检验。一方面要考察项目的覆盖范围是否完整，另一方面要注意项目的表述是否清晰明确。为了保证项目具有良好的辨别力以及了解项目间的内在结构关系。一般需要进行统计分析检验，主要包括以下几方面：

（1）项目分析。

在项目分析中一般计算各条目的项目区分度，以此作为判定项目是否有效的指标。区分度好的项目，能够有效检验出不同被试间的差异。在心理测量学中，研究者通常是用决断值（CR值）来计算项目的区分度。决断值又叫临界比，它是将测量总分按照升序或降序排列，前后各27%作为高低二组的。区分出高低分组之后，再进行高、低两组每个题目的平均差异显著性检验。如果t值显著（即*Sig*值小于0.05），表明此题具有区分度，能有效地区分出不同被试的反应程度，该题项应予以保留。反之，对于t值不显著的，则表明区分度不好，需要对该题进行修改或直接删除。

（2）探索性因素分析。

探索性因素分析（EFA）是一种用来简化变量、分析各变量间组群关系、探究多元观测变量的本质结构的统计技术。在进行因子分析前，首先需要对调查数据进行检验，以判断是否适合进行因子分析。最为常用的是 KMO 检验与 Bartlett's 球形检验。

该检验以变量的相关系数矩阵为出发点，零假设这一矩阵是单位阵，即相关系数矩阵对角线上的所有元素都是1，非对角线上的元素都为0。相关统计量是根据相关系数矩阵的行列式得到的。判断指标一般为 *KMO* 值和 Bartlett's 球形检验的 *Z* 值。如果 $KMO < 0.7$，就说明数据不太适合进行因子分析。在上述分析结果的基础上，需对数据进行进一步筛选，如应去掉在因子上的最大负荷小于0.40的项目，并且删除均衡负荷在两个因素以上的项目，或者对不适当负荷的因子条目进行修改。当然，上述检验步骤通常可以运用 SPSS 统计软件直接计算。

（3）验证性因素分析。

验证性因素分析（CFA）用以验证在探索性因素阶段所得的模型是否具有较好的结构效度，并且还会将该模型与其他竞争模型相对比，以判断该模型是否是最优的模型。验证性因素分析，是通过数据与理论模型之间的拟合程度来判断研究者所构想的结构模型的正确性的。它的作用主要为以下两点：①用来判定测量工具的因子结构是否合理；②探讨潜在变量之间的关系是否与特定的理论相吻合。并且，验证性因素分析是结构方程模型的一种次模式，是结构方程模型的一种特殊应用。

为了检验观测数据是否与预设模型吻合，可通过各种适配度参数来判断。适配度参数主要包括以下三类：

一是绝对适配参数。绝对适配参数是用来评价一个预设模型能够反映样本数据的程度。常用于评价整体适配的绝对适配参数有：

①χ^2/df——卡方与自由度之比。该值越接近0，表明模型整体适配度越好；$\chi^2/df < 2$ 表明模型整体适配度好；$\chi^2/df < 3$ 表明模型整体适配度较好；$3 < \chi^2/df < 5$ 表明模型整体适配度不太好；$\chi^2/df > 5$ 表明模型整体适配度不好。

②*NCP* 和 *SNCP*。为了降低样本量对 χ^2 的影响，研究者们发展出了 *NCP* 和 *SNCP*。*NCP* 和 *SNCP* 主要是用于与竞争模型进行比较，其值越小越好。

③*GFI*。*GFI* 是一种非统计的测量，其值介于0～1之间，0表示没有适配，1表示完美的适配。建议用 $GFI > 0.90$ 来表示模型适配良好。

④*RMR* 和 *SRMR*。*RMR* 用于模型比较，其值越小表明模型越优；而对 *SRMR* 而言，其值小于或等于0.05表明适配良好。

⑤*RMSEA*。*RMSEA* 是近年来相当受重视的一个模型适配参数。相关研究表明，*RMSEA* 在评价适配度时比许多其他参数更加精准。*RMSEA* 值介于0～1之间，*RMSEA* 值越接近0，表示模型整体适配度越好。一般认为，当 *RMSEA* 小于或等于0.05时，被认为适配良好；当 $0.05 < RMSEA < 0.08$ 时，是高度适配；当 $0.08 < RMSEA < 0.10$ 时，则被认为是中度适配；而当 $RMSEA > 0.10$ 时，则表示为不良适配。

⑥*AGFI*。*AGFI* 的作用在于利用自由度和项目个数之比来对 *GFI* 进行调整。*AGFI* 的大小介于0～1之间，*AGFI* 越接近1，表明模型整体适配度越好。建议用 $AGFI > 0.90$ 来表示良好的适配度。

二是增值适配参数。增值适配参数是用一个比较严格的基准模型和理论模型进行比较而得到的统计量。常用的增值适配参数有：

①*NFI* 和 *NNFI*。*NFI* 是用来测量独立模型与设定模型之间 χ^2 值的缩小比例；*NNFI* 则是用来避免模型的复杂程度对适配度检验的影响。研究者通常认为 *NFI* 和 *NNFI* 值是否大于0.90表明模型是否可以接受。② *CFI*。*CFI* 是用来弥补 *NFI* 在嵌套模型上所产生的缺失。*CFI* 的大小介于 0～1 之间，*CFI* 越接近于 1，表明模型适配程度越好。一般而言，*CFI* 大于0.90表明模型可以接受。③ *IFI*。*IFI* 是对 *NFI* 的修正，可以用来减少 *NFI* 对样本的依赖。*IFI* 的大小介于0～1之间，其值大于0.90则表明模型可以接受。④ *RFI*。*RFI* 由 *NFI* 衍生而来，其大小也介于0～1之间，大于0.90时表明模型可以接受。

三是简约适配参数。简约适配参数主要是用于更正模型的过度拟合的情况。常用的简约适配参数有：

① *PNFI*。*PNFI* 是对 *NFI* 的修正。*PNFI* 的值介于 0～1 之间，其值越接近 1，表明模型越简约。当不作模型比较时，可采用 *PNFI* 值是否大于 0.5 作为模型是否通过的指标。② *PGFI*。*PGFI* 是对 *GFI* 的修正，它的值介于 0～1 之间，其值越大表示模型越简约。当 *PGFI*值 >0.5 时，表明模型是可以接受的。③ *AIC*。*AIC* 是一种基于统计信息理论的测量指标。通常用理论模型的 *AIC* 值小于饱和模型和独立模型来表明模型可以接受。

（4）结构方程模型。

结构方程模型是一种建立、估计和检验因果关系模型的方法。研究者统计处理数据时，难免会遇到需要处理多重因果关系或者存在潜变量的情况，运用传统方法分析解决往往会比较棘手，而结构方程模型则有效地弥补了这方面的不足。它在模型中既包含了可观测的显在变量，也可能包含了无法直接观测的潜在变量。

不置可否，对一个模型的适配程度进行评价是一个相当复杂的问题，并且不同的适配参数评价的侧重点也各有不同。因此，研究者普遍认为评价某个模型是否可以接受时，不能只用一个，而应当用多个参数来进行综合评价。建议在对模型进行评价时，最好同时考虑上述三类参数，这样对模型的可接受性检验才更加完善。因此，在必要的时候需要对竞争模型进行比较。通常有以下几种竞争模型：

①虚无模型，即没有共同因素的存在。②单因子模型，在探索性因素分析中，对样本项目用主成分分析法和最大方差正交旋转法，强迫抽取一个因子。③多因子模型，在探索性因素分析中，对样本项目用主成分分析法和最大方差正交旋转法，强迫抽取多个因子。

将上述竞争模型进行对比，只有拟采用的模型在 χ^2/df、*RMR*、*RMSEA*、*GFI*、*IFI*、*CFI* 和 *PGFI* 等参数上均优于其他竞争模型，并且均达到了拟合优度的要求，才可以认为该模型是比较理想的模型。

（5）信度分析。

信度指的是测量的可靠性，即用同一测验或两个具有不同项目的等值测验多次测量同一团体，或者在其他不同的测试条件下，对同样的被试实施两次测验所得测验结果之间的一致性。信度可以反映测量结果的一致性、再现性和稳定性，是衡量测验质量高低的重要指标之一。

下面介绍采用分半信度和同质性信度进行的信度分析。① 分半信度。将问卷分成对等的两半，运用 SPSS 计算其分半信度。② 同质性信度。可采用 Cronbach 内部一致性信度系数（α 系数）作为指标。Cronbach 系数的取舍标准为：当其值介于 0.70～0.80 之间时，表示较好；介于0.80~0.90之间时，表示非常好。

（6）效度分析。

效度指的是一个测验能够实际测出其所要测量的特质的程度，它衡量的是一个测验测量某种特质的正确性和准确度。效度分为内容效度、结构效度和效标关联效度三个主要类型。

①内容效度。内容效度是指一个测验的内容能否反映它所要测量的主题，即测量内容与测量目标之间的相符性。一般采用逻辑判断和统计分析相结合的方法对问卷的内容效度进行评价。在问卷的编制过程中，经过了文献研究、深度访谈、开放式问卷调查等方法，还要请人力资源管理方面的专家对问卷进行审定，并且在预试后，结合被试的意见和数据分析的结果对问卷进行修订，才能保证项目的合适性。此外，根据心理测量学的理论，还可将量表的总分与各因素分数间的积差相关系数作为检验量表内容效度的指标。②结构效度。结构效度又称建构效度或理论效度，是指一个测验能够在多大程度上准确地验证编制测验时的理论构想。研究中开展的探索性因素分析和验证性因素分析的结果可以作为问卷结构效度的很好的证明。③效标关联效度。效标关联效度又称实证效度，是将测验分数与外在独立的效标相比较而得出的。效标也就是检验测验效度的标准，一般选择与测验独立的行为作为效标。

（7）模型各维度与后果变量的回归分析。

在进行回归分析前，需检验数据是否符合线性回归分析的基本假设。通过绘制模型各维度与后果变量的散点图来判断模型各维度与后果变量之间是否存在线性关系，若存在，可以运用多元线性回归分析法来进行数据分析。通常采用多元线性回归中的逐步分析法。

（8）中介效应的统计分析方法。

温忠麟（2005）提出了中介效应分析方法。按照温忠麟提出的检验中介效应的程序，该方法主要包括以下几个步骤：

① 检验自变量和因变量之间的关系。以 X 为自变量、Y 为因变量进行回归分析，算出回归系数 c，检验其显著性，此为回归1，即 $Y=cX+e$。

② 检验自变量和中介变量之间的关系。以 M 为自变量、X 为因变量进行回归分析，算出回归系数 a，检验其显著性，此为回归2，即 $X=aM+e$。

③ 以 X、M 为自变量，Y 为因变量进行回归分析，此为回归3，即 $Y=aX+bM+e$，此时检验 b 的显著性，如果 a 和 b 都显著，则说明存在中介效应；如果 a 不显著，则说明存在完全中介效应；如果 a 显著，则说明存在部分中介效应；如果 a 和 b 都不显著，则说明不存在中介效应；如果 a 或 b 之中只有一个显著，则需要进行Sobel检验来判断是否存在中介效应。

1.8 人力资源管理云服务平台

1.8.1 云服务平台的开发

一、平台基础框架的构建

人力资源管理云服务平台，是笔者用了5年时间研究与开发的云计算产品，拥有全部知识产权。

本平台的前台设计语言为 Visual C# 2008，后台数据库为 SQL Server 2008。开发的技术路线如图 1－6 所示。

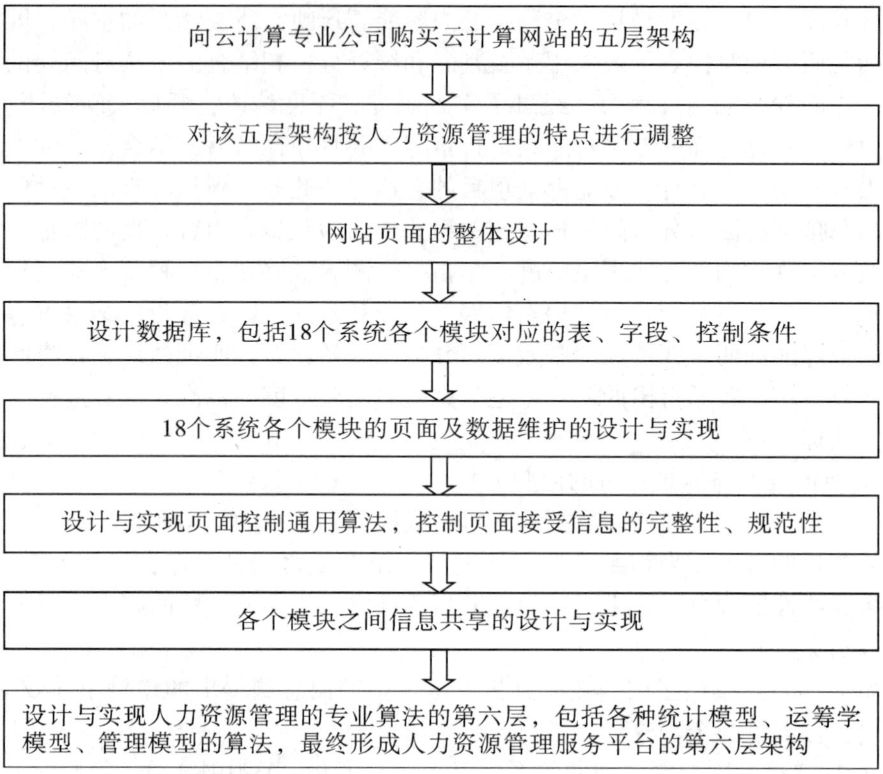

图 1－6　开发的技术路线图

六层结构的具体内容是：

第一层：数据库层。建立前台数据与后台数据库 SQL Server 2008 的联系与数据处理的优化。

第二层：数据表的定义层。对数据库中各个表的字段及其属性、控制条件进行定义。

第三层：逻辑层。对数据库各个表的数据的查询、添加、修改、删除等进行管理。

第四层：页面层。面向客户，接受并处理客户的各种信息，通过逻辑层、数据表的定义层、数据库层，存入数据库。

页面层包括以下 18 个人力资源管理系统的内容：

（1）人事档案管理系统。

对员工的个人基础信息进行维护、查询。

（2）考勤管理系统。包括以下模块：

①各类员工假期标准　②全勤标准

③假期管理　④考勤管理。

（3）薪酬管理系统。包括以下模块：
①各类奖金、补贴管理　②各类扣款管理
③税率表管理　④员工宽带薪酬基础数据管理
⑤员工工资管理。
（4）组织管理系统。包括以下模块：
①组织结构设计　②部门职责管理
③职位编制管理　④人员编制管理
⑤人力资源管理基本信息的统计。
（5）职务管理系统。包括以下模块：
①职务说明书管理　②职务分析问卷管理
③职务评估管理　④工作日志管理
⑤胜任力模型管理。
（6）工作方法管理系统。包括以下模块：
①模特排时法基础数据管理　②模特排时法功效改进管理
③工作要素法基础数据管理　④工作要素法功效改进管理
⑤工作日写实管理。
（7）人力资源规划管理系统。包括以下模块：
①企业环境分析　②人力资源现状盘点
③人力资源需求预测　④人力资源供给预测
⑤人力资源规划制订　⑥人力资源规划支持策略。
（8）心理测验管理系统。包括以下模块：
①卡特尔 16 种个性测验　②霍兰德职业兴趣测验（简化版）
③艾森克人格测验　④气质测验
⑤大五人格测验　⑥A 型 B 型人格测验
⑦立体图案测验　⑧同义词反义词测验
⑨图形组合测验　⑩完成句子测验
⑪相同图案测验　⑫字符差异测验
⑬智力测验　⑭焦虑测验
⑮抑郁测验。
（9）评价中心管理系统。包括以下模块：
①无领导小组讨论评分系统　②对抗性辩论评分系统
③案例分析管理能力测验系统　④文件筐作业管理能力测验系统。
（10）领导测评管理系统。目前有一个模块：LPC 领导有效性测评。
（11）招聘管理系统。包括以下模块：
①人员增补申请　②招聘计划管理
③应聘者资格审核　④一般面试管理
⑤结构化面试管理　⑥综合评价与录用管理。
（12）劳动关系管理系统。包括以下模块：

①劳动合同管理 ②劳动合同终止
③劳动协议 ④离职申请
⑤离职会签 ⑥人事纠纷调查。

(13) 培训管理系统。

A. 组织层面。包括以下模块:

①培训需求观察表 ②培训需求小组讨论表
③培训需求汇总表 ④培训计划
⑤培训准备表 ⑥新员工培训跟踪
⑦培训评估(反应层) ⑧培训评估(学习层)
⑨培训评估(行为层) ⑩培训评估(效果层)
⑪培训总结。

B. 员工层面。包括以下模块:

①员工培训需求调查问卷 ②培训评估(员工反应层)
③培训评估(员工学习层) ④培训评估(员工行为层)
⑤培训评估(员工效果层)

(14) 绩效管理系统。

A. 绩效考核指标设置模块:可任意设置各级考核指标。

B. 组织绩效管理。包括以下模块:

①部门绩效契约 ②部门奖惩记录
③部门考核 ④部门绩效反馈。

C. 员工绩效管理。包括以下模块:

①员工绩效契约 ②员工奖惩记录
③员工绩效反馈 ④员工简单排序考核
⑤员工交替排序考核 ⑥员工强迫分布考核
⑦员工 360 度考核 ⑧员工平衡计分卡考核。

(15) 职业生涯管理系统。包括以下模块:

①员工基本情况分析 ②员工工作—社会环境分析
③员工关键问题分析 ④员工职业生涯问卷
⑤员工职业生涯规划管理 ⑥员工职业生涯—管理成效问卷与分析
⑦员工援助计划管理 ⑧后备人才管理
⑨干部晋升规划。

(16) 人力资源管理诊断系统。包括以下模块:

①人力资源管理指数调查与分析 ②工作满意度调查与分析
③企业凝聚力调查与分析 ④企业文化调查与分析
⑤个人发展调查与分析 ⑥绩效管理成效调查与分析
⑦员工培训成效调查与分析 ⑧薪酬福利成效调查与分析
⑨员工需求调查与分析 ⑩企业组织状况调查与分析
⑪劳动关系状况调查与分析 ⑫团队精神调查与分析

⑬招聘成效调查与分析。

（17）日常事务管理系统。模块众多，如安全管理、福利管理、食堂管理、后勤管理等，不一一列举。

（18）人力资源在线考试管理系统。包括以下模块：

①题库管理　　②在线考试管理。

第五层：页面控制通用算法层。控制页面接受信息的完整性、规范性。

第六层：专业算法层。包括各种统计模型、运筹学模型、管理模型的算法。

六层结构如图 1－7 所示。

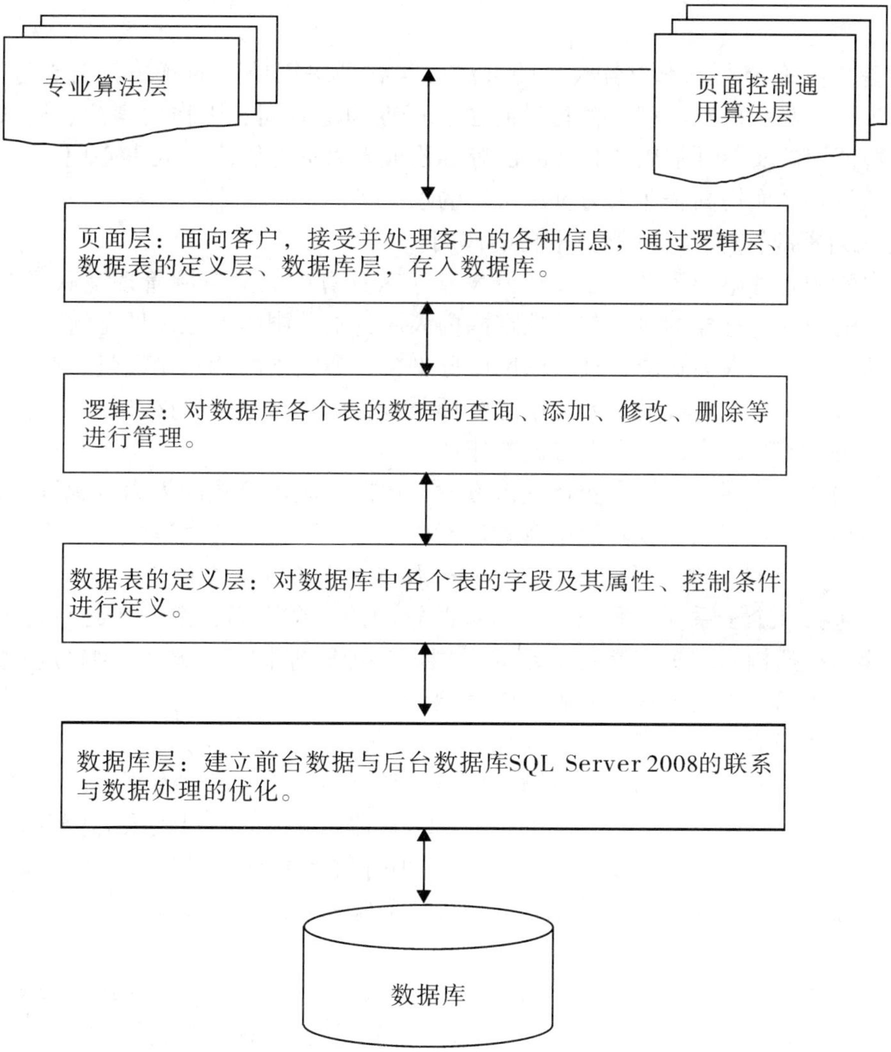

图 1－7　人力资源管理互联网服务平台六层云计算结构图

二、解决的关键问题

（1）以人力资源管理整个体系作为服务平台设计的根本出发点，使得本平台涵盖人力资源管理的各个方面，为客户提供全面解决方案，并配套出版教材《人力资源管理实务——理论、方法、互联网服务平台》，这是本平台与其他软件公司的人力资源管理软件的最大区别。

（2）将很多非结构化或半结构化的人力资源管理的理论、方法、工具转化成具有清晰结构的问题解决流程，从而实现计算机的程序设计。要做到这一点，需要具备四个条件：①精通人力资源管理的理论、方法、工具；②具有良好的数学建模能力；③具有丰富的人力资源管理咨询顾问经验；④精通云计算系统设计。因此，我们建立了一个密切配合的专家团队。

（3）建立并完善人力资源各模块的方法库与各种决策模型的算法。主要包括线性规划、整数规划、马尔科夫模型、模特排时法、标准预定时间、工作要素法、层次分析法、群组决策特征根法及各种常用的统计方法等，构成人力资源管理、人事心理、工程心理的强大网上工具，全面提高企业人力资源管理的水平。

（4）人力资源管理互联网服务平台的作用。

以人力资源管理整个体系为驱动，开发基于云计算的人力资源管理互联网服务平台，并出版配套的教材。这样的研究与开发在国内尚属首次，国际上也未见先例。

构建功能强大的人力资源管理互联网服务平台，最根本的特点是通过互联网为企业提供专业、系统、全方位的咨询顾问与信息管理服务，而不是出售软件。

具体来讲，本平台有以下几个方面的作用：

第一，通过互联网，为广大企业提供方便、快捷、质优价廉的人力资源管理的全方位咨询顾问与信息管理服务，以降低企业的运营成本，提高企业的竞争力。

1. 帮助企业构建系统、科学、全面、操作性强的人力资源管理体系

本平台包括九个子系统，涵盖了人力资源管理的各个方面，企业在此平台上可方便、快捷地构建组织架构，实施定岗定员定编、拟定各种管理制度与方法，编写职务说明书，组织实施员工招聘，发放工资，实施绩效管理等。

2. 提供有特色的专业服务

对于已经有了自己独立的人力资源管理信息系统的企业，可在本平台上选择专业的服务。例如，企业要招聘员工，需要本平台的招聘管理系统，而自己的人力资源管理信息系统没有这样的功能，或功能不完备，则可以按小时付费的方式进入本平台，运用心理测验、评价中心测试等测评工具对求职者进行全面测验，甄选出所需要的求职者。

3. 人力资源管理外包

对于一些制度化的管理，如人事档案管理、考勤管理、人员测评、绩效管理、员工态度调查、人力资源管理诊断、员工咨询与援助，甚至是薪酬管理等，均可通过本平台外包给人力资源管理的专业机构（如暨南大学人力资源管理研究所）或咨询公司。这样做的好处是：

（1）降低成本。依托本平台，企业不需再雇用专业的软件维护人员，人力资源管理部门可精简几个岗位。既节省了人员费用，又节省了相应的培训费用。

（2）专业化。人力资源管理的专业机构或咨询公司长期从事人力资源管理的研究、开发与应用，做这些工作得心应手，既高效，又专业。

第二，为人力资源管理、心理学等领域的专家、咨询顾问等提供了为社会、为企业服务的互联网操作平台。

由于本平台在人力资源管理的各个方面均提供了丰富的工具、表格，专家和咨询公司可依托本平台为企业提供人力资源管理的各项服务。

本平台特别对于青年教师、咨询顾问有很大帮助。借助本平台及平台上的完整体系、强大的方法库、工具库，可弥补方法工具的不足、经验的不足、实操水平的不足等问题。

第三，通过本平台的实验教学，增强学生对人力资源管理整个体系的理解和掌握，提高学生的实战技能，特别是可大大提高学生的就业竞争力。

1. 全面提升学生的动手操作能力

以往的人力资源管理教学，基本是老师系统讲授、案例分析、课堂讨论，但无法解决动手操作的问题。例如，绩效考核方法有很多，但如何具体应用上述方法则不能具体演示。过了一段时间，就逐渐忘却了。

而通过本平台，学生自己动手建立绩效考核指标，自己动手输入系统、完整的基础数据，自己动手为员工的业绩打分，自己动手模拟绩效反馈。这会使学生有亲临企业管理现场的体验。通过对绩效管理整个流程的操作，学生能掌握绩效管理的体系以及各种绩效考核的方法，不仅印象深刻，而且在以后的实际工作中，很快就可以应用所学的方法和工具去解决实际问题。其他管理模块也是一样。

2. 增强学生对人力资源管理整个体系的理解和掌握

在本平台的界面上，人力资源管理的各个模块有机地组合在一起，各个模块之间的联系通过数据的流转得以清晰地呈现，使学生可以很方便地理解和掌握整个人力资源管理体系。这一点，任何形式的教材都无法做到。

3. 增强学生的就业竞争力

通过本平台进行实操演练的优势在于：

（1）动手能力要明显高于没有实验的学生。

（2）知识的掌握与运用要高于没有实验的学生。

（3）由于熟练掌握了本平台的操作，求职时可随时向主考官现场演示本平台人力资源管理各个模块的运作，呈现对人力资源管理整个体系、各种方法与工具的理解与掌握，让主考官确信求职者具有人力资源管理的实战能力。

（4）学生入职后，以本平台为基础，可以很方便、快捷地为企业带来人力资源管理的新的理念、体系、方法、工具，提升企业的人力资源管理水平。

第四，成为人力资源管理课程授课的好帮手。

教师授课时，讲了理论、方法之后，可以通过本平台现场给学生演示这些理论、体系、方法、工具的具体操作，让学生很快掌握这些理论、体系、方法、构建的具体应用。

第五，运用本平台在互联网上进行实验教学，开创了人力资源管理的教学新模式。

本平台将人力资源管理与云计算软件开发技术进行有机结合，能够通过互联网高效快捷地解决人力资源管理中的实际问题，具有很强的科学性、先进性和可操作性，能够为广大本科生、研究生、管理人员提供全面的人力资源管理网上服务方案，可极大地提高学生解决实际问题的能力，增强学生的就业竞争力，开创了高校人力资源管理的教学新模式。

第六，在本平台的基础上，可以为其他人力资源管理、心理学等领域的专家构建他们自己的互联网服务平台。

很多专家拥有自己独特的研究成果，且具有很强的应用价值，但没有有效的推广、应用的渠道。本平台可为这些专家构建他们自己的服务平台。客户进入本平台后，再进入专家的服务平台，通过专家的服务平台，客户可以了解到这些专家的研究成果及其特点，与专家直接对话，让专家了解客户的需要，双方商议合作的方式，专家通过服务平台为客户提供各种服务。

第七，其他学科，如工程心理、广告与销售心理、临床心理、市场营销、生产管理、财务管理、旅游管理、公共管理、应急管理等均可利用本平台的六层云计算架构来构建本学科的互联网服务平台。

由于本平台的六层云计算架构解决了大量通用的管理学、心理学的问题，所以与管理学、心理学相关的学科，均可利用本平台的六层云计算架构来构建本学科的互联网服务平台。

1.8.2 云服务平台的基础

一、云服务平台的注册与登录

（1）输入网址：www. liangtie. com. cn，进入图 1 – 8 所示的云服务平台的网站页面。

图 1 – 8 “人力资源管理云服务平台”网站页面

（2）点击“注册”，进入图 1 – 9 所示的用户注册页面。用户按自己的意愿输入系统要求必填的信息。例如，用户名：qq；密码：123456；确定密码：123456；真实姓名：李白；电子邮件：libai@163.com；联系电话：13824472539。最后，点击“注册”按钮。显示图1－10所示的“会员注册成功”信息。点击“确认”，完成用户注册。

图1－9　用户注册页面

图1－10　“会员注册成功”页面

（3）在图1－8中，点击“进入平台”，进入图1－11所示的用户登录页面。

图1－11　用户登录页面

输入登录名：qq；输入登录密码：123456；登录类型：选“会员”（系统已经默认）；输入验证码：按右边显示的验证码输入。

注意，若右边的验证码出现“o”或“0”时，有时系统会出现错认，所以，请再次点击验证码，系统就会换一个验证码，直至没有“o”或“0”。

点击“登录系统”按钮，进入图1－12所示的“人力资源管理云服务平台”页面。

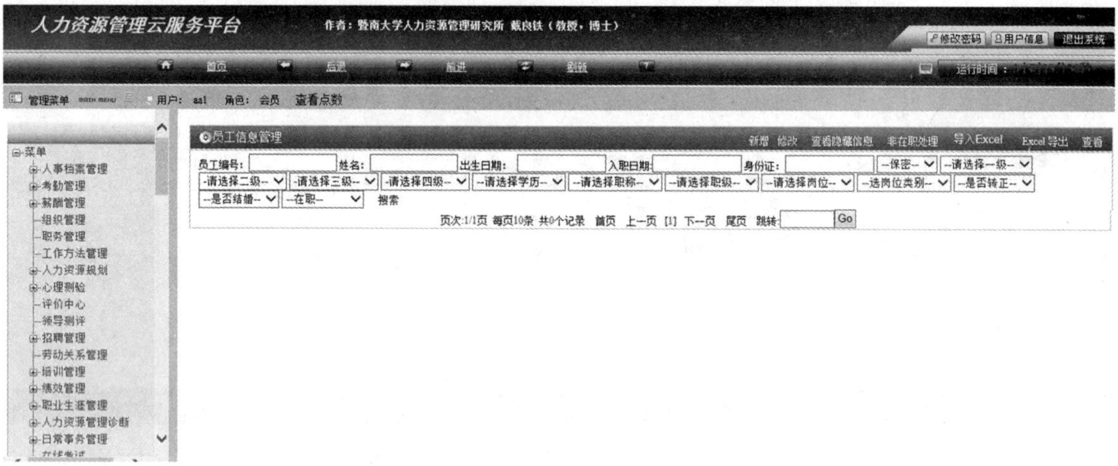

图1－12　“人力资源管理云服务平台”页面

图1－12显示出本服务平台的十八个系统：①人事档案管理系统；②考勤管理系统；③薪酬管理系统；④组织管理系统；⑤职务管理系统；⑥工作方法管理系统；⑦人力资源规划系统；⑧心理测验系统；⑨评价中心系统；⑩领导测评系统；⑪招聘管理系统；⑫劳动关系管理系统；⑬培训管理系统；⑭绩效管理系统；⑮职业生涯管理系统；⑯人力资源管理诊断系统；⑰日常事务管理系统；⑱在线考试系统。

逐一点击各个菜单项的“＋”号，把菜单全部展开，如图1－13所示。

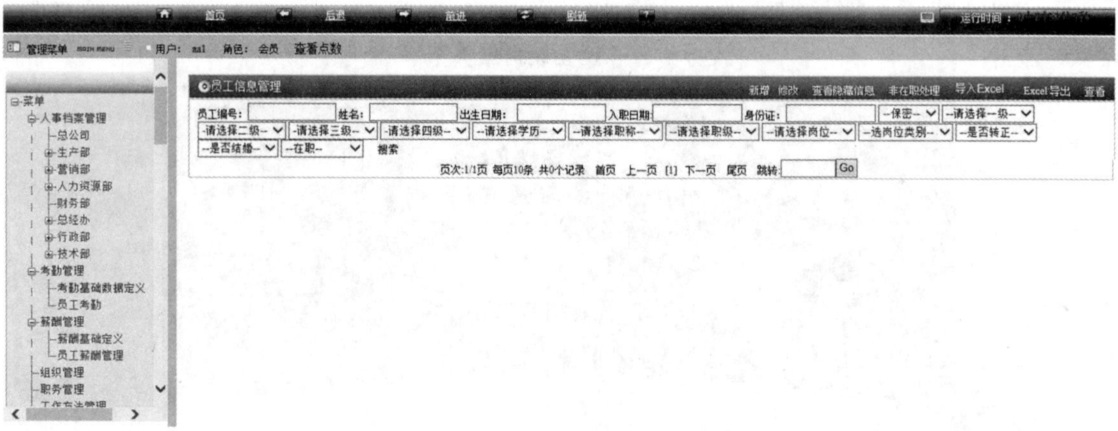

图1－13　“人力资源管理云服务平台”菜单展开

二、人事档案管理系统

1. 员工基础信息维护

（1）打开菜单，点击“人事档案管理”，进入图 1－14 所示的“员工信息管理”页面。

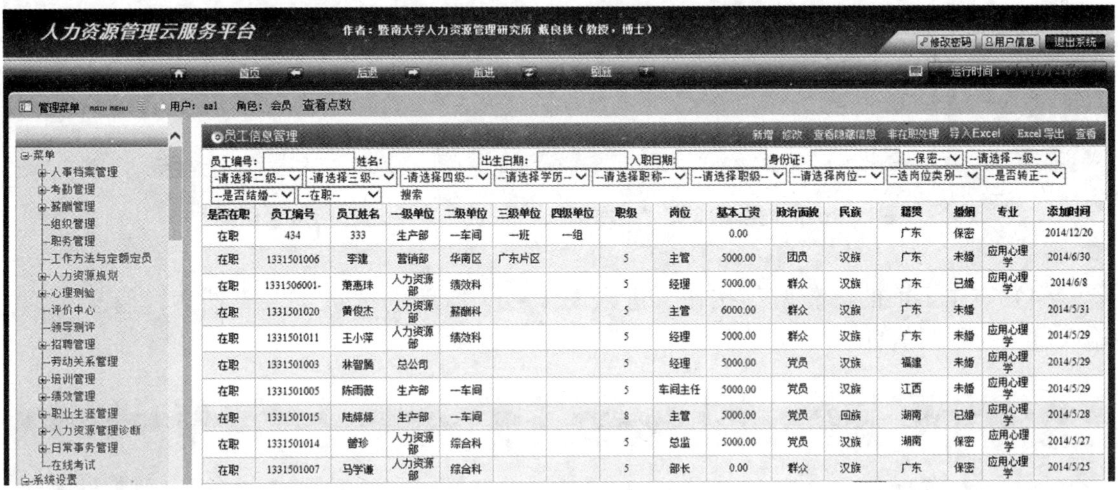

图 1－14　“员工信息管理”页面

（2）页面中的下面是员工列表，上面是员工的搜索条件。例如，输入员工编号：zgs01，点击“搜索”按钮，则只出现员工编号为 zgs01 的一个人，如图 1－15 所示。点击菜单上的“人事档案管理”，员工列表复原。

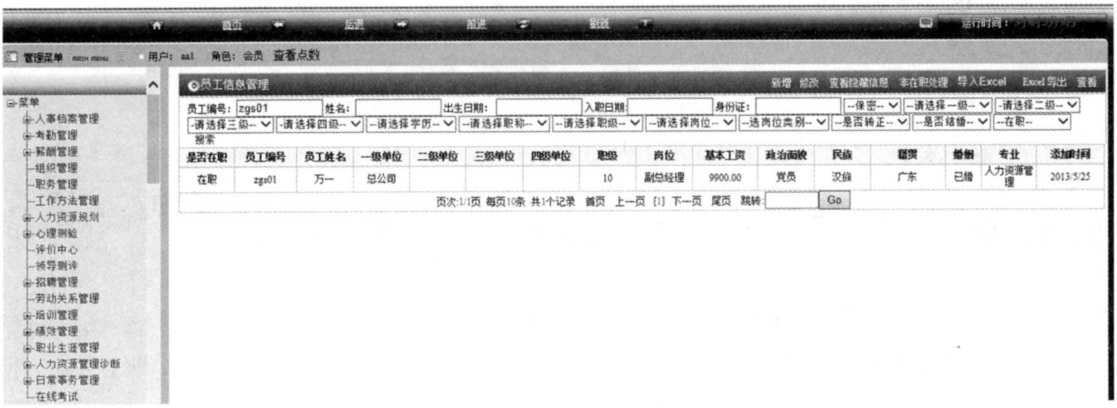

图 1－15　根据员工编号搜索

（3）还可根据组合的查询条件搜索。例如，一级单位：生产部；二级单位：一车间；三级单位：一班；四级单位：一组。点击“搜索”按钮，则显示“生产部”、“一车间”、“一班”、“一组”的全部员工，如图 1－16 所示。

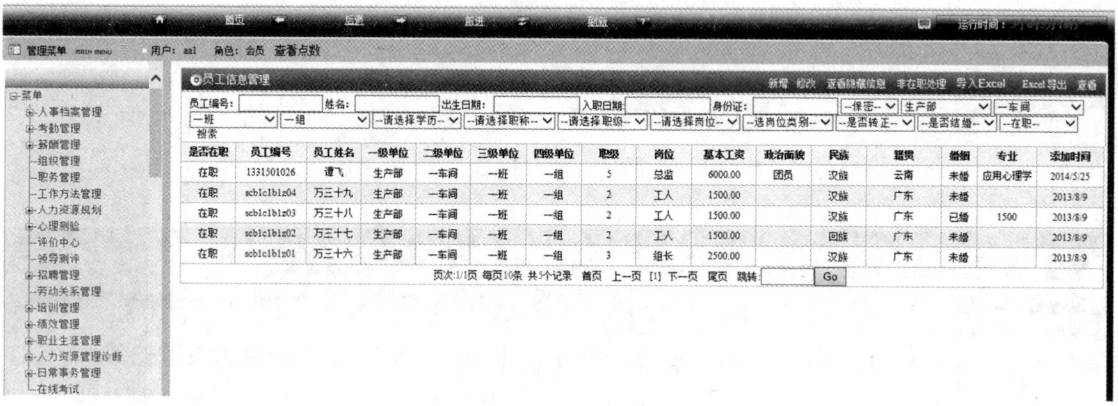

图 1－16　“生产部”、“一车间”、“一班”、“一组”的搜索结果

（4）点击上面的“新增”按钮，进入图 1－17 所示的“员工人事档案”管理页面。输入员工的各项信息。

图 1－17　“员工人事档案”管理页面

2. 非在职处理

新员工入职建立人事档案与招聘管理中应聘者的信息输入是在此同一页面，只是应聘者未被录用时，在图 1－14 所示的“员工信息管理”页面上点击“非在职”标示。具体操作如下：

若编号为 qq 的应聘者未被录用，则在员工列表中点击员工编号为 qq 的一行，该行颜色变深。然后点击上面的“非在职处理”，系统弹出窗口，询问“该员工确定非在职处理吗”，如图 1－18 所示。点击“确定”按钮，系统弹出“处理成功”窗口，点击“确定”按钮，返回“员工信息管理”页面。

图 1－18 询问是否确定处理该员工为“非在职”

点击搜索条件中的“是否在职”选项，选择“非在职”，可以看到，员工编号为 qq 的记录出现了红色词“非在职”，如图 1－19 所示。

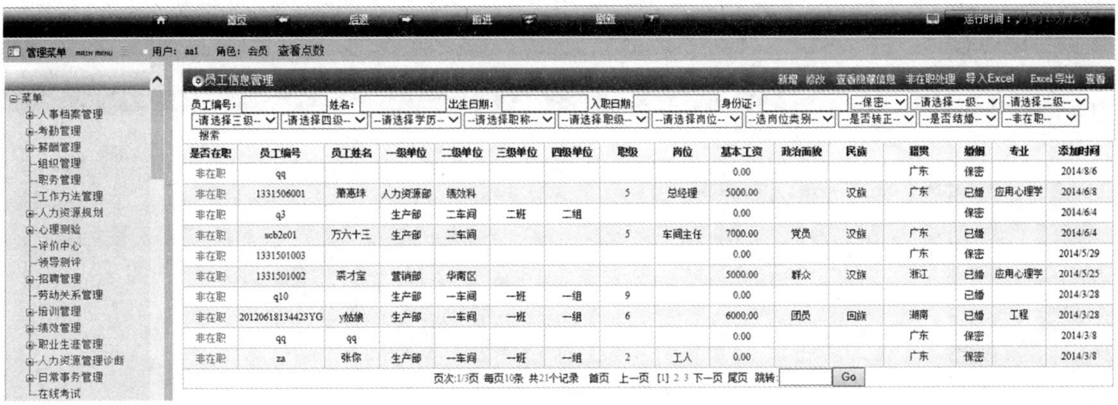

图 1－19 “非在职”记录

三、考勤管理系统

1. 考勤基础数据定义

考勤基础数据包括两个模块，一是“假期标准”管理，二是“全勤标准”管理，如图 1－20 所示。

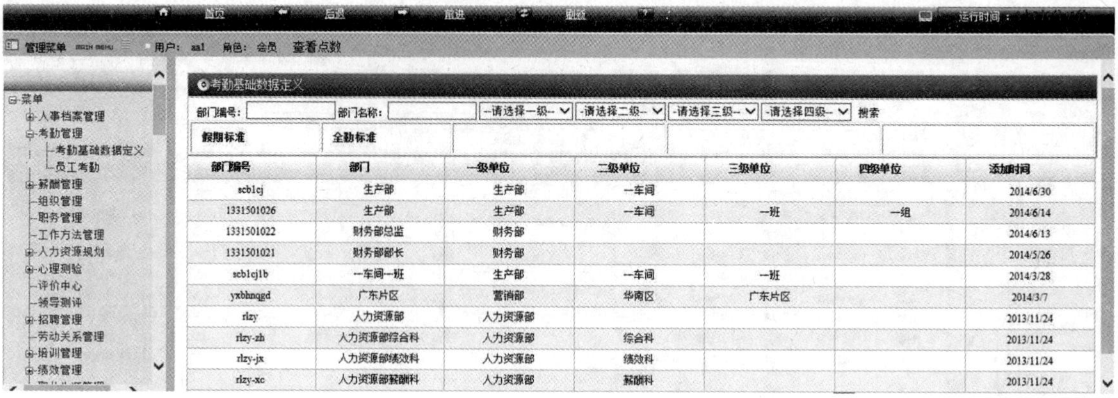

图 1－20 “假期标准”与“全勤标准”

（1）“假期标准”管理。

在列表中，点击“总公司”这一行，使其颜色变深，点击上面的“假期标准”，进入图 1－21 所示的“假期标准”列表。

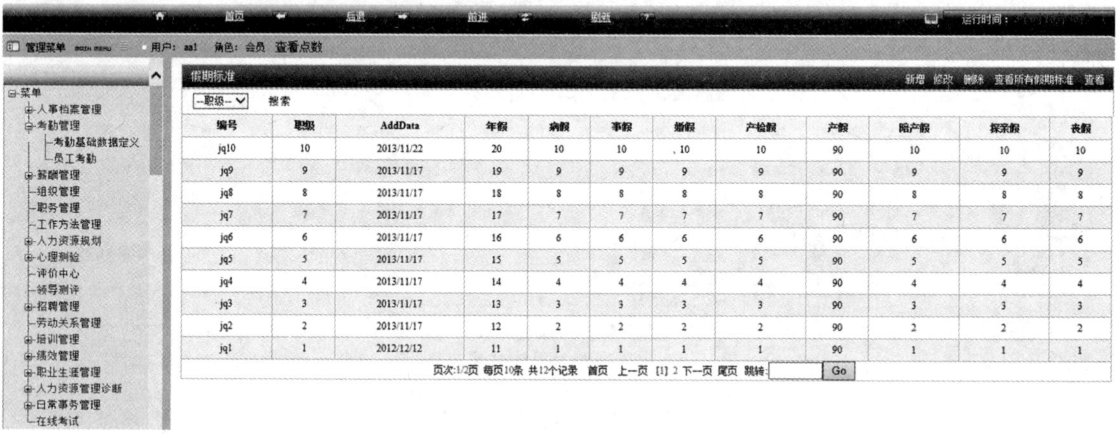

图 1－21 “假期标准”列表

在图 1－21 的列表中，点编号为“jq9”一行，使其颜色变深，点击上面的“新增（修改）”按钮，进入图 1－22 所示的页面，新增或修改假期标准的信息。

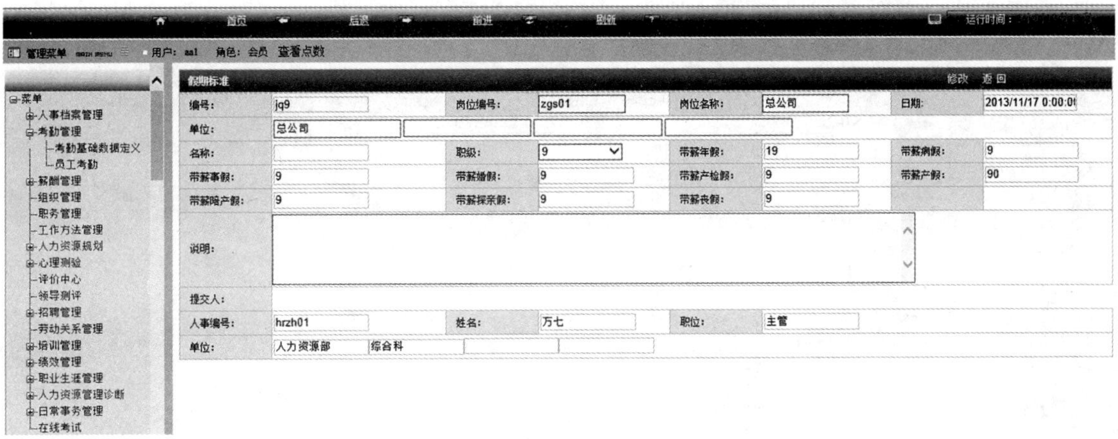

图 1－22　“假期标准”管理

（2）“全勤标准”管理。

在列表中，点击“总公司”这一行，使其颜色变深，点击上面的“全勤标准”，进入图 1－23 所示的“全勤定义”列表。

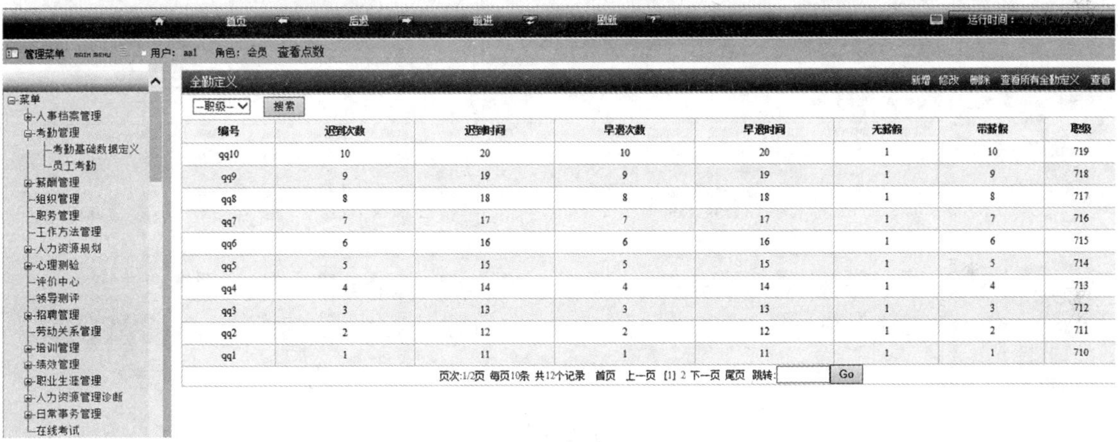

图 1－23　“全勤定义”列表

选择编号为“qq10”一行，使其颜色变深，点击上面的“新增（修改）”按钮，进入图 1－24 所示的页面，新增或修改全勤标准的信息。

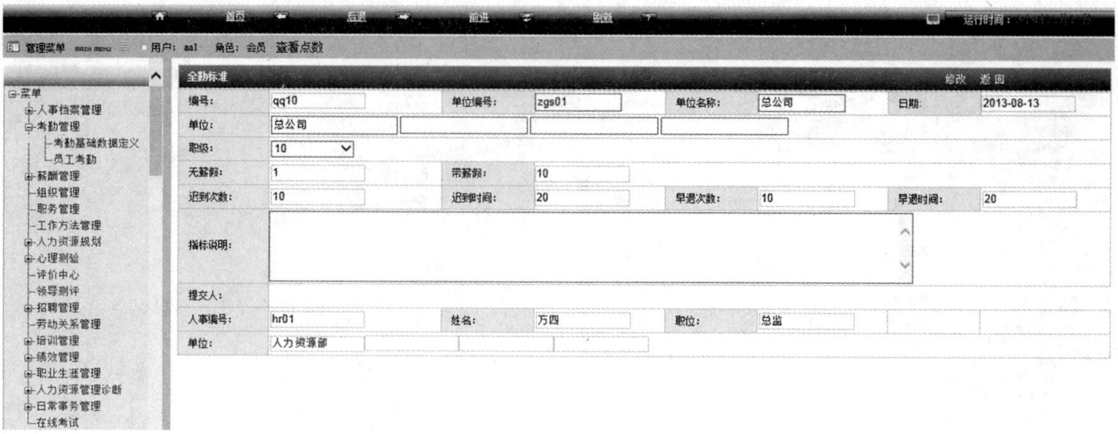

图 1－24 “全勤标准”管理

2. 员工考勤管理

员工考勤管理包括两个模块：一是假期管理，二是员工考勤，如图 1－25 所示。

图 1－25 “假期管理”与“员工考勤”

（1）假期管理。

在员工列表中，点击“万六十九”这一行，使其颜色变深，点击上面的“假期管理”，进入图 1－26 所示的“员工假期管理”列表。

图 1－26 “员工假期管理”列表

在图 1－26 中，点“年”为“2013”一行，使其颜色变深，点击上面的“新增（修改）”按钮，进入图 1－27 所示的新增或修改员工休假的信息。

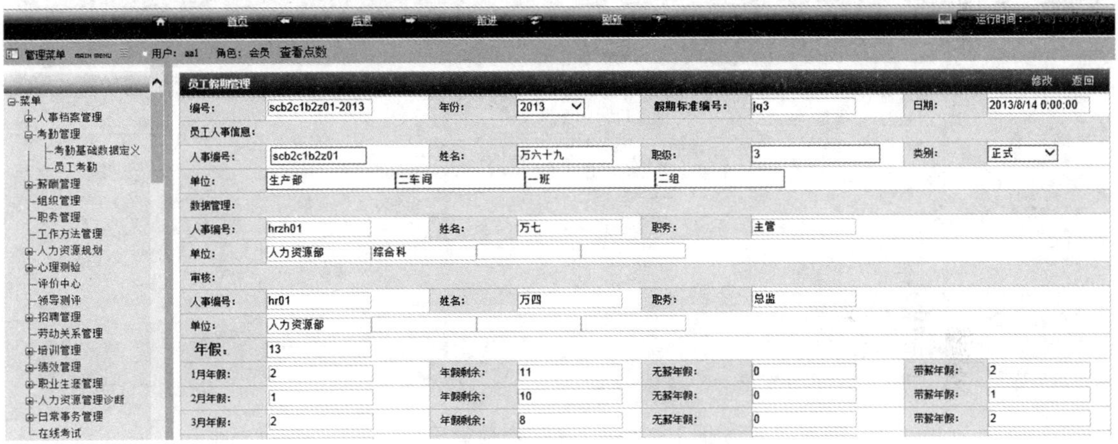

图 1－27 新增或修改员工休假的信息

（2）员工考勤。

在员工列表中，点击“万六十九”这一行，使其颜色变深，点击上面的“员工考勤”，进入“员工考勤”新增（修改）页面。点击上面的“新增（修改）”按钮，进入图 1－28，显示该员工历年各个月份的考勤数据列表。

编号	姓名	年	月份	打卡天数	日常加班	公休加班	节假日加班	换休	旷工	全勤	带薪假	无薪假
1331501004	万六十九	2013	11	0	0	0	0	0	0		0	0
scb2c1b2z01-201311	万六十九	2013	11	21	0	0	0	0	0	是	0	0
scb2c1b2z01-2014-6	万六十九	2014	6	0	0	0	0	0	0	是	0	0
scb2c1b2z01-2014-3	万六十九	2014	3	20	0	0	0	0	0	否	2	0
scb2c1b2z01-2014-2	万六十九	2014	2	20	1	2	0	0	0	否	3	0
scb2c1b2z01-2014-1	万六十九	2014	1	21	3	1	1	1	0	否	5	0
scb2c1b2z01-2013-11	万六十九	2013	11	11	0	0	0	0	0	否	11	8
scb2c1b2z01-2013-10	万六十九	2013	10	10	0	0	0	0	0	否	10	7
scb2c1b2z01-2013-9	万六十九	2013	9	9	0	0	0	0	0	否	10	7
scb2c1b2z01-2013-8	万六十九	2013	8	8	0	0	0	0	0	否	9	6

图 1－28　员工考勤数据列表

在图 1－28 中，点“年”“2013”、“月份”“11”，使其颜色变深，点击上面的“修改”，进入图 1－29，调入和输入各项员工考勤信息。

图 1－29　“员工考勤管理”

思考题

1. 如何理解人力资源管理的含义？
2. 现代人力资源管理和传统人事管理的区别和联系是什么？
3. 人力资源管理的具体任务有哪些？
4. 人力资源管理对企业有什么意义？
5. 请简述人力资源管理的演进历程。
6. 请简述现代管理理念的转变历程。
7. 日本和美国企业的人力资源管理模式有哪些不同？
8. 你认为未来人力资源管理的发展趋势是什么？
9. 请谈谈你对人力资本理论的认识。
10. 请简述人力资源管理的研究程序。

2 组织设计与组织变革

本章提要

本章介绍了组织设计的内容和基本原则，详细阐述了企业组织的主要类型，岗位设置的原则、方法和步骤，组织变革的原因、征兆、模式、发生、策略、阻力、对策和趋势。一般来说，组织设计的内容包括设计组织、配备人员、开动组织和监视运行四个环节。设计组织即设计组织的形式、结构和层级关系，明确关系及责权；配备人员即岗位设置，适当的工作由适当的人来做；开动组织即提供资源、发布指令、维持组织运转；监视运行即根据内外环境进行组织变革，保持组织活力。

2.1 组织的形式

组织是指为了达到某些特定的目标经由分工与合作及不同层次的权力和责任制度而构成的人的集合。企业组织的主要类型如下：

1. 直线制

直线制是企业发展初期的一种最简单的组织形式。其组织结构形式如图 2－1 所示：

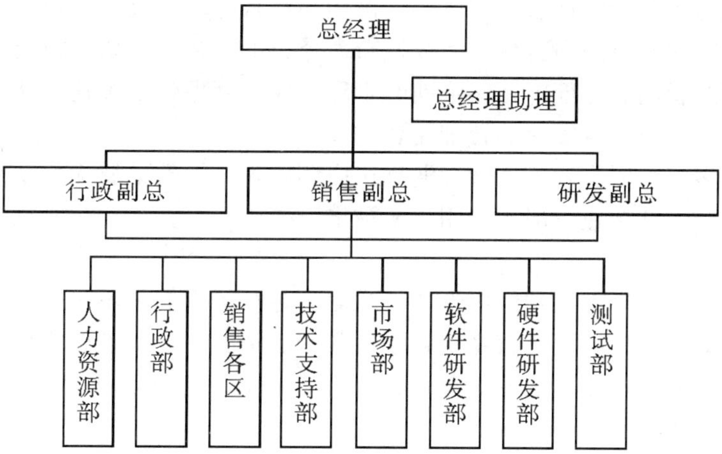

图 2－1 小型通信企业组织结构

特点：领导和指导的职能都由企业各级主管一人执行，上下级权责关系呈一条直线。下属单位只接受一个上级的指令。

优点：机构简化，权力集中，命令统一，决策迅速，责任明确。

缺点：没有职能机构和职能人员当领导的助手，要求各级主管人员有较高的素质，通晓各种业务，成为全能式的人物。在规模较大、管理比较复杂的企业中，主管人员难以具备足够的知识和精力来胜任全面的管理，因而不能适应。

这种组织机构形式适合于产销单一、工艺简单的小型企业。

2. 职能制

职能制组织形式与直线制恰恰相反。其组织结构形式如图 2－2 所示。

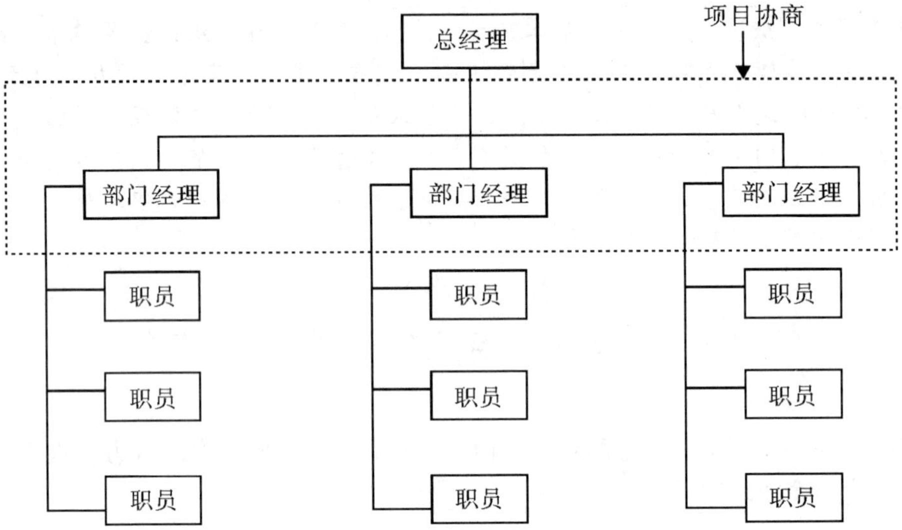

图 2－2　职能制组织结构

特点：企业内部各个管理层次都设职能机构并都有许多通晓各种业务的专业人员。各职能机构在自己的业务范围内有权向下级发布命令，下级都要服从各职能部门的指挥。

优点：不同的管理职能部门行使不同的管理职权，管理分工细化，从而能大大提高管理的专业化程度，适应日益复杂的管理需要。

缺点：政出多门，多头领导，管理混乱，协调困难，导致下属无所适从，领导与基层脱节，信息不畅。因此企业一般不采用，未被推广。

3. 直线职能制

直线职能制吸收了以上两种组织形式的长处而弥补了它们的不足。直线职能制在企业规模较小、产品品种简单、工艺较稳定且联系紧密的情况下，优点较突出；但对于大型企业、品种繁多的企业，加之市场变幻莫测，就不能适应企业的运作了。它的组织结构形式如图 2－3 和图 2－4 所示。

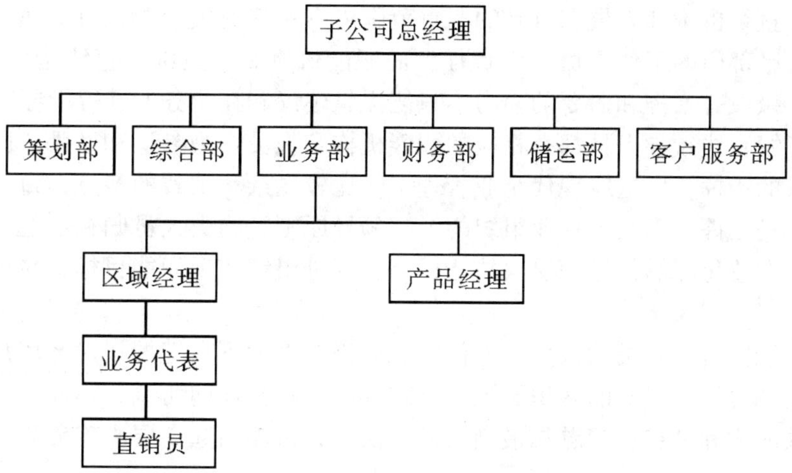

图 2－3　中型家电企业子公司组织结构图

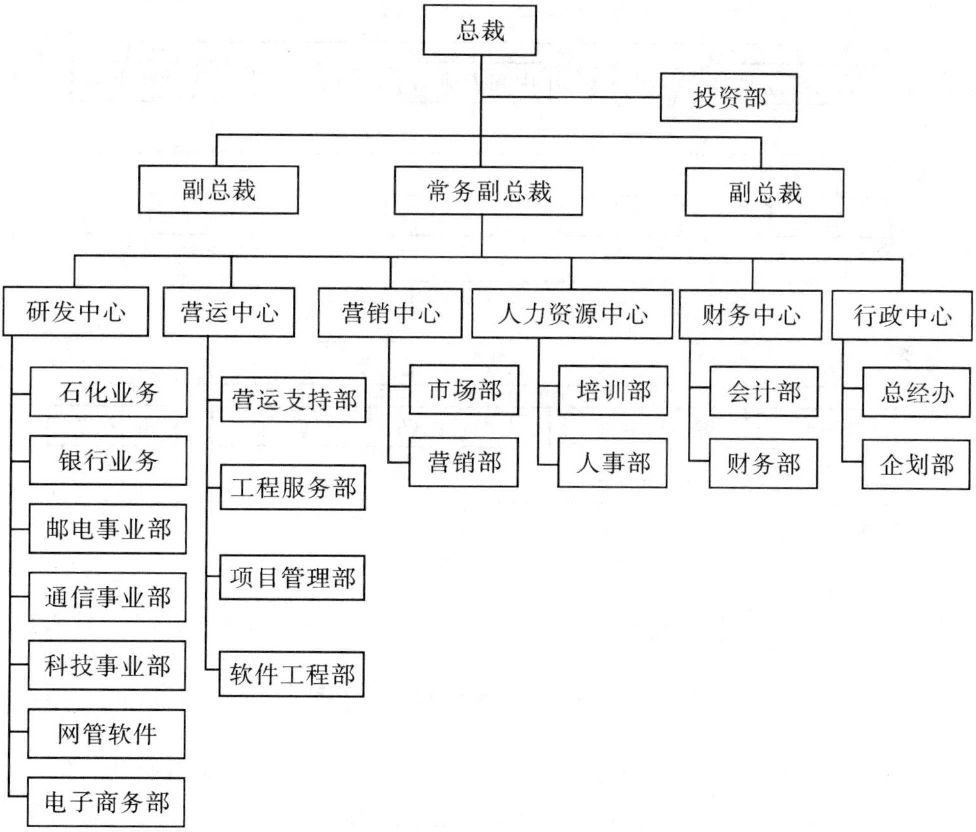

图 2－4　中型软件开发企业组织结构

特点：企业的全部机构和人员可以分为两类，一类是直线机构和人员，另一类是职能机构和人员。直线机构和人员在自己的职责范围内有一定的决策权，对下属有指挥和命令的权力，对自己部门的工作要负全面责任；而职能机构和人员则是直线指挥人员的参谋，对直线部门下级没有指挥和命令的权力，只能提供建议和在业务上进行指导。

优点：各级直线领导人员都有相应的职能机构和人员作为参谋和助手，因此能够对本部门进行有效的指挥，以适应现代企业管理工作比较复杂和细致的特点；每一级都是由直线领导人员统一指挥，满足了企业组织的统一领导原则；同类人员归在一起，在部门内产生规模经济；专业化能够促进深层次技能提高，促进组织实现职能目标，减少了人员和设备的重复设置。

缺点：职能机构和人员的权力、责任究竟应该有多大不易把握；对环境反应的决策由最高领导作出，对组织目标的认识有限，导致部门间缺少横向协调；不同职能间利益和视野的不同导致矛盾和冲突；问题靠最高层领导协调，可能引起高层决策负荷过重。

4. 事业部制

事业部制是目前国外大型企业普遍采用的一种组织形式。其组织结构如图 2－5 所示。

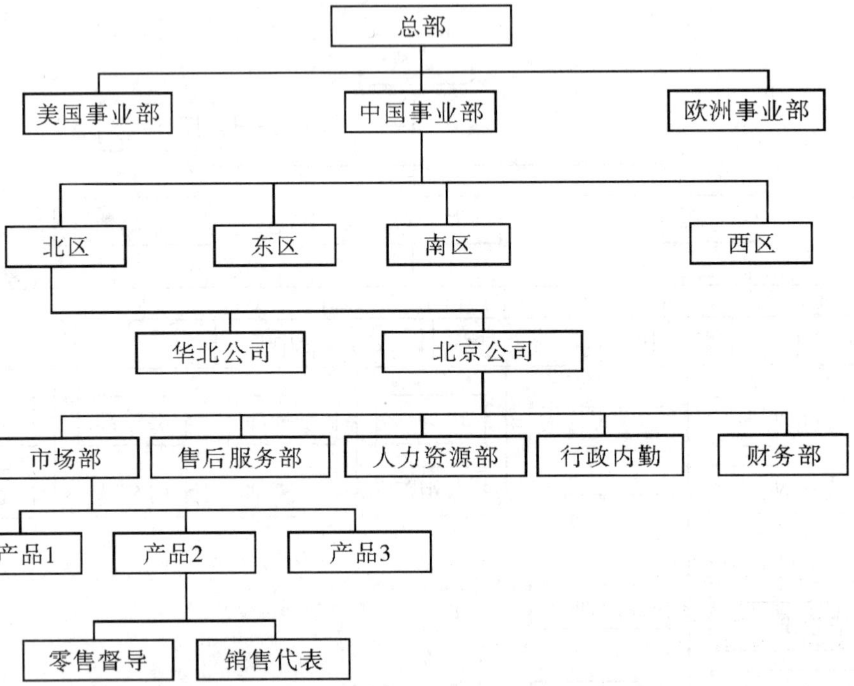

图 2－5　某国外大型零售企业组织结构

特点：把企业的生产经营活动按照产品或地区的不同，建立经营事业部。每一个经营事业部都是一个利润中心，在总公司领导下，有独立的经营自主权，相对独立的产品和市场，完善的组织机构，实行独立核算，自负盈亏。

优点：有利于调动各事业部的积极性，各事业部有一定的经营自主权，可以较快对市场作出反应，适应性和竞争力增强。同一产品或同一地区的产品开发、制造、销售等一条龙业务属于同一主管，便于综合协调，也有利于培训具有整体领导能力的高级人才。清晰的产品责任和联系环节能使顾客满意，并使各分部适应不同的产品、地区和顾客。因此，公司最高管理层可以从日常事务中摆脱出来，集中精力研究公司重大战略问题。

缺点：各事业部容易产生本位主义和短期行为，资源的相互调剂会与既得利益发生矛盾，人员调动、技术及管理方法的交流会遇到阻力，企业和各事业部都设置职能机构，容易造成机构重叠。

事业部制适用于规模较大，产品种类较多，各种产品之间的工艺差别较大，而且对市场变化适应性强的大型联合企业。

5. 模拟分散管理制

模拟分散管理制又叫模拟事业部制，是介于直线职能制与事业部制之间的一种组织形式。其组织结构如图 2 –6 所示。

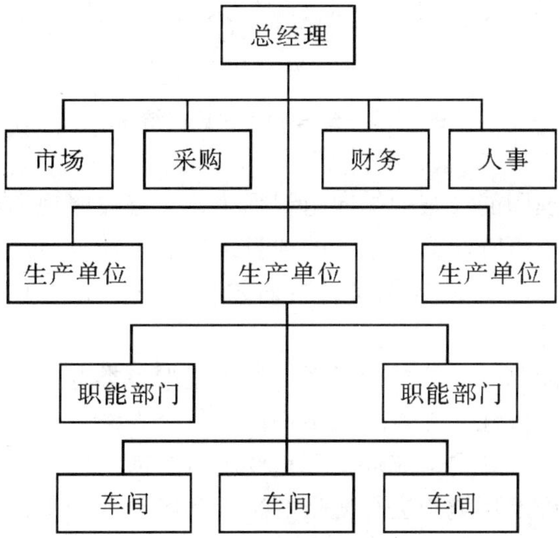

图 2 –6　模拟分散管理制

特点：它并不是真正地在企业中实行分散管理，而是进行模拟式独立经营、单独核算，以达到改善经营管理的目的。具体做法是，按照某种标准将企业分成许多“组织单位”，每个“组织单位”被看成是相对独立的“事业部”，拥有较大的自主权，有自己的管理机构，各组织单位之间按照内部转移价格进行产品交换并计算利润，进行模拟件的独立核算，以促进经营管理的改善。

优点：简化了核算单位，在一定程度上能够调动各组织单位的积极性。

缺点：各模拟单位的任务较难明确，成绩不易考核。

它一般适用于生产过程具有连续性的大型企业，如钢铁联合公司、化工公司等。这些企业由于规模过于庞大，不宜采用集权的直线职能制，而其本身生产过程的连续性或经营活动的整体性很强，又不宜采用分权的事业部制。

6. 矩阵制

矩阵制企业组织结构形式如图 2－7 所示：

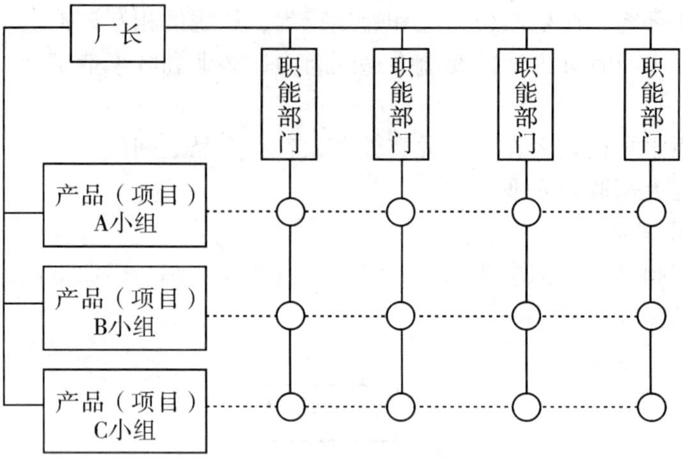

图 2－7　矩阵制企业组织结构

特点：既有按照管理职能设置的纵向组织系统，又有按照规划产品划分的横向组织系统，两者结合，形成一个矩阵。横向系统的项目组所需工作人员从各职能部门抽调，这些人既接受本职能部门的领导，又接受项目组的领导，一旦某一项目完成，该项目组就撤销，人员仍旧回原职能部门。

优点：加强了各职能部门间的横向联系，便于集中各类专门人才加速完成某一特定项目，有利于提高成员的积极性。在矩阵制结构内，每个人都有更多机会学习新的知识和技能，因此有利于个人发展。获得适应环境双重要求所必需的协作；产品间实现人力资源的弹性共享；适用于在不确定环境中进行复杂的决策和经常性变革；为职能和生产技能改进提供了机会。

缺点：由于实行项目和职能部门双重领导，当两者意见不一致时令人无所适从；工作发生差错时也不容易分清责任；人员是临时抽调的，稳定性差，容易产生临时观念，影响正常工作。

它适用于设计、研制等创新性的工作，如军工、航空航天工业的企业。

7. 多维立体制

多维立体组织结构是在矩阵结构基础上发展起来的。它的组织结构形式如图 2－8 所示。

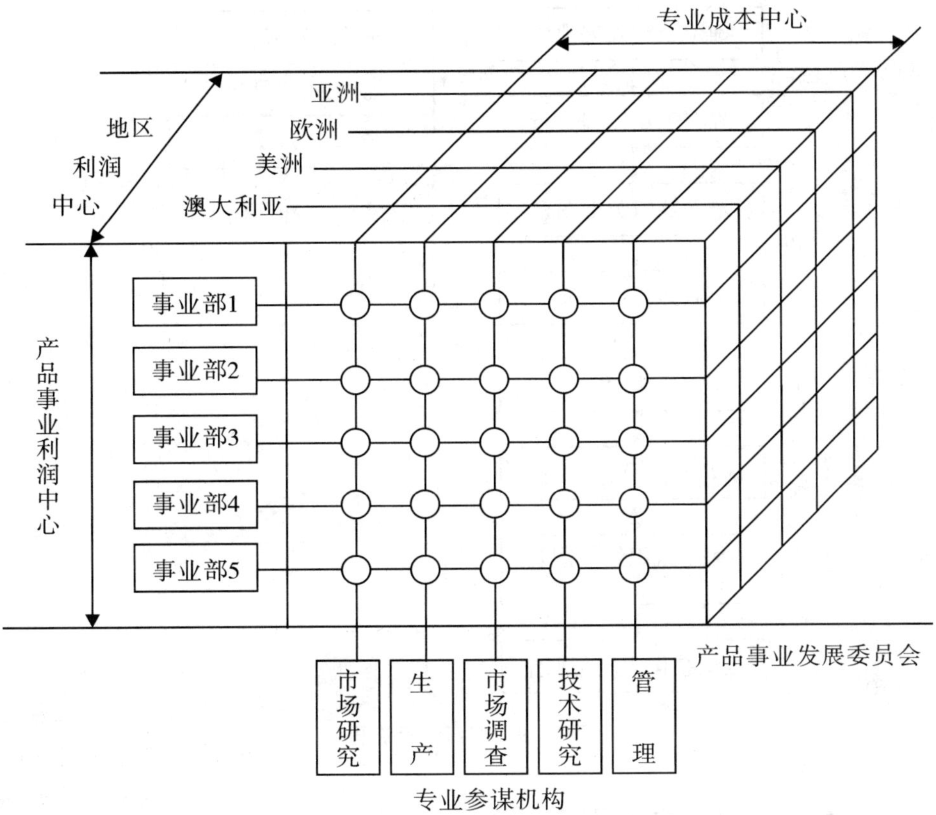

图2－8 多维立体组织结构

它也是系统理论在管理组织中的一种应用，主要包括三类管理机构：

①按产品划分的事业部——产品事业利润中心；

②按职能划分的专业参谋机构——专业成本中心；

③按地区划分的管理机构——地区利润中心。

通过多维立体结构，可以把产品事业部经理、地区经理和总公司参谋部门这三者较好地统一和协调成管理整体。它适用于特大型的跨国公司。

2.2 组织结构设计

组织结构设计是建立或改造一个组织的过程，包括对组织活动框架和组织结构的设计与再设计，是把任务、流程、权力和责任进行有效组合和协调的活动。如图2－9所示。

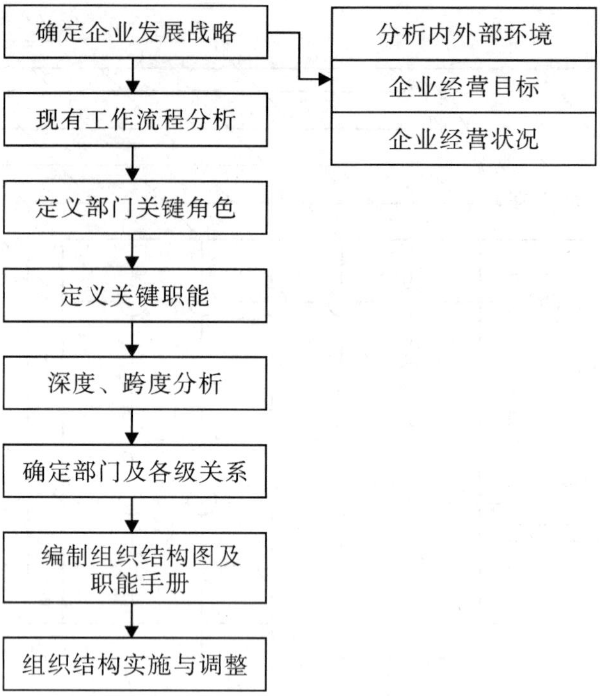

图2－9　组织设计流程

2.2.1　影响组织结构设计的主要因素

1. 组织战略

一个组织或者单位的组织结构是其实现发展战略的主要工具，不同的战略要求不同的结构。著名管理学者钱德勒指出：战略决定结构，高度多样化的经营战略需要的就是分权式的结构。因为多样化经营战略意味着组织的业务内容涉及多方面，需要采用集权度较低的组织结构，如事业部制组织结构，才能从总体上推进多样化经营战略的实施。而单一发展战略则可选择集权度较高的组织结构，如直线职能制组织结构。

2. 组织环境

组织环境指所处行业的特征、经济形势、政府管理和人力资源条件等。环境因素可以从两个方面影响组织结构的设计，即环境的复杂性和稳定性。环境越复杂多变，则组织设计就越要强调适应性，如降低组织结构的刚性，加强非程序化决策能力等。在考虑组织环境时，要充分考虑环境的稳定性和复杂性。

3. 组织业务

一个组织的职能和业务流程是决定组织结构的基本构成要素。业务流程重组和优化已经成为当前管理中一个流行的词汇，所有的流程重组和优化工作实际上都围绕着谋求更多产出这样一个核心进行。在科学管理时代，一般而言，业务流程越长，岗位设置就会越多，反之，就会越少。

4. 人员素质

人员素质包括各类职工的价值观念、组织文化、思想水平、工作作风、业务知识、管理技能、工作经验以及年龄结构等。人员素质对岗位设置有着直接的影响。

5. 技术因素

技术是组织把投入转化为产品的手段，可以分为常规性的技术和非常规性的技术。它与组织结构的关系，受组织正规化程度的影响。如果组织正规化程度高，常规性技术可以伴随分权化控制机制；反之，常规性技术会导致集权化。

6. 组织规模

中小组织一般采用集权管理，组织规模大了以后客观上就有分权的要求，而且管理层级也会增加。

2.2.2 组织结构设计的关键因素

管理者在进行组织结构设计时，必须正确考虑以下关键因素：

1. 工作专业化

20 世纪初，亨利·福特（Henry Ford）通过建立汽车生产线而富甲天下，享誉全球。具体做法是：给每一位员工分配特定的、重复性的工作。例如，有的员工只负责装配汽车的右前轮，有的则只负责安装右前门。通过把工作分化成较小、标准化的任务，使工人能够反复地进行同一种操作。福特的经验表明，让员工从事专门化的工作，他们的生产效率会提高。今天，我们用工作专门化（Work Specialization）这个术语或劳动分工这类词汇来描述组织中把工作任务划分成若干步骤来完成的细化程度。

工作专门化的实质是：不是一个人完成一项工作的全部，而是将工作分解成若干步骤，每一步骤由一个人独立去做。

20 世纪 40 年代后期，工业化国家大多数生产领域的工作都是通过工作专门化来完成的。管理人员认为，这是一种最有效的利用员工技能的方式。在大多数组织中，有些工作需要技能很高的员工来完成，有些则不经过训练就可以做好。如果所有的员工都参与组织制造过程的每一个步骤，那么，就要求所有的人不仅具备完成最复杂的任务所需要的技能，而且具备完成最简单的任务所需要的技能。结果，除了从事需要较高的技能或较复杂的任务以外，员工有部分时间花费在完成低技能的工作上。由于高技能员工的报酬比低技能员工高，而工资一般是反映一个人最高的技能水平的，因此，付给高技能员工高薪，却让他们做简单的工作，无疑是对组织资源的浪费。

通过实行工作专门化，管理层还可以提高组织在其他方面的运行效率。通过重复性的工作，员工的技能会有所提高，在改变工作任务或在工作过程中安装、拆卸工具及设备所用的时间会减少。同样重要的是，从组织角度来看，实行工作专门化，有利于提高组织的培训效率。挑选并训练从事具体的、重复性工作的员工比较容易，成本也较低，对于高度精细和复杂的操作工作尤其是这样。例如，如果让一个员工去生产一整架飞机，波音公司一年能制造出一架大型波音客机吗？最后，通过鼓励专门领域进行发明创造，改进机器，工作专门化有助于提高效率和生产率。

20 世纪 50 年代以前，管理人员把工作专门化看作是提高生产率的不竭之源，或许他们是正确的，因为那时工作专门化的应用尚不够广泛，只要引入它，几乎总是能提高生产率。但到了 60 年代以后，越来越多的证据表明，好事做过了头就成了坏事。在某些工作领域，达到了这样一个顶点：由于工作专门化，人的非经济性因素的影响（表现为厌烦情绪、疲劳感、压力感、低生产率、低质量、缺勤率上升、流动率上升等）超过了其经济性影响的优势。

现在，大多数管理人员并不认为工作专门化已经过时，也不认为它还是提高生产率的不竭之源。他们认识到了在某些类型的工作中工作专门化所起到的作用，以及使用过头可能带来的问题。例如，在麦当劳快餐店，管理人员们运用工作专门化来提高生产和售卖汉堡包、炸鸡的效率。大多数卫生保健组织中的医学专家也使用工作专门化。但是，奥帝康公司和土星公司则通过丰富员工的工作内容，降低工作专门化程度而获得了成功。

2. 命令链

20年前，命令链的概念是组织设计的基石，虽然在今天它的重要性大大降低，不过在决定如何更好地设计组织结构时，管理者仍需考虑命令链的意义。

命令链（Chain of Command）是一种不间断的权力路线，从组织最高层扩展到最基层，澄清谁向谁报告工作的问题。它能够回答员工提出的这种问题：“我有问题时，去找谁？”“我对谁负责？”

3. 控制跨度

一个主管可以有效地指导多少个下属？这种有关控制跨度（Span of Control）的问题非常重要，因为在很大程度上，它决定着组织要设置多少层次，配备多少管理人员。在其他条件相同时，控制跨度越宽，组织效率越高，这一点可以举例证明。

假设有两个组织，基层操作员工都是 4 096 名，如果一个控制跨度为 4，另一个为 8，那么控制跨度宽的组织比控制跨度窄的组织在管理层次上少两层，可以少配备 800 人左右的管理人员。如果每名管理人员年均薪水为 40 000 美元，则控制跨度宽的组织每年在管理人员薪水上就可节省 3 200 万美元。显然，在成本方面，控制跨度宽的组织效率更高。但是，在某些方面，宽跨度可能会降低组织的有效性，也就是说，如果控制跨度过宽，由于主管人员没有足够的时间为下属提供必要的领导和支持，员工的绩效会受到不良影响。

控制跨度窄也有其好处，把控制跨度保持在 5 到 6 人，管理者就可以对员工实行严密的控制。但控制跨度窄主要有 3 个缺点：第一，管理层次会因此而增多，管理成本会大大增加。第二，使组织的垂直沟通更加复杂。管理层次增多也会减慢决策速度，并使高层管理人员趋于孤立。第三，控制跨度过窄易造成对下属监督过严，妨碍下属的自主性。近几年的趋势是加宽控制跨度。例如，在通用电气公司和雷诺金属公司这样的大公司中，控制跨度已达 10 到 12 人，是 15 年前的两倍。卡伯利恩公司的一名地区经理，直接管辖 27 人，如果是在 20 年前，处于这种职位的人，通常只有 12 名下属。

4. 集权与分权

在有些组织中，高层管理者制定所有的决策，低层管理人员只管执行高层管理者的指示。另一种极端情况是，组织把决策权下放到最基层管理人员手中。前者是高度集权式的组织，而后者则是高度分权式的组织。

集权化（Centralization）是指组织中的决策权集中于一点的程度。这个概念只包括正式权威，也就是说，某个位置固有的权力。一般来讲，如果组织的高层管理者不考虑或很少考虑基层人员的意见就决定组织的主要事宜，则这个组织的集权化程度较高。相反，基层人员参与程度越高，或他们能够自主地作出决策，组织的分权化（Decentralization）程度就越高。

近年来，分权式决策的趋势比较突出，这与使组织更加灵活和主动地作出反应的管理思想是一致的。在大公司中，基层管理人员更贴近实际生产，对有关问题的了解比高层管理者更翔实。

5. 标准化

如果一种工作的标准化程度较高，就意味着做这项工作的人对工作内容、工作时间、工作手段没有多大自主权。人们总是期望员工以同样的方式投入工作，能够保证稳定一致的产出结果。在高度正规化的组织中，有明确的工作说明书，有繁杂的组织规章制度，对于工作过程有详尽的规定。而正规化程度较低的工作，相对来说，工作执行者和日程安排就不是那么僵硬，员工对自己工作的处理许可权就比较宽。由于个人许可权与组织对员工行为的规定成反比，因此工作标准化程度越高，员工决定自己工作方式的权力就越小。工作标准化不仅减少了员工选择工作行为的可能性，而且使员工无须考虑其他行为选择。

6. 精简

精简是指组织结构的设计与组织目标任务相适应，根据任务设置机构，包括管理层次和部门设置的合理性。这一原则要求：

（1）管理层次。管理层次要与垂直分工的精细程度相适应，考虑管理等级之间的沟通和联络。

（2）部门划分。部门划分精细适当，要有明确的职责和足够的工作量。

（3）部门规模。每个部门的规模（即人员配备）与其任务相适应，无人浮于事的现象。

7. 权责对等

权力和责任是同一事物的两个方面。权责对等是指组织中确定的职权和职责必须对等，即每一管理层次上的各个职位既要赋予其具体的职位权限，又要规定对该职位职权相对应的职责范围。这一原则要求职权与职位职责相对应，不允许职权程度大于或小于职责程度。职权职责要形成规范，使各职位之间的权力责任关系清晰，指挥明确，以减少组织中的重复、抵消、推诿、扯皮、争权、卸责等权责不清的现象，提高组织的工作效率。

8. 统一指挥

统一指挥是指组织设计必须使组织的各分系统和个人在完成任务的过程中服从一个上级的命令和指挥，以达到协调统一。统一指挥原则要求指挥命令系统明确，即上下级之间的权力、责任和联系渠道必须明确，一个下级只接受来自一个上级的决策和命令，不得政出多门，上级对下级不得越级指挥。“多头领导”和“政出多门”是造成权责不清、管理混乱的主要根源。

9. 灵活性

结构设计应该使组织内部的部门和机构最大限度地发挥其主观能动性，同时可以根据内外条件的变化，自行调整一部分部门范围内的组织工作，而并不牵动整体结构的变化，增强整体结构稳定条件下的内部灵活性。要求集中统一管理必须与各管理层次和各部门的分权相结合，分工与协作要紧密结合，使相对静态的组织结构与动态环境变化相适应。

10. 效率效益

效率是组织结构合理协调的标志，效益则是设置组织结构的目的，规定了组织活动必须达到的目标。这就要求所设计的组织结构必须能实现效率运转，而组织活动的结果必须有一定的效益。

11. 目标明确

任何一个组织都有其特定的目标，组织结构是为实现组织的目标而设置的。组织结构的调整、合并、增加、减少都应以是否对其实现目标有利为衡量标准，而不能有其他标准。所以，在设计组织结构时，一定要首先明确组织目标是什么，每个分支机构的分目标是什么，以及每个人的工作是什么，根据目标来设置相应的机构。

12. 分工协作

组织目标的实现，要靠组织全体成员共同努力。这就要求组织必须坚持分工协作，把组织目标分解并落实到各个部门、各层次和各个成员，这就是分工。分工规定了各个部门、各层次和各个成员的工作内容、工作范围。有分工还必须有协作。为了确保组织目标的完成，组织内各部门、各岗位都必须进行协作。协作就是要规定各个部门、各层次和各岗位相互之间的关系以及协调配合的方法。如果组织内各部门、各岗位不协调一致，相互间的力量就会削弱和抵消，组织的职能将受到严重削弱。

13. 富有弹性

组织结构要富有弹性，要根据客观情况的变化实行动态管理。组织是整个社会环境的一部分，组织与社会环境的密切关系，受社会的政治、经济和文化等因素的制约。组织内的各个方面因素也在不断地变化着。因此，组织结构既要有相对的稳定性，不要轻易变动，又必须随组织内部和外部条件的变化而变化，根据长远目标作出相应的调整，使组织结构具有弹性。墨守成规、长期不变的管理结构，不符合组织结构设计的弹性原则，它会抑制职工的积极性与创造性。

2.2.3 组织结构设计的步骤

1. 工作划分

根据目标一致和效率优先的原则，把达成组织目标的总任务划分为一系列各不相同又互相联系的具体工作任务。

2. 建立部门

把相近的工作划为一类，在每一类工作之上建立相应部门。在组织内根据工作分工建立职能各异的组织部门。

3. 决定管理跨度

所谓管理跨度，就是一个上级直接指挥下级的数目。应该根据人员素质、工作复杂程度、授权情况等合理地决定管理跨度，相应地也就决定了管理层次和职权职责的范围。

4. 确定职权关系

授予各级管理者完成任务所必需的职务、责任和权力，从而确定组织成员间的职权关系。

（1）上下级间的职权关系，即上下级间权力和责任的分配，关键在于授权程度。

（2）直线部门与参谋部门之间的职权关系。直线职权是一种等级式的职权，直线管理人员具有决策权与指挥权，可以向下级发布命令，下级必须执行。而参谋职权是一种顾问性质的职权，其作用主要是协助直线职权去完成组织目标。参谋人员一般具有专业知识，可以就自己职能范围的事向直线管理人员提出各种建议，但没有越过直线管理人员去命令下级的权力。

2.2.4 组织结构设计的基本原则

企业要建立一个完善的组织管理体系，在进行组织设计和调整时必须遵循以下基本原则：

1. 组织设计服务于战略的原则

组织存在的意义就是为了实现组织的目标，而组织的目标是企业依据环境及资源所作出的战略性选择。组织结构是一种手段，设计和调整组织结构的目的就是为了更好地实现组织的目标。

2. 任务、目标原则

任务、目标原则是指企业管理组织为了保证完成任务，实现企业的目标，把每一个职工的力量集中起来组成一个整体，而且使其各自明确自己的任务，围绕企业的总目标运转。因此，每一个组织和这个组织的每一部分，都与特定的任务、目标有关，否则就没有存在的价值。一个合理的管理组织必须是在一定时间内，在充分估量企业内部条件和外部环境因素的基础上，求得上述各项目标的最佳组合。任务、目标原则还要求组织设计要以事为中心，因事设机构、设职务、配人员，要做到人与事的优化组合。

3. 精干高效原则

企业的管理组织机构应该是精干的、工作效率很高的。要在服从生产经营需要的前提下，力求减少管理层次，精简管理机构和管理人员，充分发挥各级各类人员的积极性，使其更好地为生产经营服务。只有机构精简、队伍精干，工作效率才能提高。如果管理组织层次繁多，机构臃肿，人浮于事，就必然滋长官僚主义、文牍主义，办事拖拉，效率低下，而且增大管理费用，增加产品成本，影响整个企业的经济效益。

4. 适应环境的原则

企业在经营过程中由于经营环境的改变，原有的组织可能会变得残缺、低效，不能再适应环境的需要，这样发展下去企业就可能面临被淘汰出局，组织设计和组织变革就是使企业无论是在组织结构上还是组织成员的素质上都能够更好地适应环境。

5. 稳定性与灵活性相结合原则

组织缺乏稳定性，频繁变动，会造成员工的心理动荡，加大学习成本，既不利于员工成长，也会导致人员流失，因此组织机构应当保持一定的稳定性。但是，为了适应环境和战略的变化，组织设计应该在考虑稳定的基础上考虑其灵活性，既要考虑当前的情况，又要考虑未来可能产生的各种变化，这一点对于成长性企业尤为重要。

6. 统一指挥原则

统一指挥原则是最经典也是最基本的原则，是指命令的统一、指挥的统一和垂直性系统。这个原则严格规定命令应逐级下达，下级只接受一个上级的领导，只向一个上级汇报并对其负责，上下级之间形成了一个指挥链。

贯彻统一指挥原则，必须遵守以下四点要求：

（1）从最上层到最基层，这个等级链不能中断。

（2）任何下级只能有一个上级领导，不允许多头领导。

（3）不允许越级指挥。

（4）职能机构是参谋，只有提出建议之权，无权过问该直线指挥系统下属的工作。

违背上述四点要求，就意味着统一指挥原则遭受破坏。

7. 集权与分权相平衡原则

集权与分权相平衡原则就是根据组织的实际需要来决定集权和分权的程度。集权是指组织的大部分决策权都集中在上层；分权是指将组织的决定权根据各个层次职务上的需要进行分配。集权和分权的程度完全是根据组织在不同时期、不同环境下为了完成组织目标的需要而决定的。例如，当组织的外部环境比较稳定时宜采用集权，当组织的外部环境变化激烈时宜采用适当程度的分权；当组织规模较小时宜采用集权，当组织规模较大时宜采用适当程度的分权；集权和分权的程度没有固定的尺度，应该因需而定。

8. 分级管理的原则

分级管理的原则要求做到逐级管理，上级不能出现越级指挥；相应地，下级也是逐级汇报。

9. 分工与协作原则

分工是指按照不同专业和性质将组织的任务和目标分成不同层次的部门或个人的单项任务或目标，并规定出完成各自任务或目标的手段和方式。分工是提高组织工作效率的基本手段，可以使每一个部门或个人专心从事某一方面的工作，增加熟练程度和技巧。协作是指规定各个部门之间或部门内部的协调关系和配合方法。组织是一个系统，作为其子系统的各个部门必须相互协调才能高效率地完成各自的任务，最终实现组织的总目标，所以分工与协作是相辅相成的。分工与协作原则就是指在组织设计时，按照不同专业和性质进行合理的分工，并规定各个部门之间或部门内部的协调关系和配合方法，这是提高组织运行效率的有效手段。

10. 管理幅度和管理层次原则

管理幅度，又称管理宽度或管理跨度，是指平均每位干部管理的下属员工的人数限度。管理层次是指最高管理者到最基层员工之间设了多少层机构。一个企业应如何决定管理幅度和管理层次，要从企业的实际情况出发。正确处理管理幅度与管理层次的关系，还涉及以下一些因素：

（1）工作能力的强弱。工作能力包括领导者的工作能力和下级的工作能力。若撇开领导者的工作能力不谈，下级工作能力强，经验丰富，则上级处理上下级关系所需的时间和次数就会减少，这样就可扩大管理面。反之，如果下级不能胜任委派的任务，上级指导和监督下级的活动花费的时间无疑要增加，此时管理面势必要缩小。

（2）信息交流的难易。信息交流的方式和难易程度也会影响到管理幅度。在管理活动中，如上下级意见能及时交流，左右关系能协调配合，就有利于扩大管理面。

（3）检查手段的快慢。如果任务目标明确，职责和职权范围划分清楚，工作标准具体，上级能通过检查手段迅速地控制各部门的活动和客观地、准确地测定其成果，则管理面可适当扩大；反之，则管理面要缩小。

11. 权责利对等原则

所谓权，是指权力，即在规定的职位上所能支配的资源和行使的能力，权力是和职位相联系的，所以也称职权，一般包括业务决策权、财务决策权和人事决策权。所谓责就是指责任，也就是在接受职位、职务时所应尽的义务，它也是同职位、职务联系在一起的，所以也叫职责。所谓利，是指利益，指对劳动者所在职位的劳动报酬。权责利对等，通俗地讲就是什么样的职位享受什么样的职权，承担相应的责任，获取相应的利益，这样才能保持组织有条不紊地正常运转。另外，同级人员的权、责、利应保持一定的平衡。

12. 因人设岗与因事设岗辩证使用的原则

因事设岗往往是组织设计时的一个本能原则，但是，一味地强调因事设岗有时不切合企业的实际情况，很多时候，一些岗位由于人力资源稀缺而迟迟无法到位。同时，在很多时候也要对组织中一些高层管理人员、元老或其他有特殊技能的人员的能力、经验、性格等因人设岗，做到人尽其才。因此，因事设岗要保证事事有人做。因人设岗不是保证人人有事干，而是要保证“有能力的人有机会去做他们真正能胜任的工作”。

13. 弹性结构原则

弹性结构原则就是指组织的部门结构、人员的职位和职责是可以随着实际需要而变动的，以便使组织能快速适应环境的变化。人员的岗位职责要根据不同时期的组织目标和任务特性进行调整。各级管理人员要定期更换，努力做到一专多能、一人多岗。还可以通过实行多种用工制度使人员富有弹性。

2.3 组织岗位设置

岗位设置是指通过满足员工与工作有关的需求来提高工作效率。因此，岗位设置是否得当对激发员工的工作热情、提高工作效率都有重大影响。岗位设置把整个组织战略和组织职能、目标分解到每个员工的层次。如果在系统或流程的变革中没有对岗位进行相应的改变，这种变革注定不会成功。

2.3.1 岗位设置的原则

（1）因事设岗原则：从理清该做的事开始，“以事定岗、以岗定人”。岗位和人应该是设置和配置的关系，而不能颠倒。

（2）整分合原则：在组织整体规划下应该实现岗位的明确分工，又在分工基础上有效地综合，使各岗位职责明确又能上下左右之间同步协调，以发挥最大的组织效能。

（3）最少岗位数量原则：应在满负荷的前提下设置岗位，以节约人工成本和提高工作效率。

（4）规范化原则：岗位名称、职责范围、任职条件等均应规范。

（5）有利于个人职业发展原则：岗位设置要充分考虑员工的职业发展，为员工提供职业发展通道。

（6）工作量原则：岗位设置是以一定任务量为前提的，任务量超出一定的限度，就要增加岗位或人员。在设置岗位时，应当考虑一般情况下的工作量。

2.3.2 岗位设置的方法

1. 组织分析法

这是一个广泛的岗位设计方法。首先从整个组织的愿景和使命出发，设计一个基本的组织模型。然后根据组织职能和具体的业务流程需要，设计不同的岗位。该方法通常适用于大型组织的大范围重组项目，在这个项目中，组织设计和岗位设计占整个项目的大部分工作。

2. 关键使命法

岗位设计仅仅集中于对组织的成功起关键作用的岗位。该方法通常适用于由于时间和预算的限制、对整个组织的岗位设计不可行的情况。

3. 流程优化法

根据新的信息系统或新的工作流程对岗位进行优化。这种方法可以确定新的岗位。该方法适用于较小的项目范围，主要在实施一个新的管理信息系统时应用。

4. 标杆对照法

参照本行业典型组织的岗位设置进行设计。如参照上级单位的岗位设置进行设计。该方法适用于不太精确的项目范围。

2.3.3 岗位设置的步骤

在实际的岗位设置工作当中，一般有七个步骤：

（1）明确的组织战略与盈利模式是开展岗位设置的起点。在设置工作时，首先要分析组织战略对组织结构的设置提出了什么要求，因为组织结构设置对岗位的设置会产生巨大影响。

（2）明确工作流程是开展岗位设置的条件。工作流程的改变对岗位设置有直接的影响。工作流程不同，岗位的职责、任务和工作方式就会有所差异，没有明确工作流程则不具备开展组织结构设置的条件，更不具备岗位设置的条件。

（3）组织结构设置是岗位设置的前提。组织结构设置主要包括横向组织结构设置和纵向组织结构设置。横向的组织结构设置确定了相同层级的部门和单位之间的责任关系；纵向的组织结构设置确定了组织的权限。部门的责任和权限是岗位设置的重要组成部分。组织在进行岗位设置时，应该明确要设置什么样的岗位以及每个岗位的职责。

（4）调整现有岗位是组织结构设置的常态。一般而言，在岗位设置过程中大多采用“改良”，即根据组织战略、业务流程和组织结构的变化对现有岗位进行增加、减少。

（5）开展关键岗位设置是岗位设置的核心。在岗位设置过程中，要进行关键岗位的设置，只有关键岗位设置好，才能够保证完成组织的目标任务。

（6）辅助岗位设置是组织岗位设置的组成部分。目前，也有部分企业已经开始将辅助岗位的工作进行外包，这是岗位设置中一种新的变化。

（7）根据工作环境、流程变化对岗位设置进行调整。

岗位设置流程如图 2－10 所示。

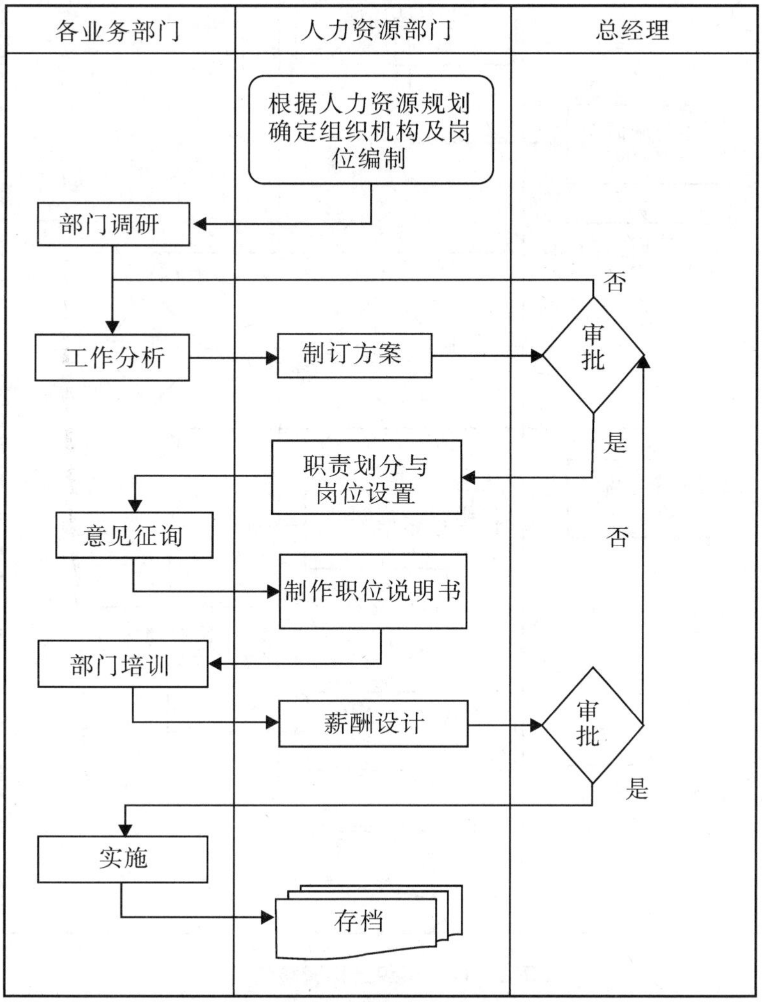

图 2－10　岗位设置流程

2.4　组织变革

组织变革是指运用行为科学和相关管理方法，对组织的权力结构、组织规模、沟通渠道、角色设定、组织与其他组织之间的关系，以及对组织成员的观念、态度和行为，成员之间的合作精神等进行有目的的、系统的调整和革新，以适应组织所处的内外环境、技术特征和组织任务等方面的变化，提高组织效能。组织结构调整流程如图 2-11 所示。

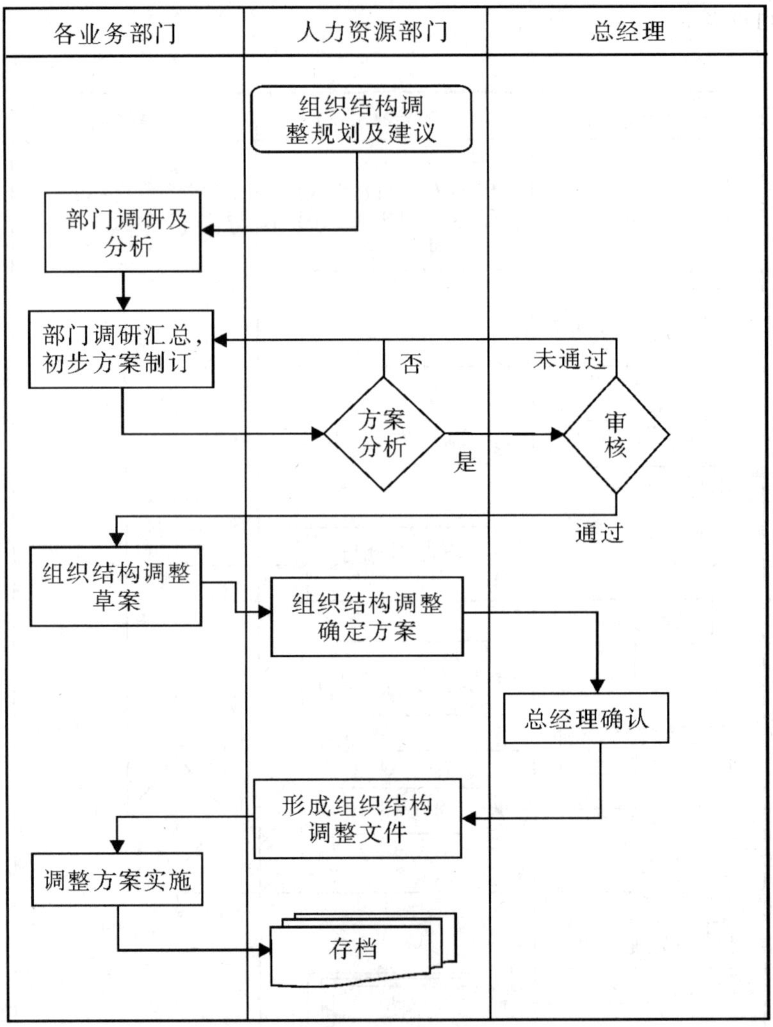

图 2-11　组织结构调整流程

2.4.1 组织结构变革的原因

1. 企业经营环境的变化

企业经营环境一般分为一般环境和特殊环境。一般环境指任何企业都面临的环境，如技术、经济、法律等。特殊环境指与某一企业有关的更为特殊的一些因素，诸如国民经济增长速度的变化、产业结构的调整、政府经济政策的调整、科学技术的发展所引起产品和工艺的变革等。企业组织结构是实现企业战略目标的手段，企业外部环境的变化必然要求企业组织结构作出适应性的调整。

2. 企业内部条件的变化

企业内部条件的变化主要包括：

（1）技术条件的变化，如实行技术改造，引进新的设备，以及技术、生产、营销等部门的调整。

（2）人员条件的变化，如人员结构和人员素质的提高等。

（3）管理条件的变化，如实行计算机辅助管理，实行优化组合等。

（4）社会心理因素的变化，包括组织成员的士气、动机、态度、行为等的改变。

3. 企业本身成长的要求

企业处于不同的生命周期时对组织结构的要求也各不相同，如小企业成长为中型或大型企业，单一品种企业成长为多品种企业，单厂企业成长为企业集团等。

2.4.2 组织变革的征兆

一般来说，企业中的组织变革是一项“软任务”，即有时候组织结构不改变，企业仿佛也能运转下去，但如果等到企业无法运转时再进行组织结构的变革就为时已晚了。因此，企业管理者必须抓住组织变革的征兆，及时进行组织变革。组织结构需要变革的征兆有：

（1）企业经营成绩的下降，如市场占有率下降，产品质量下降，生产消耗大和浪费严重，企业资金周转不灵等。

（2）企业生产经营缺乏创新，如企业缺乏新的战略和适应性措施，缺乏新的产品和技术更新，没有新的管理办法或新的管理办法推行起来困难等。

（3）组织机构本身病症的显露，如决策迟缓，指挥不灵，信息交流不畅，机构臃肿，职责重叠，管理幅度过大，扯皮增多，人事纠纷增多，管理效率下降等。

（4）职工士气低落，不满情绪增加，如管理人员离职率增加，员工旷工率增加，病、事假率增加等。

当一个企业出现以上征兆时，应及时进行组织诊断，用以判定企业组织结构是否有加以变革的必要。

2.4.3 组织变革的模式

第一，激进式变革。

激进式变革能够以较快的速度达到目的态，因为这种变革模式对组织进行的调整是大幅度的、全面的，所以变革过程就会较快；与此同时，调整量大会导致组织的平稳性差，严重的时候会导致组织崩溃。激进式变革力求在短时间内，对企业组织进行大幅度的全面调整，以求彻底打破初态组织模式并迅速建立目的态组织模式。

第二，渐进式变革。

渐进式变革则是通过对组织进行小幅度的局部调整，力求通过一个渐进的过程，实现初态组织模式向目的态组织模式的转变。渐进式变革依靠持续的、小幅度变革来达到目的态，但波动次数多，变革持续的时间长，这样有利于维持组织的稳定性。

企业组织变革的这两种典型模式，企业在实践中应当加以综合利用。在企业内外部环境发生重大变化时，企业有必要采取激进式变革以适应环境的变化，但是激进式变革不宜过于频繁，否则会影响企业组织结构的稳定性，甚至导致组织的毁灭。因而在两次激进式变革之间，在更长的时间里，组织应当进行渐进式变革。

组织变革的路径有以下模型可供参考：

1．勒温（Lewin）变革模型

组织变革模型中最具影响的也许是勒温变革模型。勒温（Kurt Lewin）（1951）提出了一个包含解冻、变革、再冻结三个步骤的有计划组织变革模型，用以解释和指导如何发动、管理和稳定变革过程。

（1）解冻。这一步骤的焦点在于创设变革的动机。鼓励员工改变原有的行为模式和工作态度，采取新的适应组织战略发展的行为与态度。为了做到这一点，一方面，需要对旧的行为与态度加以否定；另一方面，要使干部员工认识到变革的紧迫性。可以采用比较评估的方法，把本单位的总体情况、经营指标和业绩水平与其他优秀单位或竞争对手一一加以比较，找出差距和解冻的依据，帮助干部员工“解冻”现有态度和行为，使他们迫切要求变革，愿意接受新的工作模式。此外，应注意创造一种开放的氛围和心理上的安全感，减少变革的心理障碍，提高变革成功的信心。

（2）变革。变革是一个学习过程，需要给干部员工提供新信息、新行为模式和新的视角，指明变革方向，实施变革，进而形成新的行为和态度。这一步骤中，应该注意为新的工作态度和行为树立榜样，采用角色模范、导师指导、专家演讲、群体培训等多种途径。勒温认为，变革是个认知的过程，它由获得新的概念和信息得以完成。

（3）再冻结。在再冻结阶段，利用必要的强化手段使新的态度与行为固定下来，使组织变革处于稳定状态。为了确保组织变革的稳定性，需要注意使干部员工有机会尝试和检验新的态度与行为，并及时给予正面的强化；同时，加强群体变革行为的稳定性，促使形成稳定持久的群体行为规范。

2．系统变革模型

系统变革模型是在更大的范围内解释组织变革过程中各种变量之间的相互联系和相互

影响关系。这个模型包括输入、变革元素和输出三个部分。

（1）输入。输入部分包括内部的强点和弱项、外部的机会和威胁。其基本构架则是组织的使命、愿景和相应的战略规划。企业组织用使命表示其存在的理由；愿景是描述组织所追求的长远目标；战略规划则是为实现长远目标而制订的有计划地变革的行动方案。

（2）变革元素。变革元素包括目标、人员、社会因素、方法和组织体制等。这些元素相互制约和相互影响，组织需要根据战略规划，组合相应的变革元素，实现变革的目标。

（3）输出。输出部分包括变革的结果。根据组织战略规划，从组织、部门群体、个体三个层面增强组织整体效能。

3. 柯特（Kotter）组织变革模型

领导研究与变革管理的专家柯特（John. P. Kotter）认为，组织变革失败往往是由于高层管理部门犯了以下错误：没有建立变革需求的急迫感；没有创设负责变革过程管理的有力指导小组；没有确立指导变革过程的愿景并开展有效的沟通；没能系统计划，获取短期利益；没能对组织文化变革加以明确定位等。柯特为此提出了指导组织变革规范发展的八个步骤：建立急迫感；创设指导联盟；开发愿景与战略；沟通变革愿景；实施授权行动；巩固短期利益；推动组织变革；定位文化途径等。柯特的研究表明，成功的组织变革有70% ~90%是由于变革领导的原因，还有10% ~30%是由于管理部门的努力。

4. 巴斯（Bass）的观点和本尼斯（Bennis）的模型

管理心理学家巴斯（Frank M. Bass）认为，按传统方式以生产率或利润等指标来评价组织是不够的，组织效能必须反映组织对于成员的价值和组织对于社会的价值。他认为评价一个组织应该有三个方面要求：一是生产效益、所获利润和自我维持的程度；二是对于组织成员有价值的程度；三是组织及其成员对社会有价值的程度。

本尼斯（Warren G. Bennis）则提出，有关组织效能的判断标准，应该是组织对变革的适应能力。当今组织面临的主要挑战，是能否对变化中的环境条件作出迅速反应和积极适应外界的竞争压力。组织成功的关键是能在变革环境中生存和适应，而要做到这一点，必须有一种科学的精神和态度。因此，适应能力、问题分析能力和实践检验能力是反映组织效能的主要内容。在此基础上，本尼斯提出了有效与健康的组织的标准：

（1）环境适应能力：解决问题和灵活应付环境变化的能力。

（2）自我识别能力：组织真正了解自身的能力，包括组织性质、组织目标、组织成员对目标的理解和拥护程度、目标程序等。

（3）现实检验能力：准确觉察和解释现实环境的能力，尤其是敏锐而正确地掌握与组织功能密切相关因素的能力。

（4）协调整合能力：协调组织内各部门工作和解决部门冲突的能力，以及整合组织目标与个人需求的能力。

5. 卡斯特（Kast）的组织变革模型

以卡斯特（Fremont E. Kast）为代表的系统管理学派主张：要用系统理论的范畴和原理来全面地分析和研究管理问题；把系统理论和管理理论结合起来，通过系统来管理，以提高管理效率。卡斯特和罗森茨威格创立的系统管理理论，特别强调组织与环境之间的动态平衡，因此，他们对组织的变革问题也进行了较为深入的研究。卡斯特认为，稳定性和适应性对于组织的生存和发展都是必不可少的，企业管理者的责任是通过对实际情况的诊断分析和当前条件的调整，来使组织获得动态平衡。因此，组织变革需满足以下四个要求：

（1）足够的稳定性，以保证实现当前的组织目标，完成既定的组织任务。

（2）足够的持续性，以保证组织目标不断得到新的发展，管理方法不断得到新的改进。

（3）足够的适应性，以保证组织对社会环境所提出的要求和所提供的机遇以及组织内部各种因素的变化作出适当的灵敏反应。

（4）足够的革新性，以保证组织不仅适应于当前，而且在将来条件发生变化时富于改革的主动性。

卡斯特提出了组织变革过程的六个步骤：

（1）审视状态：对组织内外环境和现状进行回顾、反省、评价、研究。

（2）觉察问题：识别组织中存在的问题，确定组织变革需要。

（3）辨明差距：找出现状与所希望状态之间的差距，分析所存在问题。

（4）设计方法：提出和评定多种备择方法，经过讨论和绩效测量，作出选择。

（5）实行变革：根据所选方法及行动方案，实施变革行动。

（6）反馈效果：评价效果，实行反馈。若有问题，再次循环此过程。

6. 施恩（Schein）的适应循环模型

施恩（Edgar Schein）认为组织变革是一个适应循环的过程，是组织不断适应环境和内部条件变化的应变循环过程，一般分为六个步骤：

（1）洞察内部环境及外部环境中产生的变化。

（2）向组织中有关部门提供有关变革的确切信息。

（3）根据输入的情报资料改变组织内部的生产过程。

（4）减少或控制因变革而产生的负面作用。

（5）输出变革形成的新产品及新成果等。

（6）经过反馈，进一步观察外部环境状态与内部环境的一致程度，评定变革的结果。

2.4.4 组织变革的发生

组织变革是为适应外部环境变化而进行的以改善和提高组织效能为根本目的的管理活动。外部环境的变化是企业组织变革的最大诱因。运用系统环境互塑共生原理可分析企业组织变革的发生。按照这一原理，环境对系统有两种输入：资源和压力；系统对环境有两种输出：功能和污染。

1. 环境对系统的输入

（1）资源。环境的输入直接塑造企业组织，这种输入的变化直接引发企业组织变革。对企业组织而言，环境对其资源输入主要包括人力资源、资本资源和自然资源；环境对其压力输入主要来自要素市场和商品（服务）市场上的竞争。如果企业所处的环境中资源丰富，或者是资本充裕，或者是劳动力资源丰富，那么企业就应当选择资源密集型的，或是资本密集型的，或是劳动力密集型的组织模式。当环境发生变化时，企业就需要相应地变革组织模式。

（2）压力。环境的压力也影响着企业组织模式的选择。如果在要素市场上存在着激烈的竞争，那么企业的组织结构必须比竞争者具有更高的要素利用效率；如果在产品（服务）市场上竞争激烈，那么企业必须具备能够生产出更加符合市场需求的产品的组织结构。

2. 系统对环境的输出

（1）功能。企业的主要功能是向市场提供产品和服务、增加所有者权益以及向国家上缴税收。如果企业为市场提供了优质的产品和服务，企业市场占有率提高，那么就能够增强竞争优势，减轻竞争压力；如果企业是政府的税收大户，那么就能够从政府那里得到更多的支持和优惠；如果企业能够持续给企业所有者带来较高的投资回报率，那么就更容易吸引更多的资本。企业的功能输出有利于改善经营环境，进而减轻组织外部压力，促进企业组织的健康发展。

（2）污染。企业的污染输出则会恶化自身的经营环境。对自然环境的污染，我们已有足够的认识。此外，还有其他类型的污染。企业不尊重员工，甚至侵害员工的安全和利益，那么将没有人到该企业工作，可以说企业污染了自身的人力资源环境。企业投资决策不合理，经营管理不善，不能实现资产的保值增值，就会失信于广大的投资者。企业将很难再获得更多的资金，可以说企业恶化了自身的融资环境。恶化了的环境会对企业产生新的压力，从而要求变革企业组织。

概括起来，环境对企业的资源输入决定企业组织形式；环境对企业的压力输入制约着企业组织的选择；企业的功能输出有利于改善经营环境；企业的污染输出会恶化企业的经营环境。

2.4.5 组织变革的策略

组织变革是一个系统工程，涉及方方面面的关系，因此必须讲究策略。

1. 改良式的变革

这种变革方式主要是在原有的组织结构基础上修修补补，变动较小。它的优点是阻力较小，易于实施；缺点是缺乏总体规划，头痛医头、脚痛医脚，带有权宜之计的性质。

2. 爆破式的变革

这种变革方式往往涉及公司组织结构重大的，以至根本性质的改变，且变革期限较短。一般来说，爆破式的变革适用于比较极端的情况，除非是非常时期，如公司经营状况严重恶化，一定要慎用这种变革方式，因为爆破式的变革会给公司带来非常大的冲击。

3. 计划式的变革

这种变革方式是通过对企业组织结构的系统研究，制订出理想的改革方案，然后结合各个时期的工作重点，有步骤、有计划地加以实施。这种方式的优点是：有战略规划、适合公司组织长期发展的要求；组织结构的变革可以同人员培训、管理方法的改进同步进行；员工有较长时间的思想准备，阻力较小。为了有计划地进行组织变革，应该做到以下三点：专家诊断，制订长期规划，员工参加。

2.4.6 组织变革中的阻力

1. 个体层面

（1）一部分习惯于原有制度和工作习惯的人，担心原有的知识、技能、经验会被淘汰，要重新学习，和其他人，特别是和新员工站在同一起跑线上。

（2）认为组织变革的未来变幻莫测，因而产生焦虑，宁愿安于现状。

（3）组织成员对原有组织架构的依赖性。长期处于某种组织架构中的成员自然而然会产生对组织架构的依赖性。例如，组织成员对上司的依赖、对其所处的职位职权的依赖，甚至是对其下属的某种依赖。对原有组织架构过分依赖的人，除非得到他所依赖的人的赞同并将其行为纳入他们的行为活动中，否则他们很可能就会抵制对组织所做的任何变革。

（4）既得利益者的恐惧。组织变革的阻力还来自于组织成员中既得利益者的恐惧感或者说其安全感的丧失。这种既得利益既包括经济收入等有形的物质利益，也包括成员个体的职位、权力、荣誉等无形的利益。一旦组织成员的权力、地位在组织中确立起来，而组织变革将危及其原有职权、荣誉和社会影响时，这些人很自然地从心理上产生一种退回到变革前的组织状态中寻求安全感的倾向。

（5）组织变革还会威胁到人们为取得现状所进行的投资——有形的物质投资与无形的精神投资。人们对现有组织所做的投资越大，他们对变革的阻力就越大。因为他们担心会失去自己曾经付出巨大代价而获得的现有的职位、权势以及收入、个人荣誉等。组织中年长的员工往往比年轻员工更加反对变革的主要原因就在于此。

2. 组织层面

（1）组织固有的保守倾向。随着组织的日益成熟，其所经历的环境越复杂、所面临的问题越多，为了应付组织成长过程中所出现的各种问题、所经历的复杂境况，其内部发展起来的制度规则就越多、越细致周密。虽然这些规章制度、规则等在当时甚至在许多情况下被证明是有效率的，但同时也制约了组织对环境反应的灵活性，在组织变革过程中，必然发展成为阻碍变革的力量。如典型的发展完备的行政官僚组织结构，为了保证其高效率，对各项职务都有详细的规定，对各个在职人员的权力、责任的范围等界定明确，与其他组织相比，这种以规律中心原则为基础得以维持并进行经营的组织，能够集约地大量处理复杂而对质量要求高的业务，其在精确性、迅速性、明确性、统一性等方面的明显优势，使其成为——从技术合理性观点来看——最高级的组织形式。然而，这种组织强调严格的服从关系，强调意见只能从上到下逐级传达。过分强调职权的等级可能会使员工们在按照特定渠道反映意见时，对他们的工作只汇报积极的一面，而对那些确实能帮助组织更好地分析变革的需要和变革的方法的一些反对意见却避而不谈。其结果是，任何一种新的意见都很可能因为它与组织的现实情况相抵触而遭到摒弃。

（2）组织的留滞成本。组织的留滞成本即组织已经投入而无法收回的“投资”，如组织的固定资产（包括厂房、各种设备等）占用了大量资金，这些投资成本很可能会因为组织变革而无法收回，使留滞成本无法发挥其应有的效用。组织的留滞成本更明显地体现在组织中“人”的因素方面。如一位不能再对组织作出有价值贡献、但资历很深而必须留用的组织成员，在组织变革过程中该怎么办呢？付给这些成员的工资、福利等是对其过去贡献所付的报酬，对其所在组织来说，也是一种留滞成本。这种留滞成本的存在，导致组织追求稳当，缺乏变革的动力，甚至在应当实现变革的时期极力阻挠变革。

2.4.7 应对变革阻力的对策

对组织变革中的各种障碍，人们并非无能为力。有志于实施变革的管理者必须采取各种积极有效、切实可行的措施，克服这些障碍，促进组织变革的顺利进行。

1. 使组织成员感到压力并乐于改革

组织实施变革的压力包括内部压力与外部压力。员工缺勤迟到、工作效率低下、离职现象增多，对领导者、对所做工作常常表现出不满情绪等都可看作是内部压力。外部压力包括：①与竞争对手相比较，组织产出效率低下、竞争力日渐减弱，甚至出现由竞争中的优势方滑向劣势方的趋势。②组织所在社区的压力，即维护公众利益的社区团体要求组织变革的压力。③来自于政府颁布的法律要求变革的压力。这些压力往往成为促进组织变革的直接原因。因此，实施变革的管理者必须通过各种有效的途径使所有组织成员——从最基层的普通员工到各不同层级的管理者，甚至是组织中即将离退的人员——意识到并切身体验到组织内外诸多的压力，从而认识到实施变革已经迫在眉睫。

2. 提高组织变革透明度、公开性

前述组织变革的障碍之一就是其成员对未来发展的不可预测性的焦虑。要消除这一障碍，管理者就要尽可能地提高组织变革的透明度、公开性，包括：对未来组织内外形势的预测状况以及提出预测所依据的事实、理论基础；各种变革措施的详细内容、实施操作方法；变革后不同利益相关者的利益将发生何种变化；变革前后组织整体境况会发生怎样的变动等。这些信息的公开、明朗，将有助于组织成员对变革及其前景有一个正确的认识，使他们能够在权衡利弊的前提下主动自愿地接受各项变革措施以及变革后的组织境况。

3. 充分发挥组织中德高望重的管理者的精神影响力

组织变革过程中难免会出现一些棘手问题。对于此类问题，可以利用人们对其所敬重的领导者的信任、依赖等心理，充分发挥德高望重的管理者的激励作用。如人们往往会期望自己的工作绩效能够得到自己所敬重的领导的肯定，据此，在变革过程中，为贯彻某一变革措施，就可以通过那些有影响力的领导向这些员工讲明新的措施将会如何有利于他们工作绩效的提高，如何有利于他们日后的发展等。这种精神激励的效果往往是其他刺激手段难以达到的。

4. 尽可能调动组织成员参与分析问题、解决问题的积极性，增进其对变革的赞助

调动尽可能多的组织成员参与分析问题、解决问题。一方面，管理者可以直接了解到组织内不同层级成员的个人要求，力图使这些要求在最终的决策方案中得到反映；另一方面，可以使组织成员产生一种“我是变革的主人”的责任感与主人翁意识，引导他们从只考虑自身利益的个人圈子中走出来，从组织的整体、全局出发来认识变革。也就是说，尽量让所有可能受到变革直接影响的成员参与变革计划、措施的讨论与制订过程。这样制订

出来的变革措施在以后的实施过程中遇到的阻力将大大减少。

5. 充分发挥组织中非正式群体的作用

在任何组织中非正式群体都是客观存在的。非正式群体所遵循的规范逻辑是感情逻辑，这一群体中的默契影响着其成员的行为。非正式群体有着很强的内聚力和自卫性，表现为其成员的忠诚、信任感、责任感、志趣相投等。非正式组织往往有自己的“领袖人物”或“小领导”，他们受到群体中所有成员的推荐和信任，在群体中有着很强的感召力和影响力。这种影响力与感召力甚至会超过正式权力。因此，管理者在实施变革过程中，应根据人们对变革态度的变化，善于适时巧妙地利用非正式群体“领袖”的力量，利用非正式沟通的快速性、直接性、表达充分等特点，做好非正式群体成员的工作，这样做将大大减少实施变革措施的阻力。

6. 有效利用“外援”

实施变革的组织应该尽可能多地了解其他组织变革时运用得非常成功的方法，应当经常地从外界引进一些新的思想和意见，以帮助组织内部的人找到符合本组织实际情况的提高其效率的新措施。同时，要重视“外部专家”在组织变革过程中的作用，可以聘请组织之外的咨询人员提供建议和协助。由于这些人来自组织之外，他们往往能提供组织内部成员通常缺乏的一种客观的、清醒的认识。但应该注意的一点是，外部咨询人员往往倾向于主张比内部人员更剧烈的变革，因为变革所带来的各种后果与他们并没有直接的联系，而内部管理者的变革措施往往更缓和一些，因为他们要承担起变革行为的结果。究竟采取哪些措施，需要结合组织的历史、文化、作业流程乃至人事等现状进行周密、谨慎的权衡与分析，不可武断行事。

7. 针对组织变革不同阶段组织成员的反应采取灵活的变革措施

组织变革不是一蹴而就的事情，而是一个复杂的、循序渐进的过程。在这一过程中。人们对变革的认识和反应也是不相同的。因此，要使变革顺利进行，管理者必须正确认识到各种不同阶段人们反应的变化，以采取灵活的变革措施。

8. 建立支持性和开放性的组织氛围

对组织变革有益的组织氛围首先应是开放的，即信息的交流和意见的分享对所有人都是开放而畅通的。一方面组织应把所有与变革有关、与员工有关的信息及时准确地传递给员工，这样会避免一些不必要的猜测和模糊。另一方面组织应敢于倾听员工的心声，包括疑问、顾虑和不满，在与组织的倾诉和互动中，员工的担心、紧张及挫败感会得到很大程度的缓解，同时员工会变得更理解组织变革的意图和方向。一些研究表明，支持性的管理氛围可以大大减轻人际关系的冲突和紧张感，也可帮助员工摆脱角色定位不清带来的困扰。支持性的管理既包括上级对下级的支持和关注，又包括员工之间的支持与鼓励。在这样的氛围中，员工不再只是孤军奋战，而在他人的关注与鼓励下，岗位的竞争也会变成一种良性竞争，从而对组织的归属感会越来越强。

有两家英国企业的并购过程在建立支持性和开放性组织氛围方面为我们做了很好的示范。首先，最高管理团队在并购过程中举行了多次会议，交流他们各自关心的事情和对问题的认识，在这个并购活动中所有风险已经在多次交流中被成功控制，最后没有一个高级管理人员被排斥在组织之外。其次，在员工层面，组织通过内部杂志、热线电话、说明沟通会、网络等方式向员工提供各类信息，使员工了解合并将对他们产生哪些影响，并对解聘、迁移、晋升和降级、工作岗位变化、薪酬以及利益等问题做交流。更有创意的是，组织通过一个“实验车间”进行合并预演，通过实例向员工传输所有与合并有关的信息。同时，组织指定一位高级管理人员负责合并过程中的疑问和事件处理，员工可以随时进入他的办公室请求帮助。这种支持性和开放性的组织氛围是减少组织变革所带来的工作压力的良方。

9. 建立职业发展保障计划

在组织变革中每个员工都会缺乏工作安全感或感到职业发展潜力受到限制，可以用“惶惶不可终日”来形容这种状态。其实，只要组织建立员工职业发展保障计划，就可大大消除员工的不安全感和压力状态。实际上，很多跨国公司在组织并购和业务调整时，已经按以下步骤实施了这些计划：

（1）组织在变革过程中要向员工提供现实的和诚实的工作变动说明。例如，某公司在组织变革初期，向员工承诺半年内不裁员，这大大减少了员工的恐慌，更防止了很多过激行为。

（2）通过评估面谈机制，减少未来和职业潜力的不确定性对员工造成的压力，即组织通过上级或人力资源部门与员工讨论职业机会、培训、个人发展需要等问题，传递组织对员工的关注并让员工明确组织变革给职业发展带来的机会以及员工未来可能的定位。这样的沟通不仅减轻了员工的心理压力，更重要的是使核心员工不因组织变革而流失。

（3）提供工作技能培训。如果说沟通面谈能让员工认识到因工作需要而改变职业方向是不可避免的，那么技能培训则使员工有能力胜任新的工作要求。通过培训的员工，自身的竞争力得到了增强，自信心也随之增加了，强烈的不稳定感和心理压力也会得到缓解。

（4）提供组织内外部的职业介绍信息，让员工充分体会到来自组织的支持与关怀。也许职业介绍信息只使少部分员工受益，但会增强所有员工的职业安全感和保障感，尤其对那些最终留在组织中的员工，他们对组织的归属感不降反升。

10. 改善员工对变革的参与感和控制感

已有研究表明，对环境高水平的控制感对工作满意度和心理健康均有有益的影响，因此组织应采取一些方法让员工参与到组织变革中来，提高员工对变革及对环境的控制感。很多现代企业运用的半自治小组、持续改进小组、质量圆桌会、员工提案制度等都是很好的方法，其最终目的是授权于员工，让他们参与到实际的变革中去，并让他们感觉到组织的变革成果有自己贡献的一分力量。在自己参与和有把握的环境中，心理的冲突自然会减少很多，压力感也不会太强烈。

11. 帮助员工提高应对压力的能力

尽管现代人对自我越来越关注，但真正去分析自己的心理状态，主动改善自身应对能力的人却寥寥无几。组织在变革过程中，除了运用一些管理手段、机制、方法来缓解员工压力，更应该帮助员工了解自我、提高应对压力的能力，进而以健康的心理状态投身到变革中去。目前，在国外大型企业中最流行一种做法就是引入 EAP（员工帮助计划），通过专业机构为员工提供以心理层面为主的各种服务，包括心理诊断、心理健康知识宣传、心理培训、心理咨询与治疗以及其他方面的咨询与行为矫正。国内有些大型企业也越来越重视这一点，某大型国有企业在组织变革的酝酿期就请心理专家为员工进行心理评估、心理健康和压力管理培训，并对部分问题员工进行了个别心理咨询。因为事先有充分的准备，在组织变革启动后，大多数员工都能从容、理性地对待，员工未对企业改革进程造成任何不良影响。

2.5　组织变革的趋势

随着社会的发展和时代的变迁，传统的组织结构已经不能适应当今时代尤其是变化迅速的经营环境，知识经济—知识管理—组织变革已成大势所趋。纵观国内外企业组织架构已经或即将发生的变化，其变革的主要趋势可概括为：扁平化、小型化、弹性化、虚拟化、网络化。

2.5.1　扁平化

网络经济时代的企业管理思想或理论是以现代计算机网络为基础，以现代系统控制理论为理论前提，通过计算机网络实现信息与知识的共享，进而把管理幅度向“无穷大”扩展，将管理层次压缩，最终把集权的等级管理结构改造为系统控制的网络结构。信息沟通方式的革命将彻底改变企业内部传统分工协作的组织结构。传统的企业内部的信息交流集中为自上而下或自下而上的上下级之间的交流，主要的正式信息交流方式通常是垂直并分层次进行的。以计算机技术和信息高速公路为依托构成的信息网络交流，将允许更多的正式信息横向交流或越级进行。它不仅可以迅速、准确地沟通不同岗位间大量的协作信息，而且它所实现的信息共享还可以避免来自“正常交流渠道”的障碍，减少对信息的篡改和过滤。

古典的或传统的企业组织结构多为纵高型，已经不能适应现代企业的要求。组织结构由纵高转向扁平，已经成为企业发展的必然要求。所谓扁平化，就是减少中间层次，增大管理幅度，促进信息的传递与沟通。纵高型组织结构的优点是：结构严谨、等级森严、分工明确、便于监控等。但是，随着社会的发展和时代的变迁，特别是经济全球化进程的加快和市场竞争的加剧。这种组织结构的弊端已日益凸显，主要是：

（1）由于管理层次多必然导致机构臃肿、人员膨胀。

（2）人员膨胀必然造成管理成本上升。

（3）人浮于事，又必然带来扯皮现象增多和管理效率低下。

（4）管理层次多，势必造成信息传递不畅，甚至会出现信息在传递过程中失真。

（5）权力集中在上层，下属自主性小，参与决策的程度低，创造潜能难以释放。

（6）上层领导和基层群众相距甚远，不便交流，不易沟通。

（7）决策路线过长，判断和决策所需要的时间较长。

以上这些已严重影响到对人才的开发和利用。近些年来，西方一些发达国家正在着手对这种纵高型的组织结构进行改革，趋势之一就是削减层次，实现组织构架的扁平化。

扁平化组织的主要优点是：

（1）由于管理层次的减少，管理人员也就相应地减少。这不仅可以大大降低人工费用，同时还有助于实现工作内容丰富化。

（2）管理跨度加大，迫使上司必须适度授权，上司放权，下属就能自主。这对开发员工潜能与发挥员工的积极性和创造性极为有利。上司放权、放手、放心，才能换来下属尽职、尽责、尽力。

（3）管理人员的减少，要求领导必须十分审慎地选用下属人员，这对改善和提高员工队伍的整体素质也非常有好处。

（4）削减了中间层次，缩短了上下层的距离，信息失真少，既可以提高信息传递的速度，又可以提高领导决策的效率，还可以促进上下级之间的沟通，一举多得。

（5）更重要的是层次减少、人员精干后，加大了员工的工作责任，增大了工作职位的挑战性，迫使员工自我加压，促使人才快速成长。

就我国目前的情况来看，多数企业组织基本上还属于纵高型结构，这虽然与我们的传统文化有着一定的联系，但已经无法适应发展市场经济和迎接知识经济的要求，严重地束缚了员工的手脚，极大地挫伤了下属的积极性，阻碍了人才健康成长，不利于优秀人才的脱颖而出，其弊端已日益凸显，到了非改不可的时候。按照扁平化的原理变革传统的组织构架，已成大势所趋，势在必行。

2.5.2 小型化

改革开放以来，中国企业组织结构已经发生了积极的变化，但是目前仍然不尽合理，重复设置、大而全、小而全的问题至今仍未得到根本解决，企业专业生产、社会化协作体系和规模经济的水平都还较低，市场竞争能力不强。之所以如此，其中一个重要的原因就是传统的“官本位”思想根深蒂固。长期以来，我们有很多企业也一直在追求组织规模，因为规模决定级别，级别决定待遇。时至今日，这种一味追求企业组织规模的做法已经不合时宜了。面对日趋复杂多变的信息时代，压缩企业规模，化小核算单位，已经成为现代企业的一种时尚，正在受到企业界的百般青睐和广泛推崇。在竞争日趋激烈的今天，众多企业家对“船小好掉头”的认识越来越深刻。不仅企业组织如此，就连国家机构也在走向流线型和灵巧化，小政府、大社会已经成为当今世界的一种潮流。我国的政府机构改革正在朝着这个方向迈进，小巧玲珑的组织架构已成为当今世界一切组织的普遍追求。可以预料，随着传统观念的逐渐破除，企业的组织结构将会逐步走向小型化。资产运营、委托生产、业务外包等已经为企业组织小型化提供了实现的条件。世界上有些资产几十亿、几百亿美元的大公司也不再直接组织生产，而开始走委托生产之路，甚至连销售也采取一次性买断的做法，千方百计地降低企业运行成本。特别是企业用工制度的改革为建立小型化组织提供了人事保证。固定工人数普遍在锐减，合同工、季节工、计时工、计件工等在增多，减人增效内涵发展已经成为众多企业的明智选择。

2.5.3 弹性化

所谓弹性化，就是说企业为了实现某一目标而把在不同领域工作的具有不同知识和技能的人集中于一个特定的动态团体之中，共同完成某个项目，待项目完成后团体成员各回各处。这种动态团队组织结构灵活便捷，能伸能缩，富有弹性。随着知识经济的日益临近，企业内部知识共享呼声越来越高，知识共享、人才共用已经成为当今时代的重要特征之一，传统的刚性管理已经不能适应现代企业的发展，弹性组织便应运而生。我们中国的情况也是如此。改革开放以来，由于跨国经济的发展和企业集团的壮大，一种跨地区、跨部门、跨行业、跨职能的机动团队如同雨后春笋遍地萌生。例如，某一单位开发出一种新的产品，由于其自身不具备其他方面的优势，于是就在全社会范围内选择最佳的生产厂家、最佳的销售公司和最佳的供应商等联合组成临时项目机构，任务完成后自行解体。这种机动团队的优点是灵活机动、博采众长、集合优势，不仅可以大大降低成本，而且能够促进企业人力资源的开发，还推动着企业组织结构的扁平化。近年来，香港一些企业已经不再按专业设置科室，而是改为按任务设置科室，除办公室、人力资源部等必设的常设机构外，其他非常设机构一律随着任务的变化而变化。

2.5.4 虚拟化

虚拟公司这一企业组织新形式是科学技术高速发展的产物。虚拟公司不是固定的组织，而是为了某种经济目的，由一些独立的经济实体组织起来的临时性的公司。这种临时性的公司没有固定的组织结构和组织层次，不具有实体形态，也无须进行法律登记或工商注册。无论是从事实物生产的虚拟公司，还是那些从事知识产品生产的虚拟公司，其组织边界都可以延伸到全球范围。“灵捷制造”一词被用来描述虚拟公司通过网络协作进行的生产活动。这种生产需要通过企业间的计算机网络实现各种协调，这种协调贯穿于企业合作过程中的各个方面，而不仅仅是生产过程。其主要任务是对来自不同企业的核心能力进行动态组合，以应对异常复杂的任务、生产产品或提供服务。它能够把握动荡起伏的市场趋势，通过组合必要的核心能力，通过计算机网络工具进行协调，使不同的合作者在不同的地点工作，可以获得高效率。它可以使从想法到现实这一过程的时间缩至最短，使企业能够取得更大效益。虚拟公司可能看起来有很大的规模、更强的能力，因而更容易赢得合同。通过避免拥有昂贵的资源，它可以降低风险，降低成本，可以使企业利用低收入国家的低成本资源。它能够利用更多的智力进行研究、开发和设计，也可以使多个企业能够获得共同的发展。

2.5.5 网络化

企业组织结构的网络化主要体现在四个方面：一是企业形式集团化。随着经济全球化和经营国际化进程的加快，企业集团大量涌现。企业集团是一种新的利益共同体，这种新的利益共同体的形成和发展，使得众多企业之间的联系日益紧密起来，构成了企业组织形式的网络化。二是经营方式连锁化。很多企业通过发展连锁经营和商务代理等业务，形成了一个庞大的销售网络体系，使得企业的营销组织呈网络化。美国的麦当劳已在全世界54个国家和地区建起了连锁店。日本的花王公司80%的产品是靠在世界各地设立的近30万个零售点销售出去的。德国的西门子公司已在190个国家和地区建起了商务代表处。三是企业内部组织网状化。过去纵高型的组织结构特点是直线构架、垂直领导、单线联系，很多机构之间老死不相往来。由于企业组织构架日趋扁平，管理层次减少、跨度加大，执行层机构在增多，每个执行层机构都与决策层建立了直接联系的关系，而且横向的联络也在不断增多，企业内部组织机构网络化正在形成。四是信息传递网络化。随着网络技术的蓬勃发展和计算机的广泛应用，企业的信息传递和人际沟通已逐渐数字化、网络化。

2.6 组织变革对企业中层管理人员的影响

随着经济全球化，顾客需求个性化，计算机和网络信息技术的快速发展，原来以增长和控制为重点的管理方式已经受到了挑战。如何实现创新，如何为顾客创造价值最大化成为管理的重点。为此，许多专家学者提出了未来组织结构具有柔性化、扁平化、网络化等特点，以使企业更具有竞争力。然而，关于组织结构的变革，人们常认为首先应该削减中层体系并扩大高层管理者的管理幅度。不过美国麦肯锡公司的一项调查表明：有的企业能保持持续发展，达到更高的业绩，关键的因素不在于高层管理者，而在于一批具有才能的中层管理人员和专业人才，因为这些人在企业中具有承上启下，把高层管理者的意愿、工作动机及生产与市场现实这三股企业发展的动力连接在一起的作用。因此，未来组织结构中的中层管理人员如何适应当今变化多端的环境值得我们探讨。

2.6.1 官僚制组织下企业中层管理人员行为方式

1. 官僚制的组织结构特点

官僚制的组织结构，即金字塔形的组织结构，它是一种集权式的管理模式。在此模式下，企业按照职能设立管理部门，每个部门完成产品或服务过程的某一基本活动，相互之间保持相对的独立性，同时通过建立权力层级制和具体的规章制度，对维持大量人员的有序性和防止权力的滥用提供了一个有效的方式。

2. 官僚制组织下企业中层管理人员行为方式

企业中层管理人员处在金字塔组织的中间，一方面，他们与企业高层管理人员（总经理等）保持着经常性的联系并对其负责；另一方面，他们按照所属部门的职责要求，负责企业生产经营中某一方面的调动、指导、控制工作，以完成组织规定的目标和任务。其行为方式是：

（1）中层管理人员在一个部门工作时间较长，对本部门的工作环境和所从事的业务相对熟悉，容易只专注于自身工作与职责，便不会对所有工作与职责互动所产生的结果有责任感。

（2）中层管理人员的办事方式，远远不能适应市场经济发展的需要。

（3）中层管理人员的思维方式落后。由于企业中层管理人员受多种因素的影响，接受培训不够，造成中层管理人员思维方式的线性化、简单化。

2.6.2 未来组织的中层管理人员的理念与行为

1. 未来组织的特点

作为未来的企业组织结构，其组成部分主要为“中心控制层”和“技术实施层”。“中心控制层”作为组织结构的最高层，遵循抓大放小原则，对企业重大事件拥有控制权、人事权和重大项目的投资决策权，具有战略管理、人力资源管理、财务管理、合同管理和信息建设与管理等少数重要管理功能。其职责是：对内主要从事组织结构创新，业务流程创新，机制创新，企业文化的建设；对外则须激发潜在需求，开拓市场，创造企业可持续发展的未来。“技术实施层”是基于知识技能，把各领域的专家或知识型人才划归重要技术部门。这些技术部门不仅作为完成任务的主体结构，同时也作为资源、技术和人员整合优化配置的基地及标准。其所完成的工作将由许多“以任务为中心的团队”组成，即按照项目管理方式，把具有不同工作能力的员工组织起来形成虚拟的或松散型组织，然而，员工岗位不是固定的，但工作是可以交叉的，目标是明确的。通过管理层次的精简，运行流程的重组，企业内部利益以及企业与环境关系的调整和完善等，改进现有技术实施层，充分发挥员工的内在潜力和创造精神，使企业最大限度地释放员工的潜能，提高工作效率。

2. 未来组织中的中层管理人员的行为

根据未来组织的特点，当组织变得愈加扁平化的时候，这些中层管理人员就会身处等级制度与扁平化组织之间的矛盾的焦点上。可以说，中层管理人员在未来组织中的作用越来越重要，只不过其管理工作将发生如下变化：

（1）管理角色的改变。中层管理人员的工作角色越来越由纵向（绝大部分注意力放在自身的范围和老板身上）转变为横向（流程），更关注顾客和过程，而且服务和支持的意识也逐步深化。变过去习惯于发号施令为提供帮助，做教练。如建立绩效标准、评价顾客服务和其他绩效目标是否达到、寻找绩效低下的原因等，以减少烦琐的控制工作在日常工作中的比重。为此，中层管理人员需要建立团队协作的观念，进行必要的职务轮换制，从而尽可能掌握不同的技能，为以后的互动工作做准备。

（2）充分授权。首先，由于管理层次的减少，员工被赋予了更大的权力，中层管理人员需要打破官本位的思想，在观念上、心理上、道德上与员工形成伙伴关系，做到能上能下。其次，鼓励被授权的员工扩大自己的工作内容，自主选择工作方式和岗位，提高自身的通用性和广泛性。最后，鼓励员工就与他们工作及利益有关的问题自由发表意见，直接参与组织的重大决策。因此，未来组织结构的中层管理人员的工作流程是为全体员工提供充分发挥作用和能力的空间，鼓励全体员工参与战略的制订并确保全体员工全心全意地实施新的战略，从而使个人价值得以高度实现。

（3）沟通。未来组织结构放宽了管理范围，增加了管理跨度，使管理人员能够直接与下属取得联系，进而使企业内部员工之间、员工与管理层之间、工作团队之间的纵向、横向和交叉沟通成为可能。激励员工的积极性和协调员工的行为方式将不依赖于权力，而是依赖于有效的沟通，沟通比权力更重要。为此，中层管理人员的工作需要建立多种沟通渠道，如在企业内部采用面对面交谈、电话、电子邮件、正式文告、信件沟通方式等，保证企业内外部各种信息的通畅和及时反馈。这种信息沟通方向是水平的双向交流。

2.6.3 未来组织中的中层管理人员应具备的条件

在新的竞争时代，复杂多变的经营环境和日渐加重的工作责任对变迁中的企业中层管理人员的能力提出了更高的要求，优秀中层管理人员的标准发生了变化。为了适应时代发展和企业竞争的需要，中层管理人员必须具有以下的基本条件：

（1）应具有优良的工作业绩而非仅能制订卓越的工作计划。中层管理人员的实际工作成效比学识背景更加受到重视，通过个人专业技能和操作技能在未来组织中赢得影响力。

（2）应具有更强的决策能力而非仅仅提出建议，包括具有决定部门发展方向和相关部门配合的方式和行动。

（3）应具有更强的全局观念、从全局出发提出问题的能力及明确传达工作要求与业绩标准的能力。

（4）应具有更强的领导能力和与人和谐共事的天赋，包括具有能建立团队协作、相互信赖、业绩管理合理、效益分配公正等人际关系的能力。

（5）应具备对来自一线的基本信息、知识进行收集和较为熟练地分析运用的能力。

（6）应具有对自我认识和管理的能力，在困难面前具有坚韧不拔的意志，富有挑战和创新。

2.7 云服务平台的组织管理

2.7.1 组织架构管理

假设某企业刚成立，新上任的人力资源管理总监运用本服务平台，全面构建人力资源管理体系，可按以下的步骤进行。

1. 组织架构呈现

在图2－12中，点击“人事档案管理”左边的“＋”号，各个一级组织显示；同理，点击各个一级组织左边的“＋”号，一级组织下面的各个二级组织显示；点击二级组织左边的“＋”号可显示各个二级组织下面的三级组织；点击三级组织左边的“＋”号可显示各个三级组织下面的四级组织。

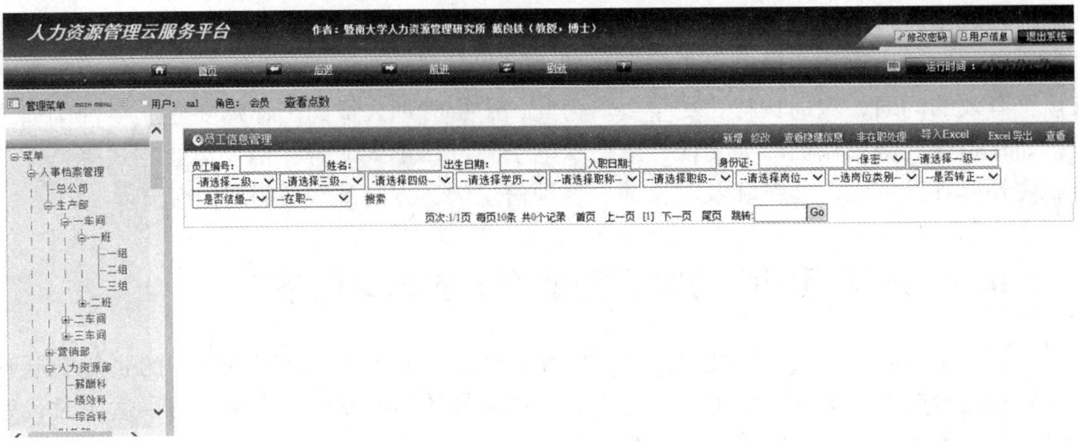

图 2－12　组织架构一、二、三、四级组织

2. 增加新的组织

如果要增加新的组织，例如“电话分厂”，电话分厂下面设两个车间，每个车间下面设两个班，每个班下面设两个组。如何在本平台上操作呢？

（1）点击上面的“菜单设置”，进入图 2－13 所示的页面。

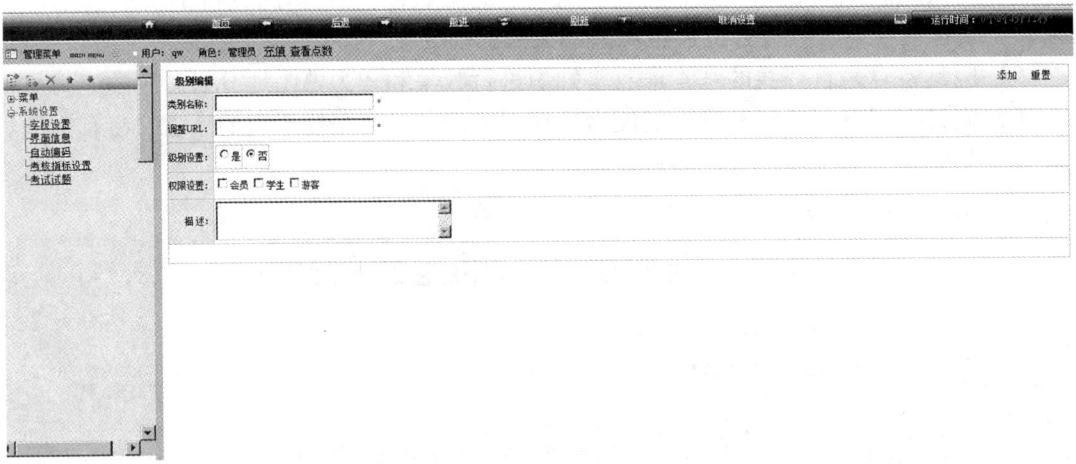

图 2－13　“菜单设置”页面

（2）点击菜单左边的“＋”号，再点击“人事档案管理”左边的“＋”号，一级组织架构呈现，如图 2－14 所示。

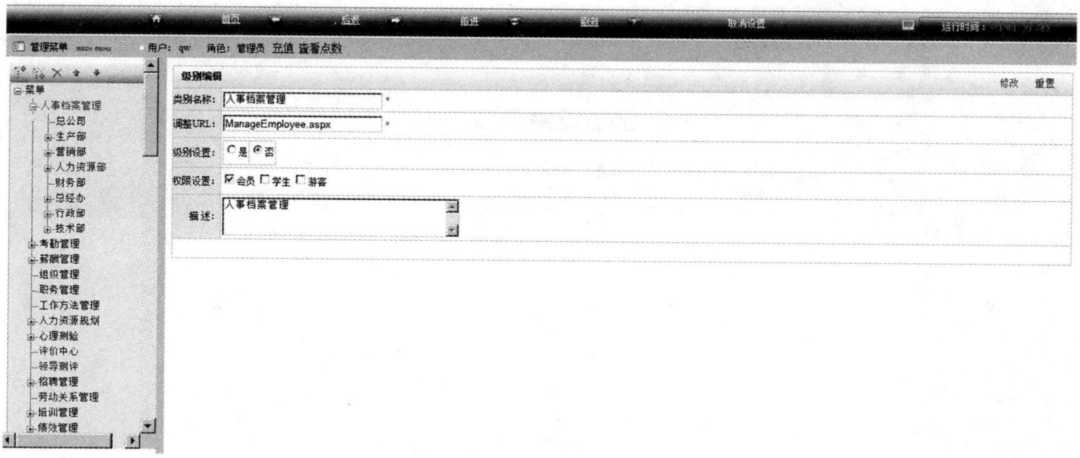

图 2－14　一级组织架构

（3）点击“人力资源管理”，再点击上面的“添加子项”，如图 2－15 所示。

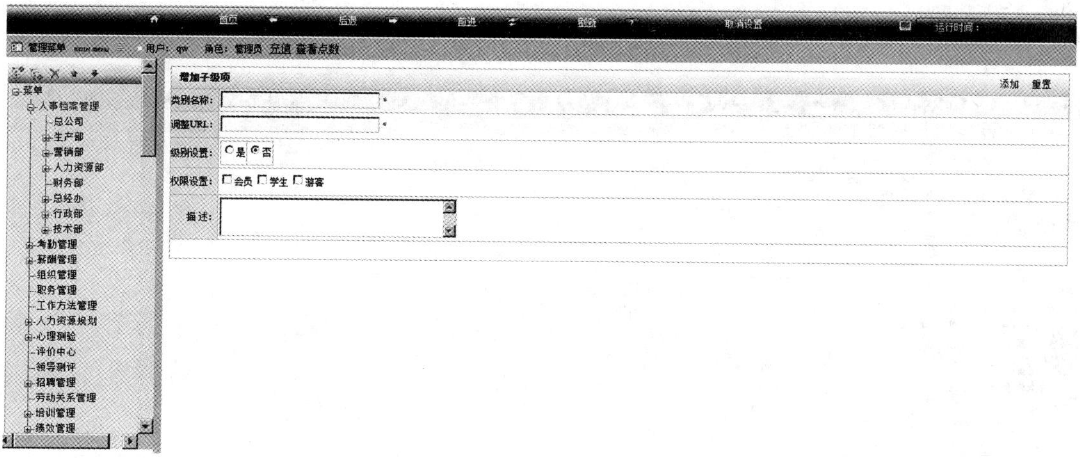

图 2－15　“添加子项”

在“增加子级项”下面的栏目分别输入以下内容，类别名称：电话分厂；调整 URL：1；级别设置：点击“否”；描述：电话分厂。点击右上的“添加”按钮，弹出窗口，显示“添加节点成功”，如图 2－16 所示。

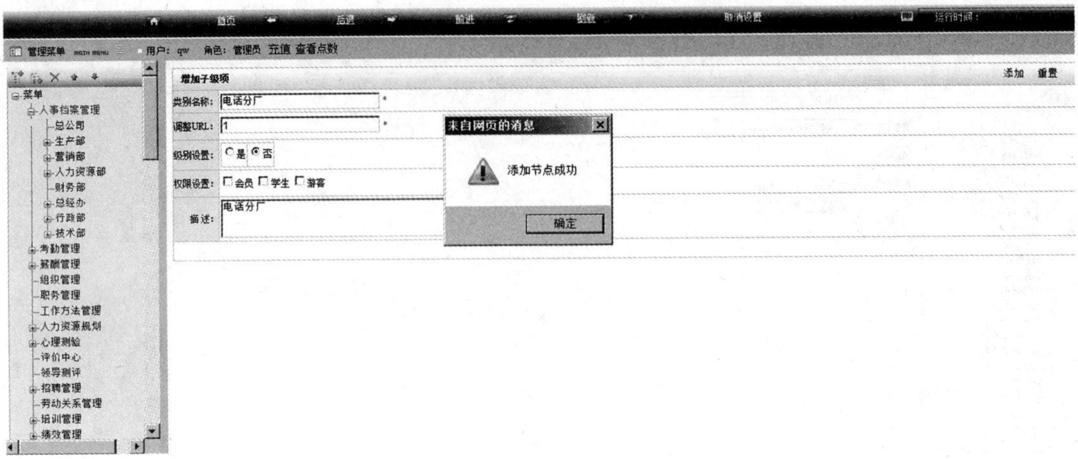

图 2－16 添加一级组织“电话分厂”

此时，系统回到初始状态。点击菜单左边的“＋”号，再点击“人事档案管理”左边的“＋”号，一级组织呈现，可以看到，“电话分厂”出现在一级组织中最后一位，如图 2－17 所示。

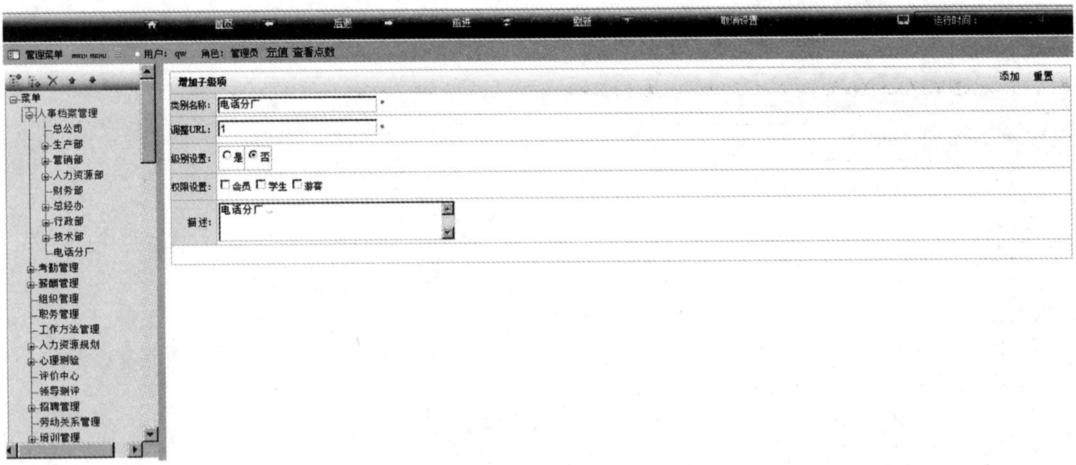

图 2－17 “电话分厂”在一级组织中最后一位

若想把“电话分厂”的位置提前，则可点击“电话分厂”，再点击向上的“箭头”，并多次移动，即可把“电话分厂”放置在合适的位置。

（4）添加“电话分厂”下面的一车间和二车间。

①点击“电话分厂”；②点击上面的“添加子项”；③在“增加子级项”下面的栏目分别输入以下内容：类别名称：一车间；调整 URL：1；级别设置：点击“否”；描述：一车间。点击右上的“添加”按钮，弹出窗口，显示“添加节点成功”，如图 2－18 所示。

图 2－18 “一车间”添加成功

此时，系统回到初始状态。点击菜单左边的“＋”号，再点击“人事档案管理”左边的“＋”号，一级组织呈现。可以看到，“电话分厂”的左边出现了“＋”号，如图 2－19 所示。说明“电话分厂”有了自己的下层组织。

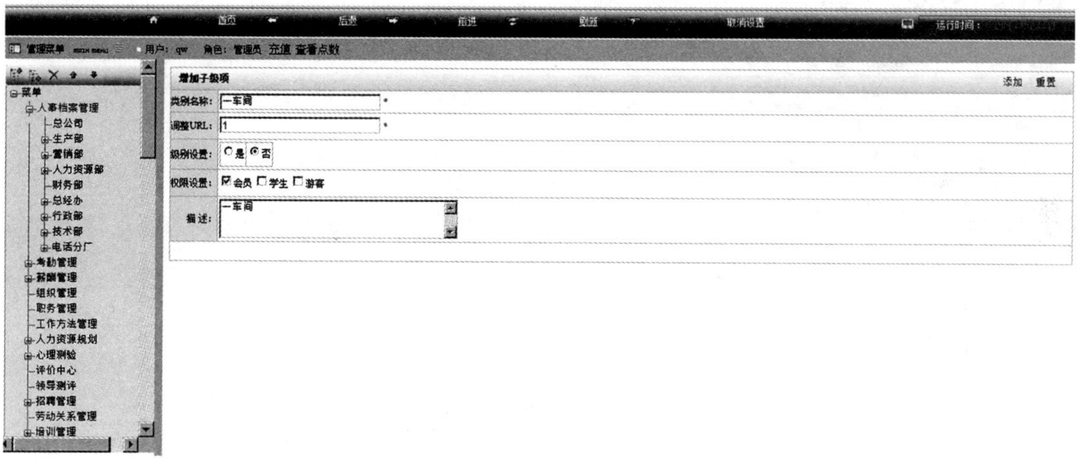

图 2－19 “电话分厂”左边出现了“＋”号

点击“电话分厂”左边的“＋”号，可以看到“一车间”出现在“电话分厂”的下一级，如图 2－20 所示。

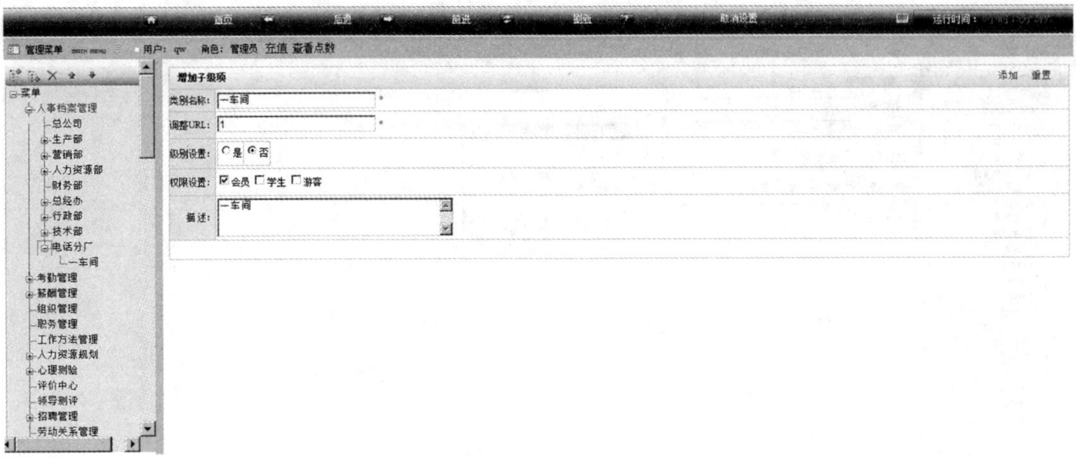

图 2－20　“一车间”出现在“电话分厂”的下一级

同理，可添加“电话分厂”的“二车间”以及两个车间下面的两个班，两个班下面的两个组，如图 2－21 所示。

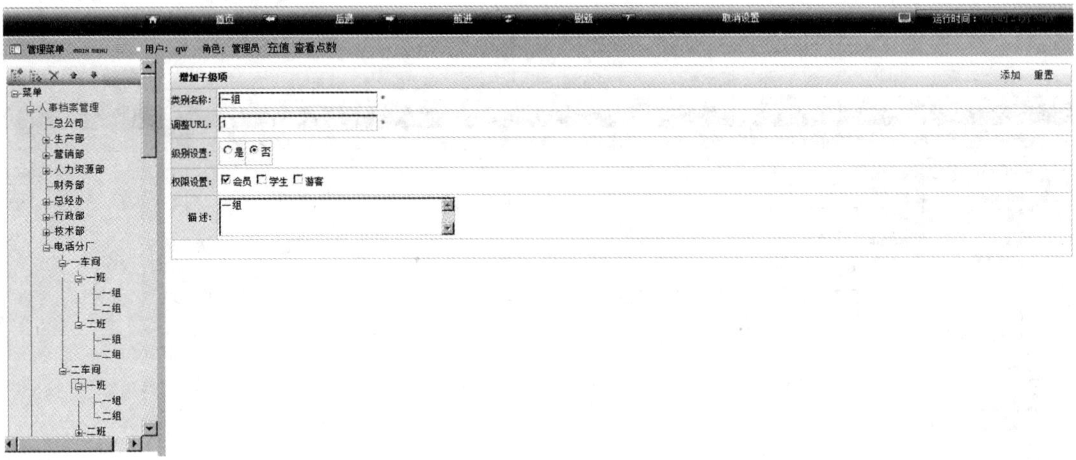

图 2－21　“电话分厂”的组织架构

2.7.2　组织管理

组织管理包括四个模块：部门职责表、人力资源统计表、职务编制管理、人员编制计划，如图 2－22 所示。

图 2－22 “组织管理”页面

1. 部门职责表

（1）在图 2－22 页面，点击上面的“新增”按钮，进入图 2－23 所示的页面。

图 2－23 “新增部门（职务）”页面

（2）输入信息。

编号：xzbhnqgd；名称：广东片区；一级单位：在下拉框中选择“营销部”；二级单位：华南区；三级单位：广东片区。添加时间与性质，系统已经默认。然后点击上面的“新增”按钮，弹出窗口“信息添加成功”。

（3）点击“确定”按钮，返回图 2－22 页面。这时，我们在部门列表中，看到第一行部门名称已经是“广东片区”，如图 2－24 所示。

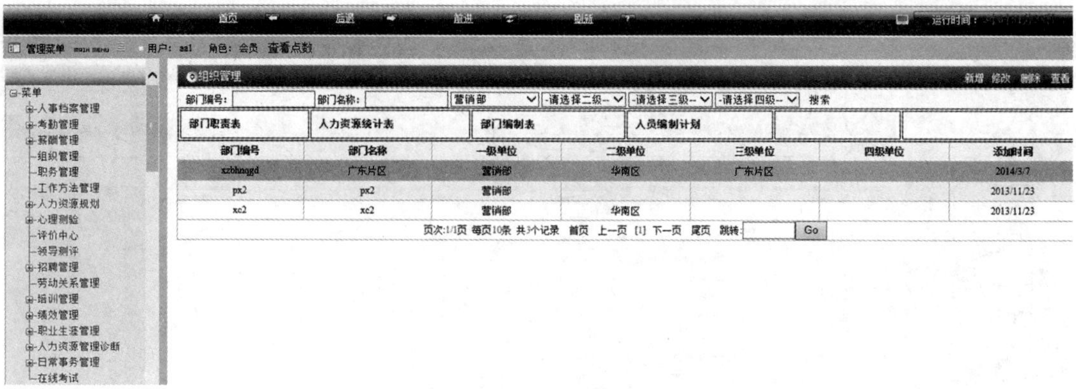

图 2－24　“广东片区”已经新增到部门列表中

（4）在列表中，点击“总经办”这一行，使其颜色变深，点击“部门职责表”，进入部门职责新增页面，点击上面的“新增”按钮，进入图 2－25 所示的页面。

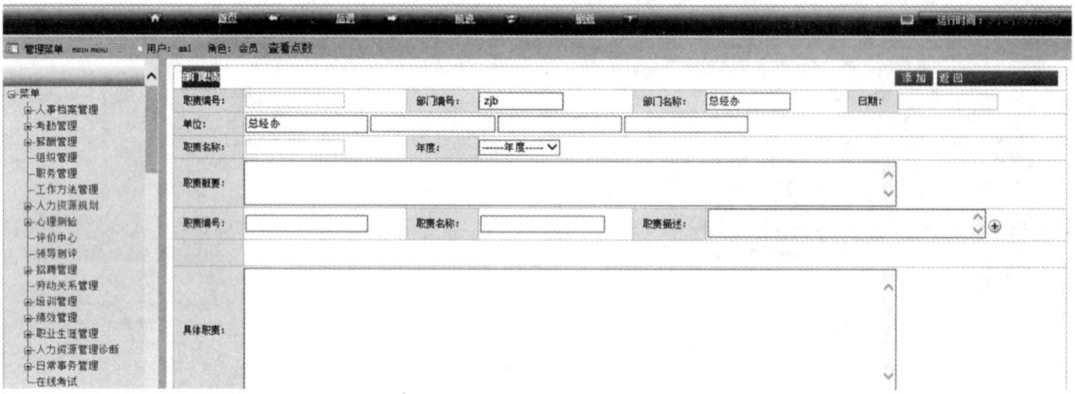

图 2－25　“部门职责”添加页面

（5）在图 2－25 的页面中，添加以下信息（用户可根据自己的情况输入信息）。

职责编号：zjbzz01；日期：默认为当前日期，用户可自行选择，在日期输入框中点击即可，如图 2－26 所示。

图 2－26 “日期”选择页面

职责概要：协助总经理制定、贯彻、落实各项经营发展战略、计划，提出建设性意见，传达企业各种方针政策，并负责监督实施，实现企业经营管理目标。

具体职责：①协助总经理完成日常的公司经营管理的各项事务；②起草公司各类文件、规章、制度；③将公司的文件精神传达到相关单位；④协助总经理召开各类经营管理会议；⑤提出公司发展的建议。

说明：已经得到总经理的批准。

职责分析人：人事编号：zjb01；姓名：张三；职务：总经办主任。如图 2－27 所示。

图 2－27 “部门职责”添加页面

（6）点击上面的“添加”按钮，弹出窗口“添加部门职责成功”，点击“确定”按钮，进入图 2－28 所示的页面。

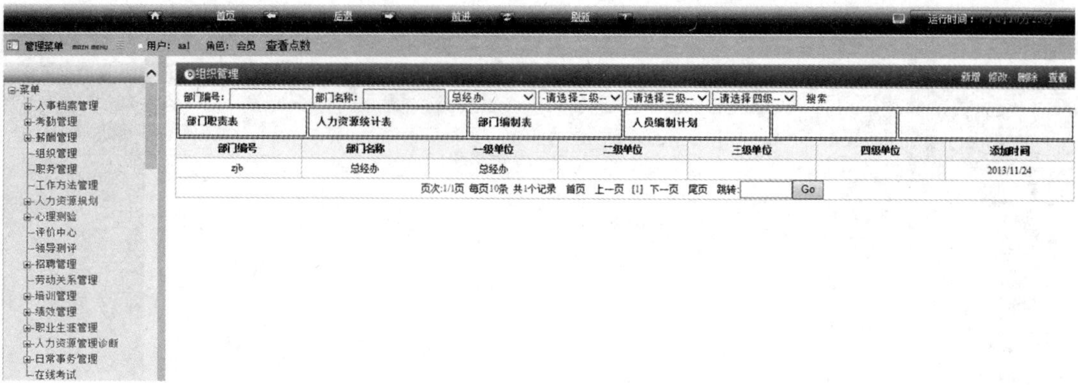

图 2－28 总经办职责记录呈现在第一行

（7）点击部门职责编号“zjbzz01”，使得该行颜色变深，点击上面的“修改”按钮，进入部门职责修改页面。对部门职责的信息作出相应的修改后，点击“修改”按钮，然后点击“返回”按钮。

2. 人力资源统计表

在菜单上点击“组织管理”，点击“总公司”（编号为：zgs01），使其颜色变深，点击“人力资源状况统计表”，进入“人力资源状况统计表”新增页面，点击“新增”按钮，进入图 2－29 所示的页面，输入人力资源的各项统计信息。

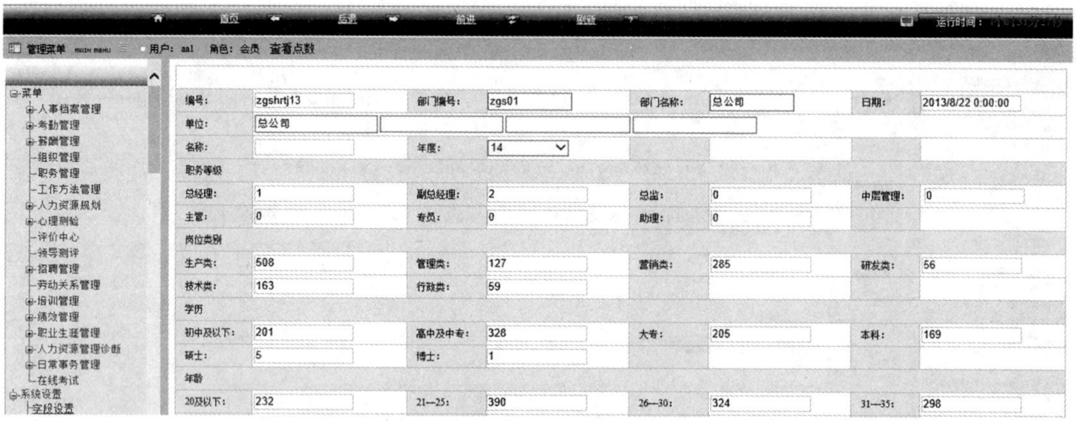

图 2－29 “人力资源状况统计表”页面

3. 职务编制管理

（1）打开菜单，点击“组织管理”，点击上面的“新增”按钮，进入“新增部门”页面。输入以下信息：部门编号：rlzy；一级单位：在下拉框中选“人力资源部”。

（2）新增成功后，返回“组织管理”页面。点击组织列表中的“人力资源部”，使得该行颜色变深，再点击上面的部门编制表，进入部门编制表新增或修改页面，点击“新增”按钮。

（3）在“部门编制”管理页面中，输入部门的编制信息，如图2-30所示。

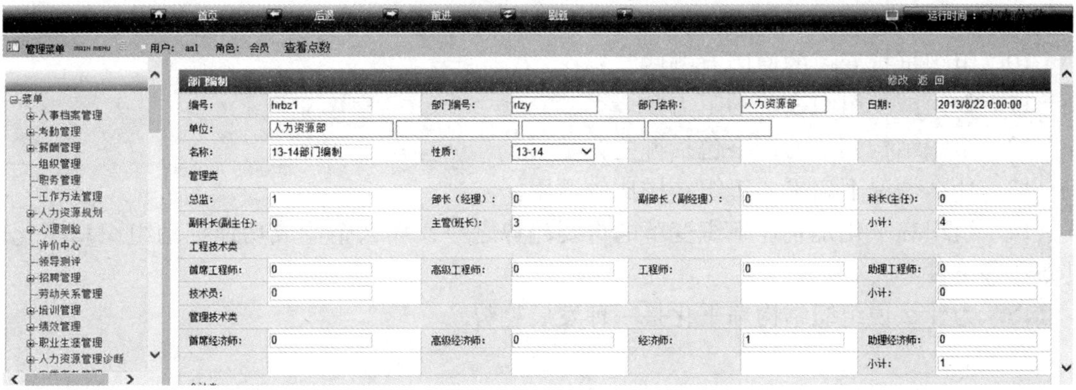

图2-30 “部门编制”管理页面

4. 人员编制计划

点击部门列表中的“人力资源部”使得该行颜色变深，再点击上面的“人员编制计划”，进入“人员编制计划”新增或修改页面，点击“新增”按钮，进入图2-31所示的“人员编制计划”管理页面，输入或修改人员编制的信息。

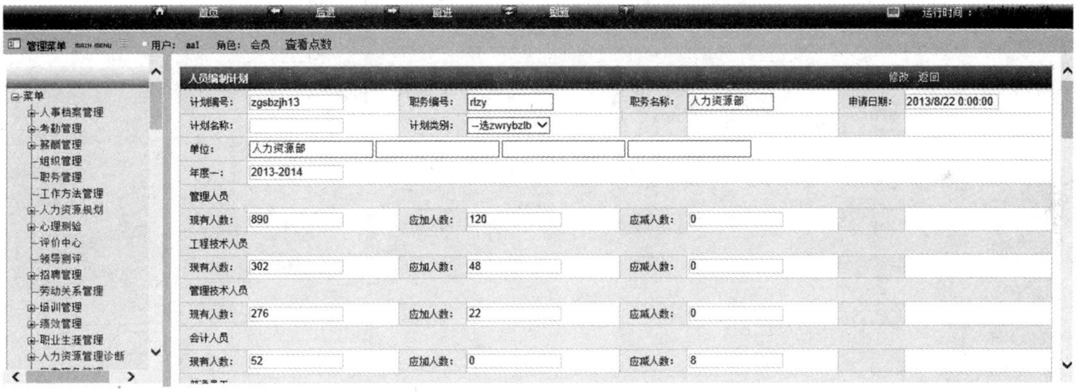

图2-31 “人员编制计划”管理页面

思考题

1. 组织设计的目的和任务是什么？
2. 组织设计要遵循哪些原则？
3. 影响管理幅度的因素有哪些？
4. 直线职能型结构的优缺点各有哪些？
5. 事业部制组织结构设计的目的是什么？有什么优缺点？适用于哪种组织？
6. 简述矩阵型组织结构的形式及其优缺点。

7. 试说明组织结构类型及其相应的管理效率。

8. 影响组织结构设计的主要因素有哪些？

9. 岗位设置的方法和步骤是什么？

10. 组织抵抗变革的原因有哪些？

11. 如何减少组织变革的阻力？

12. 组织结构变革的策略包括哪些？

13. 什么情况下扁平式组织结构比较适用？

14. 组织扁平化是企业组织变革的重要趋势之一，那么企业成功地推动组织扁平化应具备哪些条件？

15. 为什么说组织结构扁平化是一种发展趋势？

3　劳动定额与定员管理

本章提要

劳动定额，是指在一定的生产技术组织条件下，采用科学合理的方法，对生产单位合格产品或完成一定工作任务的劳动力消耗量所预先规定的限额；劳动定员，是指在一定的生产技术组织条件下，为企业生产或工作岗位、设备或工种以及群体等规定的人员配备的数量界限。它们对于企业的生产管理、人员配备、按劳分配、效率管理等方面都有着重要作用和意义。本文从概念定义、发生发展、作用、意义等方面对企业劳动定额与定员进行了详细介绍，并重点介绍了国内外先进成熟的定额、定员方法，配以实例讲解，对于企业劳动定额与定员实践工作具有较强的指导作用。

3.1　劳动定额概述

3.1.1　劳动定额的含义

《中华人民共和国国家标准 GB4883—85》的“标准化和有关领域的通用术语”中，对“定额”一词的解释是：“在一定时间、条件下，生产某种产品或进行某种工作消耗的人力、物力、财力所规定的限额。”这里所说的“人力”消耗，即劳动力消耗的限额就是劳动定额，而物力、财力消耗的限额则分别是物资消耗定额、资金占用定额。在研究、评析上述各种有关劳动定额概念表述的基础上，可将劳动定额的定义确定为：在一定的生产技术组织条件下，采用科学、合理的方法，对生产单位合格产品或完成一定工作任务的劳动力消耗量所预先规定的限额。

劳动定额的概念中包含以下几个要点：

1．劳动定额是在一定条件下制定的

劳动定额不能脱离具体的生产、技术、组织条件。生产条件是指生产规模、生产协作及原材料、燃料、动力等方面供应的状况，生产作业环境和劳动条件等；技术条件是指机械设备的先进和自动化程度、加工工艺和操作方法、各种技术措施、工艺装备、计量检测试验手段的状况，以及工作地各种运输、照明、信息传递、安全保障等方面的状况；组织条件包括生产过程的组织和劳动组织两方面，企业生产经营管理的水平，工作地供应、服务，半成品、成品保管，设备维修保养，劳动力合理配置等情况。劳动定额不仅受到各种客观物质条件的制约，还受到各种主观因素的影响，如生产者的文化水平，生产专业知识和操作技能，劳动态度及主动性、积极性，管理者的专业素质和管理水平等。

2. 劳动定额的对象是劳动者的劳动量

劳动量即劳动者在劳动过程中脑力和体力的支出。由于各部门生产工作过程具有不同的性质和特点，在规定劳动消耗量时，可采用多种计量方法。如果从劳动过程上规定劳动消耗量，一般以时间为尺度，采用人年、工日、工时、工分等劳动时间单位；如果从最终成果上规定劳动消耗量，可采用实物量单位。计量考核劳动量的指标可以是绝对数也可以是相对数。在具体规定劳动定额时，应从实际出发，针对不同的工作特点，采取行之有效的科学方法。为了使劳动定额的各项功能得以发挥，劳动定额是在生产（工作）进行以前预先制定的。劳动定额所规定的是完成合格产品或符合质量要求工作任务的劳动消耗量，它限定的对象是有效劳动，不是无效劳动。

劳动定额在实际工作中的主要表现形式有以下几种，如图 3－1 所示。

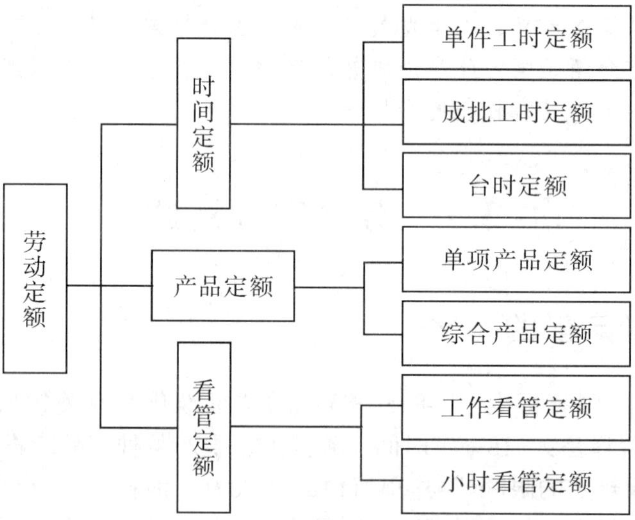

图 3－1　劳动定额表现形式

（来源：耿祥礼. TH 矿业集团公司劳动定额方案设计. 吉林大学硕士学位论文，2012.）

3.1.2　劳动定额的产生和发展过程

一、国外劳动定额的产生和发展概况

劳动定额是社会化大生产的产物。当社会发展到资本主义时代，劳动有了细致的分工，生产专业化协作进一步加强，才出现了劳动定额。一般认为，西方国家从劳动定额实践管理到劳动定额管理理论的产生经历了以下三个阶段：

1. 经验管理阶段（18 世纪后期到 19 世纪后期）

这一阶段的劳动定额是处于萌芽、个别发展和经验发展的自发性量变时期，主要凭借监工的个人经验进行评估。例如，小詹姆斯·瓦特（James Watt）和马修·鲁宾逊·包尔顿（Robinson Bolton）承袭父辈于 1796 年在英国建立的索霍工程铸造厂以后，从 1800 年开始对工厂管理进行了一系列改革。比如，他们对各项操作工艺流程进行了规划和设计，

规定出每一岗位的标准产量，建立了详尽的统计记录制度，按每个员工的实际成果支付工资。国外一些管理学家认为，索霍工程铸造厂是西方国家最早采用比较科学的方法实行劳动定额管理的企业。这一阶段的劳动定额管理理论十分薄弱，没有形成独立完整的理论，对劳动定额管理的研究散布在一些经济学家的著作当中。例如，亚当·斯密在《国富论》里提出劳动分工、劳动效率和劳动计量问题。他把制针过程分为18道工序，使工人每天的产量由20根提高到4 086根，用以说明分工的重要性，也提出了提高效率的途径。此外，查尔斯·巴贝奇（英国剑桥大学数学教授）在《论机器与制造业经济》一书中，对经理人员的第一项建议是“分析制造程序及成本”，第二项建议是应用时间研究技术。此外，英国经济学家杰冯斯首先对操作方法和疲劳问题进行了探索，对劳动的速度与休息及合理调节等问题提出了许多新的见解，为以后疲劳研究、方法研究开辟了道路。

2. 科学管理阶段（19世纪后期到20世纪初）

19世纪80年代，欧美各工业发达的资本主义国家为了解决企业组织与管理同经济不相适应的矛盾进行了各种实验，努力把科学技术的最新成就应用于企业生产管理，从而使企业管理由经验阶段进入新的科学管理阶段。美国的泰勒是企业科学管理的主要倡导人，举世公认的“科学管理之父”。他以毕生精力致力于科学管理的实践和理论研究工作。泰勒在他的著作《计件工资制》（1895）、《工厂管理》（1903）、《科学管理原理》（1911）以及在美国国会听证会上的证词（1912）中，对科学劳动管理的理论和方法有许多精辟的论述。他提出的科学管理原理的主要内容是：

（1）规定标准化操作方法。通过分析工人的操作，去除多余的不合理的动作，将先进合理的动作标准化，并强制工人去执行。

（2）规定每个工人的产量或产品或（工序）工时定额。

（3）规定标准工作条件。即对每一个工人一天加工什么零件，使用什么机器、刀具和材料，如何布置周围环境等，都预先作出规定。

（4）实行有差别的计件工资制度。即对完成定额者，按较高的工资率支付工资；对没有完成定额者，按较低的工资率支付工资。将企业管理和生产操作的职能分开，使管理工作进一步专业化。

泰勒提出的科学管理的原理和方法，可概括为“三定”，即定标准作业法、定标准作业时间、定每天的工作量，构成定量化的劳动管理。除泰勒以外，吉尔布雷斯夫妇（Frank Gilbreth，1868—1924 and Lilian M. Gilbreth，1878—1972）也对科学管理的发展作出了重大贡献。弗兰克·吉尔布雷斯是一名建筑工程师，他一生从事“时间与动作”的研究，重视工作效率问题，而他的夫人莉莲·吉尔布雷斯是心理学家，更重视劳动者的心理作用。他们夫妇从事动作研究，发明和应用了许多新技术，如首先使用拍摄电影的方法，分析和改善劳动动作，寻求最佳方法，以提高工作效率。他们还将人的操作动作区分为17个基本元素，即动素，通过动作分解，剔除不必要的动作，形成新的工作方法。

3. 现代管理阶段（20世纪40年代至今）

第二次世界大战以后，特别是20世纪50年代中期以来，随着企业管理的现代化，劳动定额管理也发生了明显的变化，方法研究、时间研究、环境研究、疲劳研究、生理与心理研究等广泛应用于劳动定额的制定。运用数理统计法，提高了统计分析法制定定额的质量。定额管理的范围已进入各行各业和企业的各类人员，电子计算机为定额管理现代化提供了有力的工具，劳动定额学已成为涉及工时学、工效学、生理心理学、工业卫生学、人体测量学等多学科的边缘学科。此外，原来提高劳动效率、确定定额水平是以“物”的因素为中心，现在则要把研究“人”的因素、激发人的积极性、加强员工培训、提高员工素质放在重要位置。总之，这一阶段的劳动定额工作进入了现代化、系统化、标准化的管理。

二、劳动定额工作的发展趋势

1. 逐步实现标准化、科学化和现代化

（1）标准化。这是指运用标准化的理论和方法来开展劳动定额工作。它包括各级各类定额标准的制定、实施和及时对实施情况的监督检查。实现劳动定额标准化，要全面、系统、普遍地建立起由基础标准、方法标准、工作标准和管理标准组成的科学的劳动定额标准体系，健全国家标准、行业标准、地方标准和企业标准组成的分级管理系统。实现劳动定额标准化，既可提高定额的统一性、规范性、法制性和先进合理性，又能为计算机在定额工作中的应用创造便利条件。因此，它是提高定额管理水平，使之实现科学化的重要措施，也是定额工作的发展方向。

（2）科学化。这是指劳动定额工作要遵循客观规律，把理论和方法建立在现代科学管理理论的基础上，以达到新的高度和新的水平。这就要求重视和研究劳动定额与系统工程、价值工程、人机工程、生理心理学、经济应用数学等学科的一体化和交融化发展，寻求它们之间的内在规律性，使经济、技术、数学相互结合、相互渗透，使劳动定额达到经济上的合理性、技术上的先进性、方法上的科学性和数据上的准确性，实现系统化、定量化、准确化和有序化。

（3）现代化。这是指劳动定额要广泛地采用现代科学技术成果和先进操作工具，提高现代化水平。要广泛地吸收和运用各种数学方法，在定额工作中建立计算机系统，建立各种数学模型和数据库。劳动定额要广泛吸收现代科学技术成果，例如，采用各种现代化的设备、工艺装备，采用各种新材料、新工艺、新技术，运用工艺学、切削原理、材料力学、金属学等各科科学知识，提高研究水平，改变主要凭经验、按习惯制定定额的传统落后做法，实现理论、观念、制度和方法的全面革新。

2. 实行全面效率管理

其工作内容和管理职能可概括为以下几个方面：

（1）从方法研究到制定定额的全过程管理。这是指把方法研究作为定额工作的起点，把定额水平的提高建立在工作方法、工作环境、劳动条件最优和不断降低劳动强度的高效率的基础上。

（2）从一线工人的定额管理到全员效率的全面管理。这是指要树立整体效率观念，把企业的各类员工都纳入劳动定额管理的范围，以扩大定额管理面。这就要求研究各类员工的劳动特点和工时消耗的规律性，分别对其制定和实行工时定额、产量定额、工分定额、管理幅度定额、效益定额、服务定额、看管定额、配备定额、复式定额等多种定额形式。

（3）从工时效率到工时有效利用的全面管理。个体劳动效率受单位工时效率和工时利用两个因素的影响。现代劳动定额管理要求既要研究单位工时效率，又要加强对工时利用的管理，并把二者统一起来。在研究工时利用方面，既要注意工时的有形损失，诸如待任务、待材料、待机修、待图纸，以及非生产活动所造成的时间损失。同时，也要注意工时的无形损失，诸如产品设计和工艺技术文件不合理等所产生的无效劳动时间。现代劳动定额管理的综合效益和整体效率原则，要求把全面工时研究作为自己的工作职责，对影响工时有效利用的各个部门，包括产品设计和工艺部门实施效率监督。

（4）从定额的制定、贯彻到激励与信息反馈的全面管理。我国传统劳动定额管理的工作程序实质上是封闭式的循环。现代管理要求把激励作为整个劳动定额管理过程的一个重要环节，建立开放式的螺旋形的管理程序，这种管理程序会使定额管理工作和定额水平呈现螺旋式上升趋势。

3. 建立有权威的专管机构

新的经济体制要求劳动定额管理的功能齐全，能够成为企业整个系统中的一个子系统，建立与劳动工资管理、工艺技术管理、生产管理等系统并驾齐驱的管理机构，并使之具有综合各方面的管理职能的权力。它既是企业劳动定额管理部门，也是企业的效率研究与开发中心，它的主要任务就是全面效率管理。为了保证全面效率管理的各项职能得以实现，企业领导应授予这一管理机构以下基本权力与责任：

（1）有建立方法研究与制定和修改定额的权力与责任。

（2）有监督各业务部门和下级单位正确有效地使用定额的权力与责任。

（3）对影响劳动效率的各业务部门，包括产品设计和工艺部门，有行使效率质疑或效率咨询的权力与责任。

（4）有下达与效率有关考核指标的权力与责任。

（5）有实施计件工资、定额工资和分配奖金的权力与责任。

3.2 劳动定额标准化

3.2.1 劳动定额与劳动定额标准的关系

劳动定额与劳动定额标准是劳动定额工作的两个方面，有着不同的背景、起源和各自的内涵。劳动定额是社会化大生产的产物，是适应制定、管理劳动定量的需要而发生发展起来的。可以说没有劳动定额就没有劳动定额标准，没有劳动定额标准的劳动定额，也就不能称为劳动定额，它们紧密联系，相辅相成。它们的辩证关系具体表现在：

1. 劳动定额与劳动定额标准的概念和定义

劳动定额是衡量劳动消耗量的标准或尺度，就是在一定的生产技术和生产组织条件下，为完成特定生产任务所预先规定的劳动消耗量标准。它既是企业生产过程中对劳动力利用程度的反映，又是对劳动力分配和使用所规定的计划指标的依据。

劳动定额标准，是为了提高劳动生产率和获得最佳经济效益，以现代技术进步成果和生产实践经验为根据，经过广泛协商，对产品或劳务的社会必要劳动的特定程序和形式作出的统一规定；在规定的范围内，作为共同遵守的准则和依据。它们的概念和定义各不相同的实质，就在于劳动定额是衡量劳动消耗量的标准或尺度，劳动定额标准则是制定管理劳动定额的准则和依据。

2. 劳动定额与劳动定额标准的属性

劳动定额是衡量劳动消耗量的标准或尺度，就是商品所含必要劳动量的反映，它属于经济标准的范畴。劳动定额标准则是制定管理劳动定额规定所应达到的技术管理标准，应属于技术管理标准的范畴。它们的性质是不相同的。

3. 劳动定额与劳动定额标准的结构表现形式

劳动定额与劳动定额标准的结构表现形式也是不同的。劳动定额结构的表现形式为工时定额、产量定额、人员定额、看管定额等，不同的定额结构表现形式适用于不同的生产类型和不同的产品种类。劳动定额标准结构的表现形式则是由基础标准、方法标准、工作标准等组成的。基础标准是对劳动定额的共性因素作出的统一规定，作为制定管理劳动定额的根据，如专有名词、术语、符号等是劳动定额科学化、标准化、规范化、法制化的重要基础；方法标准是对制定管理劳动定额的方法、原理、步骤、手段、条件等作出的统一规定，是劳动定额科学化、标准化、规范化、法制化的重要手段；工作标准是对制定管理劳动定额的职能范围、构成、程序、要求等作出的统一规定，是劳动定额科学化、标准化、规范化的制度保证。

4. 劳动定额与劳动定额标准的作用

劳动定额是企业管理的重要基础，是提高劳动生产率的重要手段之一。它的主要作用表现在：是现代企业合理组织生产经营的手段；是编制生产计划的依据；是推行经济责任制的前提；是贯彻按劳分配原则，衡量劳动者贡献大小的尺度；是实行经济核算的重要条件；是开展社会主义劳动竞赛的主要内容；是推动技术革新，总结推广先进技术和操作方法的动力等。

劳动定额标准则是劳动定额标准化的基础，是制定、管理劳动定额的主要手段。其主要作用表现在：是现代企业制定、管理劳动定额的依据；是保证制定、管理劳动定额水平的有力手段；是衡量制定、管理劳动定额合理性的标准或尺度；是考核制定、管理劳动定额的主要内容；是发挥劳动定额积极作用的前提条件；是保持劳动定额基本性质的标志。

企业生产经营管理必须以劳动定额为依据，劳动定额才具有为企业生产经营服务的作用；劳动定额必须以劳动定额标准为基础，劳动定额标准的积极作用才能体现出来，从而促进改善企业生产经营，二者都不可偏废。

3.2.2 劳动定额标准化的意义

目前，世界上发达国家的企业普遍重视劳动定额标准化工作，将其纳入工业工程（IE）活动的重要内容，对推动企业生产发展和经济效益的提高发挥了重要作用。

劳动定额标准化之所以受到市场经济国家企业的普遍重视，是有其深刻的经济背景的。在市场经济条件下，商品经济的基本规律是价值规律，社会商品的交换是按照生产商品的社会必要劳动时间决定的价值量进行的。商品生产者要使自己的产品占领市场，在激烈的竞争中克敌制胜，其产品必须质量高、价格低，即产品的必要劳动消耗要低于社会平均的必要劳动时间。因此，在市场经济条件下，研究生产过程中的劳动消耗状况，确定科学合理的人力、物力消耗定额标准，是每个商品生产者都非常重视的问题。可以说，劳动定额标准化是市场经济发展的必然产物。市场经济越发达，劳动定额标准化工作越重要。

3.2.3 劳动定额标准的制定

制定定额标准一般应按下列步骤进行：

一、准备工作

定额标准的制定是一项十分复杂而又细致的工作。要圆满地完成这项工作，需要事先做好一系列准备工作。具体包括：

（1）组织性的准备工作。在制定标准之前，应建立由定额人员、工程技术人员、劳动者组成的定额小组，明确制定定额标准的目的和要求。

（2）技术性的准备工作。定额小组在完成了各项组织性的准备工作之后，应进一步确定标准的对象和范围，标准的综合程度，合理规定标准的具体形式以及生产技术组织条件。

二、收集原始资料

本工作阶段主要任务是为制定定额标准提供足够充分的、有技术依据的原始资料。这些资料要反映出在典型生产技术组织条件下，具体工作事项的内容以及各事项实际消耗的工时数。

收集原始资料时可采用工作日写实、测时、工时抽样等实地观测的方法，也可以根据现有说明书、工艺规程、技术文件或产品实物直接进行技术分析和计算。采用技术测定法（包括实地观测和技术分析计算）能取得比较系统、全面、详细的资料，但工作量大，手续繁杂，满足不了短时间内搜集较多工时消耗资料的要求。因此，除了采用该种方法外，还可以采用：

（1）专题调查法。根据工作日写实、测时的原理，对某一工作内容进行单项调查，以取得有关的资料。例如零件装卸时间、准备与结束时间等各项资料的搜集。

（2）统计分析法。根据已收集到的各种统计资料，采用统计分析的方法，取得有关工时消耗的资料。在收集原始资料的过程中应因地制宜，从实际情况出发，选用上述一种方法或同时运用几种方法。

三、整理汇总原始资料

在收集原始资料的基础上，应进行全面的整理汇总。整理汇总的具体办法是：

（1）按大类进行分组。

（2）整理、拟定工作项目分类表，根据企业的生产类型、产品结构、工艺技术特点以及管理水平，决定项目划分的粗细程度。

（3）初步列出定额标准表格。对表格中出现的异常数据（按《中华人民共和国国家标准 GB4883—85》，异常数据即样本中的个别值明显偏离它所属样本的其余观测值）予以删除。

四、确定劳动定额水平

劳动定额水平的高低与松紧，除了要充分考虑客观的生产组织技术条件外（即应以这些条件为基础），同时，还必须正确地体现劳动者个人和企业相互的利益关系。定额水平过高与过低，都不利于调动员工的劳动积极性。

1. 劳动定额水平确定的原则

劳动定额水平必须具备先进性，所谓先进性，是指制定出来的定额能够充分地反映在生产中推行或者即将推行的先进加工方法和操作方法以及先进的劳动组织和生产组织形式。劳动定额水平先进，表明企业可以用较少的员工劳动消耗生产出较多的产品。

所谓合理性，是指必须从企业的实际情况出发，实事求是地制定出能够反映合理的劳动强度和正常的操作速度，也就是使大多数工人在正常的工作条件下，经过努力都可以达到的定额水平，并且是有产可超、有奖可得的。

概括起来，所谓劳动定额水平的先进性、合理性，即在保证产品质量并安全生产的前提下，根据大多数人经过努力能够达到的原则，把劳动定额制定得先进、合理。这样的定额水平，对劳动者才有动员和促进的作用，才有利于调动工人的劳动积极性。

2. 确定劳动定额水平的基本要求

在确定和掌握劳动定额水平时，应考虑以下几个基本要求：

（1）确定和掌握劳动定额水平应着眼于开展技术革新，改善劳动条件，改进操作方法，以提高劳动生产率，而绝不是单纯地提高劳动强度，拼体力、拼设备，以致影响工人的身体健康。劳动定额水平的松紧程度，直接关系到劳动强度的大小。在制定定额时，必须以国家颁布的体力劳动强度卫生标准为依据，使操作者的劳动能耗在规定的标准以内，同时，要保证工人有必要的休息和生理需要时间，借以恢复体力、消除疲劳，并实施安全措施，实行文明生产。对先进技术、革新成果和先进操作经验等，要分析其成熟程度和推广的客观条件，从实际出发。对那些已经成熟的和已经具备推广条件的，都应该作为确定劳动定额水平的因素。

（2）确定和掌握劳动定额水平时，要正确处理产品质量和数量的辩证关系，把质量放在第一位。必须防止片面追求效率、粗制滥造和任意降低质量标准。正确处理定额和计划指标的关系，定额是计划的基础和依据，而不能将它们的关系倒置。此外，厉行节约是企业管理的重要原则，要注意各种物料的节约，要重视机器设备的合理使用和保养，使其经常处于正常良好的工作状态，反对用浪费物料和拼设备的办法提高劳动生产率。

（3）确定和掌握劳动定额水平要有充分完整的技术文件作为依据。因为技术文件是工人生产的依据，又是制定定额的依据。不论是新产品的设计，还是老产品的改进，首先要求有完整而切合实际的技术文件，如设计图纸、工艺规程、质量标准等。

（4）在掌握劳动定额水平时，要考虑技术等级和工作等级。这就是说，不能要求低级工做高级活，否则就会影响产品质量；高级工做低级活，也不利于生产，不能充分发挥技术的作用。因此，要尽量做到工作等级分配合理。如果离开了工作等级来确定劳动定额水平，就等于离开了对质量的要求，不以技术熟练程度来确定数量。

五、正式编制劳动定额标准

在上述各项工作完成以后，即可按以下步骤编制出劳动定额标准：

（1）根据已知数据，借助图解法，在坐标轴上绘出散点图，以显示出主要影响因素与工时消耗之间关系的性质及其规律性。

（2）求出经验计算公式，以反映主要影响因素与工时消耗之间的数量依存关系。求解经验公式的方法很多，如按影响因素的多少区分，可分为单因素法、双因素法、多因素法；如按依存关系的性质区分，可分为直线法、曲线法；如按坐标图结构的不同区分，可分为均等坐标法、半对数坐标法、全对数坐标法；如按求解经验公式的综合程度区分，可分为图解分析法、数学分析法。

（3）找出主要的影响因素的变化范围，并确定出因素值的项数和间隔，最后得到影响因素值的单项数列。影响因素的变化范围确定以后，应进一步确定因素值的项数和间隔，项数多少取决于变化范围的大小，范围大，项数应多一些，反之，则应少一些。

（4）在完成上述工作步骤以后，一一编制出劳动定额标准表，最后汇编成劳动定额标准手册。

3.3 方法研究

3.3.1 方法研究的基本步骤

方法研究的目的在于使人的活动、使用的工具和设备以及必要的资材和作业场地等得到较好的结合，达到以较小的人力和物力的消耗，取得较大效果的目的。作业方法研究应用范围不只限于工厂，凡是有人参与进行的作业活动场所，诸如政府、农业、商店、医院、食堂等都可以广泛应用。

方法研究的基本步骤是发掘问题，从现状分析入手，发现重点问题，研究讨论，提出新方案，然后实施，制定作业标准及时间标准，最后检查和评价新方案，其大概步骤如图 3 - 2 所示。人的认识是无止境的，改革也是无止境的，因此，上述步骤是一个不断循环的过程。

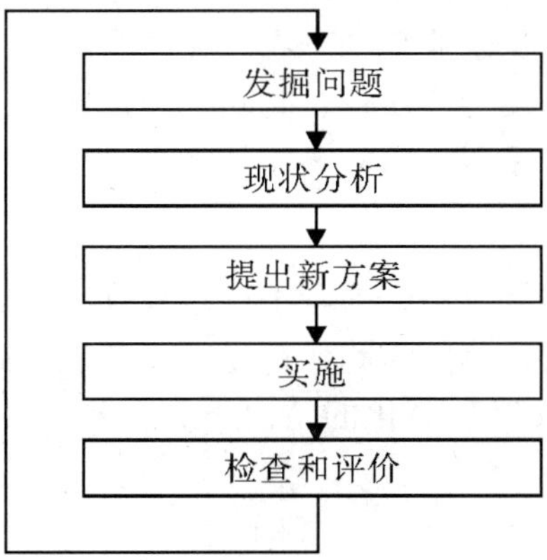

图 3 - 2　方法研究的大概步骤

一、发掘问题

这里说的发掘问题，比发现问题更有意义。一个优秀管理者从不满足于现状、安于现状，而是能根据企业环境及自身条件变化，经常给企业提出新的课题、树立新的奋斗目标。只有这样，才能使企业在竞争中保持强大的生命力，不断发展壮大。发掘问题，一般可归纳为以下几个方面：生产率（Productivity —“P”）、质量（Quality —“Q”）、成本（Cost —“C”）、交货期（Delivery —“D”）、安全（Safety —“S”）、积极性（Morale—“M”）。

对每一方面的问题，还可作很多层次的深入分析。例如，分析生产率不高的原因时，可以从设备、作业者以及原材料供应等方面去考虑。其中，“设备生产率不高”又可列出机械设备不适应、陈旧、保养不善、操作方法不合理、工具配备不齐、刀具切削不良等方面的原因，并作深入分析。而这些具体方面还可进一步细分，直到找出主要问题为止。积极性是指职工生产积极性，这不是一个技术性目标，但它直接影响到上述各项目标的实现。要解决好这个问题，提高职工生产积极性，也需要企业各方面工作的配合。从企业管理方面也应该找出那些影响工人积极性的因素。诸如作业现场环境条件如何，工作地供应服务工作是否跟上，生产计划安排是否妥善，奖励制度是否充分体现“按劳分配”，定额水平是否先进、合理等。通过这些方面的改进，来提高职工的生产积极性。

二、现状分析

在发掘问题的基础上，着手作现状分析，即客观、详尽地收集与问题有关的事实和数据。收集量化的数据是十分重要的，缺乏这样的数据资料，事后很难作分析和评价。

现状分析采取的方法是流程分析，以及由流程分析派生出来的诸如物流分析、路径分析、日程分析、搬运分析等。调查作业方法，主要是调查操作者及其和机器设备、材料、工具等方面的配合，采用的方法有直接观察、工时抽样以及人—机分析、动作分析等。

三、发现重点问题

通过对各个因素的分析，要抓住对现行作业方法影响程度大的一些因素，作为改善的重点。通常一种新方法的实施，总是离不开这样五个目标：减轻劳动强度、提高劳动舒适度、提高产品质量、缩短生产周期、降低成本费用。问题是，这五个目标往往不能同时达到，甚至存在矛盾，有时为了达到其中一个或两个目标，而有可能牺牲另外的目标，这就要具体情况具体分析。另外，从企业全局来看，应该明确改进工作方法的主要目标。在企业销售和生产稳定时期，可按疲劳、质量、时间、经费这样的顺序来考虑，如果是竞争激烈的时候则应以经费和质量为重点。

四、研究讨论

在现状分析及找出重点问题以后，即着手作各种改进可能性的探讨。总的原则是使用最少的手段，达到期待的经营目标。为此，首先应该考虑取消和简化各种不必要的活动及降低事项的可能性。在不能取消和简化的情况下，再进一步考虑机械化、自动化和同期化等。

1. 作业简化四原则

（1）省略。首先应该彻底弄清“这项工作是为什么目的进行的”，如果发现工作目的不明确或存在不必要的工作，应该予以取消。例如，在分析如何改善单据传递程序前，先要考虑这种单据是否必要，能否取消。再如，两道工序的工作改为一道工序，这中间的搬运就不再存在了。利用重力或动力来搬运，则可节约人力。

（2）分解和合并。对于不能省略的工作，就可以提出“用什么样的方法进行最好”，为了实现工作的简化，应考虑工作的分解（细分）或合并的问题。

第一，分解：即工作的细分。一方面，分工细致的有利之处：①作业内容单一，能利用技术熟练程度低的劳动力；②作业细分，增加了操作的重复性，操作者熟练期缩短；③有利于增加产量和提高质量；④能减少设备和工具，能节约投资和经费等。另一方面，分工也带来不利的方面：①作业单调，容易使操作者感到厌倦，情绪低落；②计划变更及作业方法改变时，操作者适应性差；③不利于鼓励操作者学习技术，提高操作技术水平。

第二，合并：作业划分太细，也会有许多缺陷，如原材料、工具以及设备使用次数及搬运次数增加，辅助性作业的比重增加，各作业者的工作量不易做到均衡，在成品、半成品数量及周转环节增加。

（3）并行和交换。这主要是考虑工作顺序问题。第一，并行：考虑两种以上工作同时进行的可能性。例如，把用左手固定工件，右手进行的操作改为用夹具固定工件，用双手同时操作，这样生产效率可以成倍提高。第二，交换：即改变原有的操作顺序，也能达到简化工作的目的。

（4）合理化。合理化，即使人员和设备的能力得到充分利用，其中包括：①缩短距离。这是涉及“在何处进行（作业）”的问题，要使得设备、资材的配置适当，以减少搬运距离。②减轻疲劳。要从各个方面尽可能减轻作业疲劳，如人体四肢身躯保持在正常作业范围内进行，操作速度要适当，在劳动强度大的作业中要适当增加休息时间，保持良好的作业环境以及注意安全生产等。③能力的充分利用。这包括人员和设备两个方面。在人员方面，要使得作业者的能力和作业相适应，包括性别、体力、技术水平、责任心等方面。在设备方面，要使机械设备、工装模具和加工精度相适应。同时，装备应齐全，这样可以充分发挥操作者的能力。不论是人员还是设备，负荷要适当，不能过度。

2. 机械化和自动化

这是涉及“用什么方法进行（作业）”的问题。它和上面提到的分解、合并，并行、交换都有联系，即用机械来代替手工劳动。

3. 同期化

同期化一般是指连续进行的作业，上下工序加工时间均衡的问题。这种思想也可扩大到企业各部门之间的联系上，如原材料供应部门、外购半成品部门、产品包装以及发运等部门和直接生产部门之间能力均衡的问题。如果各部门之间、上下工序之间不考虑同期化的问题，就有可能出现原材料、半成品的积压，导致生产失调、停工等。

整个分析研究工作，可以由从事方法研究的专业人员负责进行，并征求与作业有关的操作人员的意见。这种方式对整个改进方案的宣传、动员和贯彻实施不利，或者说，在这种情况下，一般作业人员并不关心作业方法的改进。可以将方法研究专业人员、实际操作者以及有关方面的负责人、各方面的专家组织在一起，发挥集体智慧来从事分析研究，探讨改进的途径。

五、提出新方案

各种改进意见形成后，还需要从全局出发，通盘考虑，检查各种改进意见是否有矛盾，与改善的目标是否相悖，在经过反复推敲、权衡利弊后，提出改进方案。

在提出新方案时应注意以下几点：

1. 改进方案的经济评价

经济评价，即将新方案可能获得的利益和支出费用进行比较。为此，需将改善后的效果尽可能用金额来表示（如果只是安全和质量方面的改进，换算比较困难）。在费用方面除了考虑新添设备费用外，还应包括改造费、研究试验费、调查费、实施新方案时的停工损失费等，在取得上述两方面数据后，即可进行一系列技术经济分析。

2. 心理方面的因素

一般来说，一个经过当事者和负责者同意的方案，能取得比较好的效果。有经验的方法研究人员，善于在分析讨论的场合将自己的想法和对方（当事者和负责者）的意见很好地结合起来，形成改进的新方案，这种方案实施起来比较顺利。

3. 注意安全生产

在提出新方案过程中，容易注意它的直接效果，如产量的增加、成本的降低、质量的提高，而忽视安全因素，这是应极力避免的。

新方案形成后，最后应该形成书面的东西，包括文字、图表的说明，同时附上经济效益以及技术经济分析等。

六、实施

对于某些重大的改进或者涉及面比较广的改进，可先试行或作必要的试验。因为改进方案的效果在贯彻实施时还只是一种预想，在实施过程中也可能会进一步对原方案进行修正。试行或试验应当由作业者参加，这样容易检验方案的效果和不足，同时，在正式实施时也会更加顺利。

实施阶段，往往由管理者承担责任。由于采用新设备、新工艺、新技术，以及操作生疏，在开始生产的一段时间里，效果可能不理想，方法研究人员应该和管理者积极合作，使新方案获得成功。

七、制定作业标准及时间标准

某项作业的改进，往往适用于其他相同的作业；某项设备和工具的改进，往往也适用于全车间甚至全厂。为了使个别成果推广到全厂，就有必要制定各项作业的标准。有关生产方面的标准化包括设计标准化、原材料标准化、机械设备标准化、工装模具标准化、加工条件标准化、作业步骤标准化、环境条件标准化等。

在新方案实施一个阶段后，熟练程度已经稳定，预期效果也已经显示出来，这以后即可着手采取作业测定方法制定标准时间（即定额时间）。劳动定额的粗细和精确程度与企业性质、生产类型有关。表示标准作业量——劳动定额的形式多种多样，可以有单件时间定额、工作班产量定额以及产量一定情况下的作业人员的定员人数等。

八、检查和评价

新方案实施后，在一段时期里，应注意经常检查，观察新方案实施后的种种影响，检查新方案原定目标是否达到；分析所定的标准与实际情况的差异，考虑有无调整的必要。

另外，在新方案实施过程中，由于受旧的习惯的影响，很可能又返回到旧的作业方法上去，要经常检查和评价，以巩固新方案的贯彻实施。

3.3.2 方法研究的各种分析技术

方法研究是一项应用范围广泛的技术，可以应用到企业管理的各个领域、各个部门，以及所有的作业及操作上。由于研究对象的性质各异，涉及问题的范围有大有小，改进的着眼点也不尽相同，因此，方法研究的分析技术多种多样。经过上百年实际应用和探索，已经形成了一些基本的分析方法。从整个方法研究来看，各种分析技术还在不断发展和完善。因此，分析技术不是一套固定的模式，而应该从实际出发，灵活运用。

方法研究包括流程研究、作业研究、动作研究三个方面：

（1）流程研究，包括产品流程分析、管理流程分析、加工路线分析、搬运工程分析等。

（2）作业研究，包括操作者作业分析、工组作业分析、人机作业分析等。

（3）动作研究，包括动作要素分析、瞬时动作分析及微动作分析等。

以上三方面的分析技术，总的来看是由大到小，由粗到细的过程，各种分析技术之间有着紧密的联系，如果有一项作业在整个制造过程中不需要或者重复，则应剔除，这样也就不需要作进一步的操作或动作分析了。如果不是首先从大处着眼，而是直接进行作业或动作的分析，往往容易发生“只见树木，不见森林”的错误。

方法研究总是和各式各样的分析图表联系在一起。图表是各种分析技术的重要工具，从调查记录、分析研究、新方案的形成以至最后的贯彻实施，都离不开图表，有许多分析工作都是在图表上进行的。当然，图表的内容和形式取决于各项分析技术所要解决问题的性质和特点，如表 3 – 1 所示。

表 3 – 1 方法研究的主要分析技术

区分	分析技术名称	
流程研究	产品流程分析	根据制造工程的五种活动（操作、搬运、检验、延迟、贮存），按顺序用记号表示，同时调查分析各种情况下的工作条件，研究生产性和非生产性活动的改进。
	加工路线分析	在多品种批量生产中，分析部件或零件的加工顺序，寻找相同或类似的加工路线，便于组织生产。

（续上表）

区分	分析技术名称		
作业研究	操作者作业分析		用工程分析记号，对单人操作的作业进行整个操作活动的分析。
	复合活动分析	工组作业分析	用来分析多人同时完成一项作业，分析操作者相互联系和配合的状态。
		人机作业分析	用来分析单人单机或多机的作业，分析人和设备相互联系配合的状态。
动作研究	动作要素分析		将作业动作划分为动作要素，分析每一个动作要素及其与其他动作要素的关系，以制定高效率的操作方法。
	动作摄影分析	瞬时动作分析	拍摄长时间的操作活动，然后在较短时间内进行粗动作的分析。
		微动作分析	拍摄操作活动，然后作微动作（慢动作）分析。

一、流程研究

1. 流程研究的意义和目的

流程研究是对生产和管理流程进行分析的一种方法。一般将生产过程划分为操作、搬运、检验、延迟、贮存等五项活动，并按实际发生的顺序加以记录，同时调查分析各项活动的条件，以便进行各项工作的改进。

2. 流程研究用的符号

为了记录现状和分析流程，符号是十分重要的。1948 年，美国机械工程学会（ASME）综合了各国使用的符号，统一为五种。

○ 表示操作。凡改变一件物品的物理或化学性质的谓之操作，作为制造过程或工作程序中的主要活动。例如，车床上的零件加工，打字员打字，搅拌机搅拌等。

⇨ 表示搬运。搬运是指改变物体的位置，从一处移至另一处。搬运在制造过程中，只增加空间效用，对物品本身并不能增加价值。搬运的例子随处可见，如手推车运送物料，传送带输送物料，公文传递等。

□ 表示检验。为鉴定物品体质规格之异同，而进行试验、测量或比较，或验证物品数量，称为检验。检验必须有标准，将原材料、半成品等与原定标准进行比较。

D 表示延迟。例如，半成品堆放在工作场所，等待搬运，由于等待吊车而造成设备的停闲，公文放在桌上等候处理等。

▽ 表示贮存。贮存是指在人们计划控制下的物品的保存或停放。贮存环节的取消，必须经过制度或手续上的认可。例如，物料存于仓库，领料时必须得到有关人员的签字。公文存档亦属此例。

当两种活动同时发生或在同一工作地点时，又或者要说明符号发生的地点对象等，则可运用复合符号。

3. 产品流程分析

产品流程分析是以产品的生产流程为对象的一种分析技术。由于产品结构上的差别，还可分别以产品、部件或零件为对象进行产品流程的分析。

产品流程分析的一般步骤与方法：

（1）明确分析的目的。

产品流程分析主要是为了调查产品在制造过程中存在的问题，以及掌握解决这些问题的基础资料而进行的。影响产品制造过程的因素十分复杂，有设备、工装、原材料（包括动力）、操作者方面的问题，也有与上述诸因素密切联系的工艺技术问题以及产品制造过程的组织管理方面的问题。通过流程分析，弄清生产过程的主要障碍，并以此作为改进的重点，同时研究工艺顺序变更、合并和取消的可能性，使制造过程更加简化，在保证质量的前提下使效率更高，生产周期更短等。

（2）明确分析的数量单位。

加工制造业零件生产批量的大小和加工制造方法有直接的关系。10 个零件一批的生产和 1 000 个零件一批的生产，它们的加工方法、工装模具、组织管理方法都有很大的区别。因此，在进行产品流程分析前，要决定分析的数量单位。通常选择原材料投入生产时的批量作为分析的数量单位，之后，整个制造过程都以这个数量为准。

（3）现场调查，收集资料和数据。

现场调查在方法研究中既是一个重要的方法，也是一个重要的原则。这就是说应当重视掌握第一手资料，而不是根据“听说”、“回忆”或“估计”的资料来进行产品流程的分析。调查必须在现场进行，从原材料最初流入途径的各个环节，一直到产品制造完工，都应按顺序一步一步调查。

产品流程中五种活动事项的一般调查项目如下：

①加工（操作）：加工方法，加工件数，加工时间（或产量），操作者职名、技术等级及人数，机械设备名称、编号、台数，主要工装模具，加工条件（切削条件、温度、时间等），主要消耗品等。②检验：检验方法，检验件数，检验人员职名、技术等级及人数，不合格率。③搬运：搬运距离、一次搬运量、一批搬运次数（用具及设备）、作业者、搬运时间等。④停滞（延迟）：停滞位置、停滞原因、停滞时间和数量、停滞责任者等。⑤贮存：贮存位置、贮存时间和数量、保管者等。

（4）制成产品流程分析图表。

（5）改进方案的考察。

在现状调查分析的基础上，着手对改进方案进行考察，一般应分析考察以下项目：

①所有工作活动的目的是什么？②各加工工序使用工装模具以及机械化的可能性如何，实现上述目的的障碍是什么？③工序分工程度是否充分？不充分的原因是什么（由于管理者原因、作业上的旧习惯、工序负荷不平衡、工序内容划分困难、操作者不乐意）？④工序活动内容标准化的余地如何（机械设备、工具、作业方法、作业条件等）？⑤加工内容和时间不稳定的原因是什么（材料及半成品规格不一致，工艺基础及加工方法不明确，设备工具的状态不良，作业条件不稳定，作业者情绪及技术不稳定等）？⑥是否由于

生产管理不善，原材料供应不足而引起停滞增加？⑦是否因为检查制度不完善而影响生产的正常进行（检查组织是否健全，检查员能否胜任，检查员的数量能否满足需要，检查工具、检查方式及数据运用如何等）？⑧合计的时间和距离是不是改善的重点？⑨停滞时间对加工时间的比例是否过高？⑩工序数、时间及距离能否减少？

经过现场调查及认真的分析研究，可提出改进的方案。新方案同样需做成产品生产流程分析图表，并与改进前的（即现有的）图表进行对比。对比结果可反映在产品流程分析总结表中，如表 3－2 所示。

表 3－2　产品流程分析总结表

项目	现行制造方法		建议改进方法		差异	
单位成本						
材料运送距离与装卸次数	m	次	m	次	m	次
符号	次数	所用时间	次数	所用时间	次数	所用时间
○操作						
⇨搬运						
□检验						
▽贮存						
D 延迟						
总次数和总时间						
年节约量						
建议新方法所需费用						

4. 流程线路图

整个制造过程通过产品流程分析总结表得到详细的表示。倘若再用流程线路图表明实际过程，并与产品流程分析总结表配合使用，则分析效果更为明显；流程线路图是按平面布置的实际比例绘制的，它能直观地反映出厂房、设备、操作者、原材料存放地点、成品检验地点的实际配置以及整个作业的流程。这种图表对分析流程的路线、调整平面布置、缩短运输路线等均有重要意义。因此，流程线路图也是生产流程分析的一种有效的工具。

流程线路图要求按比例绘制，将厂房、通道、机器设备、工作地依照它们的正确位置一一绘上，并将生产流程的全部活动在流程图中用带箭头的线条及符号表示。

5. 工艺路线分析

如果说产品流程分析是主干，工艺路线分析则是从一个侧面对产品流程分析的一种补充。

在多品种批量生产的企业，在一个车间里要进行各种零件的加工与装配工作。工艺路线分析是从整个车间出发，分析全部加工零部件的工艺路线，其目的是使全部加工零件的工艺路线最短。

进行工艺路线分析需编制路线分析表。其方法是，先列出全部零件的工艺路线，然后将工艺路线相似的零件划为一类。分类之后按生产大纲和工时定额计算设备需要的台数及人员数等，并以此作为调整生产组织和劳动组织的依据。一般来说，经过这样的分析和调整，就能保证加工零件在车间内的流程路线比较短。

中、小企业的加工装配车间，多数按批量组织生产，一个工作地要承担多种多样零件的加工，在这种情况下，一般按机床类别进行布置与分组。这种组织方式的优点是便于对相同作业进行指导与管理，设备及工作地负荷也容易调整。但它也有许多缺点，如零件加工路线比较复杂，要流经许多作业组，工序间的联系也比较困难；由于搬运距离长，零件周转、停滞的时间也长，同时增加了搬运费用。针对这种情况，可取工艺原则和对象原则布置的长处，采取折中方式的平面布置方案。

二、作业研究

作业研究是以生产流程或管理业务流程中各个作业事项为对象的分析技术。每项作业通常由一人或数人组成的工组完成，在加工制造业中也称之为“工序”。因此，作业研究也可理解为工序分析技术。

作业研究主要包括操作者作业分析、复合活动（作业）分析（工组作业分析及人机作业分析）等。

1. 操作者作业分析

（1）操作者作业分析的意义及符号。

操作者作业分析，是指由一名操作者承担加工制造过程中的一道工序（或数道工序）的全部操作活动，并对其进行详细的记录和分析的技术。通过作业分析的研究和改进，达到减轻劳动强度、提高工作舒适度、提高工作效率、充分有效地利用设备、保证产品质量和安全生产的目的。

作业分析涉及一系列操作活动和过程，诸如作业、检验、移动以及等待等。为了掌握有关作业活动的总体情况，便于作进一步的分析，各操作活动需要用规定的符号来表示，并加以图表化。

操作者作业分析用的符号和产品制造过程分析用的符号相同，只是在作业分析场合下，分析对象是“人”，而不是产品制造过程中的“物”。四种作业活动的符号的意义如表 3－3 所示。

表 3－3　操作者作业分析用符号

符号	作业活动	符号说明
○	作业（加工及操作）	有意识地改变加工对象的物理及化学性质，或与其他对象组合与分解，在以上场合中进行物料移动及准备等。
□	检查	检查加工对象的数量和质量。
⇨（或○）	移动	空手或持物移向另一处，不包括在作业中加工对象的移动。
▽或 D	等待	休息，等待或无意义的移动。

（2）作业分析的步骤。

①确定需要研究和改进的操作活动，明确所研究的作业活动的开始点和终结点，也就是把研究的范围确定下来。②深入现场，对整个作业活动进行详细的观察。正确使用符号，清楚表明作业活动的事实，同时要将各项活动的移动距离、所需时间进行详细记录。③整理记录的结果，统计现有方法所用的作业、检查、移动等的步骤数，移动距离和时间等，这对于明确问题重点、进行定量分析和改进方案比较等都是必要的。④运用5W1H——原因（Why）、对象（What）、地点（Where）、时间（When）、人员（Who）、方法（How）——工作简化以及动作经济的原则等，考察目前的作业方法，提出各种改进方案的设想。⑤用操作者作业分析表作出改进后的作业程序，列出所有作业步骤、移动距离、需要时间等，以便与旧的作业方法进行比较。

（3）操作者作业分析改进的着眼点。

第一，对整个作业流程。

①作业活动的最终目的是什么？有没有其他设想来达到相同目的？②各个作业步骤的顺序能否调换、合并以达到简化的目的？

第二，对各个“作业”步骤。

①不必要的步骤能否省略？②能否改进机器设备，使操作更容易些？③能否改变平面布置和机器设备的位置，使操作更容易些？④能否改变部分产品的设计，使操作步骤得以省略？

第三，对各个“检查”步骤。

①各个检查步骤是否必要，检查得到的结果能否发挥作用？②检查的安排是否在整个作业流程中最适当的位置和场所？③能否将全数检查改为抽样检查？

（4）对各个“移动”步骤。

①能否通过改变平面布置缩短运输、搬运距离？②能否通过改变作业顺序缩短搬运距离？③能否使用传送带或其他器材使搬运更容易些？④能否进一步提高活性指数使搬运更容易和方便些？

（5）对各个“等待”步骤。

①能否通过改变作业顺序来减少等待？②能否通过改变平面布置来减少等待？③能否通过改进作业计划的安排来减少等待？④能否通过平衡工作量来减少等待？

2. 复合活动（作业）分析

在由数名操作者共同完成一项作业，或者由一名操作者看管一台或数台机械设备的场合，由于操作者之间或操作者与设备之间存在着配合的问题，就可能使操作者或机器设备发生等待。复合活动分析，就是一种适用于工组作业或人机作业场合的分析技术，它通过对图表分析，获得操作者和机器设备的“作业”或“停顿”的详细记载，并对这类作业进行设计和改进。

复合活动分析的特点是，必须十分清楚地了解各个作业步骤在时间上的关系。

（1）工组作业分析。

由数人组成工组在大的装置上操作（进行作业或修理），由于各个操作者的作业负荷不均衡或不同步，会造成人工等待情况的发生。为了更好地安排工组中各操作者的作业，必须详细了解每个操作者在进行作业时的分工与时间上的配合。

第一，工组作业分析按以下步骤进行：

①按操作者的作业顺序，依次作操作者作业分析图表。在分析时要注意各操作者之间作业活动及时间上的配合。②用秒表、摄影机或录像机测定分析表中各作业步骤的正确时间，并填入作业分析图内。③用方格纸做成工组作业现行方法的作业图表。④运用工作简化原则，考察现有作业方法，提出各种改进的设想。⑤做成工组作业新方法的作业图表。⑥进行新工作方法比较，作出对比表格。

第二，工组作业分析着眼点：

①操作者的作业步骤能否更容易些？②改变工组人数能否消除人工等待时间？③在操作者之间调整作业，能否减少人工等待？④作业顺序的改变和调整能否减少人工等待？⑤能否通过改善负荷重的作业来调整时间的平衡？

（2）人机作业分析。

人机作业分析是在操作机械设备过程中，使人和机械获得较好配合的分析技术。其目的通常是为了提高机械设备和操作者的开动率，以及改善操作的安全性。在使用新的机械设备或装置的情况下，使用这种分析技术，将有助于提高操作者的效率和操作的安全性。另外，还可用于确定操作者看管机械设备的台数等。

人机作业分析的步骤如下：

①按操作者作业分析的要领，分别作出操作者和机械设备在一个作业周期内各自的操作步骤。②将操作者和机械设备的作业步骤按时间配合关系作出人—机作业分析图表。表3－4是某铣加工作业人—机分析的实例。表中着重反映出在现行操作方法下的人机配合关系。③用秒表、摄影机或录像设备精确测定人—机各作业步骤的时间消耗。④运用工作简化原则，考察现有方法，提出各种改进方案的设想。⑤将改进后的操作方法，绘制成新的人—机作业分析图表。⑥进行新旧操作方法的比较，并将对比结果反映在表的上部（见表3－5）。

表3－4　化学反应器催化剂检查的新旧作业方法比较

时间单位：min

操作者	活动事项	现在方法的时间	改进方法的时间	比较
电工	作业	3.4	3.4	0
	等待	2.5	0.6	－1.9
装配工	作业	2.9	2.9	0
	等待	3.0	1.1	－1.9
准备工	作业	1.0	1.0	0
	等待	4.9	3.0	－1.9
检查工	作业	0.9	0.9	0
	等待	5.0	3.1	－2.1
合计	作业	8.2	8.2	0
	等待	15.4	7.8	－7.6

表 3-5　人—机作业分析（改进方法）

时间单位：min

<table>
<tr><td rowspan="9">工作部门：
工序名称：
设备名称：
研究者：
年　月　日
审阅者：
年　月　日</td><td colspan="8">新旧作业方法对比</td></tr>
<tr><td colspan="2" rowspan="2">项目</td><td rowspan="2">现在方法</td><td rowspan="2">改进方法</td><td rowspan="2">节省</td><td colspan="3">利用率（%）</td></tr>
<tr><td>现在方法</td><td>改进方法</td><td>效果</td></tr>
<tr><td rowspan="3">人</td><td>周时</td><td>2.0</td><td>1.36</td><td>0.64</td><td rowspan="3">60%</td><td rowspan="3">80%</td><td rowspan="3"></td></tr>
<tr><td>工作</td><td>1.2</td><td>1.10</td><td></td></tr>
<tr><td>空闲</td><td>0.8</td><td>0.26</td><td></td></tr>
<tr><td rowspan="3">机</td><td>周时</td><td>2.0</td><td>1.36</td><td>0.64</td><td rowspan="3">40%</td><td rowspan="3">61%</td><td rowspan="3"></td></tr>
<tr><td>工作</td><td>0.8</td><td>0.83</td><td></td></tr>
<tr><td>空闲</td><td>1.2</td><td>0.53</td><td></td></tr>
<tr><td colspan="5">人</td><td>时间</td><td colspan="3">机</td></tr>
<tr><td colspan="5">移开铣成件</td><td>-0.2</td><td colspan="3" rowspan="3">机床空间停顿</td></tr>
<tr><td colspan="5">用压缩空气吹净夹具，装入新铸件</td><td>0.4</td></tr>
<tr><td colspan="5">开动自动铣</td><td>0.6</td></tr>
<tr><td colspan="5">锉去铣边毛刺，用压缩空气吹净</td><td>0.8</td><td colspan="3"></td></tr>
<tr><td colspan="5">在台面上用样板测量深度</td><td>1.0</td><td colspan="3"></td></tr>
<tr><td colspan="5">成品放入箱内，取起新铸件至台面</td><td>1.2</td><td colspan="3" rowspan="2">机床精铣加工</td></tr>
<tr><td colspan="5">看管等待</td><td>1.4</td></tr>
</table>

三、动作研究

动作研究是一种以一项操作或一项作业为对象的分析技术。它通过对动作内容进行详细的分析研究，达到消除多余笨拙的动作、减轻疲劳，提高舒适度、提高工作效率的目的。

动作研究包括多种分析方法，基本的方法有动作目视分析和动作摄影分析两种。在衡量各种动作是否合理时，需要用到人们所熟知的“动作经济原则”。下面将简要介绍各种动作分析方法和“动作经济原则”。

1. 动作目视（要素）分析

动作目视分析，是指主要凭研究人员的观察，用动作要素符号进行记录和分析的一种分析方法。其做法和测时观测类似，重点在动作分析上，要求将操作者的左、右手和目视动作都正确无误地记录下来，然后分析记录资料，提出改进操作方法的意见。

任何一项作业，总是由许多基本的动作要素所组成的。美国的吉尔布雷斯将人的作业活动划分为 17 个基本的动素，并确定了这些动素的定义和符号。这 17 个动素可以分为三大类：

（1）包括空手移位、握取、负重移动、定位、装配、使用、分解、放手、检验等 9 个动素。这些都是完成作业所必需的动作要素。

（2）包括寻找、选择、思考、预对等4个动素。这些动作要素有延迟第一类动素的倾向。这类动作要素通常是必需的，但可通过改进作业区内物品的放置来减少或消除。

（3）包括保持、休息、延迟、故延等4个动素。这些动作要素通常与工作无关或无益，它们是动作分析的重点。这些动素的减少或消除，将给动作研究带来明显的效果。通过采用简单的夹持器具，合理布置工作地，调整动作的顺序都可以消除或减少“保持”和“延迟”的动作要素。当然，正常和合理的“休息”是必需的，不能随意取消。如表3－6所示。

表3－6　动作要素符号

类别	名称	符号	说明内容
第一类	空手移位		空手接近或离开目的物
	握取		握住目的物
	负重移动		用手移动目的物
	定位		为了进行下一个动作而对准位置
	装配	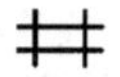	将两个以上目的物组合起来
	使用		使用工具进行的操作
	分解	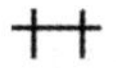	分解两个以上目的物
	放手		放下目的物
	检验		将目的物与规定的标准进行比较
第二类	寻找		用眼和手寻找目的物
	选择		从许多目的物中挑选一件
	思考		决定下一操作步骤的思考
	预对		为避免“定位”动作而放置目的物的动作
第三类	保持		保持或支持目的物
	休息		为消除疲劳的休息
	延迟	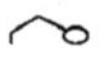	作业者不能控制的原因造成的延迟
	故延	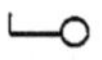	作业者可以避免的延迟

2. 动作摄影分析

用目视分析方法，要正确记录十分细微的动素，实在是一件困难的事情。要精确地观察和记录，只能依靠摄影分析。

开始时，动作摄影分析由于影片分析费用昂贵，不能广泛应用。后来由于有了小型摄影机，就为摄影分析的广泛应用提供了条件。

摄影分析有许多优点：工人的操作活动能在一次观察中毫无遗漏地记录下来；在分析过程中，可以根据分析人员的需要，随时放映，随时中断；对一些复杂的操作，还可以反复放映，直到完全观察清楚为止，经过改进后的操作方法，拍成影片或录像，可用于推广新的操作方法或培训新工人等。

3. 动作经济原则

动作经济原则也可译为“动作节约原则”。利用动作经济原则，其重点不在改变整个制造过程的工作计划，或改变机器的布置，减少制造过程中耽搁等问题，而是在以上条件不变的情况下，尽量减少工人的疲劳，提高工人的作业效率。

“动作经济原则”可归纳为三大类，22 项，下面逐一介绍。

第一，关于人体动作。

（1）双手应同时开始和结束工作。

（2）除规定的休息时间外，双手不应同时空闲。

（3）双臂的动作应对称，方向应相反，并应同时进行。

（4）手的动作应尽可能以最低等级的动作来完成操作。

（5）应尽可能利用物体的重量，如需用肌力时，则应将其减至最轻。

（6）做连续的曲线运动比做方向突变的直线运动为好。

（7）弹道式的运动比受控制或受限制的运动轻快。

（8）动作应尽可能轻松、自然、有节奏，这样能使动作流畅和自发。

第二，关于作业场所布置。

（9）工具物料应置于固定场所。

（10）工具物料及装置应布置在工作者的前面近处。

（11）零件物料的供应应尽可能利用其重量坠送至工作者手边。

（12）应尽可能利用“坠送”（指对加工完成的零件）方法。

（13）工具物料应依照最佳的工作顺序排列。

（14）应有适当的照明设备，使视觉舒适。

（15）工作台及椅子的高度，应使工作者坐立适宜。

（16）工作椅的式样及高度，应可使工作者保持良好姿势。

第三，关于工具设备。

（17）尽量解除手的工作，而以夹具或脚踏工具代替之。

（18）可能时，应将两种工具合并。

（19）工具物料应尽可能预放在工作位置。

（20）利用手指工作时，应按各个手指的本能，合理分配负荷。

（21）手柄的设计，应尽可能使其与手的接触面增大。

（22）机器上的杠杆、十字杠及手轮的位置，应能使工作者极少变动其姿势，且能最大程度地利用机械。

以上22项原则在实际应用时，往往将若干项原则结合在一起方能奏效，故应根据每项工作的特点灵活选择。下面将列举一些实例，说明上述原则的应用。

动作经济原则分析：

（1）手部动作分析。上述第（1）至（3）项原则极为接近和相关，必须同时考虑，许多人习惯于以一只手（左手）保持工作物，另一只手（右手）进行操作，如果使左手解脱出来，即使其效率只有右手的80%，那也是十分经济有效的。但从心理学角度来看，必须两手同时而且对称地进行相同的动作，否则由于心理和生理上的不平衡，双手动作难以控制实现。上面列举的操作，其改进方法就是这几项原则应用的实例。

（2）关于动作的级次。上述第（4）项原则需要运用动作的级次，要使动作迅速、轻易，只有从缩短动作距离，减少体力消耗上着手。为此，要尽可能选择级次较低的动作。在动作分析中把手动动作分为五级：第一级为手指动作，其级次最低，速度最快，但力量较小；第二级为手指及手腕的动作，即上下臂保持不动，仅手指及手腕动作；第三级为手指、手腕及前臂动作，动作限制在肘部以下，此动作常被视为不致引起疲劳的有效动作；第四级为手指、手腕、前臂及上臂动作，由于工具或物料放置较远，非第三级动作所能达到，必须有上臂参加工作；第五级为手指、手腕、前臂、上臂及身体的动作，这是最耗体力，最费时间的动作，完成此项动作时，经常会发生人体位置的变更。以上五级动作，动作级次越低，消耗体力越少，所需时间越短。因此对工作地布置，工作方法及工具、设备的设计，应尽量避免第五级动作（如转身、弯腰动作）的发生，工具物料应放置在伸手所及的范围内。

（3）利用动量及动作的曲线、节奏。上述第（5）（6）（7）（8）四项原则的性质相接近，可以一起讨论。人体及物体在运动状态中会产生一定的动量。要研究如何巧妙利用这个动量，使人体肌肉消耗降至最低，而效率并不降低。泰勒的“铁铲装卸作业研究”就是一例。由于巧妙利用动量，使操作者在不增加疲劳的情况下，每天装卸工作量达到最高。

此外，生理学研究证明，人体肌肉适合做弹道式的曲线运动。在这种运动状态中，最有利于借助动量来完成工作。人们常能见到灵巧的锻工，在锻打时，仅在举起锤及刚落下时用力，而锤落之后，即放松肌肉使其自然下落，以达到省力的目的。

（4）工具及物料的定位。在操作中时常发生“寻找”，这是很大的浪费，也会增加作业疲劳。因此，把工具物料放在固定位置，既可节省时间，又可减少疲劳。而且，一旦形成习惯，就能产生“动力定型”，操作者可以不经思考而顺利进行工作。

上面已经提到要尽可能做较低级次的动作，为此，工作地布置应使工具及物料尽可能接近工作者，便于操作者在接近人体的圆弧范围内进行操作。

（5）利用重力坠送。若物料数量大，或者取料次数频繁，可利用重力将物料滑到工作地点，当取走第一件后，第二件又自动坠下。这种对重力的利用，多半适用于较轻的中小零件，同时，事前要设计专用的送料箱。

（6）适当的照明和舒适的姿势。工作场所的环境条件（包括照明、通风、温度、噪音、色彩等）对操作者工作效率影响较大，只有在比较满意和舒适的环境下才能减少疲劳，维持较高的效率。工作姿势对工作效率的影响也是不能忽视的，工作姿势很大程度上取决于工作场所的工作台、椅的设计。工作者感觉坐着工作舒适时，则应设置适当高度和形状的椅凳；感到站立工作方便时，则应加高工作台，以避免弯身操作。当然，也可将工作台、椅设计成满足工作者站坐皆可的要求。这种方式是最为理想的，工作者可随意变换姿势，舒张肌肉，以减轻疲劳。

（7）解除手的保持或握住物体的操作。为了实现这条原则，通常需要在设计工模夹具上想办法。有时候，可以利用脚踏方式代替手来执行某些操作。例如，脚踏控制夹具、脚踏控制操纵杠杆、脚踏控制钻头进给等，这些例子在生产中是常见的。

（8）合并工具的用途。在操作中经常要使用不同用途的许多工具，如果能够将工具用途合并在一起，就能减少取工具及操作的时间。例如，可以把经常使用的两种工具做成两端形式，需要时可以来回调头使用。在装配工作中使用的“双口扳子”就是一例。

（9）工具应用的位置。工具位置的设计，应考虑身体有关部位的特点。一般人右手比左手灵巧，而食指、中指又比无名指、小指敏捷。国外有人研究英文打字机键位置安排问题，认为根据手的动作特点，右手负荷应略高于左手负荷，左右手之比约为0.89∶1。另外，还应根据各手指的强弱与灵敏来分布键盘。而目前所用的打字机的键盘排列并不理想，因为左手负荷比右手为重，左右手之比约为1.3∶1。机器上各项起动或控制装置（如手轮、杠杆等）要设置在正常操作状态下伸手可及之处，使操作者无须改变其姿势即可接触“工具”。

3.4 时间研究

劳动定额有两种形式，一种是时间定额，即指工人生产单位产品所需的时间；另一种是产量定额，即单位时间内（如每小时，每个工作班内）应完成的产品数量。劳动定额除上述形式外，还有看管定额、服务定额等形式。不同形式的劳动定额适用于不同的生产条件，在单件小批或成批生产的企业通常采用时间定额，有的大批量生产企业有时采用产量定额。

3.4.1 工时消耗分类

时间研究的基本任务是研究劳动过程中的工时消耗、挖掘工时潜力、提高工时利用程度、制定各项劳动作业的工时（或产量）定额。要实现上述任务，需要对工时消耗进行科学的分类。

（1）定额时间，就是在生产过程中，工人和设备在完成某生产任务时所必须消耗的时间。

（2）非定额时间，就是在生产过程中不必要的、无效的时间损失。如由于组织、技术工作的缺点或违反劳动纪律所造成的时间损失等。

现将其各组成部分的内容分述如下：

一、定额时间

定额时间由准备结束时间和单件时间两部分组成。

1. 准备结束时间

准备结束时间，即工人为生产一批零件或执行一项任务的工作前做准备和完成工作后做结束工作所消耗的时间。也就是在一批零件加工前，工人用于了解任务，熟悉图纸和加工工艺，领取材料和工卡量具，调整设备以及在完成任务后卸下工卡量具，交回图纸，成品交检等所消耗的时间。

准备结束时间的特点是每加工一批零件只消耗一次，其长短与一批零件的数量无关。其主要影响因素为零件的复杂程度，设备的类型、构造和复杂程度以及工作的组织情况等。

2. 单件时间

单件时间，是与加工零件数量直接有关的时间消耗，它由作业时间、布置工作地时间、休息与生理需要时间三部分所组成。

（1）作业时间，是指直接用于加工零件或者完成某项工作任务的时间。它是时间消耗中最主要的组成部分，其特点是时间的长短与生产任务成正比，并随着零件的加工重复消耗。作业时间按其作用又可分为基本时间和辅助时间。

第一，基本时间，是直接用于改变零件的几何形状、尺寸、性能、外形以及把零件装配成为部件、产品所消耗的时间。如车工直接用于切削的时间，装配工用于装配的时间，统称为基本时间。如果工艺规程规定某一工作完全由机床设备自动实现，则基本时间称为机动时间；如果是在工人直接参与下用机床设备实现这一作业的，则称为机手并动时间（如车床上手动进刀的时间）；如果实现这一作业不使用机器，全由工人手工操作（如刮、锉等），则基本时间称为手动时间。基本时间的特点是每加工一个零件，时间重复消耗一次。

第二，辅助时间，是指为了保证实现基本工作而执行的各种操作所消耗的时间。例如安装零件、卸下零件、开动或停止机床、改变切削用量及走刀量、检验零件尺寸等所消耗的时间。辅助时间也有机动时间、机手并动时间和手动时间之分，但多数是手动的。机动的如刀架自动更换位置所费的时间，机手并动的如吊车装卸零件所消耗的时间等。辅助时间的主要特点是每加工一个零件都要重复出现一次（如装卸工件），或每加工一定数量的零件定期重复一次（如换刀等）。

（2）布置工作地时间，是指员工用于保持工作地正常工作状态所消耗的时间。布置工作地时间又可分为技术性布置工作地时间和组织性布置工作地时间。技术性布置工作地时间主要是指与机动时间消耗有关的布置时间，组织性布置工作地时间主要是指与工作班有关的布置时间，如工作班开始与结束时收拾工具、检查和试运转设备、注油和清理设备等所耗费的时间。

（3）休息与生理需要时间，是指员工在工作班内，在劳动繁重、紧张而又无间歇的情况下，规定的适当休息时间和由于生理需要（如上厕所、喝水等）而消耗的时间。这类时间与劳动性质、劳动条件、劳动繁重程度和劳动危险性等有关，可根据这些因素变化作出适当规定。由于这类时间与操作疲劳程度以及作业性质密切相关，可将这类时间分为固定的（不变的）与变动的（可变的）两部分。前者作为补偿精力的消耗所必需的疲劳消除时间和个人生理需要的时间；后者则依据作业性质、工作环境、劳动条件规定必要的休息和生理需要时间。在具体工作中尚可依据性别等不同情况分别具体规定。

二、非定额时间

1．由工人过失所造成的时间损失

这是指由于工人过失所造成的生产中断时间，如迟到、早退、晚开工、早收工、上班时间办理私事、做些与工作无关的事等。此外，还包括由于工人违反工艺规程所造成的废品、返修品的时间损失，由于工人技术不熟练、工作地布置或操作不当所造成的时间损失等。

2．非由工人过失造成的时间损失

这是指由于生产组织和管理不善所造成的生产中断时间，如等待分配工作，等待图纸或起重运输设备，等待设备修理及工艺装备，等待毛坯、电力、动力等所浪费的时间，由于产品设计、工艺规程设计与制造、原材料的供应、计划安排、劳动组织和工作地服务的错误和不当所造成的废品、返修等浪费的时间。

3．非生产工作时间

这是指工人在工作班内做了本职以外的工作或做了不必要的工作所消耗的时间。其原因往往是由于企业生产组织和管理不善。如生产工人做了应由辅助工人做的领取工具、研磨工具、清扫工作地时间，组织管理不善造成生产工人寻找物料、找工段长、技术员、检验员的时间，修理与本人无关的工具、设备等的时间。

上述分类方法能够严格区分定额时间与非定额时间，即明确地划分出在生产过程中哪些是合理的时间消耗，是生产过程中所必要的工作时间；哪些是不合理的时间消耗，是生产过程中应该消除的浪费时间。这样就可以找出工时损失的原因，提出相应的改进措施。

这种工时消耗分类在实际工作中应根据企业生产技术和产品生产的特点、管理工作的需要和具体的情况灵活运用。

3.4.2 时间研究方法

时间研究方法是对劳动时间消耗的研究和劳动定额制定的基本方法。时间研究的方法多种多样，这些方法都有它们自身发展和形成的过程。同时，各种方法都有不同的适用情况和条件。经验估工是时间研究最为原始的方法，其着眼点只是为了估计工时。随着管理科学的发展，时间研究的方法也日益丰富和完善。时间研究技术的应用不只局限于制定劳动定额，也被广泛应用于企业诊断，分析企业工时利用状况，总结与推广先进操作方法，查定企业生产能力，调整生产组织和劳动组织等许多方面。表 3－7 列举了各种时间研究的方法及其说明。

表 3－7 时间研究的主要方法

方法名称		说明
经验估工法		这是主要凭借管理人员经验进行工时估计的方法。这种方法在科学管理产生以前就存在，至今仍在某些缺乏贸料场合及管理水平不高的企业中应用。
直接测定法	工时测定法	这是通过在作业现场的长时期的连续观察和测定，经过分析研究制定定额的方法。也可以用于企业诊断，改进工时利用和操作方法等方面。
	工时抽样法	这是工时抽样在工时调查中的应用，是一种瞬时观察方法。可用于制定各种宽放率，制定定额以及企业诊断等方面。
间接测定法	统计分析法	这是将统计资料同概率估计结合起来制定定额的方法。一般用在老产品定额修改的场合，大批量生产中也可用来制定工序定额。
	时间定额标准法	这是利用事先制定好的定额标准数据制定定额的方法。由于标准形式的不同，可用于不同生产类型和不同工种的定额制定。

一、经验估工法

经验估工法，就是由定额人员根据产品的设计图纸、工艺规程或产品实物，并考虑到所使用的设备、工装、原材料及其他生产组织技术条件，凭制定者的生产经验估计各项作业工时的消耗时间，从而确定总的消耗时间值的制定定额的一种方法。为了提高估工质量，在估工时，有时也参考一些工时消耗的统计资料，用一些同类产品的定额资料作比较，但主要的还是凭经验估工。

它的优点是手续简便，工作量小，不必进行更多的统计资料的分析和计算工作，比较容易满足“快”的要求。它的缺点是由于主要是凭经验估计，对生产条件的分析比较粗糙，调查研究较少，技术依据也不足，容易受到制定人员的主观因素和局限性的影响。

因此，制定的定额一般偏于保守，不易挖掘生产潜力和提高工时利用率，容易出现定额偏高、偏低和定额水平不平衡的情况。对一个产品或零件，不同的估工人员会估出不同的定额，甚至同一个人在不同的时期，或在不同的车间，也会估出不同的定额。因而，说服力不强，不利于总结和推广先进经验，也不利于劳动定额的贯彻执行。

确定一个时间值的经验估工法一般适用于多品种单件、小批量的生产，或新产品的试制和临时性生产。在刚开展定额工作的企业，当不具备使用其他方法的条件时，通常也采用这种定额制定的方法。

二、直接测定法

直接测定法可分为工时测定和工时抽样两种方法。

第一，工时测定法。

为了制定先进合理的劳动定额，需要对工人在工作班内的全部活动和工时消耗进行具体的分析研究。对作业活动和工时消耗直接进行观察、记录和分析研究的技术，称为工时测定。

工时测定最早是由泰勒提出并加以应用的，至今仍然是时间研究的重要方法，也是制定劳动定额和分析工时利用的基础性工作。由于它对作业活动和生产情况记录比较详细、分析也比较充分，所以制定定额比较准确。通过工时测定，可以研究影响工时消耗的因素，认识和掌握工时消耗的规律，挖掘节约工时的潜力，提高劳动生产率。通过工时测定，还可以研究先进工人的操作方法，总结和推广他们的先进经验。其缺点是观察和测定的工作量大。一般适用于生产重复程度比较高的大批量生产企业的定额制定。此外，它还被广泛应用于企业诊断、分析工时利用、测定生产能力等许多方面，时间定额标准的制定也是通过大量的工时测定来进行的。

工时测定法主要包括工作日写实和测时两种方法。这两种方法都是在作业现场进行长时间的连续观察、记录及测定作业活动和工时消耗的方法。前者观察记录的时间比后者更长。自从工时抽样广泛应用以后，逐步取代了工作日写实方法，或者被作为工时抽样的一种补充方法。从定额制定角度来看，测时主要提供工序作业时间，工作日写实则是提供确定各种工时宽放率（布置工作地宽放率、休息和生理需要时间宽放率）的资料。

1. 工作日写实

工作日写实是对工人整个工作日的时间利用情况，按其时间消耗的顺序，实地观察、记录和分析的一种技术。

工作日写实可按不同标准进行分类。根据写实对象的不同，可分为个人写实、集体写实和多机床看管写实。

（1）个人写实，是指由专职的写实人员对一个工人的工作内容和工时消耗进行的写实。

（2）集体写实，是在一个或几个工作地上，对有紧密联系而又单独作业的一组工人进行写实。

（3）多机床看管写实，是对由一个工人或一组工人同时看管几台设备的情况进行写实。

工作日写实的主要用途包括：

（1）可以全面调查分析整个工作日工时利用情况，找出工作时间损失和浪费的原因，以便采取相应的技术组织措施，从而提高工时利用率。

（2）研究先进工人的工时利用情况，总结与推广先进工人的操作方法和生产经验。

（3）工作日写实资料是制定时间标准和劳动定额的依据。

（4）调查设备和工人的负荷情况，为确定设备看管的数量和合理的劳动分工提供数据。

工作日写实包括个人工作日写实和集体工作日写实，下面分别介绍这两种写实方法的步骤和方法。

个人工作日写实方法主要包括三个阶段：

第一步，写实前的准备工作。

（1）明确写实的目的和选择写实对象。写实对象应根据写实目的来确定，如果是为了给制定时间标准提供依据，应当选择介于一般和先进之间的工人为对象；如果是为了研究工时利用情况，应当分别选择先进工人、一般工人、后进工人为对象；如果是为了总结和推广先进经验，应选择先进工人为对象。

（2）熟悉和了解写实对象的全面情况。掌握写实对象的有关情况，是为了对写实的结果作出正确的分析。写实前需要熟悉和了解被观察对象的作业性质、技术要求、设备和工艺装备的状况、生产组织形式和劳动组织、工作场地的供应和服务等。

（3）划分写实项目。为了便于记录和整理，根据工时消耗的分类和实际可能发生的工时消耗情况，划分详细的项目并给它们规定简明的代号。

（4）训练写实人员。写实人员的素质关系到写实的质量和写实能否顺利地进行。因此，写实人员除应具有必要的理论知识和实际的技能外，还应具有一定的观察、分析、判断和指导的能力，并注意培养他们的诚实、热心、公正和责任感。

（5）物资准备。写实前要设计好写实的表格，准备好纸张、观测板、计时工具等。

（6）向写实对象讲清目的。写实前要向写实对象讲清写实的目的并征得同意，以便在写实过程中互相协助和配合。

第二步，进行写实。

（1）正确选择写实的位置，要求既能清楚地观察对象的活动，又不妨碍工人操作。

（2）工作日写实必须记录完整的工作班时间。工人迟到，应写明迟到的原因并记录时间。如中途发生停工，应写明停工的原因及时间。如工人离开作业场地，应待其本人返回后，问清外出原因再记录，切忌凭写实人员的主观猜测进行记录。

（3）写实人员应自始至终集中精力，正确判明工人每项活动的性质及其工时消耗的类别，把观察结果认真填入“个人工作日写实观察记录表”，如表3－8所示。

（4）注意交叉时间的观察、记录。工人在工作过程中，有时会发生在机器自动工作时间里，工人做了其他工作，如擦拭机床、清除切屑、整理毛坯或半成品等，应记录这些活动并在备注栏写明与哪个项目交叉。

第三步，整理分析。

写实结果的整理分析，是在工作日写实观察记录表的基础上进行的，其具体工作包括以下内容：

（1）确定各项活动的延续时间。其具体方法是用后项的时间减去前项的时间。

（2）汇总同类工时消耗，将汇总的数据填入工作日写实调查汇总表中，见表3－9。实际的休息时间超过规定的休息时间，其超过部分应计入损失时间内。

（3）为了便于分析，需计算各类工时消耗占工作日时间和定额时间的比例。

（4）分析、研究各类工时消耗的合理性，拟定消除工时损失和压缩多余时间的措施，初步计算措施效果。

表 3－8　个人工作日写实观察记录表

车间	机械加工	姓名	张军	观察表编号	05		
班组	车工二组	工种	车工	2014 年 9 月 5 日			
设备	C_{620}	技术等级	4	合格品	115	废品	5
工序名称	精车	工作内容	轴	定额	120	实作	115

序号	项目	时间	工时分类（min）							交叉序号	备注
			$T_{作}$	$T_{布}$	$T_{休}$	$T_{准}$	$t_{非}$	$t_{停}$	$t_{工停}$		
	开始工作	8：00									
1	更换工作服	8：03		3							
2	润滑机床	8：06		3							
3	准备工作地	8：10		4							
4	刃磨刀具	8：15		5							
5	安装和调整刀具	8：18		3							
6	作业	9：30	72								
7	喝水、休息	9：45			15						
8	寻找图纸和工具	9：48					3				
9	成批交验	9：55				7					
10	填写工票	10：00				5					
11	工段长布置任务	10：05				5					
12	领取图纸、工艺文件	10：08				3					
13	熟悉图纸、工艺文件	10：15				7					
14	领取专用工具夹	10：20				5					
15	待料	10：30						10			
16	安装和调整作业夹具	10：45				15					
17	作业	11：08	23								
18	与他人谈话	11：20							12		
19	作业	11：35	15								
20	清除切屑	11：40		5							
21	增添冷却液	11：45		5							
22	作业	11：50	5								
23	提前洗手吃饭	12：00							10		
	午休	13：00									
24	工作准备	13：05					5				
25	作业	14：30	85								
26	与检验员商谈质量问题	14：45					15				
27	交验	14：50				5					

（续上表）

序号	项目	起止时间	工时分类（min）							交叉序号	备注
			$T_{作}$	$T_{布}$	$T_{休}$	$T_{准}$	$t_{非}$	$t_{停}$	$t_{工停}$		
28	作业	15：10	20								
29	上厕所	15：15			5						
30	抽烟	15：20			5						
31	更换用钝刀具	15：30		10							
32	作业	16：00	30								
33	原材料不合格，找材料员	16：05						5			
34	待料	16：10						5			
35	作业	16：25	15								
36	发电影票	16：27					2				
37	作业	16：38	11								
38	清除切屑	16：40		2							
39	清理工作地，擦拭机床	16：55		15							
40	洗手、更换工作服	17：00		5							
合计　480min			276	60	25	52	25	20	22		

注：定额休息与生理需要时间为25min。

表3－9　工作日写实调查汇总表

观察表编号05

工时消耗种类			工时消耗			其中交叉时间
工时类别		代号	延续时间（min）	占工作日时间（%）	占定额时间（%）	
定额时间 T	作业时间	$T_{作}$	276	57.5	66.8	
	布置工作的时间	$T_{布}$	60	12.5	14.5	
	休息与生理需要时间	$T_{休}$	25	5.2	6.1	
	准备与结束时间	$T_{准}$	52	10.8	12.6	
	合计		413	86		
非定额时间 t	非生产时间	$t_{非}$	25	5.2	6.1	
	非由工人造成的停工时间	$t_{停}$	20	4.2	4.8	
	工人造成的停工时间	$t_{工停}$	22	4.6	5.3	
	合计		67	14	16.2	
总计		480min				

（续上表）

<table>
<tr><td rowspan="2">可能提高的劳动生产率</td><td>消除非生产工作和非由工人造成的停工时间</td><td colspan="4">$M_1 = \frac{t_{非} + t_{停}}{T} \times 100\% = \frac{25 + 20}{413} \times 100\% = 10.9\%$</td></tr>
<tr><td>消除工人造成的停工时间</td><td colspan="4">$M_2 = \frac{t_{工停} + T_{休(实际)} - T_{休(定额)}}{413} \times 100\% = \frac{22 + 25 - 25}{413} \times 100\% = 5.3\%$</td></tr>
<tr><td colspan="2">劳动生产率可能提高的程度</td><td colspan="4">$M = M_1 + M_2 = 10.9\% + 5.3\% = 16.2\%$</td></tr>
<tr><td>备注</td><td colspan="2"></td><td>观察者</td><td></td><td>审核者</td></tr>
</table>

集体工作日写实的步骤和方法同个人工作日写实。由于要同时观察几个工人的作业情况，所以应注意以下问题：

（1）按预先规定的时间间隔记录。时间间隔的长短应根据写实对象人数多少而定，如观察对象为3人时，时间间隔为0.5～1.0min；4～7人时，时间间隔为1～2min；8～10人时，不超过5min。

（2）观察的项目和工时消耗的分类应简化，用简略代号记录。一般观察项目分为作业、准备、休息、停工等，相应的工时消耗的分类为$T_{作}$、$T_{准}$、$T_{休}$、$T_{停}$等。

（3）每一次观察中，对每个作业岗位，只记录一项工作和时间消耗。

（4）集体工作日写实的真实性与可靠性低于个人工作日写实。所获得的资料一般不用来作为制定时间标准的依据。

集体工作日写实，如表3－10所示。

表3－10　集体工作日写实

<table>
<tr><td>车间</td><td>装配</td><td rowspan="2">设备情况</td><td rowspan="2">正常</td><td>作业内容</td><td>钳工装配</td><td>写实日期</td><td>年　月　日</td></tr>
<tr><td>班组</td><td>钳工二组</td><td>零件号</td><td>5－125</td><td>开始时间</td><td>8：00</td></tr>
<tr><td>写实人数</td><td>5</td><td rowspan="2">工地情况</td><td rowspan="2">略</td><td>工序名称</td><td>铆接</td><td>结束时间</td><td>10：00</td></tr>
<tr><td>平均等级</td><td>4</td><td>定额时间</td><td>20min</td><td>延续时间</td><td>2h</td></tr>
<tr><td>工种</td><td>钳工</td><td colspan="2">铆工</td><td colspan="2">钳工</td><td>杂工</td><td>钳工</td></tr>
<tr><td>技术等级</td><td>6</td><td colspan="2">4</td><td colspan="2">5</td><td>2</td><td>3</td></tr>
<tr><td>工人 / 时间间隔</td><td>甲</td><td colspan="2">乙</td><td colspan="2">丙</td><td>丁</td><td>戊</td></tr>
<tr><td>8：05</td><td>$T_{准}$</td><td colspan="2">$T_{布}$</td><td colspan="2">$T_{停}$</td><td>$T_{作}$</td><td>$T_{准}$</td></tr>
<tr><td>8：10</td><td>$T_{准}$</td><td colspan="2">$T_{布}$</td><td colspan="2">$T_{作}$</td><td>$T_{休}$</td><td>$T_{准}$</td></tr>
<tr><td>8：15</td><td>$T_{作}$</td><td colspan="2">$T_{作}$</td><td colspan="2">$T_{作}$</td><td>$T_{作}$</td><td>$T_{布}$</td></tr>
<tr><td>…</td><td>…</td><td colspan="2">…</td><td colspan="2">…</td><td>…</td><td>…</td></tr>
<tr><td>备注</td><td colspan="3"></td><td>观察者</td><td colspan="3"></td></tr>
</table>

2. 测时

工作日写实只适用于研究、分析工作日工时利用情况，对工作日内的作业时间作深入细致的研究，则要采用测时技术。测时技术是以工序作业时间为对象，在工作地上进行重复观察和测量时间的技术。

采用测时技术，可以研究和总结先进生产者的经验，推广先进的操作方法；分析工序和操作的组成，确定合理的工序结构，测定工人完成工序中各组成部分（操作、动作、工步、走刀）的时间，为制定时间标准和定额提供依据。

测时一般按下列三个步骤进行：

第一步：测时前的准备工作。

测时结果的准确性，在很大程度上取决于测时前的一系列准备工作，其中最主要的有：

（1）明确测时目的，确定测时对象。

测时所要选择的对象和所要调查的工序，是由测时目的决定的。如果是为了总结和推广先进经验，则测时对象应选择先进生产者；如果是为了进行对比分析，可同时选择先进、中间、后进的工人进行测时；如果是为制定时间标准或者定额提供依据，测时对象应选择能反映先进合理定额水平的工人。

测时所要调查的工序，也是根据预先确定的测时目的来选择的。

（2）调查工作地技术组织情况。

调查工作地技术组织情况包括：机床、工具、夹具等是否符合技术文件的规定，所采用的材料是否符合标准，工作地组织是否适合于所做工作的性质，工作地的布置是否有利于工人的行动，工作地的温度、湿度、亮度、噪声程度是否符合标准等。对调查中不符合标准或规定的条件，应予以改进，一时解决不了的应予以记录，以便在整理分析测时资料时作为参考。

（3）工序的细分和确定定时点。

为了取得可靠的测时数据，必须正确地把工序划分为更细小的组成部分，称之为作业要素。例如，工序→工步→走刀→操作→动作。工序细分的程度要视测时目的而定，一般应注意以下几点：

A. 机动时间和手动时间必须分开。机动时间受切削速度、走刀量的影响。手动时间主要受操作者技术熟练程度的影响。

B. 不变作业要素与可变作业要素要明确区分。不变作业要素是指在类似设备与工作环境条件下，其时间消耗基本相同。例如，在车床上变换主轴转速、开停车等。可变作业要素是指在相同设备和工作环境条件下，因工作对象的重量、形状、尺寸、硬度、公差等不同，其时间消耗也不同。例如，在车床上装卸零件，其时间消耗与零件重量有关。

C. 规则作业要素与不规则作业要素应划分清楚。规则作业要素是指包括在正常操作步骤内的操作活动。显然，不规则作业要素应单独记录，不要和规则作业要素混淆。

D. 工序划分以后还要规定出各作业要素之间的明显可辨的时间界限，这种界限称为定时点。定时点是区别不同作业要素的标志。例如，在机床上作业，手接触（或离开）零件、扳手、量具、操纵手柄等，车刀刚接触零件切入的声音，钻头钻通等都可作为定时点。按定时点计时，可以消除时间读数的误差，特别是对于时间很短的单元（如3~5s）更有意义。

E. 物资准备及培训观测人员。秒表、时间观测板、测时记录表是进行测时必不可少的，在条件允许的情况下，可采用记实机和摄影放映器材。

第二步：测时观察。

为了确定观察次数，需要对同一个作业要素进行多次重复的观察。进行多次观察之后，必然获得一组数据，这些数据构成了测时数列。在同一测时数列中，对该作业要素观察的时间值总有某些变化（分布），这种变化是不可避免的。观察次数与测时数列的平均值精确度有密切关系，观察次数越多，测时数列的平均值越精确。但是，观察次数增加到一定程度后，平均值的精确度将不再有显著提高，如果继续增加观察次数则是不经济的。

根据实践经验，测时数列平均值的精确度在5%~10%范围就足够了，这样的精确度，在正常情况下要进行10~25次观察。观察次数的多少应根据生产类型、作业性质、延续时间长短等具体条件确定。可供参考的观察次数如表3-11所示。

表3-11　测时次数和正常稳定系数参考数据

生产类型	工序中各组成部分的时间（s）	稳定系数		在下列工序延续时间内（min）的测时次数						
		机动工作	手动工作	1	2	5	10	20	30	40
大量和流水生产	6以下	1.5	2.0	30	25	20	15	—	—	—
	6~18	1.3	1.7	25	20	15	13	—	—	—
	18以上	1.2	1.5	20	16	14	12	—	—	—
大批生产	6以下	1.8	2.5	25	20	15	13	10	—	—
	6~18	1.5	2.0	20	15	12	10	8	—	—
	18以上	1.3	1.7	15	13	10	9	7	—	—
成批生产	—	1.7	2.5	—	15	13	12	10	8	6
小批生产	—	2.0	3.0	—	—	10	8	7	6	5

第三步：填写测时记录表。

测时观察不仅要记下作业要素的时间，而且还要观察工人是如何完成操作的，包括工人的速度、节奏性；双手是否协调同时动作；工具、工件摆放是否合适等。因而要求测时人员集中精力，严格按照预先规定的作业项目和定时点，把观察结果认真地填写在记录表上。记录时应注意下面几个问题：

（1）为便于记录，必要时可将观察测时值放大，例如，采用十进分针秒表时，可将每小格0.01记为1，表面读数为0.05，可记为5。

（2）因测时人员的疏忽，来不及记下的时间值，则在R栏中记上代号M，表示漏记。

（3）因操作不熟练而漏做了某一操作，则在该单元R栏中画一横线，表示取消。

（4）对不规则作业要素或者迟延，依次序用字母A、B、C……表示，并记入表的下部。

第四步：测时资料的整理分析。

其主要工作有以下几项：

（1）计算整理各作业要素延续时间，求出平均延续时间。

计算各作业要素延续时间的目的是为了计算平均延续时间，即测时数列的平均值。计算平均值的方法有平均法、最小时间法、最大频率法、中间值法等。最常用的是平均法，此法最简单，同时也符合测时的研究目的。

（2）剔除异常值。

异常值是指某一作业要素秒表的读数，它是因外来因素的影响，而使其读数超出正常范围造成的。外来因素是指工人不按标准操作、测时人员错记或疏忽、原材料规格不符等。在计算平均值前要剔除异常值。

第二，工时抽样法。

它是统计抽样方法在工时调查中的具体应用。与工时测定比较，它主要采取随机瞬时观察，调查各种作业活动事项发生的次数和发生率，由此取得工时资料并进行分析研究。由于它具有节省时间、节省人力的优点，因此被广泛应用于工时调查和制定定额。

1. 工时抽样的原理

通过工作日写实能得到比较详尽的工时消耗资料和数据，这是工作日写实的优点。其缺点是需要投入大量的人力，而且有可能由于得不到被观察对象的配合而得不到可靠的资料。工时抽样恰好可以弥补工作日写实的不足。

工时抽样是以统计学理论为基础，采取随机抽样的方法，研究、分析工时消耗情况的一种技术。

工作日写实属于连续观察法，而工时抽样是随机的瞬时观察。根据统计理论，从大量事件中随机抽取样品，如果样品的数量足够多，则样品的特性同总体的特性只有很小的差别，也就是说，可以用样品的指标推断总体指标。

（1）关于二项分布。

从一批产品中任意抽取一个，可能有两种结果，即抽到的是合格品或不合格品；掷一枚硬币可能是正面，也可能是反面；从一堆扑克牌中任取一张，可能是红牌，也可能是黑牌。这些都是典型的二项试验，其概率分布称二项分布。在工时抽样情况下，某类观察事项出现和不出现的概率呈二项分布。

（2）当 $P>5\%$，二项分布近似于正态分布。

用来表示正态分布曲线特性的参数有平均数和标准差。平均数（$\bar{x}$）表明正态分布曲线的位置，标准差（σ）表明正态分布曲线的形状。

（3）观察次数决定抽样的准确度。

工时抽样的结果是否准确和可靠，取决于观察次数的多少。观察次数越多，工时抽样的结果越准确、可靠。但增加观察次数会使调查时间延长和增加调查费用，若无限制地增加观察次数，工时抽样就变成工作日写实，这样也就失去了工时抽样的意义，工时抽样方法的优越性也就体现不出来。因此，确定观察次数时必须同时考虑工时抽样的准确性和经济性。

2. 工时抽样的程序和工作内容

（1）明确工时抽样的目的。

工时抽样的目的，与确定调查对象和活动事项的分类、调查表的设计等有密切关系。如果工时抽样的目的是为了测定机器设备的利用率，则机器设备为观测对象，其调查项目可分为“工作”与“空闲”。如果抽样的目的是为了调查机器设备空闲的原因，则应将机器设备可能空闲的原因进行详细的分类。

工时抽样实施之前，要把工时抽样的目的、要求及实施计划向有关人员讲清楚，取得各方面的配合。在以人员为观察对象时，更要取得被观察者的支持、配合。

（2）调查项目分类。

调查目的不同，其调查内容亦随之而异。为了避免调查项目互相混淆以及便于记录，应预先明确规定各项目包括的具体内容。如锻锤空闲原因分类如表3－12所示。

表3－12　锻锤空闲原因分类

工作项目	说明	实例
工作准备	锻锤工作地的准备工作	配置电扇，加热炉点火及加油
装卸锻模	装卸锻模	锻模预热
调整锻模	锻打中停止机器，调整锻模，不包括装卸锻模	调整螺栓，调整锻模
调整设备	调整加热炉、锻锤	调整加热炉，调整锻锤
商议	工作商议	与班组长、车间主任讨论工作

（3）按现场平面图确定观察路线及位置。

工作抽样实施前，要观察现场的平面图，以便确定观察巡回的路线以及观察的具体位置。观察人员按事先规定好的巡回路线，在指定的位置上，作瞬时观察，判定工人的活动或设备的状态属于哪一类项目，并记录在调查表上。

（4）确定观察次数。

以95%的可靠性进行工时抽样，其观察次数：

$$n=\frac{4(1-P)}{S^2P}$$

式中S为准确度（相对误差），一般取S为±5%或±10%。P为某调查事项出现的概率，但实施工时抽样前，P值是未知的。为了确定观察次数，我们可以预先估计一个P值，也可以通过有限次的预备观察来得到。

假定工时抽样的目的是要调查某车间某台机床的停工率。实施工时抽样前，对该机床的停工率一无所知，这时可先进行100次预备观察，假定其中有25次停工，则停工率：

$$P=\frac{25}{100}\times100\%=25\%$$

将P值代入上面公式，则：

$$n=\frac{4(1-P)}{S^2P}=\frac{4\times(1-0.25)}{0.05^2\times0.25}=4\ 800\text{（次）}$$

计算结果表明要求进行4 800次观察。

继续进行工时抽样，若作了500次观察（包括一开始的100次抽样），其中有150次机床停工，则：

$$P = \frac{150}{500} \times 100\% = 30\%$$

此时，可以再计算和检查一次原来的观察次数值，即：

$$n = \frac{4(1-P)}{S^2 P} = \frac{4 \times (1-0.3)}{0.05^2 \times 0.3} = 3\ 733\text{（次）}$$

像这样的计算和检查，可以按一定的时间间隔进行，直到计算出的P值稳定为止。

观察次数与准确度有密切关系。准确度要求越高，其观察次数越多。一般情况下，使用5%的准确度误差较为经济。准确度与观察次数的关系如表3－13所示。

表3－13　准确度与观察次数的关系（可靠度为95%）

发生概率P	需求精度（相对误差）		
	±1%	±5%	±10%
1	3 960 000	158 400	39 600
5	760 000	30 400	7 600
10	360 000	14 400	3 000
20	160 000	6 400	1 600
30	92 000	3 680	920
40	60 000	2 400	600

为了简化计算，可以根据概率标准确定观察的次数，如表3－14所示：

表3－14　观察次数概率标准

工时抽样的目的	观察次数
1. 一般目的，如调查和发现工时利用问题	100
2. 特定管理目的，如分析等工原因	600
3. 特定的活动分析，如确定准备结束和延误时间的比率	2 000
4. 调查人或机器的开动率	4 000
5. 在精确度较高情况下，确定标准时间	10 000

（5）确定观察时刻。

为了保证工时抽样结果的正确，观察时刻的确定必须符合随机原则。

在确定观察时刻以前，先要知道每天应巡回观察次数。在总的观察次数确定后，可根据一次巡回的观察对象数，计算出总共需要观察的巡回次数，再根据工时抽样计划进行的天数，计算出每天巡回观察的次数。根据经验，在1个车间内进行抽样，1天作20～30次巡回观察，并不算多。例如，总的观察次数为5 000，1次巡回观察对象数为50，1天按25次巡回观察考虑，则1名观察人员连续进行4天的观察，即能获得全部样本资料。

确定观察时刻的方法有三种：

①不等间隔观察时刻的确定。不等间隔抽样法是利用乱数表或者用卡片抽签来确定观察时刻的。

②等间隔抽查。所谓等间隔抽查，就是相邻两次观察的时间间隔相等。按等间隔抽查，开始的观察时刻是随机确定的，其方法同前。第一次以后的观察时刻，是在前一次观察时刻上加上间隔时间。例如，第一次观察时刻定为8点15分，间隔时间为10分钟，则全天的观察时刻便为8点25分，8点35分，8点45分……

③分层抽查。对于每日规律性很强且周期地进行的工作，宜采用分层抽查。每日工作时间，如表3－15所示。

表3－15　规律性工作时间

时间	时长（min）	活动内容
8：00—8：30	30	工作准备及调整机械
8：30—11：45	195	工作时间
11：45—12：00	15	工作收拾
13：00—13：15	15	准备下午的工作
13：15—16：30	195	工作时间
16：30—17：00	30	收拾、打扫

假定每日抽查100次，若采用分层抽查，则：

8：00—8：30　　观察次数 $= \frac{30}{480} \times 100 = 6$（次）

11：45—12：00　　观察次数 $= \frac{15}{480} \times 100 = 3$（次）

13：00—13：15　　观察次数 $= \frac{15}{480} \times 100 = 3$（次）

16：30—17：00　　观察次数 $= \frac{30}{480} \times 100 = 6$（次）

上、下午工作时间　　观察次数 $= \frac{195 + 195}{480} \times 100 = 82$（次）

每一层观察次数确定后，在每一层中可采用不等间隔或等间隔抽查的方法来确定具体的观察时刻。

（6）抽样结果的整理分析。

当抽样观察次数很多，需要数日连续观察时，观察人员应将每日观察结果进行整理，待全部观察完毕，将数日观察结果汇总，结合管理图剔除异常值并验证观察次数和抽样精度。

3. 工时抽样应用实例

（1）调查设备和工人工时利用情况。

根据工时抽样调查的目的，可选择某一班组或工人，按抽样调查的程序和方法，将设备（或工人）工时利用情况记录在工时抽样调查表中，如表 3－16 所示。

表 3－16 设备（或工人）工时利用情况调查表

项目 设备/工人	运转/操作	空闲/停工	操作次数	停工次数	抽样次数	利用率（%）
方　明	正正正正正正正下	正正丅	38	12	50	76
吴　坚	正正正正正一	正正正正止	26	24	50	52
孙　立	正正正正正正正正丅	正下	42	8	50	84
张　单	正正正正正正	正正正正	30	20	50	60
王　强	正正	正正正正正正正正	10	40	50	20
李　洪	正正正正正	正正正正正	25	25	50	50
班组合计			171	129	300	57

抽样结果表明，方明、孙立的工时利用率最高，王强的工时利用率最低，只有 20%，整个班组平均工时利用率为 57%。根据结果，进一步查明工时利用率低的原因，以便采取措施，充分利用工作时间。

（2）调查工作班内各类工时消耗的比率。

根据事先选好的工时抽样对象，按预先规定的巡回路线和观察时刻，将观察结果记录在表上。当完成规定的观察次数后，将资料汇总，并计算各类工时消耗比率，如表 3－17 所示。

表 3－17 调查各类工时消耗比率工时抽样记录表

工序	工时消耗	抽样记录	次数	比率（%）
1	准备与结束时间		8	8
2	作业		65	65
3	布置作业		6	6
4	休息与个人私事		5	5
5	非生产时间		4	4
6	非工人造成的停工		4	4
7	工人造成的停工		3	3
8	情况不明		5	5
合计	100	100	100	100

（3）制定单件工时定额。

在一定条件下，工时抽样可以用来制定单件工时定额。

假定工作班内工作时间为 8h，通过工时抽样调查，准备结束时间和非定额时间为 20%，工人作业速度超出正常速度 10%，工作班内共完成零件为 500 件。

单件工时定额计算如下：

$$工作班内作业时间 = 480 - 480 \times 20\% = 384\ (\text{min})$$

$$平均每件作业时间 = \frac{384}{500} = 0.768\ (\text{min})$$

$$零件单件时间定额 = 0.768 \times (1 + 10\%) \approx 0.84\ (\text{min})$$

上述方法也适用于计算工组作业定额，具体例子如表 3－18 所示。

表 3－18　工组工时抽样记录及单件定额计算

操作者编号	操作者个人评定系数	工时抽样记录（作业次数）				用加权法计算工组评定系数
		第一日	第二日	第三日	小计	
1	85	4	2	0	6	$6 \times 85 = 510$
2	90	15	18	11	44	$44 \times 90 = 3\ 960$
3	95	25	29	26	80	$80 \times 95 = 7\ 600$
4	100	17	15	28	60	$60 \times 100 = 6\ 000$
5	105	9	7	10	26	$26 \times 105 = 2\ 730$
6	110	5	6	2	13	$13 \times 110 = 1\ 430$
7	115	3	2	2	7	$7 \times 115 = 805$
8	120	1	2	1	4	$4 \times 120 = 480$
合计						23 515
作业次数		79	81	80	240	$\frac{23\ 515}{240} = 97.9$
其他次数		21	19	20	60	
合计次数		100	100	100	300	

假设工组 3 天共完成工件数为 1 200 件，则

$$用于生产工作时间的百分比 = \frac{240}{300} \times 100\% = 80\%$$

$$工组单件定额 = \frac{(3 \times 480) \times 80\% \times 97.9\%}{1\ 200} = 0.94\ (\text{min/件})$$

三、间接测定法

间接测定法包括统计分析法和时间定额标准法两种。与直接测定法比较，它们取得数据的方式不是直接取自于作业现场，而是利用间接的数据资料进行时间研究和定额的

制定。

1. 统计分析法

它是根据过去同类型的产品或相同零件和工序积累的实际工时消耗记录及定额完成情况的统计资料，经过分析和整理，结合现实和今后生产组织技术条件的变化来制定定额的一种方法。这种方法具有制定迅速，手续简便，方法灵活，较准确地反映实际情况，适应生产及管理工作需要等优点。与经验估工法比较，在定额的准确性上及相互平衡上都提高了一步。因此，该方法广泛应用于生产品种较少，生产管理和技术管理条件比较好，并有实际工时消耗记录的企业。

统计分析法有以下缺点：要大量地积累和收集整理实际工时消耗统计资料，因此，统计工作量很大；实际工时消耗的统计资料只能反映已经达到的平均定额水平，同时，这些资料不可避免地要包括许多偶然的和不合理的因素在内，根据这些资料制定定额必然要影响定额的准确性。

采用这种方法制定定额的一般步骤是：

（1）将定额完成的统计资料通过统计方法加以收集和分析。

（2）求出平均数值或选出代表数值。

（3）以（2）中的数值为基础，根据影响劳动定额的各种因素加以修正后，作为确定新定额的依据。

统计分析法适用于统计资料比较充分的场合，不仅可用于工序定额的制定，也可用于定额修改。

2. 时间定额标准法

这是利用事先制定好的时间定额标准数据制定定额的一种方法。由于采用的时间定额标准数据所包括的作业内容有粗细之分，因此，在制定方法上有的比较详细，有的则比较概略。

利用定额标准数据制定定额，一般采取以下步骤：

（1）将作业划分为作业要素，确定合理的作业步骤和操作方法。

（2）分析影响每一作业要素工时消耗的因素，选择相应的时间定额标准数据，制定出各作业要素的作业时间。

（3）根据作业性质及环境条件选择相应的宽放系数，最后制定出整个工序的时间定额。

时间定额标准与工时测定相比，可以省略大量现场测定的工作量，而且不用等工件投产就能制定定额，再加之时间定额标准可采取不同的综合程度，因而，使得这种方法具有较强的适应性，可适用于各种生产类型及各种加工条件的定额制定。随着时间定额标准公式化、模型化，可借助于计算机计算和制定定额，从而大大加快了定额制定的速度，提高了定额制定的准确性。

要说这种方法不足的方面，那就是制定定额标准工作量大，在一定情况下，制定和修订定额的工作量也大，对定额制定人员的业务水平要求较高，需具备一定专业知识和业务能力。

3.4.3 工时评定

一、工时评定的意义

标准时间是指一个平均水平的操作者（有代表性）在正常条件下，以正常速度完成某项作业所需的时间。由于种种因素的影响，通过测时所获得的结果并不能代表标准水平。这些影响因素是：

（1）工人在智力和体力上存在差别，选择一个具有平均熟练程度的操作者，理论上是可行的，而实际上比较困难。

（2）工作速度受操作者劳动态度、责任心等影响，即便是一个具有平均熟练程度的操作者，在整个观察过程中，每个作业要素都按正常速度操作，实际上也是不可能的。

（3）劳动条件、工作环境很难达到理想的“正常条件”。因此，实测时间与标准时间必然存在差异，通过工时评定可以把实测时间调整为正常时间。

工时评定也称工作评比或者工作衡量，是一种判断或评价的技术，其目的是在测时的基础上，对作业时间进行评定，把实测时间调整为正常时间。也就是把高于正常水准的操作者的实际操作时间值增加，使之与正常水准操作者所需时间相等；或使低于正常水准的操作者的实际操作时间值减少，使之与正常水准操作者所需时间相等。

假如把一个具有平均熟练程度的操作者在正常的条件下，以正常的速度操作，视为最理想情况，其评定系数为1.0。若被测对象操作水准低于正常，则评定系数小于1.0；反之，被测对象操作水准高于正常，则评定系数大于1.0。

工时评定的关键是确定评定关系，而评定系数受作业速率和稳定性、作业的难易程度和劳动强度、作业的有效性和准确性、作业的工作条件和环境等因素影响，一般是很难确定的。实际中争议最多的也就是如何评定。

二、工时评定方法

1. 速度评定法

这是最简单的工时评定方法。此法的实质仅以操作速度为影响时间的因素，而将被观测者操作的实际速度与正常速度进行比较，确定一个评定系数。

速度评定系数一般用百分数来表示，以100%为正常速度，如比正常速度快10%，则评定系数为110%；如比正常速度慢10%，则评定系数为90%。对被观测者速度的评定除了靠观测人员主观判断外，还可以根据工人在单位时间内的作业量或工作量来评定。因此法不考虑操作难易程度、劳动强度、工作条件等因素，故其评定结果的准确性较差。

2. 系数评定法

系数评定法也称因素比较法或测定因素法，这是国外广为采用的一种工时评定方法。其方法的实质是根据影响工时消耗因素的性质和程度进行评定，即把影响工时消耗的因素分为努力程度、熟练程度（技巧性）、均匀性（一致性）、工作环境等因素项目，每个因素项目按影响程度分为几个等级，各等级规定适当的系数当选值，评比时将各影响因素各等级的系数值相加，即评比系数。

（1）努力程度是指操作者的工作态度，即工作中讲究效率的表现，它是由工人自己来控制的。评比时观测人员不要被操作者虚假的努力所欺骗，有经验的观测人员只对操作者有益的努力加以评比。

（2）熟练程度是指操作者技巧，即完成某项工作的效率，这是与操作者的经验和工作的时间长短有关的因素。熟练程度因素可以靠训练和教育来提高。

（3）均匀性是指操作者进行同种操作时，在时间上的表现是否一致。如果某一作业要素经多次观察，其时间值相同，则其均匀性为理想状态。实际中，由于受材料、工具、操作者熟练程度和体力、秒表读数误差以及外来因素的影响，所测时间呈离散分布。对机械操作要素，不进行均匀性评比。

（4）工作环境是指工作场所的温度、湿度、通风、光线、噪声等。工作环境因素直接影响操作者，而不影响操作。由于工具不良或者材料的变异等造成的工作条件影响因素，不包括在工作环境评比因素之内。

以上影响时间消耗的评比因素，根据其影响程度，每一项影响因素又分为六个等级，即最佳、优秀、良好、平均、尚可、欠佳。各影响因素的各等级评比系数如表3－19所示。

表3－19 评比系数表

等级		评定要素			
		技巧性	努力程度	平均一致性	工作环境
最佳	A_1	+0.15	+0.13	+0.04	+0.06
	A_2	+0.13	+0.12		
优秀	B_1	+0.11	+0.10	+0.03	+0.04
	B_2	+0.08	+0.08		
良好	C_1	+0.06	+0.05	+0.01	+0.02
	C_2	+0.03	+0.01		
平均	D	0	0	0	0
尚可	E_1	−0.05	−0.04	−0.02	−0.03
	E_2	−0.10	−0.08		
欠佳	F_1	−0.16	−0.12	−0.04	−0.07
	F_2	−0.22	−0.17		

3. *点数法*

点数法也称分数法，其基本原理同系数评定法，所不同的是点数法将评定项目规定为不同的点数或分数。以点数为标准评定称点数法，以分数为标准评定称分数法。

用点数法评定的结果一般分为五个等级：优秀级为86～100点；良好级为76～85点；正常级为66～75点（以平均点数70为标准）；较差级为56～65点；最差级为45～55点。

例如，假定某项操作实测时间值为3min，用点数法评定结果为良好级，其点数为80，则实测时间可调整为：

$$3\times\frac{80}{70}\approx 3.43\ (\text{min})$$

三、掌握评定标准的训练

评定的方法有很多，但其共同点是都要确定评定系数，这是工时评定的关键。为了保证评比结果的正确性和一致性，对观测人员进行培训，使其掌握评定标准是非常重要的。不同的评比方法，其训练的内容和方法也不同。对观测人员进行速度评比的培训，是各种培训的基础，下面简要介绍掌握速度评定标准的培训。

速度评定标准的培训，是目前国外应用最广的评定训练，其具体做法是：首先选择若干有代表性的操作（包装、绕线、码垛、行走等），按不同的操作速度拍成电影或录像，然后放映于银幕上，让受培训者观察。认为符合正常速度记为 100，较快速度记为大于 100 的数，低于正常速度记为小于 100 的数。最后公布标准的分数，并将自己的评比分数与标准分数比较，判定评比结果是否正确。如此反复训练，一般要经过 30h，才能掌握正确的评比标准。

为了考核受培训者的评定与正确评定间的差异和纠正过高或过低的评定，受培训者每评定一次都要计算评定误差。一般受培训者的评定在 ±5% 的误差范围内被认为是正常的评定，超过此范围则认为是偏高或者是保守的评定。

以上介绍了写实工作抽样、测时、工时评定等几种方法，这些方法是紧密联系，相互补充的。

3.5 定额标准制定原理

3.5.1 定额标准的意义及分类

定额标准是时间（或产量）定额标准的简称。它是在选择典型的生产技术组织条件基础上，通过技术测定方法，制定出一系列典型的劳动作业或代表产品（或零件）的工时消耗的标准数据，并编制成标准手册。定额标准具有相对稳定性，它是制定具体产品劳动定额和衡量定额水平的尺度和依据。社会主义国家由各工业部门制定和颁布的定额标准，是劳动法规的一种形式，在一定时期和一定范围内具有法定性。

依据定额标准制定劳动定额是一种比较科学的方法。它与经验估工和统计分析方法相比，具有以下优点：

（1）定额标准为制定劳动定额提供统一的尺度，从而保证了劳动定额的统一性和先进合理性。

（2）由于较好地克服了劳动定额松紧不一的现象，在工资和奖励工作中就能更好地贯彻按劳分配。

（3）贯彻定额标准，对企业工艺技术、企业管理和工人的操作技术都有一定要求，这将有助于推动企业挖掘生产潜力，改进工艺技术和加强经营管理。

（4）贯彻由各级管理部门批准和颁布的定额标准，将有助于加强劳动定额的严肃性和法定性，为严格指标考核创造条件。

这种方法和工时测定法相比，也有其长处。工时测定法一般适用于大批量生产的企业。对于多品种小批量生产的企业，定额制定必须安排在产品投产之前，此时，要通过观察取得有关产品的工时数据是不可能的，而采用定额标准数据制定定额，就没有困难了。如果说工时测定法是一种“事后”的定额制定和修订的方法，那么定额标准法就是一种“事前”的定额制定方法。

3.5.2 制定时间定额标准的原理

一、确定“质”的影响因素变化范围

制定定额标准的过程，就是研究各项影响因素对时间消耗影响的规律的过程。影响时间消耗的因素很多，也很复杂，我们可以把某项作业的时间消耗看成是影响这项作业时间消耗的诸因素的函数，则：

$$T=f\ (X_1,\ X_2,\ X_3,\ X_4,\ \cdots,\ Xn)$$

制定定额标准时，如果把所有影响因素都考虑进去，这样不仅制定标准的工作量大，而且也不容易做到。因此，事先需要对影响时间（工时）消耗的因素进行分类，便于找出影响时间消耗的最主要、最关键的因素。

1. 影响工时消耗因素分类

（1）按其产生原因分为：与劳动对象、设备、工装以及工作地组织有关的因素。

（2）按影响因素的性质分为：质的和量的影响因素两类。

它们之间存在一定联系，如图 3－3 所示。

影响因素按其产生原因分类：
- 与劳动对象有关的因素
- 与设备有关的因素
- 与工装有关的因素
- 与工作地组织有关的因素

图 3－3　影响工时消耗因素分类

2. 质的影响因素和量的影响因素

（1）质的影响因素，是指在生产工艺过程中，一些质的条件变化对工时消耗产生影响的因素。与设备有关的质的影响因素包括设备类型、设备性能和主要参数（功率、转速、走刀量）等，与工艺装备有关的质的影响因素包括工具的种类、材质、几何形状，夹具、模具、量具等的类别及特点等；与工作地组织有关的质的影响因素包括工作地供应、工作

地的布置、工作地的照明、温度、通风等；与劳动对象有关的质的影响因素包括毛坯种类、材质等。

（2）量的影响因素，是指由于某些影响因素发生量的变化而影响工时消耗，如零件的长度、直径、重量，沙箱的尺寸，焊缝的长度等。

制定定额标准，通常采取把“质”的影响因素相对固定下来，而逐一研究“量”的影响因素与工时消耗之间关系的规律。

二、确定“量”的影响因素变化范围

为了减少制定标准的工作量和满足实际使用的需要，必须合理地确定“量”的影响因素变化范围，如零件加工直径、加工长度的最大尺寸和最小尺寸。变化范围要根据过去生产产品的规格和今后可能的发展趋势加以确定。例如，在机床上装卸工件的重量，在实际生产中经常在 1～25kg 范围，制定标准时零件重量取值应在此范围内。

影响因素的变化范围确定以后，进一步确定该因素的项数和间隔。项数的多少主要取决于范围的大小，范围大，项数就多，反之则少。确定项数有两种方法：

1. 根据经验公式确定项数

$$N=\frac{\sqrt{X_{\max}}}{X_{\min}}+3$$

式中，N——标准中规定的影响因素的项数；$X_{\max}$——影响因素的最大数值；$X_{\min}$——影响因素的最小数值。

上式表明，影响因素的项数不应少于四个。这是因为利用图表来分析影响因素与时间消耗的规律至少应有三个点，第四个点是用来验证的。

项数确定后，按下式确定项之间的间隔：

$$B=\frac{X_{\max}-X_{\min}}{N-1}$$

式中，B——影响因素各项之间的间隔。

例如，在机床上装卸工件的主要影响因素是零件重量，其变化范围为 1～25kg。根据上面的公式，标准中规定的项数为：

$$N=\frac{\sqrt{25}}{1}+3=8$$

各项之间的间隔为

$$B=\frac{25-1}{8-1}\approx 3.4\text{ kg}$$

据此，初步排列量的影响因素如下：

1，4，7，10，13，17，21，25。

上面的计算公式只供参考，实际中采用的项数可以多于计算的项数，也可以少于计算的项数。项与项之间的间隔可以相等，也可以不相等。还可以按等差或等比数列排列。

2. 根据定额标准允许的制表误差确定项数

定额标准中相邻两项时间值，前项用 $T_{前}$ 表示，后项用 $T_{后}$ 表示，与此相对应的影响因素用 $X_{前}$ 和 $X_{后}$ 表示，介于 $X_{前}$ 和 $X_{后}$ 之间的影响因素用 $X_{间}$ 表示，其所对应的时间值必然在 $T_{前}$ 和 $T_{后}$ 之间。制定和使用标准时，如果不考虑插入法，$T_{间}$ 的变化范围不会超过 e，e 称为制表误差。

$$e = \frac{T_{后} - T_{前}}{T_{前}} \times 100\%$$

假定定额标准中，第一项时间值为 T_1，则第二项为：

$$T_2 = T_1 + T_1 \times e = T_1\ (1 + e)$$

第 N 项为 $T_N = T_1\ (1 + e)^{N-1}$

令 $T_1 = T_{\min}$，$T_N = T_{\max}$，代入上式并两边取对数，则得：

$$T_{\max} = T_{\min}\ (1 + e)^{N-1}$$

$$(1 + e)^{N-1} = \frac{T_{\max}}{T_{\min}}$$

$$(N-1)\ \log\ (1 + e) = \log\frac{T_{\max}}{T_{\min}}$$

$$N = \frac{\log\ (T_{\max}/T_{\min})}{\log\ (1 + e)} + 1$$

式中，N——影响因素的项数；e——允许的制表误差；$T_{\max}$——最大影响因素对应的时间值；$T_{\min}$——最小影响因素对应的时间值。

例如，假定最大影响因素对应的时间消耗为 3h，最小影响因素对应的时间消耗为 0.3h，允许误差 15%。则根据上面公式，定额标准的项数应为：

$$N = \frac{\log\ (3/0.3)}{\log\ (1.15)} + 1 \approx 17.5$$

即应划分为17～18项。

三、选择影响因素和工时消耗关系的函数方程

量的影响因素与工时消耗的变化是有一定规律的，这种规律可以用各种函数方程表达，如：

$$T = aX + b$$（呈直线关系）

$$T = aX^n + b$$（呈曲线关系）

判断影响因素与工时消耗的关系，一般分为两步：①先定性，然后定量。所谓定性就是首先要根据实际掌握的测定资料，分析主要影响因素的选择是否正确和足够；分析影响因素变化与工时消耗呈现一种什么样的关系。这一般需借助于坐标图。通过描点作图，判明这种关系，再根据已判明的关系选择相应的数学方程。②根据掌握的测时资料，通过数学解析方法，确定影响因素与工时消耗之间的定量关系，即函数关系。其具体方法，我们将结合定额标准制定的步骤介绍。

3.5.3 基础定额标准的制定

基础定额标准在定额标准中占有重要地位，它是制定综合定额标准的依据，在大量大批生产条件下，可直接用来制定劳动定额。下面简要介绍各种基础定额标准制定的特点。

1. 准备与结束时间标准

准备与结束时间标准，是指一批零件投产之前工人用于接受任务、熟悉图纸和工艺文件、领取原材料半成品和工模夹具、调整设备、安装工模夹具、首件交检以及完工后进行善后工作所需时间的标准。影响准备与结束时间的因素很多，主要有设备的种类、工种的复杂程度、使用工模夹具的种类等。制定准备与结束时间标准一般是按典型设备来汇总资料，即分别制定不同设备的准备与结束时间标准，如车床、刨床、锻锤等准备与结束时间标准。对于设备以外的其他影响因素，应确定其影响程度最大的因素为主要影响因素，主要影响因素不能太多，否则制定标准很困难。例如，制定中小型普通车床准备与结束时间标准，可以确定中心高为其主要影响因素，按不同的中心高可调查各项准备工作的时间。

为使编制的准备与结束时间标准准确，使用方便，应分别编制固定项目的标准和变动项目的标准。所谓固定项目，是指加工不同的工件，采用不同的装夹方法，使用不同的工具，一般情况下都要发生的准备工作项目，如接受任务、填写工票、熟悉图纸和工艺文件等。变动项目是指随工件、装夹方法、工具的变化而出现的项目。

2. 布置工作地时间和休息与生理需要时间标准

布置工作地时间和休息与生理需要时间性质相近，一般是将其合并编制标准，简称布休时间标准。这两类时间的项目比较简单而且是固定的，主要包括照看工作地、刃磨刀具、擦拭机床以及喝水吸烟等时间。此类时间直接关系到工人疲劳的消除，因此，制定标准时必须区别不同的工种、不同类型的设备以及劳动强度的大小。实际工作中一般是按设备的不同类型汇总整理资料的。

整理资料的具体方法有两种：一种是根据各份资料中的布休时间占作业时间的百分比，直接得出标准的布休时间占作业时间的百分比；另一种是根据各份整理后的资料中布休时间项目和单项时间，汇总这些项目时间，求出布休时间占作业时间的百分比。

3. 辅助时间标准

辅助操作的内容很多，其影响因素也很复杂。例如，装卸工件的辅助操作，其时间消耗受装夹方式、零件重量及装夹的技术要求的影响；操纵机床的辅助时间与设备的性能、型号、规格有关；测量工件的辅助时间与加工精度、工件复杂程度以及工件形状、尺寸有关。因此，辅助时间标准的制定，比上面两种标准都复杂。实际工作中通常是将辅助时间标准分为两部分编制，一是编制装卸工件的辅助时间标准，二是编制与工步有关的辅助时间标准。

3.6 时间动作研究方法

3.6.1 预定动作时间标准的特点和功能

预定动作时间标准是国外动作研究与时间研究相结合的产物。它是在作业分析和动作研究的基础上，以基本动作单元为对象而规定的各类工时消耗标准的总称。设定此类标准的方法在国外被称为“预定动作时间研究”（Predetermined Time Study ），它是将实际作业分解为若干动作单元，依据预先设定的动作时间标准（Predetermined Motion Time Standard）制定作业定额的方法，简称为 PTS 法，是工作衡量的主要方法之一。

运用预定动作时间标准可直接测算出任何工作的正常作业时间，在加入适当宽放时间后即可得出标准时间。预定动作时间标准目前已有 30 ~ 40 种之多，著名的有：动作时间分析（简称“MTA”）、工作因素法（简称“WF”）、方法时间测量法（简称“MTM”）、空间动作时间（简称“DMT”）、模特排时法（简称“MOD”）等。其中，尤以“WF”、“MTM”和“MOD”三种方法影响最大。

一、预定动作时间标准的特点

预定动作时间标准与其他定额方法有很多不同，归纳起来有以下特点：

（1）在制定定额时，无须进行工时评定，就能客观地确定作业的标准时间。

（2）可详细记录操作方法，直接取得各动作单元的时间值，从而进一步改进操作方法。

（3）可用于设计操作规程，不使用计时器，在工作前预先规定出各项作业的标准时间。

（4）仅适合微观活动分析，对整个生产程序、机器设备运行情况无能为力。从这个意义上说，它又无法完全取代工作日写实、工时抽样等方法。

二、预定动作时间标准的功能

预定动作时间标准适用范围很广，但不适用于机动操作或需要通过思考、判断完成的工作。本方法具有以下基本功能：

（1）利用预定动作时间表，可对各种设计方案和建议方法的时间耗费进行比较，以便在正式投入生产之前选定出最佳方案和方法。

（2）在投产之前，可采用本法，估计出从事重复性工作的职工，以及设备、工作地面积的需要。

（3）可以训练指导操作者掌握最先进、最科学的新操作方法。

（4）可以为生产流水线的设计提供资料，根据操作的内容和时间，合理划分岗位及各岗位的工作量。

（5）可为各生产操作岗位设计出作业要素预定时间表及各岗位的作业标准时间。

（6）可为定额人员修改定额、分析研究现行劳动定额水平提供依据。

3.6.2 "MTM"

1. "MTM"的产生与发展

"MTM"（Method－Time Measurement），即方法时间测量法，是众多预定动作时间标准法中影响最为广泛的一种，它是1934年由美国西屋电气公司工业工程师梅纳德（H. B. Maynard）等3人研究成功，并于1948年在《工程管理和运行》杂志上公开发表，作为预定动作时间标准，也是第一次提供给社会免费使用。1956年获得美国总工商会的支持，在密歇根大学成立国际MTM协会，从事推广和研究工作，从而使这种标准得到更为广泛的应用。

迄今为止，MTM已经发表了多个版本，如MTM－1，MTM－2，MTM－3，MTM－GDP，MTM－C，MTM－V，MTM－M等。其中MTM－1为通用基本水平系统，是经梅纳德等人鉴定的研究成果；MTM－2则是由国际MTM协会在MTM－1基础上进一步发展起来的第二水平系统，其分析速度为MTM－1的两倍，但精度也因此相对较低，系统共有39个时间值；MTM－3也是国际MTM协会研制的第三水平系统，分析速度是MTM－1的7倍，精度也有所下降，只有10个时间值；此外，还有测量操作系统MTM－C、金属切割系统MTM－V、专门为使用立体显微镜的推断工作而设计的MTM－M等。

2. "MTM"的内容

MTM——方法时间测量法，从字面意思来看，表示完成某一道工序所需的标准时间取决于所运用的方法，即时间是方法的函数。它将人体的动作分为若干个基本动作，并明确这些基本动作的变动因素，采用16mm电影摄影机以每秒16框的速度把各种动作拍摄下来，取各动作的过程所占胶片框数的平均值，换算成动作的基本时间。

"MTM "的动作单元主要有：伸手（R）、搬运（M）、握取（G）、旋转（T）、加压（AP）、放下（RL）、对准（P）、拆卸（D）、眼睛的时间（Eye Time）、旋摆运动（C）、身体移动（Body Transports）、全身动作（Body Motion）、同时动作或合并动作（SCM）等，其中伸手、握取、搬运、对准、放下五个动作为基本动作，实际工程研究表明80%～

85%的现有生产动作都由这五个动作构成。其标准时间的制定步骤是:

（1）将作业分解成基本动作。

（2）注明所用器具并对动作单元按照前后顺序进行方法记录。

（3）按照所记录的动作特征及其变动因素查出相应的时间值。

（4）将各个动作时间累加之后构成作业正常时间值，再根据作业性质和环境条件给予适当宽放，得出作业标准时间。

预定动作时间标准建立在方法研究的基础上，直接采用动作时间标准计算标准时间，省略了传统的秒表测时那种烦琐的时间测定手段，是时间研究方面一项根本性的改革。但是，这种方法对于时间研究人员的要求相当高，对于动作的距离、身体部位、角度、形态等因素的判断需十分熟练，而且制定过程烦琐，所耗人力较多，对于较复杂的动作，很难迅速而准确地拟订出标准时间。

3.6.3 “WF” 简易法

“WF”是由奎克（J. H. Quirk）、谢安（W. J. Shea）和柯勒（R. E. Kohler）等工程师于1934—1937年间创造的，1938年开始用于企业中。

WF是取Work Factor两个单词的字首，即工作因素法的缩写。WF简易法是在WF系统的基础上，经过简化而得到的一种动作单元时间标准。

为了使用方便，先把动素按照不同的目的和动作功能，组合成若干个典型的动作单元，然后按典型的动作单元制定出相应的工时消耗标准数据。

1. 运用WF简易法制定标准时间所遵循的一般步骤

（1）把作业分解成标准动作单元，并对各单元所产生的动作内容详细记录和说明。

（2）根据每一标准动作单元所产生动作的身体部位和移动距离以及重量（阻力）和动作的易难性，查找相应的“基础时间”和“工作因素”时间。

（3）累计各标准动作单元时间值，得出作业的“正常时间”。

（4）对“正常时间”适当宽放，成为作业的标准时间。

2. 典型动作单元

（1）运送（TRM），运送分为“伸出”和“移动”两种类型，分别用字母R和M表示。伸出是指改变身体部位的位置，移动是指移动物体或者在移动中进行有效工作的动作。影响运送时间的主要因素有运送距离和动作困难度，距离越长，动作困难度越高，所需时间也越长。

（2）握取（G），手接触到物体，开始控制物体的瞬间称为握取。握取又可分为简单握取、操纵握取、复杂握取和特殊握取等。影响握取时间的主要因素有握取方式、握取物重量及是否可见等。

（3）放下（RL），是指身体某部位（通常是手指）离开物体或者是为了物体能自由地落下的动作，它是握取的反动作。放下是典型动作单元中最简单的动作。

（4）预对（PP），是为了使其后续动作得到适当的姿势，而将目标物转动或变换方向所做的动作。例如，将螺杆的头转向前方。影响预对动作时间消耗的因素主要是用单手还是用双手预对以及目标物的大小。

（5）取起（PU），是“伸出”、“握取”、“移动”三个动作的组合动作。这一组合动作在实际操作中经常发生，因此，在WF简易法中单列了这一组合动作的时间值。影响“伸出”、“握取”和“移动”时间的因素，也就是影响“取起”的全部因素。

（6）装配（ASY），是从将物体移动之后立即使其互相结合的瞬间开始，到把它放下或者在下一个动作开始之前结束的动作。当装配两个物体时，其中一个为“插入件”，另一个为“目标”。影响装配时间的因素，一是目标物的形状与尺寸，二是插件与目标尺寸的比率。

（7）使用（USE），是指对机器、装置、器具和工具等的使用。使用的时间可按运送规则进行分析，或者根据实测和估计。影响使用动作时间的因素，主要是是否需要加力及其他因素。

（8）拆卸（DSY），拆卸与装配相反，它是把互相连接着的物体分解开的动作。影响拆卸时间的重要因素是是否需要加力或减力等因素。

（9）用脑过程（MP），为了完成任务而使用眼、耳、脑或神经系统的行为称为用脑过程。用脑过程与身体其他部位的动作同时发生时，不单独进行分析与测定。

3. 动作困难度

影响各个动作单元的时间消耗的因素，除了执行运动的身体部位的不同、身体有关部位的运动距离以及运动中遇到的重量或阻力等因素外，还有动作困难度因素。在WF简易法中动作困难度因素包括四个方面：

（1）定点停顿因素（D），指一个动作单元自动趋向于停顿，而不同于因障碍而造成的停顿时产生的因素。例如将工具放到固定地点（桌面上）。

（2）引导因素（S），是要求进入极细小的目标时产生的因素。例如，将螺栓插入螺孔，就有引导因素（S）的动作困难度。

（3）谨慎因素（P），在动作进行中，为避免人或物的损伤所导致的困难而产生的因素。例如，手接近碎的玻璃瓶时，就增加谨慎因素（P）的动作困难度。

（4）改变方向因素（V），运动中绕过障碍物时所产生的因素。

4. 典型动作单元既定时间表

WF简易法对各个典型动作单元都编制有单独的时间标准表——在这里称之为既定时间表。本书因篇幅所限，仅列举“运送”和“握取”两个典型动作的既定时间表，以说明WF简易法的原理。

表3－20为“运送”动作既定时间表，表的上半部表示身体不同部位做移动动作时，负荷不同时的动作困难度，表的下半部为不同移动距离和不同动作困难度的时间值。

表 3－20 WF 简易法既定时间表（运送）

移位部位 \ 重量界限（kg）\ 动作困难度		0	1	2	3	4
手指		~0.5	~1.0	~1.5	~2.5	>2.5
腕		~1.0	~2.0	~3.0	~5.0	>5.0
脚		~1.5	~4.0	>4.0	—	—
腿		~2.5	~8.0	>8.0	—	—
躯体		~3.5	~16.0	>16.0	—	—
运动距离范围（mm）	代号	时间值（RU）				
≤100	A	2	3	4	5	6
≤250	B	4	5	6	7	8
≤500	C	5	7	9	11	13
≤750	D	7	9	11	13	15
≤1 000	E	9	11	13	15	17

WF 简易法的时间单位为 RU，1RU =0. 001rain，这个时间单位比 WF 大 10 倍。

表 3－21 为“握取”动作既定时间表。表中按不同握取方式分别制定时间消耗。简单握取是手握运动不超过一次的握取，通常发生在独立而容易握取的目的物上。简单握取又分为接触握取、指尖握取和环绕握取。接触握取只需手指或手掌接触到目标物即可，接触握取所需时间为零；指尖握取指用拇指与其他手指将目标物夹起；环绕握取指使用全部手指，环绕目的物的握取。技巧握取指握取单独的或排列整齐的目标物，需要一次以上的手指运动。复杂握取指从任意堆置的物体中握取其中之一的动作。

表 3－21 WF 简易法既定时间表（握取）

分类 \ 动作困难度		0	1	2	3	4
		很容易	容易	一般	困难	很困难
简单握取		接触握取	指尖握取	环绕握取		
技巧握取				平均动作次数		
				2	3	4
复杂握取		主要尺寸（mm）		>6		0~6
		直径（mm）		>6	0~6	全部
		厚度（mm）		>1.2	0~1.2	全部
可见性	代号	时间值（RU）				
可　见	V	1	2	3	5	8
不可见	B	1	2	4	6	8

5. 利用WF简易法确定作业时间的实例

要求制定目视检查工件作业的工时定额，条件为在明显可见范围内，杂乱堆放着工件。工件尺寸为：长25mm，直径8mm。操作时将右手伸出30cm，每次取一个工件移动20cm到眼前适当位置，检查一端加工情况（另一端未加工），再分为合格品、不合格品和返修品三类，并分别各移动40cm，放下工件。

第一，根据作业内容，将操作分解为典型动作单元（见表3－22）。

表3－22　检查零件作业时间分析计算表

顺序	动作单元内容	记号	时间值（RU）
1	伸手至工件	C－1	7
2	握取工件	2－V	3
3	预对	0～50%	2
4	移动工件	B－1	5
5	目视检查工件	Fc＋1	5
6	决定将零件放置在三堆中的一堆	Rn	2
7	移动零件	C－3	7
8	放下零件	O－	1
	合计		32

第二，分析各典型动作单元的特征及条件，并从既定时间表中查得相应的时间。

（1）“伸手至工件”，属运送中的伸手动作，运动距离为30cm，代号为C，它与重量无关。动作困难度可视为D，这是因为当手伸至工件准备握取之前，必须有一个瞬间的停顿动作。根据以上分析从表3－22中查得C－1时间值为7RU。

（2）“握取工件”，属于复杂握取，工件的长为25mm，直径为8mm，故动作困难度为2，又因工件放置明显可见，其代号为“V”，根据分析从表3－22中查得2－V时间值为3RU。

（3）“预对”，是将工件旋转，使检查的一端可见。握取工件以后，需要检查的一端可见的概率为50%，因此按“0～50%”，从“预对”的既定时间表中查得的时间值为2RU（本书未列此表）。

（4）“移动工件”，距离为20cm，代号为“B”，由于工件小，重量困难度不计，但需要增加瞬间停顿（D）的动作困难度。根据分析从表3－22中查得B－1时间值为5RU。

（5）“目视检查工件”，检查之前需要将视线移向检查位置，这叫调焦，记号为1，而检查的记号为1，故这一动作的记号为Fc＋1，从相应既定时间表中查得时间值为5RU（本书未列此表）。

（6）“决定将零件放置在三堆中的一堆”，根据检查结果决定将零件放置到合格品、不合格品或返修品处，需要有一个“思考过程”，这也属用脑过程，代号记作Rn，从相应既定时间表中查得时间值为2RU（本书未列此表）。

(7)“移动零件”，距离为40cm，有一个动作困难度（D）。因此动作记号为C－1，从表3－22中查得的时间值为7RU。

(8)“放下零件”，用手将零件放到零件堆上，其时间值为1RU（既定时间表从略）。

将以上各项分析列于表3－22中，并将各个动作单元的时间值进行合计，本例为32RU（1.92s）。这是单件作业时间，在此基础上再加上布置工作地及休息和生理需要时间即可制定出单件时间。

3.6.4 模特排时法

一、模特排时法及其主要特点

模特排时法（Modular Arrangement Predetermined Time Standards，缩写为MODAPTS）是澳大利亚的G.C.哈依德博士在原有预定动作时间标准的基础上，结合人类工程学方面的研究成果，于1966年创造的一种简便易行、实用的、将动作与时间有效融为一体的方法。特别适用于对小批量、多品种、产品更新换代快的手工生产的动作时间进行分析。

1924年，美国人西格通过对盲人进行职业训练发现，每人做同一基本动作所需要的时间大体相等，误差仅为10%左右。他在对每一基本动素所需时间进行分析、整理后，于1926年发表了《动作时间分析（MTA）》一书，奠定了预定动作时间标准法（PTS）的基础，也奠定了模特排时法的基础。以往常使用的PTS计算动作所需要的时间是以动作距离为依据的，每动作一次，便需要停下来测量动作距离。而模特排时法克服了这一缺陷，找到了不同动作距离与所使用的身体部位之间的关系。由于动作速度与动作距离有关，动作时间相应也与动作距离有关。因此，不同身体部位的动作与速度成比例关系，即与动作时间成比例。所以，在进行作业分析时不必再测量动作距离，而是根据作业时所使用的不同身体部位直接计算动作时间值。使用的身体部位不同，所用的时间值也就不同，以往的PTS是以动作距离为基础的，而模特排时法是以动作的身体部位为基础的。这样就可以避免以往PTS的大量实验、测量、统计工作，使得模特排时法简单易行。

二、模特排时法的动作分类

模特排时法以手指移动2.5cm的距离时平均需要的时间作为单位动作时间，定为1 MOD（即Modular的前三个字母），它与正常时间的换算关系为1 MOD ＝0.129s；1 MOD ＝0.002 15min；1s＝7.75MOD；1min＝465MOD。

为了使模特排时法简单易行，将某些发生概率非常小的动作舍去不计，大量实验表明，模特排时法的使用精度完全可以满足使用要求。

模特排时法的特点是：以手指的动作时间作为单位动作时间，身体其他部位动作时间是手指动作时间的整数倍；把身体部位动作分为21种；时间单位用MOD表示，时间数值只有8种；动作标号的数值既代表动作部位又表示此部位动作的时间值，便于理解记忆；动作符号标记可以用独特的图形表示，以利于了解模特排时法的内容；动作标号可以用拉丁字母表示，也可以用汉语拼音字头表示。

由于模特排时法简单易懂，所以不论是技术人员、管理人员还是生产工人都可以掌握，而且有利于培养其自我改进工作的意识。另外，模特排时法将动作研究与时间研究两方面融为一体，应用的范围比较广，生产部门、工艺部门、设计部门、管理部门、供销部门都可以应用。在生产部门，可以用此方法计算纯工作时间，改进作业，调整工序，提高生产线平衡率，改善生产布置，编制作业人员计划，改进和完善生产设备和工模夹具；在工艺部门，可以用此方法进行作业方法设计，对生产系统的操作性能进行评价；在设计部门，可以用此方法对零部件及产品的操作性能、装配性能、拆卸操作性能等方面进行评价或改进；在管理部门，可以计算标准时间、加工费用等；在供销部门，可以用此方法估计外协件的成本，也可以对外协厂进行作业咨询。因为模特排时法简便易懂，所以教授此法时间短，教育投资小、收效大，可以对新工人进行上岗前的培训，有利于促进班组开展合理化建议活动。

据统计调查，车间劳动绝大部分是使用上肢的动作，模特排时法将其列为基本动作，其余为身体动作（下肢躯干动作）和附加动作。

模特排时法的动作分为 21 种，如图 3 －4 所示。它们的符号标记是由拉丁字母和数字组合而成的，拉丁字母表示动作种类，数字表示动作部位及时间。其中移动动作有 5 种，终结动作有 6 种，身体动作有 4 种，附加动作有 6 种。

模特排时法把生产过程中常见的人体有形动作归为两大类 21 种，如图 3 －4 所示。

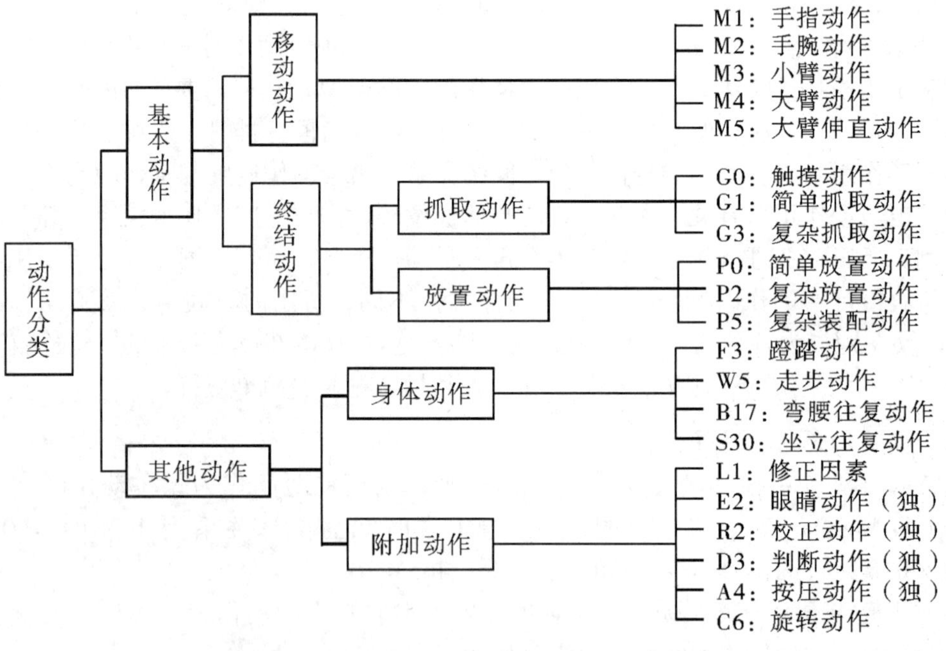

图 3 －4　模特排时法的 21 种基本动作要素

（注：“独”表示该动作必须单独执行时方计算其时间值）

基本动作（上肢动作）是指依靠手指、手和臂的动作，上肢动作是由移动动作和终结动作构成的，它们总是成双成对地出现，这是模特排时法的一大特点。

1. *移动动作*

使用手指、手和臂活动的动作由于要达到的目的不同，因此所使用的身体部位不同，所用的时间值也不同。根据使用身体部位的不同，移动动作又分为 5 种情况，其时间值也相应地分为 5 个等级。

（1）手指动作（M1）。用手指第三关节前部分进行的动作移动，距离为 2.5cm，M 代表移动，数字 1 既代表动作部位为手指，又代表动作时间为 1MOD。手指每动作一次，时间值为 1MOD。如，把开关拨到 ON（或 OFF）位置的动作就是 M1；对将安在螺杆上的螺母用拇指和食指拧下来的动作，可将向前转的动作和向后收的动作分解为两个 M1 动作，按手指拧转次数计算回数。

（2）手腕动作（M2）。用腕关节前部位（包括手指）进行的动作，其中也包括手腕的旋转动作。动作距离为 5cm，每动作一次时间值为 2MOD。依靠手腕的动作不仅能做横向动作，也可以做上下、左右、斜向和圆弧状的动作。根据 M2 动作方式，伴随手的动作小臂也要动，但主动作是手的动作，小臂动作被视为辅助动作，如转动调谐旋钮动作、将电阻一头插入印刷电路板上的动作等就是 M2 。

（3）小臂动作（M3）。将肘关节作为支点，肘关节前的小臂（包括手、手指）的动作，移动距离为 15cm ，时间值为 3MOD。由于手和小臂动作的方向关系，肘关节要前后移动，肘关节的前后移动则看作是主动作 M3 的辅助动作。一般将 M3 的移动动作范围作为正常作业范围。在作业设计时，要尽可能将作业范围设计得窄些，使其操作尽量限制在 M3 的移动动作内。对于诸如粗加工组装部件等在工作机上移动零件位置的动作，或画线工在工件上画一条 15cm 长的画线动作等，可按 M3 分析。

（4）大臂动作（M4）。伴随手的移动，小臂和大臂作为一个整体在自然状态下伸出的动作，移动距离一般为 30cm ，时间值为 4MOD。当把手臂充分伸展时，伴随有身体的前倾辅助动作，从时间上来看，仍是 M4 的时间值，故采用 M4。如把左手伸向放在桌子左端的工具或把手伸向放在略高于操作者头部的动作就是 M4。

（5）大臂伸直动作（M5）。在胳膊自然伸直的基础上，再尽量伸直的动作。另外，把整个胳膊从身体正面向相反的侧面伸出的动作也用 M5 表示，其移动距离一般为 45cm ，时间值为 5MOD。此动作通常发生在没有身体辅助动作的时候，在做这种动作时，可以感到肩背的肌肉被拉紧。连续做 M5 的动作，从劳动生理卫生的角度来看是不可取的，应尽量减少。

移动动作还会衍生出反射动作。这不是每次都需要特别的注意力的反复出现的运动。因为反复操作，比通常移动时间要少，所以不必给予过多的时间值。一般将手指的反射动作时间计为 M1/2 ，手的反射动作时间为 1MOD ，小臂的反射动作时间为 2MOD ，大臂的反射动作时间为 3MOD，M5 的动作一般不发生反射动作，即使有，也必须进行改进。用锤子打钉子，盖邮戳，用橡皮擦字等动作，都是反射动作。

2. 终结动作

移动动作进行到最后时，要达到目的的动作。随其目的和难易程度的不同，终结动作又分为抓取动作和放置动作。两者包括下列 6 种情况：

（1）触摸动作（G0）。用手指去接触目的物的动作，这种动作没有抓目的物的意图，只是触及而已。严格地说，它没有动作时间，故用 0MOD 表示。如手指碰推键，或用手推动放在夹具上的印刷电路板等动作，就是 G0 。

（2）简单抓取动作（G1）。用手在非常自然的状态下抓取物体的动作，动作一次，时间值为 1MOD。此动作含有一点踌躇现象，目的物附近无障碍物。如抓放在工作台上的单个螺丝刀或单个零件的动作，就是 G1。

（3）复杂抓取动作（G3）。比较复杂的抓取动作，一次时间值为 3MOD 。抓取时发生踌躇现象，当接触目的物时，只靠手指单纯闭合是抓不到的。它是 G0 和 G1 不能完成的动作。如抓取小螺钉，抓时必须排除周围其他小螺钉；又如抓取放在桌子上的一枚大头针、一个硬币或一个单垫圈等动作，就应是 G3。

（4）简单放置动作（P0）。把拿着的东西运到目的地后，直接放下的动作，放置场所没有特殊规定，放下物体后，它也可以移动或滚动，操作者不需要控制和注意。由于这种动作几乎不需要时间，故时间值为 0MOD，如把螺丝刀或长尺放在桌子上等。

（5）复杂放置动作（P2）。向目的地放物体时需用眼看着，进行一次方向、位置修正的动作。动作一次，动作值为 2MOD 。如把垫圈套入螺栓的动作或把电烙铁放在烙铁架上的动作。

（6）复杂装配动作（P5）。将物体正确地放在规定的位置或进行配合的动作，需要伴随二次以上的修正动作，自始至终都需要用眼睛看着。一般适用于物体需要准确的位置，或需要纵横交点坐标的、配合紧密的动作。如轴与套的配合动作，向螺栓上套螺母的动作等。

把物体插入某个孔内属于放置动作，但在插入的距离超过 2. 5cm 时，可以分析为除放置动作以外，还进行了移动动作。这一情况只是在做 P2 和 P5 时发生。

3. 同时动作

同时动作是用不同的身体部位同时进行同样或不同样的两个以上的动作。同时动作是进行作业时经常出现的，它有以下两种情况：

（1）两个动作都不需要注意力，或是一个动作需要注意力而另一个动作不需要注意力。此时时间值大的动作称为时限动作，时间值小的动作称为被时限动作。分析结果用时限动作的初记符号和时间值表示。例如，一只手动作为 M4P0 ，另一只手动作为 M3P0 ，则 M4P0 为时限动作，M3P0 为被时限动作，后者可不计时间，同时动作时间值为 $4+0=4$MOD 。

（2）两个动作都需要注意力。当两手同时开始移动，在进行需要注意力的终结动作时，若在移动终了的瞬间某一只手先开始进行了终结动作，则另一只手在目的物附近等待。待第一只手的终结动作完成后，第二只手再稍微移动做 M2 动作，开始进行终结动作。

4. 身体（腰、腿、脚）动作

（1）蹬踏动作（F3）。将脚跟踏在地上，进行足颈的动作，每动作一次，时间值为 3MOD。如踏脚踏板的动作，一踏一放可分析为 $F3\times2=6$MOD ，对脚跟离开地面的蹬踏动作不能分析为 F3 ，而应分析为走步动作 W5。

（2）走步动作（W5）。用脚使身体移动或回转的动作。它包括向前、向后、向横侧移动，部分或全部用脚旋转身体等动作。每走一步，时间值为 5MOD 。如果动作要求手臂向某一方向伸直抓物体，可能随着伸手的动作，一只脚同时向同方向移动一步，这是为了保持身体的平衡而加的辅助动作，此时不计脚的动作时间。

（3）弯腰往复动作（B17）。从站立状态弯曲身体蹲下单膝触地，然后再返回原来状态的往复动作。每个周期动作用 B17 表示，时间值为 17MOD，连接在 B17 动作之后的手或臂的移动动作一般分析为 M2，因为在躯干动作的同时手或臂也开始动作。

（4）坐立往复动作（S30）。坐在工作椅上，站起来，再坐下的周期动作，其中包括站起来向后推椅子，坐下来向前拉椅子的动作，时间值为35MOD。

5. 附加动作

（1）修正因素（L1）。搬运物体时，随物体重量的不同在计算动作时间值上有所不同，将修正的时间值用L1表示。搬运动作一般是由抓、运、放的连续动作构成，在其终结动作中进行重量修正。2kg以下不予修正，2kg以上单手每增加4kg增加1个L1。

（2）眼睛动作（E2）。分为眼睛移动和调整眼睛焦距两种情况，每做其中一个动作，时间值均为2MOD。在一般作业中，独立使用眼睛的情况不多，大多同其他动作同时进行，所以，应用时要判断使用眼睛的动作是否是独立进行的，如用眼睛看仪表指针的位置是独立用眼的动作，可分析为E2。

（3）校正动作（R2）。校正抓、拿物体的动作。指从手指向手中握入或将握入的东西向手指送出这样一系列手指、手腕动作。每动作一次，时间值为2MOD。如将握在手中的螺丝一个一个地送到手指，或把有方向性要求的零件（如二极管、电解电容等）拿住并校正好方向的动作，只有独立进行这个动作时，才给予时间值。

（4）判断动作（D3）。动作与动作之间瞬间出现的判定及反应的动作，时间值为3MOD。它只适用于其他一切动作都停止的场合，如工序检查时，当绝大部分零件或产品为良好产品时，D3的动作仅是判断次品，如眼睛从说明书移向仪表指针，以判定是否在规定范围内的动作应分析为E2E2D3。

（5）按压动作（A4）。作业中需要推、拉，以克服阻力的动作，时间值为4MOD。它适用于施力在2kg以上，而且是独立进行的情况。如转动把手或打开瓶塞的动作，此动作一般在推、转等动作终了后才发生，用力时手和胳膊的肌肉或踏脚时全身的肌肉发生紧张的现象，如将铆钉对准配合孔用力推入的动作，或用螺丝刀最后拧紧螺钉的动作。

（6）旋转动作（C6）。为使物体做圆周运动而回转手或臂的动作，每旋转一周，其时间值为4MOD。如旋转车床手柄，当转二分之一圈以下时，按移动动作处理；转二分之一圈及以上时，按旋转动作计算。带有2kg以上负荷的旋转动作，由于负荷大小不同，时间值也不同，应按有效时间计算，可用秒表等测定。

6. 其他符号

（1）延时（BD）：表示一只手进行动作时，另一只手什么也不做，即停止状态。

（2）保持（H）：表示用手抓住或握住物品一直不动的状态。

（3）有效时间（UT）：表示人的有形动作之外的其他机械或设备加工时间。

三、运用模特排时法进行动作时间分析的实例

1. 简单动作，以抓取直尺为例

虽然是简单的抓取动作，但是根据直尺在工人抓取前不同的放置形式，抓取的动作也不一定完全相同。在实际生产操作中，直尺的放置一般有以下三种形式，现在分别进行分析：

（1）直尺单独插放在笔筒或其他器具内。这种情况下的抓取其实是一种握取，如果插放直尺的器具相对固定，只需在知道大概位置的情况下，有把握地一次性伸出手臂，并拢手指即可完成抓取直尺的动作，因此动作分析为M3G1。

（2）直尺与其他工具一起插放在笔筒或其他器具内。这种情况下的抓取其实是一种选取，抓取的动作应分析为，首先移动前臂至笔筒，然后用手指拨开笔筒内的其他工具，再用一根手指勾住直尺，并拢其他手指完成抓取动作。在整个过程中，工人可在摸索中凭手感抓取，因此，并不需要特别的注意力，但是由于需要两次手指动作才能完成抓取动作，故应分析为M3G3。

（3）直尺平放在工作台上。假设之前使用过的直尺就放在眼前，但并不是竖直插放，而是水平摆放在桌面，此时的抓取动作看似简单，其实当手指接触到直尺后，用简单的手指并拢或者闭合是无法抓住直尺的，而要先用指甲抠起来，再并拢手指，才能完成抓取动作。此时的抓取动作应分析为G3。

2. 复合动作分析，以装配螺丝钉为例

工序说明：双手配合将螺丝钉拧入主体的装配用孔。运用模特排时法进行动作分析并记录如表3－23所示。

表3－23　螺丝钉装配的左右手动作分析记录

顺序	左手动作	右手动作	动作分析	次数	MOD
1	伸向螺丝钉（25cm）	伸向螺丝刀（25cm）	M4	1	4
2	从杂乱零件堆抓取螺丝钉	从工具架上抓取螺丝刀	G3	1	3
3	调整螺丝钉方向	拿持螺丝刀	R2	1	2
4	将螺丝钉送往螺丝刀	将螺丝刀送往螺丝钉	M2	1	2
5	扶持螺丝钉	将螺丝刀与螺帽装配好	P5	1	5
6	拿住，送往主体装配孔	拿住，送往主体装配孔	M3	1	3
7	扶持螺丝钉	在安装孔中装配好开始拧	P5	1	5
8	放下螺丝钉	握住螺丝刀，轻轻拧入螺丝钉	M1M1	3	6
9	无	把螺丝刀送往工具筒	M3	1	3
10	无	放下螺丝刀	P0	1	0
合计		MOD	33		
		时间	4.257秒		

动作分析如下：

（1）动作1和2。左手：伸向25cm处零件堆抓取螺丝钉，复杂选取，分析为M4G3，共7MOD；右手：伸向25cm处工具架抓取螺丝刀，简单抓取，分析为M4G1，共5MOD；双手同时动作，但由于左手动作时间较长，因此左手动作为时限动作，双手记作M4G3。

（2）动作3。左手：用手指调整螺丝刀方向，螺帽朝外，校正动作，分析为R2，共2MOD；右手：拿持螺丝刀，等待左手调整完毕，延时动作，记作BD，0MOD。

（3）动作4和5。左手：将螺丝钉接近右手并扶持住，记作M2H，共2MOD；右手：将螺丝刀接近左手并装配好，分析为M2P5，共7MOD，时限动作。

（4）动作6和7。双手同时拿住物品，送往主体的装配孔，并装配好，分析为M3P5，共8MOD。

(5) 动作 8。左手：放下螺丝钉，然后等待右手拧入螺丝钉，分析为 P0BD，共 0MOD；右手：手指保持捏住螺丝刀柄，然后两个手指拧 3 次，分析为（M1M1）×3，共 6MOD。

(6) 动作 9 和 10。左手无动作，右手将螺丝刀送往工具架并放下，分析为 M3P0，共 3MOD。

最后统计该工序总的 MOD 数，并进一步换算成标准时间。注意，此工序的最后合计时间为纯工作时间，尚未引入宽放时间。

3.7 劳动定员管理

3.7.1 劳动定员管理概述

劳动定员是指在一定的生产技术组织条件下，为企业生产或工作岗位、设备或工种以及群体等规定的人员配备的数量界限。

一、劳动定员的意义

1. 为企业编制劳动计划和进行劳动力调配提供依据

企业只有根据先进合理的定员标准，才能正确地决定各类人员的需要量和控制各类人员的比例。对于新建企业，通过定编、定员，可以有计划地、分期分批地按需招收和配备各类人员，防止盲目性。定编、定员的过程也是合理安排劳动力的过程，在出现劳动力余缺时，先进合理的劳动定员为劳动力的调配提供了依据。

2. 为企业充分挖掘劳动潜力、节约使用劳动力提供依据

一切节省，归根到底都归结为时间的节省。劳动时间的节省，在企业内部往往通过合理定编、定员，节约使用劳动力来实现。

3. 为企业不断地改善劳动组织，提高劳动生产率提供条件

先进合理的定编、定员是以合理的劳动人事组织为基础的，反过来又会促进企业不断地改善劳动人事组织，合理地设置组织机构，合理地进行劳动组合，克服机构臃肿、纪律松弛、人浮于事、效率低下的弊病，从而有效地提高劳动生产率。

二、做好劳动定员工作的原则

为了做好定员工作，应遵循下述原则：

1. 必须以实现企业的生产经营目标为中心

2. 定员必须以精简、高效、节约为目标

要实现这一原则，就要求：

(1) 预测生产经营方案要科学，因为它是定员的基础。切忌为多留人而有意加大生产工作量。

(2) 应以先进合理的定员标准和劳动定额为依据。当产品的品种、产量确定后，决定定员人数的主要因素是劳动定额和定员标准的水平。

（3）提倡兼职。

（4）简化业务手续，减少管理层次，精简机构。

3. 定员必须同新的劳动分工与协作关系相适应

例如，随着计算机的应用，出现了信息分工，即信息处理与信息使用相分离，客观上要求配置专职的信息处理工作人员，同时相应减少老式的信息工作人员。

4. 应合理安排各类人员的比例

（1）要合理地确定直接生产人员（包括工人、工程技术人员等）和非直接生产人员（包括管理人员、服务人员等）的比例，尽量减少非直接生产人员的比重。

（2）要合理地确定基本生产工人（直接参与产品制造过程的工人）与辅助工人的比例，即一线工人与二线工人的比例。在一定的技术装备条件下，扩大一线工人比重是提高劳动生产率的一项重要举措。

（3）要合理确定各个工种之间的比例。在一定的产品结构和一定的生产技术条件下，各个工种在人员配备数量上，存在着一个最佳的比例。按这个比例配备人员，工种之间的劳动能力就会大体平衡，可减少和消除窝工现象。

5. 要创造一个贯彻执行定员标准的良好环境

6. 定员标准应适时修订

三、劳动定员的作用

（1）是企业编制定员的依据，可节省编制定员的时间，促使用人合理化。

（2）是考察企业用人是否先进合理的尺度。

（3）是设计部门确定新建或扩建企业定员的依据。

四、定员标准的分类

（1）按使用范围分：全国通用标准、行业通用标准、企业标准。

（2）按综合程度分：单项定员标准（以单台设备、单个岗位、单项工作群体为对象制定的定员标准）和综合定员标准（选择某一个具有代表性的、能够综合反映一单位劳动效率的综合指标制定定员标准）。

五、定员标准的形式

（1）单位用工标准：包括单位产量用工标准（如吨纱用工标准、万米布用工标准）；单台设备用工标准（如单台设备定员）；单班岗位用工标准（如岗位定员）等。

（2）服务比例标准：指规定了服务者与被服务者的人数配备比例，如食堂工作人员与就餐人员的比例，托幼保健人员与入托儿童比例等。

六、定员标准的内容

不同行业不完全相同，一般包括：①标准的适用范围和使用说明。②各类人员划分范围。③岗位（工种）的设置及其工作量。④生产（工作）的方法与程序。⑤设备的名称与规格。⑥各个岗位、设备的定员人数。⑦各主要生产工作岗位对人员素质的要求。

3.7.2 劳动定员的基本方法

一、传统核定方法

长期以来，我国企业在核定定员人数时，总结和推广了以下五种传统核定方法。

1. 按劳动效率定员

按劳动效率定员是指根据生产任务和工人的劳动效率以及出勤率来计算定员人数的定员方法，其计算公式如下：

$$\text{定员人数}=\frac{\text{计划期生产任务总量}}{\text{工人劳动效率}\times\text{出勤率}}$$

这种定员方法实际上就是根据工作量和劳动定额来计算人员数量的方法。凡是有劳动定额的人员，特别是以手工操作为主的工种，因为人员的需求量不受机器设备等其他条件的影响，所以更适合用这种方法来计算定员。

2. 按设备定员

按设备定员是指根据设备需要开动的台数和班次、工人看管定额以及出勤率来计算定员人数的定员方法，其计算公式如下：

$$\text{定员人数}=\frac{\text{需要开动设备台数}\times\text{每台设备开动班次}}{\text{工人看管定额}\times\text{出勤率}}$$

这种定员方法属于按效率定员的一种特殊的形式，公式中公认的劳动效率表现为看管定额。它主要适用于以机械操作为主、使用同类型设备、采用多机床看管的工种，因为这些工种的定员人数主要取决于机器设备的数量和工人在同一时间能够看管设备的台数。

3. 按岗位定员

按岗位定员是指根据岗位的多少和岗位工作量的大小来计算定员人数的定员方法。这种方法适用于连续性生产装置（或设备）组织生产的企业，如冶金、化工、炼油、造纸、玻璃制品、烟草以及机械制造、电子仪表等各类企业中使用大中型连动设备的人员。除此之外，还适用于一些不操纵设备又不实行劳动定额的人员。按岗位定员具体表现为以下两种方法：

（1）设备岗位定员。这种方法适用于在设备开动的时间内，必须由单人看管（操纵）或多岗位多人共同看管（操纵）的场合。

（2）工作岗位定员。这种方法适用于有一定岗位但没有设备，而且又不能实行定额的人员，如检修工、检验工、值班电工，以及茶炉工、警卫员、清洁工、文件收发员、信访人员等。这种定员方法和单人操纵的设备岗位定员的方法相似，主要根据工作任务、岗位区域、工作量，并考虑实行兼职作业的可能性等因素来确定定员人数。

4. 按比例定员

按比例定员是指按照与企业员工总数或某一类人员总数的比例来计算某种人员的定员

人数的方法。在企业中，基于劳动分工与协作的要求，某一类人员与另一类人员之间总是存在着一定的数量依存关系，并且随着后者人员的增减而变化，如炊事员与就餐人数、保育员与入托儿童人数、医务人员与就诊人数等。企业对这些人员定员时，应根据国家或主管部门确定的比例，采用以下公式计算：

某类人员的定员人数 = 员工总数或某一类人员总数 × 定员标准（百分比）

这种方法主要适用于企业食堂工作人员、托幼工作人员、卫生保健人员等服务人员的定员。对于企业中的非直接生产人员，辅助生产工人，政治思想工作人员，工会、妇联、共青团脱产人员以及某些从事特殊工作的人员，也可参照此种方法确定定员人数。

5. 按组织机构、职责范围和业务分工定员

这种方法主要适用于企业管理人员和工程技术人员的定员。一般是先定组织机构，再定各职能部门，明确了各项业务及职责范围以后，根据各项业务工作量的大小、复杂程度，结合管理人员和工程技术人员的工作能力、技术水平确定定员人数。

上述5种定员核定的基本方法，在确定定员标准时，应视具体情况灵活运用。例如，机器制造、纺织企业应以效率和设备定员为主，冶金、化工、轻工企业应以岗位定员为主。有的大中型企业，工种多，人员构成复杂，也可以同时采用上述方法。实际上，在企业中，除了可以直接规定劳动定额的工种外，尚有数百种工作岗位需要区分不同的情况，针对不同的变动因素，采用不同的方法来制定定员，有时还要采用制定定额的一些科学方法，以提高定员的精度。

二、劳动定员的新方法

随着生产技术的提高，人们分工合作的形式和内涵发生了很大的变化，传统的定员方法难以适应这些变化，企业的定员工作面临着新的挑战。因此，新的定员方法应运而生。

1. 概率推断法

在此以医务人员的定员工作为例介绍这种定员方法的具体步骤。

（1）根据统计调查掌握企业医务所（院）全年员工诊病的人数资料。选择诊病次数最多的月份，求出平均每天诊病的人次数和标准差。其计算公式是：

$$\bar{X} = \frac{\sum X}{n} \quad \sigma = \sqrt{\frac{\sum (X - \bar{X})^2}{n}}$$

式中，$\bar{X}$——平均每天诊病的人数；X——除公休节假日以外每天就诊人次数；n——制度工日数；σ——平均每天诊病人数的标准差。

（2）测定每位医务人员每天的准备工作、接待一位患者以及必要的休息和生理需要所耗的时间。

（3）测定必要的医务人员数。例如，某企业医务所诊治病人次数最高的月份，平均每天就诊人数（$\bar{X}$）为120人次，其标准差σ为10人次，在保证95%可靠性的前提下，该

企业医务所每天就诊人次数为 $120+1.6\times10=136$ 人次；同时，又已知医务人员接待每一位病人平均延续时间为15min，医务人员除正常休息、上下班准备收尾时间、病事假、缺勤等因素外，其平均每天实际工作时间利用率为85%。根据上述材料，可推算出必要的医务人员数为：

$$\text{该企业必要的医务人员数}=\frac{\text{该医务所每天诊病总工作时间}}{\text{每位医务人员实际工作时间}}=\frac{136\times15}{480\times0.85}=5(\text{人})$$

核算出必要的医务人员数后，应按一定比例配备辅助人员和勤杂工（如按上例，各配备1人），考虑夜班工人的医疗保健需要，应再增1名医务人员。最后核算出该医务所定员人数为：$5+2+1=8$（人）

（4）经济评价。为了进一步确定出经济合理的医务人员定员人数，还应掌握以下资料：

①员工因患病造成的工时损失（也可以用价值或实物量来表示，下同）。②员工因外出就诊造成的工时损失。③员工因在医务室就诊等待而造成的工时损失。④如要加强企业医务所的医务、保健工作需要增加多少开支（包括工费、设备费用等），可折成工时。⑤由于加强了医疗保健工作使员工可能减少的工时损失。

假设 $x=a+b+c-e$，$y=e-d$，那么，经济合理的医务所人员定员应当实现两个目标，即 x 的最小化，y 的最大化。

2. 排队论

企业在生产新型号产品的过程中，由于模具、工模夹具都是一次性单件生产，这时，在工装车间内往往容易引起模具夹具钳工、机工与车间工具室之间的矛盾。若车间工具保管员少，工人会因等待借还工具的时间长而影响生产任务的完成；若车间增加工具保管员，虽然满足了工人借还工具的需要，不用再排队等待，但又增加了车间的人员数，可能突破工作总额。在这种情况下，该车间应该设置几个窗口，增加几个工具保管员才比较经济合理呢？在此运用排队论来确定经济合理的工具保管员人数，解决这一问题。

根据实地观测，该工装车间平均每35s就有一个机工或模具夹具钳工去工具室借还工具，而平均每次借还时间为50s，若规定50s为一个时间单位，则：

$$\lambda=\frac{50}{35}=1.43\text{（单位时间内的到达人次数）}$$

$$\mu=\frac{50}{50}=1\text{（单位时间内借还完毕的次数）}$$

$$P=\frac{\lambda}{n\cdot\mu}\text{（在 }n\text{ 状态下平均借还时间内的到达次数，}n\text{ 为窗口数或工具保管员人数）}$$

根据排队论中的等待公式，必须使 $P=\frac{\lambda}{n\cdot\mu}<1$，才能保证统计平衡，这时，不用等待的概率为：

$$P_0 = \frac{1}{\sum_{j=0}^{n} \frac{(n \cdot P)^j}{j_i} + \frac{(n \cdot P)^n}{n_i} \cdot \frac{1}{1-P}}$$

平均等待时间为：

$$T_\omega = \frac{P(P_n)^n}{n_i} \cdot \frac{1}{(1-P)^2} \cdot P_0$$

①当 $n=1$ 时，$P_0 = 1.437\ 1$，这种情况下一个保管员忙不过来；②当 $n=2$ 时，$P_0 = 0.166$，$T_\omega = 1.5$ 个单位时间；③当 $n=3$ 时，$P_0 = 0.288$，$T_\omega = 0.2$ 个单位时间；④当 $n=4$ 时，$P_0 = 0.237$，$T_\omega = 0.036$ 个单位时间。

如果工具室每天正式工作时间为 7.5h，则平均每天到工具室窗口借还工具的人次数为：

$$\frac{7.5 \times 60 \times 60}{35} = 771(\text{人次})$$

若一名工人因等待借还工具每损失 1 小时，其价值为 20 元，而车间多配备一名工具保管员，一天应多支付工资 40 元，那么，该车间应配备几名工具保管员，才能使工人因借还工具造成的经济损失，以及多支付的工资为最小值？对此，可用表 3－24 来进行综合评价。

表 3－24　定员经济分析比较表

工具保管员数 n	不用等待的概率 (P_0)	平均等待时间 (T_ω)	771 人次因等待造成的经济损失（元）	支付工具保管员工资和等待损失（元）	评价
1	—	—	—	—	—
2	0.166	1.5	$\frac{771 \times 50 \times 1.5}{3\ 600} \times 20 = 321.3$	$40 \times 2 + 321.3 = 401.3$	—
3	0.288	0.2	$\frac{771 \times 50 \times 0.2}{3\ 600} \times 20 = 42.8$	$40 \times 3 + 42.8 = 162.8$	最优
4	0.237	0.036	$\frac{771 \times 50 \times 0.036}{3\ 600} \times 20 = 7.7$	$40 \times 4 + 7.7 = 167.7$	—

通过上述计算，可以说，该车间配备 3 名工具保管员最为经济合理。

3. 零基定员法

零基定员法的思想来源于零基预算法（零基计划法），它以零为起点按岗位的实际工作负荷量确定定员人数，是在解决我国企业二、三线人员岗位定员问题时新创造出来的一种定员方法。美国的彼得·菲尔、保罗·斯托尼等人提出的零基预算法，要求在编制因素方案时，对财务年度的清款项目（不论是新项目还是旧项目）一概从基数零点开始予以审议，然后根据每个项目的效果，确定资源分配。零基定员法打破常规，改变了过去以某一类人员人数为基础，按比例定企业二、三线人员的传统方法，而是以岗位劳动量为依据，一切从零点开始，按工作负荷量和岗位负荷标准（系数）决定岗位设置，对工作量不饱和的岗位实行并岗或者由一人兼职兼岗，使定员水平趋于合理，劳动效率大幅度提高。零基定员法的具体步骤如下。

（1）按月核定各岗位工作量，其计算公式是：

$$Q_g = \frac{\sum_{i=1}^{n} Q_i' \cdot N_i}{Y} \cdot (1 + K)$$

式中，Q_g ——岗位人员月工作量（h/人·月）；Q_i' —— 计划期内本岗位单项任务工作量（h）；N_i ——计划期内出现同类单项任务频数；Y ——计划期内月份数（年计划月份数为12）；K ——个人生理需要与休息宽放时间占制度工作时间的百分比。

（2）核定各岗位工作量负荷系数，其计算公式是：

$$F_g = \frac{Q_g}{T}$$

式中，F_g ——岗位工作量负荷系数；Q_g ——岗位人员月工作量（h/人·月）；T——月制度工作时间（h）。

（3）通过岗位分析和岗位评定建立各类岗位工作量负荷系数标准（F_B）。岗位工作量负荷系数标准应综合反映各岗位的工作环境、劳动条件和特点，一般控制在0.8以下。

（4）初步核定定员人数，其计算公式是：

$$M = \frac{F_g}{F_B}$$

式中，M ——岗位定员人数（人）；F_g ——岗位工作量负荷系数；F_B ——岗位工作量负荷系数标准。

采用零基点定员法核定人员人数时，最关键的环节是核定各岗位的工作任务量，生产性、服务性的岗位工作量容易核定，而管理性、技术性的岗位影响因素多，工作内容复杂，往往受偶然性因素的影响和制约，因此，在核定这些岗位的工作任务量时，应采用工时抽样、工作日写实等方法，坚持较长时期的连续观察以掌握其实际情况。为了提高定员水平，在采用本法时，还应当在制定岗位业务范围和标准工作程序的基础上，提出岗位计量考核标准，实现以量（工作量）定岗、以岗定人、人尽其责、提高工效的目标。

4. 趋势外推法

趋势外推法又称时间序列法，它根据人力资源历史和现有资料随时间变化的趋势具有连续性的原理，运用数学工具对该序列加以延伸，即从过去延伸至将来，从而对人力资源未来发展状况进行预测，完成定员工作。其通用回归模型可表示为：

$$y = a + bt$$

式中，t 表示时间变量，是已知值；因变量 y 表示人员需求数量，其历史数据通过观测、查阅也可得到；a，b 是待定值，它们表示 y 和 t 的关系，通过对 y 的历史数据和时间 t 进行回归分析处理可以求得其具体值，这一过程主要靠计算机及相应的统计软件来完成，常用的有 SPSS 和 SAS。运用趋势外推法进行人力资源需求预测的具体步骤如下：

（1）运用定性分析法确定因变量 y 是否适合运用趋势外推法，若适合，则搜索 y 的历史数据，并对其进行初步处理。

（2）运用统计分析软件（如 SPSS，SAS）对 y 的历史数据和 t 进行回归分析，求出 a 和 b，进而求出趋势外推模型。

（3）运用趋势外推模型预测预测期的 y 值。

（4）对预测结果进行信度和效度检验。

趋势外推法是预测人力资源未来发展趋向和可能达到某种水平的方法。趋势外推法通常仅涉及有关人力资源问题中能够数量化的方向或那部分内容。其预测的可靠性与历史的和现在的资料时间长短，以及外推时间的长短密切有关。

5. 回归分析法

回归分析法依据事物发展变化的因果关系来预测事物未来的发展趋势，是研究变量间相互关系的一种定量预测方法，又称回归模型预测法或因果法，可应用于经济预测、科技预测，也可应用于企业人力资源预测和定员等，其通用回归模型可表示为：

$$y = a + \sum b_i \cdot x_i^{n_i}$$

式中，自变量 x_i 表示第 i 个影响因素的值，其数据通过观测、查阅可得到；因变量 y 表示人员需求数量，其数据通过观测、查阅也可得到；a，b_i 是待定值，它们表示 y 和 x_i 的关系，通过对 y 和 x_i 的现有数据进行回归分析处理可以求得其具体值，这一过程主要靠计算机及相应的统计软件来完成。

当 $n_i = 1$ 时，本方法为线性回归方法；当 $n_i > 1$ 时，本方法为非线性回归方法。

运用本法进行人力资源需求预测的具体步骤如下：

（1）运用定性分析法确定 y 和 x_i，建立回归分析假设模型。

（2）搜集多组 y 和 x_i 的现有数据，并对其进行初步处理。

（3）运用统计分析软件（如SPSS，SAS）的回归分析功能处理y和x_i的现有数据，求出a，b_i，n_i，求出回归分析模型。

（4）对回归分析模型进行经济学验证和统计学验证，若没有通过经济学验证，则回到第1步，添加、删除或重新选取变量，进行分析；若没有通过统计学验证，则回到第3步，运用其他策略对y和x_i的现有数据进行回归分析。

一般而言，作回归分析时，分析人员通常会同时选择多种策略和方法进行回归，在分析的过程中选取拟合度最高的策略进行拟合。

（5）根据x_i的现有数据预测预测期或预测对象的x_i的值。

（6）将预测期或预测对象的x_i的值代入回归分析模型，求出预测期y的值。

（7）对预测结果进行信度和效度检验。

6. 经济计量模型法

经济计量模型法先将公司的员工需求量与影响需求量的主要因素之间的关系用数学模型的形式表示出来，依此模型及主要因素变量预测公司的员工需求，完成定员工作。其通用回归模型可表示为：

$$y = f(x_1, x_2, x_3, \cdots, x_i, \cdots, x_n)$$

式中，自变量x_i表示第i个影响因素的值，其数据通过观测、查阅可得到；因变量y表示人员需求数量，其数据通过观测、查阅也可得到；n表示影响因素的数量；f表示y和x_i的关系，通过对y和x_i的现有数据进行统计分析可求得y的值，这一过程主要靠计算机及相应的统计软件来完成，常用的有SPSS和SAS。在此，以管理人员的定员工作为例介绍这种定员方法的具体步骤。

（1）将管理人员按职能分类，例如，将企业所有从事劳动工资管理工作的人员、所有从事会计核算和财务工作的人员、所有从事生产调度的人员分别归为劳资、财会、生产三大类管理人员，然后再分别根据其工作量影响因素来计算定员。

（2）用回归分析方法求出管理人员人数与其工作量各影响因素的关系，在一般情况下与幂函数相关，其计算公式为：

$$P = kx_1^{L_1}x_2^{L_2}x_3^{L_3}\cdots x_P^{L_P}$$

式中，P——某类管理人员数；$x_1 \sim x_P$——该类管理人员工作量各影响因素值；$L_1 \sim L_P$——各因素值的程度指标；k——回归系数。

企业要获得较准确的定员数，需要收集几十个以上的同类型企业的有关资料和数据，然后进行回归分析。

例如，某公司根据2006年年底的统计资料，采用计算机进行回归分析，求出了财会人员定员的基本计算公式：

$$P = 0.009\,5x_1^{0.909\,7}x_2^{0.057\,5}x_3^{0.003\,7}x_4^{0.085\,9}$$

式中，x_1为员工总数，它影响支付工资、奖金、津贴、福利及差旅费等业务量；x_2为纳入固定资产的设备台数，它影响固定资产折旧、大修理基本提存、更新改造费用的核算业务量，还影响有关附属设备和备品备件的核算业务量；x_3为主要产品产量乘单台产品零件的数量，它影响材料核算业务量，如产品、半成品的交换、内部转移、报废、入库等，还影响以厂内计划价格考核车间经济效果等业务量；x_4为企业与外单位签订的各种经济合同份数，它影响有关供、销、来料加工、外部委托加工等财务工作量。

例如，该公司有员工 1 428 人，设备 636 台，年主要产品零件总数为 97 万件，签合同 1 900 份，则财会人员应配备数量为：

$$P = 0.009\ 5 \times 1\ 428^{0.909\ 7} \times 636^{0.057\ 5} \times 97^{0.003\ 7} \times 1\ 900^{0.085\ 9} = 20(\text{人})$$

从这个计算实例可以看出，采用上述回归分析方法求出的反映管理人员人数与其工作量各影响因素关系的数学模型计算某类管理人员定员时，掌握准确的数据，充分了解该类管理人员工作量的影响因素是关键。

3.8　云服务平台的工作方法管理系统

云服务平台的工作方法管理系统包括五个模块：①模特排时表；②模特法功效改进；③工作要素既定时间表；④工作要素分析表；⑤工作日写实。如图 3－5 所示。

图 3－5　“工作方法管理”五大模块

1. 模特排时表

（1）打开菜单，点击“工作方法管理”，进入图 3－5 所示的页面。

（2）在部门列表中点击“生产部”、“一车间”，使得该行颜色变深，再点击上面的“模特排时表”，进入“模特排时表”新增或修改页面，点击“新增（修改）”按钮，进入图3－6所示的“模特排时表”页面，输入或修改“模特排时表”的信息。

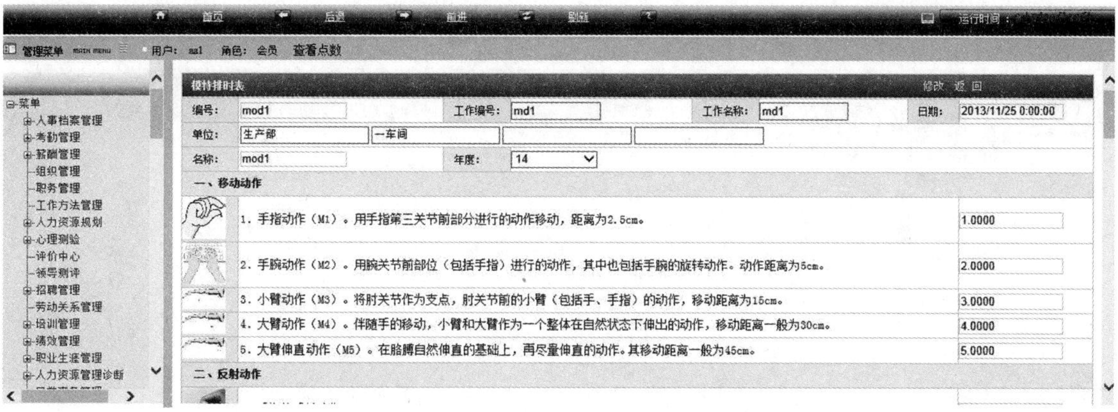

图3－6 “模特排时表”页面

2. 模特法功效改进

（1）打开菜单，点击“工作方法管理”，进入图3－5所示的页面。

（2）在部门列表中点击“生产部”、“一车间”，使得该行颜色变深，再点击上面的“模特排时法工作方法改进”，进入“模特排时法工作方法改进”新增或修改页面，点击“新增（修改）”按钮，进入图3－7所示的“模特排时法工作方法改进”页面，输入或修改“模特排时法工作方法改进”的信息。

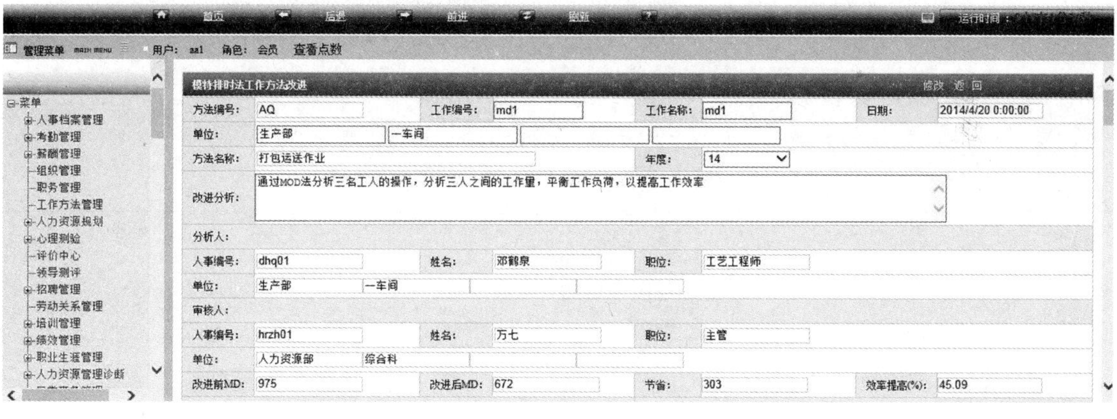

图3－7 “模特排时法工作方法改进”页面

3. 工作要素既定时间表

（1）打开菜单，点击“工作方法管理”，进入图3－5所示的页面。

（2）在部门列表中点击“生产部”、“一车间”，使得该行颜色变深，再点击上面的“工作要素既定时间表”，进入“工作要素既定时间表”新增或修改页面，点击“新增（修改）”按钮，进入图3－8所示的“工作要素既定时间表”页面，输入或修改“工作要素既定时间表”的信息。

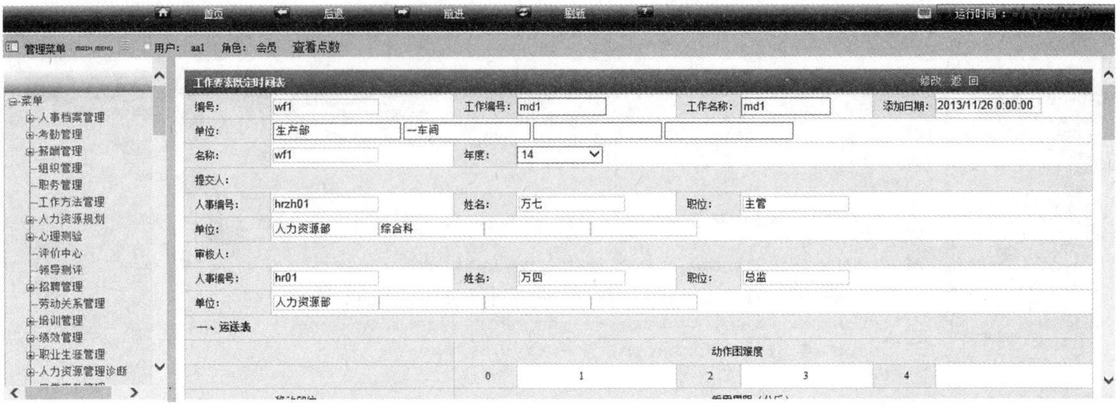

图 3－8 “工作要素既定时间表”页面

4. 工作要素分析表

（1）打开菜单，点击“工作方法管理”，进入图 3－5 所示的页面。

（2）在部门列表中点击“生产部”、“一车间”，使得该行颜色变深，再点击上面的“工作要素分析表”，进入“工作要素分析表”新增或修改页面，点击“新增（修改）”按钮，进入图 3－9 所示的“工作要素分析表”页面，输入或修改“工作要素分析表”的信息。

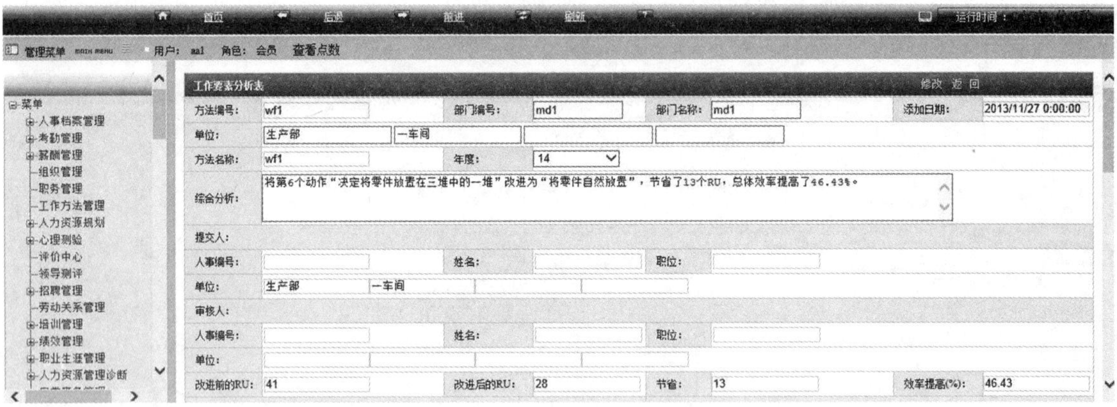

图 3－9 “工作要素分析表”页面

5. 工作日写实

（1）打开菜单，点击“工作方法管理”，进入图 3－5 所示的页面。

（2）在部门列表中点击“生产部”、“一车间”，使得该行颜色变深，再点击上面的“工作日写实”，进入“工作日写实”新增或修改页面，点击“新增（修改）”按钮，进入图 3－10 所示的“工作日写实”页面，输入或修改“工作日写实”的信息。

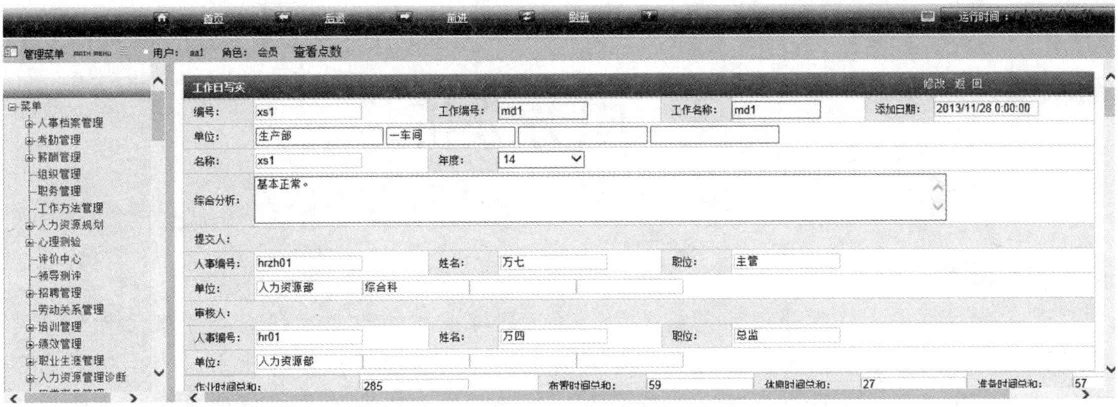

图 3－10　“工作日写实”页面

思考题

1. 什么是劳动定额，劳动定额这一概念包括哪几个要点？

2. 劳动定额经历了哪几个主要阶段，今后的发展趋势是什么？

3. 影响劳动时间的因素主要有哪些？

4. 谈谈你对比较方法研究、作业研究、动作研究、时间研究的理解，并总结其各自的优缺点。

5. 工时测定的方法主要有哪些，它们各有什么优缺点？

6. 什么是预定动作时间标准法，它与其他的劳动定额方法有什么不同？

7. 比较书中所介绍的几种预定动作时间标准法，试述它们的区别与联系，并进行评析。

8. 什么是劳动定员，它对企业有怎样的意义和作用？

9. 劳动定员的主要方法有哪些？试比较它们的科学性、准确性和可行性。

10. 试述劳动定额和劳动定员之间的关系。

4 职务分析

本章提要

职务分析是人力资源管理的基础工作，通过职务分析使组织和任职者了解工作的主要信息，对工作的目标、职责、任务和所需要的知识技能达成共识，为作出人事决策奠定坚实的基础。职务评估是通过科学、规范的方法对职务在组织中的相对价值进行定量或定性评估的过程，评估的结果为确定不同职务的薪酬等级提供依据，保证薪酬的内部公平性。本章介绍了职务分析与职务评估的概念、基本流程、技术方法，并结合实例为职务分析与职务评估提供应用工具与参考依据，旨在让读者快速深刻地掌握职务分析与职务评估的方法与工具。

4.1 职务分析概述

在人力资源管理中，职务分析是一项十分重要的基础工作，几乎每一个方面都涉及职务分析所取得的结果。全面深入地进行职务分析，可以使组织充分了解工作的具体特点和对工作人员的行为要求，为作出人事决策奠定坚实的基础。

4.1.1 职务分析的历史背景

职务分析（Job Analysis）的观念产生甚早，但是一直到泰勒提倡科学管理运动开始，才真正有系统地对各项工作予以科学的分析，即所谓“动作与时间研究”。泰勒指出：“在现代科学管理中，最突出的一项要素，也许应该算是‘任务’的概念”，“所谓的任务，殊不仅应以‘应该做些什么’为限，还应包括‘应该怎么做’以及‘需要多少时间’等项。”管理的具体方法是采取时间研究，以纠正工厂怠工现象。泰勒从事生铁搬运、铲煤、拣钢珠等工作研究，使得管理科学化、标准化，生产效率大增。在第一次世界大战期间，美国参加欧战，便设立了军队人事分类委员会来实施职务分析，于是，职务分析一词便开始使用。1920 年，美国国家人事协会规定把职务分析定义为一种处理方法，其结果可以确定一种职务的构成及胜任该职务的人所必须具备的条件。随着企业管理的不断发展，职务分析也变得日益重要，正式采用职务分析的公司越来越多。据调查，在 1930 年，美国各大公司采用职务分析的仅占 39%，至 1940 年增加到 75%，而到 1977 年已超过 80%。目前，美国联邦、州、地方政府和大中型企业，几乎都采用了职务分析，对每一个职务不但拟定了职务说明书，而且还编制了大量的部门工作指南、职系说明等各种类型的工作规范。

20 世纪 70 年代后，职务分析的发展出现了两种不同的趋势：一种趋势是走结构化、定量化的道路，将现代心理学与统计学的研究成果大量运用于职务分析，形成一系列的系统性职务分析方法，有效提高了职务分析的信效度，并实现了职务分析成果向人员选拔、职务评估等其他人力资源模块的直接过渡。另一种趋势是走个性化定制道路，实现职务分析与企业具体的战略、组织与管理机制的有机结合，为企业中的各层、各类职务提供量身定做的职务说明书与职务分析报告。

4.1.2 什么是职务分析

1. 职务分析的定义

所谓职务分析，亦称工作分析。根据美国劳工部的定义，职务分析就是“通过观察和研究，确定关于某种特定职务的性质的确切情报和（向上级）报告的一种程序”。换句话说，职务分析就是把员工担任的每个职务的内容加以分析，清楚地确定该职务的固有性质和组织内职务之间的相互关系和特点，并确定操作人员在履行职务时应具备的技术、知识、能力与责任，即对某一职务工作的内容及有关因素做全面的有系统描写。国外人事心理学家从人事管理角度提出了职务分析公式，即：用何人（Who），做何事（What），何时（When），何地（Where），如何（How），为何（Why），为何人（For Whom）。

2. 职务分析的结果

职务分析的结果是职务说明书。职务说明书通常包括两方面：一为工作描述，一为任职资格。

（1）工作描述。工作描述指对职务的性质、任务、责任、工作内容、处理方法等所作的书面记录。解决的是职务操作者做什么、怎么做和为什么做等问题。其基本要素包括：工作名称、工作活动和程序、工作条件和物理环境、社会环境等。

（2）任职资格。任职资格则是根据工作描述所提供的资料，拟定工作资格，列举并说明适合从事某一职务的人员所必须具备的个人特质条件与所受的训练，以供招聘（或职业训练）使用。任职资格的主要内容包括：有关工作程序和技术的要求、工作技能、独立思考与判断能力、记忆力、注意力、知觉能力、警觉性、操作能力（速度、准确性和协调）、工作态度和各种特殊能力要求。任职资格还包括文化程度、工作经验、生活经验、生活经历和健康状况等内容。

3. 职务分析的基本术语

与其他专业领域一样，人事管理领域中的职务分析也有自己的专门术语，这些术语大都与我们日常生活中所理解的概念含义不同。

（1）要素。工作的最小单位，即工作已不能再进一步划分成任何动作、运动，或其他任何心理过程。例如，对一个木匠来说，在锯木头前把锯从工具箱里拿出来就是这个工作的一个要素。

（2）任务。为一个明确目的所进行的工作活动。例如，输入一种计算机程序，写一封信，卸一火车货物等，都是任务。

（3）职责。由一个个体操作的包括一定数量的任务的工作。例如，一个餐厅服务员的责任，包括向顾客介绍菜谱，开票，把饮料、食物端给顾客等。

（4）职位（岗位）。在一定时期、一定组织中由一个个体所操作的一个或多个职责。有多少个员工就有多少个职位，即员工的数量与职位的数量是相等的。

（5）职务。亦可译为工作。指一组具有明显相似职责的职位，如机械师。一个职务可能只有一个职位，亦可能有几个职位，这是与组织的规模相关联的。

（6）职业。不同时期不同组织中类似的一组职务，如教师、技师、电工等。

（7）工作活动。员工完成预期职务目标所进行的体力或脑力活动的过程。

4.1.3 职务分析的作用

在人力资源管理中，几乎每一个方面都涉及职务分析所取得的结果。总的来说，这些作用可以分为组织决策过程、人力资源管理、工作和设备设计等。表 4－1 列出了职务分析的结果在各方面的应用。

表 4－1　职务分析信息的用途

组织决策过程	人力资源管理	工作和设备设计	其他用途
组织结构 组织计划 组织政策	人员的聘用、选拔和安置 培训和人员开发 绩效测量和评定 职务分类系统 工资管理 劳动关系	工作设计 方法设计 职务设计 安全	制订教育课程计划 职业咨询

具体地说，职务分析有以下八个方面的作用：

（1）有助于选拔和任用合格的人员。通过职务分析，能够明确地规定工作的具体程序和方法，提出任职者的心理、生理、技能、文化和思想等方面的要求。在此基础上，确定选人用人的标准。有了明确而有效的标准，就可以通过心理测评和工作考核，选拔和任用符合工作和职务需求的合格人员。

（2）有助于制订有效的人事预测方案和人事计划。一个单位有多少种工作职务，这些职务目前的人员配备能否达到职务的要求，今后几年内职务将发生哪些变化，单位的人员结构应作何调整，几年甚至几十年内，人员增减的趋势如何，后备人员的素质应达到什么水平等问题，都可以根据职务分析的结果作出适当的处理和安排。

（3）有助于设计有效的人员培训方案和开发方案。可以按照职务分析的结果，设计和制订培训方案，根据实际工作要求和聘用人员的不同情况，有区别、有针对性地安排培训内容和方法，以培训促进工作技能的发展，提高工作效率。

（4）提供考核、升职和调动的标准。根据职务分析的结果，可以制定各项工作的客观标准和考核依据，也可以作为职务提升和工作调配的条件和要求。

（5）有助于提高工作和生产效率。通过职务分析，一方面，明确的工作任务要求能建立起规范化的工作程序和结构，使工作职责明确，目标清楚；另一方面，明确了关键的工作环节和作业要领，能充分地利用和安排工作时间，使干部和职工能更合理地运用技能，分配注意和记忆等心理资源，增强他们的工作满意感，从而提高工作效率。

（6）有助于建立先进、合理的工作定额和报酬制度。职务分析，可以为各种类型的任务确定先进、合理的工作定额。由于工资奖励制度与工资定额和技术等级标准密切相关，因此，把工作定额和技术等级标准的评定建立在职务分析的基础上，就能够制定出比较合理公平的报酬制度。

（7）有助于改善工作设计和环境。通过职务分析，可以检查工作中不利于发挥人们积极性和能力的方面，并发现工作环境中有损于工作安全、加重工作负荷、造成工作疲劳与紧张的各种不合理因素，从而有利于改善工作设计和整个工作环境，最大限度地调动工作积极性和发挥技能水平，使人们在更适合于身心健康的安全舒适的环境中工作。

（8）有助于加强职业咨询和职业指导。职务分析可以为职业咨询和职业指导提供可靠和有效的信息。职业咨询和职业指导是劳动人事管理的一项重要内容。例如，对待业人员选择适合本身条件的工作给予指导；为工作场所和工作流程的设计提供咨询；就职工如何提高能力和取得成就给予指导等。要做好这些工作，就需要了解和掌握职务的特点、要求和关键环节。现在，职业咨询和指导活动越来越普遍。

4.1.4 职务分析的基本程序

一般而言，一个典型的职务分析程序包括五个基本步骤：

（1）搜集背景资料：公司的组织结构图、职务分类标准、旧有的“工作描述”或“任职资格”等。

（2）选择分析的样本：通常是自从事同一工作或职务的人员中挑选，以节省分析的时间和经费。

（3）搜集职务分析的资料：确定收集职务分析资料的方法，对资料进行分析，提取有用的信息。

（4）制定工作描述。

（5）制定任职资格。

4.2 职务分析的方法

4.2.1 传统的职务分析

根据美国著名劳动心理学家麦考米克的定义，传统的职务分析方法大体上具有两个特征：一个是搜集的有关工作信息以非计量、叙述性的居多，因此，难免带有主观判断的色彩，而在文字语言上的“语义”问题，也使得这些信息的利用有较多的缺陷；另一个主要是对与职务有关信息的书面记事性描述。

传统的职务分析方法主要有:

一、工作日记法

工作日记法主要是从事某一职务的员工按时间顺序详细记录在一定期间内所从事的各项工作活动或任务，以及所耗费的时间。日记的形式大多并非确定，而是由工作人员自己填写，但有时采用固定格式，以节省填写者的时间。如航海日记、维修记录、特殊活动的记录片、警察的巡查记录，往往可以归于此类。

此法的优点是逐日或在任务完成后即时记录，可以避免遗漏，其详尽程度往往为他法所不及。缺点则为自行记录，无法保证某些工作活动不被过分强调或有意轻描淡写，从而影响以后职务分析的准确性。同时，记录者的文字水平与表达能力也影响着日记法的应用。所以，日记法多应用在工作内容较多样化或工作时空较多变化的工作上，并且在职务分析时常辅以其他方法，较少作为唯一主要的信息搜集技术。

二、观察法

观察法是指岗位分析人员直接在现场对特定对象的操作进行观察、收集，以标准格式记录各个环节的内容、原因与方法，并在此基础上分析与之有关的工作因素、工作间的相互关系、人与工作的作用以及工作环境和条件等信息，最后把取得的职务信息归纳整理为适用的文字资料。简单地说，就是直接观察工作人员的活动并且记录有关项目、时间（有时还包括表现）等资料的方法。观察法在动作分析中应用最广泛，在职务分析中较常用在工作内容包括了许多可以具体观察的实际活动的场合。例如在对清洁工人、装配线工人、银行柜台员等进行职务分析时，此法相当适用。如果非实际活动太多（例如设计师、律师、决策者等），则并不适用。同样，如果重要的工作活动或任务的执行在时空上并无规律或以脑力劳动为主，则因观察的困难导致此法也不适用。

观察法往往与面谈法配合使用，即在观察完全部工作过程后，再与工作人员面谈，以澄清疑点或补遗。因为工作活动中往往有许多细节并非由表面观察就能尽知的，也有许多是观察人员容易忽略的。但在应用观察法进行观察时，最需注意的是不干扰工作者的活动，并且尽量不使其分心或起疑念，以免影响工作的进行和完成时会产生有意或无意的偏差，从而导致不正确的观察结果。

三、面谈法

面谈是一种应用最为广泛的职务分析方法。面谈法乃询问操作者、管理者、专家等人对工作的意见，是一种面对面的交谈。面谈程序可以标准化，也可以非标准化。体力及脑力劳动的任务、职责、必需的个体行为条件都可以通过面谈法来进行职务分析。在面谈中员工就是自己工作的观察者，因此，他们可以报告许多不能经常观察到的以及周期长的工作活动和工作行为。另外，由于员工对自己的工作有最深入的了解，所以，还可能报告职务分析专家无论从哪方面也不可能得到的信息。

职务分析者在采用面谈法时，会遇到两个难题：一是职务分析者需要和那些被研究的对象建立和谐的关系，更要让他们了解接受约谈是对他们自己有利的；二是有些人在面谈时，有意无意地扭曲了其职务情况，比如将工作描述得比实际情况要更严重或更重要，想借此获得高薪或升迁的机会。所以，能否使回答者乐意回答而且提供真实详细的资料，就成了面谈法是否有效的关键。面谈法重视面谈时的情境，这在很大程度上取决于职务分析者的面谈技术。

通常，职务分析者在实际会谈之前都经过了全面的、深入的、有计划的面谈技术培训，而且，为了保证面谈结果的效度与信度，常采用一个标准化的问卷作为面谈的框架来进行。面谈法是获得与工作有关资料的有效方法，但有时回答者的自身资料来源并无特别的价值，所以必须多参照其上级管理者或同事的意见。这种方法对于不识字或工作繁忙无暇提笔回答问卷者较为适用。面谈的实施过程如图 4－1 所示。

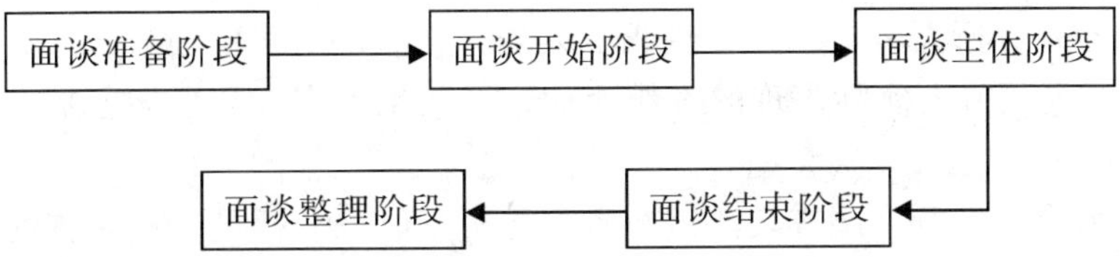

图 4－1　面谈的实施过程

四、调查表法

调查表法是一种应用非常普遍的职务分析方法。其基本过程是首先设计并分发调查表给选定的职工，要求在一定的期间内填写，以获取有关的信息。调查表主要有两种：一种内容具有普遍性，适合于各种职务内容；另一种是专门为特定职务设计的。调查表还可以分成职务定向和人员定向两种：职务定向调查表比较强调工作本身的条件和结果；人员定向调查表则集中于了解职工的工作行为。

调查表法通常是比较节省职务分析人员的时间与经费的一种方法，也是可从数目较大的被调查者中获得信息的方法。此法的成败至少取决于三个方面：一是调查表的设计能否包括一切问题；二是各个问题的设计是否适当、贴切，从而使回答者可以在要求的范围内正确地给予相对标准化的答案；三是如果答卷无强制性，则调查问卷会不会因太详尽而影响回收率。

一个在理论上十分完备、实际上又可行的调查问卷设计是调查表法中最重要的环节。在一定程度上，一份周详的问卷可以将回答者所可能造成的无意误差减至最小。但是由于没有调查表设计者在身边解释，这种误差仍不能避免。其好处则是没有心理压力，所得的某些答案有时较面谈法理想。但此法也不能避免人为的误差，而且答案的准确性又取决于回答者的耐心、文化水平、表达能力及所掌握的资料等因素，同时由于陈述与表达的方式不同，职务分析者整理起来也比较麻烦。

五、专家讨论法

专家讨论法是指召集一些相关领域的专家与熟悉目标职位的员工，包括任职者、直接上司、曾经任职者、内部客户以及咨询专家、外部客户、其他组织标杆职位任职者进行职务分析的方法。专家讨论法主要应用于培训规划的建立、评价工作描述、任职者绩效水平的讨论、工作任务的分析、职位设计等。

此法的优点是可以充分发挥各位专家的作用，集思广益，对目标职位的信息进行全面、深入、客观的职务分析，缺点是程序比较复杂，前期准备的成本较高。这种方法适合于发展变化较快，或职位职责还未定型的企业。该法除了可以收集职位信息外，还可以对职务分析的成果进行确认并加以推广运用。

就实际应用而言，这五种方法各有其比较适用的场合，J. C. Rupe 于 1956 年在美国空军人事与训练研究中心所作的一项研究，对 12 项工作应用 5 种不同方法（集体面谈、个别访谈、观察与面谈、讨论会以及调查表）来搜集有关信息，结果发现：

（1）个别访谈是最有效及最可信赖的搜集信息的方法。所费分析人员工时成本为中等。

（2）讨论会是分析人员人、工、时成本最高的方法，而观察法与面谈法次之。三者在获取工作信息（尤其是有实际表现的工作活动）的效果上实际几乎无区别，但都稍逊于个别访谈法。

（3）就人力成本来看，调查表法最节省。无论是职务分析员、被调查的职工还是管理者，所耗人、工、时最少，其次是集体面谈，个别访谈、观察与面谈、讨论会。

（4）这四种方法的并用可显著提高搜集资料的成效，但也同时提高了人、工、时成本。

4.2.2 结构化的职务分析方法

结构化的职务分析方法一般是采用问卷形式，通过对某种职务特征的单元或项目的描述来进行职务分析。随后，由职务分析人员提供的情况来确定这个项目是否适用于所研究的职务，或者更确切地说，用一个等级评定量表指出这个项目与职务的关系。结构化的职务分析方法的最大特点是可以利用计算机对职务信息进行定量分析。

结构化的职务分析方法主要有：

一、任务调查表

任务调查表是用来收集工作信息或职业信息的调查表。职务分析人员依据每一条检查项目或评定项目，列出任务或工作活动一览表，其内容包括所要完成的任务、判断的难易程度、学习时间、与整体绩效的关系等，所得到的数据可以用计算机进行分析。美国空军广泛运用的一种任务调查表包括大约 500 条任务说明（按照主要职能或主要责任分类）。

有一种特殊的任务调查表，包括了从学徒工到熟练工、从低级管理人员到高级管理人员的所有工作等级，它必须靠复杂的计算机程序分析处理，称为职业数据全面分析计划（简称“CODAP”）。其把具有类似任务的工作或任务组合归为一类或工作组，可用于多种分析目的。在美国，除了国防部外，所有军事机构和某些民用职业都利用职业数据全面分析计划进行职务分析。

二、职务分析问卷（PAQ）

任务调查表基本上运用于对职务本身的统计分析，难以确定行为方面的影响，可以说是一种职务定向的信息收集方法。与此相对照，人员定向的信息内容则描述如何完成某一工作，更注意对工作人员的行为作出一般概括。由麦考米克、珍纳尔与米查姆设计的职务分析问卷正是这种方法之一，它以对人员定向的工作要素的统计分析为基础。该表由194个项目或职务要素构成，这些项目分为六个主要方面：信息输入（员工在何处及怎样得到其职务所需要的信息）、心理过程（完成职务所需的推理、计划、决策等）、工作输出（员工操作所需的体力活动及他们所使用的工具和设备）、人际活动（人际信息交流、人际关系、个人联系、管理和相互协调等）、工作情境与职务关系（工作条件、物资和社会环境）、其他方面（工作时间安排、报酬方法、职务要求、具体职责等）。每一个项目既要评定其是否为一个职务的要素，还要在一个评定量表上评定其重要程度、花费时间及困难程度。

麦考米克等对PAQ的研究表明，其评定者内部信度为0.79，评定者之间信度为0.80。阿维等人的研究结果表明，个体因素和组织因素对PAQ的结果几乎没有影响。职务分析专家无论性别如何，无论对于职务了解的程度如何，无论对职务的兴趣如何，其PAQ问卷的结果都无显著性的差异。麦考米克等还指出，PAQ这一员工取向问卷为联系和讨论不同职务的职务分析结果的间接效度和合成效度奠定了基础。但是有些人的研究却表明，PAQ只对体力劳动性质的职业适用性高，相对地说对管理性质、技术性质、专业性质的职务，适用性则差一些。

职务分析问卷的不足主要表现在以下两个方面：第一，由于没有对职务的特殊工作活动进行描述，因此，职务中行为的共同之处就使得任务之间的差异变得模糊了。例如，一个警察与一个家庭主妇的能力特征类似，因为两个职务都需要“应急处理”、“解决麻烦”，但是实际上这两个职务中的“应急处理”、“解决麻烦”的任务性质是不同的。第二，PAQ的可读性差，具备大学阅读水平以上者才能够理解其各个项目，任职者和主管人员如果没有受过10年至12年以上的教育就难以使用这种问卷。尽管如此，PAQ仍是劳动心理学领域中使用广泛并很受欢迎的职务分析问卷之一。

三、管理职务分析问卷（MPDQ）

MPDQ是一种结构化的、以工作为中心、以管理型职务为分析对象的职务分析问卷。MPDQ主要收集、评价与管理职务相关的活动、联系、决策、人际交往、能力要求等方面的信息数据，通过特定的计算机程序加以分析，有针对性地制作与职务相关的个性化信息表，最终应用到职务描述、职位评价、培训开发、绩效评估、薪酬管理等人力资源管理职能中。

MPDQ问卷包括208个描述管理人员职务的问题，涉及管理者所关心的问题、所承担的责任、所受的限制以及管理者的职务所具备的各种特征。208项问题被划分为13类职务因素，这些类别包括：

（1）产品、市场、财务与战略计划。进行思考，结合实际情况制订计划以实现业务的长期增长和公司稳定发展的目标。

（2）与组织其他部门和人事管理工作的协调，即管理人员对自己没有直接控制权的员工个人与团队活动的协调。

（3）内部业务的控制，即检查与控制公司的财务、人力及其他资源。

（4）产品与服务责任，即控制产品和服务的技术方面，以保证生产的及时性和生产质量。

(5) 公共与客户关系，一般通过与人们直接接触的办法来维护和树立公司在用户与公众中间的良好形象与声誉。

(6) 高层次的咨询指导，即发挥技术水平解决企业中出现的特殊问题。

(7) 行动的自主性，即在几乎没有直接监督的情况下开展工作活动。

(8) 财务审批权，即批准企业大额的财务流动。

(9) 雇员服务，即提供诸如寻找事实和为上级保持纪录这样的雇员服务。

(10) 监督，即通过与下属员工面对面的交流来计划、组织与控制这些人的工作。

(11) 复杂性和压力，即在较大压力下工作，并在规定时间内完成所要求的任务。

(12) 重要财务责任，即制定对公司的绩效构成直接影响的大规模的财务投资决策，以及其他财务决策。

(13) 广泛的人事责任，即公司中对人力资源管理和影响员工的其他政策具有重大责任的活动。

MPDQ 将收集的职务信息通过特定的评价因子进行分析。经过大量的调查研究，MPDQ 归纳出三种有关管理职务的评价因子，即管理职务因子、管理绩效因子与职务评价因子。

管理职务因子：是一套以职务为基础的描述性要素组合，根据职务内容的异同性对管理职务进行描述，包含 8 个要素。管理职务要素主要用于职务描述、人员配置、工作设计等人力资源管理功能，如表 4－2 所示。

表 4－2　管理职务因子

评价要素	具体内容
(1) 决策	评定各种信息与各种候选方案。
(2) 计划与组织	制订长期与短期计划，包括制定长期战略规划与短期日程安排，如对产品或服务的设计、发展、生产和销售进行计划等。
(3) 行政	负责文件和档案的整理和保管、监控规章制度和政策的执行、获取和传递信息。
(4) 控制	控制和调整人力、财力和物力的分配，调拨材料、机器和服务资源，建立成本控制体系。
(5) 咨询和创新	应用高级技术解决疑难问题，为决策者提供关键信息与咨询，开发新产品和开拓新市场，密切关注技术前沿动态。
(6) 协作	与其他团体合作实现组织目标，整合指导非直接下属，必要时能有效处理矛盾与分歧。
(7) 表现力	与个人或团体沟通交流，如客户、政府、供应商、股东等，促销组织的产品与服务，谈判与合同签订。
(8) 监控商业指标	监控关键的商业指标，如净收入、销售额、竞争者的产品和服务等。

管理绩效因子：由在大量实证研究的基础上证明对管理绩效有显著影响的 8 项评价要

素组成，重点强调高绩效水平与低绩效水平的外在和内在差异主要用于管理人员绩效考核。如表4－3所示。

表4－3 管理绩效因子

评价要素	具体内容
（1）工作管理	管理工作执行情况和资源使用情况，监控和处理各种信息，确保产品和服务的按时完成。
（2）商业计划	制定并实施商业战略与商业计划以达到组织目标。
（3）解决问题	分析技术上或商业上的问题与需求，作出决策，选择适当的方案或进行创新。
（4）沟通	沟通的有效性、彻底性与精确性，正确地分享与交换信息。
（5）客户/公众关系	代表组织处理与客户及其他公共群体的关系。
（6）人力资源开发	通过有效的授权、引导、培训与绩效评价开发员工的潜能。
（7）人力资源管理	监督、管理下属员工，提供指导。
（8）专业知识	具备实现既定绩效目标所需的技术知识。

职务评价因子：由6项可以明显区分管理工作内在价值差异的评价要素组成，主要用于职位评价和培训开发等。如表4－4所示。

表4－4 职务评价因子

评价要素	具体内容
（1）制定决策	决策权力等级、重要性、影响范围、复杂程度以及付出的努力程度。
（2）解决问题的能力	分析性或创造性思维水平、对问题的洞察力以及解决方法创造性。
（3）组织影响力	对组织影响的显著性程度，包括职位对实现组织目标、开发产品和服务、制定战略或商业规划、实现销售收入或其他业绩指标的贡献程度。
（4）人力资源管理职能	监督和指导职能的大小，包括下属员工的等级和数量，以及所提供指导的复杂程度。
（5）知识、经验与技能	职位所需用来解决关键性组织问题的知识、经验与技能。
（6）联系	组织内部、外部联系的深度、广度、等级以及频率等。

利用MPDQ问卷对职务进行分析，最终可以形成相关的职务分析报告，包括职务描述报告、职务价值报告、任职资格报告以及与职务对应的绩效报告等。这些报告可以用来支持人力资源决策的制定，例如，不同职务招聘标准的制定、职务评价、员工培训与职业生涯管理等。

四、功能性职务分析（FJA）

美国劳工部提出一种称为工作者功能的职务分析（Functional Job Analysis，FJA，也叫功能性职务分析）作为职务分析程序的一个阶段。工作者功能是指那些确定工作者与信息、人和事之间关系的活动，如表4－5所示。每项功能描述一种广泛的行动，概括出与信息、人和事发生关系时工作者在做什么。在信息、人、事三个范畴中，每一类的工作者功能的安排是有结构的，即从不是很复杂的功能上升到比较复杂的功能，然而这种等级关系有时是有限的、不精确的、本末倒置或根本不存在的。因此，应把这些情况解释为是反映工作者与信息、人和事之间的关系特性，而不是表明职务复杂的严格水平。

表4－5　美国劳工部所用的功能性职务分析系统的工作者功能

信息		人		事	
号码	描述	号码	描述	号码	描述
0	综合	0	教导	0	装配
1	协调	1	谈判	1	精确操作
2	分析	2	指导	2	操作控制
3	编辑	3	监督	3	驾驶操作
4	计算	4	使高兴	4	操纵
5	复制	5	劝说	5	照看
6	比较	6	发出口头信号	6	送进—移出
		7	服务	7	搬运
		8	接受指导帮助		

在使用工作者功能时，美国劳工部对三个范畴中每一范畴的每一职务都进行编码。事实上，这三类号码是《职业名称词典》（Dictionary of Occupation Titles）（U. S. Department of Labor，1977）的一部分，而该词典是职务信息的主要参考资料。

美国劳工部以表4－5中各类号码构成一个三位数的职务代码，以表示任此职务的工作人员在信息、人、事等三个范畴的活动中，所需要达到的功能层次。例如，一般接待员的代码是5，6，7，即表示他需要能够复制资料、与人交谈并传达信息，而且能对若干事作初步处理，如搬运，才能胜任此项职务。如果能将各个职务就“工作人员的行为”方面来加以细分成若干功能类别及层次，则各个职务之间将可以作相应的比较，而且对职务的性质与职务人员的条件或资格也可以有更进一步的了解。

五、关键事件法（CIT）

此法是由J. C. Flanagan在1954年发展起来的，其主要原则是认定员工与职务有关的行为，并选择其中最重要、最关键的部分来评定其效果。它首先从领导、员工或其他熟悉职务的人那里收集一系列职务行为的事件，然后描述“特别好”或“特别坏”的职务绩效。这种方法考虑了职务的动态特点和静态特点。对每一事件的描述内容包括：导致事件发生的原因和背景；员工的特别有效或多余的行为；关键行为的后果；员工自己能否支配或控制上述后果。

在收集大量关键事件以后，可以对它们作出分类，并总结出职务的关键特征和行为要求。关键事件的主要优点是研究的焦点集中在职务行为上，因为行为是可观察、可测量的。同时，通过这种职务分析可以确定行为的任何可能的利益和作用。但这种方法也有两个主要的缺点：一是费时，需要花大量的时间去收集那些关键事件并加以概括和分类；二是关键事件的定义是显著地对工作绩效有效或无效的事件，这就遗漏了平均绩效水平。而对工作来说，最重要的一点就是要描述“平均”的职务绩效。利用关键事件法，对中等绩效的员工就难以涉及，因而全面的职务分析工作就不能完成。

任务调查表、职务分析问卷、管理职务分析问卷、功能性职务分析以及关键事件法中，没有一种方法能适用于所有职务分析的目的，但它们各自都有自己的优点。通过对比分析，有以下结果：

（1）从职务描述和分类来看，任务调查表和功能性职务分析的评价最高；

（2）职务分析问卷、管理职务分析问卷被认为最标准化、最可靠；

（3）从实际应用的情况来看，职务分析问卷的评价最高，在“实际考虑”的 10 项因素中，职务分析问卷的评价都是最高的；

（4）当职务分析的目的是职务评价时，职务分析问卷的评价最高，功能性职务分析和任务调查表的评价次之；

（5）对于绩效评估来说，关键事件法的评价明显高于其他方法。

4.3 我国职务分析的发展现状及存在的主要问题

4.3.1 我国职务分析的现状及发展概况

我国在 20 世纪 30 年代曾经成立过“人事心理学会”，当时主要是用来作为淘汰人的工具，并未真正研究人力资源的合理使用和建立科学的人事制度。新中国成立以后，开展了比较系统的劳动心理学研究，职务分析的研究处于起步阶段，此时心理学家进行了使工人适应工作要求的研究以及工效学方面的一些研究。20 世纪 60 年代，随着工业的振兴和生产力水平的提高，职务分析也开始变得重要。但是，由于当时时代背景的影响，职务分析工作长期处于停滞状态，直至党的十一届三中全会以后，全国工作重点转移到经济建设上来，随着劳动人事心理学在社会主义现代化建设中的作用日益重要，职务分析的研究得到了较快的发展。在 1984—1985 年，为了探索对干部的德才和工作绩效进行全面、客观和科学评定的方法，心理学家在杭州开展了有关企业管理干部职务分析和测评的研究。他们运用个案研究法、工作日记法、问卷调查法和现职干部评定法等方法，对企业各个层次和部门的干部的工作任务和职务特征进行了比较全面的分析，包括工作的内容、时间分配、技术难度、任务紧迫性、人际交往频次、职责和工作负荷等。测评结果为各级管理干部的选拔、培训、考核、调动、晋升打下了基础，取得了较好的效果。

4.3.2 我国职务分析工作中存在的主要弊端

新中国成立以来，虽然对各级国家行政机关的职务、职级以及工资待遇的等级都有规定，但我国至今尚未制定“职务分类法”，企事业单位的工作人员职称不完全统一，人员编制、人员统计、人才预测和财政预算等工作尚缺乏统一的标准，工资待遇也不够合理。究其主要原因，是没有对职务进行系统的科学的分析，因而在设置职务时，普遍存在以下问题：

(1) 职责不清、分工不明。在现实生活中，许多责重、利微、事繁的工作没有人愿意承担，出了差错没有人负责，这样就造成了彼此推诿、互相扯皮、左右“踢皮球”等现象；与此相反，对一些有利可图的事情表现为明争暗斗、互不相让，甚至不惜损害工作，造成了“多个婆婆打架”，工作无法开展的情况。

(2) 能力与职务不相符。许多职务权力、责任都很大，所作出的决策事关单位的发展，对任职者的能力在客观上提出了较高要求，但在现实生活中，许多权力大的职务，其任职者能力、素质低下，往往给企业带来巨大的损失，而许多高素质的人才却被安排在较低的职务，不能发挥他们的才能，造成人才的浪费。

(3) 权力与责任相分离。有许多单位虽给了任职者一定的权力，但往往没有确定相应的责任，因此，有的人一旦掌权就可以滥用权力，使国家、企业和职工受到损失，还不需要对自己行为的后果负责。相反，许多单位领导往往只向下分派任务而不同时授予相应的权力。这样办事的人没有权力，有权的人又不办事的现象严重违反了人事管理的原则，它使执行者只能四处请示、八方汇报，延长了工作时间，导致了“公文旅行”和“文山会海”。

(4) 工作与利益相脱节。我们以往经常片面地强调工作人员要努力工作，但工作的好坏没有与实际利益结合起来。“干好干坏一个样，干多干少一个样”，这种做法不但压抑了各级工作人员的主动性和积极性，而且助长了思想僵化、墨守成规、因循守旧、不思进取、办事拖拉、不讲效率等不良风气。

4.4 职务分析工具与范例

4.4.1 结构式职务调查表

在设计结构式职务调查表时应注意：用语应简明易懂；调查项目应为可操作的具体问题，且问题含义应明确易懂（参见表4-6）。

表 4-6　结构式职务调查表

填表日期：　　年　月　日

<table>
<tr><td>姓名</td><td></td><td>职称</td><td></td><td>现任职务（工作）</td><td></td><td>工龄</td><td></td></tr>
<tr><td>性别</td><td></td><td>部门</td><td></td><td>直接上级</td><td></td><td>进入公司时间</td><td></td></tr>
<tr><td>年龄</td><td></td><td>学历</td><td></td><td>月平均收入</td><td></td><td>从事本工作时间</td><td></td></tr>
<tr><td>工作的时间要求</td><td colspan="7">1. 正常的工作时间每日自（　　）时开始至（　　）时结束（24 小时制）
2. 每日午休时间为（　　）小时，（　　）% 情况下可以保证
3. 每周平均加班时间为（　　）小时
4. 实际上下班时间是否随业务情况经常变化（总是，有时是，偶尔是，否）
5. 所从事的工作是否忙闲不均（是，否）
6. 若工作忙闲不均，则最忙时常发生在哪段时间（　　）
7. 每周外出时间占正常工作时间的（　　）%
8. 外地出差情况每月平均（　　）次，每次平均需要（　　）天
9. 本地外出情况平均每周（　　）次，每次平均（　　）小时
10. 外地出差时所使用的交通工具按使用频率排序（　　）
11. 本地外出时所使用交通工具按使用频率排序（　　）
12. 其他需要补充说明的问题（　　）</td></tr>
<tr><td rowspan="2">工作目标</td><td colspan="3">主要目标（至少 3 点）</td><td colspan="4">其他目标（至少 3 点）</td></tr>
<tr><td colspan="3"></td><td colspan="4"></td></tr>
<tr><td rowspan="2">工作概要</td><td colspan="7">用简练的语言描述一下您所从事的工作</td></tr>
<tr><td colspan="7"></td></tr>
<tr><td rowspan="2">工作活动程序</td><td colspan="2">名称</td><td colspan="4">程序</td><td>依据</td></tr>
<tr><td colspan="2"></td><td colspan="4"></td><td></td></tr>
<tr><td rowspan="3">工作活动内容</td><td rowspan="2">名称</td><td rowspan="2">结果</td><td rowspan="2">占全部工作时间的百分比（%）</td><td colspan="4">权限</td></tr>
<tr><td>承办</td><td colspan="2">需报审</td><td>全权负责</td></tr>
<tr><td></td><td></td><td></td><td></td><td colspan="3"></td></tr>
</table>

（续上表）

<table>
<tr><td rowspan="6">失误的影响</td><td>1.
2.</td><td>经济损失</td><td rowspan="4"></td><td rowspan="4">轻 较轻 一般 较重 重
1 2 3 4 5</td></tr>
<tr><td>1.
2.</td><td>公司形象损害</td></tr>
<tr><td>1.
2.</td><td>经营管理损害</td></tr>
<tr><td>1.
2.</td><td>其他损害（请注明）</td></tr>
<tr><td colspan="3">若您的工作出现失误，会发生下列哪种情况</td><td>说　明</td></tr>
<tr><td colspan="3">1. 不影响其他人工作的正常进行
2. 只影响本部门内少数人
3. 影响整个部门
4. 影响其他几个部门
5. 影响整个公司</td><td>如出现多种情况，请按影响程度由高到低依次填写在下面的括号中
（　　　　　　　　）</td></tr>
<tr><td>内部接触</td><td colspan="3">1. 在工作中不与其他人接触（　　）
2. 只与本部门内几个同事接触（　　）
3. 需与其他部门的人员接触（　　）
4. 需要与其他部门的部分领导接触（　　）
5. 需要同所有部门的领导接触（　　）</td><td>将频繁程度等填入左边括号中
偶尔 经常 非常频繁
1 2 3</td></tr>
<tr><td>外部接触</td><td colspan="3">1. 不与本公司以外的人员接触（　　）
2. 与其他公司的人员接触（　　）
3. 与其他公司的人员和政府机构接触（　　）
4. 与其他公司、政府机构、外商接触（　　）</td><td>将频繁程度等填入左边括号中
偶尔 经常 非常频繁
1 2 3</td></tr>
<tr><td rowspan="2">监督</td><td colspan="4">1. 直接和间接监督的人员数量为（　　）
2. 被监督的管理人员数量为（　　）
3. 直接监督人员的层次：一般职工、基层领导、中层领导、高层领导（　　）</td></tr>
<tr><td colspan="4">1. 只对自己负责（　　）
2. 对职工的监督指导的责任（　　）
3. 对职工有分配工作、监督指导的责任（　　）
4. 对职工有分配工作、监督指导和考核的责任（　　）</td></tr>
</table>

（续上表）

工作的基本特征	1. 对自己的工作结果不负责任 2. 仅对自己的工作结果负责 3. 对整个部门负责 4. 对自己部门和相关部门负责 5. 对整个公司负责	
	1. 在工作中时常要做些小的决定，一般不影响其他人 2. 在工作中时常要做一些决定，对相关人员有些影响 3. 在工作中要做一些决定，对整个部门有影响，但一般不影响其他部门 4. 在工作中要做一些大的决定，对自己部门和相关部门有影响 5. 在工作中要做重大决定，对整个公司有重大影响	
	1. 有关工作的程序和方法均由上级详细规定，遇到问题时可随时请示上级解决，工作结果须报上级审核 2. 分配工作时上级仅指示要点，在工作中上级并不时常指导，但遇困难时仍可直接或间接请示上级，工作结果仅上级要点审核 3. 分配任务时上级只说明达成的任务或目标，工作的方法和程序均由自己决定，工作结果仅受上级原则审核	
	1. 完成本职工作的方法和步骤完全相同 2. 完成本职工作的方法和步骤大部分相同 3. 完成本职工作的方法和步骤有一半相同 4. 完成本职工作的方法和步骤大部分不同 5. 完成本职工作的方法和步骤完全不同	
	在工作中您所接触到的信息经常为	说明
	1. 原始的、未经加工处理的信息 2. 经过初步加工的信息 3. 经过高度综合的信息	如出现多种情况，请按“经常”的程度由高到低依次填写在下面的括号中（　　　　）
	您在做决定时常依据以下哪种资料	说明
	1. 事实资料 2. 事实资料和背景资料 3. 事实资料、背景资料、模糊的相关资料 4. 事实资料、背景资料、模糊的相关资料和难以确定是否相关的资料	如出现多种情况，请按“依据”的程度由高到低依次填写在下面括号中（　　　　）
	在工作中，您需要做计划的程度	说明
	1. 在工作中无须做计划 2. 在工作中需要做一些小的计划 3. 在工作中需要做部门计划 4. 在工作中需要做公司整体计划	如出现多种情况，请按“做计划”的程度由高到低依次填写在下面的括号中（　　　　）

（续上表）

<table>
<tr><td rowspan="4">工作的基本特征</td><td>在您的工作中接触资料的公开性程度</td><td>说明</td></tr>
<tr><td>1. 在工作中所接触的资料均属公开性资料
2. 在工作中所接触的资料属于不可向外公开的资料
3. 在工作中所接触的资料属于机密资料，仅对中层以上领导公开
4. 在工作中所接触的资料属于公司高度机密，仅对少数高层领导公开</td><td>如出现多种情况，请按“公开性”的程度由高到低依次填写在下面的括号中（　　　　　　）</td></tr>
<tr><td colspan="2">您在工作中所使用的资料属于哪几种，使用的比例约为多少</td></tr>
<tr><td colspan="2">1. 语言的　　（　　　%）
2. 符号的　　（　　　%）
3. 文字的　　（　　　%）
4. 形象的　　（　　　%）
5. 行为的　　（　　　%）
6. 其他　　（　　　%）</td></tr>
<tr><td>工作压力</td><td colspan="2">1. 在每天的工作中您是否经常要迅速作出决定
没有　很少　偶尔　经常　非常频繁
2. 您手头的工作是否经常被打断
没有　很少　偶尔　经常　非常频繁
3. 您的工作是否经常需要注意细节
不要求　很少　偶尔　经常　非常频繁
4. 您所处理的各项业务彼此是否相关
完全不相关　大部分不相关　一半相关　大部分相关　完全相关
5. 您的工作是否要求精力高度集中，如果是，高度集中时间约占工作时间的
20%　40%　60%　80%　100%
6. 您的工作是否需要运用不同方面的专业知识和技能
否　很少　有一些　非常多
7. 工作中您是否存在一些令人不愉快，不舒服的感觉（非人为的）
没有　有一点　能明显感觉到　多　非常多
8. 在工作中您是否需要灵活地处理问题
不需要　很少　有时　较需要　很需要
9. 您的工作是否需要创造性
不需要　很少　有时　较需要　很需要
10. 您在履行工作职责时是否存在与职工发生冲突的可能
是　否</td></tr>
</table>

（续上表）

<table>
<tr><td rowspan="19">任职资格要求</td><td>1. 您常起草或撰写的文字资料有哪些</td><td>等级</td><td>频率</td></tr>
<tr><td>（1）通知、便条、备忘录
（2）演示文稿
（3）信函
（4）汇报文件或报告
（5）总结
（6）公司文件
（7）研究报告
（8）合同或法律文件
（9）其他</td><td></td><td>1 2 3 4 5
极少 偶尔 不经常 经常 非常频繁</td></tr>
<tr><td>2. 您所用的数学知识</td><td>等级</td><td>频率</td></tr>
<tr><td>（1）整数加减
（2）四则运算
（3）乘方、开方、指数
（4）统计学和线性规划
（5）计算机程序语言
（6）其他</td><td></td><td>1 2 3 4 5
极少 偶尔 不经常 经常 非常频繁</td></tr>
<tr><td colspan="3">3. 学历要求</td></tr>
<tr><td colspan="3">初中、高中、职专、大专、大本、硕士、博士</td></tr>
<tr><td colspan="3">4. 为顺利履行工作职责，应进行哪些方面的培训，需要多少时间</td></tr>
<tr><td>培训科目</td><td>培训内容</td><td>最短培训时间（月）</td></tr>
<tr><td></td><td></td><td></td></tr>
<tr><td colspan="3">5. 一个刚刚开始您所从事的工作的人，要多长时间才能基本胜任工作</td></tr>
<tr><td colspan="3"></td></tr>
<tr><td colspan="3">6. 为了顺利开展您所从事的工作，需具备哪些方面的工作经历，约多少年</td></tr>
<tr><td>工作经历要求</td><td colspan="2">最短时间要求</td></tr>
<tr><td></td><td colspan="2"></td></tr>
<tr><td colspan="3">7. 在工作中您觉得最困难的事情是什么，您通常是怎样处理的</td></tr>
<tr><td>困难的事情</td><td colspan="2">处理方法</td></tr>
<tr><td></td><td colspan="2"></td></tr>
</table>

（续上表）

<table>
<tr><td rowspan="6">任职资格要求</td><td colspan="3">8. 您所从事的工作有何体力方面的要求（　　）</td></tr>
<tr><td>9. 其他能力要求</td><td>等级</td><td>需求程度</td></tr>
<tr><td>（1）领导能力
（2）指导能力
（3）激励能力
（4）授权能力
（5）创新能力
（6）计划能力
（7）资源分配能力
（8）管理技能
（9）组织人事能力
（10）时间管理能力
（11）人际交往能力
（12）驾驭能力
（13）群体技能
（14）谈判能力
（15）冲突管理能力
（16）说服能力
（17）公共关系
（18）表达能力
（19）公文写作能力
（20）倾听敏感性
（21）信息管理能力
（22）分析能力
（23）判断、决策能力
（24）实施能力
（25）其他</td><td></td><td>1　2　3　4　5
低　较低　一般　较高　高</td></tr>
<tr><td colspan="3">请您详细填写从事的工作所需的各种知识和要求程度</td></tr>
<tr><td>知识内容</td><td>等级</td><td>需要程度</td></tr>
<tr><td></td><td></td><td>1　2　3　4　5
低　较低　一般　较高　高</td></tr>
</table>

（续上表）

<table>
<tr><td rowspan="3">考核</td><td colspan="2">对于您所从事的工作，您认为应从哪些角度进行考核，基准是什么</td></tr>
<tr><td>考核角度</td><td>考核基准</td></tr>
<tr><td></td><td></td></tr>
<tr><td rowspan="3">建议</td><td colspan="2">您认为您从事的工作有哪些不合理的地方，应如何改进</td></tr>
<tr><td>不合理处</td><td>改进建议</td></tr>
<tr><td></td><td></td></tr>
<tr><td rowspan="2">备注</td><td colspan="2">您还有哪些需说明的问题</td></tr>
<tr><td colspan="2"></td></tr>
<tr><td rowspan="2">上级意见</td><td colspan="2">直接上级确认符合事实后，签字</td></tr>
<tr><td colspan="2">（如不符合，请在下面空白处说明、更正）</td></tr>
</table>

4.4.2 开放式职务调查表

职务调查表的优点在于费用低、速度快、节省时间，可在工作之余填写，不至于影响正常工作。同时，该表调查范围广，可用于多种目的、多种用途的职务分析。缺点在于如果不作统一说明，会因理解不同而产生信息误差。这种因人而异的方法对被调查者的配合态度有很大的依赖性。

使用职务调查表时的注意事项：

（1）对调查表中的调查项目进行说明、解释，编写调查表填写说明。

（2）及时回收调查表，以免遗失。

（3）对调查表提供的信息做认真的鉴别和必要的调整。

开放式职务调查表如表 4－7 所示。

表 4－7　开放式职务调查表

填表日期：　　年　　月　　日

<table>
<tr><td>工作部门</td><td></td><td>职务名称</td><td></td></tr>
<tr><td colspan="4">一、职责内容</td></tr>
<tr><td colspan="4">1. 概述：

2. 所任工作：</td></tr>
<tr><td>工作项目</td><td colspan="2">处理方式及程序</td><td>每日工作所占时数</td></tr>
<tr><td></td><td colspan="2"></td><td></td></tr>
<tr><td colspan="4">二、职责程度</td></tr>
<tr><td colspan="4">1. 工作复杂性：</td></tr>
<tr><td colspan="4">2. 所受监督：</td></tr>
<tr><td colspan="4">3. 所循规章：</td></tr>
<tr><td colspan="4">4. 对工作结果的负责程度：</td></tr>
<tr><td colspan="4">5. 所需创造力：</td></tr>
<tr><td colspan="4">6. 与人接触：</td></tr>
<tr><td colspan="4">7. 所予监督：</td></tr>
<tr><td colspan="2"></td><td>填表人</td><td>（签名盖章）</td></tr>
<tr><td colspan="4">以上所填均属正确</td></tr>
<tr><td>所属部门上一级主管</td><td>（签名盖章）</td><td>所属部门直接主管</td><td>（签名盖章）</td></tr>
</table>

4.4.3 工作日志

工作日志就是按时间顺序记录工作过程，然后经过归纳提炼，取得所需工作信息的一种方法。这种方法的优点在于信息的可靠性很高，适用于确定有关工作职责、工作内容、工作关系、劳动强度等方面的信息，所需费用也低。但是工作日志可使用范围较小，只适用于工作循环周期较短、工作状态稳定无大起伏的职务，且信息整理量大，归纳工作烦琐。另一方面，工作执行者在填写时，往往因不认真而导致遗漏很多工作内容，并在一定程度上影响正常工作。若由第三者进行填写，人力投入量又非常之大，不适宜处理大量的职务。表4－8为一个工作日志范例，表4－9、表4－10为填写实例。

表4－8 工作日志表

工作日志
姓名：
年龄：
职务名称：
所属部门：
直接上级：
从事本业务工龄：
填写日期自________月________日
至________月________日

工作日志

________月________日　　工作开始时间________　　工作结束时间________

序号	工作活动名称	工作活动内容	工作活动结果	时间消耗	备注

工作日志填写说明

（1）请您在每天工作开始前将工作日志放在手边，按工作活动和发生的顺序及时填写，切勿在一天工作结束后一并填写。

（2）要严格按照表格要求进行填写，不要遗漏那些细小的工作活动，以保证信息的完整性。

（3）请您提供真实的信息，以免损害您的利益。

（4）请您注意保管，防止遗失。

表4－9　工作日志实例

5月29日　　　　工作开始时间8：30　　　　工作结束时间17：30

序号	工作活动名称	工作活动内容	工作活动结果	时间消耗	备注
1	复印	协议文件	4张	6分	存盘
2	起草公文	协议文件	800字	1小时15分	报上级审批
3	贸易洽谈	玩具出口	1次	4小时	承办
4	布置工作	对日出口业务	1次	20分	指示
5	会议	讨论东欧贸易	1次	1小时30分	参与
⋮					
16	请示	佣金数额	1次	20分	报批
17	计算机录入	经营资料	2屏	1小时	承办
18	接待	参观	3人	35分	承办

表4－10　写实记录表实例

机构名称：办公室　　　　工作：办公室主任

编制：3人（主任1人、打字员1人、办事员1人）

花费时间		工作活动内容	业务完成量	备注
开始	延续			
8：00	5	打电话到销售科	1通	
8：05	2	接电话	1通	
8：07	4	帮办事员登记材料	2份	
8：11	4	帮办事员校对	5页	
8：15	4	准备广告材料	1页	
8：19	1	接张厂长电话	1通	
8：20	1	接李厂长电话，要一信件	1通	
8：21	6	和办事员商议工作	1次	
8：27	5	找李厂长要的信	1次	
8：32	5	安排当天的工作	1次	
8：37	3	找王科长	1次	
8：40	4	找工程师	1次	
8：44	1	送李厂长所要的信	1次	
8：45	2	为张厂长打文件	1次	

（续上表）

花费时间		工作活动内容	业务完成量	备注
开始	延续			
8：47	13	同张厂长商量，布置演示文稿	1 次	
9：00	2	开始复印李厂长的材料	0 次	
9：02	10	把张厂长的材料归档	3 次	
9：12	4	继续复印材料	0 次	
9：16	5	同李厂长商议工作	1 次	
9：21	2	给办事员布置复印任务	1 次	
9：23	9	继续复印	2 份	
9：32	8	分发信件	5 封	
9：40	15	继续复印	2 份	
9：55	10	整理档案材料	4 份	
10：05	11	印完复印品	200 份	
10：16	2	将复印品交办事员装订	1 次	
10：18	9	打电话和协作厂联系	1 通	
10：27	2	接张厂长电话	1 通	
10：29	3	欢迎参观者，并把他们送到张处长处	2 人	
10：32	2	打电话到车间	1 通	

注：这是一个小厂办公室主任的工作写实片断。

表 4－11　写实汇总表（仅限前表归纳）

活动类别	花费时间（分钟）	发生次数
打字、复印、装订等	41	5
电话	22	8
寻找档案等	28	5
接受指令	18	2
发出指令和计划	13	4
处理来信文件	8	1
帮办事员工作	8	2
找人	7	2
定材料	4	1
欢迎参观者	3	1
总计	152	31

4.4.4 核对法

核对法是根据事先拟订的工作清单对实际工作活动的情况进行核对，从而获得有关工作情报的一种方法。这种方法结构性很高，使用方便，而且一类工作只需一份清单，减轻了信息收集工作。工作清单只要进行适当调整，便可供长期使用。但是，工作清单拟订比较困难，而且很难包括工作的全部内容，也发现不了一些隐含的工作变量。为了保证职务信息收集质量，在拟订工作清单时应注意信息的完整性。为此，工作清单的构成应包括以下四类要素：工作性质、工作内容、工作职责和工作环境。

4.4.5 信息收集方法与职务分析目的相结合

可供选择的信息收集方法有很多，但各有利弊。因此，在提取职务信息时往往采用多种方法相结合的方式，以便能更有效地达到职务分析的特定目的。表 4－12 给出了职务信息与收集方法和各种人力资源管理用途的一些可能的相互关系，供职务分析参考。

表 4－12　职务信息收集方法与各种人力资源管理用途的相互关系表

目的 方法	工作说明	考核	面试	工作评价	培训方案设计	绩效评价系统	职业道路规划
工作实践		√	√		√	√	
典型事例法	√	√	√		√		
观察法		√	√		√		
座谈法	√	√	√		√		
写实法（职务调查表）	√	√	√	√	√	√	√

注：“√”号代表方法和目的相适应。

4.4.6 心理图示法

心理图示法是职务分析结果的另一种表达形式，它不像职务说明书那么普遍，但对分析工作执行者的心理特性很有帮助。心理图示法有三种形式，它们分别是：

1. 计分法

这种方法一般把操作活动所涉及的心理能力归纳为 25～30 种，然后通过谈话和问卷手段，为所分析职务的每种能力用五点计分标准计分，相应数字及其代表的含义如表 4－13 所示。

表 4－13 计分法相应数字及其含义

计分	含义
1	不需要这种能力
2	不大需要这种能力
3	可以考虑
4	比较需要
5	非常需要

2. 文字表述法

该方法侧重于用文字描述某职务对任职者心理品质的具体要求，体现了突出重点、分析细致的优点。它的缺点在于无法对任职者的心理品质进行定量分析。文字表述法的范例见表 4－14，它是节录的电话铃调整工人的心理表。

表 4－14 电话铃调整工人的心理表（节录）

心理品质	主要用途
1. 对物体差别的感受性（小于 1 毫米）	用于发现铃盖的缺口
2. 对较短距离的目测能力（1 毫米或小于 1 毫米）	用于确定铃钟在铃盖开槽上的位置、铃轴的抛光和磁铁标的大小
3. 音色的差别感受性	用于确定铃声的音质
4. 对应力细微差别的感受性	用于确定接触片自由转动的程度
5. 注意力集中	在倾听音乐时，必须把铃声与一切无关噪音区别开来
一般个性品质	
6. 沉着、耐心 7. 勤劳、认真 8. 责任心强	

来源：郑晓明．工作分析实务手册［M］．北京：机械工业出版社，2006.

3. 表格法

该法采用表格的形式进行职务描述，表示相应职务对任职者心理品质种类的要求、要求程度等内容。表格法既注重对任职者中心品质与能力的分析，也强调量化程度，所以该法是较为客观的心理图示法。表格法的心理图示范例见表 4－15，以纺织工人为例。

表 4－15 纺织工人的心理图示法

品质	程度							对何种操作必要
	必要性							
	很有必要	必要	有帮助	希望	高度	低度	不需	
迅速认出不引人注目的东西								发现结头断线或小孔
用触觉发现不明显的不平滑处								用手感检查是否平滑
认出或区别主要颜色								织彩色布料
估计很短的时间间隔								织机停止，找纱线时间
迅速认出稍微偏离规定的形状								织布发现引线绪偏离

4.4.7 《职务分析问卷》

《职务分析问卷》是为各种企事业单位和行政部门的劳动人事管理及研究而专门设计的。它适用于对任何职务的科学分析。管理人员和研究人员运用《职务分析问卷》，可以迅速而全面地了解各种职务活动的特征及对任职者各方面的要求。当然，《职务分析问卷》无意取代人们为了解职务的各种特征而采用的现场观察、物理测量、职务见习以及其他方法，但它能帮助人们加深对职务各个侧面的认识。更重要的是，《职务分析问卷》还能够提供比较各种职务之间差异性或相似性程度的统一尺度。这是其他方法难以做到的。运用《职务分析问卷》对职务所作的分析结果，可以作为劳动人事管理各种重要决策的科学依据。

《职务分析问卷》以分析任职者在职务中的活动为主，同时，也分析与之有关的其他方面的因素。《职务分析问卷》将各种职务活动以及有关因素分为以下五个方面：

（1）信息输入，任职者从何处以及如何获得工作必需的信息，这些信息的性质、数量和类型。

（2）心智活动，任职者在工作中所作的分析推理、决策、计划、安排，以及其他信息加工活动。

（3）与他人的关系，任职者在工作中与他人构成的各种关系。

（4）职务背景关系，职务活动的自然环境条件与社会关系背景。

（5）其他职务特征，以上各方面以外的其他活动、条件或特征。

《职务分析问卷》将上述各个方面进一步分解为许多相互关联的职务要素（在问卷中称为“项目”）。为了使《职务分析问卷》对各种职务有广泛的适用性，问卷所涉及的职务要素非常广泛，总共有80个职务要素（项目）。每个项目描述一种基本的工作活动、工作条件或工作特征。对于任意一个职务来说，每个项目所描述的工作活动、工作条件或工作特征可能存在，也可能不存在；可能非常重要，也可能并不重要；可能要占大部分时间，也可能并不需要多少时间；可能要经常做或经常发生，也可能极少做或极少发生；可能必须用到，也可能根本用不到，等等。在分析某个职务时，对每一个项目只要根据所要求的一种条件作出评定即可。

运用《职务分析问卷》对一个职务作分析时，可以由研究人员或者各单位的管理人员通过对任职者的访谈来填答问卷，也可以依照问卷的各个项目对任职者的工作活动作系统的观察后填答，但是在大多数场合，是由任职者根据自己工作中的亲身感受来作答问卷的。《职务分析问卷》的文字表述浅显易懂，在管理人员或研究人员的指导下，具有初中文化程度的人一般都能顺利地作答。

为了节省篇幅，《职务分析问卷》中的每个项目对职务要素的描述都只有一个词、一个词组或一个短语。项目后面括号中的文字是对该职务要素的解释和示例。每个项目的评定分类为2个到6个等级不等。评定时只要按照要求从各种分类中选择最符合任职者本职工作情况的一个即可。

运用《职务分析问卷》对职务进行分析时，还应当注意以下几点：

（1）问卷中所有项目所指的工作活动、工作条件以及工作特征，均限于任职者的本职工作，而不包括由单位组织的或者任职者自愿从事的本职工作以外的各种义务劳动或公益活动，如本单位内外的环境卫生工作、本单位内外的义务服务劳动以及同事之间工作和生活中自愿相助的活动等。

（2）《职务分析问卷》的分析结果是人力资源管理各种重要决策的科学依据。每个项目的不同评定分类为的是准确反映职务的有关特征，并没有等级高低、优劣、好坏等的区别。因此，无论是分析者还是任职者，在分析各职务要素时都应如实作出判断和评定，不必患得患失、倚轻倚重，也不能马虎判断，不能对所有项目均无区别地作“一般”之类的评定。

（3）对于每个项目，必须选择一个，而且只能选择一个评定分类来表达判断。

（4）权重系数，指该项目对职务本身工作的重要程度。权重系数输入范围是：0（不重要）、1（一般）、2（重要）、3（很重要）。

（5）对企业的贡献，指该项目对企业整体工作的影响。对企业的贡献输入范围是：0（不大）、1（不太大）、2（一般）、3（比较大）、4（大）、5（很大）。

（6）说明，指对该项目所作选择的具体事例的说明。

4.5 职务评估

职务评估是以组织中的职务为对象，综合运用多种学科的理论和方法，按一定的客观标准，对职务的劳动环境、劳动强度、劳动责任、所需资格条件进行测定、比较、归类和分级的评估方法。

在一个组织中，职务名称很多，其中有的名称相同但工作内容不同，有的名称虽不同而工作条件和要求却很相近。为了协调各类职务之间的关系，进行规范科学的管理，必须对职务进行明确的评定，通过评定可以明确各个职务的门类、系统、等级高低。凡工作性质、职责一致，在工作上所要求的资格条件相当的职务，都归于同一等级，这样就能保证人力资源部门对员工进行招聘、考核、晋升、奖惩等管理时，采用同一尺度和标准。同时，企业中每一类职务上的人员都要求同工同酬，而职务评估可以解决这些问题。

4.5.1 职务评估研究综述

一、国外相关研究

1. 概况

报酬平等的概念不仅对员工的工作士气、组织承诺、绩效起着重要的作用（Lawler，1981），也符合报酬必须同工同酬的法律要求（如美国 1963 年的平等报酬法案及 1964 年的公民权利法案）。由于在性别平等报酬诉讼案中的作用，职务评估备受瞩目（Arvey，1986；Schwab，1984），因此，职务评估的方法和结果成为与性别相关的报酬歧视诉讼案中的决定性因素（Cooper，Barrett，1984；Milkovich，Newman，1987）。

如前所述，除符合法律方面的要求外，Henderson（1989）和 Hoover（1986）发现，在薪酬管理中使用职务评估还有其他的优点：如为解释薪酬差异提供理性的解释和沟通的基础；可维持工作满意度，减少不满；为薪酬比率的修订提供灵活的调整手段，能迅速为新的工作职务提出薪酬比率上的建议；减少雇员薪酬系统的行政管理费用。

经多年的研究，职务评估的术语具有多种含义。Milkovich 和 Newman（1987）确认了四种观点。对职务评估最早的认识包括对职务工作内容的系统检查，以达到将职务划归不同类别的目的（Brenna，1963；Livy，1976；Milkey，1960；Patton，Littlefield，Self，1964）。对职务的不同知识、技能要求及工作职责和任务差异的区分是为了增强人事决策的标准性和客观性。

除了将职务分类以外，评估内容可以代表职务间的一种“相对价值”，它可能影响任职者的薪酬水平（Dunn，Rachel，1971；Henderson，1989；Mahoney，1983）。内部薪酬结构水平需要转换为实际的工资水平，这就是传统的职务评估的第二种观点，即将内部薪酬结构与外部薪酬水平标准相联系。就如何认识工作职务评估的问题，专家学者自 20 世纪 30 年代以来一直在探讨（Brennan，1963；Livernash，1980；Lott，1926；Schwab，1984）。

这一探讨具有理论和实际意义。如 Schwab（1984）提到，在雇主和雇员方面都存在一定的限制，对一个组织的大多数职务而言，能够获得的适当的薪酬水平的信息较少。因此，职务评估用于通过少数为大多数组织所熟知的、稳定的职务（被称为基准职务或关键职务）薪酬水平以“捕捉”、“掌握”外部工资水平的变化。然后，通过理智、合理的数学模型，推断、描述其他非基准职务不易获得的薪酬调查（Bekher，Atchison，1987；Henderson，1989；Hildebrand，1984）。

从理论上来看，基于对工作内容系统评价的内部职务等级与市场情况的外部薪酬等级，为两种等级结构提供了结构效度的证据（Arvey，1986；Hildebrand，1984；Schwab，1984）。不少研究就此探讨了职务评估等级与薪酬结构的潜在统计学关系（Dertien，1981；Foster，Gimplin-Poris，1984；Pierson，Koziara，Johannesson，1983；Robinson，Wahlstrom，Mecham，1974；Schwab，Heneman，1986）。他们研究的结论与其他大多数研究者一样，职务评估可用作市场薪酬值的变量。

关于职务评估的第三种观点是它应被视为整体行政管理过程中的一个部分，通过这个过程，最终的薪酬结构取决于：工作评价和市场薪酬调查；雇员、管理人员的讨论、协商；对其他战略因素的分析（劳动力成本，公平雇佣等）。当然，任何薪酬设定过程的最重要目标之一是让体系的参与者接受和满意。在这一目标中，职务评估的掌握薪酬分配政策功能和行政决策制定的功能并非是不一致的。例如，一位研究者指出，从职务评估过程中获得的职务等级，自身并不足以决定内部工作职务薪酬水平结构，尽管该评价得到的等级和可比性有利于让组织雇员获得公平、公正感，并提高员工的士气。

Milkovich 和 Newman 在 1987 年提出了与职务评估工具和方法有关的衡量性质，这是职务评估的第四方面内容。在此方面已有较多的探讨，包括：价值要素种类的选择和衡量工作内容的结构；价值要素的权重分配和分数的测定；工作分析的准确性和职务评估所采用的内容信息；职务评估人员的选择和评估程序的选择；评估过程的客观性和可靠性；职务评估结果与效标预测的效度（Arvey，1986；Milkovich，1980；Treiman，Hartmann，1981）。

在对职务评估的方法和作为职务评估工具的心理学的特质的研究方面，国外有一定的基础。这方面的研究集中于 20 世纪 40 年代，当时职务评估在美国工业组织和政府部门被普遍运用（Ash，1948；Chesler，1948；Lawshe，Satter，1944）。20 世纪 80 年代以来，不合法工资歧视引发了对职务评估体系的探讨，它包括评估体系是否有效衡量工作职务间的差异等方面的实践和对职务评估方法的研究。另一方面，许多薪酬管理专家趋向于增强雇员和工会代表在制定薪酬水平的参与性（Arvey，1986；Janes，1979；Milkovich，Newman，1987；Mulcahy，Handerson，1986；Olney，1987；Pierson，Koziara，Johannesson，1984）。Pierson 指出，在此之前，薪酬往往秘密决定，并没有形成合理的体系。人力资源管理的实践给雇主施加了压力，使他们重新考虑薪酬体系和决策程序的合理性，使之能经受员工的检验。

近年来，职务评估的研究开始集中在测量的主题方面，如不同评估方案的类似性（Gornez-Mejia，Page，Tornow，1982；Madigan，Hoover，1986；Snelgar，1983），评价的信度（Doverspike，Carlisi，Barrett ，Alexander，1983；Fraser，Cronshaw，Alexander，1984），

潜在的性别歧视（Arvey，Maxwet，Abraham，1985；Grams，Schwab，1985；Mount，Ellis，1987；Schwab，Grams，1985），市场调查的偏差影响（Schwab，Wichern，1983）。

2. 职务评估方案与价值要素

第二次世界大战后，西方职务评估的方法及其研究保持相对静止，主要原因是除少数人力资源或人事管理人员外，很少有管理人员特别关注这些工作。然而，由于美国女权运动成员努力倡导，要求女性经济报酬地位与男性经济报酬地位平等，工作职务评估的技术在20世纪70年代再度受到重视。当时美国女权运动的倡导者宣称，当时使用的职务评估体系对女性工作者的较低报酬状况负有部分责任。他们认为，这一职务评估体系公然表现出性别歧视，因为它把男性占主导地位的工作职务的价值要素如生理努力或财务责任，赋予了更多的价值，而女性占主导地位的工作职务的价值要素如手工灵巧性等，被赋予相对较低的价值。

为更好地关注职务评估的问题，美国平等雇佣委员会与著名的美国科学院及其所属的职务分类和分析委员会签约，以研究探讨是否存在合适的职务评估程序或是否可开发合适的职务评估程序以评价工作的价值。委员会在1979年的中期报告中提到，对可比价值的需求要公平地、准确地评价工作的相对价值。然而，委员会在其1981年9月的终期报告提出，职务评估中不存在通用的价值标准。在承认职务评估系统能有效地评价工作职务相对价值的同时，委员会指出，这种工作评价方法仍需开发。委员会的报告特别列举了当时使用的职务评估方法的不足，具体如下：

（1）职务评估体系的开发和引入，一般是通过与现有薪酬结构体系的比较，来验证其准确度的。衡量一种评价方法精确性的标准是看它能否再现目前薪酬差别的程度。如果现存的薪酬体制存在问题，那么职务评估的结果仍然会复制这些问题。

（2）职务评估相关的问题是选择价值要素并分配其权重的可能性。组织在选择价值要素和分配权重时，可能反映了对女性或少数民族的偏见。如果组织购买或实施现存的职务评估方案，其价值要素的选择及其权重是预先决定的，那么就极少考虑其不利影响了。如果组织选择自主开发职务评估体系，那么价值要素可能是从别的职务评估体系复制而成，很少甚至根本就没有根据组织的实际情况进行调整，而且这种选择是通过与目前的薪酬体系进行比较而得到验证的。由于传统职务评估体系的价值要素是在与现在的工作情况大不相同的条件下开发而来，于是就出现了一个问题——以往开发的体系如何才能较好地对目前的工作情况进行评价呢？

（3）大多数组织同时使用了多种职务评估体系对不同类型的工作进行评价。一般而言，多种职务评估体系之间很少具有共同性或可比性。例如，女性和少数民族集中承担的工作与非少数民族的不同，如果这些不同的工作类型通过不同的职务评估体系予以评价，那么即便可能，这些职务间也难以进行比较。

（4）根据职务评估过程中判断的重要性，有可能出现性别差异影响工作说明书的撰写和工作评价过程的情况。虽然这方面没有直接的证据，但就同等的工作特征而言，女性任职者比男性任职者获得的工作评价值低。性别差异的观念可能影响评价人员，委员会建议在职务评估中使用同种性别进行评价。

尽管职务评估过程出现了上述问题，但美国科学院委员会的结论是：完全拒绝职务评估方案是不明智的，毕竟职务评估方案提供了一种系统的方法，对工作进行对比，以确定工作是否得到公平的报偿。委员会最终提到，职务评估实践者和使用者去研究发现现存评价方案中的不足，并敦促职务评估体系的研究者和使用者对目前的评估体系进行更深入的研究和探讨。

20 世纪 80 年代的职务评估研究集中于职务评估方案的心理测量特征，如 Doverspike，Carlisi，Barrett 和 Alxander 等人于 1983 年所作的关于职务评估方案的可靠性研究；Grams 和 Schwab（1985）及 Mount 和 Ellis（1987）对职务评估计划中性别偏见的研究；以及有效性的研究（Gomez-Mejia，Page，Tarnow，1982；Madigan，Hoover，1986）。

大多数职务评估方案通过对一系列价值要素的排序或评分，使衡量职务的价值成为可能，用于衡量职务价值的这些价值要素通常属于技能、责任、努力和工作条件四大范畴。事实上，这四大类型的价值要素也是美国 1963 年公平报酬法案所要求的。

组织采用职务评估方案时需要选择价值要素，即决定组织根据什么因素付酬。如某组织中不同职务对劳动技能的要求不同造成薪酬差异，则职务所要求的劳动技能就是价值要素之一。通过职务在职务评估方案所选价值要素上的相对价值衡量，以确定职务间的相对价值比率。

为有效地评价工作职务，所选择的价值要素应具有以下特征：

（1）价值要素的重要性程度在不同工作中应有所不同，即同一价值要素在不同工作中的表现应具有一定的等级性，以便区分不同的工作。

（2）价值要素必须是能够得到清晰界定和衡量的，并且那些运用价值要素对职务进行评价的人应当能够一致性地得到类似的结果。

（3）价值要素必须对准备在某一既定职务评价系统之中进行评价的所有职务来说都具有共同性。只适用于小部分职务的价值要素可能会造成歧视。

（4）价值要素必须存在于所评估的所有工作中。

（5）价值要素必须与被评价职务相关。“工作环境”对于评价工作环境类似的管理类职务来说可能不是很必要，但是对于同时评价生产类和管理类职务的职务评价系统来说是必要的。

（6）价值要素之间不能出现交叉和重叠。交叉和重叠可能会导致某些价值要素被重复计算，出现歧视问题。但是完全消除价值要素之间的交叉和重叠现象也不可能，因此，我们只能尽量通过价值要素权重的设计来把这种情况的发生控制在最低程度。

（7）价值要素的数量应当便于管理。过多的价值要素会加大职务评价者的负担，而且未必对评价结果的有效性有太多的帮助，因此，选择适当数量的价值要素是很重要的。过多的价值要素会影响评价者对组织价值观的判断。最后，所选择的价值要素必须适合组织的文化、技术、价值观，能被员工接受和理解。

3. 价值要素的选择

大多数组织使用现存的职务评估体系，其中的价值要素是已定的，或者他们对一些职务评估体系的框架进行调整，以适应组织的需要。经过几十年的发展，出现了许多职务评估体系，其中包括了各种各样的价值要素。

在职务评估体系中，价值要素的选择有几种方法。美国电器制造协会的职务评估方案是著名的职务评估方案之一，它是由25位非常熟悉工作职务的人员根据50个职务的职务说明书进行筛选，然后选择了11个可行的价值要素，对职务进行评价从而制订的，或者由有经验的人力资源管理专家选择适合组织需要的价值要素从而制订的。

另一种可行的方法，是对员工进行价值要素的问卷调查，了解员工认为哪些因素最能反映其所在职务的价值。这种方法可选择有效的价值要素。由于这些价值要素是由员工所选的，所以能够增加员工对职务评估体系的接受程度。

二、国内相关研究

1995年，王二平、时勘等人在进行大型国有企业的内部分配改革的过程中使用了量化职务分析技术，并对此进行了初步探讨。他们引用国外量化的工作分析方法——职位分析问卷（Position Analysis Questionnair，PAQ）对国有企业的员工进行职务分析，对量化分析结果进行主成分分析、方差分析。主成分分析是为减少描述职务特征的数据维数，方差分析可用于确定不同的职务特征维度在总体评价系统中的权重。根据量化分析结果对各职务进行一定分类，抽取决定职务特征的工作关系维数，并在此基础上进行方差分析，确定各维度在总体评价体系中的权重。由于时代性的特点，20世纪90年代初期，我国缺少系统的“基准职位”（Benchmark Job）作为外部效标对照，他们实施职务评价得到的结果只是在不同职务特征上各个职位的得分总和，仅相当于各职位间的相对价值。如何将组织内部的相对价值转化为市场值，如何转换为组织相对价值比例等这些问题仍未能有效解决。

2003年，姚若松、凌文辁探讨了原始分权重、经验权重、同等权重和统计权重四种权重分配方法对要素计点法职务评估结果的影响，确定了经验权重法和统计权重法是最优权重分配方法，二者具有最合理的确定度和解释性。

三、职务评估的意义

透明化的职务评估标准对员工理解企业的价值标准是什么、该怎样努力才能获得更高的职位显得十分重要。职务评估中提供的信息也为确定人力资源招聘条件、制定培训标准等各种人力资源管理活动提供了依据。职务评估的结果为企业薪酬的内部公平与均衡提供了依据。

1. 确定职务级别的手段

职务等级通常被组织作为确定工资级别、福利标准、行政权限等标准的依据。职务评估是确定职务价值大小，进而确定职务级别的有效工具。

2. 薪酬分配的基础

在工资结构中，很多公司都有职务工资这一项，通过职务评估可以测量出各个职务的相对价值，并在此基础上形成企业的薪酬体系。通过薪酬体系，企业内部的岗位与岗位间建立了联系，一方面可以带动员工开展更高效的工作，另一方面当企业产生新的岗位时，可以为该岗位提供适当的薪酬标准。职务评估实施过程是否客观科学，将直接影响每个职务价值系数的准确性，并最终决定职务级别分类的合理性。通过职务评估明确企业内各个岗位之间的相对价值，有助于解决企业薪酬的内部公平问题。

3. 宽带薪酬设计的必要前提

宽带薪酬结构是目前较为流行的薪酬设计模式。宽带薪酬结构是指将原来十几甚至二十几的薪酬等级压缩成几个级别，但同时将每个薪酬级别所对应的薪酬浮动范围拉大，从而形成一种新的薪酬管理系统及操作流程。宽带薪酬的“带”的形成，“带宽”的标准制定，离开职务的分级列档是难以做到的，而基于职务的分级列档，离开职务评价是不可能客观公平的。所以，职务评估是企业设计宽带薪酬的必要前提。

4.5.2 职务评估的方法

职务评估的方法有很多种，有的简便易行，有的较为复杂，不同的评价方案各有其特点。实际评价中采用何种职务评估方法，应根据不同组织的特点和需要进行选择。

职务评估的方法可分为四大类：排序法、分类法、要素比较法、要素计点法。对这四大类职务评估方法按照量化程度、比较方法和评估对象可以进行如下归类，如表4－16所示。

表 4－16 职务评估方法归类

量化程度 / 评估对象 / 比较方法	非量化评估、对职务整体进行评估	量化的评估、对职务要素进行评估
在职务与职务之间进行比较	排序法	要素比较法
将职务与特定的基本标准进行比较	分类法	要素计点法

一、排序法（Job Ranking）

排序法，就是根据职务对于实现组织目标所作出的贡献来将职务由高到低进行排列。它是职务评估中较早使用的一种最简单的方法，也最易于解释。排序法的另一个优点是费时较少、成本较低，能迅速地在数个明显价值不同的职务间建立一种相对价值的序列。由于排序法基本采用非分析的整体价值比较法，它一般不必将工作职务细分为若干组要素进行比较，不需描述被比较的两种工作职务之间的差异程度，因此，排序法最主要的不足是只能确定职务的序列，不能确定所排序的职务的相对价值。对于某些相对价值比较接近的工作，虽然可以用排序法进行区分，但可能由于主观性太强，只有定性的说明与解释，不能提供量化的比较依据，说服力不足。如同一组织中人力资源经理和人力资源助理的价值可以很容易地进行排序，但是两者的相对价值大小难以用排序法确定。对于小型组织，其需要进行排序比较的工作职务种类不多，排序法不失为一种快速、低成本而有效的职务评估方法。但在有许多不同职务或工作职务内容处于不断变动的组织中，需要排序的工作职务太多且较为复杂，不同类别的工作职务间可比性难以界定，若采用排序法难以取得预期效果。

二、分类法（Job Classification）

分类法又称为描述法，是一种将各种职务放入事先确定好的不同职务等级之中的一种职务评价方法。它通过将职务按总体工作内容分为不同的职类，在每一种职类中，按职务工作内容的复杂程度、难易程度将不同职务分为不同等级，然后根据职务的工作内容，将不同职务归入不同类、级，最终确定不同类、级的职务价值比率。通过建立工作的类别，确定工作种类，建立工作等级，在不同的难易程度间建立可比性，就像在图书馆的分类系统中，通过图书的索引号很快地确定书籍的位置。分类法的实施步骤如图4－2所示。

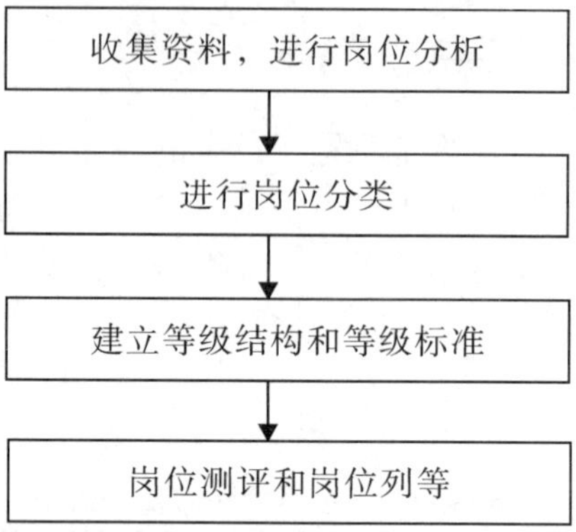

图4－2　分类法实施步骤

来源：陈庆．岗位分析与岗位评价［M］．北京：机械工业出版社，2008.

分类法最初是由美国劳工部开始使用的，其最大的优点在于能够快速对大量职务进行评价。现在，分类法仍然广泛运用于公共部门和企业中。

美国劳工部的职位分类等级描述包括以下九大要素：工作中所需的知识、工作中受到的监督 、工作的指导方针 、工作任务的复杂性 、工作任务的范围及其影响 、工作中的人际接触 、工作接触的目的 、体力要求和工作环境等。其具体定义和等级如表4－17所示。

表4－17　美国劳工部职务评价方案（2001年10月）

一、工作中所需的知识（Knowledge）（要求知识和技术的性质、如何在工作中使用这些技术和知识）

1. 需要掌握完成简单任务的知识，不需要受过教育培训或者只需要受过较少的教育培训。
2. 需要掌握常用程序方面的知识，要求受过一些培训。
3. 需要掌握标准化的工作规则方面的知识，要求受过大量的培训或者具有大量的工作经验。
4. 需要掌握在某一一般工作领域中完成多种工作任务所要求的各种工作规则方面的知识。
5. 需要掌握复杂的、专业化的技术知识，要求具备大学本科教育程度或者具有同等学力。
6. 需要掌握各种专业化工作方法知识，要求具备研究生以上教育程度或者同等学力。
7. 需要掌握大量的概念或原则方面的知识，要求具备研究生以上教育程度。
8. 需要是能够运用实验性理论或者是各种新的方法工作的某专业工作领域中的专家。

（续上表）

二、工作中受到的监督（Supervision Received）（如何委派工作、雇员完成工作的责任、如何检查工作） 1. 上级作出具体的工作安排，员工受到严密的监督。 2. 上级作出决策，员工负责处理具体的工作任务。 3. 上级制定目标或工作完成期限，员工就所要完成的工作任务制订计划，上级对下级工作审查的重点是看下级是否遵守了组织的相关政策规定。 4. 上级制定目标，员工确定完成工作的期限并就所要完成的工作任务制订计划，上级对下级工作审查的重点是看下级是否达到了要求。 5. 上级只界定工作的使命，员工负责所有的计划工作，上级对下级工作审查的重点是项目目标的完成。
三、工作的指导方针（Guidelines）（完成工作的方针的性质、运用方针或发展新的方针所需的判断） 1. 方针是具体而详细的，员工要严格遵守这些指导方针。 2. 方针很全面，员工需要从中选择最合适的来加以运用。 3. 方针并不都是可以直接运用的，员工需要运用自己的判断来变通地运用这些指导方针。 4. 方针很少，但是有一些明文规定的政策，员工可以脱离传统的工作方法去开发新的工作方法。 5. 方针非常宽泛，员工是制定工作指导方针的技术权威。
四、工作任务的复杂性（Complexity）（任务复杂性、确认应该做什么的困难程度、完成工作的困难程度和所需创意） 1. 清晰且容易掌握，不需要作出决策。 2. 包括一些彼此相关的步骤，不过需要员工自己去辨认这些步骤之间的差异。 3. 包括一些彼此不相关的工作方法，员工必须能够分清他们，并且根据它们与所要完成的工作任务之间的关系来选择使用何种方法。 4. 包括一些彼此不相关的工作方法，员工必须对这些工作方法作出评价。 5. 包括一些彼此不相关的工作方法，员工必须作出不确定性问题的决策。 6. 包括多种职能，在决策中涉及一些不明确的问题。
五、工作任务的范围及其影响（Scope and Effect）（工作目的、产品或服务的影响） 1. 对本部门之外的其他人只能产生很小的影响。 2. 会影响到下一个工作流程。 3. 会对某一项目的运作产生影响。 4. 会影响到其他专家的工作或者是重大项目的进展。 5. 对于组织使命的实现是至关重要的。

（续上表）

六、工作中的人际接触（Personal Contacts） 1. 与同一办公室的同事或者是公众接触，接触时的情形是高度程式化的。 2. 需要与同一组织中的同事（在同一办公室或在不同的办公室中），或与公众接触，情形较为程式化。 3. 需要与组织外部的个人或群体接触，每一次接触的情形都不相同。 4. 需要在完全非程序化的情形下与其他组织的高层人员接触。
七、工作接触的目的（Purpose of Contacts） 1. 为了获取、澄清或者提供事实。 2. 为了达成工作结果而执行计划、协调活动或者是提供建议。 3. 为了影响、激励、审问或控制某些个人或群体。 4. 就某些具有严重冲突性质的事务进行论证、辩护、谈判或者是处置。
八、体力要求（Physical Demands） 1. 基本上坐着完成。 2. 要求一定的体力付出。 3. 要求大量的和紧张的体力付出。
九、工作环境（Work Environment） 1. 只包括日常性的风险因素，正常的安全防范即可。 2. 隐含着中等程度的风险因素，需要特殊的安全防范措施。 3. 隐含高度的风险。

分类法的优点是简单，容易解释，执行起来速度较快，对评估人员的培训要求少。一旦职务的等级定义明确，管理起来较为容易。尤其是当在组织中存在大量比较类似的职务时，可以很容易地将各种职务纳在一个系统之下。

分类法的缺点一般表现为：分类法基于岗位的整体进行评估，并未对岗位的基本要素进行权衡也未计算分数，所以它不能清楚定义等级。大型组织需要建立全面的等级划分和等级定义，才能将大量的、不同的工作职务归类归级。

三、要素比较法（Factor Comparison）

要素比较法是一种量化的职务评估技术，它需要通过价值要素的比较来确定不同职务的报酬比率，进而确定不同职务的相对价值。在某种程度上，要素比较法是排序法进一步改良的结果。采用排序法时，只需要将工作的整体进行考虑、排序，而要素比较法则选取职务工作内容中的各个价值要素，对每一价值要素进行排序衡量，形成每一个职务在各个价值要素上的序列分布，然后对每一价值要素排序的结果加权后相加，得出各职务在所有价值要素比较的基础上的相对量化价值。常用的价值要素主要为以下几种：心理要求、生理要求、技术要求、所承担的职责、工作条件。

由于要素比较法能确定各职务进行比较后的相对量化价值，所以它被广泛应用于各类组织。要素比较法的优点是它运用了更为系统的职务比较，这一比较是排序法和分类法中所没有的。由于它使用所选择的基准职务的相对比进行排序，并根据各职务在价值要素的排序值确定基准职务的价值，因此其结果具有较高的可靠性。

四、要素计点法（Point Method）

要素计点法是目前国内外应用最广泛的一种职务评估方法，这种方法也是一种定量化的职务评估方法。所谓要素计点，就是选取若干关键的价值要素，并对每个要素的不同水平进行界定，同时给各个水平赋予一定的分值，这个分值也称为“点数”，然后按照这些关键的价值要素对职务进行评估，得到每个职务的总点数，以此决定职务的价值。

由于要素计点法具有直观性、精确性和被认可度高等特征，它被广泛地应用于各种组织的职务评估体系。开发要素计点法是一个相对复杂的过程，而一旦开发成功，这一评价方法较易被理解和运用，并且具有一定的稳定性。同是量化的职务评估方法，职务分类法的等级是针对职务的，包含的范围较广，而要素计点法中所设定的等级是针对每个因素的，更加具体、精确。又因为要素计点法是基于对员工认可的各种价值要素进行评定，故而具有较好的被认可性。同时，这些价值要素也是组织认可的，从而使得职务分级相对容易。

1. 价值要素选择的原则

（1）价值要素的重要性程度在不同工作中应有所不同，即同一价值要素在不同工作中的表现应具有一定的等级性，以便区分不同的工作。

（2）价值要素必须是能够得到清晰界定和衡量的，并且那些运用价值要素对职务进行评价的人应当能够一性地得到类似的结果。

（3）价值要素必须对准备在某一既定职务评价系统之中进行评价的所有职务来说都具有共同性。只适用于小部分职务的价值要素可能会造成歧视。

（4）价值要素必须存在于所评估的所有工作中。

（5）价值要素必须与被评价职务相关。“工作环境”对于评价工作环境类似的管理类职务来说可能不是很必要，但是对于同时评价生产类和管理类职务的职务评价系统来说是必要的。

（6）价值要素之间不能出现交叉和重叠。交叉和重叠可能会导致某些价值要素被重复计算，出现歧视问题。但是完全消除价值要素之间的交叉和重叠现象也不可能，因此我们只能尽量通过价值要素权重的设计来把这种情况的发生控制在最低程度。

（7）价值要素的数量应当便于管理。过多的价值要素会加大职务评价者的负担，而且未必对评价结果的有效性有太多的帮助，因此，选择适当数量的价值要素是很重要的。过多的价值要素会影响评价者对组织价值观的判断。最后，所选择的价值要素必须适合组织的文化、技术、价值观，能被员工接受和理解。

2. 要素计点法实施的步骤

（1）收集职务的相关信息，并成立职务评估小组。小组成员由高层领导、各部门领导、人力资源管理部门、员工代表组成。

（2）选择报酬要素。不同的岗位有不同的报酬要素，报酬要素主要分为劳动技能、劳动责任、劳动强度、劳动环境与劳动心理五类。首先，所选择的报酬要素要对准备在某一既定岗位评价系统之中进行评价的所有岗位具有共通性；其次，报酬要素必须与被评价岗位相关；再次，报酬要素之间尽可能不要出现交叉与重叠；最后，报酬要素的数量要适当。

（3）确定要素等级。评估小组首先要将选出来的各价值要素划分成不同等级，给每个等级赋予一定的描述。这看上去有点像职务分类法，但是职务分类法的等级是针对职务的，包含的范围较广，而要素计点法中所设定的等级是针对每个因素的，更加具体、精细。表 4 – 18 是分别对“技术知识”、“对公司决策的影响”两个要素确定等级的示例。

表 4 – 18　要素等级定义示例表

要素名	技术知识
定义	职务所需的相应的技术知识水平。
判断标准	是否需要专业的知识技能及应用熟练程度。
1 级	几乎不需要掌握特殊的职务技能，具备基本的技能即可。
2 级	工作有一定的操作技巧，需要经过简单的培训才能掌握。
3 级	需要掌握专业的技能、了解专业理论知识和相关的知识才能掌握。
4 级	需要掌握专业的技能和其他相关领域的知识，并能熟练运用。
要素名	对公司决策的影响
定义	日常工作中需参与决策的程度。
判断标准	参与决策的层次高低。
1 级	工作中所作决定一般不影响他人。
2 级	工作中所作决定一般只影响与自己有工作关系的一般员工。
3 级	工作中需作出对所属人员有较大影响的决定。
4 级	工作中需作出一些重大的决策，但需要与其他部门负责人协商。
5 级	参与最高决策。

（4）确定要素的权重。由于每个因素对职务价值的贡献程度是不一样的，所以要给价值要素确定一定的权重。

（5）确定各要素及各要素等级的点值。比如说，评估小组打算建立一个包括责任、知识与技能、工作复杂性、工作条件 4 个要素在内的总点数为 1 000 的评估量表。评估小组成员一致认为这 4 个因素的权重为：责任（30%）、知识与技能（25%）、工作复杂性（30%）、工作条件（15%）。那么责任这个因素的最高点数就是 300 点，知识与技能的最高点数是 250 点，工作复杂性的最高点数是 300 点，工作条件的最高点数是 150 点。假设知识与技能这个因素被划分成 10 级，那么它在各个等级上的点数就是 25、50、75、100、125、150、175、200、225、250。各个等级上的点数可以像上面这样等距离地分布，也可以不等距离地分布。有人提出这样的假设，在知识和技能较低的等级上提高一个等级比在较高的等级上再提高一个等级要容易，因此，在较低的等级上，等级间的距离可以小一些，在较高的等级上，等级间的距离可以大一些。这样的假设也是比较合理的。因此，评估小组可以根据实际情况判定到底给每个等级赋予怎样的分值。

（6）将岗位分级。根据评估量表对职务在各个要素上的表现进行评估，得出职务在各个要素上的分值，并汇总成总的点数，再根据总点数处在哪个职务级别的点数区间内，确定职务的级别。例如，总点数在 0 ~ 100 之间，职务级别为一级；总点数在 101 ~ 200 之间，职务级别为二级，等等。

4.5.3 职务评估的应用实例

一、项目背景与目标

1. 项目背景

某市国家税务局进行岗能匹配，需要用职务评估的方法为职务的正确归类提供依据，通过职务评估确定税务局各职务的价值系数，再通过聚类分析将税务局所有职务进行聚类，形成与能级相对应的职务群，以便进行薪酬与奖金的合理分配。

2. 项目目标

（1）通过对价值要素调查问卷的统计分析，得出目标人群认可的价值要素项目体系，为设计要素计点法职务评估表提供具有较高接受度和认可度的价值要素项目。

（2）通过职务评估表对税务局各职务的相对价值进行一种量化的比较，确定职务间的相对关系与位置，并把价值相近的职务合并起来，归为若干类。

二、职务评估工具的开发

1. 调查问卷的编制

（1）开放式问卷调查：在税务局进行价值要素的开放式收集调查，通过问卷了解任职者心目中职务的哪些因素是对组织有贡献的。回收 150 份问卷，将价值要素进行汇总处理，共获得 32 种价值要素。

（2）查阅国内外相关文献：查找各种可行的价值要素，得到 60 个价值要素项目。

（3）咨询有关专家：将开放式问卷和文献查寻收集的价值要素项目中极为相近的项目合并，得到 31 个独立的价值要素项目。

（4）编制价值要素调查问卷：问卷由 31 个项目组成。

2. 调查与结果分析

（1）被试。

被试者来自税务局的 189 名任职者。回收问卷 179 份，经检验，有效问卷 175 份。预试调查被试的人口统计学特征如表 4－19 所示。

表 4－19　预试调查被试的人口统计学特征（$N=175$）

变量	类别	人数	占总体比率
性别	男	74	42.3%
	女	101	57.7%
年龄	25 岁或以下	13	7.4%
	26 岁～35 岁	67	38.3%
	36 岁～45 岁	68	38.9%
	46 岁～55 岁	27	15.4%
学历	中专或以下	14	8%
	大专	72	41.2%
	本科	74	42.3%
	研究生或以上	15	8.5%
所属部门类别	业务部门	116	66.3%
	职能部门	59	33.7%

（2）调查的实施。

调查的实施按标准化的要求进行，调查问卷的前面有标准指导语，调查时由实施人员宣读指导语，指导被试在 15 分钟至 20 分钟内完成调查。问卷的每个项目按其对价值要素的重要性程度分为 4 个等级，即“1”代表“非常不重要”，“2”代表“不重要”，“3”代表“重要”，“4”代表“非常重要”。让每个被试对各个项目在对组织贡献的重要性程度进行评价，从 4 个等级中选择 1 个并打钩。

（3）调查结果与分析。

①价值要素各项目的频数分析：调查数据用 SPSS for Windows 15.0 软件进行分析，价值要素项目的频数如表 4－20 所示。

表 4－20　价值要素项目的频数

要素	非常不重要		不重要		重要		非常重要	
	频数	百分比	频数	百分比	频数	百分比	频数	百分比
F1	—	—	5	2.9%	67	38.7%	101	58.4%
F2	—	—	5	3.9%	61	35.9%	104	61.2%
F3	—	—	5	2.9%	61	35.5%	106	61.6%
F4	—	—	4	2.3%	70	40.7%	98	57.0%
F5	3	1.7%	3	1.7%	57	32.9%	110	63.6%
F6	2	1.1%	18	10.3%	73	42.0%	81	46.6%
F7	1	0.6%	7	4.1%	73	42.9%	89	52.4%

（续上表）

要素	非常不重要		不重要		重要		非常重要	
	频数	百分比	频数	百分比	频数	百分比	频数	百分比
F8	1	0.6%	10	5.8%	74	42.8%	88	50.9%
F9	1	0.6%	15	8.6%	96	55.2%	62	35.6%
F10	1	0.6%	9	5.2%	96	55.2%	68	39.1%
F11	—	—	18	10.3%	85	48.6%	72	41.1%
F12	3	1.7%	20	11.6%	80	46.5%	69	40.1%
F13	2	1.1%	44	25.3%	94	54.0%	34	19.5%
F14	—	—	28	16.1%	98	56.3%	48	27.6%
F15	3	1.7%	45	26.0%	91	52.6%	34	19.7%
F16	5	2.9%	30	17.2%	83	47.7%	56	32.2%
F17	5	2.9%	24	14.1%	83	48.8%	58	34.1%
F18	5	2.9%	36	20.9%	97	56.4%	34	19.8%
F19	—	—	21	12.1%	82	47.4%	70	40.5%
F20	—	—	21	12.0%	100	57.1%	54	30.9%
F21	4	2.3%	28	16.1%	62	35.6%	80	46.0%
F22	4	2.3%	29	16.9%	62	36.0%	77	44.8%
F23	4	2.4%	23	13.5%	77	45.3%	66	38.8%
F24	2	1.2%	23	13.4%	78	45.3%	69	40.1%
F25	6	3.5%	31	17.9%	103	59.5%	33	19.1%
F26	27	15.8%	65	38.0%	56	32.7%	23	13.5%
F27	4	2.3%	16	9.2%	69	39.7%	85	48.9%
F28	4	2.3%	16	9.2%	67	38.7%	86	49.7%
F29	5	2.9%	21	12.2%	68	39.5%	78	45.3%
F30	10	5.9%	25	14.7%	75	44.1%	60	35.3%
F31	10	5.8%	26	15.2%	66	38.6	69	40.4

表4－20中的重要性程度代表税务局干部对该价值要素项目的认可程度。将重要性程度为1、2（代表不重要）转换为0，将重要性程度为3、4（代表重要）转换为1。这样，就可以首先剔除被认为不重要（1、2）的人数超过50%的1个项目F26（培训他人的能力），余下的30个项目可用于评价职务相对价值。

②人口统计学特征分析：对被调查者的人口统计学特征，如性别、年龄、学历、所属部门类别等因素进行分类统计分析，未发现显著的统计差异。

③价值要素的因子分析和命名：数据采用主成分分析法，正交旋转，提取特征根大于1的因子。共提取5个因子，包括30个项目，累计方差解释率为65.2%，因子负荷均在0.50以上。结果如表4－21、表4－22所示。

表 4-21 各因子的特征值及百分比

因子	特征值	占总体的百分比	累积百分比
1. 工作负荷	4. 984	16. 612	16. 612
2. 知识技能	4. 291	14. 305	30. 917
3. 职务权限	4. 051	13. 504	44. 420
4. 工作责任	3. 316	11. 052	55. 472
5. 综合能力	2. 918	9. 727	65. 200

表 4-22 因子负荷及公因子方差

项目	负荷量				
	1	2	3	4	5
心智强度	0. 790				
工作紧张程度	0. 756				
工作压力	0. 689				
工作任务的复杂性	0. 634				
工作环境	0. 631				
工作灵活性	0. 606				
工作多样性	0. 571				
工作任务的精确性	0. 555				
工作所需接触资料的机密性	0. 534				
专门培训		0. 710			
教育水平		0. 649			
知识的多样性		0. 632			
工作经验		0. 606			
胜任时间		0. 573			
知识的专业性		0. 560			
电脑技能		0. 525			
执行权			0. 874		
督办权			0. 840		
审批权			0. 718		
指挥权			0. 666		
审核权			0. 664		
外部影响责任				0. 834	
外部协调责任				0. 764	
内部协调责任				0. 752	

（续上表）

项目	负荷量				
	1	2	3	4	5
内部影响责任				0.654	
管理能力					0.729
解决问题的能力					0.715
人际关系技巧					0.664
写作能力					0.556
言语沟通能力					0.544

从表4-21、表4-22中可以发现，因子分析可区分出五个因子，因子一是工作负荷，包括心智强度、工作紧张程度、工作压力、工作任务的复杂性、工作环境、工作灵活性、工作多样性、工作任务的精确性、工作所需接触资料的机密性；因子二是知识技能，包括专门培训、教育水平、知识的多样性、工作经验、胜任时间、知识的专业性、电脑技能；因子三是职务权限，包括执行权、督办权、审批权、指挥权、审核权；因子四是工作责任，包括外部影响责任、外部协调责任、内部协调责任、内部影响责任；因子五是综合能力，包括管理能力、解决问题的能力、人际关系技巧、写作能力、言语沟通能力。

从表4-20的结果可以看到，除了F26（培训他人的能力）这一项目的认可度较低外，其余30个价值要素项目在税务局干部心目中的认可度较高，说明本次调查所列的价值要素项目均可反映不同职务对税务局贡献的大小。在进行职务评估时，我们可以将这些价值要素作为主要指标，对不同职务在不同价值要素上的等级进行评估。

通过问卷调查发现，30个价值要素项目具有明显的组织特性。如F20（电脑技能），其认可度高达88%，这与近年来税务局提倡“无纸化办公”的工作方式是存在着必然的联系的。而F27（督办权）、F28（指挥权）、F29（执行权）、F30（审核权）、F31（审批权）5个项目同属于职务权限这一维度，与税务局作为一个政府部门所承担的责任是分不开的。一般对企业来说，权限很少作为衡量职务价值的指标。只有在政府机构，它才具有特殊的职能。它必须具有一定的权限，才能履行其相应的职责。同时，随着税务局干部整体素质的提高，现在税务局干部一般都拥有经济、财税或相关专业的学位，税务专业知识较强，一般都具备胜任职务工作的知识、技能，并且税务局定时组织专项培训，不断提高干部知识水平，因此，是否具有培训他人的能力也不再是衡量职务对组织贡献大小的一个重要因素。

价值要素的普遍性：对调查结果按性别、年龄、学历、所属部门类别等因素进行分类分析，未发现显著的统计差异，说明调查得到的价值要素具有一般性、普遍性特征。

通过问卷调查和统计分析，本项目清晰地揭示了在税务局广大干部心目中可接受的价值要素项目及其重要性程度，并根据因子分析的结果，价值要素可分为工作负荷、知识技能、职务权限、工作责任、综合能力五个因子。

将调查结果发给税务局各部门讨论，他们对职务权限这一因子提出质疑，认为税务局的总体管理思想是服务至上，不应突出权力，因此，剔除了该因子。

3. 选择价值要素，开发职务评估工具

根据上述价值要素调查研究的结果，我们制定了一套含有4个维度、18个价值要素的职务评估表，涵盖了税务局的总体职务特征。这18个价值要素及其操作性定义如表4－23所示。

表4－23　价值要素的操作性定义表

B1 工作负荷
C1 心智强度：指职务工作对任职者造成的脑力疲劳程度。 C2 工作环境：指职务工作所处的环境。 C3 工作紧张程度：指工作的节奏、时限、工作量、注意力转移程度和工作所需对细节的重视所引起的工作紧迫感。 C4 工作压力：指工作本身给任职人员带来的压力。 C5 工作任务的复杂性：完成任务所需步骤的复杂性、方法的多样性以及决策的难易程度。
B2 知识技能
C6 职务所需的教育水平：顺利履行工作职责所要求的最适宜的学历背景。 C7 职务所需的工作经验：为顺利履行工作职责，需在工作实践中获得的有关知识和技能。 C8 职务所需知识的多样性：在顺利履行工作职责时需要使用多种学科、专业领域的知识。 C9 职务所需的专业知识和专项技能：顺利履行工作职责所需的专业知识和专项技能。 C10 职务所需的电脑技能：要完成职务工作任务所要运用到的电脑技能。
B3 工作责任
C11 职务所需承担的内部影响责任：因工作结果对区局产生的直接影响时所需承担的责任。 C12 职务所需承担的外部影响责任：因工作结果对外部单位或服务对象产生的直接影响，所需承担的责任。 C13 职务所需承担的内部协调责任：指在正常工作中需与区局内部人员维持密切工作关系，以便顺利开展工作方面所负有的责任。 C14 职务所需承担的外部协调责任：指在正常工作中需与外部单位维持密切工作关系，以便顺利开展工作方面所负有的责任。
B4 综合能力
C15 言语沟通能力：指在工作活动中涉及需要与他人口头沟通的能力。 C16 写作能力：指任职者根据职务工作的任务、目的进行构思、选材、布局和运用语言的书面表达能力。 C17 管理能力：指通过决策、计划、组织、指挥、协调、控制和激励等方式，合理地利用人力、物力、财力、信息和时间资源，以更好地实现组织目标的活动过程。 C18 解决问题的能力：指运用知识、经验对问题性质作出判断和进行分析推理的能力。

三、职务评估实施的程序与方法

1. 选择和培训职务评估人员

要确保职务评估顺利进行，必须要有中、高层领导、人事处和业务骨干共同参与。中、高层领导和人事处对每个职务的职责在税务局中的重要性有较为客观的了解。尽管他们的参与很必要，但它并不能保证职务评估的结果被广大员工所接受。其失败的可能性在于职务评估由中、高层领导一手策划，员工会认为是强加给他们的。因此，让业务骨干参与到职务评估中来也很有必要，可以使职务评估的结果更具有客观性、公正性和科学性。

经过多番讨论，最终决定从税务局挑选 25 名职务评估人员，其中包括 4 名局领导、13 名部门负责人和 8 名业务骨干。25 名评估人员对税务局各个工作职务均有较全面的了解。

2. 设计职务评估记分卡

采用评分法进行职务评价，需要针对税务局所有职务的所有价值要素进行评分，对于每个评分人员来说，工作量是很大的，因此，设计一个方便评分人员评分的记分卡是非常重要的。

3. 数据处理技术

在职务评价过程中，人们对各个职务的各项指标的理解肯定是不同的，因此，对每个职务的每个价值要素每位评分人员的评分即原始分数必定存在差异。对于那些评分小组成员意见过于分散的价值要素，必须要重新评分。那如何确定意见分散程度的标准呢？在统计学上，衡量数据分散程度的常用指标是标准差。在统计中，先求出每一要素数据的标准差，然后制作要素标准差的分布图，通过分布图即可确定临界标准差值。

但是，在具体实操中会遇到有些要素的数据的均值相差较大，均值会对标准差造成影响，也就是说有可能某组数据的标准差很大是因为本身均值很大，而不是离散程度很大。因此，单纯以标准差作为标准显然是不科学的。所以，必须引入统计学的差异系数，即标准差除以均值，以消除均值对标准差的影响，从而科学地考察每组数据对于均值的相对偏离程度。具体做法是求出每一要素数据的差异系数，然后制作分布图，从而确定差异系数的临界值。那些超过两个指标标准，即方差和差异系数临界值的要素就需要重新评分。

4. 正式开展评估职务

在所有职务评估人员到齐后，主持人宣布评分开始，然后利用电脑和投影仪逐个演示职务说明书，并且在演示每个说明书的同时，主持人要逐句宣读并解释职务说明书的内容。一般以四个职务为一组，宣读解释结束后，各成员开始评分。评估人员独立完成各个职务的评估后，进入下一组职务的评估。

当所有的职务评估都已经结束后，评估小组稍事休息。其他工作人员按照事先设计的方案，选择出数据偏差较大的职务，然后交给主持人，由主持人安排进行第一次重新评估。重新评估的程序也是一样的，主持人要针对这些职务进行更进一步的解释。重新评估结束后，工作人员根据得到的数据，确定第二次重新评估的职务。这一次，需要重新评估的职务就少了许多，一般只有几个职务。进行第二次重新评估后，所有的职务得分就基本上确定下来了，即使有偏差，也属于系统误差。

5. 职务价值系数的计算

（1）转化等级评定为测量数据。

在评估表中，我们为各价值要素设置了不同等级（1～7 级），这些等级数本身并不能加减乘除，因为：一方面，不同价值要素由于各自的标准不同，根据不同要素对同一职务进行评定可能会被给予不同的等级分数；另一方面，等级分数界线宽，又不一定是等距的尺度，难以比较不同被评价的职务的具体差异。要解决以上两个问题，计算各职务的具体分值，我们必须先将等级评定转化为测量分数。

（2）以 AHP－GEM 法得到的权重对标准化分数赋权。

将每个等级的 Z 分数与对应价值要素的权重相乘，即可得到经过权重调整后的分数，例如，要素“工作任务复杂性”赋权前后的数据比较如下：

①AHP－GEM 法得到“工作任务复杂性”要素的权重为 0.048 3；

②赋权前：“工作任务复杂性”要素的等级 1 对应的 Z 分数为：－1.497 81；

③赋权后：“工作任务复杂性”要素的等级 1 对应的分数为：－1.497 81×0.048 3＝－0.072 34。

通过计算机运算，将各价值要素的等级转化为 Z 分数，如表 4－24 所示。

表 4－24　各价值要素的等级分转化为 Z 分数

价值要素	等级						
	1	2	3	4	5	6	7
1.1	－1.717 10	－0.795 53	0.126 04	1.047 60	1.969 17	—	—
1.2	－1.335 01	－0.403 29	0.528 43	1.460 15	2.391 87	—	—
1.3	－1.885 85	－0.902 93	0.079 98	1.062 90	2.045 82	—	—
1.4	－1.612 31	－0.672 30	0.267 72	1.207 74	2.147 75	—	—
1.5	－1.497 81	－0.789 03	－0.080 26	0.628 52	1.337 29	2.046 06	2.754 84
2.1	－2.129 23	－0.676 02	0.777 18	2.230 38	—	—	—
2.2	－1.706 68	－0.824 36	0.057 96	0.940 27	1.822 59	—	—
2.3	－1.464 49	－0.394 45	0.675 60	1.745 64	—	—	—
2.4	－2.041 22	－1.289 58	－0.537 94	0.213 70	0.965 34	1.716 98	2.468 62
2.5	－2.189 03	－0.994 38	0.200 28	1.394 94	2.589 60	—	—
3.1	－2.253 78	－1.581 89	－0.910 01	－0.238 12	0.433 76	1.105 65	1.777 53
3.2	－1.788 40	－1.105 70	－0.423 01	0.259 69	0.942 39	1.625 09	2.307 79
3.3	－1.626 75	－0.975 67	－0.324 58	0.326 50	0.977 58	1.628 66	2.279 75
3.4	－1.295 71	－0.397 87	0.499 97	1.397 82	2.295 66	—	—
4.1	－1.685 76	－1.025 56	－0.365 37	0.294 82	0.955 01	1.615 21	2.275 40
4.2	－1.530 98	－0.642 95	0.245 08	1.133 10	2.021 13	—	—
4.3	－1.324 35	－0.694 15	－0.063 95	0.566 26	1.196 46	1.826 66	2.456 87
4.4	－1.634 40	－1.001 49	－0.368 58	0.264 33	0.897 24	1.530 16	2.163 07

四、价值要素权重确定的方法

1. 常用价值要素权重确定的方法

价值要素权重的分配反映了每一个价值要素对职务总体价值的不同重要程度。如何有效地分配价值要素的权重是职务评估中较为关键的一步，是公正测评职务相对价值的保证。确定价值要素权重的方法有以下四种：

（1）原始分权重法。

确定 18 个价值要素各自在职务评估表中的等级数，以某价值要素的等级数在 18 个价值要素等级数之和所占的比例为该价值要素的权重。即在职务评估时，以各职务在该价值要素上评价的等级数为评价的分数，将职务在各价值要素上的评价等级得分求和，得到各职务评价的总分。

（2）同等权重法。

对所有价值要素的权重都视为相等，职务评估的总分等于各价值要素得分之和。

（3）客观权重法。

以某价值要素在职务评价的等级差异在等级差异总体差异中的比例分配权重。客观权重法隐含的理论基础是，确定职务价值系数是为了衡量不同职务间差异，不同职务间差异越大的价值要素在职务价值系数确定上所占的比重越大。

（4）经验权重法。

这种方法是要求评分者先独立地对价值要素赋权的方法，然后对每个价值要素的权数取平均值，作为各价值要素的权重。若在独立打分之后还需对各专家的评分结果进行进一步的协调，比如各专家的结论比较分散，需进行第二轮甚至更多轮的重新打分，此即为德尔菲加权法。

2. 对各种价值要素权重确定方法的评价

原始分权重法过分依赖于该价值要素的等级数，以及该价值要素的等级数在所有价值要素等级之和的比重，是一种未经过处理的权重分配方法。而同等权重法的使用背景（各价值要素所占比例相同）与实际情况不符，故以上两种方法在职务评估实践当中较少为人所用。

经验权重法的实施，可以通过专家小组讨论法、层次分析法（AHP）、群组决策特征根法（Group Eigenvalue Method，GEM）等具体方法实现。专家小组讨论法，是评价者凭自己以往的经验直接给价值要素赋权的方法，如日本劳动科研所的木林富士朗提出的权重分配模式。层次分析法是一种常用的分配指标权重的方法，AHP 能对定性和定量问题进行综合分析处理，并得到明确的定量化结论。然而，运用该法，如接受评价指标过多，容易出现判断矩阵的一致性问题。GEM 通过构造价值要素权重评分矩阵，然后对评分矩阵用幂迭代法求特征向量，得到各指标的权重。GEM 具有 AHP 的定性和定量地综合分析信息的优点，却无须求被评价对象的两两权重比较判断矩阵，因而更为精练。经验权重法反映了参与要素权重确定的各位评分者的经验，若能排除评分者的主观偏见，则可得到与实际情况相符的权重分配，并且由于可以组织员工参与其中，故其在增强员工理解程度、接受度等方面具有其他方法无可比拟的优势。

客观权重法有变异系数法、熵权系数法等。变异系数法是统计各职务在每一价值要素上的等级分数的变异系数，确定其在所有价值要素的总变异系数的比例，以此分配权重。熵权系数法则是引入热力学中的概念“熵”，利用职务评估打分所隐含的客观信息来确定权重。无论是变异系数法还是熵权系数法，其共同点是：某一状态的差异程度越大，则表征该状态的指标携带和传递的有关职务评价的信息越多，对职务的比较作用亦越大，也更能反映各职务的差异。客观权重法是客观、科学论证得出的方法，但需实践证明其有效性和合理性。但由于权重的确定过程不需要员工的参与，客观权重法在员工接受程度方面缺乏优势。

3. 价值要素权重确定方法的选取

不同权重分配方法会对职务评估的结果产生影响，国内已经有学者对这方面的问题进行了研究。国内学者姚若松（2003）研究了不同权重分配方法对职务评估结果、内部相对价值与外部效标联系的影响，并比较了采用不同的权重分配法进行赋分时，所建立回归方程式模型的预测有效性。其研究结果表明，四种价值要素赋权方法中，经验权重法和客观权重法是最优权重分配方法，二者具有最合理的确定度和解释性。

要素权重分配方法的选择需要从员工的理解程度、接受度、实际评价结果的准确度等多方面比较不同权重分配方法对评价结果的影响，从中选择最有利的权重分配方法。

本项目价值要素权重确定选用 AHP 、GEM 综合算法，将价值要素分解成多个层次，通过分层评分，逐层比较下层元素对于上层元素的相对重要性，将人的主观判断用数量形式表达和处理，以求得价值要素的权重。因该法能较准确地确定价值要素的权重，使价值要素间的相对重要性得到合理体现，所以称其为公正、科学地进行职务评估奠定了基础。

4. 层次分析法（AHP）与群组决策特征根法（GEM）的结合原理

（1）GEM 法的原理。

GEM 法的原理：由 S_1，S_2，…，S_m组成的 m 个专家群组决策系统 G，评价 n 个对象 B_1，B_2，…，B_n，第 i 个专家 S_i对第 j 个被评对象的评分值记为 x_{ij}，$i=1$，2，…，m；$j=1$，2，…，n。x_{ij}的值越大，目标 B_j越优。S_j及其群组 G 的评分组成 n 维列向量 x_i和 $m\times n$ 阶矩阵 X：

$$x_i = (x_{i1},\ x_{i2},\ \cdots,\ x_{in})^{\mathrm{T}}$$
$$X = (x_{ij})_{m\times n}$$

假设评分最准确、最公正的专家 S^* 为理想专家，其评分向量 $x^* = (x_1^*,\ x_2^*,\ \cdots,\ x_n^*)^{\mathrm{T}}$，GEM 法的本质是寻找向量与全体中各专家夹角之和最小的专家（即理想专家 S^*）的评分向量。经推导，得出理想专家 S^* 的评分向量 x^* 即为矩阵 $F=x^{\mathrm{T}}x$ 对应于其最大特征根的正特征向量。

（2）基于层次分析的 GEM 法的步骤。

层次分析法（AHP）与群组决策特征根法（GEM）都是实用的确定权重的方法，两者各有所长，也各有所短，将两者结合起来，扬此之长，避彼之短，可更合理地确定好职务评估价值要素的权重。

AHP、GEM 综合算法的步骤为：

①按照 AHP 建立递阶层次结构。通过提取职务中的价值要素，在明确职务评估价值要素体系之间的相互依存及影响的基础上，建立一个由目标层（评价的职务系列）、准则层（维度）、指标层（价值要素）组成的递阶层次模型。

②构造价值要素权重评分矩阵。

③按照 GEM 的算法，计算出各评分矩阵特征值的最大值所对应的特征向量，归一化即得各维度相对于总目标（职务价值体系）的相对权重 n。

④依照步骤③计算价值要素的相对于各维度的相对权重 m。

⑤$n \times m$ 即得到各价值要素相对于总目标（职务价值体系）的相对权重。

5. 税务局职务评估价值要素权重确定的实施

（1）评分者支持度的确定。

由一个评分小组对若干个价值要素的权重进行评分，不同评分者的综合素质、能力、经验等因素在一定程度上决定了最终得到的价值要素权重的合理性，故对于评分者的意见必须加以区别。如何综合各评分者的意见，最早是用算术平均法，这种方法实际上认为评分小组中各评分者的权重是相等的；而后改为去掉一个最高分和一个最低分，对剩下的评分进行算术平均，这种方法也是加权平均的一种特例。那么，如何确定每个评分者在群组决策中的权重，使得这个权重的确定既符合主观信息，又含客观信息呢？在群组决策特征根法中，评分者支持度为群组决策中评分者权重的确定问题提出了一种主、客观结合的方法。

为使职务评估工作体现民主、公平、公正的精神，本次价值要素权重确定的评分小组由对各职务工作与价值要素有全面了解的领导层、管理层和业务骨干层，共 15 名人员组成。

在广州市国家税务局职务评估的价值要素权重确定的过程中，我们将各评分者对价值要素权重的评价水平定义为“评分者支持度”。例如：有两个评分者对价值要素的权重进行评价，第一个评分者的评分者支持度为 0.9，第二个评分者的评分者支持度为 0.3，显然第一个评分者的评价结果应该比第二个评分者的评价结果占更大的比重。

（2）评价评分者支持度的指标的选择。

评价指标一般从素质、经验、能力等方面进行选择，指标的选择应该满足以下几点原则：

①代表性：即选取的指标从一定程度上客观地反映出评分者的经验、素质和能力。

②客观性：即选取的指标是客观存在的，从常识就可以推断出其内涵。

③公正性：设计的指标涵盖了参与评分的所有评分者，不是某个评分者所独具的。

④可测性：评价指标可以直接定量或通过一定的量化方法间接度量。可测性是客观性和公正性的最有效保证。

⑤可操作性：整体选定的评价指标的可操作性强。

按照以上原则，我们选取了能级、轮岗次数、税龄、学历等四个指标作为评分者支持度的评价指标，并根据各评价指标的重要性设定能级、轮岗次数、税龄、学历四个指标的权重分别为 40%、30%、20%、10%。如表 4－25 所示。

表4－25　评分者信息量化表

指标	权重（%）	指标的评分尺度				
		A	B	C	D	E
能级	40	初一 初二	初三 初四	中一 中二	中三 中四	高一 或以上
轮岗次数	30	≤2	[2，4]	[4，6]	[6，8]	≥8
税龄（年）	20	≤5	[5，10]	[10，15]	[15，20]	≥20
学历	10	高中、中专	大专	本科	硕士研究生	博士研究生

（3）评价指标的量化处理。

每位评分者在对价值要素权重打分前，先填写《评分者信息表》的有关内容，调查者收集完数据后，对其中的信息进行量化处理，最后得出评分者支持度。

调查者对由上述评分者信息表得到的评价指标的数值进行归一化，统一变换到（0，1）范围内，即以每一指标中的最大值为基数，对各个指标进行加权，最后得到评分者支持度，也即不同评分者对要素权重的评价水平。

例如：四项指标（能级、轮岗次数、税龄、学历）对应的权重分别为40%、30%、20%、10%，某评分者的情况分别符合选项D、C、E、B，计算该评分者的评分者支持度如下：

$$4/5 \times 0.4 + 3/5 \times 0.3 + 5/5 \times 0.2 + 2/5 \times 0.1 = 0.8 \times 0.4 + 0.6 \times 0.3 + 1 \times 0.2 + 0.4 \times 0.1 = 0.74$$

由专家信息表的信息可以得到各位评分者的评分者支持度，如表4－26所示。

表4－26　评分者支持度汇总

评分者	1	2	3	4	5	6	7	8	9	10	11	12	13	14	15
支持度	0.72	0.6	0.42	0.76	0.98	0.74	0.62	0.68	0.58	0.7	0.68	0.6	0.8	0.62	0.74

（4）建立职务评估价值要素的递阶层次结构模型。

按照职务评估表构建价值要素的递阶层次结构模型，如图4－3所示。

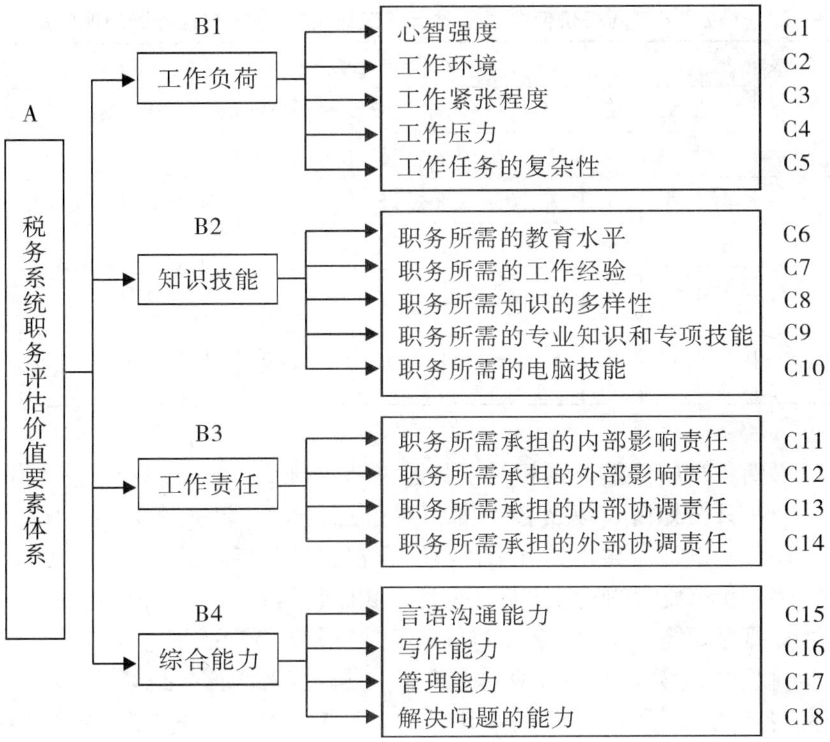

图 4－3 职务评估价值要素的递阶层次结构模型

（5）构造价值要素权重评分矩阵。

指导语：在评分前，请先对价值要素的操作性定义和价值要素的递阶层次结构模型作详细了解，回顾各价值要素的定义后再作评分。每一价值要素的满分均为 10 分，请按从 1（表示被评要素相对于表头所列的维度/体系来说极其不重要）到 10（表示被评要素相对于表头所列的维度/体系来说极其重要）的标准进行评分。1 ~ 5：表示被评要素/维度相对于其隶属的维度/体系来说“不重要”，并且不重要程度依次递减；6 ~ 10：表示被评要素/维度相对于其隶属的维度/体系来说“重要”，并且重要程度依次递增。

举例：对“工作负荷 B1”这一维度下的五个价值要素进行评分。

如认为某要素在评估“工作负荷 B1”这一维度极其不重要，可评 1 分，如认为该要素在评估“工作负荷 B1”这一维度极其重要，可评 10 分，以此类推。请将分数直接填在权重记分卡上。

（6）评分数据汇总。

经过上述的评分步骤，可收集到 15 位评分者对各价值要素相对于“工作负荷 B1”权重分配的评分矩阵。如表 4－27 所示。

表 4－27　15 位评分者对各价值要素相对于“工作负荷 B1”权重分配的评分矩阵

价值要素	评分者														
	S1	S2	S3	S4	S5	S6	S7	S8	S9	S10	S11	S12	S13	S14	S15
心智强度 C1	8	7	5	7	6	8	8	8	10	7	7	6	7	6	8
工作环境 C2	6	4	4	7	3	8	5	7	6	8	6	7	7	7	7
工作紧张程度 C3	6	6	6	7	7	8	8	8	7	9	7	7	7	9	9
工作压力 C4	7	7	7	8	7	7	9	8	8	8	6	7	7	8	8
工作任务的复杂性 C5	7	6	8	8	6	8	10	8	9	7	8	7	7	6	9

同理，可以得到各隶属价值要素相对于其他三个“维度”（知识技能、工作责任、综合能力）的权重分配评分矩阵，以及各维度相对于总目标（职务价值要素体系）权重分配的评分矩阵。评分完毕，一共得到五个价值要素权重评分矩阵。

在 15 个评分者对价值要素的权重进行评分后，我们收集到的是五个矩阵（18×15 个权重评分数据）。原始数据必须经过“评分者支持度”（评分者支持度的汇总见表 4－26）调整后，才能输入程序进行权重的计算。调整方法的方法为：某评分者的评分结果×其评分者支持度。例如，经过调整后各价值要素相对于“工作负荷 B1”权重分配的评分矩阵，如表 4－28 所示。

表 4－28　经评分者支持度调整后各价值要素相对于“工作负荷 B1”权重分配的评分矩阵

价值要素	评分者														
	S1	S2	S3	S4	S5	S6	S7	S8	S9	S10	S11	S12	S13	S14	S15
C1	5.76	4.20	2.10	5.32	5.88	5.92	4.96	5.44	5.80	4.90	4.76	3.60	5.60	3.72	5.92
C2	4.32	2.40	1.68	5.32	2.94	5.92	3.10	4.76	3.48	5.60	4.08	4.20	5.60	4.34	5.18
C3	4.32	3.60	2.52	5.32	6.86	5.92	4.96	5.44	4.06	6.30	4.76	4.20	5.60	5.58	6.66
C4	5.04	4.20	2.94	6.08	6.86	5.18	5.58	5.44	4.64	5.60	4.08	4.20	5.60	4.96	5.92
C5	5.04	3.60	3.36	6.08	5.88	5.92	6.20	5.44	5.22	4.90	5.44	4.20	5.60	3.72	6.66

这样在权重确定的过程中，对于评分者支持度高的评分者，其影响力自然就大，反之则小。经过调整后，得到的评分分数可以输入下一步的 GEM 算法程序进行权重的计算。

（7）运用 GEM 算法计算要素权重。

运用 Matlab 7.0 编程软件，按照 GEM 算法编程，例如：表 4－28 的经评分者支持度调整后的评分矩阵，对这一评分矩阵求特征向量（取精度 $e=0.000\ 1$）：特征向量 $=(0.449\ 9,\ 0.385\ 1,\ 0.464\ 6,\ 0.462\ 7,\ 0.468\ 4)^{T}$，归一化后可得：心智强度、工作环境、工作紧张程度、工作压力、工作任务的复杂性相对于“工作负荷”的权重分别为：0.201 7，0.172 6，0.208 3，0.207 4，0.210 0。同理，可得各维度的权重 n 以及价值要素相对于各个维度的权重 m。如表 4－29 所示。

表 4－29 各维度的权重 n 以及价值要素相对于各个维度的权重 m

维度	权重	要素	权重	维度	权重	要素	权重
工作负荷	0.229 8	心智强度 C1	0.201 7	知识技能	0.239 1	职务所需的教育水平 C6	0.186 0
		工作环境 C2	0.172 6			职务所需的工作经验 C7	0.221 7
		工作紧张程度 C3	0.208 3			职务所需知识的多样性 C8	0.189 4
		工作压力 C4	0.207 4			职务所需的专业知识和专项技能 C9	0.232 4
		工作任务的复杂性 C5	0.210 0			职务所需的电脑技能 C10	0.170 5
工作责任	0.279 4	职务所需承担的内部影响责任 C11	0.241 5	综合能力	0.251 7	言语沟通能力 C15	0.248 9
		职务所需承担的外部影响责任 C12	0.283 7			写作能力 C16	0.205 5
		职务所需承担的内部协调责任 C13	0.232 7			管理能力 C17	0.260 8
		职务所需承担的外部协调责任 C14	0.242 1			解决问题的能力 C18	0.284 8

m 与 n 相乘，得到 18 个价值要素相对于整个职务价值要素体系的权重，如表 4－30 所示。

表 4－30 各价值要素相对于整个职务价值要素体系的权重

18 个要素的最终权重								
维度	工作负荷		知识技能		工作责任		综合能力	
要素权重	C1	0.046 3	C6	0.044 5	C11	0.067 5	C15	0.062 6
	C2	0.039 7	C7	0.053 0	C12	0.079 3	C16	0.051 7
	C3	0.047 9	C8	0.045 3	C13	0.065 0	C17	0.065 6
	C4	0.047 7	C9	0.055 6	C14	0.067 6	C18	0.071 7
	C5	0.048 3	C10	0.040 8				

4.5.4 赋权后的职务价值系数的计算

一、赋权后的 Z 分数的计算

得到 18 个价值要素的权重后，首先将各价值要素的等级分转化为 Z 分数，然后将每

个等级的 Z 分数与对应价值要素的权重相乘，即可得到经过权重调整后的分数。现以价值要素 C5（工作任务的复杂性）赋权前后的数据比较为例，进行说明：

工作任务复杂性的权重为0.048 3，等级1对应的 Z 分数为 -1.497 81，赋权后的等级1对应的分数为：-1.497 81×0.048 3 = -0.072 34，以此类推，我们可以得到工作任务复杂性这一价值要素各等级赋权后对应的 Z 分数。价值要素 C5（工作任务的复杂性）赋权前后 Z 分数比较如表4-31所示。

表4-31　价值要素 C5（工作任务的复杂性）赋权前后 Z 分数比较

等级	1	2	3	4	5	6	7
赋权前 Z	-1.497 81	-0.789 03	-0.080 26	0.628 52	1.337 29	2.046 06	2.754 84
赋权后 Z	-0.072 34	-0.038 11	-0.003 88	0.030 36	0.064 59	0.098 82	0.133 06

同理，可求得其他价值系数各等级赋权后对应的 Z 分数，如表4-32所示。

表4-32　赋权后价值系数各等级对应的 Z 分数

价值要素	等级						
	1	2	3	4	5	6	7
C1	-0.079 50	-0.036 83	0.005 84	0.048 50	0.091 17	—	—
C2	-0.053 00	-0.016 01	0.020 98	0.057 97	0.094 96	—	—
C3	-0.090 33	-0.043 25	0.003 83	0.050 91	0.097 99	—	—
C4	-0.076 91	-0.032 07	0.012 77	0.057 61	0.102 45	—	—
C5	-0.072 34	-0.038 11	-0.003 88	0.030 36	0.064 59	0.098 82	0.133 06
C6	-0.094 75	-0.030 08	0.034 58	0.099 25	—	—	—
C7	-0.090 45	-0.043 69	0.003 07	0.049 83	0.096 60	—	—
C8	-0.066 34	-0.017 87	0.030 60	0.079 08	—	—	—
C9	-0.113 49	-0.071 70	-0.029 91	0.011 88	0.053 67	0.095 46	0.137 26
C10	-0.089 31	-0.040 57	0.008 17	0.056 91	0.105 66	—	—
C11	-0.152 13	-0.106 78	-0.061 43	-0.016 07	0.029 28	0.074 63	0.119 98
C12	-0.141 82	-0.087 68	-0.033 54	0.020 59	0.074 73	0.128 87	0.183 01
C13	-0.105 74	-0.063 42	-0.021 10	0.021 22	0.063 54	0.105 86	0.148 18
C14	-0.087 59	-0.026 90	0.033 80	0.094 49	0.155 19	—	—
C15	-0.105 53	-0.064 20	-0.022 87	0.018 46	0.059 78	0.101 11	0.142 44
C16	-0.079 15	-0.033 24	0.012 67	0.058 58	0.104 49	—	—
C17	-0.086 88	-0.045 54	-0.004 19	0.037 15	0.078 49	0.119 83	0.161 17
C18	-0.117 19	-0.071 81	-0.026 43	0.018 95	0.064 33	0.109 71	0.155 09

二、求各职务的价值系数

按以下步骤求各职务的价值系数：

（1）求第 i 位评分者对第 j 个职务的评分 Z_{ij}：将评分者 i 对职务 j 在各价值要素上的 Z 分数相加。

（2）将 Z_{ij} 转化成 T 分数：$T_{ij}=100\times Z_{ij}+300$。

（3）求各评分者 T 分数 T_{ij} 的平均，即各职务的价值系数。

三、两种不同权重分配方法（同等权重、经验权重）对职务排序的影响

分析数据至此，我们可得到各个职务的价值系数。根据价值要素赋权前（同等权重）与赋权后（经验权重）的职务评估结果，我们检查了所评估的 85 个职务的评估排序。其中赋权前与赋权后对排序结果稍有影响，其影响明显体现在职务评估价值近乎相等的职务。

结果表明，价值要素赋权前与赋权后对职务价值系数差异小的职务（如人事教育科科长岗与检查分局分局长岗、计划财务科财务管理岗与票证管理所验旧岗）在相对价值的排序上稍有影响，对职务价值系数差异较大的职务（如局长室副局长岗与管理分局分局长岗、征收管理科法规岗与管理分局涉外税收管理岗）在相对价值的排序上无明显差异。究其原因，在价值要素赋权前与赋权后，相对价值差异大的职务各价值要素的得分总和较高，虽然不同的权重分配方法影响其总值，但由于其评定的相对价值与邻近职务相差较远，不会造成其与邻近职务排序的变化。而相对价值差异小的职务，其与邻近职务的价值系数原本比较接近，当局部的权重发生变化时，其领先的价值要素权重变小而落后的价值要素权重变大，与邻近职务的排序也就发生了变化。

因此，可以认为，不同权重分配方法体现了组织对不同价值要素的重视。通常，在职务评估后，对于职务价值系数相近的职务，可以归为一类，作为同一级处理，以便于管理。

本项目从实践的角度完整地阐述了运用 AHP、GEM 综合算法来确定职务评估价值要素权重的流程和方法。在层次分析法（AHP）中引入群组决策特征根法（GEM），不但避免了评分者对各因素进行烦琐的两两比较，而且绕开了比较后的一致性检验问题，从而使职务评估价值要素权重的确定更加快捷、科学。

4.5.5 职务聚类

分析数据至此，可得到各个职务的价值系数，然后我们就可根据各职务价值系数，运用聚类分析方法对职务进行合并归类。

聚类分析是研究“物以类聚”的一种方法。聚类分析是研究归类问题的一种多元统计方法，其目的在于根据职务价值系数，将职务归入几个相异性最大的类别，同时使得类内部的相似程度最高。通过该方法，我们可以将各个职务归入不同的类别。

按照聚类分析的原理，本次职务聚类的步骤为：

（1）先将职务两两比较，计算出职务价值系数之间的差异。

（2）然后将差异最小的两个职务合并成一类。

（3）再算出合并后的类间职务的差异。

（4）重复以上计算步骤，直到把所有职务都聚合完毕。

（5）把不同的类别一一划分出来，形成一个由小到大的聚类系统。

（6）最后把整个聚类系统画成一个谱系图，用它来反映出所有职务按价值系数间的差异大小合并、归类的结果。

假设我们现在有 5 个职务，其价值系数如表 4－33 所示。

表 4－33　5 个职务的价值系数表

职务名称	职务 1	职务 2	职务 3	职务 4	职务 5
价值系数	150	175	250	300	335

首先，我们要计算出职务价值系数之间的差异，如表 4－34 所示。

表 4－34　5 个职务的价值系数之间的差异表

岗位	1	2	3	4	5
1	0	—	—	—	—
2	25	0	—	—	—
3	100	75	0	—	—
4	150	125	50	0	—
5	185	160	85	35	0

其次，我们要对职务价值系数差异小的职务进行合并。

第一步：从表 4－34 我们可以看出，职务 1 与职务 2 的价值系数差异最小，仅为 25，因此，我们首先将职务 1 和职务 2 合并为一类。

第二步：职务 4 与职务 5 的价值系数差异较小，为 35，因此，我们把职务 4 和职务 5 合并为一类。

第三步：职务 3 与职务 4 的价值系数差异为 50，比职务 3 与职务 2 的差异 75 小，将职务 3 合并进职务 4、5 所在的类别。

第四步：根据职务 2 与职务 3 之间的差异，将职务 2 所在的类别和职务 3 所在类别合并，五个职务合并成一类。

同理，我们可以得出区局 85 个职务的聚类分析结果。

4.6　云服务平台的职务管理

云服务平台的职务管理包括五个模块：①职务说明书；②职务分析问卷；③职务评估

表；④工作分析日志；⑤胜任力模型，如图4－4所示。

图4－4　“职务管理”页面

1. 职务说明书

（1）打开菜单，点击“职务管理”，进入图4－4所示的“职务管理”页面。点击上面的“新增（修改）”按钮，进入图4－5所示的新增（修改）职务页面。

图4－5　新增（修改）职务页面

（2）新增职务信息：编号：zjb01；名称：总经办主任；一级单位：总经办；添加时间与职务性质由系统默认。

（3）在职务列表中点击“总经办主任”，使得该行颜色变深，再点击上面的“职务说明书”，进入“职务说明书”新增或修改页面，点击“新增（修改）”按钮，进入图4－6所示的“职务说明书”管理页面，输入或修改职务说明书的信息。

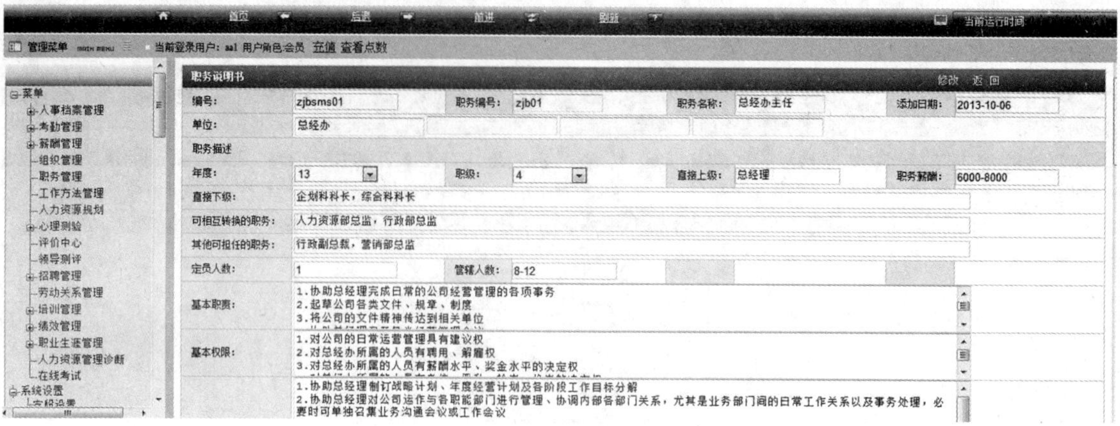

图4-6 “职务说明书”管理页面

2. 职务分析问卷

（1）打开菜单，点击“职务管理”，进入图4-4所示的“职务管理”页面。

（2）在职务列表中点击“总经办主任”，使得该行颜色变深，再点击上面的“职务分析问卷”，进入“职务分析问卷”新增或修改页面，点击“新增（修改）”按钮，进入图4-7所示的“职务分析问卷”页面，输入或修改职务分析问卷的信息。

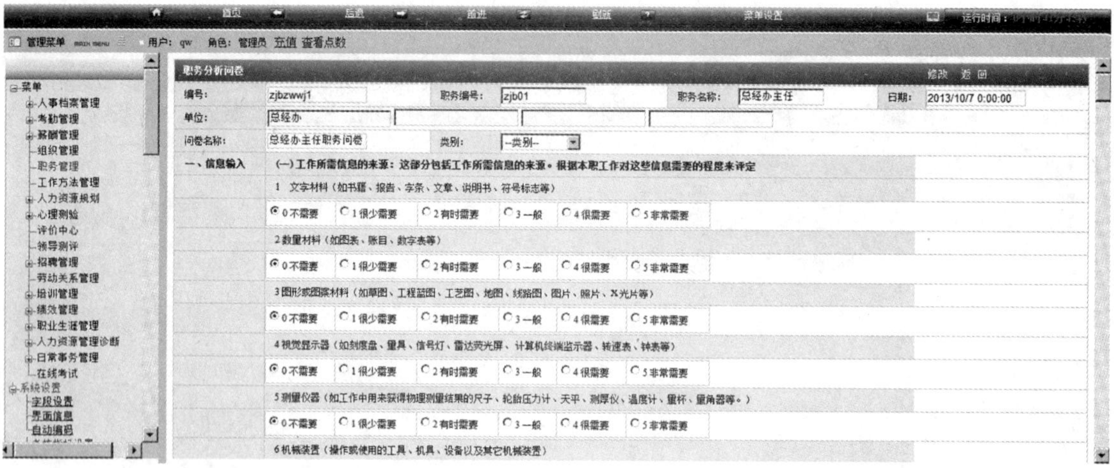

图4-7 “职务分析问卷”页面

3. 职务评估表

（1）打开菜单，点击“职务管理”，进入图4-4所示的“职务管理”页面。

（2）在职务列表中点击“薪酬科”，使得该行颜色变深，再点击上面的“职务评估表”，进入“职务评估表”新增或修改页面，点击“新增（修改）”按钮，进入图4-8所示的“职务评估”页面，输入或修改职务评估表的信息。

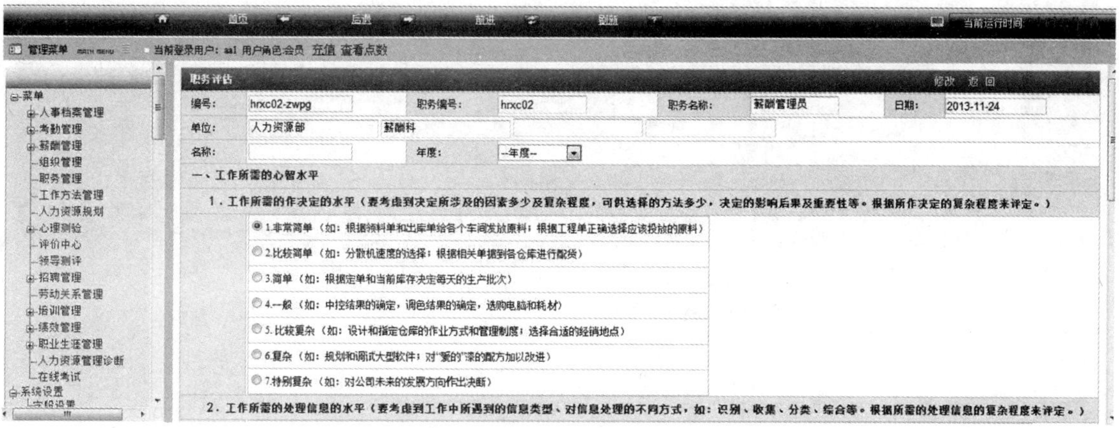

图 4-8 “职务评估”页面

4. 工作分析日志

（1）打开菜单，点击“职务管理”，进入图 4-4 所示的“职务管理”页面。

（2）在职务列表中点击“营销部”、“华南区”、“广东片区”，使得该行颜色变深，再点击上面的“工作分析日志”，进入“工作分析日志”新增或修改页面，点击“新增（修改）”按钮，进入图 4-9 所示的“工作日志管理”页面，输入或修改工作日志的信息。

图 4-9 “工作日志管理”页面

5. 胜任力模型

（1）打开菜单，点击“职务管理”，进入图 4-4 所示的“职务管理”页面。

（2）在职务列表中点击“营销部”、“华南区”、“广东片区”，使得该行颜色变深，再点击上面的“胜任力模型”，进入“职务胜任力”新增或修改页面，点击“新增（修改）”按钮，进入图 4-10 所示的“职务胜任力管理”页面，输入或修改职务胜任力模型的信息。

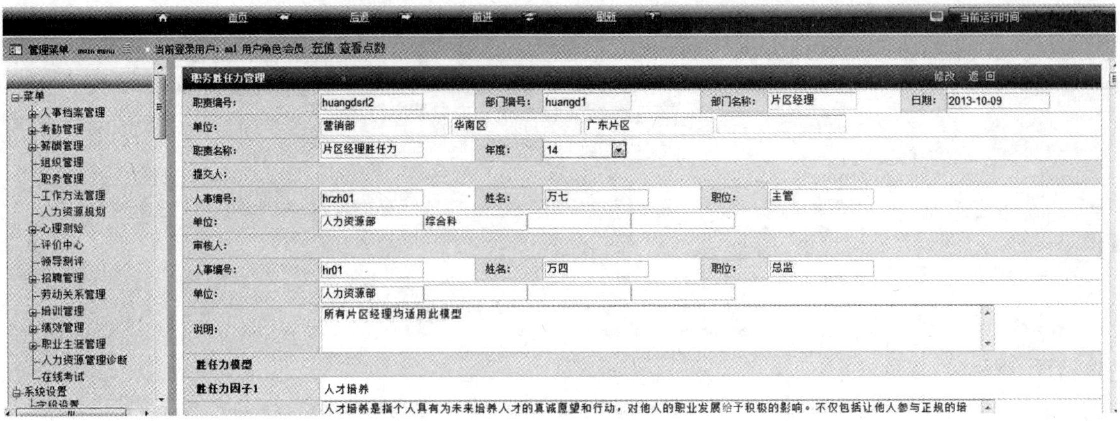

图 4－10　“职务胜任力管理”页面

思考题

1. 职务分析问卷的结构由哪些部分构成？
2. 与其他职务分析方法相比，职务分析问卷的优缺点是什么？
3. 管理人员职务分析问卷的主要成果有哪些？
4. 职务分析对工作产出的量度与在员工激励方面有什么作用？
5. 为什么说职务分析是人力资源管理的基础？
6. 主要的职务分析方法有哪些，其含义与特征分别是什么？
7. 为什么要进行职务评价？
8. 简述职务评价的基本流程。
9. 职务评价的四种基本方法分别有哪些适用特征与异同点？
10. 价值要素权重的确定都有哪些方法，各种方法有什么特点？

5 人力资源规划

本章提要

人力资源规划是人力资源管理的一项十分重要的基础性工作，它是对整个组织人力资源的一个全局性的规划，带有计划性和前瞻性，是人力资源管理的起点。科学有效的人力资源规划不仅是企业战略有效实施和落实的保证，也为人力资源管理活动提供了引导和依据。如何使用科学的方法制订有效而合理的人力资源规划，精准地预测企业未来的人力资源供需状况以实现组织的战略目标，是一项非常重要且有意义的工作。本章讲述了人力资源规划的基本概念、人力资源规划的程序、人力资源规划的预测、人力资源供需平衡与决策以及云服务平台的人力资源规划管理系统。其中，人力资源规划预测是重点和难点。

5.1 人力资源规划概述

5.1.1 人力资源规划的含义

人力资源规划是指组织为了实现其战略目标，有计划地系统分析其人力资源需求的变化，制订人员的补充、使用、晋升、降职、教育培训、薪资、劳动保障、劳动关系等计划，以确保在组织需要时能够获得数量足够的、具备符合岗位要求的知识和能力的人力资源。

人力资源规划是一种战略规划，它着眼于持续和系统地分析组织在不断变化的条件下对人力资源的需求，为未来组织的经营活动预先准备相应的人力资源，并开发制定出与组织长期目标相适应的人事政策，以最终达到实现组织的战略目标的目的。

5.1.2 人力资源规划的内容

人力资源规划包括两个层次，即总体规划以及业务规划。人力资源总体规划是有关计划期内人力资源开发利用的总目标、总政策、实施步骤及总预算的安排。人力资源业务规划是总体规划的进一步分解，更具有具体性。人力资源规划的业务规划包括人员补充计划、人员使用计划、晋升降职计划、教育培训计划、薪资福利计划、劳动保障计划、劳动关系计划等。这些业务规划都是总体规划的有机组成部分，他们的有效实施能够更好地保证总体规划的实现。人力资源规划两个层次的具体内容如下：

1. 人力资源总体规划的具体内容

（1）人力资源规划目标和任务。这些目标和任务与企业的总体规划有关，与企业的战略目标一致。

（2）内部人力资源需求。

（3）内、外部人力资源供给。

（4）针对企业人力资源的供需情况，企业将采取何种政策。

（5）在制订总体人力资源规划时，企业面临的一些环境约束也要考虑在内。例如，企业面临的政府颁布的各项劳动法规。

在人力资源总体规划中，最重要的是有关企业对外人力资源净需求的内容。这是企业编制总体人力资源规划的目的所在。人力资源对外净需求可分成两类：第一类是按部门编制的；第二类是按人力资源类别编制的。企业可以根据需要选择其中的一种，或者两者相结合。

2. 人力资源业务规划的具体内容

（1）人力资源战略规划。

（2）招聘计划。

（3）晋升计划。

（4）人员增减计划。

（5）员工培训计划。

（6）组织与管理发展计划。

（7）生产率提高计划。

（8）人员使用计划。

（9）人力资源费用预算计划。

（10）人力资源素质提高计划。

这些计划都必须建立在人力资源综合平衡的基础上，彼此之间相互影响和相互作用。

5.1.3 人力资源规划的类别

1. 按规划的时间长短划分

从时间上来看，人力资源规划分为短期规划、中期规划和长期规划。一年或一年以内的规划为短期规划。短期规划通常为具体的工作规划，这类规划要求任务明确、措施具体。一至五年的规划为中期规划。中期规划包括对未来发展趋势的判断和发展的总体要求。这类规划所确定的方针政策比较明确，有些要有具体工作措施，但不如短期规划那样具体、详细。五年以上的为长期规划。长期规划是对总的发展方向、原则和方针政策的概括性说明，是指导性的规划。它通常没有十分具体的行动方案和措施，只有方向性的论述。以上三种规划，长期规划指导中、短期规划的制订，而中、短期规划的实施又是长期规划实现的保证。国内外实践证明：规模较小的企业不适于拟定详细的人力资源规划，因为其规模小，各种内外环境对其影响大，规划的准确性差，制订的人力资源规划的指导作用也就难以体现，另外，小企业人力资源规划成本较高也是一个原因。

2. 按规划的性质划分

从性质上看，人力资源规划可分为战略性规划和策略性规划两大类。战略性规划着重于总的、概括性的谋略和重要的方针、政策和原则的制定，长期规划属于战略性规划。策略性规划主要的任务是确定具体的行动方案，短期规划属于策略性规划。策略性规划又称“行动规划”，服从于战略性规划，并为战略性规划目标的实现服务。策略性规划是为了战略性规划的实现所采取的手段，它们之间是全局与局部、长远利益与当前利益的辩证关系。策略性规划的时间跨度短、内容具体、任务要求明确。例如，每年的晋升规划、招聘规划或项目培训规划等都属于策略性规划。

5.1.4 人力资源规划的特点

1. 人力资源规划以组织的战略目标为依据

当组织的战略目标发生变化时，人力资源规划也随之发生变化。因此，组织的战略目标是人力资源规划的基础。

2. 人力资源规划是根据组织的环境变化而变化的

组织外部环境中政治、经济、法律、技术、文化等一系列因素处于不断的变化之中，这使得组织的战略目标也处于不断的变化与调整之中。而组织战略目标的变化必将引起组织内外人力资源供需的变化。因此人力资源规划并非一成不变，而是会根据组织的环境变化而作出相应调整的。

3. 制定人力资源政策能为人力资源规划提供保障

一个组织应制定必要的人力资源政策，以确保组织对人力资源需求的如期实现。政策应正确而明晰，如涉及内部人员调动、补缺、晋升、降职、开发培训、奖惩以及外部招聘等要有切实可行的措施保证，否则就无法确保组织人力资源规划的实现。

4. 人力资源规划要使组织和个体都得到长期的利益

人力资源规划通过保证组织人力资源质与量的供应以达到组织的战略目的，其实质就是要使得组织得到长期利益。此外，组织的人力资源规划要创造良好的条件，充分发挥组织中每个人的主观能动性，使每个人提高自己的工作效率，提高组织的效率，使组织的目标得以实现。与此同时，也要切实关心组织中每个人在物质、精神和业务发展等方面的需求，并帮助他们在实现组织目标的同时实现个人目标。

5. 人力资源规划的前瞻性

凡事预则立，人力资源规划正是通过对组织全面的系统性的分析，有前瞻性地预测和评估未来可能发生的事件对企业人力资源供需的影响及人力资源管理所面临的机遇、挑战以及出现的限制因素。

6. 人力资源规划的层次性

首先要制定企业未来的人力资源发展战略，然后在发展战略的指导下制定人力资源管理部门的具体工作目标，最后再根据其工作目标制定具体的工作步骤。

7. 人力资源规划的连续性

人力资源规划在形成正式文件以后，会在一定时期内保持有效。但是，仍应把人力资源的战略规划过程看成是一个通过对有关经济环境进行分析和调整后，不断改进人力资源战略的连续过程。

5.1.5 人力资源规划的原则

1. 充分考虑内外环境的变化

人力资源规划只有充分地考虑了内外环境的变化，才能适应需要，真正做到为企业的发展目标服务。内部变化主要指销售的变化、开发的变化、企业发展战略的变化，还有公司员工的流动变化等。外部变化指社会消费市场的变化、政府有关人力资源政策的变化、人才市场的变化等。为了更好地适应这些变化，在人力资源规划中应该对可能出现的情况作出预测和风险评估。

2. 提供企业的人力资源保障

企业是由人组成的，人力资源是企业正常运作的首要和必备条件。企业的人力资源保障问题是人力资源规划中应解决的核心问题。它包括人员的流入预测、流出预测、内部流动预测、社会人力资源供给状况分析、人员流动的损益分析等。只有有效地保证了对企业的人力资源供给，人力资源的其他职能才能开展，才可能进行更深层次的人力资源管理与开发。

3. 使企业和员工都得到长期的利益

人力资源规划不仅是面向企业的规划，也是面向员工的规划。企业的发展和员工的发展是互相依托、互相促进的关系。如果只考虑企业的发展需要，而忽视了员工的发展，则会有损企业发展目标的达成。优秀的人力资源规划，一定是能够使企业员工获得长期利益的规划，一定是能够使企业和员工共同发展的规划。

4. 全局性

人力资源规划应该具有全局性。从横向看，人力资源规划要涉及组织的人力资源部门、技术部门、生产部门、营销部门等各个部门；从纵向看，人力资源规划要涉及人员补充、人员使用、教育培训、劳动关系评估与激励等各个方面。因此决策者在进行人力资源规划时要注意各部门之间的关系，从全局出发提出规划方案。

5. 准确性

人力资源规划应对未来人力资源供需状况进行尽量准确的分析预测，并制定相应的措施确保组织的人力资源需求。一些大企业（如 IBM、摩托罗拉等）都瞄准了重点学校内毕业年级甚至是还没有进入毕业年级的热门专业的优秀学生，通过了解摸底，展开吸引攻势，并抢先预订优秀学生，避免优秀的人才被其他企业挖走。

6. 可控性

人力资源规划还要求具有可调整控制的空间。由于人力资源规划是一个长久持续的动态工作过程，同时一个组织的目标也会由于诸多不确定因素的存在而不断变化，这就要求人力资源规划也要不断变更，而且应该在组织战略目标发生变化前进行调整。因为从规划到实施还有一个过程，所以若在组织目标发生变化后才调整人力资源规划，势必难以满足新的组织目标对人力资源的需求。

7. 与战略目标相适应

制订人员规划时，必须与企业战略目标相适应。因为人员规划是整个企业发展规划中的重要组成部分，其首要前提就是服从企业整体发展战略的需要，只有这样才能保证企业目标与企业资源的协调发展。

8. 保持适度流动性

员工队伍的合理流动对企业的稳定健康发展有着不可或缺的作用。员工流动性过高或过低，都会对企业的发展造成不利影响。流动性过低，不利于发挥员工的积极性和创造性；流动性过高，容易造成人力资本的损耗，使企业生产经营成本增加。保持适度的人员流动，可以使企业的人力资源得到有效的利用。

5.1.6 人力资源规划的意义

1. 有利于企业的正常运作和战略目标的实现

企业缺少了必要的人力资源就难以正常运转，岗位的长期空缺会使得工作无法正常开展。而人力资源规划就是通过对组织的人力资源的供给和需求作出分析以达到供需平衡，为企业的发展提供数量足够及符合岗位要求的人力资源。组织的战略目标也决定了企业人力资源规划的战略目标，人力资源规划就是对企业各项人力资源作出相应的政策以更好地实现组织的战略目标。

2. 有利于提高人力资源管理系统的有效性

企业的人力资源管理是一个有机系统，人力资源的各个职能都处于这个系统之中，通过相互的关联和协调最终形成一个有效的人力资源系统。招聘的一个重要依据就是人力资源规划的供需预测结果。例如当人力资源预测的结果是需求大于供给时，企业就可以有效地开展招聘活动以保证人力资源的供应。人力资源规划也是开展培训的一个重要依据。例如当人力资源规划预测的结果是所需的某些知识和技能是员工们暂时所缺乏的的时候，就必须展开有效的培训以满足企业的发展要求。因此，企业的人力资源规划能够使整个企业的人力资源管理更好地成为一个系统，使各个职能相互衔接，实现更有效的人力资源管理。

3. 有利于企业更好地应对环境变化

企业无论外部环境还是内部环境都处于不断的变化之中，正所谓世界上唯一不变的只有“变”。企业如果固守成规，就绝对无法适应社会的发展，并最终被社会所淘汰。而人力资源规划就是根据企业不断变化的内外部环境来制订符合企业发展的规划，以保证为企业取得将来发展所需的人力资源。

4. 有利于企业人力成本的控制

企业人员的冗杂不仅给企业增加了一定的成本开支，也不利于员工的工作积极性。通过对整个企业的人力资源供给和需求的分析，能有效分析出企业人力资源的供给与需求状况。当企业人力资源的供给大于需求时，可采用合适的方法减少人员。而当企业发现人力资源的结构不平衡时，如知识与技能没有与相应的岗位匹配，也可采取有效措施调整人力资源的结构，避免人力资源的浪费。

5.2 人力资源规划的程序

制订组织的人力资源规划，必须根据社会环境状况、组织的战略规划、组织结构和工作分析以及组织内部现有的人力资源使用状况，以处理好组织人力资源的供求平衡问题。制订人力资源规划主要有相互关联的六个阶段，如图 5 – 1 所示。

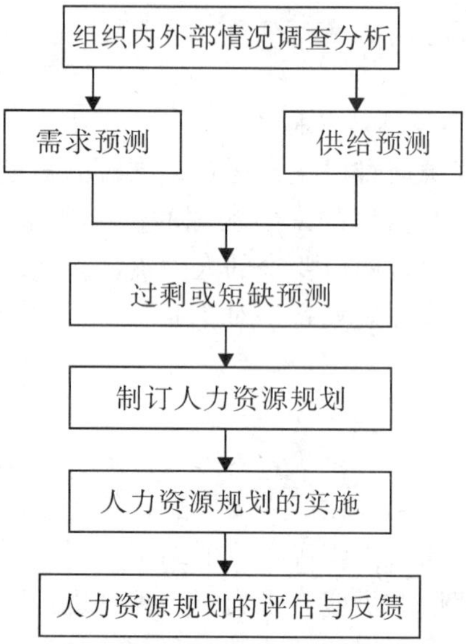

图 5 – 1　制订人力资源规划的六个阶段

5.2.1　组织内外部情况调查分析阶段

这个阶段主要是对组织所处的社会环境状况、组织的战略目标、组织结构以及组织内部的人力资源利用状况进行调查，以取得第一手信息资料，为人力资源规划的制订打下良好的基础。

对组织外部的调查，主要是对于社会环境状况的调查，要调查组织所在的国家或地区在政治、经济、文化、人口、法律、教育方面的状况，了解当地的市场竞争状况、劳动力市场的政策、劳动力市场的结构、劳动力的择业期望与倾向等。

对组织内部的情况调查，是制订人力资源规划情况调查的重要组成部分，要调查组织的战略目标、任务、要达到的目的，还要调查组织的组织结构、管理机制、管理风格、组织氛围、组织文化、分配方案等。另外，还要调查组织内部现有的人力资源状况，包括人力资源素质结构、人员的损耗与流动、人力成本、人力资源政策、人员的需求与价值观、人员的潜能等。

在对组织内部的情况进行调查时，要特别注意对组织内部的人力资源状况进行调查。因为人力资源的状况直接关系到人力资源的需求和供应状况，对人力资源规划的制订有着直接的影响。其中的人力资源素质结构、人员的损耗与流动、人员的潜能等因素与组织的人力资源需求预测和供应预测密切相关。以上几个因素发生变化，将直接影响到组织对人力资源需求和供应的预测。因此，对于以上有关方面的状况，一定要认真地进行调查研究，尽量获取真实的信息，以便于人力资源规划的制订。

5.2.2 人力资源需求预测阶段

根据组织的结构状况和未来的发展目标，同时根据第一阶段搜集的信息，可以对组织未来的人力资源需求进行预测。

5.2.3 人力资源供给预测阶段

首先对组织内部的人力资源利用状况进行调查分析，然后根据组织内部人力资源供给状况以及组织外部人力资源供给状况，结合第一阶段获取的信息，对组织未来的人力资源供给进行预测。

5.2.4 制订人力资源规划阶段

对组织人力资源的需求预测和供应预测进行分析后，可以确定组织未来人力资源的剩余和缺额，基于此制订出具体的、切合实际的人力资源规划。这是制订人力资源规划中非常重要的一个阶段。

本阶段制订的人力资源规划，是人力资源管理和开发的总体规划，在这个总体的人力资源规划的基础上，要制订出各项具体的业务规划和相应的人力资源政策，以便在组织内部实施。

5.2.5 实施人力资源规划阶段

一个好的规划只有在实践中才能得到检验，这一个阶段是人力资源规划的实施阶段。在实施的过程中，应对制订的人力资源总体规划和各项业务规划进行检验，确定第一手资料，为人力资源规划的修订做好准备。

5.2.6 人力资源规划的评估与反馈阶段

这是制订人力资源规划的最后一个阶段。由于组织所处的环境是一个动态的环境，组织内外都存在着许多不确定的因素，因此，组织的战略目标也会发生变化，这样，就促使组织的人力资源规划也必须进行不断的改变；另外，在人力资源规划的制订过程中，由于种种主客观条件的限制，对组织人力资源的需求预测和供应预测不准确，造成人力资源规划在实施过程中出现了许多问题，需要对人力资源规划进行修订。对人力资源规划进行评估，是制订人力资源规划的一个重要阶段。过去，我们只注重人力资源规划的制订和实施，而忽略了人力资源规划的评估与反馈工作。实际上，如果不对人力资源规划进行评估，就难以知道我们制订的人力资源规划是否正确，是否与组织的战略目标相吻合，是否能有效地指导组织进行人力资源开发与管理。如果不进行评估，规划也就失去了其自身的意义。

对人力资源规划进行评估时，需要注意以下几个问题：

（1）组织决策者对人力资源规划的重视程度和组织的决策者、管理者对人力资源规划的利用程度。

（2）人力资源规划的制订者和使用人力资源规划的各业务部门领导者之间的工作关系。

（3）组织在规划期内实际招聘的人数与人力资源规划中根据劳动生产率所预测的需求人数的比较。

（4）组织在规划期内实际的人力资源流动情况与人力资源规划中预测的流动情况的比较。

（5）在规划期内，组织的劳动生产率的实际提高水平与人力资源规划中劳动生产率的预测提高水平的比较。

人力资源规划编制完毕后就应该立即实施，在实施中对人力资源的各项指标进行评估，以检验人力资源规划的效果，并根据评估的结果，及时地反馈信息，以便修订人力资源规划。我们应该明确人力资源规划过程不是一个静止的过程，它是一个不断循环、不断在原有基础上进行改进的动态过程，而使其成为一个循环过程的重要一步就是人力资源规划的实施与评估。前一个规划的不足以及带来的问题将在新一轮的规划中解决，以此循环，不断改进。因此，可以认为一轮人力资源规划的结束就是下一轮人力资源规划的开始。但是，不同的企业实施规划所需的时间跨度不同，一个大型企业员工众多，实施一个规划可能需要一两年，而一个小企业也许只要一两个月。因此，对不同企业的人力资源规划，其考察评估的期限是不同的。跟踪这些数据，使规划的内容不至于偏离实际，并且把这些数据作为企业评估人力资源规划的有关指标。

5.3 人力资源规划的预测

人力资源规划的预测包括人力资源需求预测和人力资源供给预测。人力资源规划预测是人力资源规划中特别重要的一环，因为它能够及时发现企业的供应与需求的状况。当供给大于需求时，能发现企业人员冗杂的现象；当供给小于需求时，能发现企业人员不足的现象。这些都为人力资源规划的相关活动提供了依据。预测的准确性也决定了人力资源规划的有效性。所以这里将会重点介绍需求和供给的预测方法。

5.3.1 人力资源需求预测

人力资源需求预测指对企业未来某一段时间内人力资源需求的总量、专业结构、学历层次结构、专业技术职务结构、技能结构和年龄结构等进行事前预测。

人力资源需求预测是人力资源管理中一项基础且重要的工作，一方面它可以帮助企业明确未来人力需求趋势，做好人才储备工作；另一方面也可以帮助企业合理预测未来各部门、各类职位人员的需求情况，做好企业定岗定编工作。企业人力资源需求预测是人力资源规划系统中一个必不可少的环节，它立足现在，着眼将来，以企业的战略目标、发展规划和工作任务为出发点，综合考虑各种因素的影响，对企业未来人力资源的需求进行事前估计，其准确性对人力资源规划的成败有着决定性作用。

一、人力资源需求预测的步骤

人力资源需求预测分为现实人力资源需求预测、未来人力资源需求预测和未来流失人力资源预测三部分。人力资源需求预测的典型步骤如下：

（1）根据劳动定额、定员和职务分析的结果，来确定职务编制和人员配置。

（2）进行人力资源盘点，统计出人员的缺编、超编及是否符合要求。

（3）将上述统计结论与部门管理者进行讨论，修正统计结论。

（4）以该统计结论作为现实人力资源需求预测。

（5）对预测期内退休的人员进行统计。

（6）根据历史数据，对未来可能发生的离职情况进行预测。

（7）将步骤（5）和步骤（6）得出的统计和预测结果进行汇总，得出未来流失人力资源预测。

（8）根据企业发展规划，确定各部门的工作量。

（9）根据工作量的增长情况，确定各部门还需增加的职务及人数，并进行汇总统计。

（10）以该统计结论作为未来增加的人力资源需求预测。

（11）将现实人力资源需求、未来流失人力资源和未来人力资源需求汇总，即得企业整体人力资源需求预测。

在实际的操作中，应分别对企业的短期、中期和长期人力资源需求进行预测。预测的准确性，可以参照预测结果与实际结果的对比，不断地加以调整，使得预测结果与实际结果相接近。

二、人力资源需求预测定性技术

人力资源需求预测方法可分为定性预测法和定量预测法。定性预测就是确定预测目标未来发展的性质。定性分析大多根据专业知识和实际经验进行，对把握事物的本质特征和大致程度有重要作用。常用的定性需求预测方法有现状规划法、经验预测法、分合性预测法以及德尔菲法。其中，德尔菲法是比较常用的定性预测方法。

1. 现状规划法

人力资源现状规划法是一种最简单的预测方法，它假定企业保持原有的生产规模和生产技术，企业的人力资源也应处于相对稳定状态，即企业目前各种人员的配备比例和人员的总数将完全能适应预测规划期内人力资源的需要。在此预测方法中，人力资源规划人员所要做的工作就是测算出在规划期内有哪些人员将得到晋升、降职、退休或被调出本组织的情况，再准备调节人员去弥补就行了。这种方法适用于短期人力资源规划预测。

2. 经验预测法

经验预测法就是企业根据以往的经验对人力资源进行预测的方法，企业常用这种方法来预测本组织将来某段时期内对人力资源的需求。采用经验预测法是根据以往的经验来进行预测的，预测的效果受经验的影响较大。因此，保存企业的历史档案，并采用多人集合的经验，可以减少误差。这种方法适用于技术较稳定的企业的中、短期人力资源规划预测。

3. 分合性预测法

分合性预测法是一种比较常用的预测方法。首先，企业组织要求下属各个部门、单位根据各自的生产任务、技术设备等的变化情况对本单位将来对各种人员的需求进行预测。然后，在此基础上，把下属各部门的预测数进行综合平衡，从中预测出整个组织将来某一时期内对各种人员的需求总数。这种方法要求在人事部门或专职人力资源规划人员的指导下，下属各级管理人员能充分发挥在人力资源预测规划中的作用。

分合性预测法有较大的局限性，由于会受到各层管理人员的阅历、知识的限制，很难对长期作出准确预测，因此这种方法比较适用于中、短期的人力资源规划预测。

4. 德尔菲法

德尔菲法又被称为专家预测法。这是听取专家们关于处理和预测某重大技术性问题的意见的一种方法。这种方法带有几份猜测和判断，但这种技术比较准确，在预测方法中享有一定的权威，它常被用来预测和规划因技术的变革带来的对各种人才的需求。

德尔菲法的典型步骤如下：

（1）预测准备。预测准备工作包括：首先，确定预测的课题及各预测项目；其次，设立负责预测工作的临时机构；最后，在组织内部和外部广泛选择研究人力资源问题领域的专家并成立一个小组。

（2）专家预测。专家预测工作包括：第一，预测临时机构把包含预测项目的预测表及有关背景材料寄送给专家；第二，要求专家在各种新发现和发展领域里，对将发生什么情况，以及何时发生等问题以匿名方式作出预测。

（3）收集反馈。收集反馈工作包括：第一，收集各预测专家的观测结果；第二，预测机构对各专家意见进行统计分析，综合第一次预测结果；第三，把综合结果反馈给小组成员，再要求各专家对新预测表作出第二轮预测；第四，重复数次收集反馈过程。

（4）预测结果。在意见交流开始形成比较一致的看法时，这结果成为可以接受的预测。

运用德尔菲法进行人力资源需求预测应注意几个问题：第一，要给专家提供已收集的历史资料及有关的统计分析结果，充分利用专家的经验和知识；第二，要采用匿名方式，使每一个专家都能独立自主作出自己的预测，避免受其他专家的影响；第三，对专家不要求预测精确，允许专家粗略估计，并要求提供预计数字的肯定程度；第四，收集反馈过程要重复数次，直到专家的意见相对趋同时，才得出最后预测结果。

三、人力资源需求预测定量技术

人力资源需求定量预测就是确定未来人力资源需求可能出现的具体结果（数据），从数据上描述人力资源需求的发展趋势和程度。常用的人力资源需求定量预测方法有趋势外推法、一元线性回归分析方法和多元回归分析方法。

1. 趋势外推法

趋势外推法是通过对企业在过去五年或者更长时间中的员工雇佣变化情况进行分析，然后以此为依据来预测企业未来人员需求的技术。这种方法既可以对企业进行整体预测，也可以对企业的各个部门进行结构性预测。趋势外推法的典型步骤如下：

（1）选择相关变量。选择一个相关的因素，这个因素直接影响到企业对人力资源的需求，如销售额、生产率等。

（2）分析相关变量与人力资源需求的关系。分析此因素与所需员工数量的比率，形成一种劳动生产率指标，如生产量/人时等。

（3）计算生产率指标。根据以往五年或五年以上的生产率指标值，求出均值。

（4）计算所需人数。用相关变量除以劳动生产率得出所需人数。

例如，某空调制造公司历年的产量、劳动生产率和员工需求量，如表5－1所示。

表5－1 某空调制造公司人力资源需求表

年份	产量（万台）	劳动生产率（台/人）	员工需求量（人）
2007	20	50	4 000
2008	30	55	5 455
2009	40	55	7 273
2010	60	50	12 000
2011	70	60	11 667
2012	80	54	14 815
2013	100	54	18 519

注：2012、2013年为预测值。

根据历史数据，算出2007年至2011年的平均劳动生产率为54台/人，根据公司的产量预测可以推知员工需求量预测。

2012年的员工需求量为：800 000 ÷ 54 = 14 815（人）

2013年的员工需求量为：1 000 000 ÷ 54 = 18 519（人）

趋势外推法作为一种初步预测是很有价值的，但它有很大的局限性，因为企业人力资源需求不可能只受单个因素的影响，比如企业管理的改善可能导致少用员工，而企业成本预算会使企业人力资源需求受到更多的限制。因此，在使用它时，一定要注意只有假定企业比较稳定，如企业生产技术不变、单位产品的人工成本大致保持不变，才可以根据产量来预测员工需求量。趋势外推送一般只适合短、中期预测或比较稳定时的预测。

2. 一元线性回归分析方法

回归分析方法是根据企业过去的情况和资料，建立数学模型并由此对未来趋势作出预测的方法。

一元线性回归分析方法的典型步骤如下：

（1）选择相关变量。选择一个相关的因素，对这个因素进行调查，找出它与人力资源需求量5年以上的历史资料。

（2）建立一元线性方程，根据历史资料确定线性方程的系数。

（3）由一元线性方程求出目标值所对应的人力资源需求量。

回归分析方法是一种比较精确的预测方法，但预测的准确程度与相关变量的选取有很大的关系，这要求我们在选取相关变量时，一定要选取与人力资源需求量最相关的变量。

3. *多元回归分析方法*

实际上，企业人力资源需求量是由多个因素决定的，多元回归分析方法就是通过对企业多个影响人力资源需求量的变量进行分析，从而达到比较准确的预测结果。多元回归分析方法在企业预测中比较常用。

多元回归分析方法的典型步骤如下：

（1）选择相关变量。选择一个相关的因素，对这个因素进行调查，找出它与人力资源需求量5年以上的历史资料。

（2）建立多元回归方程：

$$Y=\beta_0+\beta_1X_1+\beta_2X_2+\cdots+\beta_nX_n$$

式中Y为人力资源需求量；β_0、β_1、β_2、…、β_n为回归方程系数；X_1、X_2、…、X_n为选取的相关变量。

（3）根据历史资料确定多元回归方程的系数，列出回归方程。

（4）由多元回归方程求出目标值所对应的人力资源需求量。

多元回归分析方法与一元回归分析方法很相近，只在数学方法上难度稍大一些。同时，一元回归分析方法和多元回归分析方法都要对结果进行检验，这样才能保证结果的正确性和科学性。

5.3.2 人力资源供给预测

为了保证企业的人力资源供给，企业必须对企业内部和外部的人力资源供给情况进行估计和预测，即人力资源供给预测。将人力资源供给预测与人力资源需求预测进行比较，找出差距，制订相应的人力资源具体计划。

人力资源供给预测是指企业为实现其既定目标对未来一段时间内企业内部和外部各类人力资源补充来源情况的预测。人力资源供给预测与人力资源需求预测有所不同，人力资源需求预测研究的只是组织内部对于人力资源的需求，而人力资源供给预测则需要研究组织内部的人力资源供给和组织外部的人力资源供给两个方面。

一、人力资源供给预测的典型步骤

（1）对企业现有的人力资源进行盘点，了解企业员工现状。

（2）分析企业的职务调整政策和历年员工调整数据，统计出员工调整的比例。

（3）向各部门的人事决策人了解可能出现的人事调整情况。

（4）将步骤（2）和步骤（3）的情况汇总，得出企业内部人力资源供给预测。

（5）分析影响外部人力资源供给的地域性因素，包括：第一，公司所在地的人力资源整体现状；第二，公司所在地的有效人力资源的供求现状；第三，公司所在地对人才的吸引程度；第四，公司的薪酬对所在地人才的吸引程度；第五，公司能够提供的各种福利对当地人才的吸引程度；第六，公司本身对人才的吸引程度。

（6）分析影响外部人力资源供给的全国性因素，包括：第一，全国相关专业的大学生毕业人数及分配情况；第二，国家在就业方面的法规和政策；第三，该行业全国范围的人才供需状况；第四，全国范围从业人员的薪酬水平和差异。

（7）根据步骤（5）和步骤（6）的分析，得出企业外部人力资源供给预测。

（8）汇总企业内部人力资源供给预测和企业外部人力资源供给预测，得出企业人力资源供给预测。

二、企业内部供给预测

在人力资源供给预测中，为了预测的简便和准确，首先要考察企业现有的人力资源存量，然后在假定人力资源管理政策不变的前提下，结合企业内外部条件，对未来的人力资源供给数量进行预测。下面介绍几种实用的企业内部人力资源供给预测方法。

1. 技能清单

技能清单是用来反映员工工作能力特征的一张列表，这些特征包括培训背景、以前的经历、持有的证书、已经通过的考试、主管的能力评价等。技能清单是对员工竞争力的一个反映，可以帮助人力资源部门的计划人员估计现有员工调换工作岗位的可能性，决定有哪些员工可以补充企业以前的空缺。企业的人力资源计划不仅要保证为企业空缺的工作岗位提供相应数量的员工，同时还要保证每个空缺都有合适的人员来填充。因此，有必要建立员工的工作能力记录，其中既包括基层操作员工的技能，也包括管理人员管理能力的种类及所达到的水平。

技能清单的一般作用是服务于晋升人选的确定、管理人员接续计划、对特殊项目的工作分配、工作调动、培训、工资奖励计划、职业生涯规划和组织结构分析。对于要求其成员频繁调动的组织或者经常组建临时性团队或项目组的组织，其技术档案中应该包括所有的员工。而对于那些主要使用技能清单来制订管理人员接续计划的组织，技能清单中可以只包括管理人员，表5-2是某企业管理人员的简单技能清单。

表5-2 企业管理人员的简单技能清单

姓名		出生年月		填表日期	
部门科室		工作地点		到职日期	
教育背景	学历	学位种类	毕业日期	学校	专业
	本科				
	硕士				
	博士				
工作经历	工作单位	起止时间		担任何种工作	

（续上表）

姓名		出生年月		填表日期	
培训经历	培训主题	培训时间		培训机构	
技能	技能种类			证书	

2. 管理人员接替模型

管理人员接替模型也称为职位置换卡，主要是针对企业管理人员供给预测的简单而有效的一种方法。其最终目标是确保组织在未来能够有足够的合理的管理人员供给。技能清单描述的是个人的技能，而置换卡描述的是可能胜任组织中关键岗位的个人。

制订这一计划的典型步骤是：

（1）确定人力资源规划所涉及的工作职能范围。

（2）确定每个关键职位上的接替人选。

（3）评价接替人选的工作情况和是否达到提升的要求。

（4）了解接替人选的职业发展需要，并引导其将个人的职业目标与组织目标结合起来。

某企业在人力资源供给方面对经理层人员应用了管理人员接替模型，如图5－2所示。

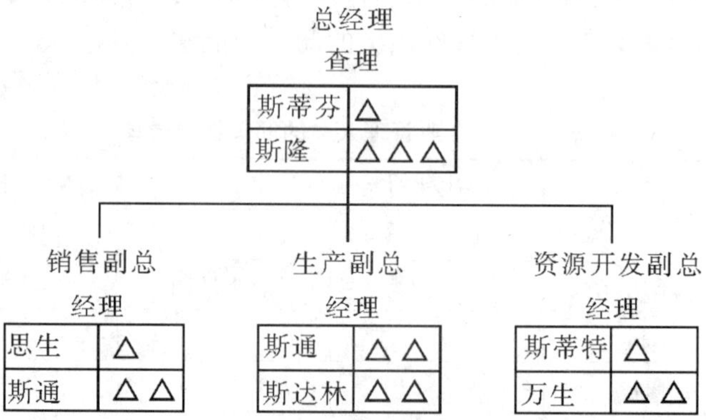

提升代号

△	需要相当程度的发展
△△	需要少量的发展
△△△	已准备就绪

图5－2 管理人员接替模型

（资料来源：何红光．HW公司人员供需预测模型研究［J］．经济研究导引，2010（26）．）

公司的现任总经理为查理，总经理的预备人选有两个：销售副总经理斯蒂芬和生产副总经理斯隆，其中斯蒂芬需要相当程度的发展才能胜任总经理的职位，而斯隆已经能够胜任总经理的职位。

在销售副总经理的职位上，有两个预备人选，思生和斯通，思生需要相当程度的发展才能胜任销售副总经理的职位，斯通需要少量发展就能胜任销售副总经理的职位。在生产副总经理的职位上，两位预备人均需少量发展即可胜任。在资源开发副总经理的职位上，预备人选斯蒂特需要相当程度的发展，而万生需要少量的发展即可胜任。

从上例可以看出，针对某一部门具体管理人员的接替，用管理人员接替模型表的方法相当直观，接替图表至少要包括两方面信息：一是对管理者工作绩效的评价；二是其提升的可能性。前者一般由考核部门或上一级管理人员确定，后者则是在前者基础上由人事部门通过管理人员测评的方式得出。

3. 人员接替模型

人员接替模型与管理人员接替模型有相似之处，目的都是确认特定职位的内部候选人，但其涉及的面更大，对各职位之间的关系也描述得更具体。建立人员接替模型的关键，是根据职务分析的信息，明确不同职位对员工的具体要求，然后确定一位或几位较易达到这一职位要求的候选人；或者确定哪位员工具有潜力，经过培训后可以胜任这一工作，然后把各职位的候补人员情况与企业员工的流动情况综合起来考虑，控制好员工流动方式与不同职位人员接替方式之间的关系，对企业人力资源进行动态管理。对于企业中各职位员工的供给预测，可以使用下面的公式确定：

内部供给量 = 现有员工数量 - 流出总量 + 流入总量

流出总量 = 辞职数 + 开除数 + 降职数 + 退休数 + 晋升数

流入总量 = 晋升进入数 + 外部招聘数 + 降职进入数

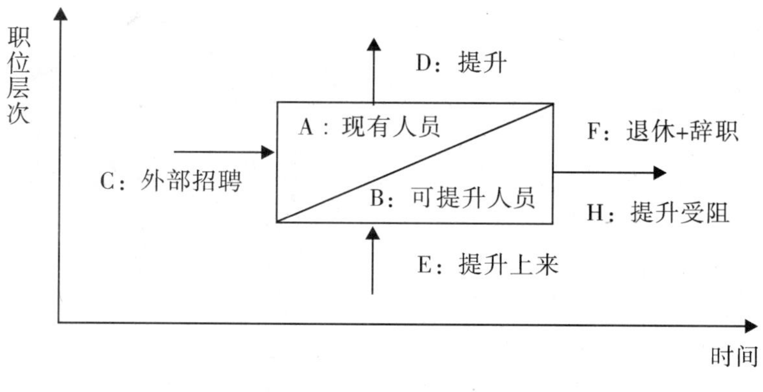

图 5－3 人员接替模型

（资料来源：何红光 . HW 公司人员供需预测模型研究［J］. 经济研究导引，2010（26）.）

在上面的直角坐标系中，横轴方向代表时间，纵轴方向代表职位的层次级别，箭头方向代表职位从低到高，将企业中各个职位采用上述方法得到的分析结果综合在一起，可以建立起人员接替模型。

在图中的每一方框中，左上角代表此职位的现有人数，右下角代表此职位可以提升的人数，方框右边箭头上方代表此职位退休和辞职的人数，下方代表此职位提升受阻的人数，方框左边箭头代表从外部招聘到此职位的人数，上方箭头代表职位可提升的人数，下方箭头代表提升到此职位的人数。

借助企业人员接替模型，每一职位从外部招聘的人数、提升上来的人数、提升受阻的人数、退休和辞职的人数、具备提升实力的人数等一目了然。可以看出，人员接替模型给我们提供了相当简单实用的方法。

4. 马尔科夫模型

马尔科夫模型是一种内部人力资源供给的统计预测技术方法。其基本思路是通过具体历史数据的收集，找出组织过去人事变动的规律，由此推测未来的人事变动趋势。马尔科夫模型实际上是一种转换概率矩阵，使用统计技术预测未来的人力资源变化。这种方法可用于描述组织中员工流入、流出和内部流动的整体形式，可以作为预测内部劳动力供给的基础。

马尔科夫模型预测人力资源内部供给的基本原理是假定在某一段时间内，从某一状态转移到另一个状态的人数比例与以前的比例相同，该时段各类人员占人员总数的百分比不变。其中转移概率的确定是根据流动人员历史数据的平均概率来确定。如公式（5－1）所示。

$$n_i(t) = \sum_{j=1}^{k} j(t-1)P_{ij} + r_i(t)(i,j = 1,2,\cdots,k,t = 1,2,\cdots,k) \qquad \text{公式（5－1）}$$

$n_i(t)$ 表示 t 时刻 i 类人员的人数，P_{ij}表示 j 类人员向 i 类人员的转移概率，r_i（t）表示在（$t-1$，t）时间内 i 类人员的补充人数，k 是职务分类数。

其中 P_{ij}的计算方法如公式（5－2）所示。

$$P_{ij} = \frac{f_{ij}}{\sum_{j=1}^{m} f_{ij}} \qquad \text{公式（5－2）}$$

f_{ij} 表示从状态 i 一步转移到达状态 j 的频数，$i, j \in E$，转移频数矩阵的第 i 行第 j 列元素 f_{ij} 除以各行的总和所得的值称为转移概率，记为 $P_{ij}, i, j \in E$。

P_{ij} 具有以下两个特征：

① $P_{ij} \geqslant 0$；

② $\sum_j P_{ij} = 1$，$i = 0,1,2,\cdots$

采用马尔科夫模型预测方法预测企业内部人力资源供给，其典型步骤如下：

（1）根据组织的历史资料，计算出每一类的每一级别流向另一类或另一级别的平均概率；

（2）根据每一类职员的每一级别流向其他类或级别的概率，建立一个人员变动矩阵表；

（3）根据组织年底的种类人数和步骤（2）中的人员变动矩阵表预测第二年组织可供

给的人数。

例如：根据整理历史数据得出某高校过去五年的人员流动平均概率矩阵，如表5－3所示。

表5－3　某高校人员流动平均概率矩阵

初始人数	职称	助教	讲师	副教授	教授	流失率	总计
79	助教	0.70	0.28	0	0	0.02	1
539	讲师	0	0.90	0.08	0	0.02	1
563	副教授	0	0	0.92	0.05	0.03	1
400	教授	0	0	0	0.96	0.04	1

根据初始人数以及公式（5－1）和公式（5－2），利用上述转移矩阵我们可以计算出次年的人员供给状况，如表5－4所示。

表5－4　某高校次年人员流动预测矩阵

职称	助教	讲师	副教授	教授	总计
助教	53	22	0	0	75
讲师	0	485	43	0	528
副教授	0	0	518	28	546
教授	0	0	0	384	384
外招人员	0	4	12	3	19
总供给	53	511	573	415	1 552

马尔科夫模型可以用来进行多期分析，其方法是把目的期所提出的劳动力供给数据作为分析的起点，然后重复上述过程。

马尔科夫模型不仅可以处理员工类别简单的组织中的人力资源供给预测问题，也可以解决员工类别复杂的大型组织中的内部人力资源供给预测问题。如果职位类别特别多，我们可以通过建立人员变动矩阵，然后根据企业现有的人力资源状况预测组织未来的人力资源供给状况。值得注意的是，尽管马尔科夫模型法在一些大公司，如IBM等，已得到广泛应用，但是关于这种方法的精确性与可行性还需要进一步研究。显然，转换矩阵中的概率与预测期的实际情况可能有差距，因此，使用这种方法得到的内部劳动力供给预测的结果也就可能不精确。在实际应用中，一般采取弹性化方法进行调节，即估计出几种概率矩阵，得出几种预测结果，然后对不同预测结果进行综合分析，寻找较合理的结果。

三、企业外部供给预测

在企业内外环境分析中我们分析了影响人力资源规划的外部因素，这里我们有必要进一步来分析影响企业外部人力资源供给的关键因素。企业外部人力资源供给预测主要是预测未来几年中外部劳动力市场的供给情况。它不仅要调查整个国家和组织所在地域的人力资源供给状况，而且还要调查同行业或同地区其他企业对人力资源的需求情况。外部供给预测是非常复杂的，但它对企业制订其他人力资源具体计划有相当重要的作用。一般来说，影响人力资源供给的因素主要包括：

1. 企业所在地的人力资源现状

这包括人力资源的整体情况，尤其是有效的人力资源情况，如：企业需要哪一类型的人才？这一类型人才的市场供给情况如何？其他企业对这一类型人才的需求情况如何？

2. 企业所在地对人才的吸引程度

企业所在地的居住环境怎么样？企业所在地的地域文化怎么样？在企业所在地工作是否具有安全感？企业所在地是否对各类人才具有包容性？

3. 企业自身的吸引程度

企业薪酬对人才的吸引程度怎么样？企业能够提供的各种福利对人才的吸引程度如何？员工在企业工作发展前景如何？企业目标是否与员工个人发展目标统一？

4. 预期经济增长

这里最主要的是企业所在行业的经济增长情况，如果预计行业经济增长率将增高，那么其他相关企业对相关人力资源的需求增加，则企业的相关人力资源供给减少。

5. 全国范围的职业市场状况

这包括该行业全国范围内的人才供需状况、国家关于该类职业在就业方面的法规和政策、全国范围内该职业从业人员的薪酬水平和差异、全国相关专业的大学生毕业人数及分配情况等。

5.4　人力资源供需平衡与决策

5.4.1　人力资源供需之间的关系

一般来说，人力资源需求与人力资源供给存在四种关系：

(1) 供求平衡：人力资源需求与人力资源供给相等。

(2) 供不应求：人力资源需求大于人力资源供给。

(3) 供过于求：人力资源需求小于人力资源供给。

(4) 结构失衡：某类人员供不应求，而某类人员又供过于求。

一般说来，在整个企业的发展过程中，企业的人力资源状况始终不可能自然地处于人力资源供求平衡状态。实际上，企业始终处于人力资源的供需失衡状态，大体有下面几种情况：

表 5－5　人力资源供需平衡表

企业发展阶段	现　象	人力资源状态
扩张时期	企业人力资源需求旺盛，人力资源供给不足。	供不应求
稳定时期	企业人力资源表面上可能会达到稳定，但局部会同时存在着退休、离职、晋升、降职、补充空缺、不胜任岗位、职务调整等情况。	结构失衡
萧条时期	人力资源需求不足，供给变化不大。	供过于求

人力资源供需平衡就是企业通过增员、减员和人员结构调整等措施，使企业人力资源由供需不相等达到供需基本相等的状态。通过人力资源的平衡过程，企业才能有效地提高人力资源利用率，降低企业人力资源成本，从而最终实现企业的发展目标。

5.4.2 人力资源不平衡的调整

人力资源供求不平衡的不同状态有不同的调整方法，下面介绍一些常用的方法。

1. 供不应求的调整

当预测企业的人力资源需求大于供给时，企业通常采用下列措施以保证企业的人力资源供求平衡：

（1）外部招聘。外部招聘是最常用的人力资源供不应求时的调整方法，当企业生产工人或技术人员供不应求时，通过外部招聘可以比较快地得到熟练的员工，以即时满足企业生产的需要。当然，如果从外部招聘管理人员，由于管理人员熟悉企业内部情况需要一段时间，见效比较慢。一般说来，企业有内部调整、内部晋升等计划时，则应该优先考虑这些计划，再考虑外部招聘。

（2）内部招聘。内部招聘是指当企业出现职务空缺时，从企业内部调整员工到该职务，以弥补空缺的职位。内部招聘可以节约企业的招聘成本，丰富员工的工作，提高员工的工作兴趣，但对于比较复杂的工作，内部招聘的员工可能需要一段时间的培训。

（3）聘用临时工。聘用临时工是企业从外部招聘员工的一种特殊形式。聘用临时工可以减少企业的福利开支，而且临时工的用工形式比较灵活，企业在不需要员工的时候，可以随时与其解除劳动关系。当企业产品季节性比较强或企业临时进行专项调查时，采取临时招聘方式比较合适。

（4）延长工作时间。延长工作时间也称为加班制。在企业工作量临时增加时，可以考虑延长工人的工作时间，延长工作时间具备聘用临时工的优点，节约福利开支，减少招聘成本，而且保证工作质量。但若长期采用延长工作时间的措施，会降低员工的工作质量，而且工作时间也受到政府政策法规的限制。

（5）内部晋升。当较高层次的职务出现空缺时，有内部晋升和外部招聘两种手段，企业一般优先考虑提拔企业内部员工。在许多企业里，内部晋升是员工职业生涯规划的重要内容，对员工有较大的激励作用。而且，由于内部员工更加了解企业的情况，会比外部招聘人员更快地适应工作环境，工作效率更高，同时节省了外部招聘成本。但当企业缺乏生气或面临技术和市场的重大变化时，可以适当地考虑从外部招聘。

（6）技能培训。对公司现有员工进行必要的技能培训，使之不仅能适应当前的工作，还能适应更高层次的工作。这样，就为内部晋升政策的有效实施提供保障。如果企业即将出现经营转型，企业应该及时向员工培训新的工作知识和工作技能，以保证企业在转型后，原有的员工能够符合职务任职资格的要求。这样做的最大好处是防止企业的冗员现象。

（7）拓宽工作范围。当企业某类员工紧缺，在人才市场上又难以招聘到相应的员工时，可以通过修改职务说明书，拓宽员工的工作范围或责任范围，从而达到增加企业工作量的目的。需要注意的是，拓宽工作范围必须与提高待遇相对应，不然会造成员工的不满情绪，影响企业的生产活动。拓宽工作范围可以与企业提高技术成分搭配使用。

2. 供过于求的调整

当预测企业人力资源供给大于需求时，通常采用下列措施以保证企业的人力资源供求平衡：

（1）提前退休。企业可以适当地放宽退休的年龄和条件限制，促使更多的员工提前退休。如果将退休的条件修改到有足够吸引力，会有更多的员工愿意接受提前退休。提前退休使企业比较容易减少员工，但企业也会由此背上比较重的包袱，而且退休受到政府政策法规的限制。

（2）减少人员补充。减少人员补充是保证人力资源供求平衡最常用的方式，当企业出现员工退休、离职等情况时，对空闲的岗位不进行人员补充，这样做可以通过不紧张的气氛减少企业内部的人员供给，从而达到人力资源供求平衡。但采取减少人员补充的方式往往数量有限，而且难以得到企业所需要的员工。

（3）增加无薪假期。当企业出现短期人力资源过剩的情况时，采取增加无薪假期的方法比较适合，这样做可以使企业暂时减轻财政上的负担，而且可以避免企业需要员工时再从外部招聘员工。

（4）裁员。裁员是一种比较激进的办法，但这种方式相当有效。在进行裁员时，要制定优厚的裁员政策，比如为被裁减者发放优厚的失业金，一般裁减那些主动希望离职的员工和工作考评成绩低下的员工。裁员会降低员工对企业的信心，挫伤员工的积极性，而且被裁减的员工有时会做出诋毁企业形象的行为，所以在裁员之前一定要慎重考虑。

3. 结构失衡的调整方法

人力资源结构失衡的调整方法通常是上述两种调整方法的综合运用。实际上，在制定人力资源平衡措施的过程中，不可能是单一的供不应求或供过于求，企业人力资源往往出现结构失衡，例如高层次人员供不应求，而低层次人员供过于求。企业要根据企业的具体情况进行具体分析，对供不应求的一类员工采用供不应求的调整方法，对供过于求的一类员工采用供过于求的调整方法，制订出相应的人力资源部门或业务规划，使各部门人力资源在数量和结构等方面达到协调平衡。

这里有一点需要注意的是，如果企业不是欠缺生气，应以内部调整为主，把某类富余职工调整到需要人员的岗位上，需要培训的要制订培训计划。如果企业比较僵化，这时应以外部调整为主，招聘一些外部的员工，给企业带来一些新的生产技术或管理措施等。

5.5 云服务平台的人力资源规划管理系统

5.5.1 规划准备

规划准备包括两个模块：①企业环境分析；②人力资源现状盘点，如图 5 – 4 所示。

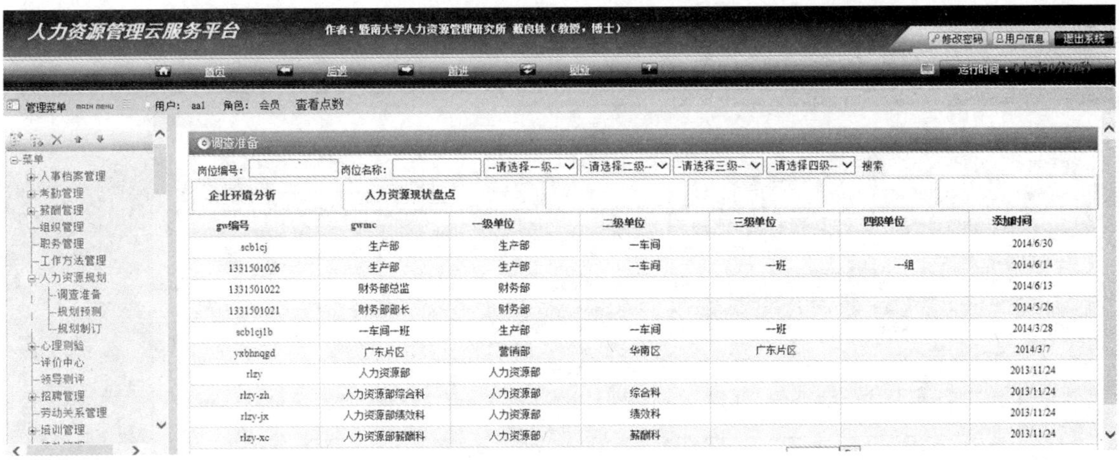

图 5－4 规划准备两个模块

1. 企业环境分析

（1）打开菜单，点击“人力资源规划—规划准备”，进入图 5－4 页面。

（2）在部门列表中点击“总公司”，使得该行颜色变深，再点击上面的“企业环境分析”，进入“企业环境分析”新增或修改页面，点击“新增（修改）”按钮，进入图 5－5“企业环境分析”页面，输入或修改“企业环境分析”的信息。

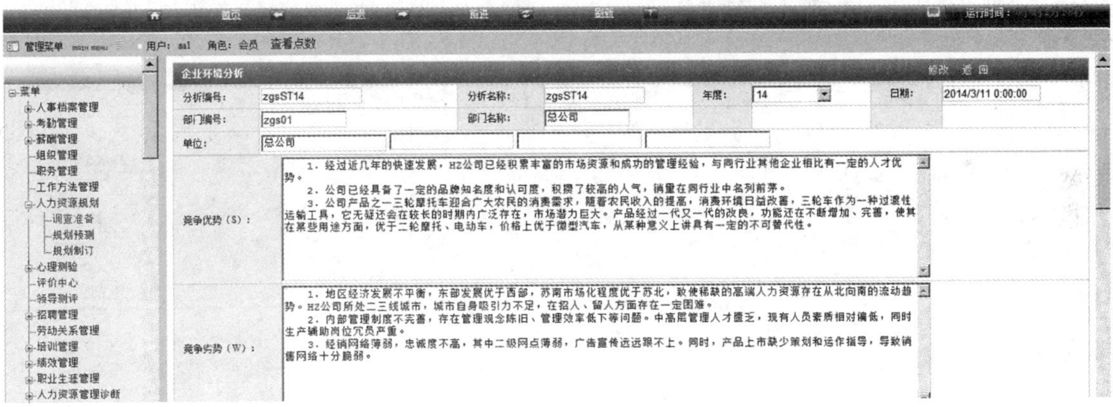

图 5－5 企业环境分析

2. 人力资源现状盘点

（1）打开菜单，点击“人力资源规划—规划准备”，进入图 5－4 页面。

（2）在部门列表中点击“总公司”，使得该行颜色变深，再点击上面的“人力资源现状盘点”，进入“人力资源现状盘点”新增或修改页面，点击“新增（修改）”按钮，进入图 5－6“人力资源现状盘点”页面，输入或修改“人力资源现状盘点”的信息。

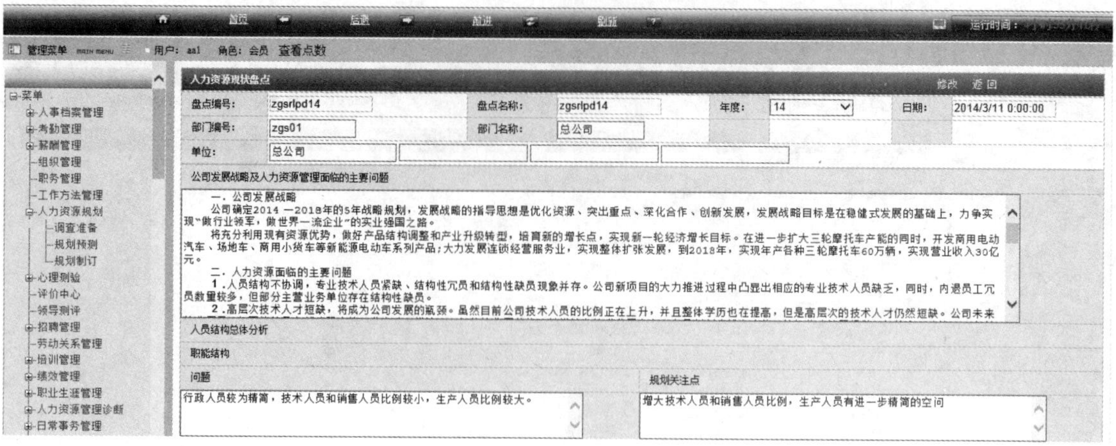

图5－6 人力资源现状盘点

5.5.2 规划预测

规划预测包括两个模块：①人力资源需求预测；②人力资源供给预测，如图5－7所示。

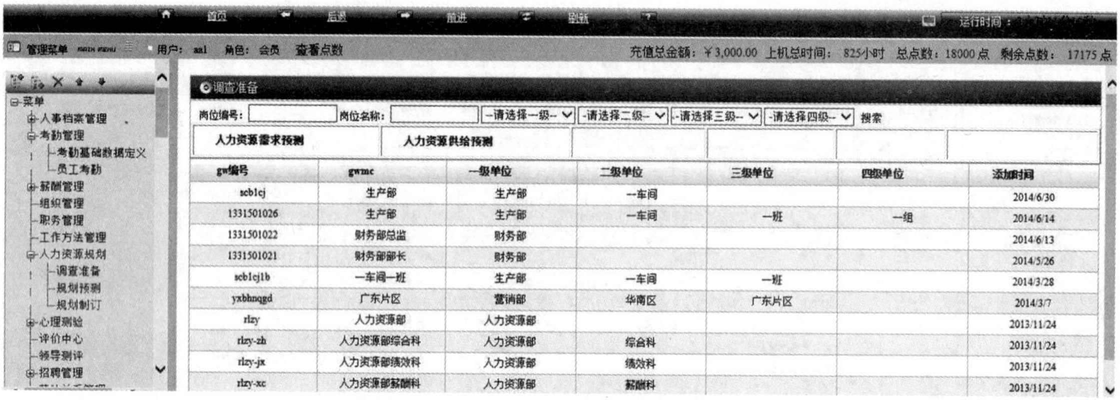

图5－7 规划预测两个模块

1\. 人力资源需求预测

（1）打开菜单，点击“人力资源规划—规划预测”，进入图5－7页面。

（2）在部门列表中点击“总公司”，使得该行颜色变深，再点击上面的“人力资源需求预测”，进入“人力资源需求预测”新增或修改页面，点击“新增（修改）”按钮，进入图5－8“人力资源需求预测”页面，输入或修改“人力资源需求预测”的信息。

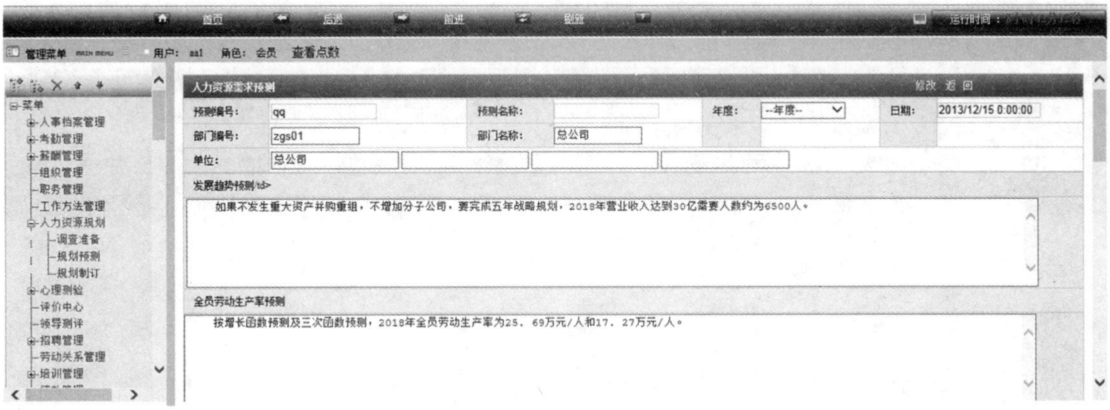

图 5－8 人力资源需求预测

2. 人力资源需求预测

(1) 打开菜单，点击“人力资源规划—规划预测”，进入图 5－7 页面。

(2) 在部门列表中点击“总公司”，使得该行颜色变深，再点击上面的“人力资源供给预测”，进入“人力资源供给预测”新增或修改页面，点击“新增（修改）”按钮，进入图 5－9“人力资源供给预测”页面，输入或修改“人力资源供给预测”的信息。

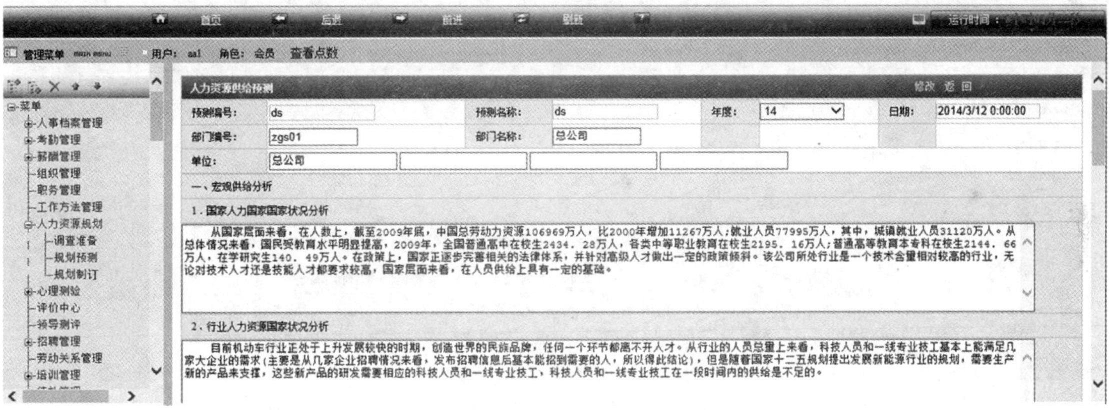

图 5－9 人力资源供给预测

5.5.3 规划制订

规划制订包括两个模块：①人力资源规划制订；②人力资源规划支持策略，如图 5－10所示。

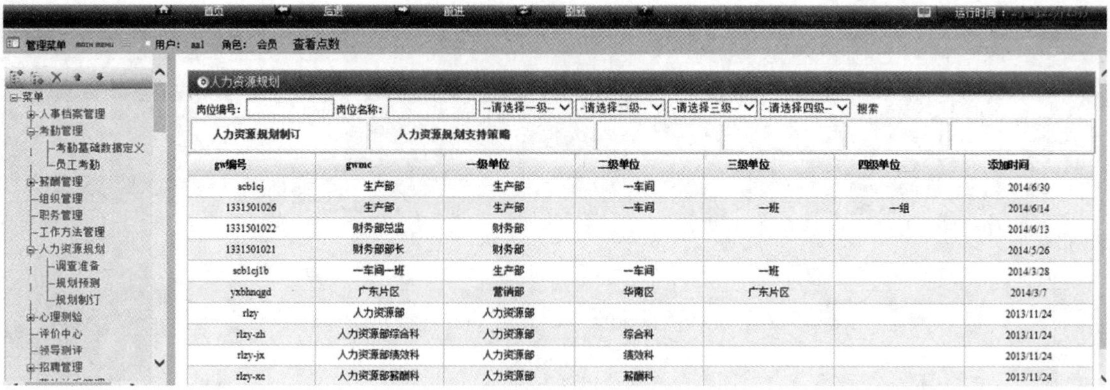

图 5－10　规划制订两个模块

1. 人力资源规划制订

（1）打开菜单，点击“人力资源规划—规划制订”，进入图 5－10 页面。

（2）在部门列表中点击“总公司”，使得该行颜色变深，再点击上面的“人力资源规划制订”，进入“人力资源规划制订”新增或修改页面，点击“新增（修改）”按钮，进入图 5－11“人力资源规划制订”页面，输入或修改“人力资源规划制订”的信息。

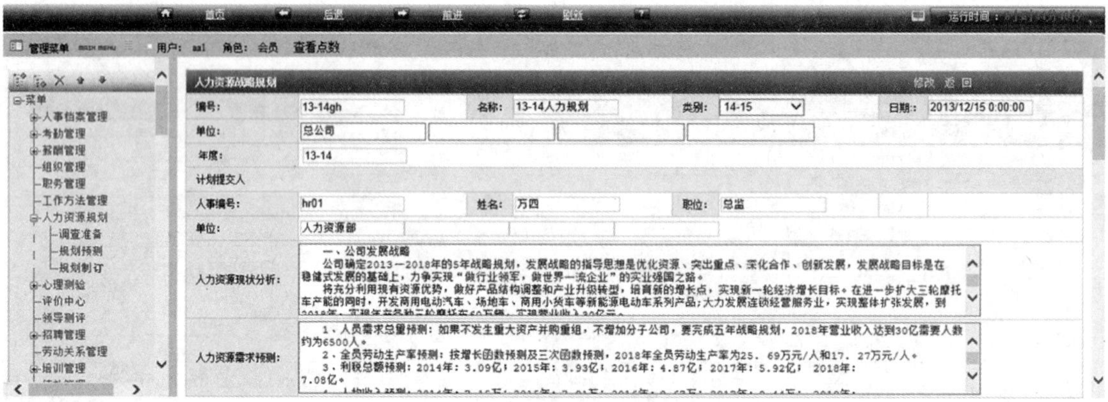

图 5－11　人力资源规划制订

2. 人力资源规划支持策略

（1）打开菜单，点击“人力资源规划—规划制订”，进入图 5－10 页面。

（2）在部门列表中点击“总公司”，使得该行颜色变深，再点击上面的“人力资源规划支持策略”，进入“人力资源规划支持策略”新增或修改页面，点击“新增（修改）”按钮，进入图 5－12“人力资源规划支持策略”页面，输入或修改“人力资源规划支持策略”的信息。

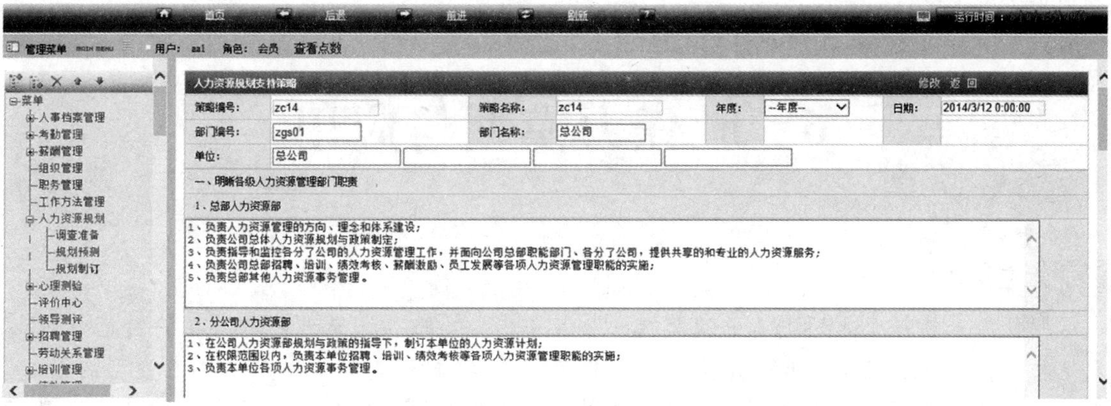

图 5－12　人力资源规划支持策略

思考题

1. 什么是人力资源规划？它包括哪些内容？
2. 人力资源规划的流程是什么？
3. 如何预测人力资源的需求与供给？
4. 人力资源需求和供给的预测方法有哪些？
5. 人力资源规划需求和供给预测的优势和缺陷在哪里？
6. 简述使用德尔菲法进行人力资源预测的步骤。
7. 请阐述管理人员接替模型和人员接替模型的相似和不同之处。试举例说明。
8. 如何用马尔科夫模型进行人力资源供给预测？试举例说明。
9. 应该如何平衡人力资源的供给和需求？
10. 如何编制人力资源规划？

6 胜任力模型与应用

本章提要

胜任力是指一个人所拥有的使其在一个工作岗位上取得出色业绩的潜在的特征（它可能是动机、特质、技能、自我形象或社会角色等方面的特征）。本章从胜任力模型的兴起、内涵、流派、研究方法、结构、新颖之处以及国内外的研究成果等方面全面地论述了胜任力模型的知识。在此基础上，本章通过三个实践操作的例子，具体阐释了胜任力模型在实践中的应用。首先以中国银行市场营销人员为例论述了胜任力模型的构建；继而介绍了A集团基于胜任力模型的人力资源管理新模式，论述胜任力模型如何在实践中创新；最后介绍基于胜任力结构对某省国有企业领导人选拔体系的构建进行改革的过程，描绘了胜任力模型的应用。

6.1 胜任力与胜任力模型概述

6.1.1 胜任力与胜任特征研究的兴起

胜任力模型研究是职业发展的产物。从19世纪开始，随着社会与经济的发展，劳动分工细化，出现了各种各样的职业和职业群体，而每一种职业群体中都不可避免地出现绩效优劣之分。为了招募和选拔优秀的从业者，在过去的两百多年里，人们不断地寻找可以预测工作绩效的途径和方法。什么能预测工作绩效呢？什么能决定行为和绩效呢？就此问题，各类专家提出了各种各样的影响因素，从头部的尺寸和形状、大脑重量、皮肤颜色、种族、社会阶层、出生次序、笔迹、宗教信仰、文化传统，到智商、技术技能、工龄、教育程度、人格特质，甚至还包括星座和遗传因素等。在很长一段时间里，人们认可用智商、工作经历、学术测验、人格特质测验等来预测从业者的工作绩效，通过测验智商和知识掌握程度来颁发职业资格证书。但是，事实证明，智商、人格特质等并不能很好地预测未来的工作绩效。到了20世纪60年代末70年代初，美国心理学界开始有报告指出，传统的智力测验和人格测验在预测工作绩效方面有很大的局限性。

1973年，美国哈佛大学教授麦克利兰（David McClelland）发表了一篇题为“测验胜任力而不是测验智力”的文章，文中提出：传统的智力测验、性向测验和学术测验等都不能预测复杂工作和高层职位的工作绩效或者生活中的成功，而且还常常对社会中的弱势群体（少数民族、妇女和社会经济地位低下的人）存在着偏见和歧视，因此他提出“胜任力”这个概念来克服上述缺陷。McClelland认为，高绩效者运用了某些特定的知识、技能和行为以取得出色业绩。如果你花时间去研究高绩效者，那么，你会发现是什么造成了绩效的差异。随后，McClelland 受美国国务院外事局之托，寻找新的研究方法以预测人的绩效，减少传统智力和能力测试的偏见和误差。他第一次将他的理论运用于外交官和情报官员的选拔，设计了一项人力资源评价技术——“行为事件访谈法”（Behavior Events Interview，BEI），取得了较好的效果。1982 年，McClelland 和博亚特兹（Richard Boyatzis）在对一些关于经理人胜任特征的资料进行大规模的实证研究和深入分析后出版了《胜任的经理人》一书，并在书中归纳一组能用来辨识优秀经理人的胜任特征因素，包括目标和行动管理、领导、人力资源管理、指导下级技能以及特殊知识等五个方面的胜任力。这项成果标志着胜任力模型研究正式走上了历史舞台。随着基于胜任力模型的研究的深入，McClelland 与其他人合作成立了 Mcber 管理咨询公司（现在是世界著名管理咨询公司 Hay Group 的一部分，改名为 Hay-McBer，是美国提供胜任力模型建模服务的资深管理咨询公司），在商业运作中取得了巨大成功，从此掀起了胜任力模型建模实践狂潮。

6.1.2 胜任力与胜任力模型的概念及内涵

英语 competence（胜任力）一词是从法语 compétence（合适、聪明伶俐）、拉丁语 competentia（有学问）等借用过来。*American Heritage Dictionary of the English Language*（Boston，1981）中注：competence 也就是 competency，指的是：①有能力的或者胜任的一种状态或品质、技能、能力；②（法律上）有资格的、适任的、可被采纳的品质或条件，合法的权威、合格或权限（Trunkey，Botney，2001）。从中我们可以看出，competency 和 competence 两个词从词义上来讲，并没有本质上的区别。它们的内涵从一开始就与法律连在一起，并且都是指“有能力的”、“合格的”、“合法拥有资格的”等含义。

McClelland 提出“胜任力”这个概念并非突发奇想，而是各种研究领域的发展结果和职业发展的必然要求。综合文献，管理和职业领域胜任力与胜任力模型的概念主要来源于法律、临床心理学、职业咨询、教育领域、早期工业心理学领域的研究。在临床心理学领域，“胜任力”这个术语是用来定义心智能力与意识、关心自己或他人的能力或在“日常生活”多种活动中尽职责的能力等方面的法定的标准。随后，“胜任力”这个术语又被职业咨询专业用来定义与特定职业相联系的知识、技能和能力的广泛范围。早期的工业心理学家也用“胜任力”来描述在特定职业领域获得成功的个体。在上述所有领域的研究中，“胜任力”这个术语都是被用来定义某任务或活动的“成功”绩效，或某知识或技能领域“足以满足要求的”知识（Schippmann，Ash，Battista 等，2000）。

根据我们所查阅的文献并按照类型进行划分，经常被研究者和实践者引用的“胜任力与胜任力模型”的定义如表 6-1 所示。

表 6－1 不同观点的胜任力的定义汇总

类型	学者	时间	定义
特征观	McClelland	1973	与工作或工作绩效或生活中其他重要成果直接相似或相联系的知识、技能、能力、特质或动机。
	G. Klemp	1980	一个人能有效或者出色完成工作所具备的基本特点。
	McLagan	1980	足以完成主要工作结果的一系列知识、技能和能力。
	Boyatzis	1982	一个人所拥有的导致在一个工作岗位上取得出色业绩的潜在的特征（它可能是动机、特质、技能、自我形象、社会角色或他所使用的知识实体等）。
	L. M. Spencer	1993	与有效的或出色的工作绩效相关的个人潜在的特征，包括五个层面：知识、技能、自我概念、特质和动机。
	Mirabile	1997	与一个职位的高绩效相联系的知识、技能、能力或特征。
	Sandberg	2000	工作中的人的胜任力并不是指所有的知识和技能，而是那些在工作时人们使用的知识和技能。
	王重鸣	2000	导致高管理绩效的知识、技能、能力以及价值观、个性、动机等特征。
	彭剑锋	2003	驱动员工产生优秀工作绩效的各种个体特征的集合，它反映的是可以通过不同方式表现出来的知识、技能、个性和内驱力。胜任力是判断一个人能否胜任某项工作的起点，是驱动并区分绩效好坏差异的个体特征的综合。
行为观	Woodruff	1991	个体的相关行为的类别，是一种明显的、能使个体胜任某项工作的行为。
	Green	1999	对为达到工作目标所使用的可测量的工作习惯和个人技能的书面描述。
	Tett	2000	那些可以归因为对组织有效性作出积极或者消极贡献的个人预期工作行为中可以确定的方面，是一种未来导向的工作行为。
	仲理峰和时勘	2003	把某职位中表现优异者和表现平平者区别开来的个体潜在的、较为持久的行为特征。
综合观	Fleishman，Wetrongen，Uhlman 和 Marshall－Mies	1995	知识、技能、能力、动机、信仰、价值观和兴趣的混合体。
	Byham 和 Moyer	1996	一切与工作有关的行为、动机与知识，而这些行为、动机与知识是可以被分类的。胜任力分为行为胜任力、知识胜任力、动机胜任力。
	Bartram，Baron 和 Kurz	2005	胜任力既不是行为也不是绩效本身，而是包含了所有能力、行为过程以及反馈的集合，当人们掌握这些本领后，他的工作效率会大大超过他人。

总的来说，目前学者主要从三个角度定义胜任力的概念：一种是以胜任力的特征角度为基础，这种观点侧重于关注和优秀绩效息息相关的因素，即个体在完成一项工作时应具备的能力；另一种以行为特征为基础，他们认为胜任力是人们在完成工作时的行为表现，是能够从外部进行观察并且测量的，是与高绩效相关联的个体潜在特征在特定工作下的实际表现，从外显行为对胜任力进行定义便于使人们有清晰的理解和认识；第三种观点是综合观，有些学者认为不管是从单一的特征角度还是从行为角度来研究胜任力，都是片面的，胜任力的概念涵盖了上述两种观点，应该综合起来进行研究。

国外持有特征观的研究者针对胜任力模型的内涵画了一个直观的“冰山”图（图6－1），将其翻译过来，可以帮助我们直观地理解和把握这个概念。水上的冰山部分是外显胜任力模型，它包括了知识和技能两个特征，属于容易被感知和测量的部分，并且可以通过后天培养而获得提升，它们虽然反映了胜任者的基础素质，但无法将优秀绩效者与普通绩效者有效分开。反观水下的冰山部分，包括个体的社会角色、自我概念、特质、动机，它们属于深层次的潜在胜任力的特征，不易于被感知和培养。然而它对区分不同人的工作绩效水平起着关键作用，职位越高，它的作用比例就越大。

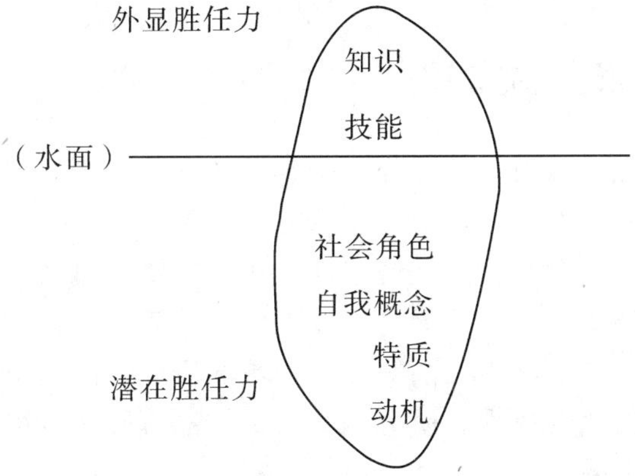

图6－1　胜任力“冰山”图

此外，Boyatzis基于大量研究的结果提出了胜任力的“洋葱”模型（图6－2），该模型将胜任力由内而外分为三个层面，最核心的层面是个体的特质和动机，其次是社会角色和自我概念，这两个层面就相当于“冰山”模型的水下部分。知识与技能被置于最外层，越往外层的特征越容易被评价和培养，反之则越难以被识别和培养形成。

综上所述，McClelland的一篇文章引起了成千上万个对工作和职业胜任力的研究，它们都是试图去回答一个基本的问题：是什么将绩效优秀者与绩效平平者区分开来？如果我们知道是什么造成了绩效的差异，并且能够对它们进行测量，则可以雇佣更好的员工，评价和评估员工以及帮助他们提高绩效。

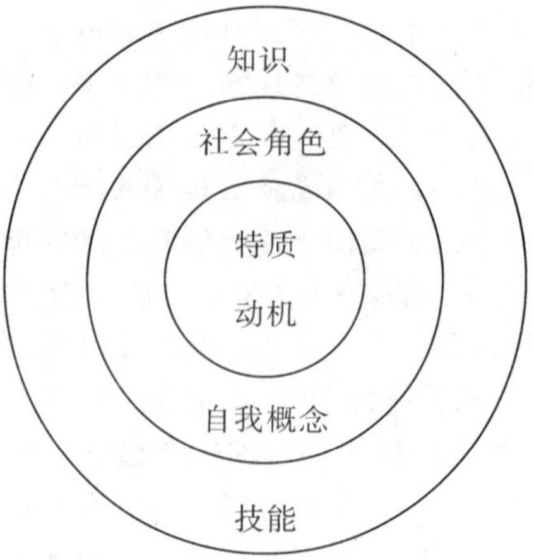

图 6－2　胜任力“洋葱”模型图

本书对“胜任力”的操作定义是：一个人所拥有的导致在一个工作岗位上取得出色业绩的潜在的特征（它可能是动机、特质、技能、自我形象或社会角色等方面的特征）。

6.1.3　胜任力模型的流派

有关胜任特征的研究大致可以划分为三个学派：一是行为主义学派，主要从事培训领域胜任特征研究，以预测工作绩效为目的，从完成岗位单一任务的方式与过程入手，但忽略了人员自身特点，缺乏规范性；二是通用性学派，主要从事教育领域的研究，研究员工能够顺利完成各项工作任务的特征，但过于以工作绩效为目标，缺乏对胜任特征内在结构的考虑；三是认知学派，主要集中在高等教育领域的研究，以对语言学的研究为代表，认为语言是人员各项特征的综合体现，研究相关人员的语言胜任特征。

1. 行为主义学派的研究

行为主义学派对于胜任特征的研究主要服务于培训而不是资格认证，其研究成果在北美地区被广泛地应用于各种培训项目。它结合培训目标与具体需求，强调在具体的情境中开发培训项目的一般过程。在方法上主要依赖于任务分析，即通过结构化的观察得出具体的胜任特征，把胜任特征的构造完全看作是一个纯粹的技术过程，忽略了胜任特征的政治以及社会纬度，只注重对胜任特征的技术性描述，忽略了其规范性的成分。

行为主义学派胜任特征的培训方法在教育领域特别是学校运用得最为广泛。休斯敦（Houston）对 CBTE（Competence-based Training and Education）以胜任特征为基础的培训与教育项目设计过程作了具体的描述。教员们列出 16 项胜任特征的陈述，比如：识别学习者的情绪、社会、生理以及智力的需要；能够根据学习者的需求识别和规定操作性的目标；设计适合于目标的教学方法；完成与计划一致的教学；设计和完成基于学习者成绩和教学有效性的评价过程，以及其他如文化意识、实用性技能、课堂沟通、学科知识以及关于自身职业有效性分析的一些胜任特征。

行为主义学派关于胜任特征分析的缺点在于它分离了教学的过程，从而没能有效地观察与测量教师们在教学过程中所表现的胜任特征，所以其胜任特征分析仅局限于表层，不够全面与深入。

2. 通用性学派的研究

通用性学派胜任特征研究的内容与行为主义学派的研究内容正好相反。行为主义学派的研究主要着眼于如何确保所有的职业人员都能够胜任所需要完成的工作，侧重于方式。而通用性学派的胜任特征研究所关注的是什么使职业人员能够成为胜任的工作人员，侧重于目标。通用性学派胜任特征的研究主要集中在管理教育领域。

Boyatzis 认为：任何与有效或杰出的工作绩效相关的个人的特质、特征以及技能都称为胜任特征。

Spencer 认为：胜任特征是一种个人潜在的特征，与有效或优异的工作绩效相连，它表明的是一种思考或行为的方式，一种跨情景的泛化的行为或思考的方式，而且持续相当长的一段时间。胜任特征包括五种类型：动机、特质、自我概念、知识以及技能。与工作技能、智力以及文凭相比，在越是复杂的工作中，胜任特征对于取得有效工作绩效的重要性就越高。

Tower Perrins 管理咨询公司认为胜任特征对于组织、个人绩效以及改善绩效而言是非常重要的技能、知识以及行为的组合。随着胜任特征研究的深入发展，传统胜任特征的内涵得到了丰富：胜任特征不仅包含技能或专业技术成分，而且还有自我概念、社会角色、动机等心理因素层面的成分。胜任特征的研究也深入到人力资源管理领域，建立了一些跨组织的通用性的胜任特征模型，为组织提供了一系列管理测量的目标，客观上要求组织采用一系列技术，比如测验和模拟技术来评价管理者的胜任力，并且用来预测他们未来的潜能。管理评价中心技术正是由于胜任特征评价模型的运用而得以发展。

通用性的胜任特征研究不仅仅局限于管理教育领域，在教育领域和医学领域也发挥了较大的作用。美国成人及经验学习委员会与 McClelland 所创立的公司合作，研究了如何改进选拔学生进入高等学府的标准，即不再运用传统的学业成绩，而是用学生是否具有在高等学府中取得成功的潜力（即在高等学府中所需要的胜任特征）来选拔学生。运用同样的方法，得到了 11 项胜任特征，分别为：主动性、领导能力、毅力、影响技能、创造性、自信心、计划能力、人际关系判断、批判性思维、反应性以及自我控制。

3. 认知学派的研究

前两个学派都运用工作绩效（performance）来验证胜任特征的有效性，而认知学派对胜任特征的研究则以对语言学的研究为代表，不同于与工作绩效相关的胜任特征。

其代表人物乔姆斯基（Noam Chomsky）认为：语言的胜任特征是一种深层次的结构模型，而不是行为性的语言和动作的总和。语言的表现不仅仅需要语言的胜任力，还包含一系列的文化规范及基本的语言规则。发音清楚、说话流利并不等于口才很好。语言表现不好也并不是说不具有语言的胜任力。

认知学派总结指出胜任特征是指个人所知道的，在理想状态下能够做到的，而工作绩效指在实际现存的环境中所能做到的。所以他们认为是教育赋予人们知识，而且培养人们构造知识和认知技能的能力。对环境的成功适应是通过整合能力，恰当的知识、情感以及行为模式而获得的，并不是通过使用单一的能力或者复制所需要的信息而获得的，是一种整合了的内部结构，是一种用来协调内部认知、情感以及其他资源的一般性的能力。

6.1.4 胜任力的研究方法

1. 采用理性主义方法分析胜任力

在以往的胜任力研究中，人们主要是采用理性主义的科学方法去分析胜任力，而且对于胜任力的研究主要取决于他们的职业倾向，工业心理学家倾向于强调特征属性、选择知识、技能和态度，教育家集中在知识和技能，而训练有素的人力资源专家传统上使用以任务为基础的系统，它们分别被称为差别心理学方法、实践教育行为的心理学方法、管理科学方法。差别心理学方法集中在挑选出那些优秀的表现者所拥有而一般的表现者所没有的特性上，它的假设是人们的能力是呈正态分布的，只有少数的人位于顶端和低端；实践教育行为的心理学方法的模型包括主题知识和一些情感领域，也包括优秀表现者的所有重要品质，而并非区别优秀绩效的品质，这种方法的支持者强调绩效环境的作用；管理科学方法来自于工作描述和工作分析，它需要花费大量的时间作工作分析、任务分析和文件分析，工作中需要的知识、技能和态度也是工作描述的一部分，但通常是位于第二位的。

Sandberg（1994）和 Veres（1990）等综合了上述三种方法，采用三种手段去分析：工作者定位、工作定位和多方法定位。

在工作者定位法（Worker-oriented Approaches）中，胜任力主要被看作是由工作者所拥有的属性所构成的。Veres（1990）认为，这些属性包括知识、技能、能力和有效工作的个人品质，前三种属性可简称为 KSAs（即 Knowledge，Skills 和 Abilities）。Boyatzis（1982）将工作胜任力描述为“一个人潜在的特性”，它可能是动机、特性、技能、个人自我印象或社会角色的一些方面，或者是他或她所使用的知识体。Boyatzis 认为，由于工作胜任力是一种潜在的特性，可以说具有通用性，这种通用性可以出现在不同的工作活动中。按照 Boyatzis 所描述的方法，L. M. Spencer 和 S. M. Spencer（1993）探讨了在 200 多种不同的工作中哪些胜任力是工作优胜者正在使用的，研究发现，工作中的高绩效通常是一组具体的胜任力按照一种特殊方式相组合的产物。当然工作者定位法也受到了一些批评，因为它对胜任力的描述具有太强的普遍性和抽象性。Jacobs（1989）就对 Boyatzis 的胜任力通用模型提出了质疑，他在英国 500 多个组织中采用 Boyatzis 的方法进行研究发现，不同的管理工作需要不同的胜任力，从这些研究中，他得出结论认为，Boyatzis 的方法对胜任力的描述太具有普遍性和抽象性，进而限制了发展胜任力的价值。

在工作定位法中（Work-oriented Approaches），胜任力被看成是一种具体的属性，首先进行识别活动，这些活动是完成具体工作的中心，然后将这些活动转化成个人属性，这样工作定位手段的倡导者就能对胜任力的构成作出更具体和更详细的描述，同时也在很大程度上克服了胜任力描述太普遍的问题。当然，工作定位法也受到一些批评，如 Raven（1994）认为，一系列的工作活动并不能充分地表明完成这些活动所需的属性。

多方法定位法（Multimethod-oriented Approaches）的提倡者认为，胜任力是由一些具体的属性所构成的，这种方法与前两种方法的区别在于，它采用更易于理解的方法去分析胜任力，将工作者与工作两种定位方法相结合来回避受到的批评。

总的来讲，虽然理性主义的方法采用不同的方式去界定胜任力，但他们都认为人类的胜任力由一些具体属性构成，这些属性被工作者用来完成他们的工作，而优秀的工作者被认为拥有一些优良属性。进一步讲，属性具有情景独立性，一个具体的属性（如沟通技能）被看成其本身有一种固定的含义，这种情景独立性使其能够适应较广范围内的工作活动。

2. 采用解释方法分析胜任力

解释方法（Interpretative Approaches）以现象学为基础，并认为通过人实践过的经验，人与世界密不可分。按照他们的观点，胜任力不是由两个分离的部分组成，而是工作者和工作通过实践过的工作经历而形成的一个整体。

Sandberg（2000）采用现象记录法（Phenomenography）作为解释方法中研究胜任力的一种手段。他以瑞典 Volvo 汽车公司引擎优化部门中的 20 名引擎优化师为访谈对象，访谈问题诸如：你认为优化工作是什么？你认为怎样才是一个胜任的优化师？另外，还有一些具体的问题。他通过对访谈结果的分析发现：人的胜任力最基本的不是一些具体的属性，人们的工作知识、技能和其他用于完成工作的属性都是建立在人们的工作概念基础上，并且工作概念优先于这些属性，也就是说，工作者基本的工作概念构成了人的胜任力，是工作者构想工作的方式，产生、形成和组织他们的知识、技能，并由此而胜任他们所从事的工作。他们的研究表明，一个工作者特殊的工作概念，决定了他将发展哪些胜任力，并将其应用于哪种工作中。研究结果强调了以下几点：①属性是通过设想工作的具体方式而获得含义的；②工作概念并不仅仅规定了属性的含义，而且也规定了完成工作的过程中需要哪些特殊属性；③工作者的工作概念不仅导致了不同形式的胜任力，而且胜任力的等级性是通过概念的综合性来体现的；④胜任力发展有两种方式：第一种是改变目前的工作概念为另一种不同的工作概念，第二种是发展和加深目前对工作的设想方式；⑤从新手到专家这种等级变化意味着从一种概念变化为另一种概念。

解释方法对工作概念构成胜任力的理解，其基本意义在于：①管理者开始了在具体工作情景下界定和描述胜任力；②出发点从属性转移到工作者对他们的工作概念上；③有助于设计和指导培训及发展活动。在解释方法中，胜任力的发展是通过改变工作概念，将工作者的工作概念作为出发点。

许多学者对解释方法的研究也提出了批评和未来的研究方向：①外部效度问题。Sandberg 所描述的引擎优化概念并不能推广到其他工作中去。Barley（1996）和 Benner（1986）等认为，胜任力具有情景依赖性，即便工作概念相同，可能表达的胜任力却是不同的。②在研究中，Sandberg 收集资料的主要手段是建立在观察工作基础的访谈上，然而在研究中采用录像的方式也许更有效。③关于概念中变异来源的问题。Sandberg 在研究中按正规教育和工作经历的长短来确定变异来源，然而这些来源和所界定的概念并没有明显的联系，其他来源，尤其是工作者获得工作经验的类型也许对此帮助更大。④关于工作者的工作概念。对发展胜任力的议题需要进一步应用到不同的管理活动中去，比如招聘、绩效评估、职业管理、报酬方式和改进绩效的动机策略等，这些活动能够促进或阻碍组织中需要发展和保持的胜任力。

6.1.5 胜任力的结构

由于胜任力定义中包含外显的行为和内隐的动机等，所以胜任力模型中有一部分是内隐成分，人们将胜任力模型形象地比喻成漂浮于水中的一座冰山，水上部分代表表层特征，如技能、知识、中间技能等，这些特征容易被感知，但不能预测或决定能否有卓越的表现，而处在水下的深层胜任特征，如自我意向、社会角色、动机等，决定着人们的行为与表现。McClelland 把胜任特征划分为知识、技能、社会角色、自我概念、特质和动机等六个层次。水上冰山部分（知识和技能），即基准性胜任力（Threshold Competence）特征，只是对胜任者基础素质的要求，但不能把表现优异者与表现平平者区别开来；水下冰山部分包括社会角色、自我概念、特质和动机等胜任力特征，可以统称为鉴别性胜任力（Differentiating Competence）特征，是区分表现优异者与表现平平者的关键因素。人类胜任力的结构可以比作冰山，如图 6－3 所示。

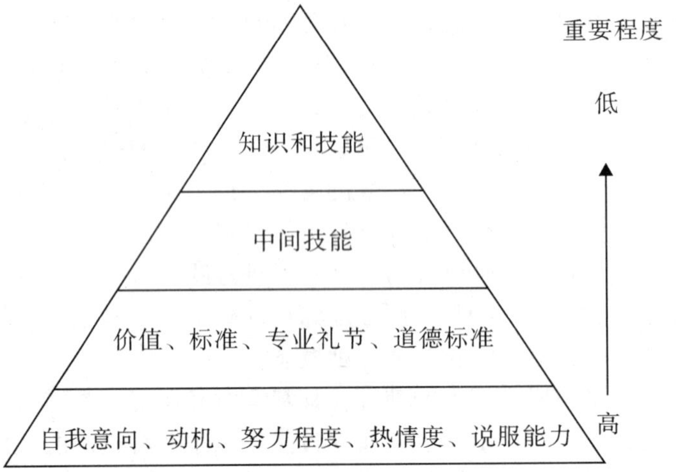

图 6－3　胜任力结构示意图

（资料来源：项成芳. 胜任力的理论与实证研究——南京市国有企业高层管理者的胜任力模型［D］. 南京师范大学硕士学位论文，2003.）

冰山顶部可见的是第一层水平——与完成工作或与职位有关的、必须具备的、可观察到的知识和技能，正如 Spencer 所说的，职位和任务能够被恰当地执行所需要的能力，指导性的知识和技能通过专业和职业的培训可以获得提升。

冰山的第二层水平是可以应用于各种情况的中间技能。这些中间技能被认为是包括社会角色和沟通技能在内的“较为广泛的、可应用的职业技能”或“基本资格”，是一般技术化和专业化的。但中间技能很难学习，且需要个人监督和反馈，所花费用也相对较大。指导性技能和中间技能（水平一和水平二）合在一起被认为是专业和职业的胜任力。

胜任力结构的第三层水平包括了价值观、标准、专业礼节与人和所属组织的伦理和道德，这些价值和标准是一种对世界和他人的看法，是一种对文化、价值和传统的特殊看法。第三层水平涉及人格和专业框架，包括价值、定位、标准和规范，能够辨认出胜任人的人格特征。采用这些类型的价值观和标准是一个非常个人化和长期的社会化过程，这些过程有助于进入职业化领域。人的胜任力结构前三层水平被看成是职业资格的参考。

人的胜任力结构第四层水平位于人格深层结构，包括自我意向、实际动机、热情的来源和行动的努力程度等。人的胜任力的这些方面的特征很大程度上决定了人在特殊情况下怎样行动。对于成功完成那些需要高度负责的复杂任务，深层次的胜任力比表层的胜任力更重要。McClelland（1993）描述以胜任力为基础的人格特性时，认为人格深层结构如人的努力和热情程度、动机和自我意向是区分出绩效高者和绩效平平者的关键因素，是在岗位上或情景下取得成功的决定性因素。

6.1.6 胜任力分析方法的新颖之处

尽管传统职位分析方法和以胜任力为基础的分析方法之间的不同似乎不明显，但胜任力分析似乎对潜在的人力资源管理有启示作用。Lawler 很好地表述了胜任力分析的新颖之处："与其把胜任力分析看作是对相对永久和固定的工作描述的思考，不如把它看作是对组织中的人力资源配置和效率的思考。"

采取职务性分析方法和以胜任力为基础的分析方法的不同清楚地表述在表 6－2 中，二者的不同反映了人事管理的变化。第一，胜任力分析方法对人们的期望有了更广的含义，不仅仅是完成工作，还需要对组织有附加的价值；第二，焦点不是今天而是明天。

表 6－2 职务性分析方法与胜任力分析方法的比较

	职务性分析方法	胜任力分析方法
工作描述	做了什么	做了什么，为什么，怎么办
	核心任务和功能	核心任务和胜任力
	需求（知识、技能、责任）	需求（知识、技能、人格、态度、价值观、标准、激励）
	挑选（这个人怎样）	挑选（这个人起什么作用）
	通过职位和个人之间的匹配来挑选	通过个人和组织之间的匹配来挑选
	挑选是为了填补空缺	挑选是为了组织长期的发展和成长
	挑选标准主要集中在知识、人格和态度	挑选标准不但集中在知识、人格和态度上，而且在技能、价值观、行为上也有一定的涉及
发展	知识的发展	知识、能力、意志和人的发展
	从提高工作技能的观点看	从发展技能、态度和行为的观点看
	目标在于等级提升	目标在于水平灵活性，在于最大程度发挥人的潜能
评估	集中在职位的功能上	集中在职位、绩效、成果、潜能的功能上
	聚焦在贡献上	聚焦在行为上

（续上表）

	职务性分析方法	胜任力分析方法
酬劳	根据职位付薪酬	根据工作付薪酬
	职位的重要性决定薪资	组织所需要的胜任力决定薪资
	聚焦于责任、知识、年龄和资历	聚焦于产出

（资料来源：项成芳．胜任力的理论与实证研究——南京市国有企业高层管理者的胜任力模型［D］．南京师范大学硕士学位论文，2003.）

基于胜任力的分析是以胜任力为基本框架，通过对优秀员工的关键特征和组织环境与组织变量的分析来确定岗位胜任要求和组织的核心胜任力，是一种人员导向的职务分析方法。通过这种方法确定的职务要求一方面能够满足组织当前对岗位的要求，另一方面也适应了组织发展的需要。随着组织寻求在人力资源上获取竞争优势以实现可持续发展，基于胜任力的职务分析越来越趋向于未来导向和战略导向，即按照组织未来发展的要求来重构岗位职责和工作任务，确认职务要求。

与传统职务分析相比，基于胜任力的职务分析具有以下显著的特征：

（1）从内容上看，基于胜任力的职务分析方法是以对员工进行胜任特征分析为目的的、全面的、从外显特征到内隐特征的分析方法，具体如表 6－3 所示。

表 6－3　职务性分析方法与胜任力分析方法在内容上比较的结果

职务性分析方法	胜任力分析方法
完成什么	更强调优秀员工的关键特征，注重怎么完成任务
与岗位的短期匹配	与组织经营目标和战略紧密联系，强调与组织的长期匹配
更加注重寻求岗位之间、职务系列之间的差异	除寻找岗位之间在胜任要求上的差异外，它更注重寻找岗位、职务系列之间在胜任要求上的相似点
只关注岗位要求	具有较高的表面效度，更易被任职者接受，即基于胜任力的职务分析是从优秀员工的关键行为出发来确认职务胜任要求，并且也是用关键行为来描述职务胜任要求，把员工的行为、精神体现在胜任要求的描述上，这样使得任职者能够在胜任要求描述中“看到”自己和其他员工的样子

（2）从分析过程上来看，由于职务分析分为工作导向的职务分析方法和人员导向的职务分析方法，所以对比传统的职务分析方法时，也分别与传统的两类职务分析方法进行比较，如图 6－4、6－5、6－6 所示。

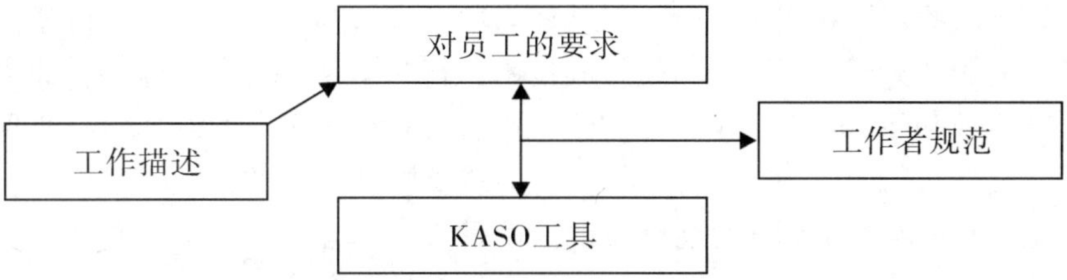

注：KASO 为知识、能力、技能、其他方面。

图 6－4　传统的工作导向的职务分析过程图

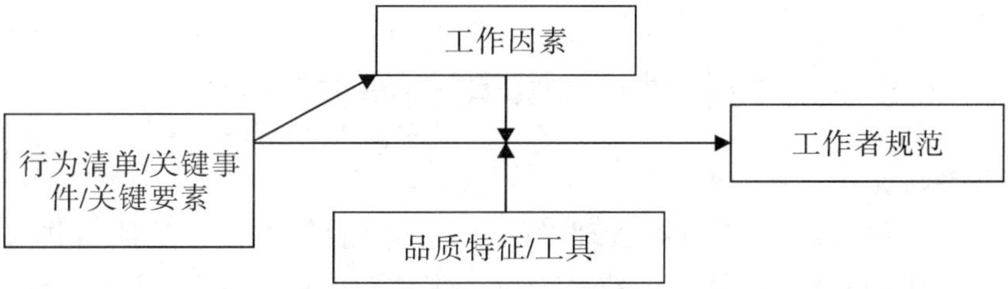

图 6－5　传统的人员导向的职务分析过程图

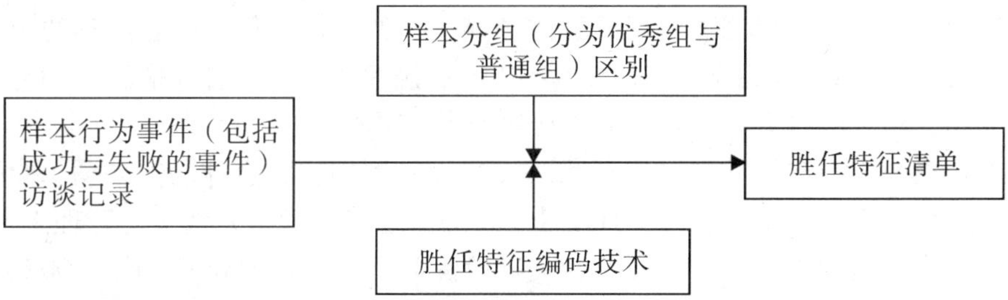

图 6－6　基于胜任力的职务分析过程图

（以上三图来源：胡建平．胜任力职务分析与传统职务分析比较［J］．科学与管理，2007（4）：87～89.）

（3）从应用范畴来看，传统的职务分析法在过去经济时代的企业人力资源管理中发挥了重要的基础作用，在传统企业仍旧起作用，但当下无法在知识型企业中发挥其优势。基于胜任力的职务分析是以员工胜任力为基础的，而任何企业的员工要完成岗位目标都必须具备相应的胜任力，因此从理论上讲，几乎所有的企业都具备采用这一新的人力资源管理方法的可能性。

在企业内部的管理实践中，基于胜任力的职务分析较适合于企业中的知识型员工和高层管理人员。知识型员工和高层管理人员在取得绩效的过程中更加依赖于其不可模仿的知识、技能和内驱力等胜任力特质，也更加渴望通过胜任力的不断提升来实现其职业发展目标，容易认同和接受基于胜任力的职务分析方法。21 世纪是知识经济时代，随着知识型员工队伍的壮大，基于胜任力的人力资源模式应用范围会不断拓展，基于胜任力的职务分析方法也将得到进一步的应用。

虽然基于胜任力的职务分析与传统的职务分析有很大不同，但两者并不是没有联系。首先，基于胜任力的职务分析是在传统的职务分析基础上发展起来的，例如它吸收了传统职务分析中关于任职要求的定性和定量评价，对胜任力项目或行为进行区分以适应不同的职务要求，基于胜任力的职务分析中运用的一个核心技术是行为事件访谈，这就是在原来的关键事件分析技术（Critical Incidents Technique，CIT）的基础上发展起来的；其次，两种方法的根本目的都是为了提高人与职位的适应性，提高人力资源管理开发的有效性。因此，人们对于两种方法之间是否有根本的不同还是有怀疑的。两种方法是互相补充的，胜任力分析并不意味着职务性分析的方法是无效的，而是说职务性方法不是人事管理的单一基础。

除了代替职务性分析方法，胜任力分析方法也与绩效分析方法有所区别。绩效分析集中在结果和产出上，胜任力分析集中在输入上。人们带到工作中的是什么？这可能解释了采用胜任力分析方法的引人之处。

6.1.7 关于胜任力与胜任力模型的研究成果

1. 国外相关研究的成果

McClelland 的研究表明，对各类管理者而言，两类胜任力模型是他们共同需要的：一类是表现在个体内部的优秀特质，如成就动机、主动性、概括性思维，这类特征表现为不同寻常的进取心，又或者是想把事情做得更好（成就欲），或者是提前思考和计划（主动性），或以新的见解看待问题（概念性思维）；另一类是表现为个体对工作群体进行组织的特征，如影响他人、形成团体意识或群体领导，比如，如何使工作组织得更好，或者是影响他人（影响），或者是理解组织的政策（组织洞察力），又或者是团队领导。管理者若要获得成功，至少应在上述特征中有一个特征很突出。

Hay Group 公司基于 30 多年的胜任力模型研究，利用遍布全球的分公司力量，建立了丰富的胜任力模型库，并不断完善。Hay Group 公司近年来开始分别关注管理人员的管理、领导等胜任力模型里的因素，并开发了相关评价问卷和量表（Hay Group，2002），如管理胜任力模型问卷（Managerial Competency Questionnaire，MCQ）——基于 7 大可鉴别的优秀的经理人员和绩效平平的经理人员的管理胜任力模型因素（包括：成就定向、发展他人、指导、影响力和影响、人际理解、组织洞察力、团队领导）。

Virtanen（2000）对公共经理（Public Managers）进行了公共事业管理胜任力模型的研究，提出一个包含 5 大类胜任力模型的理论：任务胜任力模型、实体政策领域的职业胜任力模型、行政管理方面的职业胜任力模型、政治胜任力模型和伦理道德类胜任力模型。

随着研究的深入及实践应用的不断开展，胜任特征理念和方法扩散到了各个行业及各职业领域中。Mcber 管理咨询公司前总裁 L. M. Spencer 曾于 1989 年对 200 多种工种进行了研究，试图发现管理人员普遍具有的工作胜任力因素结构，综合了 360 种行为事件，归纳出 21 项胜任力因素，而且建立了包括技术人员、销售人员、社区服务人员、经理人员和企业家五大类的通用行业的模型。

美国的胜任特征研究和实践主要以 Mcber 管理咨询公司为代表。目前提供胜任特征建模服务的组织除了 Hay-McBer 管理咨询公司以外，还有 Lominger、美国国际人事决策中心（Personnel Decisions International，PDI）、Zwell International 等组织。美国国际人事决策中心在 1991 年开发了管理技能测评系统，该系统针对 19 项典型的管理技能进行测试。1997 年，PDI 在总结以往20多年研究成果的基础上，开发出新的管理技能测评系统，新系统的主要特点是在对管理技能进行全面考察的基础上提供信息反馈，明确接受测试的管理人员的技能结构，分析技能的潜在缺陷与发展需要，并提供相应的辅助与训练方法。该系统共考察了八类典型的管理技能，分别是思维技能、行政管理技能、领导技能、人际技能、沟通技能、管理动机、自我管理技能和组织知识。为了提供信息反馈，该系统还附有对综合技能和总体绩效的考察。

Dulewicz 和 Herbert（1999）对英国和爱尔兰的总经理们的职业生涯进行了7年的跟踪实证性研究。由经理的老板们根据经理们的表现对40个胜任特征行为表现条目进行重要性评价，5点记分（1为绩效突出，远远超过要求；5为没达到可接受标准），经理们自己对40个胜任特征行为表现进行自评，也采用5点记分。通过因素分析得出12大类胜任特征因素（战略眼光、分析与判断、计划与组织、管理员工、说服、坚持性与果断、人际敏感性、口头沟通、毅力和适应能力、精力与主动性、成就动机和商业意识）。

Perdue，Ninemeier 和 Woods（2000）对美国俱乐部经理协会（CMAA）的从业者教育项目中的CCM（Certified Club Manager）考试内容进行分析，对那些被认为对于成功的俱乐部管理很重要的胜任特征进行了再评价。对被试的446名退休的俱乐部经理发放问卷，由他们对127个胜任特征进行重要性评价，5点记分（5为非常不重要，1为非常重要），回收有效问卷114份，得出最重要的和使用频率最高的10个胜任特征，如预算、财政陈述、员工关系、沟通等。

Wei-Wen Wu（2008）在前人的研究基础上探索并构建了台湾科技研发领域技术人员的核心胜任力模型，随后依据粗糙集理论对原有的24个胜任力特征进行缩减，最终获得了更为简练、关键的六大核心特征，它们是目标、技术提升、成就导向、团队协作、构建人际关系以及学习意愿。这项研究是一个成功将数据处理技术运用在构建胜任力模型上的例子。

M. Llanlou 和 M. Zand（2011）对伊朗大学教师的职业胜任力与他们对定性评估项目的认识之间的关系进行研究，并设定了两份调查问卷，其中一份关于定性评估，另一份关于教师胜任力。在收集了191名教师答卷数据后，他们发现教师的职业胜任力与定性评估的认识存在着非常有意义的关联关系。越是拥有一般性和特征性的胜任力的教师，使用定性评估工具的能力就越高，也就越容易达成既定目标。同时，这也说明具备了职业胜任力的教师能够在一定程度上提升学生的学术成就、促进师生关系、提高学生学习效率和保障学生的精神健康。

总之，胜任特征研究和实践起源于美国，以McBer为代表；随之，在20世纪80年代，英国以MCI为代表在政府支持下开始胜任特征的研究和应用。McBer方法与MCI方法有所不同：McBer更注重归因方法（Attribute Approach），即他们从高绩效者的行为来推断他们的胜任特征；而MCI更倾向于绩效方法（Performance Approach），即他们更倾向于认为有效的工作所要求的行为才是重要的，而不是潜在的归因（Mever，Semark，1996）。20世纪80年代后胜任特征渐渐地成为一个时髦的管理概念，并在西方国家掀起了应用狂潮，其他国家也开始了对胜任特征的研究和应用的探索，建立了一系列的胜任特征模型库和测量量表，但目前还处于“百花齐放，百家争鸣”的阶段。

2. 国内相关研究成果

相比而言，国内胜任力模型方法在管理开发领域的研究和应用才算刚刚起步。

1990年，香港的三个私营商业企业（汇丰银行、香港赛马会、怡和太平洋）率先运用胜任力模型方法提高他们的管理绩效。

20世纪90年代，香港管理开发中心决定运用胜任力模型方法来开发本地经理人员，并确定了11个管理胜任力模型群（领导、沟通、团队建设、团队成员精神、结果取向、个人驱动、计划、效率、商业意识、决策、客户意识），每个胜任力模型群都有具体的行为描述。

Vickie Siu（1998）对香港的酒店中层管理人员胜任力模型进行了实证研究，得出11个胜任力模型因素：领导、沟通、团队建设、团队成员精神、结果定向、个人驱动、计划、效率、商业意识、决策和客户意识。

华为公司1999年建立了优秀研发人员、市场人员、管理人员的胜任力模型。

时勘、王继承（2002）对中国企业高层管理者的胜任力模型进行了实证研究，结果表明东西方高层管理者的胜任力模型具有相似性。中国的高层管理者的胜任力模型包括：影响力、组织承诺、信息寻求、成就欲、团队领导、人际洞察力、主动性、客户服务意识、自信和发展他人。这一研究在我国首次验证了胜任力评价能够更加全面地区分出优秀管理干部和普通管理干部。

凌文铨等人（2002）在为广州市国有工业企业首次面向全社会招聘中高级管理人才的选拔中，初步运用胜任特征方法，通过访谈得到某管理职位的胜任特征，并以此为基础编制结构化面试题。

北电网络（2003）建立了基于公司核心价值的胜任力模型，该模型包括22个能力维度。

戴良铁、朱荣贵等人在2005到2006年为增城国家税务局开发了征管、稽查人员的胜任力模型。增城国税局公务员胜任力结构由管理技能、工作技能、工作态度、诚实自信和沟通协作5个维度共17条素质要素组成，不同的岗位层级对胜任力结构中的管理技能和工作态度两个维度看法存在显著性差异。

戴良铁、吴双（2006）为中国银行广州分行建立了中层管理人员的胜任力模型。该模型发现银行中层管理人员胜任力结构包括八个维度：风险意识与控制能力、绩效观念与管理能力、团队关系与组织能力、沟通技巧与协调能力、问题应变与平衡能力、专业知识与执行能力、健康人格与自律能力、创新态度与发展能力。在比较了省行、二级分行/直属支行、基层支行的中层管理者之后，研究发现省行更重视“专业知识与执行能力”，二级分行/直属支行则希望中层管理人员具有较好的“创新态度与发展能力”，基层支行则看重管理者的“沟通技巧与协调能力”。

6.1.8 胜任力及胜任力模型的现存问题与发展趋势

1. 胜任力模型的现存问题

总结以往的胜任力建模研究，可以发现在理论和实践方面还存在一些问题。

（1）胜任力模型脱离实际。

胜任力模型要建立在组织的发展战略、企业目标和文化价值的基础上。这就需要企业在确定某一岗位的胜任力模型时，必须从上往下进行分解，将胜任力概念置于“人员—岗位—组织”匹配的框架中。同时在构建胜任力模型的过程中要考虑企业工作环境、工作条件及工作岗位的变化。不同企业在描述胜任力模型时，常常使用相同的字眼，但它们的内涵可能存在很大的不同，各个具体到行为的等级表达上也存在差异。所以，胜任力模型的构建一定要做到企业"本土化"，即要充分了解企业环境和工作岗位，不可照搬他人经验。

（2）缺乏实证研究数据。

实证研究数据不足也是胜任力研究面临的一个大问题。目前国内关于企业人群胜任特征的所有研究都没有关注到员工胜任特征与企业核心竞争力、经营战略和企业文化等内容之间的关系，因而所建立的胜任特征模型缺乏实证效度检验。

（3）胜任力模型价值得不到充分体现。

胜任力模型是人力资源管理中的一项辅助性工具，其价值要在融入人员选拔、培训、绩效管理等工作中才能体现，从而提高绩效，达成企业目标。但是有很多企业在完成建立胜任力模型的工作之后，由于缺少相应的培训支持，没有适当的胜任力测评方法，导致模型只在绩效考核等部分职能中发挥有限的作用。因此，在应用胜任的绩效管理体系时，企业应该先建立健全的人力资源管理配套体系，特别是健全的绩效管理体系，在基于绩效分析的基础上与胜任力素质相结合，进而有针对性地开展培训、制订薪酬计划以及其他各项人力资源管理的活动。

（4）行为事件访谈法的局限性。

迄今为止，行为事件访谈法被认为是最好的胜任力模型建模方法，许多研究结果也证明了这种方法对提高胜任力模型的有效性很有帮助。但是使用行为事件访谈法需要两个明确的前提条件和一个必要条件：第一个前提是先建立一个胜任力编码词典，词典中应该包含胜任特征名称、每个胜任特征的定义、胜任特征的强度等级以及每一等级的行为描述；第二个前提是在访谈前要建立绩效标准，先挑选出绩优者和普通者，这样做能够区分出高绩效者的胜任特征和普通绩效者的胜任特征的差别，从而使建立的胜任模型对高绩效有预测作用。必备的条件就是访谈者和编码者要受到非常专业的访谈、编码和数据统计分析训练，并有一定的实际操作经验。这些条件都齐备了才能采用行为事件访谈法。但在现实中一个颇具挑战性的问题是：胜任特征词典的开发一般滞后于变化的速度，工作要求的变化和工作组、工作类别的不同都会使胜任特征词典变得非常不完善，而补充的工作往往只能与建模同时进行，导致在对访谈的文本进行编码和归类的时候，我们往往从词典上找不到有关胜任特征的定义和胜任特征的强度等级标准方面的依据。进行行为事件访谈时如何提高研究者的访谈技巧，也需要进一步探讨和完善。另外，行为事件访谈法也因其操作过程的烦琐、误差难以控制、费时费力可能影响其信度和效度而备受质疑，有的学者甚至认为胜任力模型和工作分析没有区别。

（5）跨文化适应性研究薄弱。

胜任特征理论产生于讲究准确和规则的西方文化，而我国传统组织文化的模糊性、官本位思想等影响人际互动的重要的价值观念，必然会给胜任特征模型的应用带来一定困难，这其中需要克服哪些障碍、导入企业管理时需要什么样的条件、需要进行哪些方面的基础性管理工作，却很少被研究探讨。

2. 胜任力与胜任力模型的发展趋势

过去的 25 年里，胜任力模型从寻找个人绩效的原理发展到聚焦改进组织绩效的方法。强调优秀绩效者的个性特征是大多数胜任力研究的主要目标（Isie，1993）。

尽管胜任力模型有很多形式，但它们都是与工作相匹配的。20 世纪 80 年代最伟大的人力资源成就是把胜任力思维和组织生活联系起来。毕竟关键的胜任力是辨别职位任务的成分，把胜任力整合到更广的组织分析发展中有助于组织解决所面临的新的问题，最终目的是把人的精力转入到更有生产率的方向上。新时代的工作不再是联系到职位，而是建立在以人和组织为中心的新胜任力系统上。因此，在未来，胜任力发展所关注的焦点将产生以下变化：

（1）不仅仅是职位的变化。

在许多组织中，传统的工作描述已经不再适应组织的发展需要，它们对于不断变化的策略、不断增加的成员、客户需要的变化以及随时出现的竞争都显得不够灵活。组织要求人们的职责不断变化，不断需要灵活的程序和语言，以胜任力为基础的方法能够回答这些问题，能够使得个人和团队系统描述他们的工作和指导人们的实践。对组织来说，持有胜任力是组织兴旺的关键，以胜任力为基础的方法超越了过去的模型和实践，对组织在新世纪面临的问题来说，胜任力系统是一个很好的解决方案。全球性的变化趋势使得以胜任力为基础的方法变得日益重要，能够确保人们对于目前的工作需要以及工作环境有一个适当的行为。

（2）关注的焦点从职位到组织。

传统分析职位时，需要花很长时间分析工作职位，以至于模型还没用就已经过时了。随着近年来人们越来越注重从组织战略理论的角度对组织的核心胜任特征进行研究，胜任力的研究已经逐渐从个体层面走向组织层面，未来将为整个组织辨别胜任力，给每一个个体和团队创造现行工作的有效模型，当条件、客户需求、策略变化时能够迅速调整。

（3）从分析到应用的转变。

未来的全球化趋势要求花较少的时间去作胜任力分析而花较多的时间在组织中应用。不管聚焦于职位、小组、团队或整个公司，胜任力分析几乎是即时的，并且已经成为策略计划程序的一部分，能够迅速地把人们的需要和商业连接起来。每个人的实践通过现代胜任力方法得到改变，花很长时间和很多金钱来作胜任力分析的时代已经过去了，将来的胜任力菜单和模型将成为日常工作的一部分。

（4）较少依靠专家。

借助于恰当的工具和训练，所有的员工能创造他们自己的胜任力模型，因为胜任力模型必须适应不断变化和进步的客户需要、组织结构，专家的责任是使组织能够自己做出他们的胜任力模型。

（5）民主化。

在发展胜任力模型时，将会更加重视对员工的管理，因为他们的工作对于现行的和将来的绩效是一个很大的支点，所以胜任力程序应该包括影响到的每一个人。新一代的胜任力方法应作为一个强有力的工具，使组织中的每一个人都参与进来和负有一定的责任。

3. 未来胜任力模型

未来以胜任力为基础的人力资源管理是个人职业发展和组织策略之间一个关键的桥梁。胜任力模型能把个人兴趣和职业生涯联系起来，未来的实践是由职位所要求的，胜任力模型更容易接近实践者和管理者，随着组织面临的挑战的加剧，决策者将使用比传统职位分析更为灵活的胜任力模型来描述工作活动，胜任力模型被日益建构成菜单，组织和个人用它来描述取得良好绩效的特征。

（1）胜任力向网络化发展。

未来的胜任力发展，不再是个体或组织的胜任力发展，而是一种网络化的发展。不仅辨别和发展个体胜任力，而且把个人胜任力以及组织胜任力作为招聘、挑选、评估、薪酬和职业政策的起点，并将两者有效结合起来，研究内在的规律和一致性。Bergen Henegouwen（1990）说当人的胜任力的获得和维持与商业战略的革新结合在一起时最有效，发展高级管理者、部门管理者和员工之间的网络化胜任力已经成为必然。高层管理通过战略管理辨别核心胜任力指导组织；部门管理通过胜任力管理激发和挑战员工，规范他们的才能；个体员工的目的在于以卓越的方式完成某项职责所需的个人专业能力和胜任力。在胜任力的网络化研究中，探讨胜任力模型结构中各个因子的内在机制、相互作用和确切内涵也是研究的一个方向，同时也需要探讨具体哪些胜任力对个体的行为和绩效产生了什么影响。另外，开展胜任力模型与个体的人格、效能感等其他因素的相关性研究，也是进一步研究胜任力的重要内容。事实上，对模型内部关系的考察有助于深入认识胜任力的内在结构并简化模型；对模型与其他人格特征关系的考察有助于发现胜任力研究是否支持以往的研究结果，从而实现从侧面考察模型的有效性。图 6 – 7 显示了高层管理、部门经理和员工在发展网络胜任力中的关系。

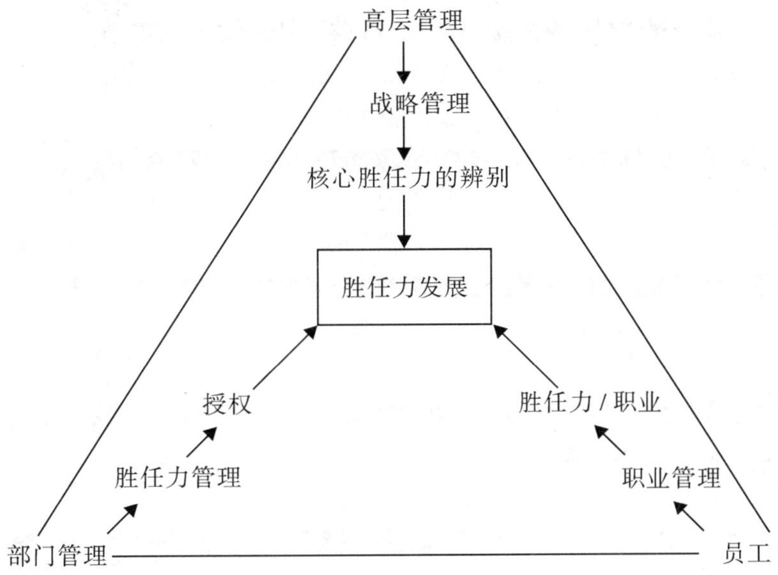

图 6 – 7　网络化的胜任力模型

（2）拓宽研究领域，行业内部构建通用胜任力模型。

拓展胜任力研究的范围，如在学校、军队、商业、行政部门等行业中开展胜任力模型的建立工作，继续开发不同职业、不同岗位胜任力模型，同时探讨职业之间、岗位之间通用的胜任力模型。通用胜任力模型能够减少个别组织或企业的研究时间，节约研究成本并且能够加快胜任力应用的步伐。美国劳工部在 2009 年开展了就业与培训管理（Employment and Training Administration，ETA）计划，该计划提出由商业领袖、教育家以及各个领域的专家一同制定一套集综合性与通俗性于一体的行业通用胜任力模型。这个模型记录了在各个重要领域中获得成功所必备的基本素质和技术专能。基于这一计划构建的胜任力模型结构模块能够极大地满足目前的行业需求，如图 6 – 8 所示，通用胜任力模型框架描述了三个模块、九个层次的胜任力。底层模块代表基础胜任力，并适用于众多行业与职业，越往上层的胜任力模块越指向特定的职业与行业；第二模块囊括了与行业相关的、广泛适用于各个行业的以及特定行业的技术胜任力（4、5 两层）；而与职业相关的胜任力特征则位于 ETA 通用胜任力模型的顶端。

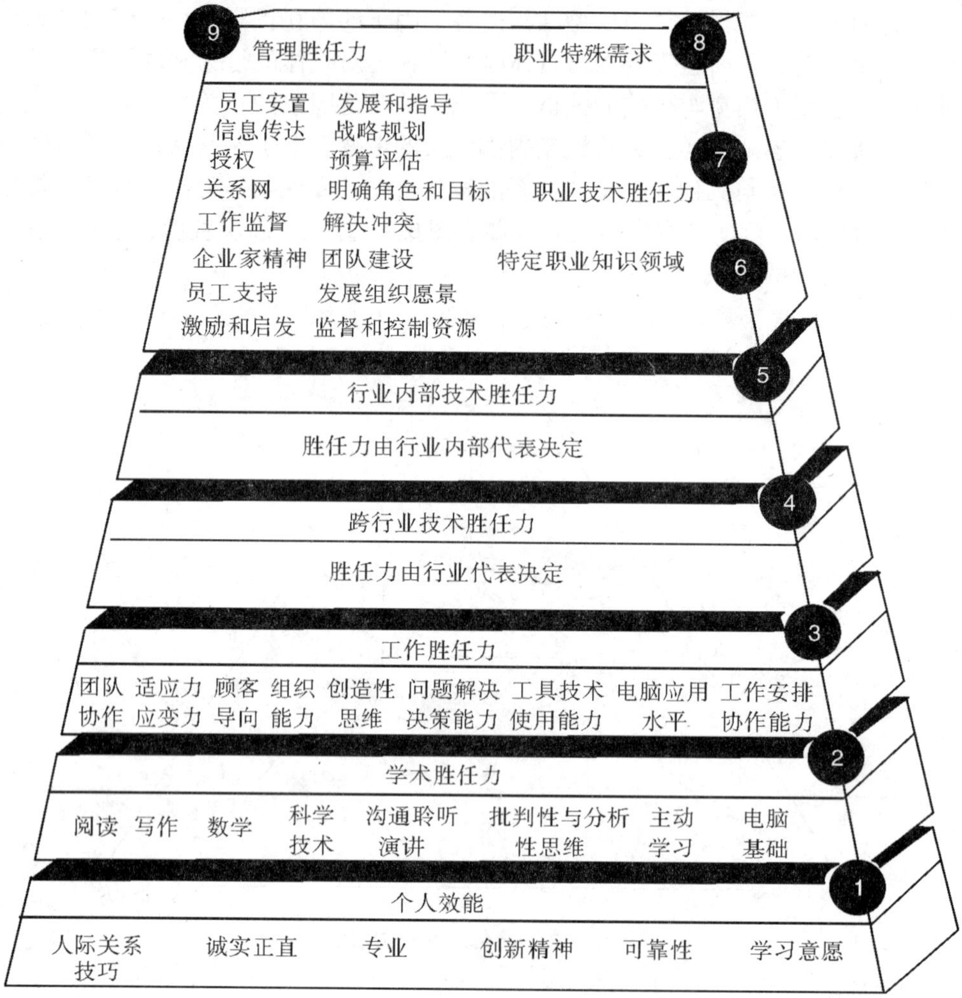

图 6－8 ETA 通用胜任力模型

6.2 胜任力模型的构建（以中国银行市场营销人员为例）

6.2.1 研究目的与问题的提出

商业银行客户经理是指银行里负责对外联系，立足银行传统业务，积极推行新型业务，协调银行与客户之间相互联系，为客户提供存、贷、汇等一体化金融服务，开发新的客户市场的业务营销人员。

进入20世纪70年代，西方商业银行为适应市场和客户需求的不断变化，制定了以改善银行和客户关系为目标的银行经营策略，推行并实施了“以金融营销为主导，以客户需求为中心，以优质服务为宗旨”的商业银行客户经理制，进行金融营销及市场差别化服务，开始从创新的角度向客户提供新的有价值的服务。商业银行客户经理作为连接银行与客户的桥梁，通过提供“关系银行服务”，满足了客户更深层次的需要及变化，创立和保持了银行与客户之间的互利交换关系。

近年来，金融竞争正处在由盲目向理智转变的过程中，作为竞争对象的企事业单位也在竞争中逐渐成熟起来，由被动接受银行转变为择优选择银行，他们对金融服务的要求也越来越高，而国有商业银行在服务产品的开发、服务手段的改善、服务质量的提高方面与其他股份制商业银行相比还有一定差距。我国商业银行根据自身经营的需要，借鉴国外商业银行经营中客户经理的理论，推行了商业银行客户经理制，旨在打破传统的营销服务模式，实施差别服务，着力提高银行与客户的关系质量，提高自身的经营效益。但我国商业银行推行客户经理制还处于初级探索阶段，商业银行客户经理制的基本内涵、理论、体系及其方法等都迫切需要结合我国的实际，从多角度进行认识和研究。

我国加入WTO后，正处在社会经济的大力发展中，外资商业银行将大量进入，金融业竞争将日益激烈，为了提升国有商业银行的竞争力，国有商业银行股份制改革已势在必行。营销人员作为中国银行客户拓展和维护等工作的生力军，他们能否胜任其职务，能否在其岗位上实现高水平的业绩，在某种程度上决定了中行的发展及变革的成败。因此，采用科学的方法来确定营销人员的选拔、培养和评价的标准也就成为当务之急。本研究的目的在于通过行为事件访谈和问卷调查，来提取银行营销人员的胜任特征模型，为银行营销人员的选拔、培训和评价提供理论和方法的依据。

6.2.2 建模的思路与基本内容

（1）实施BEI访谈和开放式问卷调查。从不同的层面了解导致营销人员成功的各种要素，找到确保营销人员胜任该项工作的成功要素。

（2）探索中行营销人员胜任特征模型结构，建构中行营销人员胜任特征量表。营销人员所从事的营销工作是复杂多样的，包括战略分析和判断、人际协调等。根据胜任特征的定义：一个人所拥有的导致在一个工作岗位上取得出色业绩的潜在的特征（它可能是动机、特质、技能、自我形象或社会角色等方面的特征），既然营销人员在工作中要完成不同性质的任务，承担不同的角色，那么完成这些任务就需要营销人员具有不同的胜任特征。因此，营销人员胜任特征模型到底有哪些维度，还需要通过实证研究去探索。这是建模的重点。

（3）分析中行营销人员胜任特征在性别、年龄、工作年限、营销对象等方面的差异性。通过分析，探索不同控制变量对营销人员胜任特征的影响，从而为在营销实践中如何提高营销人员的胜任力提供一些指导性建议。

（4）分析中行营销人员胜任特征与工作绩效的关系，并探索不同部门、营销对象营销人员的胜任特征结构。通过探讨营销胜任特征与工作绩效间的关系，探索不同部门、不同营销对象的营销人员胜任特征组型结构，即营销人员要胜任相应的职位，必须在胜任特征模型哪些维度上表现出较高的水平。

（5）通过发放和收集调查问卷，并运用 SPSS 统计软件进行数据处理来获得营销人员获得成功必须具备的胜任特征，通过实证研究，建立模型。

具体的研究思路如图 6－9 所示。

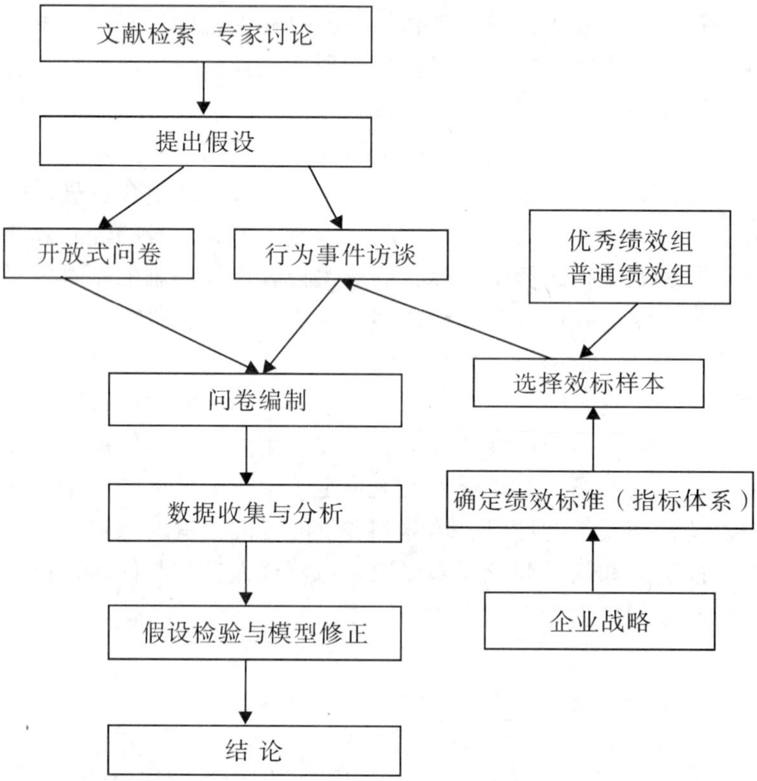

图 6－9　研究思路流程图

6.2.3　建模步骤

（1）通过文献探讨、专家意见汇集、访谈等多种渠道收集胜任特征项目，形成初始问卷。在文献探讨的基础上，征询人力资源专家的专业经验和建议，请国内人力资源管理界的专家和中行的营销人员提供他们对高绩效营销人员所应具备的胜任特征要素的看法。该调查将采用开放式问卷和行为事件访谈相结合的方式，以让受咨询的营销人员自由并充分地表达个人的意见并提供真实的行为事件。

（2）编制初始问卷并进行预试调查，探索中行营销人员胜任特征结构，形成正式的中行营销人员胜任特征问卷。

（3）用正式问卷进行调查并整理数据。对收集的数据运用 SPSS 统计软件确定问卷的信度、效度指标，并探讨胜任特征与人口各变量的关系，探讨各胜任特征的重要性。

（4）对银行营销人员胜任特征进行总结、分析和讨论，作出结论，建立银行营销人员胜任特征模型，并据此分析我国银行营销人员胜任特征现状。

6.2.4 建模方法

1. 文献研究法

文献研究法是本研究的重要研究方法，本研究中的理论研究很大一部分就是文献研究的结果。

2. 行为事件访谈法

行为事件访谈法（Behavioral Event Interview，BEI）是一种开放式的行为回顾式调查技术，是揭示胜任特征的主要途径。行为事件访谈法需要被访者列出他们在管理工作中遇到的关键事例，包括成功事件、不成功事件各三项。然后，让被访者详尽地描述在那些情境中发生了什么。具体包括：这个情境是怎样发生的？牵涉到哪些人？被访谈者当时是怎么想的？感觉如何？在当时的情境中想怎么做？实际上又做了什么？结果如何？

行为事件访谈法的目的是得到关于一个人如何开展工作的详细描述。访谈者根据访谈提纲引导被访谈者提供关键事件的小故事。被访谈者的任务是引导和推进整个故事的进程。访谈的内容集中在访谈者描述他在某一真实的环境的行为、想法和做法上。BEI 的基本程序如图 6－10 所示。

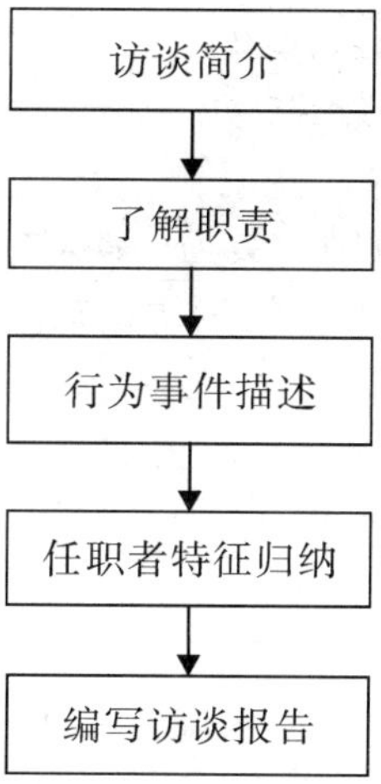

图 6－10　BEI 的基本程序

实施深度访谈时一般应有以下几点要求：

（1）访谈者事先不知道访谈对象属于哪一个基本组，即优秀组或一般组。

（2）让访谈对象用自己的话详尽地报告成功或不成功的工作经历，他们是怎样想的，感觉如何，又是怎么做的。

（3）访谈通常时间较长，一般需要1～3小时，而且需要对访谈的内容作录音记录，以利于整理出详尽的有统一格式的深度访谈报告。同时要求访谈者接受高度的技巧训练，以利于引导被访谈者自然而真实地说出他们的经历中具体的言行、想法和感受。

（4）访谈录音的内容首先被转录入计算机，校对内容后，整理成文本，并对其进行编码。

3. 问卷调查法

研究中的实证研究将以问卷调查为重点，主要通过问卷调查营销人员，作为模型处理的数据来源，以探索中行营销人员要取得出色的工作业绩所需要的最关键的胜任特征。

4. 统计分析法

运用SPSS统计软件对所收集的数据进行分析，确定问卷的信度、效度指标，进行探索性因素分析，并探讨胜任特征与工作绩效、人口各变量的关系。

6.2.5 建模过程与数据分析

通过实施深度访谈，了解营销人员工作中成功和不成功的事例，把握营销人员的工作过程，从优秀样本组和一般样本组的详细对比中提炼胜任特征的关键因素和关键行为。深度访谈可以获取关于营销人员工作状态的第一手资料，对于他们岗位的工作过程有更具体的了解和认知；通过与他们的深度沟通还可以从不同的层面了解导致他们成功的各种要素，找到确保营销人员胜任该项工作的成功要素。通过深度访谈和开放式问卷调查，结合胜任特征模型，完善或补充在胜任特征假设模型中没有提到的胜任特征尤其是表现较为突出或出现频率较高的相关因素，并由此确定银行营销人员胜任特征模型调查问卷。

1. 深度访谈

（1）样本的选择。

深度访谈期间，以中国银行的营销人员为访谈对象，根据中国银行上年度对营销人员的绩效考核结果，抽取了20名营销人员作为访谈对象。同时，为了使样本更加具有代表性，还从其他二级分行、直属支行等省行下属机构共抽取了15位营销人员进行了深度访谈。在被访谈的对象中，优秀组20名，一般组15名，共35名；其中，男性28人，女性7人，年龄最大的38岁，年龄最小的26岁，平均年龄30岁。访谈人员和被访谈者事先均不知道样本属于优秀组还是一般组。

（2）工具设计。

我们为关键行为事件访谈设计了《行为事件访谈提纲A》和《行为事件访谈提纲B》，其中《行为事件访谈提纲A》包括访谈目的、访谈问题等，供被访谈人使用。《行为事件访谈提纲B》除了有访谈目的、访谈问题外，还包括访谈程序和各访谈阶段的注意事项，供访谈人使用。同时，配备了录音笔对访谈进行录音。

（3）行为事件访谈。

访谈安排在被访谈人的办公室里进行，所有访谈过程都严格按照《行为事件访谈提纲

B》的内容来操作。在征得被访谈人同意后，对所有被访谈人的谈话内容都进行了录音。谈话最长的120分钟，最短的70分钟，平均90分钟。此外，还对被访谈人在访谈过程中的表现等内容进行了记录，作为对胜任特征编码内容的补充。

（4）胜任特征编码及统计。

首先，编码者学习和讨论了史班瑟博士编写的《才能评价法》，在不知道谁是优秀组、谁是一般组的情况下，选择两份访谈文本，复印给两位编码者，要求编码者根据胜任特征对访谈文本进行试编码，当双方的各项编码结果均达到较高一致性后，再进行正式编码。

然后，对编码得到的数据进行汇总、登录和统计，对优秀组和一般组在每一胜任特征出现的频率和等级的差异进行比较分析。将差异检验显著的胜任特征确定下来，从而建立银行营销人员胜任特征模型。所有的描述统计、相关分析、差异检验均用SPSS统计软件来完成。

（5）访谈结果及分析。

根据所有整理的深度访谈报告，归纳提炼每名经理在叙述成功事件时所提到的胜任特征指标。在访谈中出现较多的胜任特征有沟通能力、成就导向、人际理解力、自信坚韧、顾客导向、主动性、专业技术、市场敏感性、协调能力、分析性思维、概念性思维、责任心、创新、说服力、组织洞察力、行业判断力、团队建设、培养下属等26个。

根据我们所得的数据，沟通能力在优秀组和一般组的差别最大，说明优秀的营销人员大多具有极好的沟通能力，经常使用良好的沟通技巧和观察手段来进行沟通，而业绩平平者仅仅是机械地传达意思；而在专业知识上相差最小，说明作为一名营销人员，要把工作做好，最基本的要求是要具备良好的专业知识。

为检验本研究确定的胜任特征能否在银行营销人员效标样本中的优秀组和一般组之间显示出差异，我们对优秀组和一般组在平均频次和最高频次上的差异进行了检验。结果表明，无论是从平均频次还是从最高频次上看，优秀组与一般组的许多胜任特征都具有显著的差异。胜任特征评价的平均频次和最高频次都能区分效标群体，优秀组不但在胜任特征出现的平均频次上高于一般组，而且在最高频次上也比一般组高。由于采用平均频次和最高频次鉴别出来的胜任特征基本一致，而且考虑到优秀组比一般组的人员多了5人，平均频次更有区分性，所以，我们采用了平均频次作为鉴别标准。

据此，我们通过对优秀组和一般组的胜任特征的平均频次进行差异检验的方法，发现营销人员胜任特征在以下11项存在显著差异：沟通能力、成就导向、人际理解力、自信坚韧、顾客导向、主动性、专业技术、市场敏感性、协调能力、分析性思维、概念性思维，后四项在0.05水平上差异显著。

访谈是质的研究中最重要的一种收集资料的方式，是研究者通过口头谈话的方式从被研究者那里收集第一手资料的一种研究方法。访谈的具体功能包括：①了解客户经理的所思所想，包括他们的价值观、情感感受和行为规范；②了解客户经理过去的生活经历以及他们处理的有关事件并且了解他们对这些事件的意义解释；③通过访谈，了解客户经理所认为的胜任力特质，从多重角度对这个问题进行比较深入、细致的描述。这次访谈采用了结构式加开放式两种类型访谈来探测客户经理所需的胜任力，共访谈了中国银行广东省分行公司业务部35名客户经理。这35名客户经理平均年龄为31岁，除一人学历是大专外，其余均是本科以上。

通过访谈，发现客户经理的基本工作主要有以下六项：①开展信贷调查与项目跟踪。开展辖区内的信贷资产调查，选择并挖掘优质、优良的资产客户，受理客户提出的贷款申请，对拟发放贷款进行贷前调查，写出贷款调查报告，并对调查事实负责。贷款发放后进行贷后检查、项目跟踪、客户监管、本息清收。②服务特定客户。广泛接触客户，对授权管理的特定客户进行贴身紧跟，协调处理银行与客户之间的各种关系，依托银行的全部可用资源为客户“量体裁衣”，提供全方位的金融服务。③组织存款资金。充分挖掘现有客户的资金潜力，动员客户在本行办理结算业务、留存闲置资金，积极开发新的低成本存款客户，拓展增量资金来源，多方增强本行的综合资金实力。④推销金融产品。参与客户的理财工作，提供合理化建议，推荐本行的银行卡、电子汇兑、个人汇款、国际结算业务、代收代付网络，根据客户需求设计新的金融服务品种。⑤收集市场情报。广泛了解辖区内政府机关的决策信息、部门改革方案、行业发展动态以及金融同业的创新动向，及时向有关部门反馈，为领导决策提供基础资料，尽力缩短本行业务经营对市场环境反应时滞。⑥宣传企业形象。利用一切机会向社会推介本行的服务项目和服务质量，维护企业品牌，塑造良好公众形象。

访谈收集整理发现，客户经理的胜任力主要来自几个部分：①基本个性特征，比如自信心、乐观、善于分析、有合作精神等。②实践能力，比如知识面特别广泛，对银行的产品和业务都相当熟悉等。

从对客户经理的访谈结果中，我们发现有75个特质词出现频率较高，与调查问卷中的特质词相似，可以作为建立胜任力模型的初始结构。

2. 开放式问卷调查

开放式问卷中首先定义了营销人员胜任特征的概念，银行营销人员取得高绩效必须具备的特征、胜任力、能力，并请被调查者以简短的语句（2~4个）列举这些特征、胜任力、能力等的行为范例，并说明在此研究中，营销人员是指在中国银行从事与客户拓展或维护等工作有关的客户经理、高级客户经理、资深客户经理等人员。

被试为中国银行广东省分行的职员，共发放问卷100份，收回有效问卷62份，问卷回收率为62%。我们按照项目的意思是否明确这个标准对这些项目进行了筛选，并对其进行频率分析。根据营销人员胜任特征定义对所收集到的项目进行归类，共得出18个胜任力构成因素，每个胜任力构成因素包含的项目数从5个到29个不等。

3. 结构式问卷调查

（1）预试问卷编制。

①综合访谈和文献研究、开放式问卷所得出的胜任特征，结合专家的提议，预试问卷中包含了沟通能力、成就导向、人际理解力、自信坚韧、顾客导向、主动性、专业技术、市场敏感性、协调能力、分析性思维、概念性思维、团队建设、影响力等14个营销人员胜任特征项目。根据深度访谈中所得到的行为特征，结合国内外相关文献已有的问卷，从不同角度给每个胜任特征提炼了46个行为特征，初步编制预试问卷。

②请人力资源管理方向的导师和研究生对问卷的结构和项目进行评定，在此基础上对问卷结构和项目进行修订。

③为了保证被试者能够清楚理解题意，在问卷形成之前，请了 14 位非人力资源专业的研究生和 8 位营销人员作为被试来试测问卷，并指出哪些项目不好理解，对其加以修正，最终形成问卷。

（2）预试分析。

①研究对象。根据胜任力模型的初始结构形成了调查问卷，选取了中国银行广东省分支行的营销人员作为调查对象，共发放调查问卷 250 份，回收有效问卷 200 份，回收率为 80%。

②研究工具。采用了银行营销人员胜任特征问卷来调查。问卷采用 Likert 五点等级量表（从“非常重要”到“非常不重要”），评价被试者认为词表上的每一个特质对于一个成功的营销人员的重要程度（1 代表“非常不重要”，5 代表“非常重要”），反映了高层营销人员的胜任力标准。

③探索性因素分析。用 SPSS 统计软件对数据进行统计分析。先检验作因素分析的可行性，对经过重编码后的全部数据进行 KMO 和 Bartlett 球形检验。统计结果表明本数据可以作探索性因素分析。对原始数据采用主成分分析法，正交旋转，提取特征根大于 1 的因子。共提取 9 个因素，累计方差解释率为 70.950%，因素负荷水平均在 0.40 以上，表示这 9 个因素对整个量表的解释度较好。从每个因子所包含的项目内容来看，可将它们分别命名为：因素 1“沟通能力”，因素 2“成就欲”，因素 3“主动积极”，因素 4“顾客导向”，因素 5“协调能力”，因素 6“自信坚韧”，因素 7“市场敏感度”，因素 8“思考力”，因素 9“知识技能”。

（3）问卷修订。

为进一步了解问卷的可靠性与有效性，调查者对各层面的题项进行了信度分析。从下表结果看出 $\alpha=0.846$，说明总量表的内部一致性较好。信度检验的结果如表 6-4 所示。

表 6-4 银行营销人员胜任特征预试问卷信度系数

因子	F1	F2	F3	F4	F5	F6	F7	F8	F9	总量表
α 系数	0.806	0.705	0.665	0.749	0.750	0.706	0.696	0.760	0.736	0.846

从表 6-4 可以看出，总量表 α 系数大于 0.80，各量表的 α 系数除 F3 和 F7 外，均大于 0.70，表明此量表从总体上看一致性信度较高，测量结果是可靠的。

但因为因素 3（主动积极）的 α 系数和因素 7（市场敏感度）的 α 系数小于 0.70，所以需对此层面的题项进行调整；因素 5（协调能力）的 α 系数虽在 0.70 以上，但其题项只有 3 个，需对其进行扩充。各因素的分布不太均匀。如因素 7 和因素 8 包含了 10 个和 11 个条目。我们的构想中有些很重要的条目却没有构成独立的因子或者没有负荷，可能是条目表述不易理解或者有歧义，造成被试选择偏差等。从统计结果来看，问卷还需要大幅度的修改，避免出现不易理解的或有歧义的条目，各因素所含条目应尽量做到均衡，尽量采用分层随机抽样的方法进行抽样，注意性别、年龄、学历、工作年限、营销对象因素的比例，尽量减少样本偏差带来的误差。

通过对预试问卷进行探索性因素分析，结合定性分析结果，对银行营销人员胜任特征问卷进行了修订，最后确定了61个条目，编制成正式的银行营销人员胜任特征问卷。

（4）正试分析。

①研究对象。正式调查选取了中国银行广东省分支行的客户经理作为调查对象，共发放调查问卷400份，回收有效问卷300份，回收率为75%。

②工具。使用修订后的银行营销人员胜任特征问卷来调查。问卷采用Likert五点等级量表（从“非常重要”到“非常不重要”），评价被试者认为词表上的每一个特质对于一个成功的营销人员的重要程度（1代表“非常不重要”，5代表“非常重要”），反映了高层营销人员的胜任力标准。

③研究结果。研究结果的分析从信度检验和效度检验两个方面展开。

第一，信度检验。

采用克伦巴赫一致性系数（Crombach'α）检验总量表的信度，结果如表6－5所示。检验结果显示：本问卷总体的同质性信度为0.936 1，而各分量表的同质性信度均在0.725以上，表明本问卷的一致性信度很高，测量结果是可靠的。

表6－5　银行营销人员胜任特征正试问卷信度系数

因子	F1	F2	F3	F4	F5	F6	F7	F8	F9	F10	总量表
α系数	0.890	0.798	0.796	0.807	0.756	0.756	0.736	0.734	0.748	0.742	0.936 1

第二，效度检验。

A. 结构效度。用SPSS统计软件对数据进行统计分析，先检验作因素分析的可行性。检验结果如表6－6所示。

表6－6　KMO和Bartlett检验结果

K－M－O取样适当性度量		0.859
Bartlett球形检验	近似卡方分布	50 495.849
	自由度	1 705
	显著性	0.000

结果表明本数据可以作探索性因素分析。采用主成分分析法，正交旋转，提取特征根大于1的因子。共提取10个因子，累计方差解释率为67%，因子负荷水平均在0.40以上。

一般情况下，各因子累计方差解释率达到60%以上，则表明量表具有良好的结构效度。本次数据分析中因子累计方差解释率达到了67.687%，表明本问卷结构效度良好。在共同度方面，所有项目的公因子方差都在0.400以上，表明公因子解释了观测变量的大部分变异。根据所含条目内容，初步对各因子进行命名。从每个因子所包含的项目内容来看，可将它们分别命名为：因素1“沟通能力”，因素2“成就欲”，因素3“人际洞察力”，因素4“主动积极”，因素5“顾客导向”，因素6“协调能力”，因素7“自信坚韧”，因素8“市场敏锐度”，因素9“思考力”，因素10“知识技能”。

B. 效标关联效度。采用客户经理自评的方式，根据每个条目对自己进行评分。评分采用5点记分法，“1”代表在这个条目上做得非常不好，“5”代表在这个条目上做得非常好。分别求出每个自评者的胜任特征得分总分，然后对自评者的全年绩效工资进行统计，求出自评特征得分与其2005年绩效工资的相关系数。因为选取了省行本部和三个分支行的客户经理，每个分支行的情况不尽相同，于是分别求得相关系数为0.724、0.634、0.830、0.647。说明二者有着显著的相关关系。

C. 会聚效度。如果所测得的是单一的特质，那么各个分量表所测得的分数之间相关性就高，也就是会聚效度高。从统计结果看，大部分分量表之间的相关都非常显著，说明该问卷具有良好的会聚效度。

6.2.6 银行营销人员胜任力模型

本项目在前人研究的基础上，通过深度访谈、开放式问卷调查等方法对银行营销人员胜任力模型进行了初步假设。通过对银行的问卷调查和统计分析，提出了银行营销人员胜任力模型与其绩效之间的关系，这些模型是以国有商业银行为背景运用的，并证明是有效的。模型如图6－11所示。

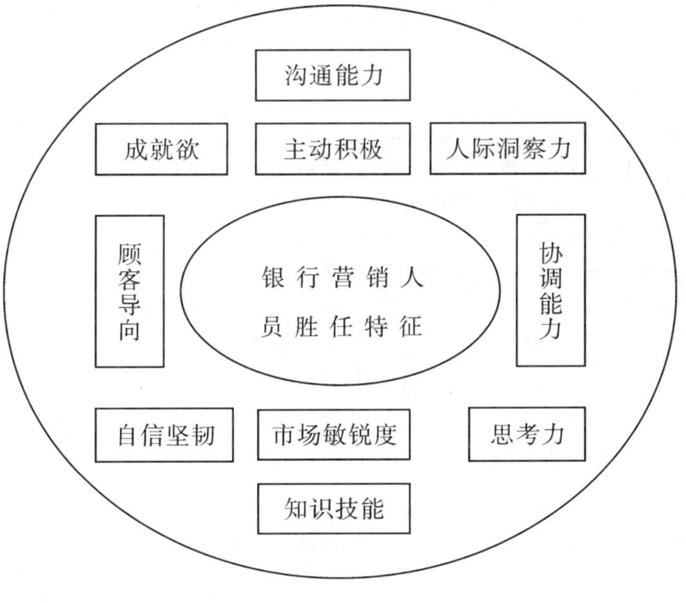

图6－11 商业银行客户经理胜任特征模型图示

6.3 A集团基于胜任力模型的人力资源管理新模式

6.3.1 人力资源规划的胜任力模型建模与应用流程

为了简单明了地阐述胜任力模型建模流程，我们摘录美国蒙大拿州2000年《将胜任力模型整合入蒙大拿州的人力资源规划——创建胜任力模型》指导手册中的一个图例，以供参考。如图6－12所示。

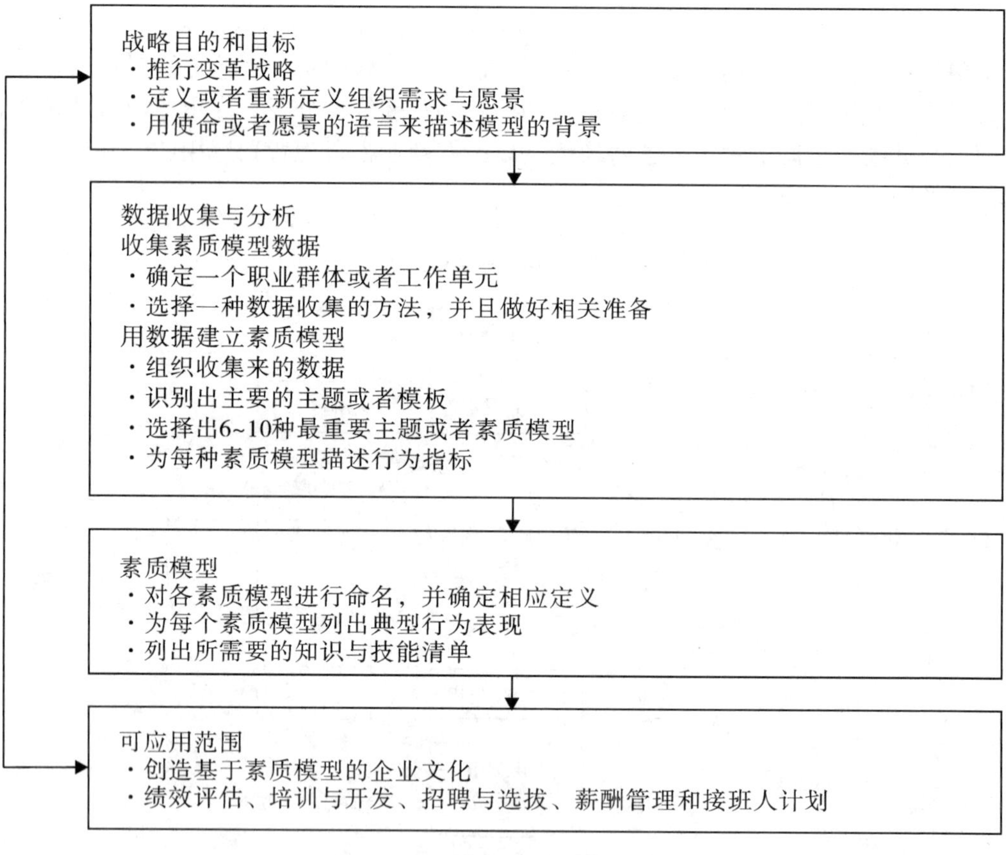

图6－12　胜任力模型系统工作流程

注：上述流程是职业胜任力模型建模的典型流程，但是根据建模方式或收集数据的不同，流程也会有所不同。研究者和实践者可根据实际情况自行选择和决定具体流程。

6.3.2 A集团人员胜任力模型建模流程、方法与技术

参照上述流程，我们建立本次研究的流程，采用以BEI为主、问卷调查为辅的方法来

探讨A集团的中层管理人员、工程技术人员、财务会计人员的胜任力模型，如图6－13所示。

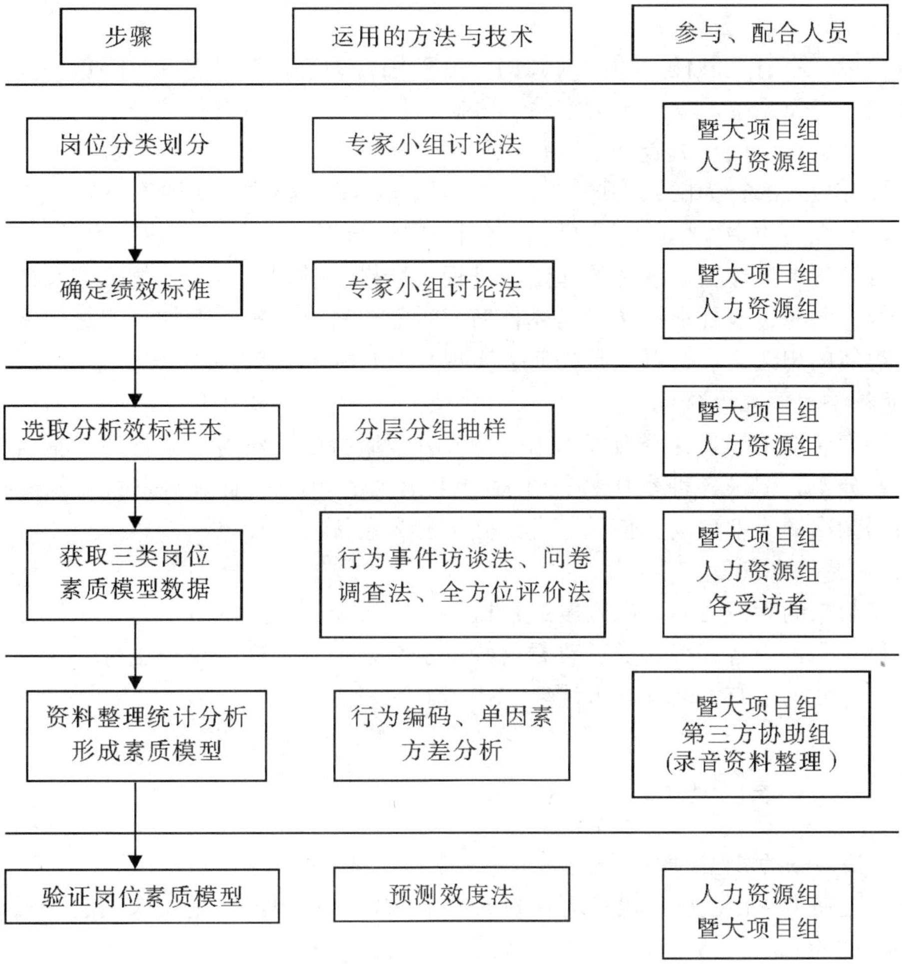

图6－13　A集团人员胜任力模型建模流程

1．岗位分类划分

根据集团现有的职种划分及项目总的进度安排对岗位重新分类，通过项目组讨论划分岗位类别。

2．确定绩效标准

绩效标准就是能够鉴别工作表现优秀的员工的指标或者规定，一般采用工作分析法和专家小组讨论法来确定。工作分析法即采用工作分析的各种专用工具与方法，明确工作岗位的具体要求，提炼出鉴别绩效优秀的员工与绩效一般的员工的标准。专家小组讨论法则是由优秀的领导者、人力资源管理层和研究人员组成的专家小组，就此岗位的任务、责任和绩效标准以及期望优秀领导表现的胜任力模型行为和特点进行讨论，得出最终的结论。本项目确定绩效标准以上一年度考核为依据，任职时间不少于两年。

3. 选取分析效标样本

根据工作岗位要求，在从事该岗位工作的员工中，分别从绩效优秀和绩效普通的员工中随机抽取一定数量的员工进行访谈和调查。

4. 获取胜任力模型数据

获取效标样本有关胜任力模型的数据，可采用行为事件访谈法（BEI）、专家小组法、问卷调查法、专家系统数据库和观察法等方法，但一般以行为事件访谈法为主。本项目主要采取以 BEI 为主、问卷调查与全方位评价法为辅来获取胜任力模型的数据。行为事件访谈法是一种开放式的行为回顾式调查方法，类似于绩效考核中的关键事件法。它要求被访谈者列出他们在工作中发生的行为事例，包括成功事件 3 ~4 件、不成功事件 1 ~2 件，并且让被访者详尽地描述整个事件的起因、过程、结果、时间、相关人物、涉及的范围以及影响层面等。同时，也要求被访者描述自己当时的想法或感想，例如说明是什么原因使被访者产生类似的想法，被访者又是如何去实现自己目标的，等等。

5. 资料整理、统计分析、形成胜任力模型

通过行为访谈现场录音资料提炼出岗位各种素质特征，对行为事件访谈报告的文字记录进行内容分析，记录各种素质特征在报告中出现的频次。根据不同的主题进行特征归类，并根据频次的集中程度，估计各类素质组的大致权重。

6. 验证胜任力模型

对建立起来的胜任力模型的效度进行检验。本次项目采用的方法是：预测效度。通过访谈的资料来甄选或者训练人员，看看这些员工在未来是否会表现得更好，这是确认胜任力模型是否有效的最有力的验证方法。

6.3.3 A 集团的胜任力模型

1. A 集团胜任力模型的结构

A 集团胜任力模型由核心胜任力（Core Competence）组成，是用来完成该类工作所必须具备的关键能力。其结构如下：

（1）胜任力因子即核心胜任力。

（2）胜任力因子定义。

（3）胜任力因子评价等级。

（4）行为描述，结合了访谈的具体事例分等级进行行为描述。

（5）与之关联的其他胜任力。

（6）测评与发展提示，旨在从这些具体方面对员工进行有针对性的培训与发展。

2. A 集团中层管理人员胜任力模型

（1）A 集团中层管理人员素质因子：①培养集团人才；②目标管理能力；③影响力；④关系建立；⑤献身组织精神——忠诚集团；⑥收集信息；⑦灵活性；⑧人际理解力。

（2）A 集团中层管理人员胜任力模型（见表 6 -7）。

表 6-7 A 集团中层管理人员胜任力模型（节选）

素质因子：人才培养
定义：人才培养是指个人具有为未来培养人才的真诚愿望和行动，对他人的职业发展给予积极的影响。不仅包括让他人参与正规的培训，还包括对他人长期职业发展方向及其抱负给予真诚支持的愿望和能力。评价等级与行为描述如下： （1）4 级：有计划、有系统地培养人才，在工作中，有为集团队伍的稳定性与持续发展培养人才的眼光和胸怀，有明确的培养目标，制订详细的培养计划，有意地给培养目标安排任务、培训或其他活动以促进其不断学习、发展。 行为描述： ■我要为集团输送核心人才，我这里的人才也要不断流动，因为我们集团要进世界五百强，那么我们的人才也要求是世界级的，所以要进我这里的人，我也要求很高，我们需要的是综合型的人才，进来以后我会好好培养，集团在这两年发展得特别厉害，要向下面企业派人，最起码要安排总经理和财务经理，这个财务经理是很重要的，怎么派呢？这个集团有集团的文化，有集团的理念，我就是找了一些人，让他们在这里待上一两年的时间，让他们迅速成长起来，我的人才都不会在这里留很久的，到时候我都要卖出去的，而且要卖好价钱的。 我等××过来，就给他制订了一个“三步走”的培养计划。第一个步骤为期一个月，主要让他了解认同集团的文化，我带他去参加集团的一些活动，爬山、读书会、打篮球，还有集团的后备干部培训班。只要有活动我就带着他去，也介绍他认识一些同事，还给他列了书单，一个月后，就让他写下对集团的认识，我给他制订了具体的阶段性的成果输出计划。过了一个月，我就让他到下属子公司去。第二、三个月是第二个阶段，我让他参加了两个公司的具体实际的审计工作，承担重要的审计任务，编写了一个离任审计的标准程序，并让他参加英语培训班，要求他提交的成果就多啦，有转正报告、审计报告、对集团的认识。第三个月就更多了，有审计报告、研究报告等。这个培养计划是在他进来后，我专门为他量身打造的，目前差不多到了第三个阶段。 第一个月的培养，我是让他了解。有什么活动，我都亲自带他去，像那个后备干部培训班，我就亲自带他去，因为不仅仅在于让他参加这些活动，还想让他认识一些同事，搭建一个人际圈子，促进交流。他到的第一天，刚好有个读书会，我就带他去参加了，当时我们谈的是《华为真相》，我还鼓励他去参加爬山、打球这些活动，帮助他融入这个集体。第二个阶段我就让他开始负责一些具体的审计工作啦，我当时叫他做非箱类企业统计、废料管理报表，我就放手让他做了，我只告诉他可以去找谁，不带他了。他一个人就能做，当然也还需要我的不断指导。我只告诉他，在哪儿能找到需要的资源，这个非箱类企业统计花了三四天，还是做的很不错的。我还会给他提供一些书单，例如《中航业的风险》，每个月都有推荐，各方面的信息都会给他提供，例如《长江商学院的对话》、《基业长青》等。 我专门做了一个专业后备人才培养的档案，这是我自己瞎琢磨出来的，档案里有建议，有他们的培养计划，有他们自己写的报告，有他们自己写的个人总结，有工作和学习状况。他们去了南方集团实习，去了东部工厂，制定了审计报告，承担了非箱类企业统计，还有研发中心预决算差别分析，还有各方面的工作，这样他们就会深入解了集团文化，感觉到了集团化的优势，实现了资源共享，还有对自身的认识。这个培养计划，是我自己想着做出来的。该计划正阶段性地、长期地、有系统性地开展着。 ■我们企管这个团队很大，我经常有意识地从下面企业调一些人过来，给他们进行培训，让他们了解我们的做法与思路，对他们个人而言，在我们部门待一下，他们的思维和视野就不一样，他们也愿意来。以后回到企业中去，我再与他们沟通肯定没有什么问题，也有利于我与下面企业的沟通。我

（续上表）

素质因子：人才培养

一定要输出，这对我没有坏处。去年南方调来一个人××，半年一期，到期了他舍不得走，他比较细心，对我帮助很大，我也舍不得，但后来还是放他走。我想以后每个企业都有我培养出来的人，那么以后和下面企业的沟通就方便得多，我们的一些想法和方案也容易贯彻。等我们部门将来的人才构成稳定一些，我也会输出人才，我会不断地把专业的人员送到企业中去。

（2）3 级：有培养人才的强烈意识和行动，为人才成长提供支持和鼓励，鼓励下属成长，表达正向期待和鼓励，奖励良好发展，充分授权，允许下属从错误中学习成长。集团中层管理人员在这个层次上，还表现为在别人处于逆境时给予安慰和鼓励，对具体行为而不是人给出正面的或负面的反馈，并对未来发展给予正向期待。

行为描述：

■2003 年上半年，我们有一次做一个集装箱产业盈利能力的整体分析，那是一个很大的报告，刘总布置我们做的，我当时不知道下面谁能做这个事情，就挑选了两个人。我想通过这件事情，最好就是两个人都能培养出来，极有可能是培养出一个人来，因为只有通过这样具体的事件，才能让他们知道这事该怎么做，尤其是这种大型的分析，对人的锻炼很大的，我就想给他们这样一个机会。那么这个报告，从初稿到最后完稿，大的修改就改了八次，改得他们这两人，后来都快放弃了，都恨不得不做这事了，整个过程就花了将近一个月。做完了，我就挺高兴，因为这个结果报上去没什么，但我发现有一个人已经脱颖而出，也发现另外那个人不行，我就做了一个调整，就安排另外一个人做了其他的事情。而那个小伙子现在已经被培养成了我们部门做这个盈利分析最骨干的人员。

■其实我特别希望他们能够超过我，这是我很自然的一种想法，我有时跟我的下属讲，你不要担心我不把东西教给你，我恨不得把全部东西告诉你，只要你能消化，我这样才能轻松啊。我不能老是自己做事，做一个救火员，没有时间思考。因为我们是一个团队，如果他们总是不能比我强的话，那就是很危险的一件事情了，因为只有团队的每个人都发挥自己的主观能动性，那么整个发展的空间才会打开。我经常跟他们说，不要担心我会去束缚你，因为我知道，只有你们好，部门才会好，这样我才能好，我们之间是这样一种逻辑关系，所以我就特别希望他们比我强。我说将来也一样，因为我在公司待的时间长了，所以每块我都懂，但我不是专家，我只是个杂家。但公司需要的是专家，不是杂家，杂家有一个就行了，你们都可以成为每一块的专家，我希望到时候，是你来告诉我怎么做，而我的角色是什么呢？我来帮你们组织资源，做好各方面的协调沟通工作，帮助你们更好地开展工作，我是做这方面的，在专业领域里面你们说了算。

■我发现××的组织协调能力特别强，我想可以好好培养她。去年下半年，我让她独立主持了公司的内审，我给出计划，她去实施，我把大的框架定下来了，这个内审怎么审，我把原则都告诉她，然后她去做。我们第一次把总部业务内审员都带到企业去了，但他们当时还不具备独立审的能力，我让他们第一年先当观察员，先去感受，知道这事情怎么做，而且通过他们的沟通，也把一些专业的要求带到企业下面去了，现在看起来，这个方式还很不错，我们相当于搭建了这个平台，他们在这个平台上交流，效果不错。因为我跟北洋的企管部经理非常熟，所以小姑娘带队审核第一站去了北洋，后来结束了我就跟那边沟通，反馈说这女孩还挺不错的，她敢于沟通，越是跟上面的人沟通越不怕，这是很难得的，高总对她的评价也很高。后来她去青岛做得也不错，我就放手了。当然中间也会跟我有反馈，我会随时指导。而且这小女孩也挺刻苦的，这一点很让我感动。当然这个过程中，我也会不断地与她沟通，因为你一旦发现这个潜质，你就要不断地去强化它。我会不断地鼓励她，经常听听大家的反馈，我就会有意无意地跟她说，哎，你在哪个地方表现得很不错。哎，谁对你的评价很高啊。我会有意夸大一点这个评价的力度，这样她就会很高兴，其实人就是这样子，她就会觉得你重视她。

（续上表）

素质因子：人才培养
■我培养了下属，然后让下属去培养他的下属，一定要这样，否则我累死了都做不好。我现在已经培养了三个骨干，今年招了个新人，刚刚到位，我就交给××去带，交代她，说去年她是业务员的角色，今年她就不相同啦，她要师傅带徒弟，要自己去设计这个人的培养方案，徒弟这个过程中的表现她要自己去评价。她现在在带那个小赵，因为她现在很辛苦，只有把这个徒弟带出来了，她才能轻松啊，包括招人，从她进来我都是放手让她去做的。 ■去年那个盈利分析报告做出来后，当时那个报告交上去以后反馈很慢，我就马上找××进行谈话，我说这个东西报上去吴总怎么看，都不重要，但我非常高兴，因为在做这个事情之前，我不知道你能不能胜任这份工作，在这个过程中，我让你改了很多次稿，提了很多意见，但你现在和做第一次稿时已经完全不一样啦。我就表扬他。我是看到吴总的反馈老没下来，这个反馈时间拉得越长，这个激励效果慢慢就没有啦。我必须给他一个肯定，因为他也确实做得很辛苦。他当然非常高兴，因为我毕竟是他的顶头上司。这样他接下来做事才会有干劲。后来的反馈也确实特别好。 ■我想通过下属培训下属。我把A放到新会实习，新会业务比较复杂，因为B在新会担任绩效管理经理，我跟B说，你要把A培养起来，A是你把他招进来的。第一次，A提交一个报告，发过来，我一看感觉不行，我当时很生气。我认为B没有指导好，那天晚上，我打电话过去把B说了一顿。因为我们平时关系好像朋友一样，说什么都没有太大的关系。B特别诚恳。我跟B说，这个报告我不太满意。那天晚上过后，第二天早上我收到他们的邮件，我知道B和A肯定晚上加班到很晚。在过去之前，我就对A说，你有不知道的事情你就问B，他会告诉你的。A上手很快，现在日常手头的工作基本能做了。 ■做盈利分析报告没成长起来的那个人，我也跟他讲，我觉得他可能不是非常适合这个工作，并告诉他为什么不适合。但这件事，对他而言，还是一个打击。我告诉他，从公司发展来讲，分工的话，质量这块的担子也还是很重的，而且也很重要，以及为什么重要。另外还有很多基础的工作要做，他可以先做好这个基础，因为他的能力还有不足的地方，我希望他能迎头赶上。我后来又给了他一次机会，是老板要求做一个特种箱的金融分析，我跟他也是先作了沟通，分析报告的基本思路，包括这个调研怎么做，我都跟他讲了，我们沟通了很多次，但后来这个效果还是不好。我发现可能是因为他是学文科的，对这个金融分析的数字敏感度还是不够，表现不好。其实我的损失也很大，因为这是老板安排的任务，我没有人去做，老板气我。但我也没办法，因为这也是自己资源调度的问题，当时也确实没办法，一方面我也没其他人手了，另一方面我又想给他一个机会，不能说怕他们做不好，就不给机会给他们了，那他们永远也成长不起来。我觉得作为一个管理者来说，你一定要敢于承担责任，事情发生以后，你就是一个主要承担者，你不要怪任何人，我一直这样认为，老板很不满意，对我有看法了，我都感觉到了，这个事做得太不漂亮了，这就是结果。我不会回来把大家骂一顿。培养他们，要有他们做不好的心理准备，但只有给他们机会，他们才能成长起来。 （3）2级：有培养人才的实际行动，在做工作指示或演示时，解释其原因或理由，提供详细的指导或如何做的演示，并进行督导以确保他人理解，提出明确有力的建议。 行为描述： ■从设定工作计划开始，我会跟员工探讨，过程中员工需要帮助的，我会为他们提供支持。有时我会跟他们一起协商，对于大的问题，大家一起讨论、商量。比如做考核方案的时候，有的同事根本与考核这块无关，我要求他们也要加入这个讨论中来，我们强调团队，因为这个方案代表总办，出自总办之手，也代表公司的形象，代表南方集团的水平。在学习中进行培训，每个人参与到大的事情中来会学习到一些东西。我有时在部门会上说，大家互相之间要配合起来，多了解其他同事的工作。这样对部门的业绩提升有帮助，也对自己的成长有帮助。只有参与到过程中来，才会学到很多东西。有时接到一个新的任务，我知道的，我会把方法告诉员工。假如我不知道的，他也不知道，他觉得有难

（续上表）

素质因子：人才培养
度的，一般我会帮他做。比如有一次要做一个优秀班组的评比方案，大家都不知道怎么开始做，我就说，我来做。我到各个部门了解情况，建立起评比方案，只要评了奖后，做几张表，一个明细表，一个核实表，报批完报各个部门，形成一个流程就可以了。员工看到了，下次就知道怎么做啦。我鼓励员工超越我，有的时候，就是这样，下属也觉得自己能学到东西。 ■2004 年 6 月，一个签字仪式上有一个同事打来一个电话，证管办一定要公开借款银行的名字、借款的利率，说不公布不行。在日常工作中经常会遇到这样的问题，外面要求你这样做，而实际操作上你不能按他的要求做，但是你又不能违背他，这种事情怎么处理？我跟他说，你要跟证管办解释，第一这是一个商业秘密，你公布了，外资银行也不同意啊，还有一个，可以告诉他们成本跟我们现在的成本差不多，这样他就照我说的去解释，结果证管办同意了接受这种说法。
素质因子：影响能力
定义：影响能力就是指个人具有一种说服、影响及使他人信服并让人们按照自己的议程或目标规划行动的能力，具有对他人施加具体影响的愿望和理解他人想法、关注点及感受并有效行动的能力。评价等级与行为描述如下： （1）4 级：能运用灵活的影响策略达到广泛影响，为企业的未来发展，能运用长期和复杂的政治策略，如建立“幕后”支持和思想联盟，使得一群人支持一个想法或概念去形成广泛的影响。 行为描述： ■我们企管部其实是个很大的部门，跟下面的每个企业都有一个接口，一个对口的部门，下面子公司的对口部门其实是我们的延伸，从这个角度看的话，我们是一个很大的企管团队，今年我把这个团队扩大后，我就建立了一个档案，从 QC 经理到质控部的经理和主任，我把他们都编档组织起来，保持沟通联系，有什么工作也可以找他们协调配合开展，还有生产部的经理和主任，因为整个公司的企管是通过他们来管理的，那么我们的一些想法也只能通过他们来实现，把整个班子都调动起来，这对公司的发展壮大都是很重要的。 （2）3 级：能预测反应，运用专家或第三方影响目标，能充分考虑或预测在演讲、会议、讨论中听众的反应并及时调整，随机应变，建立非直接影响的因果链，由 A 到 B，再由 B 告诉 C。 行为描述： ■去年快年底的时候，我发现整个部门有种氛围，员工们都觉得自己这一年做了很多事，很不错，很得意，觉得应当得到高度认可什么的。我就发现了，这样子不行，得给大家泼泼冷水，直接泼吧，不太好。我就先跟吴总做了沟通，我跟吴总说了我的看法，吴总的想法基本也跟我的一致，我说我来泼这个冷水不太好，毕竟大家当时的心气都挺高的，吴总就说，他来讲吧。于是安排员工们和吴总吃饭，因为吃饭的时候气氛比较好，开会太严肃。大家一起吃饭，吴总就第一次透露这个信号，说大家这一年都做得很辛苦，但还是有些地方存在很多不足，跟老板的期望还是有差距的。接下来，我就开始做第二步。首先是那个××，因为他当时觉得自己的盈利分析做得很好，小孩嘛，都这样，很容易觉得自己怎么怎么的。当时在做一个目标管理体系的调研时，他做了一个报告。他自己给的评价非常高，但我们认为这个报告没有达到他的评价。因为一方面，这个报告还有一些角度选得不够好的地方，另一方面因为他当时已经太膨胀了，觉得自己太了不起啦，我就跟他沟通了一次。然后第三步，在部门开会的时候，我总结说我们这一年的确做得很辛苦，是大家突破发展的一年，但大家不应当骄傲，我说我们的报告还只是一个开始，报告写得再漂亮也没用，我们还应当看看我们报告中提到的建议是不是有落实，是不是需要我们去推着落实，落实的效果到底怎么样，这样子才行。

（续上表）

素质因子：影响能力
■那个××是二月份进来集团的，当时是南通的人推荐来的，当时把他的资料拿过来，我一看这人条件不错，他是中央财经大学毕业的，学会计的，而且已经通过了CPA考试，而且已经有了六七年的工作经历，有包括国有企业改制的经验等，而且呢，人还比较踏实，还有点害羞，自信心有点不足，我就想把他留下来，但他对集团呢，还有点犹豫，我就想我得想办法让这个人进来，好好培养一下，成为我们集团需要的人才，但他本来已经是财务经理了，那他到这边来，还要从下面干起，可能有点顾虑，我跟他面试的时候就看出这点来了，我想我得找人帮我打消他的疑虑。我就跟我的上头吴总谈了，我说觉得这个人的素质相当不错，是我们急需的人才，但这人就在于信心不足，还有疑虑。我跟吴总谈的目的呢，是希望得到上级的支持，我想让他过来。我想得到领导的支持，当时吴总就同意亲自跟他谈一谈，那我过了春节以后，就打电话叫他过来，跟他谈了我自己对他的培养方向，吴总亲自跟他谈了一次，他觉得很诚恳，有发展，就答应来了。 ■有时我可以跟地方领导下面的人沟通，促使他们的想法和我的想法保持一致，然后通过他们影响他们的领导。有时是通过领导影响下面，有时是通过下面再去影响他们的领导。这个过程是比较漫长的，因为有些地方领导是比较强硬的，有些比较宽容。我就经常跟他们沟通，实在不行了，我让我的老板跟对方的老板沟通，也可侧面通过我的小组组长（副总级）沟通，向对方老板施加压力。说实话，在总经理这个层面，指望通过下达指令把问题解决好，不太现实的了。老板可能会说，这个东西要重视一下。相信到了下面，不一定有人做。所以我必须做多方面的工作，不断地了解情况，说服他们。 （3）2级：使用多种方法或行动去说服或影响别人，在影响他人达成目标有困难时，采用多种方法或多个步骤以造成影响，每个步骤都配合特定观众，或为一个特定的效果而策划，或是预先考虑到他人的反应而预作准备。 行为描述： ■我对下属要求严格，在没有搬过来时，地方很小，当时没作要求，搬过来以后，开始提出一个要求，要保持桌面整洁，做财务跟别人不一样，桌面太乱了，有时别人看了都不放心，每天要处理账款，一切从小事做起。有的人爱干净，做得好，有的人就不行，一下子改不过来，日常跟他们讲，有时跟他们正式地讲，有时开玩笑地讲，有时叫到办公室。这个东西不是一下子能改过来，需要一个过程。比如发E-mail，虽然我们不是英语专家，起码格式要对。 ■对于不同的人，你要掌握他的习惯，有的人，只要口头说声就行。有的人，一定要给他发信息。比如领导，我会给他们发信息备注，大会招待的事情，我会给他发信息，让他向其他部门传达这个事情，他们的事太多了，帮助领导记住这个事。人际关系是沟通的基础。如果你这人别人不认可的话，就不太愿意跟你沟通。你要别人认同你，除了做人要正，你的绩效也要很好。 ■我还做了一个事情，即建立固定资产管理资料库。我们每年都在投资改造，我们的投资是多少，产量是多少，投入与产出的效果是多少，实物资产管理与账务资产管理是脱节的，乱七八糟的，我们都不清楚。后来我们就做了一个现有资源配置状况与支出状况普查。这个工作非常大，大得难以置信。每个公司都发动起来了，至少都有一个小组，这个做起来特别难，开始吴总不同意做这个事情，这个事情太耗资源了。其实有人跟我提交了好几份关于这想法的稿子，我看了觉得非常好啊。我在做规范投资管理制度的时候就想做这个事情了。这个事情做起来非常复杂，我就想把它简化一点。 这事几乎流产了，后来又出现了转机。当时大家都很丧气了，我就说我不做全部普查的方式了，但我在调查中发现有一家远东公司正准备做这件事，他们也没有在这个方面很强的人，但他们很想做，但是太复杂，我就跟他们说，这个事是复杂，但不是不可操作的，你要按照我说的做就行。我们

（续上表）

素质因子：影响能力
就跟他们一起做，做了两个月，我们这个普查的工作就把基本情况搞清楚了。我们就给了老板一份报告，里面有我们做了什么事情、有什么样的结果、有什么样的发现、下一步改进的方向。这是很重要的，也是老板很关心的，老板看了就很重视了，老板只要知道结果。吴总就说不是不让你做，而是涉及很多关系和利益，最后说我还是给麦总看看吧，如果麦总同意就做，下面的不同意也要做。大家那时都达成共识了，做肯定是要做的。这个资料库做起来以后就很方便，我们以后审查也容易多了。 当时理论基调是向我们倾斜的，我们就组织开了一个视频会议，我选了一个难点企业，是新会吧。我都策划过的，我要找老大企业，事先也要做沟通的。我要他们做重点发言，这就需要策略。我让他们上台发言，就是让他们表态给其他公司看啊。北洋其实是反对的，但我都安排他们发言了。我安排他们回避讲他们不愿意提的东西，而是提一些他们想做的、合理的东西。你都上去发言了，表态了，你不可能撤下来啊。而且北洋现在做得特别好。当时北洋他们是反对几点吧，我就把它作为问题提出来了，而且我是站在帮助他们解决问题的角度上啊。说是容易啊，做起来还是很难的。我主要是把握阶段性的方向，具体的一些事情还是王经理碰到困难的时候再找吴总。 ■我告诉大家，要有个不屈不挠的劲啊。事情一定要跟踪到底，一定要把这个事情做完了才休息，我要的就是这种精神，去年南通调了一个人过来，我看了他的资料，他在台塑做过，也在南通做过，台塑就是有个特点，做一件事情就是要追根溯源，要跟进到底，南通也是特别务实的企业。我就要他给我们讲讲他在台塑、南通做事，有哪些好的方面，哪些不好的方面，都给我们讲讲，我就是要通过他的口来跟大家说一说我想说的话，因为他亲身经历过一些事例，怎么样去追根溯源，说起来容易，做起来非常难。我想通过他的现身说法，让大家有个更深刻的理解。 （4）1 级：采用单项行动说服，采用单次的行动进行说服和引导，未能作出配合听众层级和利益的任何尝试，甚至未能展现任何影响或说服他人的意识与行动。 行为描述： ■我还有一件事反对了他（经理），就是我们每个月都要开一个经理会议，每次要开这个会的时候，所有的人都把手头的活停下来做准备，大家都去做这个 PPT，一个礼拜什么事也做不成，就弄这个报告。这其实是很浪费资源的，效率太低，其实做的工作很大一块是一些经常性的事物，我跟他提了，我说这个效率要提高，没用，我就不提了，我直接把他这个报告改了，我把这个报告分为两部分，前一部分是对上个月的总结，第二部分是现在的问题，因为以前讲得太长，信息量太大，听得人头都晕啦，而且讲这个月的事情就涉及上个月的事情，讲上个月的事情又串到这个月的情况，老是牵扯不清，我就将他的报告分为两部分，而且限定时间，上次前半部分 20 分钟我讲了 18 分钟，后半部分 20 分钟他正好讲了 20 分钟，讲完他也说这样改了好，这样讲起来清楚。我觉得只要自己有道理的，我会坚持，而且即使当时他不接受，后来他也会接受的。
与之相关联的其他素质： ●主动性； ●关系建立； ●成就导向； ●人际理解力。 测评与发展的建议： ●建议一：在招聘中运用评价中心技术来测评应聘者的影响能力； ●建议二：在培训开发中增加领导力的培训课程； ●建议三：组织管理者恳谈会交流如何成功影响他人的经验技巧。

6.3.4 A集团胜任力模型的应用展望

建立好胜任力模型，接下来如何将胜任力模型运用到人力资源管理的日常实践中，并取得好的效果是我们最为关心的问题，这也是A集团如何建立以胜任力为平台的全新人力资源管理模式的问题。如何按照胜任力模型去获取、使用、激励、开发企业所需要的胜任力，是一个体系构建的问题，也就是人力资源管理体系的对点建设的问题。

1. 人力资源管理新模式的支点建设的内涵

基于胜任力的人力资源管理，致力于建立一种能把员工个体能力与组织战略整合成组织能力的机制。它以发现问题、解决问题为导向，力图建立具有特色的组织运行机制，建立能够体现员工个人特点、协调合作的组织体系。

以胜任力为基础的人力资源管理模式就是运用一定的方法识别出核心工作岗位取得高绩效所需要的关键技能、知识、素质和个人特征，建立起岗位所需的胜任力模型。然后把这些胜任力与组织的业务、人力资源管理体系建立起直接的联系，保证组织的人力资源管理体系集中于获取、使用、激励、开发这些核心岗位所需要的胜任力。通过将员工的多种资源如动机、努力、技能、合作与组织战略导向整合提炼成组织能力，构建组织核心能力（Core Competence），结合组织关键成功因素（Key Success Factor）进而形成组织竞争优势，实现人力资源管理系统内部的一体化和对外部变革的适应素质的提高。

2. 新模式的框架

基于胜任力的人力资源管理模式，由两大模块即员工个体能力的管理和能力整合构成，其中员工组织战略和关键成功要素的融合形成组织能力及其核心能力。个体能力管理模块包括四个流程，即能力获取、能力使用、能力激励、能力开发；能力整合模块指通过员工个体能力赢得组织竞争优势的过程，这一过程也被看作流程。因而，新模式由2个模块5个流程组成，是开放型的，与外部环境形成一个闭环，外部为组织输入资源，组织为外部提供产品或服务，其中反馈机制为组织适应外部环境变化作出相应人力资源管理政策的调整而服务。

（1）流程一，获取组织所需的个体素质。

这一流程主要包括胜任力模型的构建、招募与甄选等内容。

①胜任力模型的构建。胜任力模型（Competence Model）就是针对特定职位表现优异要求组合起来的岗位胜任力模型。建立胜任力模型，是人力资源管理与开发理论和实践研究的逻辑起点，是一系列人力资源管理与开发技术的重要基础。构建胜任力模型时，要对岗位进行分类分层。目前，A集团构建了集团层面的中层管理人员、工程技术人员、财务会计人员的胜任力模型，如果全面建立起A集团的胜任力模型平台，那么这一流程工作就为后续的工作打下了坚实的基础。

②员工招募与甄选。基于素质的人员甄选系统，A集团选拔员工主要的依据是该岗位的优异绩效以及能取得此优异绩效的人所具备的素质，即专家化（Professional）、国际化（International）。A集团需要的人才要求：在相应的专业领域，具备先进适用的专业知识和能力，能够完成专门化任务并形成自身的核心专长和竞争力；具有全球视野，熟悉国际市

场及通行商业规则；具有跨文化、跨国界的适应能力和经营管理能力。同时，A 集团也考察候选人与组织价值观、文化、目标、规范是否一致，强调人与组织匹配，即集团化（A 集团 - stylized）。只有认同集团“尽心尽力，尽善尽美”的企业文化和核心价值观，认同集团要成为世界级企业的远大抱负和追求，具有集团员工典型的精神风貌、工作作风和行为方式，才会被吸收到集团中来。因为只有具有与企业哲学、企业使命一致的人格特质和动机的人，才可能与企业建立以劳动契约和心理契约为双重纽带的战略合作伙伴关系，才可能被充分激励，具有持久的奋斗精神，才能将企业的核心价值观、共同愿景——“诚信为本、客户至上、简明高效、创新无限”落实到自己的日常的行为过程中，才能造就行业中的世界级 A 集团。

（2）流程二，合理使用素质。

这一流程主要包括人员配置、员工流动、员工职业生涯规划等内容，主要强调素质与岗位间的匹配。不同的岗位对素质有不同的要求，岗位对素质的要求既包括总量的要求，也包括结构的要求。一个人的素质不同，适应的岗位类别不同，对岗位难易程度的要求也不同。因此，必须使素质与岗位之间保持良好的匹配关系。A 集团若建立起统一的、覆盖大部分岗位的胜任力模型数据库，便可以将全国的人才供应与 A 集团的人才需求连接起来，促进人才更加灵活、合理地在 A 集团内流动。从而，达到 A 集团灵活任用员工，合理使用素质，以实现个人与组织双赢的目的。

（3）流程三，有效激励能力。

这一流程主要包括员工绩效管理和薪酬管理，是基于素质的人力资源管理的核心。

①绩效管理。基于素质的绩效管理系统主要对员工实施绩效计划、指导、反馈和评估全过程的管理，从而为员工开发、提升以及培训决策提供科学、准确、客观的依据。其中绩效评价的重点是完成工作的质量及其结果，即“如何做”和“完成了什么”。在实施一个有效的基于素质的绩效考核系统时，需要具备下列关键因素：描述出与素质相关的关键行为；收集被考核人行为有关数据的方法；组织中的人员有进行建设性讨论的素质。这就需要改革 A 集团现有考核制度不适应的地方，逐步建立起基于素质的考核体系。

②薪酬管理——能酬匹配。基于胜任力的薪酬（Competence-based Pay）所关注的是员工对组织作出贡献的能力的提高，以实现能力与报酬匹配，即能酬匹配。其理论基础来自期望理论和工作特征模型，通过胜任力薪酬计划期望影响员工的行为，激励员工的能力寻求和获取能力的行为。胜任力薪酬的设计主要通过绩效优异的员工与绩效平平的员工的比较，通过笔试、面试、观察和评级来发现二者能力上的差异。

（4）流程四，开发能力。

这一流程主要强调运用培训开发员工个体能力。基于胜任力的培训体系，培训内容从工作基本需要拓宽到员工的绩效行为、个人态度、知识、技术技能等各个方面。培训重点是对员工进行特定职位所需的关键能力的培养，培训目的是增强员工取得高绩效的能力、适应未来环境的素质。在实操中，要针对胜任力结构层次设计相应的培训方案。如果需要提高的是胜任力模型中表层部分的能力，传统的技能训练方式是可用的；如果培训内容集中于胜任力模型的深层，就需要运用专门的组织发展方法。有时还需要将员工置于适当环境中，让他们有机会认识自己的行为方式和潜能，并进一步开发适合于提高员工内在能力的发展计划与策略。

（5）流程五，整合能力。

这一流程主要强调如何结合组织战略将个体能力整合成组织能力，以形成组织核心能力，进而赢得组织竞争优势，成为所进入行业的世界级企业。哈默的研究表明，组织能力的因素（技术、专长、知识、动机、努力以及合作方式）都与员工的个体素质有关。它是在和组织目标、结构和文化之间逻辑的和实践的联系过程中形成的。组织能力背后所表达的管理理念诠释了员工的知识、专长及他们共同的知识。员工的个体素质是影响组织能力发展的基本因素。

3. 新模式的优势

基于胜任力的人力资源管理模式强调对员工能力的管理，不再讨论职位而是专注于个体的员工，不再强调职位说明，而是专注于如何提高员工执行某项职务所需要具备的专业与能力。其特点和优势如下：

（1）把个人具有的组织发展所需要的能力作为首要管理对象，而不是笼统地把抽象的“人”作为管理对象，使管理对象更加具体；

（2）把人的素质作为管理的根本出发点，把人的能力看作是管理中起决定性作用的因素；

（3）把提高人的能力作为管理的首要目标。把提高和发挥人的能力作为管理第一追求目标，把人的能力的提高和发挥程度作为评价组织绩效的首要标准；

（4）把提高和发挥能力作为主要激励手段。改变传统管理的激励方式，把为人的素质的提高和发挥创造良好环境作为激励手段；

（5）把人力资源管理提高到战略层次。将业务发展战略转化为人力资源管理日常的运作，从而使人力资源管理表现得更为主动积极，制订追求持续变革、更人性化的规划。

6.4 胜任力模型的应用——基于胜任力结构的某省国有企业领导人选拔体系的构建

6.4.1 方案目标

（1）改革国有企业领导人选拔、任用的管理体制，建立一整套科学、系统的企业领导人选拔、评价、任用体系，适应市场化、职业化、社会化发展需要。

（2）实施企业家培养工程，塑造我省的企业家精神，提高企业家的职业化、社会化水平，培养一大批熟悉国际国内市场、善于开拓创新的管理人才。

6.4.2 准备工作

1. 领导岗位类别划分

（1）目的。

按照工作性质、行业特点、国家政策、省国资委的要求划分企业领导的类别，并在此基础上构建企业领导的胜任力模型、业绩考核体系、选拔招聘体系、培训培养体系。

（2）基本过程如下。

①资料分析。

收集各类企业资料，对其进行详尽分析并初步归类。

②访谈。

第一步，设计访谈提纲；

第二步，进行结构式访谈和开放式访谈；

第三步，开展问卷调查；

第四步，回收问卷，并根据调查问卷的数据，进行聚类分析；

第五步，综合上述分析，构建领导岗位类别体系。

2. 任职资格评价体系的构建

（1）目的。

对各类企业领导岗位的工作职责、工作方法、工作权限、责任、对组织目标的影响、与其他单位的协作关系、任职资格（知识、技能、专业训练、上岗证书、经验、培训、学历、职称、适应年龄、适应性别、适应性格、职业兴趣、智力、气质、一般能力倾向、领导类型、管理能力等）等作出界定。

（2）基本工作方法及步骤如下。

①预备工作。

第一步，设计岗位任职资格调查表；

第二步，预备调查。选取一些有代表性的企业领导岗位，对新设计的“岗位任职资格调查表”进行预备调查，将岗位任职资格调查表的结果与部分企业领导和省国资委的领导、专家组成员进行讨论，验证岗位任职资格调查表的有效性和实用性，做出有代表性的岗位任职资格调查表。

②正式开展岗位任职资格调查。

第一步，开展培训。举办有企业领导参加的岗位任职资格调查表的技术、方法培训班。在培训班上，现场演示岗位任职资格调查表的样板，所有参加培训的人员当场按岗位资格调查表填写自己岗位的岗位任职资格调查表，遇到问题当场解答。培训班结束时，安排专家组成员与有关的企业领导联系具体调查事宜，协助企业领导填写岗位任职资格调查表。

第二步，各企业领导在专家组的协助下，填写岗位任职资格调查表。

第三步，专家组将上述资料进行分析、整理，编写各类企业领导岗位的任职资格与评价管理办法。

6.4.3 各类别领导岗位胜任力模型的研究与构建

1. 目的

（1）通过研究与构建各类别领导岗位胜任力模型，明确企业领导业绩考核的指标体系。

（2）在各类别领导岗位胜任力模型的基础上，建立企业领导选拔、招聘体系。

（3）在各类别领导岗位胜任力模型的基础上，建立企业经营管理人才培训体系。

2. 胜任力模型研究与构建

胜任力模型研究与构建的一般流程，如图 6－14 所示。

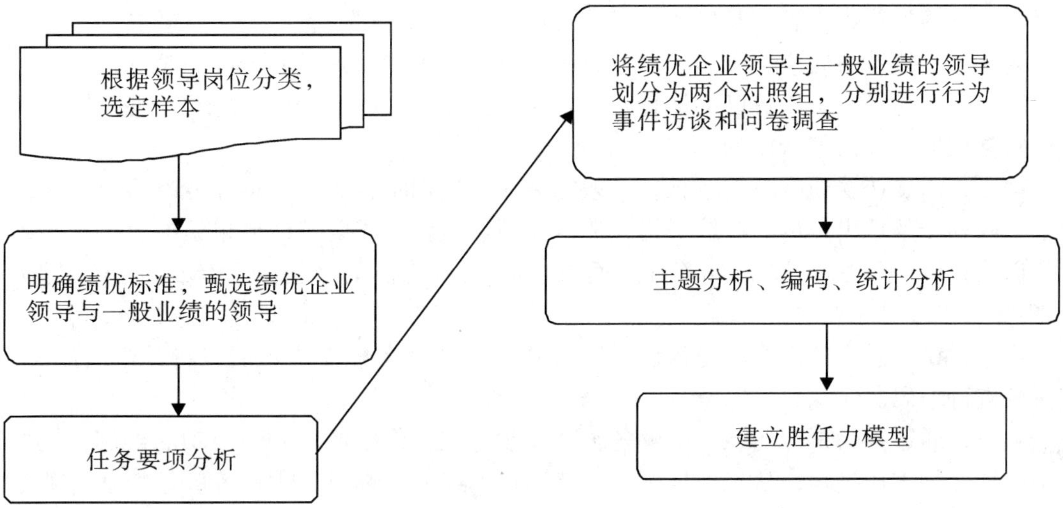

图 6－14　胜任力模型研究与构建流程

根据图 6－14，胜任力模型研究与构建的步骤安排如下：

（1）根据领导岗位分类，选定有代表性的样本。

对企业目前的业务和行业特点进行深入分析，明晰各类企业发展战略、企业文化、核心价值观以及员工的理解和认可状况，使得工作的重点能够放在核心能力和关键职位上。选定研究职位一般可以通过收集分析组织结构图、战略计划执行记录或对企业高层进行访谈的方式进行。

（2）明确绩优标准。

明确绩优标准，就是对选定的职位制定一些客观明确的标准与规则，充分考虑各类企业的规模、目标、资源等条件，选择合适的业绩标准定义方法，提炼出各类企业鉴别优秀领导与表现一般领导的标准，并分别从高业绩和普通业绩的领导中随机抽取一定数量的领导进行分析研究。

（3）任务要项分析。

任务要项分析就是将职位的绩优标准分解细化成为一些具体的任务要项，以此发现并归纳驱动任职者产生高业绩的行为特征。

（4）实证研究，整理信息，建立模型。

主要通过行为访谈报告和问卷调查的统计分析提炼胜任特征。

①行为事件访谈。行为事件访谈法（Behavioral Event Interview）是一种开放式的行为回顾式调查技术，是揭示胜任特征的主要途径。行为事件访谈法需要被访者列出他们在管理工作中遇到的关键事例，包括成功事件、不成功事件各三项。然后，让被访者详尽地描

述在那些情境中发生了什么。具体包括：这个情境是怎样发生的？牵涉到哪些人？被访谈者当时是怎么想的？感觉如何？在当时的情境中想怎么做？实际上又做了什么？结果如何？

关键事件访谈法的目的是得到关于一个人如何开展工作的详细描述。访谈者根据访谈提纲引导和推进被访谈者提供关键事件的小故事。访谈的内容集中在被访谈者描述他在某一真实的环境的行为、想法和做法上。深度访谈实施时一般应有以下几点要求：

第一，访谈者事先不知道访谈对象属于哪一个基本组，即优秀组或一般组。

第二，让访谈对象用自己的话详尽地报告成功或不成功的工作经历，他们是怎样想的，感觉如何，又是怎么做的。

第三，深度访谈通常时间较长，一般需要1～3小时，而且需要对访谈的内容做录音记录，以利于整理出详尽的有统一格式的深度访谈报告，深度访谈要求访谈者接受高度的技巧训练，以利于引导被访谈者自然而真实地说出他们的经历中具体的言行、想法和感受。

第四，访谈录音的内容首先被转录入计算机，调查者校对内容后，将其整理成文本，并对其进行编码。

第五，通过行为事件访谈，了解各类企业领导在工作中成功和不成功的事例，把握各类企业领导的工作过程，从优秀样本组和普通样本组的详细对比中提炼胜任特征的关键因素。通过行为事件访谈可以获取各类企业领导工作状态的第一手资料，又可以获取对于各类企业领导的工作过程具体、详细的了解和认知；与各类企业领导的深度沟通还可以从不同的层面了解导致各类企业领导成功的各种要素，找到确保各类企业领导胜任该项工作的成功要素。

第六，对行为事件访谈报告内容进行分析，归纳、统计出各种胜任特征在报告中出现的频次，并对行为表现的复杂度和广度水平进行编码、归类，构建初步的胜任力模型。

②问卷调查。通过发放和收集调查问卷，并运用SPSS统计工具进行数据处理来获取各类企业领导取得成功必须具备的胜任特征，结合行为事件访谈的初步模型，建立完整的胜任力模型。

第一，文献检索，专家讨论，按照省国资委对项目的基本要求提出研究方案。

第二，通过深度访谈（结合行为事件访谈同时进行），收集结构式、半结构式、开放式问卷，尽可能多地收集与问卷有关的项目。

第三，项目分析，筛选出有效的项目。

第四，编制初始问卷并进行预试调查，探索各类企业领导胜任特征结构，结合行为事件访谈的结果，形成正式的各类企业领导的胜任特征问卷。

第五，用正式问卷进行调查并整理数据。对收集的数据运用SPSS统计工具确定问卷的信度、效度指标，并探讨胜任特征与各变量的关系，探讨各胜任特征的重要性。

第六，总结，分析，作出结论，建立广东省各类国有企业领导的胜任特征模型。

6.4.4 建立省国有企业领导人的业绩考核体系

1. 目的

在各类企业领导胜任力模型的基础上，结合国家有关部门政策、省国资委的具体要求，建立广东省国有企业领导人的考核评价体系。

2. 基本工作程序及实施计划

（1）现状分析。

本阶段的主要任务是了解省国资委对国有企业领导的业绩考核现状，总结成功经验，发现存在的问题，为业绩考核体系设计打好基础。

本阶段工作包括以下四个环节：

①业绩（日常）考核制度资料收集。全面收集现行的业绩或日常考核制度资料。

②现场访谈。专家组成员走访有关企业，系统了解现有考核体系的内容与实施效果，了解考核办法制定与实施的难点和存在的问题。

③考核体系比较。由专家组成员负责，整理出典型业绩考核体系比较表，详细反映典型考核体系的考核方式、考核指标、考核周期、考核程序与考核管理办法。

④业绩考核办法研讨。组织有关企业领导和省国资委的领导及有关工作人员，召开业绩考核经验交流会，对典型业绩考核体系进行评议，以求发掘各单位业绩考核的特点和不足，取长补短，并对规范业绩考核体系的设计形成初步的共识。

（2）业绩考核问卷调查。

问卷调查法是设计者以一种书面形式，将项目和问题列出来分发给有关人员填写，收集、征求不同人员意见的一种方法。通过问卷调查，了解企业领导、企业员工、省国资委的领导及有关工作人员对现行业绩考核办法的意见和建议，收集业绩管理中普遍被关注的问题。

问卷调查法的程序包括：

①每个调查指标一个定义，以明确它的内涵和外延。

②根据调查目的和单位具体情况，确定问卷采用的形式、调查对象、范围和方法。

③编制调查问卷。将需要调查的内容，以一定的格式编制成问题。这一步是很重要的。对于调查问卷中所提的问题、问题的回答方式、答题次序都要慎重考虑。对于其中所提的问题要注意：在一个问题中不要包含两个或两个以上的问题，提问的措辞要认真推敲，要防止诱导。对于回答问题的方式有结构式和开放式两种。两者各有优点，可根据需要选择。在回答问题的次序上可按逻辑性、先易后难的顺序回答。

④分发问卷。通过一定的渠道分发问卷给被调查者。

⑤回收问卷，进行统计分析，处理调查结果。

（3）深度访谈。

围绕现状分析问卷调查阶段所揭示的问题，根据实际需要，以专家组为主，组织深度访谈，通过访谈了解深层次需要解决的问题，并对解决问题的可能方案进行深入探讨。

（4）设计企业领导业绩考核方案草案。

本阶段的工作包括以下三个环节：

①设计业绩考核概念体系。包括业绩考核设计的目标、原则、框架，这是我们进行业绩考核设计和具体操作中，所要依据的总的指导思想和总的设计理念。

②业绩考核方案设计。选择部分有代表性的企业，按照业绩考核方案框架，设计各类企业领导业绩考核指标体系及相应的考核管理方法，作为业绩考核整体方案设计的范例。

③设计草案研讨与调整。在草案设计完成后，组织企业领导、企业员工、省国资委的领导及有关工作人员对设计草案进行研讨，深入调查，对草案进行修改和完善，形成业绩考核的方案框架。

（5）设计业绩考核的整体方案。

扩大试点企业范围，以各类企业领导胜任力模型为基础，设计各类企业领导业绩考核体系，包括：

①业绩考核指标体系。包括业绩指标的选择与设计、业绩考核标准的制定。业绩指标是业绩的考核内容，业绩标准是期望被考核者所达到的水平。

②业绩考核方法体系。包括业绩考核方法和考核模式的选择使用、考核程序的设计、考核数据的统计分析、具体操作管理细则等。

③业绩考核权重体系。在业绩考核中，考核指标体系中的权重系数是非常重要的，起着指导、强化某些指标的作用。如何科学、有效地确定权重系数，是业绩考核的一个重要问题。戴良铁在广州市国家税务局的业绩考核方案中，提出并实施了“层次分析法”（AHP）和“群组决策特征根法”（GEM）相结合的方法，取得了较好的效果。本阶段工作可借鉴和参考这些方法。

④业绩考核配套环节。包括业绩考核组织工作、业绩的沟通与反馈面谈、考核结果的管理工作、考核人员的选择、考核质量保证措施、组织文化建设等。

（6）业绩考核方案的论证与完善。

该阶段工作将包括各种形式的研讨、部分企业考核体系的试运行、业绩标准设置的方法和程序的完善等。

6.4.5 基于胜任力的企业领导评价中心的构建

1. 目的

通过构建企业领导评价中心，以此选拔、评价合格的企业领导人。

2. 测评题库的设计

（1）岗位知识技能题库。

基于岗位分析开发与本岗位涉及的专业知识、技能方面相关的题库。

（2）胜任力测评题库。

基于各类企业领导胜任力模型，有针对性地开发文件筐作业、无领导小组讨论、案例分析、面谈、搜索事实、演讲、模拟会议、心理测验、角色扮演、对抗性辩论等测评企业经营管理者的题库。

3. 企业领导的基本选拔方法的设计

（1）以往表现评估。

①业绩考核。按照上述设计的业绩考核指标进行考核。

②社会舆论。面向社会公众，了解被试者及所在企业是否遵守国家的有关法律、政策，与社会公众的关系如何，为社会做过什么贡献。

（2）岗位知识技能考试。

（3）评价中心。

评价中心包括文件筐作业、无领导小组讨论、案例分析、面谈、搜索事实、演讲、模拟会议、心理测验、角色扮演、对抗性辩论等。

6.4.6 企业家选拔评价决策支持系统的开发

利用上述工作成果开发出计算机管理软件，在计算机上进行各种操作，并由计算机给出各种问题解决的决策方案，供省国资委选拔、评价、任用企业领导时参考。主要由以下六个系统构成。

1. 企业经营管理人才信息管理系统

该系统主要实现以下功能：

（1）人才档案数据管理。

实现人才的基本信息（包括编号、姓名、照片、所在单位、性别、民族、籍贯、出生日期、婚姻状况、住址、电话、工资、职位、学历、职称、简历等）的录入、编辑、删除、查询等管理。

（2）人才学习、培训、出国进修或访问等信息管理。

包括高校的正规学习经历、知识技能培训、管理培训、出国进修或访问等的录入、编辑、删除、查询等管理。

（3）任职经历信息管理。

包括以往的工作经历、取得的成绩与不足、表现出来的能力与缺陷等。

2. 岗位分类信息管理系统

该系统包括企业类型、规模、特点、经营方式、人力资源构成、财务状况、资产构成、市场地位、竞争的优势劣势等信息的录入、编辑、删除、查询等管理。

3. 胜任力任职资格信息管理系统

该系统主要内容包括：

（1）岗位的基本资料管理。

包括岗位编号、岗位名称、岗位类别、所属单位、管辖人员人数、工资等级、工资水平、直接升迁的岗位、可相互转换的岗位、由什么岗位升迁至此、其他可担任的岗位等。

（2）岗位描述。

①对工作活动的描述：包括工作内容、所用设备、所用材料、工作方法、受谁管理、直接管理谁等。

②对工作条件的描述：包括温度、照明、噪音、空气、安全等。

③对岗位状况的描述：包括工资制度、奖金制度、工作时间、工作季节性、晋升机会、出差机会、进修机会、出国机会、住宿条件、住房待遇等。

④对岗位的社会环境的描述：包括群体气氛、同事特征、各部门的关系、文化娱乐设施等。

（3）基本任职资格。

包括最低学历、最低职称、适应年龄、适应性别、适应身高、适应体质、所需的专业训练、所需的上岗证书、所需的经验要求、所需的培训要求等。

4. 胜任力资格管理系统

该系统包括适应性格、职业兴趣要求、智力要求、工作行为要求、气质要求、一般职业能力要求、特殊职业能力要求、领导类型、管理能力要求等。

解决的关键问题及创新点：建立各种类型岗位的胜任力任职资格的知识库、推理机、决策模型。

5. 企业领导业绩考核管理系统

该系统主要包括：

（1）业绩考核。

包括产量（销售量或工作量）、产品质量（工作质量）、员工劳动生产率（工作效率）、员工工作满意感、员工对企业的归属感、安全生产、工作秩序、遵守国家的法律政策等。

（2）工作表现考核。

包括工作责任感、工作的主动性、合作精神（上下级、同事、其他部门）、工作的计划性、工作中的创造性、对企业的忠诚与归属感、成本意识、遵守各项规章制度等。

（3）工作能力考核。

包括决策、计划、创造、组织、控制、主动工作、恪尽职守、适应、口头表达、文字表达、把握全局、统率驾驭等。

（4）个人品德考核。

包括任人唯贤、秉公办事、不搞打击报复、克己奉公、不对上级溜须拍马、不搞特殊化、不把别人的成果据为己有、不搞不正之风、不图名图利、不搞小宗派等。

（5）知识与技能考核。

包括知识水平和知识结构、专长和爱好、专业技能等。

对上述各类考核指标进行录入、编辑、赋予权重系数、记录删除、查找等工作。

6. 评价中心决策支持系统

评价中心决策支持系统的测评工具主要包括以下内容：

（1）心理测验类。

①智力测验。测验人的逻辑推理、言语理解、数字计算等方面的基本能力。通过对不同岗位的一些熟练任职者的测评，对不同岗位适合的智力水平作出界定。

②个性测验（含测谎测验）。测验人的内向或外向、聪明或迟钝、激进或保守、负责或敷衍、冒险敢为或胆小畏缩、顾全大局或矛盾冲突、情绪激动或情绪稳定、诚实可靠或欺骗虚伪等方面的个性特征。通过对不同岗位的一些熟练任职者的测评，对不同岗位的适合个性要求作出界定。

③职业兴趣测验。职业兴趣分为现实型、企业型、研究型、社会型、艺术型、常规型

六种。通过对人的职业兴趣的测验，有助于被试者选择适当的工作，做好职业生涯设计。通过对不同岗位的一些熟练任职者的测评，对不同岗位适合的职业兴趣作出界定。

④气质测验。人的气质分为四种类型：胆汁质（烈性子）、多血质（急性子）、黏液质（慢性子）、抑郁质（小性子）。对人的气质的测验，有助于帮助被试者选择较适合的工作，有助于管理人员对被试者的了解。通过对不同岗位的一些熟练任职者的测评，对不同岗位适合的气质类型作出界定。

⑤一般能力倾向测验。测验人的图形识别、空间想象、计算的速度与准确性、言语理解、词语组合等方面的能力倾向性。通过对不同岗位的一些熟练任职者的测评，对不同岗位适合的一般能力倾向作出界定。

⑥A 型行为与 B 型行为测量。A 型行为的人对自己要求较高，经常定出超出自己实际能力的计划，完成不了计划又很焦虑。B 型行为的人随遇而安，不强迫自己紧张工作。通过对不同岗位的一些熟练任职者的测评，对不同岗位适合的工作行为作出界定。

（2）情景模拟类。

文件筐作业、无领导小组讨论、案例分析、面谈、搜索事实、演讲、模拟会议、角色扮演、主题辩论等信息的管理。

解决的关键问题及创新点：将上述工具测评结果由专家进行分析、判断，制作出专家知识库、推理机及决策模型，提供各种决策方案。

6.5 云服务平台的胜任力管理系统

（1）打开菜单，点击“职务管理”，进入“职务管理”页面。

（2）在职务列表中点击“营销部—华南区—广东片区—片区经理”，使得该行颜色变深，再点击上面的“胜任力模型”，进入“职务胜任力”新增或修改页面，点击“新增（修改)”按钮，进入图 6－15“职务胜任力管理”页面，输入或修改“职务胜任力模型”的信息。

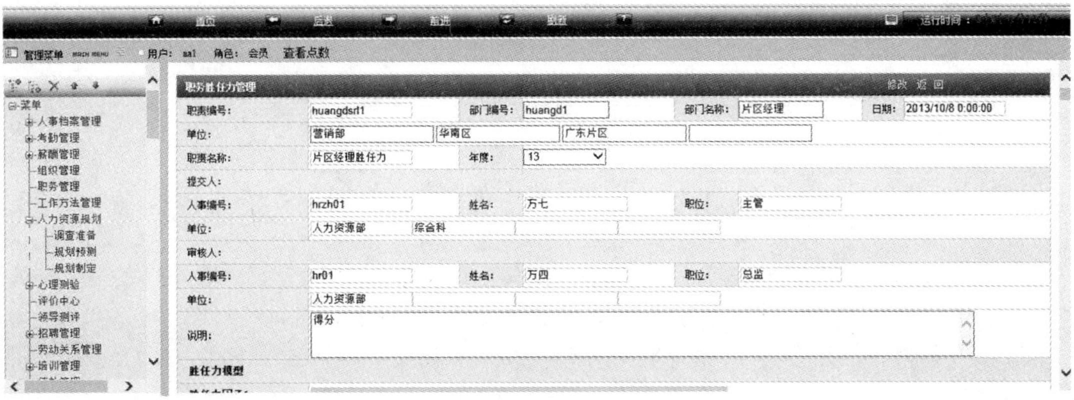

图 6－15 职务胜任力模型

思考题

1. 胜任力的操作性定义是什么？
2. 胜任力模型的流派有哪些，各流派有什么特点？
3. 胜任力的研究方法有哪些？试评价这些方法有哪些优缺点。
4. 解释方法对工作概念构成胜任力的理解，其基本意义有哪些？
5. 简述胜任力的结构。
6. 基于胜任力的职务分析具有哪些显著特征？
7. 简述胜任力与胜任力模型的国内外研究结果。
8. 分析胜任力与胜任力模型的未来发展趋势。
9. 简要分析行为事件访谈法的特点和优缺点。
10. 结合本章实例，选取某一工作岗位构建胜任力模型，并写出具体流程。

7　心理测验与评价中心

本章提要

心理测验是人才测评的一种重要方法和技术，本章第一节介绍了心理测验的概念、种类、功能，以及在人力资源管理中的应用。现代人才测评理论认为，人的行为或绩效都是在特定环境中产生或取得的。因此，要想准确地对人的行为、能力和工作绩效进行科学的观察与评价，就应当将其素质特征纳入一定的环境体系中。正是基于这种理论，现代人才测评的新方法——评价中心得以形成。第二节详细阐述了不同评价中心技术的原理、测评流程以及评分体系，对比分析了不同方法的特点和适用场景，为人员选拔提供参考。

7.1　心理测验

7.1.1　心理测验的概述

心理测验是现代人才测评过程中的一种非常重要的技术手段，它是经过科学研究精心设计的产物，被广泛运用于人力资源开发与管理的各个领域。心理测验的思想和实践可以追溯到两千多年前的春秋时期，我国古代教育家孔子在《论语》中提出“中人以上可以语上也，中人以下不可以语上也”。这是对学生的个别差异层次的评价，并且将其分为中人、中人以上、中人以下三个级别。隋末出现的科举制度可以说是现代人员选拔测验的雏形，但真正意义上的心理测验是20世纪初才发展起来的。

1. 心理测验的含义

对于心理测验的定义，目前存在许多不同的阐述。布朗（F. A. Brown）认为“所谓测验，是对一个行为样组进行测量的系统程序”；陈选善认为“测验是一个或一群标准的刺激，用以引起人们的行为，根据此行为可以估计其智力、品格、兴趣、学业等”；而现在普遍使用的是阿纳斯塔斯（A. Anastus）对于心理测验的定义，他认为“心理测验实质上是对行为样组的客观和标准化的测量”。虽然上述三个定义的侧重之处各不相同，但综合起来，可以归纳出心理测验的三个要素：①行为样组；②标准化；③客观性。行为样组的代表性和测验程序的标准化都是为了保证心理测验的客观性。

2. 心理测验的分类

心理测验是以一些测验题来间接测量人的智力、能力、成就、人格等心理特性中的个体差异的测量方法。它是一种科学与经验的有机结合的方法，其特征是：针对评价目标，通过定性、定量的方式对人的能力、个性等心理特征进行测试、分析和评价。根据不同的标准和途径，可将心理测验分为以下几种不同的类型。

（1）个别测验：指主试者在进行心理测验时，一次只能给一个被试者进行测验。

（2）集体测验：指主试者在进行心理测验时，一次可以给很多的被试者进行测验。

（3）速度测验：指主试者在进行心理测验时，每一次的测验都在规定的时间内完成，时间一到，测验一律停止。

（4）难度测验：指主试者在进行心理测验时，难度测验的题目比速度测验的题目难度大，被试者需要多长时间，主试者就给予多长时间。

（5）书面测验：指主试者在进行心理测验时，把试题印在纸上，被试者回答也写在纸上。

（6）操作测验：指主试者在进行心理测验时，要求被试者以操作的形式接受测验。主试者通过观察来评定被试者某一种或几种能力。

3. 心理测验的基本方法与一般程序

心理测验的基本方法是，依据对评价目标的分析，进行合理的结构分解，并分别予以测试度量，再依据结构关系合成各方面的测量结果，从而形成对人员的分析评价结论，供服务对象使用。

一般的程序是：目标确定→测验项目的编选→预备实验→原始测验的研究及修正→标准化与信度、效度的检验→常模的设立→测评实施→数据处理→综合分析→提供咨询结果和服务。

4. 心理测验的作用与功能

心理测验的两种最基本的功能是诊断和预见。

（1）诊断：测量出个体心理特性方面的差异，以判断其是否适合于某种职业。

（2）预见：预测不同人在将来的职业活动中所表现出来的差别。

心理测验在人力资源中有如下几方面的应用：

（1）人员选拔中的心理特点评估。不同的组织由于其结构、性质、规模等不同，自然其所要求的职位、工作也不一样，要使组织和谐、高效地运转，除了管理等因素外，选拔或安置合适的工作人员也十分重要。由于工作不同，其对人的心理特点的要求也就不一样。评估人的心理特点可以有效地提高人岗匹配度。通过对候选人的评估，可以为人员选拔提供有效的甄选信息。对人的心理特点的测量主要涉及两个方面：一是一般心理品质测量，主要指智力、个性等；二是专业知识和特殊能力测量。这些心理特点的测量都要借助一些经典的心理测验。

（2）干部选拔。通过干部测评，可测出干部的领导类型、工作能力、职业兴趣、个性特点等，从而为干部选拔提供基本数据。此外，对干部人格类型的测量也能为组建工作团队提供参考：将最匹配的人员安置在同一个团队，有利于提高团队工作效率，创造和谐的工作氛围。

（3）人员资源调查。对组织内人力资源的构成和分布的了解，是进行有效人力资源配置的重要前提。识别潜在人员，提供人员资源结构状况分析信息，能够勾画出人员结构分布图，发现不合理配置，及时调整，以顺应组织的战略发展趋势。

（4）人员培训。在许多情况下，选拔的新员工上岗前或老员工的重新安置前都要进行专门的培训，以使他们能尽快了解工作任务，提高工作技能，做好工作，因此，培训或选拔安置的有效性是一个值得考虑的问题。通过心理测验识别人员的发展潜力和发展局限性，了解人员的个性发展机制，然后在此基础上拟定培训方案，有针对性地实施培训。

培训效果与培训目标是否一致，也可以用测量的办法评估，这里测量的可以是知识、技能水平的提高，也可以是工作态度、工作兴趣的改变，这些内容都可以用成就测验、兴趣或态度测量的办法进行评估。

（5）职位安排。“人尽其才”是人才选拔与安置的最基本原则，也就是根据个人的特质安排相应的岗位。心理测验不仅可以测量出个人的特质，其测验结果还可以为人才选拔和安置提供参考依据，实现人岗匹配的目标。有了人员测评的数据，就可根据人员的特点进行科学的职位安排。

（6）为心理辅导和心理咨询服务。目前，心理测验已经成为开展心理辅导和心理咨询的重要程序之一，通过实施心理测验，不仅可以帮助当事人发现自身情绪困扰和心理障碍的原因，还有利于其自身潜力的发掘，这对当事人的升学、择业等都具有非常重要的参考价值。

5. 心理测验的意义与目的

当今社会已把人力资源作为一种最宝贵的资源来看待。企业的竞争，最终集中到对人力资源的竞争。从经济学观点来看，人力与物力都是经济发展中不可缺少的资源或资本。人的体力、智力、能力、知识、技能以及积极性、主动性、创造性等，都是宝贵的财富，同时又是创造财富的资本。因此，活用人力资源已是当今世界各国发展本国经济的最重要方面，也是参与国际竞争的最重要条件。

由于人与人之间在能力、兴趣、个性、知识、经验等方面都存在着个体差异，所以，他们所能发挥作用的领域、范围和效能的大小也各不相同。只有根据工作任务的性质要求和个人的特长进行合理的安置，方能使人的才能得到充分的发挥，激发人的工作积极性，提高生产效率，增加工作满意感，培养职工对组织的热爱和忠诚，从而达到对人力资源的充分利用。

如何能达到此目的呢？这就要借助于有关人的个体差异的科学理论和方法，研制出各种测量工具，以便对人的职业能力、职业兴趣和职业人格等心理品质和特性进行科学而客观的评价。心理测量学能提供这样的方法和工具。

7.1.2 心理测验工具的编制

心理测验工具的编制，涉及人事心理学、心理测量学、心理统计学等专业知识和技能。测验的编制过程也叫测验的标准化过程，它要求以标准化的程序进行，并按标准化的程序去使用。这种经过标准化的测验，才具有实际使用价值。另外，特别需要指出的一点，就是使用者（主测者）必须经过专门的培训，才能真正掌握它的操作方法并对测验结果作出正确的解释。否则，会出现极大的偏差，造成极为不良的后果。

一、标准化的测评工具必须满足的条件

1. 有一套有效的问卷项目

按照测验的性质，选定足够能代表所要测定的心理特性或行为特征的问题。这样的问

卷需要通过项目分析才能得到。

2. 有一个常模

根据被试集团的标准化样本施测，可获得一个具有代表性的结果，称为常模，作为评判个别差异的依据和进行比较的标准。所测集团的标准化样本的平均值，通常被视为该测验的常模。因标准化时选取的样本不同，常模的种类也不同。最常见的有年龄常模、性别常模、全国常模、地区性常模等。

3. 必须通过信度与效度检验

这是决定一个测验是否有效的最重要条件。信度是指测量结果的可靠性或一致性。信度只受随机误差的影响，随机误差越大，信度越低。效度是测验结果的正确性、有效性程度，即测量工具能测出其所要测量特质的程度。效度越高，测量工具与所测特质的对应程度越高。

4. 实施方法标准化

标准化指测验的编制、实施过程、计分方法、对测验结果的解释都要有严格的标准，要保证测验的条件对所有的被测评者相同、公正。不论谁都必须以规定的方法施测。为此，要编制出测验手册，注明实施方法、指导语、施测时间等。

5. 记分标准明确

不同的计分者对于同一被测评者的同一份测验答案的计分方法和计分结果是一样的。此外，原始分数的计算、原始分数与其他分数的换算，以及如何使用常模来解释分数等，都应在测验手册中加以详细的规定。

二、标准化测验的编制过程

1. 确定测验目的与对象

不同的测验有不同的目的，测验的编制程序由于其目的不同而有很多变化，明确测验目的是编制测验最基本的步骤。

2. 测验项目的编选

任何一个测验都是按照各自目的编制的。根据所确定的测验目的，确定测定目标。接着，就要分析这些测定目标所包含的心理过程或心理特性。要甄选企业管理人员，就要分析作为企业管理者应具备哪些心理品质和行为因素。这种分析是测验编制的出发点。为了测定这些因素和内容去设计和选择测量项目，从而编制出测验的原始方案。

在编制测验草案的过程中，应考虑以下几点：

（1）测验的长短，即问卷的项目数和所需时间（测验的长度与测验的整体信度有一定的关系）。

（2）测验草案的试行应该准备的问题项目数。根据预备测验的结果，肯定会有些项目是不适合的。因此，作为草案所准备的项目，应比正式测验所预定的项目数多得多。

（3）测定使用什么样的问题形式。

（4）取分标准：确定各个测验的原始得分及综合分数的标准。

3. 预备实验

一个原始测验编成后，要在少数的特定团体内进行试测，以检验问题项目是否合适、困难度大小、所需时间等。试测人数为500～1 000人即可，一般选择与适用对象相近的集团进行这种试测。

4. 原始测验的研究及修正

根据预备测验的结果，留下有效的项目，舍去或修订不适当的问题项目，对原始测验进行修正，定出正式测验的问题项目。所谓测验中好的项目，必须具备以下一些性质：

（1）好项目不是多义的或暧昧的。对于问题的解释只能有一个，正确答案很明确。提问的方法能使解答者清楚地知道所要求的是什么。

（2）好的项目使测验编制者能正确测定所要测验的项目。这就是所谓测验项目的效度问题，它可以通过项目分析来实现。一个测验要排除测定项目以外的不合适的因素，其方法之一就是考察其内部一致性。如果一个项目所测定的内容相同，则该项目与测验全体的得分相关应该是很高的。根据两者相关值的大小，可以数量化地表示各个项目的好坏。

（3）好的项目对所有的被测者来说，是以相等的经验和环境为前提的。比如智力测验，由于特殊经验和教育以及环境的影响，被测者间智力发展可能存在差异。因此，与这些有关的内容不应包括在问题项目中，而应使用对被测者来说都一样的全新经验的问题，或者过去经验和环境的影响对任何被测者都相等的材料。

（4）好的测验项目应具有适当的困难度。

5. 正式测验的实施

测验项目做成之后，就要定出实施这个测验时所必须注意的事项。测验手册应详细地包括给被测者的指导语、时间限制、取分法、得分的解释等。从使用该测验的集团中选定代表性的对象（样本集团），对其实施测验。抽样施测时应考虑：

（1）为了建立常模，所使用的人数是否充分。

（2）这个集团作为样本是否代表了全体适用对象。样本人数过少，所得到的常模很可能不正确，人数过多又造成不必要的浪费。

6. 常模的建立

根据正式测验的结果，可以按年龄类别、地区类别等进行整理，定出常模，这就是样本的平均分。个人的得分可以同这个常模进行比较，以判断他的成绩好坏。

7. 标准化、客观化及信度与效度的检验

（1）标准化：指进行心理测验时，测验的条件和测验的程序要始终保持一致，保证所有人在完全相同的条件下接受测验。每个测验必须有自己的标准程序，每次测验必须严格按照标准程序进行。例如，给予所有被测者相同的指导语，控制相同的测验时间，在相似情况下进行测验等。将国外的心理测验引进本国时，由于民族、文化、社会条件的不同，往往也需对该测验进行标准化，然后才能使用。

（2）客观化：指评定心理测验的成绩时，要按统一的客观标准给予评分，而不要受评分人的个人偏见所影响。

（3）信度与效度：信度是指测验的可信性，是衡量测验质量高低的重要指标之一；效度是指测验的有效性，它衡量的是一个测验测量某种特质的正确性和准确度。信度一般只与随机误差有关，而效度与随机误差和系统误差都有关。

对心理测验应该具备的必要条件加以检查，这种手续叫测验的检验，即用各种手续对测验的信度、效度等进行检验。其结果记载在测验手册中，据此可以作为评价测验的客观材料。

7.1.3 人才测评中的心理测验

一、能力测量

能力是直接影响人的活动效率，促使活动顺利完成的个性心理特征。能力包括两重含义：一是已经表现出来的实际能力，这种能力可以用成就测验来加以测量；二是潜在的尚未表现出来的心理潜能。这种潜能通过学习或者训练后有可能发展起来。这种能力可以用能力倾向测验来加以测量。

能力测量是对个性能力方面的定量分析。能力测量由于测量对象不同，形式和方法也不相同。

1. 现代能力测量的产生

用一定的方法评定人的智力虽然有久远的历史，但制成量表来测量人的智力却始于现代。1905 年，法国人比奈（A. Bient）根据教育部门的要求，与西蒙（T. Simon）制成第一个测量智力的工具，即比奈—西蒙量表（以下简称比奈量表）。这个量表又经过了 1908 年和 1911 年两次修订。一般认为，用比奈量表测量人的智力，是科学的智力测量的开端。因此，考察智力量表的产生，就可从比奈量表谈起。

比奈量表产生于测量智力落后儿童的实际需要。根据几个国家的不完全统计，智力落后儿童约占总人口的 1% ~3% 。这些儿童的智力低下，生活能力差，需要人们的照顾，一直是需要解决的社会问题。19 世纪中叶，法国人意太（Itard）和他的学生森干(E. Seguin)对智力落后儿童进行研究，并创办学校，发表著作。此时，其他国家也开始了智力落后儿童的教育与研究，纷纷创办智力落后儿童学校，或在普通学校设立特别班。智力落后儿童教育的发展，要大量吸收智力落后儿童入学。在这种情况下，单靠长期观察、社会公认来鉴别智力落后儿童就不够了，迫切需要一个诊断异常儿童的方法。1904 年，法国教育局责令许多医生、教育家和科学家成立一个委员会，专门研究公立学校特别班的管理法，比奈就是其中的一个成员。次年，比奈总结了自己的一系列研究成果，与西蒙在《心理年报》上共同发表《诊断异常儿童智力的方法》一文，文中所介绍的智力测量标准，就是著名的比奈量表。

比奈量表的产生，除了有社会需要这个因素外，还因为心理学的发展给满足这种需要提供了可能。1879 年，德国冯特（W. Wundt）在莱比锡建立了第一个心理实验室，用实验的方法研究心理现象的规律。研究的结果表明，人的心理现象既有一般规律，也有个别特点。同时，在许多自然科学的研究中，为排除个别差异对观察的影响，需要了解个体心理特点。例如观察星辰运行的科学工作者就需要了解反应时间的个体差异。这就推动了人们以实验的方法研究心理的个别特点。比奈采用了心理测量，并将心理测量的方法创造性地应用于智力测量中。以前的测验测量的是智力某些侧面的单一特征，如记忆力、注意力、知觉和辨别的速度与正确度、动作的速度与正确度、感觉的敏锐度等。比奈在原有的基础上又加上一些智慧特征，如理解力、想象力、判断力等，而且考察它们的综合表现。可见，产生于 20 世纪初的智力测量，是心理学家适应实践的需要，用测验的方法解决个别差异问题的结果。

2. 能力测量的种类

从1905年制定第一个量表算起，能力测量已有100多年的历史了。100多年来，能力测量已有很大的发展，形式多种多样。依据不同的分类标准，能力测量主要有如下几种：

（1）按能力来分，可分为智力测量、专门能力测量和创造力测量三种。智力测量首先用于智力落后儿童，继之用于天才儿童，后来广泛地用于普通人。专门能力测量，用来测量人们各种专门能力的水平。创造力测量用于测量一个人创造性的高低。

（2）按测验方法来分，有个人测量与团体测量。个人测量在同一时间内只能测量一个人，如最早的比奈—西蒙量表。团体测量在同一时间内可以用于许多人。美国在1917年到1918年，曾应用团体测验测量约175万士兵的智力。

（3）按测验的内容或材料来分，可以分为文字测量和非文字测量两种。文字测量是指向被试者呈现文字材料，通过回答文字材料来判定被试对象的智力水平。非文字测验，其测验的内容材料以图画、模型等为主，是非文字性的。相对而言，非文字测验不受语言、文化教育及生活经验的影响。

（4）按测验的功用来分，测验可以分为下列几类。

第一，速度测验与难度测验。①速度测验指主试者在进行心理测验时，每一次的测验都在规定的时间内完成，时间一到，测验一律停止。②难度测验：难度测验对测验时间的限制并不严格，但它一般都包含很多较难的项目，它测验的是人们解答难题的能力。

第二，能力倾向测验与成就测验。①能力倾向测验：其功用是预测某人在某方面能力的发展。②成就测验：测验一个人已有的能力水平。

3. 特殊能力的测量

有时为了满足职业的需要，需要测量一个人的某种或几种能力，由此得出的测验就叫特殊能力测验。现在列举日本劳动省编制的适用于一般职业和特殊职业的特殊能力测验，以供参考。

（1）适用于一般职业的特殊能力测验。

这种测验分为10种因素，包括：智力G，言语能力V，算数能力N，书记知觉Q，空间判断能力S，形状知觉能力P，协同动作A，运动速度T，手指灵活度F，手的灵活度M，如表7－1所示。

表7－1　一般职业适合性向测验及因素

适合性	意义
智力（G）	一般学习能力，对各种原理的理解能力，推理、判断能力，对新环境的适应力
言语能力（V）	对意义及与其相关联的思想的理解和使用能力，话与话之间相互关系和意义的理解能力
算数能力（N）	对算数正确而迅速的运算能力
书记知觉（Q）	对言语和传票类的细节识别，发现错字和正确地校对言语和数字的能力
空间判断能力（S）	理解立体图形的能力，对眼睛所见到的一级或二级形态的想象思考能力

（续上表）

适合性	意义
形状知觉能力（P）	对物体或图解的细节正确的知觉能力
协同动作（A）	眼手协调动作、速度的调节能力
运动速度（T）	迅速而正确地确定运动的能力
手指灵活度（F）	手指灵活而迅速活动的能力
手的灵活度（M）	手灵活而迅速活动的能力

按照上述这些个别测量的因素组合，可以显示出一个人最适合于某一种职业种类，如表 7－2 所示。

表 7－2　一般职业适合性向适合的职业种类

号数	适合性的最低标准	职业群（例）
1	G（125）、V（125）	作者、翻译、编辑、记者
2	G（125）、N（125）	会计、统计
3	G（125）、N（125）、S（125）、P（110）	建筑、机械、电气
4	G（90）、N（90）、S（90）、M（75）	机械修理
5	G（100）、N（110）、Q（100）	一般事务员
6	G（110）、N（110）、P（100）	图案、美术设计等
7	G（75）、S（90）、P（90）、F（90）	电器修理等
8	V（100）、Q（90）、T（75）、F（75）	打字、速记、排版等
9	N（90）、S（90）、P（75）、M（75）	汽车修理等
10	N（110）、S（110）、P（100）、A（90）	建设、机械、电机制图等
11	N（75）、Q（90）	仓库管理、材料检查等
12	N（90）、Q（90）、T（90）、F（75）	单纯记数、记录等
13	N（75）、S（75）、M（75）	重金属、建造、建设等
14	S（75）、P（90）、A（75）、T（90）	钟表修理
15	S（75）、P（90）、M（75）	铸造等
16	Q（75）、P（75）	依据视觉进行的简易检查
17	P（75）、A（90）、F（90）	无线电组装工
18	P（90）、M（75）	轧管、拉条等
19	Q（90）、T（90）	分类、简易书记作业
20	A（75）、T（75）、F（75）、M（75）	纺织工

例如，职种 1 号，如果适合性向最低标准智力 G 低于 125 和言语 V 低于 125，那么在这一职种领域内就很难获得成功。

（2）特殊职业适合性向测验。

特殊职业适合性向测验是为了鉴定一个人是否能够从事某种特定的职业而设计的。如飞行员和设计者等职种，都需要有必不可少的特殊能力。

我国空军第四研究所为了选拔飞机驾驶学员，曾制定了《学习飞行能力预测方法》，测量注意广度、视觉鉴别力、运算能力、地标识别能力、图形记忆能力等五个方面。

（3）个别能力测定。

个别能力测定的种类有很多，这里仅列举几种：①感知觉运动测验；②注意能力测验；③记忆能力测验；④联想—学习测验；⑤记忆—动作测验；⑥思维能力测验。

二、智力测量

智力，或者说心理现象，是可以比较的，例如当我们说某人记忆力强时，就是与其他人相比较而言的。人的智力是在人的活动中表现和发展的，因此，通过活动可以测量人的智力。科学地测量人的智力发展的水平与特点，是发现、培养人才的需要，也是对人量才使用、各得其所的根据。

智力测量的方法，通常有行动观察法、实验法、谈话法、个案调查法、作品分析法、智力测验法等。

1. 行动观察法

观察法是根据对人客观表现出来的活动、语言等的观察结果来了解人的智力的一种方法。例如，通过观察人的动作的迅速或迟缓，了解人的动作能力的发展水平；通过对人的说话情况的观察，了解一个人的语言表达能力及特点等。

观察法是所有科学共同的方法。心理学工作者通过观察行动可以了解各种心理现象（包括个性）。观察必须有计划、有步骤，要使被观察者尽量处于自然状态，从有目的、有计划地观察他的行动、言辞、表情等方面所收集的材料中，分析、研究、理解他的心理。观察时可以采用各种仪器，用录音、照相等方法进行记录。长期的和系统的观察是测定人的能力的一个有效途径。例如每天在规定时间观察婴儿的活动，记录他的身体运动、发声、表情等客观情况，观察到一定时期，记录材料积累到一定数量，就能分析出该婴儿智力发展的水平及特点。

行动观察法具有如下特点：

（1）观察总是在自然条件下进行，使被观察者不觉察是在对他观察。否则，他的行为就会不自然，甚至产生防御态度。

（2）从观察者来说是有意的，始终应当明确观察过程中必须解决的目的任务；

（3）观察带有一定的选择性，在观察过程中要选择与目的有关的重要事实或心理活动的系统表现；

（4）观察可以运用记录手段，如利用笔记、摄影、录音、录像等进行记录；

（5）观察者要记观察日记，记下能够说明被观察者的行动、行为的事实和它们发生的条件和环境，以便作出正确的评价和分析。

根据观察法的上述特点，在观察之前必须按照观察目的拟好观察提纲，以便于观察时有的放矢，防止顾此失彼。下例是从行动表现上观察学生的性格时所列的观察提纲：

（1）感情表现（主要是从情感方面观察）：表情丰富还是面无表情，生气或哭泣的情况如何，刻薄还是温厚等。

（2）动作倾向（关于动作、运动性的观察）：活动性高还是低，动作灵活不灵活，是否沉着、稳重，把东西弄坏或弄翻的情况多不多。

（3）人和人之间的关系（与朋友、教师、父母之间的关系）：①在生人比较多的地方，引人注目还是畏畏缩缩？是否不断出现错误的行动？是否坐立不安？②对父母的态度、亲近感如何？是反抗的还是顺从的？看父母眼色行事还是带有批判性的？③对教师的态度、亲近感如何？是反抗的还是顺从的？是看教师的眼色行事还是带有批判性的？④对朋友的态度，是支配的还是服从的？是友好的还是攻击性的？是孤独的还是好交际的？

（4）对事物的处理方法（在学习和游戏中观察）：是否容易热衷于自己从事的工作？努力的程度如何？计划性和完成的能力如何？是否反复地做？工作粗心大意还是认真细致，兴趣稳定还是易变？

观察法的主要优点在于保持人的心理表现的自然性，但有其不足之处。观察时，研究者处于被动地位，只能等待他所要观察的现象自然出现。用这种方法得到的材料，几乎不能精确地剖析行动的因果关系。

2. 实验法

实验法在人的智力的研究上有特殊的地位。它往往以比较准确的数字结果来表示人的某种能力的发展水平。例如感觉能力的测定，我们要在一定的距离内才能听到自己手表的嘀嗒嘀嗒的声音，这是响声太微弱的缘故。只有刺激量达到一定限度时，我们才能感觉到它。人的视觉、听觉、味觉、嗅觉、触觉等感觉能力都可以测量。人的听觉的绝对感受性可用每秒钟具有不同振动次数的音叉来测定。人的痛觉感受能力可以用测痛器来测量。

实验法在测定人的智力方面有其独到之处，但也不能夸大这种作用。因为实验法是在人为控制的条件下进行的，而人的智力测定结果往往受很多因素的影响，因此不能以一次实验结果就断定人的某种能力的发展水平和特点。

3. 谈话法

谈话法也是了解人的智力的一种方法。事先确定谈话的内容，设定一些题目供谈话时使用，通过谈话，可以了解一个人的言语发展能力。在谈话过程中，记录他的词汇，同时注意他的表情、动作，对这些方面进行分析、综合，这样就能够在某种程度上了解到这个人的语言发展水平。

采用谈话法时，要有明确的研究计划，提出的问题要适合被试者的程度，内容要明了和确切，符合研究的要求。谈话要在自然的气氛中进行，这样得到的结果可能比较真实可靠。一般谈话法采用面对面的对话形式，全部谈话内容应由研究者本人记录。用录音机记录，则更为方便和可靠。

4. 个案调查法

个案调查法是系统地研究一个人智力的形成、发展及其特点的一个重要方法。家庭访问是个案调查中的一个重要环节。因为一个人出生后，很长一段时间是在家庭环境中生活的。人的智力的形成和发展，与家庭的环境、教育等方面的因素有密切关系。父母是最了解一个人儿童时期的各种能力的发展过程的，父母往往对婴儿的手的动作、爬和行走的运动能力、从何时开始能听懂成人的话等，记得较为清楚。

5. 作品分析法

作品是人的智力的产物，是反映人的能力和智力的最真实和最具体的材料之一。通过作品可以看出人的各种能力的发展水平与特点。

作品的种类是多种多样的。学生的作品包括日记、作文、各种作业、绘画、工艺制作等。通过这些作品的分析，可以看出学生的各种能力或智力的发展情况。例如，学生的作文在某种程度上反映出学生的观察能力、记忆能力、想象能力和语言表达能力等。成人的作品则包括工作产品、技术上的发明创造、科学或艺术的著作等。

6. 智力测验法

智力测验法在西方颇为盛行。智力测验一开始用于鉴定智力缺陷的儿童，后来在成人中推广。在第一次世界大战期间，美国有数以万计的人受到智力测验的筛选，在测验的基础上被分配各种专门职务。

随着智力测验和特殊能力测验的种类不断增加，在第二次世界大战时，西欧各国受智力测验筛选的人更多了。西方有的心理学家甚至认为，西方世界很难有一个人在一生当中能逃脱这些测验。智力测验目前已成为西方国家的一项实业，成为制订教育计划的一个重要助手。鉴定能力和智力发展水平及其特点，往往不是单纯地采用一种方法，而是根据研究的对象和需要采取综合的方法。或以某种方法为主，而以其他方法为辅，或者交错运用几种方法。因为各种方法都有自己的特点，也各有局限性。

下面介绍几种国外比较流行的智力测量的方法：

（1）斯坦福—比奈智力测验。

智力测验是对个性认识能力侧面的定量分析，智力测验最早是由法国心理学家比奈和西蒙两人于 1905 年设计的。他们的本意是想找出能够测量儿童智力水平的方法。

比奈—西蒙智力测验，首先在于区别实足年龄和智力年龄。实足年龄即实际的岁数，智力年龄是通过测验得出的。首先编制一套题目，如让 6 岁、7 岁、8 岁 3 个年龄阶段的儿童回答这些题目，如果 7 岁儿童大部分及格，6 岁儿童大部分不及格，8 岁儿童都能非常容易地回答出来，那么这一套测验题目就代表 7 岁儿童的智力年龄。其他智力年龄的题目也是如此测出的。

其后美国斯坦福大学心理学教授特曼（L. M. Terman）把它介绍到美国，并结合美国实际加以修订，修订后的智力测验称为“斯坦福—比奈智力测验”，或称“SB 智力量表”。量表中包括：①测验题目（如整理凌乱的图片、复述数字、找出事物之间的相似点、用数学题目测量计算等）。②次序（各题目按难度顺序排列）。③测量的标准答案和应得的分数。其后斯坦福—比奈量表又经过几次修改，成为很有影响的量表，目前仍然被许多国家应用。

智力年龄只能说明一个儿童智力发展的绝对水平，但不能表示智力发展的相对水平。为了解决这一问题特曼用智力商数（IQ）表示智力水平的高低。计算智商的方法如下：

$$IQ = \frac{MA\text{（智力年龄）}}{CA\text{（实足年龄）}} \times 100$$

如果一个 6 岁儿童通过了 6 岁的题目，那么他的智力年龄与实际年龄都是 6 岁（$IQ = 6/6 \times 100 = 100$）。IQ 为 100，标示出这个儿童的智力年龄与实际年龄相当。如果另一个 7

岁儿童不仅通过了7岁的全部条目，还通过了8岁的部分条目，那么，他的智力年龄为8岁，而实际年龄为7岁，他的IQ约为110，IQ高于100说明这个儿童的智力高于同年龄的一般儿童。同样道理，假如一个儿童的智商低于100，则表示这个儿童的智力低于同年龄儿童的一般水平。

智商高说明智力水平高，智商低说明智力水平低。大量智力测验结果经过统计处理表明，人们的智力水平是按常态曲线分配的。即中等水平的占大多数，一般正常人的智商处于90～110之间。智商在90以下为愚笨，70以下为低能，智商120以上为优秀，140以上属于超常。低能和超常都占极少数，不超过3%。

（2）韦克斯勒成人智力量表（WAIS）。

韦克斯勒（D. Wechsler）1939年制定的智力量表曾在美国医院中使用，从1949年开始又被进行数次修订。修订版被称为韦克斯勒成人智力量表。

韦克斯勒量表取消了智力年龄的概念，保留智商的概念。但它的智商概念已不是斯坦福—比奈量表的智力年龄与实际年龄之比，而是以同年龄组被试对象的总体平均数为标准，经过统计处理，得出的智商称为离差智商。即以同年龄组的总平均数当作智商100，用个人的实得分数与总平均数比较，从而得出他在同年龄组内所占的相对位置。如果一个人实得分数比总平均数高，表明他的智商高于100，如果一个人的实得分数低于总平均数，说明他的智商低于100。要换算成确定的数值，其公式如下（50表示平均智商）：

$$\text{离差智商} = \frac{（\text{个人成绩} - \text{所属年龄团体的平均成绩}）\times 10}{\text{所属团体成绩的标准差}} + 50$$

三、人格测量

从心理学观点来看，人格是人人都有，但是人格有成熟与不成熟、健全与不健全之分。人格的成熟与完善，有利于身心健康；而人格的不成熟、不健全，则不利于身心健康。例如有的人对疾病总是抱着恐惧的心理，有的人则无所谓。有的人得病后坦然处之，有的人则惊慌失措。

由于心理学家的研究角度各不相同，因而到目前为止尚未形成有关人格的统一概念。通过各学者对人格定义的总结，我们对人格作如下定义：人格是构成一个人思想、情绪及行为的特有统合模式，这个独特模式又包含了一个人区别于他人的稳定而统一的心理品质。

人格测验是争议较多的测验，但在国外仍有不少企业用它来选择员工。人格测验主要有四种方法：

1. 自陈量表法

自陈量表又称自陈问卷，是测量人格最常用的方法。在这种测验中，编制一些测量人格的试题，被试者经过考虑选择适合自己状况的选项作答，从其答案来鉴别被试者的人格特征。自陈量表法多采用客观测验的形式，简便易行，但由于被试者的答题偏向或习惯会影响结果的真实性，因此，应在量表中增加效度量表以检验被试答题的有效程度。自陈量表法的种类很多，有情绪测验、兴趣测验、态度测验、道德测验、性格测验、适应性测验等。

较常用的属于自陈量表的人格测验包括：卡特尔16因素人格测验（16PF）、加州青年人格问卷（CPI）、艾森克人格问卷（EPQ）、明尼苏达多相人格问卷（MMPI）以及内外倾向人格测验等。

其中，目前在西方盛行的人格测验法是明尼苏达多相人格测验（MMPI）。它包括566个问题的陈述句，内容很广泛，包括健康，身心症状，神经障碍，运动障碍，对政治、社会、性、宗教的态度；教育、职业、家庭、婚姻问题；各种精神病行为的表现等。例句如下：我早上起来的时候，多半觉得睡眠充足，头脑清醒；我总是在精神紧张的情况下工作；似乎没有人了解我；遇到麻烦的时候，我觉得最好是不说话。它要求被试者对每一个项目作出选择性的回答：或是或非，或不能回答。这个测验是由与被试者有关的问题所组成。被试者在看每一个问题时，考虑是否符合自己的行为、感情、态度等。如果情况符合，就在答案纸上该问题号码右边"是"字下的方格内画钩。如果情况不符，就在答案纸上该问题右边"否"字下的方格内画钩；如果确定不能判定是或否，不作任何记号。据此可看出人格特点及心理健康状态。

2. 作业测验法

作业测验法是根据被试者完成任务的态度、风格和质量来分析其人格特征的客观测验方法。作业法最早是由德国精神病医生克雷佩林·埃米尔（Kraepelin Emil）编制的，并在日本得到了深入的发展和广泛的应用，其中最有代表性的是内田—克雷佩林心理测验。

此法是让被试者进行一种简单作业，从作业的质和量以及对作业的态度中诊断性格的方法。通过这种方法可以测量意志力、耐力、认真、谨慎以及情绪的稳定性和适应新工作的灵活性等性格特征。

3. 投射法

投射法是给被试者看模糊的刺激材料，如墨迹的图片或绘画等，使被试者在不知不觉中将自己的感情、愿望、思想等投射在其中，从而可窥见被试者的人格。由于使用模糊的刺激，被试者反应的自由度比较大，因此对结果的评价不如能力测验和性格量表法那样重视统计处理。依据被试者的反应方式，可将投射测验分为以下五类：联想法、构造法、完成法、选排法、表露法。

投射法还有一种方法叫描绘法，主要是给被试者指定一个主题让他描绘一幅画，把他的描绘作为心理分析的象征并加以解释。如指定被试者描绘"没有果实的树"或描绘人物的测验，都属于描绘法。

投射测验最著名的有两种：罗夏墨迹测验与主题统觉测验。

罗夏墨迹测验是瑞士学者罗夏所创造。这个测验是让被试者看10张利用墨汁所染成图画的卡片。每张卡片都让被试者回答这样的问题："你看见了什么"、"这可能是什么"、"这使你想起了什么"。被试者对10张卡片回答后，请他再对卡片看一遍，请他解释回答的内容是指图形的哪部分。主试者根据几项标准确定被试者的人格。

主题统觉测验是美国心理学家默里所创造。这个测验包括30张图片，图片内容以人物为主。被试者只选其中20张。主试者一张张给被试者看，要求以图片内容为主，让被试者根据个人经验编造故事。主试者以此来分析被试者的人格。

4. 评定量表法

评定是指由评定人通过观察来给被评定人的某种行为或特质打分。表达评定结果的程序叫评定量表。评定量表一般包括一组用以描绘个体特质或特征的词或句子，要求评定人在一个多重类别的连续体上对被评定人的行为和特质作出评价和判断。评定量表法是观察法和测验法的结合。由于评定方式不同，评定量表通常有数字评定量表、图表评定量表、标准评定量表、强迫评定量表、检核表等。

四、职业兴趣测量

兴趣是个体力求认识某种事物和从事某项活动的意识倾向，在职业活动中则被称为职业兴趣。Holland 将职业兴趣定义为喜欢且持久的一种取向，是了解一个人职业和教育行为有用的工具。我国学者也对职业兴趣的定义作出了界定。通过总结可以看出，职业兴趣是职业活动与兴趣的结合，并表现出选择性的态度和积极的心理反应。职业兴趣的发展同时受个体人格和心理特征的影响，并表现出极大的年龄差异。

1. 职业兴趣

职业兴趣不仅可以影响个体的职业方向选择，还有助于探索和激发个人的能力，增强职业适应性。而在学生群体中则更多地体现为对所学专业的好恶、升学还是就业的抉择，以及未来的工作走向。

国内外学者对职业兴趣作了广泛而深入的研究，其中影响最大、应用最广的是 Holland 提出的职业人格类型论。

（1）早期的研究。作为职业兴趣研究的先驱，Strong（1927）和 Kuder（1939）采用实证法编制量表，将职业兴趣划分为不同的种类。Campell 在此基础上，整合形成了兴趣问卷，发展出一般职业类型。

（2）Holland 的职业人格类型论。Holland 认为，个体对职业的选择不仅取决于自身的动机和爱好，更重要的是受到兴趣和人格因素的影响。Holland 的职业兴趣理论是以人格类型学说为基础的，并将职业兴趣分为现实型、研究型、艺术型、企业型、经营型和常规型六种类型。在 Holland 职业兴趣理论的基础上，又发展出许多职业兴趣理论模型，如 Pedigree 的维度模型、Gait 的层级模型、Tracey-Rounds 的球形模型。

2. 职业兴趣测量

对兴趣测验的研究开始于桑代克对兴趣和能力关系的探讨，在此基础上发展而成的兴趣问卷，则标志着系统研究兴趣测验的开始。自 1927 年 Strong 编制出最早的职业兴趣测验——职业兴趣调查表（SVIB）开始，对职业兴趣测验的研究已有近百年的时间，众多的职业兴趣测验相继问世，其中最负盛名的三大职业兴趣测验为：斯特朗—坎贝尔兴趣量表（SCII）、库德兴趣问卷（KOIS）、霍兰德自我导向探查表（SDS）。

经过近百年的发展，对职业兴趣测验的研究已进入一个相对成熟的阶段。随着科技的发展和计算机的普遍应用，大型的职业指导系统软件应运而生，其中有代表性的有：美国大学考试中心（ACT）开发的 DISCOVER 系统，美国教育考试服务中心（ETS）建立的 SIGIPLUS 指导系统。

职业兴趣测量必须具备两个方面的特征：一要具有预见性或潜在的可能性，即以现在的身心状态及诸特性作为预见将来的指标，否则测验就无价值；二要具有稳定性，作为能力倾向的身心状态及诸特性必须在较长时期内相对稳定，否则就无法作为预测未来的依据。

最著名的职业兴趣测量是 Holland 的职业兴趣量表。他认为，大多数人的人格特征可以分为现实型、研究型、艺术型、社会型、企业型和常规型六种（如图 7 - 1 所示）。每种人格类型的描述都来自于人们对其相对领域的人的理解，是一种理想化的人格分类。职业兴趣量表所测得的得分最高的三个字母被理解为与最重要的三个人格特征相联系。

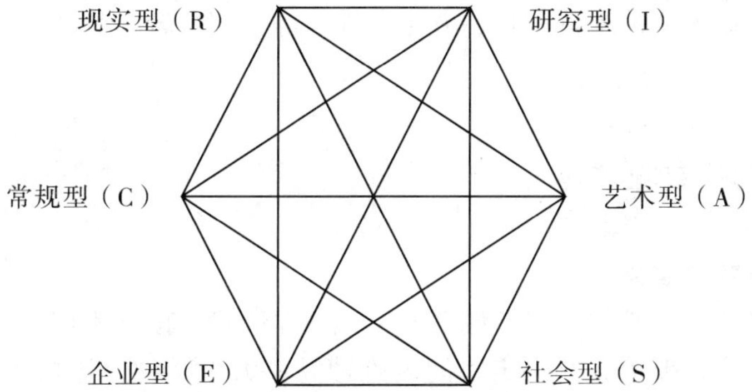

图 7 - 1　Holland 的六边形结构模型（Hexagonal Model）

7.2　评价中心

评价中心是近几十年来西方企业中流行的一种选拔和评估管理人员，特别是中高层管理人员的人才测评方法。评价中心作为素质测评的新方法，起源于德国心理学家 1929 年建立的一套用于挑选军官的多项评价程序。它是人才测评方法综合发展的最高体现。在许多大型的组织机构中，评价中心技术被认为是考察管理潜能的最有效的方法之一。

7.2.1　评价中心的定义

评价中心，就是由许多受过训练的观察者运用技术手段，主要从专门设计的模拟情景中对被评价人表露出的行为作出判断，这些判断被提交到评委参加的会议上经过统计方法加以分析整合。为达成评分意见统一，在讨论过程中，每位评委要全面地解释被考核人行为的原因，提交评分结果；讨论的结果是按照设计好的测度被考核人行为、竞争能力或其他变量指标给被考核人业绩总评。调查过程中应当运用统计的方法以符合专业认可的标准。

简单地说，评价中心就是一种测定一群人中每个个体在多种情景事件中表现出的行为特征的操作程序。这些情景事件包括公文筐测验、无领导小组讨论、案例分析、面谈、搜索事实、演讲、模拟会议、角色扮演、主题辩论等。

7.2.2 评价中心技术常用的方法

评价中心技术包括很多方法，从测评的主要方式来看，有投射测验、面试、情景模拟、能力测验等。但从评价中心活动来看，主要有公文筐测验、无领导小组讨论、管理游戏、有领导小组讨论、案例分析等形式。笔者为某市国资委设计并实施了国有企业领导选拔评价方案，采用了公文筐测验、无领导小组讨论、对抗性辨论、案例分析这几种方法，因而在本章中对这些方法的评价工具、方法、标准等介绍得较为具体，对其他方法只作了一般性介绍。

7.2.3 公文筐测验

一、公文筐测验的定义

公文筐测验是测评中心中使用得最多的一种测评形式。该技术假定被测评者临时接替某个管理人员的工作，要求其在一定时间内处理完一大批文件，包括信函、电话记录等。测评人员通过观察被测评者的处理过程来评价其各种能力的高低，如组织计划能力、分析判断能力、决策能力等。

公文筐测验取名源于从经理办公桌上存放组织文件的公文筐中取出文件并放入备忘录，它是一种用纸与笔完成的测验，测验的题目描述了工作岗位的实际任务。备忘录中的问题应从待聘岗位的分析中产生并能代表实际工作任务。通常被考核人单独坐在桌子旁，针对选出的备忘录提出解决办法，其中评委不提供口头指导，也不允许被考核人与监考人之间进行交流，但有一段介绍性的文字描述设想的场景，也会有组织结构图、公司使命、政策等背景资料。场景是多种多样的，但主题都是应聘者被任命到一个新的管理岗位，而其前任因辞职、受伤、休假或死亡等原因离职。

公文筐测验的基本原理在于通过观察被测评者在公文处理中的行为样本来推测其在工作中的一般行为特征，即通过测验的分数来预测被测评者在工作中的绩效。但公文筐测验是一个复杂的测验工具，实际测验分数不仅会受到与测验目的有关的变量影响，同时还会受到一些无关变量的影响。因此必须在施测过程中对无关因素进行控制。

二、公文筐测验的优点

1. 实施操作简便

相对于其他测评方法来说，公文筐测验实施操作非常简便，对实施者和场地的要求最低。公文筐测验在实施时可采用团体纸笔测验的方式进行，实施者只要能对被测评者说明指导语即可。实测的场地只要是具备单独桌椅、采光良好的一般教室就行。

2. 表面效度高

公文筐测验所采用的形式易为被测评者所理解和接受。公文筐测验所采用的文件，十分类似于被测评者所拟担任职位上日常处理的文件，有时甚至就是完全真实的文件。同时，处理文件也是任何一个管理者在日常生活中常会遇到的事情。这样，被测评者对这种方式也就非常容易接受。

3. 具有良好的内容效度和预测效度

公文筐中的材料包罗万象，测评的内容范围较广。已有的许多研究表明，公文筐测验中的成绩与实际工作中的表现有很大的相关性，对被测评者的未来工作绩效有很好的预测能力。由于公文筐中的文件都是现实中经过典型化处理而来的，因此，如果被测评者能妥善处理公文筐中的文件，测评者就有理由认为被测评者具备胜任新职位所需的素质。

三、公文筐测验的实施程序

公文筐测验的实施程序如表 7－3 所示。

表 7－3　公文筐测验标准化施测程序

施测阶段	工作任务	工作内容
施测前	准备测验材料	公文筐试题、答题纸、评分表
	施测的指导语	1. 第一部分是对测验目的的说明（放在答题纸之中，要求主试者宣读出来） 2. 第二部分是对公文处理情境的描述，主要包括对被测评者扮演的角色、情境中组织的构架、对题目的反应方式以及测试的时间等的描述（放在正式公文之前由被测评者阅读）
	测验的环境	要求：采光条件、桌椅的高度、桌面的面积、测验中的文字材料都必须统一，被测评者使用的笔也一般由主试者提供；主试者的语言、行为、态度、表情都要严格控制
	主试的培训	包括熟悉测验的内容和程序，以及熟记指导语
	选择评价人员	由心理学专家、管理人员（接受过评价技术培训）、一般人员组成不少于 5 人的评分者团队
	评价人员的培训	1. 对评分者进行公文筐测验的总体讲解 2. 接受公文筐模拟测试（了解本测验的内容、答题和考试的组织方式） 3. 让评分人员对模拟测试的结果自己评分或互相评分（了解公文筐测验的评价内容和评价标准） 4. 针对具体的公文筐测验答卷和处理过程进行讨论，这是培养评价能力的关键时期
施测时	发放测验材料	预先把公文筐、答题纸、笔，按一定的顺序放在适当的位置；然后请被测评者依照顺序入座
	主试者宣读指导语	要求念读指导语时不念错、不停顿、不重复或结结巴巴；然后请各位被测评者开始答题

（续上表）

施测阶段	工作任务	工作内容
施测后	组织评分	1. 请每一位评价人员独立对每一位被测评者进行评分，然后汇总 2. 主试者分析被测评者的得分，观察是否在某些指标上出现较大的差异 3. 如果出现差异较大的指标，就必须进行讨论，然后在此指标上分别重新打分，直到意见较为一致为止
	反馈测评结果	整理出一份详细的反馈报告，内容涉及测评的过程、测评的方法、测评的分析过程、测评的分析结论和整体结论以及测评的建议性意见等

四、公文筐测验的评价指标

1. 统筹能力

定义：能有条不紊地处理各种公文和信息材料，能根据信息的性质和轻重缓急对信息进行准确的分类，在此基础上对处理公文的时间进行管理，掌握处理公文的节奏。

主要考察被测评者在以下方面的表现：事件判断准确性、对公文重要性和紧迫性的理解程度、工作安排计划性（对公文处理顺序进行统筹安排的程度）。

（1）优。典型行为：①客观判断那些对组织有长期影响的因素，考虑到所有信息，估计所有未来的有关事项的风险；②选择最优长期方案时应参考大量的数据和选择；③思考战略性的问题时包括尽可能多的视角；④能够根据信息的性质和轻重缓急对信息进行准确的分类处理；⑤能系统地事先安排和分配工作，注意不同信息之间的关系，有效地利用人、财、物和信息资源。

（2）良。典型行为：①考虑不同的方案，避免任何个人偏见，认真评估风险；②考虑不同的意见、选择，不带偏见；③在多方利益发生冲突时，能保持客观；④能看到不同信息间的关系，较为有效地利用各方面的资源。

（3）中。典型行为：①分析和处理问题时能够区分事件的轻重缓急；②能够看到不同信息间的关系，但解决问题的办法不是很有效，在资源的分配与调用方面也不尽合理。

（4）差。典型行为：①处理各种公文和信息材料时不分轻重缓急，没有觉察到各种事件之间的内在联系；②解决问题时没有考虑到时间、成本和资源方面的种种限制，以致提出的解决问题的办法不可行。

2. 逻辑分析能力

定义：能够领会公文中各种备忘录的含义，不但能处理各种公文中比较明显的问题，还能从各个公文的联系中去找解决问题的方法。

主要考察被测评者在以下方面的表现：工作联系认识度（对有无联系公文的认识程度）、工作安排关联性（根据公文联系处理公文的程度）。

（1）优。典型行为：①能有效地分析复杂的涉及多方面关系的问题，必要时采取非正常途径搜集信息；②将多样的信息数据综合在一起以便有一个解决问题的框架。

（2）良。典型行为：①分析多维度问题、分析产生问题的多方面原因；必要时搜集一定时期的信息，综合分析；②处理文件时能够利用文件的关联性。

（3）中。典型行为：①能发现多元联系，但不清楚问题的根源；②分析问题各部分间的联系，但解决方案不够合理。

（4）差。典型行为：①不能迅速意识到现状与过去形势的相似之处；②未能找出直接的因果关系和可能的解决方案。

3. 组织能力：

定义：能够对各个项目中涉及的职责有清楚的认识，合理分类，准确地进行请示、处理、授权、批转，并在授权过程中给下属必要的指导。

主要考察被测评者在以下方面的表现：职责区分准确度（对自己职责的认识程度和对下属授权的准确程度）、指导准确性（给下属指导的准确程度）、监控实效性（对工作监控的准确程度）。

（1）优。典型行为：①能够从组织整体的发展和改善上考虑问题，准确理解自己以及下属成员的工作职责，确保工作的针对性和目标指向性；②在了解下属工作的复杂程度以及能力的基础上，将工作职责下放给员工；③定义工作内容并且通过有效的沟通对下属的工作给予准确的监督和控制。

（2）良。典型行为：①能够公平、公正地安排工作，合理调配人力资源；②能够给予下属清晰并且诚恳的指导，对问题及时答复；③分析各种问题，对现有的工作体系进行监督。

（3）中。典型行为：①对自己的职责有比较清晰的认识，处理文件时懂得授权下属，但有时过于依赖下属或者过于亲力亲为；②授权下属时具体到部门或者具体到人，任务比较容易理解，可能出现任务分配不合理的现象；③能够对下属的工作进行监控，但有时监控不到位。

（4）差。典型行为：①工作措施不力，机械地调配人力，没能准确地了解下属的各项职责；②给下属的指导不清晰，不能有效授权；③不能有效地监督控制下属的各项工作。

4. 协调能力

定义：在处理问题过程中能够充分考虑可能涉及组织内外的利益，在此基础上考虑解决方案。

主要考察被测评者在以下方面的表现：内部协调性（考虑自身部门内部联系的准确程度）、外部协调性（考虑与外部各部门联系的准确程度）。

（1）优。典型行为：①主动介入各部门的决策过程，提出自己关于各部门的需要、所面临的问题、潜在的机会、可能采取的行动的见解和观点；②根据自己的观点，结合各部门的实际需求，和各部门一起进行研究，制订解决问题的完整方案。

（2）良。典型行为：①在对各部门业务透彻了解的基础上，帮助各部门发现潜在的问题，确认其真正的需要；②能够结合各部门的真正需要和现有的服务项目或产品，帮助各部门设计出符合其特点的服务方案。

（3）中。典型行为：①能够独立并清楚地了解各部门提出的要求，主动协调，并提供有用的资料和信息；②迅速及时地解决问题，不推卸责任、不拖延，即使不是自己的过错造成的问题，也能立即采取行动来解决问题。

（4）差。典型行为：没有考虑到部门内部的联系或是与外部的联系。

5. 决策能力

定义：能对公文筐中的复杂问题进行审慎的剖析，能灵活地搜索各种解决问题的途径，充分考虑各种因素的影响，并作出合理的评估，对各种方案的结果有着清醒的判断，从而作出高质量的决策。

该要素包括三部分内容：决策时效性（作出决策的及时程度）、方案可行性（决策的可操作程度）、考虑全局性（决策时所考虑因素的周全程度）。

（1）优。典型行为：①作出有长期影响的决策，在复杂、模糊、风险很高的形势下，毫不犹豫地作出决策；②需要对多个领域内的各种信息进行深度分析，在缺乏指导原则和经验的基础上，及时进行判断，并在重大领域内进行战略性决策；③在必要时，作出不易被轻易理解的艰难决策，并付诸实施；④承担预计到的风险和一切后果责任。

（2）良。典型行为：①作出有冒险性的决定，当决策会带来一定风险时，及时作出抉择，能衡量潜在的收益；②能分析较广泛领域内的复杂情况，对决策可能产生的影响有清晰的认识；③能根据已有数据、知识和经验，作出对公司有一定影响的决策，并付诸实施。

（3）中。典型行为：①面对有竞争性的方案作出抉择，不拖延地作出决定；②在本工作领域内，能客观分析形势，并作出初步判断；③能够根据相关程序在上级及相关人员的指导下，对日常的、一般性的问题作出决定，并采取行动。

（4）差。典型行为：①作出常规决定，利用较为充足的信息，作出常规决策；②较少作出决策，决策犹豫，或忽略决策的影响信息；③作出决策时表现出很大的随意性。

6. 书面表达能力

定义：以书面的形式表达自己的思想和意见的能力。

主要考察被测评者在以下方面的表现：思路清晰度（处理意见叙述的条理性）、意见连贯性（多个相关文件处理意见表达的前后一致程度）、措辞恰当性（处理意见中称呼语气的适当性）及文体相应性（处理意见中使用文体的准确程度）。

（1）优。典型行为：①文件处理的叙述条理清晰、简明易懂；②处理文件时能够利用文件的关联性，且对相关文件的处理前后一致；③文件处理中对他人的称呼恰当、语气得体、真切诚恳；④处理意见中使用了不同的文体，且文体使用正确。

（2）良。典型行为：①文件处理层次分明，有逻辑，容易理解；②处理文件时能够注意到文件之间的关联性，对相关文件的处理基本能够保持一致；③文件处理中对他人称呼恰当，语气中肯；④处理意见中用了多种文体，且多数文体使用恰当。

（3）中。典型行为：①文件处理思路基本清晰，叙述欠缺条理性，可能有些语言难以理解；②文件处理时会忽略文件的关联性，对相关文件的处理存在前后不一致的情况；③文件处理时忽略对他人的称呼或是称呼不当，但总体语气比较得体；④处理意见中使用了不同的文体，有些文体明显使用不当。

（4）差。典型行为：①文件处理思路混乱，表述欠缺条理性，多处语言让人费解；②文件处理时完全忽略文件的关联性，对相关文件的处理不一致；③文件处理中没有对人的称呼，语气中明显带有个人情绪和主观色彩；④文件处理中只使用了一种文体或是错误文体。

四、公文筐测验评分方法

公文筐测验评分方法如表7－4、表7－5所示。

表7－4　公文筐测验评分表

被测评者编号：________	被测评者姓名：________				
评价指标	观察要点	评分标准			
		1	2	3	4
统筹能力	优：能够准确地判断公文的重要性和紧迫性，并根据这一判断对公文处理顺序进行合理的统筹安排				
	良：能够较为准确地判断公文的重要性和紧迫性，并根据这一判断对公文处理顺序进行较为合理的统筹安排				
	中：能够对公文的重要性和紧迫性进行判断，但不能对公文处理顺序进行合理的统筹安排				
	差：不能或是没有判断公文的重要性和紧迫性，不能对公文处理顺序进行合理的统筹安排，或只是按公文的编号顺序处理公文				
分析能力	优：能够准确认识到公文之间有无联系，并能根据公文之间的联系来处理问题				
	良：能够较为准确认识到公文之间有无联系，并能根据公文之间的联系来处理问题				
	中：能够准确认识到公文之间有一定的联系，但不能根据公文之间的联系来处理问题				
	差：不能够认识到公文之间的联系，也不能根据公文之间的联系来处理问题				
组织能力	优：能准确认识自己的职责，并对下属进行适当的授权，给下属必要的指导，并对下属工作进行适当的监控				
	良：能准确认识自己的职责，并对下属进行适当的授权，但对下属指导、监控不够				
	中：能准确认识自己的职责，但不能对下属进行适当的授权，对下属指导、监控不够				
	差：不能认清自己的职责，事必躬亲，不会授权。或是推卸责任，对下属放任自流				
协调能力	优：处理问题时能准确考虑自身部门内部的联系以及与外部各部门的联系，全面地考虑解决问题的方案				
	良：处理问题时能考虑到自身部门内部的联系以及与外部各部门的联系，以此考虑解决问题的方案				
	中：处理问题时可能没有考虑自身部门内部的联系或是外部各部门的联系				
	差：没有考虑到部门内部的联系以及与外部各部门的联系				

（续上表）

评价指标	观察要点	评分标准			
		1	2	3	4
决策能力	优：能够及时作出决策，在决策时能全面考虑到各方面的因素，并能提出可行的方案				
	良：能够及时作出决策，在决策时能考虑到各方面的因素，但不能提出可行的方案				
	中：能够作出决策，在决策时考虑因素很少，也不能提出可行的方案				
	差：不能作出决策				
书面表达	优：处理意见叙述得有条理，多个相关文件处理意见表达的前后一致程度高，措辞恰当，处理意见中能准确使用文体				
	良：处理意见叙述得有条理，措辞恰当，处理意见中准确使用文体，但多个相关文件处理意见表达的前后关联性不高				
	中：处理意见中准确使用文体，但处理意见叙述得没有条理性，多个相关文件处理意见表达的前后一致程度不高，措辞不恰当				
	差：处理意见叙述没有条理，措辞不恰当、有误				
面试官评语	（让你感受最深的内容） 面试官签名：________				

表 7－5　评分汇总表

评价指标	被测评者编号：________										
	1	2	3	4	5	6	7	8	9	10	11
统筹能力											
分析能力											
组织能力											
协调能力											
决策能力											
书面表达											
总　计											

评分要点：

（1）在评分时，先要全面了解答题的整体情况，再对具体指标、维度进行评分。

（2）评分时首先评价统筹能力和综合分析能力，然后评价组织能力、决策能力和协调能力，最后评价书面表达能力。

（3）在评分时要注意参照编制提纲和答题的样例。

（4）在评分过程中可根据实际情况进行修改。

7.2.4 无领导小组讨论

一、无领导小组讨论的定义

无领导小组讨论是评价中心最具特点、最具典型性的测评技术，也是一种非常常用的测评手段，它常用于选拔企业中的优秀人才。无领导小组讨论的目的，是考察被测评者在需要小组成员共同合作才能成功完成的任务中表现出的人际交往特性。此外，无领导小组讨论不适宜彼此相识的人员，因为相识者们会有顾虑，形成干扰。

无领导小组通常由5~8人组成，不指定负责人，大家地位平等，他们围坐在房间中央的会议桌旁。要求被测评者就某些争议性大的问题进行讨论，达成一致意见，并以书面形式汇报。评委在另一房间（可全面观察到被试者的全部讨论过程，而被试者看不到评委）观察并记录被试者的行为。考试时间通常不超过两小时。

被测评者面对的问题是同样的。但问题的侧重点有两个：其一强调合作，例如分析中国加入WTO后中国工商银行北京分行应如何重新配置网点；其二强调竞争，例如只有一部分资源（奖金、新设备、一次性的投资基金等）不足以在组员间分配。在这两种情况下，小组成员都会见到问题的文字说明以及相关的辅助材料，并被要求提交一份行动方案的书面报告。无领导小组讨论的问题除了用竞争与合作加以区分之外，也可用指定角色或不指定角色的扮演加以区别。指定角色的扮演指被测评者每人被告之特殊的不同的信息，信息包括在公司担任的部门职位。组员间相互保密，要利用获得的信息在适当的时机影响小组的行动。不指定角色的扮演即没有额外信息提供，最常被用在竞争性问题的讨论中。

二、无领导小组讨论的基本原理

被测评者参与无领导小组讨论的模拟行为练习，注视、观察并记录被测评者在练习中的行为表现（特定的行为表现反映特定的素质特征），从而能对工作绩效作出有意义的预测。也就是说，借用经典的人员测评的“S—T—R”测评模式同样可以解释无领导小组讨论的工作原理，即通过对被测者施加行为刺激（S），在无领导小组讨论中就是各种情景模拟练习，观察被测评者在特定情景下的行为表现（R），进而推断被测评者的相关特质（T）。也就是说，考官根据被测评者在无领导小组讨论这个模拟的工作情景中所表现出来的行为判断被测评者是否具备胜任本岗位的能力素质。

三、无领导小组讨论的实施程序

（1）讨论前事先将被测评者分组，根据抽签的方式决定每个人的编号，每个讨论组5~8人为宜。被测评者坐好后，面试官为每个被测评者发空白纸若干张，供草拟讨论提纲用。

（2）主面试官向被测评者讲解无领导小组讨论的规则，宣读或发放《讨论题卡》，并给被测评者5分钟时间构思讨论发言提纲。

（3）主面试官宣布讨论开始，依被测评者编号顺序每人阐述观点（共10～15分钟），依次发言，每人的时间不超过2分钟。

（4）依次发言结束后开始自由讨论。讨论过程各面试官只观察并依据《评分标准卡》在《评分表》上为每位被测评者打分，期间不可互相讨论或参与被测评者的讨论，亦不得给予任何形式的诱导。

（5）无领导小组讨论一般以60～70分钟为宜，根据需要，最后5分钟由小组推荐其中一人以小组组长的角色作总结发言，陈述小组讨论的结果。

（6）主面试官宣布讨论结束后，收回被测评者的讨论题卡和讨论发言提纲，被测评者退场。面试官讨论被测评者表现情况，得出最后分数，主面试官在评分表上签字。

四、无领导小组的特点

1. 应用范围广，操作起来比较灵活

无领导小组讨论由于自身的特点，相对于其他测评形式来说，题目具有广泛性，可以是技术领域、非技术领域、管理领域和其他专业领域等的问题。评价人员可以根据具体的测评目的，确定相应的测评题目。此外，评价人员可以灵活地设定工作情境，确定工作内容，以此来获知与测评目的相关的有效信息，从而有利于对测评对象作出更加全面、客观、公正的测评，提高测评的效度和信度。

2. 提供给测评对象一个平等的相互作用的机会

这是无领导小组讨论明显优于其他测评方法的一个方面。在无领导小组讨论的过程中，评价人员能够观察到测评对象之间的相互作用。在相互作用的过程中，涉及测评对象的多种能力要素和个性特质，测评对象的特点会得到更加真实的表现，使测评对象拥有一个平等的发挥机会，从而很快地表现出个体上的差异。这也给评价人员提供了在与其他测评对象进行对照比较的背景下对某个测评对象进行评价的机会，这样就增加了评价人员判断的可能性。

3. 对评价人员的技术要求高

为了实现测评目的，无领导小组讨论对测试题目的要求较高，题目的好坏直接影响对测评对象判断的全面性和准确性。要选择恰当的题目来评价测评对象的能力，这对评价人员就提出了很高的技术要求。并且，这种方式对评价人员的评分技术要求较高，评分标准相对不易掌握。另外，设计较为科学的评价标准也对评价人员提出了更高的技术要求。

五、无领导小组讨论的评价指标

1. 思维分析能力

定义：被测评者表现出来的分析问题和解决问题的能力。

（1）优：能全面彻底分析问题，并能提出解决问题的高效方法。典型行为：①能够准确、深入地分析所给定的材料，把握材料主题，提出高效的解决办法；②观点层次分明，条理清晰，论据充分，能有力地证明自己的观点；③能够全面地、多角度地分析、论证自己的观点。

（2）良：能分析到问题的大部分，并提出解决问题的可行方法。典型行为：①能对给定的材料进行分析，基本把握材料主题，能涉及问题的关键点和相关点，提出可行的解决方法；②对各种方法的利弊有清晰的认识，能从错综复杂的情境中找到解决问题的思路；③有自己的观点，但观点的表述条理稍欠清晰，或观点较明确、论证不够充分。

（3）中：能分析到问题的小部分，提出的解决方法有难度或者难以判断可行性。典型行为：①对题目理解有到位地方也有偏颇之处，能展开一定分析，其分析能涉及问题的相关方面，但提出的解决方法难以判断可行性；②观点逻辑性尚可，有漏洞，条理能够理解，有部分理由，但泛泛而谈、论证不够；③不能全面地分析问题与论证自己的观点。

（4）差：对问题理解有误，提出没有可行性或无关的解决问题的方法。典型行为：①缺乏对所给材料的深入分析，抓不住主题，提出的解决方法不可行；②陈述观点时思路不清楚，没有条理性，前后矛盾，缺乏层次感，提不出理由或者理由不充分；③难以或不能系统地思考问题，讨论问题时不能考虑到所有的因素，不够周全，思考事物有很多片面之处。

2. 言语表达能力

定义：被测评者用言语将自己思想、观点、意见和建议表达出来的能力。

（1）优：言语、表情等表达丰富流畅，有艺术感。典型行为：①语言表达和传递信息时吐字清晰、连贯；②条理清晰、层次分明；③能够选用准确的词语简明扼要地表达自己的思想和观点；④音量适中、节奏感强、抑扬顿挫；⑤语言生动、流畅，富有情绪感染力。

（2）良：言语表达合理得体，清晰且传递准确。典型行为：①语言表达和传递信息时，吐字较清晰、前后连贯性尚可；②思想表达有一定的层次，用词较准确；③表述思想和观点时不够简洁，有时出现言语简单重复的现象；④语调平和，节奏感欠强。

（3）中：言语表达比较稳定清楚，理解无障碍。典型行为：①语言表达和传递信息时，吐字尚清晰、前后连贯性欠妥；②思想表达稍有层次，用词尚准确；③表述思想和观点时有些啰唆，言语重复的现象严重；④语调平淡，节奏感不强，稍有情绪感染力。

（4）差：言语表达形式单一，内容理解困难或乏味。典型行为：①运用语言表达和传递信息时，吐字不清楚，缺乏连贯性（经常出现长时间的停顿）；②有多处用词错误，表达不清自己的观点，层次欠分明；③语气生硬，语速过快或过慢（导致不能听清），音量过高或过低，缺乏感染力。

3. 沟通协调能力

定义：被测评者妥善处理与小组成员之间的关系，促成相互理解，获得支持与配合的能力。

（1）优：高超的人际沟通协调能力，促成小组成员互相理解支持。典型行为：①主动充当小组成员之间的桥梁，是小组讨论的关键连接点，有着高超的沟通协调能力；②能与讨论中的每个小组成员做好积极高效的沟通，并妥善处理好各成员之间的角色关系；③促进小组成员相互理解，使得讨论气氛融洽，获得他们的积极支持与配合。

（2）良：较好的沟通协调能力，与大部分成员关系密切。典型行为：①与讨论中的成员保持密切联系与良好关系，能够体谅和理解他人，愿意就具体情况作出调整与妥协；②愿意就其他小组成员的疑问作出及时的回应，确保信息的准确表达；③倾向于以制度的形式明确沟通职责，懂得倾听的艺术，善于承接别人话题。

（3）中：具备沟通协调能力，愿意适时作出沟通协调努力。典型行为：①了解沟通的作用，并努力作出积极沟通的意向，与小组其他成员都有比较好的关系；②遇到问题与冲突时愿意体谅与理解别人，能及时回复一部分信息；③略懂得聆听的艺术，能不时承接别人话题，愿意以制度方式明确沟通职责。

（4）差：沟通协调能力较差，与成员关系紧张。典型行为：①讨论过程中不注重沟通，遇到冲突与矛盾以强权或回避来解决；②习惯以自我为中心的思维模式，较少或不顾别人的意见或建议；③缺少全方位思考，习惯性地片面思考问题，缺少协调与沟通。

4. 人际影响力

定义：被测评者能否说服他人接受自己的观点，并对小组讨论结果起到关键的影响。

（1）优：言语和行为具有极强感召力，能于无形中说服别人。典型行为：①沉着、自信地阐述自己观点，出现争论时，能够准确把握自己的优势和对方的弱点，顺利地说服对方；②发言过程中表现得有亲和力，待人友善，尊重他人意见，能与他人平等地进行交流；③合理运用策略使自己成为讨论的聚焦点，主导小组讨论的进程和方向，对讨论结果产生关键性影响。

（2）良：言语和行为有一定魅力，能无大障碍地说服别人。典型行为：①阐述观点时能基本做到有理有据，发言能比较令人信服，获得大部分成员关注和支持；②能跟进小组其他成员的重要发言，对其他成员作出延伸或补充，不时为其提供意见或建议；③能运用策略使自己成为小组讨论的重点，在讨论过程中能积极主动地发挥自己的能力，对讨论结果产生重要影响。

（3）中：言语和行为感染力一般，说服别人需要作出努力。典型行为：①讨论过程中发言次数和主动性都表现一般，能获得一部分成员关注和支持；②能够融入讨论氛围之中，发言内容虽对其他人影响不大，但能有效参与，维持讨论气氛；③比较少或难以运用策略，讨论中积极性一般，不在意自己影响力，对讨论结果影响比较小。

（4）差：言语和行为无感染力，甚至招致反感。典型行为：①讨论过程中有极强的表现欲望，试图主动影响别人和引起别人关注，不时会强行发言；②发言过程中语气比较专断、咄咄逼人，亲和力差，甚至会引起其他成员反感；③不能运用人际策略，致使其他成员对其发言不感兴趣，对讨论结果影响很小或被忽略。

5. 团队合作能力

定义：被测评者团结小组成员，并密切配合成员完成讨论任务的能力。

（1）优：角色适应能力极强，对小组讨论结果贡献最大。典型行为：①能够以自身素质在小组成员中建立高度信任，意见和建议得到推崇；②角色适应能力极强，能够在最短时间找到自己对小组的最佳贡献，调整并承担其相应的责任；③强烈的集体荣誉感与责任感，把小组讨论结果视为个人成败关键。

（2）良：能合理处理自己的角色，为小组讨论结果作出重要贡献。典型行为：①尽可能地彼此支援与配合其他成员，显示出对其他成员的信任；②在小组中扮演重要角色，能够利用自己的特长为团队作出贡献；③能够以欣赏的心态对待小组成员，重视小组讨论结果。

（3）中：能基本承担自己角色所被赋予的责任，对小组讨论结果产生一定影响。典型行为：①有一定的团队合作意识，如有需要能与小组成员有效配合；②意识到自己是小组讨论的成员，能在自己的范围发挥相应的作用；③有一定的荣誉感和责任感，比较关注讨论结果。

（4）差：合作意识淡薄，缺乏集体责任感。典型行为：①团队合作意识淡薄，不懂得以开放的心态对待合作者，不懂得欣赏他人、信任他人；②认为自己是团队中可有可无的一员，与团队中成员沟通不畅达，配合不够默契；③缺乏集体责任感、荣誉感，关注自己表现而不在乎讨论结果。

6. 创新能力

定义：被测评者敢于提出新内容，并具有尝试用新方法创造性地解决问题的能力。

（1）优：创新能力极强，各个方面表现出创新思想。典型行为：①思维灵活多变，触类旁通，善于从多个角度去思考问题，不受传统思维或心理定势的影响，能多方位地思考与解决问题；②对事物能发表出大量不同寻常的新颖见解，面对对手质疑或提问时能快速地作出反应；③积极倡导新思维，决策时比较大胆激进，解决方法富有创造性。

（2）良：具备较强创新能力，支持创新思维。典型行为：①能提出一定的创新内容或解决方法，有想象力色彩；②对新事物具有良好的接受性，支持其他成员的创新内容或方法；③风险不大时，敢于提出创新内容或解决方法但不冒失。

（3）中：有一定的创新能力，但创造性不足。典型行为：①讨论问题时虽然思想观念比较守旧，但愿意尝试新的方法；②对其他小组成员的创新内容和解决方法不反对；③提出的创新内容或方法创造性和想象力不足。

（4）差：不具备创新能力，各个方面表现出思维的守旧性。典型行为：①因循守旧，针对问题提出的内容和解决措施无新意可言；②对其他小组成员的创新内容和解决方法表现出不屑或反对；③习惯用经验来解决问题，强调或夸大过去经验的作用，思维局限在小范围，无法拓展开来。

7. 应变能力

定义：被测评者对讨论过程中的成员或环境作出的反应快慢、合理与否的能力。

（1）优：反应迅速及时，促成讨论高效进行。典型行为：①讨论过程中对其他成员的意见和建议能迅速作出反应和合理回应；②对其他成员观点出现的逻辑漏洞或片面之处能够快速及时地提出错误之处，并提出合理的意见和建议；③对讨论中出现的尴尬、沉闷、不和谐气氛能立即作出反应，并合理地打破这种气氛使讨论顺利进行；④面对新的信息或相反的证据，及时调整自己。

（2）良：反应较快，回应合理，能促成讨论顺利进行。典型行为：①对其他成员的意见和建议能作出较快速的反应和比较合理的回应；②讨论过程中对其他成员观点出现的逻辑漏洞或片面之处有比较强的感应，能在短时间内表示出异议并提出一些意见和建议；③对讨论中出现的尴尬、沉闷、不和谐气氛能作出比较快的反应，短时间内能帮助打破这种气氛使讨论顺利进行；④面对新的信息或相反的证据，比较及时地调整自己。

（3）中：反应一般或较慢，回应相对合理，不会导致讨论无法进行。典型行为：①对其他成员的意见和建议在经过短时间思考后能作出比较合理的回应；②讨论过程中对其他成员观点出现的逻辑漏洞或片面之处能感应到，经过思考确认后在合适时机内会表示出异议；③对讨论中出现的尴尬、沉闷、不和谐气氛能意识到其严重性，较长时间后会帮助其他成员打破这种气氛使讨论顺利进行；④面对新的信息或相反的证据，调整自己的速度较慢，且不乐意。

（4）差：反应很慢或无反应，致使讨论中断或暂停。典型行为：①对其他成员的意见、建议或者提示语比较漠然，不能很好回应；②对其他成员观点即使别人暗含需要反馈时也没什么反应和应答；③对讨论中出现的尴尬、沉闷、不和谐气氛没有反应，任其发展；④对别人的观点，根本不能采纳，甚至表现得十分敌对。

六、无领导小组讨论评分方法

无领导小组讨论评分方法如表 7 – 6、表 7 – 7 所示。

表 7 – 6　无领导小组讨论评分表

被测评者编号：________	被测评者姓名：________				
评价指标	观察要点	评分标准			
		优 10 ~ 12	良 7 ~ 9	中 4 ~ 6	差 1 ~ 3
思维分析能力	能够针对题目，澄清前提条件，提出新颖、独到的观点或见解；在阐述观点时能够旁征博引，对题目分析透彻，并搜集证据来支持自己的观点；及时洞察他人谈话的漏洞，并加以支持、理解。				
言语表达能力	发言时语言流畅，语调、语速正常，声音婉转或抑扬顿挫等；内容具有一定逻辑性；表达方式一般情况下可以让人接受；发言的内容具有针对性，不离题。				
沟通协调能力	阐述观点时自己的观点与证据之间推理严密，能够以理服人；正确理解他人的观点，对不同的观点善于进行调解；善于打破僵局，使讨论顺利进行下去。				
人际影响力	善于消除紧张气氛并创造一个大家都想发言的气氛，能有效说服别人，善于调解争议；发言能综合他人意见，针对大家观点，适时概括总结并拿出一致意见。				
团队合作能力	能够接受大多数人的正确意见；注意参与者的集体合作；注意角色定位，不以自我为中心；能够带动参与者密切合作，拿出一致性意见。				

（续上表）

评价指标	观察要点	评分标准			
		优 10～12	良 7～9	中 4～6	差 1～3
创新能力	提出的解决方案新颖，有实践的价值；不喜欢墨守成规，敢于打破传统的观点；乐于接受其他成员的创新性建议；鼓励他人提出创新性的解决方案。				
应变能力	善于倾听，对他人的与自己不同的意见能够作出及时、合理的应对；在讨论中使用恰当的策略进行沟通；妥善处理沟通中的冲突，使讨论得以继续进行。				
面试官评语	（让你感受最深的内容） 面试官签名：________________				

表 7－7　评分汇总表

评价指标	被测评者编号：________							
	1	2	3	4	5	6	7	8
思维分析								
言语表达								
沟通协调								
人际影响								
团队合作								
创新能力								
应变能力								
总　计								

七、无领导小组讨论题的类型

指导语：

欢迎大家参加我们组织的无领导小组讨论。现场的各位现在组成一个专题工作小组。我们要对下列问题进行讨论。在讨论前大家先用 5 分钟时间拟定出讨论提纲，之后依编号限 2 分钟阐述自己的基本观点。依次发言完后，进行自由交叉讨论。讨论时间共有 40 分钟，请大家积极参与讨论。最后由小组选出一位代表陈述小组的讨论情况（5 分钟）。讨论一旦开始，我们将不再回答你们提出的任何问题，也不会干预你们下面的讨论。

要求：（1）首先必须陈列自己的观点。

（2）参与者最终形成一致性的建议。

（3）推荐组长，陈述本小组的观点。

第一类：资源占用问题。

1. 材料一

（1）背景资料介绍：某大型机械制造厂，现在出现了很多问题，急需要解决。场内其他人员也发表了自己的建议。假设你是该公司的决策者，你会采用什么样的解决方案？并阐述理由。

（2）材料内容：某厂是一家大型的机器制造厂，全厂员工有一万人左右。最近有几件事在厂部开会讨论时出现了分歧，事情是这样的：最近厂里的产品滞销，厂部决定加强销售科的力量，原来的销售科长已退休，两位副科长能力不强，所以厂里急需一名销售科长。同时，为树立企业的良好形象，厂里决定成立公关部，公关部的经理又是急需的。还有，厂里的技术工人力量下降，需要 30 至 50 名技术工人。需要这些人是大家一致同意的，但是如何落实，大家都有不同看法。

人事科长认为：全部由厂领导圈定。

厂长认为：全部向社会公开招聘。

副厂长认为：向社会和企业内部公开招聘。

工会主席认为：两名干部可以公开招聘，几十名技术工人可以依靠培训。

2. 材料二

（1）背景资料介绍：广州牙膏厂是归属于广州市轻工业局的一家历史悠久的国有企业，创办于1896 年，现有职工 550 人。以“黑妹”品牌为主的系列产品畅销全国，逐步形成良好的产品形象，成为深受消费者欢迎的名牌产品，在市场上长盛不衰。随着产品的销售量的不断增加和营销策略的不断深化，销售科感到人手紧缺，工作十分紧张，急需充实销售员队伍。现有四名优秀的实习生，公司要从中挑选出一名作为公司的正式销售人员，假设你是该公司的决策者，你会聘用哪位实习生作为本公司的正式销售人员？请阐述理由。

（2）材料内容。

①个人素质方面。

赵明，是个刚进厂的小伙子，高中毕业，今年刚满 20 岁；精力旺盛，工作肯吃苦，但平时大大咧咧、做事粗心大意，说话总是带有一股“火药味”。

钱达，是为了照顾夫妻两地分居而从外地调进厂里的，今年 34 岁；为人热情，善于交往，本人强烈要求做销售工作。

孙青，是市轻工电视大学经济管理专业毕业生，今年 25 岁；工作认真，稳重文静，平时少言寡语，特别是在生人面前，话就更少了。

李强，大学公共关系专业学生，今年 29 岁；为人热情，善于交际，头脑灵活，但对销售工作缺乏经验。

②工作实绩方面。

赵明，工作很主动大胆，能打开局面，但好几次将用户订购的牙膏规格搞错，用户要大号，他发给小号的，尽管科长曾多次向他指出错误，他仍然时常出差错，用户有意见找他，他还冲人家发火。

钱达，工作效率很高，经常超额完成自己的推销任务，并在推销过程中与用户建立了熟悉的关系。但他常常利用工作关系办私事，如要求用户帮助自己购买物品等。而且，他平时工作纪律性较差，上班晚来早走，并经常在上班时间回家做饭，销售科的同事们对此颇有微词，他曾找领导说情，希望能留在销售科工作。

孙青，负责广东省内的产品推销工作，她师傅曾带她接触过所有的主要用户，并与用户建立了一定的联系，但她自己很少主动独立地联系业务，有一次，她师傅不在，恰巧有个用户要增加订货量，她因师傅没有交代而拒绝了这一笔业务。

李强，负责河北省的产品推销工作，他经常超额完成推销任务，并在推销过程中注意向用户介绍产品的性能、特色，而且十分重视售后服务工作。有一次，一个用户来信提出产品有质量问题，他专程登门调换了产品，用户为此非常感动。尽管如此，但他却时常难以完成货款回收率指标，致使有些货款一时收不回来，影响了企业经济效益指标的实现。

公司必须在月底之前作出决定，哪些人应被留在销售科成为厂里正式销售员，哪些应被拒收。

3. 材料三

（1）背景资料介绍：ABC 公司是一家中等规模的汽车配件生产集团。最近，对该公司的三个重要部门经理进行了一次有关领导类型的调查。如果你是该公司的总经理，对于这样一家中等规模的汽车配件生产集团，你认为哪种领导方式更有效？请阐述理由。

（2）材料内容。

①李安：李安对他本部门的产出感到自豪。他总是强调对生产过程、出产量控制的必要性，坚持下属人员必须很好地理解生产指令以得到迅速、完整、准确的反馈。他遇到小问题时，会放手交给下级去处理，当问题很严重时，他则委派几个有能力的下属人员去解决问题。通常情况下，他只是大致规定下属人员的工作方针、完成怎样的报告及完成期限。李安认为只有这样才能导致更好的合作，避免重复工作。

李安认为对下属人员采取敬而远之的态度对一个经理来说是最好的行为方式，所谓的“亲密无间”会松懈纪律。他不主张公开谴责或表扬某个员工，相信他的每一个下属人员都有自知之明。

据李安说，在管理中的最大问题是下级不愿意接受责任。他讲到，他的下属人员可以有机会做许多事情，但他们并不是很努力地去做。他表示不能理解在此之前他的下属人员如何能与一个毫无能力的前任经理相处，他说，他的上司对他们现在的工作运转情况非常满意。

②包勃：包勃认为每个员工都有人权，他偏重于管理者有义务和责任去满足员工需要的理论，他说，他常为他的员工做一些小事，如给员工两张下月在伽利略城举行的艺术展览的入场券。他认为，两张门票才 15 美元，但对员工和他的妻子来说其价值却远远超过 15 美元。而且这种方式也是对员工过去几个月工作的肯定。

他每天都要到工场去一趟，与至少 25% 的员工交谈。他不愿意为难别人，他认为李安的管理方式过于死板，李安的员工也许并不那么满意，但除了忍耐别无他法。

他已经意识到在管理中有不利因素，但大都是由于生产压力造成的。他的想法是以一个友好、粗线条的管理方式对待员工。他承认尽管在生产率上不如其他单位，但他相信他的雇员有高度的忠诚与士气，并坚信他们会因他的开明领导而努力工作。

③查松：查松说他面临的基本问题是与其他部门的职责分工不清。他认为不论是否属于他们的任务都安排在他的部门，似乎上级并不清楚这些工作应该由谁来做。

查松承认他没有提出异议，他说这样做会使其他部门的经理产生反感。他们把查松看成是朋友，而查松却不这样认为。查松说，过去在不平等的分工会议上，他感到很窘迫，但现在适应了，其他部门的领导也不以为然了。

查松认为纪律就是使每个员工不停地工作，预测各种问题的发生。他认为作为一个好的管理者，没有时间像包勃那样握紧每一个员工的手，告诉他们正在从事一项伟大的工作。他相信如果一个经理声称为了决定将来的提薪与晋职而对员工的工作进行考核，那么，员工则会更多地考虑他们自己，由此而产生很多问题。他主张，一旦给一个员工分配了工作，就让他以自己的方式去做，取消工作检查。他相信大多数员工知道自己把工作做得怎么样。

如果说存在问题，那就是他的工作范围和职责在生产过程中发生的混淆。查松的确想过，希望公司领导叫他到办公室听听他对某些工作的意见。然而，他并不能保证这样做不会引起风波而使形势有所改变。他说他正在考虑这些问题。

第二类：排序问题。

1. 材料一

（1）背景资料介绍：假设你处于如下危急的状况，现在请你将这 15 件物品按照对生存的重要性从 1 到 15 的顺序排列出来，并阐述你的理由。同时进行相关的讨论，对这 15 种物品的重要性的排序达成一致性的建议。

（2）材料内容。

情境：一天上午，你们乘坐的一架小型客机由我国西北飞向东部的一个城市。就在飞临北疆某严寒地区的一个没有人烟的雪野时，飞机遇到大风雪不幸失事，跌到山里。此时正是一月，气温低达零下 15 度。飞机可乘坐 10 人，是双引擎机，机身已撞毁并起火。飞机驾驶员及 1 名乘客死亡，其他人则没有受到严重伤害。驾驶员还没有来得及告诉大家飞机的准确位置就死去了。就在失事之前，你曾注意到飞机上的高度仪显示飞机是在海拔 3 000米左右。失事地点正好在雪线下面不远，地面崎岖不平，树林茂密。乘客们穿着秋装，并且每个人都有一件外套。飞机爆炸以前，乘客从机舱中抢救出 15 件物品。分别为该地区的航空图、四副太阳镜、大型手电筒、三盒火柴、四条羊毛毯、一个军用水壶、一支手枪及十发子弹、急救箱、一只雪橇、十二小包花生米、两小瓶白酒、一张塑料防水布、一面化妆用小镜子、一只大蜡烛、一把小刀。

2. 材料二

（1）背景资料介绍：假设你处于如下危急的状况，请你将这 8 个人按照营救的先后顺序排列出来，并阐述你的理由。

（2）材料内容。

假设发生海难，一游艇上有八名游客等待救援，但是直升机每次只能够救一个人。游艇已坏，不停漏水。寒冷的冬天，海水刺骨。救援工作迫在眉睫，游艇上有八名乘客，游客的基本情况如下：

①将军，男，69 岁，身经百战；

②外科医生，女，41 岁，医术高明，医德高尚；

③大学生，男，19 岁，家境贫寒，参加国际奥数比赛并获奖；

④大学教授，男，50 岁，正主持一个科学领域的项目研究；

⑤运动员，女，23 岁，奥运金牌获得者；

⑥经理人，女，35 岁，擅长管理，曾将一大型企业扭亏为盈；

⑦小学校长，男，53 岁，劳动模范，五一劳动奖章获得者；

⑧中学教师，女，47 岁，桃李满天下，教学经验丰富。

3. 材料三

（1）背景资料介绍：请你分别从下面所列出的这些因素中选择一个你认为是最重要的因素和一个最不重要的因素，并阐述你的理由。同时进行相关的讨论，对讨论的结果达成一致性的建议。

（2）材料内容。

一个人要想拥有良好的人际关系，可能取决于许多重要的因素，例如：①在人际交往中表现得比较主动；②待人热情；③为人老实；④办事能力强；⑤占有较高的社会地位；⑥兴趣爱好广泛；⑦乐于帮助别人；⑧对他人的内心世界有很好的洞察力；⑨豁达、不在小事上斤斤计较；⑩健谈；⑪幽默；⑫为了朋友能够牺牲个人利益；⑬言谈举止有风度；⑭情绪稳定性好；⑮独立、有主见。

第三类：两难问题。

1. 材料一

以工作为取向的领导是好领导还是以人为取向的领导是好领导？

2. 材料二

你是愿意当一个小部门的“一把手”还是在大部门里做个科长（同级）？

3. 材料三

有人说，不想当将军的士兵不是好士兵，而目前机关的职位越往上越少，请问是否应该鼓励年轻人谋求更高的职位？

第四类：开放式问题。

1. 材料一

作为国有企业的领导，怎样才能让下属摒弃国有企业职工优越感的意识以便提高下属的工作积极性？

2. 材料二

在市场经济条件下，处处充满竞争，同事之间也存在竞争，尤其在带有政治色彩的国有企业中，请你谈谈如何面对工作中的竞争？

3. 材料三

如果你被提拔到不是你所喜好的部门和职位，你会怎么办？

八、无领导小组测评人员的选择

1. 能力的互补

在评分时，一部分评委必须是曾经接受测评，并通过一定的评价技术培训的在职管理人员，同时还有一部分评委必须是有丰富测评知识和一定管理实践经验的心理学和管理学专家，每一次评价者不少于5人。

2. 气质的互补

不同气质的评价者组合在一起能够平衡评分中对某一气质类型候选人的偏好。

3. 性别的互补

不同的性别有不同的长处，女性较为细心、耐心，可以从细微处观察人。男性坚强、果敢，倾向于从全局把握。另外，性别的互补可以避免评分过程中的性别歧视或性别优势。

4. 年龄的互补

年龄的差别体现了精力、知识、经验和处理问题方式的差异。不同年龄段的评价人员组合起来更能客观地评价不同年龄的被测评者。当然气质、年龄、性别所带来的差异并不是绝对的，符合要求的无领导小组讨论评分人员也不易找到，因此在选择评价人员时必须优先考虑能力上的互补。

7.2.5 对抗性辩论

对抗性辩论，就是提出一个与企业经营管理有关的中性辩题，将被测评者分成正、反两方，双方开展对抗性辩论，在过程中观察被测评者的应变能力，说服能力，组织能力，岗位所需的知识、技能、经验等。

对抗性辩论的基本原理，在于通过观察被测评者在辩论中的行为表现来推测其语言表达、思维反应等方面的能力。辩论既能反映被测评者知识的广博性，又能反映其运用知识的灵活性；既能考察被测评者的个人素质，又能考察其在团队中的合作精神；既能考察被测评者逻辑思维能力，又能考查其语言表达能力，而上述能力在其日常工作中都是极其重要的。

对抗性辩论，主要适用于管理人员、市场营销人员。以辩论的形式选拔人才，具有新颖性及互动性，它能较全面、系统、科学地考察被测评者的经营管理才能。

下面以某市选拔国有企业领导人的项目为案例来具体说明对抗性辩论，该案例的流程如下：

一、辩论前的准备工作

辩论赛的准备工作包括以下两个步骤：

（1）布置辩论赛场。主试者必须预先把辩论双方所需的桌椅、主持台、纸笔、计时器等准备齐全；调试好会场灯光、语音等设备，使辩论过程不会因硬件出问题而阻碍选手正常发挥；辩论双方着装应统一、庄严。

（2）参与辩论的主持人、辩论队员、计时人员、评委等都需提前通告比赛规则，使其详细了解比赛的性质、目的、方法。必须对他们进行必要的培训，主要包括熟悉辩论的内容和程序。主持人需经验丰富、熟悉指导语，并具有应付临时状况的能力，主持辩论赛时不错、不停、不重复或结结巴巴。双方选手应准备充分。计时人员经过训练，做到公正、公平、准确。对评分者进行培训，使其在赛前详细了解评分项目及标准等。

二、辩论的环境

在辩论进行过程中必须对辩论会场进行控制，其中包括采光条件、桌椅的高度、主持人的言语、赛场的气氛等；辩论中为选手准备的纸笔规格应一致，计时员务必认真计时；辩论进行过程中务必不能有外界的干扰，为此必须在辩论赛场的房门外挂上一个牌子，示意辩论正在进行，旁人不得入内；主试者应确保场下安静，为队员发挥提供良好条件。

三、辩论赛指导语

各位领导、各位来宾：

大家好！欢迎大家来到今天的辩论现场！本次辩论由××××、××××共同举办，由××××、××××协办。

首先我要向大家介绍一下参加本次辩论的评委。今天我们非常荣幸地邀请到了……（评委姓名及头衔）。

感谢各位领导在百忙中抽空参加这次辩论赛，相信我们的辩手们一定会有精彩的表现！现在就开始进入我们今天的辩题——提高企业核心竞争力，关键在于领导力还是执行力。1900年，美国著名管理学者普拉哈德和哈默尔提出了核心竞争力的概念，他们认为，随着世界的发展变化，竞争加剧，产品生命周期的缩短以及全球经济一体化的加强，企业的成功不再归功于短暂的或偶然的产品开发或灵机一动的市场战略，而是企业核心竞争力的外在表现。那究竟提高企业核心竞争力的关键在于领导力还是执行力，自然是公说公有理，婆说婆有理。这也是我们今天第一场辩论赛的辩题。

根据赛前抽签的结果，今天代表正方的是×××，他们是：一辩×××，二辩×××，三辩×××，四辩×××，他们所持的观点是“提高企业核心竞争力，关键在于提高领导力”；今天代表反方的是×××，他们是：一辩×××，二辩×××，三辩×××，四辩×××，他们的观点是“提高企业核心竞争力，关键在于提高执行力”。

比赛开始前，首先由我宣布辩论规则和辩论注意事项。

比赛的第一阶段为知己知彼，由双方一辩提出己方立论，双方各3分钟，共计6分钟。由正方一辩开始，接着是反方一辩。比赛的第二阶段是防守反击，由双方二辩对对方立论进行反驳，并深化本方立论，双方各2分钟，共计4分钟。由反方二辩开始，接着是正方二辩。第三阶段是盘问环节，由双方的三辩、四辩分别对对方三辩、四辨进行发问。首先正方三辩提问反方三辩，接着反方三辩提问正方三辩，然后正方四辩提问反方四辩，最后反方四辩提问正方四辩。注意：发问方所提问题不能少于2个，提问时间不超过1分钟，每道问题的回答时间不能多于3分钟。此环节中，若问答双方均能充分利用时间，则需约16分钟。第四阶段是短兵相接，由双方四位辩手交替质疑，进行攻辩，提问时间不超过1分钟，每道问题的回答时间不能多于3分钟。双方各10分钟，共20分钟，由反方先开始。第五阶段为一锤定音，由双方四辩进行总结陈词，双方各3分钟，共6分钟，由正方四辩先开始，接着是反方四辩。

整场辩论的时间控制在1小时以内。

在比赛中，双方辩论队员请注意以下几点：

（1）在辩论时不要随意打断别人的话；

（2）不可进行人身攻击；

（3）尊重主席及评委的评判；

（4）除辩论开始一辩必须说“谢谢主席！大家好”，其余皆可省去。

（5）在辩论中，辩手可以使用道具、图表和物品作为辅助手段以强化自己的陈辞，但尺寸不能过大，以免遮挡。

（6）在辩论中，为支持本方观点，我们不反对引用名人名言，但我们不提倡引用敏感历史人物及当代现任领导人的讲话，以免引起各种歧义。另外，在举例时，尽量避免敏感的政治人物及政治事件。

（7）时间提示：最后30秒时，哨音提示，时间结束时亮红色方牌子。

下面，辩论开始，首先我们欢迎正方一辩发言，对正方今天的辩论进行立论发言，时间为3分钟。有请！

……

好，刚才正方一辩对自己的观点作了立论陈述，现在我们来看看反方是如何破题立论的。请反方一辩发言，时间也是3分钟。请！

……

感谢反方一辩的精彩陈述，下面请反方二辩作防守反攻，对正方立论进行反驳，并深化正方立论，时间是3分钟，请！

……

下面有请正方二辩作防守反攻，时间也是3分钟，请！

……

为了使我们的辩论更加激烈，也为了更充分展现我们选手的才能，接下来要进入的是盘问环节。在这个环节中，我们首先有请正方的三辩对反方的三辩进行盘问。注意：问方时间是1分钟，答方时间是3分钟。盘问的问题不能少于两个。好，首先有请正方二辩××× 提问。

……

好，下面我们有请反方三辩对正方三辩进行盘问。同样，问方时间是1分钟，答方时间是3分钟。盘问的问题不能少于两个。请！

……

好，下面我们有请正方四辩对反方四辩进行盘问。注意：问方时间是1分钟，答方时间是3分钟。盘问的问题不能少于两个。好，首先有请正方四辩提问。

……

好，现在进行到了盘问环节的最后一轮。有请反方四辩对正方四辩进行盘问。同样，问方时间是1分钟，答方时间是3分钟。盘问的问题不能少于两个。请！

……

谢谢，经过刚才知己知彼、防守反击以及盘问环节之后，接下来又是他们施展才华的时刻了，也是辩论最精彩的短兵相接环节，也就是自由辩论环节。在自由辩论开始之前，让我提醒双方代表，你们每队各有5分钟的发言时间，正反双方自由轮流发言，同一方的发言次序不限。反方先发言。一方发言落座之后，另外一方要马上发言，若有间隙，累计时间照常进行。如果一方用时已完，另一方可以继续发言，也可以向主席提出不发言。我们提倡积极交锋，对重要问题回避两次以上的一方扣分，对于对方已经明确回答的问题仍然纠缠不放的，也要适当扣分。好，现在我宣布自由辩论正式开始。请反方先发言！

……

好，刚才这段自由辩论可谓非常精彩，而各方的四辩将要作的总结性陈述，往往更是举足轻重。我们先从正方四辩开始，时间3分钟。请！

……

谢谢！现在我们反方四辩为反方作总结性陈述，时间也是3分钟。请！

……

感谢今天正反两方给我们带来了一场精彩的辩论赛，今天的辩论赛到此为止，谢谢大家的参与，谢谢！

四、评分过程

1．评价人员的培训

由于辩论赛的过程比较激烈，评分人员需要在短时间的观察中对候选人的多种能力作出评价，所以进行测试之前要对评分人员进行一定的培训。培训的内容一般有以下几项：①观看已有辩论赛录像。让评分人员对辩论赛的整个流程和形式，尤其是对选手的点评有基本的概念和思路。②让评分人员对所观看的辩论赛进行模拟评分，在这一过程中了解辩论赛的评价内容和评价标准。③对评分者进行辩论赛的总体讲解，使他们对辩论赛形成一个完整的理性认识。④针对所观看的辩论赛的评分进行讨论，使评分者的评分达到基本的一致，这是培养评价能力的关键，需要足够重视。⑤自信心的培养。如果评价人员缺乏信心，就会使被测评的人员产生不信任感，最终会影响评价的结果。

2．组织评分

当辩论结束之后，就要开始对每位选手进行评分。为了保证评分的客观和公平，我们评分过程包括三部分。第一，请每一位评价人员独立对每一位候选人进行评价，然后由工作人员汇总。第二，工作人员公布每位评价人员的评分，所有评价人员就每一位候选人的得分进行比较分析，观察是否在某些指标上出现的差异较大。如果没有就可以确定最终的得分。第三，如果出现差异较大的评分，就必须进行讨论，然后分别重新打分，若还有争议则继续讨论继续打分，直到意见较为一致为止。

五、辩论流程和测评结果的反馈

测评活动的任务可以分为两部分：一部分在于“测”，即评定各位被测评者的优劣，好中选优，选拔最适合岗位的人才。但更重要的一部分在于“评”，为组织提供人事资料的信息，同时帮助个人发挥自己的优势，改善行为不足，提高行为绩效，而这些工作都依赖于评价结果的反馈。

通常，在反馈测评结果时，测评人员要整理出一份详细的反馈报告，报告的内容涉及测评的过程、测评的方法、测评的分析过程、测评的分析结论和整体结论以及测评的建议性意见等。

对抗性辩论的流程，如图 7－2 所示。

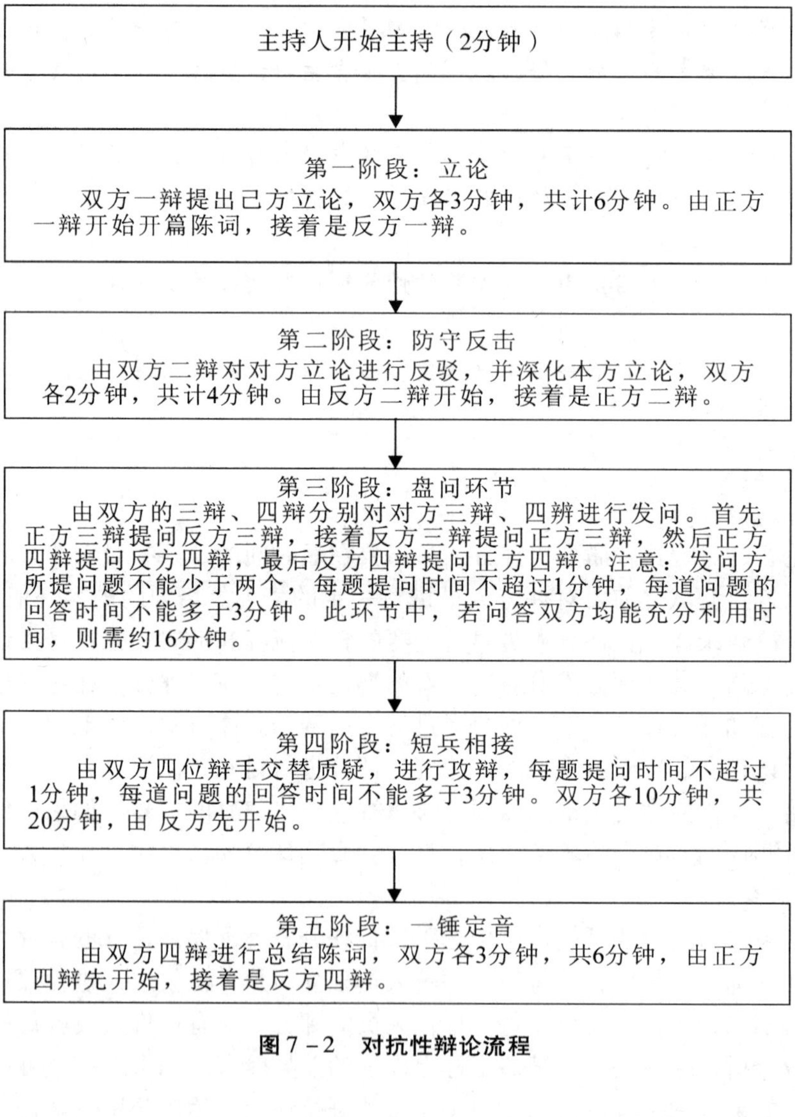

图 7－2　对抗性辩论流程

六、对抗性辩论的评价指标

1. 思维分析能力

定义：把整体分解成部分，并对问题进行逐步的分析，对事物的各个方面和不同特征进行系统的比较，认识到事物或问题发生的先后次序，在面临多种可能性的情况下，通过理性分析来判断每种选择的重要性和成功的可能性来决定轻重缓急，以及对前因后果进行先行分析的能力。

（1）优。典型行为：①在准确透彻地理解辩题的基础上，能较好地预测对方的立论以及论据，并以此为基础提出针锋相对的、合理的、有力的观点以及全面的论据。②观点逻辑严密，条理清晰，说服力强。③思维敏捷，反应迅速，应变能力强，能够针对对方辩论过程的薄弱、不全面之处进行反驳。④能预测对方反驳己方的观点、论据，抢先反驳并提出充足论据，让对方措手不及。⑤能够准确抓住对方有利于己方的观点、材料，并吸收采纳，以加强自己观点的说服力。

（2）良。典型行为：①对辩题理解准确，分析透彻，能够准确把握辩论的关键点，提出合理、有力的立论。②能迅速地理解对方提出的问题并作出迅速的反应，作出有理有据、逻辑严密的回答。③能使用正反两方面的材料、例子证实己方的观点，反驳对方的观点。

（3）中。典型行为：①对辩题能够理解，但分析不够透彻。②有一定的思维逻辑性，但条理性较差。③思维敏捷性和应变能力稍差，不能根据对方辩论的过程及时提出反驳的观点和论据，对对方提出的问题不能及时反应并作出准确、有力的回答。④能使用正面或者反面的例子、材料证实己方观点，但反驳对方无力。

（4）差。典型行为：①不能准确理解题意，观点不明。②自己发言时缺乏条理，言之无物。③不能理解对方的立论以及论据间的逻辑，自说自话。④不能举出适当实例证实己方观点，常常重复相同的话语或句子。

2. 语言表达能力

定义：将自己的思想、观点、意见和建议顺畅地用语言表达出来。

（1）优。典型行为：①观点表达清晰、简洁明了、重点突出。②有条不紊地表达观点，理由充分，层次分明。善于举出生动、合适的实例来支持己方观点。③用词用句具有很强的鼓动性和说服性。④语速、语调变化丰富，用于强调己方的观点。⑤面部表情（眼神）和肢体动作（手势、肢体语言）丰富，以强调自己的观点。⑥主动与其他倾听者（对方辩友）进行目光接触。

（2）良。典型行为：①有条理地表达观点，能运用例子支持己方观点。②用词准确、恰当，表达流畅。③能使用稍有变化的语速表达己方的观点。④能使用一些面部表情和肢体语言帮助表达观点。

（3）中。典型行为：①能将自己的思想、观点用语言表达出来，论述言之有物。②表达时欠流畅，观点表述不够清晰。③表达技巧（语速、语调、面部表情、肢体语言）有所欠缺。

（4）差。典型行为：①无法准确、清晰地表达自己的观点，与人沟通困难。②缺乏条理，言之无物。③语言含糊不清，词不达意啰唆拖音。

3. 倾听能力

定义：愿意并善于倾听他人意见，能够以开放和建设性的方式与他人合作。

（1）优。典型行为：①不抢着发言，在倾听和理解对方观点后，再发表自己的观点。

②待人友善，能够充分尊重对方观点，能与对方平等地进行交流。③能迅速理解对方的观点并作出积极的反应，例如态度平和并有理有据地反驳。④能预期对方对自己观点的反应，并采取相应的表现方式。⑤使用的语言、示例能抓住观众、评委的兴奋点，使之支持自己。

（2）良。典型行为：①尊重对方，不在对方发言时无礼貌地打断。②能够接受辩论双方存在不同的观点。③能够理解对方提问的关键所在，作出适当的反驳和回应。

（3）中。典型行为：①倾听技巧较差，不能抓住对方的观点的实质。②发言时，多是反驳他人的观点，很少表示对对方的尊重。③只顾陈述自己的观点，很少对他人发言作出反应。

（4）差。典型行为：①不愿意倾听他人的观点，他人发言时总是走神，心不在焉或若有所思。自己发言时缺乏条理，言之无物。②自我表现欲过强，以自我为中心，辩论中只注重表达的主张，武断。③不考虑他人的想法，很少对他人的发言作出反应。

4. 沟通影响能力

定义：通过倾听意见、表达观点等，说服、影响及让他人信服、接受自己想法的能力。

（1）优。典型行为：①主动影响他人，并懂得如何运用策略去推行某种主张，而不是咄咄逼人或高高在上。②发言时，能够沉着自信、语气和善、证据充足、有理有据地阐述自己观点，说服别人。③观点阐述有说服力，在某些具体问题的争论中，能够说服别人，为团队辩论作出一定贡献。④观点阐述有感染力，通过灵活的策略达到广泛影响。⑤ 通过自己的临场反应、语言表达气势等进行沟通，对辩论场上的气氛、形势产生影响力。

（2）良。典型行为：①能够较好地运用手势、眼神等肢体语言辅助表达。②阐述有一定的感染力、说服力，但在应对对方质疑时，不能镇定自如地使现场气氛发生扭转。③对对方观点把握较好，但没有较好的策略应对对方反驳。④逻辑性较强，表达方式良好。

（3）中。典型行为：①逻辑较清晰、方式较合理。②临场反应欠缺、自信度较差。③在说服、感染力上有待提高。

（4）差。典型行为：①表述混乱、阐述观点没有自信心、信息不准确。②辩驳时咄咄逼人、高高在上，不注重思维逻辑。③没有说服力，表达方式没有感染力。

5. 计划组织能力

定义：为辩论制订计划和目标，辩论时有自我控制能力，把握场上观点的发展方向。它包括了三方面：一是计划，即依据题目要求，在辩论过程中时刻关注总体目标的达成，能够从整体和宏观的角度考虑问题，而不是拘泥于细节问题的争论；二是组织，即善于总结归纳对方发言，并通过一定方式，主动质疑对方论据论点以及逻辑，来推动立场观点的进展；三是协调，即协调自己表达的前后一致性，观点阐述不会自相矛盾。

（1）优。典型行为：①赛前准备充分，论据论点有说服力、符合题意。②辩论规划完善，逻辑清晰，层次分明，有理有据。③依据对方反应，可镇定自如地协调自己的辩论策略。④优秀的语言组织能力，语言有气势，具有幽默风趣、浅显易懂等特点。⑤面对突发状况、反驳或质疑时，依然可以根据计划，有条理、有谋略地反驳。

（2）良。典型行为：①明晰所表达观点的计划性，并能够较清晰地阐述。②良好的语言组织能力，语言比较幽默风趣、有气势，能较好地说服对方。③针对对方提问，可以反驳，但并没有切中要害。④较好地把握辩论方向，使之按照既定目标前进。

（3）中。典型行为：①语言组织能力较弱，理论性低，前后有自相矛盾之处。②把握、控制场上局面的能力较弱，计划僵硬，面对突发事件不能灵活应对。③质疑对方时会被对方的反驳打乱阵脚。④自我协调情绪能力较低，容易激动。

（4）差。典型行为：①没有较好的规划、目标，不清楚自己遇到挑战时该如何应对。②语言组织能力差，辩论时没能体现自我控制能力。对自我把握不好，对对方的质疑反驳力度低。③不能从对方论点论据中发现漏洞，只是按照赛前准备论述观点。

6. 团队合作能力

定义：与团队中的其他人一起协作完成任务，而不是单独地或采取竞争的方式开展辩论。

（1）优。典型行为：①信息共享，使团队每个成员都及时了解每个人的想法、意见，不会出现信息不对称问题。②通过场上表现的整体性、一致性、配合度，来判别是否有充分的讨论、信息传播。③队员配合默契，本组成员之间回答问题时，不会出现抢答、没人应答的情况。④团队通过立论、回答问题、质疑、结论等环节表现出很好的连贯性、逻辑性、流畅性，具有较强的说服能力。

（2）良。典型行为：①队员之间有较好的配合、协调，能够自圆其说。②通过场上表现，可看出赛前分工较明确，讨论比较深入，队员能够较清晰掌握辩论的逻辑，不会犯大错误。③对某一问题争论不休时，队员有意识转移关注点。④在表述观点时，每个人都可以较好地按照赛前准备有计划、有组织地进行，不会打乱团队安排。

（3）中。典型行为：①不能很好地注意到队员当时的状态，不能及时补充、弥补出现的错误。②从表现可看出赛前准备不太充分，各个队员分工不明确，表述不清晰。③抓住对方要害时，本方队友不能协助其进一步深入，错失辩驳机会。④有些表现个人英雄主义的队员，希望通过此种行为为自己加分，使得团队整体辩论规划混乱。

（4）差。典型行为：①团队整体表述混乱。②队员之间没有配合，不默契，抢话、无人应答的情况多次出现。③赛前没有良好的整体安排规划，各说各的，没有逻辑性。④队员之间观点自相矛盾、存在很多漏洞。

7. 创新能力

定义：能结合主题，澄清前提条件，提出新颖、独到的观点或见解；能从多个角度去思考问题，寻找多种方法；能够很容易地在先前毫无关系的想法中找到联系。

（1）优。典型行为：①思维灵活多变，不受传统思维或心理定式的影响，能多方位地思考与解决问题。②对事物能发表出大量不同寻常的新颖见解。③善于从多个角度去思考问题，善于寻找多种方法来解决问题。④面对对手质疑或提问时能快速地作出反应。⑤能在对峙过程中找到不同资料或事件的联系，提出独特的见解以支持自己。

（2）良。典型行为：①观点比较新颖，在辩论过程中能提出少数独特见解。②能从多个角度分析问题。③基本能找到不同事物间的联系。

（3）中。典型行为：①观点平平，偶有个别创新见解，但对论证帮助不大。②分析问题角度单一，只能小范围地展开论述。③只能找到个别事物间的联系。

（4）差。典型行为：①缺乏想象力，不能提出新观点。②思维局限在单一范围，无法拓展。③墨守成规，因循守旧。

8. 自信

定义：对自己的观点、决定和完成任务的能力的自我信仰和表现。

（1）优。典型行为：①自信地展示自我。②对自己的论辩充满信心和肯定。③坚定而有建设性地提出观点和想法。④提出独立的观点，对别人认为重要的问题提出异议。⑤受到批评或被激怒时，保持客气和建设性的态度。

（2）良。典型行为：①能较自信地展示自我及论述观点。②偶有妥协现象。③能就自己的观点提出支持性证据，但对对手的观点质疑不足。④受到批评或被激怒时，仍能保持和气。

（3）中。典型行为：①在展示自我及论述观点时自信不足。②陈述自己的观点时，一旦受到质疑或挑战，观点就有较多的摇摆。③极少质疑对方。④受到批评或被激怒时，出现个别失态现象。

（4）差。典型行为：①缺乏自信。②陈述观点时底气不足，受到质疑或挑战时无法应对。③不能忍受批评。

9. 应变能力

定义：能审时度势，思维敏捷，考虑问题周详，并能及时对对手的言论进行批判和应答；能根据事情进展调整战略，灵活而又有效地应对。

（1）优。典型行为：①灵活而快速地作出应对。②遇到挑战时能保持冷静并能审时度势。③面对困难仍保持乐观积极。④能从多角度思考问题。⑤当情境发生变化时，能及时调整自己的战略。

（2）良。典型行为：①大部分时间表现出灵活而快速的应对。②遇到挑战时基本能应对，偶有失措。③能从多个角度思考问题。④当情境发生变化时，有调整战略的意识。

（3）中。典型行为：①基本能跟上辩论节奏，但处于被动状态。②面对挑战时反应时间较长。③反驳力疲弱。④当情景发生变化时，不能及时作出调整。

（4）差。典型行为：①不能应对挑战，毫无反驳之力。②反应慢。③观点不具有说服力。

七、对抗性辩论评分方法

对辩论测评指标每一个维度评定出一个等级，即“优（10~12）”、“良（7~9）”、“中（4~6）”、“差（1~3）”。

然后进行二次评分，即再进一步评价该被试者的回答情况是属于该等级的“上”、“中”还是“下”。例如，当评价人员对一位被测者的某一问题的回答作出了“优”的评价后，对其再进行二次评价，即认为他的回答是比“优”略好、刚好吻合还是略差，分别记为“优1（12）”、“优2（11）”、“优3（10）”。

表7－8　辩论测验评分表

被测评者编号：________	被测评者姓名：________				
评价指标	观察要点	评分标准			
		1	2	3	4
思维分析	个体分析问题和解决问题的能力				
语言表达	能够完整、清楚、准确地表达自己的观点				
倾　听	愿意并善于倾听他人意见，能够以开放和建设性的方式与他人合作				
沟通影响	通过倾听意见、表达观点等，说服、影响及让他人信服、接受自己想法				
计划组织	为辩论制订计划和目标，辩论时要有自我控制能力，把握场上观点的发展方向				
团队合作	协助团队中其他人完成任务，而不是单独地或采取竞争的方式开展辩论				
创　新	创造或引进新观念、方式				
自　信	自我肯定和相信				
应　变	适应变化，快速作出反应				
面试官评语	（让你感受最深的内容） 面试官签名：________				

表 7－9　评分汇总表

评价指标	被测评者编号：________										
	1	2	3	3	4	5	6	7	8	9	10
思维分析											
语言表达											
倾　听											
沟通影响											
计划组织											
团队合作											
创　新											
自　信											
应　变											
总　计											

7.2.6　案例分析

一、案例分析法的定义

在案例分析这种形式的测试活动中，先让被测评者阅读一些材料（案例），了解并研究某个组织或个人所面临的问题，然后要求他根据所提出的问题进行分析报告，评价者根据分析报告的内容和形式，对被测评者的某些能力素质进行判定。在案例分析中一般选择内容翔实、信息复杂、有待决策的案例让被测者进行分析。它可以考查被测评者的经营管理能力。在实际工作中，案例分析不仅广泛应用于人员测评，也被广泛运用于人员培训。

二、案例分析的测评指标

测评指标共有 8 个，分别为：①决策能力；②分析判断能力；③创新能力；④激励能力；⑤危机管理能力；⑥计划组织协调能力；⑦预见能力；⑧应变能力。每个案例中都整合了多方面的问题，用以考查被测评者的领导与管理能力。每个案例之后都有几个问题，每个问题都是侧重考查被测者的 1～3 种能力。

三、案例分析的施测程序

1. 施测前的准备工作

准备工作包括以下两个步骤：

（1）准备好测验材料。主试者必须预先把案例分析试卷、答题纸、笔按顺序放在适当的位置。

（2）熟练掌握施测程序。必须对主试者进行必要的培训，主要包括熟悉测验的内容和程序，以及熟记指导语。要求念读指导语时不念错、不停顿、不重复或结结巴巴，以免影响测验分数。

2. 指导语

案例分析的指导语不同于一般的测验，指导语要分为两个部分。第一部分是对测验目的的说明。第二部分是对案例分析的描述，主要包括被测评者要做的反应、情境中组织的构架、对题目反应方式以及测试的时间。

3. 测试的环境

在测试实施过程中必须对测试环境进行控制，其中包括采光条件、桌椅的高度、桌面的面积，测试中的文字材料都必须用统一的纸张按统一规格印刷，被测察者使用的笔也一般由主试者提供。测试进行时务必排除外界的干扰，为此必须在测试室的房门外挂上一个牌子，示意测试正在进行，旁人不得入内。主试者的状态也会影响测试的分数，因此主试者的语言、行为、态度、表情都要严格控制。

4. 评分过程

（1）评价人员的培训。

由于案例分析的技术性较强，因此进行测试之前要对评分人员进行一定的培训。培训的内容一般有以下几项。第一步是理论和原理培训，主要是使评分人员掌握案例分析的基本原理与操作方法；第二步是实测练习，由评分人员担任被试者，接受每一项测验，然后进行自我评价和相互评价，再由主讲者进行分析总结；第三步是熟悉评分的具体标准及记分方法。通过这样的培训，使评分人员熟悉基本的案例情境，并掌握实际的评价技能。

（2）组织评分。

当测试结束之后，就要开始对测试结果进行评分。为了保证评分的客观性，评分过程包括三部分。首先，请每一位评价人员独立对每一位被测评者进行评价，然后由工作人员汇总。第二，由主试对评分人员给每一位被测评者的得分进行比较分析，观察是否在某些指标上出现的差异较大。如果没有就可以确定最终的得分。第三，如果出现差异较大的指标，就必须进行讨论，然后在此指标上分别重新打分，若还有争议则继续讨论继续打分，直到意见较为一致为止。

（3）信度、效度检验。

用编制好的成型案例进行正式施测之后，要对案例分析的效果即信效度进行检验，即要分析一下案例分析的可靠性及有效性程度。在信度方面，运用评分者信度对案例分析的效果进行考查最为合适，即各评分人员的评分一致性程度。

效度的检验一般可以采取以下三种方式进行：第一，以上级领导或是同事以及下属等他人的评价为效标，求出案例分析中的得分与他评的相关性。他评资料的收集可在组织部年终对领导干部进行考核时顺带进行。当然，由于他评涉及的评分者较多，可能在某些指标上评价有较大差异，因此必须进行深入访谈才能作出结论。第二，由于情景模拟技术有多种方法，各种方法在一些测量指标上有所重合，因此可以应用多质多法的方法进行检验。第三，最常用的方法是找到能反映测评指标要素的效标，以考查其效标关联效度，或者可以以被测者当前的工作绩效或行为记录为效标。

四、案例分析的评价指标

首先将所测评的素质指标各等级的具体内容进行界定以熟悉和把握。然后把被测评者的回答情况与“优、良、中、差”各等级的具体内容界定标准进行对照，确定其中的某一个等级；在确定好其中的一个等级后再进行评分。优：10～12分；良：7～9分；中：4～6分；差：1～3分。

1. 决策能力

定义：对某一问题特别是某一重大问题处理的决心和办法以及实施的力度，它包括决策者的意志，对于情况分析的程度和制定方针政策的针对性和可行性程度。

（1）优。典型行为：①根据案例的背景信息，能迅速、果断地作出有长期影响的决策。②对各领域内的各种信息进行深度分析，在信息模糊和缺乏经验的情况下也能在重大领域内进行战略性决策。③作出的决策具有前瞻性，不能被别人轻易理解，但具有可行性。④能准确预测到自己所作出的决策的收益和风险。

（2）良。典型行为：①能分析案例中较广泛领域内的复杂情况，对抉择可能产生的影响有清晰的认识。②能根据案例中所提供的数据、资料，在已有经验的基础上，作出有一定影响力的决策，并能付诸实施。③作出有冒险性的决定，当决策会带来一定的风险时，及时作出抉择。能衡量潜在的收益。

（3）中。典型行为：①对案例中涉及的多个领域的问题和信息理解有偏差，不能有效地作出有针对性的决策。②在本工作领域内，能客观分析形势，并作出有一定可行性的决策。③能够对案例中的一般性的问题作出决策。④能作出常规性的决策，并在一定程度上促进其实施。

（4）差。典型行为：①不能根据案例中的信息和数据作出有一定实际效果的决策。②看问题不透彻，信息整合能力不强，作出的决策有偏差。③不能深入地看到案例中的公司所面临的问题和困境，并作出有战略意义的决策。

2. 分析判断能力

定义：搜集相关信息，识别不同信息间的联系，寻根溯源解决问题的能力。

（1）优。典型行为：①具有很好的逻辑思维能力，能从本质上准确地把握问题之间的复杂联系。②根据自己的经验，能对案例中相关信息很少，但有重要意义的问题进行有理有据的分析。③能从案例中所提供的数据中很准确地看出公司的情况，并作出相应的回应。④能从案例的细节描述中挖掘出潜在的问题，深入地分析其原因。

（2）良。典型行为：①能从多方面、多维度分析案例中的问题。②能把握案例中问题的关键点，分析前因后果。③能引用他人的成功经验来证明自己的分析的正确性。④有较好的抽象概括能力，对问题的分析做到有理有据，条理清晰。

（3）中。典型行为：①一定程度上受问题的表面描述的迷惑，能看到问题之间的多重联系，但不能找到他们之间的主要关系。②抽象思维能力一般，不能很好地抓住问题的本质原因，只能进行表面分析，说服力有限。③能够较好地解决自己所熟悉的问题，不能很好地做到旁征博引，以支持自己的分析结论。④对案例中的常识性问题能进行较好的分析，但没有自己的创新观点。

（4）差。典型行为：①不能根据案例中的信息和数据抓住问题的本质，分析比较肤浅，没有深度。②对复杂问题有点束手无策，做不到深入浅出地看问题，对问题产生的原因也说不出个所以然。③看不到问题之间的联系，把问题孤立化，对问题也提不出自己的见解。④不能从整体上看待整个案例，没有全局观念。

3. 创新能力

定义：创造或引进新观念、方式来解决问题的能力。

（1）优。典型行为：①具有很强的发散性思维能力，能多层次、多角度、多立场地看问题。②具有创新性思维，对案例中的普通问题也能提出自己独到、新颖的见解。③不受他人和世俗的束缚，对案例中问题所提出的解决方法和途径常常出人意料，且很有说服力。④能透过案例中的数据和信息看到别人一般不能发现的问题，提出不一样的观点。

（2）良。典型行为：①思维活跃，发散性强，看问题比较全面。②具有很好的学习能力，看问题能做到举一反三，触类旁通，解决问题的方式既不荒诞，也不失新颖。③不局限于案例中所提供的信息来解决问题，能较好地做到创造性模仿，既有模仿，又不失创新。

（3）中。典型行为：①思维具有一定的发散性和创造性，但是情境性很强，稳定性较差。②对案例中的有些问题能提出自己比较有新意的见解，但可操作性不强，应用价值有限。③对其他的成功经验，可以做到有选择性地应用到本案例中，但创造性不是很强，没有加入多少自己的思考。

（4）差。典型行为：①看问题的角度很普通，层面有限。②思维范围比较狭窄，发散性不强，不能全方位地思考问题。③不能从问题间的错综复杂的联系中理清思路，只能采取常规的解决方法，基本上没有创新思维的参与。④受限于学习能力的不足，不能从他人的成功经验中吸取有用的知识来有效地解决案例中的问题。

4. 激励能力

定义：根据员工的绩效表现和员工个人需求选择合适的激励方法，激励员工进一步提高水平，通过设计适当的外部奖酬形式和工作环境，以一定的行为规范和惩罚性措施，借助信息沟通来激发、引导、保持和归化组织成员的行为，从而有效地实现组织及其成员个人目标。

（1）优。典型行为：①很好地了解需求的概念，深刻理解不同员工需求之间的差异。并能很好地预测到不同的激励措施对于员工的行为所产生的不同影响，熟知不同激励措施的相互关系及不同激励措施在实际运用过程中的差异。②很巧妙地根据不同个性员工的不同需求，实施不同的激励措施。③在激励人的过程中，又能艺术化、人性化地提出员工所存在的缺点和不足，促进员工的发展。

（2）良。典型行为：①了解不同的需求应有不一样的激励方式和手段。②根据员工的不同需要，制定出有一定针对性的激励政策。③定期对员工进行绩效反馈，使员工了解自己的长足之处和缺点。④所实施的激励政策具有较好的效果，可以促进员工的成长。

（3）中。典型行为：①不怎么热心于了解员工需求的差异性，只是根据大部分员工的一般性需要来制定激励措施，并预测到这些措施的影响效果。②关注员工的工作环境的建设，但忽略对员工隐性需要的激励。③对员工需求的变化趋势会有一个大概的了解，激励措施会作出相应的改进。

（4）差。典型行为：①不了解员工的需求对激励的重要作用，不关心企业文化的建设。②不能很好地利用绩效来达到激励员工的效果。③制定的激励政策针对性不强，不能调动员工的工作积极性，也不能帮助员工得到自我实现。④只关注物质环境的建设，不会在细节上关心员工，员工没有归属感。

5. 危机管理能力

定义：在危机潜伏、发生、发展的过程中能正确使用、组织资源，采取有效措施，减少甚至消除危机灾害，保护组织和员工的根本利益。

（1）优。典型行为：①在危机出现之前可以预测到危机出现的可能性，有很强的危机预测能力。②在危机中能够搜集和利用很多信息资源，并能充分加以利用。③危机决策能力很强，能指出危机的源头，并能采取强有力的措施改善公司处境，使之转危为安。④危机控制能力很强，会考虑长远利益。⑤危机出现后处理能力很强，能通过各种媒介为单位树立好的形象，使单位发展壮大。

（2）良。典型行为：①在危机出现之前可以预测到危机出现的可能性，有较强的危机预测能力。②能在危机中搜集和利用比较多的信息和资源，并充分利用。③危机控制能力强，能够控制大局。④危机出现后处理能力强，能够通过各种媒介为单位树立好的形象，使单位进一步发展壮大。

（3）中。典型行为：①能够预测危机出现的可能性，有危机预测能力，但不能在危机发生之前采取措施。②能在危机中搜集和利用一些有用的信息和资源。③危机决策能力较强，能够指出问题所在，并采取措施改善单位处境。④危机控制能力较强，能够较好地适应形势的变化。⑤危机出现后处理能力较强，能够在危机出现后为单位树立较好的形象。

（4）差。典型行为：①不能够较早地预测到危机，没有较强的危机预测能力。②不能在危机中搜集各种有用的信息和资源。③危机决策能力弱，不能指出危机所在，不能采取措施改善单位处境。④危机控制能力不强，任由危机进一步发展。⑤危机出现后处理能力不强，不能为单位在危机出现后树立较好的形象。

6. 计划组织协调能力

定义：为实现一定的企业和个人目标而对未来一定时期内的发展和工作作出安排，对行动提出建议、说明和框架，预先系统地对人、财、物及各种资源进行安排，以及合理调配整合这些资源，以达到预期的目标的能力。

（1）优。典型行为：①准备和实施长期和短期的公司战略。②收集实施数据，有条理性地执行决策方案。③建立新的管理技术，帮助改进各项重要工作的效果和效率。④高效地管理、协调内外部各种影响因素和力量。

（2）良。典型行为：①制订可行的方案、预算和时间安排。②有效平衡工作的质量、成本和时间，持续考核工作进展，及时修正工作计划，沟通可能的风险与问题，预测计划和实际的可能差距。③合理利用现有的各种资源，做到人尽其才、物尽其用、财尽其力。

（3）中。典型行为：①制订工作计划和工作目标，定义工作职责并进行合理的分配。②协调好团队成员的优势和缺点，最小化各种摩擦，在规定的时间内交付高质量的工作成果。③积极寻找团队成员的帮助，解决任务执行过程中出现的问题。

（4）差。典型行为：①制订个人工作计划。②了解自身的优势和劣势，取长补短，按期完成任务。③利用自己在公司内的关系和公司外的人脉，帮助自己解决问题。

7. 预见能力

定义：能准确把握公司未来的发展趋势，并在与公司员工沟通的基础上，把公司未来的发展宏图和愿景转化为具体化的、可实现的目标，并鼓舞公司员工共同为前景目标努力。

（1）优。典型行为：①关注行业的前景、环境的变化及策略性问题。②制定及宣传公司具有吸引力的前景蓝图，唤起广大员工对公司前景的渴望。③预先设想公司在实践前景过程中可能遇到的风险，并作出相应的防范。

（2）良。典型行为：①关注公司的产品或服务的市场份额，能较准确地预测其未来的走向。②积极努力寻求提高现有生产水平或管理水平的做法。③预测公司目前的运营模式可能出现的问题并准备预防措施。④组织公司员工共同建立积极有效、灵活的工作模式，以应对外界环境可能的剧烈变化。

（3）中。典型行为：①大致了解公司的发展状况、实力在本行业中所处的地位。②能大概看出本行业的发展前景，并积极和公司员工共同商讨对策，以谋求公司更大的发展。③关注员工技能的发展，注重培训，让员工学习相关专业的最新工作技能。

（4）差。典型行为：①局限于公司的一般内部事务的管理，疏于关注市场和行业的变化。②对整个公司的运营缺乏战略上的把握，不注重公司内部的改革。③对公司未来的发展没有明确的目标，不能调动和激发公司员工对公司发展愿景的积极性。

8. 应变能力

定义：根据不断发展变化的主客观条件，随时调整对外界环境的分析、判断并适应的能力。它要求管理者善于准确把握形势的主流，能够在千变万化的形势中把握基本恒定的东西，沉着冷静，灵活机动，以不变应万变。

（1）优。典型行为：①根据企业外部环境的不断变化而提供的一切可能条件，采取科学灵活的应变对策，做到“你变我也变”，从而最终达到预定的目标。②不例行公事，不因循守旧，不墨守成规，能够从企业外部环境的表面“平静”中及时发现新情况、新问题，大胆提出新设想、新方案。③根据企业内外部环境的变化，审时度势，及时地作出机智和果断的应变。④在确知无法达到原来设想时能果断地“刹车”，及时转移工作重点；在确知再坚持一下就会取得胜利时，能够顶住压力，排除各方面的干扰，不惜一切代价去争取胜利；在已实现预定计划时，能适时地提出新的可能达到的目标。

（2）良。典型行为：①对企业所处的环境有较强的敏感性，能采用灵活机动的策略来应对变化，较好地达到预期效果。②不囿于常规思维，对变化有一定的感知力，并能根据自己的判断作出相应的应对措施。③坚持“有所为，有所不为”的精神，能根据形势的变化对自己的计划作出较好的调整，并说服员工和自己行动保持一致，以达到更好的效果。

（3）中。典型行为：①感受环境变化的灵敏度一般，在事情变得被动前采取行动，一定程度上收到预期的效果。②能在大部分员工之前感受到环境的变化，和员工共同讨论应对政策，并追踪政策的实施效果。③能根据形势的变化，对既定的计划作出一定的调整，以争取达到预期的目标。

（4）差。典型行为：①对企业内外总环境的变化没有一定的预测力，做决策时比较被动。②一旦制订计划，就很难根据形势的变化作出相应的修订，即使当这个计划已经没有实用价值了。③喜欢当前问题当前解决，不屑于对即将变化的环境作出反应。

五、案例分析的评分方法

根据“观察要点”，以“案例分析评分标准”为参考标准进行评分。评分时，首先理解和把握每一问题所测评的素质指标及其具体内涵，然后把被测评者的回答情况与“优、良、中、差”等各等级的具体内容界定标准进行对照，确定其中的某一个等级。在确定其中的一个等级后再进行赋分，即以 12 分为满分给被测评者定分。具体为 1～3 分对应“差”，4～6 分对应“中”，7～9 分对应“良”，10～12 分对应“优”。案例分析的评分示例如表 7－10 所示，评分汇总表见表 7－11 所示。

表 7－10　案例分析评分表

被测评者编号：________	被测评者姓名：________			
评价指标	观察要点	题号	等级	分值
决策能力	A 等：根据案例的背景信息，能迅速、果断、毫不犹豫地作出有长期影响力的决策。作出的决策具有前瞻性，不能被别人轻易理解，但具有可行性。			
	B 等：能分析案例中较广泛领域内的复杂情况，对抉择可能产生的影响有清晰的认识，有一定风险认识。			
	C 等：对案例中涉及多个领域的问题和信息理解有偏差，不能有效地作出有针对性的决策。能作出常规性的决策，并在一定程度上促进其实施。			
	D 等：不能根据案例中的信息和数据作出有一定实际效果的决策。			
分析判断能力	A 等：能从本质上准确地把握问题之间的复杂联系，根据自己的经验，能对案例中相关信息很少但有重要意义的问题进行有理有据的分析。			
	B 等：能从多方面、多维度分析案例中的问题。有较好的抽象概括能力，对问题的分析做到有理有据，条理清晰。			
	C 等：一定程度上受问题的表面描述迷惑，能看到问题之间的多重联系，但不能找到他们之间的主要关系。对案例中的常识性问题能进行较好的分析，但没有自己的创新观点。			
	D 等：不能根据案例中的信息和数据抓住问题的本质，分析不够有深度。			
创新能力	A 等：具有创新性思维，对案例中的普通问题能提出自己独到的见解。			
	B 等：思维活跃，发散性强，看问题比较全面。既有模仿，又不失创新。			
	C 等：思维具有一定的发散性和创造性，但是情境性很强，稳定性较差。			
	D 等：思维范围比较狭窄，发散性不强，不能全方位地思考问题。			
激励能力	A 等：很好地了解需求的概念和理解不同员工需求之间的差异。很好地把握激励和绩效的关系，能对员工进行积极的绩效反馈，从而达到激励人的最佳效果。			
	B 等：了解不同的需求应有不一样的激励方式和手段。所实施的激励政策具有较好的效果，可以促进员工的成长。			
	C 等：不怎么热心于了解员工需求的差异性，只是根据大部分员工的一般性需要来制定激励措施。			
	D 等：不了解员工的需求对激励的重要作用，不关心企业文化的建设。			

（续上表）

评价指标	观察要点	题号	等级	分值
危机管理能力	A 等：在危机出现之前可以预测到危机出现的可能性，有很强的危机预测能力。危机控制能力很强，考虑长远利益。			
	B 等：危机控制能力强，能够控制大局。			
	C 等：能够预测危机出现的可能性，有危机预测能力，但不能在危机发生之前采取措施。			
	D 等：危机出现后处理能力不强，不能为单位在危机出现后树立较好的形象。			
计划组织协调能力	A 等：准备和实施长期和短期的公司战略，高效地管理、协调内外部各种影响因素和力量。			
	B 等：制订可行的方案、预算和时间安排。合理利用现有的各种资源，做到人尽其才、物尽其用、财尽其力。			
	C 等：制订工作计划和工作目标，定义工作职责并进行合理的分配。在规定的时间内交付高质量的工作成果，解决任务执行过程中出现的问题。			
	D 等：制订个人的工作计划。利用自己在公司内的关系和公司外的人脉，帮助自己解决问题。			
预见能力	A 等：制定及宣传公司具有吸引力的前景蓝图，预先设想公司在实践前景蓝图过程中可能遇到的风险，并作出相应的防范。			
	B 等：关注公司的产品或服务的市场份额，能较准确地预测其未来的走向。预测公司目前的运营模式可能出现的问题并准备预防措施。			
	C 等：大致了解公司的发展状况、实力在本行业中所处的地位。能大概看出本行业的发展前景。			
	D 等：局限于公司的一般内部事务的管理，疏于关注市场和行业的变化。对整个公司的运营缺乏战略上的把握，对公司未来的发展没有明确的目标。			
应变能力	A 等：根据企业内外部环境的变化，审时度势，及时地作出机智和果断的应变。在确知无法达到原来设想时能果断地“刹车”，及时转移工作重点。			
	B 等：不囿于常规思维，对变化有一定的感知力，并能根据自己的判断作出相应的应对措施。			
	C 等：能在大部分员工之前感受到环境的变化，和员工共同讨论应对政策，并追踪政策的实施效果。			
	D 等：对企业内外总环境的变化没有一定的预测力，做决策时比较被动。不屑于对即将变化的环境作出反应。			

（续上表）

评价指标	观察要点	题号	等级	分值
面试官评语	（让你感受最深的内容） 面试官签名：__________			

表 7－11　评分汇总表

评价指标	被测评者编号：________						
	1	2	3	4	5	6	7
决策能力							
分析判断能力							
创新能力							
激励能力							
危机管理能力							
计划组织协调能力							
预见能力							
应变能力							

7.2.7　其他评价中心的方法

1. 角色扮演

角色扮演，又称模拟面谈或即席对话，主要是用以测评人际关系处理能力的情景模拟活动。

在角色扮演练习中，角色扮演者将和一至两位被测评者进行互动，在这一过程中，角色扮演者将设立种种障碍，强调各种理由，说明被测评者的决策是错误的，而被测评者要竭尽全力让角色扮演者接受自己的决策方案。通过角色扮演活动，测评人员可以了解被测评者的敏捷性、坚韧性、责任心以及处理冲突的能力。

2. 搜索事实

这是一个需要口语表述的模拟活动。这个活动中需要角色扮演者与被测评者共同参与。被测评者拿到一份某个将来工作情境中可能遇到的问题的材料，首先要向角色扮演者创造性地、洞察性地提出一些敏感的问题，尽力挖掘出与该问题有关的信息。被测评者不仅需要看到问题中包含了哪些信息，更需要关注问题所缺少的关键信息。与角色扮演者充分交流之后，被测评者需要在一段较短的时间之内作出决定，提出一个解决问题的方案。

通常，角色扮演者还会对被测评者的问题解决方案提出质疑，与被测评者进一步讨论甚至争论。整个过程中主考者完全不介入，只是在旁边观察和记录。显然，这种活动在智能方面，尤其是思维的深度和广度及创造性方面对被测评者提出了很高的挑战，他们需要深刻地、创造性地分析问题和解决问题。此外，从被测评者在活动中的行为表现，主考者还可以考察他们的决断性——能否有效地获取信息，并关注他们的社会技能——能否很好地倾听，提出适当的问题。

3. 演讲

这也是一个需要口语表述的模拟活动。在这个活动中被测评者拿到了一些零乱、无组织的材料，他们需要根据材料来把握其中的主要问题，尽力去了解问题进展到什么程度。经过半个小时准备之后，他们向主考者陈述自己的想法。当被测评者表达了尽可能多的信息，明确提出材料中存在的问题及其解决方案之后，主考者可以有针对性地提一些问题，以进一步澄清被测评者的看法和观点。这种活动对被测评者的智能、社会技能和意志力都有特定的要求，比如分析问题的能力、口语表达能力及压力下的坚定性等。

4. 模拟会议

这是一个要求两个以上角色模拟者参与的测量方法，根据被测评者在未来面临的职位上可能出现的工作情况，设计一个有明确议题的会议，要求被测评者组织这个会议，确保能在限定的时间之内对议题进行足够深入的讨论。这种测量方法有利于在人际互动中考察个人的社会技能、把握变化的能力、主动性、坚持性、坚定性和决断性等重要的特性。但由于参与模拟会议的角色扮演者比较多，他们的行为模式很难实现标准化，人际的复杂互动有时候会影响被测评者的行为表现与主考者的评分过程。而且，多个角色扮演者的参与也大大提高了评价中心的成本。因此，如果采用其他测评方法能达到类似测评效果，建议运用其他测评方法。

5. 管理游戏

管理游戏通常采用一些非结构化的情境，让测评对象进行交互作用，完成某项“实际工作任务”，从而对测评对象进行测评。测评对象在管理游戏中，充分发挥自己的主观能动性来完成任务，评价人员通过观察来测评测评对象实际的管理能力与技巧、合作能力，以及团队意识等方面的素质。

在这种活动中，小组成员各自被分配一定的任务，必须通过合作才能较好地完成，例如购买、供应、装配或搬运等。有时也引入一些竞争因素，由三四个小组同时进行销售市场占领，以便分出优劣。评价人员在管理游戏中的主要任务是：第一，在游戏开始之前向参加游戏的测评对象作介绍和简单的说明，以确保参加者了解整个游戏的过程；第二，为参与游戏者分配角色；第三，在整个游戏的过程中，评价人员必须随时处于警觉的状态，处理各种意外的情况；第四，对参与者的各种行为进行系统的观察和评价；第五，对参与游戏者的各种行为保持足够的敏感性。

7.3 云服务平台的心理测验与评价中心

7.3.1 心理测验

一、个性测验

个性测验包括六个模块：①卡特尔 16 种个性测验；②职业兴趣测验；③艾森克人格测验；④气质测验；⑤大五人格测验；⑥A 型 B 型人格测验，如图7－3所示。

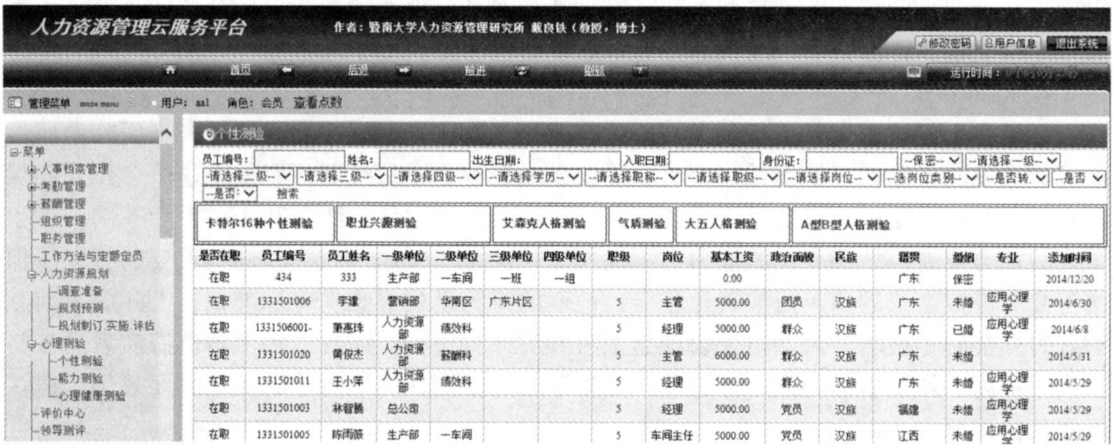

图 7－3 个性测验 6 个模块

1. 卡特尔 16 种个性测验

（1）打开菜单，点击“心理测验—个性测验”，进入图 7－3 页面。

（2）在员工列表中点击“万五十九”，使得该行颜色变深，再点击上面的“卡特尔 16 种个性测验”，进入“卡特尔 16 种个性测验”新增或修改页面，点击“新增（修改）”按钮，进入图 7－4“卡特尔 16 种个性测验”页面，输入或修改“卡特尔 16 种个性测验”的信息。

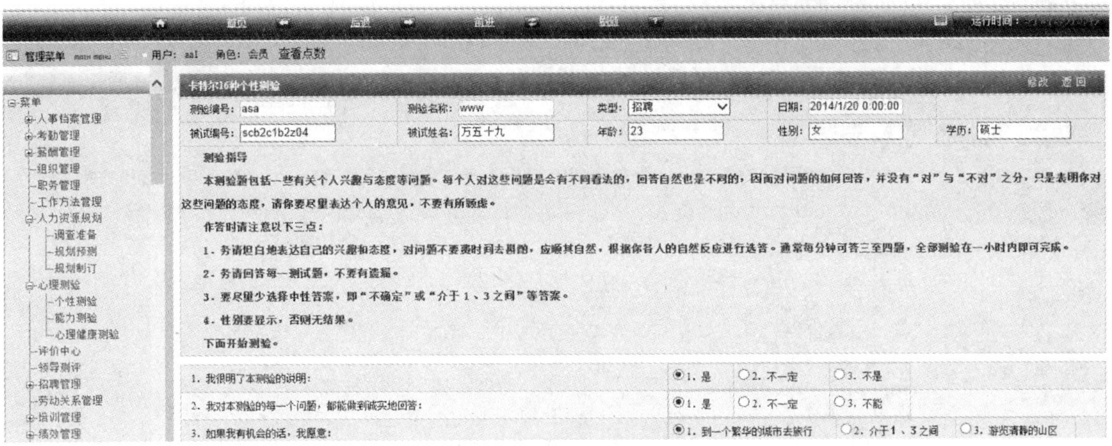

图 7－4　卡特尔 16 种个性测验

2. 职业兴趣测验

（1）打开菜单，点击“心理测验—个性测验”，进入图 7－3 页面。

（2）在员工列表中点击“万五十九”，使得该行颜色变深，再点击上面的“职业兴趣测验”，进入“职业兴趣测验”新增或修改页面，点击“新增（修改）”按钮，进入图 7－5“职业兴趣测验”页面，输入或修改“职业兴趣测验”的信息。

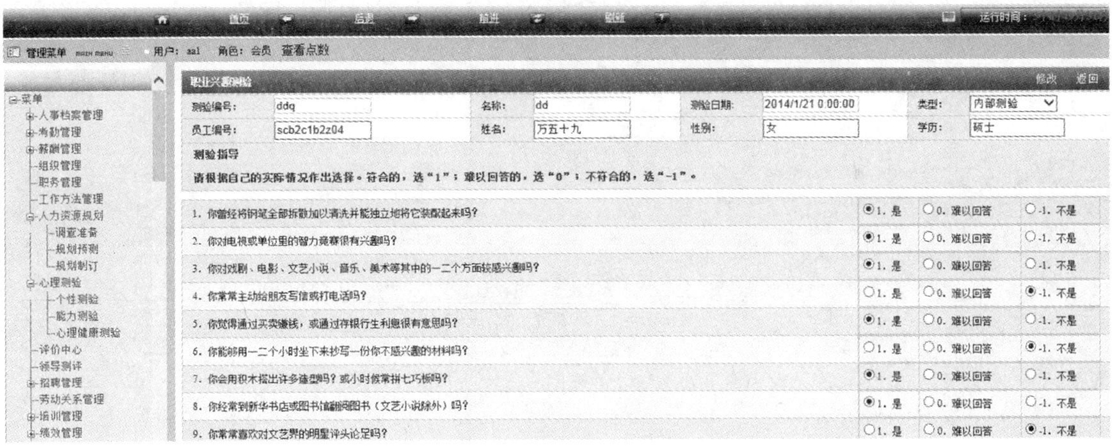

图 7－5　职业兴趣测验

3. 艾森克人格测验

（1）打开菜单，点击“心理测验—个性测验”，进入图 7－3 页面。

（2）在员工列表中点击“万五十九”，使得该行颜色变深，再点击上面的“艾森克人格测验”，进入“艾森克人格测验”新增或修改页面，点击“新增（修改）”按钮，进入图 7－6“艾森克人格测验”页面，输入或修改“艾森克人格测验”的信息。

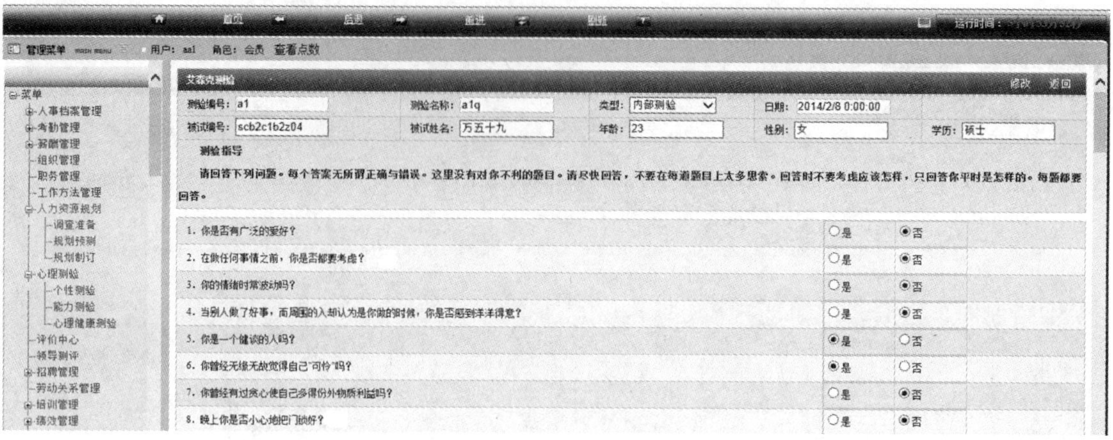

图7－6　艾森克人格测验

4. 气质测验

（1）打开菜单，点击“心理测验—个性测验”，进入图7－3页面。

（2）在员工列表中点击“万五十九”，使得该行颜色变深，再点击上面的“气质测验”，进入“气质测验”新增或修改页面，点击“新增（修改）”按钮，进入图7－7“气质测验”页面，输入或修改“气质测验”的信息。

图7－7　气质测验

5. 大五人格测验

（1）打开菜单，点击“心理测验—个性测验”，进入图7－3页面。

（2）在员工列表中点击“万五十九”，使得该行颜色变深，再点击上面的“大五人格测验”，进入“大五人格测验”新增或修改页面，点击“新增（修改）”按钮，进入图7－8“大五人格测验”页面，输入或修改“大五人格测验”的信息。

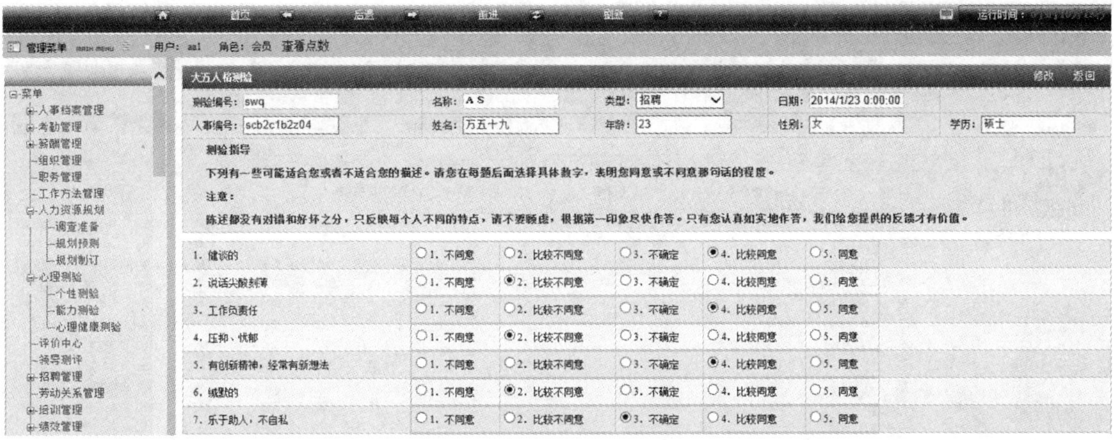

图 7 - 8　大五人格测验

6. A 型 B 型人格测验

（1）打开菜单，点击“心理测验—个性测验”，进入图 7 - 3 页面。

（2）在员工列表中点击“万五十九”，使得该行颜色变深，再点击上面的“A 型 B 型人格测验”，进入“A 型 B 型人格测验”新增或修改页面，点击“新增（修改）”按钮，进入图 7 - 9“A 型 B 型人格测验”页面，输入或修改“A 型 B 型人格测验”的信息。

图 7 - 9　A 型 B 型人格测验

二、能力测验

能力测验包括七个模块：①立体图案测验；②同义词反义词测验；③图形组合测验；④完成句子测验；⑤相同图案测验；⑥字符差异测验；⑦智力测验，如图 7 - 10 所示。

图 7－10 能力测验 7 个模块

1. 立体图案测验

（1）打开菜单，点击“心理测验—能力测验”，进入图 7－10 页面。

（2）在员工列表中点击“万五十九”，使得该行颜色变深，再点击上面的“立体图案测验”，进入“立体图案测验”新增或修改页面，点击“新增（修改）”按钮，进入图 7－11“立体图案测验”页面，输入或修改“立体图案测验”的信息。

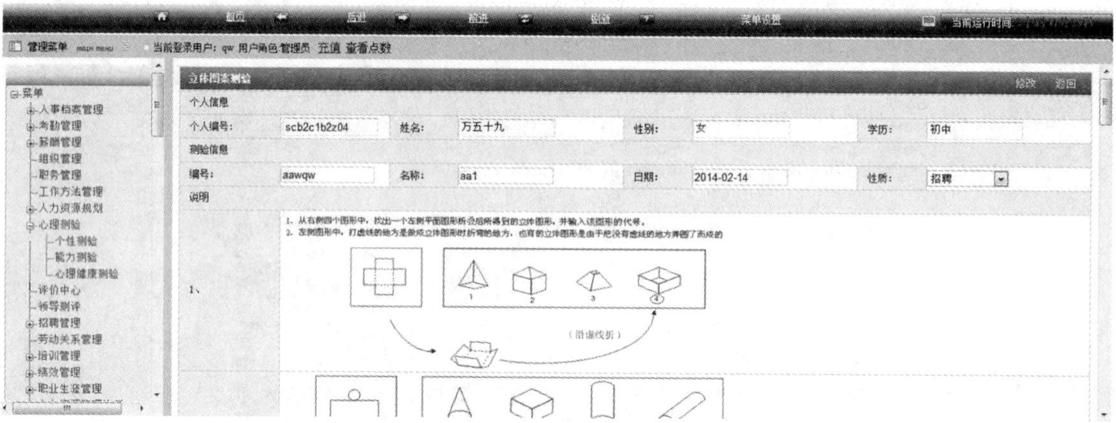

图 7－11 立体图案测验

2. 同义词反义词测验

（1）打开菜单，点击“心理测验—能力测验”，进入图 7－10 页面。

（2）在员工列表中点击“万五十九”，使得该行颜色变深，再点击上面的“同义词反义词测验”，进入“同义词反义词测验”新增或修改页面，点击“新增（修改）”按钮，进入图 7－12“同义词反义词测验”页面，输入或修改“同义词反义词测验”的信息。

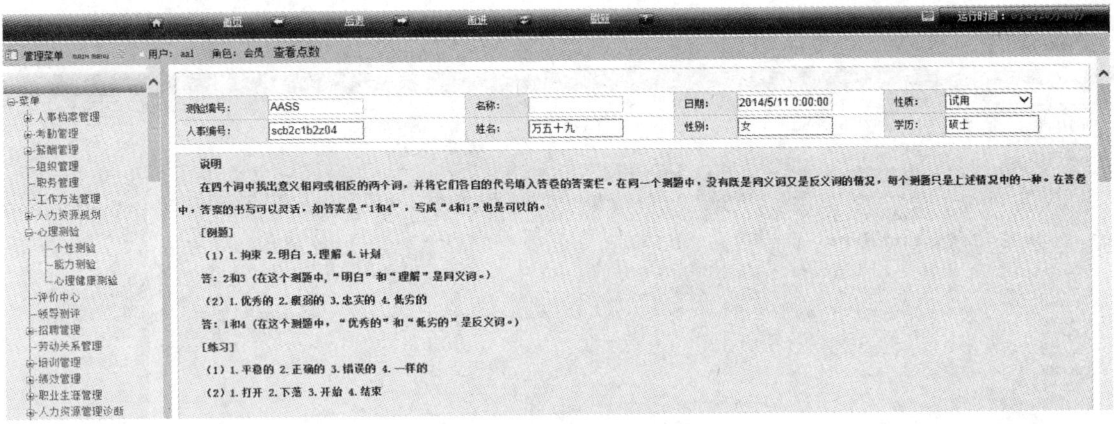

图 7-12 同义词反义词测验

3. 图形组合测验

(1) 打开菜单，点击“心理测验—能力测验”，进入图 7-10 页面。

(2) 在员工列表中点击“万五十九”，使得该行颜色变深，再点击上面的“图形组合测验”，进入“图形组合测验”新增或修改页面，点击“新增（修改）”按钮，进入图 7-13“图形组合测验”页面，输入或修改“图形组合测验”的信息。

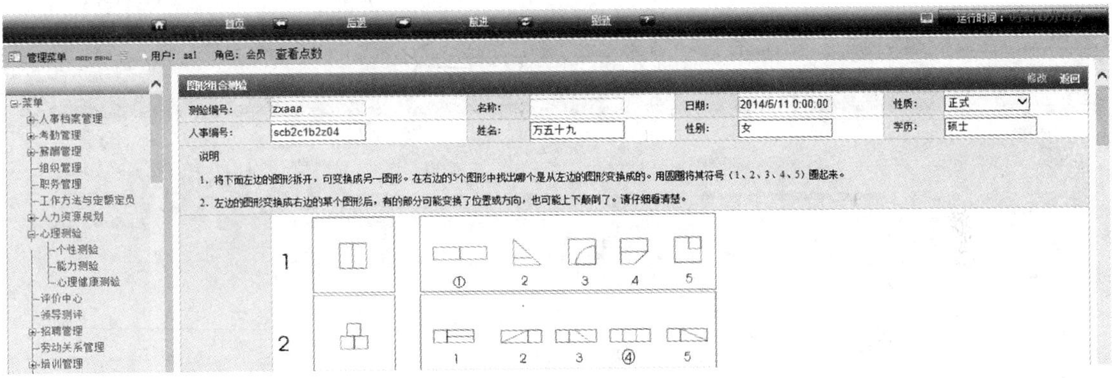

图 7-13 图形组合测验

4. 完成句子测验

(1) 打开菜单，点击“心理测验—能力测验”，进入图 7-10 页面。

(2) 在员工列表中点击“万五十九”，使得该行颜色变深，再点击上面的“完成句子测验”，进入“完成句子测验”新增或修改页面，点击“新增（修改）”按钮，进入图 7-14“完成句子测验”页面，输入或修改“完成句子测验”的信息。

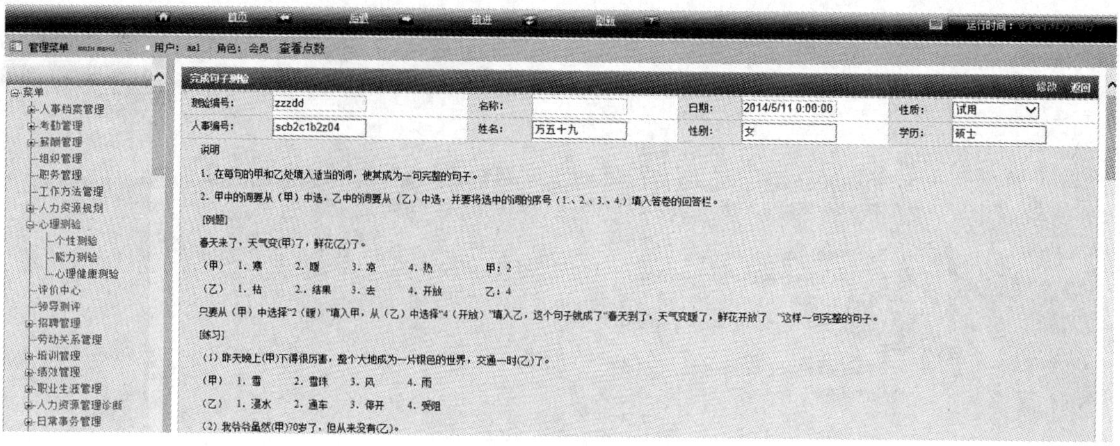

图 7－14　完成句子测验

5. 相同图案测验

（1）打开菜单，点击“心理测验—能力测验”，进入图 7－10 页面。

（2）在员工列表中点击“万五十九”，使得该行颜色变深，再点击上面的“相同图案测验”，进入“相同图案测验”新增或修改页面，点击“新增（修改）”按钮，进入图 7－15“相同图案测验”页面，输入或修改“相同图案测验”的信息。

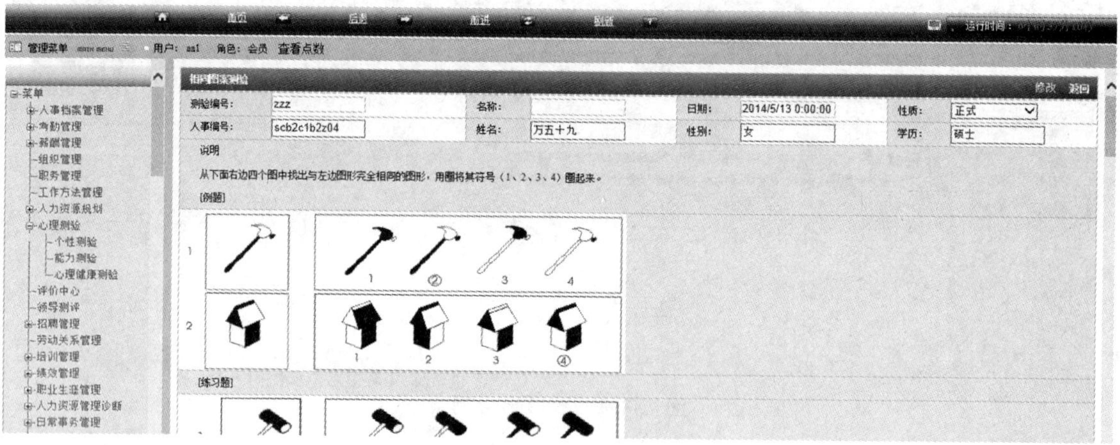

图 7－15　相同图案测验

6. 字符差异测验

（1）打开菜单，点击“心理测验—能力测验”，进入图 7－10 页面。

（2）在员工列表中点击“万五十九”，使得该行颜色变深，再点击上面的“字符差异测验”，进入“字符差异测验”新增或修改页面，点击“新增（修改）”按钮，进入图 7－16“字符差异测验”页面，输入或修改“字符差异测验”的信息。

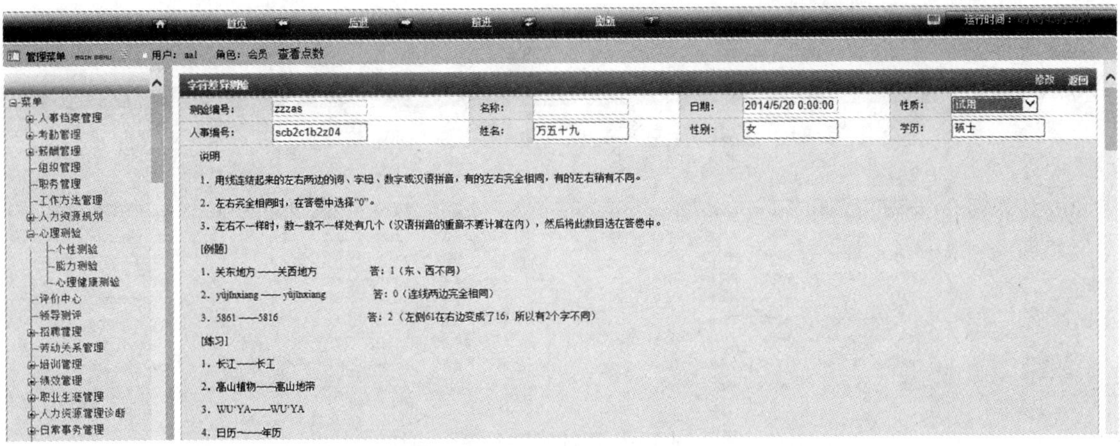

图 7－16 字符差异测验

7. 智力测验

（1）打开菜单，点击“心理测验—能力测验”，进入图 7－10 页面。

（2）在员工列表中点击“万五十九”，使得该行颜色变深，再点击上面的“智力测验”，进入“智力测验”新增或修改页面，点击“新增（修改）”按钮，进入图 7－17“智力测验”页面，输入或修改“智力测验”的信息。

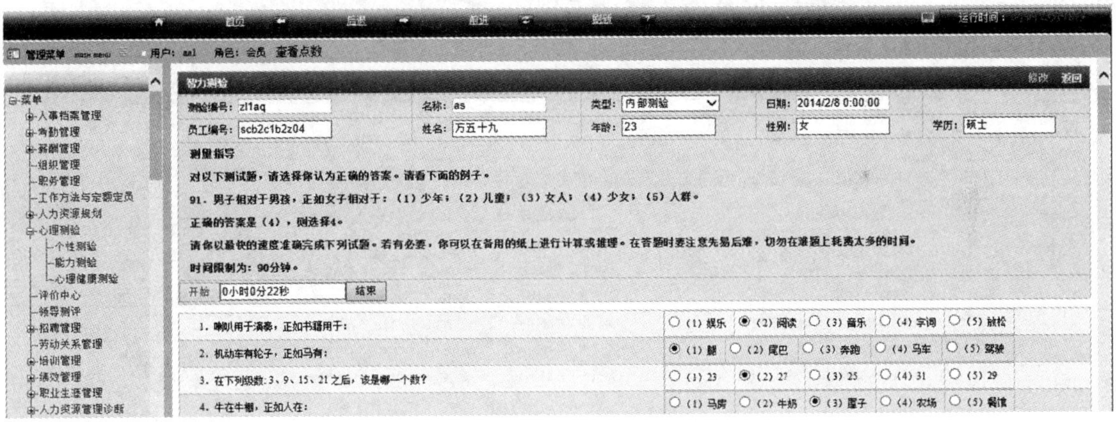

图 7－17 智力测验

三、心理健康测验

个性测验包括两个模块：①焦虑测验；②抑郁测验，如图 7－18 所示。

图 7－18　心理健康测验两个模块

1. 焦虑测验

（1）打开菜单，点击“心理测验—心理健康测验”，进入图 7－18 页面。

（2）在员工列表中点击“万五十九”，使得该行颜色变深，再点击上面的“焦虑测验”，进入“焦虑测验”新增或修改页面，点击“新增（修改）”按钮，进入图 7－19“焦虑测验”页面，输入或修改“焦虑测验”的信息。

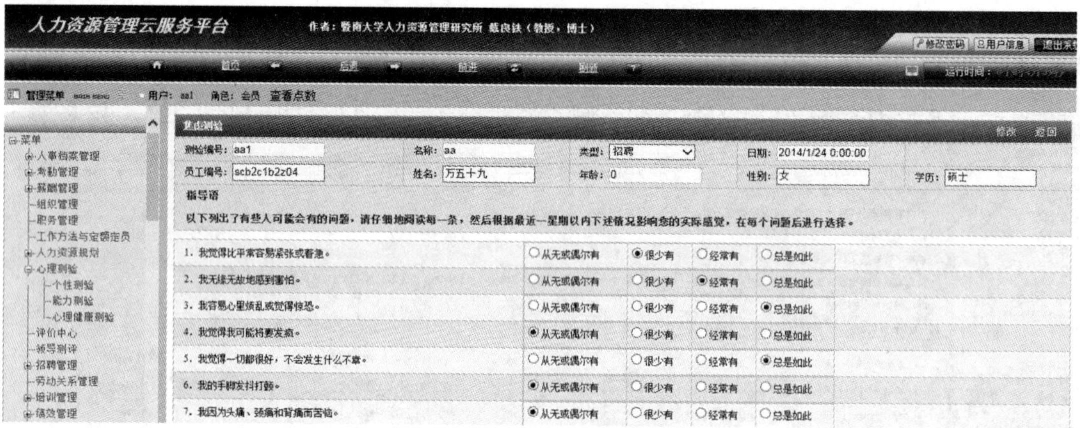

图 7－19　焦虑测验

2. 抑郁测验

（1）打开菜单，点击“心理测验—心理健康测验”，进入图 7－18 页面。

（2）在员工列表中点击“万五十九”，使得该行颜色变深，再点击上面的“抑郁测验”，进入“抑郁测验”新增或修改页面，点击“新增（修改）”按钮，进入图 7－20“抑郁测验”页面，输入或修改“抑郁测验”的信息。

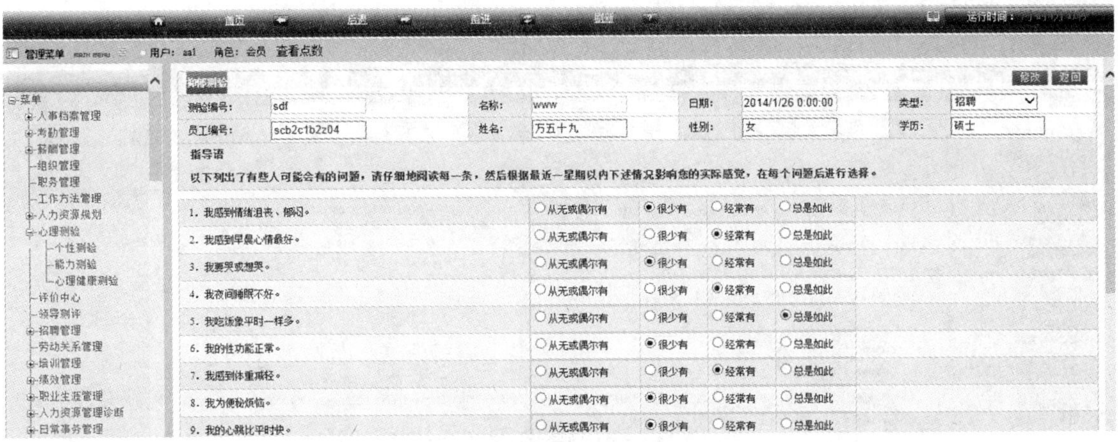

图 7－20　抑郁测验

7.3.2　评价中心

评价中心管理系统包括 12 个模块：①无领导小组讨论评分系统；②对抗性辩论评分系统；③案例分析评分系统；④文件筐作业评分系统；⑤文件筐作业 A；⑥文件筐作业 B；⑦案例分析 A；⑧案例分析 B；⑨案例分析 C；⑩案例分析 D；⑪案例分析 E；⑫案例分析 F。如图 7－21 所示。

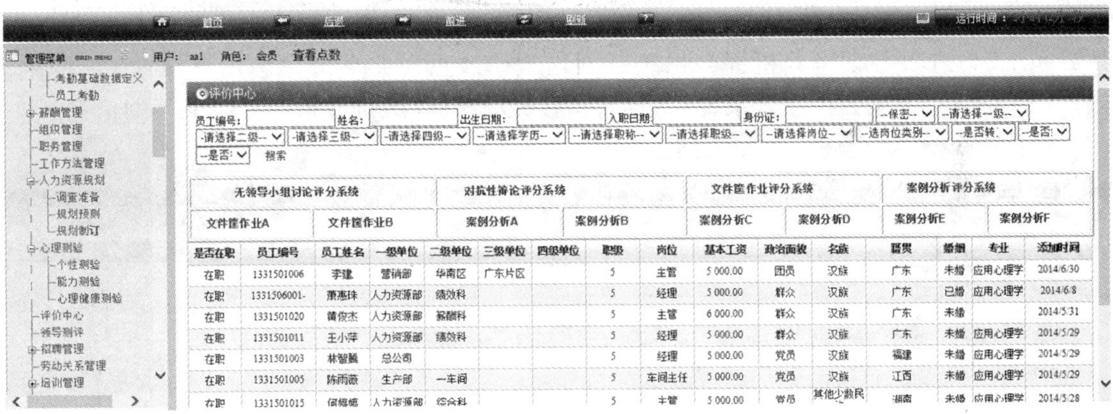

图 7－21　评价中心 12 个模块

1. 无领导小组讨论评分系统

（1）打开菜单，点击“评价中心”，进入图 7－21 页面。

（2）在员工列表中点击“万五十九”，使得该行颜色变深，再点击上面的“无领导小组讨论评分系统”，进入“无领导小组讨论评分系统”新增或修改页面，点击“新增（修改）”按钮，进入图 7－22“无领导小组讨论评分系统”页面，输入或修改“无领导小组讨论评分系统”的信息。

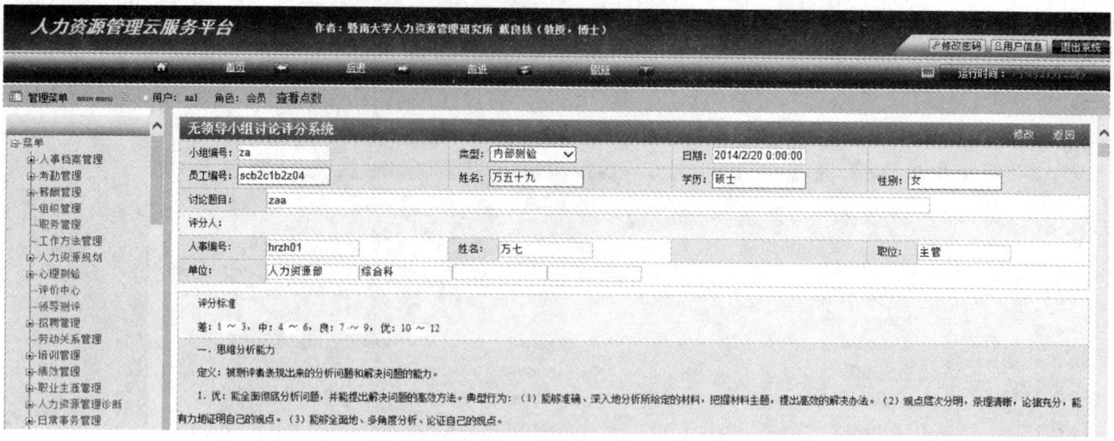

图 7－22 无领导小组讨论评分系统

2. 对抗性辩论评分系统

（1）打开菜单，点击“评价中心”，进入图 7－21 页面。

（2）在员工列表中点击“万五十九”，使得该行颜色变深，再点击上面的“对抗性辩论评分系统”，进入“对抗性辩论评分系统”新增或修改页面，点击“新增（修改）”按钮，进入“对抗性辩论评分系统”页面，输入或修改“对抗性辩论评分系统”的信息。

3. 案例分析评分系统

（1）打开菜单，点击“评价中心”，进入图 7－21 页面。

（2）在员工列表中点击“万五十九”，使得该行颜色变深，再点击上面的“案例分析评分系统”，进入“案例分析评分系统”新增或修改页面，点击“新增（修改）”按钮，进入图 7－23“案例分析评分系统”页面，输入或修改“案例分析评分系统”的信息。

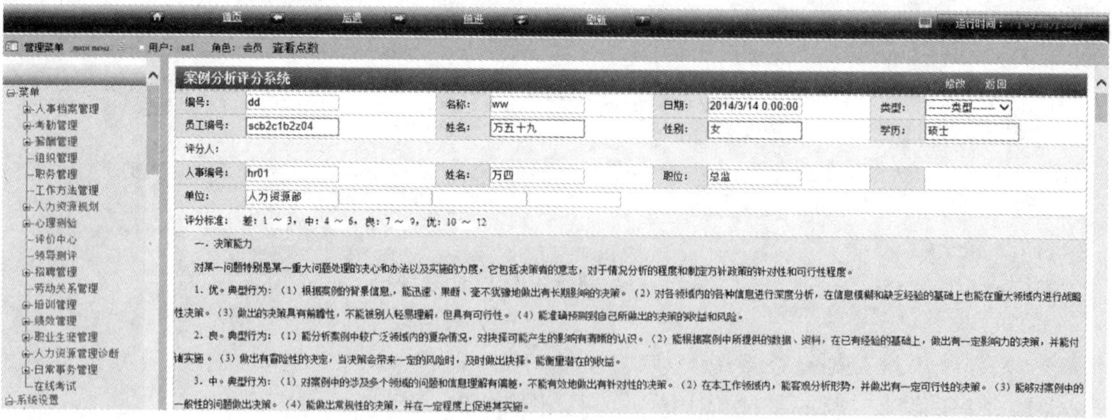

图 7－23 案例分析评分系统

4. 文件筐作业评分系统

（1）打开菜单，点击“评价中心”，进入图 7－21 页面。

（2）在员工列表中点击“万五十九”，使得该行颜色变深，再点击上面的“文件筐作业评分系统”，进入“文件筐作业评分系统”新增或修改页面，点击“新增（修改）”按钮，进入图 7 - 24“文件筐作业评分系统”页面，输入或修改“文件筐作业评分系统”的信息。

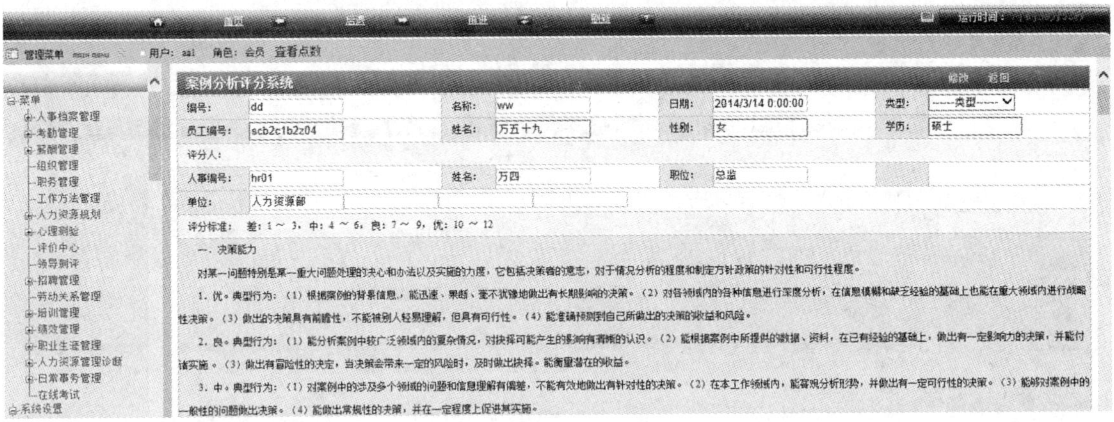

图 7 - 24　文件筐作业管理系统

5. 文件筐作业 A

（1）打开菜单，点击“评价中心”，进入图 7 - 21 页面。

（2）在员工列表中点击“李建”，使得该行颜色变深，再点击上面的“文件筐作业 A”，进入“文件筐作业 A”新增或修改页面，点击“新增（修改）”按钮，进入图 7 - 25“文件筐作业 A”页面，输入或修改“文件筐作业 A”的信息。

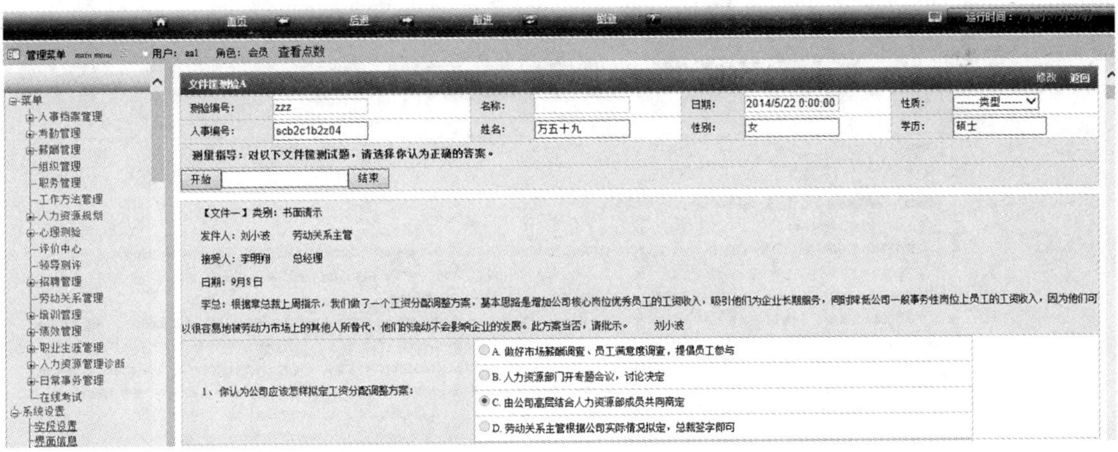

图 7 - 25　文件筐作业 A

6. 文件筐作业 B

（1）打开菜单，点击“评价中心”，进入图 7－21 页面。

（2）在员工列表中点击“李建”，使得该行颜色变深，再点击上面的“文件筐作业 B”，进入“文件筐作业 B”新增或修改页面，点击“新增（修改）”按钮，进入图 7－26“文件筐作业 B”页面，输入或修改“文件筐作业 B”的信息。

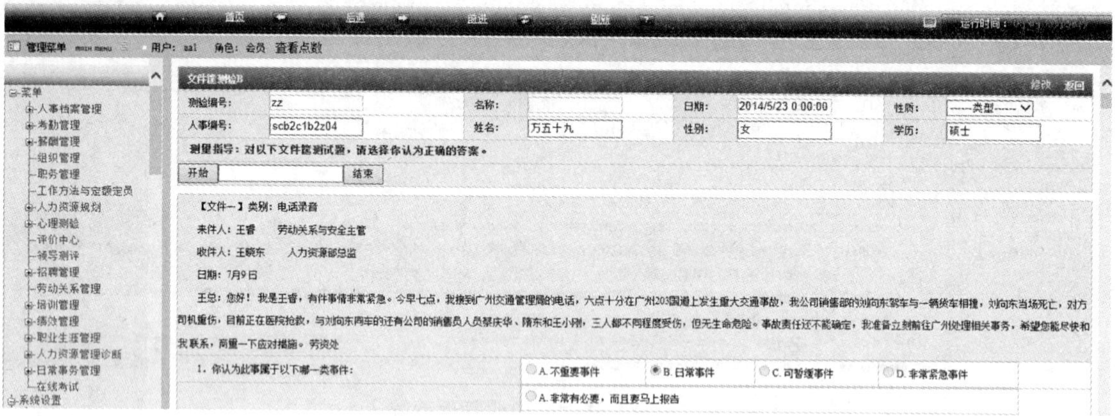

图 7－26 文件筐作业 B

7. 案例分析 A

（1）打开菜单，点击“评价中心”，进入图 7－21 页面。

（2）在员工列表中点击“李建”，使得该行颜色变深，再点击上面的“案例分析 A”，进入“案例分析 A”新增或修改页面，点击“新增（修改）”按钮，进入图 7－27“案例分析 A”页面，输入或修改“案例分析 A”的信息。

图 7－27 案例分析 A

其余的案例分析操作方法同上。

思考题

1. 什么是心理测验？心理测验的三要素是指什么？
2. 心理测验可以分为哪些类型？
3. 什么是倾向测验？常见的能力倾向测验有哪些？
4. 在人员素质测评中如何应用心理测试？
5. 霍兰德职业兴趣测验在工作中会有哪些方面的影响？试举例说明。
6. 什么是评价中心？其优点和缺点分别是什么？
7. 评价中心有哪些具体的测评形式？其特点分别是什么？
8. 什么是管理游戏、角色扮演、案例分析？
9. 什么是无领导小组讨论？其操作流程如何？有什么注意事项？
10. 什么是公文筐测验、对抗性辩论？在操作过程中应注意哪些事项？

云服务下的
人力资源管理

Human Resource Management:
Based on Cloud Service

下册

戴良铁 著

暨南大學出版社
JINAN UNIVERSITY PRESS
中国·广州

图书在版编目（CIP）数据

云服务下的人力资源管理（下册）/戴良铁著．—广州：暨南大学出版社，2015.1
ISBN 978－7－5668－1161－5

Ⅰ.①云…　Ⅱ.①戴…　Ⅲ.①互联网络—应用—人力资源管理　Ⅳ.①F241－39

中国版本图书馆CIP数据核字(2014)第219398号

出版发行：暨南大学出版社

地　址：中国广州暨南大学
电　话：总编室（8620）85221601
　　　　营销部（8620）85225284　85228291　85228292（邮购）
传　真：（8620）85221583（办公室）　85223774（营销部）
邮　编：510630
网　址：http：//www.jnupress.com　http：//press.jnu.edu.cn

排　版：广州市天河星辰文化发展部照排中心
印　刷：广东信源彩色印务有限公司

开　本：787mm×1092mm　1/16
印　张：48
字　数：1180千
版　次：2015年1月第1版
印　次：2015年1月第1次

定　价：98.00元（上下册）

目　录

1　人员的招聘与甄选

本章提要

人员的招聘与甄选是企业吸引和接纳人才的第一道程序，是人力资源管理和开发的一项重要工作，有效的招聘和甄选使企业得到所需人才，同时也让人才找到合适岗位，实现“人岗匹配”的同时也达到“能岗匹配”。在本章中，将会详细讨论招聘甄选的基本过程以及甄选技术中典型的笔试和面试的实施过程等。希望通过本章的学习，可以了解人员招聘与甄选的概念、基本过程及其中各个步骤的具体实施方法，了解内部招聘与外部招聘各自的内容并进行比较，体会如何评估招聘效果，同时要了解人员甄选的主要方法，特别是笔试和面试两种方法，学习它们的具体实施方法，认真体会面试中的倾听和观察技巧，特别要掌握基于胜任力的结构化面试行为的测评要点及相关表格的使用，并学会在实际的人员招聘与甄选中去运用它们。

1.1　人员招聘

1.1.1　人员招聘概述

招聘，是指企业为了发展的需要，根据人力资源规划和职位分析的要求，寻找、吸引那些有能力、有兴趣到本企业任职的人员，并从中选出适宜人员予以录用的过程。

人员招聘的目标，是满足企业发展的需要，弥补职位的空缺，获得企业所需要的人才，并降低招聘成本，规范招聘行为，确保人员质量。

招聘的基本原则：

1. 计划原则

以掌握企业发展规划为前提，根据企业发展需要提出人员发展规划以及招聘计划，包括以定编计划确定招聘计划数，以岗位聘任标准确定招聘人员类型、条件。

2. 责任分解原则

在审核应聘人的过程中，人力资源部门与用人部门根据各自优势在审核的内容上进行明确分工，使审核结果尽可能真实。

3. 分层分类原则

对不同层次不同类别的人员采用不同的招聘方法。

4. 排他原则

非经特殊许可，下列人员不得录用：

（1）与企业员工有近亲关系者（包括：夫妻关系、直系血亲关系、三代以内的血亲关系等)；

(2) 有刑事记录或经济纠纷案例者；

(3) 品行恶劣，被其他企事业单位开除者；

(4) 体格检查不合格者；

(5) 未满18周岁者；

(6) 曾被企业除名者。

1.1.2 招聘的基本步骤

招聘的基本步骤如图1-1所示。

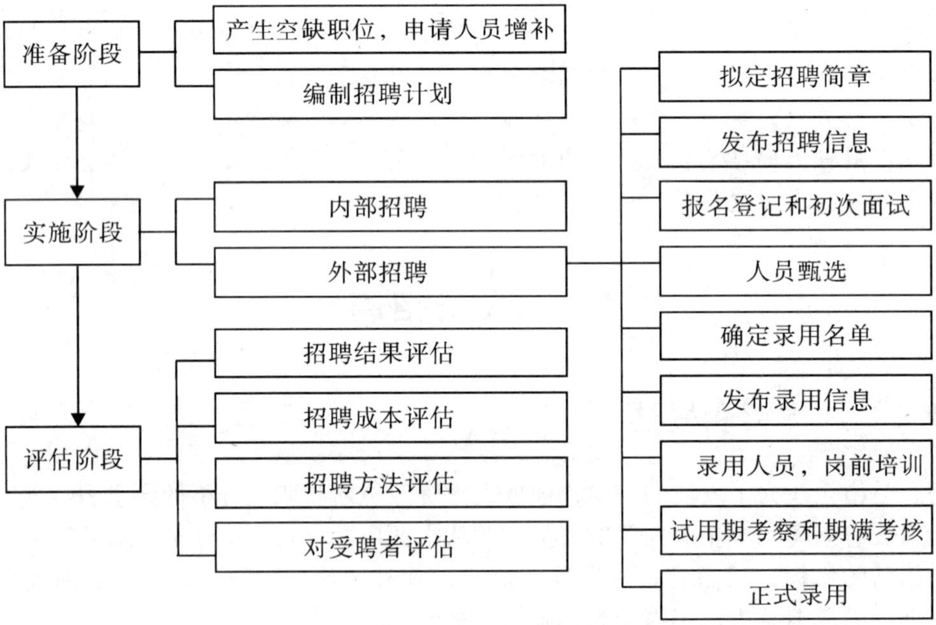

图1-1 招聘基本过程流程图

一、准备阶段

1. 产生空缺职位，申请人员增补

人员招聘的需要是由于空缺职位产生的。职位产生的原因主要有：

(1) 企业的壮大和业务的发展；

(2) 组织调动，原岗位人员调离；

(3) 原岗位人员离退休或死亡；

(4) 原岗位人员因各种原因辞职或被解雇；

(5) 其他原因。

产生空缺职位，必须进行职位分析，确定人员标准，才能实施人员招聘工作。人们常用五点法来确定人员标准。五点法中有五点尺度，标有 1、2、3、4、5 五个数，它们的含义分别是：

1——该工作不需要这种特性；

2——该工作对这种特性的要求不高；

3——该工作需要具有这种特性；

4——该工作非常需要具有这种特性；

5——不具备这种特性无法担任该项工作。

在人力资源规划和工作分析的基础上，确定了人员标准，一般要编制和填写“人员增补申请表”，并经有关部门批准，如表 1－1 所示。

表 1－1　人员增补申请表

申请表编号		申请表名称		申请日期	
申请单位		申请人		职位	
申请职位编号		申请职位名称		增补人数	
增补类别					
增补原因					
审批人		职位		审批日期	
审批单位					
审批意见					

2. 编制招聘计划

招聘计划要以企业的实际情况和人员增补计划为依据，主要包括以下几个内容：

（1）招聘人数、范围和招聘的职务。

（2）职位要求。如文化程度、专业方向、工作经验、年龄、性别、英语和计算机水平等。

（3）招聘工作小组人选以及负责人。

（4）招聘方案。

（5）择优选聘的条件。

（6）招聘工作的经费预算和资金来源。

（7）招聘工作的时间、地点和进度。

招聘计划的具体内容，如表 1－2 所示。

表1－2　招聘计划

招聘计划编号		招聘计划名称		日期	
招聘单位		招聘职务		招聘人数	
职务要求					
招聘方案					
择优选聘的条件					
招聘工作的经费预算和资金来源					
招聘工作的时间、地点和进度					
计划拟定人		职位		拟定日期	
用人单位审批人		职位		审批日期	
审批意见					
人事部门负责人		职位		审批日期	
审批意见					
主管领导		职位		审批日期	
审批意见					

二、实施阶段

在该阶段中，大部分企业会从内部和外部两种渠道实施人员招聘，一旦确定了招聘渠道，就会展开相应的招聘和甄选工作。

1. 内部招聘

企业不仅对现有员工的专业、特长、技能等方面有详细的了解，而且还掌握着他们在过去工作中的表现和取得的成绩。当企业内部出现空缺职位时，有时会在企业内部搜索符合条件的人来填补当前空缺职位。最常采用的内部招聘方式主要有以下几种：

（1）内部提升。

内部提升是指提拔现有员工来填补高于其原来级别的空缺职位。要使内部提升有效进行，通常需要采用职位公告、人事记录及员工数据库等多种方法。在企业公告栏张贴职位公告或在内部网站上发布空缺职位，列出该职位的特性，员工通过书面材料或电子邮件等方式提出申请；通过审核人事记录，可以发现是否有员工现在的职位低于他们的受教育或技能水平，或者他们已经达到了空缺职位要求的能力和相关背景。不过，通过内部提升可能并不能找到完全胜任工作的人员，有时还会带来内部冲突、“近亲繁殖”等不良后果。

（2）平级调动。

平级调动是员工在同级别的职位中调动工作，给员工提供从事不同职位的机会，使员工有机会更全面了解企业内部的不同机构和运作，为员工的职业发展创造条件。调动依据的标准需要谨慎客观地制定，否则容易使员工受挫，从而影响其积极性。

（3）岗位轮换。

在职员工通过不断的轮换岗位来丰富工作经验，深入了解企业各部门工作流程和特点等，从而为今后的提拔和晋升做准备。但如果在轮换过程中，在某一岗位上停留的时间过短，则很难确认其在该岗位上得到了丰富的锻炼，获取了丰富的经验。

2. 外部招聘

企业并非总能从现有员工中招聘到所有能填补空缺职位的人员，并且有时企业也不愿意从内部招聘人员填补空缺职位，所以通常会考虑从外部招聘人员。常用的外部招聘流程如下：

（1）拟定招聘简章。

招聘简章的基本内容有：①标题，如“招聘”、“诚聘”和“××单位诚聘”等。②简介招聘企业的性质和经营范围等基本情况。③招聘职位、人数和招聘对象的条件。④应聘时间、地点、邮编、联系电话和联系人。⑤落款，如“××有限责任公司”等。

一份优秀的招聘简章应该充分显示组织对人才的渴求和组织自身的魅力。招聘简章制定有一定的技巧，它既有一定的格式，又可别出心裁地创新，引起人们注意。一般说来，它的基本要求是：①语言简明清晰。②招聘对象的条件一目了然。③招聘人数应比实际需求大些，一般为2倍左右。④措辞既要实事求是，又要热情洋溢，表现对人才的渴求和应有的尊重。

（2）发布招聘信息。

发布招聘信息的方法很多，主要有以下几种：

①媒体广告。即在电视、广播、报纸等媒体上发布招聘信息。为了有效地利用媒体广告，需要明确如何选择合适的媒体，以及如何表述广告内容。

优点：覆盖面广，权威性高，时效性强。

缺点：费用高，存留时间短，信息量小。

适用对象：企业中下级各类人员。

②举行新闻发布会发布招聘信息。这种方法主要用于下面两种情况：第一，企业因发展壮大，需要招聘大批人员，包括经营管理者和熟练工人。第二，高薪聘请高级经营管理者，如总经理、总工程师等。

优点：由于招聘是企业兴旺发达的标志之一，利用新闻发布会发布招聘信息，一方面有利于扩大企业影响，在公众面前树立良好的企业形象，另一方面，也可吸引更多的人才前来应聘，扩大了人才选择范围。

缺点：前期准备工作量大，费用高。

适用对象：企业各类人员。

③现场招聘会。即定期举行的人才招聘会，一般向企业收取一定的中介费用，代企业通过登报或其他方式传播招聘信息，在人才招聘会举行之日，企业在会上设置摊位，现场招聘。

优点：效率高，应聘者数量和质量可控，费用适中。可较为直观地初步筛选简历，一些很有影响力的招聘会能够促进招聘效果。

缺点：消息传播时间及人群固定，影响时效性。受大会时间、地点及天气等自然条件影响较大。

适用对象：企业中下级各类人员。

④通过人才市场发布招聘信息。这种方法主要是利用中介组织传播招聘信息，如职业介绍所、辅导就业中心、定期举行的人才招聘会。职业介绍所和辅导就业中心，一般是把招聘信息有偿地告诉求职者，由求职者直接和招聘单位联系，进行应聘。

优点：地域性强，费用不高。

缺点：专业性差，人员素质不确定。

适用对象：企业中下级各类人员。

⑤委托猎头公司招聘。猎头公司是适应企业对高级人才的需求和高级人才对理想职位的渴望而发展起来的，它不同于一般的中介机构，不是单纯地传播招聘信息，而是帮助企业寻找高级人才和特殊人才。通常企业用这种方法来招聘人员的职位可能不多，但是，这种职位一定包括了企业最关键的高级管理和特殊技术职位。

优点：专业定向，招聘速度快。

缺点：收费高，信誉及水平需调查。

适用对象：中高级人才及企业需要的特殊人才。

⑥通过人力资源网站招聘。这是通过企业网站或专业招聘网站发布招聘信息，通过电子邮件或简历库来收集求职信息、筛选合适人才的一种方式。

优点：开放互动性强，传播面广，速度快，招聘范围广。成本固定，获取简历速度快。

缺点：虚假信息多，覆盖面积不广泛，存在部分一线专业技术人员无上网条件的影响，直接性较差，对简历筛选判断有影响。

适用对象：中低层各类人员。

⑦校园定向招聘。校园招聘是企业专业人员和技术人员的重要来源，企业通过校园招聘吸引创新性人才，同时也能为企业注入更多活力充沛、积极性高、乐于接受新鲜事物的血液。

优点：主动性强，有利于树立企业品牌形象，成功率可预期，适合企业自主培养干部选择。

缺点：若培训机制不健全，易造成人员的高流失率。不适于对工作经验要求较高的岗位招聘。

适用对象：大中型企业热门专业人员。

⑧关系介绍（非亲属性）。企业在职员工推荐的人员对企业的招聘有很大的辅助作用。在职员工能够将企业空缺职位的优缺点告知被推荐者，向被推荐者介绍企业文化等，而且他们相对比较了解被推荐者，用这种方法可以低成本地招聘到很多高素质的人员。

优点：对应聘人员较了解，成功率较大，应聘者就职后稳定性较高。

缺点：容易掺杂私人情感，时效性差，有时会产生录用后辞退的烦恼。

适用对象：具有特殊技术和资历的人员。

（3）报名登记和初次面试。

在这个阶段，由于企业招聘方式不同，具体做法也不同。下面分两种情况分别加以论述。

第一，通过人才市场招聘。在这种招聘方式下，招聘单位一般在人才招聘会设摊现场招聘，主要有三项工作要做：

首先，初步面谈。这主要是对应聘者进行初步了解，如工作经历、兴趣、爱好、专长等，并从中初步了解其工作能力和求职动机。进行这种谈话时，管理者往往根据事先拟定的谈话提纲提出问题，而应聘者根据问题进行回答，犹如做了一个口头问卷。

然后，审阅有关证件。招聘一般都要应聘者有一定文凭，毕业证是首要需要审核的证件。同时由于招聘职位不同，要求也不同，要审核的证件也就不同，除毕业证以外，还有英语等级证书、计算机等级证书、会计证、会计师证、报关证以及其他有关证件。

最后，报名登记。通过上面两步工作，对初步有资格应聘者，应让其填写应聘人员登记表。应聘人员登记表设计要完整，要能全面反映出对应聘者的了解和评价信息，但同时要避免表格设计冗长不堪，否则既浪费了应聘者的时间，又使管理者陷入一大堆庞杂繁乱的材料之中，抓不住核心素质和能力。其主要内容有：①应聘者的年龄、姓名、性别、民族、学历、婚姻状况和政治面貌。②应聘者的现在工作单位、职务、工作类别和通讯地址。③应聘者的身体健康情况、兴趣爱好、特长和经济状况。④应聘者的工作经历、工作成就和个人简历。⑤应聘者的一些重要要求，如有无住房要求、月薪底价多少等。

第二，企业自身招聘。在这种招聘方式下，企业不通过中介组织发布信息进行招聘，而是由企业自身直接通过媒体广告或其他方式发布信息进行招聘，具体有两种做法：

第一种，指定时间，应聘者持有关证件，如身份证、毕业证等前往招聘单位报名，其工作内容与企业通过人才市场招聘工作内容相同。

第二种，指定时间，应聘者将个人简历和有关证件复印件寄往招聘单位或以电子邮件形式发送给招聘单位。招聘单位先对这些证件进行审核，初步选出具有资格的人员，回电或回函，约定初步面谈和报名登记时间，以后工作与上面相同。

（4）人员甄选。

这是整个招聘工作中极其关键的一步，只有把这项工作做好，才能保证选取人员的质量。通过笔试、心理测验、评价中心和面试等方法选拔人才，具体在下一部分会讨论。

（5）确定录用名单。

此阶段的任务是把多种考核和测验结果组合起来，进行综合评价，从中择优选取录用名单。组合方法很多，从效果上看，以多重淘汰法为好，这种方法是将多种考核与测验项目依次实施，每次淘汰若干低分者，以通过规定的全部考核测验及格者作为录取对象。然后根据招聘计划中规定的录取人数，按最后一次考核或测试的实得分数，排出名次，从高分到低分依次录取。

（6）发布录用信息。

确定录用名单之后，下面的工作就是要通知应聘者是否被录用。通知方式有以下四种：①在指定的时间和指定的地点张榜公布，并注明录用人员应注意事项和报到时间。②电话通知。招聘单位直接打电话给应聘者，通知其已被录用。③寄发录用通知书或试用通知书。这是以书面形式直接通知应聘者。④网上公布录用名单。

对于未录用的应聘者，招聘单位应以辞谢。作用是：①有利于维护企业的良好形象和声誉。②体现对未录用者应有的尊重。③企业急需人员时，可直接与他们联系，减少招聘费用、时间。

（7）录用人员，岗前培训。

新录用的人员，各自情况不同，对他们即将要开展的工作和工作单位的具体要求了解不充分，必须在上岗前进行多种形式的岗前培训，以使他们充分了解组织和工作岗位的状况，具有足够的知识、技能去适应其新的工作岗位，达到较高绩效水平。培训方法很多，对于职工有艺徒训练法、岗位练兵法以及脱产培训法；对于管理者来说，有理论知识学习、实验性培训和行为分析。

（8）试用期考察和期满考核。

试用的主要目的是验证新职工和职业的适应性。尽管招聘过程中采用了严格程序和科学方法，但这并不能完全保证录用人员一定符合工作要求，最终还是要通过工作实践的检验。这个工作实践就是试用。在试用过程中，要注意观察录用人员的言行举止是否符合工作规范，实际能力是否达到工作要求。同时，要实施一些有目的的测试，把一些任务交由被录用人员办理，检查任务完成情况。根据观察到的情况和任务完成情况，对试用期满员工的工作绩效和工作适应性进行考核评价。

（9）正式录用。

这是整个招聘最后一项工作，主要有三个内容：①根据考核评价决定录用名单。②签订劳动合同，办理有关正式入职手续。③安置工作，建立个人档案。安置工作比较科学的方法是根据面谈和心理测验对其特质分类，然后依各个岗位所需能力特征的要求“对号入座”。

3. 内部招聘与外部招聘的比较

到底是进行内部招聘还是外部招聘取决于企业招聘什么人、如何招聘等因素。无论是选择内部招聘还是选择外部招聘，都要衡量其优点和不足。二者的比较如表 1－3 所示。

表 1－3　内部招聘与外部招聘的比较

	内部招聘	外部招聘
优点	1. 鼓舞士气、提高工作热情，调动积极性； 2. 有利于保证招聘工作的正确性； 3. 受聘者较快开展工作； 4. 企业对员工的培训投资获得回报。	1. 利用“外来优势”，被录用者没有“历史包袱”； 2. 平息和缓和内部竞争者的紧张关系； 3. 为组织带来新鲜血液； 4. 可能招聘到一流的人才； 5. 节省工作技能培训投资； 6. 公平性强，提升企业形象； 7. 应聘者来源广泛。
缺点	1. 引起组织内的不和谐； 2. 易造成“近亲繁殖”； 3. 晋升过度易造成被晋升者不能胜任工作； 4. 易出现思维定式，缺乏创新性； 5. 应聘者来源有限。	1. 外聘人员不熟悉内部情况，适应期较长； 2. 对应聘者情况不能深入了解，风险较高； 3. 内部员工积极性受挫； 4. 工作群体可能不接受，难以适应工作。

三、招聘效果评估阶段

在招聘完成后，要评估招聘结果、招聘成本、各种招聘方法的有效性以及对受聘者进行一段时间的跟踪，看看他们在实际工作中的表现。通过这种评估，可以了解招聘执行的每个环节是否到位，制定的甄选评价指标是否合适，现存的招聘甄选方法是否可靠，进而能够不断改进招聘甄选工作，完善招聘甄选系统。

1. 招聘结果评估

评估招聘结果最直观的就是空缺职位填补情况，通常认为通过招聘使得空缺职位越少、填补越及时，招聘结果越好。可以通过如下指标来评估招聘结果：

（1）招聘完成比：招聘完成比 = 聘用人数/计划招聘人数 ×100%。如果招聘完成比大于或等于 100%，则说明招聘在数量上超额完成了招聘计划人数。

（2）招聘完成时间：是指从产生职位空缺到填补空缺职位所花的时间。通常，时间越短，效果越好。

（3）应聘比：应聘比 = 应聘人数/计划招聘人数 ×100%。应聘比越大，说明招聘信息发布的效果越好，同时也说明高素质的应聘者也可能越多。

（4）聘用比：聘用比 = 聘用人数/应聘人数 ×100%。聘用比越小，相对来说，聘用者的素质可能越高；反之，则聘用者的素质可能较低。

（5）聘用合格比：聘用合格比 = 聘用人员胜任工作人数/实际聘用人数 ×100%。聘用合格比是反映当前招聘有效性的绝对指标，其大小反映了聘用的正确程度。

（6）基础比：基础比 = 原有人员胜任工作人数/原有总人数 ×100%。基础比是反映以前招聘有效性的绝对指标。聘用合格比和基础比之差，可以反映招聘的有效性是否在逐步提高。

2. 招聘成本评估

对整个招聘期间的费用进行计算、核实，并对照先前的预算来评估招聘成本。通常，如果成本低，录用人员质量高，就意味着招聘效果好；反之，则意味着招聘效果差。招聘成本主要可以分为四个部分：一是招聘的直接成本，主要是指在招聘过程中的一系列显性花费；二是招聘的重置成本，主要是指由于不当招聘，导致必须重新招聘所花费的费用；三是机会成本，是指因离职和新聘人员的能力不能完全胜任工作所产生的隐性成本；四是风险成本，主要是指企业的稀缺人才流失或招聘不慎，导致其未完成岗位目标，给企业带来的损失。

3. 招聘方法评估

这包括对发布招聘信息的方法、各种招聘方法有效性和招聘渠道的评估。对不同招聘信息发布方法的有效性分析，分别计算其结果和成本，以此来进行分析；对不同招聘方法的有效性分析，分别计算不同方法的招聘结果和招聘成本，从而分析评估不同方法的效果；而通常来说，内部招聘的员工流失率要略低于外部招聘。因为在内部招聘时，存在约束和激励受聘者的因素，对受聘者的工作有重要的影响作用。

4. 对受聘者评估

受聘者评估实际上是对受聘者能力、潜力、素质等进行的各种测试和考核的延续，是检验招聘工作成果与方法有效性的一个重要方面。可以根据招聘的要求或工作分析得出的结论，对受聘者进行等级排列。在聘用上岗一段时间内，定期跟踪，结合绩效考核考察他们在职后的真实表现。这些表现的变量，一般可以分为近期表现和远期表现两种，一些在应聘者受聘后很快可以测量出的变量如工作满意度，则为近期表现，而如员工流失率、员工工作年限长度等，需要较长时间甚至是员工离职后才能测出的变量则是远期表现。

1.2 人员甄选

人员甄选是根据岗位条件和用人标准，从众多的应聘者中筛选出最符合要求的应聘者，它是整个招聘工作的重点，其目的就是从应聘者中选出能胜任工作的人才，保证招聘的质量。

1.2.1 人员甄选概述

一、人员甄选的特性

良好的人员甄选必须具有以下特性：

1. 全面性

主要体现在以下四个方面：

（1）对于笔试来说，试题取材范围要广，不能过于抽象和狭隘，应能全面测试应聘者对各方面知识的掌握程度。

（2）对于心理测验来说，每个测验本身设计要全面，同时应把各种心理测验结合起来使用，如把成就测验、性向测验、智力测验结合起来，全面考核应聘者的心理特征。

（3）对于评价中心来说，要运用多种情景模拟方法，观察应聘者的各方面能力。

（4）对于面试来说，谈话内容要广泛和丰富，全面考察应聘者的价值观、态度和能力。

2. 客观性

测试结果的评定，要严格按照其标准来进行，公平、公正地对待每位应聘者。作为主考官，一定要注意避免受个人的情感、爱好、兴趣等主观因素影响，特别是不受应聘者的容貌、形体等因素的影响，只有这样才能做到测试结果评定的科学性和客观性。

3. 有效性

测验的效度是指测验的结果对其所要达到的目标的实现程度，一个良好的测验必须要有较高的测验效度。如果用一个测验来考察应聘者的创造力，录用测验分数较高的人。工作后，他确实表现出较高的创造力，则说明此测验有较高效度。相反，若选出的应聘者测验分数较高，而工作后实际并未表现出较高创造力，甚至无创造力可言，则说明此测验的效度较低。效度的高低通常用效度系数来表示，它是测验得到的量数与作参照标准的量数或称效标的比值。效度系数越是接近 1，说明测验的效度越高。

二、人员甄选的基本过程

在大多数企业中，人员甄选是一系列连续的步骤。基本过程取决于企业的规模、组织的规模、空缺职位性质和层次、可招聘的人数及其他一些因素。这个过程可能需要一天时间，也可能更长。图1－2显示了一些人员甄选过程中比较典型的步骤。在这个过程中，企业会通过各种不同的方法获取应聘者的信息，包括申请表、面试、笔试、健康检查及背景调查等。不过，无论使用哪种方法，都应该符合道德和法律的要求。当然，在这一过程中，企业会根据自己的需求，忽略某些步骤或改变某些步骤的顺序，而应聘者也可能在这一过程中的任何一个步骤中被淘汰。

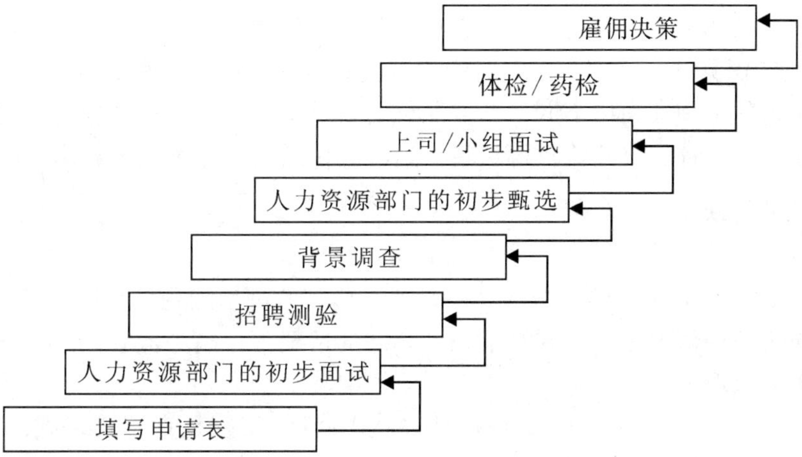

图1－2　人员甄选的基本过程流程图

三、人员甄选的方法

人员甄选的方法很多，归纳起来有四种：笔试、心理测验、评价中心和面试。由于心理测验和评价中心在上册第七章中已经全面介绍，本章只重点介绍笔试和面试两种方法。

1.2.2　笔试

一、笔试的含义、种类和适用范围

在人员甄选中，笔试主要是用于测量应聘者所掌握的基础知识、专业知识及其他相关知识以及文字组织能力和综合分析能力等。笔试是我国选拔人才最常用的考核方法，根据不同的分类标准，可以作如下两种分类：

1．论文式笔试和直答式笔试

根据试题的性质，笔试可以分为论文式笔试和直答式笔试。

（1）论文式笔试。通常是应聘者按照论文题目，写出一定字数的文章，发表自己的观点、看法和主张。论文题目有三种选择方法：自由选择、区间选择、指定选择。自由选择就是应聘者选题完全不受任何限制，由其任意选取一题目；区间选择就是应聘者从指定的若干题目中选取一个；指定选择就是主考人指定题目，应聘者没有选择余地。一般来说，为了了解应试者的创造能力、决策能力、推理判断能力和综合分析能力以及了解应试者对某一问题的独特见解和态度，可以运用论文式笔试进行综合考核。这种方法主要适用于招聘高级管理人员。

（2）直答式笔试。其是通过填空、判断、计算和问答等形式来测试应聘者的知识水平。它主要考察应聘者的学历以及理解能力和记忆能力。适用于招聘一般人员。

2. 基础文化测试和专业知识测试

根据考试的科目不同，可分为基础文化测试和专业知识测试。

（1）基础文化测试。其主要是针对应聘者应具有的基本文化素质而进行的测试，常考的科目有语文、数学、英语等，适用于各种工种和岗位招聘。

（2）专业知识测试。其主要是针对应聘者应具有的专业知识和对本企业了解程度而进行的测试。招聘的工种和岗位不同，专业测试的科目也就不同。例如会计岗位，一般应考核的内容为会计、审计、财务管理等科目。这种测试适用于各种工种和岗位的招聘。

二、笔试的优缺点

1. 笔试的优点

（1）公平性。其表现在两个方面，一是所有应聘者都参加题目相同的笔试，二是按考试分数高低作为录用依据之一，在其他条件相同的情况下，高分数者则优先录用，低分数者则很可能不被录取。

（2）客观性。一般来说，笔试具有一定的客观性，特别是直答式笔试，客观性更强，这种测试取材广泛，答案确定，评分客观精确，能够比较好地反映应试者的知识水平。

2. 笔试的缺点

（1）笔试测试效果如何，是否能真实反映应聘者的水平，取决于试卷的命题好坏。若命题不恰当，设计不合理，则考试成绩不能真实反映应聘者的实际水平。

（2）笔试试题即使全面，也不可能覆盖所有知识点，同时由于试题固定，数目有限，这样应聘者的成绩往往有一定的偶然性。这就是我们常说的考试要有一定运气。

（3）笔试的结果，只能反映应聘者的学历，掌握知识量的多少，难以代表应聘者的实际工作能力。

（4）笔试很难反映出应聘者的动手能力或实际操作能力。对于像建筑业、制造业等行业，需要的是理论功底扎实而实际操作经验丰富的人才，仅仅依靠笔试无法了解应聘者在解决实际问题时的能力。

因此，笔试虽然有其优点，但仅仅依靠纸笔测验甄选人才，很容易出现“高分低能”现象，所以在人员甄选时还必须结合其他的方法。

三、笔试实施程序

1. 成立考务小组

实施笔试是一个程序化过程，必须成立考务小组来专门组织实施，才能保证笔试的公平性和客观性。组织考试是一项严肃的工作，应选择那些正直、公正、责任心强、纪律性强的人员为考务小组成员，负责整个考务工作。

2. 制订实施计划

实施计划主要包括：①测试科目和测试方式；②测试人数、测试时间、地点和考场安排；③监考人员名单；④命题方式，即由人事部命题，还是由外部单位、学校命题；⑤测试纪律；⑥阅卷人员名单、阅卷单位和阅卷方式。

3. 命题

命题是笔试的首要问题，直接关系到测试效果的好坏。应注意四个问题：①命题要有全面性、层次性，能真实测试应聘者的知识水平；②分数设计应合理，能根据工作岗位特点突出重点；③确定标准答案和计分规则；④做好试题的保密工作。

4. 监考

监考任务主要是做好试卷的收发工作，规范测试纪律，杜绝测试舞弊行为。

5. 阅卷

阅卷关键在于要客观、公正，不徇私情，严格按照标准答案和评分规则进行。阅卷时要注意防止阅卷人员看到答卷人的姓名。在无特殊要求的情况下，阅卷人员不得因答卷人字写得好坏而影响其得分。

四、笔试设计应注意的问题

专业笔试的试卷在使用前应经过检验，确保试题能区分出不同水平的应聘者。最有效的方法是计算应聘者笔试的得分和他将来的实际绩效的相关性。

（1）试题应该由熟悉该岗位簇的专业人员针对该类岗位所需的知识技能进行设计，并给出标准答案，一般要求预设的题数大于实测的题数。然后可以由该类岗位的管理者和优秀员工凭经验进行初步筛选，进行定量分析（员工试测）。一份好的试题，能有效地区分出不同能力水平的人。企业可以通过在职员工在该试题上的表现，推断该试题的有效性。答题者的选择方法是：从本簇岗位的员工，按照实际绩效的等级水平，随机抽取人员作答，然后由出题者进行评分。分数出来后，如果高绩效者在这份考题中取得高分，同时低绩效者的分数低，那么这份试题就可以用于招聘。如果高绩效者和低绩效者在分数上无明显区别，或者低绩效者的得分比高绩效者的得分要高，那么这份试题就无法从众多的应聘者中甄选出组织需要的理想员工。

（2）在完成试题的整体分析，确定试卷有效后，还需要对每一道题目都进行分析。根据答题者的总分进行高低分组的划分。将所有答题者的分数进行高低排序，前27%或33%的答题者划分为高分组，后27%或33%的答题者划分为低分组（高低分组划分的标准主要是依据答题者的人数，如果答题者人数大于100，一般使用27%作为分界点；如果人数太少，为了避免结果受到特高分或特低分的影响，也可以以50%为界，把一半答题者划为高分组，另一半划为低分组）。然后比较两组人在每一道题目上所得平均分的差异。一道好的题目应该能使水平高的人在这道题目上的得分高，水平低的人在这道题目上的得分低，从而把不同水平的答题者区分开来。同样，如果两组答题者的平均分无明显差异，或者低分组的平均分还要高于高分组，那么这道题目是有问题的，需要删除或修改。

（3）应聘者在测试中取得多少分方可进入下一轮面试，这很难凭经验确定。但是，如果试题已经经过了该职位簇岗位任职者的试测，企业就可以先查阅分数的分布情况，并结合组织的需要，确定分数线。如果企业希望将来员工的绩效达到良或以上，就可以参考绩效良和中两类现任职者在该试题上的平均分，作为参考依据，确定笔试的最低资格线。应聘者的得分必须高于这一资格线才可进入下一轮面试。

值得提出的是，不建议把笔试的资格线定得太高或太低。原因如下：①笔试试题尚未标准化，也就是说题目仍然存在缺陷，需要在以后的实践中，不断进行修正和补充；②笔试资格线还取决于专业知识在整个招聘过程所占的权重。一个优秀的岗位任职者，不仅需要扎实的专业知识，还需要具备模型中所包含的其他素质。如果把笔试的资格线定得过高，很可能把拥有出色的工作能力，但专业知识相对较弱的应聘者拒之门外。而资格线定得太低，又达不到考查专业知识的目的。

1.2.3 面试

一、面试的含义、种类和适用范围

面试作为人员甄选中必不可少的一个重要环节，指在特定情境下，面试官通过与应聘者以面对面观察、交谈等的双向沟通方式，由表及里地测评应聘者的有关素质。在此过程中，面试官通过观察并提问一系列问题来全面了解并评价应聘者的工作经历、工作能力、素质状况以及工作动机，然后根据岗位分析和组织文化分析的结果，更准确地挑选与企业相匹配的应聘者。

一般来说，面试主要有四种方式：结构化面试、问题式面试、非引导性面试和压力式面试。

1. 结构化面试

结构化面试又称定型面试，由面试官根据预先准备好的询问题目和有关细节，逐一发问。为了活跃气氛，面试官可以问一些其他方面的情况。面试的目的是全面、真实地了解应聘者的情况，观察应聘者的仪表、谈吐和行为以及人际沟通能力。结构化面试适用于招聘熟练工人、一般管理者、科技人员和各类后备人员。

2. 问题式面试

问题式面试是由面试官向应聘者提出一个问题或一项计划，请他解决和处理。观察他在特殊情况下的表现，以判断其解决问题的能力。这种面试方式适用于招聘中高级管理者。

3. 非引导性面试

非引导性面试又称自由面试，由面试官海阔天空地与应聘者交谈，无固定题目，无限定范围，让应聘者自由地发表议论，尽量活跃谈话气氛，在闲聊中观察应聘者的知识面、价值观、谈吐、风度以及他的思维能力、表达能力和组织能力。这是一种高级面试，面试官需要有丰富的知识经验和高度谈话技巧，否则很容易使面试失败。这种面试方式适用于招聘企业高级管理人员。

4. 压力式面试

压力式面试是由主试者有意识地对应聘者施加压力，针对某一事项作一连串发问，不但详细而且追根问底，直至无法回答，甚至激怒应聘者。看他在突如其来的压力下能否作出恰当的反应，来观察他的机智和应变能力。这种方法如果运用不当，会引起应试者的反感。一般适用于招聘特殊岗位职工，如采购员、销售员、精密作业人员以及需要高度警觉性的职位上的工作人员。

二、面试的优缺点

1. 面试的优点

（1）直观性。面试是面试官与应聘者面对面进行的，可以直接从对象身上观察其气质、性格和能力，可了解到笔试所无法知晓的信息，比如应聘者的外部形象、口头表达能力、应变能力等。

（2）灵活性。与笔试相比，面试的测试内容广泛、形式多样，能根据招聘岗位的不同要求，选择测试方式，突出测试重点。

2. 面试的缺点

（1）面试只能从应聘者的外表行为判断和推测个人特性与性格。如果面试官没有较高的面谈技巧和敏锐的洞察力，就很容易被应聘者的外表、谈吐甚至伪装所迷惑，作出错误的判断。

（2）面试的判断不易统一标准，往往出现对同一个应聘者，不同的面试官有不同的看法的情况。

（3）面试的成绩很难用数量来表示，只能作定性分析，而不能作定量分析。

（4）面试有其本身的功能和局限性，不能或者说很难运用面试技术预测应聘者的创造力、独立性和诚实度。

三、面试实施程序

1. 进行面试前的准备

在这个阶段中，主要的工作有：

（1）确定面试的面试官。面试的面试官，也就是所谓的考官，他的工作能力、面试经验、个人品质直接影响面试的质量。对面试官的基本要求是：①良好的个人修养；②丰富的工作经验；③具有相关的专业知识；④能熟练运用各种面试技巧；⑤能公正、公平地对待每位应聘者。

（2）确定面试的方式。要根据招聘岗位的不同，选择适当的面试方式。在实际工作中，常常把几种方式结合起来运用，以便取得更好的效果。

（3）拟定面试问话提纲。一般要根据招聘岗位要求、面谈对象和面谈所要达到的目的来设计问话主要内容。

（4）确定面试时间和面试地点。时间安排一般不要太紧，要有一定的余地。面试场所要安静、舒适，不易被外界干扰。同时面试场所内布置要合理，以减少对应聘者的心理压力，保证面试过程在宽松的环境中进行。

2. 进行面试

面试的具体内容，随着面试的目的和招聘岗位的不同而改变。但就一般的职位来说，其主要内容有：

（1）了解应聘者的工作经历、工作经验和工作成就。

（2）了解应聘者的个性、兴趣、爱好。

（3）了解应聘者的知识水平和专业特长。

（4）了解应聘者的工作态度、诚实性和纪律性。

（5）了解应聘者的工作能力、思维能力、创造能力、分析能力和应变能力等。

（6）了解应聘者的求职动机。

在进行面试过程中，必须注意以下几个问题：

（1）面试开始之时，面试官要表示出热情友好、平等尊重的态度，减轻应聘者的心理压力。

（2）要让应聘者在面试时间内充分表达自己的主张，面试官全部谈话一般不要占用超过40%时间，做一个认真的倾听者。

（3）避免空洞的问题，注重务实，同时切忌揭人隐私或揭人所短。

（4）要把握主题，使谈话既活跃又不偏离主题，且步步深入，避免重复。

3. 面试评价

面试结束后，应根据由面试取得的一手资料，综合分析与评价应聘者的面试表现和面试结果，形成对每一位应聘者的总体看法，以便给出录用或不录用的建议。这种面试评价一般是通过面试评价表进行的。面试评价表设计要合理，各评价要素能充分反映招聘工作岗位的要求，并且是可以通过面试的技巧进行评价。表1－4为一般面试评价表，表1－5为结构化面试评价表。

表1－4　一般面试评价表

<table>
<tr><td>面试人</td><td></td><td>应聘者</td><td></td><td>面试时间</td><td></td></tr>
<tr><td colspan="2">考察内容</td><td colspan="4">评价结果</td></tr>
<tr><td colspan="2">语言表达</td><td colspan="4"></td></tr>
<tr><td colspan="2">沟通理解</td><td colspan="4"></td></tr>
<tr><td colspan="2">专业知识</td><td colspan="4"></td></tr>
<tr><td colspan="2">个人发展意愿</td><td colspan="4"></td></tr>
<tr><td colspan="2">薪酬福利要求</td><td colspan="4"></td></tr>
<tr><td colspan="2">自我评价</td><td colspan="4"></td></tr>
<tr><td colspan="2">面试内容与简历一致</td><td colspan="4"></td></tr>
<tr><td colspan="2">总体评价</td><td colspan="4"></td></tr>
<tr><td colspan="2">用人单位意见</td><td colspan="4"></td></tr>
<tr><td colspan="2">人事部门意见</td><td colspan="4"></td></tr>
<tr><td colspan="2">主管领导意见</td><td colspan="4"></td></tr>
</table>

表 1－5 结构化面试评价表

姓名		性别		年龄		编号	
应聘职位				所属部门			
一、问题要点						测评要点	
1. 简单介绍本人的工作经历。(5 分钟)						语言表达、专业知识、个人修养（衣着、举止、神态）	
被试回答							
主题分析							
2. 为什么要离开原来的工作单位而到本企业应聘？(5 分钟)						坦诚、自我认识、对本企业的理解、求职动机	
被试回答							
主题分析							
3. 简单介绍在原单位的业绩情况，并作分析。(10 分钟)						专业知识、责任感、进取心、组织管理	
被试回答							
主题分析							
4. 对本行业的市场前景如何看待？(5 分钟)						专业知识、计划性、归属感、对本企业的理解	
被试回答							
主题分析							
5. 你觉得要提高企业的效益，可以采用哪些方法？(10 分钟)						专业知识、进取心、组织管理、对本企业的理解	
被试回答							
主题分析							
6. 你的工作业绩若不理想，你会采取什么措施？(10 分钟)						压力承受、进取心、责任感、自我认识、坦诚、专业知识、沟通协调	
被试回答							
主题分析							
7. 你管过多少业务人员？你怎样激励他们做好工作？(10 分钟)						组织管理、沟通协调	
被试回答							
主题分析							
8. 当企业的经营陷入困境时，你怎么办？(5 分钟)						计划性、综合分析、组织管理、应变	

（续上表）

被试回答		
主题分析		
9. 世界范围的经济危机对本行业有什么影响？（5 分钟）		综合分析、专业知识、计划性、应变、对本企业的理解
被试回答		
主题分析		
10. 个人发展意愿。（3 分钟）		归属感、坦诚、计划性、求职动机、自我认识、对本企业的理解
被试回答		
主题分析		
11. 自我评价优劣势。（3 分钟）		自我认识、坦诚、压力承受
被试回答		
主题分析		
12. 薪酬福利要求。（2 分钟）		自我认识、坦诚、压力承受、求职动机、对本企业的理解
被试回答		
主题分析		
13. 描述你在工作中成功与不成功的各三个事例，经验教训是什么？（10 分钟）		自我认识、坦诚、压力承受、工作经验、专业知识、应变
被试回答		
主题分析		
14. 在本企业工作了一段时间，情况也熟悉了，并掌握了宝贵的知识、技能、经验，甚至升了职，若其他的企业以更高的薪酬来挖你，你打算怎样做？（5 分钟）		坦诚、应变、压力承受、自我认识、对本企业的理解
被试回答		
主题分析		
15. 在本企业工作一段时间后，你感觉没有达到预期的成就目标，你打算怎样做？（5 分钟）		坦诚、应变、压力承受、自我认识、计划性、对本企业的理解
被试回答		
主题分析		

（续上表）

二、评价要素	评价等级				
	差	较差	一般	较好	好
1. 个人修养					
2. 求职动机					
3. 对本企业的理解					
4. 语言表达能力					
5. 应变能力					
6. 自我认识能力					
7. 逻辑思维能力					
8. 综合分析能力					
9. 坦诚					
10. 专业知识					
11. 工作经验					
12. 压力承受					
13. 组织管理					
14. 沟通协调					
15. 计划性					
16. 归属感					
总体评价					
用人部门意见	签字________	人力资源部门意见	签字________	主管领导意见	签字________

在进行面试评价时，一定要以工作要求为标准，客观、公平、公正，为了防止个人差异性，评估标准和评估程序应程序化、标准化，几个面试官之间有意见分歧时，应充分磋商，达成一致。

四、面试官的工作职责及负责的考查要点

1．面试官的组成

（1）人力资源面试官：由人力资源部招聘负责人担任；

（2）专业面试官：由招聘岗位的直接主管或用人部门业务骨干构成，普通职员不得参与面试工作；

（3）综合面试官：由招聘岗位的主管领导担任，企业领导视情况参加。

2. 具体工作职责及考查要点

面试官司的具体工作职责及负责的考查要点如表1－6所示。

表1－6　面试官工作职责及考查要点

面试官	工作职责	考查要点
人力资源面试官	•对应聘者进行初步筛选，剔除不符合岗位说明要求的资料； •组织安排第一轮初试、笔试； •确定应聘者进入企业在人事手续上的可行性、合法性； •判断应聘者条件与岗位要求是否相符； •提供本企业的相关信息。	•审查应聘者证件、资质真实性； •考查应聘者的沟通能力、专业学习能力、责任心、团队合作能力； •初步考查表达能力、管理技能、基本硬件技能、求职取向等； •考核应聘者是否符合企业的用人理念和企业文化。
专业面试官	•设计并提供专业面试试题及评分标准； •判断应聘者的工作适应性（针对部门的发展要求）； •判断应聘者的岗位适应性（针对招聘岗位的用人标准）； •认真、规范、明确地填写面试记录； •对于不适合本部门但符合企业招聘条件的人员，有责任向人力资源部门推荐说明。	•考核应聘者的专业知识、专业技能和业务素质； •依据招聘岗位的胜任力模型对应聘者素质能力作出审核判断； •判断应聘者过往工作经历的真实性。
综合面试官	•对初试合格人员进行面谈； •对应聘者是否被录用作出最终判断； •提供部门的相关信息，增进候选人对部门工作环境和工作职责的了解； •综合考虑业务考核及初试评语，经面试后给出总体评价意见。	•依据胜任力模型对应聘者素质能力作出进一步审核判断； •深入考查岗位必需的技能； •对应聘者能力和部门融入可能性作出最终判断。

五、面试前的准备

表1－7　面试前的准备

	需要做的准备	面试官之间的沟通内容
人力资源面试官	•提前安排需要共同参与面试的专业面试官，将应聘者求职材料传给专业面试官阅读； •安排面试时间地点； •准备好面试所需材料； •需要向应聘者传递的信息（例如企业状况、招聘岗位的薪酬水平等）。	•就《面试提纲表》中的内容达成一致意见，明确各自所要考察的要点和面试流程； •需提前结束一场面试的信号（假如应聘者在面试过程中明显不符合要求）。
专业面试官/综合面试官	•认真阅读应聘者的求职材料； •安排好其他工作，保证面试时间内不受干扰； •填写《面试提纲表》，并熟悉需要提问的问题。	

在参加面试前面试官可通过以下问题来检验自己是否已经做好准备：

（1）岗位要求：是否清楚地了解招聘岗位的职责？是否了解招聘岗位对任职者的基本要求？

（2）求职材料：对于《求职者简历》，是否已经确定需要在面试中对应聘者重点了解的内容？

（3）是否为了了解应聘者在这些方面的情况而准备了相应的问题？

（4）简历内的疑点。包括：应聘者为什么频繁地变换工作、离职的原因、某个内容缺失的时段等。

（5）重要的经历。包括：曾担任过的某个重要的职位、曾参与的某个项目、曾接受过的培训等。

（6）最近的情况。包括：最近有没有学习新的技能、积累了什么工作经验等。

（7）求职动机。例如，离职的意愿是什么，尽量问出真实的想法，以判断本企业能否使其满足。

（8）面试提纲：对于《面试提纲表》，是否已经毫无遗漏地对每项内容进行填写？

设计面试提纲时应注意，是招聘岗位而不是简历决定如何提问，而且提问对于同一岗位的应聘者应该是一致的，简历的作用应该更倾向于作为初步筛选的手段，同时使面试官准备提出的问题更具有针对性；面试提纲中的问题应能判断应聘者是否具备职位所需能力及确认简历中面试官比较感兴趣的一些内容。这些问题最好是开放性的，能够让面试官从应聘者的回答中发掘出更多问题。面试提纲由人力资源面试官和专业面试官共同设计，具体的面试提纲可参照下文“基于胜任力的结构化行为面试的基本要点”中的各点。

六、面试的提问技巧

面试提问主要分为三个阶段，如表 1－8 所示。

表 1－8　面试提问的三个阶段

阶段	阶段目的	所占时间（共约 60 分钟）
开始阶段	创造轻松、友好氛围	5～10 分钟
核心阶段	考察知识技能和素质能力	40～50 分钟
确认阶段	确认是否有遗漏，进行补充提问	5～10 分钟

1. 开始阶段

开始阶段提问要点，如表 1－9 所示。

表 1 - 9　开始阶段提问要点

阶段目的	人力资源面试官提问要点	典型例子
寒暄：为应聘者创造轻松、友好的氛围	提问一些需要简短回答的“封闭式”的问题，讨论与工作无关的事情。寒暄完后，可正式开始面试：“让我们开始面试，我们是中集北洋集装箱股份有限企业，我是××，欢迎你来应聘××岗位。”	1.“你是从哪里过来的?” 2.“我们这个地方容易找吗?” 3.“你是乘什么车来我们企业的?”
背景性问题提问：进一步缓解应聘者的紧张情绪，了解应聘者的教育背景、工作、生活等方面的基本情况，发现需要进一步了解的问题。	提问应聘者一般有所准备的、比较熟悉的“开放式”的问题。还可以对简历中的疑点、重要的经历、最近的情况、求职动机等进行提问。	1.“你能介绍一下你在××单位的工作经历吗?” 2.“你在最近服务的××企业主要负责哪几块工作？部门有几个人？你的直接主管是？你的直接下级是?”

2. 核心阶段

核心阶段提问要点，如表 1 - 10 所示。

表 1 - 10　核心阶段提问要点

阶段目的	主管面试官/人力资源面试官提问要点	典型例子
考察应聘者的知识技能和胜任力模型中的素质能力。要求应聘者讲述一些关于岗位要求的具体的事例，以此判断其是否符合该岗位要求。	主要是基于胜任力模型的结构化行为面试。	一种典型的问法是：用一个“开放式的问题”引起一个话题，然后用“行为式问题”将该话题锁定在一个关键的行为事例上，并用“跟进式提问”进行追问。对于那些在应聘者的过去经历中找不到合适的实例的问题，可采用假设式的问题。

行为式提问的原则：主要从面试题库中抽取行为式问题进行提问。通过追问的形式紧紧锁定应聘者在特定的情景（situation）下，面临特定的任务（task）时，采取的具体的行动（action）和做法，和他最终所实现的结果（result）；并且应详实地追问应聘者在其描述的事件中的感受（feeling）、行为（action）、言语（context）和想法（thought），即 STAR/FACT 面试法。行为式提问方式的典型例子，如表 1 - 11 所示。

表 1－11　行为式提问方式的典型例子

提问方式	解释定义及使用建议	典型例子
行为式	指围绕招聘岗位的胜任力模型进行提问，让应聘者讲述一些关键的行为事例；并且为进一步挖掘翔实的信息，在提出问题后继续追问。 建议：在面试的核心阶段，应尽量多地使用行为式问题，且在整个面试中所占的比例至少在 60% 以上。一般来说，每个事件均需按照 STAR/FACT 法来进行追问，以得到“完整的、有效的 STAR”。	提问： 1. “请你给我们举一个例子，说明一下你实际遇到____情况时，当时是怎样做的？” 2. “请描述一件你印象中最深刻的关于____的事情。” 3. “请描述一次在你过去的工作当中____的经历。” 4. “请告诉我你的一次有关____的经历。” 追问： 5. “可否举出一个例子来加以说明？” 6. “请说明具体是什么时间？当时发生了什么状况？” 7. “还有谁参与到这个事情当中？” 8. “你当时是怎么想的？你想要完成什么任务？” 9. “最后的结果怎样？”
假设式	指面试官描述某种情境，并询问应聘者如何处理。 建议：除非使用适当的情境式面谈，否则应避免问过多这类问题，而应改为行为式问题。	1. “假如你的下属越级汇报，你会怎样处理呢？” 2. “假如你面对愤怒的顾客，你会如何处理？”
开放式	指应聘者不能仅用简单的“是”或“不是”来回答，而需要另外加以解释说明的提问。 建议：可以用一个开放式的问题引起一个话题，为后面的行为式问题作铺垫。但开放式问题容易让应聘者跑题，除非要专门考察应聘者表达能力，建议在提问开放式问题后紧接使用行为式问题，将该话题锁定在具体事例上。	1. “你认为在工作中什么样的人是比较难相处的？为什么？” 2. “你是怎样与你的同事合作的？” 3. “你认为在你的工作中难度比较大的内容有哪些？” 4. “谈谈你对____的看法。”

在面试过程中，有时会遇到应聘者对问题的回答过于简短，或者应聘者答案的真实性无从验证等情况，解决这一类问题的对策，如表 1－12 所示。

表 1－12　提问过程常见问题及对策

常见问题	分析	对策
提出那些直接让应聘者描述自己的能力、特点、个性的题目。例如："你认为自己最主要的优点是什么?"	应聘者可能回答："我善于解决问题。"面试官无法从这样的回答中获取有价值的信息，因为我们无法验证应聘者的回答是否真实。	改问行为式问题："请你举一个例子来说明你在目前的工作中是如何有效解决问题的?"
"你是怎样分派任务的？是分派给已经表现出有能力完成任务的人呢？还是分派给有兴趣完成该任务的人？或者是随机分派?"	这是个封闭式问题，应聘者可以用简短的语言，甚至"是"、"否"来回答。这个问题可用于检视我们对应聘者回答的理解程度，或是确认特定事实，但无法促使应聘者坦白。	改问行为式问题："请描述一下你是怎样分派任务的，并举例说明。"
"你的团队沟通能力好不好?"	这是一个引导性问题，即带有明显的对答案的期望，引导应聘者作出我们希望听到的回答。这样的问题对于有经验或口才好的应聘者可说是正中下怀，应避免使用。	改问行为式问题："你以前是怎样和你的团队进行沟通的？请举例说明。"
应聘者对行为的描述一带而过，比如："当时真的很难，不过我还是克服了，最终取得了领导的认同。"	过于模糊的回答使我们不能了解应聘者真正的想法和做法，难以判断他是否具备我们想要挖掘的能力特征。	追问："那么当时你遇到了什么困难，你是怎么克服的?"
应聘者的谈话开始跑题或缺乏细节。	这样的情况会导致我们无法针对面试前的考察要点进行提问，需要将应聘者拉回我们需要了解的主题，并指出我们需要了解的重点。	可以礼貌地说："不好意思，打断一下，你刚才提到……我想了解的是……"

3. 确认阶段

对核心阶段获得的信息进一步确认，确认阶段提问要点，如表 1－13 所示。

表 1－13　确认阶段提问要点

阶段目的	人力资源面试官/主管面试官提问要点	典型例子
进一步对核心阶段所获得的对应聘者核心胜任力的判断进行确认。若经过核对，发现没有遗漏，可以跳过此阶段。	对照《面试提纲表》，衡量收集的信息是否能够对所有考察要点作出判断(但此时不应对应聘者作出评估)。如果答案为否，可继续针对遗漏的考察要点进行提问，一般采用"开放式"问题。	1. "你能够再举一个例子说明一下你是怎样做____这项工作的?" 2. "请再讲一些你在员工培养中所做的工作。" 3. "你能再举一些例子证明你在____方面的专业技能吗?"

七、面试的倾听技巧

面试官应能很好地掌握倾听技巧，细致地理解和洞察应聘者的反应。面试的倾听要点，如表1－14所示。

表1－14　面试的倾听要点

倾听的目的	人力资源面试官/主管面试官倾听要点	典型例子
判断所得信息是否属实，对任何引起疑惑的内容，要求应聘者澄清说明。	如果应聘者提供的信息是事实，他将：用第一人称；说话很有信心；明显地和其他一些已知事实一致。如果应聘者说的是谎言，他将：很难一针见血；倾向于夸大自我；明显在举止或言语上迟疑；语言可能流畅，但生硬呆板好像背书。	应聘者回答说："当时我遇到一个客户特别难对付，我们做了很多的努力，当时这个情景我们是这么处理的，我们采取了什么行动，最后我们终于赢得了这个客户。" 分析：如果应聘者说的是谎言，那他倾向于将"我"做的事情向"我们"做的事情的方向夸大。 对策：可以追问："那么你当时主要负责哪些工作？"
提取要点，思考接下来的提问。	积极倾听应聘者回答的与工作有关的信息，将后续的问题和应聘者之前所答的内容连贯起来。	1．"你刚才提到你的前一份工作中经常需要与人沟通，那么你能告诉我有关与人沟通的例子吗？" 2．"刚才你讲到你的主要工作职责有三项，一是……二是……那么还有一项是什么？"

注意：

（1）不要随意打断应聘者，这会使应聘者感觉受到威胁，使双方的沟通失去实质意义。当然，有时面试官是想用这种方法来考察应聘者的反应能力等，但它的作用还有待考究。

（2）不要情绪化，这容易增加应聘者的面试压力，影响双方的正常沟通，也容易产生对应聘者的主观偏见。

（3）当话题沉闷复杂时，不能显得不专心，这就要求面试官根据面试要求把握好进度，认真倾听和观察应聘者，及时调整话题。

（4）不要受外在因素影响，分散注意力。注意力分散不仅会影响面试官对应聘者的测评，还会使得应聘者的反应得不到反馈而影响应聘者的面试发挥。

八、面试的观察技巧

表情与身体语言往往透露更加丰富和更加真实的信息，以下技巧不仅适用于面试官对应聘者的观察，而且也同样适用于应聘者对面试官的观察。注意：

（1）仪表——职业化着装，利用仪表风度让应聘者感受到面试官对他的尊重；面部保持微笑，进行光交流，保持友善开放的态度；

（2）身体语言——手势恰当、坐姿端正；

（3）不要做出一些可能迷惑应聘者的行为，比如过多的点头、皱眉或目光呆滞等；

（4）不要做出不耐烦或不满意的身体语言，如摇头、皱眉、摆弄手上的东西等。

九、面试的记录

单纯靠记忆并不能在评估时回忆起应聘者的所有相关信息，所以必须写下来。注意：

（1）在《面试提纲表》上直接作记录；

（2）越是面试关键的职位，就越应该清楚详细地记录；

（3）用简短的话语把应聘者回答的行为事例记下来；

（4）即使在记录时，也不能忘了与应聘者的目光交流；

（5）不要让应聘者看到记录的内容；

（6）面试过程中面试官的主要职责是倾听、观察并且记录，切不可当场作出结论。

十、面试的结束

在结束面试的环节，需要完成以下内容：

（1）给应聘者提问题的机会。这既是对应聘者的尊重，也使面试官和应聘者能够有进一步的相互了解。面试官在回答问题时要注意如下五个要点：

第一，谨慎提供有关事实及数据。绝不能把一些敏感的数据轻易地告诉陌生人，什么数据可以外报，面试官之间要达成一致意见；

第二，描述企业的历史一定要实话实说，而且使用统一的数据；

第三，描述空缺职位时，比较专业的说法是，这个职位是什么部门的，上级是谁，下属几人；

第四，描述工作环境要实事求是，甚至是比实际环境说得稍微差一点；

第五，给候选人描述职业生涯发展的机会时千万不要随便说。

（2）对招聘工作的下一环节作简要的说明，使应聘者有相应的心理准备。

（3）真诚地感谢应聘者付出时间和精力。

（4）不要轻易许诺不能确认的事情，如告诉应聘者三天之内准备来上班等。

（5）在下一个应聘者进来之前，把上一个应聘者的记录做完整，以保证对应聘者的评价是完整的。

（6）礼貌地送应聘者离开。

十一、面试的评估

1．评估的原则

（1）全面性原则：面试官应从多方面去观察把握应聘者的素质和能力，从整个行为反应中去系统、完整、全面地评估，而不要受某一方面的素质和能力的影响。

（2）重要性原则：面试官在面试过程中会得到重要性各不相同的事例，应该选择重要的事例作为评估的对象。

（3）新近性原则：最近的行为最能反映真实水平，也能很好地预测未来表现。

（4）相关性原则：与应聘岗位相关的事例更加能反映将来的工作能力。

(5) 一致性原则：应聘者所给出的事例是否前后一致能说明事例的真实性。

2. 评估的要点

(1) 面试结束后，面试官依据《面试提纲表》认真填写面试记录，以便记录选择某应聘者的理由。

(2) 分析应聘者言行之中体现的每一种能力与某工作岗位的具体要求之间是否相符。

(3) 作出聘用决定的主要依据是某应聘者能否达到或超越某工作岗位的预期业绩。

(4) 审核面试决定及其理由以保证聘用决定的质量。

(5) 面试结果包含以下几种选择：马上拒绝、进入下一个面试环节、推荐到其他部门、建议录用。

3. 面试评估中需注意的误区

面试评估中需注意的误区如表 1－15 所示。

表 1－15 面试评估中常见的误区

误区	产生原因	控制方案
“像我”	发现应聘者与自己有许多共同点时不由自主地对其给予更高的评价。	真实、客观地做好面试记录，根据应聘者描述的行为事例作出正确的判断，比较谁更合适。
寻找超人	面试官对应聘者有超出职位需求的期望，评估标准过高，要求过于苛刻。	严格按照岗位任职资格和胜任力模型要求，合理客观评价。
晕轮效应	因为应聘者某个突出的素质而在整体上给予过低或过高的评价。	在面试时应时常提醒自己注意，如果应聘者某个考查维度表现太好或太差了，要适度把它淡化，刻意去挖掘其他方面的信息。
对比效应	应聘者的面试次序会影响到面试者的评价。如一位中等水平的应聘者在连续几位不理想的应聘者之后接受面试通常会得到过高的评价。	要注意以职位来评价，以需考查的维度来评价，而不是以某个应聘者为标杆去评价其他应聘者。
首因效应	面试官经常会在见到应聘者的前几分钟就根据其表现作出了是否录用的判断，即使延长面谈时间也无济于事。	严格按照面试操作流程工作，认真做好面试记录，从整个行为反应去系统、完整、全面地评估。
主观臆断	不是按事实进行判断，而是进行主观逻辑推断。举例：应聘者因不同企业的作业或使用方法与本企业相异，就推断应聘者专业性不足，经验不够。	对应聘者的过去行为表现进行进一步考察，以事实来判断应聘者是否适应岗位要求。
盲点	面试官在感觉到收集了自己认为重要的信息，或者想当然地认为某项素质并不重要的时候，便放弃继续考查，结果遗漏了需要考查的重要素质。	不要过于自信，不管应聘者反应如何，也不管岗位要求的维度如何。这个职位需要什么维度，面试官就应去看应聘者在这些维度上达到了什么水平，拿这些维度来衡量他。

1.3 基于胜任力的结构化行为面试

基于胜任力的行为面试，是指主要依据取得出色业绩的人所具备的胜任力特征和行为进行人员的面试选拔。这样做的理由是，胜任力模型结构中的表层的知识和技能，相对来说是易于改进和发展的，培训是经济有效的发展方式。而处于胜任力模型结构中底层的核心动机和人格特质，则难以评估和改进，所以它最具有选拔的经济价值。

基于胜任力的结构化行为面试主要以以下两个假设为基础：

（1）员工具备的素质能力和岗位的必备要求愈相吻合，则会产生愈佳的业绩表现及工作满意度。

（2）要成功为某一岗位找到合适的人选，需要做好三项工作：建立岗位工作的能力模式/胜任力模型、精确地评估个人的能力、评估应聘者与岗位是否匹配。

基于胜任力的结构化行为面试的要点：

（1）识别岗位工作的关键性要求；

（2）使用过去的行为预测未来的行为；

（3）探测应聘者的行为事例并作出评价；

（4）内容、程序、评价三方面结构化。

各种评价方法的效度比较，如表1－16所示。

表1－16 评价方法的效度比较

评价方法	效度
学习成绩	0.11
聊天式面谈	0.14
相关工作经历	0.18
个性测验	0.26
履历调查	0.37
结构化行为面试	0.39
工作试用	0.44
评价中心	0.56

1.3.1 基于胜任力的结构化行为面试的特点

基于胜任力的结构化行为面试是一种快速有效的面试方法，具备如下特点：

1. 高度结构化

面试的内容预先设计，面试官一律根据《面试提纲表》进行访谈。

2. 可计分（高度量化）

基于胜任力的结构化行为面试中的每一个问题都有标准的计分方式，所以每一位应聘者在面试完成之后都会有一个相应的分数。可计分和结构化的特点确保面试结果不会因为面试官的不同而有差异。

3. 高区分度

基于胜任力的结构化行为面试是一种基于行为和情境的面试技术。面试官关心的是应聘者在特定情况下是如何处理问题的，这种提问方式能比较有效地避免应聘者伪装自己，从而提高面试的区分度。

4. 成本较低

企业的人力资源面试官和专业面试官经过一定培训，可以完全掌握这种方法，以提高面试的速度和质量。

1.3.2 基于胜任力的结构化行为面试的基本要点

1. 仪表风度、健康

应聘者的穿着、精神状态、仪态行为在一定程度上能反映其受教育、修养、社交的水平。温文尔雅、彬彬有礼的人总是更能获得人们的好感和青睐，在工作中也更能得到同伴的认同和支持（见表1-17）。

表1-17 仪表风度、健康观察要点

序号	考察内容（看和听）	要点参考
1	衣着整齐度	一个人外表的整洁度在一定程度上能反映出其工作作风
2	气色和精神面貌	观察应聘者的健康程度，是否精神饱满
3	行、坐、立动作	举止体现一个人的修养，应大方得体
4	口头禅、礼貌用语	有无不良用语，是否给他人足够的尊重

2. 精力、活力与兴趣、爱好

应聘者的活动精力和兴趣爱好在一定程度上反映出其身体素质、工作投入的水平。精力充沛而又具有与工作岗位相匹配的兴趣爱好的人往往更能在工作中表现突出（见表1-18）。

表1-18 精力、活力与兴趣、爱好面试要点

序号	题目	面试要点参考
1	“你平时有什么兴趣、爱好？”	将对方的兴趣分为身体接触对抗型、不接触对抗型、非竞争型、静止型、独享趣味型等再进行分析
2	“你一般什么时候休息？什么时候起床？”	休息有规律者优先

（续上表）

序号	题目	面试要点参考
3	"你业余时间怎么度过？你喜欢什么电视节目？喜欢读哪些书籍？"	将爱好与应聘的职位一起分析，尝试寻找共同点，判断对方今后对职业感兴趣的可能性
4	"你喜欢什么娱乐活动？"	
5	"你每月抽烟、喝酒、打麻将的消费是多少？"	陷阱题，不良嗜好过多的应滞后考虑
6	"你每天需要睡多少小时？"	睡眠时间过长可能是懒散的表现
7	"你经常和朋友玩到很晚才休息吗？"	能熬夜是精力充沛的表现，但若是经常"玩"得很晚则上进心不足

3. 语言表达能力

一个人的逻辑能力、应变能力、自我表现力都会在进行口头陈述的时候有所体现。同时较强的语言表达能力也是良好的沟通能力、关系建立能力和团队合作能力的基础。对于市场、采购、综合管理类岗位这种胜任力尤为重要（见表1－19）。

表1－19　语言表达能力面试要点

序号	题目	面试要点参考
1	"请你用3～5分钟的时间简要介绍一下自己。" "请你简要介绍一下自己的求学经历/成长经历。"	观察应聘者的语言是否流畅、有条理、层次分明，讲话的风度如何
2	"请你告诉我们给你印象比较深刻的一次失败经历。"	如果能迅速作答，则应聘者反应灵敏，或可能是应试者善于总结教训
3	"能谈谈你认为自己最大的缺点是什么吗？"	应聘者对自己的判断是否中肯，自信、自卑和自傲倾向如何
4	"请讲述一次让你很感动的经历。"	考察应聘者是否感性

4. 对企业的了解

应聘者是否对企业有足够关注和了解，能反映出他对自己职业选择的慎重程度和对面试的重视程度。一个有头脑、做事认真、不打无准备之仗的人，一定不会忽视收集应聘企业资料这个重要环节。如果在这个方面表现突出，那么他很可能是一个严谨、认真的人（见表1－20）。

表1－20 企业的了解程度面试要点

序号	题目	面试要点参考
1	“你应聘我们企业，那你对我们企业了解吗？了解多少，能谈谈吗？知道企业的全称是什么吗？”	了解的程度反映出应聘者对此次面试的重视程度以及态度是否认真
2	“对我们企业所从事的行业，你觉得发展前景如何？”	是否对本行业有比较深入的了解，有没有自己独特的观点

5. 求职动机与期望

很多应聘者把他们的能力、价值观和技术等说得绘声绘色。面试官可能禁不住会想：“如果他们这样优秀的话，为什么老板却看不见呢？”应聘者还保证，不是因为工作表现差或企业经营困难老板强迫他们离职的，而是应聘者本人决定离开企业的。隐含的意思是，他们目前的工作已经无法满足他们的个人需求和职业目标了。为了评估该应聘者对企业工作的胜任情况，面试官必须搞明白应聘者的动机和目标究竟是什么，然后再看看企业的职位是否能满足他的目标（见表1－21）。

表1－21 求职动机与期望面试要点

序号	题目	面试要点参考
1	“请谈谈你现在的工作情况。包括待遇、工作性质、工作满意度等。”	关键在于追问对方对目前状况的满意程度，再综合其他因素判断其在本企业的稳定性
2	“你为什么决定调换工作？你认为原单位有什么不足？你认为什么样的工作比较适合你？”	观察对方的眼睛，判断对方是否说实话。把原单位说得一文不值的人不宜录用
3	“你最希望从你的第一份工作里得到什么？”	金钱不应该是重点考虑的方面
4	“你怎样作出自己的职业选择？”	了解动机，看看其应聘这份工作是否有职业规划，是不是只在漫无目的地申请很多工作
5	“你理想中的工作是什么？为什么？请谈谈你在选择工作时都考虑哪些因素？如何看待待遇和工作条件？”	一连串的相关问题可以在了解对方工作期望的同时判断对方的分析能力和自知能力
6	“你为什么选择来本企业工作？你对本企业了解些什么？你为什么应聘这个职位？”	只为找到一份工作糊口而盲目求职的人培养潜质不高，但对企业的不了解不应成为重点
7	“你对本企业提供的工作有什么希望和要求？”	能大胆而客观地提出要求的优先，提出不切实际要求的可不予考虑
8	“你认为对于本次应聘自己有哪些有利条件？哪些不利条件？如何克服这些不利条件？”	对方阐述“不利条件”时应盯住对方的眼睛以作出判断。提示：如果眼睛向右上方看，有可能在编造、说谎

（续上表）

序号	题目	面试要点参考
9	“你认为在一个理想的工作单位里，个人事业的成败是由什么决定的？”	价值观的一种，不同的职位需要不同价值观的人，但基本观念不能和企业文化相差太远
10	“你为什么喜欢这种工作？请明确说出理由。”	了解对方的职业倾向，以判断对方是否适合应聘的职位
11	“你为什么要选读这个专业？你所学的专业和我们的工作有何关系？”	当对方专业与本职位关联不大时使用本条
12	“你更喜欢什么样的企业？”	判断对方在本企业的适应可能和稳定性

6. 工作经验

工作经验主要包括应聘者近年来的工作经历、从事某项工作的经验、工作成就、职务升迁以及工作变化情况等。面试官可以从应聘者的描述中判断其工作责任心、组织领导能力、创新能力等素质状况（见表 1－22）。

表 1－22 工作经验面试要点

序号	题目	面试要点参考
1	“你现在或最近所做的工作，其职责是什么？它有哪些具体的事务？你担任什么职务？”	应聘者是否曾关注自己的工作，是否了解自己工作的重点，表述是否简明扼要
2	“你认为你在工作中的成就是什么？”	了解对方对“成就”的理解，了解对方能力的突出点，是否能客观地总结回顾自我
3	“你认为该工作的难点或挑战性在什么地方？”	只有熟悉该工作才能准确回答此问题，并以此判断对方能力处于什么层级
4	“在你主管的部门遇到过什么困难？你是如何处理的？”	解决问题的方法固然重要，关键的是分析、判断时的思路和考虑过哪些因素
5	“谈一下你在企业中职务升迁和收入变化情况？”	从职业历程判断对方工作的成就和对自己成长投入的努力
6	“谈谈你对企业未来某一业务发展计划的设想。”	了解对方思维的创造性和对工作的感悟能力及对本业务发展趋势的把握程度
7	“你以前在日常工作中主要处理些什么问题？”	通过对方对自己工作的归纳，判断其对业务的熟练程度和关注度，可依此继续追问细节
8	“以前工作中有过什么良好的建议和计划？”	了解对方对工作的改善能力。要追问细节，避免对方随意编造或夸夸其谈

7. 责任心

态度决定一切，而责任心正是工作态度认真与否的最好体现。工作拖沓、得过且过的员工还会扯整个团队的后腿；而责任心强的员工不仅善于发现工作中的问题，而且能身体力行地去完善、改进、持续跟进。所以责任心的考察是面试中一项非常重要的内容（见表1－23）。

表1－23 责任心面试题目

序号	题目
1	“你在以前的工作中有没有遇到别人违反了规定和制度的情况？如果有，你当时是怎么处理的？”
2	“你经常对工作作改进或向领导提建议吗？举例说明。”
3	“举一个你主动帮助他人解决工作难题的例子。”
4	“有没有身兼数职的经历，自己是如何应付的？”
5	“举例描述一下你加班工作的经历。”（追问：“这样的事情经常发生吗？”）
6	“在你以前的工作中有没有遇见过你的下属未按期完成你布置给他的任务，导致你的上司责怪下来的情况？你当时是怎么处理的？”
7	“请讲述一个你为了完成某项工作，有必要超出自己的职责，做一些本职工作以外工作的事例。”
8	“能不能举一个你代替你上司决定某件事情的例子呢？当时你是怎么考虑的？”

高分者回答特点：不满足于只完成分内的工作，有主动承担工作的意愿和行动，不仅善于发现问题而且力求寻找解决办法，持续跟进，一追到底。敢于承担职权之外和超出权限的工作责任。

低分者回答特点：工作按部就班，对自己分内工作能按要求完成，但是缺乏主动发现问题、主动承担责任的动机和行动。

8. 团队合作

团队工作需要很强的人际交往能力和交际常识。不具备这两者的员工在工作中不愿意与人接触，心态封闭，常常单打独斗，一个人默默地做，容易影响整个团队的绩效。但有团队工作经验并不一定表明他就一定是个很好的团员，企业需要的人才要既能带动他人完成共同的工作目标，又能团结合作并对企业有着很高的热情。下面这些问题可以帮助面试官考核应聘者的这些胜任力（见表1－24）。

表1－24 团队合作面试题目

序号	题目
1	“在同事遇到困难时，你通常会怎么做，能举个具体的例子吗？”
2	“你工作遇到难题时，通常会怎么解决？请举例说明。”
3	“请举一个他人在你的协助下完成某项工作的例子，你在其中起到什么样的作用？”
4	“请你讲出你在团队工作背景下遇到的最具有创造性和挑战性的事情。你是用什么方法来鼓励他人和自己完成这件事的？”

（续上表）

序号	题目
5	“请说出你作为团队成员遇到的最困难的事情。你在解决这个困难中起什么作用?”
6	“描述一下这样的经历：你手下有一位表现平平的员工，你采用了什么办法来提高他的工作效率?”
7	“请跟我们谈谈你觉得和同事配合得最好、完成工作最漂亮的一次经历。”
8	“有没有和那些对你抱有成见或是你感觉他对你不是很友好的人合作的经历?
9	“有没有遇见过团队成员之间意见相左，甚至相处出现冲突的情况？你当时怎么看待这件事情，又做了什么呢?”
10	“有没有做团队领导者的经历呢？与做普通的团队成员最大的区别是什么呢？请根据你当时具体是怎么做的来说明。”

高分者回答特点：有较强的团队意识，在团队中没有私心，信息、资源共享共建；在团队中充当领导者，并且能通过制定流程、鼓励队员等有效的手段促进合作。具备较强的沟通能力，与队员保持良好的合作关系，一切以团队为重。

低分者回答特点：能配合团队工作，但积极主动性欠佳。过于特立独行，不能很好地融入集体。没有促进团队合作的意识和主动性。

9. 沟通技能

不论什么工作，沟通都是很重要的一部分。其实，工作责任越大，对这个职位上员工的沟通能力的要求就越高。面试是一种有效考核人的沟通能力的办法。面试中，面试官有机会了解应聘者表达的思想是否具有说服力，概念描述是否清楚，思路是否有条理，用词是否准确，是否能吸引听者的注意力，以及应聘者是否能保持与对方的视线交流等。下面一些问题主要用来测试应聘者的沟通技能（见表 1 – 25）。

表 1 – 25　沟通技能面试题目

序号	题目
1	“从一个熟悉的环境转入陌生的环境，或调到了一个新部门，你是怎样努力去适应的？请举个例子。”
2	“你经常是怎么样开始与陌生人谈话的呢?”
3	“你经常发起和同学、朋友的聚会吗？在这样的场合中你经常扮演什么样的角色?”
4	“有没有和那些对你抱有成见或是你感觉他对你不是很友好的人合作的经历，能谈谈吗?”
5	“请讲述一件你被人误会的事情。”（追问：“事后你没有再做什么努力去澄清吗?”）
6	“在需要其他部门配合自己工作时，你通常会怎么做呢？请举个具体的例子。”（追问：“并谈谈你感觉最关键的是什么?”）
7	“举一个你与主管意见相左，而你又非常希望能坚持自己观点的例子。当时你具体是怎么做的?”
8	“以前的上司有没有对你发过火，你当时怎么想的，又是怎么做的?”
9	“当你的下属做事方式令你不满意的时候，你通常怎么办，举个例子。”

高分者回答特点：非常明确沟通的重要性，有较强的沟通技巧，能根据不同的沟通对象灵活地选取沟通方式。能组织多方参与沟通，并能根据获得的信息预先采取行动。

低分者回答特点：不善于与人交流，不能清楚、简明、有条理地表述一个问题。在回答问题时，涉及沟通方面的内容比较少，这方面意识不强。

10. 专业学习能力

当今是知识经济时代，一个人已经掌握的技能可能很快就过时了。优秀的应聘者都是那些不断更新自己知识和技能的人。自我发展是每个人应有的意识，而不是老板要求去做的事。那些主动自我学习的人，是那些想不断提高自己的人。下面一些问题是用来考察应聘者是否具备这方面胜任力的（见表1－26）。

表1－26　专业学习能力面试题目

序号	题目
1	“你接受过哪些特殊专业训练？在哪里进行的？多长时间？有何收获？”
2	“你有没有做过什么专项研究？能谈谈具体的过程吗？你认为最困难的是什么呢？”
3	“谈谈你对本专业现时发展情况的了解。你认为今后的发展如何？”
4	“你有什么级别的专业资格证书和能力证明？在取得这些证书的过程中都看过哪些书，对日后自己的工作有哪些帮助？”
5	“你最近阅读、写作或发表了什么专业文章或书籍？有何收获？”
6	“当你在工作时遇到了你不懂的其他专业知识时，你通常会怎么做？”
7	“讲一段这样的经历：发生一件对你来说很糟糕的事情，但后来你从这个糟糕的事件中学到了很多。”
8	“过去12个月里，你投入多少时间和金钱用于自我发展，你为什么要这样做？”
9	“我想知道，是什么时候或环境导致你决定学习一些全新的东西？”
10	“如何使自己和前沿的学术或技术动态保持一致，不落后？”

高分者回答特点：进取心强，乐于对自己进行充电，不需要外界压力。对本专业积极钻研的同时主动了解专业外知识。善于归纳总结，并能将改进方法应用于实践，做到举一反三。

低分者回答特点：主动参加培训的经历不多，不能系统地总结培训带给自己的收获。学习积极性不强。

11. 工作主动性

了解应聘者的工作主动性是一项重要内容。主动性强的员工不但对企业的长远发展作出贡献，还会给企业和员工带来崭新的思维和方法，以解决企业现存的难题。主动性强的人往往可能在没有人要求的情况下，有超出工作预期和原有工作标准的表现；尽心尽力地追求富有创新性、想象力的新项目（见表1－27）。

表1-27　工作主动性面试题目

序号	题目
1	“你是否曾发现过企业的产品存在问题，你当时是如何处理的？请你举一个例子来加以说明。”
2	“请你举一个例子：你得知与企业发展利益有关的事件或政策后，你是怎么做的？”
3	“请你举一个例子：当你意识到企业内存在某种会给生产和开发造成阻碍的问题后，你是怎么做的？”
4	“你是否曾发现过你的工作当中存在可以改善的地方，你是如何做的？请举一个例子来加以说明。”
5	“你能回忆出一件你所做过的超出自己工作范围或者要求的事情吗？”
6	“请你举一个例子说明你承担了一些不属于自己工作职责的事情。”
7	“请讲述这样一个情况：为完成某项工作，你有必要超出自己的权限，做一些本职工作以外的事情。”
8	“过去六个月中，你有多少次是跨越了自己工作职责来做你的分外工作的？请举一个例子说明。”

高分者回答特点：能够提前预计问题的发生或在发现问题后及时处理；主动发现工作中的不足之处，并予以改进；在没有人要求的情况下，付出超出工作职责的努力。

低分者回答特点：对于问题或机会反应迟缓；问题发生后，不寻找途径设法解决；对工作得过且过。

12. 创新能力

作为企业核心价值的创新能力，要求企业员工愿意尝试新的工作方式、方法，寻求解决问题的新方法、新方式和新思路，对新观点、新思路或者变革持开放态度，并有一定冒险精神（见表1-28）。

具有高创新能力的人往往表现为：能够迅速产生很多新的、独一无二的想法；能够很容易地在先前毫无联系的想法中找到关联。

表1-28　创新能力面试题目

序号	题目
1	“你是否曾经设计过什么产品？请举例说明。”
2	“请你举个例子：你的领导给你布置了一项任务，但该任务并无前人经验可借鉴，你是如何完成的？”
3	“请你举一个例子：在某项工作中（比如设计某项产品），前人的思路或方法可能存在问题，而你接过来负责。”
4	“工作中，你有否运用与前人不同的观点、方法来解决问题？请举一个例子来加以说明。”
5	“请举例说明当用常规办法没有达到预期效果时，你的做法是怎样的？”
6	“你是如何想到一个新的办法来解决问题的？”
7	“你如何在没有既定的程序和先例的情况下解决你所面临的问题？”
8	“你最富有创造性的工作成果是什么？”

高分者回答特点：时常搞一些设计并有一定成果；能在新情境下，有所创造、有所突破；能产生与众不同的想法；能运用新的工作方式来解决现有的问题。

低分者回答特点：面对新的问题时，仅仅局限于旧有的解决方法；害怕担风险，没有新观点、新方法。

13. 成就导向

具有高成就导向的人追求尽善尽美，希望出色地完成他人布置的任务，在工作中极力达到某种标准，愿意承担重要的且具有挑战性的任务。还表现为要做出比别人更好的业绩，不满足已取得的业绩，完成工作之后为自己设立更高、更具有挑战性的目标；在产品开发或服务中有超过竞争对手的动机和决心（见表1－29）。

成就导向表现为个人关注后果、效率和标准，追求改进产品或服务，在组织中力求资源使用最优化。

表1－29　成就导向面试题目

序号	题目
1	“请你说一件你在工作中提高产品的性能或工作效率的事情。”
2	“请你举一个例子：你必须采取一定的行动去影响生产部门，促使其将工作做得更好，或达到某个优秀的标准。”
3	“请说说你曾经对自己的工作业绩不满意的一个例子。”
4	“请你举出一个例子：谈谈你曾经完成的某项困难的任务。”
5	“可否描述这样一个情形：你工作时试图完成某件事，但结果是失败的？”
6	“请你举一个例子：你在最近的工作当中需要建立某种工作标准才能把工作做好。”
7	“你是否曾经得过低于自己预期的成绩？如果得到过，你是怎样处理这件事情的？”
8	“你认为自己工作中最显著的成就是什么？为什么你这么认为？”

高分者回答特点：尽善尽美，为自己设立富有挑战性的目标，并为达到这些目标而付诸行动，想方设法提高产品性能或工作效率。在工作中采取一些新的方法或程序以便成功地完成任务、提高产品质量、加快产品开发速度以及提高工作效率等。

低分者回答特点：有做好、做对的动机，但无具体行动，在产品开发或服务中不尽力达到优质标准。

14. 收集信息能力

要成为一名出色的市场人员，必须具备较强的收集信息的能力，平时通过多种渠道收集外部客户的信息，抓住机会开拓新的客户或市场。收集信息能力强的人往往表现出超乎寻常的行为，通过多种途径去检索、获取信息（见表1－30）。

表 1-30 收集信息能力面试题目

序号	题目
1	“请你描述一次亲身经历，说明你为写出一个方案而进行的调研工作。”
2	“你平时如何得知客户的兴趣点？请举例说明。”
3	“你是否经历过：为了不间断地得到你所需的信息，而与某个人保持联系？如果有，请举例说明。”
4	“请问你是否有这样的经历：为了做一项重要工作，通过各种渠道收集信息？如果有，请给我们举一个例子。”
5	“请举一个例子说明，你在作一个决策或方案之前是如何收集信息的？”
6	“你怎样了解竞争对手的信息？请谈一次你收集并利用这种信息的经历。”

高分者回答特点：注意通过不同的渠道，固定安排人员持续不间断地收集信息；安排他人收集信息，通过多个信息源收集信息；亲自去现场实地观察，把事情了解清楚。

低分者回答特点：了解的信息和情况不够全面和丰富，除了已有的资料，没有积极主动地去收集更多的资料和信息。

15. 培养人才能力

企业想要生存和发展，处在领导岗位上的管理人员必须愿意并能够把普通员工培养到领导岗位上。这就意味着，得给每位员工以最大的发展空间。这需要激励每位员工奋发向上，并发挥出各自最大的潜能。对于将要成为企业管理干部的应聘者，应具备为企业培养人才的理念和能力。培养人才胜任力强的人往往表现为对他人的职业发展给予积极的影响，对他人长期职业发展方向及其抱负给以真诚支持；具有长期培养人才的特点，动机是对“人”（见表 1-31）。

表 1-31 培养人才能力面试题目

序号	题目
1	“你采取什么办法来鼓励你的下属培养他们的能力？”
2	“请描述某位员工有工作表现问题的情形，你给他提供了什么样的帮助？”
3	“你怎样评估你每位下属的工作发展的需要？请举例说明。”
4	“说说你曾经鼓励员工积极主动工作的一些做法。你是怎样鼓励员工的？请举例说明。”
5	“就工作表现而言，你不得不向员工反馈的最困难的信息是什么？请举例说明。”
6	“请举一个例子，说明你是怎样决定工作中的分工负责情况的？”
7	“在评估你的员工的工作表现时，你怎样才能确保评估的客观公正？请举例说明。”
8	“管理者多长时间、在什么情况下该让员工参加培训？请举例说明。”
9	“你能举一个你培养下级员工的例子吗？当时的情况是怎样的？”

高分者回答特点：有计划、有系统地培养人才，有意给培养目标安排任务、培训或其

他活动以促进其不断学习、发展。有培养人才的强烈意识和行动，为鼓励他人有意给出正反面反馈，给予下属从错误中学习成长的机会。

低分者回答特点：仅表达出正面期待，但没作出培养他人的明确努力。

16. 目标管理能力

有很强管理能力的应聘者知道，订立目标是很重要的领导方法。目标是指引员工业绩提升的重要因素。越是清楚工作想要取得什么样的结果，成功的机会越大。但是，心中仅有目标（即结果）还是不够的，还必须制订取得这种结果应该采取的措施。所有这些将牵涉应聘者制订难度适当目标的能力和将目标付诸实施的能力（见表1－32）。

表1－32　目标管理能力面试题目

序号	题目
1	“目标和目标设立在你的管理方法中起到一定的作用吗？为什么？请举例说明。”
2	“你怎样确保企业的目标、任务和目的能反映到部门以及个人订立的目标中去？”
3	“请说说你在员工制订目标和实现目标时起的作用。”
4	“你是怎样为自己的部门制订计划并保证计划的完成的？请举例说明。”
5	“请举个例子说明你订立目标的程序。”
6	“你用什么办法来确保每位员工知道如何制订自己的工作目标（也就是那些既富有挑战性，又具有可实现、可衡量、可控制且相互兼容的目标）？”
7	“你是怎样鼓励你的员工取得那些工作目标的？”
8	“你怎样确保目标的现实性和可行性呢？”
9	“请你讲一下你是怎样考察员工努力实现目标的情况的。”
10	“若你的某位员工给自己订立的目标非常容易达到，你该怎样要他们订立更加富有挑战性的目标？”

高分者回答特点：设定明确的标准或工作要求并严格执行，确保所有人接受领导的使命、目标、工作安排、团队氛围和政策；为达到目标提供支持，以保证整个团队完成任务；对下属员工进行充分的了解、合理的分工和恰当的鼓励。

低分者回答特点：对目标管理方式不够重视，对下属员工的特点不太了解；交办给下属的工作没有时间规定；没有很好地带领团队完成上级交办的工作任务。

17. 监控能力

作为将成为管理干部的应聘者，应具备监控下属完成既定目标的能力。在平时工作中，除了能够在企业的总目标下制定部门目标或小组目标，还需要监督控制下属完成既定的工作。监控能力强的应聘者往往表现为设立坚定明确的行为标准或目标并指派人完成，动机是对“工作”（见表1－33）。

表1－33　监控能力面试题目

序号	题目
1	“工作中你发现下属的实施结果与事先计划出现较大的偏差，你将如何去行动？请举例说明。”
2	“你是如何保证你所制订的计划顺利执行的？请举例说明。”
3	“举个例子来说明一下你曾经做过的一个成功计划及实施的过程。”
4	“通常你是如何保持消息灵通，以监控员工表现的？请举例说明。”
5	“你用什么方法来监督你负责项目的工作进程？请举例说明。”
6	“请你举一个例子，说明你为了使别人能达到你所要求的标准，你不得不对别人的表现有所监控。”
7	“对于下属未能按照你的工作标准去做的情况，你是如何处理的？请举例说明。”
8	“请你举一个例子，说明你对下属布置的任务在时间方面是如何要求的。”
9	“请你举一个例子，说明为使你的下属的工作较好地完成，你不得不使用的一些方法手段。”

高分者回答特点：设定高标准并要求别人在工作中达到；直截了当地或用威胁的口吻告诉别人达不到要求的严重后果；以坚决的态度坚持要别人服从自己的要求或满足自己的愿望；按照自己的意志对他人的行为设定界限。

低分者回答特点：仅是清楚地表达自己的要求，明确地将简单重复的工作交给别人去完成。

18．推动改进能力

企业的综合管理人员肩负着推动各部门管理工作的持续改进的重要任务，因此，作为该岗位的应聘者应该具备能够对他人有一定的影响力，并从管理的角度来积极推动他人工作的能力。推动改进能力强的人往往能够非常准确地找到他人工作的问题所在，并分析出可以改进的空间，从管理角度提出有效的改进措施，对他人专业领域内的工作进行改进（见表1－34）。

表1－34　推动改进能力面试题目

序号	题目
1	“你是如何推行重大改进方法的？请你举一个具体例子加以说明。”
2	“讲讲过去半年里，你所在部门发生的一些变化。你是怎样让部门内的员工们适应那些变化的。”
3	“你是怎样判断某项工作是否需要改进的？你当时又是怎样去推动这些改进的？请举例说明。”
4	“请举例说明你具有在你们企业推进革新的能力。”
5	“为了提高工作效率，你有没有在你所在的企业内推行过一个新项目？如果有，请举一个例子。”
6	“你怎样鼓励他人去接受一些新的工作方式？请举例说明。”
7	“请说说你和你的团队推行创造性管理方法的例子。你为什么要使用这些方法？”

高分者回答特点：自己策划、组织、引进、使用新方法新观念；宣导改进创新的价值

和必要性；激发大家创新的热情，帮助大家形成创新的紧迫感，使组织中弥漫着创新的气氛；提出制度，通过对工作流程、规章制度、组织结构进行调整，引导员工作出改进。

低分者回答特点：墨守成规，没有支持、鼓励改进的行动；不能发现现有工作方式的可改进之处。

19. 忠诚组织

由于岗位的特殊性，以下各职类的人员相对于其他职类来说，更需要在其岗位中强调忠诚组织的胜任力，相应地，对下面各类招聘岗位的应聘者，需要考察其在忠诚组织方面的表现。这些岗位有：

（1）中层管理人员：企业倡导与员工长期合作，管理干部要认同企业理念，与组织目标保持一致。

（2）市场人员：特别是掌握企业客户资源的市场人员要保密，并忠诚组织，愿意为了企业的事业而努力奋斗，而不会带走客户，为竞争对手提供服务。

（3）物流人员：在与供应商接触的过程中要始终把企业利益放在第一位，忠于自己的岗位，忠于自己的职责，不能贪图个人利益而牺牲企业利益。力争做到材料质量最优、价格最低。

（4）综合管理人员：作为综合管理人员，其对企业的感情会直接影响到他对其他部门人员的服务态度和服务质量。

（5）研发人员：掌握企业技术机密的技术员特别需要对外保密，忠诚组织。

对组织忠诚度高的人往往表现为：认同所在组织的文化、价值观，愿意为了所在组织的事业而努力奋斗，愿意为了所在组织的整体利益而牺牲自己的局部利益；能与组织标准、需要及目标保持一致（见表 1－35）。

表 1－35　忠诚组织面试题目

序号	题目
1	“请举例说明当你的工作和生活发生冲突时，你是怎样处理的？”
2	“请举一个例子，说明你是如何维护所在组织的利益的。”
3	“请你举一个例子，说明为了完成某项紧急的工作，你不得不加班加点来完成。”
4	“请问你有没有及时制止过对企业利益造成重大损失的行为或事件？如果有，请举例说明。”
5	“请问你有没有由于某段时间的工作过于投入，而未能顾及个人生活的其他方面？”
6	“请你举一个例子，说明你积极抓住一切机会为企业争取利益。”

高分者回答特点：认同组织的文化、价值观；把工作放在非常重要的位置，在维护所在组织利益时有突出的行为表现；愿意为了所在组织的事业而努力工作，并表现在日常行为当中。

低分者回答特点：在实际工作中没能够很好地服从企业和上级的决定，在工作中没有把企业的利益摆在第一位。

20. 快速反应能力

由于岗位的特殊性，以下各职类的人员相对于其他职类来说，更需要在其岗位中强调快速反应的能力，相应地，对下面各类招聘岗位的应聘者，需要考察其在快速反应方面的表现。这些岗位有：

（1）物流人员：备件齐全、准确，供料高质、及时是保证生产的前提，因此对于客户任何个性化需求，物流人员都要第一时间作出反应才能确保后面工序的顺利进行。由于供应链涉及的战线长、范围广，突发事件出现的频率相对较高，更需要较强的应变能力。

（2）市场人员：对客户的反应要迅速，有求必应或提前作出反应替客户解决问题。

（3）生产人员：优秀生产人员的一个重要特征就是快速反应，对在工作中需要处理的问题能给予快速及时的反应，或者通过优化工作流程，加快反应速度。

快速反应能力强的人往往表现为工作效率高，不拖沓（见表1－36）。

表1－36　快速反应能力面试题目

序号	题目
1	“请你举一个例子：当客户针对产品的质量问题提出意见时，你当时是怎么做的?”
2	“当客户提出不合理要求时，你是怎样回应的?”
3	“请你举一个例子，说明你是如何落实客户提出的产品研发或服务的要求的。”
4	“请你举一个例子，说明你通过改变部门内部的工作方式，从而提高部门内部的反应速度。”
5	“请你讲述你在过去的工作中遇到的一件事情，当时要求你处理非常紧急的工作内容，而且时间的限制也是不大合情理的。讲讲你当时是怎么做的?”
6	“请你举一个例子，说明你通过制度的形式对某项工作作出规定，以提高部门内部的反应速度。”
7	“请你举一个例子，说明你预先考虑到某些突发情况，并事前做好准备工作。”
8	“你有没有及时处理好工作上的一些障碍，避免给企业造成损失？请举例说明。”

高分者回答特点：善于发现工作中的问题，通过归纳总结，提出合理化建议或方案，简化、优化工作流程，减少不必要的环节，提升工作效率以提高企业或部门的反应速度；预先反应，预知事情的进展及可能带来的风险，第一时间作出反应；及时回应，不延误本身的工作及领导安排的工作，当工作中问题暴露出来时，给予回应，采取行动，解决问题。

低分者回答特点：延误工作，在完成任务或处理问题时工作效率低下，导致执行效果不好，延误工作。

21. 客户导向

喜欢给客户提供优质服务的应聘者能够知道并理解他人的需求。他们以客户需求为重点，主动（无条件付出心力）帮助或服务他人，尊重客户，但并不唯命是从，而是从客户的长期利益出发来解决问题。下面一些问题能够了解应聘者对客户需求的关注程度（见表1－37）。

表 1－37 客户导向面试题目

序号	题目
1	“请讲一个你曾经遇到的问题：和你打交道的一位客户要求解决问题的方法和企业利益发生冲突，你是怎样解决这个矛盾的？”
2	“你是否曾遇到过企业与客户代表在产品质量或其他方面有分歧的情况，你是如何处理的？请举例说明。”
3	“请你描述一个情形，在该情形中，客户提出不合理的要求，并强烈要求你一定要满足他。”
4	“请讲一次这样的经历：你使一个非常不满的客户改变了看法，是什么问题？你是怎样使客户回心转意的？”
5	“相对于技术人员，客户的技术水平是有限的。请举一个你针对技术问题向客户提出建议的例子。”
6	“你做了哪些工作使客户满意度提高了？具体体现是什么？”
7	“讲一次你曾经为了取得与工作有关的目标与客户打交道时作出个人牺牲的经历。”
8	“客户对所发生的事情的判断是完全错误的，你是如何解决这个问题的？请举例说明。”
9	“在技术交流时，客户提出了哪些疑问或问题，你是怎样回答的？”（追问：“请举例，当客户问你一个你不甚清楚的问题时，你是如何处理的？”）

高分者回答特点：主动了解客户潜在需求，设身处地为客户着想，用长远观点解决短期利益冲突，为建立长期友好合作关系超出工作范围地为客户服务。想客户之所想，急客户之所急，追踪与客户的联系情况，主动为客户推荐新方法、新思路解决问题等。

低分者回答特点：在工作中有问题解决问题，对客户的要求和意见不够重视，被动接受客户交代的任务，不能做到以客户为服务中心。

22. 服务精神

作为一个综合管理人员，他的重要角色是为其他业务部门提供服务，他要设身处地为内部客户着想，尽最大努力来满足内部客户的需求。想他人之所想，急他人之所急，主动地提供他们所需，处理抱怨。下面一些问题能够考察应聘者的服务精神（见表 1－38）。

表 1－38 服务精神面试题目

序号	题目
1	“请描述这样一次经历：和你打交道的一位其他部门同事要求解决问题的方法和你所在部门的利益发生冲突。你是怎样解决这个矛盾的？”
2	“在技术交流时，其他部门同事提出了哪些疑问或问题，你是怎样回答的？”
3	“请你描述一个情形：其他部门的同事提出不合理的要求，并强烈要求你一定要满足他。”
4	“请讲一次这样的经历：你使一个非常不满的其他部门的同事改变了看法，是什么问题？”（追问：“你是怎样使他接受你的工作建议的？”）

（续上表）

序号	题目
5	“不同部门的员工对其他部门的工作了解总是有限的，请举一个你需要针对技术方面的问题向其他部门同事提出建议的例子。”
6	“在工作中我们都要为别人做事或提供某种服务，请你讲一件你为其他部门同事提供服务并让对方感到满意的事件。”
7	“讲一次你为了达成与工作有关的目标与其他部门打交道，作出个人牺牲的经历。”
8	“其他部门同事对所发生的事情的判断是完全错误的，你是如何解决这个问题的？请举例说明。”
9	“你是否需要对其他部门的人员提供帮助和支持？如果是，请你举一个例子，你是如何与他们一起沟通与合作的。”

高分者回答特点：主动了解内部客户潜在需求，设身处地为客户着想，想客户之所想，急客户之所急，处理抱怨，主动为其他部门推荐新方法、新思路解决问题等。

低分者回答特点：在工作中对其他部门的要求和意见不够重视，被动接受交代的任务。

23．分析判断能力

当今，如果不知道某位应聘者是否具有材料收集、数据分析和系统推理能力的话，是不能聘用这个人的。分析判断能力强的应聘者经常把事物拆分成小模块来理解，对不同特性或方面进行系统的比较，理性地确定时间顺序、因果关系等。下面的问题可以考察应聘者在这方面的能力（见表1－39）。

表1－39　分析判断能力面试题目

序号	题目
1	“你在解决问题时是凭逻辑推理还是仅凭感觉？请根据你以前的工作经历来谈谈你的体会。”
2	“举一个过去的例子说明，在作出决定时，必须进行认真分析、周密考虑。请说说你作出决定的过程。”
3	“你是否曾经在客户的要求并不非常明确的条件下开发出令客户满意的新产品？请举例说明。”
4	“讲一次你突然接到预想不到的、没有操作说明任务的经历。”
5	“请你举一个例子，当你面对非常棘手的问题时，你是如何分析导致问题的原因的？”
6	“在你的工作中，你根据什么标准决定是否做些不属于你工作任务的项目？”
7	“另一部门的某位员工经常来打扰你部门员工的工作，你有哪些办法可以解决这个问题？你会选择什么办法？为什么？”
8	“请举例说明，当企业生产出来的产品有问题时，你是如何处理的？”
9	“请举例说明，在工作中你发现自己的实施结果与事先计划出现较大的偏差时，你是如何去行动的？”
10	“当你作出决定时，你会从哪些方面考虑这个决定会对企业其他部门产生影响？请举例说明。”
11	“请描述这样的经历：在某一情况下，你需要安排好工作中各项任务，并说明为什么你要这样安排。”

高分者回答特点：采用几种分析技巧把复杂的问题拆分成各个部分，再利用几种分析技巧确定出几个解决方案并权衡其利弊。发现问题或事物的多重关系，把问题拆分成小块，划分出多重因果链来。对障碍具有前瞻性，提前考虑该进行的步骤。

低分者回答特点：能够拆分问题，但没找出问题或事件的基本关系，没有很好区分问题的先后次序或轻重缓急。

24. 关注细节

很多时候，往往是细节决定工作的成败。对细节敏感的应聘者在工作过程中能够注重细微的方面，并把它妥善处理，从而使问题得到顺利解决。由于对细节的关注，他们能提前避免将来可能会出现的问题，让产品或服务尽善尽美，使客户满意。他们对细节敏感，但又不会对其他人的工作吹毛求疵，影响团队工作进展。下面的问题可以看出应聘者关注细节的能力（见表1－40）。

表1－40 关注细节能力面试题目

序号	题目
1	“请你举一个你采用某种详细规范或操作方法的例子。”
2	“工作中经常有些稍不注意就会出错的地方，请举例说明你平时是如何对待这部分工作的。”
3	“请举例说明在工作中，你对细节的关注曾给你的组织带来过好处。”
4	“工作上的很多情况都是发展变化的。请举例说明，你如何了解事情发展状态。”
5	“请你举一个例子：你处理了工作中的细节问题，从而影响了工作的完成进度。”
6	“请讲一次这样的经历：你发现了一个细微方面对产品质量有影响，你当时是怎么做的？”（追问：“你当时是怎么发现它的？”）
7	“请跟我们说说你确保某个项目按质按量完成的经历。”
8	“请用一个例子说说你如何做产品或工艺改进的工作的。”（追问：“你为什么要这么做？”）

高分者回答特点：对工作中细微的方面具有很敏锐的感觉能力，随时了解事情发展的细微动态，重视工作中的细节问题，及时主动处理工作中的细节问题从而圆满地完成工作。

低分者回答特点：注意工作中的细节问题，但是没有切实有效的实际行动，由于细节问题而影响工作的顺利完成。

25. 坚韧性

在激烈的竞争中，只有在艰苦的情况下坚持不懈的人才最有可能成为胜利者。具有坚韧性的人能够在受到挫折的情况下控制自己的不良情绪，顶住压力，克服外部和自身的困难，坚持高品质地完成工作任务。但他们不会在面对有压倒性优势的相反的证据前，还固执己见，他们坚持努力的目的是把工作做得更好。下面的问题可以考察出应聘者是否具有坚韧性（见表1－41）。

表 1－41　坚韧性面试题目

序号	题目
1	“请讲述一下你曾经在工作中面对过的非常大的压力或挫折。”
2	“你接到过的最困难的工作任务是什么？你是如何完成它的？”
3	“工作有闲时和忙时之分，请给我们描述一下你最近经历过的非常紧张和繁忙的时候。”
4	“请讲一件你在工作中与别人产生重大冲突的事情。”
5	“请描述最近一次你经过很大努力才完成的工作。”
6	“请你举一个例子，当你上司给予你完成任务的时限不足时，你是如何处理的？”
7	“请给我们描述一下你完成的、历时最长的工作任务。”
8	“请描述一下这样的经历：尽管其他人反对，但是你还是坚持自己的观点，并把事情继续做下去。”
9	“请描述一下这样的经历：你经过很大的努力使别人参与、支持你的工作，并最终达到预期目的。”

高分者回答特点：接到艰巨的任务后，在非常大的压力下经过长期的努力，克服各种困难，最终完成任务。在受到挫折或批评时，及时反思自己的行为，将注意力放在如何解决问题上。

低分者回答特点：遇到挫折时，个人便感到悲观、失望甚至逃避；面对困难时，要么想退缩，要么出现情绪的波动；当别人不同意自己的主张时，即便认为自己的主张是正确的，也放弃争取他人的理解和支持。

26．严谨稳健

严格按照标准工艺和流程操作能减少工作中人为的失误，保证稳定的产品质量或服务。一个严谨稳健的员工有减少失误及保持高标准工作质量的愿望和能力。他们使工作更有规范、更有秩序并在细节上予以关注。但遇到紧急情况或外部环境发生重大变化时，他们又能适当变通，保证工作顺利完成。下面的问题可以考察应聘者在这方面的能力（见表 1－42）。

表 1－42　严谨稳健面试题目

序号	题目
1	“请你举一个你推行某先进工艺操作的例子。”（追问：“是否制定过相应的操作规范？”）
2	“在财务管理中你如何确保大家都按照操作规范工作？请举例说明。”
3	“请介绍一个你成功管理某项目或工程顺利完成的例子。”
4	“在项目推行过程中，外部环境发生改变时你是如何做的？请举例说明。”
5	“请描述一个情形：企业结构发生调整，你参与了哪些工作？”
6	“你们部门的工作是否因为你的努力而变得更有条理？请举例说明。”（追问：“当时你是如何做的？”）
7	“当部门预算与实际支出有出入时你是如何做的？请举例说明。”
8	“请描述一个情形：你发现了别人做的工作有疏漏，当时你是如何处理的？”

高分者回答特点：严格要求工作的规范流程，随时了解事情发展的细微动态，监督并控制自己和他人的工作是否有序，在工作中善于发现问题并能提出办法从而改进工作。

低分者回答特点：对工作程序和细节能够注意，但处理不及时、不主动从而影响工作的顺利完成。

27. 影响力

作为管理者或是市场人员，影响他人的能力是至关重要的。有影响力的人具有理解他人想法、关注点及其感受，并有效行动的能力，能说服他人信服自己，让他人按照自己的议程或目标规划行动。他们总是在最有价值的工作中施加影响，不会在细枝末节上花费太多的精力和时间。他们追求工作的成功，而非热衷于可能会被认为过于政治化的利益经营。下面的问题可考察应聘者利用自己的影响力开展工作的能力（见表1－43）。

表1－43 影响力面试题目

序号	题目
1	“请举例说明当你对工作的判断与你的行政上级不一致时你是怎么做的。”
2	“请说说你是否想出过某种能够解决你部门问题的主意？”（追问：“你是怎样把你的想法推销给你的老板的？”）
3	“请描述这样的经历：你使别人参与、支持你的工作，并最终达到了预期目的。”
4	“你是否遇到过团队成员（包括本部门内外的成员）中每个人的目标不同，并且也和团队主要任务不相符合的情况，你当时是怎么做的？”
5	“你是怎样使某位雇员来承担更多的责任，或承担他本人认为很难的工作的？”
6	“你是否遇见这样的情形：部门的某位员工不愿意干自己的工作。你采取什么措施来改变这种情况？”
7	“请讲讲你和其他部门同事因部门间工作协调而发生冲突的经历。”（追问：“问题是怎样解决的？你在解决这个问题中起了什么作用？”）
8	“请说说你在工作中遇到的最常见的矛盾和冲突。你用什么方法来解决这些矛盾和冲突？”
9	“描述这样的经历：你手下有一位表现平平的员工。你采用了什么办法来提高他的工作效率？”
10	“请描述这样一种情形：你带着自己特别得意的一项建议去见客户，却遭到了拒绝。请谈一谈你当时是怎么办的以及为什么这么办。”
11	“你是否曾经身处这样一种情形：你对于客户需要和组织能力的了解使你做成了一笔获益极大的交易。”（追问：“客户有什么需要？企业又具备哪些能力？结果是什么样的？”）

高分者回答特点：为企业的未来发展，能运用长期和复杂的政治策略，在影响他人达成目标有困难时，采用多种方法或多个步骤以造成影响，每个步骤都配合特定受众的反应而预先做准备，使得一群人支持一个想法或概念去形成广泛的影响。

低分者回答特点：采用单一次的行动，配合受众层级和利益进行简单的说服和引导。

28. 灵活性

灵活多变的应聘者在维持个人和企业利益的同时，知道如何适时调整他们的办事方式和方法。这样的应聘者知道，人和人之间是有很大区别的，为了把工作做好，管理者得采用不同的办法来使得下属们相互配合，市场人员针对不同的客户制定出不同的销售策略。他们灵活地制订计划，不会过于轻易地改变自己的合理方案去迎合他人的意见。下面一些问题能看出应聘者在这方面的能力（见表1－44）。

表1－44　灵活性面试题目

序号	题目
1	“请举例说明当你对工作的判断与你的行政上级不一致时你是怎么做的。”（追问：“当时你确信自己的判断是正确的?”）
2	“请描述当企业/部门的外部环境发生重大变化时，你如何确保实现企业/部门的战略计划?”
3	“由你主持的印象最深刻的会议是什么样子的？请举例说明。”
4	“请讲讲你曾经改变工作方法来应付复杂工作情况的经历。”
5	“据说有人能从容避免正面冲突，请讲一下你在这方面的经验和技巧。”
6	“请讲讲你曾经遇到的同时接受很多工作任务的经历，这些工作任务的完成期限都非常短，你是怎样设法完成这些工作的?”
7	“干扰是工作中常见的事，过去你用什么方法来减少工作中的干扰?”
8	“请讲述一段你改变原计划，从而最终赢得客户订单的经历。”
9	“请讲述一个因为外部环境发生重大改变，你改变工作计划从而保证企业/部门战略达成的事例。”

高分者回答特点：注重选取解决问题的方法，针对问题本身设定有效解决问题的计划和行动，必要时能对原计划作出全面的调整，经过多次行动达到解决问题的目的。善于借助外力/其他资源来帮助自己有效解决工作问题。

低分者回答特点：在日常工作中会运用一些技巧和措施或采取间接的方式促成工作中小问题的解决。

29. 关系建立

应聘者的交际能力对其工作的最终成功起着举足轻重的作用。据统计，员工被解雇的最主要的原因是和同事或客户处不好关系。有必要看看应聘者这两方面的情况：一是他们对他人的基本观点和看法；二是容忍他人的一些行为以及建立并维持富有成效的工作关系的能力。需要提醒的是对太过于关心使每一个人高兴，或者利用朋友义气串通冒险通过违规行为达到短期工作目标的应聘者要审慎考虑。下面的问题可以考察应聘者在这方面的能力（见表1－45）。

表1－45　关系建立面试题目

序号	题目
1	“你认为这些年来同事对你怎么样？你们平时都是如何交往的？请举例说明。”
2	“工作之外的时间里，你怎样处理与客户的关系？请举例说明。”
3	“在和一个与你兴趣和其他方面有很大不同，或者令你厌恶的人一起工作时，你是怎样处理和他在工作中的冲突的?”

（续上表）

序号	题目
4	“作为团队一员，请你说说你遇到的最具有挑战性的事情是什么？”（追问：“请举例说明工作内外你们是怎样紧密合作的。”）
5	“想想你共事过的老板，他们工作中各自的缺点是什么？”
6	“在你以前的工作中，你发现和什么样的人最难相处？为了和这种人共事，并使工作效率提高，你是怎样做的？”
7	“请描述一下这种情形：你听到上级在谈论你某个同事的过失和不足，当时你怎样处理这件事？”
8	“请描述这样一种情形：因为某个客户的帮助才使得你顺利完成了工作。”（追问：“你们平时都是怎么交往的，你觉得是什么让他愿意帮助你？”）

高分者回答特点：高度重视关系建立在工作开展中的重要性，有目的、有计划、有针对性地搭建人际关系网络，积极参与定期的社交活动，巩固个人之间的友谊，建立融洽、温暖的合作关系，为将来工作的顺利开展奠定基础。

低分者回答特点：除了工作中所要求的接触外，采取非正式的方式与他人交流。

30. 策略思考

统揽全局的应聘者能够看出复杂的问题，并能找出解决问题的长远办法。这样的应聘者总是围绕着企业整体目标的实现，而不是个人目标的实现来开展工作的。把长远的计划目标与日常工作中的具体事务联系起来的应聘者，会把精力放在提高企业的服务、促进企业的发展和提高企业的利润上。并且他们不会把事情变得过于复杂，对自己和他人提出不合理的高标准。下面一些问题能看出应聘者在这方面的能力（见表 1－46）。

表 1－46 策略思考面试题目

序号	题目
1	“讲讲这样的经历：你发现企业的政策和业务有重大问题或错误时，你向企业推荐了什么样的解决问题的办法？”
2	“请讲讲企业的哪些目标曾经交由你们部门来实现，你和你的员工怎样认识到那些目标的重要性？”
3	“请讲讲这样的经历：你在处理一个特别重要的问题时，又出现了新的危机，你是如何处理的？”
4	“你如何确保企业的观点、任务和目标能够反映到你和你的员工的工作中？”
5	“请说说这样的经历：有一个很大的难题困扰着企业的发展，你参与了这个难题的解决，并作出了某些贡献。”
6	“当你作出决定时，你会从哪些方面考虑这个决定对企业其他部门产生影响？”
7	“请给我们详细描述一个你做部门年度/月度计划的例子。”
8	“请给我们讲讲这样的经历：如何做一个项目的策划工作。”（追问：“当时你是怎么想的？”）

高分者回答特点：了解大环境条件的变化（政治、经济、文化、军事等）和长远发展目标的要求对日常工作可能产生的影响。检讨当前的策略和工作部署，分析短期目标是否有助于实现长远规划。在对发展机会和具体项目作出选择和判断时，有宏观和整体的考虑，并反映在具体的工作安排中。不因为短期业绩压力而忽略长期发展策略的要求。

低分者回答特点：了解短期利益与长远目标间的关系，清楚自己部门的工作在组织整体发展中的位置和作用。

31. 诚信正直

正直，对成年人来说，这种品格体现在日常决定和行为中。当工作涉及管理他人的财物时，企业在选择这类人员时需特别小心谨慎，一般都要求这样的人员在人品上要正直、诚实。因此，在物色应聘者时，要找那些忠于客户、同事和企业利益的人。下面一些问题能够了解应聘者在这方面的情况（见表1－47）。

表1－47 诚信正直面试题目

序号	题目
1	“请讲一个你曾经遇到的不忠于企业和主要客户利益的人，你是怎样对待他的？”
2	“请讲一次你的正直受到挑战的经历。”
3	“请你讲一件你的同事很不道德的事，你为什么认为那种行为不道德？”
4	“请讲讲这样的经历：别人让你帮忙给客户撒一个谎，你是怎么做的？”
5	“请讲讲这样的经历：尽管其他人反对，但是你还是坚持自己的观点，并把事情继续做下去。”
6	“请给我们描述一个你因为说谎而使事情顺利完成的例子。”（提示：“说自己从没有遇到此类情形者一般是没有诚实地回答，建议继续考查其诚信度。”）
7	“请描述：发生了一件事故，牵涉到你们部门，当时你是如何处理这件事情的？”

高分者回答特点：不畏惧权威或上级，在压力情况下行动时，坚决保持行动与原则、信念相一致，不为利益所诱惑。十分明确自己应该遵守的原则和信念，敢于公开承认并付诸行动。

低分者回答特点：具有基本的职业道德，在工作中能做到不违规操作。

以上便是基于胜任力的结构化行为面试基本要点及相关题目，在具体实际甄选过程中可视情况而适当调整合理运用。由于结构化面试是面试官对不同的应聘者提出相同的问题，问题评分标准确定，所以更加规范、客观，能够很好地提高面试的效率。

1.4 云服务平台的招聘管理系统

1.4.1 招聘准备管理系统

招聘准备管理系统包括两个模块：①人员增补申请表；②招聘计划。如图1－3所示。

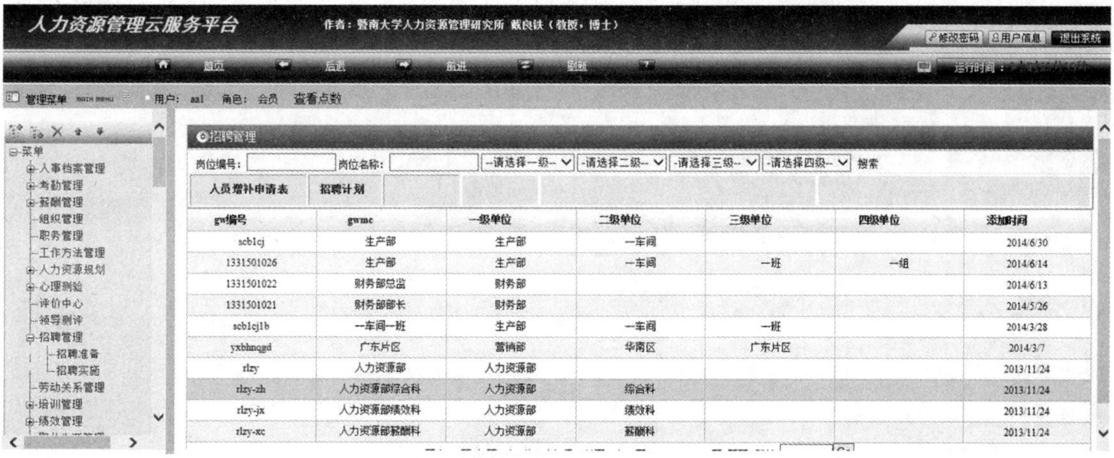

图 1－3 招聘准备管理系统 2 个模块

1. 人员增补申请表

（1）打开菜单，点击“招聘准备”，进入图 1－3 页面。

（2）在部门列表中点击“人力资源部”，使得该行颜色变深，再点击上面的“人员增补申请表”，进入“人员增补申请表”新增或修改页面，点击“新增（修改）”按钮，进入图 1－4“人员增补申请表”页面，输入或修改“人员增补申请表”的信息。

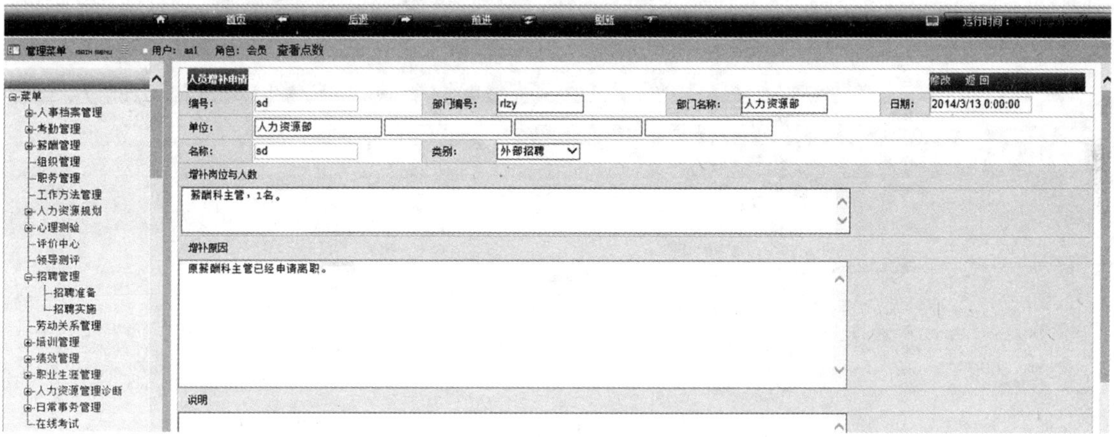

图 1－4 人员增补申请表

2. 招聘计划

（1）打开菜单，点击“招聘准备”，进入图 1－3 页面。

（2）在部门列表中点击“人力资源部”，使得该行颜色变深，再点击上面的“招聘计划”，进入“招聘计划”新增或修改页面，点击“新增（修改）”按钮，进入图 1－5“招聘计划”页面，输入或修改“招聘计划”的信息。

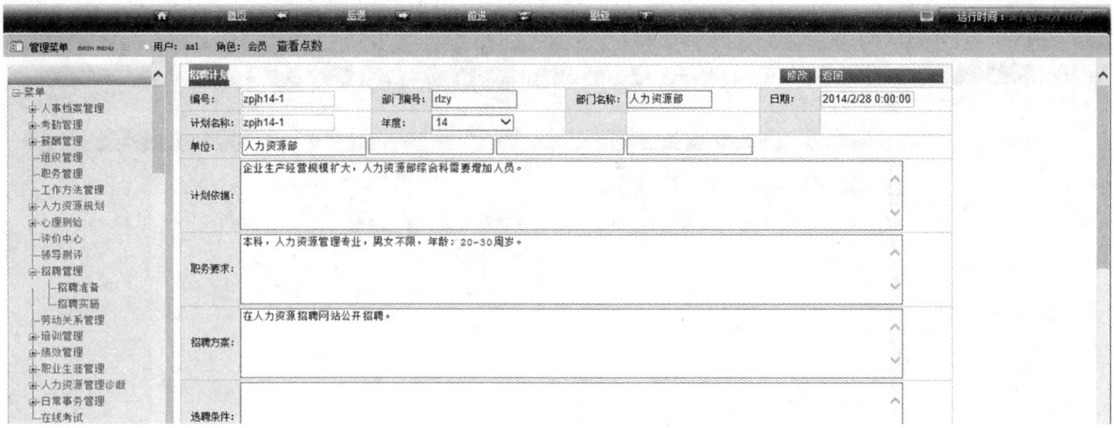

图 1－5　招聘计划

1.4.2　招聘实施管理系统

招聘实施管理系统包括三个模块：①应聘者审核；②一般面试；③结构化面试，如图 1－6 所示。

图 1－6　招聘实施管理系统 3 个模块

1. 应聘者审核

（1）打开菜单，点击“招聘实施”，进入图 1－6 页面。

（2）在员工列表中点击“万五十九”，使得该行颜色变深，再点击上面的“应聘者审核”，进入“应聘者审核”新增或修改页面，点击“新增（修改）”按钮，进入图 1－7“应聘者审核”页面，输入或修改“应聘者审核”的信息。

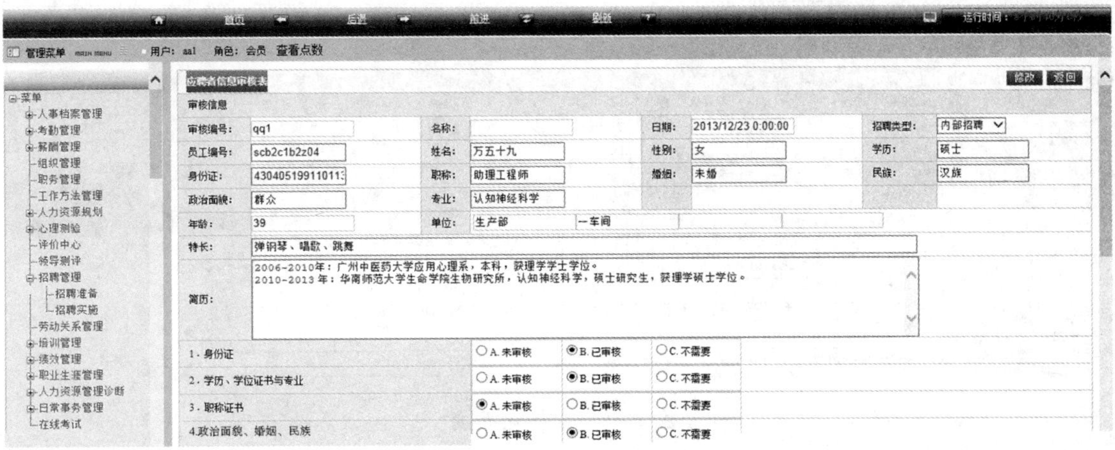

图 1－7　应聘者审核

2. 一般面试

（1）打开菜单，点击“招聘实施”，进入图 1－6 页面。

（2）在员工列表中点击“万五十九”，使得该行颜色变深，再点击上面的“一般面试”，进入“一般面试”新增或修改页面，点击“新增（修改）”按钮，进入图 1－8“一般面试”页面，输入或修改“一般面试”的信息。

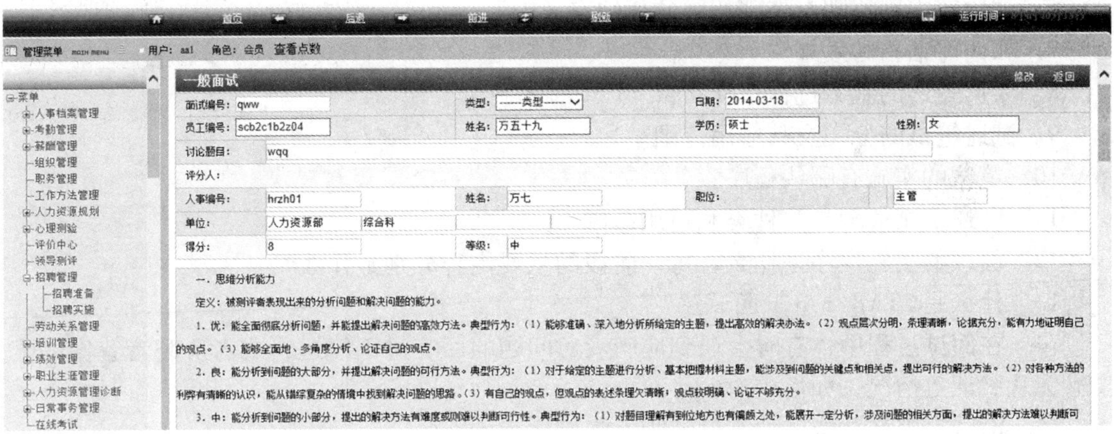

图 1－8　一般面试

3. 结构化面试

（1）打开菜单，点击“招聘实施”，进入图 1－6 页面。

（2）在员工列表中点击“万五十九”，使得该行颜色变深，再点击上面的“结构化面试”，进入“结构化面试”新增或修改页面，点击“新增（修改）”按钮，进入图 1－9“结构化面试”页面，输入或修改“结构化面试”的信息。

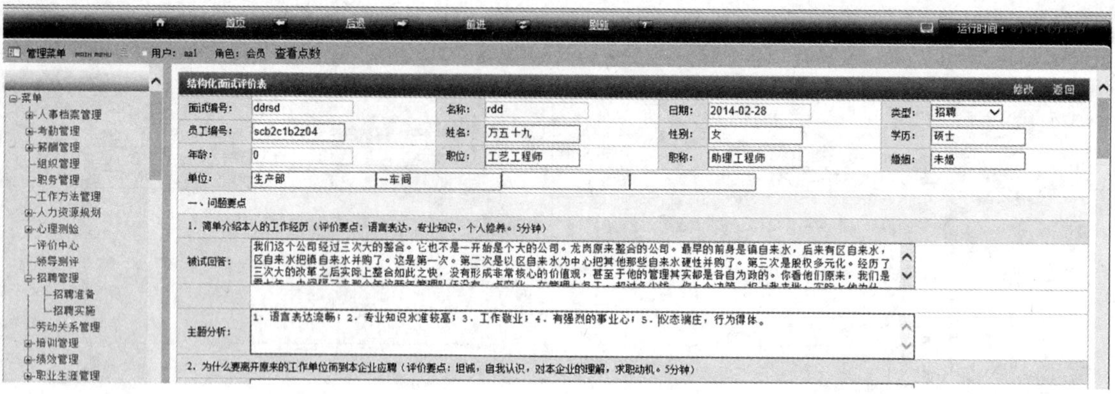

图1-9 结构化面试

思考题

1. 招聘的概念、目标和基本原则是什么？
2. 招聘的基本步骤有哪些？
3. 常见的内部招聘方式有哪些，每种方式的优缺点是什么？
4. 发布招聘信息的方法有哪些，每种方法的优缺点是什么，适用对象是什么？
5. 通过人才市场招聘时，在报名登记和初次面谈中一般需要做哪些工作？
6. 试比较内部招聘与外部招聘的优缺点。
7. 如何评估招聘效果？
8. 人员甄选的基本过程是什么？
9. 试述笔试的分类及其适用范围。
10. 笔试的实施有哪些程序？
11. 试述面试的含义、种类和适用范围。
12. 面试的实施程序是什么，每一阶段的主要内容分别是什么？
13. 什么是STAR/FACT面试法？
14. 在面试过程中，有时会遇到应聘者对问题的回答过于简短，或者应聘者答案的真实性无从验证等情况，如何应对？
15. 面试官怎样才能做到有效倾听？需要注意什么？
16. 面试官在观察时有哪些注意事项？
17. 什么是面试评估中常见的误区？
18. 什么是基于胜任力的结构化行为面试？依据的假设是什么？
19. 基于胜任力的结构化行为面试有哪些特点？
20. 基于胜任力的结构化行为面试的基本要点有哪些？

2　绩效管理

本章提要

绩效管理是企业管理的核心功能，是人力资源管理的重要基石。实施绩效管理，从某种意义上说，是企业对自己目前现状作出的反思与展望。做好绩效管理，有利于企业发现问题，及时调整，积蓄力量以便更快更高效地发展。所以，不管组织规模大小，也不管业务模式是简单还是复杂，只要企业雇用了一定数量的员工，有效的绩效管理都是必需的。可以说，一切始于绩效管理。本章将分九节，围绕诸如“我们需要员工做什么”、“我们如何评估员工的工作绩效”、“我们如何设计和实施相关的制度来提升绩效标准”等问题对绩效管理进行具体深入的说明。

2.1　绩效管理概述

2.1.1　绩效管理的概念

绩效管理在人力资源管理中是很重要的一个环节，因为绩效管理给人力资源管理各个方面提供反馈信息，它是整个系统必不可少并与各个部分紧密联系在一起的，它是工资管理、员工晋升、人员使用、员工培训、职业生涯管理的主要依据，是调动员工积极性的重要环节。

企业绩效管理的功能包括三个层次。从战略层次看，绩效管理体系能够将员工的工作活动与企业的战略目标联系起来，通过提高员工的个人绩效来提高部门的工作绩效，进而提高企业的运作绩效；从职能管理层次看，绩效管理体系可以对员工的绩效表现给予评价，有利于发现、培养和提拔专业骨干和管理人才，作为企业作出薪酬、晋升和解雇决策的重要依据，从而提高人力资源的管理效率；从个人激励层次看，绩效管理体系能够帮助企业发现员工的不足之处，进而有针对性地对员工进行培训，通过提高员工的知识、技能和素质来促进员工的个人发展。

2.1.2　我国企业绩效管理中普遍存在的问题

1. 战略目标没有被层层分解到所有员工身上

绩效管理是战略实施的有效工具，战略能否落实最终体现在目标能否层层分解到每位员工身上。战略稀释现象的发生，究其原因最主要的还是绩效目标的分解存在问题，即各部门、各职位的绩效目标不是从企业的战略目标逐层分解得到的，而是根据各自的工作内容提出的。绩效管理与战略实施发生了脱节现象，不能够引导所有员工趋向组织的目标，最终导致企业战略目标落空。

2. 没有融入人力资源管理系统中

人力资源管理系统包括工作分析、培训与开发、薪酬管理、员工关系管理等。绩效管理与人力资源管理系统的其他职能都是密不可分的。工作分析为绩效考核的内容提供了依据，绩效考核的结果可以为培训与开发的内容提供依据；绩效考核的结果直接影响了薪酬管理，而绩效考核的过程及结果的公正程度又影响员工关系管理。由此可见，人力资源的各个职能都是一个有机的整体，是不能被割裂的。绩效管理要融入人力资源管理系统中，才能发挥出其应有的功效。

3. 忽视员工的参与

绩效管理的关键作用是促进员工绩效的不断提升和技能的不断提高。员工作为绩效管理的主体之一，参与绩效计划、绩效辅导以及绩效评价和反馈的全过程是非常必要的。绩效计划是绩效管理的第一阶段，其主要内容包括绩效考核目标、考核周期、考核主体、考核方式。绩效计划应该是管理者与员工共同参与制订的。因为只有得到了员工的认可和支持，绩效计划才有可能完成。很多企业在绩效考核结果出来后，忽视与员工的交流，使考核行为成为一种暗箱操作，员工无从知道自己哪些方面被肯定，哪些方面需要改进。在现实的绩效管理中，很多企业都忽略了员工的参与，将绩效管理作为企业单方面的产物，这种管理方式是没有生命力的，只能流于形式。

4. 考核指标体系设计的不科学

考核指标体系设计的不科学直接导致了绩效考核的失败，它的重要性是不言而喻的，因此要选择对岗位有关键作用的指标。关键绩效指标（KPI）的选定不仅能很好地考核绩效，还能对员工的行为起到引导作用。此外，考核的指标要尽量标准化和可量化，有的企业绩效考核标准比较模糊，对于某些指标，如工作责任感如何算“强”，工作积极性如何算“高”，考核体系中缺乏明确的说明，从而造成绩效考核标准设计不科学，表现为标准欠缺、标准与工作的相关性不强、操作性差或主观性太强、过于单一和标准没有量化等形式。以欠缺的标准或不相关的标准来对被考核者进行考评，容易导致不全面、非客观公正的判断，模糊的绩效考核指标很难使被考核者对考核结果感到信服。

5. 考核者单一及考核者自身缺陷

一般来说，考核者为被考核者的直接上级，而主管不可能完全得知员工的信息，在信息不对称的情况下，主管很难得出客观可靠的结果。此外，单一的考评者也容易导致考核的不客观，很多主管考核员工仅仅依靠他们的个人好恶。从另一方面说，员工对考评结果存在的不满可能会转嫁到主管身上，而主管会从避免下属对自己产生不满的角度而不敢也不愿真实表达自己的考评意愿，大多数都会得出一个中庸的分数，使绩效考核失去最初目的。此外，除了考核者单一外，考核者在对员工的绩效进行评估时，会不自觉、下意识地出现各种心理上和行为上的错误举动，这类错误一般包括晕轮效应、首因效应、近因效应、相似效应等，这些错误都使得主管的考核缺乏客观性和科学性。

2.1.3 解决问题的基本思路

1. 强化目标分解

将企业的战略目标层层分解，落实到各个单位、部门、岗位，形成具体可行的阶段性战术目标，让所有的员工清楚哪些行为是组织期许的，哪些行为是与组织目标背道而驰的。

2. 将绩效管理有效融入人力资源管理系统中

绩效管理的目标要参照企业战略，工作分析的结果要应用到绩效考核中。绩效考核的结果可作为晋升和奖金的依据，绩效管理要积极实现与人力资源其他职能的结合，使得人力资源管理形成系统。

3. 切实保障员工参与绩效管理

企业要积极鼓励员工参与绩效管理，与他们一起进行目标分解与落实，消除抗拒感，让他们对本岗位的责任、目标有明确的认识，对企业产生归属感，在工作中有成就感。

4. 科学设定评价指标

评价指标要选择能对岗位起到关键作用的因素，即选择关键绩效指标（KPI）。此外，指标设定还要尽量标准化、数量化，使考核更客观具体并具有说服力。主管应记录每个员工的日常工作作为和关键行为，使之形成一种制度，从而使考核有依有据而更公平、公正。

5. 科学选择考核者并对考核者进行培训

考核者的单一不可避免地导致了考核结果的不客观，一个员工的工作表现不只是其主管可观察到的。要想科学全面地评价一位员工，往往需要从多视角来观察和判断。我们可选择实施360度的考评方法。考核者一般应该包括被考核者的上级、同事、下属，被考核者本人以及客户等。除了科学地选择好考核者外，还要对考核者进行相应的培训，从考核的目的、方式以及考核指标等各个方面培训考核者。通过对考核者一系列的心理评价误区进行培训也能大大提高考核的科学性。

2.1.4 绩效管理的一般程序

一般来说，绩效管理应包括绩效计划、绩效实施与辅导、绩效评估、绩效反馈、绩效评估结果的运用五个环节，如图2－1所示：

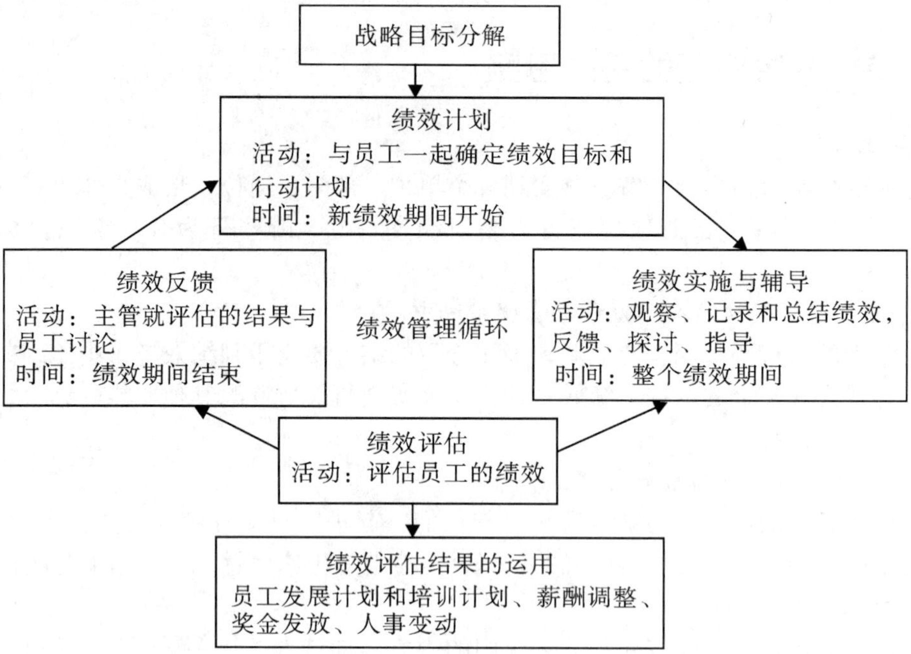

图 2－1　绩效管理流程图

1. 绩效计划

绩效管理过程由首尾相连的四个环节（绩效计划，绩效实施与辅导，绩效评估，绩效反馈）构成。在这一循环过程中，绩效计划是第一个环节，发生在绩效管理周期开始的时候，因此可以说是整个绩效管理过程的起点。制订绩效计划的主要依据是组织目标以及工作单元的职责。绩效计划是管理者和被管理者根据组织目标、本工作单元的业务重点与工作职责共同讨论，以确定被管理者在考核期内应该完成什么工作和达到什么样的绩效目标的过程。在绩效计划阶段，最关键的是管理者与被管理者在对被管理者的绩效期望问题上达成共识，并在共识的基础上使被管理者对自己的工作目标作出承诺，最后就被管理者的工作目标和标准形成契约。在这一过程中，管理者与被管理者间的双向沟通，共同投入和参与是进行绩效管理的基础。作为绩效管理的起点，绩效计划阶段是绩效管理循环中最为重要的环节。这一阶段的主要任务就是根据企业战略及年度经营计划和管理目标，围绕部门的业务重点、策略目标和 KPI 制订部门的工作目标计划，将部门目标层层分解到具体员工，以形成员工的绩效目标和标准。

2. 绩效实施与辅导

绩效实施与辅导阶段在整个绩效管理过程中处于中间环节，也是绩效管理循环中耗时最长的一个环节，这个过程的好坏直接影响着绩效管理的成败。此阶段的主要工作是：

（1）强调被管理者与管理者之间形成绩效伙伴关系，进行不断的绩效沟通，管理者要对被管理者的绩效工作进行指导和监督，对发现的问题及时解决，并根据实际情况对绩效计划进行调整。

（2）技术准备。包括拟定、审核考核标准，选择或设计考核方法与工具，培训考核人员等。

（3）收集信息资料。能否收集考核信息成为考核是否可信和有效的必要前提，一般来说信息资料可以从以下途径获得：考勤记录、工作日记、生产报表、备忘录、现场视察记录、立功记录、事故报告等。

3. 绩效评估

在绩效评估阶段，管理者要依据绩效计划阶段所确立的标准和辅导阶段收集的数据来对被管理者在考核期内的绩效进行评价。

4. 绩效反馈

考核结果出来以后，管理者必须与被管理者进行面谈，让其了解自己的工作情况。通过绩效反馈面谈，被管理者不仅可以了解自己的工作绩效，认识到有待改进的方面，而且通过与管理者的沟通，还可以就下一个绩效周期如何改善绩效达成共识，取得上级的支持和帮助，制订切实可行的绩效改善计划。这样，通过绩效反馈面谈，使员工也参与到绩效管理过程中，不仅可以使员工了解主管对自己工作绩效的看法，及时得到工作结果的反馈信息，增强工作的内在激励程度，从而提高员工对绩效管理制度的满意度；而且，绩效面谈也是双方共同确定下一个绩效管理周期目标和改进点的重要方式。所以，在绩效管理过程中，上一个周期的绩效反馈面谈与下一个周期的绩效计划往往是合二为一的，从而构成一个完整的绩效管理循环。

5. 绩效评估结果的应用

绩效评估结果的应用不是绩效管理过程的环节，但绩效评估结果是否应用到人力资源管理的其他领域是影响绩效管理成功与否的一个至关重要的因素。在这个绩效管理循环中所得到的绩效评估结果有多方面的用途：

（1）绩效评估结果可以用于员工工作绩效和工作技能的提高，通过发现员工在完成工作过程中存在的困难和工作技能上与标准、要求的差距，制订有针对性的员工发展计划和培训计划，提高培训的有效性。

（2）绩效评估结果可以公平地显示出员工对公司所作贡献的大小，可以为员工的奖惩提供客观依据，从而增强奖酬分配的公平性。

（3）根据绩效评估结果，也可以发现员工是否适应现在的职位，根据对员工工作绩效的跟踪，为每一个员工建立绩效档案，根据一定时期员工工作绩效高于或低于绩效标准的程度，进行相应的人事变动，从而做到适才适用，实现员工与岗位间的最佳匹配。

（4）绩效评估结果可以为员工职务晋升或调迁提供依据。

2.2 绩效计划的制订与实施

绩效计划是指绩效考核双方在充分沟通的基础上，为落实企业经营计划，实现经营目标，明确员工在考核期内应该做什么工作以及将工作做到什么程度（也就是明确绩效目标）而约定的绩效标准。具体而言，绩效计划是指导员工绩效行为的一份计划书。通过绩效计划，员工可以明确绩效周期中的工作重点和绩效目标，了解可能遇到的困难和组织承诺的资源支持。绩效计划的最终目的是保证不同考核对象绩效行为的一致性，即实现战略目标对员工绩效行为的导向作用。

2.2.1 绩效计划的特点

1. 绩效计划是关于工作目标和标准的契约

在制订绩效计划期间，管理者与被管理者必须对被管理者的工作目标和标准达成一致并签订绩效契约。在绩效契约中，应包括以下几个方面的内容：①被管理者在本绩效管理周期内的工作目标是什么？②每项工作要达到什么样的结果？③每项工作完成的期限是什么时候？④各项工作目标在绩效结果中的权重怎样？⑤如何对这些工作结果进行衡量，评判的标准是什么？⑥需要组织提供哪些资源和支持？⑦从什么地方获取工作结果的信息？

绩效契约常以目标任务计划沟通书的形式出现，目标任务计划沟通书中常包含以上各项内容，管理者与被管理者双方在以上诸方面达成一致后需签字认可，作为被管理者开展工作以及绩效周期结束时对其绩效完成情况进行评价的依据。

2. 绩效计划是一个双向沟通的过程

建立绩效契约是一个双向沟通的过程，所谓双向沟通意味着在绩效计划过程中，管理者与被管理者双方都有责任，建立绩效契约不仅仅是上级管理者单方面地提出工作要求，下级必须被动地去执行，也不仅仅是被管理者自发地设定工作目标，而是双方共同讨论，就被管理者的工作目标、时限、标准、所需资源取得一致意见的过程，离开了双方积极主动的心理参与，这一过程是难以实现的。

在这一双向沟通的过程中，管理者要向被管理者解释和说明的是：①在下一个考核周期内组织的目标是什么？②为了完成组织的整体目标，我们部门或团队所承担的任务是什么？③为了保证我们部门或团队任务的完成，希望被管理者完成的工作任务是什么？④被管理者所承担的工作任务应达到什么标准？⑤各项任务应在什么期限前完成？

被管理者需要说明的是：①自己对未来绩效周期内的工作目标是怎么认识的？②有哪些不理解或不清楚之处？③自己准备如何完成这些工作目标？④完成工作过程中可能会遇到哪些困难？有哪些顾虑？⑤需要组织及相关岗位提供什么样的资源和支持？

3. 绩效计划特别重视员工的参与和承诺

社会心理学关于态度改变的研究表明，当人们参加了某项决策的制定过程时，与没有参与这一过程相比较，他们会倾向于更加坚持这一决策，面临不同的立场挑战时也不会轻易放弃原来的立场，参与程度越大，态度改变的可能性越小。除参与程度外，影响态度改变的另一重要因素是承诺程度，即是否对某一观点和立场公开表明了自己的态度，因为人们有一种维护自我形象一致性的需要，遵守自己的承诺有助于维护自我形象的一致性，否则容易产生心理失衡。

2.2.2 绩效计划的制订流程

绩效计划的制订可以分为两大阶段：绩效计划制订的基础性工作和绩效计划的制订。

绩效计划的基础性工作是实施绩效考核的基础，是绩效计划制订的前提条件。若基础性工作不扎实，就难以制订有效的绩效计划。

一、绩效计划的基础性工作

绩效计划的基础性工作是实施绩效考核的前提。具体包括制定明确的战略、理顺核心业务流程、进行清晰的职责划分、健全相关的制度体系、进行绩效计划制订的宣传与培训。

1. 制定明确的战略

绩效考核是企业战略管理的重要工具，绩效计划是企业战略的细化。企业经营计划、部门绩效计划和个人绩效计划构成了绩效计划体系，自上而下形成了对企业战略的层层分解，将绩效责任逐层落实。绩效计划的制订必须有战略目标作为依据，否则制订的绩效计划可能会偏离企业的发展方向。企业经营计划在本书中不再探讨。

2. 理顺核心业务流程

核心业务是实现企业战略目标的载体，核心业务流程是企业的价值创造链。企业战略目标的分解是在明确战略目标产出的基础上，根据核心业务流程逆向分解，形成阶段性目标，明确关键绩效控制点，进而明确关键绩效影响因素和绩效驱动因素，最终将战略目标分解成可以由具体岗位承担的绩效目标。如果核心业务流程不合理，那么战略目标就可能得不到有效的分解、落实，也就难以保证绩效计划的科学合理性。

3. 进行清晰的职责划分

绩效计划是自上而下的战略目标分解过程，同时也是根据职责划分落实绩效责任的过程。根据主要业务流程可以将战略目标细化、具体化，但责任主体的落实必须有相应的职责划分作为依据，否则会出现绩效计划制订的随意性，影响绩效责任的落实。

4. 健全相关的制度体系

制度是企业运行的重要保障，制度化是现代企业管理的主要特征之一。健全与绩效计划制订相关的制度体系，首先要建立健全的企业绩效考核体系，将绩效考核各环节制度化，作为绩效考核实施的有效保障；其次，要建立健全的企业战略管理体系、预算管理体系、财务管理体系以及人力资源管理的薪酬、培训、职业生涯管理、职位管理等相关管理模块，与绩效考核体系构成一个相互联系、相互支撑的管理体系。

5. 进行绩效计划制订的宣传与培训

要制订有效的绩效计划，必须使管理人员和员工认识到绩效计划的重要意义。只有在思想上认识到绩效计划的意义，他们才能真心参与其中，将绩效计划的制订作为自己工作的一部分。

另外，企业应做好绩效计划制订的相关培训，主要是对管理人员进行绩效计划制订的流程、技巧和方法的培训。各级管理人员是绩效计划制订的关键，承担着企业战略目标的具体分解、任务落实。

二、绩效计划的制订

绩效计划的制订就是明确绩效目标、落实绩效责任的过程。绩效计划的制订是一个复杂的管理过程，需要所有人员投入较大的精力，需要遵照一定的程序。绩效计划分为企业经营计划、部门绩效计划和个人绩效计划三个层次，各级绩效计划均是来自上一级绩效计划的分解，形成对上级绩效计划的有效支撑，所以绩效计划的制订必须遵守自上而下的形式。

1. 部门绩效计划的制订

部门绩效计划在绩效计划体系中起着承上启下的作用，是企业经营计划的细化，又是个人绩效计划制订的依据。部门绩效计划的制订具体分为：

（1）进行绩效计划沟通。绩效计划沟通是制订部门绩效计划的首要环节，是指围绕部门“绩效”进行一系列沟通交流，一般在部门负责人与部门主管领导之间进行。

部门绩效计划沟通的主要内容有：①企业战略目标和经营目标。主管领导应向部门负责人介绍企业的战略规划和年度经营目标，使其了解企业的经营目标和年度工作重点，形成对企业经营计划的统一认识。②部门职责。双方应对部门的主要职责进行重新认识，明确部门的职能定位，就部门的核心职责达成统一认识。③部门上期绩效情况。对上期绩效计划履行情况进行回顾，是绩效计划沟通的主要内容之一。沟通时，应对绩优表现予以肯定，使之得以继续维持；对绩效不足应形成统一认识，制定有针对性的绩效改进措施，鼓励绩效得以持续提升。④部门本期工作重点。部门工作重点主要是指根据企业年度工作计划和部门职责确定的需要在本期开展的工作。部门负责人应向主管领导汇报部门工作重点，并就此达成一致意见。

（2）确定绩效要项。绩效要项是部门绩效考核的主要内容，是部门重点工作的体现。绩效要项由绩效指标和工作计划要项组成。关键绩效指标主要来自企业战略目标的分解，并不能涵盖部门所有的主要工作和核心职责。基于核心职责提炼的绩效指标和工作计划要项可以有效地弥补关键绩效指标的不足。

（3）制定工作目标和绩效标准。制订部门绩效计划的关键是绩效要项的选择和绩效目标、绩效标准的制定。绩效要项只是明确了部门工作重点和绩效衡量维度，对于各项指标和工作计划需要达到的期望并没说明；而工作目标和绩效标准则是对绩效目标的描述，明确了应实现的绩效水平和绩效目标，指明了工作努力方向和关键绩效控制点。

（4）确定绩效要项权重。绩效要项权重是绩效要项重要性的体现，有利于明确部门核心工作。绩效要项权重应在双方协商一致的基础上确定，使双方对部门工作形成更为一致的认识，有利于提高管理效率。

（5）明确所需资源和变更机制。为保证绩效计划的顺利实施，制订绩效计划时应明确绩效计划实施所需的资源支持和绩效计划的变更、调整机制。

部门绩效计划的实施往往受到资金计划、预算计划和企业经营策略的制约以及部门人员素质的影响，部门负责人在根据企业和部门实际，分析部门优劣势的基础上，应明确实施绩效计划时可能遇到的阻力和困难以及所需的资源支持；主管领导在职责范围内对可以提供的支持应予以承诺，不确定的应积极协商解决，为绩效计划的有效实施提供保证。另外，部门绩效计划受企业战略目标和经营计划影响。应明确绩效计划的变更机制，以确保企业经营和工作重点以市场为导向，保证企业绩效压力传导机制的灵敏性，同时也是绩效考核公正、公平的保证机制之一。

（6）绩效计划的审核。绩效计划的审核除了关注绩效计划的科学性、合理性和可行性外，还要重点审核各部门之间绩效计划的系统性，要保证企业经营计划分解到位，责任明确，工作无遗漏；部门之间工作有衔接，无交叉，职责明确，分工合理。

2. 个人绩效计划的制订

个人绩效计划具体分为：

（1）进行绩效计划沟通。绩效计划沟通也是个人绩效计划制订的基础。绩效计划沟通是员工与直接上级就以下内容达成共识的过程。主要包括：①企业、部门绩效信息。为了使员工的绩效计划与组织的绩效目标相一致，在制订绩效计划前，员工及其直接上级需要重新回顾企业的战略目标、年度经营计划，保证让员工了解企业的战略目标和年度经营计划，使其在工作中保持正确的绩效方向。另外，部门的绩效计划是根据企业整体目标分解而来的，是部门工作重点的体现，和员工的绩效紧密联系。沟通企业、部门的绩效信息有利于使员工更好地了解自己的绩效目标。②岗位信息。岗位信息包括岗位职责、任职条件、工作关联性等，基本是岗位说明书所体现的内容。将岗位信息作为出发点设定员工工作目标，可以保证个人的工作目标与职位的要求相联系，也是保证部门内部职责分工明确的必要环节。③上期绩效。员工每期的工作目标通常是连续的或相关联的，因此在制订当期绩效计划时，有必要回顾上期绩效计划的完成情况。而且，上期存在的问题和有待进一步改进的方面也需要在本期绩效计划中得到体现，确保绩效改进计划的有效实施与落实。

（2）确定绩效指标。员工绩效指标主要来自三方面，根据部门绩效计划分解的关键绩效指标和重点工作，基于岗位核心职责提炼形成的绩效指标，以及根据上期绩效考核结果制订的绩效改进计划。除了工作业绩指标外，企业还可以根据管理需要，设置相应的态度指标和能力指标，作为员工绩效计划的一部分。各项绩效指标的制定具体见下一节的相关内容。

（3）确定绩效目标和绩效标准。员工绩效目标和绩效标准的制定应坚持共同协商的原则，绩效目标和绩效标准必须得到双方认同。绩效指标、绩效目标和绩效标准的确定，可以在绩效计划沟通的基础上，先由员工根据实际自行制定，然后再与上级协商确认，以提高管理效率。

（4）确定绩效指标权重。员工绩效指标权重与部门绩效要项指标权重，要遵循协商一致的原则。

（5）确定所需资源支持和变更机制。所需资源主要是指组织在员工执行绩效计划时可以提供的各种支持与服务。制订绩效计划时，员工直接上级需要了解其执行计划时可能遇到的困难和障碍，对遇到的障碍和困难，企业和部门应该尽可能地提供帮助以及各种资源支持。另外，为保证绩效计划的有效性和绩效考核的公正性，绩效计划的制订还应明确绩效计划的变更、调整机制，规范绩效计划的变更调整程序。

（6）绩效计划的审核。员工绩效计划的审核需要重点关注：①绩效计划的合理性和可行性；②绩效计划的完整性，确保可以反映员工的主要业绩；③员工之间绩效计划的衔接和关联性，确保部门绩效目标分解无遗漏，员工职责无交叉。

2.2.3 绩效计划的实施与管理

绩效计划的实施是指绩效计划的具体执行、落实，是实现绩效目标的过程。绩效计划的实施不仅仅是绩效考核对象的事，还是与绩效计划有关人员的共同责任。绩效计划管理是围绕绩效计划开展的一系列管理活动，包括绩效计划的执行者也包括绩效计划本身。

绩效计划的实施与管理决定着绩效计划的落实和绩效目标的实现，是绩效管理的重要环节。绩效计划实施与管理的最终目的是保证绩效计划的有效落实以及绩效目标的实现。

要实现绩效管理的目的，必须将绩效计划的实施与管理作为企业日常工作。从实践中看，绩效计划的实施与管理始终是围绕绩效信息展开的，所以绩效计划的实施与管理的主要工作可以概括为绩效沟通和绩效信息收集。

1. 绩效沟通

所谓的绩效沟通是指就绩效计划执行情况进行的沟通与交流。持续有效的绩效沟通有利于保证员工绩效行为不偏离方向，是绩效计划得以顺利、正确执行的保证。

一般而言，绩效沟通的内容主要有：①绩效计划实施的进度，即绩效目标的完成情况；②绩效计划实施环境的变化；③员工绩效计划与部门绩效计划、企业战略目标的一致性；④员工的绩优表现和绩效不足；⑤绩效计划执行中遇到的问题以及可能遇到的困难；⑥所需的和可以提供的资源与支持；⑦绩效计划是否需要调整、变更等。

2. 绩效信息收集

绩效信息收集是指有组织地系统收集有关员工绩效计划执行情况的过程。绩效信息是绩效沟通、绩效辅导和绩效考核的依据，绩效信息收集是绩效管理不可或缺的重要环节。因为，如果没有充足有效的信息，就无法掌握员工绩效计划的实施进度和所遇到的问题；如果没有有据可查的信息，就无法对员工绩效进行评价并提供有效反馈；如果没有准确必要的绩效信息，就无法使整个绩效管理循环不断进行下去并形成绩效持续改进提升的良性循环机制。

绩效信息收集的主要作用：①为绩效考核提供事实依据；②为绩效改进提供事实依据；③发现绩效不足和绩效优秀的原因。

绩效信息收集的内容：①绩效计划完成情况和绩效目标的实现情况；②对员工绩效情况的反馈信息（包括内部工作关联者、外部客户等）；③反映绩效优秀和绩效不良的绩效数据或关键事件记录；④反映员工绩效优秀和绩效不良原因的绩效信息等。

2.3 绩效指标与关键绩效指标

2.3.1 绩效指标与绩效指标体系

绩效指标又称为绩效管理因素或绩效管理要项，是指绩效的衡量维度，也就是绩效指标明确了从哪些方面对被考核者的工作绩效进行考核评价。

1. 绩效指标的作用

绩效指标有以下作用：

（1）形成有效的战略目标分解体系。绩效指标的制定一般以企业战略为依据，以经营管理目标和战略目标为出发点。完整、有效、科学的绩效指标体系必须通过对组织战略目标的层层分解而建立，进而将组织目标分解、落实到具体岗位和员工，明确绩效责任主体。绩效指标体系就是组织战略目标的细化和具体化，是战略目标落实的载体，成为战略目标实现的基础和保证。

（2）明确工作重点，突出管理要点。绩效指标标明了绩效衡量维度，通过设立绩效指标，可以使员工明确工作重点，关注绩效，从而提高工作有效性。同时，对于企业而言，绩效指标指明了什么是绩效，什么是企业关注的，有利于各级管理人员抓住管理重点，提高工作效率，提升管理水平。

（3）引导绩效行为，形成绩效合力。绩效指标明确了什么是对组织有效的绩效行为和结果，什么是企业鼓励的，什么是企业不鼓励的。通过绩效指标可以将企业文化、价值观具体化，明确企业管理导向，从而引导员工正确的绩效行为；同时，绩效指标来自企业战略目标的分解，有利于使员工的绩效行为与企业的战略目标保持一致，形成绩效合力。

（4）为持续绩效改进提供有效依据。通过绩效指标可以从不同维度对被考核者的绩效形成全面、有效、准确的评价，有利于明确绩效薄弱环节，制定绩效改进提升措施，并且通过不同考核周期绩效的比较，可以有效评估绩效改进计划的实施效果，对被考核者的绩效改进计划进行跟踪管理，形成持续的绩效改进机制。

2. 绩效指标的问题

目前我国大部分企业虽然意识到了绩效指标体系的作用，也在积极地构建和运用，但是多数绩效指标体系还存在许多问题。主要问题如下：

（1）指标过少，导致顾此失彼。即企业所设计的指标太少，实际并没有充分表达出自身战略需求和意愿，有失偏颇。

（2）指标过多，导致欲速不达。有的企业想迅速成功，急功近利，绩效指标体系较为繁杂，往往表现为非核心指标过多，这会让绩效考核失去了应有的效果。同时，这种繁杂的绩效指标体系在一定程度上束缚了员工的手脚，使他们纠缠于细节之中，往往忽视了更为重要的工作。

（3）指标过浅，导致似是而非。过于简单肤浅的指标，会导致企业想要的和说出来的不一致，比如市场营销中对销售额指标的误读。企业所需要的销售额实际上是卖到消费者手中的“实销额”，而不是经销商提走了但积压在渠道仓库中的“虚拟销售额”。当企业考核指标表达过浅时，往往把二者等同起来最终导致员工工作重心的偏移和企业效率的下降。

（4）指标过深，导致本末倒置。管理具有双重特性，一方面追求有效性，另一方面则追求经济性，这种概念同样适用于绩效指标的设定。现实中，有的企业过分追求指标上的完美。比如，在考核促销活动时，连促销前发放传单的数量、促销场地必须达到多少平方米面积都被列为具体指标，这样就过于僵化了。同时，绩效指标设定不能本末倒置，当一项指标约束条件过多时，其完成难度会大幅增加，导致管理成本急剧上升，管理者也会陷入疲于奔命中。由此可见，保证指标“深浅”适当，也是一条重要的原则。

（5）指标不连贯，导致管理落空。表现为很难将绩效指标合理地层层分解，各级指标脱节。一般来说，企业的核心战略都是从宏观角度出发，比较概括的。有些企业的绩效指标体系就很难将本企业的战略思想，一步一步地合理地分解开来，或者在分解的过程中出现偏差、不连贯的情况，导致管理效率下降，企业管理成本提高，同时不连贯的绩效指标体系也不利于员工理解企业的战略导向，对企业的长远发展会产生负面影响。

（6）指标不客观，导致目标落空。表现为指标要求过高，引发企业资源紧张。在企业管理中，对于具体的绩效数值的确定上，上级往往希望定高一些，提高企业利润的同时，还可以提高员工工作积极性。但是下级为了完成任务，又会要求增加资源，比如人手、费用等，但是企业资源是有限的。由此可见，为了企业资源利用最大化，绩效指标的设定必须与资源配置联系起来，做到客观实际。

2.3.2 绩效指标分类

1. 基于绩效管理内容的分类法

基于绩效管理内容的绩效指标分类法，是指根据绩效管理内容的性质对绩效指标进行分类。这种方法简单易行，便于理解。

国有企业、党政机关和事业单位常用的绩效指标分类方法，将绩效指标分为“德、能、勤、绩、廉”。

三项责任制指标分类法是将绩效指标分为工作业绩指标、工作能力指标和工作态度指标。

2. 基于平衡计分卡的绩效指标分类法

平衡计分卡从四个维度考核绩效：财务、客户、内部流程、学习成长。一套完善的平衡计分卡应该是从公司战略目标出发，从四个方面分别设定有助于达到战略目标的绩效管理指标：

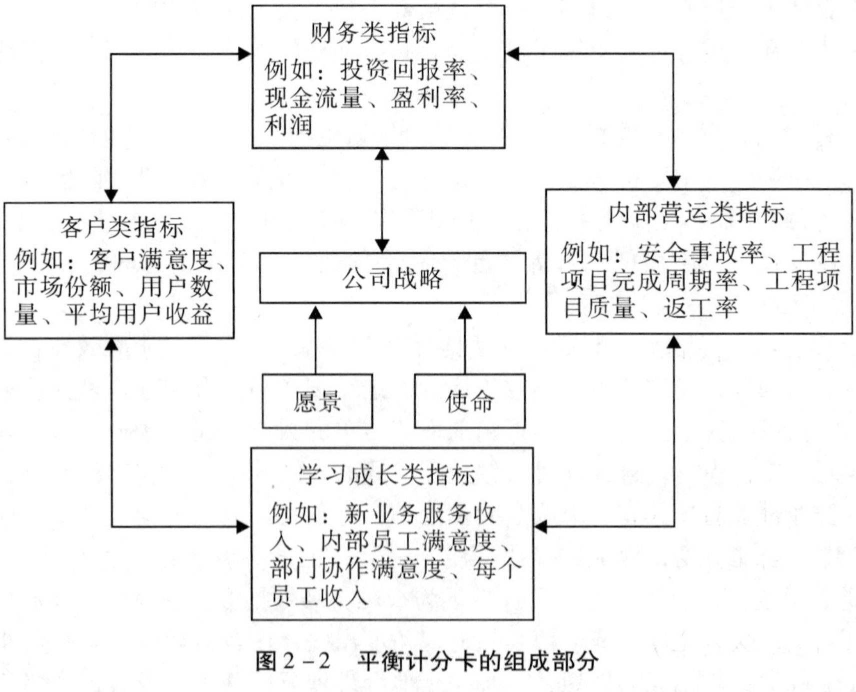

图2－2　平衡计分卡的组成部分

3. 基于任务绩效、周边绩效和管理绩效的指标分类法

基于这种绩效模型，人们在绩效管理中将绩效划分为任务绩效、周边绩效和管理绩效，并开发出了相应的绩效指标。其中，任务绩效体现了本职工作任务的完成情况，每个岗位都有对应岗位职责的任务绩效指标，多为绩效指标和工作计划。周边绩效体现了对相关部门（或人员）的服务结果以及团队协作精神的发挥，包括人际因素和意志动机因素。管理绩效与管理人员的管理过程直接相关，涉及决策与授权、计划与组织、人员和团队管理等方面，体现管理人员的管理效率。

4. 基于绩效指标可量化程度的分类法

绩效指标的量化程度主要是从绩效管理标准角度进行区分的。根据绩效管理标准的量化程度，可将绩效指标分为定量指标和定性指标，又称为硬指标和软指标。

定量指标，是指可以以统计数据为基础，把统计数据作为主要评价信息，通过建立评价数学模型，以数学手段求得绩效管理结果，并以数量形式表示评价结果的绩效指标。

定性指标，主要是指通过人的主观评价方能得出评价结果的绩效指标。

5. 基于绩效行为“投入—产出”的分类法

从绩效产出过程看，可以将被考核对象的绩效行为分为投入、产出、绩效影响以及影响投入产出转化的风险因素等几方面。

效益指标，用以判断被考核者最直接产出成果的价值，即被考核者绩效产出满足组织绩效目标的程度。

效率指标，是指被考核者为获得其效益型指标所付出的成本，也即组织为获得满足而付出的直接代价与员工产出价值之间的比例。

风险指标，也称不良事故指标，基于判断不确定性风险因素的数量和对绩效危害程度的指标。

2.3.3 指标设计的基本原则（SMART原则）

1. 具体的（Specific）

具体的（Specific），即目标是否具体。制定的目标要确保每个人能明白它的意思。如果大家的理解不同，就会向不同的方向努力，有不同的优先顺序。

2. 可衡量的（Measurable）

可衡量的（Measurable），即目标是否可以衡量。如果目标不具有可衡量性，我们将无从得知目标是否完成。通过目标的量化，可以判断我们是否完成所定的目标。

3. 可达到的（Attainable）

可达到的（Attainable），即目标能否达成。可达到的表示可以将目标分解成可以执行的项目，分给不同成员来完成。一旦一个特定的、可以完成的目标建立起来，便需要决定我们的第一个行动是什么？谁来负责？但有一点要记住，最终只有一个人负责整个行动。如果负责的人多于一个，你将冒很大的风险：大家都在等别人采取行动。在每个行动计划的下面始终只有一个负责人。这并不表示大家不需要合作将任务完成，或不能授权，而表明有一个人全权负责，保证任务顺利完成。

4. 相关的（Relevant）

相关的（Relevant），即绩效目标是否与组织战略相关。相关有两层含义：一是上级目标必须在下级目标之前制定，上下级目标保持一致性，避免目标重复或断层。二是员工的绩效目标需与所在团队尤其是与个人的主要工作职责（KFA）相联系。

5. 基于时间的（Time - based）

基于时间的（Time - based），即目标有无明确的时间要求。没有时间性的目标是没有意义的，等同于没有制定目标。

2.3.4 绩效指标设计要点

绩效指标设计是绩效管理体系构建的关键环节。绩效指标设计确立了绩效管理内容，是整个绩效管理体系运行的参照系。从更深层次上来说，通过绩效指标，一是可以形成对企业战略目标的有效分解，确保员工绩效行为与企业战略的一致性；二是可以影响员工对待工作的态度，起到正确引导员工绩效行为的作用。也就是说，通过绩效指标，使员工了解企业的绩效要求以及工作开展方式和绩效改进提升方法。因此，从这个意义上来说，绩效指标设计影响整个绩效管理体系构建的目标和目的，具有管理导向性和战略导向性。

绩效指标设计要点是指设计绩效指标时必须关注和解决的问题，即全面解决“考核什么”的问题。严格意义上讲，设计任何一项绩效指标时至少要回答以下问题：

（1）绩效指标正式名称是什么，是否简单明了、便于理解？

（2）绩效指标定义是否准确，是否有歧义？

（3）绩效指标设立的直接目的是什么，是否与组织的绩效目标一致？

（4）围绕绩效指标有哪些相关因素需要说明？

（5）是否能制定确切的绩效管理标准，采用什么样的绩效标准进行考核？

（6）绩效指标的考核需要什么样的数据或资料？

（7）谁来收集所需要的数据，用怎样的流程，从何收集？

（8）绩效指标的考核周期是什么，是否合理？

（9）绩效指标是否满足科学性、应用性和实用性的要求？

（10）绩效指标用什么样的形式来表达？

2.3.5 通用绩效指标设计

通用绩效指标作为企业文化理念和核心价值观的体现，是企业对所有员工所要求具备的基本能力和工作态度，其指标设计应当吸收尽可能多的员工参与，具体可按下列步骤进行：

1. 组建工作小组，提炼企业核心价值观

组建专门的通用指标设计小组，深入研究体现企业文化理念的规章制度、文献资料、宣传资料和领导讲话等，领会企业文化精神，提炼企业核心价值观。

指标设计小组可以由企业内部人员组成，也可以由外部专家组建。实际实施中，理想的模式是外部专家与企业内部中层管理人员、资深员工共同组成，既可以保障工作小组了解企业实际情况，又可以提高工作的专业化程度，保障客观独立性。

2. 与企业高层管理人员沟通、调整、完善核心价值观，初步制定通用指标

指标设计工作小组就提炼的核心价值观与企业高层管理人员进行沟通，对提炼的核心价值观进行调整、完善。在核心价值观完善过程中，应关注企业领导的管理风格和管理理念，并将这种管理理念融入其中。确定企业核心价值观后，初步提炼通用指标，并进行定义，明确其内涵。

3. 开展通用指标调查讨论，收集意见

就初步提炼的指标在企业范围内，开展讨论、调查，收集员工意见。调查、讨论的目的有：第一，补充、完善初步提炼的指标；第二，了解员工对这些指标的理解程度，从而了解员工对企业核心价值观的认可度；第三，通过调查、讨论使企业的核心价值观得到更好的宣传贯彻；第四，收集核心价值观的正向行为和负向表现，为制定指标标准提供素材、依据。

4. 完善指标设计，制定指标标准

在调查、讨论的基础上，完善初步制定的指标，并根据收集的行为素材制定指标标准。

5. 组织小范围讨论，进行指标再完善

由指标设计工作小组在不同层次、不同部门，就完善后的通用指标及其标准组织开展小范围的讨论，并根据收集的意见和建议对通用指标进行再完善，形成通用指标初稿。

6. 审核确定

通用指标初稿交企业高层管理者进行审核，审核通过后即可公布实施，并在执行过程中，检验指标及其标准的有效性，做进一步完善。

2.3.6 专业指标设计

专业指标设计可以借鉴胜任力模型的构建思路，按下列步骤进行：

1. 优化工作流程，清理岗位，进行职类划分，确定进行专业指标设计的职类

岗位工作的专业性特点和任职要求是专业指标设计的主要依据。优化现有工作流程，规范岗位设置和人员配置是专业指标设计的基础。

专业指标对相似岗位具有相同的要求，其区分仅在于层级不同。在进行指标设计时，可以先确定这类岗位所需的指标，然后确定其具体等级要求。所以，在确定岗位设置和岗位职责规范后，需要对岗位进行归类，即职类划分，作为专业指标设计的研究对象。另外，专业指标不可能、也没必要对所有岗位都分别进行设计，突出关键岗位和核心岗位即可。因此，专业指标设计的职类应根据企业管理、发展需要进行选择，突出重点岗位。

2. 制定各职类工作标准，确定指标“标杆”

确定各类岗位高绩效的判断标准，选定高绩效员工“标杆”，在此基础上，提取专业指标。

3. 进行关键事件访谈，收集指标设计素材

由专业人员对标杆员工进行行为事件访谈，收集员工在实际工作中的行为表现，为指

标设计积累素材。通过行为事件访谈，能够获取员工从事某一工作、保证产生高绩效的各项要求，进而构建某一职类的专业胜任力模型框架。

4. 设计专业能力指标框架，确定能力层级

根据收集的标杆员工绩效表现素质，与各专业职类的管理人员协商，初步提炼专业能力指标。在此基础上，选择另一组绩效一般人员作为对照组，进行关键事件访谈，验证所提炼能力指标的有效性，初步形成该职类的专业素质能力指标模型，并对提炼的能力指标进行分级定义，初步形成该职类的专业素质能力指标模型。

5. 进行专家论证、员工讨论，收集意见和建议

就初步形成的专业素质能力指标提交内、外部专家进行论证，主要审核指标设计的全面性和有效性。同时，组织员工（尤其是资深员工）讨论，检验指标的适用性。在广泛收集各方意见和建议的基础上，对初步形成的指标进行修改、完善，提交企业主管领导审核。

专业指标的设计，在实际操作中对此程序可以进行适当简化，使其更具操作性。首先，通过相关文献资料和案例分析建立专业指标库，并对指标进行分级定义；在此基础上对高绩效员工和低绩效员工进行行为事件访谈，根据两类员工的绩效差异，对能力指标进行筛选、补充和完善。这样既有利于提高工作效率，同时又具有针对性。

2.3.7 基于职责的绩效指标设计

1. 明确工作职责

基于职责绩效指标设计的依据是工作职责，指标的有效性和实施效果决定于职责设置的合理性和职责的清晰性。因此，基于职责绩效指标设计的第一步是理顺工作流程，优化部门设置和岗位配置，进行工作分析，明确工作职责。

首先，根据企业的战略规划和战略目标，优化企业的核心业务流程；根据业务需要确定合理的部门设置，明确各部门的功能定位和职责划分。其次，依据企业的核心业务和部门功能定位、职责划分，理顺部门内部工作流程和工作关系，制订合理的岗位配置方案。最后，进行工作分析，明确各岗位的工作职责。明确岗位工作职责的具体步骤如下：

（1）确定核心职责。并不是所有的工作职责都要进行考核，绩效指标设计时所依据的工作职责应是核心工作职责。核心工作职责主要体现为：该项职责是本岗位主要工作的体现，占用工作时间较长；或者虽然不经常发生，但对岗位乃至企业影响重大。岗位核心职责是岗位价值的主要体现。核心职责的确定还可以采用归纳综述和对纯排序的方法。同时，应注意岗位职责描述中使用的动词。比如，“负责”、“制定（修订）”这些体现的是重要职责，“参与”、“协助”等是对次要职责的描述。

（2）细化工作职责，确定工作产出。基于工作职责的绩效指标是对工作职责履行情况的衡量，指标必须能够反映主要职责的工作产出。根据确定的核心职责，结合工作实际和工作流程，分析具体工作行为，确定工作产出。工作产出可以是有形的产品，也可以是无形的服务或工作行为。

（3）提炼绩效指标。根据工作产出的个性特征，明确工作职责的衡量维度，提炼绩效指标。对同一工作产出可以从不同角度（时间、数量、质量等）进行衡量、评价，所以同

一工作产出可以提炼多个绩效指标。

2. 明确工作职责绩效考评标准

明确好工作职责之后，必须依据工作职责的分析，制定一个考评标准，这样才能有效地实施绩效指标。考评标准是区分员工工作能力好坏的一个工具，是评价员工绩效的标尺，其制定的好坏直接关系到基于职责的绩效指标的好坏。一个好的考评标准除了有等级划分之外，还应该有相应的等级描述，方便他人对员工的绩效进行客观评价。

2.3.8 关键绩效指标（KPI）

1. 关键绩效指标的概念

KPI（Key performance indicators），中文含义为关键绩效指标，是指通过对组织内部流程的输入端、输出端的关键参数进行设置、取样、计算、分析，衡量流程绩效的一种目标式量化管理指标，是企业宏观战略目标决策经过层层分解产生的可操作性的战术目标，是宏观战略决策执行效果的监测指针。通常情况下，KPI 用来反映策略执行的效果。

关键绩效指标是用于沟通和评估被评价者绩效的定量化或行为化的标准体系。也就是说，关键指标必须是定量化的，如果难以定量化，那么也必须是行为化的。如果定量化和行为化这两个特征都无法满足，那么就不是符合要求的关键绩效指标。

KPI 法之所以可行，是因为它符合一个重要的管理原理，即“二八原理”，在一个企业的价值创造中，研究发现 20% 的员工创造着 80% 的价值。而在一个员工身上，“二八原理”同样有效，即 80% 的工作任务是由 20% 的关键行为完成的。因此，应当抓住 20% 的关键行为，对其进行分析和衡量，这样就抓住了绩效考评的中心。如果试图对员工的每一项具体行为都加以考核，不仅操作起来困难，而且由于主次不分，也难以取得好的效果。许多企业缺乏正确的 KPI 指标的提取工作，有些基础性绩效指标被错误地界定为 KPI 指标。其主要原因是，没有真正理解 KPI 指标的含义，不能准确地阐释 KPI 指标的内容。

关键绩效指标是衡量企业战略实施的关键业绩指标，其目的是建立一种机制，将企业战略转化为具体的工作目标和绩效计划，落实到具体岗位，明确责任主体，并通过绩效指标体系引导员工绩效行为，使员工的绩效目标与企业的战略目标保持一致，使绩效管理不仅成为激励约束手段，更成为战略实施工具。

2. 关键绩效指标的特点

KPI 来自对公司战略目标的分解。这首先意味着 KPI 所体现的衡量内容最终取决于公司的战略目标。当 KPI 构成公司战略目标的有效组成部分或支持体系时，它所衡量的职位便以实现公司战略目标的相关部分作为自身的主要职责。如果 KPI 与公司战略目标脱离，则它所衡量职位的努力方向也将偏离公司战略目标的实现轨道。KPI 来自对公司战略目标的分解，还说明 KPI 是对公司战略目标的进一步细化和发展。公司战略目标是长期的、指导性的、概括性的，而各职位的 KPI 关注当年的工作绩效，是具体的、可衡量的。因此，KPI 是对真正驱动公司战略目标实现的具体因素的发掘，是公司战略对每个职位工作绩效要求的具体体现。此外，KPI 随公司战略目标的变化而调整。当公司战略重点转移时，就必须修正 KPI，以反映公司战略的新内容。

KPI是对绩效构成中可控部分的衡量。企业经营活动的效果是内因、外因综合作用的结果，其中内因是各职位员工可控制和可影响的部分，也是KPI所衡量的部分。KPI应尽量反映员工工作的直接可控效果，剔除他人或环境造成的影响。

KPI是对重点经营活动的衡量，而不是对所有操作过程的反映。每个职位的工作内容都涉及不同的方面，高层管理人员的工作任务更复杂，但KPI只针对其中对公司整体战略目标影响较大、对实现战略目标不可或缺的工作进行衡量。

KPI是组织上下认同的。KPI不是由上级强行确定下发的，也不是由本职位自行制定的，而是由上级与员工共同制定的，是双方所达成的一致意见的体现。它不是以上压下的工具，而是组织中相关人员对职位工作绩效要求的共同认识。

3. 关键绩效指标体系的意义和功能

为企业建立KPI体系，其意义主要体现在以下几个方面：

（1）作为公司战略目标的分解，KPI的制定有利于落实公司战略目标和突出管理重点。

（2）KPI体系可以准确地传递市场压力，使工作聚焦、责任到位、成果明确。

（3）在KPI的牵引下，阶段性地对部门、个人的KPI输出进行评价和控制，可以使上下级对工作职责和关键绩效要求达成共识，个人目标、部门目标与企业目标之间保持高度一致，确保各层各类人员努力方向的一致性。

（4）KPI为绩效管理提供了透明、客观、可衡量的基础。

（5）KPI输出是绩效评价的基础和依据，并能定量和定性地对直接创造利润和间接创造利润的贡献作出评估，并为价值分配提供系统的框架。

4. 关键绩效指标与一般绩效指标

绩效指标体系由关键绩效指标和一般绩效指标组成。所谓关键绩效指标是指基于战略而设计的指标。把关键绩效指标进行分解并落实到具体岗位后会发现，承担关键绩效指标的岗位只是企业全部岗位的一部分，或关键绩效指标只反映员工主要工作的部分内容。因此，对于其他岗位还需要设计相应的绩效指标，即一般绩效指标，它是基于职责、依据岗位说明和工作计划而设计的指标。

关键绩效指标与一般绩效指标相比，它把个人和部门的目标与企业经营业绩和战略目标的实现联系起来，具有长远战略意义；一般绩效指标从岗位职责出发，实现了关键绩效指标与具体工作的结合。

2.4 关键绩效指标的建立

2.4.1 依据标杆基准法建立KPI体系

1. 标杆基准法的概念

标杆基准法来源于标杆管理，标杆管理的概念是在20世纪70年代末由施乐公司首创的，后经美国生产力与质量中心系统化和规范化，现在它已是现代西方发达国家企业管理活动中支持企业不断改进和获得竞争优势的最重要的管理方式之一。标杆管理的基本理念是以最强的竞争企业或那些行业中领先和最有名望的企业在产品、服务或流程方面的绩效及实践措施为基准，树立学习和追赶的目标，通过资料收集、比较分析、跟踪学习、重新设计并付诸实施等一系列规范化的程序，将本企业的实际状况与这些基准进行定量化评价和比较，分析这些基准企业达到优秀绩效水平的原因，并在此基础上选取改进本企业绩效的最佳策略，争取赶上和超过对手，成为强中之强。

标杆基准法也称外部导向法，是把企业最强的竞争对手或同行业领先的最有名望企业的关键业绩行为作为对照分析基准，进行评价与比较，建立可持续发展的关键绩效指标体系以及最优的持续改进方法。

2. 标杆基准法的分类

主要有以下分类：

（1）内部标杆。它是以企业内部最佳作业典范操作为标杆，通过大量内部资料共享，将最佳作业典范推广到组织的其他部门。

（2）竞争标杆。它是以有相同目标市场的竞争者为标杆，在产品、服务和工作流程与实践方面学习、引进行业内最佳管理实践。

（3）职能标杆。它是以不同行业但有相同或相似动作环节的企业的最佳管理实践为标杆。这类标杆管理的合作者常常能相互分享一些技术和市场信息，标杆的基准是外部企业及其职能或业务实践。职能性标杆是非竞争性的，因此容易取得对方的配合，合作者往往较愿意提供和分享技术与市场信息。

（4）流程标杆。它是以最佳工作流程而不是以某项业务与操作职能与实践为基准进行的标杆管理。

3. 标杆基准法选择 KPI 的基本程序

要明确企业或本部门的任务是什么，产出是什么，应达到的基本目标是什么。详细了解企业本身的关键业务流程与管理策略，从构成这些流程的关键节点切入，找出影响企业绩效和经营目标的瓶颈。

选择标杆，即选择与研究行业中几家领先企业的业绩，剖析行业领先者的共性特征，构建行业标杆的基本框架。选择的标杆企业可以是行业内的企业，也可以是企业集团内部的其他企业。选择的首选目标应当是竞争对手和其他有潜在实力的公司。

深入分析标杆企业的经营模式，从系统的角度剖析与归纳其竞争优势的来源，如其个体行为标杆、职能标杆、流程标杆和系统标杆，总结其成功的关键要领。

将标杆企业的业绩与本企业的业绩进行比较与分析，通过资料的分析与比较，找出本企业或本部门与标杆间的差距及产生差距的原因。借鉴其成功经验，确定适合本企业的、能够赶上甚至超越标杆企业的关键绩效指标。

2.4.2 依据成功关键分析法建立 KPI 体系

1. 成功关键分析法的概念

成功关键分析法是基于企业战略与核心价值观，对企业运营过程中的若干关键成功要素进行提炼与归纳，从而建立企业关键业绩评价指标体系和绩效管理系统的程序和方法，其关键是要寻找企业成功的关键要素，并对企业成功的关键要素进行重点监控，通过寻找企业成功的关键，层层分解从而选择考核的 KPI。通过分析企业获得成功或取得市场领先地位的关键因素提炼出导致成功的关键业绩模块，即 KPI 维度；再把业绩模块层层分解为关键要素，为了便于对这些要素进行量化考核与分析，需将要素细分为各项指标，即 KPI。

2. 成功关键分析法选择 KPI 的基本程序

通过鱼骨图分析，寻找企业成功的关键要素，即确定企业 KPI 维度，也就是明晰要获得优秀的业绩所必需的条件和将要实现的目标。寻找企业成功的关键，一般要涉及三方面的问题：①这个企业为什么成功，过去成功靠什么，过去成功有哪些要素；②分析在过去那些成功要素之中，哪些能够使企业持续成功，哪些要素已经成为一个企业持续成功的障碍；③作为一个企业，要面向未来，根据企业的战略规划，确定未来的追求目标是什么，未来成功的关键究竟是什么。

找出企业成功的关键因素之后，要对成功模块进行解析和细化，即确定 KPI 具体要素。如市场领先可以分解为市场竞争力、市场拓展力及品牌影响力；客户服务可以通过客户满意度来体现；利润增长可以分解为应收账款、费用控制和纯利润；而组织建设则具体分解为人员、纪律、文化三个大的方面。

进一步将 KPI 要素进行筛选，并将其分解为恰当的可量化的 KPI。对于一个成功要素，可能有众多用于反映其特性的指标，但根据 KPI 考核方法的要求和便于考核人员的实际操作，我们需要对众多指标进行筛选，以最终确定 KPI。如市场拓展力可以通过新客户数量和新业务营业收入增长两个指标得以体现，市场竞争力可通过当期接待人次和当期营业收入来体现。

2.4.3 依据平衡计分卡建立 KPI 体系

1. 平衡计分卡的概念

平衡计分卡，也叫综合计分卡，是一种用作组织业绩评价和管理的方法，起源于 1990 年，当时美国诺顿研究所对若干公司进行了一项题为“衡量未来组织的业绩”的研究。所长戴维·诺顿（David P. Norton）担任这项研究的带头人，罗伯特·卡普兰（Robert S. Kaplan）担任学术顾问。计划实施之初，他们研究了一些富于创新精神的业绩衡量系统的事迹。其中，有一家公司的业绩衡量方法——“公司计分卡”，引起了该研究小组的兴趣，该方法除了几项传统的财务衡量方法外，还涉及交货时间、制造工艺的质量和周期，以及新产品开发的效率等指标的计分方法，后来该小组在吸取各种建议的基础上，把业绩评价的重点放在了多方面的计分卡上。经充实后的计分卡就成了由四个各具特色的方面——财务、顾客、内部因素、成长与学习组成的“平衡计分卡”。这一评价方法反映了企业兼顾长短期目标、财务和非财务衡量方法、滞后和先行指标以及外部和内部的业绩等方面，后经几个公司试点证实，这种统筹兼顾的衡量系统是可行的而且是有益的。

1992 年，诺顿和卡普兰在 1 月至 2 月这一期的《哈佛工商评论》上发表了《平衡计分卡——提高绩效的衡量方法》，系统介绍了平衡计分卡的主要思想和方法，引起了很多企业的重视。为了将这种绩效评估方法和组织战略相衔接，1993 年 9 月至 10 月，诺顿和卡普兰发表于《哈佛工商评论》上的另一篇文章《平衡计分卡的应用》，论述了以战略上的成功为依据选择衡量方法的重要性。目前，平衡计分卡在西方发达国家的许多企业中得到了广泛应用，很多公司把平衡计分卡用作核心组织框架，以完成重要的管理过程：制定个人和组织的目标、编制预算和制订计划以及战略反馈和学习，为许多企业战略的制定和实施过程提供了保障。

2. 平衡计分卡的特点

平衡计分卡主要有三个特点：

（1）平衡计分卡克服了传统财务指标衡量企业业绩的不足。传统的企业业绩衡量主要依赖财务指标，这种方法有以下不足：第一，可能造成下属单位一味追求财务指标的提高，而忽视非财务指标对企业的发展特别是对企业长期发展的重要性；第二，财务指标是一种滞后指标，不利于企业事前控制。由于财务指标的提高很大程度上是建立在非财务指标提高的基础上的，或者说非财务指标的提高是财务指标提高的前提和动力，企业从非财务指标的提高入手，以非财务指标的提高带动财务指标的提高将使企业的管理水平得到切实提高，企业业绩评价的目标才能得到真实体现。平衡计分卡继承了传统财务指标的优势，并补充了顾客、内部经营过程、学习和成长三个方面的非财务指标，从而对企业的业绩评价更加全面和具体，并从根本上大大提高企业的竞争能力。

（2）平衡计分卡与企业的战略管理相结合，能有效地推动战略的实施。平衡计分卡的一个重要的优点是它与企业的战略目标紧密地结合在一起，把企业抽象的战略转变为具体可执行的目标和一系列业绩衡量指标，包括四个不同的方面：财务、客户、内部经营过程和学习与成长。平衡计分卡提供一个框架、一种语言，用以传播企业的使命和战略；它利用衡量结果把企业当前和未来成功的关键因素告知企业员工，并通过阐明企业想要获得的结果和获得这些结果的必然因素，充分调动员工的能力和集体智慧来实现企业长期目标，把战略目标分解成可操作的分目标和具体目标，以便于评价和控制。

（3）平衡计分卡平衡了企业的各个利益相关者的不同要求。由于不同利益关系人的目标和要求不同，组织必须在这些相互矛盾和竞争的不同要求之间进行平衡。因此，平衡计分卡实际上就是衡量公司在满足不同利益关系人要求方面的业绩。平衡计分卡在将公司使命和战略转化为具体的目标和业绩指标的同时，也在平衡公司各利益关系人之间的不同要求。

3. 平衡计分卡的四个维度

平衡计分卡包括财务、客户、内部经营过程及学习与成长四个方面的内容，缺一不可，但又各有侧重，因果相连。

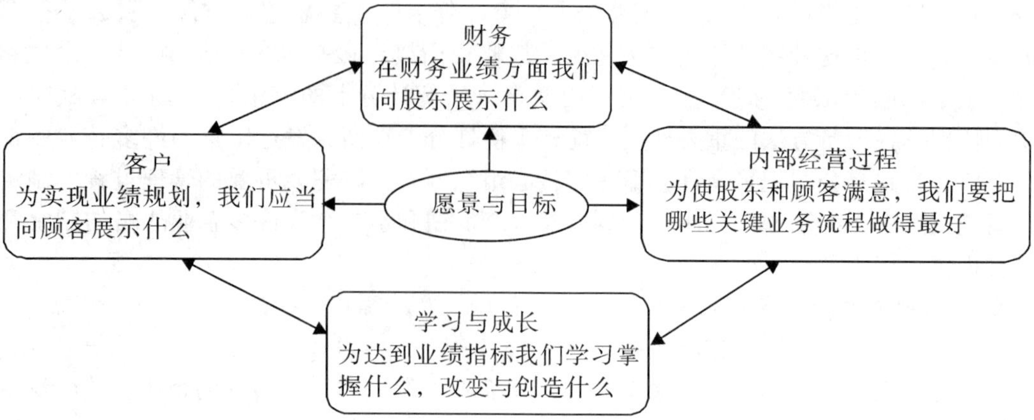

图2-3 平衡计分卡四维度示意图

首先，财务方面，财务目标为平衡计分卡所有其他方面的目标和衡量提供了焦点。平衡计分卡的每项衡量指标都要与财务目标相联系，最终结果是提高财务绩效。平衡计分卡反映企业战略的全貌，从企业长远的财务目标开始，然后将它们同企业一系列行动相联系。这些行动包括财务、顾客、内部经营过程以及员工和制度，以实现所期望的长期经济业绩。根据波特的企业生命周期理论，每个企业都要经历一个生命周期，开始于形成阶段，然后是成长、成熟，最后衰退，企业所处的阶段不同则其财务目标也会有很大差异。

其次，客户方面，在现代企业竞争中，能否提供比较符合顾客偏好的产品或服务也变得越来越重要，企业要想在激烈的竞争中取胜，必须在战略上考虑争取客户，提高市场占有率。平衡计分卡要求管理层把这个客户的抽象目标转化为具体的衡量方法，反映客户真正关心的因素，如交货时间、产品质量、为顾客创造的效益、服务质量和产品的价格等。

客户关心的因素。一般来说，客户关注的事项可以分为四类：时间、质量、客户价值及成本。时间衡量方法是指公司满足客户需要所费的时间，对于现存的产品，时间指的是应衡量公司从收到客户订单到真正把产品和服务送到客户手上的时间。对于新产品而言，时间衡量指的是产品从开发到上市销售的时间。质量衡量方法是指所设计的产品的差错率，还包括按时交货和公司发货的正确率。客户价值是指公司的产品和服务如何为顾客创造价值。成本指产品的价格方面。由此看来，公司要想获得长期丰厚的利润，就必须创造出受顾客喜欢的产品和服务，并及时将其交付使用。

市场划分。通常，企业现在和潜在的客户并非完全相同，他们所偏好、所青睐的产品或服务的特色不尽相同。在公司战略制定过程中，应采用深入的市场调查结果，揭示不同的市场部分或客户群体和他们的偏好，并且要考虑产品的价格、质量、功能、形象和服务。公司的战略可由它所选择的目标市场或顾客群体来界定。作为对公司战略的描述，综合计分卡应当确定每个选定的目标市场中的目标客户。企图满足所有顾客偏好的做法是不明智的，因为不同客户的赢利性是不同的。战略化管理的精髓不仅在于选择做什么，而且还要选择不做什么。

客户方面的衡量手段。企业确定和选中目标市场后，就应设立相应的衡量方法。基本方法有：

（1）市场份额。在确定目标客户或市场以后，就可直接衡量市场份额。市场的总体规模可通过行业统计获得，再结合本企业的销售情况就可以计算公司产品的市场份额。

（2）留住客户。许多公司都想留住现有客户，即争取回头客，提高现有客户的忠诚度。稳定的客户来源对于公司的利润至关重要，它可以使公司通过特定的客户群体保持或增加市场份额。

（3）争取新客户。公司要扩大市场份额最直接的办法就是扩大客户的来源。争取客户的工作既可以通过新顾客的数量来衡量，也可通过统计向这些客户销售产品的总额来衡量，从绝对或相对意义上来说，对争取客户的情况进行衡量能反映出公司获取或吸引新顾客和新生意的比例。

（4）顾客满意程度。留住老客户、争取新客户都是要通过满足客户的需要来实现的，衡量顾客的满意度可以对公司的业绩提供反馈。那么什么是顾客满意度呢？满意是人的一种感觉状态，它来源于顾客对一件产品所期望的性能与产品实际性能所进行的比较。顾客的期望形成于买方以往的购买经验，朋友和同事的影响以及营销人员和竞争者的信息与承诺。如果一个营销人员使客户的期望过高，一旦公司食言，就极易使购买者失望。但是如果公司把期望定得过低，虽然它能使买方感到满意，却难以吸引大量的购买者。一些公司纷纷提出服务承诺，如果企业不能按承诺的条件提供服务和产品，将给予顾客经济补偿。为什么这些公司把目标定得这么高呢？因为仅仅是顾客满意还不够，当出现更好的产品供应时，顾客就会更换供应商。一项调查中显示，44%宣称满意的消费者，经常变换品牌，而那些十分满意的顾客却很少去改变购买。一项研究表明，75%的丰田产品的购买者表示十分满意，而且这75%的顾客声称他们愿意再次购买丰田公司的产品。这一事实说明高度的满意和喜悦能培养品牌的情感吸引力，而不仅是一种理性的偏好，并且这将建立起很高的顾客忠诚度。

（5）顾客盈利能力。综合计分卡在客户方面所做的一切工作都是为了评价企业在吸引并保持可盈利顾客方面的绩效。许多公司在成功做到获得市场份额、留住客户、获取新客户和使老客户满意时，并不能保证公司从客户身上获取利润。公司常会发现20%~40%的顾客也许是无盈利的。所以对客户的盈利能力也应该进行衡量。

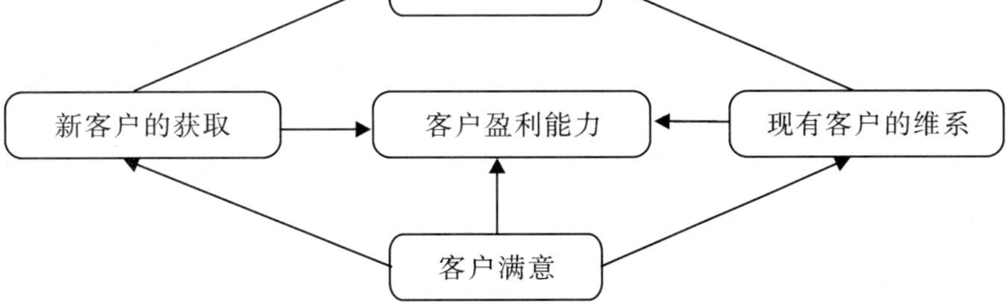

图2-4　客户维度的五大衡量核心

再次，内部经营过程方面，企业内部流程是指以输入各种原料和顾客需求为起点到企业创造对顾客有价值的产品或服务为终点的一系列活动。顾客关心的只是流程的终点。就企业业务流程整体而言，影响企业运行效率的主要因素有：产品质量不合格、制造或管理成本太高、流程周期太长，以及基本的流程结构不适应企业经营战略的要求等，这些问题都存在于具体的流程之中。

目前，所有公司都试图在经营过程中改善产品质量，缩短生产周期，增加回报率，最大限度地扩大生产能力和降低生产成本，并争取在所有领域超过竞争对手。综合计分卡制度就本着满足特定客户的需要来确定企业内部经营过程以及它的目标和评估手段。这套衡量体系从内部经营程度的价值链出发来设计和衡量企业战略。内部经营过程包括三个程序：产品开发过程、经营过程和售后服务过程。

（1）产品开发过程，是指企业对客户的目前需要和将来的需要进行调研，设计出客户需要的产品，以满足客户的需求。

（2）经营过程，是指向客户提供现有的产品和服务。

（3）售后服务过程，是指在售出产品后提供售后服务。

最后，学习与成长方面，学习与成长方面是强调要实现企业的长期健康发展，企业必须对其基础设施——员工、信息系统进行投资。学习和成长一般包括三个内容：员工能力、信息系统的能力、员工的主观能动性。

平衡计分卡的四个方面紧密联系，构成了一个完整的因果关系链。例如企业的最终目标是为股东创造价值，也就是要实现一定的财务目标，资本报酬率可以作为财务方面的一个计量指标。而要实现这个目标的前提或动因是现有客户的保持或现有客户忠诚以及不断扩大新客户，这是客户方面的目标。而要做到保持老客户和扩大新客户，企业必须要做到按时、按质交货，以提高客户的满意度，为了达到按时按质交货的目标，公司可能会要求在经营过程中缩短周转时间和改善内部过程的质量，这是内部经营方面的目标。而改善企业内部经营过程的质量并缩短内部经营的周转时间要通过培训员工并提高他们的技术。四个方面的因果关系，使平衡计分卡不仅可以作为一种良好的业绩评价方法，而且也可以作为一个很好的企业的战略实施工具。因而在它出现后，很快就在不少企业得到了推广和运用。

2.4.4 依据部门和岗位承担责任的不同建立 KPI 体系

依据部门和岗位承担责任的不同建立 KPI 体系的方式，主要强调部门和岗位本身承担责任的角度，对企业的目标进行分解，进而形成评价指标。这种方式的优势在于突出了部门与员工的参与，但是有可能导致战略稀释现象发生，指标可能更多的是对于部门和岗位管理责任的体现，而忽略了对于流程责任的体现。

2.4.5 依据职类职种工作性质的不同建立 KPI 体系

职类主要依据工作性质的不同进行区别，如可以把员工分为管理类、营销类、技术类、专业类、事务类等。基于职类职种工作性质的不同建立 KPI 体系，突出了对组织具体策略目标的响应。各专业职种按照组织制定的每一项目标，提出专业的响应措施。但是，这种设置指标的方式增加了部门的管理难度，有可能出现忽视部门管理责任的现象。而且依据职种工作性质确定的 KPI 体系更多的是结果性指标，缺乏驱动性指标对过程的描述。

2.4.6 依据目标分解法建立 KPI 体系

1. 目标分解法的概念

目标分解法是通过建立包括财务和非财务指标的综合指标体系对企业的绩效水平进行监控的一种方法。根据平衡计分卡所分解下来的全面的指标体系，结合本年度的具体目标，筛选并制定 KPI。

2. 目标分解法选择 KPI 的基本程序

首先，确定企业战略目标。企业战略目标主要包括在行业中的领先地位、总体规模、竞争能力、市场份额、投资回报率及企业形象等。企业战略目标是根据企业发展状况和环境的变化不断调整的，在不同的发展时期有着不同的经营重点。企业首先要根据环境预测和内部评估，确定战略目标的期望水平，并预测企业未来的绩效水平，找出目标期望和未来预测水平之间的差距，制订弥补差距的战略方案。

其次，确定关键绩效领域。明确了企业战略目标，下一步就需要对最有效驱动战略目标的关键绩效领域（Key Performance Area，KPA）进行确定。KPA 是指对企业总体竞争地位和企业战略目标的实现有重大影响的变量、领域，它是制定关键绩效指标的重要依据。战略目标确定以后，就要通过业务价值树分析，对战略方案和计划进行评估，并按照它们对企业价值创造的贡献大小排序，分别建立企业的价值体系，并以此找出企业中数目有限的关键战略价值驱动因素，进而确定关键的岗位和部门。

表 2－1 不同行业的 KPA 一览表

工业部门类别	KPA
石油、煤炭	原料资源
船舶制造、炼钢	生产设施
航空、音响	设计能力
纯碱、半导体	生产能力
市场、零部件	产品范围、花色品种
大规模集成电路、计算机	设计和技术能力
汽车、电梯、家电	销售能力、售后服务
胶卷、啤酒	销售网络

行业不同，其 KPA 会有所不同。企业产品生命周期不同，其 KPA 也有所差异。比如对市场部来说，在投入期关键绩效领域应是广告宣传、销售渠道的开辟；成长期则为建立

一定美誉度和信誉，销售渠道的增加；成熟期为维护市场，渗入竞争对手的市场；衰退期则为改善企业形象，转移经营重点。

表 2-2　产品不同生命周期和阶段中的 KPA 一览表

部门＼周期	投入期	成长期	成熟期	衰退期
市场	广告宣传、争取开辟销售渠道	建立商标信誉、开拓新销售渠道	保护现有市场、渗入竞争对手的市场	选择市场区域、改善企业形象
生产经营	提高生产效率、开发产品标准	改进产品质量、增加花色品种	加强和顾客的关系、降低成本	缩减生产能力、保持价格优势
财务	利用金融杠杆	集聚资源以支持生产	控制成本	提高管理控制系统的效率
人力资源	使员工适应新的生产和市场	发展生产和技术能力	提高生产效率	面向新的增长领域
研究开发	掌握技术秘诀	提高产品质量和功能	降低成本、开发新品种	面向新的增长领域
成功的关键因素	销售、消费者的信息、市场份额	对市场需求的敏感、推销、产品质量	生产效率、产品功能、新产品开发	回收投资、缩减生产能力

最后，设计并分解关键绩效指标。企业的战略目标及 KPA 确定出来以后，就要设定企业 KPI，并依据目标分解的原则逐级分解 KPI，最终得出部门 KPI 和个人 KPI。KPI 根据其性质可分为四种类型：①数字型 KPI，如利润额、销售收入等；②时限型 KPI，如交货期、投诉响应期、供应周期等；③项目型 KPI，如技术开发项目、管理制度建设项目、项目分析；④混合型 KPI，包含以上两种或两种以上性质，如某项目工程既有成本控制，又有工期控制。

数字型 KPI 和时限型 KPI 通常不可分解，但有时也可以，如公司销售收入或利润来源可分为国内市场与国外市场，从而分解到营销部与外贸部。供货期可分为营销部响应期、生产部技术准备期、生产部生产期、品保部质检期、物流部运输期等。项目型与混合型 KPI 通常能进一步分解细化。KPI 在分解时主要有以下三种思路：

（1）按组织结构分解。按组织结构分解的主要优点在于，上下指标关系清晰，层层支撑，保证公司的战略目标和 KPI 指标得到有效落实。同时也易于发现难以有效落实的指标，从而提醒管理层提前做好各种准备，采取应有的措施。

（2）按主要流程分解。按主要流程分解也称为目标责任法，它强调连带责任关系，体现了“下道工序就是顾客”的理念。由于组织中的任务是通过它的主流程、支持流程和管理流程来完成的，要支撑战略和业务需要，就不得不关注到流程。并且，按流程设定和分解指标可以适应公司客户至上的导向、清除部门间的壁垒、加快响应的速度等，因此根据业务流程的输入、输出就可以较为清晰地确定和分解 KPI。该方法也不是没有缺陷，按流程设定或分解的指标，最终还要落实到相应的职能组织和岗位上去；过分强调和依赖流程目标，往往使得各组织、各岗位承担太多的捆绑性指标，从而淡化了各组织、各岗位的职责，评价结果往往因为集体责任而无法拉开差距。

（3）先按业务流程分解，再按组织结构审视。此种方法结合了以上两种分解思路的好处，有效规避了两者的问题。先从流程出发，沿着业务流程横向分解和确定 KPI；再根据各组织、各岗位的职责，纵向检查指标和目标的设置情况。

2.4.7 依据平衡计分卡框架建立个人 KPI 体系——员工计分卡指标

1. 员工计分卡的概念

员工计分卡（Workforce Scorecard）是指直接聚焦于高层核心员工所需要的、战略性员工成功的绩效测量方法。随着竞争的加剧，管理者开始意识到有效的员工是企业最有价值的资产，成功的战略执行就是要创造持久的员工成功（Workforce Success）。一个组织能否建立和塑造一支拥有特定战略文化理念、战略胜任能力以及战略执行力的高素质员工队伍，是决定其战略绩效整合管理成败的最关键因素。为此，美国人力资源管理学家 Mark A. Huselid 等人，在平衡计分卡的基础上特别开发设计了“员工计分卡”。员工计分卡是将平衡计分卡四维度 KPI 具体落实到员工及岗位的一种有效工具。

2. 员工计分卡 KPI 体系的基本维度

员工对企业的贡献，判断标准就是员工是否完成了企业分解到个人的关键战略目标。与平衡计分卡四个维度相对应，员工计分卡也应该由四个关键要素构成：员工心态与文化、员工胜任能力、领导与员工行为、员工成功。

（1）员工心态与文化。

员工的心态描述了员工自己的绩效导向以及他们对自己角色的理解，阐明了“员工对企业必须了解和理解什么”这个基本问题。这一维度直接受企业文化的影响，对于员工心态的测量，首先要解决的问题就是企业有没有支持战略执行所必需的文化。

员工心态与文化这一维度，是决定员工成功、直接影响战略性关键驱动要素的心智模式和组织文化模式，其 KPI 主要识别高绩效员工和低绩效员工的差异，以及在实现经理有效管理和维护高绩效文化方面发挥重要作用。

（2）员工胜任能力。

员工的胜任能力是指构成员工行为基础的知识、技能、个性特征、能力和综合素质等，是员工成功的先决条件。只有特定的胜任能力才能使特定的战略驱动要素方面的员工成功最大化。因此，这一层面需要明确的问题是：员工是否具备执行企业战略所必需的技能？

员工胜任能力这一维度，是驱动员工成功的潜在要素，其 KPI 侧重于测量不同经营业务战略执行所需要的特殊胜任能力结构，即能够在特定战略确定要素方面使员工成功最大化的特殊胜任能力。

（3）领导与员工行为。

要想实现个人成功，行为能力是对员工实际工作绩效的行为要求。这一层面主要澄清的问题是：员工是否一贯采取能够导致实现企业战略目标的行为方式？

领导与员工行为这一维度，是直接导致员工成功的关键绩效维度，其 KPI 主要反映领导团队、经理人员以及员工队伍为支持员工成功而在实际中的关键绩效行为表现是什么。

（4）员工成功。

员工成功是员工计分卡最重要的维度。这一层面主要梳理的是：员工，特别是关键岗位上的 A 类员工，是否能够完成组织主要的战略目标？

员工成功这一维度，是实现组织战略目标的一个关键绩效驱动因素，其 KPI 着重测量员工对组织战略执行所作贡献的大小，即主要由员工绩效驱动的直线经营成果现实情况决定，属于员工计分卡中的滞后性指标。

3. 员工计分卡 KPI 体系的设定

在实际中，要制定具有战略价值的员工测量指标是相当复杂的。一个全面反映并有助于实际战略有效执行的员工计分卡 KPI 体系，应该是在清晰阐释战略的基础上，能够很好地鉴别对战略执行贡献最大的关键职位以及在这些职位上的有突出业绩的 A 类员工。因此，在设定员工计分卡 KPI 体系时，要选择那些能够对关键职位上 A 类员工的绩效状态进行清晰衡量的指标。

（1）选择和确定员工计分卡 KPI 的原则。

战略效度原则：测量指标必须能够清晰回答重要的战略管理问题。

实际可行原则：测量指标建立在员工调查和外部标杆经验的基础上，在战略有效性与实际可行性之间做好平衡。

因果关联原则：要能够清晰描述所选指标之间的因果关系链。

广泛参与原则：员工测量不仅是 HR 部门的责任，也是 HR 人员、一线管理人员和全体员工共同分担的责任。

少量基准原则：要专注于至关重要的少数测量指标。

（2）员工计分卡备选 KPI 的设计。

表 2－3　员工心态与文化 KPI 体系

员工心态与文化维度	
围绕“领导团队和员工行为是否一贯采取能够导致实现组织战略目标的行为方式”这个核心问题。	
备选 KPI：	
1. 员工对组织战略变革方向的认可程度； 3. 员工信守组织核心价值观的比例； 5. 员工对关键职位 A 类绩效员工的认可和模仿程度； 7. 组织文化对创新行为的鼓励和风险支持程度； 9. 员工在工作竞争中积极寻找合作途径的行为表现情况； ……	2. 员工了解组织战略愿景的程度； 4. 员工积极参与有关战略执行问题讨论的比例； 6. 觉得自己的才能和贡献得到充分认可的员工比例； 8. 员工对多元化思想的接受和认可程度； 10. 员工组织公民行为的频度； ……

表 2－4 员工胜任能力 KPI 体系

员工胜任能力维度	
围绕“员工，特别是关键职位的 A 类绩效员工，是否具备执行战略所必需的技能”这个核心问题。	
备选 KPI：	
1. 认为高级领导团队能够有效传达战略愿景的员工比例； 3. 可以升任高级管理职位的完全合格人员占所有中下层经理的比例； 5. 各类职位员工文化多元化程度； 7. 一般人力资源工作流程的自动化程度； 9. 关键职位核心技能有效者的比例； 11. 在最近绩效考评中等级提高的员工比例； 13. 为促进组织变革而引进外部人才的成功率； ……	2. 领导者能够对下属人员实施有效开发和培养的比例； 4. 组织培训和开发活动中有关组织学习项目的比例； 6. 关键职位末位员工淘汰率； 8. 关键职位 A 类绩效员工的比例； 10. 关键职位上 A 类绩效员工的保有率； 12. 员工胜任能力成长情况； ……

表 2－5 领导与员工行为 KPI 体系

领导与员工行为维度	
围绕“领导团队与员工行为是否一贯采取能够导致实现组织战略目标的行为方式”这个核心问题。	
备选 KPI：	
1. 一定时期员工绩效考评登记平均变化趋势； 3. 各部门分享信息的效力； 5. 不同绩效等级、不同可控性的员工流动率； 7. 有关最佳实践活动的信息分享程度； 9. 女性及少数民族员工晋升的比例； 11. 提交组织建设提案的员工比例； 13. 员工为完成某项工作任务自愿或额外付出努力的频度； ……	2. CEO 与 HR 有关绩效信息的一致性； 4. 跨部门协作频度； 6. 领导团队和员工固守核心价值观的程度； 8. 客户认可的员工行为/成就项目数量； 10. 参与 360 度绩效反馈员工的比例； 12. 具有核心胜任能力员工长期留任的比例； 14. 参加客户服务培训并一次性通过考核的员工比例； ……

表 2-6 员工成功 KPI 体系

员工成功行为维度	
围绕"员工是否已经完成了组织的关键战略目标"这个核心问题。	
备选 KPI：	
1. 发生客户投诉（再投诉）案的销售额比例； 3. 客户投诉/表扬次数； 5. 订货—送货周期； 7. 不同于同行的新产品销售数量及份额； 9. 对服务感到非常满意的客户比例； 11. 圆满解决客户投诉或接受客户合理化建议的次数； 13. 每年加入的新股东/客户比例； 15. 品牌知名度或美誉度； ……	2. 客户再次购买意向/购买量； 4. 匿名消费者给客户服务评定的等级； 6. 客户满意度； 8. 挽留 A 类客户的比例； 10. 本组织作为首选供应者的客户比例； 12. 相信本组织员工有效解决产品和服务难题的客户比例； 14. 新产品引进率； 16. 股东或利益相关者对组织管理状况的评价； ……

4. 员工计分卡 KPI 体系的实施困境

企业根据员工队伍的特点制定出合适的员工计分卡 KPI 体系后，接下来就是实施。在实施过程中，会遇到许多挑战。具体有以下三点：

（1）观念的挑战。传统的员工管理专注于标准化和降低成本，而在有效执行战略方面作为很少，管理者或员工只局限在自己的范围内完成分配的任务，而没有意识到自己所做的一切是否影响了企业的绩效。

（2）测评指标的确定。对于测评指标的选择是企业面临的主要困难之一，有些指标可能很容易理解，但是和企业整体战略执行没有关系，不是竞争优势的来源。

（3）执行的挑战。大多数企业制定战略并不困难，难的是如何使得精心制定的战略有效地执行。员工计分卡要求管理者利用测量指标对员工队伍进行管理，如果不理解其含义，不能将其用于帮助作出更好的有关员工的决策，即使是一套完美的员工测量体系也没有多大实际意义。

每一种管理方法都要通过实践的考验，不断地完善和发展。因此，可以把员工计分卡的实施步骤看成一个循环上升的过程，即传递—学习—反馈—改进。但是，进行这一循环过程的前提是企业必须有良好的文化环境，从而鼓励员工愿意为企业的愿景努力。

2.5 绩效管理的主要方法

绩效管理方法直接影响考核计划的成效和考核结果的正确与否。考核方法应有代表性，必须具备信度和效度，并能为人所接受。信度，是指绩效考核结果的可靠性、稳定性、一致性；效度，是指绩效考核所达成期望目标的程度。一项好的考核方法还应具有普遍性，并可鉴别出员工行为差异，使考核者保持最客观的意见。

2.5.1 目标管理

一、目标管理的概念

目标管理是由美国著名管理学家彼得·德鲁克（Peter F. Drucker）博士于1954年在《管理的实践》一书中提出来的。自那以后，目标管理已经成为美国和欧洲企业所熟悉和广为采用的管理方式。根据德鲁克的意见，管理组织所应遵循的一个原则是“每一项工作都必须为达到总目标而展开”。因此，衡量一个管理者是否称职，就要看他对总目标的贡献如何。总之，目标管理是依靠管理组织的上层人员和下层人员一起辨明他们的共同目标，根据每个管理人员对自己成果的预想来规定每个人的主要工作职责范围，并用这些价值标准来指导推进这个单位的工作，来评价它的每一个成员的贡献。

目标管理是一种有效管理的方式，管理者与被管理者都清楚自己的目标和组织的总目标，并将每个人的具体活动统一到组织目标上来。目标管理也是一种有效的绩效评估方式。由于每个人都知道自己的目标，因而对自己完成目标的情况也很清楚。实行目标管理的目的在于通过各级目标的制定、评估、鉴定、实现，激发全体成员的愿望和热情，使其发现自己为组织实现目标而工作的价值和责任，并在工作中实行“自我控制”，从中得到满足感，更好地为实现组织的总目标作出自己的贡献。

二、目标管理方法的特点

1. 重视实绩，有明确的考评标准

企业的经营目标必须根据经营的需要，以经济效益为根本，通过全面的综合管理体系有效实现组织目标和个人目标。目标系统内的每个目标责任人，既有工作责任，又有经济责任，各负其责。完成和超额完成任务受奖，完不成任务受罚，把利益与责任联系起来，充分调动员工积极性，鞭策员工按照目标的要求去努力工作。

2. 强化责任，促进自主管理

杜拉克认为，人是有责任感的，只要环境适当，人不仅会承担责任，而且还会追求责任；愿意在工作中发挥自己的聪明才智和创造性。目标管理借助于目标把人和工作结合起来，把管理者和被管理者统一起来，用自我控制的管理，代替压制性管理，推动企业员工自觉完成所担负的责任。

3. 目标管理是一种整体性管理，具有系统性和层次性

目标管理把企业的总目标逐级分解，各分目标都以总目标为依据，用总目标来指导分目标，用分目标来保证总目标。上级决策职能部门以提高效益水平为主，下级工作部门以提高能力为主，实行整体管理，方向一致，相互合作，共同努力。

4. 目标管理是一种权力下放的管理，其核心是“授权”

集权和分权的矛盾是企业的一个基本矛盾，目标管理的推行，有助于协调这一矛盾，促使权力下放，在保证有效控制的前提下，把企业的经营管理搞得更加生动活泼。下属人员设置目标，并不意味着可以为所欲为，任意行事。上级领导必须听取他们的想法和意见，认真对待，并视具体情况批准下属人员的目标，同时也承担相应的责任。目标一旦确

定，上级管理人员就要放手把一部分权力交给下级管理人员，自己去思考一些战略性和综合性的问题，着重抓整体的平衡和目标网络的协调衔接，为目标实施人员提供情报、解决困难、创造良好的工作环境等，努力保障组织目标的如期实现。

三、目标管理的操作程序

1. 企业总体经营目标的确定

企业高层管理者根据企业的发展战略与企业所处的具体经营环境，制定企业的总体经营目标。制定企业总体经营目标时要有充分的准备，要广泛收集资料，认真调查研究。一般来说，制定企业的经营目标，需遵循以下原则：

（1）目标的整体性。目标管理运用参与决策制定的目标代替强加的目标，这一思想也体现在建立一套完整的目标体系之中。建立一套完整的目标体系这项工作总是由高层管理者确定初步目标开始，提出关于组织长远发展的看法，明确组织内部各部分的作用，随后发动全体成员讨论总目标，然后组织各部门和各层次分别提出自己的分目标。在讨论组织目标体系这个过程中，高层管理者可得到有关总目标和有关组织结构以及下属对总目标态度的许多有益启示，同时，可以审视并适当调整组织中的人事结构，这是落实目标体系的组织保证。在自上而下和自下而上的反复中，目标体系和组织结构逐步调整与配合，融为一体，同时也保证了目标管理的系统性和行为激励性。企业经营管理的总目标要把保证完成国家指令性计划和所签署合同的要求摆在首位，使企业的各部门、各环节及每个员工的目标同总目标有机结合，协调一致，保持完整性。

（2）目标的具体性。目标管理中的目标应该是对期望成果的简要概括，且是明确的可以衡量和评价的目标。如降低部门成本5%；通过保证所有的电话维修在2小时内及时上门服务的承诺来提高服务质量。制定目标的工作如同所有其他计划工作一样，需要事先拟定和宣传前提条件，这是一个指导方针。如果指导方针不明确，就不可能希望下级主管人员会制定出合理的、与总目标一致的目标来。此外，制定目标应当采取协商的方式，应当鼓励下级主管人员根据基本方针拟定自己的目标，然后由上级批准，努力做到上下级共同选择目标，并对如何衡量绩效达成协议。

（3）目标的可实现性和挑战性。工作目标的大部分必须是当期可实现的，这是为了确保当期目标完成率测算的准确性，提高目标管理的可操作性。允许少部分的目标于将来实现是为了兼顾长期性的工作目标，防止执行者患工作计划的近视病。目标的制定还要突出挑战性，原因在于只有具有挑战性的工作目标才能激发执行者的工作激情，也才能快速提升业绩。

总体来说，团队高层必须把握各级目标可实现性与挑战性的平衡，目标完成结果应是团队中大部分人员都能完成的。如大多数人员的目标不能完成，则说明目标制定过程中平等沟通做得不够，制定目标的各级人员对实际了解不足，初期看团队发展形势一片大好，但最终团队会失去目标对发展的指导意义；如大多数人员都能大幅度的超额完成目标任务，则说明目标制定过程中各级人员回避挑战，团队资源没有得到充分利用，初期看完成情况很好，但团队成员不会获得经过不断努力获得成功的成就感，这是团队资源的极大浪费，同时，目标管理的激励作用也会被弱化。

（4）目标结果的可量化性。目标管理要求目标完成的结果具有可衡量性，表面上看是为了便于目标完成率的计算，但实质上是为团队成员灌输量化管理的意识。这里的量化管理，指的是对于业务及日常性管理工作用定量的结果来体现，从而实现对于各级目标的量化。如对于仓库物品管理良好这种目标调整为仓库物品管理达标率100%，并制定达标的具体标准，明确当期检查次数，如规定当期检查10次，其中1次不达标，则最终完成率得分为90%。目标的量化管理给出了具体目标的定性和定量的指标，量化结果明确了对各级执行者的工作要求，并通过不断的积累和量化指标的提高，逐渐提升管理水平。

（5）目标的动态性。企业所处的环境瞬息万变，因此所制定的目标既要有相对稳定性，又要有一定的灵活性。要根据客观情况的变化从实际出发，及时调整目标，以便在日益激烈的竞争中不断提高企业的应变能力。

2. 目标的分解

这一阶段同样要体现出目标管理的系统性和激励性两个特点。为此，高层领导者根据分目标的要求，既要给下属一定的指导和监督，又要给下属相应的权限和工作条件，使下属能够独立自主地实现自己的目标，高层领导则应亲自去抓重点——综合性管理。完成目标主要靠执行者的自我控制，目标管理重视结果，强调自主和自觉，以获得目标管理的效果。当然，这并不是说上级在确定目标后就可以放手不管，相反由于形成了目标体系，一环失误，就会牵动全局，因此上级在目标实施过程中的管理是不可缺少的。上级的管理应主要表现在定期检查、指导、协助、提出问题、提供情报以及创造良好的工作环境等方面。

总目标明确后，必须要有相应的措施和办法加以保证落实。因此，总目标必须层层展开，逐步分解，使各部门、各环节及每个员工都有各自的目标，把任务变成员工的具体行动，把责任落实到具体的责任人。

目标管理方法中的目标不像传统目标那样，完全由上级设定好后分给下级，而是用参与的方式设定目标，上下级共同参与目标的选择并对如何实现目标达成一致意见。当需要对分目标作调整时，则应通过上级领导，以便及时调整各相邻分目标的实施计划。在议定目标时上下级之间，各部门、各环节及各相关责任人之间必须有效沟通、充分协商，根据责、权、利相统一的原则，明确目标，充分授权，实行有效的分权管理，充分发挥个人能动性和积极性。

3. 定期评估和监控

公司总体目标层层分解以后，管理者的责任并没有减轻，必须及时对目标实施情况进行追踪和评估，以保证各部门、各岗位的工作始终与组织的目标一致，这一过程的工作内容主要有以下几个方面：

（1）坚持目标运行过程的考核制度。每季度对责任主体任务完成情况进行核查，随时掌握目标任务运行情况的变化及完成进度、难度以及需要作出的适当调整，适时提出意见。

（2）建立监控体系。建立旬报、月报、不定期抽查制度，随时掌握各责任主体工作进展情况，把目标管理与督查督办的工作密切结合起来。

（3）把监控和协调结合起来。既抓督查，更注意协调服务，根据目标运行中的各种情况，及时解决执行目标中的困难和问题。比如业务处理中涉及责任主体的职责交叉扯皮问题，及时反馈给有关领导，参与组织有关协调会议，理顺关系，为保证全局工作目标的完成创造条件。

4. 终期评估和奖惩

当目标管理周期结束后，管理者要对下属目标完成情况进行总体评价，并根据评价结果给予相应的物质和精神鼓励，进一步激发下属的组织目标认同感和工作自豪感。还需要注意的是，我们一定要根据目标成果，而不是根据过程来进行评价，即考核评价依据只能是目标的实施结果，而不是努力程度。经过评价，使得目标管理进入下一轮循环过程。目标的考评奖惩包括以下几个方面的内容：

（1）自我考评。自我考评是目标成果考评的一个重要方面，有利于调动员工的积极性。自我考评，就是要求全系统中的每个部门、每个单位直至每个员工，根据既定的定量目标值，对自身或单位的工作成绩进行自我评定，自我判断目标的完成程度，认真总结经验，查找工作中的不足和差距，进而提出新的努力方向。通过自我考评能够使组织了解到其成员为完成工作目标而采取了哪些具体的工作措施，在工作中遇到了哪些实际困难，目标完成的质量和数量如何，以及存在的问题和今后的工作思路等，便于及时推广成功经验，总结出共性的工作问题。这样，既有利于保证考评结果的客观性，又为制定新的工作目标积累了第一手资料，使下一个工作目标的制定更加科学和完善。

（2）上级考评。上级要本着实事求是、公平合理的精神，对个人和单位目标的完成程度进行综合评定。在评定过程中应充分肯定实际取得的成绩，并要与执行者充分交换评定意见，不能以偏概全，主观武断，以减少评定的片面性和局限性。进行目标成果的考评，要注意考评次数，既不能过多过滥，也不能秋后算总账。根据企业工作的实际，应采取半年初评、年末总评的方式为宜，这样既可以及时起到督促工作、总结经验教训的作用，又不至于耗费过多精力，影响和干扰各项工作的正常开展。考评时，应有具体的考评标准，一般可按“目标达成程度”、“目标难度”和“在达成目标中个人努力程度”三项标准，同时参照其他影响因素来评定。对目标难度较大的，可适当提高分值比重，以便引导个人和单位集中力量组织攻坚。

（3）考评结果公示和申诉复议。目标成果的考核和评价直接影响目标管理的效果，如果方法不当，就会助长对非工作目标的关注，影响和挫伤员工的工作积极性和创造性，背离企业目标管理的初衷。在目标执行期终结之后，考评得分要及时反馈给各部门，并且受理必要的申诉和复议，增强考评透明度，保护每个目标责任人的正当权益和工作能动性。

（4）择优奖励。择优奖励是鼓励先进的重要措施，对强化目标管理有较大的正面促进作用。在目标考评时，对按时完成或超额完成目标的团队和个人应给予物质和精神奖励，以形成人人争先进、赶先进、超先进的争创氛围。

（5）责任追究。对于个别因工作不负责、不努力而不能按期完成工作目标的，要根据责任追究制度的有关规定，对当事人和有关责任人进行严格的责任追究。既要追究直接责任，又要追究连带责任；既要加重经济处罚，又要给予适当的行政处理。只有这样，才能从根本上解决干多干少一个样、干好干坏一个样的不公平问题，全面发挥目标管理在企业管理工作中的重要作用。

四、动态目标管理

动态目标管理，是一种可面向大多数类型组织的，运用计算机手段，以连续性的目标监控和管理为依托，通过系统的数学模型建立起动态竞争机制，引导人员在这一体系和过程中自主地不断向前、向高调整各自的行为目标，以充分地挖掘出“人”的内在潜力、实现该组织的人力资源在现有条件下所能够达到的满意运作结果的管理模式。

1. 动态目标管理的理论构架

“目标”一词划分为两个层次：一是计划，它体现为静止的、绝对的定量目标；二是先后次序，也就是每一个个体在整体中的相对位置，它体现为一种运动的、相对的动态目标。

上述两个层次的目标同时下达给每一个被管理单位或个人，促使其为了实现第二层次的相对目标而主动地关注其他单位目标完成的进度，以判断自己在整体中的相对位置，从而在比较和竞争的过程中自发地、不断地向高调整自己第一层次的绝对目标。当每一个被管理单位和个人都这样做，或形成这样的意识时，该组织整体的目标也就自然而然地被不断推高。

动态目标管理的数学模型，主要实现三种目的：第一，使各单位和个人不同性质的目标之间能够相互比较；第二，使管理者与被管理者双方都能随时掌握各种类、各层次目标执行的进度，发现问题能够及时采取措施予以解决，从而可以更有效地预防或化解风险；第三，使管理者的管理行为和决策能够建立在定量、科学、公平的基础之上，通过上述第二层次目标的最终执行结果来合理地确定资源的内部流向，实施公平的激励方式。

所有主要工作均被纳入上述动态目标管理体系之中，这样，该组织整体的运作就体现为每一个个体之间相互竞争、相互推进的良性循环，而每一个个体的潜力在这种运动的机制下也就被最大限度地挖掘出来。由于每一个个体的潜力均得到充分的挖掘和发挥，因而，组织整体的最终运作结果就可以被看作是在现有条件下所能够达到的满意结果。

2. 动态目标包含的内容

（1）明确做什么。

（2）要指出希望做到什么样的程度。

（3）要有时间的限定和速度的要求。

（4）要有明确的考绩和衡量的方法。

3. 动态目标管理的特点

在结构上，建立一种“网络结构”，有意识地引导人员形成一种“将自己置身于整体之中来进行反思从而调整自己行为”的习惯。在这种体系之下，组织整体的管理行为即呈现为“网状推进”或“整体滚动”的态势。

（1）动态目标管理模式之下，被管理者的从属地位发生变化，由过去的“指令驱动”转变为“目标驱动”。而且，这种作为“行为驱动器”的目标并非一成不变，它是随着个体在整体中相对位置的不断变化而变化的，也就是说，目标在驱动行为的同时又反过来受行为结果的影响而自行调整。在目标和行为相互推进的这个永无休止的过程中，每一个参与者实质上都被潜移默化地放置在一种“逆水行舟、不进则退”的境地，最终所导致组织整体的运作结果就是“水涨船高”。

（2）动态目标管理从产生时即准备着面对纷繁复杂、无休无止的管理事务。因而，它不仅有着自己系统化的数学模型，而且由于它定量化的处理、判断各种事务的特点，使其非常充分地利用到了计算机手段，实现管理、监控、考核、调整、调度等的连续化作业，把组织运作过程中可能遇到的各类风险掌握在每时每刻。

（3）动态目标管理把管理指向直接对准“人”而非“事”，强调“通过影响人来影响事”，强调理解并把握“人”自主发挥其能动性和创造性的前提条件。因而，它的主导思想就是“以人为本”。

（4）赋予目标以动态的性质。对于目标的设定，动态目标管理不同于过去那样勉强设置一个至少在目前看来是比较合适或合理的目标，它所选择的做法是：设置一种不确定的、动态的目标，让它随各种因素的变化而自行调整变化。

（5）实现真正的定量管理。动态目标管理通过对目标执行情况的连续性统计、监控、反馈、比较，使管理者与被管理者双方均能够随时得到各种定量反映经营成果和工作业绩的数据，这些定量的数据被作为管理者决策以及被管理者调整自己行为的依据。

（6）可以把动态目标管理的作用主要归结为两点：①促成真正有效的竞争；②在防范风险方面所具有的特殊功能。

4. 实施步骤

（1）拟定并下发《动态目标管理实施办法》。在拟定的《动态目标管理实施办法》中，应详细地说明动态目标管理的基本精神、推行目的以及各部门、单位和每一位职员应该如何参与、配合以及如何确立目标、如何执行目标、如何对目标进行考评等问题，该实施办法即为推行动态目标管理的准则。

（2）建立能反映企业经营状况的目标体系。围绕着追求利润最大化这个根本目的，企业行为主要由三方面构成：一是合理配置资源，二是最大限度地创收，三是最大限度地降低成本。企业的这三种基本行为决定了目标体系的主要内容，即所建立的目标体系应以反映资产结构、收入、支出三方面的执行情况为主。具体来讲，企业在建立自己的目标体系时，大致应包括以下一些目标：①反映资源流入情况的各项目标。这类目标可以是收入、利润、净资产收益率、净资产利润率等目标，这些目标的值越大，对企业越有利。②反映资源流出情况的各项目标。这类目标主要是指成本率、费用率等目标，这些目标的值越小，对企业越有利。③反映产量、质量等情况的目标。这类目标可以是产量、产值、合格率、废品率等目标。④反映经营质量的目标。这类目标可以是资金周转率、产品出售率、市场占有率等目标。

（3）确定目标计划数。企业应该先确定整体的经营总目标，根据总目标的要求，对各单位和个人目标的制定有个大致的筹划，然后可以通过召开计划会议的形式，将各单位负责人召集在一起，共同商讨并确定每个部门或单位的目标计划以及每项目标的分档标准。各单位的目标确定后，将其细分到个人。

各部门、单位、个人的各项目标的计划数，一般是参考其上年度的实际情况，并结合本年度的经济环境以及企业的经营总目标来确定，各部门、单位、个人目标的总和应略大于企业整体的目标，这样可以为企业顺利完成经营总目标留有一定余地。但在确定目标计划时，对各部门、单位、个人也应该适当地留有余地，通过动态目标管理方法的实施，各单位、个人在执行目标过程中会通过比较而主动地不断向高调整自己的目标，因此，不一定要将初始目标定得过高。但如果目标定得太低，则容易失去其严肃性和实际意义。总之，标准最好是掌握在让各部门、单位、个人经过一定努力后即可以达到，并有一些超额的余地。

(4) 建立定期报表制度，及时传递数据。各部门、单位、个人的各项目标计划数确定之后，即正式进入目标的执行期。在这期间，“动态目标管理推行小组”要连续地、及时地向各部门、单位、个人反馈其目标的执行进度及其在整体中的相对位置，让各部门、单位、个人通过互相之间的比较，不断地产生新的目标。为了做好这项工作，就要求在企业内部建立起定期的报送报表制度，使数据的传递及时和畅通。

(5)“动态目标管理推行小组”运用计算机处理各项数据。

(6) 目标的调整。在各部门、单位、员工执行目标的过程中，由于企业所处的经营环境可能会发生预料之外的变化，这时某些部门、单位、个人就有可能受其影响而难以完成目标。一旦出现这种情况，我们可以适当地对目标进行一些调整。

(7) 目标执行结果的利用。这种排序的结果，可以为企业理性地作出很多决策提供定量的依据，如人事聘任、解聘、晋升、降级、奖励、处罚等决定，以及资产的重新组合、资金的流向等经营决策都可以此作为依据或参考。通过这种管理方法，将各部门、单位、个人的工作业绩和成就量化地、直观地呈现给大家，据此所作出的各种决定也就具有了很强的说服力。

(8) 建立“动态目标计算机管理系统”。从动态目标管理的那些看似复杂的数学模型中、从这种管理方法的连续性监控的要求中，可以看出实施这种管理模式需要非常频繁地对大量的数据进行及时、准确的计算和处理。例如对各单位频繁变动的资金或资源占用量的连续统计、对各单位各类目标执行情况的连续反馈、对各单位得分的计算等许多工作，都对数据处理提出了很高的要求。对企业来讲，主要有以下三方面的要求：

第一，及时性。由于企业的经营情况每天都在发生变化，各下级单位的资金、资源占用量，目标的完成进度，各单位、个人在整体中的相对位置等，总是在不断地变化之中，是一个动态的过程。如果设立一个“动态目标管理推行小组”来负责建立这种新的管理模式，则它的首要任务就是要把这种动态的过程描述下来，能够随时将其展示给各单位，使各单位能够展开连续的比较和竞争。这就要求对各项数据的处理非常及时，这种及时性的要求区别于静态目标管理，即区别于过去那种年初定任务、年终算总账的模式，要求通过及时的数据处理，将各项目标的执行进度随时予以反映，通过比较，使各单位自发地形成更高的、新的目标。此外，这种及时性的数据处理，也是为企业领导提供具有时效性的定量依据，以便其作出各种决策。

第二，准确性。在企业内部推行动态目标管理时，如果对数据的处理经常出现人为的差错，则这种管理方法的效果将会被打折扣。一种新的管理模式，在实施之初本来就会受到各方面的猜疑和抵触，如果在实施的过程中又总是不断地出现各种不尽如人意的问题和差错，则各被管理单位很可能就会因此而对执行该方法的管理单位的能力和水平产生怀疑，继而会对这种管理方法本身逐渐失去兴趣。

第三，可调整性。由于企业在经营过程中所面临的经济环境经常发生变化，因而经营行为也就具有一定的不确定性。也许年初制定的某些目标，在执行过程中才发现并不切合实际而被放弃；也许在目标执行期中，某些业务被停止，或者又增加了新的业务等，正如我们常说的“计划不如变化快”。经营行为的这种不确定性，对动态目标管理来讲，就要求对数据进行处理时能够很方便地随时调整，以适应新的变化。

2.5.2 360度绩效评价

一、360度绩效评价的概念

360度绩效评价，又称全方位绩效评价，最早是由被称为“美国力量象征”的典范企业英特尔提出并加以实施的，是指与被考核者在工作中有较多工作接触、对被考核者的工作表现比较了解的不同方面的人员，从不同角度对被考核者进行绩效评估，评估完成后根据确定的不同评价者的权重得出一个综合的评价结果。这些评价者包括：来自上级监督者的自上而下的评价、来自下属的自下而上的评价、来自同级的评价、来自企业内部的支持部门和供应部门的评价、来自公司内部和外部的客户的评价，以及本人的自我评价。

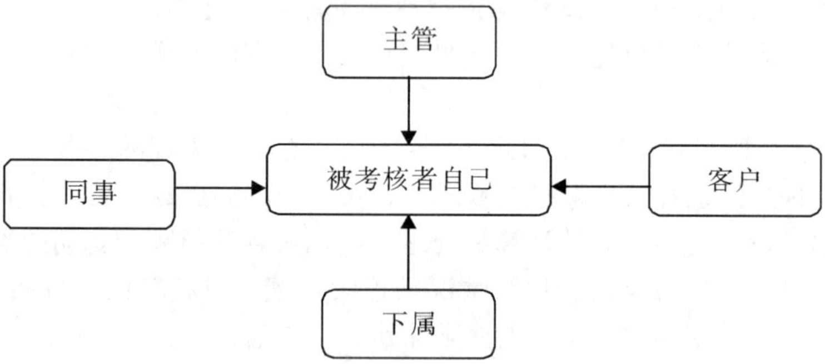

图2-5　360度绩效评价法示意图

采用360度评价时，不应当只是关注评价分数本身，还应当关注评价分数背后所传达的信息。例如，当大多数评价者对被考核者的协作意识评价较低时，有可能反映了被考核者这方面的缺点。

实际上，360度更多的是一种形象的说法，企业在实际考核中更多地采用来自三方面的评价：上级、同级、下级，同级中包括了内部客户和内部支持部门。过去，企业绩效考核更多地采用一对一的考核，即直接上级对下级单向的考核。这种单向考核的方式虽然简单易操作，但也有其明显的缺点。

与这种传统的单向考评方式相比，360度绩效考核法强调对于同一个考核维度从多个角度进行评价。在考核指标中，相当多的指标属于定性指标，相关的标准不像定量标准那样非常明确，多角度的评价可以避免某一个人主观判断错误产生的偏差。采用360度评价的前提是，我们肯定“真理在多数人手里”，不同人的评价结果和意见能够反映更全面、更真实的信息。

二、360度绩效评价的优点

据调查，在《财富》排出的全球1 000家大公司中，超过90%的公司在职业开发和绩效考核过程中应用了360度绩效考核系统，这些企业包括IBM、摩托罗拉、诺基亚、福特、迪士尼等。360度绩效考核系统之所以如此盛行，就在于它有以下几个优点：

（1）通过评估反馈，被考评者可以获得来自多层面的人员对自己素质能力、工作风格和工作绩效等的评估意见，较全面、客观地了解有关自己优缺点的信息，以作为制定工作绩效改善计划、个人未来职业生涯及能力发展的参考。

（2）360度绩效评价的考评者不仅来自不同层面，而且每个层面的考评者往往有若干名，考评结果取其平均值，从统计学的角度看，其结果更接近于客观情况，从而有利于误差的减少。

（3）360度评价中，反馈给被考评者的信息是来自与自己工作相关的多层面评估者的评估结果，不同的考评人分别使用不同的考评量表，在自己最熟悉的方面对被考评者进行评价，可以较好地解决考评过程中的由于信息不对称所造成的偏差，所以更容易得到被考评者的认可。通过反馈信息与自评结果的比较可以让被考评者认识到差距所在。

（4）360度评价有助于促进组织成员彼此之间的沟通与互动，提高团队凝聚力和工作效率，促进组织的变革与发展。

三、360度绩效评价存在的问题

虽然360度绩效评价具有很多的优点，但是它同样也存在一些缺陷：

（1）综合各方面的信息增加了系统的复杂性。

（2）有可能产生相互冲突的评价，尽管各种评价在其各自的立场是正确的。

（3）一个包含各种身份评价者的考评系统自然会占用更多时间，因此费用也较高。

（4）在考评系统中，参与者之间需要高度的信任和对他们进行必要的培训。

四、360度绩效评价的应用

1. 应用目的

360度绩效评价的主要目的应该是服务于员工的发展，而不是对员工的奖惩，如提升、发放绩效工资。实践证明，当用于不同的目的时，同一评价者对同一被评价者的评价会不一样；反过来，同样的被评价者对于同样的评价结果也会有不同的反应。当360度反馈评价的主要目的是服务于员工的发展时，评价者所作出的评价会更客观和公正，被评价者也更愿意接受评价的结果。

当360度绩效评价服务于员工的提升、工资的确定等方面时，评价者就会考虑到个人利益得失，所作的评价相对来说难以客观公正，而被评价者也就会怀疑评价者评价的准确性和公正性。因此，当公司把360度绩效评价用于对员工的行政管理时，一方面可能会使得评价结果不可靠，甚至不如仅仅由被评价者的上级进行评价；另一方面，被评价者很有可能会质疑评价结果，造成公司人际关系紧张。究竟是把360度反馈评价用于员工的发展，还是用于对员工的行政管理，当然取决于公司的高层管理人员。但是我们建议，尽量把360度反馈评价用于员工的发展。尤其是当把360度绩效评价用于管理人员的发展时，其投资收益比是相当可观的。

如果应用于员工的提升、绩效工资发放等方面，可以采取以下办法：第一，同级、下级等方面的评价作为参考，实行直接上级评价；所谓参考就是同级和下级等先进行评价并对评价结果进行统计，直接上级参考统计结果给出适当的分数。第二，直接上级的评分占比较大的权重。

2. 360 度绩效评价的适用指标

指标一般分为定性指标和定量指标两种。定量指标是可以准确数量定义、精确衡量并能设定绩效目标的考核指标。它是以客观的数据记录为依据的，如销售收入、产品合格率等，对于这类指标，如果采用不同的考核者打分则为多此一举。而适合采用 360 度绩效评价的指标一般是定性指标。定性指标是指无法直接通过数据计算分析评价内容，需对评价对象进行客观描述和分析来反映评价结果的指标。定性指标又分为两类：工作结果指标和工作态度、工作能力类指标。工作结果指标与履行职责的情况相关联，“知情者”是被考核者的直接上级和本人。而工作态度和工作能力类指标则与员工的工作态度和工作作风以及工作效率有关。

3. 评价者的确定

为了提高评价结果的准确性和公正性，在进行 360 度反馈评价之前，应对评价者进行选择、指导和培训。360 度反馈评价一般是让被评价者的上级、同级、下级和客户对被评价者进行评价，但是并不是所有的上级、同事、下属和客户都适合做评价者，一定要选那些与被评价者在工作上接触多、没有偏见的人充当评价者。即使是这样，也不一定要求所有的评价者对被评价者的所有方面进行评价，可以让被评价者确定由谁来对他（她）的哪些方面进行评价。比如，对于被评价者的客户服务意识，可能由客户来评价更合适；对于被评价者的人际关系，可能由同级来评价更合适。

4. 评价工具

360 度绩效评价一般采用专门设计的评价表。评价表的形式分为两种，一种是给评价者提供若干等级的量表（称之为等级量表），让评价者选择相应的分值；另一种是列出一些问题让评价者写出自己的评价意见（称之为开放式问题），二者也可以综合采用。等级量表可以采用传统形式的，也可以采用行为量表。行为量表中的行为可以是与被评价者的工作情景密切相关的行为，也可以是比较共性的行为，或者二者的综合。

在评价之前，还要对评价者进行指导和培训，让评价者对被评价者的职位角色有所了解，让评价者知道如何来作出正确的评价以及评价的过程中经常会犯哪些错误。在培训的时候，最好能让评价者先进行模拟评价，然后根据评价的结果指出评价者所犯的错误，以提高评价者实际评价时的准确性和公正性。

2.5.3 工作行为考核的方法

1. 排序法

排序法，包括简单排序和交错排序。前者指由最好到最差依次对被考核者排序；后者则是先挑出最好的，再挑出最差的，然后挑出次最好的，再挑出次最差的，直至排完。

其操作方法是：

（1）列举需要进行评价的所有员工名单，之后将不是很熟悉且无法对其进行评价的员工名字划去。

（2）运用事先确定的评判标准表格，来确定在评价的某一绩效要素上哪位员工的表现是最好的，哪位员工的表现又是最差的。

（3）在剩下的员工中挑出最好和最差的。

（4）依此类推，直到所有必须被评价的员工都排列到表格中为止。

2. 代表人物比较法

代表人物比较法以若干个具体人物为标准，分别代表各个要素的一定等级。将被考核者与这些代表人物进行比较，比较直观，容易评定，但确定合适的代表人物难度较大。

3. 两相比较法（配对比较法）

两相比较法，是由考核者对每一个被考核员工与其他被考核员工一一对比，优胜为“+”，稍逊为“-”，从而比较每个员工的得分，排出次序。基本表达公式：

$$比较次数 = [n \times (n-1)]/2\ (n\ 为评价员工总人数)$$

配对比较法的实施步骤如下：假定需要对5位员工（赵一、钱二、孙三、李四、王五）进行工作绩效评价，在运用配对比较法时，应按每一绩效评价要素列出操作表格，其中要标明所有被评价的员工的姓名以及需要评价的所有工作要素。然后，将所有员工根据某一类要素进行配对比较，再用“+”（好）和“-”（差）表明好的员工或差的员工。最后，将每一位员工得好的次数相加。

4. 强制正态分布法（强制分配法）

强制正态分布法，按事物“两头小，中间大”的正态分布规律，先确定好各等级在总数中所占的比例，然后按照每人绩效的相对优劣程度，强制列入其中的一定等级。

5. 图解式评价法

图解式评价法又叫图尺度评价法，是业绩评价中使用较为广泛的考评方法。通常来说，图解式评价法多以描述或数字等级作为评价尺度，是最简单和运用最普遍的工作绩效评价技术之一。

6. 量表考核法

此法用得较为普遍，它通常作维度分解，并沿各维度划分等级，设置量表可实现量化考核，而且操作也可称简捷。

在使用这种考评方法时，需要首先确定衡量业绩水平的角度，如工作的质量、人际沟通技能、工作的可靠性等。每个角度都细分为若干个具体的标准，并设计一个考评表。考评者将员工的工作行为同考评标准进行比照，每个衡量角度的所有具体科目的得分构成员工在这一方面的得分，将员工在所有考评方面的得分加总，就可以得到员工的考评总分。

在开发设计行为观察量表时我们可以通过如下步骤：①运用关键事件技术进行工作分

析；②通过工作分析识别出工作行为；③将每种行为所出现的次数划分为五级标度，并进行因素分析；④将每个要素内的每项得分相加所得的总分与每个员工的小时工作量进行相关性分析。

分析结果显示，考评者内部信度、重考信度和组成每个行为标准的所有行为之间的内部一致性都很理想。而且行为标准与阈限的测量标准之间的显著相关性也证明了这种量表的结构效度较好。

开发研制 BOS 的步骤如下：

（1）将内容相似或一致的关键事件归为一组形成一个行为指标。例如，一个主管对工作做得好的员工进行表扬或奖励，我们可以用两个或两个以上的事件写出这一行为指标：对下属做得好的具体事情给予表扬和奖励。

（2）由在职员工组成分析人员将相似的行为指标归为一组，形成 BOS 中的一个考评标准。例如，上面的行为指标与相似的行为指标（如对员工的个人问题提出建议）可以归为一组形成考评标准：与下属之间的相互关系。

（3）评估考评者内部要一致，以判断另外一个人或另外一组人是否会根据工作分析中得出的关键事件开发设计出相同的行为考评标准。

内部一致性比率按下面这种方式计算：数出两组人员一致同意归入一个给定考评标准的关键事件的个数，除以两组人员归入该考评标准的关键事件的集中事件的个数。由此，便得到这一要素的内部一致性比率。因此，如果第一组人员将4，7，8，9，17 这五个关键事件归类到同一考评标准下，而第二组人员将7，8，9 这三个关键事件归类到这一考评标准下，考评者内部一致性就是0.6，即：

$$\frac{(7，8，9)}{(4，7，8，9，17)}=3/5=0.6$$

通常，一个考评标准的考评者内部一致性比率必须大于或等于0.8 时，这一考评标准才可以接受。如果这一比率低于0.8，那么就要对这一考评标准下的行为项重新检查，重新分类，或改写这一考评标准，以增加考评标准的特征。

（4）检验 BOS 各考评标准（如与同事的关系、安全、技术能力）的相关性，或内容效度。相关性或内容效度是由那些非常熟悉被考评工作的人员对考评工具进行系统评价，以判断考评工具是否包括所关心的行为指标的代表性样本。

（5）将考评工具中的每个行为指标划分为五级利克特（Likert）标度，每个行为指标划分为五级的原因是：当超过五级以后，所增加的标度带来的效用就很小了。

（6）BOS 中的许多行为指标虽然在考评非常有效或非常无效的工作表现时很关键，但是由于这些行为指标所反映的行为在实际中出现得过于频繁或过于罕见而无法运用它们去区分表现好与表现差的员工。因此，这种行为指标应该通过项目分析排除掉。

（7）如果被考评员工的人数是行为指标的三倍到五倍，就可以进行因素分析了，因素分析是根据行为指标之间的相关程度将行为指标分组、形成不同的考评标准（如与同事的关系、对组织的忠诚度)。这种分组方法不需要通过两组人员进行人为判断及将关键事件归类，这也是使用因素分析而不通过人为判断将行为指标归类的一个原因。

7. 关键事件法

关键事件法是由美国学者弗拉赖根和伯恩斯共同创立。此法需对每一位待考核员工保持一本“绩效记录”，由作考察并知情的人（通常为被评估者直属上级）随时记载。需要说明的是，所记载的事件既有好事，也有不好的事；所记载的必须是较突出的、与工作绩效直接相关的事，而不是一般的、生活细节方面的事；所记载的应是具体的事件与行为，不是对某种品质的评判。最后还应指出，事件的记录本身不是评语，只是素材的积累。但有了这些具体事实作根据，经归纳、整理，便可得出可信的考核结论。从这些素材中不难得出有关被考核者的长处与不足，在对此人进行反馈时，不仅因有具体事实作支持而易于被接受，而且可充实那些抽象的评语，并加深被考核者对它们的理解，有利于以后的改进。

关键事件法通常作为等级评价技术的一种补充。它在认定员工特殊的优劣等级表现方面十分有效，而且对于制定改善不良绩效的规划也十分方便。但是，就其本身而言，在对员工进行比较或在作出与之相关的薪酬提升决策时，作用不大。

8. 行为尺度评定量表法（Behaviorally Anchored Rating Scales，BARS）

此法实质上是把量表评分法与关键事件法结合起来，使其兼具两者之长。它为每一职务的各考核维度都设计出一个评分量表，并有一些典型的行为描述性说明词与量表上的一定刻度（评分标准）相对应和联系（锚定），供操作中为被考核者实际表现评分时作参考依据。这些典型说明词数量毕竟有限（一般不多于 10 条），不可能涵盖千变万化的员工实际表现，很少出现被考核的实际表现恰好与说明词所描述的完全吻合。但有了量表上的这些典型行为锚定点，考核者给分时就有了分寸感。这些代表了从最劣到最佳典型绩效的有具体行为描述的锚定说明词，不但使被考核者能较深刻地了解自身的现状，还可找到具体的改进目标。

此种 BARS 表通常是由公司领导、考核者及被考核者的代表，人力资源管理工作者，有时还有外聘专家共同民主制定的。

行为尺度评定量表除了水平式的图示量表外，还可以采用垂直图示来表示它的各种尺度位置，例如 7，5，3 等。史密斯（Smith）与肯德尔（Kandall）认为这种量表形式直接把考评者对关键行为的观察与考评者乐于接受的图示考评量表适当地结合在一起。

设计行为尺度评定量表法的步骤包括：

(1) 主管人员确定工作所包含的活动类别或者绩效指标，假设考评所选择的主要指标为“吸收和解释政策的能力”。

(2) 主管人员为各种绩效指标撰写一组关键事件。如最积极的结果可能是“可以期望该员工成为组织中其他人新政策和政策变化的信息来源”；这个因素中最消极的结果是“即使对员工重复解释后，该人也不可能学会什么新东西”。在最消极和最积极的层次之间可能存在几种层次。

(3) 由一组处于中间立场的管理人员为每一个考评指标选择关键事件，并确定每一个绩效等级与关键事件的对应关系。

（4）将每个考评指标中包含的关键事件从好到坏进行排列，建立行为尺度评定法考核体系。

9. 欧德伟法

该方法是美国学者欧德伟（John O. Dwyer）等人首先提出的，它规定每半年进行一次考核，分甲乙两档进行。甲种考核有特殊贡献的职工，并给予嘉奖；乙种考核一般职工，由职工本人填写考核表。考核方法：每人以 70 分为基本分，然后宣布一系列给予加分和减分的项目，让本人如实填写，输入电脑进行统计。凡总分等于或高于 85 分者予以晋升职务，低于 70 分者要辞退。

10. 岗位绩效指数化法

所谓的岗位绩效指数化是指对考核对象的业绩与所确定的岗位指数之间进行比较的评估方式。由于岗位绩效指数是职位要素、岗位目标以及影响目标达成的各种因素的综合指标，岗位绩效指数一旦确定，评估就有了一个动态的、相对固定的参照坐标，原有的不确定因素和不可控因素在固定的岗位绩效指数面前有了清晰的显现，从而使得考核有了较为现实的依据。

模糊理论为岗位绩效指数化方法提供了理论依据。随着模糊数学的发展，人事考核和评价系统也开始引进隶属度，即把对象属于某个事物的程度用（0，1）之间的一个实数来表示。隶属中 0 与 1 是两种极端，0 表示最差，1 表示最好。其他情况处于 0 与 1 之间。这样就能客观地描述人员功能的差异。

2.6 数学模型在绩效管理中的应用

2.6.1 关联矩阵法

在建立绩效管理指标体系和权重体系时会用到数学模型，而关联矩阵法是比较常用的一种。关联矩阵法最大的特点是引进了权重概念，对各评估要素在总体评价中的作用进行了区别对待。该法一般分三个步骤：确定指标体系和权重体系、单项评价、综合评价。

1. 确定指标体系和权重体系

在绩效管理指标体系即评价要素构成的体系中，知识技能、业绩、能力、表现、个性、品德六个方面为一级指标，其后的具体要素则构成二级指标。权重则反映该项要素的相对重要程度，一组评价指标相对应的权重则构成了权重体系。以下各图表将对绩效管理指标体系和权重体系的设定作介绍：

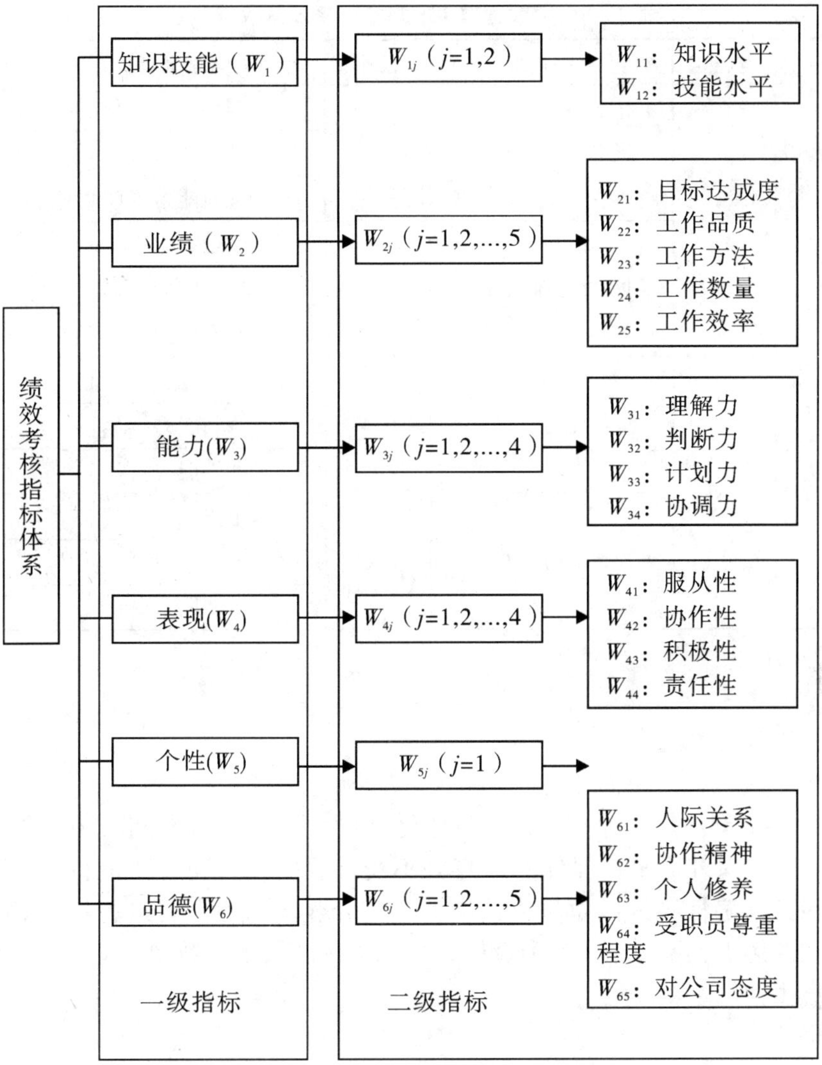

图 2－6　绩效管理指标体系的建立

表 2－7　管理人员和技术人员考核的指标体系和权重体系

管理人员的权重体系（V_i）	指标体系（W_i）	技术人员的权重体系（V_i）
0. 15	知识技能	0. 30
0. 30	业　　绩	0. 15
0. 15	表　　现	0. 20
0. 10	能　　力	0. 15
0. 10	个　　性	0. 10
0. 20	品　　德	0. 10
$\sum_{i=1}^{6} V_i = 1$		$\sum_{i=1}^{6} V_i = 1$

表 2-8 绩效管理中的指标体系及其权重体系

一级指标	权重	二级指标	权重	三级指标	权重
思维能力（U_1）	0.4	逻辑思维（U_{11}）	0.6	理解能力（U_{111}）	0.3
				判断能力（U_{112}）	0.3
				决断能力（U_{113}）	0.4
		创造性思维（U_{12}）	0.4	创造能力（U_{121}）	0.3
				计划能力（U_{122}）	0.4
				开发能力（U_{123}）	0.3
从事工作能力（U_2）	0.6	交际能力（U_{21}）	0.4	表达能力（U_{211}）	0.4
				谈判能力（U_{212}）	0.4
				涉外能力（U_{213}）	0.2
		领导能力（U_{22}）	0.6	组织能力（U_{221}）	0.4
				管理能力（U_{222}）	0.3
				协调能力（U_{223}）	0.3

2. 单项评价

通常有以下两种方法：

（1）专家评定法。专家人数为 7~11 人。

（2）德尔菲函询法。这种方法的精髓是利用专家们的知识和经验，但又减少权威的影响。通常专家名单对外保密，保证专家打分不受外界干扰；同时要进行 2~3 次的反馈、修正，以确保其准确性。具体做法为：第 1 轮打分收上来后，要进行第 2 轮、第 3 轮调查，调查表应对第 1 轮调查结果有所反映，可以提供若干个分数由专家选择，也可以反馈第 1 轮的信息由他们重新确定。

3. 综合评价

综合评价值是根据以下公式进行计算的：

$$A_i = \sum_{i=1}^{n} A_{ij} W_j \quad (i=1,\ 2,\ \cdots,\ n)$$

其中 A_i 代表综合评价值，A_{ij}代表单项评价值，W_j 代表各项权重。

以表 2-9 为例，列出 5 位工程技术人员评分的关联矩阵表。其中 W_1、W_2、W_3、W_4、W_5、W_6、W_7 分别代表知识总量、创造能力、工作态度、计划能力、判断能力、分析能力、解决实际问题能力。对已确定的综合评价值要有一个正确的分析。此例 5 人中，以 A_3 综合评价值（85.8）为最高，其创造能力、计划能力、解决实际问题能力都较强，综合素质好。A_5 目前综合评价值（78.65）虽排在最后，但其创造能力（W_2）、判断力（W_5）都较突出，在使用时应发挥其长处，同时帮助其增加知识总量，提高其解决实际问题的能力。

表 2-9 对五位工程技术人员进行考核评价的关联矩阵表

指标体系 / 单项权重体系 / 评价值 / 评价对象	W_1	W_2	W_3	W_4	W_5	W_6	W_7	综合评价值
	0.15	0.15	0.20	0.10	0.10	0.15	0.15	
A_1	90	70	75	85	88	86	85	81.95
A_2	88	78	85	86	90	85	85	85
A_3	85	85	88	90	82	80	90	85.8
A_4	80	88	92	80	76	80	70	81.7
A_5	75	90	80	75	85	76	70	78.65

2.6.2 模糊评价法

模糊评价法是在对员工进行测评时，突出工作业绩和目标管理，而对其工作过程中的定量数据和条文约束则进行模糊处置。模糊评价法是运用模糊数学的一些原理进行测评。

1. 模糊数学理论

设给定两个有限的论域：

$$U = \{u_1, u_2, \cdots, u_n\} \quad V = \{v_1, v_2, \cdots, v_m\}$$

其中 U、V 代表两个集合，假定 U 代表评价组成的集合，V 代表评价结果组成的集合。模糊变换：

$$X \cdot R = Y$$

式中 X 是 U 上的模糊子集，代表评价因素；Y 是 V 上的模糊子集，代表评价结果；R 是矩阵。

2. 对员工进行综合测评

为简单起见，对员工进行综合测评只考虑三个评价因素，即工作业绩、工作方法和工作态度，再由此组成论域：U {工作业绩（u_1），工作方法（u_2），工作态度（u_3）}。对于评价结果，只考虑优秀、良好、称职、不称职。由此组成评价结果论域：V {优秀（v_1），良好（v_2），称职（v_3），不称职（v_4）}。

对于工作业绩 u_1，可通过多位同事因素直接表态或对评价此因素的次层面因素（u_{1i}）表态并加以数学处理来确定。比如，对工作业绩的评价，优秀的系数是 v_{11}，良好的系数

是 v_{12}，称职的系数是 v_{13}，不称职的系数是 v_{14}。同理可得对工作方法评价为 v_{21}，v_{22}，v_{23}，v_{24}；对工作态度的评价为 v_{31}，v_{32}，v_{33}，v_{34}。限定条件为 $v_{i1}+v_{i2}+v_{i3}+v_{i4}=1$，$i=1$，2，3。根据以上的结果写出模糊变换矩阵：

$$R=\begin{bmatrix} v_{11} & v_{12} & v_{13} & v_{14} \\ v_{21} & v_{22} & v_{23} & v_{24} \\ v_{31} & v_{32} & v_{33} & v_{34} \end{bmatrix}$$

在不考虑任何加权的情况下：

$$V=U\cdot R$$

若我们在考核员工时，主要是看工作业绩，其次看工作方法和工作态度，则可对这三个因子进行权数分配，即 $A=(\alpha_1, \alpha_2, \alpha_3)$。那么最后的评价结果为：

$$V=A\cdot R$$

2.7 绩效考核指标体系权重系数的分配

绩效考核是人力资源管理的一个核心问题。而如何在绩效考核指标体系中科学、有效地分配各项指标的权重是很重要的工作。

2.7.1 层次分析法（AHP）

层次分析法（The Analytic Hierarchy Process）是美国匹兹堡大学教授塞替（T. L. Saaty）提出来的。其特点为：对人事测评指标体系和权重体系的确定更为合理；对人进行评价时，采用二二比较法，可以提高测评准确性；对结果进行分析处理时，可以对测评人评判结果的逻辑性、合理性进行辨别和筛选；AHP 法通过计算机编制程序，可以提高考核效率，减少主观因素的干扰。层次分析法包括四个步骤。

1. 建立评价及分析问题的层次结构

人事测评的层次分析结构图如下图所示，一般可分为三层，即目标层、指标体系层和对象层。

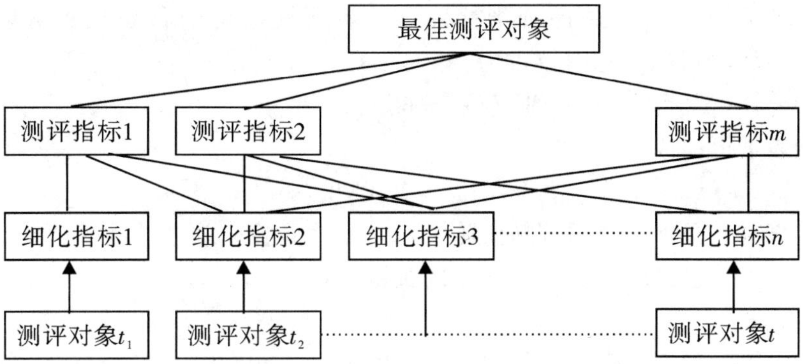

图 2－7　人事测评层次结构

2. 运用配对比较法对相关要素进行比较评分

运用配对比较法，对各相关要素进行二二比较评分，可得若干二二比较判断矩阵。

A	A_1	A_2	…	A_n	
A_1	α_{11}	α_{12}	…	α_{1n}	若 $\alpha_{ij}=1$，表示 A_i 与 A_j 同样重要
A_2	α_{21}	α_{22}	…	α_{2n}	若 $\alpha_{ij}>1$，表示 A_i 比 A_j 重要
…	…	…	…	…	若 $\alpha_{ij}<1$，表示 A_i 比 A_j 不重要
A_n	α_{n1}	α_{n2}	…	α_{nn}	

3. 计算各判断矩阵权重排序并作一致性检验

首先算出 A 的特征根，A 的特征根满足公式：

$$|\lambda I-A|=0$$

求出 λ_i 后，取 λ_{max} 求出 A 的特征向量。A 的特征向量满足下式：

$$(\lambda I-A)W=O$$

求出特征向量 W，即可进行权重排序。在算出 λ_{max} 后，一般要进行一致性检验，其公式如下：

$$CI=(\lambda_{max}-n)/(n-1)$$

若 $CI=0$，表示判断矩阵具有完全一致性；若 CI 值很小，表示判断矩阵具有一致性。

4. 进行综合运算和层次总排序

为了获得层次目标中每一指标或测评对象对于总目标的相对权重，必须进行各层次的综合计算，而后对相对权重进行总排序。

设对某一评价对象的某一评价指标而言，各层次评价的相对权重分别为 W_i，W_{ij}，W_{ijk}，W_{ijkl}，则该评价指标的相对权重为：

$$W(i) = W_i W_{ij} W_{ijk} W_{ijkl}$$

更一般的表示可写成：

$$W(i) = W_i W_{ij} W_{ijk} \cdots$$

在综合计算时，必须注意对判断矩阵进行一致性检验。总之，准确地确定权重是层次分析法的主要优点，也是层次分析法实施的关键一环。

2.7.2 层次分析法（AHP）与群组决策特征根法（GEM）的综合算法

在绩效考核中，普遍采用层次分析法（AHP）进行权重系数的分配。由于问题复杂程度不尽相同，不可能要求所有判断都完全一致，但应该使判断有大体上的一致性。因此，需要对判断矩阵 A 进行一致性检验。首先计算 A 的一致性指标 CI。当 A 具有完全一致性时，CI 愈大，矩阵的一致性愈差。当判断 A 是否具有满意的一致性，还需将 CI 与平均随机一致性指数 RI 进行比较。当 $CR = CI/RI < 0.1$ 时，就认为判断矩阵 A 具有满意的一致性，否则要对 A 重新进行调整，直到具有满意的一致性为止。但在绩效考核的实践中，经常会出现 CR（CI/RI）<0.1 的情况，即专家们的意见并不一致，有时很难协调，而且，让专家花大量时间反复陪着打分，也不具备可操作性。

我们在某国税局人力资源管理的项目中采用了层次分析法（AHP）与群组决策特征根法（GEM）的综合算法，成功解决了上述问题，取得了较好的效果。项目包括两个部分：第一部分，将围绕国税局绩效考核体系的建立为中心，力求使绩效考核的过程化繁为简，化难为易，便于其他的绩效考核操作者掌握运用这种复杂性高、技术性强的方法去进行绩效评估。第二部分，将从理论上探讨在实施绩效考核过程中，如何对传统的评分数据处理方法进行改进。项目实施过程如下：

1. 评分者支持度的确定

由一个评分小组对绩效考核指标的权重进行评分，不同评分者的综合素质、能力、经验等因素从一定程度上决定了最终得到的指标权重的合理性，显然对于评分者的意见不能不加以区别。如何综合各评分者的意见？最早是用算术平均法，这种方法实际上是认为评分小组中各评分者的权重是相等的。而后改为去掉一个最高分和一个最低分，对剩下的评分进行算术平均，这种方法也是加权平均的一种特例。如何确定每个评分者在群组决策中的权重，使得这个权重的确定既符合主观信息，又含客观信息？在群组决策特征根法中，评分者支持度为群组决策中评分者权重的确定问题提供了一种主客观结合的方法。

2. 评分者的选择及评分者支持度的定义

为使绩效考核权重系数分配体现民主、公平、公正的精神，考核指标权重确定的评分小组由对各岗位工作与考核指标有全面了解的领导层、管理层和业务骨干层，一共 15 名人员组成。

在该国税局绩效考核的指标权重确定的过程中，我们将各评分者对指标权重的评价水平定义为“评分者支持度”。比如：有两个评分者对指标的权重进行评价，第一个评分者的评分者支持度为0.9，第二个评分者的评分者支持度为0.3，显然第一个评分者的评价结果应该比第二个评分者的评价结果占更大的比重。

3. 评价评分者支持度指标的选择

评价指标一般从素质、经验、能力等方面进行选择，我们选取了职级、轮岗次数、税龄、学历4个指标作为评分者支持度的评价指标，并根据各评价指标的重要性，设定职级、轮岗次数、税龄、学历4个指标的权重分别为40%、30%、20%、10%，如表2-10所示：

表2-10 评分者信息量化表

指标	权重（%）	指标的评分尺度					选项
		A	B	C	D	E	
职级	40	初一、初二	初三、初四	中一、中二	中三、中四	高一或以上	
轮岗次数	30	<2	[2，4)	[4，6)	[6，8)	≥8	
税龄（年）	20	<5	[5，10)	[10，15)	[15，20)	≥20	
学历	10	高中、中专	大专	本科	硕士研究生	博士研究生	

4. 评价指标的量化处理

每位评分者在对绩效考核指标权重打分前，先填写《评分者信息表》的有关内容，收集完数据后，对其中的信息进行量化处理，最后得出评分者支持度。

对由上述评分者信息表得到的评价指标的数值进行归一化，统一变换到（0，1）范围内，即以每一指标中的最大值为基数，对各个指标进行加权，最后得到评分者支持度，即不同评分者对指标权重的评价水平。

例如：一共有四项指标（职级、轮岗次数、税龄、学历），四项指标对应的权重分别为40%、30%、20%、10%，某评分者的情况分别符合选项D、C、E、B，计算该评分者的评分者支持度如下：

$$4/5\times0.4+3/5\times0.3+5/5\times0.2+2/5\times0.1=0.8\times0.4+0.6\times0.3+1\times0.2+0.4\times0.1=0.74$$

由专家信息表的信息可以得到各位评分者的评分者支持度，如表2-11所示：

表2-11 评分者支持度汇总

评分者	1	2	3	4	5	6	7	8	9	10	11	12	13	14	15
支持度	0.72	0.6	0.42	0.76	0.98	0.74	0.62	0.68	0.58	0.7	0.68	0.6	0.8	0.62	0.74

5. 建立绩效考核的递阶层次结构模型

构建绩效考核的递阶层次结构模型，如图2-8所示：

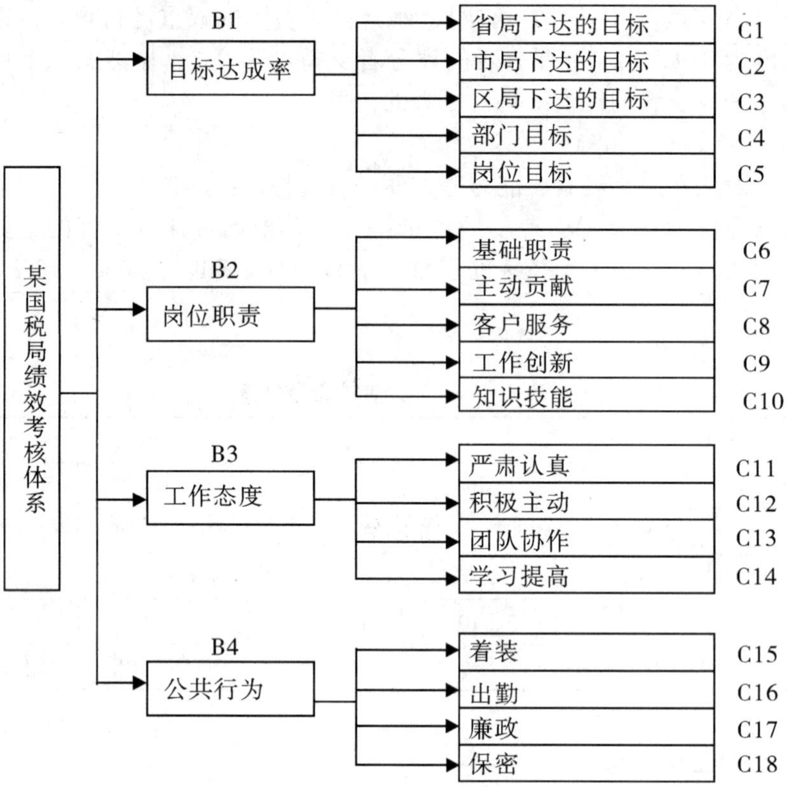

图 2－8　绩效考核指标的递阶层次结构模型

6. 构造指标权重评分矩阵

在评分前，请先对绩效考核指标的操作性定义和指标的递阶层次结构模型进行详细了解，回顾各考核指标的定义后再作评分。每一考核指标的满分均为 10 分，请按从 1（表示被评指标相对于表头所列的维度/体系来说极其不重要）到 10（表示被评指标相对于表头所列的维度/体系来说极其重要）的标准进行评分。5→1 表示被评指标/维度相对于其隶属的维度/体系来说“不重要”，并且重要程度依次递减；6→10 表示被评指标/维度相对于其隶属的维度/体系来说“重要”，并且重要程度依次递增。

举例：对“目标达成率 B1”这一维度下的五个考核指标进行评分。

如认为该指标在评估 B1 这一维度极其不重要，可评 1 分；如认为该指标在评估 B1 这一维度极其重要，可评 10 分，以此类推。请将分数直接填在权重计分卡上。如某评分者的计分卡结果见表 2－12：

表 2－12 计分卡示例

考核指标	评分
C1	6
C2	3
C3	7
C4	7
C5	6

7. 评分数据汇总

经过上述的评分步骤，可收集到 15 位评分者对各指标相对于 B1 指标权重分配的评分矩阵，如表 2－13 所示：

表 2－13 15 位评分者对各指标相对于 B1 指标权重分配的评分矩阵

指标 \ 评分者	S1	S2	S3	S4	S5	S6	S7	S8	S9	S10	S11	S12	S13	S14	S15
C1	8	7	5	7	6	8	8	8	10	7	7	6	7	6	8
C2	6	4	4	7	3	8	5	7	6	8	6	7	7	7	7
C3	6	6	6	7	7	8	8	8	7	9	7	7	7	9	9
C4	7	7	7	8	7	7	9	8	8	8	6	7	7	8	8
C5	7	6	8	8	6	8	10	8	9	7	8	7	7	6	9

同理，可以得到各隶属指标相对于其他三个指标的权重分配评分矩阵，以及各维度相对于总目标权重分配的评分矩阵。评分完毕，一共得到五个考核指标权重评分矩阵。

在 15 个评分者对考核指标的权重进行评分后，我们收集到的是五个矩阵（22×15 个权重评分数据）。原始数据必须经过“评分者支持度”（评分者支持度的计算见表 2－14）调整后，才能输入程序进行权重的计算。调整方法为：某评分者的评分结果×其评分者支持度。例如，经过调整后各指标相对于 B1 指标权重分配的评分矩阵，如表 2－14 所示：

表 2－14 经评分者支持度调整后各指标相对于 B1 指标权重分配的评分矩阵

指标 \ 评分者	S1	S2	S3	S4	S5	S6	S7	S8	S9	S10	S11	S12	S13	S14	S15
C1	5.76	4.20	2.10	5.32	5.88	5.92	4.96	5.44	5.80	4.90	4.76	3.60	5.60	3.72	5.92
C2	4.32	2.40	1.68	5.32	2.94	5.92	3.10	4.76	3.48	5.60	4.08	4.20	5.60	4.34	5.18
C3	4.32	3.60	2.52	5.32	6.86	5.92	4.96	5.44	4.06	6.30	4.76	4.20	5.60	5.58	6.66
C4	5.04	4.20	2.94	6.08	6.86	5.18	5.58	5.44	4.64	5.60	4.08	4.20	5.60	4.96	5.92
C5	5.04	3.60	3.36	6.08	5.88	5.92	6.20	5.44	5.22	4.90	5.44	4.20	5.60	3.72	6.66

这样在权重确定的过程中，对于评分者支持度高的评分者，其影响力自然就大，反之则小。经过调整后，得到的评分分数可以输入下一步的GEM算法程序进行权重的计算。

8. 运用GEM算法计算指标权重

运用Matlab 7.0编程软件，按照GEM算法编程，例如：表2-4的经评分者支持度调整后的评分矩阵，对这一评分矩阵求特征向量（取精度 $\varepsilon = 0.000\,1$）：特征向量 =（0.449 9，0.385 1，0.464 6，0.462 7，0.468 4）T，归一化后可得C1、C2、C3、C4、C5相对于B1的权重分别为：0.201 7，0.172 6，0.208 3，0.207 4，0.210 0。同理，可得各维度的权重n以及考核指标相对于各个维度的权重 m，如表2-15所示：

表2-15　各维度的权重 n 以及考核指标相对于各个维度的权重 m

维度	权重	指标	权重	维度	权重	指标	权重
B1	0.2 298	C1	0.201 7	B2	0.2 391	C6	0.186 0
		C2	0.172 6			C7	0.221 7
		C3	0.208 3			C8	0.189 4
		C4	0.207 4			C9	0.232 4
		C5	0.210 0			C10	0.170 5
B3	0.2 794	C11	0.241 5	B4	0.2 517	C15	0.248 9
		C12	0.283 7			C16	0.205 5
		C13	0.232 7			C17	0.260 8
		C14	0.242 1			C18	0.284 8

m 与 n 相乘，得到18个考核指标相对于整个绩效考核体系的权重，如表2-16所示：

表2-16　各指标相对于整个绩效考核体系的权重

18个指标的最终权重								
维度	B1		B2		B3		B4	
指标权重	C1	0.046 3	C6	0.044 5	C11	0.067 5	C15	0.062 6
	C2	0.039 7	C7	0.053 0	C12	0.079 3	C16	0.051 7
	C3	0.047 9	C8	0.045 3	C13	0.065 0	C17	0.065 6
	C4	0.047 7	C9	0.055 6	C14	0.067 6	C18	0.071 7
	C5	0.048 3	C10	0.040 8				

9. 赋权后的绩效考核分数的计算

（1）赋权后的 Z 分数的计算。

得到18个指标的权重后，首先将各指标的等级分转化为 Z 分数，然后将每个等级的 Z 分数与对应指标的权重相乘，即可得到经过权重调整后的分数。现以指标C5赋权前后的数据比较为例，进行说明：

C5 的权重为 0.048 3，等级 1 对应的 Z 分数为 -1.497 81，赋权后的等级对应的分数为：-1.497 81 × 0.048 3 = -0.072 34，如此类推，我们可以得到其余考核指标各等级赋权后对应的 Z 分数。考核指标 C5 赋权前后 Z 分数比较，如表 2-17 所示：

表 2-17 考核指标 C5（工作任务的复杂性）赋权前后 Z 分数比较

等级	1	2	3	4	5	6	7
赋权	-1.497 81	-0.789 03	-0.080 26	0.628 52	1.337 29	2.046 06	2.754 84
赋权	-0.072 34	0.038 11	-0.003 88	0.030 36	0.064 59	0.098 82	0.133 06

同理，可求得其他考核系数各等级赋权后对应的 Z 分数，如表 2-18 所示：

表 2-18 赋权后考核系数各等级对应的 Z 分数

考核指标	等级						
	1	2	3	4	5	6	7
C1	-0.079 50	-0.036 83	0.005 84	0.048 50	0.091 17	—	—
C2	-0.053 00	-0.016 01	0.020 98	0.057 97	0.094 96	—	—
C3	-0.090 33	-0.043 25	0.003 83	0.050 91	0.097 99	—	—
C4	-0.076 91	-0.032 07	0.012 77	0.057 61	0.102 45	—	—
C5	-0.072 34	-0.038 11	-0.003 88	0.030 36	0.064 59	0.098 82	0.133 06
C6	-0.094 75	-0.030 08	0.034 58	0.099 25	—	—	—
C7	-0.090 45	-0.043 69	0.003 07	0.049 83	0.096 60	—	—
C8	-0.066 34	-0.017 87	0.030 60	0.079 08	—	—	—
C9	-0.113 49	-0.071 70	-0.029 91	0.011 88	0.053 67	0.095 46	0.137 26
C10	-0.089 31	-0.040 57	0.008 17	0.056 91	0.105 66	—	—
C11	-0.152 13	-0.106 78	-0.061 43	-0.016 07	0.029 28	0.074 63	0.119 98
C12	-0.141 82	-0.087 68	-0.033 54	0.020 59	0.074 73	0.128 87	0.183 01
C13	-0.105 74	-0.063 42	-0.021 10	0.021 22	0.063 54	0.105 86	0.148 18
C14	-0.087 59	-0.026 90	0.033 80	0.094 49	0.155 19	—	—
C15	-0.105 53	-0.064 20	-0.022 87	0.018 46	0.059 78	0.101 11	0.142 44
C16	-0.079 15	-0.033 24	0.012 67	0.058 58	0.104 49	—	—
C17	-0.086 88	-0.045 54	-0.004 19	0.037 15	0.078 49	0.119 83	0.161 17
C18	-0.117 19	-0.071 81	-0.026 43	0.018 95	0.064 33	0.109 71	0.155 09

（2）求各岗位的考核分数。

按以下步骤求各岗位的考核分数：

①求第 i 位评分者对第 j 个岗位的评分 Z_{ij}：评分者 i 对岗位 j 在各考核指标上的 Z 分数之和；②将 Z_{ij} 转化成 T 分数：$T_{ij}=100\times Z_{ij}+300$；③求各评分者 T 分数 T_{ij} 的平均，即各岗位的考核分数。

2.8 绩效反馈面谈与绩效改进

2.8.1 绩效反馈面谈的原则

1. 及时反馈

在绩效考核结果出来后，管理者应该及时地根据绩效考核结果与员工展开面谈。因为这时展开面谈，员工对于这一考核周期的绩效表现也记忆清晰。根据强化理论，在员工做出某种行为后，便及时给予反馈。这能强化员工好的行为，或者能对员工不好的行为起到警告的作用。

2. 对事不对人

绩效反馈面谈中，针对的是员工的绩效表现而不是员工的个性特征或能力水平。管理者在与员工沟通时，应该关注员工的绩效表现，要尽量避免直接对员工的个性特征和能力水平作出评价和判断，更不能从不当工作行为中引申出个人素质方面的攻击指责，如斥责员工“蠢笨”、“无能” 等。这无疑会引起员工对面谈的反感和厌恶，从而使反馈面谈失去了其该有的作用。

3. 直接具体

面谈交流要直接具体，不能泛泛作一般性评价。对于管理者来说，无论是赞扬还是批评，都应有具体、客观的结果或事实来支持，使员工明白哪些地方做得好，差距与缺点在哪里。这样的沟通既有说服力，又能让员工明白主管对自己的关注。如果员工对绩效评估有不满或质疑的地方，向主管进行申辩或解释也需要有具体客观的事实作基础。这样只有信息传递双方进行交流，每一方所作出的选择对另一方才算是公平的，评估与反馈才是有效的。

4. 共同探索

绩效反馈最重要的目的是让员工了解自己工作中的优点和缺陷，通过对上一个考核周期的绩效作出全面的评价来提出改善下一个考核周期的绩效表现的计划。在沟通过程中，双方要共同探索上个考核绩效中成功与失败的原因，再提出相应的改进措施。管理者要多听取员工的意见，要给员工充分表达自己意见的机会。在与员工共同协商的基础上，提出下一个考核周期的绩效计划，并形成书面内容。

5. 针对不同类型的员工采用不同的反馈策略

在绩效反馈面谈时，针对不同员工的不同特点要采取对应的绩效反馈策略，如表 2－19 所示：

表 2－19 对几类员工的反馈举例

员工类型	员工特点	反馈策略
明星型员工	能力强、表现佳； 个人愿望较强烈； 自信、要求提升或加薪	反馈时给予适当的鼓励、认可，多了解其做得好的方面，以便在其他员工身上推广；花多一些时间了解其未来发展设想，可以适当给予有难度的工作；谨慎对待、不应轻易作出加薪或晋升的承诺
潜力型员工	潜力十足，能力不错，但发挥不稳	反馈时应先沟通、倾听，再对症下药
领袖型员工	地下主管，兴风作浪，意见相左	反馈时在适当时机与之恳谈
抱怨型员工	事事觉得不满意，情绪传染其他同仁	反馈时私下交流，寻找并解决问题
抗拒型员工	守旧、惰性大，抗拒变革并影响他人	反馈时让其看到其他人变革带来的好处
文盲型员工	知道努力方向，绩效差，业务报告一团糟	反馈时应针对性地加强专业训练，提高素质

6. 以积极的方式结束面谈

在面谈过程中，由于谈话的内容侧重工作的改善，尤其是对绩效表现较差的员工，所以会造成员工心理上的不适或消极，主管人员要理解员工的不满，听取员工的意见，对员工的理想的行为予以强调，激发员工克服缺点的热情。在谈话结束时，一定要以积极的方式鼓励员工，促使他满怀希望地投入到新一轮的工作中。

2.8.2 绩效反馈面谈的准备

绩效考核面谈是绩效管理的重要一环，是提升绩效的重要手段，因此管理者和员工都应当做好充分的准备。

一、管理者绩效反馈面谈准备

管理者应该根据员工的绩效考核结果，预料员工可能会对哪些内容有疑问，哪些内容需要向员工作特别的解释说明，并据此作出准备。

1. 收集并填写好有关绩效考核的资料

（1）绩效计划表和绩效计划变动表。这两个表是整个绩效管理的基础文件，应该妥善保管，在和员工进行绩效面谈时，应将这些资料准备充分，以便需要核对时可随时与员工一同查看。

（2）员工绩效信息记录。绩效信息的来源可以是员工本人自述，也可由其他相关部门提供，还可以是管理者在员工绩效辅导实施阶段收集和记录的内容。这些资料是作出绩效评价的重要依据。

（3）绩效评价表。根据和员工进行绩效反馈面谈的结果，最终确定员工绩效考核得分。

(4) 岗位说明书。岗位说明书作为人力资源管理最基础的文件，绩效计划的制订要参考岗位说明书，因此绩效考核面谈需要这方面的资料。

(5) 员工的历史绩效档案。因为无论是对当期绩效的评价还是制订绩效改进计划，都不可避免地会谈到员工的历史绩效信息，所以应该将员工最近半年内的绩效考核结果等资料准备充分。

2. 确定面谈内容

绩效考核面谈中先谈什么、后谈什么没有固定的模式，应该根据具体情景来判断。一般来说，绩效反馈面谈可以包括以下内容：

(1) 指出员工完成工作过程中的优良表现。这可能包括员工完成了预期的绩效目标、工作完成结果超出预期标准，甚至主动完成了一些不是职责范围内的事情。应注意所列成绩要具体，要以事实为依据，态度要明确。

(2) 指出需要改进的地方。应针对具体问题，明确指出员工工作过程中哪些地方做得不到位，哪些地方还可以提高。让员工本人分析所存在问题的原因，描述下一步该如何克服和改进，同时提出自己的建议。

(3) 描述公司领导或他人对员工工作的看法和意见。对于正面的反馈，一定要及时告知员工具体表扬人和内容，并对员工为部门争得荣誉表示感谢。对于负面的反馈，可以转述反馈的内容，根据不同情况（事实严重程度、员工个性特点等）确定是否需要说明反馈部门或人员。询问员工对反馈意见的看法，帮助制定改进措施，或和员工一起向有关部门解释原因、通报解决方案等。

(4) 协助员工制订改进工作的计划。帮助员工对需要改进的地方制定改进措施和行动计划，对实施过程中遇到的问题提供指导和帮助。

(5) 制定和确认下一阶段绩效工作目标、计划。要点在于和员工一起讨论，确定工作目标，完成进度表和检查考核计划，让员工对完成的目标、阶段性目标、何时反馈等有明确的认识。

二、员工绩效考核面谈准备

绩效考核面谈是管理者和员工互动的过程，只有双方都做了充分的准备，面谈才有可能成功。所以，在面谈计划下发的同时也要将面谈的重要性告知员工，让员工做好充分的准备。

(1) 准备证明自己绩效的资料或数据，包括表明自己绩效状况的一些事实依据。对于完成得好的工作任务，需要以事实为依据说明具体在哪些方面做得好；对于完成得不好的事项，也要用事实依据来说明理由。

(2) 准备好一份对自己的绩效评估。一般而言，管理者希望听到员工对个人过去绩效的总结和评价，如果需要填写自我评估的表格，一定要认真填写。

(3) 准备好需要向管理者提出的问题。绩效反馈面谈是一个双向沟通的过程，员工也可以主动向管理者提出自己所关心的问题。提出的问题可以涉及公司发展战略、公司绩效目标、部门绩效目标以及工作中的困惑；提出的要求可以包括要求管理者提供业务上的辅导支持，以及其他资源的支持等。

（4）准备好个人发展计划。在绩效反馈面谈中，管理者希望了解员工个人的未来工作计划，特别是针对绩效中不足的方面如何进一步改进和提高的计划。员工应该针对工作中的不足之处，提出有待发展的项目、发展这些项目的意义和可行性、这些项目目前的绩效水平以及预期达到的水平、发展这些项目的途径以及需要的资源支持、完成这个项目的时间期限等方面的内容。

（5）反馈面谈前安排好自己的工作。绩效反馈面谈一般需要 1 ~ 2 个小时才能完成，所以之前应该把工作安排妥当。如果在这段时间里有非常紧急的事情，可以请同事帮忙处理一下。

2.8.3 绩效改进

绩效改进是实现绩效提升的重要工具，通过管理者与员工的双向沟通，发现导致员工绩效不佳的原因，制订相应的改进计划，从而使员工绩效不断提升，进而实现企业的战略目标。

一、为什么要进行绩效改进

绩效改进是确认员工工作绩效的不足和差距，查明产生的原因，制订并实施有针对性的改进计划和策略，不断提高企业员工竞争优势的过程。通过绩效改进可以有效提升绩效管理水平。

（1）避免员工犯同样的错误。绩效管理是未来导向的管理，即希望员工的绩效一个周期比一个周期好。通过管理者与员工的面谈找到导致绩效不佳的原因，可以对症下药，防止员工犯同样的错误。

（2）提高管理者的管理技能。管理者的管理技能高低直接关系着员工的绩效水平，通过绩效差距分析，可以发现管理者在管理过程中出现的问题，如是否授权，是否对员工有明确的期望和要求等，从而提高管理者的管理技能。

（3）有助于建立学习型组织。绩效改进的焦点在于学习，员工把他好的方面进行总结，优秀的经验在组织内宣传与学习；差的方面通过特定的计划进行改进，从而实现经验和知识的共享。

（4）可以为组织诊断提供机会。通过绩效分析，让员工把自己对组织政策、工作安排等方面的观点和建议说出来，可以找到组织的激励政策、工作流程、企业文化等方面存在的问题。

二、绩效改进计划的三大关键步骤

绩效改进计划就是指采取一系列具体行动来改进下属的绩效，它包括做什么、由谁来做和何时做。制订绩效改进计划一般可按以下步骤：

1. 找出问题所在

在已决定有改进项目之需要后，第一步就是要找出问题所在：为何绩效未达到可以达到且应达到的水准？一般而言，有三方面原因：下属、主管、环境。

下属所做的可能是错的，也可能应做的他没做。其原因或者由于对主管的要求不明，或者因技能不足，或者因缺乏动机。

主管则可能要求做事但不求效果，而使下属无从发挥，或者是主管并没有协助下属改进其工作。例如：

（1）做不该做的。监督太严；每一个错误都要批评；所有问题都找下属来商量；对下属施加不当的压力。

（2）该做的不做。工作要求没说清楚；下属已具备应有的技能而主管不察；工作做得好，未加称许；不给下属接近的机会；下属的建议，不听也不考虑；事情不让下属知道；不授权给下属，不给下属担负特别任务或受教育之机会，使其成长。

关于环境因素，包括工作场所可能出现的阻碍有：工具及设备不良；原料短缺；不良的工作条件，光线不佳、空间不足、干扰等；对同仁不满；方法、步骤或设备改变了，使员工遭遇困难。

2．考虑可能解决的办法

所有可能改进绩效的方法应列于一张表上，并加以分类为下属能做的、主管能做的，以及应改善的环境等。其中主管能做的包括：①参加主管会议；②工作轮换；③与公司里的专家研讨；④研读手册和程序说明；⑤参加技术部门的研修活动；⑥暂时调派至其他部门。

3．确立绩效改进计划

不管任何形态的计划，当主管与下属一起发展出来时，主管须义不容辞地负起最后完成的责任。此责任包括下列五项：

（1）确定下属了解这项计划。既然主管和下属合作发展出此计划，双方均应确认。

（2）如果环境变动或计划须改变，则应与下属合商，并将改变部分写在原计划上。

（3）到期前应定期提醒下属，以使其能按照计划进行，避免因遗忘而使计划失败。

（4）继续不断协助使计划完成。

（5）如果计划某部分未按进度完成，应予纠正。

三、绩效改进的注意事项

绩效改进是绩效管理目标实现的落脚点，要做好绩效改进需注意以下几个事项：

（1）绩效改进的项目和计划措施一定是管理者与员工双向沟通的结果，员工有意愿改变，这样能保证员工改进的积极性。而且在面谈过程中管理者要与员工就如何进行改进进行详细的协商，也就是让员工清楚地知道要做什么，采取什么措施进行改进。

（2）主管要营造一种良好的工作气氛，使员工感到主管是在鼓励、推动他去实现改进。任何人在作出改进时都会遇到这样那样的困难，不愿进行改变，所以主管要给予支持和鼓励。多与员工进行沟通，及时了解员工在改进过程中遇到的困难和取得的进步，增强员工自信心。

（3）建立团结进步的企业文化。绩效改进计划的责任人不只是员工和其直接上级，还有同事、人力资源部及其他部门人员的帮助和支持，所以企业要建立一种团结进步的企业文化，倡导所有管理者和员工都积极要求进步，团结协作，有责任感和奉献精神，当需要帮助他人实施改进计划时，要积极配合和提供支持，以圆满完成绩效改进计划。

（4）为了保证绩效改进计划执行的效果，可以把它融入在下一绩效周期的绩效目标中。一方面与员工的利益挂钩，增强员工对绩效改进计划的重视；另一方面也把它列入主管的考核项目中，提高主管的辅导意识。

2.9 云服务平台的绩效管理系统

2.9.1 绩效考核指标设置

打开菜单，点击“系统设置”中的“考核指标设置”，出现图 2－9。

一级指标编码	一级指标名称	所属部门	系数
1331501005	学习发展指标22	总公司	20.00
kb4	客户	生产部	2.00
xx3	学习发展	生产部	2.00
nb1	内部运营	生产部	4.00
zgs-jl-zb4	学习发展指标	总公司	2.00
zgs-jl-zb3	内部运营指标	总公司	3.00
zgs-jl-zb2	客户指标	总公司	2.00
zgs-jl-zb1	财务指标	总公司	3.00
cw2	财务指标	生产部	2.00
cwb-jl-zb1	财务指标	财务部	4.00

图 2－9　指标设置

总公司的一级指标有三个：“财务指标”、“客户指标”、“内部运营指标”，我们还需要增加第四个指标：“学习发展指标”。

点击“新增”按钮，进入图 2－10 页面，新增一级指标。

图 2－10　新增一级指标设置

点击“选择部门”，选择“总公司”，输入“一级指标编码”：“zgs－jl－zb4”；输入“一级指标名称”：“学习发展指标”；输入“系数”：“20”。如图 2－11 所示：系数 20，意味着权重系数为 20%。

图 2－11 新增一级考核指标“学习发展指标”

点击上面“添加”按钮，出现“添加成功”窗口，点击“确定”，出现图 2－12，“学习发展指标”已经成功添加。

图 2－12 “学习发展指标”成功添加

在图 2－12 中，选择一级战略指标的第四个指标“学习发展指标”，使其颜色变深，点击上面的“二级指标管理”，进入图 2－13“二级指标设置”页面。

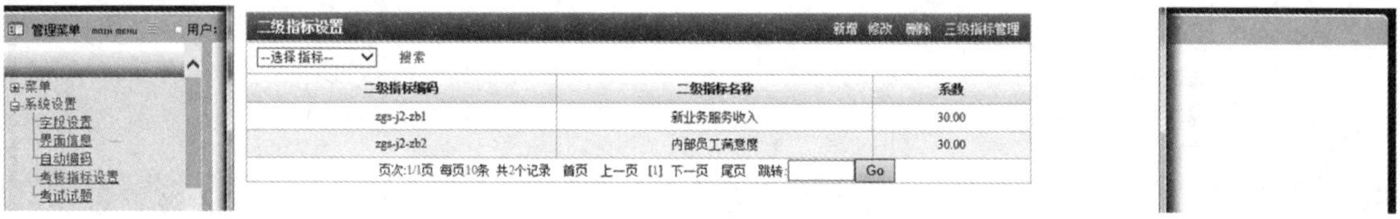

图 2－13 二级指标设置

可以看到，已经在“学习发展指标”这个一级指标下面设置了一个二级指标“新业务服务收入”，现在，我们要新增第二个二级指标“内部员工满意度”。点击“新增”按钮，进入图 2－14 页面。

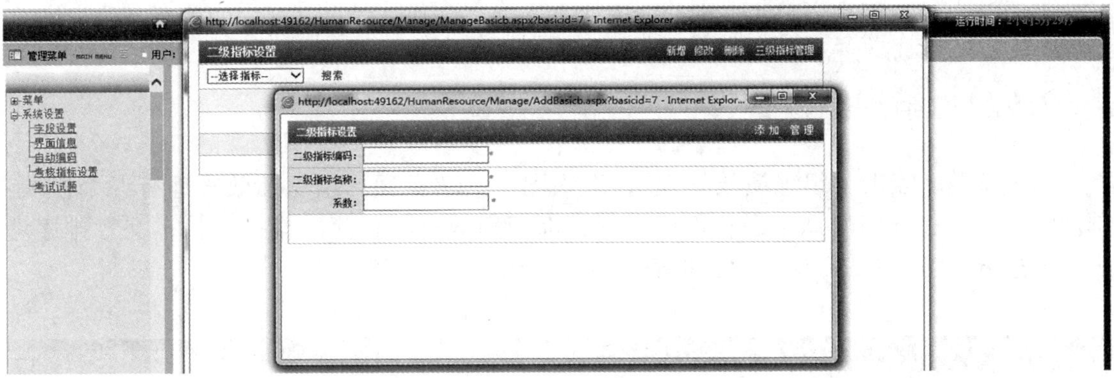

图 2-14 新增二级指标设置

输入“二级指标编码”：“zgs-j2-zb2”；输入“二级指标名称”：“内部员工满意度”；输入“系数”：30，如图 2-15 所示。

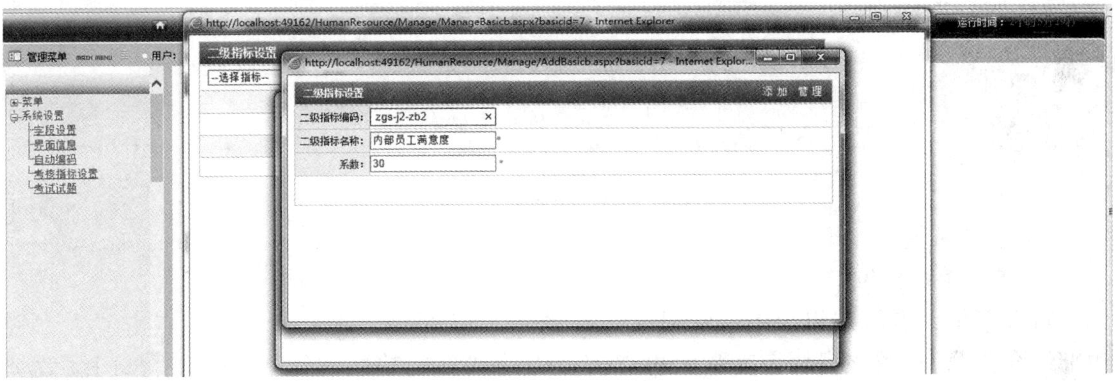

图 2-15 新增二级指标“内部员工满意度”

点击上面“添加”按钮，出现“添加成功”窗口，点击“确定”，“内部员工满意度”已经成功添加，如图 2-16 所示。

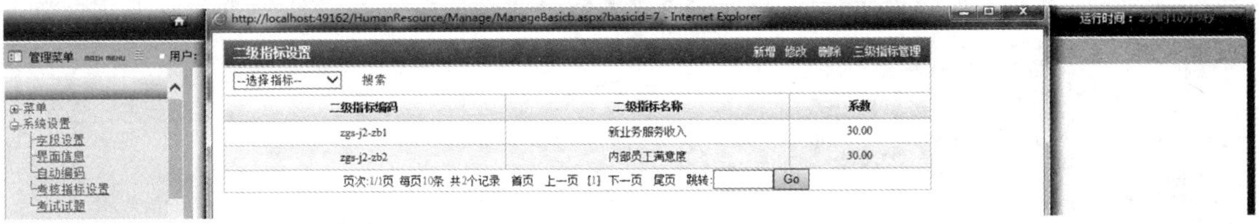

图 2-16 “内部员工满意度”成功添加

按此方法，即可把图 2-9 的平衡计分卡的各项指标全部添加进来，并可根据实际情况进行修改。

各个部门可根据总公司的平衡计分卡四个维度，分别设置自己部门的各级考核指标。

2.9.2 组织绩效管理

打开菜单，点击“组织绩效管理”，进入图 2－17 页面。组织绩效管理有九个模块：部门绩效契约；部门奖惩记录；部门考核；部门绩效反馈；简单排序考核；交替排序考核；强迫分布考核；360 度考核；平衡计分卡考核。

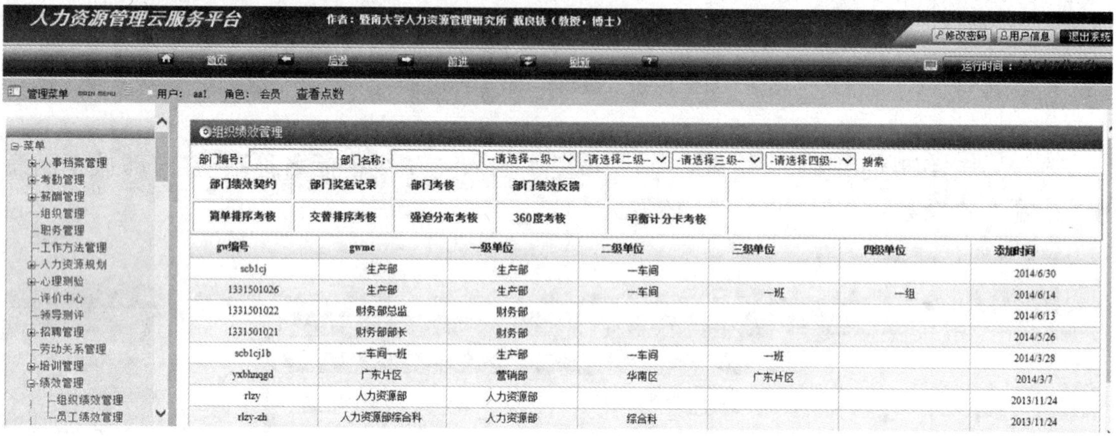

图 2－17 组织绩效管理

1. 部门绩效契约

打开菜单，点击“组织绩效管理”，进入图 2－17 页面。在部门列表中点击“人力资源部综合科”，使得该行颜色变深，再点击上面的“部门绩效契约”，进入“部门绩效契约”新增或修改页面，点击“新增（修改）”按钮，进入图 2－18“部门绩效契约”页面，输入或修改“部门绩效契约”的信息。

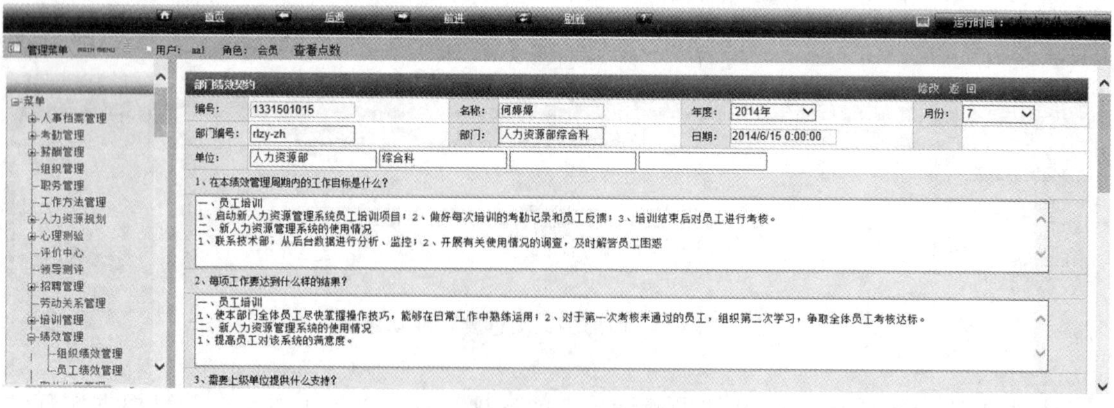

图 2－18 部门绩效契约

2. 部门奖惩记录

打开菜单，点击“组织绩效管理”，进入图 2－17 页面。在部门列表中点击“人力资源部综合科”，使得该行颜色变深，再点击上面的“部门考核”，进入“部门考核”新增或修改页面，点击“新增（修改）”按钮，进入图 2－19“部门考核”页面，输入或修改“部门奖惩记录”的信息。

注意：点击右边的“＋”，可增加“奖惩事项”，点击“－”，则去掉“奖惩事项”。

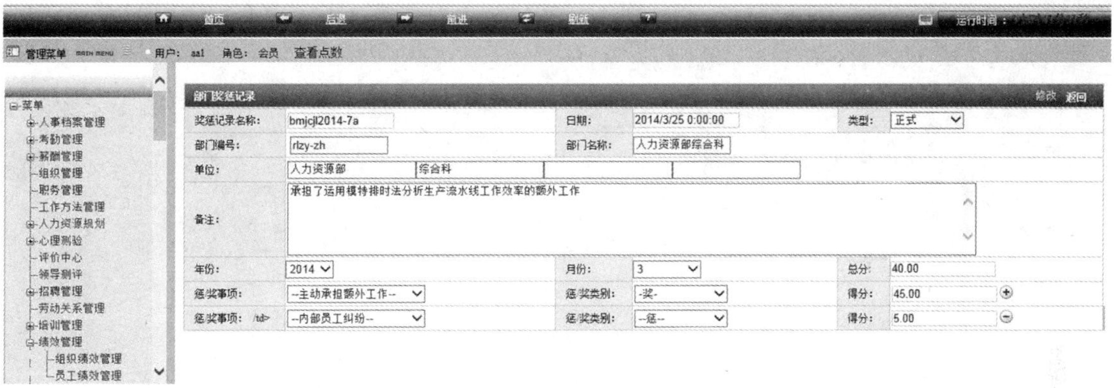

图 2－19　部门奖惩记录

3. 部门考核

打开菜单，点击“组织绩效管理”，进入图 2－17 页面。在部门列表中点击“人力资源部综合科”，使得该行颜色变深，再点击上面的“部门考核”，进入“部门考核”新增或修改页面，点击“新增（修改）”按钮，进入图 2－20“部门考核”页面，输入或修改“部门考核”的信息。

图 2－20　部门考核

4. 部门绩效反馈

打开菜单，点击“组织绩效管理”，进入图 2－17 页面。在部门列表中点击“人力资源部综合科”，使得该行颜色变深，再点击上面的“部门绩效反馈”，进入“部门绩效反馈”新增或修改页面，点击“新增（修改）”按钮，进入图 2－21“部门绩效反馈”页面，输入或修改“部门绩效反馈”的信息。

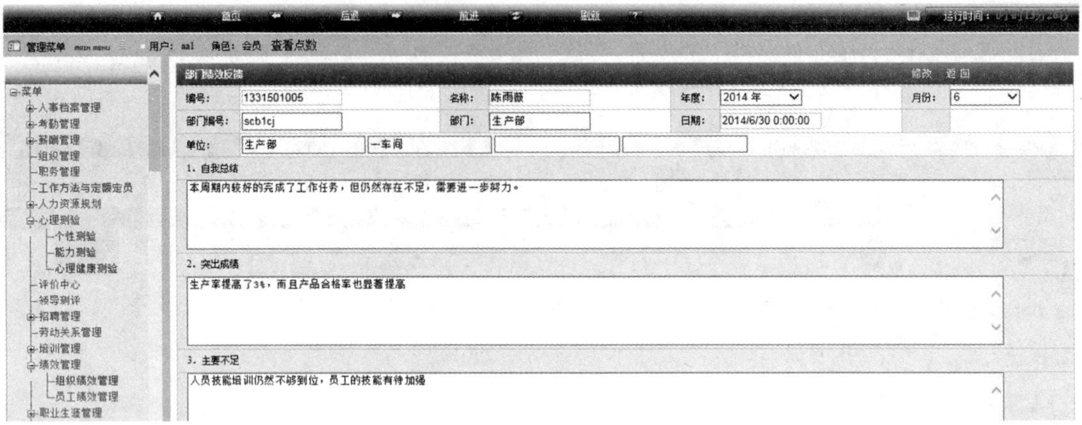

图 2－21 部门绩效反馈

5. 简单排序考核

打开菜单，点击“组织绩效管理”，进入图 2－17 页面。在部门列表中点击“生产部”、“一车间”、“一班”，使得该行颜色变深，再点击上面的“简单排序考核”，进入“简单排序考核”新增或修改页面，点击“新增（修改）”按钮，进入图 2－22“简单排序考核”页面，输入或修改每个员工的考核得分，点击“修改”，系统将该部门的员工自动按“得分”的大小顺次排列。这就是简单排序考核。

图 2－22 简单排序考核

6. 交替排序考核

打开菜单，点击“组织绩效管理”，进入图 2－17 页面。在部门列表中点击“生产部”、“一车间”、“一班”，使得该行颜色变深，再点击上面的“交替排序考核”，进入

“交替排序考核”新增或修改页面，点击“新增（修改）”按钮，仍然进入图2－22“简单排序考核”页面。

注意：“简单排序考核”的考核得分是按得分的大小顺序先后输入，而“交替排序考核”是先输入最高得分，再输入最低得分，然后输入次高得分，再输入次低得分，以此类推，直至将本部门的全部员工得分交替输入。

点击“修改”，系统将该部门的员工自动按“得分”的大小顺次排列。这就是交替排序考核。

7. 强迫分布考核

打开菜单，点击“组织绩效管理”，进入图2－17页面。在部门列表中点击“生产部”、“一车间”、“一班”，使得该行颜色变深，再点击上面的“强迫分布考核”，进入“强迫分布考核”新增或修改页面，点击“新增（修改）”按钮，进入图2－23“强迫分布考核”页面，先以小数的方式输入“优”、“良”、“中”、“差”的比例，四个小数之和为1。再输入或修改每个员工的考核得分，点击“修改”，系统将该部门的员工自动按“得分”的大小顺次排列，并按照“优”、“良”、“中”、“差”的比例系数自动评出全部员工的考核等级。

图2－23　强迫分布考核

8. 360度考核

打开菜单，点击“组织绩效管理”，进入图2－17页面。在部门列表中点击“生产部”、“一车间”、“一班”，使得该行颜色变深，再点击上面的“360度考核”，进入“360度考核”新增或修改页面，点击“新增（修改）”按钮，进入图2－24“360度考核”页面。输入被考核人的员工编号，自动调出“姓名”、“职位”，再输入各个考核人的员工编号、对被考核人的评分及权重。

图 2－24　360 度考核

系统按照加权平均的算法得出被考核人的最后得分。系统将该部门的员工自动按“得分”的大小顺次排列，如图 2－25 所示。点击右边的“＋”可任意添加考核人，点击“－”则去除考核人。

图 2－25　360 度考核——被考核人的得分

9. 平衡计分卡考核

打开菜单，点击“组织绩效管理”，进入图 2－17 页面。在部门列表中点击“生产部”、“一车间”、“一班”，使得该行颜色变深，再点击上面的“平衡计分卡考核”，进入“平衡计分卡考核”新增或修改页面，点击“新增（修改）”按钮，进入图 2－26“平衡计分卡考核”页面。

图 2－26 平衡计分卡考核

以小数的方式输入“优”、“良”、“中”、“差”的比例，四个小数之和为 1，如图 2－27 所示。

图 2－27 输入“优”、“良”、“中”、“差”的比例

将鼠标指向右上方“要素”，要素以红色显示各个部门，如图 2－28 所示。

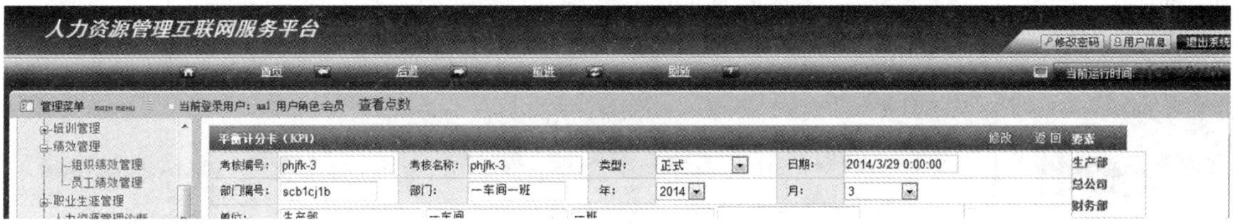

图 2－28 “要素”以红色显示各个部门

点击“生产部”，弹出“要素设置”窗口，如图 2－29 所示。左侧“员工（编号）”一栏中列出了“生产部”、“一车间”、“一班”的全体员工。生产部各个车间及员工的考核指标体系中，员工考核采用三级指标，因此，考核分数是在第三级输入。

现在，输入员工“万三十五”的考核分数。点击“万三十五”，使其颜色变深。若要选择其他员工，方法相同。

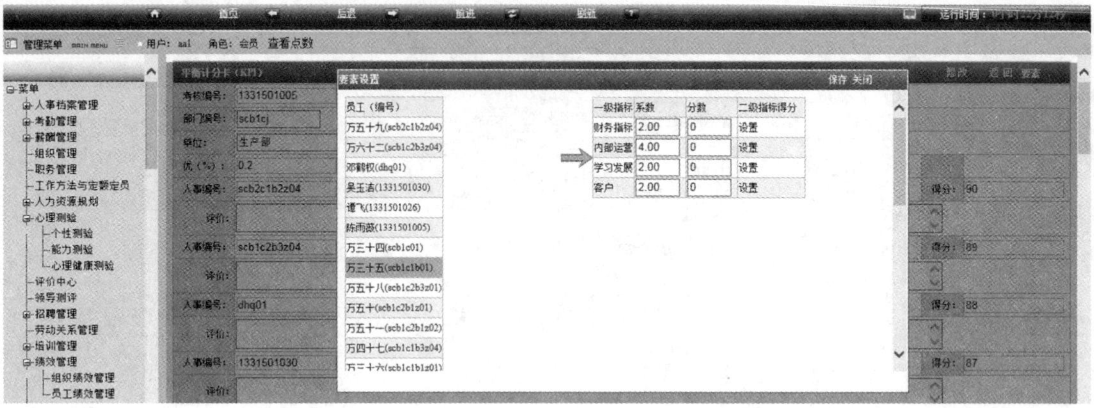

图 2－29　输入员工“万三十五”的考核分数

由于是就指标考核，不需要在第一级指标中输入分数，所以点击“财务”指标的“二级指标得分”栏中的“设置”。其他“内部运营”、“学习发展”、“客户”的“二级指标得分”的方法相同，进入图 2－30 页面。

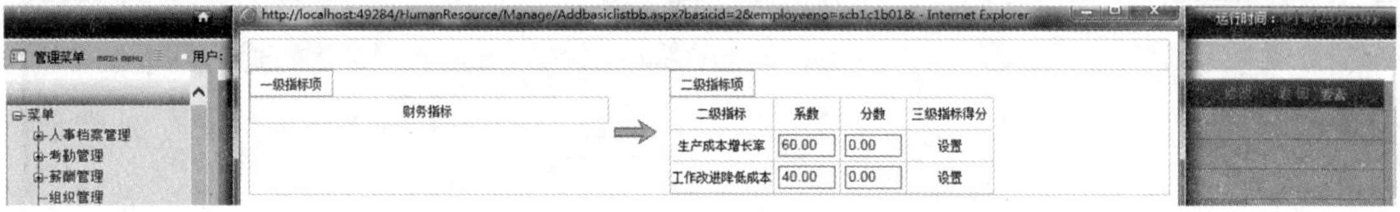

图 2－30　二级指标得分的“设置”

在图 2－30 中，再点击“生产成本增长率”三级指标得分的“设置”，进入图 2－31。输入“节约意识”的分数：80；输入“返工率”的分数：90。注意：系数不需要输入，已经在客户指标设置时输入完毕。

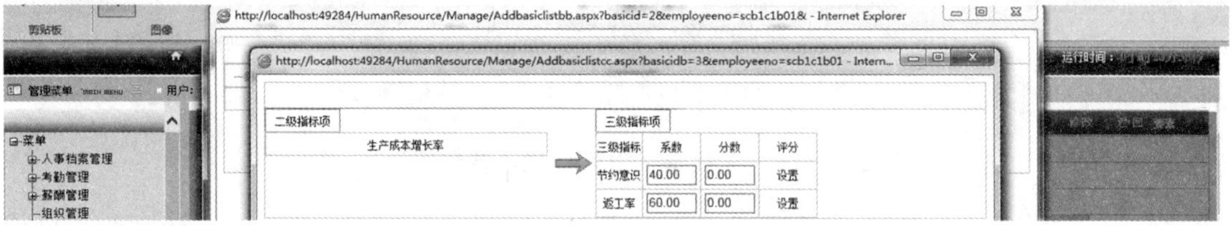

图 2－31　输入三级指标的分数

点击上面的“保存”，回到图 2－30。这时，我们发现“生产成本增长率”的分数已由“0”变为“86”（$80 \times 0.4 + 90 \times 0.6 = 86$），如图 2－32 所示。

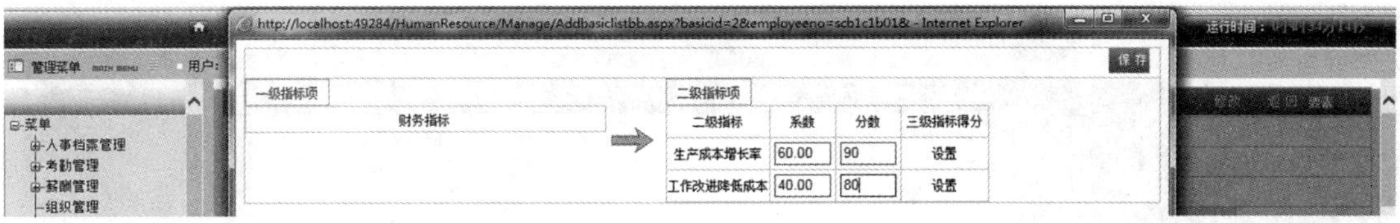

图 2－32　**“节约意识”、“返工率”的加权平均分：86（生产成本增长率的分数）**

相同的方法，点击“工作改进降低成本”三级指标得分的“设置”，进入图 2－31。输入“主动钻研力求改进”的分数：70；输入“积极提合理化建议”的分数：80。点击上面的“保存”，回到图 2－30。这时，“工作改进降低成本”的分数已由“0”变为“74”（70×0.6＋80×0.4＝74），如图 2－33 所示。

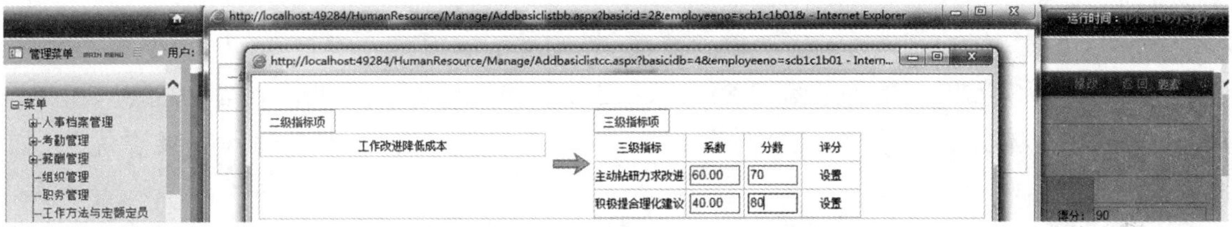

图 2－33　**“主动钻研力求改进”、“积极提合理化建议”的加权平均分：74（工作改进降低成本）**

点击“保存”，回到图 2－29 的页面。我们发现，平衡计分卡的第一项指标“财务”的分数，已由原来的“0”，变为“81.2”（86×0.6＋74×0.4＝81.2），如图 2－34 所示。

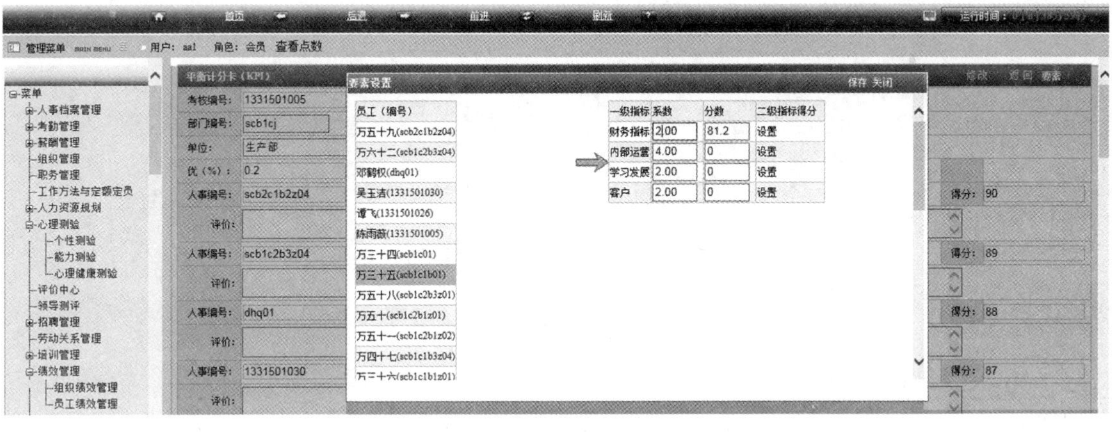

图 2－34　**“生产成本增长率”、“工作改进降低成本”的加权平均分：81.2（财务指标）**

相同的方法输入“内部运营”、“学习发展”、“客户”各个指标的三级指标分数，形成“万三十五”的四个指标分数，如图 2－35 所示。

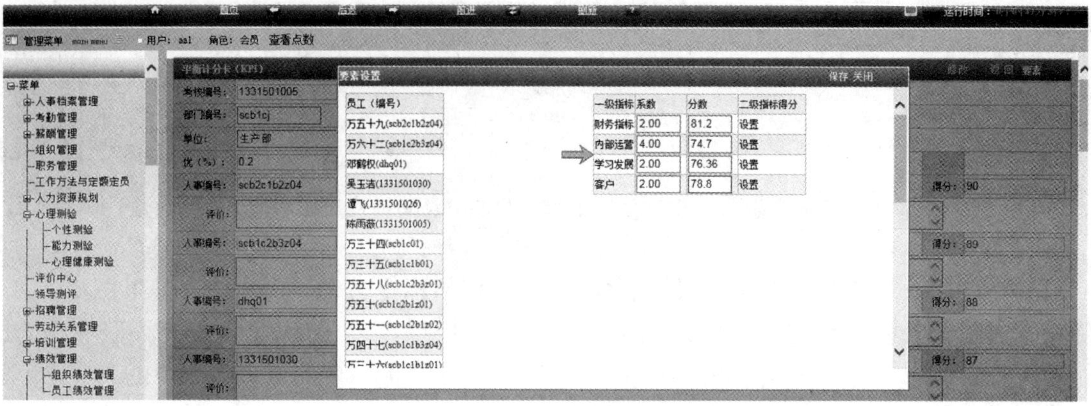

图 2－35 四个一级指标的分数

点击“保存”，回到图 2－26。我们发现，“万三十五”的得分已由“0”变为“77”。注意，系统舍去了 77 后面的小数（$81.2\times0.2+74.7\times0.4+76.36\times0.2+78.8\times0.2=77.152$）。在全体员工的考核分数中排第三，按 20% “优”的比例，列入等级“优”，如图 2－36 所示。

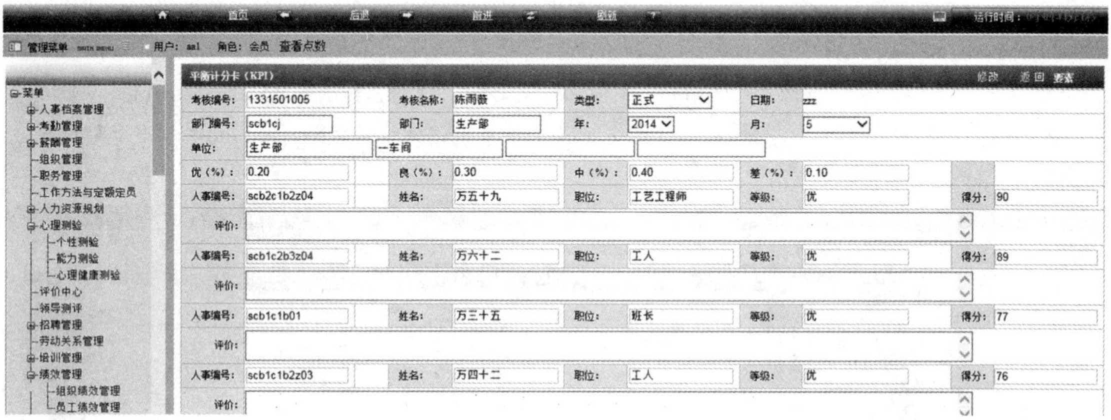

图 2－36 “万三十五”的考核得分由“0”变为“77”

2.9.3 员工绩效管理

打开菜单，点击“员工绩效管理”，进入图 2－37 页面。员工绩效管理有三个模块：员工绩效契约、员工奖惩记录、员工绩效反馈。

图 2－37 员工绩效管理三个模块

1. 员工绩效契约

打开菜单，点击“员工绩效管理”，进入图 2－37 页面。在员工列表中点击“万六十九”，使得该行颜色变深，再点击上面的“员工绩效契约”，进入“员工绩效契约”新增或修改页面，点击“新增（修改）”按钮，进入图 2－38“员工绩效契约”页面，输入或修改“员工绩效契约”的信息。

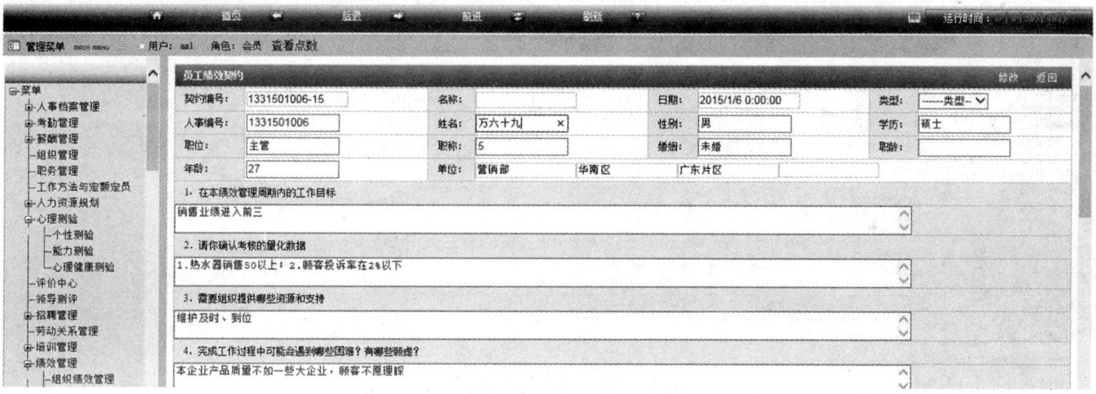

图 2－38 员工绩效契约

2. 员工奖惩记录

打开菜单，点击“员工绩效管理”，进入图 2－37 页面。在员工列表中点击“万六十九”，使得该行颜色变深，再点击上面的“员工奖惩记录”，进入“员工奖惩记录”新增或修改页面，点击“新增（修改）”按钮，进入图 2－39“员工奖惩记录”页面，输入或修改“员工奖惩记录”的信息。

注意：点击右边的“＋”，可增加“奖惩事项”，点击“－”，则去掉“奖惩事项”。

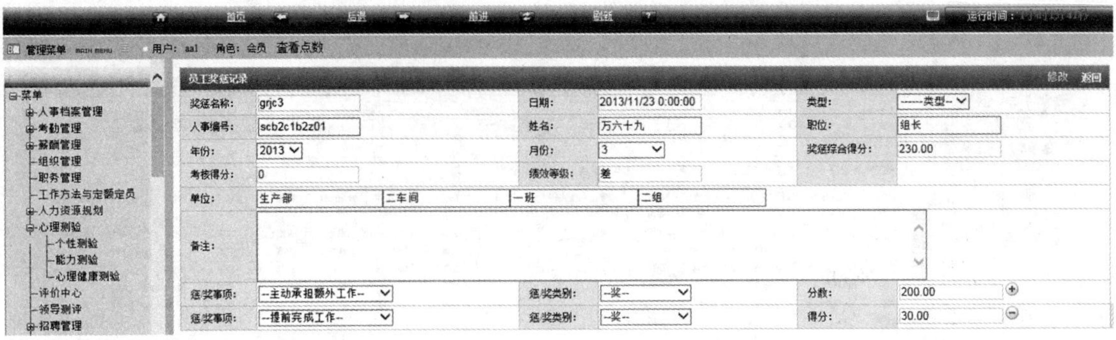

图 2－39　员工奖惩记录

3. 员工绩效反馈

打开菜单，点击“员工绩效管理”，进入图 2－37 页面。在员工列表中点击“万六十九”，使得该行颜色变深，再点击上面的“员工绩效反馈”，进入“员工绩效反馈”新增或修改页面，点击“新增（修改）”按钮，进入图 2－40“员工绩效反馈”页面，输入或修改“员工绩效反馈”的信息。

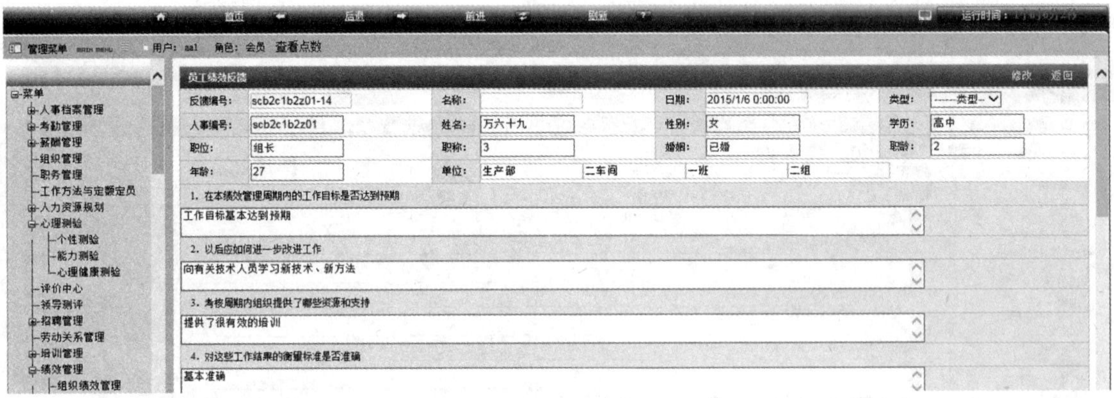

图 2－40　员工绩效反馈

思考题

1. 简述当前我国企业在绩效管理中普遍存在的一些问题。
2. 请解释可能影响评估过程的心理学因素。
3. 请联系实际谈谈 HR 部门究竟应该如何预防、避免和监控绩效考评的误差？
4. 试说明绩效管理流程的五大环节及工作内容。
5. 简述绩效计划制订流程。
6. 请论述绩效沟通的必要性、主要内容和沟通技巧。
7. 简述为什么需要建立绩效指标？

8. 简述指标设计的 SMART 原则。

9. 简述基于工作分析的绩效考核指标体系建立的具体步骤。

10. 什么是 KPI？其基本含义和核心战略管理思想是什么？

11. 什么是标杆基准法？标杆管理一般有哪些类型？如何运用标杆基准法进行绩效管理？

12. “平衡计分卡”是在什么样的背景之下提出来的？它的核心思想是什么？

13. 简述“平衡计分卡”的基本特征和基本框架。

14. 简述基于“平衡计分卡”的绩效管理体系的制定流程。

15. 在中国文化背景下采用“平衡计分卡”构建绩效考核指标，你认为会有哪些优势和劣势？

16. 请搜集某个国内著名公司的背景资料，将其作为一个案例，用以尝试构建“平衡计分卡”。

17. 简述如何运用目标分解法筛选并制定 KPI。

18. 什么是目标管理？企业进行目标管理需要遵循什么原则？

19. 试论述动态目标管理的理论框架及实施步骤。

20. 什么是 360 度绩效考核？它的适用范围、实施要点、优势和局限性分别是什么？

21. 工作行为考核的方法通常有哪几种？

22. 试概要说明各种数学模型在绩效管理中的应用。

23. 简述 AHP 的含义及主要步骤。

24. 简述企业管理者在绩效反馈面谈中应掌握的原则。

25. 简述绩效改进计划的一般步骤。

3 薪酬与福利

本章提要

薪酬与福利管理是组织活动的重要内容，也是人力资源管理的关键功能之一。本章将在理论基础上结合实例介绍薪酬与福利的基本概念、功能与作用，薪酬制度及其基本形式，薪酬体系的构建基础——职务评估的方法与程序，股权激励的基本方法及在马斯洛需要层次理论基础上提出的员工福利的管理方法。通过本章的学习，旨在掌握薪酬的理论基础、薪酬的特点与功能、薪酬管理的概念与原则，以及薪酬与福利管理中的一系列基本问题。

3.1 薪酬概述

3.1.1 薪酬的概念

“Compensation”是薪酬在英文中的表述。它经历了一定的发展历程：在20世纪20年代以前，企业和学术界通常用工资（Wage）来表示对根据工作量而支付给工人（体力劳动）的报酬；后来，用薪水（Salary）来表示对脑力劳动者所支付的报酬，用以与工资进行区分。从20世纪80年代开始，薪酬（Compensation）的概念开始盛行，薪酬是指根据员工的劳动技能、劳动强度、劳动责任以及劳动条件，将劳动划分为不同等级，用人单位在适度参考员工职位、年龄、学历、技能的前提下，按一定等级标准向员工支付的报酬。随着现代企业的发展，薪酬所包含的内容日益丰富，其形式也日益多样化。

表3-1 薪酬形式及内容

薪酬形式	包含内容
经济性报酬	基本工资、加班工资、奖金、津贴
非经济性报酬	成就感、挑战性、兴趣、责任感等
	社会地位、个人成长、个人价值
	工作环境、工作条件、员工关怀

3.1.2 薪酬的基本构成

1. 基本薪酬

基本薪酬，通常是指雇主为已经完成的工作而向雇员支付的货币薪酬。这是每一个支付周期内确定地、稳定地发放给个人的收入，它反映了企业为使员工从事工作所需支付的报酬，它为员工提供一定的基本经济保障，使他们不必为基本需求担忧。基本薪酬往往以固定的数量周期性发放，属于薪酬结构中固定工资部分。

2. 绩效工资

绩效工资的核心是建立科学合理的绩效考核体系，准确区别不同员工绩效，并据此确定员工薪酬。

3. 福利薪酬

福利薪酬主要是指企业为员工提供的各种与工作和生活相关的物质补偿和服务形式，包括：员工法定福利、集体福利和个人福利等。

3.1.3 薪酬管理的内容

1. 薪酬的目标管理

薪酬的目标管理，即薪酬应该怎样支持企业的战略，又该如何满足员工的需要。现代管理理论认为，薪酬管理应该与企业战略相结合，薪酬管理是实现企业战略目标的重要保障之一。

2. 薪酬的水平管理

薪酬的水平管理，即薪酬要满足内部一致性和外部竞争性的要求，并根据员工绩效、能力特征和行为态度进行动态调整，包括确定管理团队、技术团队和营销团队的薪酬水平，确定跨国公司各子公司和外派员工的薪酬水平，确定稀缺人才的薪酬水平以及确定与竞争对手相比的薪酬水平。

3. 薪酬的体系管理

薪酬的体系管理，不仅包括基础工资、绩效工资、期权期股的管理，还包括如何给员工提供个人成长、工作成就感、良好的职业预期等的管理。

4. 薪酬的结构管理

薪酬的结构管理，即正确划分合理的薪级和薪等，正确确定合理的级差和等差，还包括如何适应组织结构扁平化和员工岗位大规模轮换的需要，合理地确定工资宽带。

5. 薪酬的制度管理

薪酬的制度管理，即薪酬决策应在多大程度上向所有员工公开化和透明化，谁负责设计和管理薪酬制度，薪酬管理的预算、审计和控制体系又该如何设计。

3.1.4 薪酬的特点

1. 等级性

不同薪酬等级，薪酬支付标准不同。在其他条件一定的前提下，劳动越复杂、越繁重，从事这种劳动的员工薪酬等级越高，那么用人单位所支付的薪酬就越多。

2. 结构性

薪酬由多种薪酬形式构成，如职位薪酬、工龄薪酬、学历薪酬以及技能薪酬等。在不同的基本薪酬制度中，上述薪酬形式所占的比例不同，这主要取决于员工所从事劳动的特点以及不同基本薪酬制度的目标取向。如果企业注重员工队伍的稳定，鼓励员工为单位长期服务，那么它的工龄薪酬在基本薪酬中所占的比例要高。

3. 充分性

薪酬等级的划分要有充分的依据，至少要考虑以下几个方面：

（1）劳动的复杂程度。劳动技能差别主要反映在劳动的复杂程度上，按照复杂程度的不同，劳动可分为简单劳动和复杂劳动。在每一分类中，劳动性质的不同主要通过劳动的一些评价指标测评出来。

（2）繁重程度。这主要表现在不同劳动的紧张程度、身体负荷以及工时利用率等方面。

（3）劳动责任。在不同的劳动中，劳动者所承担的责任是不同的，劳动责任对劳动者心理和生理产生影响，从而影响劳动者的实际劳动消耗。

（4）劳动条件。它有三个指标，即危险程度、危害程度和自然地理环境。薪酬只考虑正常劳动环境，而对在特殊劳动环境下工作的劳动者，主要通过补贴的方式加以补偿。

4. 常规性

薪酬是法定时间内、正常劳动条件下劳动者完成定额劳动所得到的报酬。

3.1.5 薪酬管理的原则

1. 内部公平性原则

企业对员工薪酬的支付应该是基于员工的岗位价值的。在企业内部，不同岗位的薪酬水平应该与这些岗位对于企业的贡献一致，即薪酬的设定应该因岗而非因人。其前提是，员工按照岗位说明书经过严格的筛选被分配到每个工作岗位，实现岗能匹配。公平性原则是为了保障员工的工作积极性。

2. 外部竞争性原则

在秉承内部公平性的同时，还应兼顾薪酬的外部竞争性。企业应支付符合劳动力市场水平的薪酬，确保企业的薪酬水平与行业内其他企业水平相当，并结合企业实际情况，确保其薪酬水平具有一定的市场竞争力，能够留住员工、激励员工。

3. 激励性原则

薪酬要能拉开员工之间的差距，根据员工对企业的实际贡献支付薪酬。适当地拉开员工之间的薪酬差距，让不同业绩水平的员工具备不同的薪酬水平，可以激励员工向高绩效水平迈进，以获得更高的薪酬。

4. 经济性原则

提高企业的薪酬水平，固然可以增强企业在薪酬方面的竞争性和激励性，但同时不可避免地导致企业人力成本的上升。所以薪酬制度不能不受经济性的制约，企业应当充分考虑自己的财务实力和实际支付能力，根据企业的实际情况，对人工成本进行一定的控制。

5. 合法性原则

企业薪酬制度必须符合国家的政策法律。我国有关员工薪酬待遇方面的政策法律正处于不断完善的过程当中，对于已经出台了的政策法律一定要在实践中严格执行。

3.1.6 薪酬管理主要解决的问题

薪酬管理是指根据企业总体发展战略要求，通过管理制度的设计与完善，薪酬激励计划的编制与实施，最大限度地发挥各种薪酬形式如基本工资、奖金与福利等的激励作用，为企业创造更大的价值。薪酬管理可以为企业解决如下问题：

（1）企业要投资多少（计划薪酬总量）？

（2）能投资多少（实际薪酬总量）？

（3）投资在哪些地方（关键业务领域）？

（4）怎样组合投资（薪酬项目）？

（5）对什么进行投资（行为与业绩结果）？

（6）谁会及怎样获得这些投资？

（7）投资的回报如何？

（8）决定薪酬增加的标准。

（9）如何对薪酬项目进行管理？

3.2 薪酬与福利的理论基础——激励理论

3.2.1 早期激励理论

1. 需要层次理论

美国著名心理学家马斯洛（Abrahain Harold Maslow）在其1943年的著作《人的动机理论》中，从需要和动机这两个推动人类行为的动因入手，提出了著名的需要层次理论。他把人类的需要看成是有等级层次的，从最低级向最高级的需要发展。马斯洛将人的基本需要按重要次序做如下排列：生理需要、安全的需要、归属和爱的需要、尊重的需要和自我实现的需要。这五种需要的内容将在后面详细介绍，在此不再赘述。

马斯洛的理论符合我们正常的逻辑并易于理解，因此得到了广泛认可，尤其在实践中，管理者们几乎都是从需要层次出发去考虑激励的问题。但是这一理论未得到验证性的支持，马斯洛也没有提供实证材料。

2. X 理论与 Y 理论

美国麻省理工学院教授道格拉斯·麦格雷戈（Douglas M · Mc Gregor）于 1957 年提出了人性的两套系统假设——X 理论与 Y 理论。他认为，管理者关于人性的观点是建立在一些假设基础之上的，而且他们也是根据这些假设来塑造他们对下属的行为方式。

（1）X 理论。

X 理论是关于人性消极的观点，以四种假设为基础：员工天生不喜欢工作，只要有可能，他们就会逃避工作；由于员工不喜欢工作，因此必须采取强制措施或者惩罚办法，迫使他们实现组织目标；员工只要有可能就会逃避责任，安于现状；大多数员工都没有雄心壮志，贪图安逸。

X 理论类似于组织行为学中的“经济学人”假说。该理论认为，对于大多数员工来说，仅用奖赏的办法不足以让其战胜其讨厌工作的天性，因而必须采用强制、监督、指挥和惩罚的方法进行威胁，才能使员工付出足够的努力去完成他们的工作目标。

（2）Y 理论。

Y 理论则与 X 理论相反，是关于人性积极的观点。它基于以下假设：员工会把工作看作如休息、娱乐一样自然的事情；员工一旦对某项工作作出承诺，就会进行自我指导和自我控制来完成任务；员工不仅能够承担责任，而且会主动寻求承担责任；大多数员工都具备作出正确决策的能力，而不仅仅是管理者才具备这一能力。

Y 理论类似于组织行为学中的“社会人”假说。它强调人并不是懒惰的，人们对于工作的喜恶取决于工作对其是一种满足还是一种惩罚。

麦格雷戈认为，Y 理论假设比 X 理论假设更加符合实际。因此，他提出了一些促进员工工作动机的方法，诸如让员工参与决策、向员工提供具有挑战性的工作等。在实际工作中，无论是 X 理论还是 Y 理论的假设，在特定的环境下都可能是有效的，我们会经常用到这两种理论。

3. 双因素理论

美国心理学家赫茨伯格（Herzberg）提出了著名的双因素理论，又称为激励保健理论。该理论认为，企业中影响人的积极性因素可以按照其激励功能的不同分为激励因素和保健因素两大类。在这两大类因素中只有激励因素才能够给人们带来满意感，而保健因素只能消除人们的不满，但不会带来满意感。

保健因素是指造成员工不满的因素。造成员工不满的原因，主要是由于公司的政策、行政管理、监督、工作条件、薪水、安全以及各种人事关系的处理不善。这些因素的改善，虽不能使员工变得非常满意，真正地激发员工的积极性，却能解除员工的不满，故这种因素称为保健因素。研究表明，如果保健因素不能得到满足，则易使员工产生不满情绪、消极怠工，甚至引起罢工等对抗行为；但在保健因素得到一定程度改善以后，无论再如何改善也很难使员工感到满意，因此也就难以再由此激发员工的工作积极性。

激励因素是指能使员工感到满意的因素。改善激励因素使员工感到满意，能够极大地激发员工工作的热情，提高劳动生产效率；但即使管理层不给予其满意的激励因素，往往也不会使员工感到不满意。使员工感到非常满意的因素，主要是工作富有成就感，工作本身带有挑战性，工作的成绩能够得到社会的认可，以及职务上的责任感和职业上能够得到发展和成长等。这些因素的满足，能够极大地激发员工的热情，对于员工的行为动机具有积极的促进作用，它常常是一个管理者调动员工积极性，提高劳动生产效率的好办法。研究表明这类因素解决不好，也会引起员工的不满，它虽无关大局，却能严重影响工作的效率。

双因素理论的贡献在于，为管理者更好地激发员工的积极性提出了一种新思路，强调重视工作本身对于激励的意义，让人们对于激励的内容尤其是内在激励有了一种新的认识。

3.2.2 当代激励理论

在早期激励理论的基础上，形成了当代的激励理论，代表了当代学者对于激励的解释情况。

1. 成就需要理论

美国心理学家大卫·麦克利兰（David McClelland）认为，在人的生存需要得到满足的前提下，人最主要有三种需要：成就需要、权力需要和合群需要。其中，成就需要的高低对个人和企业的发展起着非常重要的作用。

成就需要是麦克利兰理论的核心。成就需要是指为达到标准、追求卓越、争取成功的一种内驱力。他认为，具有强烈成就需要的人一般具有三个特征：一是喜欢能够让其独立解决问题的工作环境；二是既敢于冒险又能以现实的态度对待冒险；三是强烈要求对其工作有明确和不断的反馈。他认为，成就需要强烈的人往往具有高度的内在工作动机，他们具有很强的事业心，外在激励对其的作用较小。只要能为他们提供适合的工作环境，使他们充分发挥自己的能力，他们就会感到幸福和快乐。因此，这样的员工对企业非常重要，一个企业拥有这样的员工越多，就越有发展的希望。

除了成就需要以外，个体还具有权力需要和合群的需要。所谓权力需要是指影响和控制别人的欲望或驱力。权力需要强烈的人喜欢竞争，希望能够取得较高的社会地位，常常追求影响和控制别人。在威严和受尊敬之间，他们更愿意选择前者。麦克利兰认为，权力需要是决定管理者取得成功的最重要因素。合群的需要就是归属的需要，是指人们寻求他人的接纳和友谊，建立友好亲密的人际关系的愿望。

麦克利兰的成就需要内涵接近于马斯洛的自我实现需要，他在这方面的论述丰富了马斯洛对于自我实现的描述。他强调，通过教育和培训可以造就出具有高成就需要的人。但是麦克利兰的成就需要理论和其他理论一样还有许多未解决的问题，如没有深入研究如何激励低成就需要的员工的问题。

2. 强化理论

强化理论是研究行为结果对动机影响的一种激励理论，它是由美国心理学家斯金纳（Skinner）提出的。斯金纳通过多次实验研究，发现人的行为分为应答性行为和操作性行为两种。应答性行为是人与生俱来的本能行为，是环境对人起作用而引起的反应；操作性行为是人们为了达到某种目的而作用于环境的行为。斯金纳认为，人们为了达到某种目的，便产生某种行为作用于环境，如果这种行为对自己有利，能满足某种需要，这种行为就会重复出现，这就是强化。在管理中应用强化理论来改造行为的方式有正强化、负强化、自然消退和惩罚四种。

正强化是指对某种行为基于肯定和奖赏，以增加其重复出现的可能性。如通过表扬、加工资、发奖金等手段表示对员工某一行为的奖励和肯定，从而强化员工在类似条件下重复出现这种行为。负强化是一种消极强化，是指预先告知某种不符要求的行为或不良绩效可能引起的后果，允许员工通过所要求的方式行事或者避免不符合要求的行为来回避一种令人不愉快的处境。如员工上班迟到就受到批评，如果按时上班就不受批评。自然消退是指在行为发生后，不予关注，以表示对这种行为的轻视或者某种程度的否定。研究表明，一种行为如果长期得不到正强化就会消失。惩罚是指以某种带有强制性、威胁性的结果，如批评、罚款等来制造一种令人不快的环境或者取消令人愉快的条件，表示对某一行为的否定。

强化理论是影响和引导员工行为的一种重要方法，但是在运用强化理论时，管理者应注意以正强化为主。

3. 公平理论

公平理论是美国心理学家亚当斯（Adams）首先提出来的，也称为社会比较理论。该理论认为，员工首先考虑自己的收入付出比，然后将自己的收入付出比与他人的收入付出比进行比较。如果员工感觉到自己的比率与他人相同，则为公平状态；如果感到两者比率不同则会产生不公平感。这种不公平感出现后，员工就会试图纠正它。公平理论指出：人的工作积极性不仅与个人实际报酬多少有关，而且与人们对报酬的分配是否感到公平更为密切。人们总会自觉或不自觉地将自己付出的劳动代价及其所得到的报酬与他人进行比较，并对公平与否作出判断。公平感直接影响职工的工作动机和行为。

人们主要通过两个方面的比较来判断其所获得的报酬的公平性：横向比较和纵向比较。横向比较就是与组织内的其他人进行比较；纵向比较就是把自己目前所获得的报酬及目前投入的比值与过去的收入付出比进行比较。

当人们面临不公平时，他们在心理上会产生紧张、不安和不平衡感，为了减轻这些感觉，他们通常会采取以下措施：

（1）自我安慰，从心理上用认知机制降低不公平之感。如改变自己对他人的投入与报酬的判断，认为原先的判断可能是一种偏见。

（2）改变比较对象，将比较对象的层次降低，以获取主观上的公平感。

（3）采取一定的行为，增加比较对象的负面影响。如在领导面前说他人坏话，降低他人的声誉。

（4）采取一定的行为，改变自己的投入或所得。如减少投入，降低自己的工作积极性。

（5）离开工作场所，如辞职。

公平理论的有效性得到了许多研究的验证，但公平理论也有其不足之处，因为不公平往往来源于个人的主观判断或感觉。也就是说，客观分配的不公平和个人认识的主观片面性都有可能造成不公平感。因而，管理人员必须细致而及时地体察员工的心理状况和组织的管理状况。

4. 期望理论

期望理论是由美国心理学家弗洛姆（Fromm）于1964年提出的。该理论认为，当一个人预期其行为能为个人带来既定结果，且这种结果对于他人具有吸引力时，才会采取这一特定的行为。也就是说，人们只有在预期其行为有助于达到某种目标的情况下，动机才会被激发出来。它包括3种变量和3种联系：

（1）努力—绩效的联系。个人相信通过一定程度的努力而达到工作绩效的可能性。

（2）绩效—奖赏的联系。个人对于达到一定工作绩效后即可获得理想的奖赏结果的信任程度。

（3）奖赏—个人目标的联系。个人对获得奖赏的评估：奖赏是否满足个人目标，其吸引力有多大。

一个人从事某项工作的动机强度取决于他认为自己能够实现理想的工作绩效的信念程度。期望理论中包含三个步骤：首先，员工感到这份工作能够提供什么样的结果；其次，这些结果对员工的吸引力有多大；最后，为了得到这一结果，员工需要采取什么样的行动。

弗洛姆的期望理论的吸引力在于认识到个人目标以及努力与绩效、绩效与奖励、奖励与个人目标满足之间的关系。作为一个权变模型，期望理论认识到不存在一种普遍的原则能够解释所有人的激励机制。因此，相对来说，期望理论的因人、因事、因地而异的价值观假设更符合实际生活。

3.3 薪酬分配决策的因素分析

3.3.1 企业不同发展阶段的薪酬体系设计

企业要根据自身所处的不同的发展阶段以及当期的竞争战略，设计适合企业本阶段发展并能够有效支撑其竞争战略的薪酬体系。

1. 初创期

初创期的企业就是一个新企业的诞生过程，新成立的企业通常需要投入大量的资金进行产品和服务的生产与销售。在此阶段，产品和服务的质量一般不稳定，生产成本较高，产品的知名度较低，市场占有率低。由于企业初创，资金往往呈现净流出状态，任何不确定的风险因素都会直接或间接地转化为对投资增加的需求。为解决初创期的困难，薪酬设计应满足以下要求：

（1）薪酬具有很强的外部竞争性。处在初创期的企业，往往急需大批优秀的生产技术人员和销售人员，但由于受外部人力资源条件的限制，要获取所需的优秀人才，通常只能从劳动力市场上招募。由于企业初创，对人才的竞争力在总体上还很弱，因而只能靠较高的薪酬水平来吸引优秀的人才。

（2）淡化内部公平性。企业初创时期，主要业务流程及组织架构尚不稳定，职位职责尚不明确，常常存在一人多职或职责交叉的现象，主导员工的往往是创业热情，而不是名誉和正式的地位。因此企业薪酬设计的重点应放在薪酬的外部竞争性上，而淡化薪酬的内部公平性。

（3）薪酬构成。在初创期，企业流动资金较为紧张，为了减轻企业的财务负担，本阶段的总体薪酬刚性应当小一些，即基本工资和福利所占的比重要小，而绩效奖金所占的比重要大。此外，企业一方面急需专业技术人才、管理人才和市场营销人才的加盟，另一方面迫于财务的压力，许多企业采用长期激励的方式来吸引和留住人才。通常的做法是：企业向员工作出承诺或达成协议，用股权、未来收益或未来职务等长期激励的形式代替当前的高薪。

2. 快速成长期

处在这一阶段企业的主要特征是，产品和服务的销售量猛增，市场占有率大幅度提高，企业以及企业的产品和服务具有一定的品牌知名度。为适应企业快速成长，薪酬体系的设计要做到以下几点：

（1）重视内部公平性。由于企业规模的扩大，企业开始重视规章制度的建设，主要业务流程及组织架构也日趋稳定，企业逐渐进入规范化管理阶段。因此建立以职位为基础的薪酬体系在客观上成为可能。

（2）强调薪酬的外部竞争性。在此阶段，一方面新的职位不断出现，另一方面企业对高素质人才的依赖更加明显。企业对优秀人才，特别是对科研、高级管理、市场营销、财务以及金融人才的需求量都大大增加，企业受外部人力资源条件的制约进一步凸显。为了获取优秀人才，特别是高级优秀人才，薪酬的外部竞争性显得格外重要。

（3）薪酬构成。由于市场销售形势良好，资金流速加快，企业可能出现净资金流入的现象，现金存量较为宽裕。这时，企业一方面开始适当提高基本工资和增加福利；另一方面，由于企业正处于积极扩张状态，鼓励个人贡献，按个人绩效计发的绩效奖金占很大的比重。

由于在这一时期许多企业的投资也进一步加大，因此，企业的现金存量往往不多。为了吸引高级人才的加盟，企业还应强调长期激励的重要性。

3. 成熟稳定期

当企业发展进入到成熟稳定阶段，企业的规模、产品的销量和利润、市场占有率都达到了最佳状态。企业的营销能力、生产能力以及研发能力也处于鼎盛时期，企业及其产品的社会知名度很高。处在成熟稳定期的企业的薪酬体系具备以下基本特征：

（1）更加重视薪酬的内部公平性。由于本阶段企业内部管理更加规范，建立以职位为基础的薪酬体系更为容易，并且员工对薪酬的内部公平性也显得更为关注，这一时期的企业必须特别重视薪酬的内部公平性。

（2）不再特别强调外部竞争性。在成熟稳定期不再特别强调薪酬的外部竞争性，并不是因为该阶段薪酬的外部竞争性变得不重要，而是因为该阶段的薪酬本身已经具有较强的外部竞争性，并且企业的品牌和影响力也有助于巩固企业对人力资源的竞争能力。更为重要的是，该阶段企业对优秀人才的获取开始从外部劳动力市场转向企业的内部劳动力市场。因为当企业发展到成熟稳定阶段，内部已拥有大量的人力资源，企业要做的是如何去发现和培养人才。

（3）薪酬构成。处在成熟稳定期的企业，产品的市场占有率和资本收益率较为稳定，现金存量最多，这时企业支付给员工的基本工资很高，福利也最多，绩效奖金则相对较少。另外，因市场的进一步扩大，靠员工个人的力量难度加大，需要依靠团队作战，这时候企业必须强调组织效率和团队协作，要特别重视体现团队贡献的团队薪酬。

4. 衰退期

企业进入衰退期，可能有企业本身的原因，也可能是由于外部环境造成的。衰退并不完全意味着企业走向灭亡，更多时候是企业发展阶段中的一个低谷。在衰退期，企业通常表现为市场销售额急剧下跌，市场占有率和利润大幅度下降，财务状况开始恶化，负债增加等。与此同时，会出现员工离职率增加，士气低落，组织承诺度下降，员工不公平感增强等现象。此时的企业有两种选择，要么坐以待毙；要么采取收缩战略，控制住成本，剥离亏损业务，有计划地培育新的增长点，使企业有效地蜕变。但是企业的蜕变需要一个过程，在这个过程中的薪酬体系需满足以下特点：

（1）强调薪酬的外部竞争性。本阶段，裁员往往是不得已的选择，同时企业也可能为了开拓新的业务领域而招聘适合该领域发展的人才，因此薪酬必须具有较强的市场竞争性。此外，企业内部原有的优秀员工的离职意向在本阶段可能显得特别强烈，如果整体薪酬不具有较强的市场竞争性，那么将很难留住优秀员工。

（2）薪酬构成。在本阶段，企业通常采取收缩战略，因此强调个人的绩效奖金和长期薪酬意义不大，较高的基本工资和较高的福利将是明智的选择。

企业组织如同生命体一样，也有一个自己的生命周期，大多数企业通常要经历初创期、快速成长期、成熟稳定期以及衰退期，处在生命周期不同阶段的企业具有不同的特点。当企业从一个阶段向另一个阶段过渡时，常常会遇到各种各样的问题，出现各种矛盾和危机。如果企业能够及时、有效地解决不同时期出现的各种矛盾和危机，就能够基业长青。相反，如果企业未能及时化解这些矛盾和危机，这些矛盾和危机积累到一定程度，就可能导致企业提前衰退甚至死亡。一个企业只有建立基于战略的薪酬管理体系，从制度上突出企业的价值导向和战略重点，通过薪酬分配机制来驱动员工的行为，才能够有效地化解各个阶段的矛盾和危机，促进企业的健康发展。

3.3.2 薪酬分配必须考虑企业的结构

从企业结构来看，不同的企业结构会有不同的薪酬制度与之相配。在传统型的企业结构中，更强调等级结构，薪酬多采用职位薪酬体系，体现出较官僚的企业特性。具体而言，职能制企业是以劳动分工为基础的，它适应于稳定的战略环境和以控制为手段、以任务为导向的小到中等规模的企业。职能制企业更倾向于推行基于职务和技能的等级薪酬制度。事业部制企业以产品、地区、顾客、销售渠道等为部门化依据，实行总企业集中决策，事业部独立经营的管理体制，各事业部独立核算、自负盈亏，统管所属产品的生产、销售和采购等全部活动。这样的企业往往先在各个事业部之间建立以经营绩效为基础的分配制度，各个事业部再建立效益薪酬制度或等级薪酬制度。矩阵制企业既按职能划分垂直领导系统，又按产品（项目）划分横向领导系统来设立项目小组。矩阵结构形式固定，但项目小组是临时的，项目经理相对固定，项目成员能调换。矩阵制企业适应于不确定性高的企业环境。各部门业务独立性强，具有几种产品类型，企业规模中等，以产品创新和技术专业化作为企业目标的企业更适合采用团队薪酬制度。模拟分散的企业以连续的生产工艺过程为基础来设立部门，各部门之间按内部转移价格进行产品和劳务交换，按内部结算价格计算盈亏，各部门拥有自己的职能机构，负“模拟性”的盈亏责任。这一企业旨在克服职能制企业中的“搭便车”行为，以强化效率意识，调动部门积极性。由于每一部门的可分配收入是随着内部交易收入和部门经营成本的变化而变化的，整个企业的薪酬制度就演变为一种动态薪酬制度和自主薪酬制度。

近年来由于竞争范围的扩大，竞争激烈程度的增加，消费者的需求变化速度不断加快，对企业的应变能力要求越来越高。特别是我国加入世界贸易组织以后，这个特点就越来越明显。为了提高企业的应变能力与弹性，促进员工的学习能力与岗位配置弹性，现代企业很多都进行了企业结构的扁平化改造，提高企业的灵活性，因此授权和团队协作的要求势必增加。在这样的企业条件下，薪酬决策也会相应地发生改变。

一种强调用较小的工资范围、大跨度的工资类别的宽带薪酬形式已被开发出来，以适应灵活型企业的需求。另外，在团队作用被日益重视的今天，以团队为基础的薪酬计划一改过去强调个人主义的薪酬实践，转而强调团队合作，奖励团队合作行为，补偿员工由于担任团队成员的角色而承担的额外责任（如培训），以及鼓励团队成员去实现事先制定的目标等。

3.3.3 薪酬分配必须考虑员工的需求

薪酬战略制定的目标之一必然是有效激励员工。因此，员工需求是内部因素分析中不可缺少的部分。但是，在实践中许多企业在设计其薪酬制度时，却很容易忽视员工需求。事实上，不同的企业由于员工结构（如学历、性别、年龄、家庭状况等）不同，其需求结构有相当大的差异。要使薪酬战略对企业竞争优势作出贡献，薪酬管理产生应有的效用，薪酬决策就必须建立在对员工需求特征的分析之上。但是，现行薪酬体系的最大缺憾在于忽视了员工个人的态度和偏好。就我国情况来看，年龄较大的员工一是注重健康保健的投入，二是工作安全感；参加工作时间不长的员工则需要大量现金来购房成家，养活一家人或者进修；而大多数家庭也许更关注孩子的教育或其他福利；女性员工则更关注能否有足够的时间照管家庭、老人和孩子等。基于员工需求差异的事实，薪酬结构的灵活性对薪酬决策人员无疑是一种巨大的挑战，如：可选择的福利形式，或者灵活奖励计划（如自主选择是否用激励工资购买企业股票等）都是一个难题。

3.3.4 薪酬分配必须考虑现有薪酬管理体系及其实施状况

在制定新的薪酬战略时，对既往企业薪酬管理体系及其实施状况的检查无疑是非常重要的环节，它能提示哪些经验能够汲取并发扬，哪些不足必须在下一战略期间加以重视并克服。在分析过程中，不可忽视的部分还包括对现行的人力资源管理战略及人力资源管理系统状况的分析、薪酬管理与人力资源管理之间的整合状况以及薪酬管理的影响与不足等内容，这有利于薪酬战略决策人员从战略的高度考虑薪酬决策问题，因为薪酬体系只是组成企业人力资源战略的若干人力资源体系之一。薪酬体系在某种程度上也受到是否与企业的其他人力资源体系相匹配的影响。

3.3.5 薪酬分配必须促进企业的可持续发展

企业要持续发展，必须解决价值分配中以下三对矛盾：

1. 现在与将来的矛盾

为了刺激员工的当前贡献，通过短期激励的方法就可以强化员工的行为。典型的做法是以成败论英雄，使得每个员工都关注眼前结果。而这样做必然会忽视那些重要的，但见效较慢的工作，如新市场的开拓、新技术的开发等，这些工作对于企业长远发展有决定性的影响，但工作成果往往在短时间内难以体现。如果一个公司过分地强调当前结果，必将有了今天就没有了明天；但如果不追求当前成果，企业就会活不过今天。因此，薪酬分配必须促使企业发展，并且能持续发展。

2. 老员工与新员工的矛盾

由于公司创业者在创业初期风险大、收入少、投入多，为了激发创业者的创业激情，公司往往描绘未来的美景，给员工承诺一个金色的世界。当企业发展起来后，新老员工的利益冲突日益显示出来。老员工由于历史的贡献分享今天的成果，甚至一些企业的初始出资者始终保持公司剩余价值的独享权，这样，外部的优秀人才进入公司后找不到创业的感觉，甚至感到被老员工剥削。一个公司如果不能不断地吸取外部优秀人才并激发其创业激情，公司的机能必将逐步退化，最终导致公司的死亡。

3. 个体与团体的矛盾

为了强化激励，企业往往过分强调员工个人评价与激励，但如果过分强调个人的作用，必将会影响员工之间的协作精神，从而影响组织整体的运作能力，最终导致企业经营管理链条的断裂。而过分强调团体的利益，必将会使员工产生吃大锅饭的思想。

3.3.6 薪酬分配必须体现企业的核心价值观

一个企业核心价值观决定着企业能活多久，它并不应该像某些企业那样只是写在墙上的口号，它是企业的战略抉择和是非判断的基点，它表达了企业存在的意义，明确了企业倡导什么，反对什么。企业的核心价值观不能只装在企业家一个人的脑袋里，它必须准确传达给每一位员工，并渗透到员工的灵魂中。只有企业的核心价值观被全体员工所认同，企业内部才能创造一种共同语言，才能从思想到行动形成一股合力。那么，如何通过薪酬分配来强化企业的核心价值观呢？可以从两方面来考虑：一是从各种分配形式的设计方面来考虑，如企业强化绩效导向的文化，则奖金的设置比例要大；如企业强化能力导向的文化，则基本工资的设置比例要大。二是从考核与分配的结合方面来考虑，有效的分配必须建立在客观的评价之上，各种评价要素及权重的设计，可以强化不同企业的文化特征，如企业强化员工之间的团队协作，则考核要素中就加大团队协作的考核权重。

3.3.7 薪酬分配必须能够支持企业战略的实施

价值分配的基础是什么？是价值创造。因此，价值分配必须以价值评价为依据，根据员工对企业战略实施的实际贡献来分配价值。其基本评价点为：

（1）外部竞争性。如果一个企业采取的是成本领先战略，则价值分配必须强调内部经营管理效率的提高；如果一个企业采取的是产品差异化战略，则价值分配必须鼓励员工的创新行为。

（2）内部公平性。公司战略实施过程是一种全员行为，必须加强各部门的协作效率，因此必须根据各类人员对公司总体目标的实际贡献度进行客观的价值评价，并在价值分配上保持内部的相对公平性。

3.3.8 薪酬分配必须有利于培育和增强企业的核心能力

由于外部市场环境的易变性和不可预测性，因此许多企业开始运用基于资源的竞争战略，即通过培育企业内部的核心资源优势，使得竞争对手在短期内难以模仿，从而赢得竞争优势。企业核心能力包括：技术创新能力、管理创新能力、市场响应能力、资源配置能力、员工学习能力、响应变革能力、自我批判能力等。一个企业应该深入分析企业发展所依靠的核心能力是什么，并在价值评价中给予认可，对于公司内的关键岗位，在薪酬分配上应给予倾斜。

3.3.9 薪酬分配必须有利于塑造响应变革和实施变革的文化

在快速变化的当今世界，唯一不变的是变化本身，企业要谋生存求发展，必须不断地进行变革。而变革必然会给员工带来精神压力和利益变化，员工对变革的抗阻是一种自然现象。如果在价值分配上不倡导变革的文化，不对员工响应变革的行为给予鼓励，不对员工阻碍变革的行为给予处罚，则变革就没有群众基础，变革只能是流于形式或中途夭折。基于以上薪酬分配目的的系统分析，企业在设计薪酬制度时必须体现企业个性化特征，必须以企业整体战略和核心价值观为基础，而不能简单地搬用其他公司的薪酬制度，应在整体薪酬分配结构中考虑各项分配制度的独特作用和相互关系。

3.4 薪酬制度

3.4.1 薪酬制度的类型

一、职位薪酬制度

职位薪酬制度是第二次世界大战后，以美国为首的西方发达资本主义国家所使用的主流薪酬制度类型，它通过职位评价确定职位的相对价值，并结合市场薪酬状况为员工支付薪酬。它是基于这样的假设：职位价值刚好与员工的能力相符合，如果员工的能力大于职位要求，则会造成人力资源浪费；如果员工的能力小于职位要求，则会导致员工不能胜任工作或无法按时、保质、保量地完成工作。职位薪酬制度鼓励员工通过职位晋升来获得更多薪酬。20 世纪 90 年代以来，在全球化、市场化、信息化的大背景下，企业结构出现了扁平化的趋势，表现为企业管理层级减少，管理幅度增大。扁平的企业结构越来越多地取代了传统的等级森严的金字塔结构，这样，职位薪酬制度受到了挑战，但因为职位晋升通道变得相对有限，完全基于职位的薪酬制度很少，往往还加入了员工技能、绩效等因素，所以职位薪酬制度仍是现代企业所广泛使用的。

1. 职位薪酬制度的优点

（1）薪酬分配相对公平。职位薪酬制度建立在规范的工作分析基础之上，工作内容、责任以及权利明确，通过职位评价，确保了薪酬分配的内部公平；通过对职位展开有针对性的市场薪酬调查，从而实现薪酬分配的外部公平。

（2）简明易懂，可操作性强。薪酬系统的有序运行，离不开管理者与员工的充分沟通。简明易懂的薪酬制度，密切了企业上下级之间的联系，增大了薪酬分配过程中的透明度，有利于员工了解自己的劳动所得。可操作性是评价薪酬制度优劣的重要指标。职位薪酬制度可操作性强的特点，降低了薪酬制度在实施过程中的执行难度，节约了管理费用。

2. 职位薪酬制度的缺点

（1）激励作用不大。职位薪酬制度主要依据员工职位支付薪酬，薪酬与职位直接挂钩，当员工晋升无望时，也就没有机会获得较大幅度的加薪。在没有其他因素介入的情况下，其工作积极性必然会受挫，甚至会出现消极怠工或者离职的现象。

（2）激励面不广。职位薪酬制度对员工知识、技能关注不足，忽略了员工的个体差异，从而导致激励面不广。

（3）灵活性不强。职位薪酬制度对职位类别、等级作了详细的规定，员工在某个具体职位上，知道自己该干些什么，什么不在自己的职责范围之内，使员工很难从事其他工作。而且职位薪酬制度要求职位相对稳定，按职付薪，职位变化不大，但在环境不确定的情况下，对员工提出了更高的要求，有违薪酬管理公平性原则。

3. 职位薪酬制度实施的条件

（1）企业要有较好的人力资源管理基础，根据各职位特点，建立一套科学、规范、标准的职位说明书，要做到一职一书，清楚地描述职位的性质、范围、工作关系和任职资格。

（2）企业要有较高信度和较高效度的人力资源测评系统，科学测评员工能力，做到员工能力与职位相匹配。

（3）企业薪酬管理者能够熟练运用各种职位评价方法，评价企业中各职位的相对价位，并为之支付薪酬。

职位应基本稳定，在一定时期内，不会发生较大波动，这是实施职位薪酬制度的前提。

职位薪酬制度主要适用于外部环境相对稳定、内部职位级别相对较多的企业，针对的是企业的过程导向性职位，其典型特点是能力或业绩并不十分明显，如各种管理类职位。

二、基于技能和胜任力的薪酬制度

随着知识经济时代企业中知识型员工比例的日益上升，传统的职务薪酬体系在激励知识型员工方面的局限性日益明显。为增强竞争优势，越来越需要换一种视角来设计薪酬体系。最近，基于技能和胜任力的薪酬体系的应用在大大增加。

技能薪酬，也称基于知识的薪酬，指为员工掌握工作所需的技能支付的报酬，它是一种确定员工基本工资的薪酬方法。首先对组织所需的全部技能作全面分析和系统分类，组成不同的技能模块，代表不同的技能单位，员工通过评估系统进入不同的技能模块。通过培训使员工学习新的技能，周期性的测试可以证明员工的技能等级，使员工在达到标准之后升入更高的技能等级。技能薪酬主要应用于基层操作者，在整个薪酬计划设计和管理过程中需要员工真正的参与，这样能够充分利用员工所掌握的技能。

胜任力是指个人完成工作，达到绩效所需具备的知识、能力和行为特征。胜任力薪酬是指为专业人员、管理人员发展与高绩效有关的综合能力支付的报酬。技能更多与具体的作业任务相联系，而胜任力更多指向未来岗位要求的综合能力。胜任力薪酬的基本特征与技能薪酬有类似之处，它也是确定基本工资的方法，也需要相当大的设计和试运行投入，组织稳定和员工高参与的文化。但在设计方法和适用对象上有不同之处，胜任力薪酬的设计主要通过高绩效员工与一般绩效员工的比较，通过笔试、面试、观察和评级来发现能力上的差异，并把胜任力要求与薪酬系统捆绑在一起。胜任力薪酬主要适用于管理岗位和专业技术岗位，而技能薪酬更多与具体任务和一般员工相联系。

1. 基于技能和胜任力的薪酬制度的优点

（1）技能薪酬制度提倡持续学习。当前企业之间的竞争越来越多地依赖内在能力和资源，而不是外在规模。企业为了寻求发展，建立学习型企业将成为时代所趋。基于技能和胜任力的薪酬制度很好地适应了技术变革带来的技能宽化和技能深化趋势，向员工传递了关注自身发展和不断提高技能水平的信息，它鼓励员工根据企业要求不断掌握新的知识和技能，这符合建立学习型企业的要求，并在客观上增强了企业的竞争优势，以及企业适应外界环境、快速变革的能力。

（2）基于技能和胜任力的薪酬制度给企业人员配置提供了很大的灵活性。这种薪酬制度扩大了员工的技能领域，削弱了由部分员工的不可替代性给企业生产带来的负面影响，还为企业结构扁平化和人员精简提供了机会，由员工流动或缺勤留下来的职位空缺可以由那些掌握了多种技能的现有员工来填补，获得更多技能的工人可以完成生产过程的各个部分，他们可以通过共同工作以解决瓶颈问题。因此，技能薪酬有助于加强员工间的互助与合作，并可激发员工提高技术水平、掌握多种技能的积极性，使员工间能更好地相互配合以有效地完成工作。

（3）掌握多种技能的员工可以扩展和丰富自己的工作内容。员工们可以与生产或服务的其他部分人员进行更有效的沟通，因为他们了解这些正在做的事；他们还可以更有效地解决问题，因为他们对企业有更广泛的了解；他们也会更加致力于观察企业的有效运作，因为他们对整个运作有总体认识。在员工较以往掌握了更多技能的基础上，技能薪酬制度有助于帮助员工更全面地理解企业的运营流程，更好地理解自己对整个企业的贡献，赋予他们更强的成就感。同时，它在一定程度上还有利于实现工作兴趣的丰富化，能鼓励专业人才安心做好本职工作，从而保证了员工队伍的稳定性。

（4）基于技能和胜任力的薪酬制度为把决策权授予那些最有知识的员工提供了基础。同时，在这种薪酬体制之下，员工的关注点是个人以及团队技能的提高，而薪酬体系本身的设计和运行也需要员工的高度参与，因此有助于促成高度参与的管理风格。

（5）基于技能和胜任力的薪酬制度仍然可以激励员工。因为技能薪酬制度为员工发展准备了两条路径，即职位晋升通道和技能晋升通道。技能薪酬制度在一定程度上有利于鼓励优秀专业人才安心做好本职工作，而不是去谋求薪酬尽管很高但自己却不擅长的管理职位。

2. 基于技能和胜任力的薪酬制度的缺点

（1）可能会引起员工的不公平感。如果两个员工正在做相同的工作，只因为一个人掌握更多的技能而得到更多的薪酬，就会使另一个人产生不平等的感觉。

（2）增加了企业的薪酬支出。在基于技能和胜任力的薪酬制度下，员工报酬的增加主要取决于其不断学习并掌握的新技能，这就要求企业在员工培训上进行大量的投资，以使员工能不断提高自己的技能水平。并且由于此薪酬方案要付给员工更高的报酬，因此增加了企业的人工成本。

（3）设计和管理存在难度。为了保证基于技能和胜任力的薪酬制度正常、有效地运作，企业在设计薪酬方案时必须确定员工提薪所需掌握的新技能的数量和种类，并在实际执行中能确认员工是否已真正掌握了相应的技能，而这些条件都难以得到完全满足。

（4）可能降低企业效率。一方面，员工在为了获取高报酬而不断学习新技能的过程中可能会出现忽视目前本职工作、好高骛远的情况，从而导致企业效率大大降低；另一方面，如果企业不能为员工提供其使用新技能的机会，那么企业就无法从新技能的应用中获得收益，从而企业付出的薪酬成本的效率就会降低。

（5）可能会限制员工和企业的发展。如果对于那些已经达到企业中最高技术等级的员工没有采取合适的措施以激励其继续学习新的技能，那么员工和企业的发展空间将会受到限制。因此，企业必须解决好对员工进行持久激励的问题。

由此我们可以看到，基于技能和胜任力的薪酬制度本身只是企业以员工个人技能为核心的人力资源管理系统的重要组成部分，是以人为本而非以职位为本的人力资源管理理念的体现。因此，对员工技能的强调必须贯穿于企业的招聘、晋升、绩效管理、培训等人力资源管理各个环节，必须把技能薪酬与人力资源管理和企业管理的其他环节相融合。只有这样，才能实现技能薪酬制度使用价值的最大化。

基于技能和胜任力的薪酬制度主要适用于员工技能与企业绩效相关性较强的企业，如企业中的技术工人、专业管理者及科技研发人员。

三、绩效薪酬制度

绩效薪酬起源于工业化时代以前。最早的绩效薪酬记录包括收益分成、利润分红和计件工资等。创立者们非常关注这样一个事实，即敬业的员工在企业经营成功的过程中将做两项工作：一是对那些通过传统薪酬计划无法获取的经营成果树立主人翁责任感；二是与公司共担风险，即企业经营不善说明员工没有取得成功。今天的绩效薪酬有了更加丰富的内涵，人们更加理论化地分析浮动薪酬系统协助平衡资本与劳动力之间的潜在冲突的可能性，20 世纪末则更加强调营造和谐、有效的工作氛围。

有效的绩效薪酬制度关键在于确定业绩纽带。综上所述，各种绩效薪酬模式的目的均在于建立起有效的激励机制，无论采用何种绩效薪酬模式，都必须与经营需求相挂钩，薪酬方案必须考虑到员工的需求以及支持这些需求的文化与历史影响因素。

1. 评估或制订绩效薪酬方案时应注意的要素

（1）匹配。该模式能否支持关键的经营目标？若不奖励那些能够促成企业经营目标的行为，该模式将无法使公司从中受益。为确保任何绩效薪酬方案的设计工作合理地与这些目标相匹配，必须进行仔细的分析。

（2）定位。该模式针对哪些人？确定适用对象的范围有助于公司将人力、物力集中于那些最能影响企业经营结果的员工身上。“一成不变”的奖金计划无法起到那些进行过周密定位的绩效薪酬计划所起到的作用。

（3）风险承受力。风险究竟多大？进行该项评估时应考虑一些至关重要的文化因素，不同的员工队伍可能有不同的风险承受力。公司应明确了解员工的风险承受力，在此基础上公司才能在不同员工队伍的奖励政策的设计过程中制定出更好的决策。

（4）明确而可衡量的目标。

（5）明确奖励方案。如何确定奖金，始终是个棘手的问题。在“重关系型”文化中，“关系影响薪酬结果”这一观点必将对绩效薪酬方案产生不良影响，应尽可能制订明确的、公式化的绩效奖金方案。

（6）业绩管理。良好的业绩管理系统必须有效地将薪酬与不同层次（个人、团队或公司）的业绩相联系。该程序必须清晰、明确，便于员工和管理人员使用。

2. 绩效薪酬制度的优点

（1）协调个人与企业目标。现代企业理论强调“双赢”，即员工不断进步，企业效益不断提高，企业与员工长期共同发展。个人存在于企业之中，只有两者目标一致时，个人与企业功能才能得到最大程度的发挥；如果个人与企业目标之间存在偏差，势必会造成二者的效率损失。绩效薪酬制度将企业目标进一步细化，制定不同绩效标准，划分薪酬等级，并根据员工实际工作绩效，支付相应薪酬。由于员工的工作目标明确，目标层层分解，因此企业战略容易实现。绩效薪酬制度以企业经济效益和员工个人的实际贡献为依据来决定员工薪酬，有助于将员工的关注点从自身绩效转移到企业目标上来，从而协调了个人与企业目标。

（2）激励效果明显。实施员工个人绩效与薪酬相挂钩的薪酬制度，极大地提高了员工工作积极性。企业为优秀员工支付较高薪酬，为绩效较差员工支付较少薪酬，这样产生的激励效果比较明显。

（3）实施成本低。由于薪酬成本随销售额、利润等指标的变动而变动，因此能防止工资成本过分膨胀。薪酬制度直观透明，各个单位开发成本和执行成本均较低，从而有利于节省人工成本。

3. 绩效薪酬制度的缺点

（1）造成短视行为。绩效薪酬制度的实施，容易造成员工只关注今天的绩效，产生短视现象，即员工为了短期利益的提高，而牺牲企业的长期利益。

（2）影响企业凝聚力。在绩效薪酬制度中，薪酬支付的依据是员工绩效，这样容易造成部门或团队内部成员之间的恶性竞争，导致员工之间的收入差距过大，影响员工的和睦关系。在企业制定标准时，也容易出现管理层与员工就绩效指标等讨价还价现象。这些都在一定程度上影响了企业的凝聚力。

绩效薪酬制度主要适用于企业中那些工作效果明显、业绩容易量化的职位或员工，如生产计件产品的员工、销售人员等。

四、组合薪酬制度

上述这些薪酬制度往往注重影响员工薪酬的一方面，而难以兼顾其他。事实上，企业在制定薪酬制度，设计薪酬体系时，通常会以一种薪酬制度为主，同时统筹考虑其他因素。例如，以职位为主，同时结合员工绩效，则形成职位绩效薪酬制度；如果以职位为主，同时考虑员工技能或能力，则会形成职位技能薪酬制度，这类薪酬制度通常被称为组合薪酬制度。组合薪酬制度将薪酬分解为几个相对独立的薪酬单元，根据劳动特性，合理确定员工薪酬。很多在中国的外资企业在薪酬制定过程中，通常是按照“3P＋2M”原则：员工职位、个人能力、工作绩效、行业市场、人才市场。

1. 组合薪酬的构成

组合薪酬制度的薪酬构成并无固定形式，但通常情况下，由以下几方面构成：

（1）基础薪酬。基础薪酬主要是考虑职工基本生活费用，规定同一数额的基础薪酬。

（2）职位薪酬。职位薪酬是组合薪酬制度的主要组成部分，它与劳动责任、劳动强度、劳动复杂性、劳动条件四要素相对应，确定的依据是对四项劳动要素评价，划分几类职位薪酬的标准，并设置相应档次。

（3）技能薪酬。技能薪酬与劳动技能要素相对应，确定的依据是职位或职务对劳动技能的要求和员工所具备的劳动技能水平。学历、职称等薪酬可归入此列。

（4）绩效薪酬。绩效薪酬的支付依据是企业的经济效益和员工实际完成劳动的数量和质量，它并没有固定的支付标准，随企业效益与员工努力部分或全部浮动。

（5）年功薪酬。年功薪酬是根据员工参加工作的年限而支付给员工的薪酬。

2. 组合薪酬制度的优点

（1）职能全面。不同企业，组合薪酬的构成要素是不同的。由于这些薪酬单元能够从不同角度准确反映劳动质与量的差别，即与劳动结构相对应，并形成因果关系，劳动结构有几个部分，工资结构就有相对应的几个部分，并随前者变动而变动，保证员工各方面的付出都能在薪酬上得到体现，因而组合薪酬制度职能比较全面。

（2）调整灵活。组合薪酬制度并无固定模式，即使薪酬单元相同，薪酬单元之间的构成比例也可能不同。这有利于合理协调各类员工的薪酬关系，调动员工的劳动积极性，而且这样的薪酬结构比较灵活，适应性强，能够提升企业的竞争力。

3. 组合薪酬制度的缺点

（1）薪酬单元权重设置上主观性比较大。

（2）由于薪酬各构成单元独立运行，给企业薪酬管理工作带来了难度。

组合薪酬制度应用范围十分广泛，适用于各种类型的企业，但不同类型企业在选择薪酬单元、安排薪酬比例、组合薪酬要素时应有所不同，以充分体现企业的特点。

3.4.2 薪酬制度的基本形式

一、宽带薪酬制度

宽带薪酬制度是近年来比较盛行的一种新型薪酬制度，它是在传统职位薪酬制度的基础上，结合绩效考核而发展起来的一种新的薪酬制度，是对原来那种垂直型薪酬结构的一种改进或替代。根据美国管理学会的定义，宽带薪酬制度是指对多个薪酬等级以及薪酬变动范围进行重新设置，从而变成只有相对较少的薪酬等级以及相对较宽的薪酬幅度的薪酬管理制度。宽带薪酬制度压缩了薪酬等级，将原来十几个甚至二三十个等级压缩成几个级别，通常仅为4～8个工资带（宽带），与此同时每个薪酬等级对应的薪酬幅度拉大，每位员工对应的不再是具体的薪酬额，而是一个薪酬区间。例如，A企业财务主管月工资标准为4 000～9 000元，对于新加入、缺乏工作经验的员工，工资标准可以设为4 000元，对企业骨干、资深员工可以将其工资标准定为9 000元。在宽带薪酬制度中，职位价值越大，薪酬区间越宽，这样处于这些职位的员工薪酬增长空间就越大。

1. 宽带薪酬的特点及其作用

与企业传统的薪酬结构相比，宽带薪酬具有以下几个方面的特点和作用：

（1）支持扁平型组织结构。宽带薪酬结构的最大特点，就是打破了传统薪酬结构所维护和强化的那种严格的等级制，有利于企业提高效率以及创造参与型和学习型的企业文化，同时对于企业保持自身组织结构的灵活性以及迎接外部竞争都有着积极的意义。

（2）能引导员工重视个人技能的增长和能力的提高。在宽带型薪酬结构设计下，即使是在同一个薪酬宽带内，企业为员工所提供的薪酬变动范围比员工在原来的1个甚至更多的薪酬等级中可能获得的薪酬范围还要大，这样，员工就不需要为薪酬的增长而斤斤计较职位晋升等方面的问题，而只要注意发展企业所需要的那些技术和能力，做好公司着重强调的那些有价值的事情（如满足客户需要、以市场为导向、注重效率等）就行了。

（3）有利于职位的轮换。由于宽带型薪酬结构减少了薪酬等级数量，将过去处于不同薪酬等级之中的大量职位纳入现在的同一薪酬等级当中，甚至上级监督者和他们的下属也常常会被放到同一个薪酬宽带当中，这样，在对员工进行横向甚至向下调动时所遇到的阻力就小多了。此外，企业可因此减少过去因员工职位的细微变动而必须做的大量行政工作，如：职务称呼变动、相应的薪酬调整、更新系统、调整社会保险投保基数、更新档案等。

（4）能密切配合劳动力市场上的供求变化。宽带型薪酬结构是以市场为导向的，它使员工从注重内部公平转向更为注重个人发展以及自身在外部劳动力市场上的价值。在宽带型的薪酬结构中，薪酬水平是以市场薪酬调查的数据以及企业的薪酬定位为基础而确定的，因此，薪酬水平的定期审查与调整使企业更能把握其在市场上的竞争力；同时，有利于企业相应地做好薪酬成本控制工作。

（5）有利于管理人员以及人力资源专业人员的角色转变。实行宽带型薪酬结构设计，即使是在同一薪酬宽带当中，由于薪酬区间的最高值和最低值之间的变动比率至少有100%，因此，对于员工薪酬水平的界定留有很大空间。在这种情况下，部门经理就可以在薪酬决策方面拥有更多的权力和责任，可以对下属的薪酬定位提出更多的意见和建议。这种做法不仅充分体现了人力资源管理的思想，有利于促使直线部门的经理人员切实承担起自己的人力资源管理职责；同时也有利于人力资源专业人员从一些附加价值不高的事务性工作中脱身，转而更多地关注对企业更有价值的其他一些高级管理活动以及充分扮演好直线部门的战略伙伴和咨询顾问的角色。

（6）有利于推动良好的工作绩效。宽带型薪酬结构尽管存在对员工的晋升激励下降的问题，但是它却通过将薪酬与员工的能力和绩效表现紧密结合来更为灵活地对员工进行激励。在宽带型薪酬结构中，上级对有稳定突出业绩表现的下级员工可以拥有较大的加薪影响力，而不像在传统的薪酬体制下，直线管理人员即使知道哪些员工的能力强、业绩好，也无法向这些员工提供薪酬方面的倾斜。因为那时的加薪主要是通过晋升来实现的，而晋升的机会和实践却不会那么灵活。此外，宽带薪酬结构不仅通过弱化头衔、等级、过于具体的职位描述以及单一的向上流动方式向员工传递一种个人绩效文化，而且还通过弱化员工之间的晋升竞争而更多地强调员工间的合作、知识共享和共同进步，以此来帮助企业培育积极的团队绩效文化，而这对于企业整体业绩的提升无疑是非常重要的力量。

（7）在宽带薪酬制度下，即使职位不变，在同一个薪酬宽带内，由于员工自身素质的改变，企业为员工提供的薪酬变动范围增大，也就是说即使职位不变，只要员工能力提高了，照样也可以获得较高的薪酬。所以在这种情况下，员工更愿意积极提高自己，注重自身综合素质的提高，同时也避免了因竞争高薪酬职位而引发的员工队伍的不稳定。

（8）宽带薪酬制度以市场为导向，使员工从注重内部公平转向自身在外部劳动力市场上的价值。宽带薪酬体系的水平是以市场薪酬调查的数据及企业的薪酬定位为基础的。因此，薪酬水平的定期审查与调整有利于企业做好薪酬成本的控制工作，针对市场特点相应降低或提高薪酬标准，而不会因为破坏原有薪酬体系框架结构对企业薪酬公平性造成不良影响。

表3-2 宽带薪酬与传统薪酬的比较

比较内容	传统薪酬结构	宽带薪酬结构
薪酬战略与组织发展战略	较难配套	较易配套
与劳动力市场的关系	市场是第二位的	以市场为导向
组织结构的特点	多层级	扁平
职位轮换	难	易
直接上司的参与	几乎没有	更多地参与
薪酬调整的方向	纵向	横向和纵向皆可
员工提高工作技能的积极性	积极性较难提高	积极
薪酬等级	多	少
级差	小	大
薪酬变动范围	窄	宽

2. 实施宽带薪酬需要注意的问题

薪酬宽带不是解决所有薪酬管理问题的万用灵药。运用这种薪酬结构设计的企业，有成功者，也有失败者。并且薪酬管理人员对薪酬宽带的意见也是不同的，有的管理者认为薪酬宽带管理起来可能比较容易，因为在调整职位之间的薪酬差异方面所花的时间减少了。而有的管理人员却认为，虽然使用宽带薪酬花在对职位进行评价上的时间少了，但是花在对人进行评价上的时间却增加了。

薪酬宽带也并不适用于所有的组织。它在新型的“无边界”组织中和在强调低专业化程度、多职能工作、跨部门流程、技能工种的团队型组织中非常有用。因为这种组织所要强调的并非只是一种行为或者价值观，它们不仅要适应变革，而且要保持生产率并且通过变革来保持高度的竞争力，因此它们希望通过一种更具有综合性的方法，将薪酬与新技能的掌握、能力的提高、更为宽泛角色的承担以及最终的绩效联系在一起，同时还要有利于员工的成长和多种职业轨道的开发。而薪酬宽带的设计思路恰恰与这种组织的上述需求相吻合。

二、职位薪点薪酬制度

职位薪点薪酬制度是建立在有效的职位评价和绩效考核基础之上，通过点数和点值确定员工薪酬。它坚持以经济效益为中心，以市场为导向，以按劳分配为主体，突出职位要素在薪酬分配中的作用，合理拉开收入差距，收入分配向关键岗位和重要岗位倾斜，坚持“一岗一薪、岗变薪变”的原则，鼓励人员的内部正常流动。由于职位薪点薪酬制度具有操作简单、方便易行、针对性强等优点，因此在我国企业被广泛采用。

1. 薪点的组成

薪点主要由职位薪点和个人薪点两部分组成。

（1）职位薪点与职位的相对重要性有关，职位价值越大，等级越高，职位薪点就越多。职位的相对重要性通过职位评价来测定。职位薪点确定以后，在一定时间内较少发生变化，也就是说无论何人上岗，只要职位不变，职位薪点就不会发生变化。

（2）个人薪点由表现点数以及加分点数构成。表现点数是指员工在绩效考核期间，对照各绩效指标加总所得的分数，加分点数主要针对的是职位薪点和表现薪点未能体现的，而企业又必须加以支持和鼓励的各种因素，如学历、工龄、职称等。

2. 职位薪点薪酬制的特点

（1）薪酬分配与企业效益和员工个人的劳动成果挂钩，体现了效率优先的原则，符合市场取向。点值与企业效益挂钩，浮动值与企业所属部门主要经济指标挂钩，使得职工的收入、所在部门的经济技术指标、企业效益与市场联系在一起。

（2）能客观地反映员工的劳动差别，以调节各类薪酬关系，实行按劳分配。薪酬用薪点表示比职位技能薪酬更容易做到薪酬向一线关键岗位、向科技管理岗位、向技术岗位倾斜。

（3）薪点薪酬制通过不同薪点确定员工薪酬，可以促进员工学习技术、一专多能、勇挑重担，为企业多作贡献。

（4）薪点薪酬制通过量化考核、薪酬全额浮动来拉开工资分配的差距，使考核分配更具有严肃性，对员工既是动力，也是压力，使薪酬发挥了激励作用。

（5）由于把各类津贴和奖金纳入职工的薪点数中，逐步做到了收入工资化，员工容易接受，管理部门操作简化，便于管理。

三、职务等级薪酬制度

职务等级薪酬制度是一种简化了的职位型薪酬制度，它以员工职务为主体，并综合考虑员工的知识、能力、资历等因素。因此，职务等级薪酬制度也可以看作是复合型基本薪酬制度形式之一。在我国，职务等级薪酬制度主要应用于政府机构、事业单位和国有企业。另外，我国公务员所实行的职务级别薪酬制度（简称为职级薪酬制）也是在职务等级薪酬制度基础上，结合级别薪酬制度发展起来的。

职务等级薪酬制度薪酬标准的制定主要以员工所处的职位为依据，不考查超出员工职务范围之外的能力。处于同一职务上的员工，即使工作内容不同，但员工所得的基本薪酬大致相同。在同一职务内部划分几个等级，每个等级都有规定的薪酬额，这就是所谓的“一职数薪”；不同职务之间，薪酬标准上下交叉。这样“一职数薪，上下交叉”的特点，增强了企业薪酬制度的灵活性。

职务等级薪酬制度主要由业务等级标准、职务规范以及职务薪酬标准表三部分组成。

（1）业务等级标准。不同职务间有劳动数量和质量上的差别，等级标准由两部分组成，即应知、业务要求。应知是指员工从事某项业务所应该具备的各种知识，包括一般理论知识、业务知识等。业务要求是对员工的教育、经验以及业务能力的最低要求。具体业务能力包括理解能力、判断能力、表达能力、应变能力等。

（2）职务规范。职务规范具体规定了某项职务的工作内容、职责范围、权利与责任。它有助于员工认清将要完成什么样的职务，如何完成，应达到什么样的标准以及对谁负责的问题。

（3）职务薪酬标准表。职务薪酬标准表具体反映了不同职务员工的薪酬状况。制定职务薪酬标准表，首先需要对各职务按一定顺序进行排序，形成职务等级序列；其次，确定职务薪酬等级数目，划分薪酬类别；最后，确定各职务等级薪酬标准，绘制薪酬等级线。

四、年功序列薪酬制度

20 世纪 50 年代，日本企业曾广泛使用年功序列薪酬制度，它与终身雇佣制、企业内工会一起被称为战后日本经济飞速发展的三大支柱。在当时特定的历史时期，日本独特的人力资源管理模式为其在国际市场上赢得了竞争优势，并最终促成日本经济于 20 世纪 60 年代超过西方国家。

在年功序列薪酬制度中，薪酬主要是由企业自主决定，而非产业或行业决定。薪酬标准以员工年龄、连续工龄、学历为主要依据，通常不直接反映员工劳动的质量与数量。年功序列薪酬制度的理论基础是人力资本理论：员工年龄越大，连续工龄越长，其积累的人力资本存量就越多，所以对企业的贡献就越大。员工薪酬随工龄而增长，在保障员工基本生活状况下，企业还设立了家属薪酬，用以满足家庭需要。工龄每增加一年，薪酬就会增加一个单元。

1. 年功序列薪酬制度的优点

（1）减少员工流动，稳定员工队伍。年功序列薪酬制度最大的优点是减少员工流动，鼓励员工为企业长期服务，这在一定程度上缓解了劳资双方的矛盾，提高了员工的归属感和忠诚度，增强了企业的凝聚力。在当时的日本，很少有人跳槽，这主要基于以下三点原因：第一，尽管日本法律明确规定企业员工之间双向选择、平等自愿，但是劳动力市场上对更换工作者仍然存在一定程度的就业歧视，这客观上增加了员工更换工作的难度；第二，员工更换工作，机会成本太大，在年功序列薪酬制度中，薪酬增长源于员工连续工龄的增加，员工更换工作，意味着其在新的企业里薪酬减少；第三，员工跳槽到其他企业除了年功薪酬减少外，奖金数额、退休金等也会受到影响。

（2）薪酬起点低，有利于企业薪酬成本管理。年功序列薪酬制度下，员工薪酬起点较低，而且对照年功序列薪酬表，企业可以算出未来一个阶段薪酬支付总额，从而有利于企业薪酬成本管理。

2. 年功序列薪酬制度的缺点

（1）激励不足。年功序列薪酬制度不太讲究员工能力，而重资历，对能力大致相同的员工来讲，无论贡献大小，薪酬变动只取决于员工工龄的增长显然是不公平的；对学历和能力不相同的人来讲，工龄也会成为掩盖其他劳动差别的主要因素，从而抑制了年轻员工潜力和创造性的发挥。由于员工实际所得与其绩效不相符，因此容易产生不公平感。这些都是年功序列薪酬制度激励性不足的表现。

（2）企业负担过重。实施年功序列薪酬制度的企业，随着其发展，往往会出现机构臃肿、人浮于事、效率低下等现象；由于激励手段单一，极大地影响了管理层与员工的工作积极性，最终导致产出下降，企业负担过重。

完全运用年功序列薪酬制度的企业较少，在年功薪酬基础之上，往往再加入绩效薪酬、能力薪酬等薪酬单元，有效地减少了年功序列薪酬制度带来的不利影响。这也是 20 世纪 80 年代日本改革自身人力资源的主要措施。

五、谈判薪酬制度

谈判薪酬制度是一种市场化的薪酬制度形式。它是薪酬决策者与薪酬接受者双方在充分考虑员工素质、职位属性、企业经济支付能力的前提下，对薪酬支付水平进行讨价还价的结果。谈判薪酬制度则是企业对谈判薪酬制度化的规定，当然，任何薪酬制度必须以合法性为基本前提，谈判薪酬制度也不例外。

企业之间的竞争，归根到底是人才的竞争，尤其是核心人才的竞争，这是企业家们广泛的共识。在劳动力市场上，高级技术人员、战略性管理人员是稀缺的，所以容易成为市场争夺的重点。

1. 谈判薪酬制度的优点

（1）吸引优秀人才，满足企业对特殊人力资源的需求。在当今激烈竞争的市场经济下，企业迫切需要懂经济、善管理的复合型人才以及掌握尖端科技的高级技术人才。谈判薪酬制度主要针对的是这些特殊群体而制定的。由于谈判薪酬通常高于市场薪酬水平，因此它能吸引优秀人才，同时企业也有更大的选择余地。

（2）谈判主体双方自由度高。谈判薪酬制度重在企业与员工之间的平等协商，两者自由度比较高。只要有一方不满意，谈判就终止。另外实施谈判薪酬的员工通常积极性高，对企业的贡献大。

2. 谈判薪酬制度的缺点

（1）薪酬成本高。谈判薪酬制度由于其目标群体的特殊性，使得谈判薪酬成本较高，因此谈判薪酬制度不适宜对企业中大部分员工使用。另外，鉴于薪酬成本高的特点，企业有必要进行成本/收益分析，以便作出最优决策。

（2）容易引发其他员工的不满。谈判薪酬制度冲击了企业正常运行的薪酬体系，很有可能由于运用不当，而导致其他员工不满。所以，企业可以建立特殊群体引进机制，对他们设计薪酬特区，并采取措施预防矛盾产生，以降低谈判薪酬制度实施的阻力。

六、职位技能薪酬制度

职位技能薪酬制度在我国始于20世纪80年代末90年代初，是社会主义条件下国家对企业薪酬制度改革的重大举措。它在一定程度上加大了企业对内部薪酬分配的自由度，有利于现代企业制度的建立。

所谓职位技能薪酬制度，是指以按劳分配为基本原则，以劳动技能、劳动强度、劳动责任、劳动条件四大要素的测评为基础，以职位薪酬、技能薪酬为基本薪酬单元，并辅之以年功薪酬、效益薪酬、福利津贴的基本薪酬制度的具体形式之一。从职位技能薪酬制度的含义来看，职位技能薪酬制度实际上是一种复合薪酬制度形式，它的主要薪酬单元由两部分组成，即职位薪酬和技能薪酬。但在我国企业实际运用过程中，技能界定困难，技能薪酬的实施又需要有效培训、科学考核、薪酬调整等配套机制，因此技能薪酬在基本薪酬中往往会出现所占比例较小的缺点，影响了职位技能薪酬制度的实施效果。

职位技能薪酬制度的薪酬设置主要包括以下几个方面内容：

1. 基本薪酬

基本薪酬是职位技能薪酬制度的重要内容，它由职位薪酬和技能薪酬两个基本薪酬单元构成。

（1）职位薪酬。职位薪酬标准的确定是通过职位评价来实现的，但在职位技能薪酬制度中，劳动四要素主要用来确定技能薪酬。在设置职位薪酬时，应该适当向责任重大、条件较差的职位倾斜。

（2）技能薪酬。在企业中，工人常被划分为初级、中级、高级、技师四大类别；管理人员、技术人员分为初级、中级、高级三个类别。在每一个类别上，还存在着许多薪酬等级，用来体现同一类别、不同等级员工的劳动差异。

2. 辅助薪酬

薪酬单元之间是相互联系、相互补充的，辅助薪酬的设置就是为了弥补基本薪酬的某些欠缺，以达到补偿员工的目的。

（1）年功薪酬。在年功序列薪酬制度中，年功薪酬主要是员工人力资本存量的回报，员工连续工龄越长，其对企业的贡献越大。在职位技能薪酬制度中，基本原理大致相似。设置年功薪酬，有的企业以年为单位，连续工龄每增加一年，年功薪酬就增加一个单位；还有的企业是对连续工龄进行分段，分为不同区间，每个区间对应一个具体的工龄薪酬。

（2）效益薪酬。效益薪酬有利于形成“职位靠竞争，报酬靠贡献”的激励机制，员工薪酬随企业效益浮动，以激发员工工作热情。

3. 构成比例

不同行业、不同企业职位技能薪酬的构成比例是不同的，具体分为以下两方面内容：

（1）基本薪酬内部薪酬单元构成比例。基本薪酬内部薪酬单元构成比例在职位技能薪酬制度中就是职位（职务）薪酬和技能薪酬的构成比例。对那些劳动强度大、劳动条件差的职位，职位薪酬比重应该大些。对技能要求高的职位，技能薪酬权重可适当调高。

（2）基本薪酬与辅助薪酬的构成比例。其比例的设置体现了企业的战略导向，可以形成多种不同薪酬模式，如高稳定模式、高浮动模式、调和模式等，充分发挥不同薪酬单元的功能。

七、年薪制

年薪制是以会计年度为单位，根据企业经营者业绩好坏确定其薪酬的一种制度。对于年薪制的界定，有两点必须加以关注：

一是以会计年度为单位。薪酬常见的形式有时薪、日薪、月薪以及年薪。经营者薪酬的确定以会计年度为单位，通过切实可行的绩效考核体系，能较好地反映经营者的贡献，确定经营者的薪酬。

二是经营者外延。年薪制的实施对象主要是企业的经营者。然而，我国目前对企业经营者的界定并没有形成共识。有的企业认为，企业经营者就是企业的法人代表；还有的企业认为，企业经营者包括董事长、总经理等。有的企业将经营者范围扩大到企业经营管理成员。无论是上述哪一种观点，有一点是明确的，经营者是企业高层管理者，他们共同的特征是利用企业内部优势，把握企业外部机会，为了企业的生存和发展，广泛进行着战略决策，并勇于对自己的行为承担责任。

1. 年薪制的构成

年薪通常由基本薪酬、风险收入（绩效/激励薪酬）、经营者福利与津贴构成。

（1）基本薪酬。基本薪酬按月发放，不与企业经营者的经营成果挂钩。设置基本薪酬的目的是保障经营者的基本生活需要。在年薪制中，基本薪酬所占比重较小，实行年终结算，对超出年薪而支付的部分必须退回。基本薪酬主要依据企业资产规模、经济效益、行业地区平均薪酬水平等因素确定。

（2）风险收入。风险收入是年薪的主体部分，通常占年薪的一半以上。风险收入由两部分构成：短期绩效薪酬和长期激励薪酬。风险收入的多少由经营者业绩决定，具体细化为净资产收益率、资产保值增值率、销售收入增长率等多个指标。

（3）经营者福利与津贴。企业经营者比一般员工享有更多、更为丰富的福利与津贴。这类福利与津贴包括离职补偿、额外补贴、各种保险等。

2. 年薪制的特点

年薪制具有以下特点：

（1）激励约束性。现代企业的特征是出资者所有权与经营者经营权相分离，所有者与经营者之间形成一种委托—代理关系。由于委托—代理双方存在信息不对称、目标函数不一致等问题，因此不仅会出现“道德风险”、“搭便车”等现象，还增加了监督成本。年薪制将经营者绩效与薪酬结合起来，通过对经营者的考核量化，从而达到激励约束目的。

（2）目标一致性。在所有权与经营权分离的条件下，经营者薪酬制度设计的中心问题是如何促使经营者为实现所有者（委托人或股东）的目标而努力工作。年薪制是一种较好选择，它使得经营者与所有者形成利益共同体，促使经营者努力工作。这是整个企业效率运转的前提。

（3）规范性、动态性。年薪制作为一种企业薪酬制度，它规范了企业经营者薪酬制度运行，并根据企业发展状况和外界行业变化情况，适时作出调整。

3. 年薪制实施条件

年薪制的实施条件如下：

（1）明确年薪实施对象。目前企业界对年薪制实施对象的界定并不明确，但通常为高级管理者或技术人员。对各主体，年薪构成是不同的，有着不同的激励机制。因此，年薪制实施对象的界定十分重要。

（2）健全的现代企业制度。年薪制的实施要求政企分开，政府不应直接管理企业，干预企业的生产经营活动，不得随意截留企业的权利，使企业真正成为自主经营、自负盈亏、自我发展、自我约束的法人实体。只有建立所有权与经营权分离的现代企业制度，才能保证企业真正成为市场竞争主体，充分发挥其经营管理能力，高效、独立地进行经营决策。

（3）建立企业家市场。年薪制实施的重要条件是建立企业家市场。市场对资源起到优化配置的作用，没有完善的企业家市场，就难以通过市场有效配置企业家这种稀缺资源。建立了企业家市场，就可以充分利用市场机制选用人才，可以突破地域的限制扩大经营者选择范围，通过市场促使经营者提高自身素质。年薪应该与企业的经营状况、经营者的实际业绩挂钩，而且年薪的高与低应该由企业家市场的供求关系来确定。

（4）规范绩效考核机制。年薪制的实施，需要完善的能全面反映企业状况的绩效考核机制，年薪制只有配合相应的考核指标时，才能激发年薪员工的积极性。年薪制考核指标既要有资产保值增值指标、净利润指标、销售额等财务指标，还要包括客户满意度、企业内部流程优化等其他指标。这些指标的确定应该是科学的、切实可行的，即通过经营者和全体员工的努力是可以实现的。指标过高、过低，都会影响年薪制的实施效果。

八、团队激励薪酬

以团队为单位一起工作的人们应该得到集体协作的报酬。如果他们是作为个人得到报酬的，那么他们会把自己看作是碰巧在同一团队里工作的个人；如果他们能得到集体协作的报酬，那么他们作为成员协同工作的可能性要大得多。团队激励薪酬正是基于这一简单的道理而设计的。它奖励的是成员之间通过彼此的合作从而有效实现团队目标的行为。

团队激励薪酬的前提基于这样一个假设：只有团队中的每个成员都努力而且高度合作，团队才有可能达成既定的业绩目标；团队中即使某个人的个人业绩十分优秀，但如果整个团队目标未能达成，他也不会得到奖励。因此，团队激励薪酬首先关注的是团队整体的工作业绩，其次才是团队中个人贡献的不同。

团队激励薪酬之所以有效，是因为它将团队成员的协作与努力同团队目标的实现结果联系起来，建立了一个基本的反馈联系：组织为团队设定目标，团队成员为实现目标而相互协作、共同努力，从而实现团队目标，团队因此而得到组织的激励薪酬，成员个人也受到相应激励，而这种激励反过来又强化了成员之间的努力协作，有利于团队目标的进一步实现。

1. 应用范围

根据上述激励逻辑，团队激励薪酬在发挥对研发人员的激励方面，主要有以下几个方面的应用：

（1）针对研发团队的研究成果进行激励，提高创新效率。这是一种典型的基于工作业绩的激励。实施激励的前提是该研发团队完成了组织赋予的既定目标或取得更加优异的绩效，公司视团队的工作业绩或成果的大小来确定对团队整体的奖励，团队整体业绩是成员获得激励的唯一依据。在此前提下，团队奖金可以在团队成员之间进行二次分配。实践证明，将团队研究业绩成果与团队激励联系起来，对团队成员实行正向激励，对调动研发人员的创新热情，促进创新效率的提高有着长期的积极影响。

（2）针对研发团队的技能提高进行激励，促进科研队伍的素质提升。按知识和技能支付团队薪酬是另外一种激励方式，但它不是只看某个成员的技能是否得到提高，只有当整个团队成员都实现了跨领域训练，或者说团队使所有的成员都具有以合适的标准速度进行学习的能力时，整个团队才可以得到报酬。这种方式对促进团队之间的竞争与合作是非常有益的，同时还可以鼓励那些能力较高的成员去帮助落后的成员，使团队成为真正意义上的互助学习型组织。

（3）用于促进员工的自我管理、培训与交流，实现企业与员工的“双赢”。在团队激励薪酬模式下，团队成员的利益目标始终是一致的。为了能有效实现团队目标，成员之间必须建立起自我管理、相互学习和实现信息资源共享的机制，客观上帮助他们在工作中完成个人的培训和发展，满足他们不断提升个人人力资本价值的需求，这是高学历层次的员工尤为关注的问题，对于研发队伍的稳定十分重要。同时，团队成员之间的相互学习和信息共享，降低了企业对某一个员工的依赖性，这可以在某种程度上缓解人才流失对企业造成的不利影响。团队激励薪酬正是这样通过理顺团队与企业、团队成员与成员之间的利益关系，从而达到员工个人与企业“双赢”的效果。

2. 激励目标确定与相应的评价体系设计

团队激励薪酬作为一种激励手段，要保证其激励目标的顺利实现，首要的是确定激励目标并进行有效分解，确保能被激励对象直观地感受到并易于被执行。你衡量和奖励的是什么，你就会得到什么。下面以基于业绩的团队激励为例，介绍如何建立研发团队的绩效评价体系：

（1）确定业绩结果评价要素。一般而言，项目团队中最需要强调的是速度，因为产品或服务投放市场所消耗的时间是最关键的因素，同时，企业还关注研究成果的质量、受顾客欢迎程度、成本、经济效益等多项指标。不同的研发项目会有不同的目标评价体系，企业应根据实际情况，进行科学设计。

（2）权衡评价要素的重要程度。通过权数分配来排列各种结果要素的重要性程度，帮助团队或个人更加合理地分配自己有限的时间。

（3）确定每个结果的绩效评价目标。绩效评价目标是用来判断团队或个人取得每个结果好坏的准绳。一般最好采用可量化目标，当有些目标确实难以量化时，亦可选择使用描述性目标，关键看目标是否能被他人查证以及能否被观察到。

（4）制定绩效标准。绩效标准是针对确定的目标而言。对于量化型目标来说，一般要制定一个数量范围标准；对于描述性目标来说，一般要制定一个评判依据标准。

3. 团队激励薪酬的支付

根据上述激励逻辑，团队激励薪酬将主要基于业绩支付或按技能和知识支付。支付奖金可以采用现金、公司股票或非现金物品，比如旅行、假期或奢侈品等多种形式。支付时应重点考虑两个问题：一是激励力度，二是团队激励在成员之间的二次分配。

为了使激励性薪酬能真正发挥激励的作用，团队激励薪酬的激励力度不宜过小，一般来说，支付的大小应当至少占收入的6%～8%或者更高。团队成员之间进行二次分配时，可考虑采用以下方法：

（1）对所有成员支付相等金额的激励薪酬。此法可以消除或减少成员之间的差别或差距，但有“大锅饭”倾向，容易让成员产生相互依赖心理，不利于刺激团队成员的创新行为。

（2）按个人工资收入的相同比例支付。如果企业已采用了技能/内部职称工资，即成员的基本工资与他们所具备的知识、技能的相关性较大，可以考虑采用此种办法支付激励薪酬。实际上，很多采用研发团队模式的企业，大多采用这种方法，它一般基于这样一个假设前提：具有不同知识、技能的团队成员，他们对团队业绩的贡献也不同，且贡献与个人技能成正比。

（3）根据公司对单个成员的贡献进行评估来支付。此法相对而言比较公平，但是较复杂，要求有相应的个人业绩评价体系做支撑。否则，极易因主观判断不公而挫伤成员的创新热情，同时，此法操作不当，可能引发成员间的过度竞争，不利于团队协作。

4. 与其他薪酬工具的组合使用和应注意的问题

团队激励薪酬作为一种激励性薪酬，可以与基本工资、加薪、认可奖励等其他薪酬模式进行有效组合，还可与利润分享计划等可变薪酬配合使用，共同构建项目团队的综合薪酬计划。但这类组合，必须以有利于团队业绩目标的实现为前提。否则，将向团队成员传递混乱的信号，而失去行为导向作用。此外，团队目标的设置应该具有一定的难度，以便向团队成员提出挑战，但也不能难到根本无法实现；团队目标的设定过程中，应与团队成员进行充分的沟通，只有被理解和接受的目标才是更易于实现的目标。要尽可能减少那些限制团队目标实现的客观因素，使得目标实现难度在团队成员的可控范围之内。比如要保证团队成员的技能组合能够满足实现目标的需求、组织应对团队有适当的授权、应为团队实现目标提供必要的环境支持等。只有当激励薪酬奖励的是团队成员可以控制的业绩时，才能发挥最有效的激励作用。

团队激励薪酬是基于团队绩效的激励，必须建立在团队协作的基础上。如果企业倡导的是一种崇尚个人主义、关注个人成就的价值观，以团队协作为基础的团队激励薪酬将很难取得既定的效果。因此，实施团队激励薪酬必须有相应的企业文化价值观的配合。

3.5 股权激励

如何对中高层员工、技术专家员工、骨干员工实施长期的激励，是很多企业高层关注的问题。股权激励是一种有效的方式，是薪酬的一种补充。

目前国际通行的股权激励模式主要有股票期权、员工持股计划（ESOP）、管理层收购（MBO）、股票增值权、业绩股票、限制性股票计划等 10 种。

3.5.1 期股

期股是通过激励对象部分首付、分期还款而拥有企业股份的一种股权激励方式，其实行的前提条件是激励对象必须购买本企业的相应股份。

1. 期股的实施方式

企业贷款给激励对象作为其股份投入，激励对象对其拥有所有权、表决权和分红权。其中所有权是虚拟的，必须将购买期股的贷款还清后才能实际拥有；表决权和分红权是实在的，但分红必须按协议来偿还贷款。

2. 期股的优点

一是股票的增值和企业资产的增值、效益紧密相连，促使激励对象更加关注企业的长远发展和长期利益。二是有效解决激励对象购买股票的融资问题。三是克服了一次性重奖带来的收入差距矛盾。

3. 期股的缺点

如公司经营不善，激励对象反而有亏本的可能，降低了激励对象对期股的兴趣；激励对象的收益难以短期内兑现。

4. 期股的适用企业

经改制的国有控股企业和国有独资企业。

5. 期股的应用范式（以某国企期股实施办法为例）

激励对象：11 名内部高层管理人员；4 名上级主管单位的管理人员。

期股来源：由15人共同出资200万元投入到企业作为实股；总经理出资20万元，由上级任命的副总经理出资15万元，其他人员出资10万元。

期股数量：总经理获得与其出资额相等份额的实股及4倍的期股，即80万期股；其他人员获得与其出资额相等份额的实股及3倍的期股。

实施期限：实施期限为3年。

行权安排：期股获得人分3年以期股和实股的分红收入（不足部分由个人出资补足）将期股转化为实股；再经过两年的审计，如果确认期股获得人在3年任期内没有重大决策失误和弄虚作假等违法行为，他所拥有的100万元股份有效。那么，或转化给别人，或由企业赎买，或仍留在企业参与分红，由其自己选择。

3.5.2 股票期权

股票期权是较常用的股权激励模式，也称认股权证，指公司授予激励对象的一种权利，激励对象可以在规定时间内（行权期）以事先确定的价格（行权价）购买一定数量的本公司流通股票（行权）。

1. 股票期权的实施方式

公司向激励对象发放期权证书，承诺在一定期限内或一定条件达成时（如公司上市时）激励对象以较低价格购买股权。

2. 股票期权的优点

一是股票期权只是一种权利而非义务，持有者在股票价格低于行权价时可以放弃权利，因此对持有者没有风险。二是由于股票期权是需要在达到一定时间或条件的时候实现，激励对象为促使条件达到，或为使股票升值而获得价差收入，必然会尽力提高公司业绩，使公司股票价值不断上升，具有长期激励效果。三是可提高投资者信心。

3. 股票期权的缺点

行权有时间数量限制；激励对象行权需支出现金；存在激励对象为自身利益而采用不法手段抬高股价的风险；公司内部工资差距拉大。

4. 股票期权的适用企业

上市公司和上市公司控股企业。

5. 股票期权的应用范式（以某集团股票期权实施办法为例）

激励对象：董事、高管及其他技术人员共187名，其中董事、高管共8名，其他核心技术人员共179名。

激励数量：计划授予6 000万份股票期权，占当时总股本2.25%（其中10%预留）。

行权价格：首次授予的股票期权的行权价为12.51元。

行权条件：激励对象上一年度考核合格；行权前一年度公司归属于上市公司股东的扣除非经常性损益后的净利润较其上年增长不低于6%；股票期权等待期内，各年度归属于上市公司股东的净利润及归属于上市公司股东的扣除非经常性损益的净利润均不得低于授权日前最近三个会计年度的平均水平，且不得为负。

行权程序：所授予的股票期权自股票期权授权日满两年后，在满足行权条件的前提下，激励对象可对获授的股票期权分两期行权。

第一个行权期为自授权日起24个月后的首个交易日至授权日起48个月内的最后一个交易日，可以行权不超过获授期权总量25%的股票期权；

第二个行权期为自授权日起48个月后的首个交易日至本计划的最后一个交易日，可以行权不超过获授期权总量75%的股票期权。

3.5.3 业绩股票

业绩股票是指公司用普通股作为长期激励性报酬支付给经营者，股权的转移由经营者是否达到了事先规定的业绩指标来决定。

1. 业绩股票的实施方式

在开始时确定一个较为合理的业绩指标，如激励对象到预定期限达到预定目标，则公司授予其一定数量的股票或提出一定奖励用于购买公司股份。

2. 业绩股票的优点

对激励对象而言，工作绩效和所获激励之间联系紧密，且激励仅取决于工作绩效，不涉及股市风险等不可控因素。对股东而言，对激励对象有明确的业绩目标约束，权责利对称性强，能形成双方共赢局面。对公司而言，业绩股票激励受限制较少，一般只要股东会通过即可，可操作性强，成本低。

3. 业绩股票的缺点

对初创期企业不适合，主要适合于业绩稳定并持续增长、现金流充裕的企业；业绩目标的科学性很难保证；存在激励对象为获取业绩而弄虚作假的风险；激励对象抛售股票受限制。

4. 业绩股票的适用企业

业绩稳定的上市公司及其集团公司、子公司。

5. 业绩股票的应用范式（以某电子股份有限公司业绩股票实施方案为例）

激励对象：决策层（董事长、副董事长、董事、监事）、管理层（总经理、副总经理）、中层管理干部、业务技术骨干、引进人才。

资金来源：当公司年均资产收益率达到10%时，提取净利润的6%作为业绩股票激励基金；首次提取的业绩股票激励基金实施70%的封顶政策，即首次仅提取基金总额的70%予以实施，其余30%作为业绩风险基金、备用金。

激励数量：业绩股票激励办法的权重设计为：决策层占23%、经营班子占42.6%、中层干部及业务骨干占34.4%。

实施期限：实施期限为5年，锁定期为2年，行权期为3年。

行权程序：锁定期为2年，行权期为锁定期结束后3年内分批行权。锁定期结束后第一年行权比例为50%，第二年行权比例为30%，第三年行权比例为20%。行权需满足考核要求。业绩股票获得者可以通过公司薪酬设计与考核委员会，通知信托公司行权，行权价格按照本公司当时的市场价格进行，行权价为当日股票价格的平均值。

3.5.4 账面价值增值权

账面价值增值权，指直接拿每股净资产的增加值来激励对象。它不是真正意义上的股票，因此激励对象并不具有所有权、表决权和配股权。

1. 账面价值增值权的实施方式

账面价值增值权的实施方式主要有以下两种：

（1）购买型：激励对象在期初按股权实际价值购买一定数额公司股权，期末再按实际价值回售给公司。

（2）虚拟性：激励对象在期初不需资金，公司授予一定数量的名义股份，在期末按照公司的每股净资产的增量和名义股权的数量来计算激励对象收益，并支付现金。

2. 账面价值增值权的优点

激励效果不受股价影响；激励对象无须现金支出；方式操作简单，只需公司股东会通过即可。

3. 账面价值增值权的缺点

每股净资产的增加幅度有限；难以产生较大激励作用。

4. 账面价值增值权的适用企业

现金流充裕且股价稳定的上市或非上市企业。

3.5.5 员工持股计划（ESOP）

员工持股计划（ESOP）指公司内部员工个人出资认购本公司部分股份，并委托公司进行集中管理的股权激励方式。

1. ESOP 的实施方式

通过信托基金组织用计划实施免税的部分利润回购股东手中的股权，分配给员工；企业建立员工信托基金组织（如员工持股会）购买股东股权，按照员工持股计划向员工出售。

2. ESOP 的优点

员工持股使员工对企业运营有充分的发言权和监督权，更加关注企业的发展，增强企业凝聚力、竞争力，调动员工积极性；员工承担了一定的投资风险，有助于激发员工的风险意识；可抵御敌意收购。

3. ESOP 的缺点

员工可能需要支出现金或承担贷款；员工所持股权不能转让、交易、继承；福利性较强，激励性较差；平均化会降低员工积极性；操作上缺乏法律基础和政策指导。

4. ESOP 的适用企业

行业较成熟、有稳定增长的公司。

5. ESOP 的应用范式（以某集团员工持股计划实施办法为例）

激励对象：公司全体员工。

激励数量：2000 年 8 月，公司从集团公司 40 亿元净资产中拿出 25% 对经营层和员工进行量化配股。总数约 500 人的高级经营人员、高级管理人员、高级科技人员、中高级营销人员，购买股权数量分别为 160 万股、80 万股、50 万股（后两类）；其余职工，1990 年以前进厂者可购买 10 万股，1990 年以后者 8 万股。经营层与员工的持股比例约为 1∶4。

配股方式：以配股和期股结合的形式进行，面向全体员工，员工以现金方式按 1∶1 购买股权，每股 1 元，在购买股权的同时赠送同样数量的干股，配股期限暂定为 3 年。3 年后将根据公司实际情况增发购股权，职工股部分与其他资产未来一起上市。

股款缴纳方式：参与持股的员工须在第 1 年缴纳总股款的 50%，并在 3 年内交足。

股权转让：此次所配股将暂定 8 年内不准转让，以保证股权结构的稳定性。

3.5.6 虚拟股票

虚拟股票指公司授予激励对象一种虚拟的股票，激励对象可据此享受分红权和股价升值收益，但没有所有权、表决权，也不能转让和出售，离开企业自动失效。

1. 虚拟股票的实施方式

企业与激励对象签订合约，约定授予数量、行权时间和条件，明确双方权利义务，按年度给予分红。在一定时间和条件达成时，虚拟股票可转为真正的股票，激励对象可真正掌握所有权。

2. 虚拟股票的优点

不影响公司的总资本和所有权架构；避免因变数导致对公司股价的非正常波动；操作简单，股东会通过即可。

3. 虚拟股票的缺点

兑现激励时现金支出较大；行权和抛售时价格难以确定。

4. 虚拟股票的适用企业

现金流较为充裕的上市或非上市公司。

5. 虚拟股票的应用范式（以某公司虚拟股票实施办法为例）

激励对象：集团高级业务经理以上人员；各板块公司部门副经理以上人员；各独立法人企业经营班子人员；其他特殊人才和有特殊贡献的人员。虚拟股权的授予采取分期分批的方式，逐步覆盖上述授予范围内的有关人员。

资金来源：与实际经营情况挂钩，公司每年从税后利润中提取一定数额形成“奖励基金”，然后从奖励基金中拿出一部分来运作这一计划。

激励数量：个人年度授予额度 = 年度授予份数 × 岗位系数 × 工龄系数。

回购方法：本着按年授予、滚动回购的原则，每一年度授予的虚拟股权在持有时间满五年后由各授予单位按照 30%、30%、40% 的比例分三年逐批回购。持有人必须按期按比例滚动兑现所持有的虚拟股权；因持有人个人原因未按规定时间和比例兑现的，视同为持有人自动放弃该部分虚拟股权。

收益方式：个人回购收入 = 可回购的虚拟股份数额 ×（回购年份上一年的每股净资产 - 授予年度每股净资产）；虚拟股份分红收益 = 虚拟股份数量 × 每股红利。

3.5.7 股票增值权

股票增值权指公司授予激励对象的一种权利，如公司股价上涨，激励对象可以通过行权来获得相应数量的股权升值收益，激励对象不用为行权付出现金，行权后可获得相应的现金或等值的公司股票。

1. 股票增值权的实施方式

公司指定规定数量的股票给激励对象作为股票增值权的对象，如行权期内公司股价上升，激励对象可选择兑现权利，获得股价升值带来的收益，可选择获得现金或兑换成相应金额的股票。

2. 股票增值权的优点

激励对象没有股票的所有权，也不拥有表决权、配股权；行权期一般超过任期，这样可约束激励对象的短期行为；激励对象无须现金支出；操作简单，股东会批准即可。

3. 股票增值权的缺点

资本市场的弱有效性使股价与激励对象业绩关联不大，对绩效对象无太大激励性；公司的现金压力较大。

4. 股票增值权的适用企业

现金流较为充裕且股价较为稳定的上市或非上市公司。

5. 股票增值权的应用范式（以某集团股票增值权实施办法为例）

激励对象：外籍董事、高管。

股票数量：股票增值权：363 700 股。

授予价格：每股 13.05 元。

行权条件：ROE（净资产收益率）：首年公司 ROE 水平不低于 8%，第一批解锁期前一个年度公司 ROE 水平不低于 11%，之后每个行权期前一个年度公司 ROE 水平不低于 12%；营业收入增长率：2007—2010 年的营业收入分别比 2006 年营业收入增长 18%、35%、60%、99%。

有效期：5 年，2 年等待期和 3 年行权期。

行权程序：在行权期内激励对象可择机行权，收益为股价与行权价间的差价；无须回购股票。

3.5.8 限制性股票计划

限制性股票计划是指将限制性股票赠送或以超低价格出售给员工，当每股净资产等指标上升到某一目标价位时，员工可以转让股票以获利。

1. 限制性股票计划的实施方式

公司按照预先确定的条件授予激励对象一定数量的本公司股票，但激励对象不得随意处置股票，只有在规定的服务期限后或完成特定业绩目标后，才能出售股票收益，否则公司有权将免费赠予的限制性股票收回。

2. 限制性股票计划的优点

激励对象无须现金付出；可使激励对象将精力集中于公司长期战略目标上。

3. 限制性股票计划的缺点

业绩目标和股价的科学确定困难；现金流压力较大；激励对象实际拥有股票，享有所有权，公司对激励对象的约束困难；激励对象有股东权利。

4. 限制性股票计划的适用企业

业绩不佳的上市公司，产业调整中的上市公司和初创期的企业。

5. 限制性股票计划的应用范式（以某集团限制性股票实施办法为例）

激励对象：本限制性股票激励计划的激励对象为104人（不含预留），包括：公司高级管理人员；公司中层管理人员及子公司高管；经公司董事会认定的对公司经营业绩和未来发展有直接影响的核心营销、技术和管理骨干。

激励数量：本限制性股票激励计划拟授予的股票数量不超过840.81万股，即公司总股本的0.81%，其中预留60万股。

股票来源：公司向激励对象定向发行的普通股。

授予条件：2009年度营业总收入不低于79亿元，归属于母公司所有者的净利润不低于1.2亿元；2009年度加权平均净资产收益率不低于4.3%；2009年度扣除非经常性损益的净利润占净利润的比重不低于75%。

有效期：本限制性股票激励计划的有效期为5年，包括禁售期2年和解锁期3年。解锁期内，若达到本计划规定的限制性股票的解锁条件，激励对象在三个解锁日依次可申请解锁股票上限为该期计划获授股票数量的40%、30%与30%，实际可解锁数量应与激励对象上一年度绩效评价结果挂钩。

解锁条件：

第一个解锁期：2010年、2011年营业总收入分别不低于94.80亿和113.76亿，净利润分别不低于1.90亿和2.28亿，净资产收益率不低于8%，扣除非经常性损益的净利润占净利润的比重不低于85%；

第二个解锁期：2012年营业总收入不低于136.51亿，净利润不低于2.73亿，净资产收益率不低于8%，扣除非经常性损益的净利润占净利润的比重不低于85%；

第三个解锁期：2013年营业总收入不低于158.42亿，净利润不低于3.17亿，净资产收益率不低于8%，扣除非经常性损益的净利润占净利润的比重不低于85%。

3.5.9 管理层收购（MBO）

管理层收购指公司的管理层利用借贷所融资本购买本公司的股权，从而改变公司所有者结构、控制权结构和资产结构，实现持股经营，实现被激励者与公司利益、股东利益的完整统一。

1. MBO的实施方式

公司管理层和员工共同出资成立职工持股会或公司管理层出资（一般是信贷融资）成立新的公司作为收购主体，一次性或多次性收购原股东持有的公司股权，从而直接或间接成为公司的控股股东。

一般管理层为获得收购资金，会以私人财产作抵押向投资公司或投资银行融资，收购成功后改用公司股权抵押。有时，投资公司也会成为股东。

2. MBO 的优点

有助于减少经理人代理成本，促进企业长期、健康发展；有利于强化管理层激励，提升人力资本价值，增强企业执行力；有利于企业内部监督和对管理层的约束；有利于增强投资者信心。

3. MBO 的缺点

公司价值准确评估困难；收购资金融资困难；若处理不当，收购成本将激增。

4. MBO 的适用企业

国有资本退出的企业，集体性质企业和反收购时期企业。

5. MBO 的应用范式（以某高科技公司管理层收购方案为例）

设立壳公司：根据购股计划，管理层将通过成立一个投资控股公司进行此次管理层收购。该投资控股公司由原高科技公司总裁以及其他管理层成员控制。管理层通过资本运作引入了三家私募基金作为控制公司的股东，以分散其中的风险。

收购定价：目前 MBO 的定价已经是收购过程中最敏感的问题。其中关键环节是优惠程度。由于购买股权者是对本企业做过重要贡献且企业将长期依赖的管理层，无论从情感上还是企业长期利益上，都需要给予一定的优惠。本次收购中，根据销售价格，管理层将以每股 32.14 美元的价格买入 560 万股普通股，这一价格与上一交易日收盘价的 35.25 美元每股相比，有了 8.8% 的折扣。对此，专家表示，管理层增持的股价打 9 折完全是遵照国际惯例采用了批发价格，对这个问题不存在什么疑问。

收购资金来源：MBO 的前提是解决收购资金来源问题，这是成功实现收购的关键。由于管理层出资一般比较有限，为实现杠杆的效应，收购融资就成为一项具有高技巧的工作，需要在一系列融资安排如赠送、借贷、信托融资、分期付款等手段中选取合适的手段和手段组合。本次收购中 1.8 亿美元巨额资金的来源为管理层、私募加贷款。以原公司总裁为首的六人管理团队出资 5 000 万美元，其中总裁抛售 50 万股个人持有的原公司股票，套现 2 251 万美元；三家私募基金出资 7 500 万美元；一家证券提供 5 800 万美元贷款。

MBO 结果：2009 年 9 月 28 日，该高科技公司宣布以 CEO 为首的管理层，将以约 1.8 亿美元的价格，购入该公司约 560 万普通股，成为该公司第一大股东。根据美国证监会的规定，单一机构投资人在上市公司中的持股比例不得超过 10%，该投资控股公司加上管理层持有的 2.19% 的股权，合计超过了 10%，公司管理层的控股力量就显得非常稳固。

3.5.10 延期支付

延期支付，也称延期支付计划，是公司为激励对象设计的一揽子收入计划，将员工的部分奖金折算为股票存于专门账户；在任期内不能出售，在任期结束或退休时可以根据股份价值以现金兑换。

1. 延期支付的实施方式

将员工部分年度奖金、股权激励收入等不在当年发放，而是按当日公司股票市场价格折算成股票数量，存入公司为其单独设立的延期支付账户，在一定期限后再以公司股票形式或根据期满时股票市值以现金形式发放给激励对象。

2. 延期支付的优点

与公司业绩紧密相连；锁定时间长，可以避免激励对象的短期化行为；计划可操作性强。

3. 延期支付的缺点

激励对象持股数量少，难以产生较大激励力度；激励对象不能及时把薪酬变现，存在风险。

4. 延期支付的适用企业

业绩稳定的上市公司及其集团公司、子公司。

3.6 员工福利

3.6.1 员工福利概述

随着社会经济的迅速发展，员工福利也在发生变化，加之众多福利项目的推陈出新，当薪酬不再是决定员工去留的唯一要素时，有效的员工福利管理将发挥出不可忽视的重要作用，甚至成为企业吸引人才、激励人才、提高员工满意度的重要因素。

1. 员工福利的含义

员工福利是指企业在薪酬之外为员工提供的各种形式的待遇，是员工作为组织的一名成员而从组织处获得的报酬。员工福利和员工的工资、奖金不同，它与员工的绩效无关，是基于员工的组织成员身份而决定的。如果说薪酬是对员工劳动的直接回报，那么员工福利就是其劳动的间接回报。有效的员工福利是薪酬的有益补充。

2. 福利的类型

福利可以分为公共福利和个人福利两类。公共福利是指国家法律所规定的一些福利项目，主要包括养老保险、医疗保险、失业保险、工伤和生育保险。个人福利则是指企业根据自身的发展需要和员工的需要选择性提供的福利项目。个人福利主要有：养老金、储蓄、住房津贴、交通费、工作午餐和人寿保险等。

3. 员工福利的重要性

（1）吸引优秀员工。良好的员工福利有时比高工资更能吸引优秀员工。

（2）提高员工士气。良好的员工福利解决了员工的后顾之忧，使员工可以把更多的精力投入到工作中，提高劳动生产率。

（3）降低员工流失率。良好的员工福利有助于提高员工的忠诚度和归属感，势必降低流失率。

（4）激励员工。良好的员工福利不仅体现出企业对员工的关怀，也增强员工对企业的满意度，从而激励员工与企业共同发展。

（5）增强经济效益。良好的员工福利有利于吸引和保留优秀员工，激励员工，提高员工士气，必然会提高企业的经济效益。

越来越多的企业关注员工福利，愿意花费相当的成本不断完善员工福利体系，希望通过提供良好的员工福利向员工传递企业的长期承诺，实现企业与员工的共同发展。

3.6.2 员工福利的影响因素

在企业中影响福利的因素有很多，归结起来，主要有以下几种因素：

（1）企业的经营理念。有的企业认为员工的福利能省则省，有些企业则认为员工福利应该尽可能地好，这样才能起到好的激励作用。不同的理念会影响企业的福利制度与福利水平。

（2）政府的法律法规。许多国家和地区的政府都明文规定了企业员工应该享受哪些福利，如果企业不为员工提供这些福利则算违法。

（3）成本控制。企业出于对成本控制方面的考虑，由于高工资会交纳较高的所得税，企业可能会提供较低的工资，而提供良好的福利。

（4）竞争性。由于同行业的类似企业都提供了某种福利，迫于竞争压力企业不得不为员工提供该种福利，否则会影响员工的积极性。

3.6.3 马斯洛需求层次理论在员工福利管理中的应用

1. 基于马斯洛需求层次理论分析员工福利需求

（1）生理需求。生理需求是员工维持自身生存的最基本需求，包括吃、穿、住、用等方面。虽然薪酬已极大地满足了员工的生理需求，但并不能说明员工生理需求就不存在。如居住较远的员工期望可以有交通车，中午就餐困难的员工期望有免费午餐，长时间在室外工作的员工则期望有午餐补贴，刚刚步入社会的青年员工期望有诸如单身宿舍或安家补贴的待遇，适婚族的员工期望可以获得企业提供的适当额度的无息贷款援助，家庭经济状况困难的员工则期望获得生活困难特殊补贴等等。

（2）安全需求。安全需求是员工维持自身身体安全、心理安全等方面的需求。一方面可以保证目前状态下的自身安全或健康，另一方面也期望自身未来生活有所保障。如养老保险、基本医疗保险、重大疾病保险、补充医疗保险、意外伤害保险、定期健康体检等，长期从事高压力工作的员工可能会更期望企业提供心理健康服务或身体保健服务等。

（3）归属与爱的需求。归属与爱的需求是对同事间友谊、团队归属感等方面的需求。员工是具有社会性的劳动者，其工作和生活都不是在孤立封闭的状态下进行的。在生理需求和安全需求得到满足后，交往需求就会显现出来。如期望企业可以适当地开展集体活动，增进同事间了解，如文艺会演、座谈会等；成立文体活动非正式团体，既能增进爱好相似员工间的友谊和情感交流，也能丰富员工的业余生活，如羽毛球队、合唱团、舞蹈协会等；还有为技术型员工搭建良好的交流平台，如免费开放的图书阅览室、技术交流会等。

（4）尊重需求。尊重需求是员工期望自己的工作能力和劳动成果能得到企业认可的需求。当较低层次的需求得以满足，这种需求会显现出来，尤其是在中高层员工、技术专家员工、骨干员工身上会表现得尤为明显。如私人办公室、弹性工作制、购房（车）资助计划、股票分红计划、年度疗养计划等等。

（5）自我实现需求。自我实现需求是指对自己成长与发展、发挥自身潜能、实现理想等方面的需求，是最高层次的需求。如提供外派深造的机会，用自己的名字命名的班组、岗位和技术改进工艺等。

虽然上述五种需求是从低到高逐层排列，但这并不意味着较低层次的需求未满足，较高层次的需求就不存在；也不能说明高层次需求满足后，较低层次需求就应被忽略。因此，解决员工福利需求应从全面了解和关注员工需求入手，使员工福利落到实处。

2. 基于马斯洛需求层次理论对员工福利管理提出建议

（1）设定适当的福利目标。在符合国家相关规定的基础上，福利目标应符合企业长远发展目标和企业薪酬政策，应与企业所处的发展阶段相适应，能激励大部分员工和骨干及其以上层次员工，福利成本适当。如处于创业初期的企业，实施“高薪酬＋低福利”策略，以维持企业生存，促进发展；处于成熟期的企业，实施“高福利”策略，以维持企业高速成长。

（2）明确福利实施对象。就是要明确福利实施的覆盖范围，根据各层次员工的福利需求实际推行全员化或个别化福利项目，实施差异化福利管理策略。差异化福利管理策略将员工福利分为三类：全员福利（所有员工都可以享有的福利）、特殊福利（骨干及以上层次员工享有的福利）、帮扶福利（生活状况困难的员工或员工家庭享有的福利）。

（3）增强福利项目的适用性。增强福利项目选择的灵活性，分清“规定动作”和“自选动作”。前者指强制性福利，是根据国家相关规定要求必须向员工提供的福利，如养老保险、医疗保险、失业保险、工伤保险、生育保险、住房公积金；后者指自主性福利，是企业根据自身情况有针对性地实行的福利项目，如病假、产假、探亲假等，是带有自主色彩的福利项目。

（4）不同福利待遇间保持差距适度。应以员工对企业的贡献值作为福利待遇标准的衡量依据，与薪酬政策互为补充，相近福利项目间的待遇差距不宜过大，保持适度性，既有利于鼓励先进员工，又有利于促进团队协作。

（5）增强福利项目选择的弹性。在员工福利管理成本控制范围内，增强福利项目选择的弹性，让员工对自己的福利计划进行选择。企业根据员工福利目标设定福利清单，并在福利清单中对各个福利项目标注相应金额，再根据员工的薪酬水平、年资、职位高低等因素设定员工福利限额，员工在自己的限额内选择福利项目。这种弹性选择的做法可以满足员工需求的多样化，使员工福利效用最大化。

（6）做好福利沟通。良好的福利沟通有利于实现员工福利效用最大化。如事前多方了解员工的福利需求、公开介绍有关福利项目、征询员工对福利项目的反馈建议、跟踪改进福利项目的实施、逐步调整不适合的环节等。

（7）福利项目实施多样化。在福利的实施形式上，可考虑实施经济性福利（工作餐补贴、安家费、住房补贴、健康体检、员工持股等）、设施性福利（员工餐厅、阅览室、健身场所、员工子女幼儿园等）、工时性福利（探亲假、年休假等）、辅助性福利（集体旅游、素质拓展训练、文体活动、社团活动等）。

3.6.4 员工心理健康福利

员工的心理健康是不容忽视的。1989 年联合国世界卫生组织对健康作了新的定义，即“健康不仅是没有疾病，而且包括躯体健康、心理健康、社会适应良好和道德健康”。由此可知，健康不仅仅是指躯体健康，还包括心理、社会适应、道德品质，四者相互依存、相互促进、有机结合。人体在这几个方面同时健全时，才算得上真正的健康。长期以来，企业一直比较注重员工的生理健康，而忽视其心理健康问题，对职业心理保健投入很少。但是，员工的心理问题极大地影响着企业的绩效及个人的发展。

近年来，随着全球化竞争时代的到来，经济、科技飞速发展，知识经济勃兴，高技术企业迅猛发展，人们的工作、生活节奏越来越快。在企业中，压抑、抑郁、焦虑、烦躁、苦闷、不满、失眠、恐惧、无助、痛苦等不良的心理因素像幽灵一样时时困扰着上至管理层下至普通员工的心，它可以使企业停滞不前，在严重的“内耗”中走向灭亡。企业是社会进步的标志，希望不要成为制造精神病患的“大本营”。

如今，不少企业负责人可能都有一种感觉——新时代的员工已经不能完全用传统上做思想工作的方式来解决他们的心理问题了。沟通的困难让管理者们觉得“管理真难”。于是，一些企业想到了请专业的心理咨询师来帮助企业员工做心理保健，并把它当成一种福利。

1. 如何构建员工心理健康福利的体系

企业可以调整工作环境，包括“硬”（物理）工作环境的优化和“软”（人际）工作环境的优化。物理工作环境的优化指创造良好的工作环境，减轻或消除恶劣工作条件给员工带来的不适。从人体舒适度的需要出发，如关注空气、噪声、光线、温度、整洁、绿化、装饰、拥挤度等方面，给员工提供一个悦目、爽心、舒适的工作空间，有利于达到员工与工作环境相适应的目的，提高员工的安全感和舒适感。员工休闲设施的设立，如设立阅览室、吸烟室、视听室、按摩室、咖啡室、玩具室、上网室等，让员工在休息时间能够获得放松心理的免费服务。

人际工作环境的优化主要是指通过和谐企业文化的建立，促成企业内良好人际关系的形成。乐于与人交往，和他人建立良好的关系是心理健康的必备条件。良好的人际关系能促进员工的共同发展，钩心斗角、互相猜忌的人际关系不但阻碍了员工的职位发展，而且往往也给员工的心理造成极大的伤害。

2. 提高员工应对心理健康问题能力的培训

由于员工的心理健康问题并不是员工的个人问题，其产生与企业的变化及工作等也是密切相关的，因此企业在加强员工对心理健康问题的抵抗能力之时，需加强员工技术能力的培训和实施心理培训。

有研究发现，不少员工之所以产生工作压力，进而转化为心理疾病，是因为其长期面临超越自己能力范围而不能处理的工作所造成的。因而，通过培训，可以提高员工的工作技能，使之工作起来更为得心应手，从而减轻员工的工作压力。这是提升员工的心理健康素质的重要手段之一。

实施心理培训如开设有关心理卫生的课程或定期邀请专家作讲座、报告，树立员工对心理健康的正确认识，让员工学会缓解压力、应对挫折、保持积极情绪、进行自我调节，同时鼓励他们遇到心理困扰时积极寻求帮助。通过团体辅导（讲座）传授健康生活方式、知识，包括能够减缓心理问题的营养与饮食知识、锻炼与放松知识、保健与药物知识、工作与生活协调知识、解决家庭矛盾知识、摆脱酗酒吸毒和滥用药物知识、健身美容知识等等，帮助员工改变不合理的信念、行为模式和生活方式。开展以户外游戏为主的心理训练，在培训过程中，加深团队成员间的理解和信任。

3. 相关辅助机构或机制的设立、完善

（1）心理咨询渠道的开通。通过在企业内部设立心理咨询室或与外部心理咨询公司签订服务协议，对于受心理问题困扰的员工，提供个别、隐私的心理辅导服务，如热线咨询、网上咨询、个人面询等，解决员工的心理困扰和烦恼，使员工能够保持较好的心理状态来生活和工作。

（2）沟通机制的设立。美国一所大学在研究诸多成功管理案例时发现，在一个人的智慧中，专门技术经验只占成功因素的15%，而85%取决于有效的人际沟通。有效的人际沟通是释放和缓解压力、增强自信心、营造良好的人际关系、提高团队凝聚力的一条重要途径。

企业在这方面所要做的就是实行分权管理，鼓励员工通过团队合作积极参与到企业的决策过程中来，在沟通之中成长。

3.6.5 弹性福利计划

弹性福利计划，就是在固定的福利费用预算内，企业针对不同层次员工的个性化福利保障需求，有针对性地设计和实施多样化的福利项目供员工选择，使每个员工的福利保障需求得到最大满足的福利项目组合。

企业福利可分为法定福利和自主（或补充）福利两大类。法定福利是指政府规定的强制性的、统一的社会基本福利，这一部分福利费用企业必须按国家规定缴纳，基本没有自行调整的空间。自主福利是企业在法定福利的基础上根据企业的特点和发展战略自行设计和实行的补充福利项目，它具有比较大的弹性空间，也是企业在设计员工总体薪酬计划时考虑的重点内容。自主福利最初是经济效益好的企业用来增加员工非现金收入的一种手段，此后逐步演变成企业进行企业福利项目差别化，并以此吸引和保留核心员工的工具，而最新的变化就是实行弹性福利项目计划。

弹性福利项目一方面可以通过福利项目差别化彰显企业福利的优势，另一方面它更加强调从员工的需求出发来设计福利项目，从而使企业提供的福利项目能够最大限度地贴合员工的需求，使企业投入的每一分钱都能提升员工的满意度，降低员工流失的可能性。

1. 弹性福利设计的一般原则

（1）战略导向原则。基于战略的人力资源管理理念就是人力资源管理实践必须以企业发展战略为出发点，以帮助实现企业目标为最终的要求，弹性福利设计也必须遵循战略导向的原则。对采用不同战略的企业来说，福利方案的选择也是截然不同的。采用成本领先战略的企业一般来说不太适合实行全面的弹性福利计划，因为实施成本领先战略的企业一般都是生产技术、工艺非常成熟的产品，由于有完善的员工培训和生产流程控制系统，一般新员工经过短时间的培训就能上岗操作，因此员工的流动对生产的影响不是很大，保持员工队伍的稳定性不是企业需要解决的核心问题。相反，如何提高生产效率、控制和降低人工成本却是关系到企业生死存亡的关键问题。因此对企业来说，人力资源管理的重点应该是考虑如何通过合理用工（用劳务工代替合同工）或加强绩效考核，将成本控制与工资、奖金挂钩以不断驱动员工提高效率和降低损耗，而不是实行以提高员工满意度、降低离职率为目标的弹性福利计划。而对实施差别化战略的企业，弹性福利计划可能就是一个非常理想的选择。实施差别化战略的企业主要是通过制度和人才两个方面来保证企业的差别化能力（或创新能力），而最核心的差别化能力来源于具有创新精神和能力的企业员工，因此对实行差别化战略的企业来说，吸引和保留拥有差别化能力的员工是关乎企业未来命运的重中之重。由于拥有差别化能力的员工具有稀缺性，因此除了给予他们高于市场平均水平的薪资之外，提供更加贴合他们个性化需要的福利项目组合，才能够不断提升他们的工作满意度和企业忠诚度，长期为企业服务。而对于实施重点集中战略的企业来说，必须识别企业最核心的竞争力是什么，以及哪些员工是这些能力的载体。在设计弹性福利计划时，重点是考虑如何满足他们的个性化需要。福利设计如果不与企业战略相结合，福利就是一种成本；福利设计如果能很好地服务于企业战略和总体目标，福利就是一种投资，并且有可能成为一种竞争优势。

（2）市场竞争性原则。企业在设计弹性福利计划时，必须考虑其主干的福利项目保障水平是否具有市场竞争性，不能因为单纯追求福利项目的多样化，而使主干的福利项目达不到应有的保障水平，从而降低了弹性福利计划的实际效用和对员工的吸引力。

（3）灵活性原则。弹性福利的灵活性有两个方面的含义：一方面，弹性福利在设计时必须考虑它在企业战略调整时有一定的调整空间；另一方面，弹性福利项目可以在一定条件下相互转化，从而保证员工能在不同的职业、年龄阶段，选择自己真正需要的福利项目，充分体现弹性福利的优势。

（4）员工利益最大化原则。弹性福利设计必须充分利用国家税收优惠政策，在同样投入的前提下使员工享受最大的福利保障。

2. 设计弹性福利计划的一般步骤

（1）员工需求调查。确定现有员工对不同福利项目的需求情况，以便为设计工作提供依据。通过员工需求调查和需求分析，我们可以对不同年龄、不同层级员工的需求特点有一个比较清晰的了解。

（2）结合公司战略和员工需求，确定总体预算、制定弹性福利政策、设计具体方案等。

（3）通过不断讨论和修改，确定最终的弹性福利方案。

（4）定期对方案执行效果进行评估。

评估的方法主要是看方案实施前后员工满意度和离职率的变化情况。如果方案实施后，员工满意度有比较明显的上升，而离职率有比较明显的下降，则说明方案的实施是有效果的，是成功的，否则就应该检讨方案的设计是否反映了员工真正的需求。

需要特别提醒的是，即使是一个设计得非常成功的弹性福利计划也不会一成不变，因为随着社会经济的发展，人们的需求会随之不断变化，而弹性福利计划要满足人们不断变化的需要，其自身就必须与时俱进，不断发展和完善。

3. 弹性福利计划的利与弊

弹性福利计划有以下优势：从员工的需求出发制定的福利项目，能够更好地满足员工的个性化需求；弹性福利计划是在员工参与的情况下制定的，强调员工的自主选择，对员工有一定的激励作用；弹性福利计划具有成本优势。

弹性福利计划有以下劣势：设计弹性福利计划的技术难度较大；需要更多行政管理工作的支持。

4. 弹性福利计划的发展趋势

美国商会一项调研显示，根据近年来公布的数据，2004 年员工福利成本已经占企业薪酬支出的 40.2%，而在 2005 年这一比例还在上升，因此员工福利成为员工薪酬中的一个重要组成部分已经是一个不争的事实。目前中国一线城市如北京、上海、广州等地白领员工的薪资已经经历了大幅度的上涨过程，在未来，大幅度地提升员工工资的空间将变得越来越小。而要在控制薪资增长的前提下，提高企业总体报酬的吸引力和市场竞争优势，从而吸引和留住关键员工，在福利计划的设计上不断创新将是唯一的出路。

弹性福利计划目前在西方发达国家刚刚兴起，而在中国还处于理论探讨和实践摸索阶段。从各种理论探讨和某些探索性的操作实例来看，弹性福利计划的发展将会出现以下几个趋势：

（1）基于企业战略的弹性福利计划的差别化特征将会越来越明显。在设计弹性福利计划时，设计者将会更多地考虑企业的发展战略、业务特点和核心优势，并通过弹性福利项目的设计来强化这种能够给企业带来超额利润的核心优势。这种与企业战略和业务流程紧密结合的福利计划设计使得它很难被其他企业所复制。从这一点来讲，基于战略的弹性福利计划可能成为企业的一项竞争优势。

（2）弹性福利计划的设计将带有更浓重的激励色彩。传统意义上的福利、工资、奖金的区别在于，福利与员工的工作时间无关，与员工对企业的贡献也无关，它是企业成员均享的一种特殊利益。但是在基于战略的人力资源管理实践中，福利的设计开始具有越来越浓重的激励色彩。人力资源管理就是对拥有企业所需的核心能力人员的管理，为了保持企业的核心竞争力，保证企业战略目标的实现，人力资源管理政策制定和管理实践必须向这一部分人倾斜。在这种指导思想下，福利的分配开始考虑员工的技术、能力和绩效等因素，而在强调个性化的弹性福利计划设计过程中，效率的因素将会得到进一步体现。但是，弹性福利计划中的激励色彩其实是一柄双刃剑，它一方面可以对企业中的骨干人才起到多重激励作用，但是也有可能使企业的一般员工感到分配制度的不公平，从而起到负激励作用。感觉受到不公平对待的员工会消极怠工，甚至会为骨干员工的工作设置障碍，这样会导致内部矛盾激化，反而不利于企业内部形成团结互助、和谐融洽的工作氛围。因此，系统化的人力资源管理必须综合考虑公平和效率之间的关系，在绩效考核和奖金分配制度上可以强化激励色彩，而在福利制度安排上应该更强调利益均享的普惠制原则。当然，奖金和福利占员工总薪酬的比重可以根据企业发展战略予以适当调整。

3.6.6 弹性福利外包：企业员工福利管理的发展趋势

当今社会随着人才竞争的加剧，企业纷纷希望通过弹性福利计划的实施来更加有效地吸引和留住优秀员工。然而，弹性福利制度作为企业福利制度的一场大变革，多数企业因管理的复杂性和费用的缘故，很难立即将这一崭新理念采纳。“业务外包”提供了解决问题的新思路。

在西方，人力资源管理外包是在 20 世纪 90 年代企业实施“回归主业，强化核心业务”的大背景下风行起来的。福利管理作为人力资源管理中的一项重要职能，当然也不例外。在亚太地区，当前人力资源管理外包主要集中于薪资管理、福利管理和员工教育与培训。传统观点认为，福利管理属于基础性、事务性管理活动，可交易性强且与企业战略联系较少，因而适合外包。然而，弹性福利计划的实施不仅是常规的行政事务性工作，而且已经上升到策略性工作的范畴，它的成功与否将影响到福利成本、员工满意度、企业形象甚至企业战略的实现。因而，对弹性福利外包的认识应提高到战略高度。

1. 弹性福利外包的优势分析

弹性福利外包作为人力资源管理外包的一部分，除了具有人力资源管理外包的一些共性优势外，还拥有其独特的优势。

（1）人力资源管理外包的共性优势：强化核心业务，构筑企业核心竞争力；精简机构，使人力资源管理活动更富弹性；适应企业并购要求；解雇相对剩余员工，降低人力成本；降低信息系统的开发和维护成本，实现以花费更少、风险更小的方式推动信息技术的应用。

（2）弹性福利外包的独特优势：福利项目的多样性、福利设计的科学性以及购买福利项目的规模经济；强大的福利事项管理能力；有效的福利沟通。

2. 福利项目的多样性、福利设计的科学性以及购买福利项目的规模经济

（1）福利项目的多样性。弹性福利计划强调福利项目的可选性，因而福利项目的多样化是成功实施弹性福利计划的前提。外包商凭借其自身的专业化优势，可以更好地满足员工的多样化需求。

（2）福利设计的科学性。外包商通过对员工福利需求的深入调查，定期了解每位员工在不同时期的需求变化，根据专家意见，要综合考虑员工需求和企业实际情况来设计福利项目。他们具有更加娴熟的经验，专业化程度更高，因而福利设计也更加科学。

（3）购买福利项目的规模经济。单个企业购买的福利项目很少，尤其是实施弹性福利计划以后，由于员工需求的不同，企业购买的福利项目更加分散，因此对福利供应商的讨价还价能力较弱。如果与外包商合作，众多企业形成的规模经济会使购买成本降低。

3. 强大的福利事项管理能力

（1）员工自助化。外包商采用先进的信息技术为企业构建福利管理系统，并及时更新福利管理软件。福利管理系统拥有非常友好的人机界面，员工只需输入个人认证码即可进行“自助服务”。员工变得更为机动，无论身在何处，一旦需要就可以直接上网读取关键

福利数据，获取福利信息，有效管理个人福利账户。这一转变强调员工的自我管理，使员工积极参与到个人的福利事项管理中去。

（2）系统自动化。员工通过在线自助式服务系统直接在web上进行选择，随着员工个人信息的输入，这些数据将被收集到数据库，一方面自动上传到企业的薪酬管理系统，另一方面经过分类整理以电子文档的形式传送给福利供应商。

（3）数据安全性。由于员工数据在安全网络环境中的传输过程排除了任何人为因素的干预，避免了工作人员多次数据输入的工作流程，这样就在降低工作量的同时大大提高了数据传输的质量，有效解决了输入书面数据的准确性和员工信息遗漏问题，从而减少了员工抱怨情况的发生。

4. 有效的福利沟通

外包商利用先进的网络技术为企业、员工和福利供应商之间搭建便捷的沟通平台。企业可以通过便捷的网络渠道与员工沟通，以网上问卷的方式定期跟踪员工需求偏好的变化。员工可以在网络论坛中对现有的福利项目及服务现状进行讨论并提出相应的改进意见。此外，外包商还为员工提供了合作福利供应商的网站链接服务。员工不仅可以选择满意的供应商，而且可以通过网络渠道将相关服务信息及时反馈给供应商。这种积极有效的沟通，提高了员工的满意度和对企业的忠诚度，增强了员工对福利的感知度和福利成本观念。

5. 弹性福利外包的风险分析

弹性福利外包的实施，在给企业带来利益的同时也是一把“双刃剑”，不能因盲目追求外包潮流而忽视风险分析及防范，否则会使企业蒙受损失。下面从企业内部和外部两个方面进行风险分析。

首先是来自企业内部的风险。

（1）内部人员的抵制。福利管理一旦被外包，一方面，员工容易产生被外部人控制的感受，从而在外包的实施中采取消极对待的态度，外包商的作用难以发挥；另一方面，企业原有福利管理部门的员工将面临被裁员或工作环境变化的情况，其工作积极性将受到影响。

（2）对外包商的依赖。企业通过弹性福利外包战略可能会在短期内获得竞争优势，但从某种意义上来说，它也失去了组织职能工作改进和完善的机会，可能会因对外包商的过分依赖而使企业的长远发展受阻。

（3）企业自身能力的不足。企业自身能力包括外包决策能力、外包市场变化的适应能力、与外包商的谈判能力、外包合同的管理能力以及实施外包的监控能力等。企业由于自身能力有限，在实施外包中往往面临能力不足、监督失控的风险。

其次是来自企业外部的风险。

第一，来自弹性福利外包市场的风险。

（1）外包市场成熟度的风险。一般来说，当外包市场处于发展的初级阶段时，外包商的数量少、规模小，其服务的成本与质量不能达到理想水平，企业所面临的市场成熟度风险就大。

（2）外包市场变化的风险。当今信息时代，由于技术更新速度的不断加快，旧技术逐渐被新技术所淘汰，因而，企业所面临的外包市场变化的风险也是显而易见的。

第二，来自外包商的风险。与外包商建立双赢的战略合作伙伴关系是取得外包成功的关键。下面我们从外包商的选择、外包的实施和外包的终止三个不同阶段分别阐述来自外包商的风险。

（1）外包商的选择阶段。隐蔽信息的问题在外包商的选择阶段非常具有普遍性。由于信息不对称，外包商比企业更了解自己的资信、真实的技术实力、管理实力、人员实力，向企业提供不充分或不真实的信息。企业方面，由于没有能力或没有严格设计外包商的选择方案，没有详细了解外包商的实际情况，从而导致“逆向选择”，企业误选了不合格的外包商。

（2）外包的实施阶段。隐蔽行动的问题在外包的实施阶段同样具有普遍性。由于信息不对称，合同签订后，企业无法对外包商的服务内容进行直接控制，也得不到来自外包商的直接报告，失控的风险显而易见。常见风险有以下五种：缺乏对企业实际情况的深入了解，福利设计的针对性不强；福利设计没有根据员工福利需求偏好的变化进行调整，缺乏灵活性；福利信息发布延迟，信息更新速度过慢，使员工无法及时了解最新发布的福利信息；福利沟通渠道虚设，缺少相关工作人员对员工意见的管理；限制新技术的应用和福利管理软件的更新，违背了企业想要与外包商分享技术进步、增强成本控制的初衷。这些隐蔽行动导致了“败德行为”，外包商降低了服务水平、企业增加了潜在费用。

（3）外包的终止阶段。弹性福利外包实施后，在外包商那里就建立了该企业的员工福利知识资本的数据库。一旦企业想自己承担本企业的福利管理职能或者想更换外包商，就要与原外包商解除外包关系。这时，企业将面临福利信息泄露和缺损等安全性风险。

6. 弹性福利外包的风险防范

尽管弹性福利外包的实施中存在一定的风险，但如果我们在充分认识这些风险的基础上采取一些灵活而有针对性的管理措施，无疑会降低企业的外包风险，进而达到预期目标。

首先，对企业内部的风险防范。

（1）增强对外包战略的认识并妥善安置冗员。在弹性福利外包实施前期，企业应从战略的高度积极宣传弹性福利外包的优越性，消除员工的习惯性防卫心理和内在抵触行为。另外，企业需要解决内部员工因外包所面临的动荡和失业。解决此问题比较好的方法是将精于此业务的员工推荐给外包商。如果外包商拒绝雇佣部分或全部员工，应当为解雇员工支付福利，常见的福利包括优惠的离职金和一定范围的医疗福利。

（2）企业人力资源部门工作人员的积极配合。企业应把弹性福利外包过程看成一个学习的过程。在此过程中要积极配合，学习新的员工福利管理理论和方法，培养企业自身的福利管理专业人才，从而在一定程度上避免因双方中止外包关系而给企业的长远发展带来的损失。

（3）加强企业自身能力的建设。实施弹性福利外包后，企业必须注重自身能力的提升，增强本企业抵御外部风险的能力。

其次，对企业外部的风险防范。

第一，对弹性福利外包市场的风险防范。

（1）合理选择外包模式。外包模式可以分为全部型外包和选择型外包两种。企业在决定弹性福利外包模式之前，必须对当前的外包市场有充分的了解，在企业自身特定规模（员工数量）的情况下，综合考察一流合作外包商的可获得性和业务外包“成本—效益”

的有效性这两个关键指标，从而科学地决定外包模式。

（2）尽量签订短期合约。由于企业所处的外部环境是不断变化的，管理者在签订合同时可以采取“短期合作”或“临时服务”等灵活方式，以降低企业面临的外包市场变化风险。

第二，对外包商的风险防范。在弹性福利外包的实施中，来自外包商的风险是企业所面临的主要风险。可通过构建“防范外包商风险的模型”，以直观的方式描述相应的风险防范机制。

（1）选择外包商。在外包商的选择过程中，企业在保证获取的外包商信息真实性的前提下应综合考虑下列因素：①外包商的信誉与行业背景，即是否具有较高的诚信度和保密性，是否拥有丰富的相关客户服务经验；②外包商的能力架构，包括外包商的专业操作、先进的技术和福利管理软件、网络系统的完整性等；③企业文化的相容性，即外包商是否具有以客户为导向的服务理念；④价格因素，即从成本角度考虑外包商的选择。

（2）签订外包合同。外包合同是双方合作的基础和维持合作关系的可靠凭证，直接关系到外包的成败。要通过谈判形成详细周密的外包合同。

（3）过程监控。企业要把风险防范机制贯穿于弹性福利外包的整个过程中。企业应制定弹性福利外包的总目标和阶段目标，并要求外包商根据这些目标提出具体的工作计划。同时，企业也应建立同步控制体系和信息反馈系统，保持对外包业务的实时监控：①加强与员工的沟通：追踪调查，掌握本企业员工的福利需求及满意度，并随时向外包商反馈员工的意见和建议，协助他们改进工作方法；②加强与外包商的沟通：建立双方同意的定期报告制度，认真审查外包商提交的阶段性报告，评估检验并纠正外包过程中出现的偏差错误；③加强与外包商其他合作企业的沟通：了解其他企业接受外包服务的相关信息，与本企业作比较，提高外包商的服务水平；④增强对弹性福利外包市场信息的了解：通过各种渠道尽可能多地获取该业务外包市场的外部信息，监督和督促外包商采用先进技术，及时更新福利管理软件。

（4）年度成果评估。这一阶段的工作主要有：①企业根据外包合同中规定的评估指标及服务标准，对外包商的服务进行年度整体评估。企业可以引入“风险/回报定价”的激励约束机制，根据评估结果决定对外包商的奖惩。②企业对外包活动进行深入的“成本—效益”分析，比较外包前后的费用和收益状况，尤其应综合考虑弹性福利外包的多方面价值。③一旦企业想与原外包商解除外包关系，就要全面回收福利信息，以防机密泄露。

3.7 云服务平台的薪酬管理系统

3.7.1 薪酬基础定义

薪酬基础定义包括三个模块：补贴定义；扣款定义；税率表，如图3－1所示。

图 3－1 薪酬基础定义

1. 补贴定义

在列表中，点击“总公司”这一行，使其颜色变深，点击上面的“补贴定义”。进入图 3－2，补贴定义列表。

图 3－2 补贴定义列表

选择“bt10”，点击上面的“新增（修改）”按钮，进入图 3－3 页面。

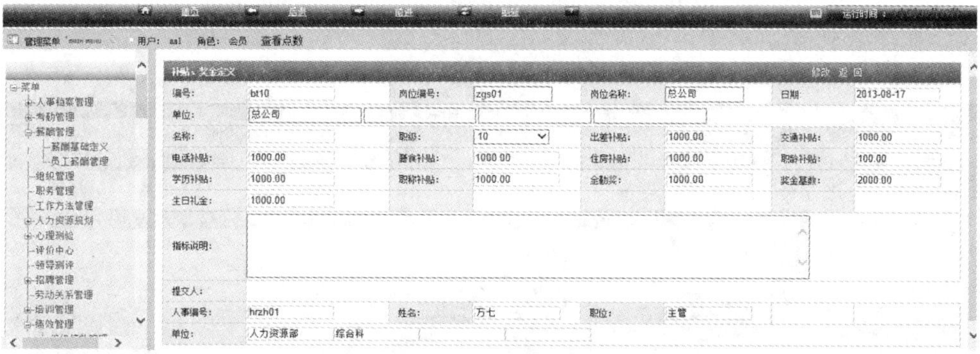

图 3－3 补贴定义

2. 扣款定义

在列表中，点击“总公司”这一行，使其颜色变深，点击上面的“扣款定义”，进入图3－4，扣款定义列表。

图3－4 扣款定义列表

选择“kk10”，点击上面的“新增（修改）”按钮，进入图3－5页面。

图3－5 扣款定义

3. 税率表

在列表中，点击“总公司”这一行，使其颜色变深，点击上面的“税率表”，进入图3－6，税率表列表。

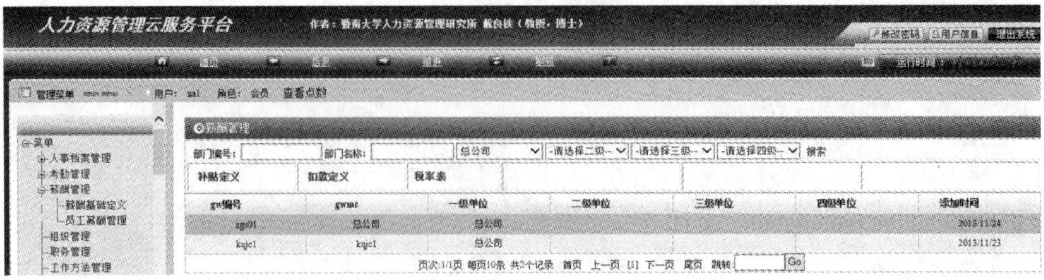

图3－6 税率表列表

选择“slb1”，点击上面的“新增（修改）”按钮，进入图3－7页面，输入或修改税率表信息。

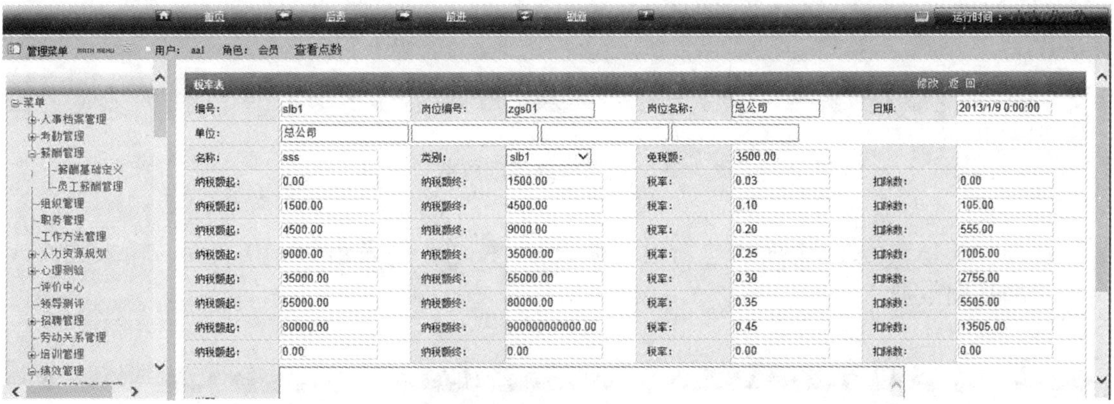

图3－7 税率表

3.7.2 员工薪酬管理

员工薪酬管理包括两个模块：员工薪酬基础数据、个人工资管理，如图3－8所示。

图3－8 员工薪酬管理两个模块

1. 员工薪酬基础数据

在列表中，点击“万六十九”这一行，使其颜色变深，点击上面的“员工薪酬基础数据”，进入图3－9，员工薪酬基础数据列表。

图3－9　员工薪酬基础数据列表

选择“2013”，点击上面的“新增（修改）”按钮，进入图3－10页面，输入或修改员工薪酬基础数据。

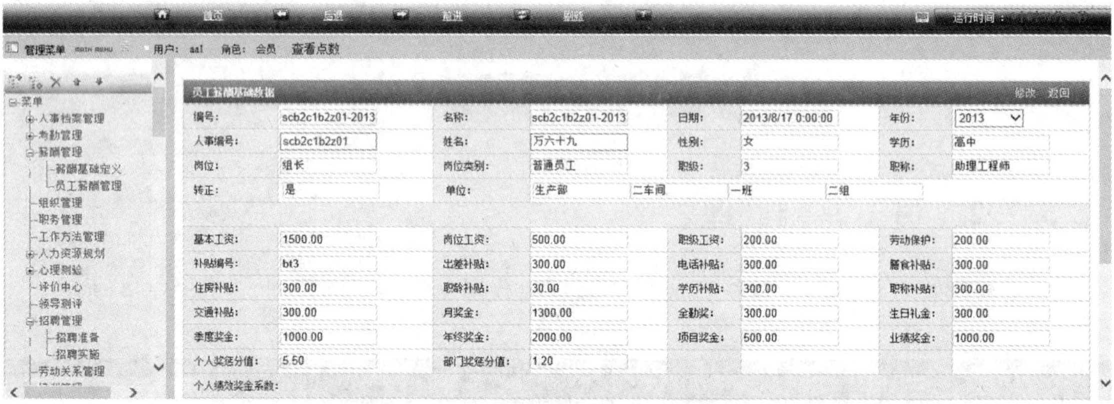

图3－10　员工薪酬基础数据管理

2. 个人工资管理

在列表中，点击“万六十九”这一行，使其颜色变深，点击上面的“员工薪酬基础数据”，进入图3－11，员工工资列表。

图3－11　员工工资列表

选择“2013－5”，点击上面的“新增（修改）”按钮，进入图3－12页面，输入或修改员工的工资数据。

图3－12　个人工资管理

思考题

1. 什么是薪酬？其形式和内容有哪些？
2. 薪酬的特点是什么？其主要解决什么问题？
3. 薪酬管理应遵循什么原则？
4. 影响薪酬分配的因素有哪些？在考虑这些因素时需要注意什么问题？
5. 薪酬制度有哪些？各有什么特点？现代企业常用的薪酬制度是什么？
6. 薪酬制度的形式有哪几种？各有什么优缺点？
7. 进行职位评估的步骤包括哪些？
8. 股权激励的方式有哪些，各方式具体怎样实施？
9. 薪酬与福利外包是一把双刃剑，其利与弊各是什么？
10. 弹性福利外包的风险有哪些？应该如何规避这些风险？

4 劳动关系管理

本章提要

劳动关系管理主要是为了协调劳资关系，从而达到员工与企业的和谐。劳动关系是劳动者与用人部门之间在劳动过程中所形成的社会经济关系的统称。劳动关系直接体现的是劳动者与用人部门的关系，它的实质表现为冲突与合作。劳动关系管理作为人力资源管理的职能之一，具有协调员工与企业的关系的作用，能够维护企业的稳定运营。它通过制定一些规章性的制度以及签订劳动合同规定劳资双方的义务和权利，来明确企业与员工的关系。劳动关系管理的目的是为了企业与员工关系的和谐，同时满足劳资双方的利益以达到企业与员工的双赢。

4.1 劳动关系

4.1.1 劳动关系概述

1. *劳动关系的含义*

劳动关系是指在就业组织中由雇佣行为产生的关系，是管理方与劳动者个人及团体之间产生的、由双方利益引起的表现为合作、冲突、力量和权力关系的总和。劳动者与管理方不仅存在经济关系，还存在行政隶属关系。劳动者除了提供劳动之外，还要接受用人单位的管理，服从其安排，遵守其规章制度等。

2. *劳动关系主体*

雇员。雇员又称为员工、劳动者，是指在就业组织中，本身不具有基本经营、决策权力并从属于这种权力的工作者。他们从事体力或脑力活动以获取工资报酬。

雇员协会。雇员协会的主要形式为工会。工会是由劳动者组成的旨在维护和改善其就业条件、工作条件、工资福利待遇以及社会地位等权益的组织。工会主要通过集体谈判方式来代表劳动者在就业组织和整个社会中的权益。

雇主。雇主也称管理者或投资方，是指在一个组织中，雇用雇员进行有组织、有目的的活动，并向雇员支付报酬的法人或自然人。

雇主协会。雇主协会是由雇主组成，旨在维护雇主利益，并努力调整雇主与雇员以及雇主与工会之间关系的组织。雇主组织的主要形式是雇主协会，他们以行业或贸易组织为纽带。

政府。政府在劳动关系中的角色有以下四种：一是劳动关系立法的制定者，二是公共利益的维护者，三是公共部门的雇主，四是有效服务的提供者。

3. 劳动关系的实质

合作。员工没有对组织的所有权，他们要求生存，就必须工作。他们与企业形成雇佣关系并通过自己的劳动来获得经济报酬。所以从求生存这个角度来说，他们与企业的合作是被迫的。此外，大多数工作都有积极的一面，工作能满足员工们的充实感，提高他们对生活的满意度继而实现员工的自我价值。员工与企业的合作表现为共同生产产品和提供服务，并在很大程度上遵守一套既定制度和规则的行为。

冲突。员工和企业的利益需求往往是不一致的。企业的利益需求是利润最大化，而员工往往希望获得更高的报酬，做更轻松的工作，能够更好地实现自己的价值。这样企业与员工的冲突就不可避免地出现了。冲突的最激烈表现形式为罢工，此外还包括消极怠工、辞职等。

4.1.2 劳动关系管理

1. 劳动关系管理的含义

劳动关系管理就是对员工与企业之间存在的劳动关系进行管理，缓解冲突，制造良好的企业氛围。通过规范化、制度化的管理，使劳动关系双方即劳动者与用人单位的行为得到规范，权益得到保障，维护稳定和谐的劳动关系，促使企业经营稳定运行。

2. 劳动关系管理的主要内容

企业人力资源管理工作中的员工招聘、录用及内部人力资源的配置与协调等各项事务，在劳动关系管理中表现为劳动合同的订立、履行、变更、解除和终止劳动等法律行为。具体来说也就是保障与实现主体双方各自依法享有的权利和承担的义务。劳动关系管理的内容如下：

（1）劳动合同制度。企业劳动关系管理的前提是不能违背法律法规的规定，所以企业应该及时关注法律法规的信息，及时将劳动合同或者规章制度中不符合法律法规规定的条例修改过来。

（2）制定、修改、完善并执行公司各类相关规章制度，预防、规避员工各种劳动纠纷。

（3）处理员工与企业的劳动争议。

3. 劳动关系管理的意义

劳动关系管理能维护企业的稳定运营。员工的稳定性决定了企业的稳定性，有效的劳动关系管理能使员工目标与企业目标一致，能在满足企业发展的同时照顾到员工的利益，从而使员工与企业的冲突得到有效缓解。这样员工对工作和企业的满意度提高，就能保持员工的稳定性并由此保证企业的稳定运营。

劳动关系管理能够提升企业形象。有效的劳动关系管理能够创建良好的工作氛围和良好的人际关系，企业自身的形象也由此提高，员工的忠诚度较高。此外，还能够吸引更多的人才来到企业。

劳动关系管理能够促进社会和谐。良好的劳动关系是维护社会稳定、促进社会和谐的一个重要因素。员工对企业的满意度高，生活安居乐业，自然就能避免很多造成社会不稳定的因素。

4.2 劳动法

4.2.1 劳动法的含义

劳动法是调整劳动关系以及与劳动关系密切联系的社会关系的法律规范总称。我国的劳动法是《中华人民共和国劳动法》，于1995年1月1日起施行。劳动法的宗旨是为了保护劳动者的利益，通过法律手段确立公正的社会劳动秩序，保护处于弱势地位的劳动者。劳动法对雇员和雇主双方的权利、义务都有明确规定。劳动法最重要的功能是能够调整劳动关系，为解决劳动纠纷提供相应的依据。

4.2.2 劳动法的主要内容

劳动法的内容主要包括：劳动者的主要权利和义务，劳动就业方针政策及录用职工的规定，劳动合同的订立、变更与解除程序的规定，集体合同的签订与执行办法，工作时间与休息时间制度，劳动报酬制度，劳动卫生和安全技术规程等。

4.3 劳动合同

4.3.1 劳动合同的基本概念

劳动合同，是劳动者与企业、个体经济组织、事业组织、社会团体等用人单位确立劳动关系、明确双方权利和义务的书面协议。它是规范劳动合同订立、履行、变更、解除和终止行为的协议。劳动合同的主体为劳动者与用人单位。

4.3.2 《劳动法》与《劳动合同法》的关系

《中华人民共和国劳动法》自1995年1月1日开始实施，是劳动保障立法体系中的基准法，其内容有促进就业、劳动合同、工作时间和休假、工资、劳动卫生安全、女职工未成年工保护、福利保险、劳动争议等章节，是劳动合同法的立法根据。

《中华人民共和国劳动合同法》自2008年1月1日开始实施，其目的是解决市场经济下复杂的劳动关系带来的众多劳动纠纷，重点规范劳动合同的订立和解除等。劳动合同法对劳动法中的“劳动合同”部分进行细化和修正。

4.3.3 劳动合同的种类

劳动合同根据劳动期限的时间长短可分为固定期限劳动合同、无固定期限劳动合同和以完成一定工作任务为期限的劳动合同。劳动合同期限，是指劳动合同的有效时间，是当事人双方共同协商所确定的劳动合同起始和终止的时间，这段时间是具有法律约束力的。

1. 固定期限的劳动合同

固定期限劳动合同，是指用人单位与劳动者约定合同终止时间的劳动合同。固定期限劳动合同的期限是没有限制的，只要劳动者与用人单位协商一致，就可以签订短则半年长则十年的合同。固定期限的劳动合同必须明确规定劳动合同履行的起始和终止时间。合同期限届满，双方的劳动关系即行终止，但若双方协商一致，仍可以续订合同。

2. 无固定期限的劳动合同

无固定期限劳动合同，是指用人单位与劳动者约定无确定终止时间的劳动合同。一般情况下，劳动者与用人单位的劳动关系是没有终止的。但如果劳动者想终止劳动合同，只需提前30天通知用人单位。而对于用人单位来说，必须符合法定的解除和终止条件，也就是说必须具备法定的理由才能解除劳动合同。

无固定期限劳动合同是为了更好地保障劳动者的利益。若有下列情形之一，劳动者提出或者同意续订、订立劳动合同的，除劳动者提出订立固定期限劳动合同外，应当订立无固定期限劳动合同：

（1）劳动者在该用人单位连续工作满10年的。

（2）用人单位初次实行劳动合同制度或者国有企业改制订立劳动合同时，劳动者在该用人单位连续工作满10年且距法定退休年龄不足10年的。

（3）连续订立两次固定期限劳动合同，且劳动者没有出现违反规定情形，续订劳动合同的。

3. 以完成一定工作任务为期限的劳动合同

以完成一定工作任务为期限的劳动合同，是指用人单位与劳动者约定以某项工作的完成为合同期限的劳动合同。当工作或工程完成时，劳动合同也就终止了。适合签订此类合同的状况如下：

（1）以完成单项工作任务为期限的劳动合同。

（2）以项目承包方式完成承包任务的劳动合同。

（3）因季节原因临时用工的劳动合同。

（4）其他双方约定的以完成一定工作任务为期限的劳动合同。

4.3.4 劳动合同与劳务协议的区别

劳务协议也叫劳务合同，劳务合同是民事合同，是当事人各方在平等协商的情况下就某一项劳务以及劳务成果所达成的协议，劳务合同不属于劳动合同，它们的区别如下：

1. 签订对象的区别

（1）需签订劳动合同的员工：具有劳动能力，与其他用人单位不存在劳动关系。

（2）可签订劳务协议的员工：离、退休返聘职工，勤工助学、实习的在校学生，外单位借调、派遣的职工，下岗职工。

2. 劳动合同与劳务协议的区别

劳务协议也叫劳务活动，劳务关系是一种传统的经济社会关系，是指两个或两个以上的平等主体之间，依据民事法律规范，一方向另一方提供劳务，另一方依约支付劳务报酬的一种权利义务关系。提供劳动服务的过程称之为劳务。与劳务有关的合同很多，除了雇佣之外，还包括承揽、承包、运输、技术服务、委托、信托和居间等。劳务关系主要有以下特征：第一，主体上，双方当事人可以都是法人或公民，也可以一方是法人，另一方是公民。劳动合同与劳务协议的具体区别如下：

（1）适用法律不同。劳动合同适用于劳动法及其配套政策，而劳务协议只适用于民法通则。

（2）适用范围不同。劳动合同适用于符合就业条件，与其他用人单位没有劳动关系的劳动者；而劳务协议则适用于与其他单位建有劳动关系或属于劳动法调整范围外的劳动者。

（3）福利待遇不同。劳动合同适用于按劳动法及其相关政策规定支付劳动报酬，缴纳各项社会保险和住房公积金，及提供其他福利待遇；而劳务协议则适用于按双方约定支付劳动报酬。

（4）期限不同。劳动合同适用于有固定期限、无固定期限和以完成一定任务为期限；而劳务协议则适用于双方协商确定，宜短不宜长。

4.3.5 劳动合同必备条款和约定条款

劳动合同的条款分为必备条款和约定条款，它是企业与员工双方的权利与义务的具体体现。其中，必备条款是指劳动合同必须具备的内容。《劳动合同法》第十七条第一款规定，劳动合同必须具备以下条款：

（1）用人单位的名称、住所和法定代表人或者主要负责人。

（2）劳动者的姓名、住址和居民身份证或者其他有效身份证件号码。

（3）劳动合同期限。

（4）工作内容和工作地点。

（5）工作时间和休息休假。

（6）劳动报酬。

（7）社会保险。

（8）劳动保护、劳动条件和职业危害防护。

（9）法律、法规规定应当纳入劳动合同的其他事项，即按照《劳动合同法》以外的其他法律和行政法规的规定，应当在劳动合同中载明的内容。

约定条款的前提是不违背法律法规，具有和必备条款同样的约束力。这也是企业和员工经过共同协商约定的。《劳动合同法》第十七条规定，劳动合同除规定的必备条款外，用人单位与劳动者可以约定试用期、培训、保守秘密、补充保险和福利待遇等其他事项。

4.3.6 劳动合同的订立程序

劳动合同的订立程序，如图 4－1 所示：

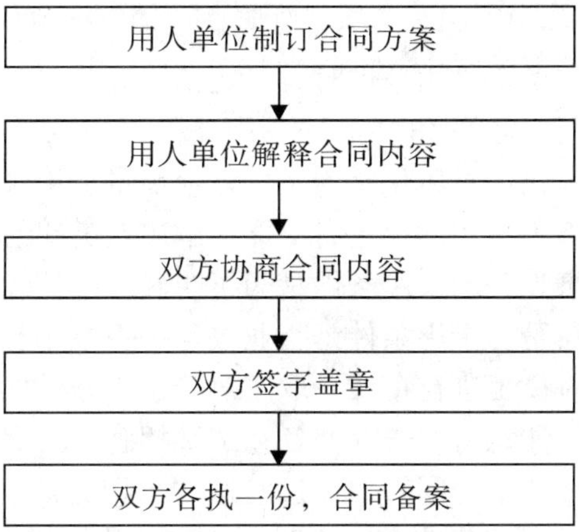

图 4－1 劳动合同的订立程序

具体来说，签订劳动合同的程序如下：

（1）用人单位制订劳动合同方案，明确约定有关事宜以及双方的责、权、利等。

（2）采取一定的形式，向劳动者宣读劳动合同方案，本单位的规章制度、劳动报酬、劳动条件等情况。

（3）双方在平等自愿的前提下，协商劳动合同内容并作如实说明。

（4）经协商一致，由用人单位、劳动者本人在合同上签字盖章。

（5）劳动合同一式两份，双方各执一份。

4.3.7 劳动关系的各阶段管理及风险预防

劳动合同法规定用人单位自用工之日起即与劳动者建立了劳动关系。我们将劳动关系管理分为以下五个阶段，各个阶段的管理都有不同的内容及风险预防。因为招聘录用是将员工吸引进企业，建立劳动关系的前提，我们这里也将招聘录用阶段归为劳动合同管理的五个阶段之中。

一、招聘录用阶段

招聘是吸引人员来企业填补空缺职位，录用是从吸引过来的人员中选择出合适的人员。招聘录用是确定劳动者与用人单位之间劳动关系的前提，在此我们将招聘录用阶段作为劳动合同管理的第一个阶段。

1. 企业招聘信息发布

招聘广告可帮助企业吸引员工前来应聘所空缺的岗位，它作为员工了解企业所招聘职位的载体，必须明确符合法律规定。企业在编写招聘广告时，必须充分考虑现行法律、法规和政策的有关规定，防止出现违背法律法规的行为，避免造成法律纠纷，从而可使企业避免人力、物力、财力及企业形象等方面不必要的损失。招聘广告要避免歧视性条款，如性别歧视、身高歧视、民族歧视、地域歧视、对乙肝携带者的歧视等。法律规定是为了保障劳动者的平等就业权。

2. 明确设定录用条件

明确设定录用条件。在设定录用条件时，一定要明确化、具体化。岗位要求应有的放矢，从着实能够对员工进行考虑的角度描述录用条件，切忌一刀切以及将录用条件空泛化、抽象化。之所以要明确化、具体化是为了更好地衡量员工录用条件，使录取过程更客观化。在员工不满企业作出不录用的决定时，能为解决这类纠纷提供明确的依据。

事先公示录用条件。事先公示录用条件是为了明确告知劳动者，在保障劳动者知情权的同时又能避免不必要的纠纷。录用条件是企业决定是否录用员工的依据。当员工满足企业规定的录用条件时，即对员工进行正式录取。对于录用条件的公示，可采取以下几种方式：①通过招聘广告公示，注意将广告存档备查。②招聘员工时向员工明示录用条件，并要求员工签字确认。③签订劳动合同前，通过发送“录用通知书”方式向员工明示录用条件，并要求员工签字确认。④在劳动合同中明确约定录用条件或不符合录用条件的情形。⑤在职位说明书中对录用条件进行详细约定，并将职位说明书作为合同的附件。

明确考核标准。明确考核标准是为了对是否决定录用作出更好更快的决定。

3. 审核求职者信息

在招聘录用阶段结束后，企业已经明确所要录取的求职者，在这一阶段我们主要对求职者真实信息进行审查。

（1）审查求职者相关背景。审查求职者的相关背景是确定录取员工的一个必经程序，通过对求职者的背景审查能够了解员工的诚实度，信息的可信度。这能保证录取的可靠性以及后续的工作开展。求职者相关背景审查主要包括以下几点：①主动向求职者询问与劳动合同直接相关的情况，例如，健康状况、知识技能、学历、职业资格、工作经历等；不要侵犯求职者的隐私权，例如，关于异性朋友、女性是否怀孕等涉及个人隐私的问题。②核实劳动者个人资料的真实性。可通过对求职者原工作单位、教育机构、公安机构对其进行背景审查，确定学历、工作经历等资料的真实性。③确认求职者是否有潜在疾病。④确定求职者是否年满16周岁。⑤核实求职者是否已解除劳动关系。⑥审查求职者是否存在竞业限制。⑦做好证据确定工作。如要求求职者在其提供的简历或入职时填写的“入职基本信息登记表”上签名确认，对个人提供资料的真实性进行承诺声明。

（2）员工入职提供的资料。为了对员工的相关资料进行审核以确定员工信息的真实性，在员工入职时，企业可要求员工提供入职资料。员工入职提供的资料包括以下几项：①学历证明（学位、学历）及复印件。②身份证及复印件。③前单位的终止、解除劳动合同证明。④从业资格证明及复印件。⑤英语（或其他语言）、计算机相关等级证书及复印件。⑥指定医院的体检证明。⑦社保转移单。⑧与前单位竞业限制或保密协议的复印件及书面说明等。

（3）体检过程中的注意事项。入职体检是为了确定员工的身体状况能否适应工作的需要，以及防范某些求职者带有传染病而影响到企业其他员工。所以它是企业决定录用员工必走的程序之一。体检要注意以下事项：①体检结果应作为用人单位的录用条件之一。②体检应在正式录用前进行。③体检应到用人单位指定的医疗机构进行。④体检应为较全面的检查。

4. 发放录用通知书

（1）劳动合同与录用通知书的区别。录用通知书是用人单位向拟录用的应聘者发出的通知，意在告知劳动者已被录用。劳动合同则是指劳动者与用人单位之间确立劳动关系、明确相互权利和义务的协议。它们的具体区别如下：①性质不同。录用通知书是订立劳动合同前的单方要约，而劳动合同是双方协商达成一致的法律契约。②内容不同。录用通知书是根据用人单位的需求自主确定，而劳动合同是法定的必备条款。③执行力度不同。录用通知书视用人单位的需求确定，而劳动合同是双方当事人按约定执行。

（2）发放录用通知书的注意事项。①慎重发放"录用通知书"，除一些具有关键性、不可替代的岗位外，尽量少用"录用通知书"的方式，可以通过电话联系、当面办理相关手续等方式。这样可避免由于录用通知书的错误发放或者内容有误所带来的麻烦。②在"录用通知书"上明确约定"录用通知书"的生效条件。在录用通知书中明确承诺期限。如果员工未在承诺期内予以承诺，则"录用通知书"自动失效，员工在承诺期后再予以承诺的话，则属于新的要约，企业有权决定承诺与否。③在"录用通知书"上附上解除条件，比如，将体检不合格、办理入职的各项条件不齐备、求职者在规定期限内没来企业签订劳动合同等作为解除条件的重点内容。④如果"录用通知书"与劳动合同中的规定存在冲突，则必须在劳动合同中明确该通知书失效。

总体来说，在招聘录用阶段企业要重点关注：在发布招聘广告时确定企业广告内容要合法，要明确设定录用条件，认真核查求职者的相关背景，核实求职者是否已与原单位解除劳动关系等问题；企业在发放"录用通知书"的同时也要关注存在的法律风险，要对"录用通知书"的内容认真审核后发放。

二、签订劳动合同阶段

1. 及时签订书面劳动合同

劳动关系自用工之日起建立，即从劳动者第一天到用人单位上班起建立。劳动合同法规定企业必须与新入职员工在一个月内订立劳动合同，劳动合同必须采用书面形式、经过双方签字盖章并保留一份在员工手中。之所以要采取书面形式，是为了更好、更具体地体现双方的权利和义务，并且能为以后的劳动争议纠纷提供书面凭证。用人单位若在劳动关系建立后超过一个月还未与劳动者签订书面劳动合同，用人单位需每月向劳动者支付双倍工资。用人单位自用工之日起满一年不与劳动者签订书面合同的，视为用人单位与劳动者已订立无固定期限劳动合同，法律直接推定双方之间为无固定期限劳动合同。

2. 建立职工名册备查

职工名册是用人单位制作的用于记录本单位劳动者基本情况及劳动关系运行情况的书面材料。《劳动合同法》第七条规定，用人单位应当建立职工名册备查。职工名册备查包括劳动者姓名、性别、身份证号码、户籍地址及现住址。建立职工名册备查不仅可以帮助企业规避违背法律的风险，还有利于企业内部管理的规范化。

3. 履行告知义务

用人企业有必要在劳动合同签订前将合同的具体内容，如薪酬福利、岗位职责、办公环境等向员工说明。这是为了保障劳动者的知情权，能够帮助劳动者在全面了解合同具体内容后作出更好的就业选择。

三、试用期阶段

试用期是指劳动合同双方当事人在合同中约定的互相考察了解以确定是否继续履行劳动合同的阶段。对于劳动者来说，在试用期间，劳动者若发现工作或者企业不适合自己，可在提前三天通知用人单位的前提下与用人单位解除合同。而对于用人单位来说，试用期是一个非常重要的时段，可以确定新招入职的员工是否适合该职位及企业，而在试用期内被证实不符合录用条件的员工，用人单位拥有选择终止雇佣的权利。

1. 试用期的约定规则

表 4－1　劳动合同对应的试用期期限

劳动合同期限	试用期期限
3 个月以上 1 年以下	少于 1 个月
1 年以上 3 年以下	少于 2 个月
3 年以上固定期限及无固定期限	少于 6 个月

以完成一定工作任务为期限的劳动合同，或劳动合同期限不满三个月的，不得约定试用期。试用期包含在劳动合同期限内。劳动合同仅约定试用期的，试用期不成立，该期限为劳动合同期限。

同时，《劳动合同法》第十九条第二款明确规定，同一用人单位与同一劳动者只能约定一次试用期。试用期即考察期，在一定期限内双方都可以了解对方的情况，足以决定是否履行劳动合同。在双方互相了解的基础上，如果允许多次试用期则失去原有意义，变相成为滥用试用期，侵害劳动者的权益。因此，岗位变更不应再次约定试用期。试用期满时，用人单位没有作出员工试用期是否合格的表示，应视为员工符合录用条件而自动转正。

2. 试用期内可解除劳动合同的情形

试用期内用人单位可单方面提出解除劳动合同的情况有以下 8 种：

（1）在试用期间被证明不符合录用条件的。

（2）严重违反用人单位规章制度的。

（3）严重失职、营私舞弊，给用人单位造成重大损失的。

（4）劳动者同时与其他用人单位建立劳动关系，对完成本单位的工作任务造成严重影响，或者经用人单位提出，拒不改正的。

（5）因劳动者在订立合同时采取欺诈、胁迫等手段致使劳动合同无效的。

（6）被依法追究刑事责任的。

（7）劳动者患病或者非因工负伤，在规定的医疗期满后不能从事原工作，也不能从事由用人单位另行安排的工作的。

（8）劳动者不能胜任工作，经过培训或者调整工作岗位，仍不能胜任工作的。

3. 试用期内解除劳动合同要符合法定程序

法律虽赋予了用人单位在试用期内依法解除劳动合同的权利，但也需遵循相关的程序规定，不得随意为之。用人单位在试用期内解除劳动合同应当遵守如下程序：

（1）向员工说明理由，采用书面形式，并且要求员工签收。

（2）事先将理由通知工会。

（3）制作“解除劳动合同通知书”并送达给员工，同时向员工出示解除或者终止劳动合同的证明。

（4）在15日内为员工办理档案和社会保险关系转移的手续。

4. 试用期企业需注意的问题

（1）试用期内用人单位应该在1个月内与员工签订劳动合同。

（2）需要在书面劳动合同中约定试用期，以口头形式或者在入职登记表、员工手册中载明试用期的，试用期无效，视为无试用期。

（3）劳动者在同一单位只能约定一次试用期，并且试用期不能延长。

（4）试用期工资不能低于法定标准。

（5）试用期要为员工缴纳社会保险。

（6）试用期内要给予员工医疗期待遇。

相关说明：试用期阶段是用人单位可以对不符合录用条件的员工，在不支付违约金的情况下解除劳动合同的阶段。但试用期阶段也是一些企业违反规定比较多的阶段。比如，随意变更或延长试用期，试用期不给员工上保险，试用期内不签订劳动合同等情况，这些都将导致劳动纠纷，既损害了劳动者的合法权益又给企业带来了人力、物力、财力上的损失，损害了企业的形象。所以企业在试用期阶段应遵守各项法律规定，不可铤而走险违背法律。

四、履行和变更劳动合同阶段

1. 发放工资的注意事项

（1）及时发放工资。工资必须在用人单位与劳动者约定的日期支付。如遇节假日或休息日，则应提前在最近的工作日支付。

（2）工资应以货币形式发放。不应以实物或有价证券等形式代替货币支付。

（3）不得违反最低工资标准。用人单位向劳动者发放的工资不得低于当地最低工资标准，即使是试用期也不行。试用期的劳动者因个人原因给单位造成经济损失，用人单位依法要其赔偿，并需从工资中扣除赔偿费的，扣除的部分不得超过劳动者当月工资的20%，且扣除后的剩余工资不得低于最低工资标准。

（4）严格按规定支付加班费。

2. 劳动合同变更的内容

劳动合同变更应与劳动合同的内容变化同步进行，常见的变更类型为：

（1）岗位调整。

（2）工资调整。

（3）职位、职务调整。

（4）专项协议导致合同期限的变更。

3. 劳动合同变更的程序

关于劳动合同变更各地程序不同，以下分别以北京、广州、深圳、重庆的规定为例：

（1）北京。当事人一方要求变更劳动合同相关内容的，应当将变更要求以书面形式送交另一方；另一方应在15日内作出答复；逾期不答复，视为不同意变更劳动合同。

（2）广州。任何一方要求变更劳动合同有关内容，都应以书面形式通知对方；被通知方接到通知后，应在15日内作出答复；逾期不答复，视为同意变更劳动合同。劳动合同没有变更，用人单位不得安排劳动者从事合同规定以外的工作或调换岗位。但下列情况除外：①发生事故或灾害，需要及时抢修或救灾。②因生产、工作需要，单位内部机构或工种、岗位之间的临时调动。③法律、法规和规章规定的其他情况。

（3）深圳。一方当事人要求变更劳动合同，应当书面通知对方，被通知方接到通知后10日内作出书面答复，并与通知方进行协商。

（4）重庆。由一方当事人书面向对方当事人提出变更劳动合同的理由和修改条款的建议，对方当事人应在10个工作日内书面作出同意或不同意或建议协商的答复。若同意变更则双方达成一致意见，形成书面协议，双方签字（盖章），协议即行生效。双方各执一份，作为劳动合同的附件。

4. 劳动合同变更应注意的事项

劳动合同变更，是基于已签订的劳动合同，于履行过程中，当事人双方或单方按照法律规定或劳动合同的约定，依据情况的变化而对合同作出改变，对原劳动合同的条款进行修改或补充。它发生在劳动合同生效后却未开始履行，或未完全履行期间。这是对劳动合同约定的权利义务的完善和发展，是确保劳动合同有效和劳动过程顺利实现的重要法律手段。

劳动合同订立后，因为客观情况的变化而变更劳动合同的状况时有发生。《劳动法》赋予了当事人在某些客观情况发生变化后，导致劳动合同无法履行而要求变更劳动合同的权利。然而在实践中，用人单位往往忽视这一点，劳动合同不能及时变更。有的把变更合同看成是用人单位的自主权，也有的不懂得如何变更劳动合同，因而引发了不少劳动争议。这应当引起用人单位的注意。对于劳动合同的变更，用人单位在实践中应首先注意下述问题：

（1）变更劳动合同必须在劳动合同依法订立以后，在合同没有履行或者尚未履行完毕之前的有效时间内进行。

（2）变更劳动合同必须坚持平等自愿、协商一致的原则，即劳动合同变更必须经用人单位和劳动者双方当事人的同意。

（3）变更后的劳动合同必须合法，不得违反法律、法规的强制性规定。

（4）变更劳动合同必须采用书面形式。

（5）变更后的劳动合同文本必须交付劳动者一份。

五、解除劳动合同阶段

1. 劳动合同解除的几种方式

（1）员工提出解除劳动合同。

（2）双方协商一致解除劳动合同。

（3）用人单位解除劳动合同。

（4）劳动合同到期终止。

2. 员工提出解除劳动合同的几种情形

（1）试用期内提前3天提出辞职的。

（2）转正后提前30天提出辞职的。

（3）企业未按约定提供劳动报酬或劳动条件的。

（4）企业未按照规定缴纳社会保险的。

（5）企业以暴力、威胁或非法限制人身自由的。

在第三和第四种情况下，劳动者可随时解除劳动合同，只需通知用人单位即可，无须征得用人单位同意。同时，用人单位还要依法向劳动者支付经济补偿。而在最后一种情况中，企业已经剥夺了劳动者享有的最基本的人身自由权。劳动者可立即解除劳动合同，无须通知用人单位，且用人单位应当向劳动者支付经济补偿。

3. 员工离职程序

（1）劳动者在成为正式员工后提出解除劳动合同，应当提前30日以书面形式通知用人单位。

（2）员工提出解除劳动合同的书面申请，应按用人单位规定履行审批手续。

（3）按照公司规定办理工作交接手续。

4. 协商解除劳动合同程序

（1）用人单位或者劳动者提出解除劳动合同的事由。

（2）双方当事人进行具体协商。

（3）就达成一致的事由和条件签订协议书，一式两份，双方各执一份。

（4）履行协议办理解除劳动合同手续。

5. 因员工非过失解除劳动关系

在员工没有过错的状况下，用人单位可以解除劳动合同，但应当提前30日以书面形式通知劳动者本人，并根据劳动者在该用人单位的工龄给予经济补偿。因员工非过失解除劳动关系的情况如下：

（1）劳动者患病或者非因工负伤，医疗期满后，不能从事原工作也不能从事由用人单位另行安排的工作。这里所说的“患病”是指职业病以外的其他病症。

（2）劳动者不能胜任工作，经过培训或者调整工作岗位，仍不能胜任工作的。

（3）劳动合同订立时所依据的客观情况发生重大变化，致使原劳动合同无法履行，经当事人协商不能就变更劳动合同达成协议的。

6. 经济性裁员

经济性裁员，是指用人单位一次性辞退部分劳动者，以此作为改善生产经营状况的一种手段，其目的是保护自己在市场经济中的竞争和生存能力，渡过暂时的难关。《劳动法》

第二十七条规定“用人单位濒临破产进行法定整顿期间或者生产经营状况发生严重困难，确需裁减人员的，应当提前30日向工会或者全体职工说明情况，听取工会或者职工的意见，经向劳动行政部门报告后，可以裁减人员”。这一条是我国劳动法的新规定，也称经济裁员。由于“经济裁员”也必然要影响职工生活，增加社会失业率，因此，劳动行政部门要积极监督，检查裁员是否符合本法规定的允许裁员的范围，是否遵守裁员的法定程序等。经济性裁员的条件如下：

（1）濒临破产进行法定整顿期间。

（2）生产经营发生严重困难。

（3）企业转产、重大技术革新或者经营方式调整后，仍需裁减人员的。

（4）其他因劳动合同订立时所依据的客观经济情况发生重大变化，致使劳动合同无法履行。

经济裁员除符合上述条件外，还需经过以下程序：

（1）提前30日向工会或者全体职工说明情况。提供有关生产经营状况的资料；裁减人员既非职工的过错也非职工本身的原因，且裁员总会给职工在某种程度上造成生活等方面的负作用，为此，裁员前应听取工会或职工的意见。

（2）提出裁减人员方案。内容包括：被裁减人员名单、裁减人员时间及实施步骤，符合法律、行政法规规定和集体合同约定的被裁减人员的经济补偿办法；用人单位不得裁减下列人员：患职业病或者因工负伤并被确认丧失或者部分丧失劳动能力的；女职工在孕期、产期、哺乳期内的；法律、行政法规规定的其他情形。

（3）就裁减人员方案征求工会或者全体职工意见，并对方案进行修改和完善。

（4）向社会劳动保障部门报告裁减人员方案以及工会或者全体职工的意见，并听取劳动保障行政部门的意见。

（5）正式公布裁减人员方案并实施该方案，与被裁减人员办理解除劳动合同手续，按照有关规定向被裁减人员本人支付经济补偿金，并出具裁减人员证明书。

7. 劳动合同终止

劳动合同的终止，是指劳动合同关系自然失效，双方不再履行。《劳动法》第二十三条规定，劳动合同期满或者当事人约定的劳动合同终止条件出现，劳动合同即行终止。

《劳动法》在这里对劳动合同的终止规定了两种情况：一是劳动合同期限届满，合同即告终止，这里主要是针对有固定期限的劳动合同和以完成一定工作为期限的劳动合同；二是当事人约定的合同终止条件出现，劳动合同即告终止，这种情况既适用于有固定期限和以完成一定工作为期限的劳动合同，也同时适用于无固定期限的劳动合同，属于约定终止。

根据《劳动合同法》第四十四条，有下列情形之一的，劳动合同终止：

（1）劳动合同期满或者当事人约定的终止条件出现。

（2）劳动者开始依法享受基本养老保险待遇。

（3）劳动者死亡，或者被人民法院宣告死亡或宣告失踪。

（4）用人单位被依法宣告破产。

（5）用人单位被吊销营业执照、责令关闭、撤销或者用人单位决定提前解散。

（6）法律、行政法规规定的其他情形。

8. 经济补偿金

第一，支付经济补偿金的情况。经济补偿金是用人单位在解除劳动合同时，给予劳动者的经济补偿。经济补偿金是在劳动合同解除或终止后，用人单位依法一次性支付给劳动者的经济上的补助。

用人单位与劳动者协商一致，可以解除劳动合同。但由用人单位首先提出解除动议的，应当支付经济补偿。按《劳动法》的规定，本项经济补偿范围有所缩小。《劳动法》第二十四条、第二十八条规定，用人单位与劳动者协商一致解除劳动合同的，用人单位应当依照国家有关规定给予经济补偿。在《劳动合同法》制定过程中，考虑到某些情况下，劳动者主动跳槽，与用人单位协商解除劳动合同，此时劳动者一般不会失业，或者对失业早有准备，如果要求用人单位支付经济补偿金不太合理，因此对协商解除情形下，给予经济补偿的条件作了一定限制。根据《劳动合同法》，有下列情形之一的，用人单位应当向劳动者支付经济补偿：

（1）用人单位未按照劳动合同约定提供劳动保护和劳动条件，导致劳动者解除劳动合同的。

（2）用人单位未及时足额支付劳动报酬，导致劳动者解除劳动合同的。

（3）用人单位未依法为劳动者缴纳社会保险费，导致劳动者解除劳动合同的。

（4）用人单位规章制度违反法律、法规的规定，导致劳动者解除劳动合同的。

（5）用人单位以欺诈、胁迫的手段或者乘人之危，使劳动者在违背其真实意愿的情况下订立或变更合同，导致劳动者解除劳动合同的。

（6）用人单位以暴力、胁迫或者非法限制人身自由的手段强迫劳动者劳动，或者用人单位违章指挥、强令冒险作业，危及劳动者人身安全，导致劳动者解除劳动合同的。

（7）法律、行政法规规定的其他劳动者解除劳动合同的情形。

（8）劳动者患病或者因公负伤，在规定的医疗期满后不能从事原工作也不能从事由用人单位另行安排的工作，用人单位与劳动者解除劳动合同的。

（9）劳动者不能胜任工作，经过培训或者调整工作岗位，仍不能胜任工作，用人单位与劳动者解除劳动合同的。

（10）劳动合同订立时依据的客观情况发生重大变化，致使劳动合同无法履行，经用人单位与劳动者协商，未能就变更劳动合同的内容达成协议，用人单位与劳动者解除劳动合同的。

（11）企业经济性裁员而与劳动者解除劳动合同的。

（12）用人单位向劳动者提出协商解除劳动合同，并与劳动者协商一致解除劳动合同的。

（13）除用人单位维持或者提供劳动合同约定条件续签劳动合同，劳动者不同意续签的情形外，导致劳动合同终止的。

（14）用人单位被吊销营业执照、责令关闭、撤销或者用人单位决定提前解散，导致劳动合同终止的。

（15）用人单位被依法宣告破产，导致劳动合同终止的。

（16）法律、行政法规规定的其他情形。

第二，经济补偿金的计算方法。经济补偿金应分段计算，2008 年 1 月 1 日前的工作年限和补偿方式按当时的规定计算；2008 年 1 月 1 日以后的年限和补偿方式为：

（1）补偿标准：按劳动者在本单位的工作年限，每满 1 年支付 1 个月工资；6 个月以上不满 1 年的，按 1 年计算；不满 6 个月的，按 6 个月计算。

（2）年限计算标准：从劳动者在用人单位提供劳动之日起计算，且累计计算。

（3）工资计算基数：按劳动者劳动合同解除或者终止前 11 个月平均工资计算，工资一般包括：计时工资、奖金、津贴和补贴、加班工资等。

（4）封顶标准：劳动者月工资高于用人单位本地区上年度职工月平均工资 3 倍的，按职工月平均工资 3 倍支付，年限最高不超过 11 年。

第三，经济补偿金的纳税方法。关于一次性取得的经济补偿金该如何缴税的问题，一般依据《国家税务总局关于个人因解除劳动合同取得经济补偿金征收个人所得税问题的通知》（国税发〔1999〕178 号）和《财政部、国家税务总局关于个人与用人单位解除劳动关系取得的一次性补偿收入征免个人所得税问题的通知》（财税〔2001〕157 号）这两个文件进行计算。

公式为：

应代为扣缴的个人所得税 = {[（经济补偿金总收入 − 当地上年职工平均工资的 3 倍 − 实际缴存的社会保险费和住房公积金）÷ 本单位的工作年限 − 个人所得税扣除额] × 适用税率 − 速算扣除数} × 本单位的工作年限

经济补偿金的纳税标准：

（1）在当地上一年社会平均工资三倍以内的部分，不纳税。

（2）超出当地上一年社会平均工资三倍以上的部分，在扣除个人应缴纳社会保险和住房公积金后纳税。

9. 相关说明

解除劳动合同阶段企业要面临很多风险，可能会面临支付“经济补偿金”和“赔偿金”的问题，也是劳动争议发生最多的阶段，需要企业各级管理人员重点关注。

4.4 劳动争议

4.4.1 劳动争议的含义

劳动关系当事人之间因劳动的权利与义务发生分歧而引起的争议，又称劳动纠纷。引起劳动争议的内容一般包括薪酬、福利、工作时间、解雇及其他待遇等工作条件。

4.4.2 引起劳动争议的情况

以下状况尤其容易引发用人单位与劳动者的争议，为避免造成不必要的法律诉讼，用人单位应留意以下几个环节：

（1）因确认是否存在劳动关系发生的争议。很多企业与员工在确认劳动关系之后，并未及时签订劳动合同。这时劳动者为了维护自己的合法利益就与企业产生了是否存在劳动关系的争议。值得注意的是，只要劳动者被用人单位所聘用，不管是否签订劳动合同，都存在事实劳动关系，企业就逃不掉其义务，员工应该获得其相应的权利。

（2）因订立、履行、变更、解除和终止劳动合同发生的争议。

（3）因除名、辞退和辞职、离职发生的争议。

（4）因工作时间、休息休假、社会保险、福利、培训以及劳动保护发生的争议。

（5）因劳动报酬、工伤医疗费、经济补偿金或者赔偿金等发生的争议。

4.4.3 劳动争议的预防

（1）加强企业管理人员对相关法律法规的学习和培训。

（2）企业规章制度制定得具体、明确，具有可操作性。

（3）根据国家法律法规的调整，及时修改、完善企业规章制度。

（4）严格按企业规章制度规定和管理程序解决问题。

（5）人力资源管理人员在管理工作中做好证据的收集工作（包括员工提供的入职资料和离职文书等的归档）。

4.4.4 劳动争议的处理方法

《劳动法》第七十七条规定，用人单位与劳动者发生劳动争议，当事人可以依法申请调解、仲裁、提起诉讼，也可以协商解决。由此可见，劳动争议的处理方法有以下四种，即协商、调解、仲裁和诉讼。

1. 协商

协商是处理劳动争议较为温和的形式，它是指由有劳动争议的双方共同协商以达到解决争议的目的。协商是基于当事人的自主选择。若协商得当，它能通过促进双方的理解达成协议。若不能及时达成协议，双方可终止协商程序，选择其他方式。

2. 调解

调解与协商的不同之处，在于有第三者或中间人介入。劳动争议调解是指企业劳动争议委员会对企业与员工之间的劳动争议，依照法律法规，通过民主协商的方式推动双方达成协议，消除纷争的活动。劳动争议调解不是劳动争议的必经程序，调解达成的协议也不具有法律效力，不能强制执行，当事人若不满意调解结果或者不希望调解，可以直接进入其他程序。

3. 仲裁

劳动争议仲裁是指劳动争议仲裁委员会对用人单位与劳动者之间的争议进行裁决的活动。处理劳动争议仲裁的机构为劳动争议仲裁委员会。仲裁结果对双方当事人都具有法律约束力。我国的仲裁具有强制性，即劳动争议仲裁是解决劳动争议的必经途径，只有经过仲裁，且当事人不满仲裁结果，才可以向法院起诉。

4. 诉讼

当当事人不服劳动争议仲裁委员会的裁决时，可在规定的期限内向人民法院起诉。人民法院在依法受理后，对劳动争议案件进行审理。诉讼是解决劳动争议的最终程序，具有最终的法律效力。

4.5 云服务平台的劳动关系管理系统

劳动关系管理系统分为六个模块：劳动合同管理、劳动合同终止、劳动协议、离职申请、离职会签、人事纠纷调查，如图 4－2 所示。

图 4－2　劳动关系管理系统六个模块

4.5.1 劳动合同管理

（1）打开菜单，点击“劳动关系管理”，进入图 4－2 页面。

（2）在员工列表中点击“万五十九”，使得该行颜色变深，再点击上面的“劳动合同管理”，进入“劳动合同管理”新增或修改页面，点击“新增（修改）”按钮，进入图 4－3“劳动合同管理”页面，输入或修改“劳动合同管理”的信息。

图 4－3 劳动合同管理

4.5.2 劳动合同终止

（1）打开菜单，点击“劳动关系管理”，进入图 4－2 页面。

（2）在员工列表中点击“万五十九”，使得该行颜色变深，再点击上面的“劳动合同终止”，进入“劳动合同终止”新增或修改页面，点击“新增（修改）”按钮，进入图 4－4“劳动合同终止”页面，输入或修改“劳动合同终止”的信息。

图 4－4 劳动合同终止

4.5.3 劳动协议

（1）打开菜单，点击“劳动关系管理”，进入图 4－2 页面。

（2）在员工列表中点击“万五十九”，使得该行颜色变深，再点击上面的“劳动协议”，进入“劳动协议”新增或修改页面，点击“新增（修改）”按钮，进入图 4－5“劳动协议”页面，输入或修改“劳动协议”的信息。

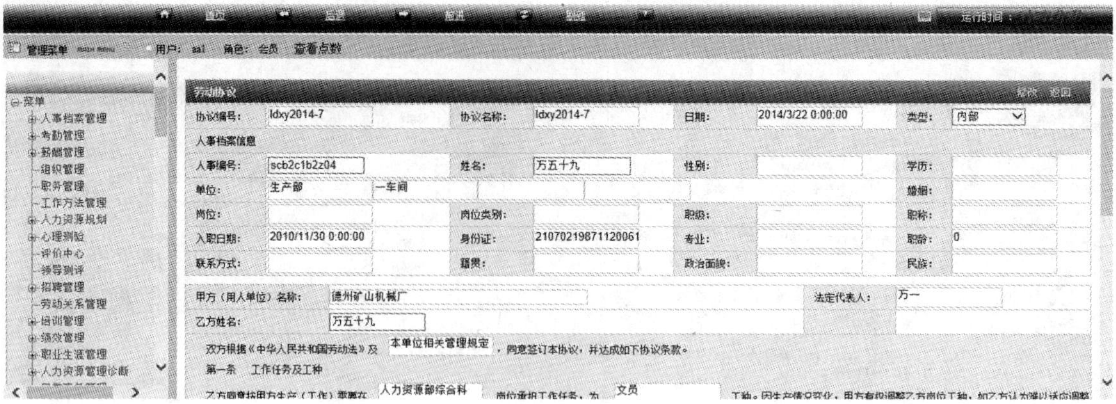

图 4-5 劳动协议

4.5.4 离职申请

（1）打开菜单，点击“劳动关系管理”，进入图 4-2 页面。

（2）在员工列表中点击“万五十九”，使得该行颜色变深，再点击上面的“离职申请”，进入“离职申请”新增或修改页面，点击“新增（修改）”按钮，进入图 4-6“离职申请”页面，输入或修改“离职申请”的信息。

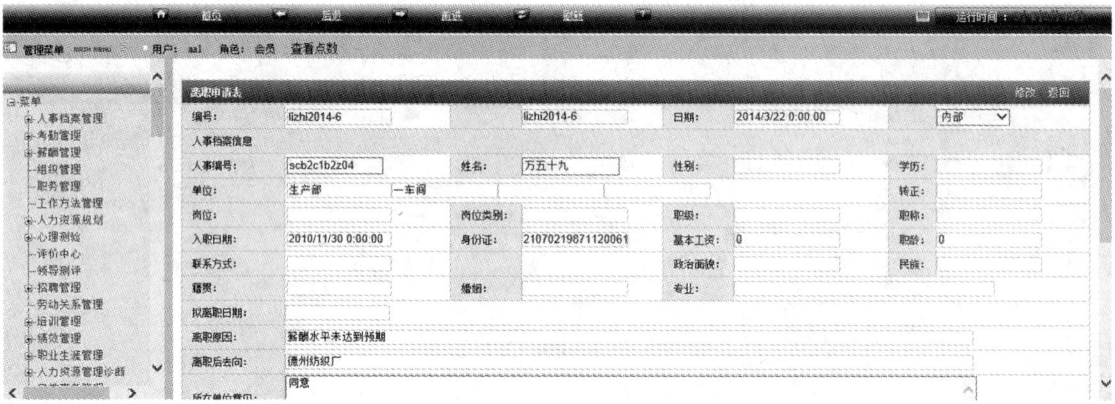

图 4-6 离职申请

4.5.5 离职会签

（1）打开菜单，点击“劳动关系管理”，进入图 4-2 页面。

（2）在员工列表中点击“万五十九”，使得该行颜色变深，再点击上面的“离职会签”，进入“离职会签”新增或修改页面，点击“新增（修改）”按钮，进入图 4-7“离职会签”页面，输入或修改“离职会签”的信息。

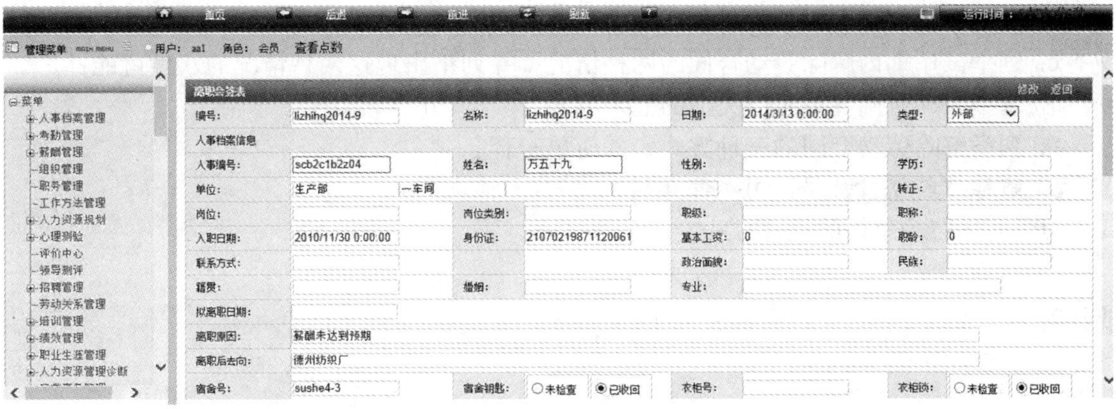

图 4－7　离职会签

4.5.6 人事纠纷调查

（1）打开菜单，点击“劳动关系管理”，进入图 4－2 页面。

（2）在员工列表中点击“万五十九”，使得该行颜色变深，再点击上面的“人事纠纷调查”，进入“人事纠纷调查”新增或修改页面，点击“新增（修改）”按钮，进入图 4－8“人事纠纷调查”页面，输入或修改“人事纠纷调查”的信息。

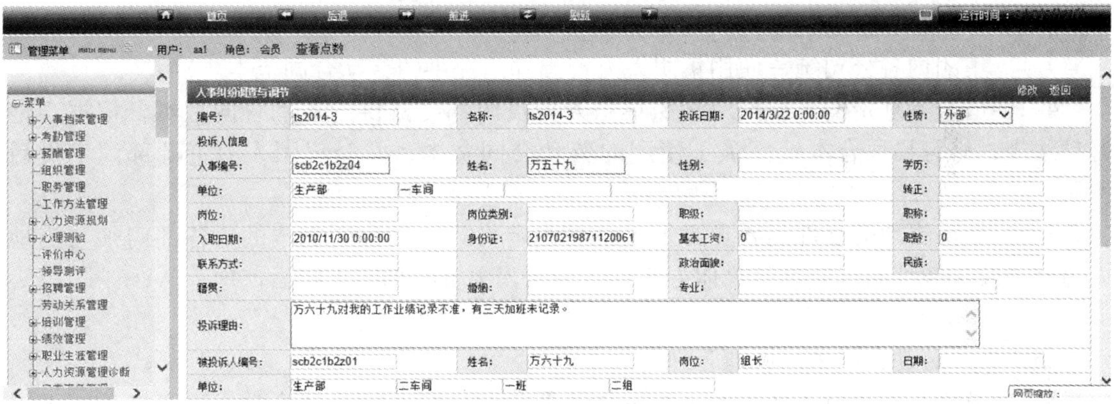

图 4－8　人事纠纷调查

思考题

1. 简述劳动关系的主体。
2. 论述《劳动法》与《劳动合同法》的关系。
3. 简述劳动合同按期限的分类。
4. 简述审查求职者信息的重要性（包括入职提供数据及身体状况等），并举例说明。

5. 劳动合同与劳务协议的重点区别在哪些方面?

6. 列举试用期内解除劳动合同的两种情况，并列举出现这两种情况的八种可能性。

7. 列举劳动合同变更时应关注的五个方面。

8. 列举解除劳动合同的三种方式，并简单解释。

9. 解释“经济性裁员”并列举条件。

10. 简述劳动争议的处理方式。

附录

劳动合同管理规定范本

1. 目的

为规范集团内劳动合同的订立、变更、解除、续订和终止及管理，特制定本规定。

2. 适用范围

本制度适用于集团内工作的正式职员。

3. 劳动合同分类

根据合同签订期限的不同，劳动合同可以分为固定期限劳动合同、无固定期限劳动合同及以完成一定工作任务为期限的劳动合同。各部门可以根据实际用人需要来确定与员工签署何种期限的劳动合同。

4. 劳动合同文本

4.1 集团内各公司统一使用集团人力资源部门提供的劳动合同范本。

4.2 适合本规定的各部门应参照集团人力资源部门提供的劳动合同范本，依据当地劳动法规，修订出适合本地区员工使用的劳动合同文本，并经集团人力资源部门审批后使用。

4.3 如果当地劳动部门要求必须签订其固定格式劳动合同文本的，各部门须与当地人力资源及法务部商议后制订具体方案，经集团人力资源部门审批后使用。

5. 劳动合同签署原则

集团员工劳动合同采用属地管理的方式。

5.1 员工与工作所在区域的法人主体签署劳动合同；如果分区没有法人机构，可向上级与所属区域总部的法人主体签署劳动合同。

5.2 合资公司员工与所属公司的法人主体签署劳动合同。

5.3 劳动合同应该加盖法人公章或经授权的劳动合同专用章，加盖其他印章必须有授权。

6. 初次签订劳动合同

6.1 条件:

6.1.1 经公司审批通过，同意聘用。

6.1.2 员工已签署“岗位聘用协议”。

6.1.3 与其他用人单位无劳动关系，在办理入职手续当日须提供上一家用人单位的“解除或终止劳动合同证明”。

6.2 签订时间：

在员工正式办理入职手续的当日，由人力资源部门统一组织与员工签订书面劳动合同。

6.3 期限：

6.3.1 固定期限劳动合同：劳动合同期限为3年，试用期为3～6个月。（各地劳动法规有特殊要求的，以当地劳动法规为准，并经集团人力资源部门审批备案。）

6.3.2 完成一定工作任务的劳动合同：以工作任务起止为准，无试用期。

6.3.3 部门若有特殊项目或特殊岗位的需要，须提前与人力资源部门沟通，由人力资源部门来设计合适的方案，并选择其他合同期限。

7. 劳动合同的变更

7.1 劳动合同约定的条款发生变化时，公司将与员工协商变更劳动合同及其附件的相关内容（包括工作地点、工作岗位、劳动报酬等）。

调动：集团内部进行调动，若劳动合同的法人主体发生变化，员工须在调动生效日之前与调入、调出单位签订一式三份“劳动合同变更协议”。

外派：外派员工与派出单位签署劳动合同。

7.2 若公司与员工签订的专项协议（如医疗协议、培训协议）约定的期限长于劳动合同期限的，应当变更劳动合同期限至各专项协议期满。

发生上述劳动合同变更情形时，人力资源部门与员工签订相关变更协议，变更协议由公司和员工各执一份。

8. 劳动合同的解除

8.1 公司提出解除劳动合同的情形：

8.1.1 员工因患病或者非因工负伤，在规定的医疗期满后不能从事原工作，也不能从事由公司另行安排的工作的，公司可以解除劳动合同。

员工因患病或者非因工负伤需要较长时间休息，按公司医疗期的规定核准进入医疗期，医疗期内员工应当提供假条。

员工医疗期满后，仍不能正常工作的，公司与员工解除劳动合同。

8.1.2 员工不能胜任工作，经过培训或调整工作岗位仍不能胜任工作的，公司可以解除劳动合同。

在员工不能胜任工作的情况下，公司可调整员工的工作岗位及级别，员工须服从公司安排。

员工经过调整岗位或培训，仍不能胜任工作的，公司与员工解除劳动合同。

调整工作岗位时工资待遇按新岗位的标准执行。

不胜任工作脱岗培训期间，按当地政府规定的最低工资标准发放工资。

8.1.3 劳动合同订立时所依据的客观情况发生重大变化，致使劳动合同无法履行，经公司和员工协商，未能就变更劳动合同内容达成协议的，公司可以与员工解除劳动合同。

员工在收到“协商变更劳动合同通知书”后应签字确认收到，在规定时间内书面回复人力资源部门是否同意。

经协商不能达成一致的，公司与员工解除劳动合同关系。

在公司规定的以上情形下，公司与员工解除劳动合同的，员工按公司规定办理完离职手续后，公司按规定支付给员工经济补偿金。

8.2　公司与员工立即解除劳动合同的情形：

8.2.1　在试用期间被证明不符合录用条件的。

8.2.2　严重违纪违规的。

以上情形下，公司与员工解除劳动合同，不支付经济补偿金。

8.3　员工提出解除劳动合同的情形。

因员工本人原因提出解除劳动合同，应当提前30天以书面形式提出（试用期为提前三天），经公司批准后方可离职，公司不支付任何补偿金。

9. 劳动合同的续订与终止

9.1　每年年初人力资源部门负责向各部门第一负责人提供本部门年度内劳动合同到期人员的信息。公司各部门第一负责人应合理规划本部门人力资源。

9.2　员工劳动合同到期前至少45天，人力资源部门确定出合同到期名单发给相关部门，部门第一负责人在10天内确定出续订/不续订劳动合同名单。对于18个月以内绩效考核成绩在一般及以下的员工，需由主管领导确定劳动合同的续签。

9.3　根据最终确定的名单，人力资源部门在劳动合同终止前至少35日内操作如下事宜：

9.3.1　向公司拟续订劳动合同的员工发放“续订劳动合同意向通知书”，员工应在10个工作日内反馈是否同意续订的意向。逾期不反馈的或在劳动合同到期日前5个工作日仍不办理续订手续，公司有权视为员工不同意续订劳动合同。

9.3.2　收到公司拟续订劳动合同的员工的反馈意见后，与同意续订劳动合同的员工续订劳动合同。如员工因病假、休假、出差等无法及时续订劳动合同时，须书面回复人力资源部门，并在假期或出差结束后办理续订。

9.3.3　向公司不准备续订劳动合同的员工发放“终止劳动合同通知书”，员工收到通知书后，按公司规定办理工作交接等离职手续，公司将按国家规定支付给员工经济补偿金。

9.3.4　员工不同意续订劳动合同的，按公司员工离职流程办理工作交接等离职手续，公司不支付经济补偿金。

9.3.5　与具有法定不得终止情形（如医疗期未满、女工“三期”等）的员工签订“顺延劳动合同协议”或发放“顺延劳动合同终止期限通知书”。

10. 办理离职手续

劳动合同解除或终止的员工，应该按照公司规定办理离职手续，结清各种钱款，包括违约金事项，否则由此引起的责任和损失由离职员工承担。

11. 劳动合同的相关文档管理及内部信息管理

11.1　劳动合同的相关文档管理。

劳动合同的相关文档包括但不限于劳动合同、知识产权及保密协议册、各种专项协议和其他人事手续文档。

劳动合同的相关文档由各法人平台人力资源专岗负责人保管，存档期为劳动合同及其他文档终止后2年。

11.2 员工内部信息管理。

人力资源负责全国范围内员工的入职信息维护，要求在员工到岗日之前完成。

员工劳动合同文档的内部信息应在劳动合同的文档签署当日录入到内部信息管理系统中。

12. 劳动合同签订台账管理

12.1 全国各平台须建立员工劳动合同的台账。不论是新签还是续签劳动合同，签订当天均要求员工在台账上签字。

12.2 增加检查、抽查合同文本的机制。集团不定期对各平台劳动合同台账及劳动合同的相关文档进行抽查。

13. 关于保密协议和竞业限制协议

13.1 员工初次签订劳动合同时，需要同时签订“知识产权及保密协议”。

13.2 各部门保密负责人应与知晓商业秘密者时时维护保密清单。涉密岗位应根据涉密程度在离职时履行1~6个月不等的脱密义务。

13.3 针对掌握公司关键商业秘密的高级管理人员、高级技术人员和其他负有保密义务的人员，可以与其协商签署“竞业限制协议”，尤其在员工接触新的保密项目或者商业秘密之前，各用人部门应该确定是否需要和员工签署“竞业限制协议”，事前应签未签，给公司造成损失的，由用人部门承担责任；如果员工不同意签署“竞业限制协议”的，应调整岗位或不予其知晓商业秘密或项目。“竞业限制协议”具体签署事宜可以与公司人力资源部或法律部联系。

14. 相关部门职责

14.1 人力资源部门

负责合同管理规定的制定、执行和监督。

负责劳动合同的订立、变更、解除、续订和终止等相关手续办理。

负责劳动合同的台账管理、文档管理、信息管理。

14.2 法律部门

负责合同管理规定、合同文本及相关文档的合法性审查。

公司发生劳动争议时，提供法律支持。

14.3 业务部门

确保本部门员工必须在办理入职手续后再上岗进入公司工作，按时向人力资源部门反馈本部门员工续订/不续订劳动合同的名单。

15. 对违反本规定的处罚

15.1 因人力资源工作失误造成劳动合同不能按时签署、漏签、错签，劳动合同台账记录不准确，劳动合同相关文档保存不善或遗失等，将视情节轻重给予通报批评或一级警告处分，由此发生的经济补偿及赔偿将由责任人及人力资源部门共同承担。

15.2 因部门工作失误造成新员工未办理入职手续即上岗工作的事实劳动关系，未按人力资源要求及时提供续订/不续订劳动合同名单，造成劳动合同不能按时签署等，将视情节轻重给予通报批评或一级警告处分，由此发生的经济补偿及赔偿将由责任人及业务部门共同承担。

16. 其他

2008 年 1 月 1 日前已依法订立且存续的劳动合同，继续履行。

相关说明：

本制度依据新劳动合同法的相关规定制定。

5　学习与培训

本章提要

管理大师德鲁克（Peter F. Drucker）曾说过："在竞争激烈且快速变迁的世界中，只有学习型的组织（Learning Organization），才能得到生存与发展。"持续不断的学习目前已成为企业经营的重点。企业在面对外在环境的急速转变、产品生命周期缩短的情况下，纷纷投入到组织学习、组织变革与创新之路，而推动学习型组织的建立成为组织活化与再造的途径。学习型组织的建立离不开人力资源培训与开发活动。人力资源的培训与开发活动主要围绕着学习，基于绩效提升而展开，以求解决组织中培训开发相关的问题：为什么要进行组织学习？如何进行组织学习？企业培训与开发活动是不是一项有意义的投资？如何进行培训与开发？在知识经济环境下，人力资源的培训与开发在人力资源管理中将可能成为最具活力的前沿学科之一。

5.1　学习型组织的构建

随着政治经济全球化、社会生活信息化的发展，企业经营环境以前所未有的特征在不断地发生变化，即环境变革存在广泛性、快速性、不确定性和复杂性。面对新的环境，企业如何适应并提高其生存能力，已经成为企业家们普遍关注的问题。建立学习型组织被越来越多的理论家和企业家所重视。

学习型组织的理念是由现代管理学大师彼德·圣吉（Peter M. Senge）在20世纪80年代将物理学的混沌理论及复杂性科学应用于管理系统而提出的理想组织模式。他认为学习型组织是这样的一种组织，该组织中的员工总是在不断努力地学习新东西，并且还将他们所学到的东西直接运用到产品或者服务质量的改善方面来，改善的过程并不会在正规培训结束的时候停止。

加拿大学者鲍尔·沃尔纳（Paul Woolner）曾对学习型组织做过一段精辟的论述："学习型组织，就是把学习者与工作系统地、持续地结合起来，以支持在个人、工作团队及整个组织系统这3个不同层次上发展的组织。"

5.1.1　组织学习的机制

组织学习的主体是组织的成员，组织学习的客体是存在于组织内外的知识。所谓组织

“学习”，是指对存在于组织成员之中的知识加以收集、存储、记忆、转播、运用，并融合到组织原有的知识当中去的一系列活动，甚至还包括“遗忘”过程。这些活动或过程可以通过以下学习机制完成：

1. 系统机制

它以有形的方式（如通过组织的工作流程、文件、计算机硬件或软件、会议报告等）将组织中个人的知识学习下来。比如，财务管理信息系统的建立，是企业财务主管、系统设计人员、厂长（经理）等共同努力的结果，它融合了上述人员符合现行企业规范标准的知识或他们个人的偏好，融合了对未来财务状况的推测与估计，也融合了过去成功与失败的经验和教训。通过这一系统，组织的知识被“记忆”下来，并能被他人使用。这些被“记忆”下来的知识，不会因为建立该系统的人员离开这一组织而消失。系统机制是较为正式的组织学习方式。

2. 程序机制

程序机制指通过制定规章制度、业务手册、计划程序等工作指令，将组织以前所学的知识积累起来，并供他人应用。它们的更新，意味着组织知识的更新与“遗忘”。

3. 文化机制

组织文化是一个组织没有用文字表达出来的“工作方法”。大家共享的信念、价值观和行为准则，构成了组织的文化，它是存在于组织之中的“惯例”。组织文化是组织学习的一种非正式方法，它以无形的方式将知识、观念学习下来，并加以传播。

组织的学习依赖于组织成员的学习。组织中个人通过学习所获得的新知识，通过上述组织学习的机制被增加到组织原有的知识当中，整个组织也就实现了学习。

5.1.2 学习型组织的建立

学习型组织的建立没有固定的程序和目标模式，但应该具有系统的思考和促进组织学习的管理规则。

1. 系统的思考

现有组织学习中存在的障碍包括：

（1）局部思维：组织中的个人只专注于自己工作，缺乏对整个组织的责任感。

（2）归罪于外因：当工作失败时，倾向于外在归因，不能意识到自己行为的结果反过来会影响并损害自己的利益。

（3）解决问题缺乏积极主动性：选择自认为容易的事情做，最终导致问题“难度自增值”的局面。

（4）专注组织中个别的、暂时的、局部的事件：“头痛医头，脚痛医脚”，不能从组织整体的、长远的利益考虑。

（5）对缓慢、渐进、难以觉察的变化反应迟钝：成为温水中的“青蛙”，失败于不知不觉之中。

(6) 经验学习的错觉：只强调“失败乃成功之母”，忽视“成功乃失败之母”。

(7) 团体的假象：错误以为下属听话就是实现了领导；为维护团队形象，压制不同意见；出于自我保护，避免提出批评意见。

针对上述组织学习的障碍，彼德·圣吉在《第五项修炼》中提出，学习型组织需要开展五项修炼（Five Disciplines）：自我超越（Personal Mastery）、改善心智模式（Improving Mental Models）、建立共同愿望（Building Shared Vision）、团队学习（Team Learning）和系统思考（Systems Thinking）。其中，最为重要的是第五项修炼——系统思考。

系统思考要求人们转变对研究对象的基本假定，即由简单系统转为复杂系统，线性系统转为非线性系统，直接关系转为间接关系，单向作用转为相互作用；从注重部分转为注重整体（包括时间顺序上的整体），从强调适应环境转为主动创造环境，从被动反应转为主动参与，从简单的因果关系转为非线性的因果关系。

2. 促进组织学习的管理规则

组织知识的获取首先在于组织中个人知识的取得。促进组织中个人进行有效学习，必须采取相应的组织管理措施。这些措施的制定与实施应遵循以下管理规则：

(1) “干中学”。学习不再像学生时代是为了知识的储备，而是为了更好地工作。

(2) “主动学”。每个人关心自己所做的事，成为工作的“主人”、“所有者”，对自己的行为有责任感。

(3) “共同学”。学习也是一项社会活动，将“志同道合”的、能相互学习、相互帮助的人组织在一个团组内，相互比较，但不是相互竞争。

(4) “要你学”。工作的安排要使每个人感到任务有压力、有紧迫感，但不要因任务过分繁重而使他们感到灰心丧气。

(5) “自主学”。组织把问题推给每个人，并激励他们去寻求解决方案，使每个人打心眼里想去解决问题，而不是设置障碍以达到否定他人的目的。

(6) “为公学”。每个人的行为围绕着组织的目标和发展战略运转，努力清除一切“私心杂念”。

(7) “激励学”。每个人正在追求做的与组织上的奖励、提升制度相一致，激励制度明确表明鼓励什么、惩罚什么，不要搞“感情外交”，不以个人偏好待人。

(8) “培育组织学习的文化”。组织将不断学习的理念固化到组织文化中，创造学习型组织的文化氛围。

5.1.3 学习型组织的主要特征

学习型组织是一种学习能力、适应能力以及变革能力得到不断强化的组织。国外的学者对学习型组织的关键特征作出了如下描述，如表 5－1 所示。

表 5-1 学习型组织的关键特征

特征	描述
持续学习	员工们相互分享所学东西并且将工作作为运用和创造知识的基础
知识创造与分享	开发和建立起创造、获取以及分享知识的系统
批判性的系统思考	鼓励雇员用新的方法思考问题、看待关系和反馈回路以及对假设进行检验
学习文化	学习会得到奖励、晋升，会得到管理人员及公司目标的支持
雇员的价值评价	建立一种确保每一位雇员都能够得到开发以及福利改善的制度以及环境

(资料来源：Adapted From M. A. Gephart, V. J. Marsick, M. E. Van Buren & M. S. Spiro. Learning Organizations Come Alive. *Training and Development*, 1996 (50): pp. 34-35.)

5.2 组织学习

5.2.1 组织学习的内涵

组织学习是一个系统化、持续性的集体学习过程，是组织里的个体通过各种途径和方式，不断地在组织内获取知识、传递知识，并创造出新知识的过程。其目的在于增强组织自身能力，带来行为或绩效改善，从而形成组织的核心竞争力。它以个人学习为基础、团队学习为纽带，使组织学习达到效益最大化。在此过程中需要组织及其成员积极主动地应用组织内外有用的信息指导组织的行为，提高组织对环境的适应性，同时也影响着组织的内部环境。组织学习过程的核心和实质就是要建立一种可以从自己和别人的经验中学习的机制，能生产、储存和搜索知识，以达到组织行动的理想效果。为了进行有效的组织学习，组织必须具有感知内外环境变化的监控机制以及知识交流与传播机制。因为，感知是学习的起点，监控机制是组织学习与创新的源泉，知识交流与传播机制则是组织学习的动力。

1. 组织学习的特征

（1）共同成长性：组织学习不同于个体学习，它是一个集体活动的过程。

（2）目的性：组织学习是有目的的，并不是随意的、自发的，而且应与组织的运作与发展紧密相关。

（3）效率性：组织学习必须能对组织行为和绩效改善产生影响。

2. 组织学习的形态

组织学习有三种形态：单环学习、双环学习和三环学习。

（1）单环学习：指组织在察觉问题的存在后，依其既定的行为规范和政策进行整改以达成组织目标的过程。在此过程中，面对变化和暴露出的问题，组织并不能对其既定的固有政策、目标以及心智模式进行改变，因此，单环学习实质为一种僵化的不灵活的单向学习过程，其所关注的问题仅在于："我们是否做对了？"

（2）双环学习：指组织可以在调整其现行的政策、规范和目标的基础上处理所暴露出的问题的过程。换句话说，双环学习本身即为一个动态的过程，其在组织本身现有的知识和能力的基础上，通过对此带有共性的问题的处理，产生新的政策、目标以及相应的心智模式，并以此作为解决未来可能发生的共性问题的指导。就双环学习而言，其成败的关键一方面在于组织对防御性心理和行为障碍的克服，另一方面则在于组织中进行自由对话和沟通的能力。显而易见双环学习可以促进和增强组织在新的复杂环境下的适应和生存竞争能力，它所关注的问题是："我们做的是否正确？"

（3）三环学习：考虑的是组织结构和战略层面上的变革。三环学习的基础是集体智慧。三环学习将组织所遇到的各种各样的问题及其解决过程中所得到的经验在广度和深度上进行拓展和整合，并在此基础上进行组织结构和战略的变革，开发出新的技能和能力。三环学习所关注的问题是："我们是否能参与战略、目标等的变革？"

5.2.2 建立企业组织学习的三大系统

一、组织学习的三大系统内容

1. 反馈

反馈的概念可以从狭义和广义两个方面来定义。狭义的反馈是指组织在运行过程中输入内外部的各种信息资源，并通过组织的运行活动输出组织信息的过程。而广义的反馈是指在实际工作中，把组织内外各种信息及时吸纳，与组织目标进行对比，通过反思找出偏差并及时纠正以维持组织行为的准确性。这里的反馈概念既包括信息的反馈又包括反思的过程。因此，广义的反馈概念就是反馈系统的概念。

2. 反思

反思一般是指行为主体立足于自我以外，批判地考察自己的行为能力。组织学习建立在个体学习和团队学习的基础上，因此，这里所说的反思既包括组织内个体进行的自我反思，也包括团队反思和组织反思。也就是说，反思的主体既可以是组织中的个体，也可以是组织中的某一个团队，更可以是组织本身。反思系统是指在工作与学习一体化实践中，将个体、团队、组织的行为与一定的标准进行对比，发现偏差、分析偏差并予以纠正。

3. 共享

共享是指组织内信息的共有和分享过程。共享机制是组织通过交流、讨论等有效手段和沟通渠道，使知识在组织内能被共同认知和运用的机制。

二、建立组织学习三大系统的举措

1. 建立以信息反馈为基础的组织学习系统

信息系统的组成要素包括信息汇集系统、信息反馈系统两部分。信息汇集系统是指对外源和内源信息的收集、分析、处理、存储和应用的全过程。信息反馈系统是指信息的交换、讨论、共享系统。信息的反馈过程是对企业的整个生产经营活动进行消化、理解、认识和升华的前提，也是进行有效反思、知识共享的基础。为了能从内源和外源的信息反馈中获得信息，形成知识和智慧，产生创新能力并转化为绩效成果，必须采取一些有效举措来予以支撑。这些举措可分为组织、团队、个人三个层面。

2. 建立以反思为基础的组织学习系统。

通过反思提升组织学习能力，找出组织存在或潜在的问题，特别是像“煮青蛙现象”这类一般难以觉察的问题，并将问题化险为夷。然而，进行有效的反思需要树立正确的价值观。俗话说，观念决定行为，价值观影响着行为的结果，也影响着行为主体对结果的判断。所以，要想对自己的行为进行正确的反思，首先必须树立正确的价值观。另外，“企业价值最大化”的基本思想是把企业长期稳定发展摆在首位，强调在企业价值增长中满足各方面的利益关系，行为主体在观念上认同了这一观点，就可能会避免出现不利于企业发展的短期行为，如重视长期的员工培训计划等。反思系统分为两个层面：决策层和执行层。

3. 建立以共享为基础的组织学习系统。

（1）建立共享的条件。①建立组织记忆系统是建立知识共享系统的基础。那些不能记住过去的人，注定要重复过去的历史。企业必须不断回顾过去成功的经验和失败的教训。进行系统的评价，将这些经验、教训列表记录。②建立信息传输的技术支持系统是实现知识在组织内有效高速传输的必要手段，也是知识共享的有效技术手段。信息管理系统完成对信息的收集、加工、传输、存储，以提供企业宏观战略决策和提高企业效益和效率的信息支持。

（2）实现共享的途径。①举办经验交流会。在以共享为基础的学习系统中，创新经验交流会是一种重要的学习形式，也是学习系统中的主要组成部分。以人为载体的知识传播虽然没有网络来得迅速，但在知识传播过程中可以起到激励作用。②进行有效沟通。在不同层面上都要构筑能够有效开展沟通的平台，在沟通中交谈是直接而有效的方式。③先进经验的程序化和标准化。先进经验的程序化和标准化是企业提升生产力的主要手段之一，在组织的任何层面上，当有先进思想、创新的观念时，应将其及时予以总结、提升，使其制度化。在制度化的进程中，一是完善之，二是宣传之。④开展培训。培训的内容既可以来自工作的先进经验，也可以来自本行业最先进的管理思路和先进技术等，这种知识共享必然带来生产力的提升。⑤建立工作轮换制度。工作轮换可以分成两个层面，一是管理人员，一是一线员工。

5.2.3 提升组织学习效率的办法

1. 构建扁平化的组织结构，提高组织学习效率

传统企业的组织结构是“金字塔”形的（目前我国大多数企业如此），从最上面的决策层到最下面的操作层之间隔着许多管理层，管理手段主要依靠权力和责任的分配。组织中的每个人都在权力的架构中生活和工作，他们与上级很难进行平等的沟通，员工的智慧和创造力的发挥都受到限制。这需要企业改变传统的组织模式，优化组织结构，建立决策层、管理层、操作层在同一平面上工作的“平面化”管理模式，以便于在企业内部实现终

身高效的学习。

2. 强化和落实以人为本，建立组织学习激励机制

知识的载体是人，只有掌握了先进知识和技能的人，才能适应知识经济发展的需要。要想成为这样的人，就必须不断学习。人们只有通过知识学习，将知识转化为现实的生产力，不断创造新的知识，才有可能为企业创造更多的价值，而不被社会所淘汰。“学习型组织”需要倡导一种人人平等、共同学习、激励相容的文化，需要企业管理者提供学习机会，创造学习氛围，给予员工更大的学习和发展空间，培养员工解决问题的能力。只有员工具有活力，才会让企业具有活力和生机，才会使企业永续经营。

3. 建立健全企业内外培训制度和完善的学习平台

企业培训主要可以分为两大类：企业内部培训和外部培训。外部培训，主要是企业选派员工参加公共的培训班、研讨会、论坛等；而内部培训，是指企业聘请一些专家到企业内部进行授课与培训。在知识经济时代，知识已经取代“资本”成为促进经济增长的最重要因素。在这样一个知识时代里，不断学习成为对人和组织的基本要求。企业要让全体员工终身学习，除了营造良好的学习氛围之外，还应当为员工学习提供一个“显性”的平台。

4. 建立个人学习和组织学习良性互动的学习动力机制，促进个人和组织的共同成长

（1）正确认识和把握个人学习和组织学习的特点及其互动关系。组织学习来源于个人学习，又超越个人学习，没有个人学习就没有组织学习。

（2）要强化组织的干预性学习。因为个人学习不一定产生组织学习，只有当个人学习符合组织的发展战略，有利于组织核心能力形成时，这种个人学习才能成为组织学习的内容，因此，组织应规范组织成员的个人学习价值，有目的地干预个人学习，使其朝着组织战略方向发展。

（3）要把单环学习、双环学习和三环学习有机结合起来，充分发挥各种学习形态的功能。

组织学习作为组织获取核心竞争力和可持续发展能力的重要手段，是一个动态的过程。组织学习应注重个人、团队和组织这三个层次，合理运用基于三个层次的单环学习、双环学习和三环学习三种模式，使组织不断获得核心竞争力和可持续发展能力。毫无疑问，组织学习是一个持续的过程，只有持续不断地学习才能带来竞争力的持续提高，才能实现组织的可持续发展。

5.3 企业培训管理体系的建立

企业培训管理的基本流程，如图 5－1 所示。

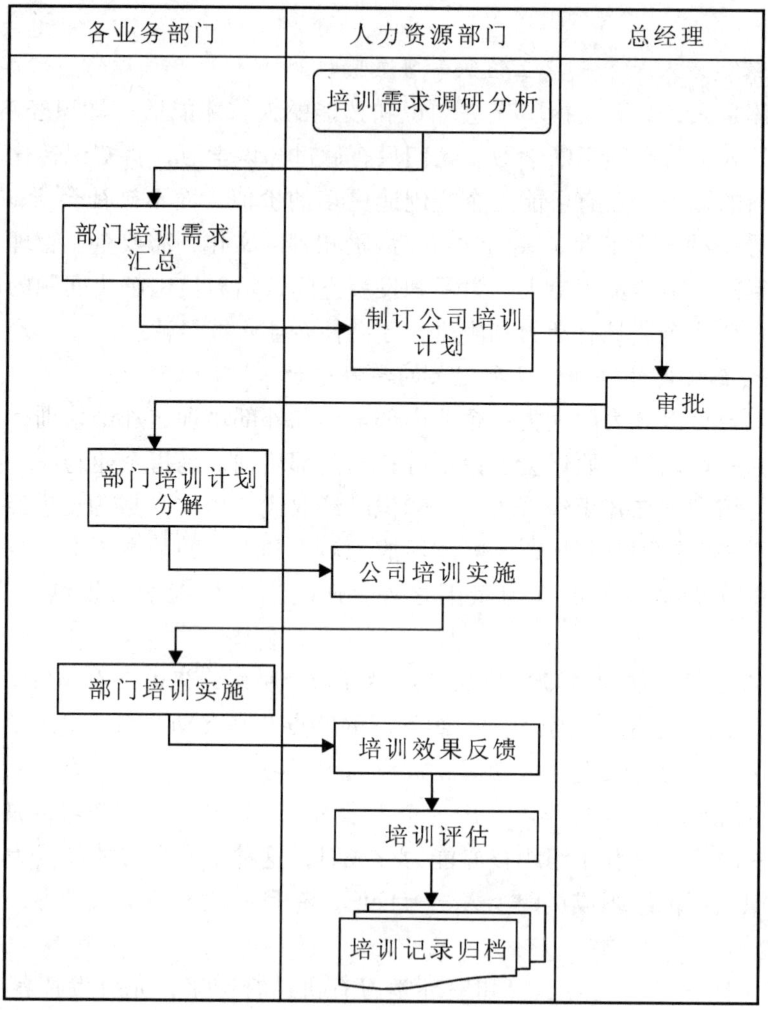

图 5－1　培训管理总体流程图

一、培训体系的构成因素

1. 培训机构

企业培训的机构有两类：外部培训机构和企业内部培训机构。外部培训机构包括专业培训公司、大学以及跨公司间的合作（即派本公司的员工到其他企业挂职锻炼等）。企业内部培训机构则包括专门的培训实体，或由人力资源部门履行其职责。

企业从其资金、人员及培训内容等因素考虑，来决定是选择外部培训机构还是企业内部培训机构。一般来讲，规模较大的企业可以建立自己的培训机构，如摩托罗拉公司的摩托罗拉大学。规模较小的公司，或者培训内容比较专业，或者参加培训的人员较少，缺乏规模经济效益时，可以求助于外部咨询机构。

2. 培训对象

根据参加培训人员的不同，可分为：高层管理人员培训、中层管理人员培训、普通职员培训和工人培训。企业培训应根据不同的受训对象，设计相应的培训方式和内容。一般而言，对于高层管理人员应以灌输理念能力为主，参训人数不宜太多，采用短期而密集的方式，运用讨论学习方法；对于中层人员，注重人际交往能力的训练和引导，参训规模可以适当扩大，延长培训时间，采用讲授法、研讨等交错的方式，利用互动机会来增加学习效果；对于普通的职员和工人培训，需要加强其专业技能的培养，可以采用大班制的方式执行，长期性的延伸教育，充实员工的基本理念和加强事务操作。

3. 培训方式

培训方式有脱产、不脱产、半脱产，也有长期、短期之分，按其授课形式可以分为知识讲座、案例讨论、场景模拟、团队互动等。企业需要依据不同的培训对象和内容对不同的培训方式进行选择，以达到最佳的培训效果。

4. 培训时机

从需求的角度来讲，员工对培训内容的渴望程度越高，其产生的作用越明显；把握好培训的时机，可以提高培训后的效果。如随着企业战略业务的调整，要对员工进行新知识、技能等的培训，就存在一个培训时机的选择问题。

5. 培训师

培训师是培训的授课主体，其知识丰富程度、语言表达方式和授课形式等均对培训效果产生影响。培训师可以来源于企业内部，也可以来源于企业外部，其选择主要受到培训内容和培训费用的影响。

6. 培训预算

多少开支办多少事，这是培训预算必须考虑的基本出发点。就企业和员工来讲，培训需求是多方面的。如何在既有的培训成本预算范围内，组织安排培训内容、方式等，以达到最佳的培训效果便成了企业需要考虑的问题。培训计划必须从企业战略出发，满足组织及员工两方面的要求，考虑企业资源条件与员工素质基础，考虑人才培养的超前性及培训效果的不确定性，确定职工培训的目标，选择培训内容及培训方式。

7. 培训地点与环境

培训地点有国内与国外之分，国内又有远近之分，还有企业内外之分，具体环境有大有小、有安静和吵闹之分，企业应该综合多方面的因素选择好地点与环境。企业在开展企业外部培训的时候，要谨防假培训、真旅游的形式。

二、构建企业培训体系的目标要求

1. 将培训与企业经营战略相结合

企业的经营战略是一项综合公司的目标、政策和行动计划的规划。战略能够影响到一个企业如何运用它的实物资本（如厂房和设备）、金融资本（资产和现金储备）和人力资本。经营战略在很大程度上影响着培训类型、数量及培训所需要的资源，还影响着企业所需要的各种技术的类型和水平，影响到企业在培训方面的决策。为使企业获得发展，培训活动应该辅助企业实现其经营战略，使培训活动不仅着眼于当前所需知识和技术的传授，更着眼于企业未来的发展。培训方式具有战略性，才能更好地将培训活动与企业的发展相结合，使培训真正符合企业的需要。

2. 明确员工的培训需求

为了获得充分的资料和支持信息，培训需求分析必须从三个层次上进行。首先要从战略层次上进行分析，然后要从工作层次上进行分析，最后从个人层次上进行分析。

在分析培训需求之前，需要对员工的培训需求信息进行收集，为培训需求分析提供良好的依据。收集的方法有很多种，如面谈法、问卷调查法、观察法、组织数据调研法等。在进行不同层次的培训需求分析时，要根据培训的实际情况，选择合适的调查方法。

3. 保证培训投资回报

培训分为通用培训和专业培训。通用培训适用于任何企业，专业培训只对本企业有用。由于通用培训的非排他性和人力资本价格的低市场化，以及企业财力限制等诸多原因，企业在进行培训投资时顾虑重重，造成培训投资十分有限。针对这种情况，企业应根据自身条件，制定有效的培训投资回收制度。

（1）可以在培训前收回投资，即在培训开始时，从员工的薪酬中扣除相应的费用。也可以在制定薪酬政策时，将员工薪酬的一部分划为培训费用。在培训结束后，企业可以根据员工培训结果决定是否为员工报销培训费用。

（2）培训时收回投资。如试用期薪酬与转正后薪酬的差距就是员工支付的培训费用。

（3）培训后收回投资。企业与员工签订培训协议，在协议上明确规定，受训员工只有在企业工作满几年后，才能离开公司，否则必须按比例补偿企业的部分培训费用。

4. 构建有效的培训管理体系

构建有效的培训管理体系要注意以下几点：

（1）在培训实施前，企业首先要确定好岗位或部门人员所应承担的职能和责任，岗位职责要落实到岗位的任职人员身上，部门职责要落实在部门内所有组成人员的身上，如果责任不清，就会影响工作的有效进行。

（2）要为培训创造良好的培训环境。培训环境因素包括教室空间是否合适、培训地点是否偏僻等。除此之外，确保环境舒适的相关要求还有设备齐全、桌椅舒适、自然采光、提供纸笔、供应茶点、温度适中、教具直观。

（3）要设计好培训教室的布局。培训教室的布局可以有许多方式，如马蹄形、扇形、会议形，最理想的安排方式要视房间的类型、座位的数量、参加的人数和培训的方式等情况而定。

（4）要在培训活动实施前对培训活动所涉及的物品进行总体检查。如检查教室预订情况，检查电脑、投影仪等设备是否到位，在临上课前几分钟，检查桌椅、教室、茶点供应的准备情况。

5. 合适的培训方法

培训方法是指为了有效地实现培训目标而采用的手段和方法。培训方法必须与培训需求、培训课程、培训目标相适应。在培训中，可视需要选择一系列培训方法，如讲授法、研讨法、案例法、角色扮演法等，可采取其中一两种方法为重点，多种方法变换组合的方式，使培训效果达到最理想的状态。同时，培训方法的设计也要注意受训者知识层次和岗位类型，如管理人员比较适合案例教学法，操作人员比较适合操作示范法。

6. 培训成果转化氛围

受训者在获得知识技能、理念上的进步之后，要巩固培训效果，必须进行实践，通过实践可以有效且持续地将所学到的知识、技能、能力等运用于生产、管理、研发工作中。影响培训成果转化的氛围包括上司支持、同事支持、应用所学的机会、转化的气氛、技术支持、自我管理能力等。有助于培训成果转化的积极氛围所具有的特点如表5-2所示。

表5-2　有助于培训成果转化的积极氛围所具有的特点

特点	举例
上级和同事鼓励受训者运用在培训中学到的新技能、行为，并且为他们确定目标	刚刚接受完培训的管理者与他们的上级和其他管理者一同探讨如何将他们在培训中所学到的内容运用到实际工作中去
任务提示：推动或者提醒受训者运用在培训中所学到的新技能和行为	对刚刚接受完培训的管理者的工作进行重新设计，以使他们能够将在培训中所学到的技能运用到工作中
反馈结果：上级支持受训者将在培训中所学到的新技能运用到工作中	上级提醒刚刚接受完培训的管理者运用他们在培训中所学到的知识和技能
惩罚限制：不能让受训者因为运用了在培训中所学到的新技能和行为而受到公开打击	当刚刚接受完培训的管理者在运用培训内容失败的时候，对他们不要责备
外在强化结果：受训者因为运用在培训中所学到的新技能和行为而得到外在奖励	刚刚接受完培训的管理者如果能够成功地将培训内容加以应用，则会得到加薪奖励
内在强化结果：受训者因为运用在培训中所学到的新技能和行为而得到内在的奖励	刚刚接受完培训的管理者的上级和其他管理者对于那些在工作中按照培训要求去做的管理者加以赞赏

（资料来源：J. B. Tracey，S. I. Tannenbaum & M. J. Kavanagh. Applying Trained Skills on the Job：The Importance of the Work Environment. *Journal of Applied Psychology*，1985（80）. Copyright @ 1995 by the American Psychological Association.）

三、如何构建结构化的培训体系

通常一个完整的培训体系由培训课程体系、培训管理系统、培训成果转化机制三部分组成。

1. 建立培训课程体系

培训课程设置建立在培训需求分析基础之上，根据培训课程的普及性、基础性和提高性将培训课程分为员工入职培训课程、固定课程和动态课程三类。员工入职培训课程设置较为简单，属普及性培训，课程主要包括企业文化、企业政策、企业相关制度、企业发展历史等。固定培训课程是基础性培训，是从事各类各级岗位的员工需掌握的应知应会的知识和技能，岗位调动、职位晋升、绩效考核反馈知识、技能有欠缺者需加强固定课程培训。动态培训课程是根据科技、管理等发展动态，结合企业发展目标和竞争战略作出培训分析，这类培训保证员工能力的提升，为企业的发展提供人才支持。

2. 建立培训管理系统

（1）明确实施责任。培训计划的制定和实施，关键是落实负责人或负责单位。要建立责任制，明确分工。培训工作的负责人要有一定工作经验和工作热情，要有能力让公司领导批准培训计划和培训预算，要善于协调与业务部门和其他职能部门的关系，以确保培训计划的实施。

（2）确定培训的目标和内容。在培训需求调查的基础上，结合组织分析、工作分析、个体分析等以决定培训要点、目标和内容。总之，应整合企业和员工的培训目的，以使培训目标准确，培训的内容符合实际需要。

（3）选择培训方法。关于培训方法，前面已经有所介绍。每种方法都有不同的侧重点，因此必须根据培训对象的不同，选择适当的培训方法。方法的选择除了要考虑人员特点外，还要考虑企业的客观条件。

（4）决定被培训对象。除了普遍性的观念培训外，参加培训的学员必须经过适当的挑选。因为培训要花钱，这笔钱应当用在具有一定潜力的人员身上，也就是说学员的可塑性。这样就可以做到投资省、见效快。如果学员的可塑性较差，跟不上教学进度，不仅达不到培训的目的，而且对他的投资将大大增加企业的经济负担。以目前大多数企业的经济实力，还不可能在这些人身上投入更多的培训费用。

（5）选择培训讲师对培训的顺利进行也非常重要，是选择企业内部还是外部讲师要依据培训的目标与内容来确定，同时也受到培训预算的影响。从企业各级管理人员中聘请的培训教师会更加了解培训目标，有利于与员工进行沟通，获得他们的信任和拥护，但受到培训讲师的知识、技巧等限制，也可以聘请外部讲师，特别是在企业进行内部变革时。

（6）制订培训计划表。计划的目的是明确培训的内容、时间、地点、方式、要求等，使人一目了然。同时，也便于安排企业其他工作。

（7）对培训进行评估以不断改善培训体系。每次进行培训后，应从培训影响因素的几个方面进行培训评估，以利于有针对性地改进企业培训体系。

3. 建立培训成果转化机制

无论采用什么样的培训方法与手段，受训者在获得知识技能和理念上的进步之后，要巩固培训效果，必须通过运用实践才能有效且持续地将所学到的知识、技能和能力等运用于生产、管理和研发工作中。而企业就应建立相应的机制来对这种转化过程进行跟进和强化。

（1）协作支持机制。它包括：①直接上级支持，即受训者的上级管理人员积极支持其下属参加培训，支持受训者将所学的技能运用到工作中。②同事支持，即通过自愿组成一个小群体，在一起以定期讨论的方式来强化培训成果的转化。③技术支持，即电子操作支持系统，例如，EPSS 就是一种可以按照要求提供技能培训、信息供给以及专家建议的计算机应用软件系统。

（2）强化激励机制，即通过与企业内部其他管理激励机制的联结来强化受训者的培训转化行为。它包括：①外部强化，受训者因为运用在培训中所学新技能和行为而得到加薪、晋升等外在奖励。②内部强化，受训者因为运用在培训中所学新技能和行为而得到如上级和同事的赞赏等内在奖励。而且，为了全方位地运用强化激励机制，对于为受训者提供协作支持的相关人员也应给予相应的奖励。

5.4 培训需求分析

培训需求分析是培训中的一个非常重要的步骤，它决定了培训所针对的内容。通过组织分析、人员分析、任务分析等确定企业所需改进的内容，再接着分析哪些内容又是可以通过培训来解决的。培训需求分析是培训的基础，它直接决定了培训的目标、培训的方式、培训所要达到的效果。所以，每个企业在确定进行培训之前的首要工作是要确定培训的需求。

5.4.1 培训需求的确认

1. 培训需求产生的原因

产生培训需求的原因包括企业经营方向的变化、工作变化、企业的人员变化、绩效低下等。

（1）企业经营方向的变化。企业经营方向不是一成不变的，当企业经营战略发生变化后，经营方向也会作出相应的调整。经营方向一旦发生变化，企业所面临的环境和条件也会发生变化，企业对每一个员工的要求也会发生变化，这时企业所有的员工可能都面临着适应新环境和新工作条件的要求，就会产生培训的需求。

（2）工作变化。工作变化主要是工作环境和工作内容的变化。原因是在企业发展过程中经常会引进新设备、新技术或新工艺，自动化、重组和管理风格的变化，重新定位和重新立法，使得组织和个人要在变化的环境中生存和发展必须要作出灵活的反应。

（3）企业的人员变化。企业要健康发展，企业内部的员工就应该在稳定的基础上不断地流动，对企业内部的员工进行调整，同时，为了满足企业发展的需要，企业应该不断地从外界引进人才，不断地淘汰不合格的员工。企业内部的员工流动必然意味着企业人员的变化，一旦人员发生变化，员工在新岗位上难免遇到问题，这些都可以通过培训来解决。

（4）绩效低下。企业绩效的提高是培训的重要目的。员工的工作态度、技能以及知识直接关系到企业的效率，怠工、操作失效和事故等使其无法达到应有的绩效，因此培训是必不可少的。

2. 培训需求的影响因素

影响培训需求的因素分为两大类：常规性影响因素和事件性影响因素。常规性影响因素主要是指在企业日常经营活动中经常涉及的一些问题，对于它们要在确定培训需求时作为一般因素来加以考虑；事件性影响因素则是指一些偶发的、非经常性的事件，对于它们要在确定培训需求时作为补充因素来加以考虑。

3. 培训需求分析作用

培训需求分析是对培训对象现状与将要达到的要求的系统分析与探索。它是与组织和个人的业绩分析及目标设置紧密相关的。

在企业培训过程中，培训需求分析是设计培训项目、建立评估模型的基础。现代培训的系统理论认为，培训是一个系统，这一系统始于对培训需求的分析评价，然后是确定培训目标，选择设计培训方案，实施培训，最后检验培训效果。培训系统是各部分之间相互联系的网络，培训需求分析是培训的首要和必经环节，是其他培训活动的前提和基础，在培训中具有重大作用。其具体表现为：

（1）确认现实绩效与理想绩效的差距。培训需求分析的基本目标是确认差距，它主要包括两个方面：①绩效差距，即组织及其成员绩效的实际水平与绩效应有水平之间的差距，它主要是通过绩效评估的方式来完成的。绩效评估的方式多种多样，主要有业绩记录法、工作标准法、因素评定法、代表人物评定法、强迫选择法和目标管理评价法等。②完成一定绩效的知识、技能和能力的确认。它的确认一般包含三个环节：首先，必须对所需要的知识、技能、能力进行分析，即理想的知识、技能、能力的标准或模型是什么。其次，必须对实践中的或现实中缺少的知识、技能、能力进行分析。最后，必须对理想的或所需要的知识、技能、能力与现有的知识、技能、能力之间的差距进行分析。这三个环节应独立有序地进行，以保证分析的有效性。

（2）适应组织变化。原有培训需求分析基本是针对组织及其成员的既有状况而进行的。当组织面临持续动态的变革的挑战时，原有培训需求分析就可能脱离组织及其成员的实际状况，因而改变原有分析对培训显得尤为重要。当组织发生变化时，不管这种变化涉及技术、程序、人员，还是涉及产品或服务的提供问题，组织都有一种特殊的、直接的需求。那些负责培训和开发的人应及时把握住这些变化，改变原有分析，从而制定出符合实际情况的培训规划和设计。

（3）促进人力资源的开发。培训需求分析能够帮助员工确定他们缺少什么技能以及如何获得这些技能。经过适当的培训后，员工就有可能在一个较高的工作岗位上承担责任。培训与开发的概念往往是相连的，通过培训，能够有效地改善员工的工作绩效，从而促进人力资源的开发。

（4）对组织或员工所存在的问题提出相应的解决方案。那种认为培训需求分析的目的就是通过培训解决组织及其成员存在的问题的看法，是一种非常片面的认识。美国学者米切尔把通过需求分析获得的问题分为四类：体制问题、组织问题、技能问题、动机问题，他认为并不是所有问题都是培训问题。通过对组织存在的问题进行分析来判断哪些是通过培训可以解决的，而哪些问题是培训所不能解决的。通过培训需求分析可以为企业在面对不能由培训解决的问题时提供一些与培训无关的选择，如人员变动、工资增长、新员工吸收、组织变革等。

（5）确定培训的可行性。如果进行了系统的培训需求分析，并且找到了存在的问题，分析人员就能够把成本因素引入到培训需求分析中去。还要研究的一个问题是：不进行培训的损失与进行培训的成本之差是多少？如果不进行培训的损失大于进行培训的成本，那么培训就是可行的；反之，如果不进行培训的损失小于培训成本，则说明当前还不需要或不具备条件进行培训。

（6）能够使培训获得组织支持。组织支持是指在培训过程中，各种组织及其成员，如管理人员、领导人员、工作人员对培训活动的支持，从而保证培训活动的顺利进行。组织支持贯穿于培训的全过程之中，没有组织支持，任何培训活动都不可能顺利进行，也不可能获得成功。通过培训需求分析，可以使有关人员认识到组织存在的问题，发现组织成员的知识、能力和技能的差距，了解培训的成本和价值，从而为获得组织支持创造条件。因为人们只有认识到培训的必要性与价值，才会积极地投入其中。因此，培训部门必须想方设法获得组织支持，而获得组织支持的重要途径之一便是进行培训需求分析。

4. 培训需求分析的参与者

培训需求分析的参与者可以包括以下人员：

（1）人力资源部门工作人员。培训需求分析的整个工作是由人力资源部门主持的，他们是培训需求分析的参与者和组织者。

（2）员工本人。他们是工作的直接承担者，企业在做培训需求分析时，要充分考虑到员工的需要。

（3）员工的上级。作为员工的直接管理者，他们最了解员工的工作内容和工作表现，因而能为培训需求分析提供有效意见。

（4）有关项目专家。在有些培训项目超过人力资源部门和需要培训的部门的能力范围时，可以借助于有关项目专家的帮助，他们往往具有这个领域的丰富的知识和经验。

（5）客户以及其他相关人员。很多针对员工的培训是为了使员工更好地服务客户，提高客户的满意度。客户对产品和服务的评价都是企业所特别关注的，所以在培训需求分析阶段，也要充分考虑到客户的需要。

5.4.2 培训需求分析的框架

培训需求分析可从三个方面着手，即组织分析、任务分析和人员分析，构建了最为广泛流行的培训需求分析框架。由于培训需求分析的目标是要明确组织是否存在培训的需求，哪些人需要培训，哪些任务需要培训等问题，因此在培训需求分析的过程当中，中高层管理者与培训者所关注的侧重点是不同的，如表5－3所示。

表5－3 中、高层管理者及培训者在需求分析中的关注点

需求分析层次	中层管理者	高层管理者	培训者
组织分析	我愿意花多少钱搞培训？要花多少钱？	培训对实现我们的经营目标重要吗？培训将会怎样支持我们战略目标的实现？	我有资金来购买培训产品和服务吗？经理们会支持培训吗？
任务分析	在哪些工作领域内培训可以大幅度地改变产品质量或客户服务水平？	公司拥有一批具备一定知识、技术、能力、可参与市场竞争的雇员吗？	哪些任务需要培训？该任务需要具备哪些知识、技能或其他特点？
人员分析	哪些人需要接受培训？经理？专业人员？一线雇员？	哪些职能部门和经营单位需要培训？	我怎样确定出需要培训的雇员？

（资料来源：徐芳．培训与开发理论及技术．上海：复旦大学出版社，2005.111～112.）

一、组织层次分析

培训需求的组织分析主要是在给定公司经营战略的条件下，通过对组织的目标、资源、特质和环境等因素进行分析，准确地找出组织存在的问题与问题产生的根源，即现有状况与应有状况的差距和造成差距的原因，以确定培训是否是解决这类问题的最有效的方法。培训需求的组织分析涉及影响培训规划的组织的各个组成部分，包括对组织目标的检查、组织资源的评估、组织特质的分析以及环境的影响等方面。组织分析的目的是在收集与分析组织绩效和组织特质的基础上，确认绩效问题及其病因，判断组织中哪些部属和哪些部门需要训练，寻找可能解决的办法，以保证培训计划符合组织的整体目标与战略要求，保证为培训提供可利用的资源及获得管理者和同事对培训活动的支持。

一般而言，组织分析主要包括以下几个重要步骤：

1. 组织的战略分析

培训最终目的是为企业战略与经营目标实现服务的，从企业经营战略到年度经营计划，从年度计划到人力资源开发计划，分析制订出一定时期的培训需求计划。但是，培训计划还要不断地随企业业务的变化而调整才能真正服务于企业发展的需要。所以，系统的培训规划要根据基于企业战略的人力资源规划来制定。培训需求分析就是为实现企业战略目标对人才的要求应运而生的。

企业战略在很大程度上影响着组织的培训类型、数量以及培训所需要的项目开发，也影响着培训的频率和组建方式，将企业战略作为影响培训需求的重要因素，突出了员工培训的战略导向，展现了战略性人力资源管理的特色。可见，组织分析能为达成企业战略目标提供支持，确保培训活动产生附加价值。因此，在进行员工培训需求分析时，组织者透彻地理解企业战略，准确把握业务发展方向成为重点、难点。培训的侧重点会因组织经营战略的不同而存在巨大差异。

2. 组织目标分析

组织目标是企业或组织一切活动的导向，深刻影响着培训活动的进行。组织目标决定着组织培训的中心，对员工知识与技能的提升有着约束导向作用。明确、清晰的组织目标既对组织的发展起决定性作用，也对培训规划的设计与执行起决定性作用，组织目标决定培训目标。比如说，如果一个组织的目标是推出新产品，那么培训活动就必须与这一目标相一致。假若组织目标模糊不清，培训规划的设计与执行就会很困难。

3. 组织资源分析

组织资源分析包括对组织的金钱、时间和人力等资源的描述。组织内部的人力、物力、财力都是有限的，如何利用这些有限的资源创造出最大的价值是组织最终的目标。如果没有确定可被利用的人力、物力和财力资源，就难以确立培训目标。只有弄清楚组织拥有的培训资源状况，才能准确评估组织是否拥有适宜的经费、时间、人员和设计等资源来支持培训活动的开展。在一般情况下，主要通过对下面问题的分析来了解一个组织资源的大致情况。

（1）资金。组织所能提供的经费将影响培训的范围和深度。

（2）时间。对组织而言，时间就是金钱，培训是需要相当的时间的，如果时间紧迫或安排不当，极有可能造成粗略的培训效果。

（3）人力。对组织人力状况的了解非常重要，它是决定是否培训的关键因素。组织的人力状况包括工作人员的数量、年龄，工作人员对工作与单位的态度，工作人员的技能水平、知识水平和工作绩效等。

4. 组织特质分析

组织特质的优劣对培训的成功与否也起到重要的影响。因为，当培训规划和组织的价值不一致时，培训的效果则很难保证。组织特质分析主要是对组织的系统结构、文化、资讯传播情况的了解，主要包括如下内容：

（1）系统特质，指组织的输入、运作、输出、次级系统互动以及与外界环境间的交流特质，使管理者能够系统地面对组织，避免组织分析中以偏概全。

（2）文化特质，指组织的软硬件设施、规章、制度、组织经营运作的方式、组织成员待人处事的特殊风格，使管理者能够深入了解组织，而非仅仅停留在其表面。

（3）资讯传播特质，指组织部门和成员收集、分析和传递信息的分工与运作，促使管理者了解组织信息传递和沟通的特性。

5. 组织环境分析

企业要生存和发展，就必须能够适应社会环境并不断发展创新，因此，培训需求的组织分析还应包括组织环境分析，如对企业的培训需求有着广泛影响的经济及公共问题等环境因素、市场竞争、本行业的技术水平、其他同类企业的培训水平，以及企业外部的资源状况等外部因素。要保持培训的预见性，就要预测组织未来在业务、产品、技术、销售、组织结构上可能发生的变化，以发展的眼光评价培训需求。

二、任务分析

任务分析主要是通过对工作任务和岗位责任的研究，发现从事某项工作的具体内容和完成该工作所需具备的各项知识、技能和能力，以确定培训项目的具体内容。任务分析的结果也是将来设计和编制相关培训课程的重要资料来源。

对员工个人所在岗位的工作进行全面的分析，需要确定的因素主要有：

1. 工作的复杂程度

这里主要是指对其思维的要求，是抽象性一些还是形象性一些，是需要更多的创造性思维还是按照有关的标准要求严格执行等。

2. 工作的饱和度

工作量的大小以及工作的难易程度，大多数的工作所消耗的时间的长短等。例如，行政部的工作是小而多且繁杂，但是工作的时间相对都比较短一些，而人力资源部的工作则是工作量相对较少，但是对工作的细致程度却要求比较高，那么在对两位部长进行培训时就要在培训的重点上有所不同。

3. 公司业务的发展引起的工作的发展状况

随着公司业务量的不断发展，有些部门的工作量会增加很多，而有些部门的工作量则相对较小，那么在进行培训时就要注意到这一点，并在培训中实施不同的内容和方式。例如，市场部的工作量会随着公司业务的发展而急剧增加。对于未来所要发生的事务，必须要有一定的前瞻性，从而在公司不断发展的过程中，能够坦然应对，而不至于在衔接上出现问题。

4. 从公司整体的角度对岗位工作进行分析

公司的各项工作任务之间是相互协调统一的，所以有必要从公司整体的角度对工作进行分析，这样能更准确地确定该岗位在公司整体工作体系中的地位和所承担的责任。

三、人员分析

人员分析主要是从员工的实际状况的角度出发，通过分析员工实际绩效与期望绩效或绩效标准之间的差距，来确定谁需要接受培训以及培训的内容，形成培训目标和内容的依据。人员分析关注的重点是员工绩效不良或员工绩效与组织要求的标准的差距。

1. 培训因素与非培训因素的鉴别

培训的一个压力点是较差的或达不到标准的工作绩效，但这是由何种原因引起的，是否可采用培训的方法来解决是一个首要回答的问题。

（1）个性特征。个性特征包括基本技能和自我效能。基本技能是指能使员工顺利地完成工作并且能够学习培训项目内容所需要的技能。基本技能包括认知能力和阅读写作能力。自我效能是员工对自己能够胜任一项工作或学习一项培训内容的一种自信。它是可以通过一定的培训得到提升的。

（2）工作输入。工作输入指的是工作环境，工作环境包括条件限制和社会支持。条件限制包括缺乏合适的工具设备、材料供应、资金和时间。社会支持指管理者和同事愿意提供信息反馈和帮助。如果员工有完成工作必需的知识、能力、态度和行为方式，但缺少合适的工具和设备，那么他们的绩效水平也不会高。而这就是非培训所能解决的问题，只需提供相应的工具和设备就可以了。

（3）工作输出。在工作中员工经常出现较差的或达不到标准要求的业绩表现，其中一个原因是员工不知道他们应达到什么样的绩效水平。员工可能具备执行任务的知识、技能和态度，但由于不知道绩效标准而实际水平不理想。绩效标准缺乏属于沟通问题，不属于培训可“修补”的问题。因此，在这种情况下，最好是要设定好明确的绩效标准。

（4）工作结果。良好的绩效是需要激励的。如果员工认为绩效奖励不具有激励作用的话，那么即使他们具有必要的知识、技能、态度和行为方式，也不愿执行绩效标准，就会导致绩效不良的结果。这种情况下，企业应该注意对良好绩效的激励。

（5）工作反馈。如果在工作中没有人向员工定期反馈他们的工作表现的话，也会导致绩效问题。对于“员工知道自己应该做什么（工作输出），但不知道做得怎么样”这类问题，培训不是最好的解决方法。理想的方法是向员工提供有针对性的、关于工作执行情况的详细反馈，让其明确自己的行为是有效的还是无效的。

总之，如果员工缺乏完成工作的知识和技能且在其他条件许可的情况下，培训是需要的。如果员工具备需要的知识、技能和其他条件，但工作输入、工作输出、工作结果或工作反馈不足，培训就不是能解决问题的方法了。

2. 人员分析的步骤

绩效评价法通常用于人员分析，通过确定员工的绩效问题，分析实际绩效与期望绩效或绩效标准之间的差距原因，便可帮助管理者确认员工培训线索、方向及必要性和可行性。

（1）查找绩效差距。培训需求分析应从绩效差距入手，寻找企业工作岗位要求的绩效标准与员工实际工作绩效之间存在的差距，或者是包括企业战略或企业文化需要的员工能力与员工实际能力之间的差距。只有找出存在绩效差距的地方，才能明确改进的目标，进而确定能否通过培训手段消除差距，提高员工生产率。

（2）分析绩效差距的原因。发现了绩效差距的存在，并不等于完成了培训需求分析，还必须寻找产生差距的原因，因为不是所有的绩效差距都可以通过培训的方式去消除。影响绩效的因素很多，如个人的知识、技能或能力，个人的态度和动机，设备、时间和预算等资源方面的支持，来自上级、同事的反馈和强化，薪酬机制，对工作的及时具体的反馈等。

（3）确定解决方案。找出了差距原因，就能判断应该采用培训的方法还是非培训方法去消除差距，可以提出若干问题来确定培训是否为解决绩效问题的最佳途径：①该员工是否存在工作绩效问题，严重程度如何？②该员工是否知道如何有效地工作？③该员工是否掌握并正确运用了工作所要求的知识、技能和行为方式？④该员工是否得到了恰当的激励和工作反应？⑤是否还存在其他可替代的解决方案？

如果员工缺乏完成工作的知识和技能且在其他条件许可的情况下，就要进行培训。如果员工具备需要的知识、技能和其他条件，但工作输入、工作输出、工作结果或工作反馈不足，培训就不是解决问题的最好方法了，可以通过非培训手段如改善环境设备或激励制度等来提升员工的绩效。

3. 与人员分析相关的信息收集

获得数据的准确性和全面性关系到分析的质量，所以要充分利用各种可用资料。人员分析过程中可采用以下方法收集数据：

（1）个人考核绩效记录。个人考核绩效记录主要包括员工的工作能力、平时表现（请假、怠工、抱怨）、意外事件、参加培训的记录、离（调）职访谈记录等。

（2）员工的自我评量。自我评量是以员工的工作清单为基础，由员工针对每一单元的工作成就、相关知识和相关技能真实地进行自我评量。

（3）知识技能测验。以实际操作或笔试的方式测验工作人员真实的工作表现。

（4）员工态度评量。员工对工作的态度不仅影响其知识技能的学习和发挥，还影响与同事间的人际关系，影响与顾客或客户的关系，同时这些又直接影响其工作表现。因此，运用定向测验或态度量表，就可以帮助了解员工的工作态度。

总之，对以上问题的分析结果，可以帮助培训部门列出一张代表其培训需求的清单，并以此作为将来设置培训课程的基础。完整、科学的培训需求分析是确保工作、绩效、培训高度契合的基础。

5.4.3 培训需求的分析方法

1. 任务分析法

任务分析法也称工作分析法或工作盘点法，是依据工作描述和工作说明书，确定员工达到要求所必须掌握的知识、技能和态度。通过系统地收集反映工作特性的数据，对照员工现有的能力水平，确定培训应达到什么样的目标。这些数据来源如下：

（1）工作说明书中的明确规定。

（2）每个岗位的具体工作任务或工作职责。

（3）上岗人员的知识、技能要求或资格条件。

完成工作职责的衡量标准，除了使用工作说明书和工作规范外，还可以使用工作任务分析记录表，它记录了员工工作中的任务以及所需要的技能。

工作任务分析表通常包括工作的主要任务和子任务，各项工作的执行频率，绩效标准，执行工作任务的环境，所需的技能和知识以及学习技能的场所。显然，依据上述几方面的信息，对比员工个人的实际状况，即可以找到培训需求了。

2. 绩效分析法

绩效分析法是通过考察员工以前的绩效与组织目标的理想绩效之间存在的差距，然后分析存在绩效差距的原因：是不能做还是不想做。还要进一步分析知识、能力和行为改善方面存在的差距程度，最后确定培训的具体选择。这种分析法主要围绕“缺陷”展开，也称缺陷分析。通常员工缺陷有两种：一种是“技能”上的缺陷，称之为“不能做”；另一种是“管理”上的缺陷，称之为“不想做”。前一种“缺陷”是指员工工作技能、工作技巧、工作熟练程度和业务知识水平等方面的不足；后一种“缺陷”是指员工工作态度、领导层的任务分派和指导、信息沟通与反馈等方面的不足。

3. 问卷调查法

问卷调查法是通过员工填写“培训需求调查问卷”，并对问卷信息进行整理、汇总、分析，从而确定培训需求的方法。这也是组织经常使用的一种方法。这种方法的优点是调查面广、资料来源广泛、收集的信息多、相对省时省力；缺点是调查结果是间接取得，如果对结果有疑问，无法当面澄清或证实，调查对象很容易受问题误导，获得的深层信息不够等。但在公共关系专家或统计专家的指导下，可以大大减轻这些缺陷的影响程度。

4. 观察分析法

观察分析法是亲自观看每一位员工的工作状况，如操作是否熟练，完成每件工作需要多少时间等，通过仔细观察从中分析出该员工需要培训的内容。该方法虽然简单，但是存在着无法克服的缺陷：如果观察者意识到处于被观察状态，易造成紧张，使其表现失常，使观察结果出现较大的偏差；在评价别人时，受个人成见的影响，评价人都会犯这样或那样的错误，导致评价结果出现偏差，而且消耗时间长是观察法的突出缺陷。这种方法只适合那种容易被观察到的操作性工作，对于脑力工作者而言，他们的工作思维和工作成果是不容易被观察到的。

5.5 培训计划

1. 培训目标的确定

培训需求分析之后，就要为培训项目确定目标。确定培训目标就是扼要确定培训活动的目的和结果。每个培训开发项目都应当确定符合自身的切实可行的总体目标以及具体目标。有了建立在需求分析基础上的培训目标，才能为培训计划提供方向、指针、构架和信息输入，才能将对象、内容、时间方法和教师等要素有机结合，还能为衡量培训效果提供评估依据。

培训目标，即预期的培训成果，可以分成认知成果、技能成果、感情成果、绩效成果和投资回报率五大类。

（1）认知成果，是用来衡量员工对培训内容中强调的原理、事实、技术、程序或过程的熟悉程度。

（2）技能成果，是用来评价员工在技术或运动技能以及行为方式上的提高程度，它包括员工对一定技能的学习获得，以及在实际工作过程中的应用两个方面。

（3）情感成果，是用来衡量员工对培训项目的感性认识，包括个人态度、动机、忍耐力、价值观和顾客定位等在内的情感、心理因素的变化情况。这些因素往往影响或决定个人的行为意向。

（4）绩效成果，是用来衡量员工接受培训后工作绩效的提高情况。绩效成果通常以受训员工的流动率、事故发生率、成本、产量、质量和顾客服务水平等指标的上升或下降来度量。

（5）投资回报率，是指培训的货币收益与培训成本（包括直接成本和间接成本）的比较，它可以用来评价组织培训的效益。

设置培训目标要注意的是：培训目标要与组织宗旨相统一，要与组织资源、员工基础、培训条件相协调，要尽可能量化、细化、可操作化。还应当注意的是设置目标需同组织长远目标相吻合，并且一次培训的目标不宜过多。设置的目标要有一个合理的期限，还要考虑到是否有足够的时间让员工完成实践以达到这些目标。目标不宜过大，可将其分解成几个小目标在不同的培训课程中实现。

2. 培训计划的种类与内容

所谓培训计划是按照一定的逻辑顺序排列的记录。它是从组织的战略出发，在全面、客观的培训需求分析基础上作出的对培训时间（when）、培训地点（where）、培训者（who）、培训对象（whom）、培训方式（how）和培训内容（what）等的预先系统设定。培训计划必须满足组织及员工两方面的需求，兼顾组织资源条件及员工素质基础，并充分考虑人才培养的超前性及培训结果的不确定性。

培训计划按不同的划分标准，有不同的分类。以培训计划的时间跨度为分类标志，可将培训计划分为长期、中期和短期三种类型。按计划的层次可分为公司培训计划、部门培训计划与管理培训计划三种类型。

一个完整的培训计划应包含培训目的、培训对象、培训课程、培训形式、培训内容、培训讲师、培训时间、培训地点、考评方式、培训预算以及培训出现问题时的调整方式等内容。

（1）培训目的。每个培训项目都要有明确目的（目标）。为什么培训？要达到什么样的培训效果？怎样培训才有的放矢？培训目的要简洁，具有可操作性，最好能够衡量，这样就可以有效检查人员培训的效果，便于以后的培训评估。

（2）培训对象。哪些人是主要的培训对象？这些人通常包括中高层管理人员、关键技术人员、营销人员以及业务骨干等。确定了培训对象后就可以根据人员，对培训内容进行分组或分类，把同样水平的人员放在一组进行培训，这样可以避免浪费。

（3）培训课程。培训课程一定要遵循轻重缓急的原则，分为重点培训课程、常规培训课程和临时性培训课程三类。其中，重点培训课程主要是针对全公司的共性问题、未来发展大计进行的培训，或者是针对重点对象进行的培训。

（4）培训形式。培训形式大体可以分为内训和外训两大类，其中内训包括集中培训、在职辅导、交流讨论、个人学习等；外训包括外部短训、MBA 进修、专业会议交流等。

（5）培训内容。培训计划中每一个培训项目的培训内容是什么？从内容上讲，培训内容涉及管理实践、企业规章制度、工作流程、企业文化等课程。从人员上讲，中高层管理人员、技术人员的培训宜以外训、进修、交流参观等为主；而普通员工则以现场培训、在职辅导、实践练习等方式进行更加有效。

（6）培训讲师。讲师在培训中起到了举足轻重的作用，分为外部讲师和内部讲师。涉及外训或者内训中关键课程以及企业内部人员讲解不了的内容，就需要聘请外部讲师。

（7）培训时间。它包括培训执行的计划期或有效期、培训计划中每一个培训项目的实施时间，以及培训计划中每一个培训项目的课时等。培训计划的时间安排应具有前瞻性，时机选择要得当，以尽量不与日常的工作相冲突为原则，同时要兼顾学员的时间。

（8）培训地点。它包括每个培训项目实施的地点和实施每个培训项目的集合地点或召集地点。

（9）考评方式。选择采用笔试、面试或是绩效考核等方式进行。

（10）培训预算。它包括整体计划的执行费用和每一个培训项目的执行或实施费用。培训预算的方法很多，如根据销售收入或利润的百分比确定经费预算额，或根据公司人均经费预算额计算等。

（11）调整方式。它包括培训计划变更或调整的程序及权限范围等。

3. 影响培训计划制订的因素

在制订培训计划时，必须考虑以下的因素：

（1）员工的参与。让员工参与设计和决定培训计划，除了可以加深员工对培训的了解外，还能增加他们对培训计划的兴趣和承诺。此外，员工的参与可使培训计划更切合员工的真实需要。

（2）管理者的参与。各部门主管对子部门内员工的能力及所需培训，通常比负责培训的计划者或最高管理阶层更清楚，所以他们的参与、支持及协助对计划的成功制订有很大的帮助。

（3）时间安排。在制订培训计划时，必须准确预测培训所需时间及该段时间内人手调动是否有可能影响组织的运作。编排课程及培训方法必须严格依照预先拟订的时间表执行。

（4）成本资源约束。培训计划必须符合组织的资源限制。有些计划可能很理想，但如果需要庞大的培训经费，就不是每个组织都负担得起的。能否确保经费的来源和能否合理地分配和使用经费，不仅直接关系到培训的规模、水平及程度，而且也关系到培训者与学员能否有很好的心态来对待培训。

5.6 培训的组织实施

5.6.1 培训的流程与内容

一、培训流程

培训流程是企业对实施培训活动的有序排列。培训项目的全过程，按时间顺序应包含培训需求分析、制订培训计划、实施培训计划和评估培训效果四个部分，此外还有培训总结、资料归档等具体工作，如图 5－2 所示。

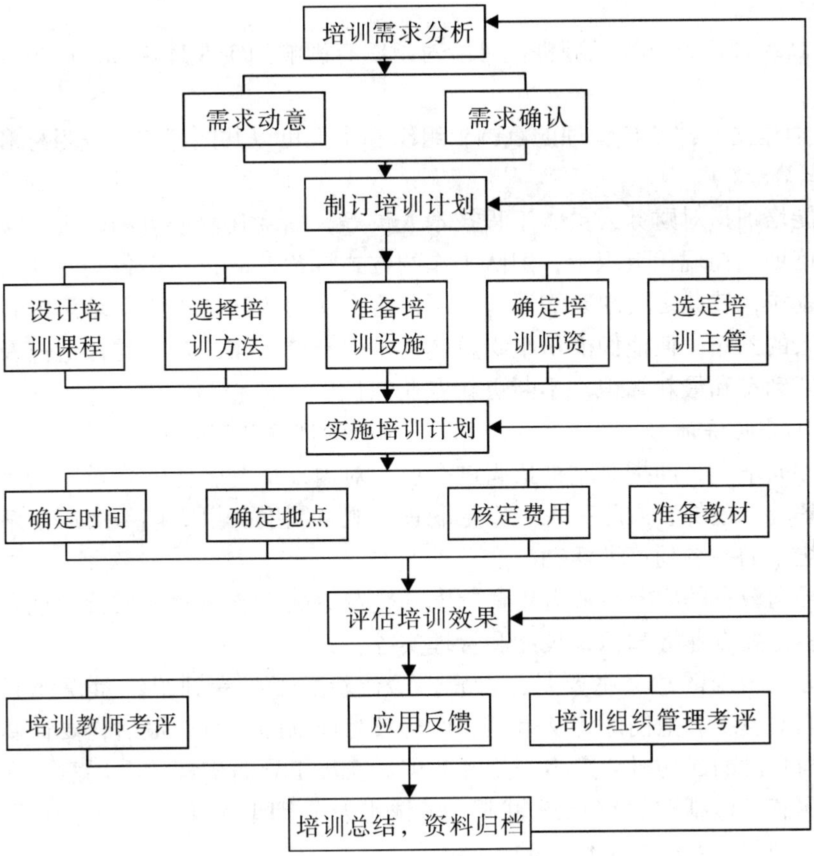

图 5－2 培训工作流程图

二、培训的内容

1. 管理开发培训

管理开发培训是一种计划和管理过程的总称，是组织为了提高其生产力和盈利能力，确定和持续追踪高潜能员工，帮助组织内的经理成长和提高的项目。管理开发培训不仅是正式的培训项目和教育，它还包括与组织内部和经理人员有关的许多政策和惯例，如在职培训、绩效评估、工作轮换、职业轨迹、管理继任和高潜能人员确认系统，特别项目以及职业发展咨询活动。管理开发是一个持续不断的过程，它从上至下渗透到整个组织，对组织的发展来讲这是一项战略性的任务。

一项有效的管理开发项目可以不断地向组织提供称职和经过良好训练的各级管理人才，并使新任经理人员接受组织的价值观和准则。具体来说，其作用在于以下几点：

（1）通过帮助经理人员掌握管理技能和技术，提高他们的自信，提升他们帮助下属提高的能力，改进他们在现任岗位上的生产力和有效性。

（2）帮助组织确认将来的领导人，并加速他们的成长以确保领导的连续性。

（3）能为组织培养相当数量的经理人，以满足组织成长的需要。

（4）鼓励经理人员的自我成长，提升经理人员的能力，使他们能承担更多责任，发挥所有潜能。

（5）为高级管理人员和经理提供可能对组织有影响的企业理论和实践方面的创新或新技术。

（6）鼓励建立一种参与管理的氛围，组织和个人可以共同建立业绩目标和评估方法。

2. 专业职能培训

专业职能培训指对财务人员、工程技术人员等，围绕其业务范围、进行掌握本专业的知识技能的培训。在现代组织中，团队工作的方式日益普遍，如果各类专业人员都局限于自己的专业领域，彼此之间缺乏沟通与协调，将会妨碍团队的工作。培训的目的首先是让他们了解别人的工作，使他们能从组织整体出发去开展工作；其次是让他们及时了解各自领域内的最新动态和最新知识，不断更新专业知识。

3. 新员工导向培训

新员工导向培训，即指对刚被招聘进企业、对内外情况生疏的新员工指引方向，使之对新的工作环境、条件、人际关系、应尽职责、规章制度、组织期望有所了解，使其尽快融合到组织之中的一系列培训活动。

新员工导向教育的内容主要有规章制度、企业概况、产品知识、行为规范和共同价值观。专业内容主要有业务知识，技能和管理实务。

新员工导向培训的意义主要是：首先，要让新员工感受到组织重视他们的到来；其次，要让他们对组织和他们即将从事的工作有较为详细的了解；最后，要让新员工对组织的发展前途与自己的成功机会产生深刻的认识。新员工导向培训的深层意义在于培养员工对组织的归属感，包括对组织从思想上、感情上及心理上产生认同感、依附感并投入其中，这些是培训员工对组织责任感的基础。

4. 骨干员工技能培训

骨干员工的技能培训主要是依据工作说明书和工作规范的要求，明确职业分工、操作规程、权责范围，帮助他们掌握必要的工作技能，培养与组织相适应的工作态度与行为习惯，使之有效地完成本职工作。它有以下三个要求：

（1）强调培训的专业性，即针对不同职能部门的人员进行不同类型的知识、技能培训。

（2）强调专业知识和技能的层次，指对同一职能部门相同专业的不同员工分别提出不同的专业技能要求，以适应不同职务不同岗位的需要。

（3）强调培训的适应性和前瞻性，即根据变化的外部环境和人员结构，及预期未来组织的生存状况，适时地开展某些专业的培训，以调整组织内员工的素质结构，适应外部形势或为未来储备必要的人才。

5. 基于胜任力的培训

（1）基于胜任力培训的特点。基于胜任力的培训与开发，就是依照胜任力模型的要求，对员工承担特定职位所需的关键胜任力进行培养，提高个体和组织的整体胜任力水平，不断完善和充实胜任力模型，进而提高人力资源对企业战略的支持能力。其特点如下：

第一，突出针对性和个性化。胜任力的概念置于个人—职位—组织匹配的框架中，可以根据员工胜任力水平与胜任力模型的差距，使得培训更具针对性和个性化。这里的关键是企业要创立自己的胜任特征模型。

第二，有利于员工自我需求的满足。通过培训可以让员工做到：干什么学什么，差什么补什么，急用先学，学以致用。基于胜任特征模型的员工培训与开发体系是根据员工自身实际与胜任特征模型的差距来开展培训工作的，培训设计与实施更具针对性和个性化。

第三，有助于员工自我效能感的提高。自我效能感也可以通过对他人的经验学习和榜样作用得以提高。而胜任特征模型作为这种代理性质的信息来源，通过以此为依据的培训可以使员工获得较高的自我效能感，有利于员工未来的职业发展。

第四，注重动机、态度和价值观等隐性特质的培训与开发。传统的培训主要是针对岗位知识和技能的培训，使得员工更好地胜任当前工作。知识和技能容易改变，而态度、动机和价值观等隐性的特质往往难以改变。基于胜任力的培训发展更加关注这些特质的培训与开发。研究表明，知识和技能只是对胜任者基础素质的要求，但它不能把表现优异者与表现平平者区别开来，而态度、动机和价值观等隐性的特质才是区分表现优异者与表现平平者的关键因素。

第五，具备战略性和全局性。基于胜任力的培训与开发不仅仅是满足当前岗位对胜任力的要求，而且从战略层面上满足组织当前及今后相对长的时间里对人力资源胜任力的要求。它更多关注了外部环境的变化趋势对培训的影响，有助于避免将眼光局限于当前。另外，这种以个人胜任特征为基点的培训模式，让员工感受到上级的信任、组织的支持以及更多的公平感。由于这三者正是增强其组织承诺的最重要因素，因而可以极大地提高被培训者的积极性和主动性。

（2）基于胜任力培训的内容与方法。培训与开发内容主要是员工在知识、技能、态度和价值观等胜任力与当前及未来要从事的职位胜任力要求之间的差距。基于胜任力的培训与开发体系是个性化的培训发展方式，通过对员工胜任力的分类分层的剖析后，参照职位胜任力模型，比较容易发现胜任力的差距，从而确定培训与开发内容。

第一，确定企业不同岗位的胜任力模型（个性、价值观、胜任力和知识等）。基于胜任力模型基础上的企业培训，确定企业的岗位胜任力模型是关键。确定胜任力模型的过程需要遵循两条基本原则：①能否显著地区分工作业绩，是判断一项胜任素质的唯一标准。

也就是说，在实际工作中，表现优秀与表现一般的员工必须在所确认的胜任素质上有明显的并且可以客观衡量的差别。②判断一项胜任素质能否区分工作业绩必须以客观数据为依据。任何主观判断、理论假设和过去的经验必须有客观数据的支持才能成立。

第二，评估员工的素质和胜任力现状并对照胜任力模型寻找二者的差距。在胜任力的培训与开发体系中，胜任力模型为培训需求分析提供了可参照的标准。

基于胜任力的培训需求分析模型，如图 5－3 所示。

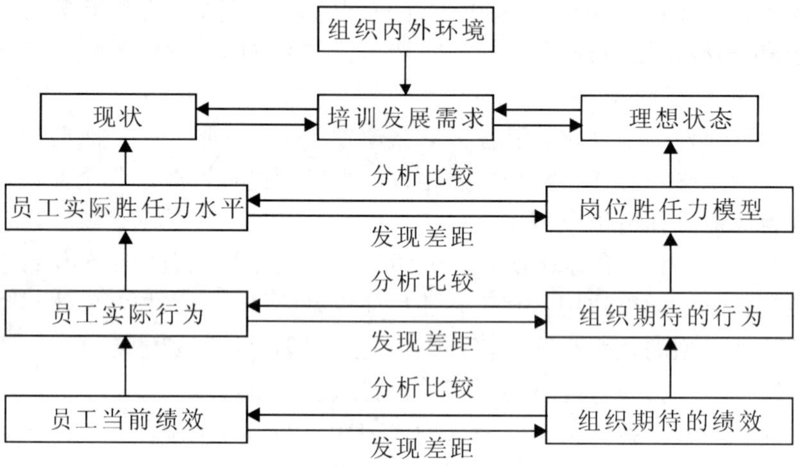

图 5－3　基于胜任力的培训需求分析模型

在模型中分为横向逻辑关系和纵向逻辑关系。横向逻辑为员工实际情况和组织要求之间的差距。在这个比较过程中，以胜任力模型作为参照标准，通过比较员工当前状况和理想状况，能够比较准确并有针对性地提出培训需求。在纵向上是胜任力和行为、绩效的逻辑关系。胜任力特质往往通过一定的行为方式表现出来，一定的行为导致相对应的绩效水平，这也是行为事件访谈法的理论基础。培训发展需求的确定不仅仅要考虑员工胜任力水平与组织要求的差距，也要充分考虑组织的内外环境，比如，组织结构、成本承受能力等。只有考虑员工胜任力的发展需求和组织内外部环境，这样的培训发展需求才能真正符合组织和个人要求，并能够有实施的基础和条件。如果没有实施的基础和条件，培训和发展计划就没有办法制订和执行，也就没有了实践意义。

（3）设计培训与开发方式。根据培训目标和培训内容，在条件许可的范围内，确定可行的培训与开发方式，其中包括讲授法、研讨法、案例研究法、角色扮演法、管理游戏法、操作示范法、工作指导法、工作轮换法、行动学习法、个别指导法等。管理人员的学习风格具有更多倾向于行动和具体体验的特征。管理胜任力培训设计要根据经验学习的过程来安排培训内容和选择培训方法，使培训收到全面的效果。另外，胜任力的培训与开发强调胜任力冰山结构图中深层的特质，比如，动机、价值观、行为方式等。因此，作为经验学习的两种培训方式：行为示范和角色扮演则扮演着重要的角色。

5.6.2 培训的方法

1. 讲授法

讲授法指培训师通过语言表达，系统地向受训者传授知识，期望这些受训者能记住其中的重要观念与特定知识。这种培训方式缺乏培训师与培训对象之间的双向沟通，不能很好地激发培训对象的兴趣。但它同时培训的人数多，且成本较低。所以讲授法也是培训中的一种常用方法。

2. 研讨法

所谓研讨法，是指由指导教师有效地组织研习人员以团体的方式对工作中的课题或问题进行讨论，并得出共同的结论，由此让研习人员在讨论过程中互相交流、启发，以提高研习人员知识水平和能力的一种教育方法。

集思广益是讨论法的基础。只有收集众人的智慧，并相互激发，才可能达到 1 + 1 > 2 的创造性效果。其关键是要畅所欲言，通过自由思考，能产生各种各样的想法，然后把这些想法协调起来解决某一问题。按照费用与操作的复杂程序又可分成一般研讨会与小组讨论两种方式。研讨会多以专题演讲为主，中途或会后允许员工与演讲者进行交流沟通，一般费用较高。而小组讨论则费用较低。

研讨法适用于企业内成员的培训，其培训目标是提高能力、培养意识、交流信息、产生新知识，比较适宜于管理人员的训练或用于解决某些有一定难度的管理问题。

3. 案例研究法

案例研究法是指为参加培训的员工提供员工或组织如何处理棘手问题的书面描述，让员工分析和评价案例，提出解决问题的建议和方案的培训方法。目的是训练员工的决策能力、分析能力以及解决问题的能力。此方法是针对某一具有典型性的事例进行分析和解答，始终要有个主题，即“你将怎么做”，参加者的答案必须是切实可行的或最好的。培训对象则组成小组来完成对案例的分析，作出判断，提出解决问题的方法。随后，在集体讨论中发表自己小组的看法，同时听取别人的意见。在讨论结束后，公布讨论结果，并由教员再对培训对象进行引导分析，直至达成共识。

4. 角色扮演法

角色扮演是指在一个模拟的工作环境中，在未经预先演练且无预定的对话剧本和实际遭遇的情况下，指定参加者扮演某种角色，按照其实际工作中应有的权责来担当与其实际工作类似的角色，模拟性地处理工作事务，使受训者借助角色的演练来理解角色的内容，从而提高处理各种问题的能力。

此方法相当于一种非正式的表演，不用彩排。它通过员工自发地参与各种与人们有关的问题，扮演各种角色的方式去体验其他人的感情，通过别人的眼睛去看待问题，或者体验别人在特定的环境里会有什么样的反应和行为。通过这种方法，参加者能较快熟悉自己的工作环境，了解自己的工作业务，掌握必需的工作技能，尽快适应实际工作的要求。

5. 管理游戏法

管理游戏法是指仿照商业竞争的规则，采用游戏的方式开发学员管理技能的一种培训方法。游戏法具有更加生动、具体的特点。游戏的设计使员工在决策过程中会面临更多切合实际的管理矛盾，决策成功或失败的可能性同时存在，需要受训人员积极地参与训练，运用有关的管理理论与原则、决策力与判断力对游戏中所设计的种种遭遇进行分析研究，采取必要的有效办法去解决问题，以争取游戏的胜利。较为常见的培训游戏有："造房子"——领会协调、合作、计划、交流的重要性；"结网托物"——锻炼解决问题的技能；"信任背摔"——建立团队信任感，等等。针对不同组织的特点，不同培训对象的特点以及不同的培训目的，企业可以参考已得到推广应用的游戏，也可以有针对性地自主创新开发。

培训游戏举例：

（1）造房子。目标是让学员领会到协调、合作、计划、交流的重要。参加人数每组4～6人，可以有4～5个组，练习时间为一般为25分钟。工具为各小组剪刀一把，单料胶带一圈，A4废纸100张（可以包含5张各种颜色的彩纸）。

第一，游戏过程。在练习前，各小组各造一栋纸房子，将房子推销给讲师；房子要标准：高、大、稳、美；造房子的时间有25分钟；25分钟之后，各小组须派一人上台推销他们所建的房子；讲师将以糖果支付房款。

在造房子之后，各小组要清点所余的纸张数，以便核算成本（一张A4纸成本是一颗糖果）；各小组向讲师报价，讲师最后可以用糖果买下一栋楼。

第二，共同讨论。需要共同讨论的话题可以是：有没有向客户（讲师）澄清要求；有没有领导者；有没有做计划；有没有进行有效的分工和授权；成本是否很高（用了多少纸）。

这一游戏可用在培训解决问题的技能、团队合作技能之中，整个练习需耗时45～60分钟。

（2）结网托物。目标是让学员领会到计划、协调、合作、交流的重要性，锻炼解决问题的技能。参加人数为每组6～8人，可有2～3组。学员练习时间约为20分钟。工具需要每小组一个大线团、每小组一罐可乐或其他饮料。

第一，游戏过程。每小组有20分钟的时间进行准备，小组成员可用身体的任何部位，将线结成网；将可乐罐放在网上，保持一分钟不掉下来。

第二，共同讨论。需要共同讨论的论题可以是：是否有指挥者、是否有协助者、是否相互合作。这一游戏可用在培训良好的分工、解决问题的技能、团队合作技能中，整个练习需耗时30～45分钟。

（3）信任背摔。目标是在团队建立信任。参加人数和学员练习时间随意。

游戏过程是学员围成一个圈，有一个学员站在中间；中间的学员询问周边的学员是否准备好了；周边的学员准备好后，中间的学员可以笔直地倒向任何方向，不能移动脚步；周围的学员要接住中间的学员，并轻轻地转向其他方向。每一个学员都可以做中间的学员。

这个游戏可以用在培训团队合作技能中，可以帮助队员练习建立信任。10个队员轮流做一遍约需要15分钟。

6. 操作示范法

操作示范法是专业技能训练的通用方法。一般由部门经理或管理员主持，由技术能手担任培训员，现场向受训人员简单地讲授操作理论与技术规范，然后进行标准化的操作示范表演。利用演示方法把所要学的技术、程序、技巧、事实、概念或规则等呈现给员工。员工则反复模仿练习，经过一段时间的训练，使操作逐渐熟练直至符合规范的程序与要求，达到运用自如的程度。

7. 工作指导法

工作指导法又称教练法、实习法。这种方法是由一位有经验的工人或直接主管人员在工作岗位上对受训者进行培训。负责指导的教练的任务是教给受训者如何做，提出如何做好的建议，并对受训者进行激励。这种方法应用广泛，适用于基层生产工人或各级管理人员的培训。

8. 工作轮换法

工作轮换法是让受训者在预定时期内变换工作岗位，使其获得不同岗位的工作经验。以利用工作轮换进行管理培训为例，其具体做法是让受训者有计划地参与所在部门的工作，或仅仅作为观察者，以便了解所在部门的业务，扩大受训者对整个企业各环节工作的了解。这种培训方式能够帮助员工了解企业的组织结构和各部门职责，能够提高员工的工作兴趣，也能帮助企业培养全面的管理者。

9. 行动学习法

行动学习法是让受训者将全部时间用于分析、解决其他部门而非本部门问题的一种课题研究法。受训者 4 ~5 人组成一个小组，定期开会，就研究进展和结果进行讨论。这种方法为受训者提供了解决实际问题的真实经验，可以提高他们分析、解决问题以及制订计划的能力。

10. 个别指导法

个别指导法，这种指导制度和我国以前的“师傅带徒弟”或“学徒工制度”相类似。目前，我国仍有很多企业在实行这种帮带式的培训方式，其主要特点在于通过资历较深的员工的指导，使新员工能够迅速地掌握岗位技能。

5.6.3 培训方案的选择

一、培训方式和途径的选择

企业在选择培训方式和途径过程时，经常考虑的因素有以下几点：

1. 投入与产出

因为企业培训成本经常比较高，包括经济成本、时间成本、精力成本和机会成本，而培训后效果不可预期、难以衡量，因而要关注培训的投入与产出比。只有当培训的产出大于培训的收入时，培训才是可行的。

2. 企业的实力和规模

企业在进行培训方案的选择时，要充分考虑到企业自身的实力与规模，选择适合本企业的培训方案。对于一些中小企业，由于资金和实力有限，往往培训方案的选择不完善。而对于一些大企业，由于自身经济实力强，规模大，往往选择系统的培训计划。所以企业在选择培训方案时，自身的实力和规模也是必须考虑的因素之一。

3. 企业的发展战略

企业在不同的发展阶段，对培训的选择也不同。如企业在扩张时期，就会增加对员工的培训以获得更大的产出，而在收缩战略时期，就会减少对员工的培训以节约开支，收缩成本。因此，企业要根据不同的发展战略选择相应的培训方案。

4. 对培训师的考察

培训师对培训的作用是不言而喻的，所以企业在选择培训师的时候要格外慎重。企业在选择培训时需要考察和选择培训师，如培训师近期的科研成果怎样，成功案例的情况如何，以及已培训客户的反馈等。

5. 培训的具体内容

不同类型和规模的企业在选择培训时关注的内容不一样，有些强调在营销、人力资源管理和税收筹划等技巧方面的培训，有些侧重企业文化、员工思维拓展、行业发展趋势等方面的培训，有些侧重对一些新的法规和政策方面的培训等，企业应根据其事情的重要和紧急程度有针对性地选择培训内容。

总之，企业培训应以实效为根本，一方面要建立培训系统规划，做到“事前控制”；另一方面在培训过程中，要增强互动，培养团队协作精神，激发个人的学习兴趣和欲望。通过创造一种良好、有趣的学习环境，结合企业实际进行正确引导，使员工不断整合自己的知识，并迅速将其转化为行动。企业通过对市场中培训种类和方式的正确辨别，结合企业所处行业、阶段和发展战略，从而选择最适合的培训师，选择最佳的培训方式。

二、培训方法的选择

不同的培训方法有不同的适用对象。企业要根据培训的目的、培训的对象以及培训的内容等综合考虑来选择合适的培训方法。如培训的目的是要改变员工的工作态度及人际关系处理能力，就可采用角色扮演的培训方法；如培训的对象为中高层管理人员，就可以采用案例研究法。

三、培训师的选择

1. 培训师的角色

优秀的培训师在培训中应该扮演好的不是一个角色而是四个角色：

（1）教师。培训师首先是老师，无论是教授学员如何成功做人还是教授销售、管理或者财务技巧，都要具备老师一样的专业知识和授课技巧。一方面，培训师必须是所培训内容领域的专家，在该领域中有一定建树，授课内容有一定的权威性、科学性和实用性。另一方面，培训师也应当具备相应的课程设计编写能力和课堂讲解能力。培训师的课程应当是系统而明确的，如同老师的教案一样，每个课程都围绕着一个中心说明一个问题，课程的安排应当符合教学内容的逻辑以及员工的接受能力。

（2）演员。培训师的职责除了传授知识，更要让学员接受知识。传授与接受是个截然不同的概念，就像同在一个课堂学习的学生最后获得的知识量完全不同一样。传授只是一个教的过程，而接受是学的过程，那么怎样才能让学员将自己传授的知识理解、记忆并掌握，这就是对培训师的要求。既要求培训师像演员一样始终吸引受训者的注意力，又能将课程用表演的方式演绎出来。

（3）教练。培训师除了教授知识以外更为重要的功能是教练功能，对学员的培养和训练就体现在整个培训过程中，例如，拓展训练、体验式教学、游戏教学是对学员能力的训练，需要培训师对学员进行辅助、引导，让学员身体力行地参与到培训项目中来。

（4）咨询顾问。优秀的培训师也是企业的咨询顾问，他们可以根据企业状况提出培训课程及培训重点的建议。也就是说培训师还应具备咨询顾问的诊断与咨询功能。培训师只有先诊断出企业或学员的问题所在，才能提出相应的具有针对性的课程建议及培训方案。

2. 培训师所需具备的能力

（1）深厚的理论知识、过硬的教学经验和实战经验。一名优秀的培训师向学习者传递的是一种工作的思路和方法，而不是空洞的不着边际的泛泛之谈。培训师对企业的人事管理、市场管理和财务管理等各方面都要有一定深度的认知和独到的成功经验。只有这样，才能把他们拥有的知识和成功的经验有效地传递给员工。

（2）激励他人的能力。培训师应能够意识到被培训者的发展需要并激励他们认同自己的情感和价值观，为获得和实现他们的最高目标而努力。成功的企业培训师能激发被培训者内在的动力而不是使用外在的压力。培训师的信念是使被培训者挖掘自己的潜能。企业培训师可以使被培训者克服任何妨碍达成目标。

（3）亲和力以及沟通能力。企业培训师看起来应当是可接近的、友好的、值得信任的。他们在培训的过程中，应该极力消除自身与培训对象的距离感，使培训对象感到亲切，能够建立培训师与培训对象之间友好的合作关系。培训的成功与否很大程度上取决于企业培训师和被培训者之间的关系是否融洽。培训师应该拥有广泛的人际交往和沟通的技能，并对他人的担忧表示出敏感和耐心。培训师要能够聆听，提出能激发热情的适当的问题，并经常作出清晰的、直接的反馈。更重要的是，培训师必须愿意进行坦诚的交流，能够清楚地识别出不受欢迎的行为，而不要过于顾及被培训者的反抗情绪或担心使他们难堪或不喜欢。

（4）诊断问题并找出解决方法的能力。培训师应该收集被培训者的有关资料，以便确定他们的特定需求。虽然评估和会谈的技巧可以通过学习获得，但一个成功的培训师会拥有一些特定的素质，这些素质使他们能够更有创造性地利用这些信息，诊断被培训者的问题所在，或提出令人振奋的解决办法。这些素质包括：能真正了解所询问的问题；能意识到什么是“错误”以及应该做什么；将理论运用于实际环境的能力；创造性地提供新的观点和新的视角；独特的和新奇的解决问题的能力。

3. 培训师的作用

（1）传道、授业、解惑的作用。传道就是传播企业精神，开导员工的心灵。老师，在中国的传统中，一直都是人们敬仰和学习的模范。培训师是企业内的老师，是一群对企业文化最认同和最拥护的群体，他们将企业精神融入到自己开发的课程中，并在讲课过程中尽情地展示，让所有听他讲课的学员都能被其对企业的忠诚、奉献精神所感染，并让所有听他讲课的学员都能体会到其所开发和讲授课程中的拼搏、创新精神。授业就是讲解知识、传授技能。企业培训师将自己拥有的知识和技能通过专业的技巧转化为标准化的课程传授给企业中需要的员工。解惑就是解答疑难。企业的培训师通过日常工作中的现场指导和辅导，为企业员工解答各类疑难问题。

（2）推动管理变革的作用。在企业变革中，从观念变革到新方法、新方案实施的整个过程，培训作为一种管理手段，历来受到青睐，而企业培训师也就自然成为企业变革中的主要推动者之一。他们将在企业变革中承担起宣传变革新观念、传授新方法和新技术、实施新技巧等方面的职责。

（3）促进跨部门沟通的作用。跨部门间不能进行很好的沟通，其中一个很重要的原因就是部门间对彼此工作的不理解和不了解。企业内部培训师作为所在领域的行家高手，可以将自身所在部门的工作制度、流程及其他有关本部门的基本知识向其他关联部门的员工进行宣传培训，使关联部门理解自己所在部门的工作，为部门间沟通奠定基础。

（4）缔造学习气氛，引导创建学习型组织的作用。建立学习型组织是所有培训人员的最终极目标。要创建学习型组织的一个必备前提是组织中要拥有学习的氛围。在学习氛围营造的过程中，企业的内部培训师首先要通过自己不断学习的精神感染企业员工，成为企业学习的标兵。其次要将学习的理念和价值观与学员进行沟通和交流，不断向学员推荐好书、好课，鼓励学员不断学习。最后要积极参与企业人力资源部门组织的学习活动（如"读书会"、"分享会"等），带动企业的其他员工也积极参与其中。

4. 培训师的选择和培养

培训师的选择是培训项目取得成功的关键。培训管理者应根据每个培训项目的具体需求选择德才兼备的培训师。培训师既可以在企业内部选择，也可以从企业之外选聘。内选和外聘的比例应依据培训的实际需求，尽可能做到内外搭配合理，相互学习、相互促进，形成一个和谐高效的精英团队。

（1）选择合适的外部培训师。就目前国内企业的培训现状来看，企业培训师是一个新兴的职业，对个人综合素质和实战经验的资历要求极高。优秀的培训师还相当缺乏，企业自己的培训师就更是凤毛麟角。因此，许多企业都希望外聘培训师。那么，怎样才能外聘到优秀的培训师呢？

第一，广开门路，不拘一格。要通过各种渠道获取相关的信息，信息越多，范围越广，选择到优秀培训师的机会就越多。例如，参加各种培训班，旁听高等院校专家教授的讲座，通过熟人、中介服务机构和专业培训组织的介绍，还可以通过网络或者借助媒体广告联系和招聘培训师等。

第二，多方考察，慎重选择。鉴于目前市场上培训师的水平参差不齐。在选择培训师时必须认真考察和评估其能力和素质。最好的办法是让培训师做一次培训试讲，从而了解其知识、经验、培训技能和个人魅力；还可以让培训师填写一份工作简历，从中了解其从事过什么工作，主持过什么培训，并且可以通过面试问答了解培训师对企业培训相关方面的熟悉程度，从而判断培训师的实际水平；可以要求培训师制定一份培训大纲，从中了解其对培训目标、培训方法和培训技能等的把握。

（2）造就培养企业内部培训师。内部培训师，指的是除人力资源部门之外的其他部门的兼职培训师。从企业中选拔聘用兼职培训师是一项具有创造力的工作，做好这项工作，将对人力资源的开发与培训具有巨大的推进作用。

首先要了解建立企业内部培训师队伍的必要性。内部培训师是企业人力资源培训的重要资源之一，建立内部培训师队伍对于企业人力资源的开发与培训具有十分重要的意义和作用。第一，建立内部培训师队伍是人力资源培训与开发体系的重要组成部分。一套完善的企业内部人力资源培训与开发体系，从其构架来讲，内部培训师队伍是不可或缺的重要组成部分。建立一支有力的内部培训师队伍，对培训计划顺利、有效地实施，对推进人力资源培训与开发的规模化、科学化和规范化都有着举足轻重的作用。发现、挖掘和培养内部兼职培训师，这本身就是人力资深开发和培训的行为，属于人力资源开发与培训的范围。人力资源开发与培训包括开发和培训自己所需要的人力资源内部兼职培训师。第二，充分利用内部培训师最能够有效降低培训成本。如今许多企业把人力资源培训与开发的某些项目实行外包。培训外包作为培训与开发的有效途径之一是无可厚非的，但在培训效果相同的条件下，充分利用企业内部资源的效益比企业培训外包的效益更好，而利用企业内部培训资源一个很重要的途径就是建立内部培训师队伍并发挥其作用。第三，内部培训师对于企业内部结构和企业文化更加了解。在培训过程中，能够更好地结合实际，选择适合企业文化和发展的培训方案。

决定培训效果的因素主要有培训师、培训内容和培训方式。在这些因素中，最主要的是培训师因素。若比较企业培训外包的培训师和内部培训师，前者的培训技能要略胜一筹，但是在业务知识和技能（包括培训的内容）方面，其针对性、适用性则小于后者。虽然有的外包项目的培训师在类似或相同的企业、岗位有过工作经历，但是不同企业之间在管理体制、企业文化等方面是迥然相异的。另外，外包培训师在培训内容、培训方式上大都千篇一律，即使有的顾问公司或咨询公司做了培训前的调查工作，其培训的内容也基本上还是一种笼统抽象的说教。即使其培训内容有一点实用性的东西也仅仅是隔靴搔痒、无甚关联，从而导致他们的培训效果和培训效益大都不能让人满意。而这正是内部培训师能够很容易克服的缺点，不但能够克服，而且可以做得更好。因为内部培训师所做的培训内容比较个性化，是真正针对管理体制、企业文化和培训需要等量身定做的，这就是典型的个性化培训。虽然内部培训师的培训技能和培训风格多不及外包培训师那样专业化，但在较短的时间内对其进行培训和锻炼后，一定会有显著改进。由此可见，建立内部培训师队伍并充分发挥其作用，其培训效果明显好于项目外包的培训效果。综合以上几个方面，建立内部培训师队伍并有效利用之，对于企业的人力资源开发与培训是十分必要的。

其次要了解建立内部培训师队伍的可行过程。建立内部培训师队伍并有效地利用在企业人力资源开发与培训中是必要的，同时也是可行的，其建立过程可如下：

第一，进行工作动员。这是建立内部培训师队伍的首要环节。因为这些培训师都是兼职的，本职工作是主要的。而培训工作是兼任的，要做好这项工作必须要在动员的基础上，争取其所在部门的支持，征得本人的同意。①要在企业高层管理者的支持下进行，其具体做法，由高层管理者出席动员会或亲自举行动员会。这样使得选聘兼职培训师的工作更具有权威性，从而自上而下获得各个方面的支持。②各个部门在本部门管理者的主持下自上而下进行动员。

第二，各个部门上报有资格的培训师候选人名单，培训部门对候选人进行筛选。在前期动员工作的基础上，人力资源培训部门或培训的组织者就要着手实施选拔工作。这是建立内部培训师队伍关键的一环。①公布兼职培训师的资格条件。一般地，这些资格条件要说明目前所从事工作的业务知识和技能（包括沟通能力、合作精神、奉献精神等）、培训技能等方面的标准。②整理上报的名单。对于那些符合资格条件的人员，尤其是在职的管理人员、业务精湛的员工，应纳入候选人的行列而予以重视。③对候选人进行考试筛选。考试筛选，可采用试讲、面谈的方式，考查其培训的基本能力，比如组织能力、表达能力、逻辑能力兼顾考察其他的素质和能力。④初步确定培训师队伍组成人员，按照资格条件进行考查后，按照一个部门或一类部门 1 ~ 2 个名额的原则进行人员的确定，并上报至高层管理者予以确认。

第三，培训部门负责对培训师队伍进行培训技能方面的培训。对所有培训队伍的组成人员进行培训，是建立内部培训师队伍的最重要环节之一。这关系着初步建立的培训师队伍能否有效地发挥应有的作用，而且关系着人力资源开发与培训的效果。

由于这些组成人员以前很少或没有接触过企业培训，因此对于培训的专业技巧方面掌握得很少，即使具备一些，也需要加以规范和强化。因此，培训的重点就是关于培训活动的策划组织技巧，具体包括培训师的职责和角色、培训师的基本技能、课堂组织技巧、培训效果的评估方法等。

对这些组成人员培训后再次进行测试，以确保组成人员受训的效果，提高培训师队伍的整体素质。

第四，企业高层管理机构或高层管理者对培训合格后的人员进行培训师的资格认定测试后，要对这些组成人员进行正式的资格确认。最后这一环节标志着培训师队伍最终建立。

第五，人力资源部门将其培训师资格归档并录入个人人事资料，成为绩效考核、晋升、薪酬评定等方面的依据。

上述过程，不仅能使选聘兼职培训师的工作做得扎实，还能使培训理念、公司发展、个人成长等公司文化风靡整个企业，十分有利于企业的健康快速发展，能够取得一箭双雕的效果。

（3）内部培训师队伍的管理体制。因为内部培训师基本上都是兼职的，所以对他们的管理就需要采用比较独特的方法。

第一，授予资格，并给予相应的鼓励。培训师的地位确认是以上述的资格授予为标志的。因为他们有着自己的本职工作，参与人力资源开发与培训的主讲或主持是他们的份外工作，因此，如何激发他们对份外工作的积极性和主动性，这是一个必须解决的问题。

要激发他们对于培训工作的积极性和主动性，除了进行颁发聘书以授予资格外，重点还要有物质上的激励以鼓励其所做的培训工作，比如，提高薪酬、增加福利等。当然，提供充足的职位晋升空间也是很重要的。

第二，双重管理。如何正确处理好培训师的本职工作与兼职工作之间的关系呢？这就需要从管理体制上着手进行。

遵照“分开管理、双重管理”的原则，对这些培训师的管理，可从以下两个方面进行：①对本职工作，由其所在的部门进行管理，人力资源培训部门必须要对其予以负责，并与其所在部门及其管理者沟通，保证其本职工作顺利圆满地完成。②对所兼任的培训工作，人力资源培训部门要及时、经常地给予他们适当的指导和监督。人力资源培训部门和培训师之间是合作伙伴的关系，是业务指导与被指导的关系，而不是领导与被领导的关系。

第三，保持培训师开发实施培训的相对独立性，但需及时协作、指导和监督。①在课程开发、教材编写、培训活动的策划上，要尽量保证培训师基于本部门的实际情况相对独立地操作。人力资源培训部门要支持和鼓励培训师根据实际情况所进行的培训开发，在必要时给予帮助。②人力资源培训部门要把各个部门的培训师的培训开发课程纳入各个培训计划之中，予以统筹安排。比如，对于需要加以推广的课程，就应考虑扩大受训对象。③在具体的培训实施过程中，人力资源培训部门要帮助培训师，以便于指导和监督培训的过程和质量。比如，在培训实施过程中，需要指导其培训的技巧和方式，把培训内容更好地传达给受训者。④对于培训的跟踪评估，由人力资源培训部门承担。无论是对于培训现场的评估还是对于培训后的跟踪评估，人力资源培训部门都最好亲自操作。这一方面是基于对培训的全局控制和监督的考虑；另一方面是由于培训师本身的专业化知识、本职工作的压力、工作时间限制等方面，与评估工作的复杂性之间存在矛盾。

5.7 新员工岗前培训与社会化

新员工岗前培训，就是为新员工提供有关企业的基本背景情况。这些信息对员工做好本职工作是必需的。这些基本信息包括：公司的经营理念，发展历程，企业文化，薪酬制度，工作时间，将与谁一起工作，如何工作，公司的各项规章制度，安全注意事项等。事实上，岗前培训是企业新员工社会化的一个组成部分。所谓社会化过程是一个不断发展的过程，它包括向所有员工灌输企业及其部门所期望的主要态度、规范、价值观和行为模式。如果处理得当，对员工最初的岗前培训，有助于减少新员工上岗初期的紧张不安以及可能感受到的现实冲击。这种现实冲击是指新员工对其新工作所怀有的期望与工作实际情况之间的差异。

新员工在接受岗前培训时，一般会得到一本员工手册，其中说明工作小时数、工作绩效评审、工资发放与增资、休假、员工福利、人事政策、员工日常工作、公司组织及运营情况、安全措施和规章制度等。

在多数企业中，岗前培训活动的第一部分由人力资源部门的主管来完成，由主管解释工作小时数和休假等一类问题。然后将新员工介绍给他们的新主管，由这些主管来继续进行岗前培训。其中包括准确讲解新工作的性质，将新员工介绍给他们的新同事，让新员工熟悉工作场所等。

有些公司还举办减轻新员工焦虑感的特别讨论会。这些活动将重点放在提供有关企业和工作的信息上，并使新员工有许多问答机会。岗前培训活动还会告知新员工相信来自老员工的谣传和恶作剧会导致什么样的情况，告知新员工他们在自己的工作中很可能获得成功。事实证明这些特殊讨论会是十分有效的。在进入企业第一个月的月底，那些参加了讨论会的新员工会比那些没有参加讨论会的表现要好得多。岗前培训是新员工进入企业，成功地完成社会化过程的一项活动。

5.7.1 新员工岗前培训的内容

目前，国内企业的新员工岗前培训与开发普遍采用二阶段培训与三阶段培训。

一、二阶段培训

二阶段培训一般分为全公司培训和工作现场培训。

1. 全公司培训

全公司培训又称为集中培训，是指所有的新员工，无论将从事什么工作，都接受同样内容的培训。培训内容一般是公司概况、行为规范、生产过程等，方法主要有集中授课、现场参观、实习等。

2. 工作现场培训

一般在新员工到岗后进行。新员工在事先确定的岗位上熟悉具体业务，掌握特定的技能。

二阶段培训适用的情况：

（1）企业管理层次较少。比如有的贸易公司只有公司领导和业务部门两个层次。

（2）企业的部门业务分工细，人员较少，采取部门层次的新员工培训不太可能。

（3）下属企业的组织结构、业务和人员等基本相同。

二、三阶段培训

三阶段培训一般由总部培训、分支机构或部门培训、工作现场培训组成。实行三阶段培训的前提是企业要建立两级培训体制，下属企业或部门在上级人力资源部门的监督和指导下对岗前培训进行安排和组织。培训结束后，下属企业或部门应将培训情况和结果报上级人力资源部门备案。

1. 总部培训

公司总部培训要使受训者了解下列各点：公司状况，公司的各部门及未来的工作岗位（特征及如何与各部门配合），公司产品的性能、包装及价格，市场销售情况的分析，市场上同类产品及厂家。主持公司总部培训的人员，应对受训者的优缺点作出评价，并提供给未来的技术培训和实地培训负责人作为参考。新进人员在接受公司总部培训之后，必须进行实地见习。

2. 分支机构或部门培训

分支机构或部门的培训重点在于新员工未来实际工作技术的学习，重点内容有几方面：了解未来的工作范围，了解每天的例行工作和非例行工作，强调时间与效率的重要性，各部门之间的协调与配合等。

3. 工作现场培训

工作现场培训即为见习期，是在一位资深员工的指导下让新员工从事未来所负责的工作。工作现场培训应该让新员工尽量表现，指导人员仅是在旁协助，待新员工做完某项工作后再告诉他如何改进。

三阶段培训适用的情况：

（1）企业管理层次较多。
（2）存在业务单一、人员较多的部门。
（3）下属企业的组织结构、业务和人员等存在较大的差异。

三、培训阶段的特例

由于具体的情况不同，有些企业职位的全部或部分新员工的培训并不是按照上述进程进行的，而是另辟蹊径。

1. 以见习为起点的培训

以见习为起点的培训是指应聘者与用人单位签订意向书后开始培训，应聘者去公司进行毕业实习，从事未来要从事的工作。通过以见习为起点的培训，能够让应聘者在正式工作前对用人单位有一个深入的了解；企业可以在正式聘用前对聘用者进行全面考察。

2. 外派培训

因为企业中有些职位的任职者必须具有有关部门颁发的证书方能上岗，如果因某些原因选择了没有证书的人员，可以在集中培训后将新员工派出培训，以获得必要的证书。另外，企业在准备购置新的设备、引进新的技术时，可以招收一批素质好的新员工外出接受训练，以备将来使用。

四、新员工培训的具体内容

1. 公司概况

有效的新员工培训首先应让员工全面了解、认识公司，减少陌生感，增加亲切感和使命感。公司概况既包括有形的物质条件，如工作环境、工作设施等，也包括无形的资产，如公司的创业过程、经营理念等。一般来说，公司概况应包括如下信息：

（1）企业的战略和企业的发展前景。
（2）企业的发展历史。
（3）企业的产品和服务地。
（4）企业的品牌地位和市场占有率。
（5）企业的组织结构及主要领导者。

2. 职位说明及职业必备

职位说明中应包括工作流程、上下关系及相关规范，所属部门的目标、业务和结构以及本部门与其他部门之间的关系。要向新员工详细说明职位说明书上的有关条款，使新进员工了解自身所要承担工作的职责任务以及该项工作与其他同事之间的工作关系。还需要描述恰当的工作行为并作出示范，要制定日程安排并在规定的时间内让新员工掌握工作方法和工作技能，要对绩效考核、晋职和加薪等规定进行详细说明，要接受新员工提出的问题并给予必要的指导。所谓职业必备是指新员工应掌握的信息，如在具体工作中如何与同事联络、上司的管理风格、必要的保密要求、办公系统的使用、公司中的一些“行话”等。

3. 法律文件与规章制度

法律文件是指基于法律和有关规定而签署的有关劳动合同、公司的身份卡、钥匙、考勤卡、社会保障等方面的文件。规章制度是新员工工作和行为的准则，有关员工工作和人事管理方面的规章制度必须让新员工了解。具体内容包括：

（1）主要政策规定：工作日制度，加班制度，员工晋升制度，绩效考评制度，领导人权责制度，决策制度等。

（2）福利报酬制度：基本工资制度，加班工资补偿制度，工资扣留办法，纳税方法，工资预支方法，奖惩制度，贷款制度等。

（3）社会保障制度：医疗保险，失业保险，人寿保险，保险金、公积金提取办法，员工退休制度，病假事假制度等。

（4）劳动安全制度：岗位安全措施，卫生制度，安全制度，员工体检制度，紧急情况处理作业等。

（5）劳动关系制度：劳动合同制度，实习制度，员工利益与责任，工会活动安排，辞职、临时解聘及辞退制度等。

（6）员工行为规范：员工行为标准，公司礼仪，工作场所行为及规范，工作休息制度等。

4. 企业文化和管理理念

企业文化是企业在经营管理过程中逐渐形成的一套价值观和行为准则，是一个企业员工的集体思维模式和行为模式。价值观是企业文化之核心。新员工进入企业便会感受到企业文化的氛围，更重要的是要让其认可企业的价值观。企业管理理念是系统的企业发展战略、经营管理方针及员工行为规范等各个方面的具体体现，是企业文化中极具特色和最具应用性的内容。每个企业的管理理念都是彼此不相同的，新员工一进入企业，就要把本企业正确的经营理念传授给他，让其主动与企业协调工作。这部分内容要同新员工与企业融合过程相联系进行设计，目的在于加强团队协作精神、内化企业管理理念、增强员工对企业的忠诚感和归属感等，使新员工成为企业的“家里人”。

5. 员工职业发展规划

向新员工介绍企业倡导的员工发展理念，让新员工了解企业对员工的职业生涯设计，介绍新员工在企业能够获得的提升机会和发展路径以及在本企业中可以走的职业生涯道路及相应可以获得的资源，使其个人的职业计划目标与组织目标协调一致，明确努力发展的方向。

6. 介绍同事并参观厂区或公司

当新员工置身于未经介绍的陌生人群时，都会感到十分的窘困。把新员工介绍给部门主管、同部门的人、别的部门相关的人、财务部的人、人力资源部的人，这样陌生感就会逐渐消失，让新员工觉得自己已经是这个大家庭中的一员。新员工一般对新环境都会感到陌生，不安全感特别强。而参观厂区、食堂、宿舍、运动场、办公室里的复印区、产品陈列室等，会使他消除对环境的陌生感，可帮助他尽快地进入状态。

5.7.2 新员工培训与开发的实施

新员工培训与开发作为人力资本投资的一种方式，要投入相当大的资金、时间和精力。如果培训与开发方式选择不当，就可能导致新员工对培训的积极性不高。所以，企业应努力探索见效快、易掌握的培训与开发方式。新员工培训与开发除了可以采用在前面介绍的通用的培训与开发方法外，还可以采用下面介绍的特别的新员工培训与开发方法。

1. 网上学习

网上学习这种方式是利用局域网开发的在线软件运作方式，分为网上课件（将课程、学习计划编成学习进展图）和网上学校两种。

2. 指导老师指导

指导老师指导是指每位新员工都将被安排一位指导老师。这位指导老师可能是资格老的同事或是部门经理，该指导人对新员工进行全方位的指导和帮助。指导老师不仅要对自己指导的新人作出评价，而且新人也要对指导老师的指导作出评价。

3. 员工手册

新员工培训与开发中一个重要的方法就是运用员工手册。在新员工对企业及岗位不熟悉的情况下，员工手册可以说是获取企业信息的重要来源。员工手册以其内容丰富、成本低廉、查阅迅速、携带方便、不受时间和地域的限制，可以多人传阅，并能够长期使用与保存的独特优点，愈来愈深受现代企业新员工培训的青睐。

员工手册一般可由以下几个部分组成：

（1）公司概况。让新员工大致了解公司性质、经营范畴、主导产品（含劳务、服务）、市场分布、注册资本、现有资本及实现利税等基本情况。

（2）企业文化。现代企业文化讲求共识、提倡参与、崇尚团队精神，是团结教育广大员工、增强企业凝聚力和向心力的有力武器，理应择要写入员工手册，并且可以将凝炼出的企业精神，印刷到员工手册的扉页，以求醒目，鼓舞斗志。

（3）组织结构。通过查看部门结构图，员工不仅可以一目了然地知晓公司包括哪些部门，还能对公司的产权构成、组织管理模式以及各个系统（生产系统、营销系统、财务系统等）形成一定的印象。

（4）部门职责。通过阅读各部门的工作职责，了解部门自身职责、权责分明，部门之间纵横关系清晰，有利于回答员工“有事找谁”和“我所在的部门分管什么”两个基本问题，有助于员工找准自身位置，尽快进入角色。

（5）政策规定。①人事政策，即员工选聘依据、考核标准、晋升条件、聘用（解聘）程序；②工资待遇，即工资结构及分级、工龄计算、各种奖金和补贴发放办法、试用期待遇等；③劳动纪律；④其他各项制度，如报销制度（指差旅费、医药费等）、车辆使用制度、安全制度等，都可作出概略介绍。公司为员工提供的各种社会保险（如养老保险、医疗保险、人身保险），以及其他福利，如提供工作服、免费午餐，提供可借阅的图书，提供单身公寓或发放租房补助金，提供年度休假等，亦应列入此部分，以体现公司的关怀，展示公司为员工创造的良好工作、生活条件以及必要的保障。

（6）行为规范。员工的一言一行、一举一动，均代表着企业形象。公司在这些方面有哪些要求，应当明确而又具体地写进员工手册之中，以便新员工经常对照，不断提高自己的道德修养和文明素质，使新员工遵循手册中所写的待人接物的行为准则，达到“习惯成自然”。

在员工手册正文之前，可以加入董事长（厂长）致辞，表示对新员工的诚挚欢迎，预祝事业成功，并书亲笔签名。这会让新员工倍感亲切。另外正文之后可增设附录，如厂标、厂徽释义、厂歌，驻外机构名称、地点、负责人、邮编、电话、传真及网址等。

4. 同事日常指导

同事的日常指导是指老员工通过与新员工在日常工作中频繁接触发现问题所进行的指导。同事指导可以及时进行反馈，但语言的统一性和操作的规范性无法保证，无法体现公司对个体的重视，并且老员工个人思想对新员工的影响过于强烈，风险较高，也容易拉帮结派，形成小团体。

5. 网上驿站和网上论坛

网上驿站和网上论坛是企业在内部网上开辟的自由言论空间。如果专为新员工开辟这样的空间，将有利于新员工之间、新员工与企业高层之间以及新员工与老员工之间的交流和沟通。这种培训形式已成为最近流行的新员工培训形式，但由于这种自由言论又会导致网上各种言论的泛滥，积极的引导和快速的反馈，以及问题的解决变得尤为重要。

5.7.3 提高新员工培训与开发有效性的方法

1. 给新员工留下美好的第一印象

让新员工对其就职的第一天留下深刻的好印象，就意味着新员工培训和让新员工融入新环境成功了一半；同时，这也不失为角色转换的一个很好的切入点。那么，这里罗列一些方法供参考选择，看似琐碎，却可于细微之处见实效：举办一个简单但热烈的欢迎招待会，准备些咖啡和茶点，邀请公司员工来和新同事见面认识；帮助新员工安排好工作的准备，包括：办公座位、办公用品、姓名牌、名片、出入卡、内部通讯录、紧急联络表、电话设置、电脑设置（包括电邮信箱的申请开通），甚至台历等；告知最基本和即刻需要用到的信息，如：办公区的布局，最常用的电话和电邮的使用指南，复印、传真和打印等办公设备的使用，茶水间、餐厅、洗手间的使用等；用公司的“行话”或“俚语”准备的一封生动幽默的欢迎信，这也可体现企业文化和亲和力；印有公司标志的纪念品；邀请新员工与管理人员共进午餐；尽量指定“专人”负责某位新员工的第一天等。

2. 培养新员工归属感及忠诚度

企业越来越意识到员工忠诚度是与员工技能同等重要的，因此，新员工培训与开发的目光也要放得更长远。忠诚度必须在新员工培训时就以他们能够感受到的方式进行不断传递。因此，企业需要运用培养归属感及忠诚度来促进新员工角色的转换。例如，海尔公司在新员工入职后通常做的第一件事是：举办新老毕业生见面会，通过师兄师姐的亲身感受说出自己对海尔的理解。新人也可以面对面与集团最高领导进行沟通，如实讲述出公司的升迁机制、职业发展等问题。新员工在“心中有底”的情况下自然容易把心态放平稳。接下来，在军训以及产品知识的培训中，海尔的领导做到了对员工无微不至的关心。“海尔人就是要创造感动”：在军训的时候，人力资源部门的同事一早就准备了酸梅汤，让新员工训练一结束就可以喝到；中秋节的时候，集团总裁都从外地赶回来与同学们一起欢度良宵。这些都让新员工体会到了家的感觉。通过这样的行为，新员工很容易产生归属感，认为公司就是自己的第二个家。

3. 结合户外实习或活动进行新员工角色转换游戏

企业通过户外拓展活动与企业的新员工培训相结合，再进行团队建设活动。围绕“从此不再是旁观者”的目的设计的一些活动成效比较好。这些活动设计的理念应该为：既然你进入了职场，那么，你就要像运动员一样，鼓掌、欢呼与点评都不是你应该做的了，下场踢几脚直至去射门，才是你应该做的。旁观者往往会摆出一副事不关己的架势，而真正的运动员则要全身心地投入——只要是公司的事，就是我的事，不会推三阻四。

4. 进行亲切的问候和爱的鼓励

人人都是环境，教新员工一些统一的语言和行为，以形成培训的整体氛围，并且可以将这些语言和行为渗透到日常工作中，带动较好的工作环境。例如，在联想，每期的新员工都会学会一种特殊的问候方式，就是当有人问“早上好”时，大家都会大声回答“好极了”，这样的回答既是表达对对方问候的感谢，也是一种暗语，从正面激励自己“美好的一天开始了”。

爱的鼓励也是联想特色的行为反馈方式，即传授联想人统一的鼓掌节奏。这种有节奏的鼓掌方式可以用于多种团队场合，如成员需要勇气、需要鼓励时，取得好的成绩时，做了一件漂亮的事情时，团队中的其他成员都可以用爱的鼓励表达内心的感动和支持。而在培训中它更是一件离不开的武器。对讲师辛劳的感谢，对同仁表现的肯定，都会将气氛带入高潮。

5. 举行新员工座谈会

通过举办新员工座谈会，鼓励新员工积极提问，进一步使新员工了解关于组织和工作的各种信息。让新员工坐在一起也可以及时收集一些意见与建议，及时解决新员工在培训中碰到的问题，增进大家的沟通和理解。座谈会既能拉进新员工与新员工之间的距离，让大家在一起畅所欲言；又有助于拉进新员工与企业之间的距离，充分体现以人为本的企业文化，培养员工的忠诚度，使之情系企业。

5.7.4 新员工培训的注意事项

1. 做好计划是新员工培训成功的基本保证

凡事预则立，不预则废。为了避免新员工培训变成走马观花，流于形式，新员工培训必须在实施之前根据企业自身的具体情况和新员工的特点，制定详细的规划，对培训的内容、形式、时间、负责人、费用作出详细的计划，并对执行的过程进行监控。

2. 新员工培训要强调其他部门的参与

对于新员工培训的责任部门和人员，一定要明确人力资源部门和岗位所在部门负责人、相关部门负责人、高层管理者的职责划分，明确不同内容的责任主体，并在各自部门和岗位的考核中予以体现，以保证各岗位和部门担负起各自应尽的职责。

3. 充分利用现有的人力资源

新员工培训与开发的良好实施既能影响新员工，也能促进老员工的发展，是新老员工的良性互动。有效的指导往往要体现如何挖掘现有的人力资源，即充分利用老员工。新员工对企业价值的认同，往往是从与其环境相同的老员工的接触中开始形成的。老员工不仅熟悉企业资源、具有相关的专业理论知识，而且还谙熟经济实务和各种工作技能，更是企业哲学的认同及实操者，因此，他对新员工的发展可能有着莫大的帮助。处理好新老员工的关系可以说是企业内部人力资源的又一次提升。

4. 效果评估非常重要

为了保证实际效果，新员工培训实施之后应及时进行记录归档和效果评估，并由人力资源部门组织新员工进行测验和座谈，通过之后才能予以转正上岗。并且对于评估不合格的员工应给予补充培训或辞退。这些评估信息也将为今后的招聘、选拔、考评工作提供依据，对于员工的改进和提高非常重要。

5. 发现不合适的新员工要坚决予以辞退

在实际的新员工培训与开发过程，根据测评和培训师、指导人的意见，可以对新员工的性格、能力等有进一步的认识，可以弥补一些在招聘过程中的信息不对称。在认清新员工的性格、能力时，如果发现其并不适应需要从事的工作，又没有其他工作可以安排，就必须对不合适的新员工坚决予以辞退。

5.7.5 新员工培训与开发的程序

一、新员工培训与开发的前期准备

1. 了解新员工背景，确定培训与开发内容

首先需要通过分析新员工群体的特点，因人制宜，对症下药。准备新员工背景资料以让培训部门或人员了解其所培训对象的基本情况，如社会背景、工作阅历、学历水平等，依此来确定培训课时的长短、培训内容的深浅及培训方式等。对于有企业工作经验的员工可以采用提问的方式，让其作答，以确认其对相关知识的掌握程度，只需作补充或纠正即可；而对那些没有从事过企业行业的员工而言，则需要花较长的时间来进行解释，并因此确定培训的目标或目的，包括培训的口号、主题等。培训内容要求实用、通俗、新颖，适合与新员工沟通。

2. 确定培训讲师，并与讲师进行沟通

培训讲师的发挥将直接影响培训效果，所以在培训前与讲师要进行充分沟通。要求讲师不仅要有丰富的理论知识和实践经验，还要有很好的培训技巧。技巧主要包括表达能力、普通话水平、煽动水平、把握现场局势能力等。

3. 确定培训地点、器具、材料

培训地点要富于变化，并且通过变化培训环境，能让新员工更多地了解公司的一些辅助设备，从多方位接触公司，同时培训地点的变换，有助于吸引被培训者的注意力，缓解培训的疲劳。培训器具应充分利于公司先进的设备，力争在新员工面前展示一种正规、有档次的感觉。借用投影仪、笔记本电脑、灯光设备等，制作幻灯片、投影卡、图片等。培训的材料应包括：

(1) 新员工培训资料袋。企业的培训部应该准备好相关的资料，如企业的背景资料、《企业产品知识》、《企业员工手册》、《新员工入职培训课程表》、《新员工岗位培训检查表》、《新员工培训教材》及企业相关图片等。

（2）新员工培训前的调查问卷。编写调查问卷，对新员工培训前所关心的事宜进行调查，以便能及时解决新员工的需求或疑问。

（3）新员工培训课程日程表。

（4）签到表。在新员工培训之前须打印出一份新员工入职培训确认表，将培训项目罗列出来，然后每上完一节课或在上课前让参加培训的员工进行签名确认，证明其已接受过相应的培训课程，同时也分期归入培训档案中。

（5）培训教材。

二、培训过程控制

在培训过程中，培训人员或培训部须向人力资源部门提供一份受训新员工培训期间的评估表，记录接受培训的新员工在培训期间的各种表现以及可能存在的某些方面的发展潜力或缺陷，并结合培训结束后的考核来对每位新员工进行评估。同时给人力资源部门提供新员工的使用建议，如决定是否具有可培训并成为正式员工的可能或是否录用等的建议。

5.7.6 新员工培训与开发后的监控

在新员工培训考核中，正式和系统的监控是非常有必要的。培训后的监控主要包括以下六部分。

一、培训课程效果调查问卷

让受训人员来填写有关培训人员或培训部培训效果的不记名调查问卷。

1. 调查的内容

（1）新员工培训活动是否得当，培训场所、文件资料和表达方式等是否使新员工得到了关于组织的正确印象。

（2）培训内容是否容易理解，如果是各种不同专业和背景的新员工一起接受培训，那么就需要了解培训的内容是否普遍适用，是否容易理解。

（3）培训活动是否有趣，灵活性如何，新员工培训内容是否有助于新员工与他人的沟通，是否能通过培训尽快地适应组织环境。

（4）新员工培训是否对其有激励作用，接受培训后能否感受到组织对他们事业的关心，能否树立今后在组织中发展的方向。

2. 调查的目的

（1）有效监督培训人员，对其是一种实际的考核。相对于培训人员而言，受训者就是宾客，培训人员就是服务员，服务员所做的一切是否能让宾客满意，宾客是否觉得从中可以学到很多的东西。

（2）可以客观地将培训当中存在的问题发现出来，以便及时补充或改进日后的培训工作。

二、理论考核

在进行了理论授课后，必须对学员进行闭卷考试，以检查其对知识的掌握程度。没有考核的培训就像没有验收的工程，因此，考核是培训工作不可或缺的一环。但这里要强调一点，那就是理论考试的试题应难度适当，并且与实际的工作相联系。

三、新员工入职培训评估表

针对新员工在培训期间的言行举止来对其是否适合本职工作或适合程度如何进行评判，当然这是综合的评估，也应包括其理论考试在内。

四、新员工入职培训项目检查表

确保每位新员工都能接受充分的培训是培训部的职责。培训部人员除了确保自己的培训之外，也应承担起确保新员工接受相应部门培训的义务，因为这也是培训的工作内容。在新员工经过考核及格后，给每位新员工发放此部门的培训项目检查表，有利于新员工心中有数，同时督促各部门承担起培训义务。

五、办理相关手续

当新员工培训考核及格后，应由人力资源部门安排其正式入职的相关手续，如制作员工胸卡、考勤表、更衣柜等，并由公司领导对其颁发聘书，以增加员工加入组织的荣誉感。同时对不及格者不给予录用。

六、新员工入职岗位培训跟踪

新员工入职培训不仅仅局限于上岗前的几天培训，还应包括新员工分配到相关部门后到转正时。在这个过程中有三项重要工作需要培训部人员去处理：其一是对各岗位培训的跟踪与督导及对新员工日常言行举止定期或不定期地抽查、巡查；其二是新员工到岗后两个月再举行一次新员工座谈会，对其近段时间的表现进行评估，同时也让新员工谈谈他们对工作的感受、意见、建议等，尽快纠正或帮助他们；其三是负责和各相应部门一起对新员工的业务技能及知识进行考核，监察各相应部门认真做好新员工的岗位培训工作。对那些在试用期间不能完成岗位所有项目的培训者，或虽然培训完毕，但基本岗位项目考试不合格者，不给予转正。

5.7.7 新员工的工作能力开发

1. 提供具有挑战性的工作

对于新员工来讲，企业能够做的最重要事情之一就是争取做到为新员工提供的第一份工作是富有挑战性的。新员工都希望接受有挑战性的工作，希望有个人成长的机会，提供富有挑战性的起步性工作是帮助新员工取得职业发展的最有力却并不复杂的途径之一。比如，在一项以美国电报电话公司（AT&T）的年轻管理人员为对象的研究中，研究者们发现，这些人在公司的第一年中所承担的工作越富有挑战性，他们的工作也就显得越有效率、越成功，即使是到了五六年之后，这种情况依然存在。

2. 在招募时提供较为现实的未来工作展望

最大限度地降低现实冲击并提高新员工的长期工作绩效的有效途径之一是在招募时就向被招募者提供较为现实的关于未来工作的描述，使他们明白，如果自己到企业中来工作，估计能够得到哪些方面的利益和发展。新员工在初进企业阶段所面临的一个最大问题就是如何在一种“双向买卖关系”中获得关于对方的精确信息。在面试阶段由于急于网罗到高素质候选人，招募者往往都会发出不真实的信息，以提高招募的成功概率。而新员工在逐步了解企业的实际情况之后，往往会不可避免地产生失望情绪，他们或者消极对待工作或者直接辞职。这对于企业和员工来说，都造成了一定的损失。所以对于企业来说，明智的做法就是在招募时提供较为现实的未来工作展望。

3. 对新员工严格要求

在新员工与其上级之间往往存在一种“皮格马利翁效应”，换言之，上级的期望越高，对自己的新员工越信任、越支持，那么新员工干得就越好。在一位新员工开始探索性工作的第一年中，应当为他（或她），找到一位受过特殊训练、具有较高工作绩效，并且能够通过建立较高工作标准而对自己的新员工提供必要支持的主管人员。这样，通过该主管对新员工严格的要求，热情的引导和帮助，将会使新员工从中受益匪浅，对新员工今后的发展将会有莫大的益处。

4. 向新员工提供阶段性的工作轮换

阶段性的工作轮换的做法是将一名新员工在不同岗位上轮换（比如从财务分析到生产管理再到人力资源管理等），去尝试各种具有挑战性的工作，让他经历不同的工作职责。这样就增加了任务的多样化，提高了对工作的认识，扩大了工作目标的范围。通过阶段性的工作轮换，一方面使新员工们获得了一个评价自己资质和偏好的良好机会，另一方面企业也得到了一位对企业事务具有更宽的多功能视野的管理者。

5. 建立以职业发展为导向的工作绩效评价

主管人员必须明白，从长期来看，向上级提供关于自己所属新员工的工作绩效评价的有效信息是十分重要的，不能因为保护直接下属的短期利益而提供不真实的信息。因此，主管人员需要将有关被评价者的潜在职业发展信息加以具体化——换句话说，主管人员需要弄清楚自己正在依据将来从事何种性质的工作来对下属人员的工作绩效进行评价，以及下属新员工需要具备的素质是什么。

6. 鼓励新员工进行职业生涯规划活动

企业还应当采取步骤加强新员工对他们自己的职业规划和开发活动的参与。比如，有些企业正在尝试开展一些活动来使新员工意识到对自己的职业生涯加以规划以及改善自己的职业决策的必要性。在这些活动中，新员工可以学到职业规划的基本知识，并有机会参与各种以明确自己的职业线为目的的活动以及形成较为现实的职业目标等。类似地，企业还可以举行一些职业咨询会议，有时可能是作为工作绩效评价面谈会的一个组成部分。在这种会议上，新员工的主管人员或者是人力资源负责人将根据每一位新员工的职业目标来分别评价他们的职业进步情况，同时确认他们还需要在哪些方面开展职业生涯开发活动。

5.8 培训评估

在培训管理的过程中，要对培训的成效进行评估或检查，以便了解培训的状况，找出偏差并及时纠正。

培训效果评估，是指系统地收集必要的描述性和判断性信息，以帮助作出选择、使用和修改培训项目的决策。因此，培训评估不仅仅是培训结束后的培训结果的评估，在制定培训决策、实施培训决策的过程中都必须贯穿培训评估，最终是为了使培训效果最大化。培训效果是指企业和员工个人从培训中获得的实际收益。有效的培训对员工个人的影响是直接的，他们可以学到各种新的知识或技能，从而提高自身价值；而企业则因此可获得各种经济上的收益。培训评估要综合考虑下面几个问题：①从时间和工作负荷量上考虑是否值得进行评估？②评估的目的是什么？③重点对培训的哪些方面进行评估？④谁将主持和参与评估？⑤如何获得、收集、分析评估的数据和意见？⑥以什么方式呈报评估结果？

评估应在培训开始时进行，并贯穿培训发展、结束的全过程。评估的目的不是增加控制和压力的手段。而必须把评估视为提升员工和组织效益服务的手段，才能让所有被评估者以积极的态度来面对评估。

5.8.1 培训评估的原因

为什么要对培训活动进行评估，可以从组织和项目两个角度来看。

1. 从组织和培训部门来看

（1）通过有效性评估，可以反映出培训对于组织的贡献，明确培训的投资收益比。不仅可以让高层管理者认识到培训的重要性，也可借此体现出人力资源部门或培训部门在组织中的重要作用。管理者（主要是领导者）对培训结果的重视，往往也会引起企业其他人员对培训结果的重视，从而提高对培训的积极性和投入性。人力资源管理部门在企业中一向被认为是“成本中心”，通过有效性评估，特别是如果能做一些定量分析，可以看到培训成本的有效性，这些将证明人力资源管理在企业中的重要性；还可说明对员工进行培训投资是值得的。

（2）通过评估可以较为客观地评价培训者的工作。一般来说，培训的效果反映了培训者的水平和对待培训的态度。对培训效果的检测评估，有助于培训人员进行自我检查，进一步端正态度，从而不断提高培训质量；同时也可以正确地对培训者进行绩效评估。

2. 从项目来看

（1）通过评估可以对培训效果进行正确合理的判断，以便了解某一培训项目是否达到原定的目标和要求。

（2）通过评估可以决定继续进行还是停止某个培训项目：目标管理、工作简单化等方面的培训项目曾经是培训的主流，很多公司都在进行。但随着时代的发展，这些内容已被大家所接受，新的培训项目或潮流开始出现，如团队管理、授权等培训变成企业培训的“新宠”。通过有效性评估，可以察觉到哪些培训项目已经不再适用，应该停止；哪些培训项目还值得继续采用。

（3）通过评估往往能发现新的培训需要，从而为下一轮的培训提供重要依据。而且通过对成功培训作出的肯定性评价，也往往能提高受训者对培训活动的兴趣，激发他们参加培训活动的积极性和创造性。

（4）通过评估可获得如何改进某个培训项目的信息。通过评估，可以对培训的设计、内容、方式等方面有进一步了解，并可对现有的培训课程进行修改，以使其能够更好地满足受训者的要求。比如，收集有关课程内容满足学员要求的程度、讲师的教学水平、培训设施的准备、培训时间的安排等信息，通过对上述项目的分析可以帮助诊断和分析当前培训中存在的问题，并对以后的改进提出建议。

（5）通过评估可以检查出培训的费用效益。评估出培训活动的支出与收入的效益如何，有助于使资金得到更加合理的配置。

5.8.2 培训评估的类型

一、非正式评估和正式评估

按照评估的正式程度，可以把培训评估分为非正式评估和正式评估。

1. 非正式评估

一般来说，非正式评估的主观性较强。换言之，它往往根据“觉得怎么样”来进行评判，而不是用事实和数字加以证明。其优点有：不会给受训者造成太大的压力；可以更真实、准确地反映出受训者的态度变化，因为“态度”在非正式场合更容易表现出来；可以使培训者获得意料不到的结果；方便易行，几乎不需要耗费什么额外的时间和资源。

2. 正式评估

正式评估一般具有较为详细的评估方案、测量工具和评判标准。这种评估应尽量剔除主观因素的影响，从而使评估更有可信度。其优点如下：可以将评估结果与最初的计划进行比较核对；在数据和事实的基础上作出判断，使评估结论更具客观性、更有说服力；更容易将评估结论用书面的形式表现出来，如记录、报告等。

二、建设性评估和总结性评估

按照评估的目的，可以把培训评估分为建设性评估和总结性评估。

1. 建设性评估

建设性评估是指以改进培训项目为目的，而不是以是否保留培训项目为目的的评估。通常是一种非正式的主观性的评估，可以帮助受训者看到自己的进步，从而使其产生某种满足感和成就感。

2. 总结性评估

总结性评估是指在培训结束时，对受训者的学习效果和培训项目本身的有效性作出评价而进行的评估。它经常是正式的、客观的、终局性的。这类评估只能用于决定培训项目的“存亡”，而不能作为项目改进的依据；只能用来决定是否给受训者某种资格，而无法评价受训者学习中的进步。

三、培训前期评估、培训中期评估和培训后期评估

按照培训评估切入的时间，培训评估可分为培训前期评估、培训中期评估和培训后期评估。

1. 培训前期评估

此类评估在培训计划制订或实施的前期进行，包括对培训需求进行整体评估、培训对象的知识和技能等的评估、培训对象的工作成效及行为评估、培训计划评估。

2. 培训中期评估

该评估包括培训组织准备工作评估、受训者参与培训情况的评估、培训内容和形式的评估、培训工作者的评估、培训进度和中间效果的评估、培训环境和培训设施应用的评估。

3. 培训后期评估

这类评估主要在培训活动结束时进行，又可分为即时效果评估、中期效果评估和长期效果评估。即时效果评估一般在培训刚结束时，通过即时评估评判培训目标的达成情况、受训者的反应、培训者的工作绩效等。中期评估用来判断受训者在培训中所学的知识、技能等在工作中是否得到应用，即受训者、同事及其上级领导是否认为他的行为、技能、态度等因培训而发生了可喜的变化。长期评估主要用来评估培训对受训者、组织的长期影响，这种评估在操作上通常较为困难，除非培训从一开始就与组织的运作相联系，才有可能实施此类评估。评估内容多为受训者是否对组织确实作出贡献，培训带来的变化到底有多大，等等。

5.8.3 培训评估的原则

现实评估中常常存在着这样一些影响评估客观公正有效的现象：①评估往往是由企业内部人员来完成的，许多人出于对自己前途的考虑，而不愿报告方案的消极因素。②评估人员进行评估时由于某些因素而产生评估误差，如对比误差、同类人误差、首因效应误差、晕轮误差及视角误差。③由于评估人员与被评估对象之间往往存在一些复杂的人际关系，诸如个人情感、权力斗争等，也容易导致评估结果失真。比如，评估人与被评估人感情的好与坏会不同程度地使评估人对评估对象的工作实绩作出偏高或偏低的结论。此外，“论资排辈”等陈腐的旧观念、旧传统也严重影响着评估的客观性。④一些非定量性的标准也不同程度地影响着评估结果的真实性。有的评估人员持一种非定量性的标准如工作态度、政治表现等，只凭自己的感觉、印象，自以为了解情况，大笔一挥，对评估对象的工作绩效乱下评估结论。这种评估方法害人不浅、影响极坏。克服以上不良现象是首先要明确评估的原则和目标。评估人员必须坚持以下评估原则：

1. 方向性原则

方向性原则是决定并保证评估活动正确取向的准则。首先要求参与人员就组织的价值观达成共识；其次评估人员应时刻不忘培训的目的和评估的基本要求。

2. 相符性原则

相符性原则是指评估活动要与组织目标相符、与主题资料相符、与教学方针相符、与受训者的水平相符。评估人员在进行评估设计之前，对设计的评估方案要仔细检查，要有助于实际管理者的决策。

3. 可靠性原则

评估结果应该是可靠的，不应具有太大的随机性。评估人员要习惯于用批判的眼光观察事物，但在观察结果没有被核对和复查之前，暂时不要“盖棺定论”。

4. 实用性原则

评估要易于被培训双方接受，评估所需费用和时间要比较合理，评估方法要操作方便，评估要有利于降低成本，等等。总之，评估要切实可行。所以，进行评估时不能走极端，不能为了获得资料与信息，为了把评估变成科学研究，就把事情复杂化。

评估人员没有必要像科学家那样，总是进行复杂的分析，应努力使资料的收集和分析简明易懂。

5. 连续性原则

连续性原则是指评估应是长期的、连续的。只有这样，评估才能真正发挥作用，给予管理者、受训者、培训师以持续的动力和压力。

6. 客观性原则

客观性原则是指评估人员在进行检测评估时，一定要坚持实事求是的态度，排斥主观臆断，真实地反映出培训的客观效果。这条原则是最重要的原则。因为评估的实质是对所实施的培训活动的效果进行科学的判断，这种判断如果是客观的、实事求是的，对培训活动的价值判断才有可能符合实际，从而推动培训计划的有效开展和组织目标的实现。

5.8.4 培训评估的内容和主体

一、培训评估的内容

培训评估主要是为了衡量培训的效益，既服务于培训前充分必要性的论证，也服务于培训过程的控制和培训结果的反馈。

培训结果评估是最常见的一种评估，通常包括对受训者评估、培训教师评估及培训机构评估等。对学员的评估又可分为不同的层面，如反应层的评估、学习层的评估、行为层的评估和结果层的评估。

1. 受训者评估

受训者评估是培训评估中最主要、最基础性的评估。受训者是接受培训的主体，是培训目标的承受者。他们在培训的作用下，思想与行为朝着预想的教育目标所发生的变化，会直接地、集中地体现着培训活动的最终结果。对受训者思想与行为变化进行检测和评定，可以为调节、控制培训教学过程、改进培训工作及评估教师的教学工作提供客观的依据。在实践中不论是培训的宏观评估还是微观评估，都是以受训者的评估为基础的。对受训者进行评估的目的有以下三个：评估受训者过去的成绩，评估受训者现在的才能，评估、预测受训者未来的发展。

在此需要强调的是，评估不同于测验，但又离不开测验。因为靠测验得到的资料易于进行有效的评估，较好地保证评估的准确性、可靠性和实际性。虽然有时评估的结果难免有误差，但这种误差必须是在客观实际允许的范围内。从被评估的受训者角度讲，他们都渴望自己的学习成果得到公正的、客观的肯定或承认，而且越接近准确越好；从评估者的角度讲，评估的目的不仅是要了解、掌握受训者对知识的获取程度，而且还要了解、掌握其应用、分析、综合思维等智力因素方面的发展状况以及兴趣、态度、情感、意志等非智力因素方面的变化。任何一种单一的测验都不能测量复杂的行为，为了获取较为充分的评估信息资料，需要采取多种多样的测验手段从不同方面进行测验或考核。

2. 培训教师评估

培训教师在培训活动中处于主导地位，在一定程度上决定着培训的效果。因此，对培训教师进行评估，不仅有利于促进教育、教学过程的优化和教师素质的不断完善、提高，同时也可以为教师的聘任、奖励等管理工作提供科学的依据。对教师实施评估，首先应明确评估的范围，进而确定评估的具体内容和标准。

3. 培训机构评估

对培训机构的评估是综合性的评估，所涉及的事和项目众多，为了突出重点，只要对功能和条件两个方面进行评估即可。功能评估是指对某个培训机构的教育、教学状态和功能发挥程度的分析、判断和评定。它是对受训者和培训教师评估的延伸和扩展。培训机构经过一定时间的培训实践后，客观上需要定期或不定期地对其各种功能的发挥程度作出评估。这样不仅有利于对培训机构实施正确决策和进行有效领导、监督，而且还有利于促进培训机构自身的建设与发展。

在培训机构评估中，除对培训机构进行功能评估外，还要对该机构的培训条件进行评估。培训条件是指决定或影响培训活动状态及培训机构功能发挥的各种因素，如领导者的素质和工作状态、培训教师的素质和工作状态、工作人员的素质和工作状态、物质条件及管理水平等。进行条件评估的目的在于分析、判断影响培训功能发挥程度的原因，以便采取相应的决策和改进措施。

培训功能评估是侧重于对过去的评估，即肯定已取得的培训成果，总结经验教训；条件评估则着眼于未来，为取得更大的教育效果创造条件。

二、培训评估的主体

1. 选择评估者

根据评估者和培训组织之间的关系，可以把评估者分成内部评估者和外部评估者两类。

（1）内部评估者，隶属于实施培训项目的组织本身，他们可能属于组织内专门从事评估的部门，也可能临时从几个部门抽调出来人手从事该培训项目的评估工作。

（2）外部评估者，即项目组织之外的评估人员，如大学、研究机构的专家或专门的评估咨询公司。

在选择评估者时除了要考虑内外部评估者各自的优势、劣势外，还要考虑培训项目本身的特点、评估目的、内容等诸多因素。一般而言，要尽可能地利用两种评估者的优势，取长补短、相互补充，而不是非此即彼；同时，不同类型的评估应区别对待。

2. 明确参与者

评估不仅仅是评估者的事，在评估过程中还会涉及受训者、培训部门、管理人员及外部专业人员等。值得注意的是，受训者也是培训评估的主要参与者，同时，必须清醒地意识到受训者往往会存在努力掩饰自己缺点、夸大自己成绩的倾向，原因是他们会担心评估结果被滥用。

5.8.5 培训评估的程序

遵循良好的培训评估流程是顺利、有效进行培训评估活动的关键。一般来说，有效的培训评估应该包括以下几个环节：

1. 界定评估目的

在培训评估实施之前，培训者就必须把评估的目的明确下来。培训评估的目的主要有对培训项目是否实施的决策提供参考的评估、对完成的培训项目的效果的评估和对正在进行的培训项目进行修正的评估等。不同的评估目的，涉及不同的人员，不同的评估流程。不同的评估目的还影响数据收集的方法和所要收集的数据类型。最常见的是对特定培训项目培训后效果的评估。事后评估固然重要，但属于事后的“亡羊补牢”，事前评估可以“防患于未然”，过程中的评估则可以“防微杜渐”。

2. 明确评估标准

根据评估的目标制定相应的具有可操作性的标准是进行培训评估的关键。此项工作一般经过目标分解、拟订出具体标准、标准讨论和实验调整四个阶段。

3. 制定评估方案

评估方案是围绕评估目标制订的详细计划，它是培训评估的依据。基本上回答了“5个W”和“1个H”的问题：即为什么要评估、评估什么、谁来评估、评估哪里、何时评估、如何评估等问题。在制定评估方案时，最好能由培训项目的实施人员、培训管理人员、培训评估人员和应用人员共同参与，如果有可能最好邀请外部培训顾问共同参与，以确保培训评估方案本身的科学性和切实可行性。

4. 收集分析评估信息

培训评估的进行要依据一定的信息资料，否则评估工作将毫无根据。所以，收集评估信息是进行评估的重要一环，也是所有步骤中耗时最长的一环。它的质量会直接影响整个培训评估的成败。主要的评估资料有企业的培训需求分析报告、所评估的培训项目计划、在方案形成和实施过程中的各种历史资料等。可以根据评估的需要，进行访谈、问卷调查等方式收集其他各类所需资料。评估必须基于事实，脱离事实则成了无米之炊。信息收集完毕后，接下来就是对所收集到的信息进行推理分析及对分析的结果进行解释。

5. 培训评估实施

评估方案一旦形成，就必须按评估方案及计划中预先设定好的标准进行评估，包括确立评估时机、决定评估对象及方法等。

6. 撰写评估报告

培训评估报告是对整个评估过程的综合反映，因此，在评估工作中必须重视评估报告的撰写。

7. 评估结果反馈

评估的目的最终是为了改善、提高绩效。因此，结果的反馈很重要。培训报告确定后，要及时在企业内进行传递和沟通。一些企业往往忽略了这一点而造成培训评估与实际工作的脱节。培训评估报告应传递给如下人员：一是受训员工，使他们了解培训的效果，以便在工作中进一步学习和改进；二是受训员工的直接领导；三是培训主管，他们负责培训项目的管理，并拥有员工人事聘用建议权；四是组织管理层，他们可以决定培训项目的未来。培训评估报告传递后，重要的是采取相应的纠偏措施并不断跟踪。培训主管可以根据培训效果调整培训项目，对于员工反应好、收效好的项目可以保留；对于没有效果的项目可以撤销；对于某些部分不够有效的项目可以进行重新设计和调整；对于某些领域欠缺的项目可以新增。

这是一个完整的培训评估循环，该循环的结束，也是下一个循环的开始。任何一项评估都应该是长期的、连续不断的，这样才能真正发挥评估的功能和作用。

5.8.6 培训评估设计

一、明确培训评估目的

企业员工培训在不同时期、不同层次所确定的具体培训目标是不同的，评估应根据不同的培训目标来进行，始终与培训目标保持一致。离开培训目标的评估检测，只能是盲目的、不客观的和不全面的。

在培训项目实施之前，人力资源开发人员就必须把培训评估的目的明确下来。多数情况下，培训评估的实施有助于对培训项目的前景作出决定，对培训系统的某些部分进行修订，或是对培训项目进行整体修改，使其更加符合企业的需要。此外，还值得注意的是，“明确培训评估目的”这是一个决策者或培训项目管理者向评估者表达评估意图的过程。他们的评估意图往往决定了评估者对评估方案和评估工具的选择。而有时，决策者和培训项目管理者之间的评估意图是不一致的，甚至是互相冲突的。一般来说，决策者关心的是培训项目是否有助于改善企业的绩效，而培训项目管理者更关注培训项目本身的改进与实用。

二、明确培训评估标准

评估标准是进行培训评估的依据，要真实地了解培训的效果，就必须制定合理的评估标准。由于不同的企业对于培训效果的价值观不同，要求达到的培训目标也不一样，因此很难给出统一的培训评估标准，只有结合实际情况来确定具体的标准。不过，好在评估标准的制定尚有规律可循。一般的评估标准制定要经过以下四个阶段：

1. 目标分解

制定评估标准前，首先应对评价的项目进行恰当的分解。要求分解出来的项目，内涵应当明确，外延应当清晰，便于操作。

2. 拟订出具体标准

对评价项目进行分解后，根据分解出来的各个子项目的评价目标，广泛调研，收集和明确评价要素，然后进行分析比较，筛选出合理的要素。尽量以“术语化”和“数字化”的方式，拟订出可具体操作的标准。

3. 标准讨论

评估标准定出后，不应急于实施，而要组织相关人员进行讨论、审议，充分听取大家的意见和建议，力求去伪存真、去粗取精，日益完善。

4. 实验调整

为慎重起见，可先进行小范围的试行，根据出现的问题，对原标准进行修正，这样既可以对评估项目、级别进行增减、合并，也可调整评估方法。

三、培训评估方案设计

不同类型的培训方案服务于不同的目的，其设计内容也各不相同。以最常见的培训效果评估的方案设计为例，由于评估效果最终要通过人的行为、态度和绩效等来衡量，而在现实中人的行为、态度和绩效是最难衡量的，如何证明员工行为的改善、态度的转变或绩效的提高是培训的结果，行为学家们通过前测、后测、设立参照组等方式较好地解决了这个问题。针对特定的培训目标，对评估对象的组织和设计类型可以从是否既进行培训前评估又进行培训后评估、是否有对照组这两个方面来考虑。主要有以下几种方案设计：

1. 仅有后测，无对照组的设计

这种评估只收集培训后的成果，即在受训者参加培训后对其进行测量。这种方式得到的信息可以了解受训者的学习效果，但由于不知道培训前受训者的学业水平、能力水平等如何，很难判断出受训者的学习成效就是培训的效果。

2. 有前测又有后测的设计

这种设计是指在培训前对受训者在某些方面进行测量，培训后，再对其进行测量，通过前后的变化程度来说明培训的效果。它的不足之处在于这种评估很难排除经营条件或其他因素对变化的影响，例如，工作态度的变化就很有可能不是由于企业文化培训导致的，而是由于企业中采用了奖金制度或其他激励措施所致。

3. 有对照组的后测设计

这种设计是在仅有后测的设计基础上加入了对照组而形成的，目的在于用对照组来比较和受训组之间的差异。这种设计的假设前提是：受训组和对照组在培训前没有差异，这样可以恒定一些培训外的干扰因素。但和第一种设计存在同样的问题，对学员以往的水平没有测定，很难评估到真正的学习效果。

4. 有对照组的前后测设计

这种设计采用对照组和受训组进行比较，并且对这两个组都进行培训前和培训后的测量，这样就可以剔除一些其他因素对变化的影响。这种设计可以比前两种更加明确地看出培训的效果，同时也使得培训管理者、培训讲师更有把握确定培训的效果。

5. 四小组设计

该设计综合运用了前三种设计，分别对一个受训组和一个对照组进行培训前和培训后的成果衡量，然后再对另一个受训组和另一个对照组只进行培训后测定，这样做可以把干扰培训效果的其他因素的影响减少到最低程度。例如，某公司用这个设计来比较以整体学习为基础的生产资源规划培训和传统培训的效果差异。生产资源规划是有效规划、协调和综合生产企业内各种资源的一种方法。以整体学习为基础的培训与传统培训存在好几个方面的差别。以整体学习为基础的培训在一开始进行一系列旨在创造轻松、积极的学习环境的活动，然后试图重新强化学员们的观念，并让他们最终对生产资源规划有一个一般的了解。在培训中，由学员们讲解培训资料中的内容并参与同生产过程有关的小组讨论、游戏、讲故事和角色扮演。

6. 时间序列设计

时间序列设计是指在培训前后每隔一段时间就检测一次培训成果。它的假设前提是如果受训者在培训后持续地表现出某种变化，则认为这种变化就是由培训引起的。

它的优势在于可以对培训结果进行长期稳定的分析。但一般只适用于受训者人数较少，比较难以进行统计分析时的情况，因此，这类评估方式通常用于评价那些较容易观察到变化的培训结果指标，如事故率、生产率、缺勤率等。采用对照组的时间序列设计又称之为多重时间序列设计。它跟前面的设计有所不同的是，不强调随机分配的做法，而是根据自然发生的情况，对参加过培训和没有参加过培训的员工进行观察和测定。

四、评估报告撰写

评估后的结果要写成书面报告，形成培训评估报告，这是对整个评估过程的综合反映。评估报告的格式通常依据培训计划不同而异，内容也各有侧重，但结构形式大体上还是一致的。具体内容如下：

1. 导言

（1）说明评估实施的背景，即被评估的培训项目的概况。

（2）介绍评估的目的和评估类型，即基于何种意义上的评估，如对教学、对学员、对培训机构等。

（3）简述期待得到哪些结果（信息）、掌握哪些情况和在本报告中准备重点分析哪些问题。

（4）明确说明评估的类型，评估是建设性评估、总结性评估，还是教学诊断等。

（5）阐明通过统计分析是否达到预期目标。

（6）说明此评估方案实施以前是否有过类似的评估。

2. 概述评估实施的过程和方法

这是评估报告的方法论部分，主要说明如何制定和实施评估方案的主要过程，包括：

（1）评估工具的使用来源，自编还是统一编制，或是用试题库等。

（2）调查内容及范围。

（3）调查测试方法，是团体测试还是抽样等。这一部分侧重于对问卷质量进行信度、效应、难度、区分度的评估说明，以表明本次测试的结果的可靠程度。

（4）简要说明评估者的情况。

3. 阐明评估结果

这是评估报告的主要部分，要求：

（1）简要说明评估调查的结果与期待目标的关系，并将有关统计数据作为客观事实写出。

（2）以陈述事实为主，突出强调结果的客观性和准确性。

（3）坚持定量和定性相结合的原则，对有关数据资料要求严格核实，注意图表的正确格式而且要采用一定的统计分析技术，从数量变化中揭示出事物内在的联系。

4. 讨论、分析评估结果，并提出参考意见

这一部分是评估报告中最关键的部分。分析者既要解释调查所得的结果，又要答复导言中提出的问题。具体来说，一般包括以下内容：

（1）解释评估结果。

（2）依据结果进行综合分析，多重比较。尤其要注意结果与预期目标不符或相差很大，甚至出现相反结果的情况，尽可能找出导致这种差异的原因。

（3）提出这次评估的理论意义及价值。

（4）在讨论分析中指出其应用价值，以此作为上级决策层作出决策的依据。

（5）客观地分析存在的问题和局限，指出不足，并提出弥补的建议和对策。一项高质量的评估分析，就是一项有意义的研究。一份好的评估报告，就是一项较好的科研成果。

5. 结论

这是评估报告正文的最后一部分，有时也称为“报告摘要”，主要概括全部评估的结果，使人们对本项评估的成果有一个简明而又全面的认识。因此，它必须具有客观性，语言一般要慎重，切忌夸大事实，不能作出所谓“以小见大”式的结论。

6. 附录

这是评估报告的末尾，主要是将评估所使用的资料附在报告正文后以备查。如调查问卷、评估指导书及标准答案、参考文献索引、数据分析统计工具等。

在撰写培训评估报告时，还需要注意以下几点：

（1）要用辩证的眼光来分析问题。

（2）要在下结论之前确实掌握真凭实据。

（3）要考虑到评估者本人可能存在的偏见。

（4）要考虑到培训的短期效果和长期影响。

在实际操作中，评估报告可以根据具体的培训项目做相应的调整。

五、建立良好的反馈系统

评估并不是为了“通过验收”，也不是将评估结果提交主管人员或领导决策机构就算完成任务了，而是要为培训计划的执行和以后的培训提供改进的相关信息。因此，在实施评估的同时必须建立起良好的反馈系统。

5.8.7 培训评估的分析与转化

1. 评估信息的来源

可以把评估信息分为硬数据和软数据两类。

（1）硬数据。硬数据是一些易于收集、无可争辩的事实，如公司运营中的有关产量、时间、质量、成本等常用指标。

它的特点：①容易衡量和量化；②较容易转化成货币价值；③更加客观；④是衡量组织机构业绩的常用标准；⑤可靠性较高。

（2）软数据。软数据一般是难以量化的关于工作习惯、工作氛围、员工满意度等方面的软性指标，通常难以收集和分析。

一个较为完整的评估系统会在这些不同的时间段内收集不同的数据：①在培训项目进行当中，收集反馈信息、测量学习；②在培训项目结束时，收集反馈信息、测量学习；③在实际工作中，观察行为的变化；④在特定的后续进展阶段，衡量由个人或工作小组完成的工作结果。不同的培训评估，需要不同的信息，各类信息有其不同的来源。可以总结出它们之间基本上存在的对应关系。

根据不同的评估目的和信息内容可以采用不同的信息收集方法，可以归纳为通过资料收集、通过观察收集、通过面谈访问收集和通过调查问卷收集四种。

2. 数据的整理分析

对收集来的评估信息不仅要归类、登记、建立数据库，还要进行必要的统计分析。在对数据进行分析时，会用到一些统计方法。一般来说，有三种统计方法较为常用，即平均数差异检验、方差分析和相关趋势分析。

（1）平均数差异检验。平均数差异检验是指用平均数来检验两组数据之间的差异，如受训者前、后测验的分数上是否有差异、受训组和对照组在培训后测量分数上是否有差异。

在进行检验时，还需要设定置信区间，即设定在多少概率范围内可以接受或拒绝两组数据有无差异的结论，通常称为水平。一般设定为0.95或0.99，即结论的可信度。参照t分布表，就可以作出统计推论。

（2）方差分析。方差分析用于对多个变量组数据的差异进行检验。它与t检验法相比，具有评估两个以上变量的效果，进行多组比较时能较为准确地作出判断，具有更高的统计功效。采用方差分析时，要计算出组内变异和组间变异。

组间变异是指由于接受了不同的处理方法，如培训—没有培训，课堂讲授—电脑辅助教学—互动等产生的不同小组之间的差异。

组内变异指发生在同一组内部，由个别差异或误差导致的变异。进行方差分析的目的在于，看看发生的变化到底是由于实施了不同的处理所产生的，还是仅仅由于误差所导致的。具体计算可参考统计学方面的相关书籍。

（3）相关趋势分析。相关趋势分析是指利用相关性来显示培训项目中不同因素和学员业绩表现之间的相互关系。比如，将受训者在工作岗位上的业绩表现情况与参加培训后的测试成绩进行比较，就可以揭示两者之间的相互关系。如果排除了其他因素的影响，两者之间若存在显著相关，则可以认为培训是有效的。

在培训项目不同阶段收集到的数据往往会在当下的阶段就进行分析，以便为培训项目的调整提供信息。此后，可以继续收集后续跟踪数据，再将它们与最初的数据合在一起分析，对整个培训项目进行评估。

5.8.8 培训评估的整合

一、柯氏评估模型及应用

不同的培训评估类型有不同的培训评估的内容，应采取不同的评估方法。根据美国人力资源管理专家唐纳德·柯克帕特里克（Donald Kirkpatrick）在1959年提出的四个水平的评估模型（简称“柯氏评估模型”），按培训评估深度和难度从低到高分为四个递进的层次——反应、学习、行为、结果的评估。1996年杰克·菲利蒲（Jack Philips）在柯克帕特里克的四层次模型基础上，增加了第五层，即财务评估层。ROI（投资回报率）是对培训效果的一种量化测定，是通过财务数据来说明培训对企业经济利润的影响。它通常是指培训的货币收益和培训成本的比较。但应用最广的还是“柯氏评估模型”。

1. 反应层评估

反应层面的评估主要用来评估受训者对培训课程、培训教师和培训安排的喜好程度。它是对培训表面效果的测量，并不一定能反映出培训对组织的实际绩效有何作用，但有时学员的反应对于决定培训项目是否需要重新设计或继续进行却是至关重要的。评估反应就像评估顾客满意度一样，要想培训有效，首先应考虑的是学员是否对培训有积极的反应，如果评估的信息显示大多数学员喜欢该培训项目，则说明培训的内容和形式是学员能接受的；否则，学员将没有积极的动机和主动学习的态度来参加培训，对企业再有用的培训也难以转化成学员的知识或技能。

一般来说，反应层评估是较为容易做的，往往是让参加者填写一张培训评估表就可以了，但为了使反应层评估更好地进行，需注意以下几点：①决定要收集哪些方面的信息。②设计可以定量分析信息的评估表。③鼓励填写评价和建议。④确保每个学员都填写了评估表。⑤让学员客观、真实地填写。⑥建立培训“可以接受”的标准。⑦对照标准衡量反应，并采取适当的措施。⑧提供有关学员反应评估的反馈。

2. 学习层评估

企业培训中较为常见的传授内容包括知识、技能、态度、心理等。因此，学习层评估通常直接测量的是受训者对原理、事实、技术和技能的掌握程度，评估的主要方面相应为：学到了什么知识？学到或改进了哪些技能？哪些态度发生了改变……

对学习结果的评估在培训评估中是非常重要的，因为若没有以知识、技能、态度等的获得和改变为基础，就很难导致行为和结果上的变化。学习层评估一般是通过试卷测试的方式进行的。大多数企业会在培训后，要求受训者参加考试，考试合格后才授予其培训合格证书。

3. 行为层评估

对行为层面进行评估是为了确定受训者从培训项目中所学到的技能和知识等在多大程度上转化为实际工作行为上的改进。它实际评估的是知识、技能、态度等的变化。

行为层评估的主要内容包括：受训者现在能否做到以前做不到的事？他们能否在工作中表现出新的行为？受训者的表现是否更好了？

行为层次上的评估比反应层次和学习层次上的评估更为复杂、更难以操作，其原因如下：

（1）因为受训者行为的改变是有一定条件的。如果他们在培训后得不到机会应用所学的知识和技能，行为的改变就很难发生。

（2）因为很难预计何时会发生变化，即受训者即使有机会应用所学到的东西，他们的行为也不会立竿见影地产生变化。行为上的变化可能在受训者第一次应用后的任何时间内发生，也可能根本没有行为上的变化。因此，从培训到行为迁移在时间上有滞后效应。

（3）因为行为的改变也会受到外部因素的影响。如管理层对员工采用新方式的赞赏和鼓励等。

以上这些说明，对行为改变方面进行评估比第一层和第二层的评估更加困难，第一、二层的评估往往在培训后就可即刻进行。而对于行为层评估，就要注意什么时候评估、评估的频率及评估的方式等。正是如此，许多企业在培训后，只进行第一、二层次的评估后就不再继续下去了，但这方面的评估对于企业和员工个人而言都是非常重要的，主要体现在三个方面：

（1）对企业来说，可以看到培训到底导致了员工在工作上产生了哪些变化，从而估计培训项目对于企业的价值。

（2）对管理层来说，通过评估了解到员工的改变程度，可以对某个培训项目有更好的了解。

（3）对员工来说，通过评估可以看到自己的变化，从而增加对培训的信心并更有效地进行工作。

行为层评估所采取的方式是，除了让受训者对自己的行为进行评估外，还采用360度反馈的做法，即让其同事、下属、上级共同参与评估其行为。这样得到的结果可以提供更多、更全面的信息，以帮助管理者作出正确的判断。

4. 结果层评估

结果层评估是柯氏模型中最重要也是最困难的评估。它是从组织的高度进行的评估，即企业是否因为培训而经营得更好了。这一阶段的评估要考察的不再是受训者的情况，而是从部门和组织的高度上，了解培训带来的组织上的改变效果，即要回答“培训为企业带来了什么影响?”可能是经济上的影响，也可能是精神上的影响。通过对这样一些指标的分析，企业能够了解培训带来的收益，从而确定培训对企业整体的贡献。

这种评估方式的优点是显而易见的，因为企业及企业高层主管在培训上投资的根本目的，就是为了提高以上这些指标。如果能在这个层面上拿出翔实的、令人信服的调查数据，不仅可以打消高层主管对于投资培训的疑虑心理，而且还可以指导培训课程计划，把有限的培训费用投入到最可以为企业创造经济效益的课程上来。

对结果层进行评估的企业很少，其原因如下：

（1）培训成本效益量化难度较大，对管理者和培训者的评估技术要求较高。

（2）结果层的信息比较难以收集，如果没有采用较好的效果评估设计的话，人们会对收益是否完全是由培训项目带来的抱有怀疑。所以，对这一层次的评估往往被很多企业忽略了。

二、CIRO 和 CIPP 评估模型

CIRO评估模型最早应用于欧洲，是情境（Contextual），投入（Input），反应（Reaction）和结果（Outcome）的缩写。该模型认为培训评估必须从这四个方面进行。情境评估指的是获取和使用当前情境的信息来明确培训需求与培训目标。投入评估指获取和使用可能的培训资源确定培训方法，这些资源包括内部和外部资源。反应评估指获取和使用参与者的反应改善培训过程，这个评估过程的典型特征是参与者的主观评价。结果评估指的是收集和使用培训结果的信息，包括四个阶段，即界定趋势目标、选择或构建这些目标的测量方法、在合适的时间进行测量和评估结果从而改善以后进行的培训。

CIPP模型与CIRO模型相似，是情境评估（Context），投入评估（Input），过程评估（Process）和结果评估（Product）的缩写。情境评估界定相关环境、识别需求机会、诊断具体问题，确定培训目标。投入评估可以提供如何最佳使用资源以成功实施培训的信息。

过程评估可以提供反馈给实施培训的负责人，它可以监控可能的失败来源，或者给预先的决策提供信息。结果评估是对达到培训目标的程度进行的测量与解释。

以上两种模型都是四层次的评估方法，它们比柯氏模型的评估范围更宽泛。

三、其他相关培训效果评估方法

除了以上的评估模型外，业界还有多种评估方法。这些方法分为定性分析和定量计算两大类。具体为以下几种方法：

1. 目标评价

通常情况下，企业系统化的培训都是由确定培训需求与目标、编制培训预算及计划、监控以及效果评估等部分组成。它们之间并不是割裂的，而是相互联系、相互影响的。好的培训目标计划与培训效果评估密不可分。

目标评价法要求企业在制订的培训计划中将受训人员完成培训计划后应学到的知识、技能，应改进的工作态度及行为，应达到的工作绩效标准等目标列入其中。培训课程结束后，企业应将受训者的测试成绩和实际工作表现与既定培训目标相比较，得出培训效果。作为衡量培训效果的根本依据，企业应制定出具有确切性、可检验性和可衡量性的培训目标。目标评价法操作成功的关键在于确定培训目标。

2. 绩效评价

绩效评价法是由绩效分析法衍生而来的。它主要被用于评估受训者行为的改善和绩效的提高。绩效评价法要求企业建立系统且完整的绩效考核体系。在这个体系中，要有受训者培训前的绩效记录。在培训结束三个月或半年后，对受训者再进行绩效考核时，只有对照以前的绩效记录，企业才能明确地看出培训效果。绩效考核一般包括目标考核和过程考核。目标考核是绩效考核的核心。目标可以分为定量目标和定性目标。培训经理在选取目标时，应注意选取能体现岗位职责的指标。目标达到了，基本上就已履行了岗位职责。过程考核是绩效考核的另一个重要内容。过程是绩效的保证，没有好的过程就不可能有好的结果。过程考核能反映员工的工作现状，它通常包括考勤、服务态度、工作饱满程度等指标。将目标考核与过程考核结合起来，就能够反映一个岗位的绩效。

3. 关键人物评价

关键人物，是指与受训者在工作上接触较为密切的人，可以是他的上级、同事，也可以是他的下级或者顾客等。有研究发现，在这些关键人物中，同级最熟悉受训者的工作状况，因此，可采用同级评价法，向受训者的同级了解其培训后的改变。这样的调查通常很容易操作，可行性强，能够提供很多有用信息。同其他培训效果评估方法一样，同级评价法也有缺陷，尽管同级间相互很了解，但由于存在竞争，有时会导致评估结果失真。而让上级来评估培训效果同样避免不了局限性，因为有的上级不太了解全面情况，或者会主观臆断。因此，专家设计了一种 360 度的评价法：由上级、下级、顾客、同事，甚至培训管理者等从不同角度来评估受训者的变化。这种方法对于了解受训者的工作态度或受训者培训后行为的改变比较有效。

4. 测试比较

无论是国内还是国外的学者，都将员工通过培训学到的知识、原理和技能作为企业培训的效果。测试比较法是衡量员工知识掌握程度的有效方法。实践中，企业会经常采用测试法评估培训效果，但效果并不理想。原因在于没有加入任何参照物，只是进行简单的测试。而有效的测试法应该是具有对比性的测试比较评价法。测试比较评价法有多种不同方案。其中事前、事后测试法，主要是在参加培训前后，对受训者分别进行内容相同或相近的测试。这样可以体现出被测者受训前后的差别。但这也有缺陷，即不能体现参加培训与未参加培训员工间的差别。为克服这一缺点，企业可以将参加培训的员工组成培训组，另外再挑选一组与培训组素质相近、未参与培训的员工组成对照组，分别对这两组员工进行测试。

有研究显示，分组测试的方案有时也不能测出真实的培训效果，因为会出现“霍桑效应”，即受训者可能因为有机会参加培训而积极性高涨，工作绩效得到提升，但这与培训本身的关系并不大。为克服这一误差，学者所罗门设计了“所罗门四小组”方法，通过增加对照组的数量，尽量减少测试误差。针对培训具有滞后效果的特性，测量比较法还提供了时间序列方案，即在培训后定期做几次测量，以准确分析培训效果的转移程度。

5. 收益评价

企业的经济性特征迫使企业必须关注培训的成本和收益。培训收益评价法就是从经济角度综合评价培训项目的好坏，计算出培训为企业带来的经济收益。有的培训项目能直接计算其经济收益，尤其是操作性和技能性强的培训项目。但是并不是所有的培训项目都可以直接计算出它的收益。采用成本—收益分析，是一种运用会计学的方法来计算培训项目的经济收益的程序。

要确定培训的经济收益一般包括确定培训的成本和培训的收益两个部分内容。培训成本包括直接成本和间接成本。

（1）直接成本主要包括参加培训的所有雇员，即受训者、培训者、顾问以及培训方案设计者的薪资福利；培训项目中使用的原材料与培训用品；设备或教室租赁或购置费用；差旅费等。

（2）间接成本主要包括一般性的办公用品、办公设施、设备以及相关费用；无法计入某一个培训项目的差旅费及其他费用；不直接与任何一个培训项目联系在一起的培训部门管理人员和工作人员的薪资；支持性管理人员和一般员工的薪资。确定经济收益相对于确定成本则较复杂，有很多方法可以帮助企业确定培训收益，例如，计算培训后生产成本的降低、增加业务的数量及收益、可预防事故降低的效果差异、绩效的改善状况等。

上述所讨论的几种综合性培训评估方法，一般可以多种方法联合使用。企业在操作中，可以采用一些常用的工具，如问卷调查、座谈会、面谈、观察等，取得相关数据。取得数据后，再将两组或多组不同的数据进行分析比较。

5.9 云服务平台的培训管理系统

5.9.1 培训组织管理

培训组织管理系统共有十一个模块：①培训需求观察表；②培训需求小组讨论表；③培训需求汇总表；④培训计划；⑤培训准备表；⑥新员工培训跟踪；⑦培训评估（反应

层）；⑧培训评估（学习层）；⑨培训评估（行为层）；⑩培训评估（效果层）；⑪培训总结，如图 5－4 所示。

图 5－4 培训组织管理系统的十一个模块

1. 培训需求观察表

（1）打开菜单，点击“培训管理”，进入图 5－4 页面。

（2）在部门列表中点击“人力资源部综合科”，使得该行颜色变深，再点击上面的“培训需求观察表”，进入“培训需求观察表”新增或修改页面，点击“新增（修改）”按钮，进入图 5－5“培训需求观察表”页面，输入或修改“培训需求观察表”的信息。

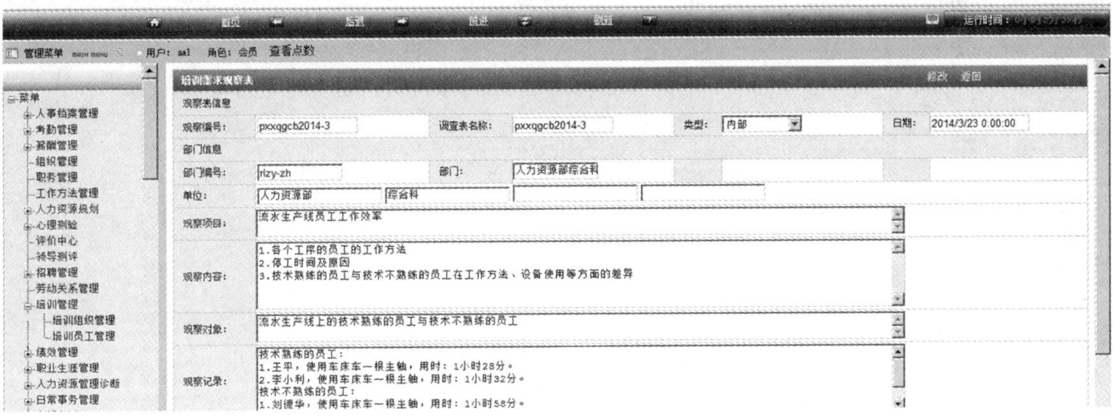

图 5－5 培训需求观察表

2. 培训需求小组讨论表

（1）打开菜单，点击“培训管理”，进入图 5－4 页面。

（2）在部门列表中点击“人力资源部综合科”，使得该行颜色变深，再点击上面的“培训需求小组讨论表”，进入“培训需求小组讨论表”新增或修改页面，点击“新增（修改）”按钮，进入图5－6“培训需求小组讨论表”页面，输入或修改“培训需求小组讨论表”的信息。

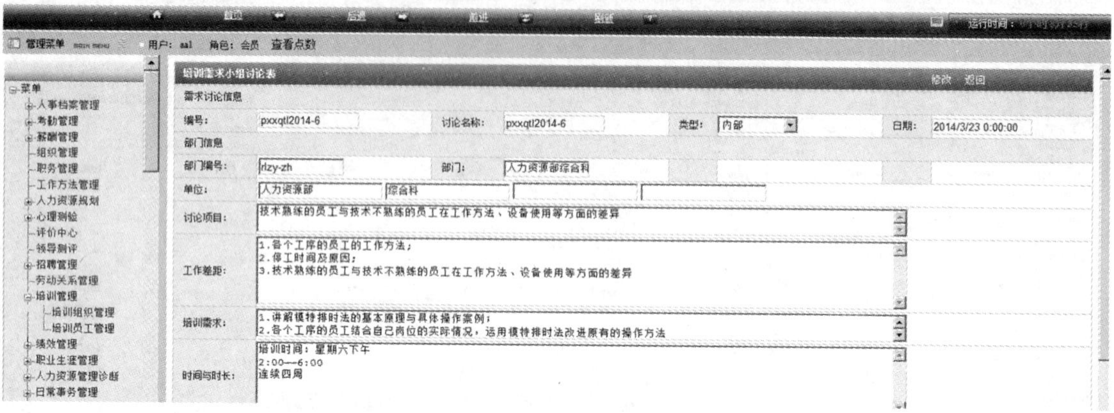

图5－6　培训需求小组讨论表

3. 培训需求汇总表

（1）打开菜单，点击“培训管理”，进入图5－4页面。

（2）在部门列表中点击“人力资源部综合科”，使得该行颜色变深，再点击上面的“培训需求汇总表”，进入“培训需求汇总表”新增或修改页面，点击“新增（修改）”按钮，进入图5－7“培训需求汇总表”页面，输入或修改“培训需求汇总表”的信息。

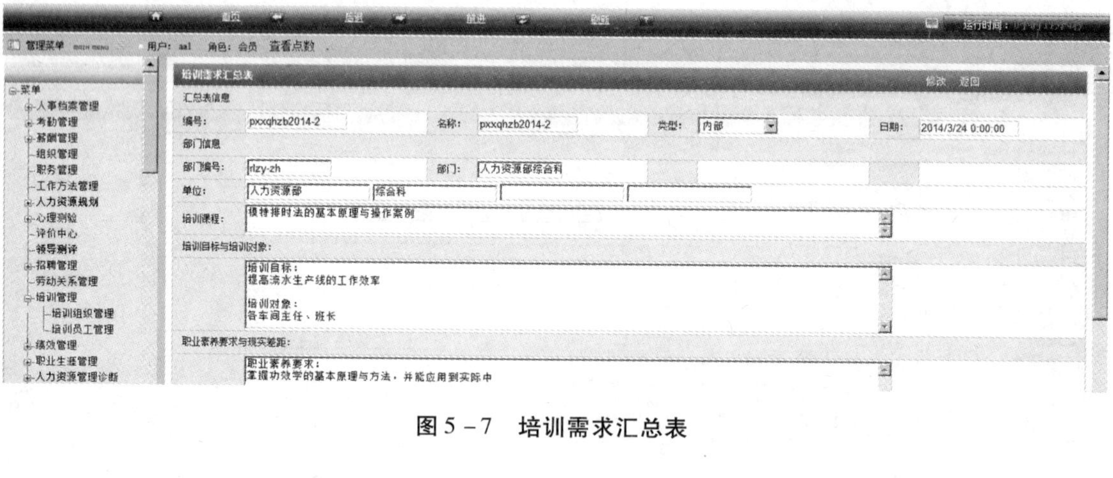

图5－7　培训需求汇总表

4. 培训计划

（1）打开菜单，点击“培训管理”，进入图5－4页面。

（2）在部门列表中点击“人力资源部综合科”，使得该行颜色变深，再点击上面的“培训计划”，进入“培训计划”新增或修改页面，点击“新增（修改）”按钮，进入图

5－8“培训计划”页面，输入或修改“培训计划”的信息。

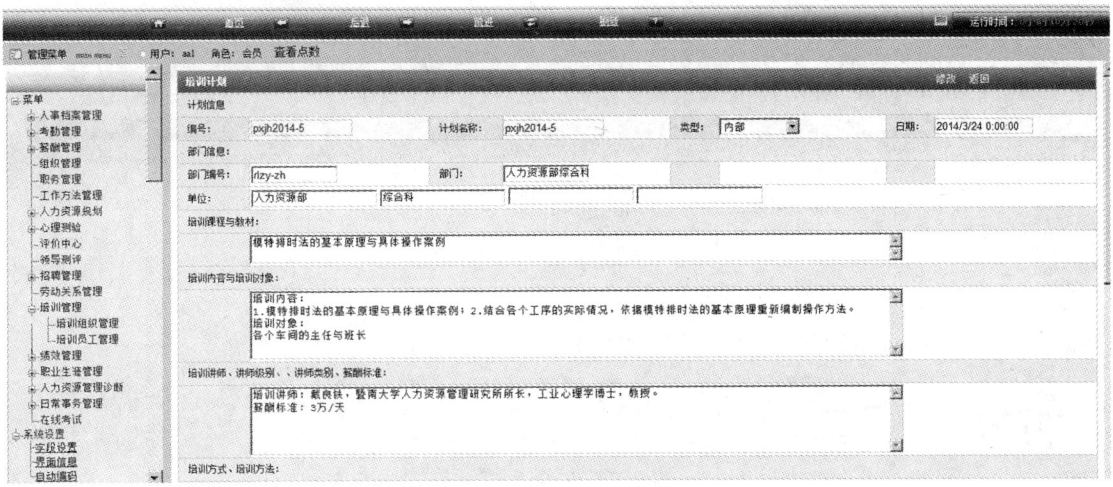

图5－8　培训计划

5. 培训准备表

（1）打开菜单，点击“培训管理”，进入图5－4页面。

（2）在部门列表中点击“人力资源部综合科”，使得该行颜色变深，再点击上面的“培训准备表”，进入“培训准备表”新增或修改页面，点击“新增（修改）”按钮，进入图5－9“培训准备表”页面，输入或修改“培训准备表”的信息。

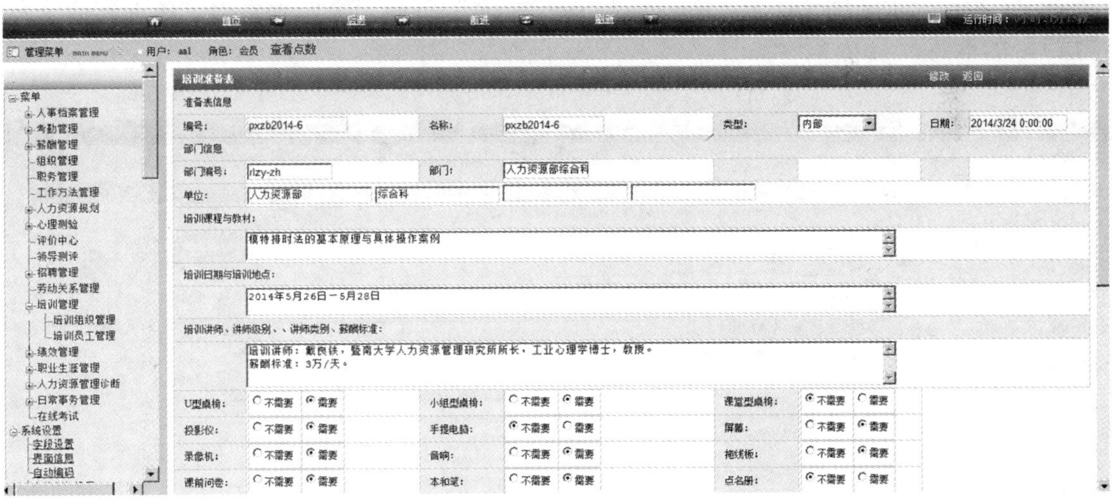

图5－9　培训准备表

6. 新员工培训跟踪

（1）打开菜单，点击“培训管理”，进入图5－4页面。

（2）在部门列表中点击“人力资源部综合科”，使得该行颜色变深，再点击上面的

“新员工培训跟踪”，进入“新员工培训跟踪”新增或修改页面，点击“新增（修改）”按钮，进入图5－10“新员工培训跟踪”页面，输入或修改“新员工培训跟踪”的信息。

图5－10 新员工培训跟踪

7. 培训评估（反应层）

（1）打开菜单，点击“培训管理”，进入图5－4页面。

（2）在部门列表中点击“人力资源部综合科”，使得该行颜色变深，再点击上面的“培训评估（反应层）”，进入“培训评估（反应层）”新增或修改页面，点击“新增（修改）”按钮，进入图5－11“培训评估（反应层）”页面，输入或修改“培训评估（反应层）”的信息。

图5－11 培训评估（反应层）

8. 培训评估（学习层）

（1）打开菜单，点击“培训管理”，进入图5-4页面。

（2）在部门列表中点击“人力资源部综合科”，使得该行颜色变深，再点击上面的“培训评估（学习层）”，进入“培训评估（学习层）”新增或修改页面，点击“新增（修改）”按钮，进入图5-12“培训评估（学习层）”页面，输入或修改“培训评估（学习层）”的信息。

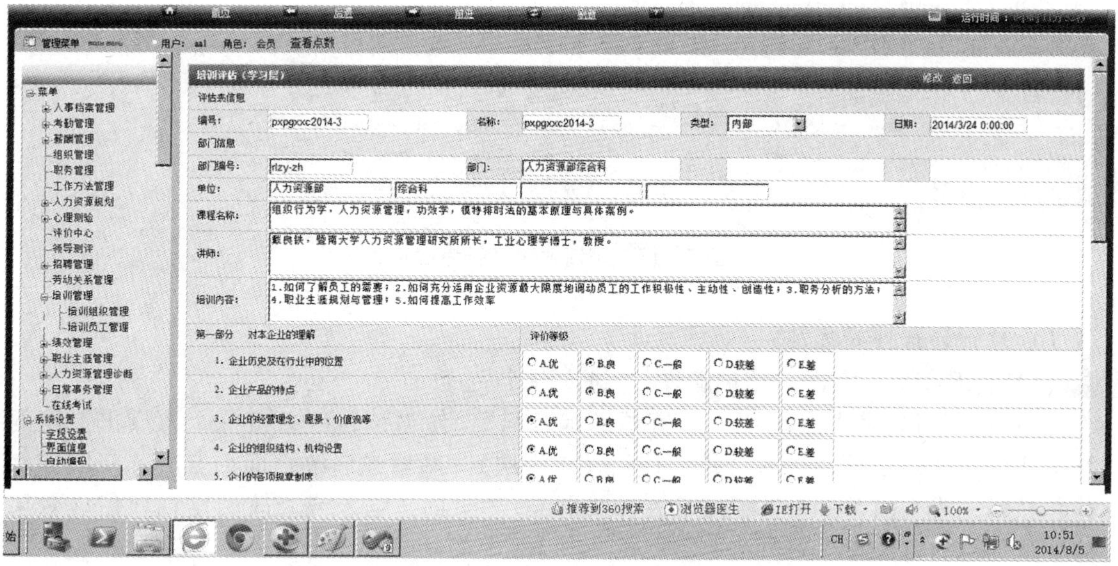

图5-12 培训评估（学习层）

9. 培训评估（行为层）

（1）打开菜单，点击“培训管理”，进入图5-4页面。

（2）在部门列表中点击“人力资源部综合科”，使得该行颜色变深，再点击上面的“培训评估（行为层）”，进入“培训评估（行为层）”新增或修改页面，点击“新增（修改）”按钮，进入图5-13“培训评估（行为层）”页面，输入或修改“培训评估（行为层）”的信息。

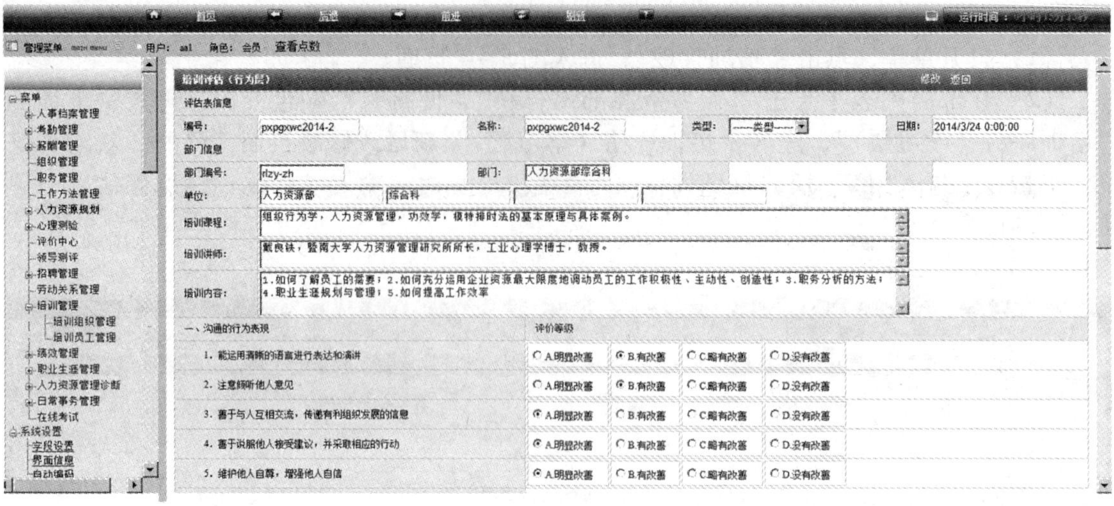

图 5－13　培训评估（行为层）

10. 培训评估（效果层）

（1）打开菜单，点击“培训管理”，进入图 5－4 页面。

（2）在部门列表中点击“人力资源部综合科”，使得该行颜色变深，再点击上面的“培训评估（效果层）”，进入“培训评估（效果层）”新增或修改页面，点击“新增（修改）”按钮，进入图 5－14“培训评估（效果层）”页面，输入或修改“培训评估（效果层）”的信息。

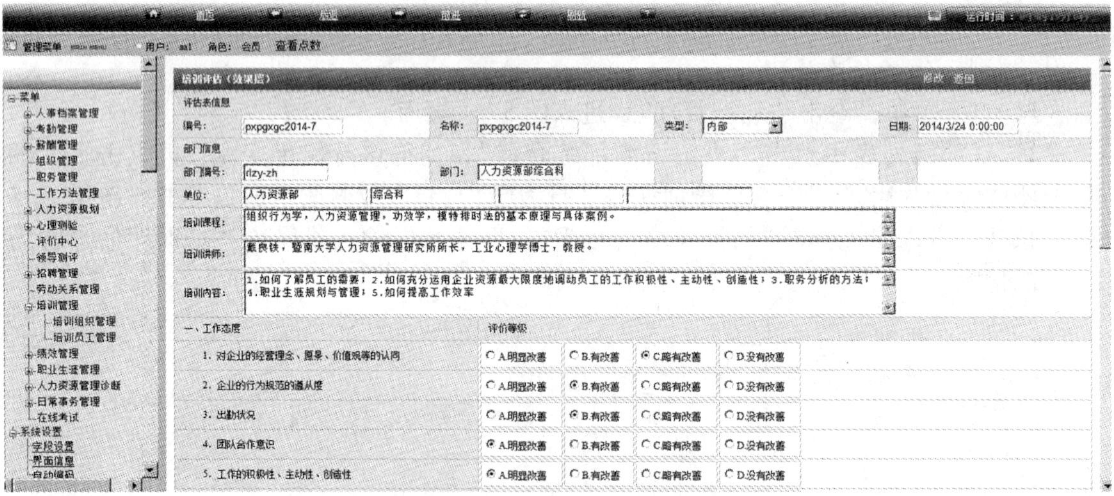

图 5－14　培训评估（效果层）

11. 培训总结

（1）打开菜单，点击“培训管理”，进入图 5－4 页面。

（2）在部门列表中点击“人力资源部综合科”，使得该行颜色变深，再点击上面的“培训总结”，进入“培训总结”新增或修改页面，点击“新增（修改）”按钮，进入图5－15“培训总结”页面，输入或修改“培训总结”的信息。

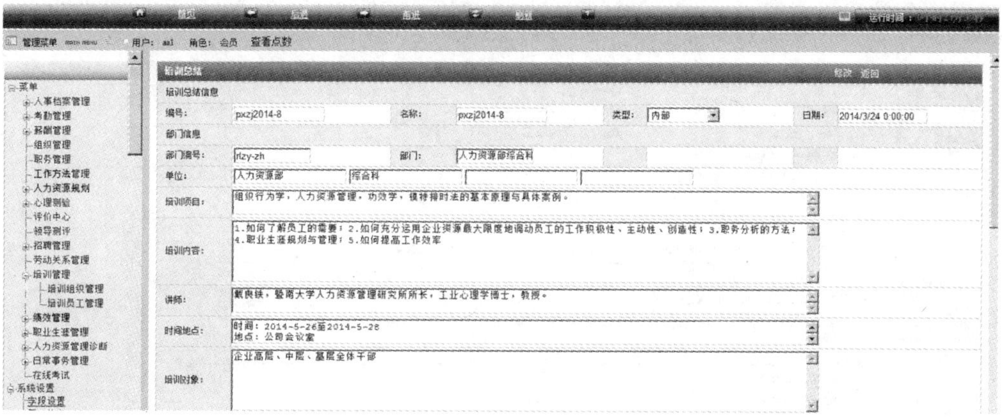

图5－15 培训总结

5.9.2 培训员工管理

培训员工管理系统共有五个模块：①员工培训需求调查问卷；②培训评估（员工反应层）；③培训评估（员工学习层）；④培训评估（员工行为层）；⑤培训评估（员工效果层），如图5－16所示。

图5－16 培训员工管理系统五个模块

1. 员工培训需求调查问卷

（1）打开菜单，点击“培训管理”，进入图5－16页面。

（2）在员工列表中点击“万五十九”，使得该行颜色变深，再点击上面的“员工培训需求调查问卷”，进入“员工培训需求调查问卷”新增或修改页面，点击“新增（修改）”按钮，进入图 5－17“员工培训需求调查问卷”页面，输入或修改“员工培训需求调查问卷”的信息。

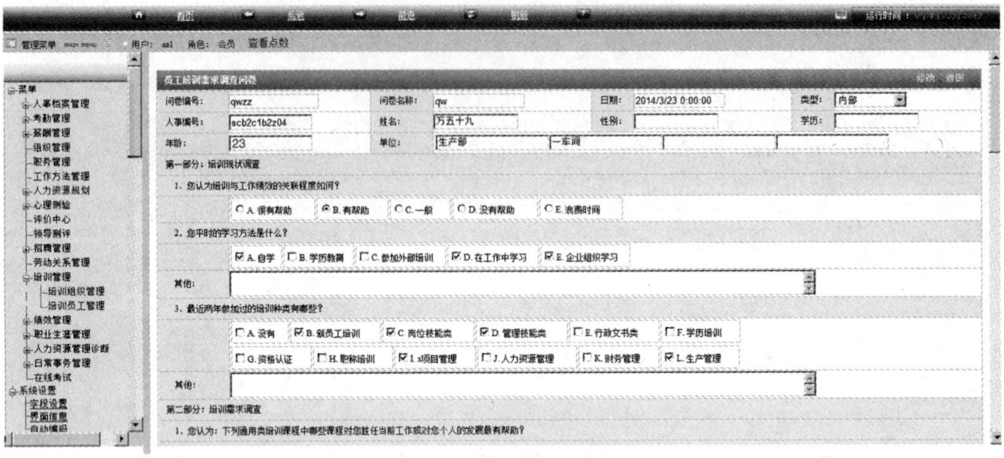

图 5－17　员工培训需求调查问卷

2. 培训评估（员工反应层）

（1）打开菜单，点击“培训管理”，进入图 5－16 页面。

（2）在员工列表中点击“万五十九”，使得该行颜色变深，再点击上面的“培训评估（员工反应层）”，进入“培训评估（员工反应层）”新增或修改页面，点击“新增（修改）”按钮，进入图 5－18“培训评估（员工反应层）”页面，输入或修改“培训评估（员工反应层）”的信息。

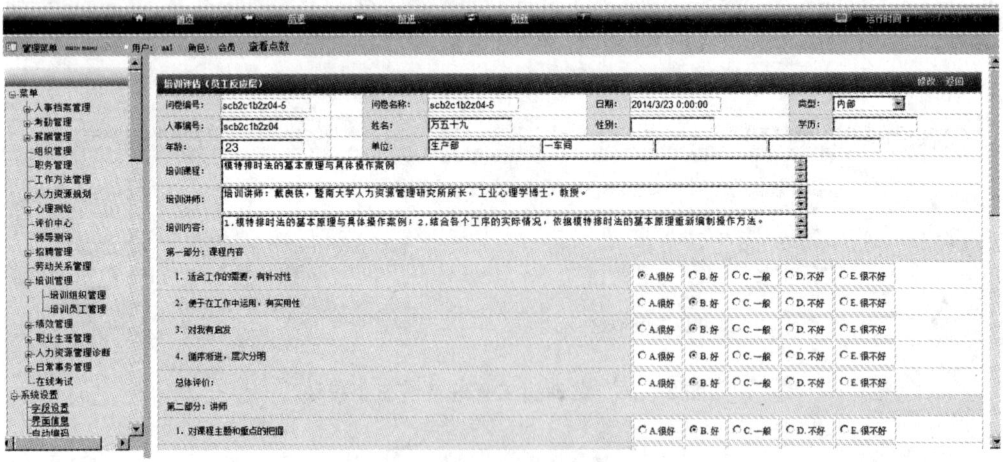

图 5－18　培训评估（员工反应层）

3. 培训评估（员工学习层）

（1）打开菜单，点击“培训管理”，进入图5－16页面。

（2）在员工列表中点击“万五十九”，使得该行颜色变深，再点击上面的“培训评估（员工学习层）”，进入“培训评估（员工学习层）”新增或修改页面，点击“新增（修改）”按钮，进入图5－19“培训评估（员工学习层）”页面，输入或修改“培训评估（员工学习层）”的信息。

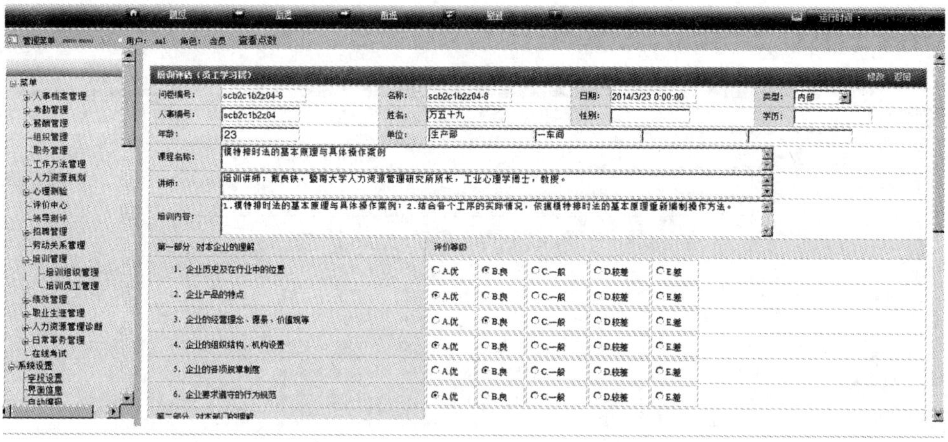

图5－19 培训评估（员工学习层）

4. 培训评估（员工行为层）

（1）打开菜单，点击“培训管理”，进入图5－16页面。

（2）在员工列表中点击“万五十九”，使得该行颜色变深，再点击上面的“培训评估（员工行为层）”，进入“培训评估（员工行为层）”新增或修改页面，点击“新增（修改）”按钮，进入图5－20“培训评估（员工行为层）”页面，输入或修改“培训评估（员工行为层）”的信息。

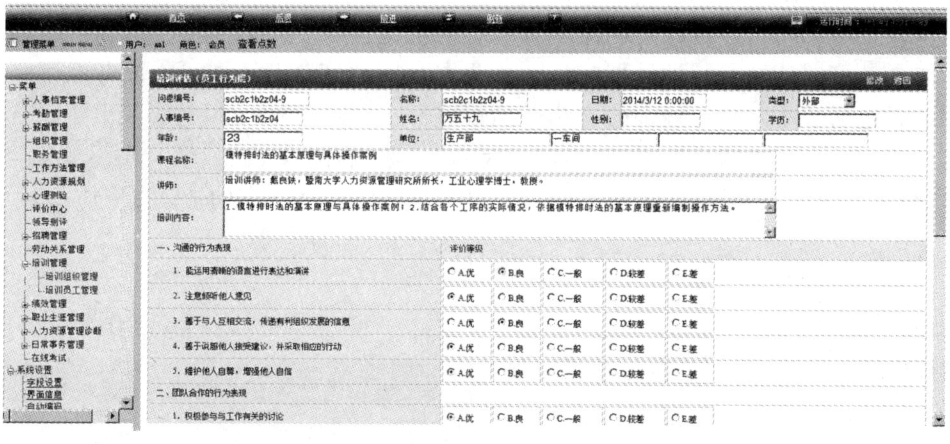

图5－20 培训评估（员工行为层）

5. 培训评估（员工效果层）

（1）打开菜单，点击“培训管理”，进入图 5－16 页面。

（2）在员工列表中点击“万五十九”，使得该行颜色变深，再点击上面的“培训评估（员工效果层）”，进入“培训评估（员工效果层）”新增或修改页面，点击“新增（修改）”按钮，进入图 5－21“培训评估（员工效果层）”页面，输入或修改“培训评估（员工效果层）”的信息。

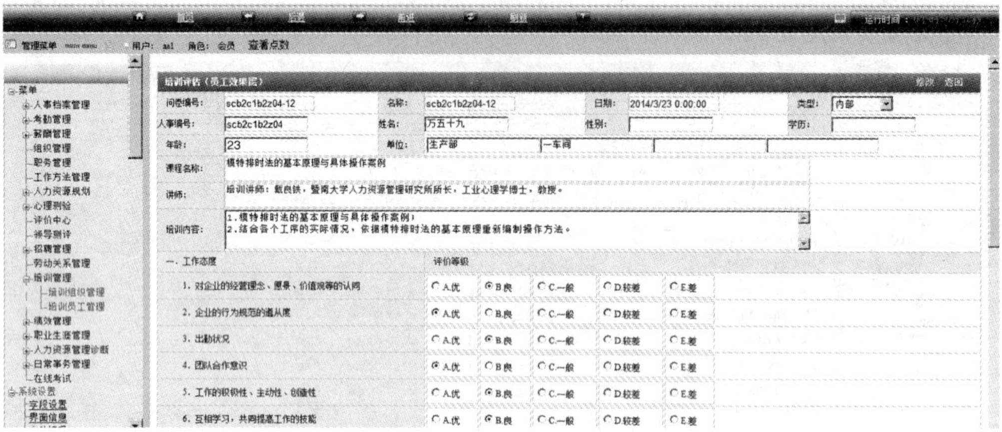

图 5－21 培训评估（员工效果层）

思考题

1. 什么是学习型组织？如何构建学习型组织？

2. 构建学习型组织在观念及组织上必须作出哪些变革？

3. 什么是组织学习？组织学习的特征是什么？组织学习的形态包括哪些？

4. 组织学习的障碍包括哪些？如何建立组织学习的三大系统？如何提升组织学习的效率？

5. 企业培训体系的构成因素包括哪些？如何构建结构化的企业培训体系？

6. 什么是培训需求分析？培训需求分析的框架包括哪些？如何进行培训需求分析？

7. 什么是培训计划？培训计划应包括哪些内容？制订培训计划时应该考虑哪些因素？

8. 培训包括哪些内容？培训的方法包括哪些？

9. 如何选择合适的培训途径与方式？如何选择培训师？

10. 新员工的岗前培训包括哪些内容？新员工的岗前培训如何实施？应该注意哪些问题？

6 职业生涯管理

本章提要

本章重点从研究导论、理论、模型、内容等角度全面地阐释了职业生涯管理。职业生涯规划，是指企业与员工共同制定基于个人和企业组织方面需要的个人发展目标与发展道路的活动。职业生涯规划的主体是企业组织与员工个人。继而又从组织和员工两个角度探讨了职业生涯管理过程中双方应该付出的努力和注意的问题，为了使读者阅读时更加清晰，本章就组织职业生涯管理举出实际的计划——员工援助计划，更全面细致地解释了组织的职业生涯管理。在本章的末尾，列举出了××国税局职业生涯管理的应用案例，把具体案例和本章所介绍的知识点结合在一起，全面系统地介绍了对企业进行职业生涯管理的具体步骤和方法，很好地解答了这个案例中存在的问题，并指出了本章的应用性。

6.1 职业生涯管理概述

激烈的升职竞争、沉重的就业压力、持续的技术革新以及经济全球化、企业的优化与重组等诸多因素，促进了职业生涯管理——人力资源管理工作的一个重要环节——越来越受到企业的关注。职业生涯管理在组织中发挥着重要的作用。成功的职业生涯管理既能满足组织对人才的需要又能满足员工自我实现的需要，从而更好地发挥员工的知识、技能，留住那些对企业有价值的员工，实现组织与员工的双赢。

一、基本概念

1. 职业生涯规划

职业生涯规划，是指企业与员工共同制定基于个人和企业组织方面需要的个人发展目标与发展道路的活动。职业生涯规划的主体是企业组织与员工个人。

职业生涯规划的内容主要包括：职业选择、职业生涯目标（可分为人生目标、长期目标、短期目标）的确立、职业生涯路径的设计，还包括与人生目标及长期目标相配套的职业生涯发展战略，与短期目标相配套的职业生涯发展策略的确立。员工的职业选择和职业生涯目标，既是个人的需要，也是企业的需要。因而，通过职业生涯规划把员工个人利益和企业组织利益有机地结合起来了。

2. 职业生涯发展

职业生涯发展主要是针对员工而言的，职业生涯规划的实施即是员工职业生涯发展，职业生涯发展的本质是员工个人得到全面的发展。

职业生涯规划制订好之后，员工要着手在企业内部或企业之间（跨越组织的职业生涯设计）实施职业生涯设计。在实施职业生涯设计的过程中，员工将沿着原来设计的发展通道，不断地从一个岗位转移到另一个岗位，从比较低的层次上升到比较高的层次，直至达到职业生涯目标。伴随着岗位和层次的变化，员工必须不断接受新岗位和层次的挑战，不断提高自身素质，改善素质结构，也就是说，员工要不断接受企业培训和自我培训，进行生理、心理保健，提高绩效。职业生涯管理充分考虑到员工想什么，能干什么，从而形成个人职业生涯设计。在职业生涯发展中，企业不断为员工成长提供帮助，因此，员工在企业内部不仅可以公开地提出自己的“理想”，而且员工的未来是可以预期的，故而对员工的激励是内在的、高层的和持久的。由于员工个人目标与企业目标相协调，当个人目标实现时，对企业也作出了相应的有益贡献。对企业的贡献反过来又进一步强化了员工的动力，所有员工在实现其各不相同的个人目标的过程中，企业也在不断地实现其自身的目标，从这一意义上讲，企业利益是全体员工个人利益的最优解。

二、职业生涯管理

职业生涯管理，就是组织和员工本人对职业生涯进行设计、规划、执行、评估、反馈的一个综合管理过程。

职业生涯管理是员工与组织双方动态运动的过程，在组织和个人的不同发展阶段中有各自不同的管理任务与重点，因此，它更强调双方的协调与统一、变化与适应。在现代企业中，个人最终要对自己的职业发展计划负责，这就需要每个员工都清楚地了解自己所掌握的知识、技能、能力、兴趣、价值观等。而且，还必须对职业选择有较深的了解，以便制定目标、完善职业计划；企业则必须提供自身的发展目标、政策、计划等，还必须帮助员工做好自我评价、培训、发展等。当个人目标与组织目标有机结合起来时，职业生涯管理就将意义重大。职业生涯管理是员工与组织双向的职业活动。作为企业人力资源管理的组成部分，它要将职业生涯发展目标导向企业发展目标的实现。在关注企业经营目标实现的同时，也关注员工个人目标的实现与职业的发展。

三、职业生涯管理的特征

1. 组织为其员工设计的职业发展与援助计划，有别于员工个人制定

职业发展规划是以个体的价值实现和增值为目的，个人价值的实现和增值并不局限于特定组织内部。职业生涯管理就是从组织角度出发，将员工视为可开发增值而非固定不变的资本。通过员工职业目标的努力，谋求组织的持续发展。职业管理带有一定的引导性和功利性。它帮助员工完成自我定位，克服完成工作目标过程中遇到的困难挫折，鼓励员工将职业目标同组织发展目标紧密相连，尽可能多地给予他们机会。由于职业管理是由组织发起的，通常由人力资源部门负责，所以具有较强的专业性、系统性。与之相比，职业计划没有那么正规和系统。或者可以说，只有在科学的职业管理之下，才可能形成规范的、系统的职业计划。

2. 职业生涯管理必须满足个人和组织的双重需要

与组织内部一般的奖惩制度不同，职业生涯管理着眼于帮助员工实现职业发展规划，即力求满足员工的职业发展需要。因此，要实行有效的职业生涯管理，必须了解员工在实现职业目标过程中会在哪些方面碰到问题、如何解决这些问题、员工的漫长职业生涯是否

可以分为有明显特征的若干阶段、每个阶段的典型矛盾和困难是什么、如何加以解决和克服，组织在掌握这些知识之后，才可能制定相应的政策和措施帮助员工找到答案，向他们提供相应的机会。同样，只有满足了员工的职业需求，才可能满足组织自身人力资源内部增值的需要。一方面全体员工的职业技能的提高带动组织整体人力资源水平的提升；另一方面职业管理中心的有意引导可使同组织目标方向一致的员工脱颖而出，为培养组织高层经营、管理或技术人员提供人才储备。提高人员整体竞争力和储备人才是组织的需要，对职业管理的精力、财力投入和政策注入可以看成是组织为达到目的而进行的较长期投资。组织需要是职业生涯管理的动力源泉，无法满足组织需要将导致职业生涯管理失去动力源而中止。

3. 职业生涯管理形式多样、涉及面广

凡是组织对员工职业活动的帮助，均可列入职业生涯管理之中。其中既包括针对员工个人的，如各类培训、咨询、讲座以及为员工自发的扩充技能、提高学历的学习给予便利等；同时也包括对组织的诸多人事政策和措施，如规范职业评议制度，建立和执行有效的内部升迁制度等。职业管理自招聘新员工进入组织开始，直至员工流向其他组织或退休而离开组织的全过程中一直存在。职业管理同时涉及职业活动的各个方面。因此，建立一套系统的、有效的职业管理制度是有相当难度的。

四、职业生涯管理的意义

在复杂多变的社会经济环境中，职业生涯管理不再仅仅是为了帮助员工个人成长，它还是服务于一个组织获得持续发展的战略性资本。管理好员工的职业生涯，可以提高员工本人和企业的核心竞争力，增强适应性，共同应对外界经济环境的发展变化。具体来说，职业生涯管理的意义包括以下几个方面：

1. 有利于应对社会经济变革的挑战

为了在不断调整和变化的经济和社会组织结构中应对社会组织中极不稳定的职业环境，合理规划好自己的职业生涯发展，在完成职业目标的过程中，提高自己的职业适应性，泰然面对社会经济变革的挑战。

2. 有利于保持组织和员工的学习性

创建学习型组织和员工接受继续教育是职业生涯管理的重要内容。要积极更新自己的专业知识，关注学术前沿性的知识，做好准备应对知识和经济的全球化趋势，有针对性地安排好自己的工作与培训学习，提高职业技能，从而获得使组织和个人持续发展的动力。

3. 有利于保持组织和员工的竞争趋势

职业生涯管理可以成为企业的一种相对长久的激励核心员工的措施。对员工个人来说，管理好自己的职业生涯，具备较强的知识和技能在面临企业大规模裁员的窘境时可以做好积极的准备和措施。同时，职业生涯管理还可以促使组织和员工的通力合作，使企业在竞争中保持优势。

4. 有利于人力资源的合理配置

人力资源管理的一个基本任务就是关注员工职业生涯的发展，给员工提供发展的机会。但有时受经济环境和业务调整的影响，组织要不断从外部和内部吸引、招聘合适的员工，让他们担任更重要的岗位工作或承担新的工作任务。同时，员工为了自身的生存发展，也需要在组织内外部寻求新的职业领域或更富挑战性的工作，职业生涯管理可以实现员工职位配置的适宜性，达到人岗匹配。

5. 有利于改善组织的文化建设

职业生涯管理作为一种对员工进行的特殊的激励形式，对企业制度创建和员工的行为规范以及企业核心价值观的形成都会产生积极的影响，还会增强员工的主人公意识。管理好员工的职业生涯，可以保证员工队伍的稳定性以及组织文化的和谐性，使得员工保持对企业的高度忠诚。

6. 有利于协调好工作与家庭的关系

职业生涯发展的每一个阶段都与家庭关系密切相关，家庭成员的行为、观念将直接影响员工工作的绩效和职业的发展。职业生涯的一项重要任务是协调好工作与家庭的平衡，帮助人们从更高层面去理解家庭生活与职业生涯的选择，协调好职业与家庭生活的关系，使家庭生活服务于职业目标。

7. 实现自我价值

职业生涯成功的最高境界是实现自我价值，它可以极大地激发人们向着目标前进的动力和热情，导向自我价值的实现。人们在一个个满足需要和追求更高层次的需要的过程中获得成就感和满足感，在不断提升自我和超越自我的行动中，实现自我价值。

6.2 职业生涯管理的有关理论

在大家设计构想自己的职业蓝图，尤其是在组织为帮助其员工建立职业管理之前，必须要先了解一些问题，即人的职业生活是怎样度过的？在什么时候会碰到什么样的问题？我们怎样才能知道自己适合于做什么工作？……职业发展理论试图解答上述问题并成为职业生涯管理的理论指导。关于职业发展有许多角度不同的理论，这里介绍的是职业发展阶段理论和“职业锚”理论。

一、职业发展阶段理论

职业生涯阶段划分，是职业生涯规划中的一个重要内容。不同的专家学者有不同的观点，有的提出三阶段论，有的提出四阶段论，也有的提出五阶段论、六阶段论。

职业生涯发展理论专家金兹伯格将人生职业生涯发展划分为三个阶段，即幻想期（11岁以前）、尝试期（11～18岁）和实现期（18岁以后）。从金兹伯格的三个阶段划分来看，他着重研究的是一个人的早期生涯发展。

职业生涯发展专家休普将人生职业生涯发展划分为四个阶段，即试探阶段（25岁以前）、创立阶段（25～45岁）、维持阶段（45～65岁）和衰退阶段（65岁以上）。在维持阶段又分为成长与停滞两种状态，有的在此时期继续成长，有的在此时期停滞不前。

职业生涯发展研究领域权威人物萨珀将人生职业生涯发展划分为五个阶段，即成长阶段（0～13岁）、探索阶段（15～24岁）、创业阶段（25～44岁）、维持阶段（45～64岁）和衰退阶段（65岁以上）。在探索阶段又分为试探期、转变期、尝试和初步承诺期。在创业阶段分为稳定期和建立期。

美国学者利文森将人生职业生涯发展划分为六个阶段，即拔根期（12～22岁）、成年期（22～29岁）、过渡期（29～32岁）、安定期（32～39岁）、潜伏的中年危机期（39～43岁）和成熟期（43～59岁）。

我国孔夫子根据自己的亲身经历，将人生十年作为一个阶段。孔夫子曰："三十而立，四十而不惑，五十而知天命，六十而耳顺，七十而从心所欲，不逾矩。"（《论语·为政篇》）其基本含义是：三十岁确立人生目标，四十岁不会困惑了。五十岁就会知道哪些事可以做，哪些事不能做，较客观地了解自己。六十岁便能理解他人，判别是非，分清真假。七十岁便能随心所欲，任何念头都不越出规矩。

美国钢铁大王卡耐基也将人生每十年分为一个阶段。他的观点是：变化的二十岁，充实的三十岁，成熟的四十岁，秋暮的五十岁。其基本含义是：二十岁至三十岁是变化期；三十岁至四十岁是充实期；四十岁至五十岁是成熟期；五十岁至六十岁是秋暮期。对此定义，有不同看法，主要是把五十岁至六十岁定义为秋暮期，对于五十多岁的人来说，有点太伤感了，使人感到有点心灰意冷，人到暮年了，没有用了。这种定义确实不妥，但其每十年作为一个阶段还是有其道理的，值得借鉴。

以上阶段的划分，各有其特点。对于不同的人，有其不同的作用。因为，人生发展极为复杂，有的是高中毕业，有的大专毕业，有的是本科毕业，有的是研究生毕业，其学历不同，参加工作的时间就不同。参加工作的时间不同，其职业生涯阶段的划分也就不同。即使是同等学力、同年毕业，每个人的发展速度也不一样。所以，职业生涯阶段的划分，宜粗不宜细。对职业生涯进行阶段的划分，我们也只是提供一个粗线条的轮廓。每个人可根据自己的具体情况，划分自己的职业生涯阶段。

二、"职业锚"理论

"职业锚"是从斯隆管理研究院毕业生的纵向研究中形成的。简而言之，"职业锚"指的是"自省的才干、动机和价值观的模式"。具体来说，"职业锚"是指新员工在早期工作中逐渐对自我加以认识，发展出的更加清晰全面的职业自我价值观。

1. 职业自我价值观的内容

自我价值观主要包含三部分内容，共同组成职业锚。

（1）自省才干和能力——以多种作业环境中的实际成功为基础。

（2）自省的动机和需要——以实际情境中的自我测试和自我诊断的机会，以及他人的反馈为基础。

（3）自省的态度和价值——以自我与雇用组织和工作环境的准则和价值观之间的实际遭遇为基础。

2. 职业锚的特点

要明确职业锚的概念，还要了解以下五个特点：

（1）职业锚定义工作价值观，工作动机的概念更具体、更明确。职业锚产生于最初的工作价值观和工作动机之上，但又受到了实践工作经验和自我认识的具体强化。

（2）由于实践工作成果的偶然性，职业锚不可能凭各种测试来预测。职业锚是个人同工作环境互动作用的产物，在学校中表现出的潜在才干和能力，在经过实际工作的多次确认和强化之前，并不能成为职业锚的一部分。个体的一系列职业选择的偶然性，体现出从不适应、无法满足需要的工作环境向更和谐环境移动的必然性。在实践中选择、认知和强化，这就是“锚”的比喻。

（3）职业锚强调了能力、动机和价值观的互动作用。我们可能喜欢某类职业，不断提高能力，对此职业的擅长又使我们更喜欢它。或者，我们可能发现自己擅长某职业，渐渐培养起兴趣和感情，后来就越发精通了。职业取向中单独的动机、能力、价值观概念是意义不大的，重要的是突出三者相互作用的整合。

（4）职业锚在正式工作若干年后才可能被发现。即职业锚的确定需要各种情境下实践工作的反复验证方可确认。职业取向的必然性需要一定时间内变化偶然性的累积方可突现。

（5）职业锚概念倾向于寻求个人稳定的成长区域，它并不意味着个人停止变化或成长。职业锚本身会发生变化。

3. 职业锚的类型

斯隆管理研究院的 E. H. 施恩教授总结出五种类型的职业锚，在此加以简要介绍。

（1）技术/职能型职业锚。这一类型的人在作出职业选择和决策时主要精力放在自己正在干的实际技术内容或职业内容上。他们认为自己的职业成长只有在特定的技术或职能领域才意味着持续的进步，这些领域包括工程技术、财务分析、营销、系统分析等各种领域。比如说，一个技术/职能锚的财务分析员希望成为公司的会计或审计员，最高理想是某公司的财务副总裁。他们只对同自己的区域有关的管理任务加以接受，对全面管理则抱有强烈的抵触。在传统的由职能型向全面管理型职业发展的通道上，这一锚型的个体常经历严重的冲突。为了不损害职业，他们常无法拒绝一些全面管理工作，可是这使他们感到害怕或是心烦，无法胜任。

（2）管理能力型职业锚。这一类型的个体在职业实践中培养出来，也相信自己具备胜任责任管理所必不可少的技能和价值观。他们根据需要在一个或多个职能区展现能力，但他们的最终目标是管理本身。他们具有三种能力的强强组合：分析能力——在信息不全或不确定情况下识别、分析和解决问题；人际能力——能影响、监督、领导和操纵组织各级人员更有效地完成组织目标；感情能力——能够为感情危机和人际危机所激励，而不被打倒，能承担高水平的责任，而不是变得软弱无力，能使用权力而不感觉内疚或羞怯。其他类型的人可能拥有一两项更强的单项能力，但是管理锚的人拥有最完善的三项能力的组合。

（3）安全/稳定型职业锚。安全锚的人追求稳定安全的前途，比如，安全的工作、体面的收入、有效的退休方案和津贴等。安全锚的人仰赖组织或社区对他们能力和需要的识别和安排。为此他们会冒险，也愿意以高度服从组织价值观和准则作为交换。安全锚的人也有两种类型的取向：有些人的安全感和稳定感来自给定组织中稳定的成员资格；而另一些人的安全、稳定源则是以地区为基础，包括相对稳定的工作地点、家庭生活的稳定和组织或者区域的归属感。

（4）创造型职业锚。创造锚的个体时时追求建立完全属于自己的成就。创造是他们自我扩充的核心。他们对于创建新的组织，团结最初的人员，为克服初创期难以应付的困难废寝忘食而又乐此不疲。而一旦建成，他们就会厌倦或不适应正规的工作而退出领导层，自愿或不自愿地让位于总经理。成功的企业家大多出自这种锚型，而他们大多无法成为出色的经理。

（5）自主/独立型职业锚。自主/独立锚的个体追求的主要目标是随心所欲地制定自己的步调时间表、生活方式和工作习惯，尽可能少地受组织的限制和制约。他们可能是自主性较强的教授、自由职业者，或是小资产所有者、小型组织的成员。技术/职能锚的个体也可以从事这些职业，但是他们可能很少为了自由的需要而放弃晋升的机会，为了更高的地位、收入，他们可以以自由的个人生活方式做交换。创造锚型的个体同样会拥有很多自主权，但他们关心的不是自由本身，而是全力以赴地建立自主的职业目标。

“职业锚”的五种类型不一定能涵盖所有职业类型，在测试职业早期以外的人员中也没有显示出完全的可分性。除职业实践的客观因素外，是否还有影响职业取向的其他重要因素呢？“职业锚”的理论距离成熟和完善还有一定差距，但它提供了一个独特的视角，在职业计划和职业管理实践方面提供了新的理论基础。

6.3 职业生涯管理的模型

职业生涯管理模型主要描述的是人们应该怎么样管理他们的职业生涯，但是并不是说每个人都能直接照搬这些模型的内容来管理自己的职业生涯。职业生涯管理模型的描述可以帮助我们理解什么是职业生涯管理循环，如图 6－1 所示。

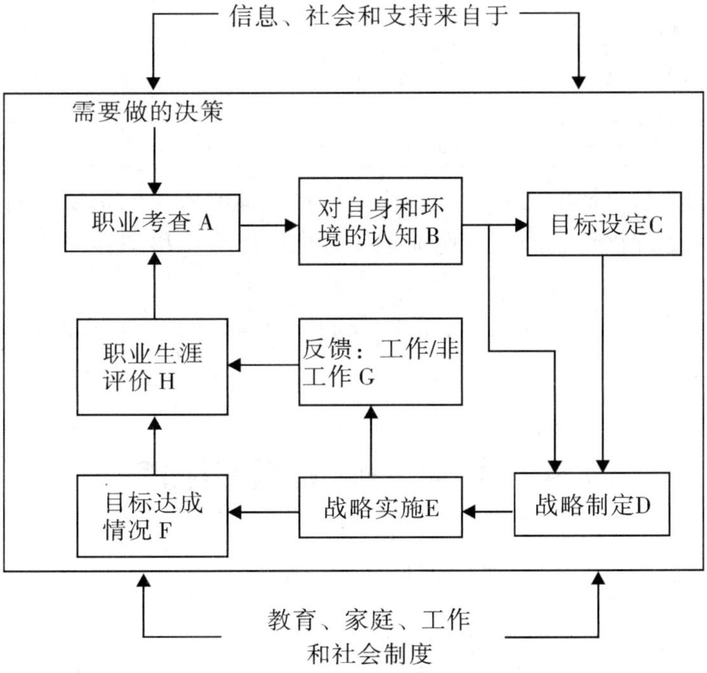

图 6－1　职业生涯管理模型

职业生涯管理模型的第一个步骤是职业考查。职业考查就是搜集和分析关于职业问题的信息。大多数人都需要通过搜集职业信息才能够更切实地认识到自己的价值、兴趣和能力，以及他们所处环境中的机会和障碍。职业考查越是广泛，人们对他们自身和工作环境的不同方面认识就越清楚。

职业生涯管理模型的第二个步骤是认知。认知是一种个人对自身特性以及其相关环境特征的相对完整和准确的理解。在我们的职业生涯管理模型中，对自身和环境的充分认知能帮助人们设定合适自己的职业生涯目标，制定正确的职业生涯战略。认知在个人职业考查中是一个核心概念。如果缺乏对自身和工作的准确认识，就很难设定符合实际的目标。

职业生涯管理模型的第三个步骤是目标的设定。职业生涯管理目标是指人们希望达到的、与职业生涯相关的结果。研究表明那些具有明确的、有挑战性任务目标的雇员，要比那些没有目标或对目标责任感不强的雇员表现要好。设定职业生涯目标的好处是能使人的精力相对集中。职业生涯目标越具体就越有可能制定出有效的战略来实现这一目标。

职业生涯管理模型的第四个步骤是制定职业战略。职业生涯战略就是为了帮助个人实现其职业生涯目标而设计的一连串活动。组织要制订明确的、帮助自身成功实现目标的战略计划，这种战略计划的设定原则也同样适用于个人的职业生涯管理。职业生涯战略大致分为以下七种类型：

（1）现有岗位的能力。

（2）扩大工作的参与程度（工作时间长且努力）。

（3）技能研究（通过培训或通过工作经历）。

（4）研究机遇（通过自我推荐，明确的工作划分和工作关系网络）。

（5）建立支持性的联系（师傅、上级、同级人员）。

（6）树立自己的形象（给人以成功的印象）。

（7）参与组织政治。

职业生涯管理模型的第五个步骤是职业生涯评价。职业生涯评价是指人们获得和利用与职业生涯相关的信息反馈的过程。建设性的信息反馈能使人们判断他们的目标和战略是否有意义，而职业生涯评价就发挥着职业生涯管理的适应性反馈作用，使人们能够监控自己的职业生涯进程。信息的反馈来自于多个方面，职业生涯战略的实施不仅为我们提供了关于工作或工作以外的生活的反馈，还能使我们反思自己的职业生涯目标，通过反馈进一步强化和修订自己的目标。

6.4 职业生涯管理的内容

职业生涯管理的具体内容包括：职业路径，职业选择，职业咨询，工作和家庭的联系，退休计划。

6.4.1 职业路径

职业路径是指组织为内部干部设计的自我认知、成长和晋升的管理方案。职业路径在帮干部了解自我的同时使组织掌握干部职业需要，以便排除障碍，帮助干部满足需要。另外，职业路径通过帮助干部胜任工作，确立组织内晋升的不同条件和程序，对干部职业发展施加影响，使干部的职业目标和计划有利于满足组织的需要。职业路径设计指明了组织内干部可能的发展方向及发展机会，组织内每一个干部都可能沿着本组织的发展路径变换工作岗位。良好的职业路径设计一方面有利于组织吸收并留住最优秀的干部；另一方面能激发干部的工作兴趣，挖掘干部的工作潜能。因此，职业路径的设计对组织来讲十分重要。下面主要介绍四种职业路径设计方式：传统职业路径、行为职业路径、横向职业路径及双重职业路径。

一、传统职业路径

所谓传统职业路径是一种基于过去组织内干部的实际发展道路而制定出的一种发展模式。这种模式将干部的发展限制于一个职业部门内或一个组织单位内，通常是由干部在组织中工作年限来决定干部的职业地位。例如，某一组织的销售部门从下而上设计为销售小组、社区销售、地区销售、全国销售及全球销售五个等级，一个销售人员可在 5 年后成为销售组长，10 年后成为社区销售主管，15 年成为一个地区销售主管，25 年成为跨国公司在某一国家的销售主管，30 年后成为某一国家的销售总监。这种组织职业发展路线有一个很大的缺陷，即它是基于公司过去对员工的需求而设计的，但实际上随着组织的发展，原有职业需求已不再符合现今的组织发展要求。技术的进步、外部环境的变迁、公司战略的改变都会影响公司对人力资源的需求，因此组织更需要一种灵活、可以不断改进的模式来设计组织内的职业发展路径。在这种情况下，行为职业路径产生了。

二、行为职业路径

行为职业路径是一种建立在对各个工作岗位行为需求分析的基础上的职业发展路径设计。它要求组织首先进行工作分析来确定各个岗位上的职业行为需要，然后将具有相同职业行为需要的工作岗位化为一族（这里的族是指对干部素质及技能要求基本一致的工作岗位的集合），以族为单位进行职业生涯设计。这种设计所产生的职业路径是呈网状分布的，具体如图 6 -2 所示。

从 6 -2 可知，分属于不同职业部门的岗位 A 与 B 对干部的基本技能的要求以及干部进行的基本工作活动是相似的，因此可将这两个岗位化为同一工作族。AA 与 BB 也对干部的技能要求基本相同，可化为同一工作族，但它们对干部技能的要求比 A 和 B 要更高一些。按照传统的职业发展路径设计，处于 A 岗位的干部将会沿着有 A—AA—AAA—AAAA 的方向发展，处于 B 岗位的干部将会沿着 B—BB—BBB—BBBB 的方向发展。按照行为职业发展计划的思想，由于 A 岗位与 B 岗位所要求的基本技能大致相同，处于 A 岗位的干部有三种选择：可以水平移动，转换到 B 岗位上，沿着 B 部门的职业发展路线前进；可以在本部门内沿着传统的职业发展路线前进；可以提升到 BB 岗位上，再沿着 B 部门的职业发展路线前进。同样处于 B 岗位的干部也有三种选择，这里我们不再赘述。这样如图 6 -2 所示，一个干部的职业发展路线就呈现出一个网状结构。这里我们只列出了两个具有相同技能要求的工作岗位，现实中一个组织可能拥有多个具有相同技能要求的岗位，那么职业发展路径也就更为复杂。

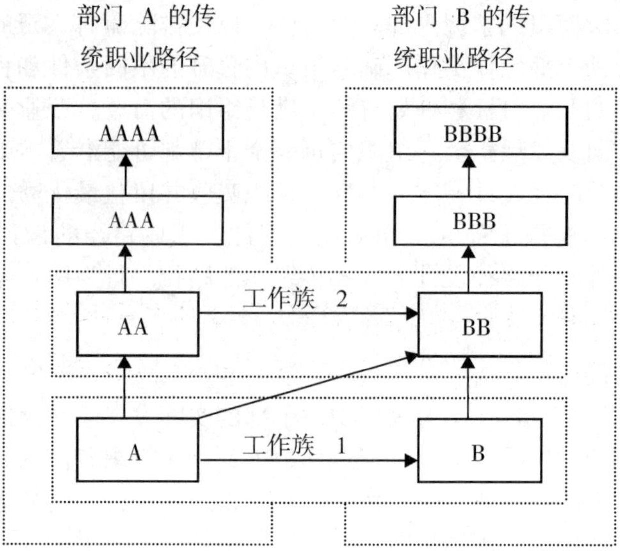

图 6－2　行为职业路径

这种灵活的职业发展路径设计能够给干部和组织带来巨大的便利。对于干部来讲，这种职业发展设计首先为干部带来了更多的职业发展机会，尤其是当干部所在部门的职业发展机会较少时，干部可以转换到一个新的工作领域中，开始新的职业生涯；其次，这种职业发展设计也便于干部找到真正适合自己的工作，找到与自己兴趣相符的工作，实现自己的职业目标。对组织来讲，这种职业发展设计增加了组织的应变性，当组织战略发生转移或环境发生变化时，能够顺利实现人员转岗安排，保持整个组织的稳定性。

三、横向职业路径

前两种职业路径都被视为组织中较高管理层的升迁之路。但组织内并没有足够多的高层职位为每个干部都提供升迁的机会，而长期从事同一项工作会使人倍觉枯燥无味，影响干部的工作效率。因此，组织也常采取横向调动来使工作具有多样性，使干部焕发新的活力。虽然没有加薪或晋升，但干部可以增加自己对组织的价值，也使他们自己获得了新生。按照这种思想所制定的组织职业路径就是横向职业路径。如图 6－2 中由 A 到 B 和由 AA 到 BB。这种设计一般也是建立在工作行为需求分析基础上的。

四、双重职业路径

双重职业路径主要是用来解决某一领域中具有专业技能，既不期望在自己的业务领域内长期从事专业工作，又不希望随着职业的发展而离开自己的专业领域。因此，组织有必要进行双重职业路径（dual career path）设计，即在为普通干部进行正常的职业路径设计的同时，为这类专才设计另外一条职业发展路径，从而在满足大部分干部的职业发展需要的同时，满足专业人员的职业发展需要。这类专业人员职业发展不体现在岗位的升迁上，而是体现在报酬的变更上。同一岗位上不同级别专业人员的报酬是可比的。双重职业路径的设计有利于鼓舞和激励在工程、技术、财务、市场等领域中的贡献者。这种设计使这些领域的人员能够增加他们的专业时间，为组织作出更大的贡献，同时得到报酬。实现双重职业路径能够保证组织既聘请具有高技能的管理者，又雇佣到具有高技能的专业技术人员。

传统职业路径以及由其改良来的行为职业路径都是基于晋升而设计的职业路径，而横向职业路径可以增加干部的职业生活多样性，双重职业路径可以保证干部在适合自己的岗位上发展。每种路径都有它的特点，组织可以根据本组织的特色而选择适当的职业路径，发挥职业管理的巨大功效。

6.4.2 职业选择

为了改善员工所做的职业选择决策，组织及其员工可以做而且应该做两件基本的事情。首先，员工必须对于自己的职业选择负责，即员工应当明白，职业选择中的许多重要决策必须由员工自己来做，而进行这些决策又要求员工制订大量的个人计划并付出大量的努力。进行职业规划的关键是进行自我透视：一是透视个人希望从职业中获得什么；二是透视个人的才能和不足；三是透视自己的价值观以及它们是否与自己当前正在考虑的这种职业相匹配。在此，简单介绍一下性格、兴趣与职业选择的关系。

一、性格与职业

职业心理学的研究表明，不同的职业有不同的性格要求。虽然每个人的性格都不可能百分之百地适合某项职业，但却可以根据自己的职业倾向来培养、发展相应的职业性格。不同性格特征的人员，对组织而言，影响了每个员工的工作岗位和工作业绩；对个人而言，决定着自己从事的事业能否成功。近年来，一些教育学、心理学研究人员根据我国的实际情况，将职业性格分为八种基本类型，如表 6－1 所示。

表 6－1　性格类型与适应的职业

类型	特征	适合的职业
变化型	在新的和意外的活动或工作情境中感到愉快，喜欢有变化的和多样化的工作，善于转移注意力	记者、推销员、演员
重复型	适合连续从事同样的工作，按固定的计划或进度办事，喜欢重复的、有规律的、有标准的工作	纺织工、机床工、印刷工、电影放映员
服从型	愿意配合别人或按别人指示办事，而不愿意自己独立作出决策，担负责任	办公室职员、秘书、翻译
独立型	喜欢计划自己的活动和指导别人活动或对未来的事情作出决定，在独立负责的工作情境中感到愉快	管理人员、律师、警察、侦察员
协作型	在与人协同工作时感到愉快，善于引导别人，并想得到同事们的喜欢	社会工作者、咨询人员
机智型	在紧张和危险的情况下能自我控制沉着应付，发生意外和差错时不慌不忙出色地完成任务	驾驶员、飞行员、公安员、消防员、救生员
自我表现型	喜欢表现自己的爱好和个性，根据自己的感情作出选择，通过自己的工作来表现自己的思想	演员、诗人、音乐家、画家

（续上表）

类型	特征	适合的职业
严谨型	注重工作过程中各个环节、细节的精确性，愿意按一套规划和步骤使工作尽可能做得完美，倾向于严格、努力地工作以看到自己出色完成工作的效果	会计、出纳员、统计员、校对员、图书档案管理员、打字员

绝大部分职业都同时与几种性格类型特点相吻合，而个人也都同时具有几种职业性格类型的特点。在实际的吻合过程中，应根据个人的性格与职业的要求，具体情况具体处理，不能一概而论。

二、兴趣与职业

从早期的弗兰克·帕森斯开始，职业发展专家就专门把兴趣当作职业选择的一个重要组成部分。早期的职业咨询师认为可以通过确定兴趣来确定一个人可能的未来职业大致方向。

兴趣通常被定义成“人们为了乐趣或享受而做的那些事”。Frederick Kuder、E. K. Strong 等心理学家在 20 世纪 40 年代创立的兴趣量表和测验可帮助人们找出他们喜欢什么和不喜欢什么。他们发现，在不同的职业领域工作的人有着不同的兴趣模式。比如，IT 程序员的兴趣与工程师、教师等是不同的。因此快速有效地测出兴趣有助于简化职业生涯规划的过程。

兴趣量表获得了非常大的发展，应用领域十分广泛。至今为止仍被广泛使用的还有斯特朗兴趣量表（Strong，Hansen & Campbell 1985，The Strong Interest Inventory），库德职业兴趣量表（Kuder 1934，The Kuder Occupational Interest Survey）等。这些兴趣量表的本质是测量被试者对上百条关于个人喜欢什么和不喜欢什么的题目作出反应，然后通过个人兴趣剖面图与某个职业领域中其他人的兴趣剖面图进行比较，看二者之间的匹配程度如何，然后作出判断。

在 20 世纪 70 年代初期，心理学家 Holland 提出了新的兴趣量表。他认为兴趣只是描述人格特质的另一种方法。作为兴趣、价值观、技能、态度和学习风格的综合体，人格的这种广义概念在职业选择中起着非常重要的作用，而兴趣则是其中最主要的确定人与职业匹配程度的依据。

Holland 发展了一种“表达式”的兴趣测量方法，他让某人按顺序快速列出他想进入的行业，这种方式既快速又有效。同时，另一种通过具有很多条目的量表来实现的“评估式的”兴趣测量方法也随之被广泛使用。这些兴趣量表的出现消除了兴趣测量和职业选择的神秘性，使得普通人也可以通过测量兴趣来找到与自己匹配的职业类型。

Holland 的兴趣匹配方式之所以成功是因为他提出的 RIASEC 六角模型。基于这个模型人们可以比较一个领域中的兴趣与另一个领域中的兴趣，进而最终匹配人与职业。在他的六角模型中相邻的两个类型会有较多的共同点。

性格类型与适应职业相匹配的详细内容，如图 6－3 所示。

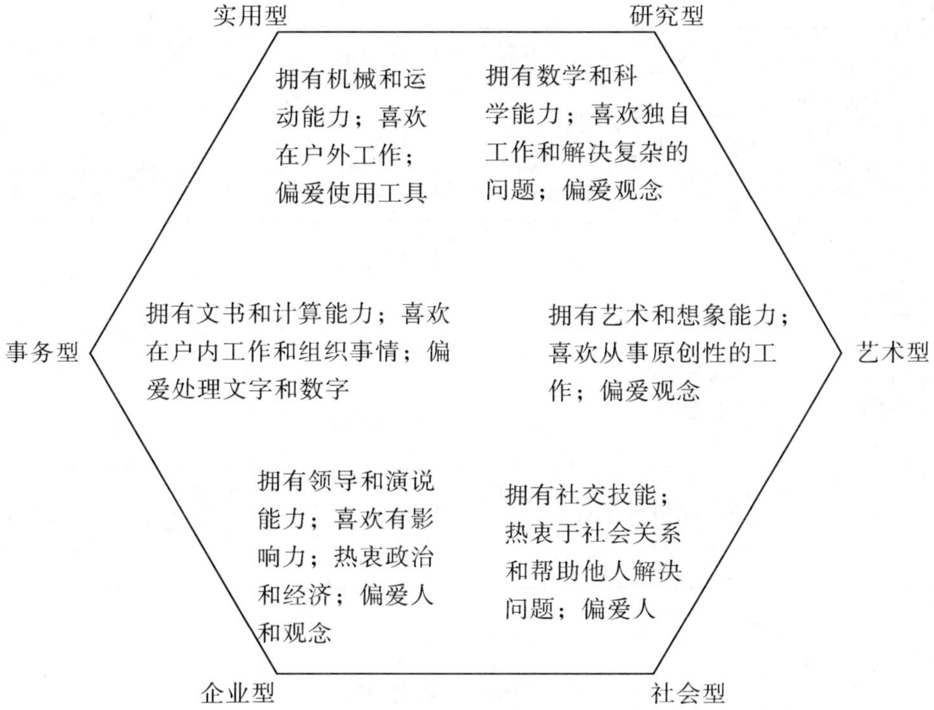

图 6－3　性格类型与适应的职业

Holland 理论是基于以下四种基本假设建立的：

（1）大多数人都可以被归类于 RIASEC 六中类型中的一种：实用型，研究型，艺术型，社会型，企业型，事务型。

（2）同样有六种 RIASEC 环境：实用型，研究型，艺术型，社会型，企业型，事务型。

（3）人们都希望能找到一种环境可以使得他们的技能和能力得以运用，态度和价值观得以表达，并且可以在其中承担一定的任务，解决适当的问题，扮演特定的角色。

（4）一个人的人格特点与环境特点的交互作用决定了一个人的行为。

RIASEC 人格类型说和环境类型说，分别见表 6－2 和表 6－3。

表 6－2　RIASEC 人格类型说

特征	实用型	研究型	艺术型	社会型	企业型	事务型
偏好的活动和职业	操作机器、工具和东西	探索、了解、预测和控制自然和社会的现象	文学、音乐、绘画等艺术活动	教学、助人、咨询等通过人际交往来服务他人	说服、操纵、指导他人	建立或保持常规的标准
价值观	对实际成就的物质回报	知识的发展和获得	思想、情绪或情感的创造性表达	增进他人的福利、社会服务	物质成就和社会地位	物质经济成就，在社会、商业或政治领域的权利

（续上表）

特征	实用型	研究型	艺术型	社会型	企业型	事务型
自己对自己的看法	善于分析的、有智慧的、有怀疑精神的，拥有学术天赋；缺乏人际交往技能	实践的、保守的，拥有动手能力和机械技能；缺乏社会技能	对经验开放的、创新的、智慧的；缺乏文书或办公技能	同情的、耐心的，拥有人际交往技能；缺乏机械技能	拥有销售和说服能力；缺乏科学能力	拥有商业或制造技术技能；缺乏艺术才能
别人对自己的看法	普通的、坦率的	不善社交的、有智慧的	非传统的、无序的、创造性的	善于照顾人的、使人愉快的、外向的	有活力的、合群的	谨慎的、顺从的
避免做的事	与他人交往	说服或销售活动	常规和遵从已经建立的规则	机械或技术活动	科学的、智慧的或深奥的论题	不明确的、无结构的任务

表 6－3　RIASEC 环境类型说

特征	实用型	研究型	艺术型	社会型	企业型	事务型
需求	体力和机械能力，与机器、工具、物理打交道	分析、技术、科学及语言能力	创新和创造能力，通过情绪表达和他人相互作用	人际交往能力，指导、训练、治疗或教育他人的技能	说服、操纵、指导他人的能力	文书技能，工作中达到精确标准
要求和奖励	遵从行为、实际成就	在问题解决中怀疑和坚持，整理新知识	文学、艺术或音乐成就中的想象力	同情心、人道主义、和蔼可亲、友好	主动追求经济或物质成就，主导性、自信心	行政能力，服从，可靠性
允许表达的价值观和人格类型	实践的、生产性的、具体的价值观；强健的、不怕风险的、喜欢冒险的风格	通过学术或研究获得知识	非传统的观念或行为方式以及审美价值观	关注他人的福利	以攫取权力为取向的风格，有责任感	传统观点，关注秩序和常规
包含职业或其他环境	具体的、实践性的活动；使用机器、工具、材料	分析性或智力性活动，其目标在于解决问题或创造和使用知识	表演、写作、音乐、雕刻或非结构性的智力探索工作	通过帮助和促进的方式与他人一起工作	领导、操纵他人来达到个人或组织的目的	运用工具、数字或机器以满足预期的组织要求或具体标准

（续上表）

特征	实用型	研究型	艺术型	社会型	企业型	事务型
职业举例	木匠，货车司机	心理学家，微生物学家	音乐家，室内设计师	咨询员、牧师	律师、零售商	编辑、图书管理员

Holland的六种类型的划分类似于心理学中对人格类型的划分，这个模型就是一种快速有效的人格分类方法。一个人的行为是人格和环境相互作用的结果，因此要考虑环境因素与人格的关系。

兴趣对人生事业的发展至关重要，所以兴趣自然是职业选择应考虑的重要因素之一。为便于大家根据自己的兴趣，选择合适的职业，这里介绍一下加拿大职业分类词典中各种职业兴趣类型的特点与相应的职业，如表6－4所示。

表6－4　兴趣类型与适应的职业

类型	类型特征	适应的职业
1	愿与事物打交道，喜欢接触工具、器具或数字，而不喜欢与人打交道	制图员、修理工、裁缝、木匠、建筑工、出纳员、记账员、会计、勘测、工程技术、机器制造等
2	愿与人打交道，喜欢与人交往，对销售、采访、传递信息一类的活动感兴趣	记者、推销员、营业员、服务员、教师、行政管理人员、外交联络员等
3	愿与文字符号打交道，喜欢常规、有规律活动，习惯于在预先安排好的程序下工作，愿做有规律的工作	邮件分类员、办公室职员、图书馆管理员、档案整理员、打字员、统计员等
4	愿与大自然打交道，喜欢地理地质类的活动	地质勘探人员、钻井工、矿工等
5	愿从事农业、生物、化学类工作，喜欢种养、化工方面的实验性活动	农业技术员、饲养员、水文员、化验员、制药工、菜农等
6	愿从事社会福利类的工作，喜欢帮助别人解决困难，这类人乐意帮助人，他们试图改善他人的状况，帮助他人排忧解难，喜欢从事社会福利和助人工作	咨询人员、科技推广人员、教师、医生、护士等
7	愿做组织和管理工作，喜欢掌管一些事情，以发挥重要作用，希望受到众人尊敬和获得声望，愿做领导和组织工作	组织领导管理者，如行政人员、组织管理干部、学校领导和辅导员等
8	愿研究人的行为和心理，喜欢谈涉及人的主题，对人的行为举止和心理状态感兴趣	心理学、政治学、人类学、人事管理、思想政治教育研究工作以及教育、行为管理工作、社会科学工作者，作家等

（续上表）

类型	类型特征	适应的职业
9	愿从事科学技术事业，喜欢通过逻辑推理、理论分析、独立思考或实验发现和解决问题的、推理的、测试的活动，善于理论分析，喜欢独立地解决问题，也喜欢通过实验作出新发现	生物、化学、工程学、物理学、自然科学工作者、工程技术人员等
10	愿从事有想象力和创造力的工作，喜欢创造新的式样和概念，大都喜欢独立的工作，对自己的学识和才能颇为自信，乐于解决抽象的问题，而且急于了解周围的世界	社会调查、经济分析、各类科学研究工作、化验、新产品开发，以及演员、画家、创作或设计人员等
11	愿做操作机器的技术工作，喜欢通过一定的技术来进行活动，对运用一定技术，操作各种机械，制造新产品或完成其他任务感兴趣，喜欢使用工具特别是大型的、马力强的先进机器，喜欢具体的东西	飞行员、驾驶员、机械制造等
12	愿从事具体的工作，喜欢制作看得见、摸得着的产品并从中得到乐趣，希望很快看到自己的劳动成果，并从完成的产品中得到满足	室内装饰、园林、美容、理发、手工制作、机械维修、厨师等

根据这种分类，一种兴趣类型可以对应许多种职业，而每一种职业又往往同时具有其中几种类型的特点，假如你要成为一名护士，那你就应该有愿与人打交道（类型2）、愿热心助人（类型6）、愿作具体工作（类型12）这三个兴趣类型的特点；如果你对其中的某一方面缺乏兴趣，那就应努力培养和发展这方面的兴趣以适应护士职业的要求，否则，还是选择更适合你兴趣类型的职业为好。除此之外，个人也可以应用前面所提的 Holland 职业兴趣类型分析自己的职业兴趣和适合的职业类型。

清楚地认识自己只是完成了职业选择这一任务的一半。你还应当确认哪些职业对你来说是正确的（就你的职业性向、技能、职业锚以及职业偏好而言），并且在未来的若干年中是有着较高的社会需求的，保证自己的职业能不断地获得发展。

6.4.3 职业咨询

职业发展过程中，有可能出现许多无法预测或必须面对的难题，如职位升迁、跳槽、职能转换、人际关系等，这时候，个人的经验和体会是无法给予你足够的决策支持的。在这个时候，个人可能需要向专家进行咨询。职业咨询的目的就是为解决职业发展中的困惑，为个人作出明智选择提供参考意见和决策支持。

一、西方发达国家的职业咨询

西方发达国家职业咨询的发展和兴趣，可追溯到19世纪末和20世纪初。如果说帮助学徒工有效地接受培训（以手工业、作坊工艺为主）是职业咨询原始驱动力的话，那么今日的职业咨询专业化程度已成为世界职业教育理论界共同关注的课题。

1. 西方发达国家职业咨询发展的主要原因

（1）社会、经济和科学技术迅猛发展，给劳动市场的发展产生了“冲击波”的影响。产业结构变化和调整的需要，对劳动者的知识结构、能力水平和专业发展，以及社会能力和方法能力等方面提出了新的要求。这是因为职业知识的“半衰期”现象日趋突出，职业知识的更新周期愈来愈短，职业岗位的变化和寻求新岗位的现象也已习以为常。由于上述变化和发展，伴随着劳动市场结构调整，面对人头攒动的巨大市场，人们对传统的职业教育事业有了全新的认识。从经济的角度看，教育（特别是成人教育、职业教育）是前景看好的产业，是产业化的市场。从社会学的角度看，职业教育在为现代化的劳动市场输送合格劳动大军过程中，推动了社会与经济的和谐发展、人与劳动市场的互动发展，以及人本身的个性健康发展。从教育学角度看，职业教育和职业培训是整个教育的一个重要组成部分，也是每个个体职业生涯发展的一个不可或缺的重要阶段。毋庸置疑，职业教育、职业培训市场的形成、扩大和发展离不开社会、经济的发展，而职业教育事业的发展，使职业教育咨询呼之欲出，从而为职业教育市场的形成提供了必备的外部环境和发展机遇。

（2）职业教育事业的发展，为职业教育咨询走向专业化道路起到了重要作用，为职业教育咨询成为发达国家一门专门职业奠定了基础和发展契机。

总之，职业教育咨询事业的发展，无论是机构的设立、咨询专业队伍的形成还是职业咨询的研究深入和发展，都伴随着职业教育市场的兴衰、繁荣和深化而发生很大的变革。与此同时，职业教育咨询成功的发展经验和富有实效的工作成就，又促进了职业教育事业发展，而且还在一定程度上提供了职业教育崭新的发展思路。

经过数十年的发展和苦心经营，西方发达国家的职业咨询领域拥有一批数量充足、质量合格的职业咨询专业工作者队伍。与此同时，职业教育咨询基础理论研究又奠定了专业化发展方向和为实践提供了理论依据及其可借鉴的成功经验。发达国家职业咨询发展和专业化程度，一方面具有多元文化、联邦制的“文化自治”特征，另一方面又具有国际职业咨询专业学科的基本本质内涵和对世界范围内的职业咨询业的促进和影响。

2. 西方发达国家职业咨询的任务及其范围

职业咨询按不同的分类原则主要可分为：青年与成人、家长与教师、女性和男性、失业者及转岗培训者等几大种。对青年的职业咨询通常分为职业预备教育和职业选择教育两类，前者旨在帮助青年人在接受职业教育或走上工作岗位之前提供咨询，一般在校内进行集体性咨询，也可在一些非官方教育机构，如青年俱乐部、社区或宗教、政治团体中实施。其内容包括传授一般性职业知识及对本地区特殊的劳动环境、经济环境和劳动市场的了解和认识，帮助他们按其自身条件、兴趣、能力等进行职业选择、事业和生涯规划等方向的咨询。这类咨询一般称之为帮助青年人从学习（学校学习）过渡到职业生活的准备。具体反映在认知、心理动力和情感等三个学习领域方向。后者职业选择的咨询主要针对那些缺乏对现代工业职业和劳动市场结构了解的青年人。从理论上而言，自由选择职业和工作岗位是公民的一项基本权利，但是事实上，由于人们的择业愿望往往集中在一些热门职业，过于集中或不切个人具体实际，造成种种缺憾。而这类咨询可帮助每个青年人加强对劳动市场、职业界的了解，并努力协调青年人的择业愿望与存在的可能性。努力使青年人的职业选择从一种一次性的行为转变成一个长期的、循序渐进的职业生涯过程。

“职业咨询之父”美国波士顿大学教授F. 帕金森在《选择一个职业》（1909）一书中，对如何选择职业提出了三条原则，要求咨询者帮助青年人：

（1）清楚地了解自己的态度、能力、兴趣、智慧局限和其他特性。

（2）成功的条件及所需要的知识，在不同岗位上所具有的优势、不利和补偿、机会和前途。

（3）上述两条件的平衡。除此之外，还强调家庭出身、家庭成员的教育程度、阅历、经验等因素的影响。

职业选择方面的咨询对象既有年轻人，又有成人。前者目的在于帮助当事人提供决策条件的可能性和机会，而后者则更加注重帮助当事人作出明智的再选择。如果说前者是职业生涯起始阶段的一种准备、选择的话，那么后者则更多地涉及就业后的职业适应问题或劳动市场结构调整，而需“再选择的问题”。

所谓就业后的职业适应问题，可能有下列几个方面的情况：

（1）环境适应不良（物理条件、制度管理条件等）。

（2）人际关系适应不良（工作组织内部的人际沟通等）。

（3）工作能力缺失或难以胜任（技术革新或产品结构、设备的现代化程度所致）。

（4）个性适应不良（能力倾向、兴趣、性格或满足程度的限制等）。

（5）工作压力妥协（稳定性或安全感等）。

总之，职业选择方向的空间主要涉及两个层面：

（1）培养当事人提高职业决策能力，作出正确的职业决策。只有当个人自觉意识到职业决策的重要意义，才不会人云亦云，而是根据自身特点，包括身体的、心理的、兴趣的以及能力的几个方面，选择和决策职业方向。

（2）增加当事人谋职的信心和多种选择的机会。可从职业选择所必需的知识、技能和个人心理品质诸方面的培养来达到正确选择或终生职业教育的生涯目标。事实上，职业选择方面的咨询并不仅仅局限于学业结束之后的第一次职业选择，而且往往伴随着个体职业生涯的发展。这是因为随着社会的变化，个人的期望和需求也会在职业生涯和劳动实际中发生变化。例如，打算换一种职业、计划参加继续教育、接收升迁性质的职业培训，或者在培训中遇到问题，也都需要咨询。往往这种咨询更受成人青睐。当事人往往同某个职业咨询合作，共同选择或开辟新的职业领域。

具体步骤一般通过深度交谈，构想一种职业形象，然后解释和了解发展趋势，接着共同确定一种咨询目标和实施具体途径。这种过程往往是共同合作，互相探讨，加强和提高决策能力和自觉谋职、创业的意识。与此同时，当事人通过培训和继续教育机会的获得，培养了决策能力和解决问题能力及各种判断能力的掌握和应用。这种咨询本质内涵是一种面向成人的职业咨询，提供当事人关于培训和继续教育的信息，概括职业方向、重新定位、帮助生涯规划、计划继续升迁和帮助实现其目的（但并不是介绍工作）。

与这种相类似的职业咨询，还有成人教育层面的职业咨询。所谓成人教育层面的职业咨询，主要可从终生教育和职业生涯发展两个方面去理解。①没有持续不断的继续教育，就很难适应当今的职业世界。②没有继续学习，就没有高质量的生活，而学习则成为每个人生活的一个组成部分，也是生活质量的标准之一。

至于成人教育方面的职业咨询，除了提供职业性的培训和继续教育的信息、材料之外，还提供了学习的机会和条件。这方面的专业咨询部门作为服务机构，具体任务包括：①为成人提供学校学习机会；②提供成人教育的现实状况的信息；③为大企业提供教育数据库；④追踪成人教育领域最新发展态势；⑤关注劳动市场的发展；⑥与相关团体共同合作；⑦编辑、出版相关的小册子；⑧为职业信息中心提供信息材料。

职业咨询的主要对象还有失业者。作为当事人的失业者，最大的愿望就是能够重新找到工作。但这方面的职业咨询与职业介绍所的功能有很大的区别，前者主要帮助当事人克服心理上的、技能上的困难，树立信心，寻找“再就业”的机会。更多的咨询工作者，他们咨询的主要目的在于：为失业者提供职业、学习、培训、短训班和专门岗位的信息，并为那些到职业信息中心去的人进行更多的咨询或进行个别咨询，使其做好准备。通常采用个别谈话、咨询、有针对性提出若干建议和帮助的方式。根据需要，有时也以个别测试或根据不同能力、兴趣提供当事人一份简短咨询报告，供职业介绍所推荐职业时参考。

西方发达国家职业咨询的重心开始转移，主要体现在：从单纯的就业安置、介绍的短期行为，转向帮助当事人设计职业生涯和整个人生的发展。根据不同的发展阶段探索人的职业意识、职业能力和职业兴趣的变化规律，从而揭示劳动市场、社会的发展对个体的职业意向的影响和制约。事实证明：职业咨询是一个动态的教育、内化过程。“生涯咨询”或“人生咨询”正是恰当的表述。职业咨询的活动范围突破了单一的、局限于职业介绍的狭窄空间，现已拓展和渗透到社会生活的各个方面，特别是与职业教育、职业培训和职业继续教育密切联系起来，从而使职业咨询的功能进一步延伸和加强。反映在内容方面就更加广泛了，既有职业信息、个别测试，也有职业知识的传授、职业选择能力的培养和职业决策能力的提高，更辅有职业培训的具体途径。现今的职业咨询目标，由单一特定的职业咨询，转向较为广阔的职业领域。“今天世界上50%的职业，在20年以前根本没有，而每两年半，职业的数目或种类将有一半左右发生变化”。所以，职业咨询要帮助当事人一方面要适应劳动市场变化和职业发展的变化，也就是说，人的发展阶段、发展层次和发展步骤要与职业准备、职业定向和职业选择相一致；另一方面帮助当事人培养正确的职业目标观与行为方式，促进个体在职业发展过程中的顺利过渡。L. 布斯霍夫在《作为支持职业发展中过渡的职业咨询》一文中，将过渡归纳为六种：①从学校到求职生涯的过渡；②失去工作和寻求工作之间的过渡；③家庭生活（家庭母亲角色）到重新求职生涯的过渡；④被迫职业更换中过渡；⑤自由更换职业的过渡（个人需求满足或升迁需求）；⑥职业生涯到退休阶段的过渡。而每一种过渡都伴随着角色转移和职业选择。任何一种过渡很大程度上都受个体与环境、个体特征与职业发展的影响。所以成功的过渡都涉及个体素质和环境结构两大要素之间的和谐。个体素质指个人规划、个体价值导向、个体动机、个体情感倾向等；环境结构包括直接生活领域、工作范畴领域和自然环境等。职业咨询培养期望的过渡能力，积极胜任各种变化和挑战，充分利用各种资源，发展解决问题的途径，追求满足期望的方案。

3. 西方发达国家职业咨询工作者的培训

职业咨询的质量标志：最大程度上满足顾客（当事人）的需求，提供一定水平的“顾客导向”的服务，包括“过程”。也就是说，职业咨询是一种服务，职业咨询的质量即“服务的质量，结果和过程的质量”。但凡成功的职业咨询，其关键不外乎由职业咨询工作者、咨询手段、方法、机构与法律保障和内外部环境条件等要素组成。职业咨询工作者的整体素质程度则是职业咨询质量的最根本的条件。在西方发达国家，职业咨询工作者具有多种类型，如科研人员、第一线咨询工作者和咨询测验人员三大类。按其任务或功能划分，职业咨询按对象、按职业领域、按专业方向分为三大类。由于不同的工作性质和任务，决定了对职业咨询人员的知识结构、能力结构和职业经验结构不同的要求和多渠道培育职业咨询工作者的传统。

职业咨询工作者的培训教育内容主要分为：

（1）咨询方法、政策和策略。

（2）信息收集和信息处理方法。

（3）教育、培训制度和职业与劳动世界知识与分析。

（4）心理学、社会学、经济学等相关基础知识以及法律知识。

（5）组织与个体工作的反省等能力与技巧。

随着职业咨询内涵的发展和功能的扩大，以及计算机辅助职业咨询手段的普及，反映在对职业咨询工作者继续教育方面，除了大学正规教育之外，更多的是培训。按其不同的对象和入学条件，或不同来源渠道，培训内容是按模块式培训，施以不同的学习重点和要求。

西方发达国家的职业咨询的发展，从作为自由职业者的咨询工作者发展成为专业性、实践性和跨学科性的咨询专业人员，无论是数量还是质量的发展，都为职业教育、职业培训和职业生涯规划的发展作出了很大的贡献。

二、中国职业咨询业的特点、现状及发展方向

1. 中国职业咨询业的特点和现状

由于中国传统文化习俗的影响，人们内心深处往往对跳槽、离职等有较强的不接纳感。尤其面临失业时，会有一种强烈的耻辱感。相应的，中国的职业咨询从业者必须针对国民性格的特点，采取不同于欧美社会的经营与服务思路。比如说，“保密”就是行业内部的一条重要原则。由于中国人往往把面子看得很重，所以一般情况下，客户都不希望别人知道自己在职业发展上出现了问题，或者干脆正在失业。在这个前提下，职业顾问必须使客户的信息对外完全密不透风，比如，一个有经验的职业顾问，假如他在某个聚会上遇见曾经服务过的客户，甚至会假装与客户彼此不认识，从未见过面。职业咨询业在西方已经有几十年的发展，而在中国还算得上是新兴的行业。所以，国内的职业咨询业在其迅速发展的同时，也的确存在着不少的缺陷。如何保持高质量的服务，这是最核心的问题。由于国内现在没有统一的职业咨询业的行内标准，所以无法对从业者进行标准化的考量，只要工商部门的手续齐全，几乎任何人都能挂牌开业，号称自己是“职业顾问”。对此问题，亚洲的一些同行已经在探索有效的解决方法，比如，在新加坡，职业顾问共同组建了“亚洲职业管理专家协会（Asian Association of Career Management Professionals）”，这个成立不到一年的专业组织已拥有近100个会员。该协会目前正在建立一种资格评审制度，限定了服务质量的最低标准。该协会计划于今年拓展至香港，当地招聘公司已邀请该协会主办一系列的求职研讨会。此外，职业咨询业各方面的行业标准尚未确立，人们只是参考早期从

业者的惯例，遇到业务纠纷或民事纠纷时所要依据的法律法规也尚待完善。没有规矩不成方圆，职业咨询行业的健康发展需要相应管理规范的建立。

2. 中国职业规划师的发展前景

随着市场经济的不断发展，中国人的职业观念正在发生深刻的变革，人们越来越认识到，完全依靠个人的智慧与抉择已经无法解决职业选择和职业道路设计的问题了，专业的职业规划成为越来越多人的正常需求。国内人才市场的发展已有近20年的时间，无论从用人者还是从求职者角度看，都需要健全的职业规划服务，而健全的职业规划服务首先就需要职业规划师队伍的扩大与建设。因此，职业规划师作为现今的黄金职业之一，有着良好的发展前景。

职业规划师的首要任务，就是帮助客户找到最适合自己的职业发展方向，设计最平稳、高效的职业发展道路。不过，作为职业规划师，他的工作只是通过调研与分析，为客户展现出更多更适合的职业选择，绝非替客户作出决策。不同的个体，其职业满足感来自于不同的方面，有人更关注金钱、地位，有人更关注生活方式，有人更关注工作内容与自己的兴趣是否契合，当然还有人力图在其中达到某种平衡。好的职业规划师要准确把握住每一位客户特有的职业满足感来自于哪些方面，而要做到这一点就需要帮助每一位客户进行深入的自我探索，职业规划师往往要通过一些咨询技巧，借助一些评估方法，帮助客户更深入、更准确地了解到自己的特质和需求，并最终作出最适合自己的工作选择。

职业规划师的服务流程如下：①客户联系规划师。②规划师通过电话确定是否可提供咨询。③双方根据情况约见。④客户提供背景资料。⑤规划师对客户进行必要的测试。⑥生成测评报告。⑦形成分析报告。⑧第二次约见深入交流。⑨第三次约见，规划师为客户提供更为清晰的职业道路及选择。

做一次十分到位的职业规划，需要职业规划师投入相当大的精力和相当多的时间。除了职业生涯设计以外，职业规划师还经常需要为客户在职场中遇到的其他问题进行咨询，比如办公室人际关系处理、职场心态调整，甚至工作中遇到的各种困惑等，所以有的时候职业规划师几乎扮演着心理咨询师的角色。

中国的职业规划师目前存在着相当大的缺口，保守估计，假如每1万个中国人拥有一名职业规划师的话，那么现在中国至少需要130万认证职业规划师，但实际情况是，中国得到国际认证的职业规划师仅300人左右，而且这里面很多人都有自己的专职工作，职业规划师只是他们的兼职角色。同时我们也看到，国内职业规划行业的发展是迅速的，仅拿上海来说，目前，上海每个月都有3~5家职业发展咨询公司开业，对专业人才的需求之旺盛，由此可见一斑。

3. 如何成为一名职业规划师

如何成为职业规划师？需要具备哪些素质、经验，又要通过何种途径，才能将自己培养成为一名合格的职业规划师呢？

（1）具备丰富的工作经验。这对刚刚毕业的大学生不是什么好消息，但事实是，没有长时间的工作岗位实践，没有相关经验的丰富积累，我们的确无法为客户提供足够专业、有足够可行性的建议。成为职业规划师的工作经验积累，可以在一些相关的工作领域获得，例如，企业管理岗位、高校就业指导工作岗位、心理咨询服务领域、机关或企事业单位的人力资源部门、职业教练、职业辅导人员、劳动力市场信息资源管理者等。

（2）需要有广博的知识，极强的悟性，以及不断学习的能力与冲劲。职业规划师需要在工作中不断与各行各业的人接触，为各种知识背景与工作经历的客户服务。所以需要在交谈中迅速把握客户的特质与特定行业的发展规律，从而为客户提供详尽具体的建议。

（3）助人技巧。精通职业规划流程，熟悉助人的基本技能，能够针对不同的情况和个案提出有建设性的建议。

（4）熟悉劳动力市场信息和资源。熟悉劳动力市场、职业信息以及各行业的发展趋势，并能合理使用这些资源。

（5）了解各行业的求职技巧。

（6）熟悉各种求职方法，不仅仅是提供理论，还要有实践指导。

（7）评估技术。能根据不同的群体选择并使用正式或非正式的职业测评工具。

（8）多元化的识别能力。可以准确识别出不同的群体的不同需求，并在特定领域内为客户从事的特定工作出谋划策。

（9）职业道德操守和法律常识。遵守职业规划师的行业道德规范，了解与职业相关的法律法规。

（10）个人魅力。这将令你帮助客户的过程变得更加顺利。

（11）拥有一颗广博的爱心。这份职业的精神内核，就是“帮助别人”。

国内是否有大学专门开设职业规划专业？目前还没有。事实上，由于该职业对学历和工作经验要求较高，所以即使有高校专门开设职业规划专业，刚出校门的本科毕业生也难以胜任这一工作。不过，不少学校已经在尝试开设相关的选修课程，这对大学生了解职业规划行业有一定的帮助。从目前国内职业规划行业的发展情况来看，任何一个专业毕业的学生，只要在相关某一职业领域工作 3 ~ 5 年，对该行业的发展有较深的了解，再经过相关培训，都可以成为职业规划师。如果一定要说哪些专业与之相关的话，那么从现在国内从事职业规划师人员的知识与工作背景来看，主要以具备人力资源、心理学、管理等专业背景的从业者居多。目前，在国内已经有对职业规划师的专门培训，但是以商业培训为主。而且，我国已引进“全球职业规划师培训”项目，在北京地区试行。这一培训项目是美国咨询师认证管理委员会推出的全球性认证体系。“全球职业规划师认证”对申请人的教育背景及专业经历要求较高，一般需要具有本科以上学历及 3 年职业规划等相关领域工作经验，或专科学历及 5 年以上相关领域工作经验。

6.4.4 工作和家庭的联系

职业生涯的成功与家庭生活之间也有着非常密切的关系。个人与家庭发展遵循着并行发展的逻辑关系，职业生涯的每阶段都与家庭因素息息相关，或协调或冲突。职业生涯与家庭的责任之间的平衡，对于年轻职员特别是女性职员尤为重要。每个人在社会生命周期中都扮演着多种社会角色，“但我们作为子女、父母的角色是不可逆的。我们能放弃一项职业，却不能放弃这些角色。相反，我们要设法完成这些角色”。因此，家庭成员的意见对人的工作成效有重大影响，我们要在自己的职业上实现自己的职业目标，需要协调好自己工作与家庭两者之间的关系。

6.4.5 退休计划

退休计划是组织向职业晚期的人员提供的，帮助他们准备结束工作，适应退休生活的计划。退休是组织保持更新与活力的必然需要。良好的退休计划，可以使人员尽快顺利地适应退休生活，维持正常的退休秩序，最终达到稳定组织从业人员心理，保持组织人员年龄结构的正常新陈代谢，提供更多的工作和晋升机会的目的。

在退休计划中协调解决退休人员情绪和发展方面问题的方法和措施主要有如下四方面：

1. 退休计划讨论会

向即将和已经退休的人提供财务、住房、搬迁、家庭和法律等各方面的咨询和帮助。

2. 余热团体

提供方便，使虽已退休但仍有心有力的员工组织起来，通过团队内部的交流鼓励他们为组织和社区服务来满足他们特殊情感需要和社会需要。

3. 试退休

安排即将达到退休年龄的人离开工作一段时间去体验退休的感受，再决定继续工作还是退休。

4. 递减工作量

对即将退休的人，逐渐减少其工作量，使其逐渐适应没有工作的退休生活。

6.5 企业职业生涯管理

企业职业生涯管理是一种专业化的管理，是从企业组织角度对员工从事的职业和职业发展过程所进行的一系列计划、组织、领导和控制活动，以实现组织目标和个人发展的有效结合。组织在员工个人的职业发展中起着重要的作用，所以组织职业生涯管理与员工个人职业生涯管理是相互依存、相互作用、共同发展的。

6.5.1 企业导入职业生涯管理程序

一、转变思维方式，树立职业生涯管理的观念

1. 成立职业生涯导入与管理委员会

稍大规模的企业，可考虑成立一个职业生涯管理委员会，在导入期协调各个方面，提高导入的一致性和导入的效率，在导入后，成为职业生涯管理的指导性委员会，负责制定重要的职业生涯管理政策，帮助人力资源管理部门协调职业生涯冲突。委员会的成员应是：总经理、副总经理、人力资源管理部门经理和内部职业生涯管理专家、各部门经理，可聘请一名外部职业生涯管理顾问。

2. 人力资源部门进行政策和制度的改造

在总经理的支持和职业生涯委员会的领导下，由人力资源管理部门对企业人力资源管理的政策制度进行系统化和柔性化的改造，使之符合新的管理理念和开展职业生涯管理的要求，即符合职业生涯管理的要求。这项任务非常艰巨和复杂，必须组成一个班子，假以时日方可完成。

3. 舆论宣传

在导入职业生涯管理期间，企业应利用开会、厂内报刊、广播电视、墙报等各种形式，积极宣传职业生涯管理，在比较短的时间内，营造一个导入职业生涯管理的氛围。

二、教育培训是实现职业生涯管理的根本保证

1. 管理人员全员培训

所有管理人员，特别是中高级管理人员应无例外地参加职业生涯管理培训。值得注意的是，各级管理人员接受培训的内容、培训的时间先后要有所区别。

（1）总经理及总经理层率先接受培训。总经理在企业导入职业生涯管理过程中起着重要作用，总经理应与总经理层其他成员一起主动接受外部职业生涯管理专家的职业生涯管理培训。培训的重点放在管理理念的阐述和导入职业生涯管理的特殊重要性上。

（2）人力资源管理部门管理人员在总经理之后接受培训。当总经理决定在企业导入职业生涯管理后，紧接着要使担负职业生涯管理规划协调任务的人力资源管理部门管理人员接受职业生涯管理的培训。人力资源管理部门管理人员的培训内容应该最为丰富、最为深入细致，包括其他人员培训中可以不涉及的内容，例如：如何举办职业生涯讨论会、如何编制职业生涯手册、如何对人力资源管理的各项政策制度围绕职业生涯管理进行改造、如何对各级各类管理人员进行职业生涯管理的辅导与咨询、如何协调不同部门和不同员工的职业生涯计划等。

（3）对所有管理人员进行培训。对于具体实施职业生涯管理的各部门管理人员，也必须进行职业生涯管理的培训。培训的内容比对人力资源管理部门管理人员培训的内容要少一些，主要是关于职业生涯管理的一般理论知识、操作知识，重点之一是如何进行职业目标、职业路径的选择和如何制定职业生涯计划；重点之二是进行职业生涯咨询，解决职业生涯规划和职业生涯发展过程中员工可能遇到的职业生涯问题。对所有管理人员的培训可由企业人力资源管理部门实施，也可请外部职业生涯管理专家实施。在这一培训中，总经理层管理人员最好能够参加进来，以了解具体的培训内容，在认识上和行动上取得一致。

2. 在部分员工中率先导入职业生涯管理

技术人员、营销人员、管理人员都是职业生涯管理高敏感人群，应首先在这些人群中导入职业生涯管理。由人力资源管理部门分批（分部门或分年龄段，以分年龄段更为适宜）召开职业生涯讨论会，借此使员工认识职业生涯管理，并掌握自我评估、组织评估和环境评估的能力，掌握职业选择、职业生涯目标确立和职业生涯路径规划的方法，掌握职业生涯发展中一些常见问题的处理方法，了解企业关于职业生涯管理的有关政策制度和咨询服务。然后，各部门负责人与本部门员工分别讨论，指定各员工的职业生涯计划。在首批导入职业生涯管理过程中，应积极鼓励其他人员自愿参加。

3. 在所有员工中推行职业生涯管理

可以考虑在实行2~5年后，在全体员工中推广职业生涯管理。此时，人力资源管理部门和各部门已经取得了一定职业生涯管理的经验，职业生涯管理也取得了初步成效，可起到示范作用。

三、对职业生涯管理进行全过程、多角度的评价

1. 进行职业生涯管理经验总结

导入职业生涯管理后，企业在第一年中，职业生涯委员会和人力资源管理部门应每季度进行一次总结，以后每年进行一到两次总结，二至五年进行全面回顾性总结。推广好的经验，改善存在的不足，包括对人力资源管理的政策制度进行重新修订。

2. 全面总结与标准化

在全体员工中推行职业生涯管理一段时间后，可进行全面的总结，从而根据本企业的特点和成功经验，把职业生涯管理制度化、模式化，也就是对于一些重复性的职业生涯管理活动，根据好的经验，将活动的程序、内容“标准化”，相对固定下来，成为以后的定式，减少混乱，提高效率。

6.5.2 企业进行职业生涯管理的意义

1. 职业生涯管理是企业资源合理配置的首要问题

人力资源是一种可以不断开发并不断增值的增量资源，因为通过人力资源的开发能不断更新人的知识、技能，提高人的创造力，从而使无生命的“物”的资源充分尽其所用，特别是随着知识经济时代的到来，知识已成为社会的主体，而掌握和创造这些知识的就是“人”，因此企业更应注重人的智慧、技艺、能力的提高与全面发展。故而，加强职业生涯管理，使人尽其才、才尽其用，是企业资源合理配置的首要问题。如果离开人的合理配置，企业资源的合理配置就是一句空话。

2. 职业生涯管理能充分调动人的内在积极性，更好地实现企业组织目标

职业生涯管理的目的就是帮助员工提高在各个需要层次的满足度，使人的需要满足度从金字塔形向梯形过渡最终接近矩形，既使员工的低层次物质需要逐步提高，又使他们的自我实现等精神方面的高级需要的满足度逐步提高。因此，职业生涯管理不仅符合人生发展的需要，而且也立足于人的高级需要，即立足于友爱、尊重、自我实现的需要，真正了解员工在个人发展上想要什么，协调其制订规划，帮助其实现职业生涯目标。这样就必然会激起员工强烈的为企业服务的精神力量，进而形成企业发展的巨大推动力，更好地实现企业组织目标。

3. 职业生涯管理是企业长盛不衰的组织保证

任何成功的企业，其成功的根本原因是拥有高质量的企业家和高质量的员工。人的才能和潜力能得到充分发挥，人力资源不会虚耗、浪费，企业的生存成长就有了取之不尽，用之不竭的源泉。发达国家的主要资本不是有形的工厂、设备，而是他们所积累的经验、知识和训练有素的人力资源。通过职业生涯管理努力提供员工施展才能的舞台，充分体现员工的自我价值，是留住人才、凝聚人才的根本保证，也是企业长盛不衰的组织保证。

6.5.3 企业导入职业生涯管理应注意的问题

1. 避免现实的冲击

在一个人的整个职业生涯中，再也没有哪个阶段像他们初进入企业时那样更需要企业将他们的职业发展情况考虑在内，对于新员工来说，这是一个（也应当是一个）现实测试时期，在这时期中，他（或她）的最初期望或目标第一次面对企业生活的现实，并且第一次发现自己的能力和需要与现实相碰撞。因此，企业在监督指导新员工的技能方面的特殊培训就显得十分重要。现实冲击是指通常发生于一个人开始职业的最初时期的一种阶段性结果，在这一时期，新员工的较高工作期望所面对的却是枯燥乏味和毫无挑战性可言的工作现实。

2. 提供一份富有挑战性的最初工作

大多数专家都认为，企业能够做的最重要事情之一就是争取做到为新员工提供的第一份工作是富有挑战性的。这样员工能够在承担富有挑战性项目的工作小组中迅速地找到自己的位置。

3. 在招募时提供较为现实的未来工作展望

最大限度地降低现实冲击并提高新员工的长期工作绩效的有效途径之一，是在招募时就向被招募者提供较为现实的关于未来工作的描述，使他们明白，如果自己到企业中来工作，能够得到哪些方面的利益。

4. 对新员工严格要求

在新员工与其上级之间存在一种“皮格马利翁效应”（Pygmalion Effect）。换言之，你的期望越高，你对自己的新员工越信任、越支持，那么你的员工干得就越好。

5. 提供阶段性的工作轮换和职业通路

新员工进行自我测试以及使自己的职业锚更加具体化的一个最好办法是去尝试各种具有挑战性的工作。通过在不同的专业领域中进行工作轮换（比如，从财务分析到生产管理再到人力资源管理等），员工们获得了一个评价自己的资质和偏好的良好机会，同时组织也得到了一位对于企业事务具有更宽的多种功能视野的管理者。

6. 以职业发展为导向的工作绩效评价

主管人员必须明白，从长期来看，向上级提供关于自己所属员工的工作绩效评价的有效信息是十分重要的，不能因为保护直接下属的短期利益而提供不实的信息。

7. 鼓励进行职业规划活动

企业还应当采取措施，加强员工们对自己的职业规划和开发活动的参与。

6.5.4 员工援助计划

在当代社会，知识创新日益迅速，社会经济快速发展，生活节奏越来越快，企业的员工虽然在物质生活上也许有了数倍的提高，但其所承担的工作任务、工作压力和工作强度也是前所未有的。同时，企业员工的家庭成员同样面临很多的社会、职业等方面的问题，在这样忙碌的工作中，企业员工更难协调好工作和家庭关系的问题，很容易造成更大的矛盾和员工的隐患，直接影响到员工的情绪和工作表现，进而降低了组织整体的工作绩效。

为了舒缓员工的压力，改进员工的生产效率和生活质量，帮助解决家庭成员的困扰，从而提高组织的整体效益和推进组织目标的实现，国际上广为推行 EAP（Employee Assistance Program，简称 EAP，译为“员工援助计划”）。随着 EAP 的发展和员工问题的增加，EAP 的推广范围已经从美国扩展到欧洲、日本、中国台湾和中国香港等很多国家和地区。在员工援助计划的实践中，已经被证明是一种有效解决员工问题和提高组织绩效的有力理论和工具。

一、EAP 的概念

员工援助计划，是一项为工作场所中的个人和组织提供咨询服务的福利项目。国际 EAP 协会认为，EAP 的核心内容包括：

（1）提供咨询、培训和援助给那些力图管理处于困境的员工，改善工作环境，提高员工工作绩效，并培养员工和家人，了解 EAP 服务的工作组织的领导者。

（2）为员工客户所关心的个人问题提供保密和及时地对问题甄别以及评估服务，这些个人问题可能会影响工作绩效。

（3）运用建设性的面谈、激励和短期干预的方法，帮助员工客户处理可能影响工作绩效的问题。

（4）为员工客户推荐诊断、治疗和援助服务以及案例监控和跟踪服务。

（5）在工作组织与提供治疗和其他服务的供应商之间建立和保持有效关系以及在管理供应商契约方面提供咨询。

（6）为工作组织提供咨询，鼓励适用于医疗和行为问题（包括但不限于：酗酒、药物滥用、精神和情感紊乱）的健康保障的实用性和可获得性。

（7）鉴定为工作组织和个人工作绩效提供的 EAP 服务的效果。

二、EAP 的起源与发展

EAP 最早起源于 20 世纪初的美国，发展到现在，可以将其划分为四个发展阶段：

1. 职业酒精依赖项目

职业酒精依赖项目最早可追溯到 1917 年美国纽约梅西百货所创立的员工咨询系统。从 20 世纪初，美国的一些企业开始注意到由于员工酗酒、吸毒和其他一些药物滥用问题影响员工和企业的绩效，于是开始聘请有关专家探讨解决这些问题的可能性。另外，当时已不再认为酗酒是缺乏道德与精神堕落的表现，而被认为是一种疾病。这些原因都推动了职业酒精依赖项目的产生。从 20 世纪 40 年代开始，职业酒精依赖项目开始在许多美国企业中实施并逐渐普及。这时候也有一些企业将职业酒精依赖项目扩展到员工精神和情绪方面。到了 20 世纪六七十年代，由于美国社会的剧烈变动，滥用药物、家庭暴力、工作压力、离婚、疾病、法律纠纷、亲人伤亡等问题也越来越成为影响员工情绪及工作表现的重要原因，这一切都使企业开始考虑更为广泛的问题，因此，增加职业酒精依赖项目的服务内容自然成了必然的趋势。这个阶段的主要特点是，认为酗酒是引起员工问题的主要原因，并成为员工是否需要帮助的特征，没有考虑到酗酒背后的深层次原因。另外，组织及管理者在职业酒精依赖项目中处于被动状态，当员工已经出现了严重影响工作效率的问题时，组织才引导有问题的员工到外部寻求帮助和治疗，没有以预防为目的，实际上这会对整个组织效率造成很大的负面影响。通过研究在发达国家EAP的发展源头，笔者认为，在中国，员工援助计划的实施原因和初衷是有所不同的，中国企业员工对员工援助项目的选择偏好与外国也有比较大的差异。

2. 员工援助计划（1962年至今）

从20世纪60年代起，越来越多的企业开始执行员工援助计划，扩大帮助解决处理员工个人问题的范围，并提高独立解决问题的能力。从这时起，人们开始关注一些更为广泛的社会问题，探讨酗酒背后的深层次原因，并一致认为各种社会问题和压力是引发酗酒的主要原因。在这个时期，企业主要运用一些系统干预的方法来了解、诊断问题员工的行为并探讨产生的原因，积极主动地提供家庭、法律、医疗、财务方面的援助，帮助员工解决问题。常见的干预方法主要包括评估、咨询、辅导、治疗等。这一时期具有代表性的事件是美国在1970年正式成立美国联邦酗酒机构和劳工与管理者酗酒咨询机构，负责全美员工援助计划的研究与推广，并于1987年开始EAP专业人员的考试认证制度。这个阶段正是员工援助计划从解决实际问题，逐渐上升为一种理论思想的阶段，并逐步形成员工援助计划的一个系统体系。

3. 职业健康促进计划（1980年至今）

职业健康促进计划，是组织所采取的寻找并解决那些在工作场所内外引起员工健康隐患问题措施和活动的总称，目的在于通过提高员工健康医疗维护费用，提高身心健康的水平，促进员工的人际关系的良性发展，增加工作环境中的合作行为，提高员工的适应性、健康水平及主观幸福感，最终达到提高工作效率与组织绩效的目的。

职业健康促进计划是针对员工戒酒计划中员工援助项目过于一般化，对员工心理与行为问题缺乏细致描述的不足而提出来的。

关注员工具体疾病隐患，具有预防性是职业健康促进计划与其他项目的主要区别。这个项目计划主要强调了在员工援助中所列项目内容的身心健康预防功能。

4. 员工增强计划（1988年至今）

从20世纪80年代起，一些新概念的提出使员工援助计划延伸至员工增强计划。它强调压力管理、全面健康生活形态、工作生活质量、人际关系管理等问题，致力于改善工作中和工作后可能逐渐引发未来健康问题的行为。员工增强计划具有系统性、全面性、动态性、超前性的特点。

三、EAP的服务内容

员工援助计划的服务内容从最初的戒除员工酗酒习惯服务，到形成预防、治疗同时关注的服务，主要包括的服务项目有：对组织的调查和诊断、对各级员工的教育和培训、个别心理咨询和辅导。随着竞争的加剧，员工压力的增强，员工援助计划在企业的应用实践中不断得到深化和发展，逐步发展出以下这些更广阔的服务领域：

（1）教育成长类：主要涉及员工进修、培训、技能训练、生涯规划、辅导专业技能等。

（2）休闲体育类：主要包括社团、康乐、联谊、聚会、旅游、球赛、文艺活动、文化交流等。

（3）医疗保健类：主要包括医务室服务、特约医院、医药报销、健康教育（尤其是女性健康这一特殊的领域）等。

（4）福利服务类：主要包括急难救助、照顾老人和小孩、救济补助、法律咨询、税务咨询、投资理财等。

随着员工援助计划在企业中应用的不断拓展，它已经从最初的解决心理问题，转化成解决员工及其家庭成员心理、行为及生活等多方面的问题。

四、EAP 实施的原则

不管组织提供什么内容的 EAP，在实施的过程中都必须遵守一定的原则，这些原则使得 EAP 明显有别于其他的咨询服务或员工福利计划，这些原则也是 EAP 长期实践过程中所体现出来的，具有 EAP 的鲜明特征。

1. 保密原则

由于 EAP 主要是为了解决员工的心理问题，而这些问题基本上都属于员工的隐私，因此，保密原则是 EAP 的重要原则之一。EAP 之所以能够在西方国家产生并流行，关键就是这些国家非常重视个人隐私的保护，社会诚信制度普遍良好，这也是 EAP 产生并能够在西方国家流行的重要社会基础。

2. 员工自愿原则

事实上，EAP 是组织为员工提供的一种产品，员工作为消费者，愿不愿意消费这种产品，消费多少，完全是从员工本身的意愿出发的，员工可以选择 EAP，也可以不选择 EAP，组织和员工的上级不能强迫或命令员工。

3. 免费原则

EAP 是组织为员工提供的一种福利，已经纳入了组织的成本。只要是在组织提供的 EAP 范围之内，员工本人不需要承担任何费用。当然由于各种约束条件，组织不可能无限制地提供 EAP，如果员工的需求超出了组织提供的 EAP 的范畴，一般情况下，员工是要自行支付相关费用的。

4. 员工知晓原则

组织提供的 EAP 应该让全体员工知晓。国外的政府、大学和企业为其员工提供 EAP 时，都把相关的 EAP 的内容通过网站等形式予以公布，有的还印发宣传册、广告等，这些内容包括 EAP 的简单介绍，EAP 能够帮助你解决什么问题，EAP 是如何运作的以及联系方式等，便于员工查询、选择和联络。

5. 针对性原则

在一个竞争日趋激烈的社会，员工的心理问题是多种多样的，需要解决的问题也不尽相同。因此，组织在实施 EAP 时，必须事前充分调查研究员工的需求，有针对性地为员工提供 EAP，这样才能真正发挥 EAP 的作用。

五、EAP 在企业中的作用

研究者们对员工援助计划进行绩效分析，发现实施 EAP 项目能给企业带来直接和间接的效益，也对接受服务的员工和社会带来好处。

（1）员工援助计划能够提高员工的工作绩效。1994 年，Marsh&McLennan 公司对 50 家企业做了调查，在引进 EAP 之后，员工的缺勤率降低了 21%，工作事故率降低了 17%，而生产率却提高了 13%。2002 年，Motorola 日本公司在引进 EAP 之后，病假率平均降低了 40%。

（2）员工援助计划能够稳定企业人力资源，提高组织承诺感、降低离职率、降低人力资源管理成本。Wolfe 的研究结果表明，EAP 可以显著影响员工的组织承诺感、组织人际关系特性、员工关系；DeGroot 的研究也显示，EAP 与离职率呈显著的负相关。员工离职率的降低使企业的招聘频率和新员工的培训工作减少，从而降低企业人力资源管理成本。

（3）员工援助计划有利于建立良好的企业文化，促进企业发展。EAP 服务强调人文管理的精神，把员工看作企业的伙伴和朋友，重视使用体贴、关怀的方式构筑企业和谐的气氛，还注重培养学习型文化组织，提高员工对企业的认同感和归属感。

（4）员工援助计划可以提高员工个人的生活质量，保持社会安宁，降低工作压力，减少失业机会，消除不良嗜好，节省家庭开支，增进个人身心健康，促进家庭和睦，改善家庭与工作单位的关系，改善个人与社区的关系。

（5）员工援助计划能够提高企业的投资回报率。美国通用汽车公司的员工援助计划每年为公司节约 3 700 万美元的成本开支，1 万名加入该计划的员工平均每人节约 3 700 美元。美国联合航空公司估计，1 美元的员工援助计划的投入可以得到 16.95 美元的回报。美国联邦政府卫生和人事服务部实施了 EAP 服务后，Maiden 于 1988 年进行了成本效益分析，结果显示 EAP 服务的回报率为 29%。

六、EAP 的实施

朱瑜等人以外设模式为例，探讨了企业成功实施员工援助计划的过程：

1. 进入与签约

进入与签约是员工援助计划实施的第一步，主要目的在于明确企业存在的问题，经过初步沟通建立良好的合作关系。

2. 企业诊断

在实施员工援助计划之前，首先要对企业存在问题进行分析，制定符合实际情况的员工援助计划。一般来说，可以从以下六个方面进行分析：现状分析、原因分析、计划分析、创新分析、执行分析、反馈分析。在分析的过程中，可以采用观察、调查、访谈、查阅二手资料等方法来收集信息，运用专业分析方法来发现问题，明确企业和员工的需要，并在此基础上设计符合实际的员工援助计划，同时还要及时将诊断结果反馈给企业。

3. 企业宣传、教育和推广

推广与宣传工作主要包括：员工援助计划的作用与意义，员工援助计划的主要内容，员工援助计划的实施原则，管理者与员工的角色定位等。通过全面的宣传与推广，可以提高员工的信任感，消除员工的顾虑，使员工接受并乐于参与到员工援助计划中来。不同企业在治理结构、所在行业、规模大小、区域位置以及人员结构等方面存在很大差异，因此，员工援助计划在前期调查、教育推广以及服务形式等方面都应有所不同。

4. 设计与执行干预措施

干预措施是一套旨在提高企业心理管理能力的一系列行动或事件。一般来说，一个员工援助计划项目大致包含以下三个层面的工作：初级预防，其目的在于减少或消除导致职员心理问题的因素，建立积极、健康的工作环境，主要通过改变人事管理制度来实现；二级预防即教育和培训，旨在帮助员工了解心理健康知识并培养处理心理问题的技能，以增强企业处理员工心理问题的能力；三级预防即心理咨询与辅导，由专业心理人员向员工提供个别或团体心理辅导服务，使他们能够保持良好的生活与工作状态。

5. 评估员工援助计划干预的效果

该步骤主要在于考察员工援助计划干预是否按计划进行并取得预期效果，以作为管理者决定是否继续投资的重要依据。评估的方式有硬性指标和软性指标两种。硬性指标包括生产率、销售额、产品质量、缺勤率、员工赔偿等；软性指标包括人际冲突、员工士气、员工忠诚度和组织气氛等。企业实施员工援助计划不仅要在操作模式和实施层面建立一整套系统框架，还需要积极从企业理念、企业文化、制度体系等方面建立一系列的保障体系，只有这样，才能保证员工援助计划的顺利实施，真正发挥员工援助计划的实际效用，以促进企业的健康发展。

七、员工援助计划实施的操作模式

Masi 等人认为，EAP 的执行有以下四种模式：

1. 内置模式（in – house model）

内置模式指组织自行设置员工援助计划实施的专职部门，聘请具有社会工作、心理、咨询、辅导等经验的专业人员来策划实施该项目。内置模式的优点是针对性强、适应性好，能够及时为员工提供援助服务。

2. 外设模式（out – house model）

外设模式指组织将 EAP 项目外包，由外部具有社会工作、心理、咨询、辅导等经验的专业人员或机构提供 EAP 服务。这种模式在组织员工数量不多时较为常用。外设模式的优点在于保密性好、专业性强、服务周到，能够为企业提供最新的信息与技术。

3. 联合模式（consortium model）

联合模式指若干组织联合成立一个专门为其员工提供援助的服务机构，该中心专门配备了专职人员。其优点是专业性强、经济效益好、灵活性高，能够为企业量身定做不同类型的员工援助计划。

4. 整合模式（affiliate model）

整合模式指组织内部 EAP 实施部门与外部的专业机构联合，共同为组织员工提供援助项目。整合模式的优点在于能够降低企业内部人员负担，减少企业经济支出，充分发挥企业内部和外部的优势。

八、跨国公司在华 EAP 的主要特点

1. 外包化

我国国内早期与 EAP 相关的部分活动是某些企业与医院合作开展的。但是由于医院的心理、精神专科医生其专业领域更多的在于比较严重的心理、精神疾病，加上他们对企业的具体情况不是很了解，所以提供的帮助和服务不能全面有效地解决企业的问题。目前大多数企业出于保护相关员工个人隐私的考虑而仍然采用外部专业咨询机构提供 EAP 服

务的模式。这在很大程度上促进了澳大利亚国际心理服务有限公司、香港亚太天力人力资源发展有限公司等海外 EAP 服务机构的进入。同时，一些国际组织为普及 EAP 服务模式、扩大影响和占领中国市场，在北京、上海安排重要的 EAP 学术研讨会。这些公司主要采用电话远程服务方式，其内在缺陷性却给本土服务机构提供了不少的商业机会。外包化模式本身也存在局限。有资料显示，企业外请咨询、培训人员，不仅费用高昂，而且还无法保证持续、连贯的效果，加上外部人员对企业内部的了解不足，实际效果可能会大打折扣。针对这种局限性，越来越多的公司设立企业内部的“总心理师”。总心理师兼备培训、启导、辅导三种功能，实现企业管理者与员工之间的最佳沟通，力图将人力资源最大限度地转化为生产力。其主要职责包括：①负责突破全员职工之间人际关系障碍，提高全员职工协同作战层次。②负责提高全员职工的心理素质以及创新能力。③负责建立能够持续发展的企业文化等。

2. 付费方和服务对象不统一

EAP 高度关注个人隐私，因此这种沟通和咨询的有效性必须基于咨询公司、企业管理者以及员工三方的相互信任。但是咨询公司需要由企业管理者付费，必然受到企业管理层的制约，这会影响到咨询服务的中立性以及员工对服务工作的信任。事实上，个别管理者借此打击报复员工的事情并不少见，这显然会严重影响到 EAP 服务工作的质量。鉴于这种局限性，部分公司（例如，“台积电”和“新竹生命线员工协助中心”合作）在公司外部设置咨询中心，让员工直接打电话去预约、咨询。整个咨询过程公司都不会介入，公司一般只需要知道咨询的人次、性别比例和主要问题。

3. 服务对象本土化

目前，在中国大陆接受 EAP 服务的对象，除了少数外籍员工外，绝大多数是本地员工。随着跨国公司在华人员的本土化程度增强，这种现象将更加显著。由于在把握文化背景、员工的观念或意识等方面存在本土化优势，本土的 EAP 服务机构更能够调整适用于本地员工的 EAP 服务内容和方式，这带动了本土 EAP 服务机构的发展。例如，上海德慧企业管理咨询公司、北京易普斯咨询公司等，而且他们的服务对象也逐渐由外资企业转向联想集团、国家开发银行和上海大众集团等国内企业。

九、EAP 在我国的现状

我国的港台地区 EAP 的发展领先于内地，台湾于 1972 年由台湾松下电器公司成立大姐姐组织（Big Sister）开始实施 EAP 服务，香港在 20 世纪 90 年代初，由一些非营利机构以“社会工作”（Social Work）的形式开始了 EAP 服务。而在我国内地，从组织行为的角度，采用 EAP 服务模式还是近几年的事，一批外资企业开始启动在中国境内的 EAP 服务，少数国有企业和政府部门也尝试启动了 EAP。综合来看，我国内地 EAP 的现状呈现如下特点：

1. 国外 EAP 机构的进入及推动

外资企业在启动 EAP 服务时，大多采用了外设模式，这样，国外的 EAP 专业服务机构开始进入中国市场，有些境外 EAP 机构利用远程服务方式在境外为外企员工服务，一些 EAP 机构还把研讨会开到了北京。

2. 国内 EAP 服务机构开始起步，服务范围逐渐扩大

由于在中国境内接受服务的员工大多为中国本地员工，鉴于文化、观念等差异，由本

土的EAP专业人员为本地的员工提供服务显得越来越必要，因此，一些本地的EAP服务机构相继出现并开始提供服务。随着服务对象由企业开始扩展到军队、政府机构，本土的EAP机构逐年增加并扩大了服务范围。

3. 服务内容由单一趋向多样化发展

国内EAP服务开始由高校心理学专家主持，主要提供一些心理培训方面的业务。随着心理学家们对企业的频繁接触、深入了解和研究，对EAP在中国的发展产生了自己的思考。同时，服务内容也从一般的心理培训向针对性培训、心理咨询与治疗、压力与情绪管理、心理预警机制建立、组织干预措施等多元化、专业化方向发展。

十、EAP在我国企业实施中存在的挑战

我国企业的员工援助计划的实施无论从覆盖面上还是员工的受惠程度上，均远远低于发达国家水平，其原因如下：

1. 员工的传统观念难以转变

我国国人心理健康意识远远落后于西方国家，他们往往认为心理问题难以启齿，害怕被人取笑，而难以接受心理咨询。

2. 企业管理者意识落后，缺乏长远考虑

中国企业的管理者对EAP的特点、作用了解较少，对EAP的投资回报率和对企业的组织建设的作用并不清楚，接受并购买EAP服务的仍然是少数企业。

3. EAP专家和专业从业人员缺乏

我国的应用心理学和心理服务的发展还处于较低的水平，根据哈佛医学院的研究报告显示，在我国每500万人中只有35名心理医生或心理学专家，而美国每千人中就有10名心理学专家，而EAP的专业从业人员在我国就更是凤毛麟角。这些都严重限制了EAP在我国的快速发展。

4. 中国国情与西方社会有很大的差别

西方员工面临的诸如酗酒、药物滥用、艾滋病等问题在我国并不普遍，因此，我国的EAP服务内容和着重点上与发达国家存在很大的不同。EAP能否在我国广泛地开展，受制于EAP中国化的程度和社会整体转型的进程。

十一、我国EAP的发展

西方发达国家的经验表明，EAP的实施能使企业、组织乃至整个国家获益，大力推动EAP在我国的发展具有重要意义。如何发展我国的EAP事业？可以通过以下途径：

1. 通过理论和实务研究推动EAP的发展

学术界和管理理论界应该结合中国国情进行研究，努力开拓适合我国企业和组织的方法，将EAP与短期绩效相连，建立相应的EAP测量方法与工具，并大力研究和宣传EAP的意义和重要性，使企业和管理者对之有清晰的认识，愿意为EAP进行投资。

2. 通过教育训练大力发展EAP工作者和员工自身的专业能力

实施EAP服务的专业人员不能仅仅具有心理学专业的知识和技能，还要对其进行管理学、人力资源管理、组织结构与变革方面的培训，使之能适合EAP的工作要求。同时，由于外部EAP专职人员对服务企业的了解并不深入，有时候工作的效果远远不如企业自

身的EAP工作者，因此，在企业内部引入EAP专业人员，并对之进行专业的培训和不断的教育发展，开发他们的专业能力，具有重要意义。对于外部EAP专业人员，一定要开展一些使之熟悉服务企业、了解企业文化的活动，使EAP的实际效果更好。

3. 建立有效的EAP资源管理机制

EAP有着自己的一整套机制，也有着广泛的资源，如果缺乏一个有效的整理、使用、评估、保存的资源管理机制的话，随着EAP专职人员的流动，这些资源将会失散，使EAP服务质量的稳定性受到威胁。因此，在企业内部应该将EAP的实施纳入企业的知识管理系统，建立资源的存档、检索体系，并在组织内部建立一个开放的员工交流和分享信息、倾诉沟通的网络平台。

4. 寻找合适视角使EAP的研究和应用本土化

我国有着不同于西方国家的文化与国情，EAP应该本土化才能具有旺盛的生命力。时勘等人认为，应该把健康型组织作为实施EAP项目的起点和切入点，从组织、社会的层面而非员工个人的层面来看待员工援助计划。在此基础上，他们建议从以下六个方面入手从事我国的EAP研究和实践：

（1）劳工关系与心理行为协调。经济高速发展和转型使劳工关系发生了变化，通过EAP调整劳工关系，体现企业的社会责任，来提高企业的竞争力。

（2）危机灾难事件的应对与管理。在以经济回报为前提的市场机制体制下，建立危机事件中民众社会心理行为预测系统，准确预测民众在灾难危机事件中的心理行为预测系统，形成各种情境下危机管理决策支持系统。

（3）压力管理与健康工作。工作压力影响健康和工作绩效，EAP应通过预防性压力管理、工作家庭关系咨询、暴力预防、工作关系咨询等策略来解决这一问题。

（4）组织变革中的员工心理辅导。转型时期的组织兼并、重组、裁员、新管理手段的运用等带来的冲击使得组织内的员工长期处于心理亚健康状态，EAP应提供有效的员工沟通、裁员会谈、面对变化的心理辅导等。

（5）员工职业生涯发展指导。建立职业生涯成功的员工胜任特征模型，在企业的组织战略设计、招聘录用、绩效管理、人力资源规划、员工培训、薪酬设计等方面体现胜任特征的要求，为员工生涯设计提供依据。

（6）创新的组织文化建设。EAP服务要全方位了解管理者和员工的主观幸福感，促进员工的工作幸福感，进而提高工作绩效，增强企业内部的凝聚力，增强企业的核心竞争力。

（7）持续性原则。人生每个发展阶段应能持续连贯衔接，各具体规划与人生总体规划一致，不能摇摆不定，浪费各发展阶段的人力资本积累。

6.6 个人职业生涯管理

个人职业生涯管理是指雇员根据对自身的主观因素和客观环境的分析，确立自己的职业生涯发展目标，而选择实现这一目标的职业，以及制订相应的工作、培训和教育计划，并按照一定的时间安排，采取必要的行动实现职业生涯目标的过程。

一、个人参与职业生涯管理的程序

1. 自我评估

自我评估是对自己作出全面分析，主要包括对个人的需求、能力、兴趣、性格、气质等的分析，以确定什么样的职业比较适合自己和自己具备哪些潜力。

2. 组织与社会环境分析

组织与社会环境分析是对自己所处的组织和社会环境的分析，以确定自己是否适应组织环境或者社会环境的变化以及怎样来调整自己以适应组织和社会的需要。短期的规划比较注重组织环境的分析，长期的规划要更多地注重社会环境的分析。

3. 生涯机会的评估

生涯机会的评估包括对长期的机会和短期的机会的评估。通过对社会环境的分析，结合本人的具体情况，评估有哪些长期的发展机会；通过对组织环境的分析，评估组织内有哪些短期的发展机会。通过职业生涯机会的评估可以确定职业和职业发展目标。

4. 职业生涯目标的确定

职业生涯目标的确定包括人生目标、长期目标、中期目标与短期目标的确定，它们分别与人生规划、长期规划、中期规划和短期规划相对应。一般，我们首先要根据个人的专业、性格、气质和价值观以及社会的发展趋势确定自己的人生目标和长期目标，然后再把人生目标和长期目标进行分化，根据个人的经历和所处的组织环境制定相应的中期目标和短期目标。

5. 制订行为方案

在确定以上各种类型的职业生涯目标后，就要制订相应的行动方案来实现它们，把目标转化成具体的方案和措施。这一过程中比较重要的行动方案有职业生涯发展路线的选择，职业的选择和相应的教育和培训计划的制订。

6. 评估与反馈

在人生的发展阶段，由于社会环境的巨大变化和一些不确定因素的存在，会使我们与原来制定的职业生涯目标与规划有所偏差，这时需要对职业生涯目标与规划进行评估并作出适当的调整，以更好地符合自身发展和社会发展的需要。职业生涯管理的评估与反馈过程是个人对自己的不断认识的过程，也是对社会的不断认识的过程，是使职业生涯管理更加有效的有力手段。

二、个人参与职业生涯管理的意义

对员工个人而言，参与职业管理的重要性体现在以下三个方面：

（1）对于增强对工作环境的把握能力和对工作困难的控制能力十分重要。职业计划和职业管理既能使员工了解自身长处和短处，养成对环境和工作目标进行分析的习惯，又可以使员工合理计划、分配时间和精力完成任务、提高技能。这都有利于强化环境把握和困难控制能力。

（2）利于个人过好职业生活，处理好职业生活和生活其他部分的关系。良好的职业计划和职业管理可以帮助个人从更高的角度看待工作中的各种问题和选择，将各自分离的事件结合联系，服务于职业目标，使职业生活更加充实和富有成效。它更能考虑职业生活同个人追求、家庭目标等其他生活目标的平衡，避免陷入顾此失彼、两面为难的困境。

（3）可以实现自我价值的不断提升和超越。工作的最初目的可能仅仅是为找一份养家糊口的差事，进而追求的可能是财富、地位和名望。职业计划和职业管理对职业目标的多次提炼可以使工作的目的超越财富和地位之上，追求更高层次自我价值实现的成就感和满足感。它可以发掘出促使人们努力工作的最本质的动力，升华成功的意义。

三、个人参与职业生涯管理应遵循的原则

正确的职业生涯管理要充分考虑到个人的特性和企业的发展需要，使个人发展与组织发展结合起来，对影响职业生涯的各种主客观因素进行分析、总结和测定，确定一个人的人生发展目标，选择实现这一目标的职业，编制相应的工作、教育和培训等行动计划，对每一步骤的时间、顺序和方向作出合理的安排。具体来说，个人作出成功的职业生涯管理应遵循下列原则：

1. 长期性原则

管理一定要从长远来考虑，只有这样才能给人生设定一个大方向，使你集中力量紧紧围绕这个方向作出努力，最终取得成功。

2. 清晰性原则

管理一定要清晰、明确，能够把它转化成为一个个可以实行的行动，人生各阶段的线路划分与安排一定要具体可行。

3. 可行性原则

管理要有事实依据，要根据个人特点、企业发展需要和社会发展需要来制定，不能做不着边际的梦想。

4. 挑战性原则

管理要在可行性的基础上具有一定的挑战性，完成管理要付出一定的努力，成功之后能有较大的成就感。

5. 适时性原则

管理是随时随地规划自己的行动，因此各项主要活动，何时实施、何时完成，都应有时间和时序上的妥善安排，以作为检查行动的依据。

6. 适应性原则

管理职业生涯牵涉多种可变因素，因此管理应有弹性，以增加其适应性。

6.7 应用案例——××国税局职业生涯管理的全面解决方案

组织职业生涯规划主要是通过工作分析，确定组织内部的岗位设置、岗位的定员定编和岗位的任职资格，并在此基础上制定组织了干部配备规划、岗位晋升路线、晋升制度，从而保证每位干部获得公平、公正的晋升机会。

基本的技术路线，如图6－4所示。

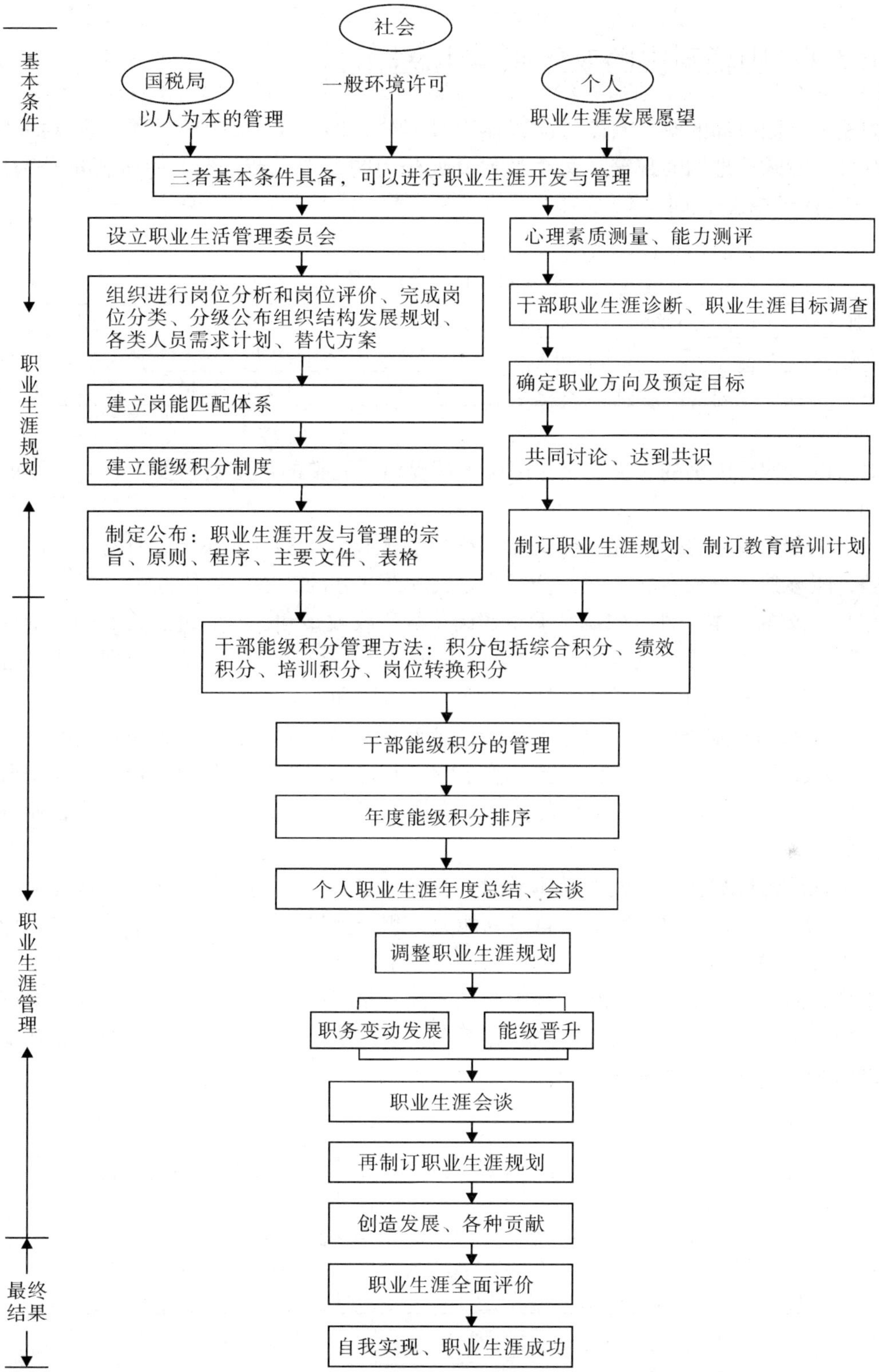

图 6－4　××国税局职业生涯管理技术路线图

6.7.1 国税系统的双重职业生涯路径

根据××国税局的有关制度，能级体系可划分为四个系列，即征收管理、税收稽查、信息管理、行政管理四大部分。每个系列又划分为初、中、高三级，每级再细分为四档，合共“三级十二档”，如表6－5所示。

表6－5 能级分档一览表

级别	初级				中级				高级			
档次	初1	初2	初3	初4	中1	中2	中3	中4	高1	高2	高3	高4
能级系数	1	1.05	1.10	1.15	1.20	1.25	1.30	1.35	1.40	1.45	1.50	1.55

对于以上的每级别的能级，××国税局都提出了完整的评定资格要求，各级别的要求主要如下：

（1）初级的基本条件：基本掌握本职岗位的税收政策和专业技能，具有一定的实际工作经验，能够独立完成本职工作，较好地完成领导交办的各项工作任务。

（2）中级的基本条件：熟练掌握本职岗位的税收政策和工作制度，具有相当的专业理论水平和实际工作经验，能运用所掌握的专业知识进行综合分析，妥善处理工作中遇到的问题，较好地完成各项工作任务，具备较强业务素质和能力。

（3）高级的基本条件：精通本职岗位专业政策和各项制度，知识面较宽，具有较高的专业理论水平和丰富的实际工作经验，善于调查研究，理论与实践相结合，能运用所掌握的知识综合分析，处理工作中遇到的问题，有改革意识，能创造性地开展工作，业务工作成绩十分显著。

能级管理的目的在于扩大能级体系的“责任—激励”作用，旨在告诉干部无需把眼光全放在行政仕途上，只要不断提高自身的能力，积极上进，在能级系列中同样可以体现个人的工作成就感和满足感。

于是我们结合传统职业路径、行为路径、横向路径以及国税局的实际情况，对国税局的岗位分成征管、稽查、行政和信息四大系列，在此基础上提出每一系列的行政和能级晋升双重职业发展路径，如图6－5所示。

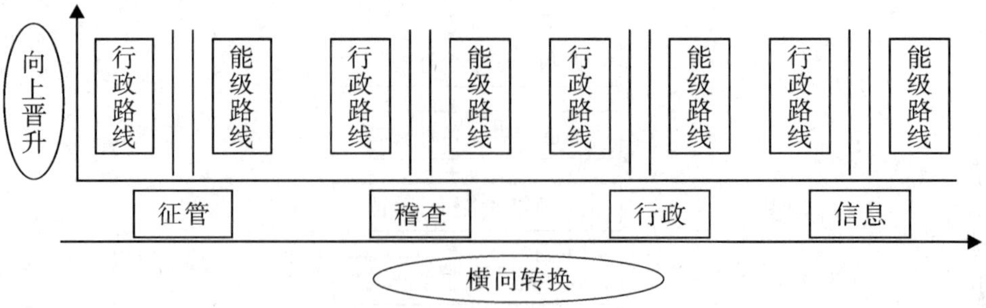

图6－5 多通道职业发展路径

6.7.2 通过岗位分析和岗位评价，建立岗位与能级的匹配体系

一、岗位分析

岗位分析是岗能匹配过程中一项十分重要的基础工作。在此基础上，对岗位任职资格、职责等相近的岗位进行分类、分族，为干部的轮岗、晋升等人力资源合理调配提供了决策参考。岗位分析的基础是对岗位进行详细的调查。

岗位调查的目标主要是明确每个岗位名称、岗位设置、岗位职责和任职资格，只有对每个岗位的这些内容调查清楚，才能对岗位进行分类和分族，并制定××国税局的岗位晋升路线图和岗位与能级的匹配体系。

二、岗位评价

岗位评价，就是根据工作分析的结果，按照一定标准，对工作的性质、强度、责任、复杂性以及所需的任职资格等因素的差异程度，进行综合评估的活动。它是为了确定一个岗位相对于组织中其他岗位的不同作用所进行的正式的、系统的比较和评估。

在收集岗位价值信息阶段，各单位要组织人力根据各个单位不同的工作特点，有针对性地运用文献检索、现场观察、问卷调查、结构化访谈和小组讨论等方法开展工作，广泛地收集岗位价值信息，按照岗位价值要素出现的频率统计结果，初步列举岗位价值要素。

在确定岗位价值要素阶段，各单位要根据问卷调查的结果进行统计和分析，对各认可度较高（平均分高）、意见一致（方差较小）的要素可以考虑用于岗位评价，而认可度较低（平均分低）的价值要素要考虑删除，意见不一致（方差较大）但相似的价值要素可以合并，以此确定关键的岗位价值要素，并对各价值要素进行独立说明、释义，为岗位评价提供依据。

在建立结构化量表阶段，各单位要根据前期工作收集的数据和资料分析每个价值要素对岗位价值的贡献程度，从而确定各价值要素的权重系数和定义各要素的不同等级，同时以现场观察法、结构化访谈和查阅岗位职责文件等方法收集信息，并结合各单位的实际情况，来赋予每个等级一定的描述，最终形成结构化的量表（格式见表6－5）。建立起结构化量表后，要首先抽取有代表性的岗位进行试打分，以此检验所建构的结构化量表的合理性。

在权重系数确定阶段，各单位通过组织相关领导对各价值要素的权重进行打分，通过AHP（层次分析法）和GEM（群组决策特征根法）等综合算法，求得各要素的权重。

在岗位评价阶段，各单位要组织各个阶层的代表组成评分小组，以岗位说明书和前期分析的结果为参考，利用结构化量表对岗位在各个要素上的表现进行评估，得出岗位在各个要素上的分值，并汇总成总点数，再根据总点数处在哪个岗位级别的点数区间内，确定岗位的级别，最后根据岗位评价结果对岗位进行分级、分类。

在数据处理阶段，各单位要通过数理统计学方法对价值要素的原始得分进行标准化处理，并进行系数修正，对于那些评分小组成员意见过于分散的价值要素，必须要重新评分，对因均值过大而导致的离散度大的价值要素要通过计算差异系数进行判断，最终计算

各岗位的得分，形成具有等距量尺性质的岗位价值系数。根据总体岗位价值系数范围，划分级别，将岗位归入相应级别，实现岗位分级、分类。

通过岗位评价工具，对××国税局77个岗位进行打分，最后通过计算得出77个岗位的价值系数，最终得到各岗位的价值系数。

三、制定岗位与能级等级之间的匹配体系

1. 岗位的分类、分级

根据岗位价值系数表，采用聚类分析的多元统计分析方法，对77个岗位进行分类、分级，根据SPSS统计软件处理结果，得出最后的77个岗位的分类结果，如表6-6所示。

表6-6　××国税局岗位分类、分级结果

岗位类别	岗位名称
H类岗位	局长、书记
G类岗位	副局长、总经济师、局长助理
F类岗位	管理分局局长、稽查局局长、办公室主任、人事科科长、税政科科长、征管科科长、信息中心主任
E类岗位	进出口科科长、监察室主任、计财科科长、稽查局副局长、票证所所长、管理分局副局长、办公室行政副主任
D类岗位	征管科副科长、稽查局检查组长、稽查局执行组长、管理分局管理组长、稽查局审理组长、管理分局综合组长、管理分局征收组长
C类岗位	稽查局综合及选案组长、信息中心金税工程岗、信息中心征管软件岗、办公室文秘1、信息中心系统维护岗、办公室文秘2、稽查局检查岗
B类岗位	稽查局审理岗、税政科所得税岗、税政科涉外管理岗、税政科流转岗、信息中心综合岗、税政科金税工程岗、管理分局涉外企业管理岗、进出口科审理岗、管理分局内资一般纳税人管理岗、监察室监察岗、稽查局执行组员岗、监察室执法考核监察岗、人事科教育培训岗、人事科管理岗、征管科征收管理岗、管理分局小规模纳税人管理岗、人事科工会及绩效监督岗、管理分局综合办税岗、人事科组织党务岗、征管科综合岗、管理分局监督岗、稽查局协查选案岗、进出口科综合岗、人事科工资计生岗
A类岗位	稽查局综合文书岗、计财科会统岗、计财科综合岗、管理分局发票售票岗、稽查局综合举报岗、办公室会计岗2、票证所发票总仓岗、办公室会计岗1、票证所综合岗、计财科税收票证岗、进出口科登记岗、征管科税登岗、管理分局税务登记打证及票证管理岗、办公室行政岗、办公室总务岗、办公室出纳岗、办公室档案保密岗、管理分局内勤岗、管理分局资料管理岗、办公室电工岗

2. 岗位与能级匹配体系

（1）岗能匹配的含义如下：

第一，岗能匹配是一种人力资源配置方式，要求人的能力与岗位达到合理配置，按能配岗，按能配工。

第二，岗能匹配是一种价值取向。它要求冲破“官本位”、“钱本位”等一切妨碍发展的思想观念；要求由注重外在因素走向注重内在素质，由注重狭隘的“人情关系”走向注重“机会公平”和“竞争规则”，由注重非能力因素走向注重能力因素。

第三，岗能匹配是一种机制。它要求竞争上岗，能上能下，能进能出，使优秀人才脱颖而出。

第四，岗能匹配还是追求公正的一种自觉努力。它力求打破由非能力因素造成的不公平，倡导根据人的能力贡献配置资源。

它是人本管理在当代中国税务发展的具体实现形式，实质是对人的知识、智力、技能和创新能力的开发与管理。岗能匹配指在能级评定的基础上，科学分析岗位能力要求，按照“事适其人，人尽其才，才尽其用，人事相配”的原则和“自主择岗，双向选择，组织确定”的方法实行按能上岗，有效解决人力资源的优化配置问题。

合理的人力资源配置应使人力资源的整体功能强化，使人的能力与岗位要求相对应。组织岗位有级别之分，它们占据着不同的位置，处于不同的能级水平。每个人也都具有不同水平的能力，在纵向上处于不同的能级位置。岗位人员的配置，应做到能级对应，就是说每一个人所具有的能级水平与所处的层次和岗位的能级要求相对应。

同时，干部能力的差异直接影响工作效率，由于干部之间存在着能力差异，而岗位的种类和复杂程度又不同，因此，不同的干部对于同一工作岗位的胜任能力不尽相同。不同的岗位对能力的要求也不一样，在岗位性质与人的能力之间存在“能力阈限”问题。我们在为岗位配备干部时，应考虑该岗位对能力的要求，既不要超过能力阈限的上限，也不能低于能力阈限的下限。

（2）岗能匹配的原则：

第一，动态匹配原则。动态匹配是岗能匹配的一条基本原则。组织和干部个人都是随着时间、环境及其他种种因素的影响而变化的，两者的任何一次哪怕是小小的变化，都会打破原有的匹配状态，需要通过动态调整才能达到新的平衡。从哲学的角度讲，岗能匹配是一个不断否定之否定的螺旋式上升的过程。我们应充分认识这一原则，一方面不断地对岗位设置进行完善，另一方面全面了解干部的素质、能力等跟岗位配备有关的因素及其变动情况，最大限度地发挥干部的才干。同时，要充分利用干部培训、激励机制、职业生涯规划等方法来促进干部与岗位之间的融合，提高国税局的绩效。

第二，人岗均衡原则。人岗均衡的第一层含义指干部和岗位之间在数量上应保持一定的对应关系，避免出现人浮于事或工作量过大的情况；第二层含义指岗位级别和干部的能级之间要保持对应关系，岗位设置应形成上小下大的金字塔结构，干部能级的分布也要形成对应的结构。在组织内，高层、中层、低层的干部应保持一定的比例。既不出现人才的短缺也不要造成人才的浪费。

第三，满意原则。岗能完全匹配是一种理想的状态，在实践中是很难实现的。因此，组织内的岗能匹配没有“最好”状态，只有“满意”状态。评价一个组织是否做到岗能匹配，一是要看组织整体的人力资源是否得到有效的利用，现有的人力配置能否确保组织目标的实现；二是看关键岗位的人力资源配置是否合适。从干部的角度来说，与岗位间的匹配也遵循满意原则，只要把自己的能力充分发挥出来了，在工作中能获得成就感，这样的岗位就可以认为跟自己是匹配的。

第四，整体匹配度最高原则。组织在配备干部时，应坚持整体匹配度最高原则。一般来讲，在组织中应首先满足高层次岗位的匹配，按照从上至下的顺序来为岗位配备人才，这是因为人力资源本身是一种稀缺资源，而把最好的资源放到最重要的位置才能产生最大的效用。

在坚持按从高到低进行匹配的同时，我们也应看到影响岗能匹配的因素是多方面的，一个人往往适合很多的岗位，究竟安排到哪一个岗位，还得服从组织的整体效益。

6.7.3 制定××国税局的能级积分、能级晋升管理制度

一、能级积分制度

为保证本局双重职业发展路径的顺利实施，在参照《××国家税务局能级初始评定试行办法》的基础上制定能级积分办法。能级积分主要分为以下几个方面：

1. 综合积分

它分别由学历、专业资格、综合奖励、税龄共四部分组成，具体计算标准如下：

（1）学历指已取得国家认可的学历（以人事部门正式记入干部学历档案为准），本项目共15分。取得研究生以上学历按15分计算，取得研究生学历、学位按12分计算，取得本科学历按9分计算，取得大专学历按6分计算，取得中专（高中）以下学历按3分计算。取得双学位的，在同档次学历积分的基础上加1分。

（2）专业资格指与税务工作相关的专业技术资格，包括会计师、经济师、税务师、审计师、律师、工程师（信息类）、资产评估师、清算师等。

专业资格分高、中、初三级，高级专业资格按每个4分计算，中级专业资格按每个3分计算，初级专业资格按每个1分计算。持有不同级别相同专业资格证书者，分数按最高级别标准计算。

（3）综合奖励指自1996年开始至能级初始评定前，在税务部门获得市局级以上各项个人工作奖励（不含文体娱乐类奖励）。获得国家级奖励的一次2分，省级奖励的一次1分，市局级（区政府级）奖励的一次0.5分。

（4）税龄指参加财税系统工作的年限，包括财政局、税务局、税务师事务所和曾与本系统挂钩的会计师事务所的工作年限，税龄每年按0.5分据实计算；非税龄指参加非财税系统的工作年限，每年按0.25分据实计算；军龄比照非税龄执行。

每位干部通过计算以上四项得分，然后四项得分累加则为综合分。

2. 培训积分

培训积分是指参加市国税局和本局规定的培训所获得的积分。凡参加市国税局培训体系中的培训课程并考核合格的，则获得该门课程学分相同的积分。参加区国税局人事教育科安排的培训课程，则每参加一次并考核合格则获得1分。将所有参加培训课程获得的积分累加则为培训积分。

3. 绩效积分

绩效积分就是根据干部年度考核的结果所获得的积分。在公务员年度考核中，评为优

秀等级的每次得5分，称职等级的每次3分，基本称职等级的每次1分，不合格等级的每次得0分。

4. 岗位变换积分

岗位变换积分就是指干部从岗位变动或晋升中获得的积分。岗位变换的方式包括：

（1）工作分析调整，主要指组织由于种种原因主动对内部的岗位进行调整或重新设计。这种调整可能涉及岗位的工作关系变化、岗位职责变化、工作内容变化，每一次岗位调整，都会影响干部和岗位之间的匹配关系，有时这种影响是正面的，通过调整，干部能更好地胜任原来的岗位或新的岗位，但有的影响却是负面的，随着岗位职能、内容等方面的变化，干部可能不能适应新的岗位。

（2）岗位轮换，指组织有计划地按照大体确定的期限，让干部轮换从事不同的工作，从而达到考察干部的适应性和实现最佳的岗能匹配的目的。岗位轮换适用的具体情况有：

第一，从组织长远发展考虑，培养骨干，为实现更高层次的岗能匹配打好基础。

第二，培养多面手干部，使干部具有较强的适应能力，能够胜任多个岗位，当组织发生变革或岗位职责发生转变时，能够迅速实现新的岗能匹配。

第三，新员工实习。通过安排新员工到不同的部门实习，在让他们尽快了解组织全貌的同时，对他们进行适应性考察，以便将他们安排到最合适的岗位，实现最佳的匹配。

第四，满足部分干部的愿望和需求，比如，有的业务部门干部愿意从事职能部门的工作，而且其知识、能力也胜任，如果将他们从原来的业务岗位调动到职能岗位工作，尽管级别未升，同样可以满足他们的愿望和需求，实现岗能匹配。

第五，调整某些部门的年龄、知识、能力、性格结构，或当干部出现不能适应工作的情况时，通过岗位轮换来达成新的匹配。

（3）晋升与降职。晋升指干部在服务一定年限后，经考核成绩优异者，由组织提高其岗位使其获得较高的待遇、地位、权利、声誉，同时也承担较高的责任的一种激励方法，是干部与岗位在高一层次上的重新配置，容易达到双方满意的结果。降职一般是由于干部能力不能胜任本岗位的工作。将其重新配置到与其相匹配的较低级别的岗位上，这种在低一级别上的配置，即使干部的个人素质、能力因素都能胜任新的岗位，也容易出现干部由于心理因素、积极性等方面的原因不能实现与新岗位匹配的现象，因此，采取降职措施一方面要深入细致地做好干部的思想工作；另一方面也应努力在组织内形成能上能下的气氛，减少干部的心理压力。

岗位变换积分主要通过《岗位变换积分评定表》得到，评定过程由人事教育科负责组织，由轮换前后岗位的直接上级和人事教育科科长三方共同进行评定，评定结果计入能级积分。

二、能级积分计算方法

干部的能级积分由该公式计算：个人能级积分＝综合积分＋培训积分＋绩效积分＋岗位轮换积分。

三、能级晋升制度

能级每年进行微调管理，每年年度考核结束，人事教育科统计上一年度每位干部的能级积分，能级积分排名前10%的干部进入能级微调的名单，如果有关干部的条件符合××国税局能级有关的管理规定，则能级等级自动向上调整一个等级。

如果该年份为××国税局规定的能级周期评定年份，则能级积分晋升的规定自动暂停，所有干部都参加××国税局的能级评定。干部原来的能级积分仍然有效，下一年度自动重新执行能级积分管理办法。

6.7.4 干部心理档案的应用

组织除了制定完善的职业生涯管理的原则、程序和制度外，还应掌握干部的职业兴趣、能力倾向、人格特点等心理素质。组织只有了解了干部的这些心理素质，才能为干部提供符合组织实际的职业生涯目标，同时把干部安置到更合适的岗位上。在××国税局的职业生涯规划中，对干部员工进行了多种心理测试，主要包括卡特尔十六项人格测验、霍兰德职业兴趣测验、气质测验、LPC领导能力测验和A&B型行为测验等，并根据测评结果为干部建立心理档案。心理档案将作为组织引导干部选择职业生涯目标的重要参考资料。

为了有效提高干部与岗位的匹配性，××国税局需要对每个岗位的需要人格特点、职业兴趣、能力倾向等进行调查，并根据调查结果在以后安排新的干部从事该岗位时做相应的考虑。岗位所需要的心理素质特点可以通过岗位任职素质调查表进行调查和分析，在调查过程中应该从任职者本人和岗位的上级领导两方面进行，这样有利于提高调查结果的准确性。

6.7.5 个人职业生涯规划

个人发展是组织发展和社会发展的基础，只有充分发挥人的主观能动性，在组织内建立以人为本的职业生涯开发与管理的目标体系，帮助每个干部实现自我价值，通过做好干部的职业生涯开发与管理，把组织的人力资源最大限度地变成人力资本，组织才能最终实现未来的愿景。干部的职业生涯规划与管理正是国税系统的人才战略的核心内容，应把制订干部职业生涯规划作为组织未来人才培养的重要工作任务。

在职业生涯规划中，组织目标和个人目标的关系就是，组织目标的实现是所有干部部分个人目标（与组织目标一致的部分）实现之和，组织目标是个人职业生涯目标的基础，个人的职业生涯目标不能脱离组织的发展目标，只有两者相互配合的时候才能保证两者能相互促进，从而实现组织和个人目标，它们两者的关系如图6-6所示。

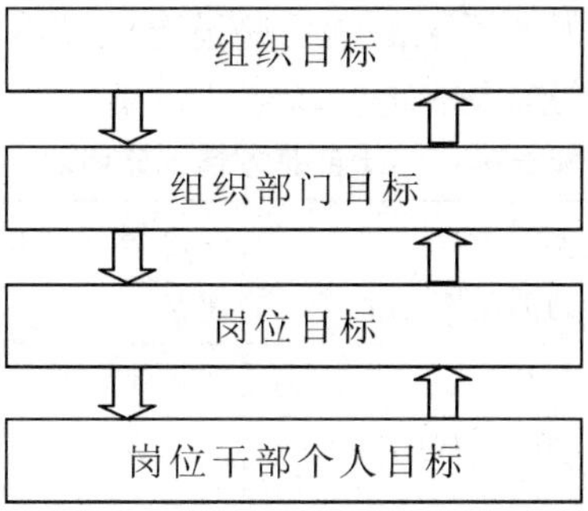

图 6 – 6　个人目标与组织目标的关系示意图

一、干部个人职业生涯规划流程

干部个人要进行有效的职业生涯规划，需要按照一定的步骤进行，职业生涯规划与管理只有通过一系列精心设计的流程才能迈上可控之路，以下四个步骤是个人职业生涯规划中必不可少的部分，干部个人的职业生涯只有完整按如下的步骤进行规划和管理，才能保证职业生涯管理整个过程是可控制的，从而最终保证干部个人职业生涯目标的实现。具体如图 6 – 7 所示。

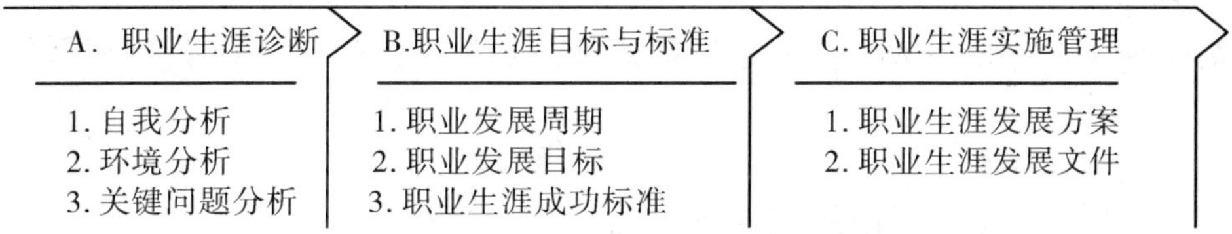

图 6 – 7　个人职业生涯规划和管理

二、职业生涯诊断

职业生涯必须将理想与实际相结合，职业生涯诊断能够帮助个人真正了解自己，并且进一步评估内外环境的优势和限制，在“衡外情，量己力”的情形下，设计出合理且可行的职业生涯发展方向。只有把自身因素和社会条件做最大程度的契合，才能在现实中趋利避害，使职业生涯规划更具实际意义。

1. 自我分析

自我分析是对自己作出全面的分析，主要包括对个人的需求、能力、兴趣、性格、气质等的分析，以确定什么样的职业比较适合自己和自己具备哪些能力。

在自我分析这一部分，可分为两个步骤进行：

（1）心理测验。它主要采用集中纸笔测验法，对干部进行了卡特尔十六项人格测验、霍兰德职业兴趣测验、气质测验、LPC 领导能力测验、A&B 型行为测验，从而达到干部深入了解自己的目的。

（2）对干部进行基本情况访谈或自我诊断，从而了解干部（或自我认识）工作与生活的基本情况。主要通过访谈了解了下面的一些情况，基本情况诊断内容如表 6－7 所示。

表 6－7　干部基本情况诊断表

个人部分	健康情形	是否有影响工作、学习、生活的疾病？是否有不良的生活习惯？是否有影响健康的活动？生活是否规律？
	自我充实	是否有专长？是否经常阅读和收集资料？是否正在培养其他技能？
	休闲	是否有固定的休闲活动？有助于身心和工作吗？是否有休闲计划？
事业部分	收入情况	薪资多少？能满足日常生活吗？可满足进一步的需求吗（如旅游、社会交往、娱乐、探险等）？
	工作情况	现在的工作是什么？喜欢现在的工作吗？有升迁的机会吗？
	人生理想	人生理想是否与工作有关？想要如何实现人生理想？
家庭部分	家庭生活基础	居家环境如何？有没有计划买房子或者换房子？家庭的布置和设备如何？小孩、爱人、父母都有妥善的安排吗？
	家庭关系	夫妻关系和谐吗？有共同感兴趣的精神文化生活吗？是否认同各自的发展目标？与父母、子女关系如何？是否常常与家人相处、沟通、活动、旅游？

2. 环境分析

干部职业生涯自我诊断中，环境分析主要包括社会环境分析和组织环境分析两个方面。

（1）社会环境分析。

第一，经济发展水平。在经济发展水平高的地区，企业相对集中，优秀企业比较多，个人职业选择的机会就比较多，因而就有利于个人职业发展；反之，在经济落后地区，个人职业发展也会受到限制。

第二，社会文化环境。它包括教育条件和水平、社会文化设施等。在良好的社会文化环境中，个人能受到良好的教育和熏陶，从而为职业发展打下良好的基础。

第三，政治制度和氛围。政治和经济是相互影响的，政治不仅影响到一国的经济体制，而且影响着企业的组织体制，从而直接影响到个人的职业发展；政治制度和氛围还会潜移默化地影响个人的追求，从而对职业生涯产生影响。

第四，价值观念。一个人生活在社会环境中，必然会受到社会价值观念的影响，大多数人的价值取向，甚至都是为社会主体价值取向所左右的。一个人的思想发展、成熟的过程，其实就是认可、接受社会主体价值观念的过程。社会价值观念正是通过影响个人价值观而影响个人的职业选择。

（2）组织环境分析。

第一，组织文化。组织文化决定了一个组织如何看待他的成员，干部的职业生涯是受组织文化所左右的。一个主张干部参与管理的组织显然比一个独裁的组织能为干部提供更多的发展机会；渴望发展、追求挑战的干部也很难在论资排辈的组织中受到重用。

第二，员工的职业发展。员工的职业发展归根到底要靠管理制度来保障，包括合理的培训制度、晋升制度、考核制度、奖惩制度等。组织价值观、组织的管理哲学也只有渗透到制度中，才能得到切实的贯彻执行。没有制度或者制度定得不合理、不到位，干部的职业发展就难以实现，甚至可能流于空谈。

第三，领导者素质和价值观。领导者素质和价值观对一个组织的文化和管理风格有直接的关系，企业管理哲学往往就是管理者的管理哲学。如果组织领导者不重视干部的职业发展，这个组织的干部很难取得职业成功。

针对以上环境分析要分析的两个方面，干部要结合自身的情况，按照环境分析的相关内容，进行自己的分析和诊断，可从五个方面进行：①友伴关系：朋友的数量、朋友的能力等；②行业条件：注意当前社会及未来需要的行业；③组织条件：组织改革的计划，组织需要的人才等；④地区条件：该地区发展优势和劣势；⑤社会条件：政治、法律、经济、社会和文化、教育等条件。

3. 关键问题分析

关键问题分析就是干部个人对自己目前或将来职业生涯发展过程面临的重点问题进行分析，并对如何解决这些问题提供对策和计划，从而保证自己职业生涯目标的实现。关键问题分析如表 6－8 所示。

表 6－8　关键问题分析表

问题发生的领域	是家庭问题、自我问题、还是工作问题？或者是其中两者或者三者共同作用？
问题的难度	是否需要学习新的技能？是否需要自己花费大量时间和精力？是否觉得目前的问题很难解决？是否觉得问题已经影响了自己的工作和生活？
自己与组织的相互配合情况	自己是否作出了贡献？是否学会在组织内部适合自己的领域发挥专长？和其他组织人员的团结协作如何？组织对自己的职业生涯设计与自己的想法是否有冲突？

三、职业的目标与标准

1. 职业发展阶段对职业选择的影响

职业生涯规划按照时间的长短来分类，可分为人生规划、长期规划、中期规划与短期规划四种类型，如表 6－9 所示。

表 6－9　职业生涯规划分类表

类型	定义及任务
人生规划	整个职业生涯的规划，时间长至 40 年左右，设定整个人生的发展目标，如成为市或某个区国税局的局长
长期规划	9 年以上的规划，主要设定较长远的目标，如规划 30 岁时成为一名部门主管，规划 40 岁时成为某区局局长等
中期规划	一般为 3～9 年内的目标与任务，如成为一名业务专家或成为某个部门的主管等
短期规划	3 年以内的规划，主要是确定近期目标，规划近期完成的任务，如对专业知识的学习，3 年内掌握哪些业务知识等

2. 职业生涯目标的设定

干部在完成职业诊断后，就应该根据自己的人格特点、职业兴趣、能力等心理素质情况，结合组织的发展战略目标，制定出自己的职业生涯发展目标和行动计划，其中干部职业生涯目标的制定可以通过如下调查问卷进行。

××国税局干部职业生涯目标及培训需求调查问卷

指导语：

进行干部职业生涯规划最重要的一个方面是组织要了解个人的职业生涯目标和培训需求，您的这些资料是组织制定个人的职业发展路径的基础。希望您能结合自身的实际情况，将自己的真实想法描述出来。您填写的所有资料都会得到保密，请不必顾虑！

感谢您的积极支持与参与！

暨南大学专家组

一、短期目标（3年以内）

1. 您目前需要具体做好哪些工作？
2. 在目前的岗位上，您希望在哪些能力上有提高？
3. 如果在未来3年内有升迁的机会，您希望升迁到什么职位？要实现目标，您觉得自己在哪些方面需要进行提高？组织应该提供哪些方面培训或支持？
4. 如果未来3年进行轮岗，您希望轮换到什么岗位？要实现目标，您觉得自己在哪些方面需要进行提高？组织应该提供哪些方面培训或支持？
5. 在能级晋升方面，您希望能晋升到哪一个能级？要实现目标，您觉得自己在哪些方面需要进行提高？组织应该提供哪些方面培训或支持？
6. 在这3年里，您认为哪些业绩能具体表现你的进步？

二、中期目标（3~9年）

1. 在未来的3~9年里，您在能力提高上有什么目标？
2. 如果在未来3~9年内有升迁的机会，您希望升迁到什么职位？要实现目标，您觉得自己在哪些方面需要进行提高？组织应该提供哪些方面培训或支持？
3. 如果未来3~9年内进行轮岗，您希望轮换到什么岗位？要实现目标，您觉得自己在哪些方面需要进行提高？组织应该提供哪些方面培训或支持？
4. 在能级晋升方面，您希望能晋升到哪一个能级？要实现目标，您觉得自己在哪些方面需要进行提高？组织应该提供哪些方面培训或支持？

三、长期目标（9年以上）

1. 您希望能升迁到什么职位？
2. 在知识、技能方面能接受哪些方面的培训？
3. 您个人在组织中处在什么样的地位？您认为可以为组织作出哪些较突出的贡献？

3. 职业生涯成功的评价标准

要对职业生涯成功进行全面的评价，必须综合考虑个人、家庭、组织、社会等各方面的因素。有人认为职业生涯成功意味着个人才能的发挥以及为人类社会作出贡献，并认为职业生涯成功的标准可分为“自我认为”、“社会承认”和“历史判定”。对于组织管理人员来说，按照其人际关系范围，可以将其职业生涯成功标准分为自我评价、家庭评价、组织评价和社会评价四类评价体系，如表6-10所示。如果一个人能在这四类体系中都得到肯定的评价，则其职业生涯必定成功无疑。

表6-10 职业生涯成功评价体系

评价方式	评价者	评价内容	评价标准
自我评价	本人	1. 自己的才能是否充分施展 2. 对自己在组织发展、社会进步中所作的贡献是否满意 3. 对自己职称、职务、工资待遇等方面的变化是否满意 4. 对处理职业生涯发展与其他人生活动的关系的结果是否满意	根据个人的价值观念及个人的知识、水平、能力
家庭评价	父母、配偶、子女等家庭成员	1. 是否能够理解和肯定 2. 是否能够给予支持和帮助	根据家庭、文化
组织评价	上级、平级、下级	1. 是否有下级、平级同事的赞赏 2. 是否有上级的肯定和表彰 3. 是否有职称、职务的晋升或相同职务责权利范围的扩大 4. 是否有工资待遇的提高	根据组织文化及其总体经营结果
社会评价	社会舆论、社会组织	1. 是否有社会舆论的支持和好评 2. 是否有社会组织的承认和奖励	根据社会文明程度、社会历史进程

由于职业生涯成功方向和标准的多样性，组织应根据员工的具体情况制定个性化的职业生涯开发与管理战略，这是对干部人格价值的尊重；同时，组织也应根据自身的特点制定职业生涯开发与管理工作的战略目标和措施。通过两者之间的平衡，找到组织发展和个人发展之间的最佳结合点，促进组织和员工的共同发展。

4. 职业生涯实施的管理

通过前面调查，得出干部个人的职业发展目标和培训目标，干部的直接上级应该根据干部个人情况和组织的实际发展需要，与干部就其职业发展目标进行讨论和修改，制定出更符合实际情况的职业生涯目标和行动计划，并就这些一致的结论形成书面性的文件资料——个人职业发展文件，具体内容如表6-11所示。

表6-11 个人职业发展文件

个人情况：	
姓名：	出生年月：
部门：	职务：
现在住址：	
教育经历	填写初中以上校名、地点、入学时间、主修专业、获得学位等
培训经历	填写曾在何时何地参加过什么与工作相关的（在校、业余或在职）培训
工作经历	按照时间顺序写下自己所工作过的单位（或部门）名称、职务
工作成果	填写原来自己有成果的工作
评估小结	对上述内容进行自我评估
现在情况	
工作岗位	
岗位职责	
职业生涯阶段	
未来发展	

（续上表）

时间	发展内容	目标	所需条件	发展行动计划
0～3年	能力发展			
	职务晋升			
	能级发展			
3～9年	能力发展			
	职务晋升			
	能级发展			
9年以上	能力发展			
	职务晋升			
	能级发展			

组织应在干部绩效反馈的过程中对干部的职业生涯规划进行沟通和讨论，修改个人职业发展文件中不足的地方，不断完善干部的职业生涯规划，并提供相应的帮助和支持。

6.8 云服务平台的职业生涯管理系统

6.8.1 职业生涯基础管理

三个模块：①总公司后备人才计划；②部门后备人才计划；③员工援助计划，如图6－8所示。

图6－8 职业生涯基础管理三个模块

1. 总公司后备人才计划

（1）打开菜单，点击“职业生涯基础管理”，进入图 6－8 页面。

（2）在部门列表中点击总公司，使得该行颜色变深，再点击上面的“总公司后备人才计划”，进入“总公司后备人才计划”新增或修改页面，点击“新增（修改）”按钮，进入图 6－9“总公司后备人才计划”页面，输入或修改“总公司后备人才计划”的信息。

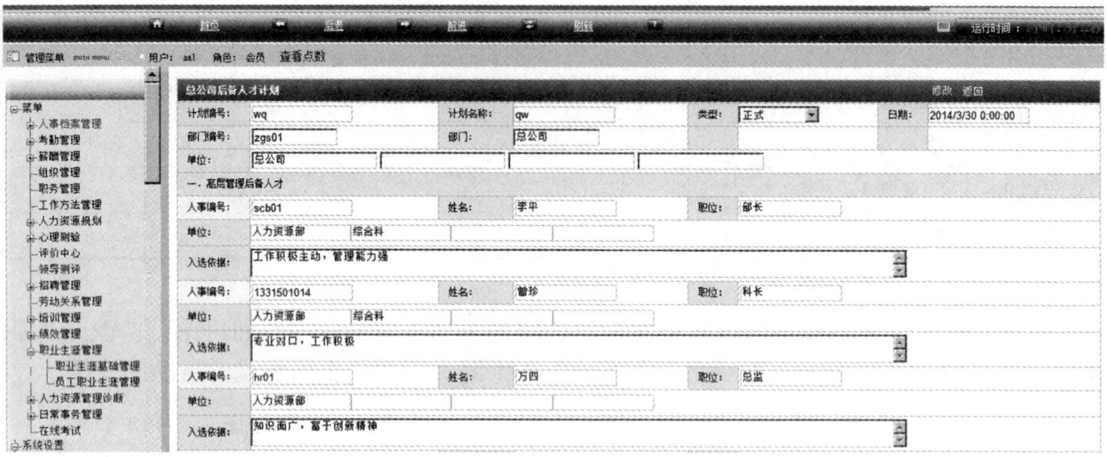

图 6－9　总公司后备人才计划

2. 部门后备人才计划

（1）打开菜单，点击“职业生涯基础管理”，进入图 6－8 页面。

（2）在部门列表中点击人力资源部，使得该行颜色变深，再点击上面的“部门后备人才计划”，进入“部门后备人才计划”新增或修改页面，点击“新增（修改）”按钮，进入图 6－10“部门后备人才计划”页面，输入或修改“部门后备人才计划”的信息。

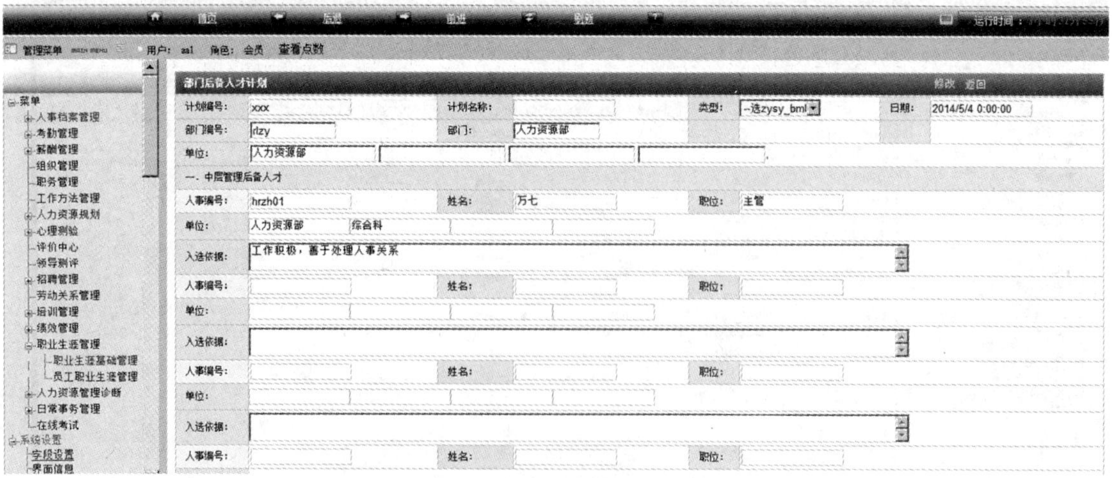

图 6－10　部门后备人才计划

3. 员工援助计划

（1）打开菜单，点击“职业生涯基础管理”，进入图6－8页面。

（2）在部门列表中点击人力资源部，使得该行颜色变深，再点击上面的“员工援助计划”，进入“员工援助计划”新增或修改页面，点击“新增（修改）”按钮，进入图6－11“员工援助计划”页面，输入或修改“员工援助计划”的信息。

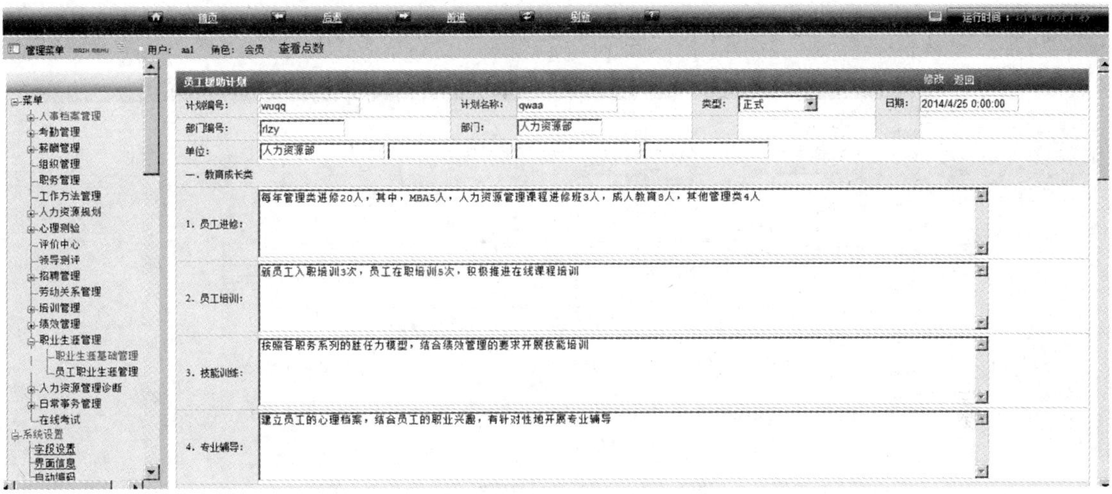

图6－11 员工援助计划

6.8.2 员工职业生涯管理

六个模块：①员工基本情况分析；②员工关键问题分析；③员工环境分析；④员工职业生涯问卷；⑤员工职业生涯规划；⑥员工职业生涯成功问卷，如图6－12所示。

图6－12 员工职业生涯管理六个模块

1. 员工基本情况分析

（1）打开菜单，点击“员工职业生涯管理”，进入图6－12页面。

（2）在员工列表中点击“万五十九”，使得该行颜色变深，再点击上面的“员工基本情况分析”，进入“员工基本情况分析”新增或修改页面，点击“新增（修改）”按钮，进入图6－13“员工基本情况分析”页面，输入或修改“员工基本情况分析”的信息。

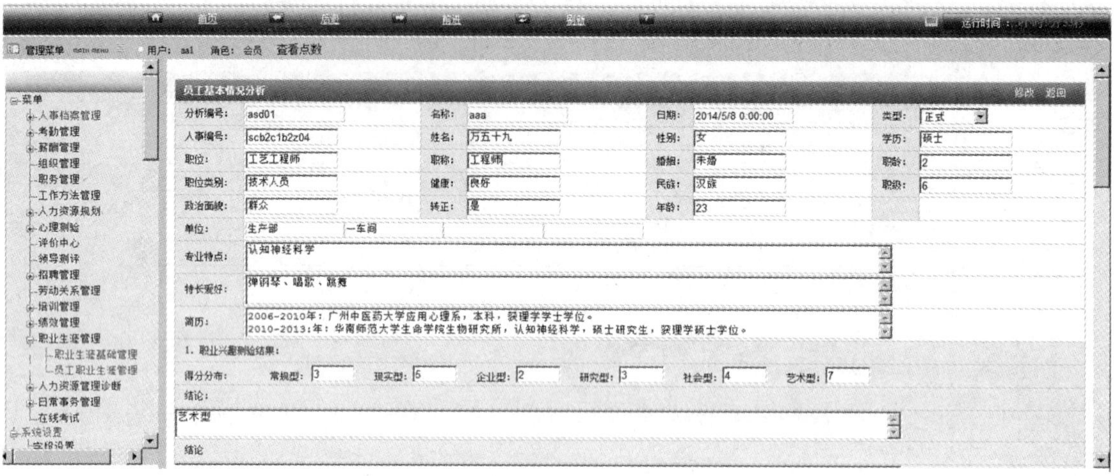

图6－13　员工基本情况分析

2. 员工关键问题分析

（1）打开菜单，点击“员工职业生涯管理”，进入图6－12页面。

（2）在员工列表中点击“万五十九”，使得该行颜色变深，再点击上面的“员工关键问题分析”，进入“员工关键问题分析”新增或修改页面，点击“新增（修改）”按钮，进入图6－14“员工关键问题分析”页面，输入或修改“员工关键问题分析”的信息。

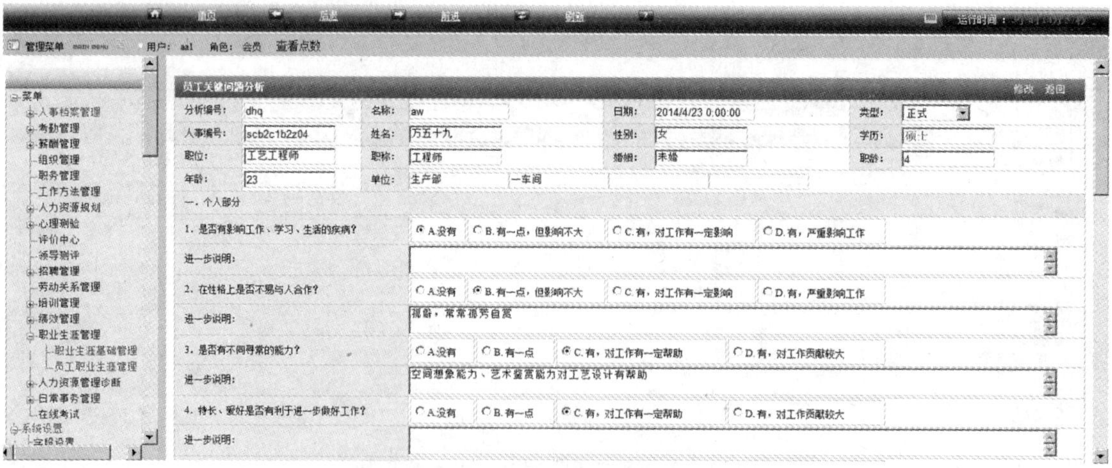

图6－14　员工关键问题分析

4. 员工环境分析

（1）打开菜单，点击“员工职业生涯管理”，进入图 6－12 页面。

（2）在员工列表中点击“万五十九”，使得该行颜色变深，再点击上面的“员工环境分析”，进入“员工环境分析”新增或修改页面，点击“新增（修改）”按钮，进入图 6－15“员工环境分析”页面，输入或修改“员工环境分析”的信息。

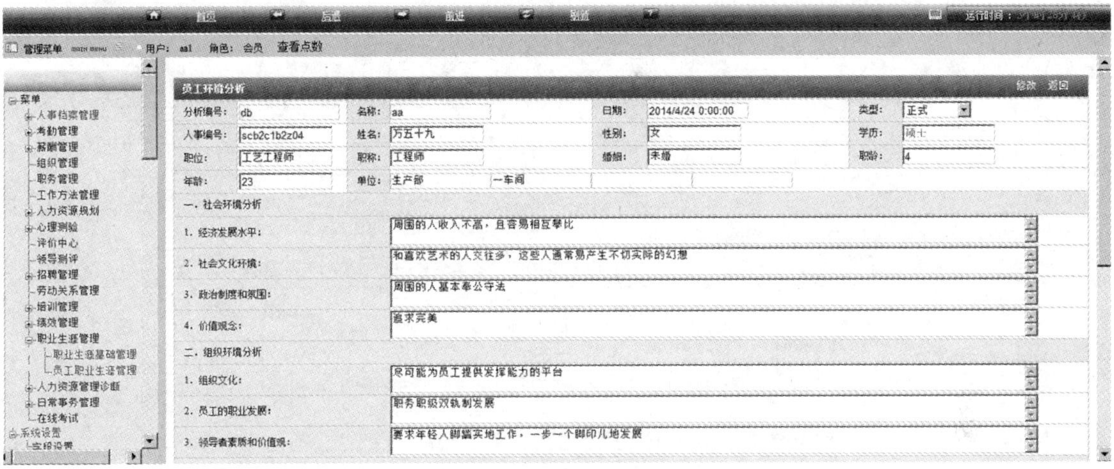

图 6－15　员工环境分析

5. 员工职业生涯问卷

（1）打开菜单，点击“员工职业生涯管理”，进入图 6－12 页面。

（2）在员工列表中点击“万五十九”，使得该行颜色变深，再点击上面的“员工职业生涯问卷”，进入“员工职业生涯问卷”新增或修改页面，点击“新增（修改）”按钮，进入图 6－16“员工职业生涯问卷”页面，输入或修改“员工职业生涯问卷”的信息。

图 6－16　员工职业生涯问卷

5. 员工职业生涯规划

（1）打开菜单，点击“员工职业生涯管理”，进入图6－12页面。

（2）在员工列表中点击“万五十九”，使得该行颜色变深，再点击上面的“员工职业生涯规划”，进入“员工职业生涯规划”新增或修改页面，点击“新增（修改）”按钮，进入图6－17“员工职业生涯规划”页面，输入或修改“员工职业生涯规划”的信息。

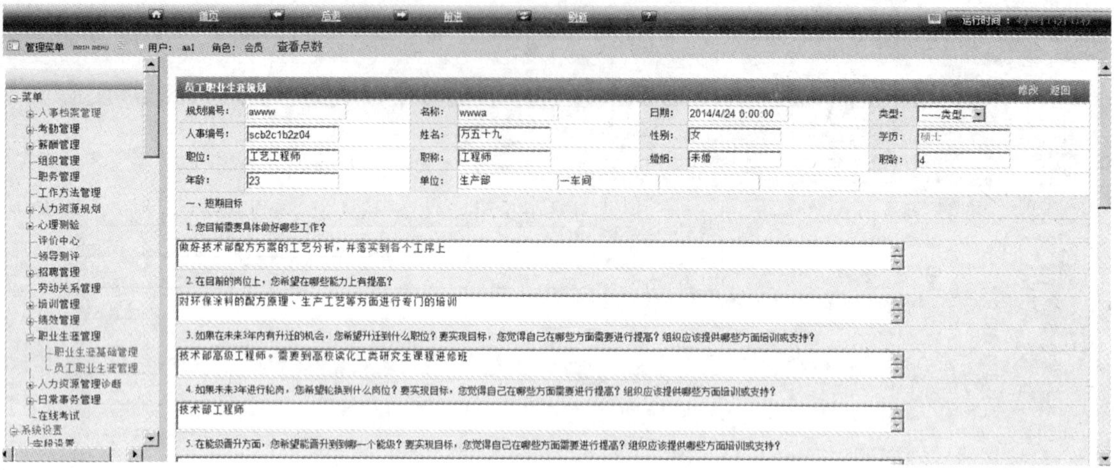

图6－17　员工职业生涯规划

6. 员工职业生涯成功问卷

（1）打开菜单，点击“员工职业生涯管理”，进入图6－12页面。

（2）在员工列表中点击“万五十九”，使得该行颜色变深，再点击上面的“员工职业生涯成功问卷”，进入“员工职业生涯成功问卷”新增或修改页面，点击“新增（修改）”按钮，进入图6－18“员工职业生涯成功问卷”页面，输入或修改“员工职业生涯成功问卷”的信息。

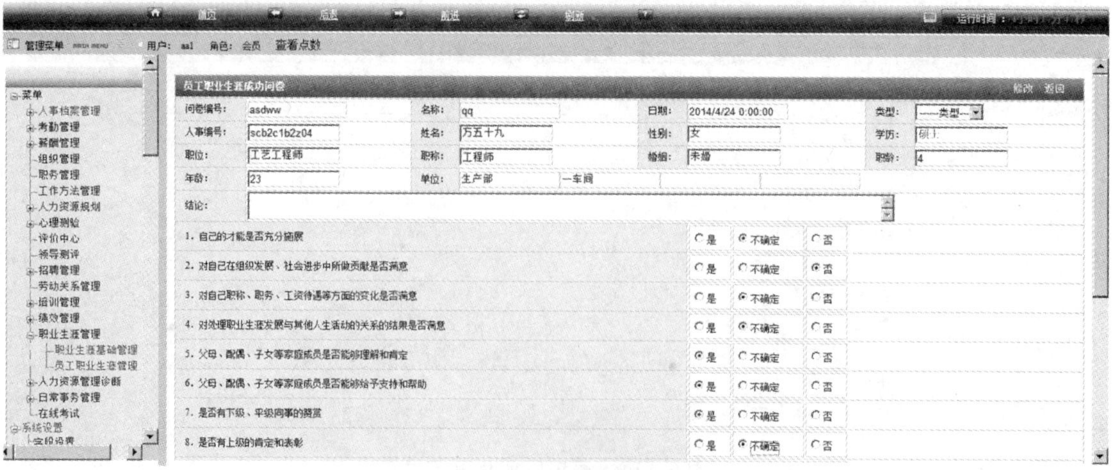

图6－18　员工职业生涯成功问卷

思考题

1. 个人应该如何进行有效的职业生涯管理?
2. 个人应该如何进行有效的职业生涯规划?
3. 试述霍兰德的职业性向理论的主要内容。
4. 试述个人职业生涯管理的内容和步骤。
5. 结合自己的经历,谈谈对施恩的职业锚理论的认识和看法。
6. 组织职业生涯管理的主要内容是什么?
7. 简要列举几种主要的职业生涯管理理论。
8. 什么是职业能力倾向,哪些工具可以帮助人们了解自己的职业能力?
9. 在职业生涯目标设定过程中主要存在哪些问题,你认为怎样才能有效地解决这些问题?
10. 如何对职业生涯目标进行分解和组合?

7 人力资源管理诊断

本章提要

本章对人力资源管理诊断的定义、诊断作用、诊断依据、诊断原则和实施诊断的方式方法进行简要的概述，使读者对人力资源管理诊断形成初步的认识。在随后的小节中，分别对人力资源管理诊断的预备诊断、诊断的主要内容、诊断的步骤和方法做了详细的讲述，以便使读者加深对人力资源管理诊断的了解，并在此基础上学会如何实施人力资源管理诊断，掌握人力资源管理诊断的要点。

7.1 人力资源管理诊断概述

7.1.1 诊断的概念

“诊断”本意指医生在检查病人的症状之后判断病人的病情及其发展变化情况。将医学的逻辑思想和病情诊断方法用于人力资源管理上，便形成了人力资源管理诊断。

人力资源管理诊断，是管理咨询人员通过对组织人力资源管理诸环节的运行、实施的实际状况、制度建设和管理效果进行调查评估，分析及了解组织人力资源管理工作的性质、特点和存在的问题，提出科学、系统、有效的改革方案，使组织人力资源管理工作达到“人”和“事”的动态适应，充分调动员工的积极性和创造性，促进员工成长、发展，实现组织目标的一种顾问服务性活动。

人力资源管理诊断的任务有四项：一是帮助企业判断或找出人力资源方面存在的主要问题和薄弱环节；二是找出主要原因，提出切实可行的诊断方案；三是培训管理者和员工，指导实施诊断方案；四是评估诊断结果，保证诊断目标的实现。可见，人力资源管理诊断过程是帮助组织人力资源管理部门及其管理人员改进工作、提高管理效率、开发和引导人力资源的有效途径。人力资源管理诊断有赖于学校科研机构或专业性管理咨询机构。

当然，所谓“诊断”包含两层意思：一是“看病治疗”，二是“健康检查，早期预防”。对企业来说，人力资源管理诊断不仅包含着对企业人力资源进行“诊病、治病”的消极意义，还包含着“增进健康”的积极含义。因此，不同水平的企业，都可以有效地进行咨询诊断服务。

7.1.2 诊断的作用

人力资源管理诊断有如下作用：

（1）迅速地帮助组织发现人力资源管理工作中存在的问题，并提出改进的方案，从而提高人力资源的管理水平。

（2）使企业管理者与诊断专家双方的实践经验和知识技能得以交流，有利于提高企业管理者的经营管理能力。

（3）对企业所有的人员来说，企业开展系统的人力资源管理诊断活动，是一种系统再造的过程。一般人都习惯于按照自己的经验、风格工作，只有通过专家的帮助，才有可能建立系统、规范、科学的人力资源管理体系。

（4）在企业内外建设一种有效的企业形象与企业文化。

一个单位的组织环境、员工的士气、生活质量、工作满意程度等，是影响企业生产率高低的主要因素。因此，管理者必须经常考虑和分析人力资源管理系统，以便及时发现问题，纠正错误，将人力资源管理引导到组织目标上来。在增加生产、扩大规模、转换生产经营模式时，原有的人力资源管理体系必然会有不适应的地方。有效地使用人力资源能使我们发挥非常重要的竞争优势。因此，定期对人力资源管理工作进行诊断是很有必要的。

7.1.3 诊断的依据

人力资源管理诊断的信息来源渠道众多，各种渠道均有其优势，综合使用多种信息采集工具，尽可能地发挥这些信息渠道的作用，将能更加全面地了解企业的人力资源管理状况。事实上，考虑到这些信息采集工具具有一定的专业性，而且信息采集工作需要在比较集中的时间内完成，如果企业能够委托外部专业机构来开展人力资源诊断，将能更好地使用这些渠道，并且能更好地把握这些信息。

人力资源管理诊断的信息来源一般包括如下几方面：

1. 访谈

访谈包括：中高层领导访谈；骨干员工访谈；普通员工访谈。

2. 专项问卷调查

专项问卷包括：企业管理者行为调查问卷；企业凝聚力调查问卷；员工需求结构调查问卷；工作满意度问卷；人力资源指数问卷；其他相关问卷。

3. 工作现场观察

工作现场观察包括：工作量；工作的规律；工作态度；工作技能；工作环境；设备与工具的使用；员工福利：食堂、宿舍、娱乐设施等。

4. 人力资源管理及其他相关制度分析

人力资源管理及其他相关制度分析包括：组织架构、部门职责、职位描述、绩效管理、培训管理、职业生涯管理等文档的分析。

5. 工作流程与管理流程分析

工作流程与管理流程分析包括：各个岗位的工作任务负荷程度；定员标准；工作定

额；时间动作分析；各部门、岗位的责、权、利、沟通、协作等关系的分析。

全面、深入地分析通过上述方法获得的信息，能够了解企业人力资源管理的现状。然而要进行专业诊断，还需要有一个标准，用以判断现状到底有什么优势，又有什么不足。应该将企业人力资源管理的现状，与可以比较的知名企业的人力资源管理实践、各个领域的成功经验进行对比，分析差异及其背后的原因，从而判断企业在人力资源管理各个方面所处的水平。总的来说，对人力资源管理现状作出判断的依据不是理论分析，而是企业外部各类标杆已经取得成功的人力资源管理实践。由于企业内部人员往往对外部标杆的人力资源管理实践缺乏全面、深入的了解，这部分工作往往很难完成，这也是很多企业在进行人力资源诊断时向外部专业机构寻求帮助的一个原因。

7.1.4 诊断的原则

人力资源管理诊断的原则是人力资源管理诊断必须遵循的规则。在诊断中，诊断的原则既能对施诊者的行为给予正确的指导，又能使诊断的结果达到应有的目的。

一般来说，人力资源管理诊断的原则是根据人力资源管理诊断原则体系，在有关文献资料的基础上，结合人力资源管理诊断实践思考的结果。

1. 效益原则

效益原则指的是企业诊断应围绕企业经济效益进行。具体体现在：诊断的分析应尽量采用经济效益分析，诊断方案应该能帮助企业提高近期和长远的经济效益。效益原则是管理诊断的生命力所在，也是管理诊断长期受欢迎并与经济发展共存的根本原因。

2. 科学性原则

科学性原则体现在诊断要有科学的态度、科学的操作程序和使用科学的原理和方法。管理诊断是一门专业性很强的科学，它有专业上专门要求的原理、方法和技巧，还要求相当的经营管理和诊断咨询的个案积累。企业管理诊断的科学性，至少可在以下几方面得到确定：诊断分析的过程、程序和环节充分运用科学的原理和方法；诊断的过程中，向企业传播和推广现代的科学管理方法；诊断的客观性和艰苦性，即坚持从受诊企业经营管理的客观现状出发进行分析和判断，同时不畏艰辛地进行大量的走访、调查、座谈和问卷分析等，以获取第一手资料。

3. 合作原则

合作原则指的是在诊断过程中，让受诊方适当介入进来共同完成诊断过程。受诊方适当介入诊断过程是非常必要的。因为首先诊断调查及调查的第一手资料要在受诊方那里获得；其次，诊断过程中要向受诊方推广和引入先进的管理方法和经验，并进行一定范围内的人员培训；再次，后期诊断方案的实施要在受诊方介入下进行。在受诊方合理介入的情况下形成的改善方案其认同程度比较大，实施效果比较好。但从实践看，受诊方介入的范围、程度和时机都比较讲究，它将不同程度地影响诊断的进程和质量。

4. 快速准确原则

快速准确原则是指施诊者应快捷地完成正式诊断阶段的工作，并最终向受诊企业提供符合其实际、符合其需求和符合其根本利益的诊断方案。受诊企业往往担任繁重的经营任务，而且对诊断的成本费用及时间支出有一定的限度。所以正式施诊时间不宜过长。过长的诊断时间会给企业带来较大的负担。另外提供的方案也必须符合客观实际。管理诊断方案既要符合受诊者需求，又要坚持其客观性和科学性，还必须准确地分析和指出其存在的问题，拟定出适当的解决方案。

5. 适当超前原则

适当超前原则指的是施诊者进行企业诊断要采用较为先进的管理观念、先进的诊断方法进行诊断分析，并且能提供适当超前的改进建议。适当超前原则要求施诊者有长远和开阔的眼光，能为受诊者的根本利益着想，不能拘泥于眼前的小事和短期利益，否则难以实现较高水平的诊断。

7.1.5 诊断的结果

诊断结果意味着总结企业人力资源管理的问题，然后提出相应的对策和建议。

结构化的描述能够清晰地呈现企业人力资源管理各个方面的状况。可以从理念的到位程度、制度的完善程度以及综合执行效果三个方面，分别将企业现状与成功企业的实践进行对比，从而得出企业在人力资源管理各个方面的综合差距。在此基础上，还可以根据重要性、紧迫性以及提升容易程度三个方面来评估企业人力资源管理各个方面的提升优先性。

此外，还可以做更为深入的分析。根据人力资源管理各个方面的对比，往往能够理出一定的逻辑关系，即一方面的落后，可能是另一方面的问题造成的，同时，它又导致第三个方面的后果。通过这样的分析，能够更深一层地分析企业人力资源管理的问题，剖析根源，找出症结所在，为下一步改善人力资源管理打下良好的基础。

明确诊断结论之后，就能有针对性地实施人力资源管理改善措施。推进人力资源管理改善的一般路径是，考虑企业的战略、文化、业务特征和企业现状，参照外部标杆的最佳实践，然后设计出人力资源管理政策，并在实践中持续提高。

7.1.6 人力资源管理诊断的方式

企业人力资源管理诊断的方式，一般可分为企业内部人员诊断和企业外部人员诊断两种。内部人员诊断即由企业内部人员，如：总经理、人力资源部门管理者和员工等组成诊断小组，运用专家咨询、公司决策层集中会诊、员工面谈等方法，对该企业人力资源管理进行诊断。这种诊断方式具有费用低、时间机动灵活、诊断人员熟悉企业文化及其相关运作等优点；其最大的缺点是对企业人力资源方面有关的问题往往习以为常，视而不见，不易发现问题及其原因。

外部人员诊断，则是请进外部人力资源方面的专家学者或有丰富的企业管理知识和经验的企业家来进行人力资源管理诊断。由于专家们了解当今企业界的总体发展状况，可以从宏观、发展的角度来衡量企业，使企业了解自己在本国乃至全球的总体水平、所处阶段、未来趋势以及可能出现的问题，跳出企业自身的思维定式。这些专家不属于某一企业，分析问题时立场较为客观公正，再加上这些专家有不同社会经历和知识背景，具有相当丰富的管理知识，具有深刻的洞察力，所以易于发现问题及其原因。他们受过企业诊断技术的系统训练，因而对企业的人力资源管理有较深入和独到的见解，分析问题的手段和方法较先进，在一定程度上保证了诊断的完整性和科学性。这种诊断方式的缺点是费用较高，诊断时间需要协商，诊断人员对企业特有的环境和文化不熟悉，需要一定的适应时间，所以对诊断人员的素质和能力的要求较高。而对于企业来说，最需要解决的是自身实际问题而不是知识传播和经验介绍，所以有些诊断人员，如果缺乏实践经验，则其提出的改进方案可能缺乏可操作性和有效性。

7.1.7 人力资源管理诊断方法

由于人力资源管理诊断涉及企业“人”的管理和“事”的管理，因而采用的方法与一般经营诊断的侧重点有所不同。人力资源管理诊断主要采取实地观察法、面谈法、调查问卷法、统计分析法、图像描绘法。

1. 实地观察法

诊断人员在诊断过程中常到企业内走动，进行现场观察，仔细调查、询问和了解企业的工作气氛。一个富有经验的诊断人员从中往往可以比较准确地获得有关人力资源管理工作状况的感性认识。这种方法虽然直观，但对规模较大的企业来说，则需投入较多的人力。

2. 面谈法

面谈法是人力资源管理诊断的一个有效办法。一名优秀的诊断人员只需与少数人进行面谈，便可以对企业人力资源管理乃至整个企业状况有较准确的了解，并对组织运转状况有较准确的认识。因此，面谈法是人力资源管理诊断人员获取第一手资料的一个有效方法。

3. 调查问卷法

调查问卷法也是人力资源管理诊断最常用的方法之一，即通过设计问卷来了解企业员工的意愿。依据不同的人力资源管理诊断目的，可以设计出调查对象不同、结构不同、调查内容不同的问卷。对调查结果进行加工、分析、核对，或据此提出相应的改革措施，员工也易于接受。经验表明，人们对他们有影响的决定会支持，反之则不然。调查问卷法可以用来诊断企业运营状况，也可以用来分析单个人力资源管理部门的管理效果，是人力资源管理诊断中最有效的方法之一。

4. 统计分析法

统计分析法即对人力资源管理部门提供的有关报表用数理统计方法分析综合，提示某方面的变动趋势。由于统计分析手段较客观，所得出的数据也较有说服力。

5. 图像描绘法

人力资源管理诊断的目的在于改善人力资源管理状况，最终通过诊断人员、企业管理者和全体员工三方共同努力，促进企业的发展。因此，诊断人员应将分析结果加以量化成图像，让全体人员参观、听取诊断人员的解释和评论。显然，用这种方法所取得的效果比刻板的说教更易于让员工理解，较容易获得他们的支持。相反，大量的文字和数据则往往使人不知所措，因而缺乏说服力。

7.2 预备诊断

7.2.1 诊断小组的组成

确定诊断小组的成员，一般根据受诊企业的状况、规模、诊断人员的能力以及人力资源管理部门的实际情况而定，要求诊断专家、人力资源管理部门主管和有关人员共同组成。通常由有经验的大学科研机构的人力资源管理专家或咨询企业的资深人力资源管理顾问担任诊断小组的负责人。

7.2.2 资料准备

在诊断小组的指导下，请接受诊断的企业、组织提供以下资料：

(1) 组织从业人员数及构成情况。

(2) 组织结构图及职责、权限范围。

(3) 组织的基本管理流程图。

(4) 各类人员的变动情况。

(5) 工资和奖金的基本情况。

(6) 离职、退休制度及其执行情况。

(7) 过去五年的生产情况。

(8) 作业规划的实施情况。

(9) 绩效管理的体系与实施方法。

(10) 提薪、晋级体系及执行状况。

(11) 教育培训体系及其实施效果。

(12) 部门之间、人员之间的情报交流、沟通情况。

(13) 福利保健设施及利用情况。

(14) 各单位、部门的人际关系状况。

(15) 从业人员的工作热情及相关资料。

(16) 近五年的劳动生产率变化情况。

(17) 劳动纪律和出勤情况。

(18) 安全卫生状况。

(19) 各类人员的学历构成、籍贯构成。

(20) 技术人员的职称构成。

7.2.3 了解企业或组织的内外情况

诊断小组可以参观企业或组织的生产、办公环境，在企业或组织的高层领导及相关部门管理人员的陪同下听取相关情况介绍，对企业或组织的生产、运营、服务等有一个基本的了解，通过工作现场的参观获取有关企业或组织的内部情况。

诊断小组还可安排人员搜集和整理企业或组织的宏观和外部的管理环境，主要内容包括：

（1）上级管理部门在人力资源管理工作方面的基本指导政策、管理原则与程序、考核指标等。

（2）行业特点、客户群、市场竞争状况和劳动环境的特殊性。

7.2.4 人力资源管理诊断程序和阶段

关于人力资源管理诊断，不同的管理诊断相关书籍和资料对其的描述各不相同，对诊断程序的划分也存在差异。实际上，人力资源管理诊断并没有一个要求严格执行的程序，不同的诊断专家，其经验和习惯不同，具体实施的诊断流程也略有不同。但是，遵循一定的程序开展工作将会有利于诊断的顺利进行。一般地，人力资源管理诊断活动的进行可参考如下程序：诊断的申请（企业）→情报的收集→问题的分析→编制诊断报告书→实施（企业）。在具体实施过程中，可分为四个阶段：

（1）预备诊断阶段。

（2）正式诊断阶段。

（3）建议与指导实施评估阶段。

（4）诊后服务阶段。

但在这个过程中不应拘泥于各个既定的步骤。特别是针对以中小企业为主体的人力资源管理诊断，应根据企业的要求和诊断的需要，在预备诊断、正式诊断、建议与指导实施和诊后服务四个基本诊断阶段的总框架下，灵活地实施各步骤及工作要点，才能高质量、高效地完成诊断任务。

四个基本诊断阶段的目的、主要内容及注意点分别概述如下。

一、预备诊断阶段

1. 目的

确定诊断对象及进行正式诊断预备。

2. 主要内容

（1）企业现场视察，诊断意向商谈。

（2）收集企业一般管理体制及经营资料。

（3）行业一般情况了解。

（4）诊断小组的组成及诊断基本条件的落实。

（5）制定诊断报告提纲、调查提纲及工作进度计划安排。

（6）签订诊断协议。

3. 本阶段说明

本阶段要完成了解情况、制订计划及签订协议3个任务。施诊方应注意确切地找出客户的主要需求和目的，对工作的难度、工作量、诊断费用进行判断和估计，向客户提出诊断的基本提纲和工作进度、提出诊断的费用标准及协作条件，并将其以正式协议的形式确定下来。需要注意以下几点：

（1）对客户的目的和需求判断要准确。

（2）诊断报告提纲及进度计划应量力而行，留有余地。

（3）诊断费用的支付方式及诊断的协作条件在协议中应予明确。

（4）要注意吸收受诊方人员参加诊断小组。

有些诊断在本阶段需提出预诊报告。

实践证明，将需诊断的内容及条件以协议的形式确定下来，是顺利地实施正式诊断的必要方式，有利于双方日后正确地履行其中的义务。很明显，这其中除了费用和协作的义务外，还规定了诊断报告应完成的内容，这对于界定诊断咨询产品的界限是非常重要的。另外，其中知识产品的归属和对受诊企业商业秘密的维护也可通过协议予以阐明。

二、正式诊断阶段

1. 目的

通过有计划地展开调查，正确合理地分析和策划，提供有价值的企业诊断报告书。

2. 主要内容

（1）小组分工。明确各人的职责、任务，确定诊断分析重点。

（2）综合调查。对企业经营概况和人力资源管理部门运营情况进行调查，收集及补充资料数据并进行分析；综合调查的主要内容包括：了解企业概况、人力资源管理运行概况和提出问题。

（3）详细调查。根据人力资源管理工作的主要职责分类别、有重点地进行调查分析；调查的方式可以多种多样，但各分工的个人和专题应进行协作，避免各自为政；调查过程应注意受诊方的参与，有些分析可通过受诊方职能部门的审定（例如，财务分析可供财会部门审核）。而详细调查的主要内容则是部门调查、管理分析和心理分析。

（4）讨论总结。诊断小组通过小组会议进行讨论交流，对之前调查和诊断的结果进行总结，并对成果作出修正、增减及内容协调，形成诊断报告初稿。初稿不要求太完美，一般受诊方将会对诊断报告提出2~3轮的修改。

（5）征求受诊方意见。向受诊方提供诊断小组的初稿，与他们进行讨论协商，根据协商进行修改（一般2~3轮）。

（6）诊断报告撰写。为了提高效率，正式诊断的调查分析及报告撰写工作应在明确分工的前提下进行。诊断报告的统稿人员最好是诊断报告改善方案的建议者或起草人。

3. 本阶段注意事项

在正式诊断阶段，应该注意以下几点：

（1）调查及方案策划应注意采用先进的管理科学方法。

（2）分析尽量采用数据、图表说话。

（3）综合调查可通过巡视企业、产品研究和面谈获取资料，详细调查的开展则应依靠统计分析、实际调查和面谈。

（4）讨论总结和征求受诊方意见时，首先应该是诊断小组成员之间进行协商，得出一个共识，再与企业管理者进行面谈，主要讨论改革方案的内容和构想。

（5）一般情况下方案采用计划性改进式，避免采用爆破式方案。

（6）诊断发布的范围和内容注意同受诊方协商，以不泄密和有利于企业改进为度。

在已执行预诊阶段的前提下，小组进驻企业的正式诊断阶段一般不宜过长。小组进驻企业开展正式诊断过长，会影响企业工作，或形成企业的负担。但天数有限甚至过少的正式诊断时间往往对诊断小组是一个严峻的考验，除了经验和素质的高要求外，还需要诊断小组高强度的工作才能做到。从新世纪对管理诊断的高要求看，执行预诊，组织精干的诊断小组，使用电子化的人力资源管理系统作为辅助工具、采用先进合理的诊断方法，都将使管理诊断具有较高的效率。

三、建议与指导实施评估阶段

1. 目的

为企业提供改进的意见和方法，指导企业理解诊断的结果和掌握改进的方法。

2. 主要内容

（1）提出建议。根据企业现存的问题和实际情况，结合诊断报告，向企业管理者提供人力资源管理的建议方案。

（2）方案指导。在诊断专家的协助下，企业依据诊断方案开始实施企业人力资源管理的改进，并学会对人力资源管理诊断的效果和方案实施的效果进行跟踪、评估。

3. 本阶段说明

这一阶段属于整个企业人力资源管理诊断过程的尾声阶段，但不应该轻视。前两阶段的努力都是为了本阶段的效果，只有保证企业真正地理解了诊断报告和诊断专家提出的建议，并正确地实施了改进方案，这次管理诊断才算成功。在方案的实施过程中，方案执行者可能会由于种种原因，导致方案的实施受挫，诊断专家应该适时地为企业提供帮助，协助他们掌握方案。因此，诊断专家在这一阶段也至关重要。

4. 本阶段注意事项

（1）在提出建议或进行方案说明时，诊断专家应该用企业管理者和相关成员能够理解的语言进行说明，避免过多地使用专业术语，以免造成企业人员和诊断人员之间的理解差异。在方案实施之前，必须确定企业的管理者和相关人员已清楚理解诊断专家的意思。

（2）诊断专家可以作为导师的角色，协助企业实施改进方案。但随着方案实施的推进，诊断专家应该实施角色转换，放手让企业独立实施方案，只在企业提出要求时提供适当的援助。

四、诊后服务阶段

1. 目的

推动企业实现管理的改革和改善，积累诊断经验和增加判断效果。

2. 主要内容

（1）根据诊断报告，协助受诊方从长远发展的角度制订一个长期的实施计划。

（2）培训及答疑、讲座。
（3）收集资料、测定效果。
3. 本阶段说明
诊后服务是管理诊断的组成部分。以往对诊后服务不够重视，督促及回访不足。在双方的施诊协议中，往往难以规定对受诊方执行方案的约束性条款及对施诊方协助施行方案的义务。这些缺点实际上严重影响了管理诊断的效果。因而，在目前情况下，双方如能以适当的方式强化执行过程，将是对管理诊断活动和效果形成的一个大促进。
4. 本阶段注意事项
这一阶段，需要注意以下两点：
（1）视情况双方重新签订有关诊后服务协议。
（2）据实施的进展适当修订诊断方案。

7.3 人力资源管理诊断的主要内容

开展企业人力资源管理诊断，主要应进行以下九个方面的诊断：人力资源管理战略与组织设计诊断，人力资源管理规划诊断，工作流程、岗位设置与定员定额诊断，招聘管理诊断，绩效管理诊断，能力开发和教育培训诊断，薪酬管理诊断，人际关系诊断，职业生涯规划与管理诊断。

7.3.1 人力资源管理战略与组织设计诊断

战略是做事的方法，是行动的计划。战略通常包含形成目标和实现该目标的一套行动计划。人力资源管理战略是将战略的概念运用到管理一个企业或组织人力资源方面；而组织结构设计则是这样一项工作：在企业或组织中，对构成企业组织的各要素进行排列、组合，明确管理层次，分清各部门、各岗位之间的职责和相互协作关系，并使其在实现企业的战略目标过程中，获得最佳的工作业绩。因此，对人力资源管理战略与人力资源管理组织设计的诊断，实际上是从企业或组织宏观的角度出发，对企业的人力资源管理进行诊断，其诊断的要点是：
（1）企业的人力资源管理战略是否明确而具体，实施计划是否完备。
（2）人力资源管理组织是否适应企业的特点和规模。
（3）从业人员是否彻底了解企业的人力资源管理战略。
（4）人力资源管理制度是否健全，有无实施细则，执行情况如何。
（5）企业在人力资源管理方面采取的各项措施是否以人力资源管理战略为依据进行调整。
（6）人力资源管理部门和其他管理部门之间能否经常沟通思想、交流情况，相互关系是否协调。
（7）管理信息化对组织结构的影响。

（8）经济环境与技术环境的变化对人力资源管理战略与组织设计的影响。

7.3.2 人力资源管理规划诊断

广义上的人力资源管理规划指企业的各类人力资源规划的总称。狭义上的人力资源管理规划则指企业从战略规划和发展目标出发，根据其内外部环境的变化，预测企业未来发展对人力资源的需求，以满足这种需要所提供的人力资源的活动过程。可见人力资源管理规划是企业对其人力资源管理的一个长期或短期的总体的计划，对人力资源管理其他方面的工作具有深远的影响，其诊断时可从以下几方面着手：

（1）企业内部目标与外部环境的变化是否相适应。

（2）人力资源规划是否具有全局性，即人力资源规划是否与技术部门、生产部门、营销部门等部门共同协商而制订。

（3）为促进规划达成，各单位、各部门是否设定了应负的责任。

（4）各单位、各部门是否明确了为执行工作所需要的职权。

（5）人力资源供需规划与其他组织规划的相关性、制约性如何。

（6）战略性的长期规划、策略性的中期规划、作业性的短期计划之间的相互关系如何。

（7）人员的流入预测、流出预测、人员的内部流动预测、社会人力资源供给状况分析、人员流动的损益分析等资料是否齐备、内容是否翔实。

（8）人员补充规划、人员使用规划、教育培训规划等方面的资料是否齐备、内容是否翔实。

（9）人力资源规划是否能够保障企业员工的长期利益。

（10）人力资源规划是否具有可调整控制的空间。

（11）人力资源规划制订过程中采用了哪些技术方法。

7.3.3 工作流程、岗位设置与定员定额诊断

工作流程、岗位设置和定员定额是人力资源管理中三个相对独立，又相互依存的过程。工作流程、岗位设置和定员定额过程设置合理、运作正常，对企业的生产和运营至关重要。因此对这三方面的诊断不可轻忽，诊断的要点可参考以下几方面：

（1）工作流程、管理流程是否清晰。

（2）各个部门、岗位之间的沟通、协调是否顺畅。

（3）岗位设置是否有冗余、重叠。

（4）岗位分析的方法是否合适、数据是否完备。

（5）岗位任职资格与实际工作需要是否匹配。

（6）各个岗位的工作任务负荷程度如何。

（7）定员标准有什么依据。

（8）工作定额的计算依据。

（9）各个岗位的工作方法是否进行了时间动作分析。

7.3.4 招聘管理诊断

招聘是指在企业总体发展战略规划的指导下，制订相应的职位空缺计划，并决定如何寻找合适的人员来填补这些职位空缺的过程。对于招聘管理的诊断，就是要对招聘整个过程中所涉及的方方面面进行诊断，其诊断的要点是：

（1）招聘程序是否清晰。

（2）招聘计划是否完备。

（3）招聘信息发布的渠道是否多样性。

（4）是否有针对不同类别岗位的甄选方案。

（5）招聘的技术方法是否先进（笔试、心理测验、评价中心、面试）。

（6）招聘方案的效度是否与工作绩效建立了关联。

7.3.5 绩效管理诊断

绩效管理是企业人力资源管理核心内容之一，它促进组织和个人绩效的提升，有利于管理流程和业务流程的优化，同时能够保证组织战略目标的实现。鉴于其重要意义，企业或组织更应该对其绩效管理系统进行诊断，以明确这一过程中所涉及的方法是否合理有效、与时俱进。对其进行诊断的要点是：

（1）胜任力模型与绩效标准是否构建完备。

（2）绩效管理记录是否完整。

（3）是否有成文的绩效管理规程。

（4）绩效管理的方法是否适当。

（5）对绩效评定人员是否进行了培训。

（6）各类别的岗位绩效考核间隔时间是否适当。

（7）员工对现有的绩效管理体系看法如何。

（8）现有的绩效管理体系能否有效甄别员工的工作成效。

7.3.6 能力开发和教育培训诊断

能力开发和教育培训对企业经营活动极为重要，往往决定着企业的经济活动成果。一般企业要赶超大型企业，大型企业要保持优势，必须加强对企业员工的能力开发和教育培训。因此，对能力开发和教育培训进行诊断十分必要，而其诊断的要点是：

（1）能力开发是否在职务分析的基础上进行。

（2）教育培训的体系、计划如何，实施情况如何。

（3）教育培训是否与能力开发、工作调动有机结合。

（4）教育培训与人员晋升是否做到有机结合。

（5）教育培训的方法、设施、时机是否合适。

（6）教育培训的效果是否与工作表现相联系。

7.3.7 薪酬管理诊断

对薪酬管理的诊断包括多方面的内容，主要是薪酬体系诊断、市场调查与诊断、个别工资诊断、员工工资意识诊断、基本工资诊断、奖金诊断等六个方面。对不同的方面进行诊断其侧重点是不一样的，管理诊断过程应该具有针对性。薪酬管理六方面诊断的要点分别如下：

1. 薪酬体系诊断的诊断要点

（1）标准工资（基本工资、绩效工资、技能工资、各种津贴等）如何构成，各部分比例是否适当。

（2）决定基本工资的基准是什么（年资、职务、职能或资格等），工资体系的特色及其对企业员工积极性的影响。

（3）工资表的形式及工资级差是否合适。

（4）工资提升的幅度是否适合。

（5）工资总额是如何确定的，是参照同行业平均水平决定的，还是根据本企业平均水平决定的。

（6）企业领导对现有工资体系的态度。

（7）是否考虑了企业工资费用的支付能力。

（8）工资总额与奖金总额的目标战略。

（9）人事费比率（人事费/销售额）的变化趋势。

（10）劳动分配率（劳务费用/制造成本）的变化趋势。

（11）企业支付人事费用的限度。

（12）工资提升方式及提升幅度。

（13）现行工资的作用如何，与企业的经营方针是否相一致。

（14）是否有利于生产效率、管理水平和技术水平的提高。

（15）是否有利于录用新人和保持现有人员的稳定。

2. 市场调查与诊断的诊断要点

（1）调查每个职务在市面上和行业间的工资平均水平。

（2）调查劳动力市场的供求状况。

（3）企业的总体工资水平和同行业比，处于什么位置。

3. 个别工资诊断的诊断要点

（1）按学历、年龄、工种、职务、职务等级、职能、资格等研究工资构成和奖金构成的特点。

（2）平均工资与个别工资的差距大小以及这种差距的原因是否合理。

（3）工资、奖金管理体系与其他企业的工资、奖金管理体系相比有何特色。

（4）标准生活费用与实际工资比较，收入水平如何。

4. 员工工资意识诊断的诊断要点

（1）员工对薪酬管理体系的看法。

（2）员工对工资收入的满意度及期望。

（3）拟定的工资管理体系能否激发员工的工作热情并促进劳动潜力的挖掘。

（4）绩效评估的结果对工资的影响。

5. 基本工资诊断的诊断要点

（1）基本工资由哪些要素构成，它在工资总额中所占的比重如何。

（2）工作业绩在基本工资中是如何体现的。

（3）有哪些津贴，与基本工资的关系如何。

（4）基本工资的构成方法与企业或组织的性质是否相符合。

（5）晋升、提薪的基准是否明确。

（6）各种工资成分的比率是否明确。

6. 奖金诊断的诊断要点

（1）奖金与企业的经营方针、人力资源管理方针的关系如何。

（2）发放奖金的目的和发放奖金的方法与企业的性质和特点是否相符。

（3）奖金的固定部分与企业盈利状况浮动部分的构成比率是否适当。

（4）奖金总额的决定办法和奖金的分配是否适当。

7.3.8 人际关系诊断

人际关系诊断包括对受诊企业的提案制度、情报交流制度、人力资源管理咨询制度以及小组参与制度的诊断。诊断过程中应该要注意以下诊断要点：

1. 是否有明确的工作目标

（1）企业的全体人员是否都了解其工作目标。

（2）是否定期进行从业人员的意见调查。

（3）从业人员完成工作目标的热情如何。

（4）从业人员在制定目标时是否充分发表了自己的意见。

（5）工作目标确定以后，能否根据具体情况及时进行调整。

（6）对完成工作目标的情况是否给予了公正的评价。

2. 情报交流、沟通的状况如何

（1）企业采用何种手段进行情报交流，其效果是否明显。

（2）妨碍情报交流、沟通的障碍是什么。

（3）各职能部门之间的工作是否协调，有无扯皮和拖拉现象。

（4）上下级之间、同事之间能否经常沟通思想、交流情况。

（5）先行组织机构能否适应情报交流、沟通的要求。

3. 人力资源管理咨询制度的执行情况如何

（1）人力资源管理咨询由谁担当，是上级部门还是专门的顾问，或者是人力资源管理部门。

（2）从业人员是否乐意找他们反映自己的不满和困难。

（3）有无人力资源管理咨询的记录，在人力资源管理中如何利用这些资料。

4. 提案制度实施情况如何

（1）有无提案制度，执行情况如何。

（2）在提案活动中，现场管理监督者对其部下是否给予了必要的协助。

（3）对提案能否以统一的尺度进行公正的审查。

（4）全年提出多少提案，被采纳的比率占多少。

（5）有无提案奖，实施效果如何。

（6）对未被采纳的提案是否向提案人说明未采纳的原因。

（7）提案的实施效果如何。

5. 小组参与制度执行情况如何

（1）有无 QC（质量管理）小组、无缺陷运动小组，小组活动开展得如何。

（2）小组长是否受到专门的教育培训，能力发挥如何。

（3）小组成员能否畅所欲言，各抒己见。

（4）小组活动的课题是如何确定的，在小组活动中应用了哪些管理方法。

（5）小组参与活动的效果如何，有什么经验，还存在什么问题。

7.3.9 职业生涯规划与管理诊断

职业生涯管理，就是企业帮助员工制订职业生涯规划和帮助其职业生涯发展的一系列活动。成功的职业生涯管理既能满足组织对人才的需要又能满足员工自我实现的要求，从而更好地发挥员工的知识、技能，留住那些对企业有价值的员工，实现组织与员工的双赢。对职业生涯规划与管理的诊断则有助于这一系统健康有效地发挥作用，因而诊断过程中可关注以下要点：

（1）职业发展路径是否适合各类员工的发展需要。

（2）是否建立了员工心理档案，并对各类岗位进行了心理适应性分析。

（3）职业生涯的长期规划、中期规划、短期规划是否完备，相互之间的联系是否合理。

（4）职业生涯规划是否满足了个人和组织的双重需要。

（5）是否有完备的员工援助计划。

（6）是否有资源为员工提供充分展示能力的机会。

（7）是否清晰了解各类员工的职业价值观。

（8）干部晋升规划、轮岗换岗制度是否完备、清晰、有效。

7.4 人力资源管理诊断的步骤与方法

人力资源管理诊断通常会用访谈、工作现场观察、专项问卷调查、工作流程、部门职责与组织结构的分析等，并通过数据处理，指出问题及产生的原因，提出问题解决方案，形成诊断报告。

7.4.1 访谈

一、访谈人员的构成与分工

访谈一般由三个人构成，即主谈、辅谈及记录员。这三人均由企业或组织的外部人员构成。主谈应为项目组的核心人员。

1. 主谈的作用

（1）把握访谈的整体结构与进程。

（2）提出关键问题。

（3）掌握访谈气氛，让被访谈者感到被信任、尊重，能够畅所欲言。

2. 辅谈的作用

（1）设计访谈的整体结构与具体问题。

（2）在主谈提出关键问题后，继续跟踪，把问题展开，尽可能对有关信息进行深入挖掘。

（3）保障主谈有较充分的时间考虑关键问题的提出及对全局的把握。

3. 记录员的作用

（1）布置好访谈环境，准备好纸、笔、录音设备、水与水杯。

（2）速记访谈内容，不要有遗漏。

（3）将录音资料一字不差地整理成电子文档。

（4）将访谈内容分类归档。

二、访谈对象及主要内容

1. 企业的最高领导人

主要访谈内容：

（1）讨论与分析企业的长远发展战略。

（2）讨论与分析对本项目的期望与要求。

（3）讨论与分析企业面临的主要问题。

（4）讨论与分析解决上述问题的变革方案。

（5）针对方案，讨论与分析受益群体与受损群体，方案的实施可能带来的风险及如何控制风险。

访谈时间：3～4 小时。

2. 企业的其他高层领导

主要访谈内容：

（1）讨论与分析企业的长远发展战略。

（2）讨论与分析所负责范围在企业长远发展战略中的地位和作用。

（3）讨论与分析同其他高层领导的合作与冲突。

（4）讨论与分析对本项目的期望与要求。

（5）讨论与分析所负责范围面临的主要问题。

（6）讨论与分析解决上述问题的变革方案。

（7）针对这些方案，讨论与分析受益群体与受损群体，方案的实施可能带来的风险及如何控制这些风险。

访谈时间：2～3 小时。

3. 各部门的负责人

主要访谈内容：

（1）对企业发展前景的基本看法。

（2）介绍所负责部门在企业长远发展战略中的地位和作用。

（3）讨论与其他部门的合作与冲突。

（4）对本项目的期望与要求。

（5）讨论与分析所负责部门面临的主要问题。

（6）讨论与分析解决上述问题的变革方案。

（7）针对这些方案，讨论与分析受益群体与受损群体，方案的实施可能带来的风险及如何控制这些风险。

（8）深入讨论企业的薪酬、福利、劳动保障、考核、培训、晋升、职业生涯规划等问题。

（9）讨论对下属员工的激励、控制等问题。

（10）对企业的政策、制度的看法及改进意见。

访谈时间：1.5～2 小时。

4. 骨干员工

以技术、销售、生产领域的骨干员工为主。这些员工仅占企业员工的 20%，但企业 80% 的效益是由这些员工创造的。主要访谈内容：

（1）对企业发展前景的基本看法。

（2）企业在激励骨干员工方面有哪些制度，落实的情况如何。

（3）对企业的薪酬、福利、劳动保障、考核、培训、晋升、职业生涯规划等问题的看法。

（4）与其他企业比，本企业有哪些优势。

（5）对企业的政策、制度、管理人员的管理方式与管理水平的看法。

（6）对企业的政策、制度有哪些改进意见。

访谈时间：1～1.5 小时。

5. 普通员工代表

主要访谈内容：

（1）对企业发展前景的基本看法。

（2）对企业的薪酬、福利、劳动保障、考核、培训、晋升、职业生涯规划等问题的看法。

（3）对企业的政策、制度、管理人员的管理方式与管理水平的看法。

访谈时间：0.5～1小时。

注意：普通员工代表要按随机抽样的原则进行抽取。

三、编写访谈提纲

内容主要包括：访谈目的；访谈内容与流程；访谈人员；访谈地点；访谈时间；企业人力资源管理部门应做好的准备工作。

四、正式开展访谈

注意以下几点：

1. 特别要注意开场白

（1）主谈人简要自我介绍，与被访谈人拉近距离。

（2）简要介绍项目的目标、访谈的目的，强调访谈只记录内容，不记录被访谈者的姓名，消除被访谈者的疑虑。

（3）强调访谈的内容不是针对被访谈者的个人工作表现，而是了解组织管理中出现的问题，让被访谈者把心里话都讲出来。

2. 注意访谈内容

从被访谈者最感兴趣之处入手，不必拘泥于访谈提纲的结构与步骤，对有价值的问题深入展开。

3. 注意均衡

每个人的访谈重点可能不一样，但从访谈的整体内容上，要将各层次计划访谈的问题都涉及，并具有统计意义。

7.4.2 工作现场观察

工作现场观察就是指在一定的时间内对特定行为表现进行考察而搜集研究资料。例如，通过对管理人员日常工作的考察，进行职务分析，作为建立工作责任制和提高管理效率的基础。

1. 现场观察的类型

现场观察可以按事先是否有具体观察项目而分成“有结构观察”和“无结构观察”。有结构观察中，观察者有比较严密的观察和记录的计划；无结构观察则一般没有详细的有关资料搜集的计划。无结构观察一般由了解情况而进行探索，为以后的研究作准备。有结构观察一般是为了消除观察者的偏见和主观性而采用的方法，它要求观察者明确要观察的行为特征，因此需要对行为进行明确的分类和定义，一般来说为避免主观性，需要两个以上的人同时进行观察。

观察还可以按照对行为的不同取样方式，分成“事件取样观察”和“时间取样观察”。事件取样观察只对与研究目的有关的预先确定了的行为进行观察。时间取样观察则是在一定时间间隔内进行观察，对这一时间内发生的各种行为表现做全面的记录。

2. 现场观察中的注意事项

（1）要明确观察的事项。许多观察之所以失败或者收效甚微，原因之一就是没有十分明确具体的要观察的内容。

（2）要避免观察评定中的反应偏向。在观察时，要求观察者用预先设计好的评定量表对所观察的特征和行为作出评定。观察评定中一个要避免的缺陷是观察者的反应偏向。比较常见的反应偏向有以下三种：

第一，晕轮效应，也叫光环效应，这是因观察者对观察客体已有的好印象而形成的恒定的反应偏向。研究表明，在所评定内容的定义不明确、不易观察时，晕轮效应所造成的观察评定中的反应偏向就比较强烈。

第二，过严或过宽反应偏向。观察评定中另一个要注意避免的反应偏向就是评定过宽或过严。要防止对某组或某类型的观察对象评定过宽而对另一组评定过严。

第三，趋中效应。这是指观察评定者在评定中避免作出极端判断而倾向于作出中性判断的反应偏向。当观察者对所评定的对象不熟悉时，容易出现这种反应偏向。

3. 现场观察的评价

（1）现场观察的优点：可以取得被试者不愿意或者没有能够报告的行为数据，因此对数据的采集具有直接性。观察者看到的情境是当时的实际情况，并且在行为发生的当时做即时记录，因此数据较为准确、真实、可靠，具有即时性。观察者是在真实情境下观察，被观察者没有意识到别人在观察，不会伪装和掩饰自己的行为，因此具有自然性。研究表明，在观察的基础上，比较有把握作出有关心理因果关系的推论，这是问卷法或其他数据搜集方法难以实现的。

（2）现场观察的缺点：观察结果的质量在很大程度上依赖于观察者的能力和所接受的培训。观察者要接受严格的培训才能保证观察的质量，因此，观察法在实际运用中的成本也比较高。

4. 现场观察的主要内容

主要内容有：工作量，工作的规律，工作态度，工作技能，工作环境，设备与工具的使用。

7.4.3 专项问卷调查

这里提供五种问卷的样式，即企业管理者行为调查问卷（见表7－1）；企业凝聚力调查问卷（见表7－2）；员工需求结构调查问卷（见表7－3）；工作满意度问卷（见表7－4）；人力资源指数调查表（见表7－5）。可根据企业的实际情况编制问卷。

其中，人力资源指数的调查与分析在国际上比较流行。人力资源指数这一概念是任西斯·利克特（Rensis Likert）在20世纪60年代从事人力资源统计时提出来的。利克特最初力图在收入报告和收支平衡表上综合人力资源统计与财务数据，以求对人力资源管理作出评价。然而，这种努力遇到了一系列的实际困难，包括专业会计的反对。结果人力资源的统计只好尽量少地运用财务数据，而更多地采用组织气氛调查数据来测量、评估人力资源管理状况。利克特选择人力资源指数作为人力资源评估方法，是适应企业人力资源管理实践的必然选择。

第二次世界大战后，在西方发达国家，随着经济的增长、社会的发达和人口的下降，企业人事管理获得了迅猛的发展。以“霍桑试验”而闻名于当时管理学界的埃尔顿·梅奥等人所发展的管理社会学，对管理思想的转变产生了深刻的影响，人被看成是企业管理中不容忽视的因素。行为科学在管理中的运用使管理学开始从心理学的角度注意什么样的管理才能使人的效率更高。20世纪60年代，研究者开始在团体气氛（K. Lewin，1952）的基础上研究组织主观的、无形的气氛性质，以期对组织环境因素、组织中人的因素及两者之间相互作用的关系进行探讨，研究组织气氛对组织绩效的影响。Forehand 和 Gilmer（1964）提出组织规模、组织结构、系统复杂性、领导风格、目标导向这几个因素可作为组织气氛测量的指标。Likert（1967）认为，气氛是组织的内在特征，是组织内部的功能运作，反映了组织的管理结构。他列举了组织内的 8 项管理系统，作为测量气氛的结构。它们是：领导过程、动机驱动力、沟通过程、互动过程、决策过程、目标设定、控制过程和绩效。与此同时，理论界对管理中人的需求动机和行为因素的认识进一步深化，研究者的思想可以归纳为以下几点：

（1）人是有需求的，对工作的态度不尽相同，对员工进行帮助、鼓励，创造参与管理的环境更为重要。

（2）工作条件的改善和工作的激励都应当重视，但激励主要在于工作的自主性、目的性和成就感。

（3）人是有理性的，应把人的需求动机的情绪模式上升为动机的决策模式。

意识到人对企业的重要性，客观上促使了理论界和企业界积极地寻找最佳的人力资源管理理论模式，并在此基础上开发出恰当的评估工具，以改进企业的人力资源管理工作实践，从而提升企业效益。利克特（1961）在参考他人研究成果和美国高效经理人员实践的基础上，出版了至今仍被视为管理学经典的《管理的新模式》一书，书中提到出色的经理人员管理的组织通常具有下述特征：

（1）组织成员对待工作，对待组织的目标，对待上级经理采取积极和合作的态度。他们互相信任，与组织融为一体。

（2）组织的领导者采用各种物质和精神鼓励的办法调动员工的积极性。首要的是让员工认识到自我的重要性和价值，例如，鼓励组织成员不断进步，取得成就，承担更大的责任，获取更多的权利，争取受表扬和自我实现。同时也要让员工有安全感，发挥自己的探索和创新精神。

（3）组织中存在一个紧密而有效的社会系统。这个系统由互相联结的许多个工作集体组成，系统内充满协作、参与、沟通、信任、互相照顾的气氛和群体意识，信息畅通，运转灵活。

（4）对工作集体的成绩进行考核主要是用于自我导向，不是单纯用作实施监督、控制的工具。参与式管理和集体决策要求所有成员分享考核的结果和其他信息，否则很容易导致敌对态度的出现。

在此基础上，利克特提出了著名的支持关系理论：如果下属员工的亲身经历和实践经验使他们感觉到上级是支持和重视他们的，他们每个人都有重要价值，那么员工就可能对领导作出积极的反应；下属如何作出反应在很大程度上并非根据客观事实，而是根据他们主观上感觉到的“事实”，所以受到他们自身的背景、文化、经历、期望等因素影响。在组织理论方面，利克特提出了一种以若干工作集体为基本单元的新型组织结构，强调集体负责、集体决策以及整体利益。利克特通过分析现有的成绩出众的企业，看它们的管理方式在多大程度上与新型管理原理一致，实际检验结果证明了新理论的实用性。由于利克特的理论本身的固有特点，在应用它的时候必须注意员工的真实感受和主观体验，当他试图利用纯客观的财务和人事数据评估企业人力资源管理遇到困难，并遭到专业会计人士的批评时，就想到了类似组织气氛的态度调查，并将它们作为评估用的“人力资源指数”。

进入20世纪70年代，人力资源指数的重要理论基础之一的组织气氛的研究更加深入和精确。Bartlett（1970）指出，对个体有重要心理意义的是他如何知觉他的工作环境，而非他人如何选择来描述它。Schneider和Hall（1972）认为组织气氛是组织成员对环境特征描述的总体认知。James和Jones（1974）指出，要把气氛是组织特征还是个体特征加以区分；他们建议在无法清晰定义概念之时，可以先确定组织气氛的大致概念界限，考察气氛领域中的可能维度和变量。Campbell等人（1970）在强调组织气氛的知觉性质时，划分了组织气氛的以下维度：个体自主性，赋予职位的结构程度，奖励指向，关怀、温暖和支持。Bartlett（1970）在进行项目因素分析后，得出了机构气氛的六个因素：管理上的支持，管理结构，对新员工的关心，机构独立性，机构内的冲突，一般满意感。Litwin等人研究指出，组织气氛由九个核心维度构成，它们分别是：工作结构，工作责任，工作报酬，风险，温暖，支持与信任，行为标准，冲突，认同。在不少研究中，组织气氛被认为是组织环境和组织输出的中介变量之一。如劳勒等人认为，组织气氛与个体的工作满意度、卷入强度和工作业绩有关（Lawler，Hall，Oldham，1974）；气氛与企业运作的最终结果，包括提升率、产量、工作晋升等有着因果关系（James和Jones，1976）。

在前人研究的基础上，舒斯特（Frederick E. Schuster）教授在1977年设计了“人力资源指数”问卷调查表，正式提出人力资源指数分析是测定企业人力资源实际状况的量化指标体系。20世纪80年代，舒斯特通过对美国大量企业的调查研究，提炼出一套企业人力资源管理战略，即“A战略”。舒斯特认为：以人为中心的人力资源管理将对企业未来的生产经营活动产生重要的影响，只有对人力资源实施有效管理的企业，才能获得稳定向前发展的动力。因此他在“A战略”理论中提出：

（1）员工的工资和其他报酬应同其对企业的贡献直接挂钩。

（2）员工所受的奖酬应与其劳动生产率挂钩。

（3）强调沟通在人力资源管理中的作用。

（4）对企业的经理人员进行考核评价，把有效的人力资源管理作为考核经理人员的标准。

（5）定期向员工介绍有关改善人力资源管理的设想和实施方案，并使员工参与制订更进一步改善人力资源管理的计划。

在“A战略”理论的基础上，舒斯特进一步提出了改善企业人力资源管理的“人与效益的关系七步骤”策略。这一策略有七个步骤，分别是：

（1）使用一种有效而标准化的企业调查方法来衡量并确定本企业人员的基本状况。

（2）企业应根据调查的数据，确认并集中致力于利用可改进的关键管理环节。

（3）改变传统的经理人员考评和报酬制度，把有效的人力资源管理和利润、生产率、成本等项目一样作为考核经理人员工作绩效和确定报酬的依据。

(4) 消除阻碍员工参与管理、相互沟通和作出贡献的人为障碍。

(5) 向员工汇报在改善人力资源管理的设想和行动方面已经做了些什么，请他们协助制订进一步改善人力资源管理的计划。

(6) 用同样的标准化的企业调查方法测定企业成员的实际状况以确定如何进行进一步的改革。

(7) 检测企业调查数据同企业经营硬指标，包括生产率、盈利率、成本等项之间的关系。并根据由此形成的信息来制定、执行生产率战略，并作必要的修正。

这七个步骤中所提到的标准化的企业调查方法就是舒斯特教授在大量调研基础上完善的15维度“人力资源指数”问卷调查。人力资源指数分析是通过员工对15项人力资源工作的满意测度来获得对企业人力资源工作及整个组织环境气氛状况的评价。舒斯特教授指出，人力资源指数调查方法的效用在许多企业得到了证明，它可以用于评估员工的态度、满意度和对组织目标作出的贡献，为开辟双向沟通和组织发展奠定有益的基础。

表7-1 企业管理者行为调查问卷

说明：下面列出了16种管理行为表现，请对照一下，你的上级主管在这些方面是否也是如此，评价意见在“现状评价”栏的适当位置划“√”。你理想中的胜任的管理者在这个方面应如何做，在“期望”栏的适当位置划“√”。其中：“3”表示总是；“2”表示当时是；“1”表示不是。

题号	题目	现状评价			期望		
		3	2	1	3	2	1
1	行动果断，个人决定事项，从不征求下属意见						
2	向下属布置工作不说理由						
3	下属与自己在工作上有不同意见时，表现很不满意						
4	对下属工作的失误总是批评、处罚						
5	企业组织的文娱、郊游等业余集体活动总是积极参加						
6	从不越权直接指挥下属手下的人						
7	很重视和支持职代会、管委会的工作						
8	鼓励下属对工作经常提出批评、建议						
9	很重视周密安排工作、生产计划						
10	对下属严格要求，经常检查他们工作完成情况						
11	定期评价下属的工作成绩						
12	重视规章制度建设，要求下级照章办事						
13	对下属工作、生活上的困难总是给予关心						
14	对下属学习业务、技术总是给予支持和指导						
15	对下属的需要有了解并努力使之得到满足						
16	在工作、生活中及业余时间与下属经常保持较多的接触						

表 7-2 企业凝聚力调查问卷

评价与回答："5"代表很满意；"4"代表满意；"3"代表一般；"2"代表不满意；"1"代表很不满意。

题号	题目	评价与回答				
		5	4	3	2	1
1	你认为你所在的企业发展前景很好吗？					
2	你认为你在本企业工作个人有奔头吗？					
3	你认为你企业的管理者有足够的能力把企业办好吗？					
4	你个人的前途与本企业的兴衰是紧密相连的吗？					
5	你认为本企业兴旺发展后个人可以得到较高的利益吗？					
6	你愿意为本企业的发展献出个人毕生精力吗？					
7	你在本企业工作感到自豪吗？					
8	你的亲属对你在本企业工作感到满意吗？					
9	在公开场合你愿意佩戴企业徽章或表明是本企业职员吗？					
10	你与你的上级能融洽相处吗？					
11	你与你周围的同事们在一起感到愉快吗？					
12	你对本企业同事们一起参加业余文娱、郊游等活动感兴趣吗？					

表 7-3 员工需求结构调查问卷

1. 遇有下列六种工作情景，你认为哪一种比较符合你的理想？请在右侧一栏内用"√"表示	
（1）优厚的经济收入，但工作较辛苦，社会地位较低	
（2）工作安全、轻松、舒适，但经济收入不高	
（3）领导体贴下属，同事关系融洽，经济收入一般	
（4）部门和职业受到社会和亲属尊重，经济收入一般	
（5）有学习和提高的好机会，能掌握一门技术和知识，经济收入一般	
（6）能充分发挥个人聪明才智，事业上能取得成就，经济收入一般	
2. 工作中可能遇到下列情况，你最怕出现哪种情况？请在右侧一栏内用"√"表示	
（1）管理者对你的工作不能有公正评价	
（2）管理者与你意见不合，矛盾很大	
（3）工作部门内同事间互不信任，关系紧张	
（4）自己努力干好工作得不到同事理解，甚至招来冷嘲热讽	
（5）用非所学，发挥不了专长，有劲使不出来	
（6）工作过于简单、单调、枯燥无味	
（7）工作任务复杂、困难，经常感到有压力	
（8）工作中得不到学习、提高的机会	
（9）从事的职业别人看不起	
（10）分配制度不合理，不公平	

表7-4　明尼苏达工作满意度问卷（MSQ）短式量表

说明：下面你能看到一些关于你目前工作的陈述。仔细阅读这些陈述，确定你对句子中所描述的关于你目前工作的某方面是否满意。然后圈出与你的满意程度一致的方框。

请问一下自己：我对工作这一方面的满意度如何？

“5”代表极度满意；“4”代表很满意；“3”代表满意；“2”代表有点满意；“1”代表不满意。

题号	题目	评价与回答				
		5	4	3	2	1
1	能够一直保持忙碌的状态					
2	有独立工作的机会					
3	时不时地能有做一些不同事情的机会					
4	在团体中有成为重要角色的机会					
5	我的老板对待他/她的下属的方式					
6	我的上司做决策的能力					
7	能够做一些不违背我良心的事情					
8	我的工作的稳定性					
9	能够为其他人做些事情的机会					
10	告诉他人该做些什么的机会					
11	能够充分发挥我能力的机会					
12	公司政策实施的方式					
13	我的收入与我的工作量					
14	职位晋升的机会					
15	能自己作出判断的自由					
16	自主决定如何完成工作的机会					
17	工作条件					
18	同事之间相处的方式					
19	工作表现出色时，所获得的奖励					
20	我能够从工作中获得的成就感					

注：明尼苏达工作满意度问卷（MSQ）为较常用的员工满意度调查量表，它由Weiss，Dawis，England和Lofquist编制而成，它分为长式量表和短式量表。该量表为短式量表，包括内在满意度、外在满意度和一般满意度3个分量表。另外，其长式量表包括120个题目，21个量表，可测量工作人员对20个工作方面的满意度及一般满意度。

表 7－5　人力资源指数调查表

说明：

1. 这次调研的目的是了解员工对本单位人力资源管理效益的态度。本调查表提供给您一个表达建设性意见的机会。您的见解对帮助您单位正确地评估人力资源管理的效益，从而进一步改进人力资源管理是具有价值的。

2. 这次调查采用不记名形式，请不要在问卷题纸上署名或以任何方式说明您的身份。不会根据回收的问卷追究任何个人。这对坦率和自由地表达您的观点是最有帮助的。

3. 请从下面五种选择中选择最能说明您所处的环境和表达您的感受的其中一种。其中："A"代表几乎从来没有；"B"代表不经常；"C"代表有时；"D"代表经常；"E"代表几乎总是。

4. 用 2 号铅笔把问卷答题纸上相对应的格子涂黑。如您认为就某个问题"有时"这句话最正确，则请将该题答案中的"C"涂黑。

第 65 题和第 66 题请用铅笔在答题纸反面回答。

题号	内容	A	B	C	D	E
1	本单位部门之间有着充分的沟通和交流，信息能够分享					
2	员工的技能在单位里能得到充分、有效的发挥					
3	单位的目标和个人的工作具有有效性和挑战性					
4	我的工作是令人满意的，并且是有益的					
5	我已经得到了干好本职工作所必须的培训					
6	领导是通过能力实现的					
7	各种报酬、奖励是公正平等地分配的					
8	第一线的管理是高质量的					
9	管理人员高度民主，关注生产情况，并有效地让有关人员了解					
10	我的工作给我提供了个人负责的机会					
11	员工有忠诚感和归属感					
12	员工可以参加并影响决策					
13	单位关心照顾为之工作的员工					
14	在我工作的部门里所有员工对有关目标十分了解					
15	"政治"不会妨碍个人目标和组织目标的实现					
16	与本部门其他同事之间的关系是令人满意的、有益的					

（续上表）

题号	内容	A	B	C	D	E
17	控制数据资料（如财务、劳动生产率、工作质量和成本等）只是用于自我指导和解决一些部门问题，而不是用于惩罚和管制					
18	能就本单位的问题进行公开的、坦诚的、富有建设性的讨论					
19	实施完成目标的人员能参与这些目标的制定					
20	我的工作能提供发展提高的机会					
21	在单位中有创新的自由					
22	本组织的薪水和福利是具有吸引力的					
23	管理人员既关心生产又关心员工生活					
24	人们是坦诚和直率的，能自愿地交流信息					
25	单位里有一种相互支持和信任的气氛					
26	工作绩效与经济奖励直接挂钩					
27	管理人员非常关心员工的疾苦，并有效地让所有员工通晓					
28	我的工作能提供一种成就感					
29	单位能积极寻求并愿意接受改革意见					
30	有关单位的目标、建议、要求和问题等信息都能自上而下地反映					
31	各阶层员工都希望用高的标准来要求自己，并期望有高绩效					
32	政策是严肃认真地制定的，这些政策有益于实现单位的目标					
33	与其他单位相比，本单位所得到的收入和福利是充足和公正的					
34	其他员工都了解整个单位和我的工作目标					
35	有关规章制度是切合实际的，并有利于单位目标的实现					
36	本单位在各方面（产品、营销技巧、就业等）都对社会负责					
37	我所在的各部门的员工之间能相互合作，没有破坏性的冲突					
38	员工工作积极性高（每个人能独立开展工作）					
39	单位用最佳的技术和专业知识进行决策					
40	我的工作提供了我不断成长和提高能力的机会					
41	本单位的协作精神较强					
42	为使每人有出色的绩效，上层管理人员能将单位的有关目标、问题、缺点、策略等信息自上而下地沟通					
43	人们能参与并且影响决定整个单位命运的决策					
44	各级员工都感到对单位的目标负有责任，并通过行动去实现					
45	我的上司知道并且能理解下属的问题					
46	各部门对单位的目标都非常了解					

（续上表）

题号	内容	A	B	C	D	E
47	为实现总体目标，本单位对资金和人力资源进行合理的分配					
48	人们能参与并影响对本部门而言十分重要的决策					
49	我的工作提供了自我表现的机会					
50	管理人员能信任员工，并对员工抱有信心					
51	与其他部门之间的关系是令人满意和有益的					
52	人们能拧成一股绳，相互之间充分合作以实现组织的有关目标					
53	工作环境舒适、安全，并有助于产生绩效					
54	我的工作能得到别人的承认					
55	管理人员对员工充分信任，并对员工极有信心					
56	全体员工参与决策，而不是几个头头说了算					
57	管理是高质量的					
58	单位十分清楚其目标是什么，并知道如何去实现它					
59	单位各部门之间有着良好的合作关系，而没有破坏性的冲突					
60	员工能自由地与上司讨论工作问题					
61	本单位在各方面都是符合职业道德伦理的					
62	最能帮助单位实现目标的才能得到录用和晋升					
63	大体上说来，本单位大多数员工是灵敏的，并且能相互帮助					
64	总的说来，单位决策所需的全面、精确的信息都可获得					
65	我最喜欢本单位的是：（请答在反面）					
66	我最希望改变的是：（请答在反面）					

注：此表由美国佛罗里达大西洋大学商学院教授雷里克·舒斯特博士设计，并在美国许多企业做了大量的调查研究。

调查表中66个项目分别记分和汇总，但最重要的是，66个项目将被用来确定以下15个因素的综合分数：

（1）报酬制度：工资、津贴、奖金、福利和其他（物质的与非物质方面的）奖励。

（2）信息沟通：组织内信息的纵向沟通和横向沟通。

（3）组织的效率：对组织的整体能力和取得成功的自信心程度以及组织实现其目标的成功程度。

（4）关心员工：组织在关心员工方面给人们的印象如何。

（5）组织目标：每一员工对组织有所了解，并确认其目标，而且对此感到自豪。

（6）合作：组织内的全体成员为共同目标而有效合作奋斗的同时，各自的能力得到了极大的发挥。

（7）内在满意度：员工对自己工作得到报酬的满意度，如对成就的进取意识，工作胜利时的自豪感，对自我成长发展的评估以及对自己有能力的感受。

（8）组织结构：规章制度、管理政策和程序、管理体系与管理实践，正规的组织机构与请示报告制度。

（9）人际关系：组织内部成员之间的感情沟通。

（10）环境：组织内部的气氛使员工感到愉快和得到拥护与支持，并将组织视作和谐的工作环境。

（11）员工参与管理：员工有为组织献计献策的机会，能与上级磋商沟通，并在组织的决策中起一定的作用。

（12）工作群体：对自己日常工作中最接近的同事的感情。

（13）群体间的协调能力：各独立群体间相互协商，并能有效地完成共同工作目标的能力。

（14）第一线的管理：组织成员对第一线管理人员的能力与人品的信任。

（15）管理的质量：组织成员对中级和高级管理人员的能力与人品的信任。

上述15种因素评分可作为对比分析组织成绩的依据，或对比分析同一组织在某个时期中的变化的依据。确认了主要的因素后，有关的单项得分就变得十分重要，因为它能指明所关注问题的原因，并有助于理解它对组织的重要性。

7.4.4 工作流程、部门职责与组织结构的分析

工作流程分析提供了一种手段，帮助管理者去理解为了生产出高质量的产品需要完成哪些任务，以及为了完成这些任务员工需要具备什么技能。

工作流程对于投入转化为产出的动态关系提供了一种纵向的总览，而组织结构则对创造产出的不同个人以及工作单位之间的静态关系展示了一个全面的图景。组织结构一般是通过组织结构图来描绘的，组织结构图既包括了纵向的报告关系，同时也包括了一些横向的职能责任。

职能结构是一种集权化程度相对较高的职能部门化结构。高度集权化一般与职能部门化相伴而行，每一个工作单位都非常专业化，从而每一个工作单位的成员与整体组织的最终成果联系比较薄弱。职能结构的效率比较明显，不同职能单位之间人员的冗余现象比较少见，不同部门之间分工清晰，各自拥有不同的专业人员，大家共同的核心是组织的上层，职能部门之间分工清晰。但这种组织结构缺乏灵活性，各个职能单位对市场的反应也不够敏锐和灵活。职能结构适合于稳定的、可预测的环境。

事业部结构，包括产品事业部结构、地区事业部结构和顾客事业部结构。这种组织结构是一种集中程度相对较低的工作流程部门化方案。在这种结构中，各个工作单位好像彼此相互分离、自给自足的半独立性组织。由于事业部结构的工作流程比较注重各事业部的

半独立性质以及它们同各类客户群体之间的接近程度，因此这种组织结构更为灵活，也更富有创新性，容易更快地从相应的顾客群体中发现并抓住机会。但是，事业部结构的效率不是很高，因为每个事业部都必须拥有自己的职能专家，结果造成人员的浪费。另外，如果一个事业部的收益是以另一个事业部的损失为代价的，那么事业部结构就会造成“自相残杀”的局面。事业部结构适合于不稳定、具有不可预见性的环境。

一般来说，职能结构偏重于机械式组织结构，而事业部结构则偏重于有机式组织结构。机械式模型（mechanistic model）是一种科层结构，高度正规化；有限的信息网络（自上而下的命令链）；集权化，员工参与决策机会少。有机式模型（organic model）是一种无边界组织，结构扁平，工作实行多功能、跨等级的团队，正规化程度低，信息自由流通，分权化，员工可以参与决策。

根据组织结构设计的 6 个要素，即工作专门化（work specialization）——任务分解细化程度、部门化（departmentalization）——工作分类化程度、命令链（chain of command）——员工和工作群体向谁汇报、控制跨度（span of control）——一个管理者可有效指导员工数、集权与分权（centralization，decentralization）——决策权放哪一级、正规化（formalization）——多大程度上利用规章制度指导员工和管理者的行为，可以把组织结构进一步细分为以下七种形式：

1. 简单结构

简单、部门化程度低，控制跨度宽、权力集中在一人手中，正规化程度低，扁平式结构。简便易行、反应敏捷、费用低廉、责任明确，适用于小型组织。超过 30 人则不太适宜。

2. 科层结构

实行标准化工作程序。通过职务专门化制定制度和规则；以职能部门划分工作任务；实行集权式决策，控制跨度较窄；通过命令链进行经营决策，维持日常运营。优势在于能高效地进行标准化活动操作。缺点是容易造成部门之间的冲突，部门利益凌驾于整体目标之上，没有变通余地；对于变革的反应慢。

3. 矩阵结构

矩阵结构即对职能部门化和产品部门化进行融合。职能部门化可以集中同类专家，使所需人员降到最低，在生产不同产品时可以实现特殊资源共享。缺点是需要协调好部门间专家的关系，在预算范围内完成任务比较困难。产品部门化有利于专家的协调，在预算范围内及时完成任务，为各种活动规定了清晰的责任。矩阵结构是一种双重命令链，即每个员工有两个上司，一个是职能部门经理，另一个是产品项目经理。优势是在组织的各种活动复杂又相互依存时，有助于各种活动的协调；便于专家之间的沟通；组织形式灵活；减少本位主义；便于专家高效配置。不足是容易造成混乱，职能部门与产品项目团队争权夺利，给员工带来压力。

4. 团队结构

打破部门界限，并把决策权下放到团队成员，要求成员既全又专，团队负责活动的全部责任。团队作为对科层结构的补充，既提高了标准化的效率，又增强了灵活性，是一种自我管理的团队。

5. 虚拟组织

其思想基础是“不求所有，但求所用”，是一种核心式的组织形式。决策集权化程度很高，但部门化程度很低，或根本不存在。主要实行非核心业务外包。外围的业务关系企业可以包括广告代理、拿佣金的销售代表、工厂、独立的研究与开发顾问企业等。

6. 无边界组织

为了减少命令链，对控制跨度不加限制，取消各种职能部门，代之以授权的团队。无边界组织包括纵向无边界、横向无边界和与组织外部无边界。纵向无边界，是指通过引入跨等级团队、让员工参与决策以及360度绩效考核等，把金字塔组织结构变为粮仓筒结构。横向无边界是指以多功能团队取代职能部门，围绕工作流程组织活动，通过人员横向流动、工作轮换等打破组织的横向边界。组织外部无边界，是指采取经营全球化、企业间的战略联盟、建立顾客与组织的战略联盟来实现，打破企业组织传统的外部边界，当然，这基于网络化发展提供了打破边界的技术基础。

7. 个性化组织

重视组织成员的个人价值，非投机性的组织，事业成功与否的标志是为别人提供了多少服务。这种重视员工的成长，创造一种相互关心的社区氛围，分享权力的组织，是一种家庭式友好型组织。

7.4.5 数据处理

通过以上步骤和方法，得到了诊断的基础数据，在此基础上，经过科学的统计分析，得出说明问题的数据。通过数据处理，指出问题及产生的原因，提出问题解决方案。最后的工作如下：

（1）汇总诊断结果、编写诊断报告书、同时举行诊断报告会，让企业管理人员、全体员工和诊断人员共同参加，加深全体人员对变革方案的理解，以促进人力资源管理改革的顺利实施。

（2）提出问题解决方案。通过口头说明、报告书或报告会等形式向企业、组织提供改进人力资源管理的建议方案。

（3）指导实施评估。根据诊断小组提供的建设性意见，改进企业、组织的人力资源管理工作，并帮助实施。通过组织环境、职员的士气、职业生活质量如何以及员工在工作中的满意程度、生产经营效益等方面的评估，来进一步跟踪、评估人力资源管理诊断的效果。

7.4.6 诊断报告的撰写

1. 诊断报告应达到的目标

诊断报告是咨询项目小组经过对企业的调研和分析后，对企业存在的问题、原因及解决思路的书面意见，在整个咨询活动中具有阶段性小结、启动后续工作的作用。

一份合格的诊断报告应达到如下几个目标：

（1）对企业存在的问题和问题的根源有全面准确、清楚透彻的分析。

（2）能够对诊断出的问题提出有针对性的、全面的、系统的解决方案。

（3）以诊断报告为核心，咨询项目小组与客户达成一致，成为对下一步工作开展的指导性文件。

（4）客户通过诊断报告能够充分感受到咨询人员的专业水平，对咨询项目小组产生高度的信任。

（5）能够作为咨询项目小组、企业高层和企业一般员工就企业问题进行沟通的平台，通过诊断报告的讲解使企业员工就企业存在的问题达成一致看法。

（6）对咨询公司而言，诊断报告经客户认可后，能够按时收回与该部分内容挂钩的项目咨询费用。

2. 诊断报告的框架

由于每个咨询项目的方向和内容不一样，因此诊断报告并没有一个一成不变的格式。但是，作为以说明问题为主的演示文件，还是有一个基本的框架可以参考的。

（1）对诊断阶段所做工作的说明。在诊断报告的最前面，需要简单介绍一下咨询项目组在诊断阶段所做的工作。

（2）通过诊断得出的主要结论。这是诊断报告的核心部分，是整个报告的灵魂和提纲。

（3）对每个需要说明的专项问题加以论证。这一部分的内容在撰写时应该包括几个部分：①描述专项问题及该问题在所有问题中的地位。②说明问题的分析过程，要将如何判断企业存在这个问题的论据讲清楚，并进行严密的论证。③要分析这个专项问题产生的根源。④要分析这个专项问题对其他问题可能产生的影响。⑤要对这个问题的重要性和限制性条件等予以说明。

（4）提出针对问题的全面解决方案。系统解决方案要从几个方面进行阐述：①管理上的解决路线，即从企业整体运营管理的情况来看，解决这些问题的优先顺序和方式如何安排。②技术路线，即从解决特定问题所需要运用的特定专业领域内的知识角度，给出整体的技术路线。③下一步工作思路，即咨询项目小组准备如何开展工作以解决这些问题，还需要客户企业提供哪些配合与支持等。当这一部分得到客户认可之后，咨询项目小组下一步的工作目标、工作重点和工作方式、时间要求等就可以基本确定，项目组的工作就要开始进入到咨询建议阶段了。

3. 诊断报告的表达方式

诊断报告应向客户同时提交 PPT 文件和 Word 文件。PPT 文件主要用于报告的演示与讲解，Word 文件则提供全面、详细的报告内容。

咨询报告的撰写还需要做好如下几点：

（1）语言要生动、活泼，文字要简练易懂。

（2）行文要尽量条目化，以简单的条文表现复杂的事物，让人看了马上就有清晰的印象，很快掌握问题的实质。

（3）要尽量使用图文并茂的表达方式。

（4）注意版面修饰。

（5）合理安排布局。

4. 诊断结果确认

陈述诊断报告是对诊断阶段的总结，是咨询过程中一个重要的里程碑。

一般情况下，为达到更好的汇报效果，诊断项目经理应该就报告的主要内容与客户主要领导事先进行沟通，达成一致意见。一位项目经理曾经说，由于汇报前没有与主要领导沟通，结果在报告会上该领导对某些问题提出了不同的见解，导致汇报出现不顺的僵局，影响客户的信任也打击了项目组的信心，后来经过努力才扭转了局面。报告过程中，项目组与客户进行交流讨论，对解决方案等进行落实，此时落实的是大的方案与思路，多数具体的细致方案在随后的方案制订过程中会有进一步的交流讨论。

听取正式汇报的可以是一把手，也可以是一把手以外的其他人员，但这些参加人员需要由一把手决定。不管谁参加，应事前要求客户告知咨询项目组，便于咨询人员针对不同人员作不同的准备。

汇报过程中要体系清晰、逻辑性强，不要事无巨细地给客户介绍，而是要抓住客户的关注点进行重点介绍，言语要清晰、流畅、逻辑性强。

汇报后给客户发表意见和提问的机会。诊断报告汇报结束后，要给客户留一定时间发表意见、提出问题，咨询人员应该现场解答问题。

最后，客户对诊断报告进行现场打分，可参考以下指标：工作进程；工作态度；诊断方法与工具的科学性、适用性；数据处理方法的科学性、适用性；诊断结果的准确性。评分标准为：优：加权平均分≥90；良：80≤加权平均分＜90；中：70≤加权平均分＜80；可：60≤加权平均分＜70；差：加权平均分＜60。加权平均分≥70，即认定本项目的成果通过验收。加权平均分＜70，项目小组需要提出诊断项目改进方案。大部分人力资源管理咨询项目将诊断与建议报告作为咨询项目的一个阶段。

7.5 云服务平台的人力资源管理诊断系统

7.5.1 诊断程序与方法

七个模块：①资料准备；②预备诊断与项目意向；③诊断成果一览表；④高层领导访谈表；⑤部门领导访谈表；⑥员工访谈表；⑦最高领导访谈表，如图 7－1 所示。

图7－1　诊断程序与方法的七个模块

1. 资料准备

（1）打开菜单，点击“人力资源管理诊断”，进入图7－1页面。

（2）在部门列表中点击“人力资源部”，使得该行颜色变深，再点击上面的“资料准备”，进入“资料准备”新增或修改页面，点击“新增（修改）”按钮，进入图7－2“资料准备”页面，输入或修改“资料准备”的信息。

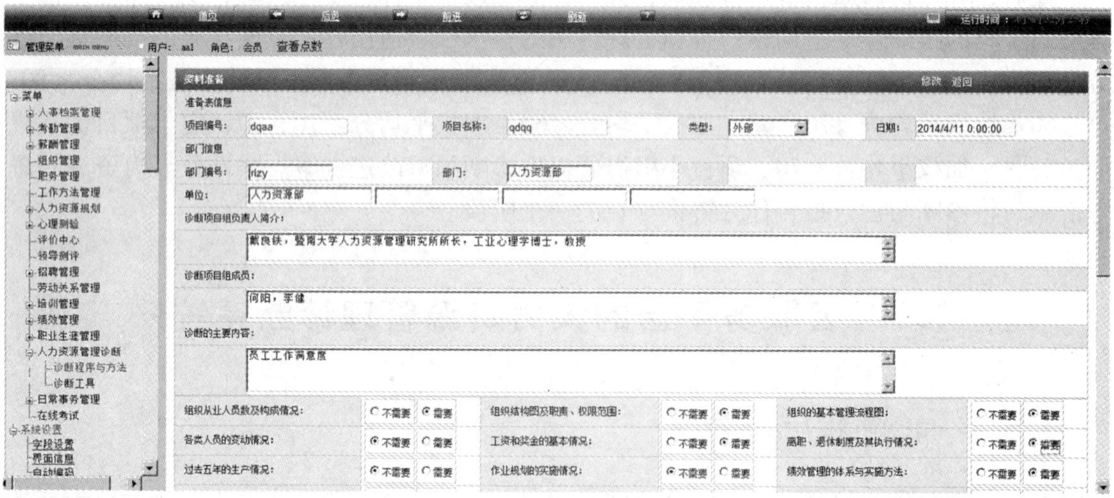

图7－2　资料准备

2. 预备诊断与项目意向

（1）打开菜单，点击“人力资源管理诊断”，进入图7－1页面。

（2）在部门列表中点击“人力资源部”，使得该行颜色变深，再点击上面的“预备诊断与项目意向”，进入“预备诊断与项目意向”新增或修改页面，点击“新增（修改）”

按钮，进入图 7－3“预备诊断与项目意向”页面，输入或修改“预备诊断与项目意向”的信息。

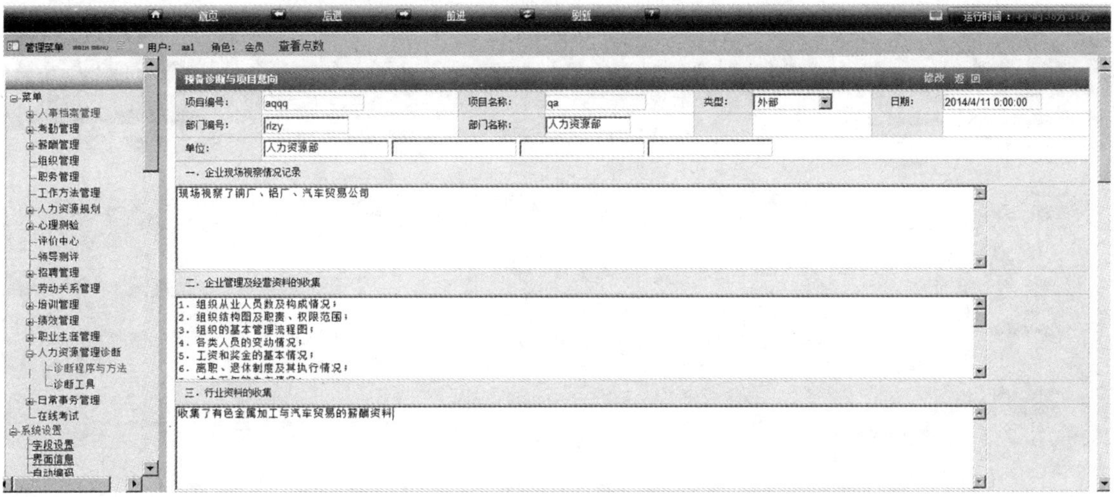

图 7－3 预备诊断与项目意向

3. 诊断成果一览表

（1）打开菜单，点击“人力资源管理诊断”，进入图 7－1 页面。

（2）在部门列表中点击“人力资源部”，使得该行颜色变深，再点击上面的“诊断成果一览表”，进入“诊断成果一览表”新增或修改页面，点击“新增（修改）”按钮，进入图 7－4“诊断成果一览表”页面，输入或修改“诊断成果一览表”的信息。

图 7－4 诊断成果一览表

4. 高层领导访谈表

（1）打开菜单，点击“人力资源管理诊断”，进入图 7－1 页面。

（2）在部门列表中点击“人力资源部”，使得该行颜色变深，再点击上面的“高层领导访谈表”，进入“高层领导访谈表”新增或修改页面，点击“新增（修改）”按钮，进入图 7－5“高层领导访谈表”页面，输入或修改“高层领导访谈表”的信息。

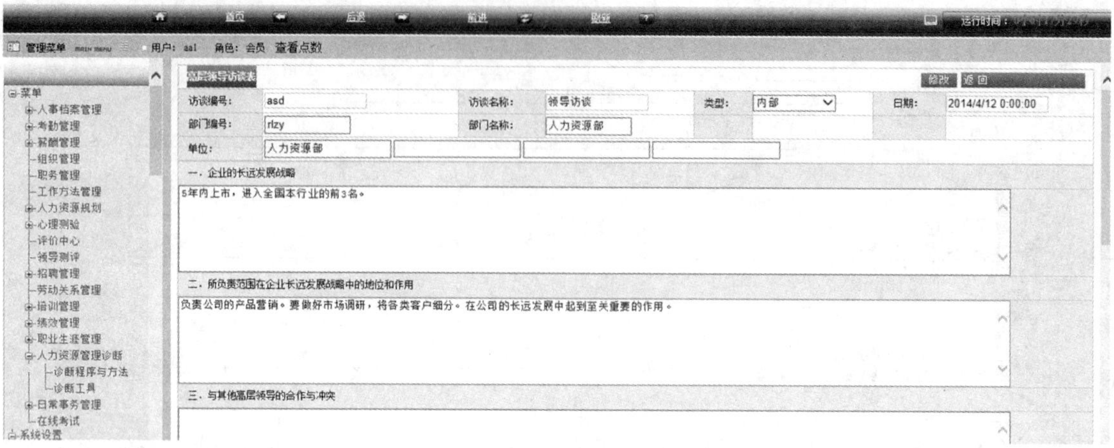

图 7－5 高层领导访谈表

5. 部门领导访谈表

（1）打开菜单，点击“人力资源管理诊断”，进入图 7－1 页面。

（2）在部门列表中点击“人力资源部”，使得该行颜色变深，再点击上面的“部门领导访谈表”，进入“部门领导访谈表”新增或修改页面，点击“新增（修改）”按钮，进入图 7－6“部门领导访谈表”页面，输入或修改“部门领导访谈表”的信息。

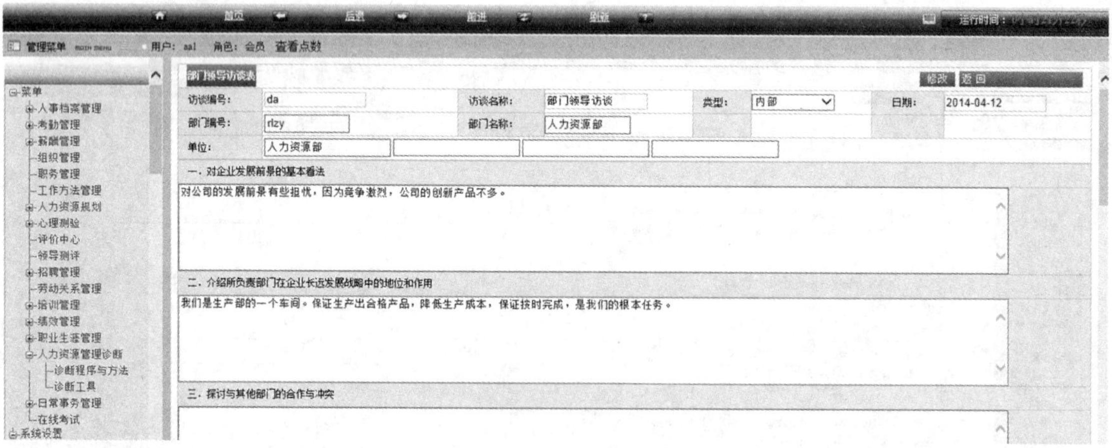

图 7－6 部门领导访谈表

6. 员工访谈表

（1）打开菜单，点击“人力资源管理诊断”，进入图 7－1 页面。

（2）在部门列表中点击“人力资源部”，使得该行颜色变深，再点击上面的“员工访谈表”，进入“员工访谈表”新增或修改页面，点击“新增（修改）”按钮，进入图7－7“员工访谈表”页面，输入或修改“员工访谈表”的信息。

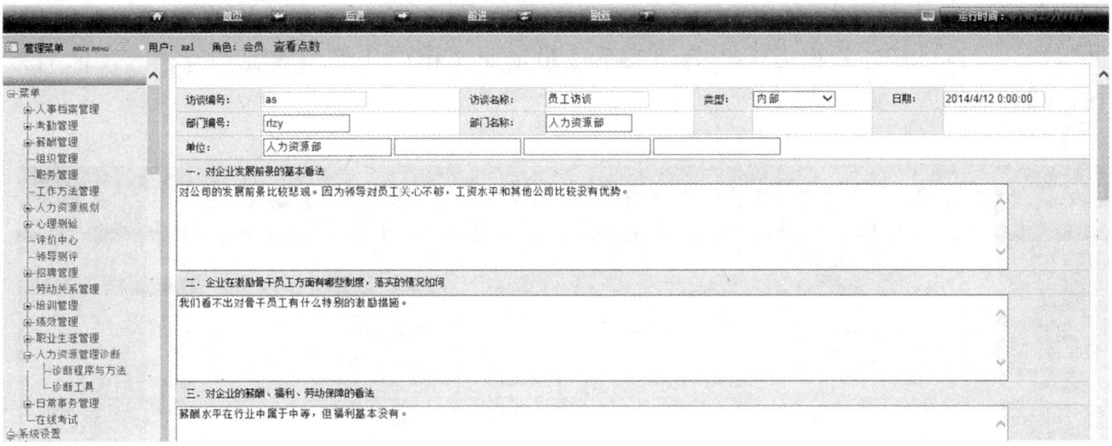

图7－7 员工访谈表

7. 最高领导访谈表

（1）打开菜单，点击“人力资源管理诊断”，进入图7－1页面。

（2）在部门列表中点击“人力资源部”，使得该行颜色变深，再点击上面的“最高领导访谈表”，进入“最高领导访谈表”新增或修改页面，点击“新增（修改）”按钮，进入图7－8“最高领导访谈表”页面，输入或修改“最高领导访谈表”的信息。

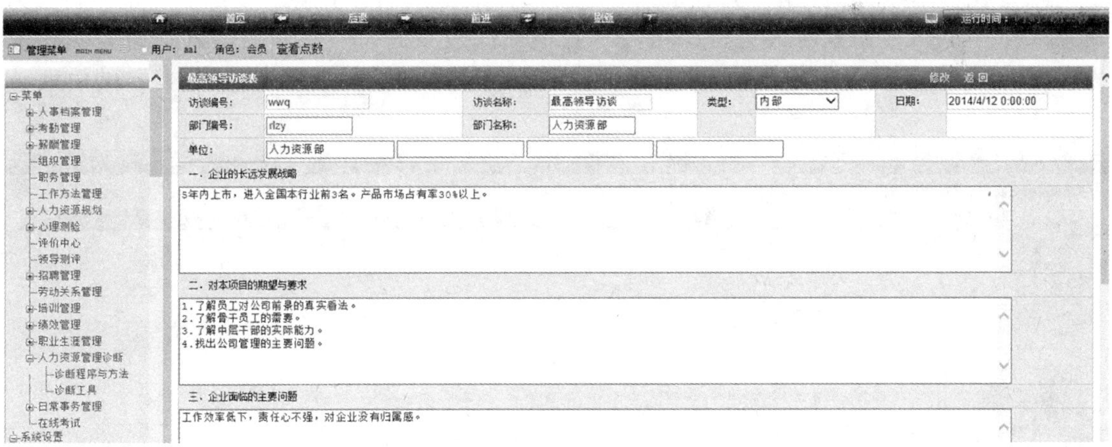

图7－8 最高领导访谈表

7.5.2 诊断工具

十三个模块：①舒斯特人力资源指数；②工作满意度（MSQ 短表）；③工作满意度（MSQ 长表）；④绩效管理效能；⑤招聘及配置；⑥4V 诊断；⑦马斯洛需求层次问卷；⑧组织、群体、任务凝聚力；⑨劳动关系；⑩企业文化；⑪组织状况调查；⑫团队有效性；⑬员工发展，如图 7－9 所示。

图 7－9　诊断工具的十三个模块

1. 舒斯特人力资源指数

（1）打开菜单，点击“诊断工具”，进入图 7－9 页面。

（2）在员工列表中点击“万五十九”，使得该行颜色变深，再点击上面的“舒斯特人力资源指数”，进入“舒斯特人力资源指数”新增或修改页面，点击“新增（修改）”按钮，进入图 7－10“舒斯特人力资源指数”页面，输入或修改“舒斯特人力资源指数”的信息。

图 7－10　舒斯特人力资源指数

2. 工作满意度（MSQ 短表）

（1）打开菜单，点击“诊断工具”，进入图 7－9 页面。

（2）在员工列表中点击“万五十九”，使得该行颜色变深，再点击上面的“工作满意度（MSQ 短表）”，进入“工作满意度（MSQ 短表）”新增或修改页面，点击“新增（修改）”按钮，进入图 7－11“工作满意度（MSQ 短表）”页面，输入或修改“工作满意度（MSQ 短表）”的信息。

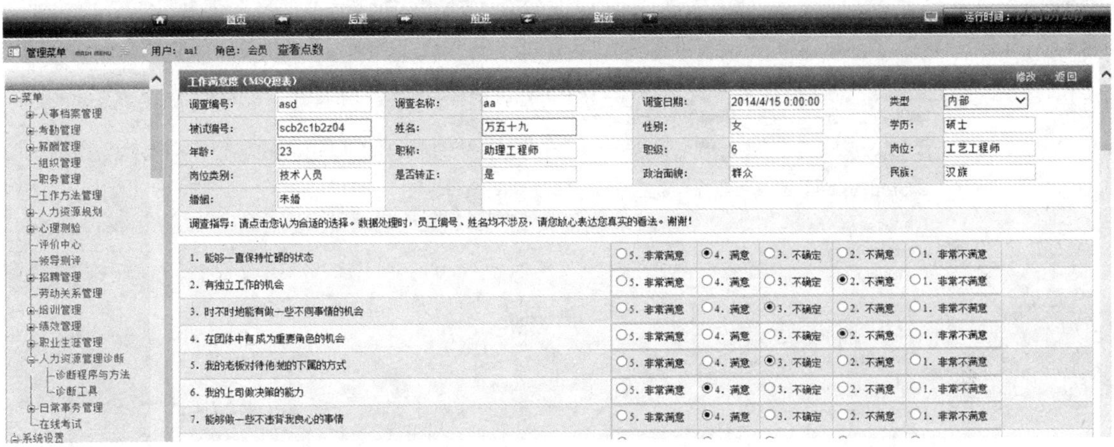

图 7－11 工作满意度（MSQ 短表）

3. 工作满意度（MSQ 长表）

（1）打开菜单，点击“诊断工具”，进入图 7－9 页面。

（2）在员工列表中点击“万五十九”，使得该行颜色变深，再点击上面的“工作满意度（MSQ 长表）”，进入“工作满意度（MSQ 长表）”新增或修改页面，点击“新增（修改）”按钮，进入图 7－12“工作满意度（MSQ 长表）”页面，输入或修改“工作满意度（MSQ 长表）”的信息。

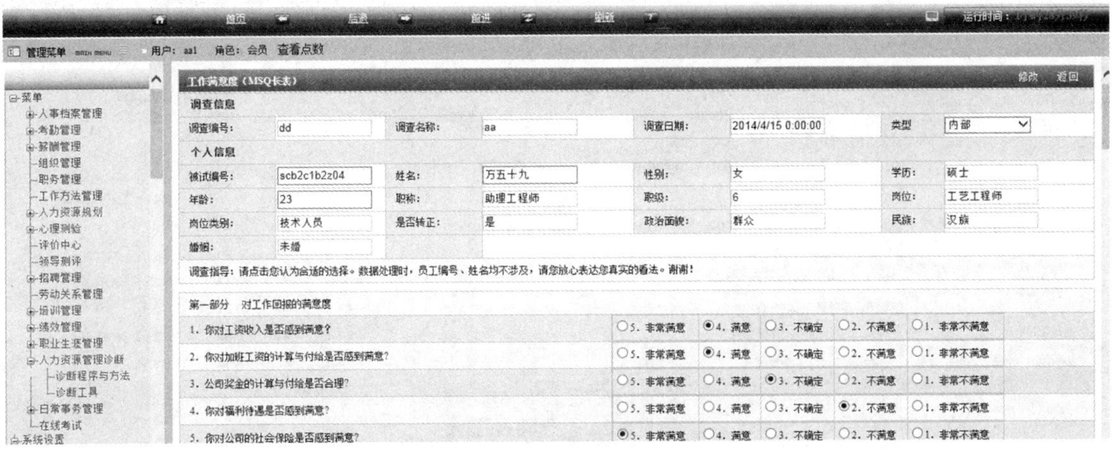

图 7－12 工作满意度（MSQ 长表）

4. 绩效管理效能

（1）打开菜单，点击“诊断工具”，进入图7－9页面。

（2）在员工列表中点击“万五十九”，使得该行颜色变深，再点击上面的“绩效管理效能”，进入“绩效管理效能”新增或修改页面，点击“新增（修改）”按钮，进入图7－13“绩效管理效能”页面，输入或修改“绩效管理效能”的信息。

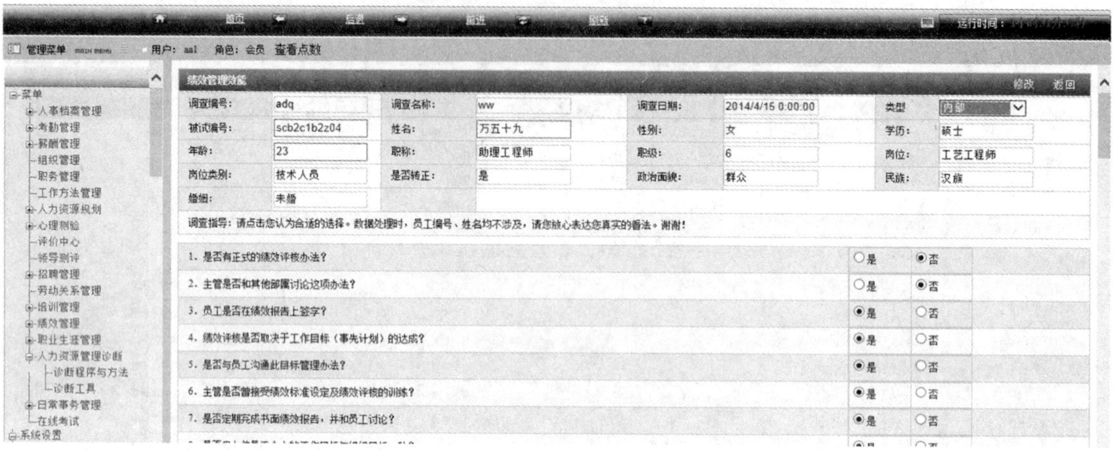

图7－13 绩效管理效能

5. 招聘及配置

（1）打开菜单，点击“诊断工具”，进入图7－9页面。

（2）在员工列表中点击“万五十九”，使得该行颜色变深，再点击上面的“招聘及配置”，进入“招聘及配置”新增或修改页面，点击“新增（修改）”按钮，进入图7－14“招聘及配置”页面，输入或修改“招聘及配置”的信息。

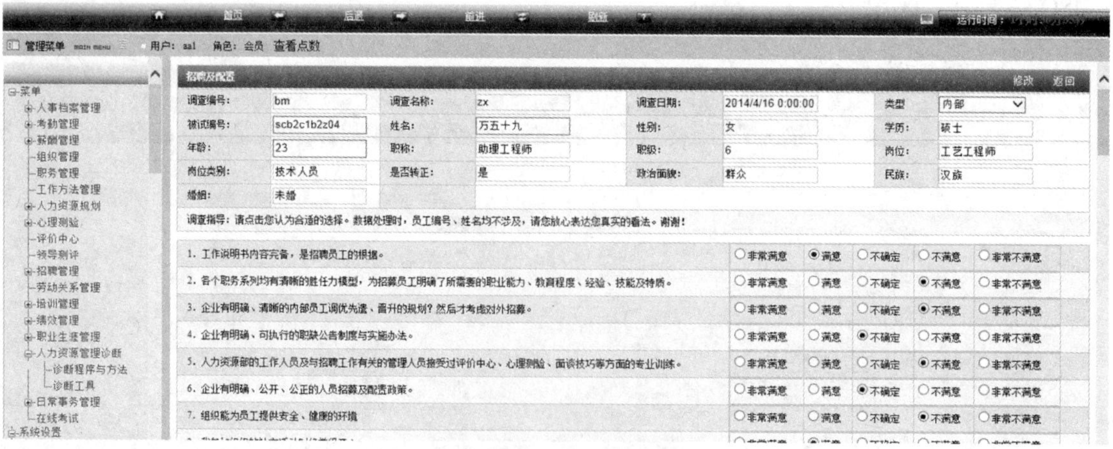

图7－14 招聘及配置

6. 4V 诊断

（1）打开菜单，点击“诊断工具”，进入图 7－9 页面。

（2）在员工列表中点击“万五十九”，使得该行颜色变深，再点击上面的“4V 诊断”，进入“4V 诊断”新增或修改页面，点击“新增（修改）”按钮，进入图 7－15“4V 诊断”页面，输入或修改“4V 诊断”的信息。

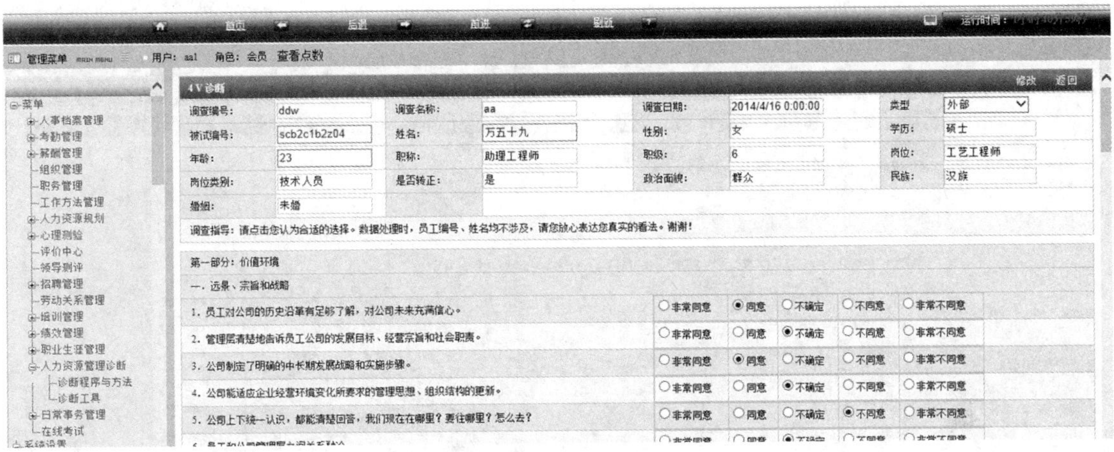

图 7－15　4V 诊断

7. 马斯洛需求层次问卷

（1）打开菜单，点击“诊断工具”，进入图 7－9 页面。

（2）在员工列表中点击“万五十九”，使得该行颜色变深，再点击上面的“马斯洛需求层次问卷”，进入“马斯洛需求层次问卷”新增或修改页面，点击“新增（修改）”按钮，进入图 7－16“马斯洛需求层次问卷”页面，输入或修改“马斯洛需求层次问卷”的信息。

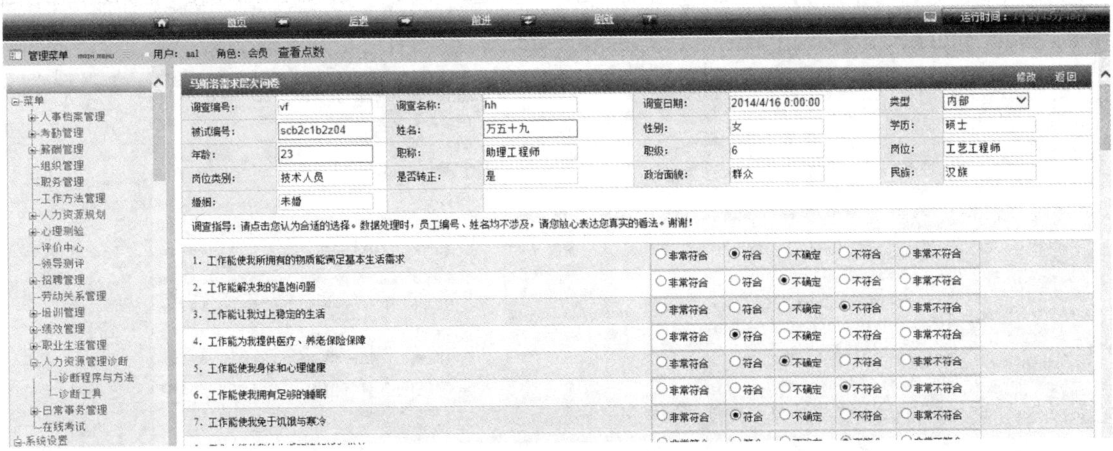

图 7－16　马斯洛需求层次问卷

8. 组织、群体、任务凝聚力

（1）打开菜单，点击“诊断工具”，进入图7－9页面。

（2）在员工列表中点击“万五十九”，使得该行颜色变深，再点击上面的“组织、群体、任务凝聚力”，进入“组织、群体、任务凝聚力”新增或修改页面，点击“新增（修改）”按钮，进入图7－17“组织、群体、任务凝聚力”页面，输入或修改“组织、群体、任务凝聚力”的信息。

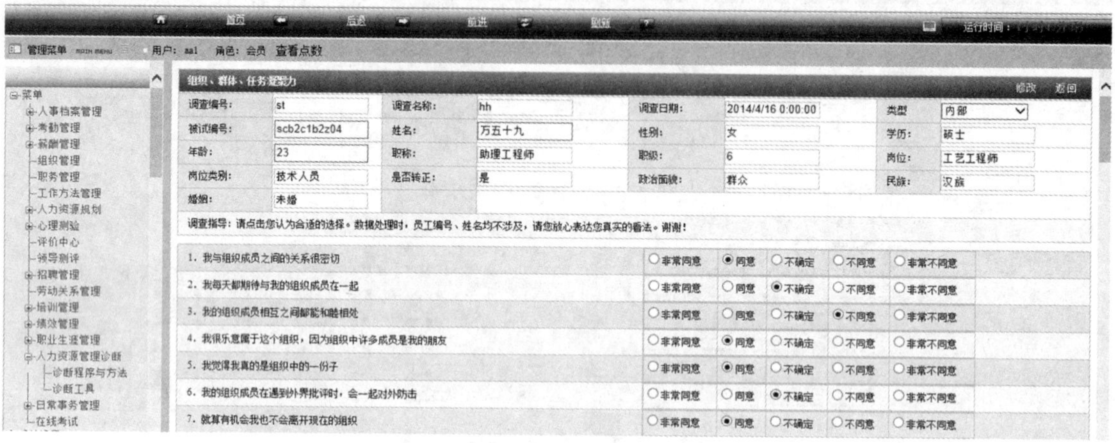

图7－17 组织、群体、任务凝聚力

9. 劳动关系

（1）打开菜单，点击“诊断工具”，进入图7－9页面。

（2）在员工列表中点击“万五十九”，使得该行颜色变深，再点击上面的“劳动关系”，进入“劳动关系”新增或修改页面，点击“新增（修改）”按钮，进入图7－18“劳动关系”页面，输入或修改“劳动关系”的信息。

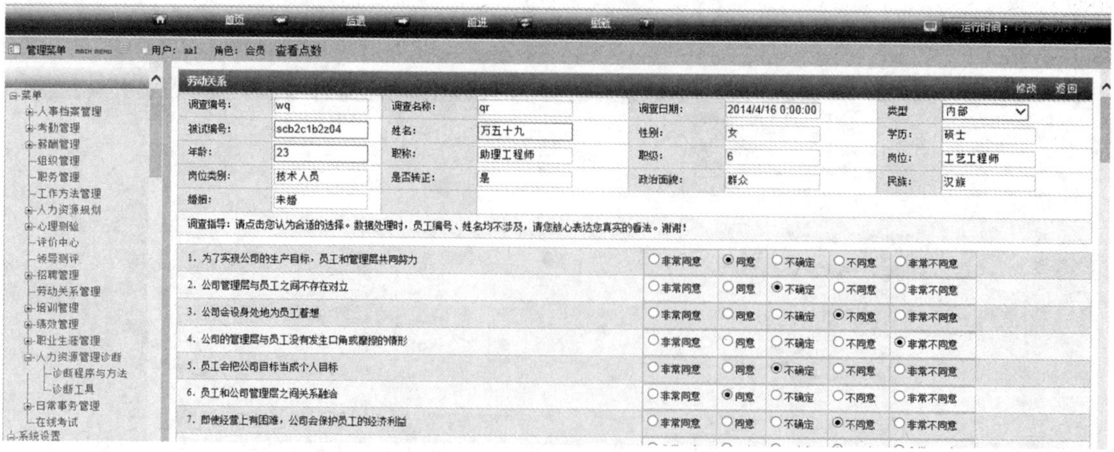

图7－18 劳动关系

10. 企业文化

（1）打开菜单，点击“诊断工具”，进入图7－9页面。

（2）在员工列表中点击“万五十九”，使得该行颜色变深，再点击上面的“企业文化”，进入“企业文化”新增或修改页面，点击“新增（修改）”按钮，进入图7－19“企业文化”页面，输入或修改“企业文化”的信息。

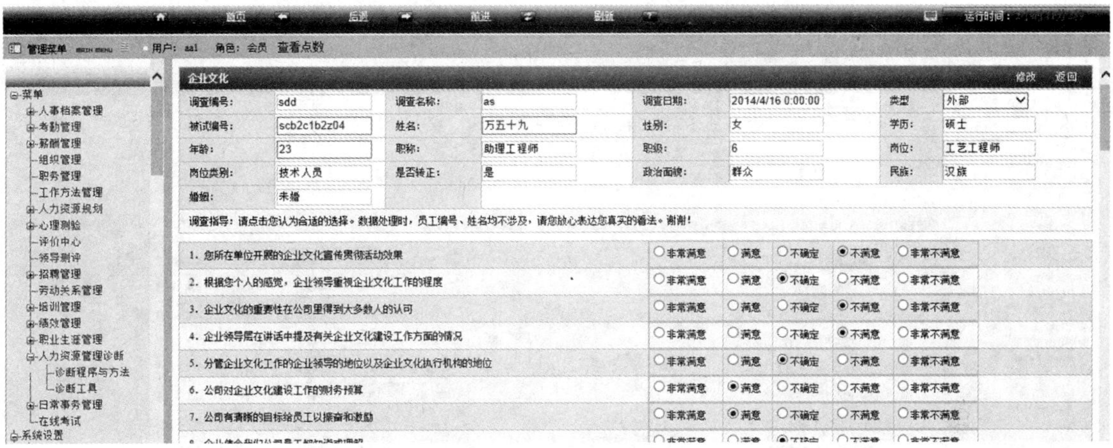

图7－19 企业文化

11. 组织状况调查

（1）打开菜单，点击“诊断工具”，进入图7－9页面。

（2）在员工列表中点击“万五十九”，使得该行颜色变深，再点击上面的“组织状况调查”，进入“组织状况调查”新增或修改页面，点击“新增（修改）”按钮，进入图7－20“组织状况调查”页面，输入或修改“组织状况调查”的信息。

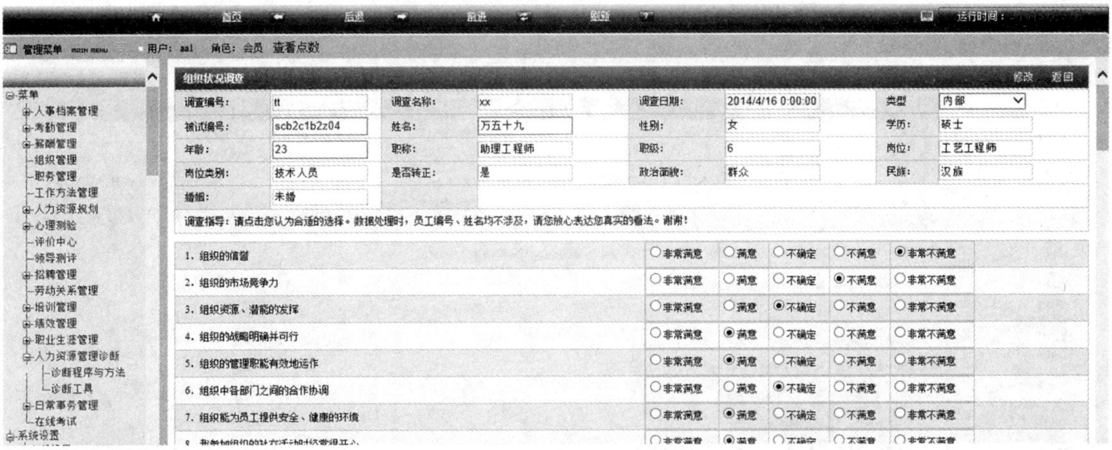

图7－20 组织状况调查

12. 团队有效性

（1）打开菜单，点击“诊断工具”，进入图 7－9 页面。

（2）在员工列表中点击“万五十九”，使得该行颜色变深，再点击上面的“团队有效性”，进入“团队有效性”新增或修改页面，点击“新增（修改）”按钮，进入图 7－21“团队有效性”页面，输入或修改“团队有效性”的信息。

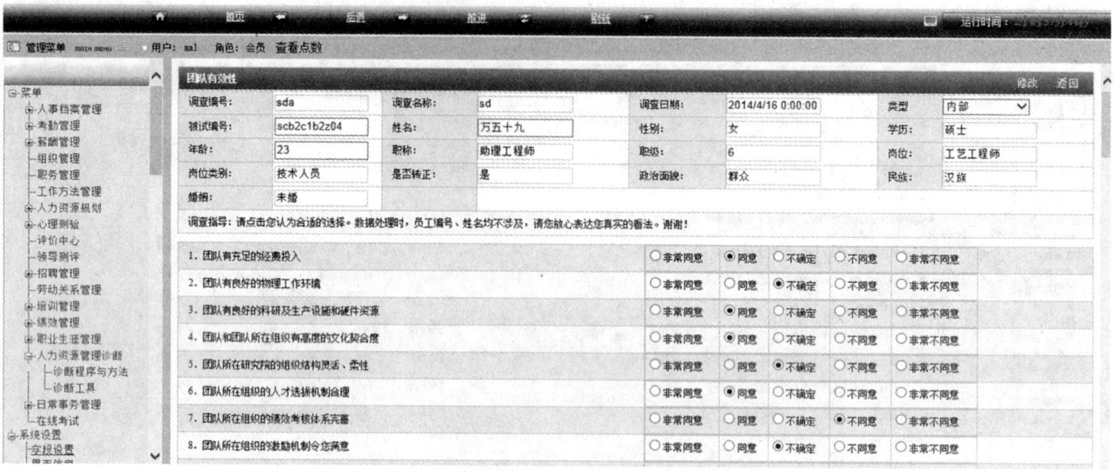

图 7－21 团队有效性

13. 员工发展

（1）打开菜单，点击“诊断工具”，进入图 7－9 页面。

（2）在员工列表中点击“万五十九”，使得该行颜色变深，再点击上面的“员工发展”，进入“员工发展”新增或修改页面，点击“新增（修改）”按钮，进入图 7－22“员工发展”页面，输入或修改“员工发展”的信息。

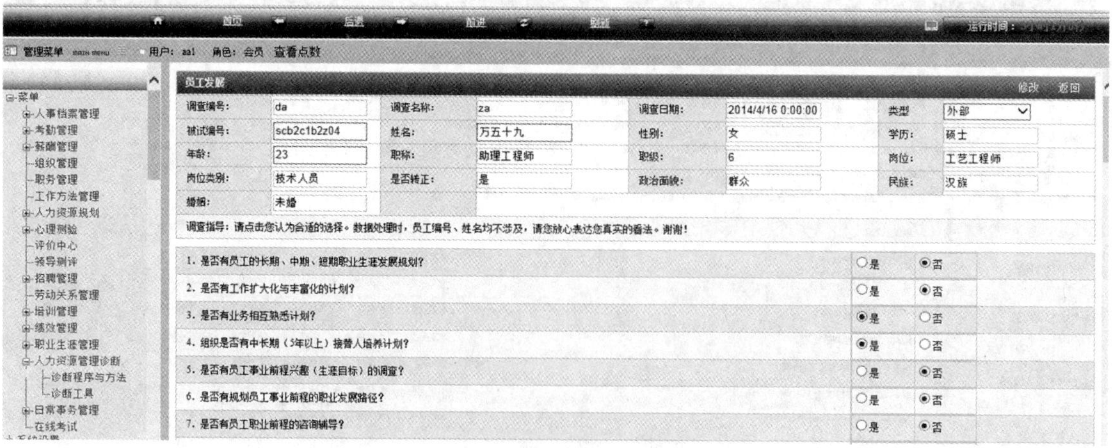

图 7－22 员工发展

思考题

1. 什么是人力资源管理诊断，对企业而言它具体包含了什么意思？

2. 人力资源管理诊断的任务和作用是什么，开展人力资源管理诊断的依据又是什么？

3. 进行人力资源管理诊断应遵循什么原则，它们的具体内容是什么？

4. 简介人力资源管理诊断的两种诊断方式，并说说它们的优缺点。

5. 人力资源管理诊断主要采用的诊断方法有哪些？请对它们进行一一说明。

6. 人力资源管理的具体实施步骤包括几个阶段，说说各个阶段的目的、主要内容和注意点。

7. 开展企业人力资源管理诊断，主要应进行哪几个方面的诊断，简单介绍每个方面的诊断要点。

8. 全面介绍如何利用访谈法协助开展人力资源管理诊断。

9. 工作现场观察是指什么？它包括了哪些类型，每种类型都有什么优缺点？

10. 请详细介绍一下工作流程、部门职责和组织结构的分析，并对三者作出比较。

参考文献

1. 郑明身. 组织设计与变革理论·实务·案例［M］. 北京：企业管理出版社，2007.

2. 李智. 组织设计与招聘培训［M］. 北京：中国人民大学出版社，2012.

3. 刘钢. 组织变革与人力资源管理实践：基于中国创业企业管理实践的实证研究［M］. 北京：清华大学出版社，2012.

4. 毛文静. 组织设计［M］. 杭州：浙江大学出版社，2012.

5. ［法］杜塔·S.，曼佐尼·J. F.. 过程再造、组织变革与绩效改进［M］. 北京：中国人民大学出版社，2001.

6. ［美］帕尔默，邓福德，埃金. 组织变革管理［M］. 金永红，奚玉芹译. 北京：中国人民大学出版社，2009.

7. 全国劳动定额定员标准化技术委员会. 全国劳动定员定额学术研讨文集［M］. 北京：中国劳动出版社，1995.

8. 赵中浚. 模特排时法［M］. 北京：电子工业出版社，1988.

9. ［美］加里·德斯勒. 人力资源管理［M］. 刘昕，吴雯芳等译. 北京：中国人民大学出版社，1999.

10. 朱勇国. 工作分析［M］. 北京：高等教育出版社，2007.

11. 杨明海等. 工作分析与岗位评价［M］. 北京：电子工业出版社，2010.

12. 陈庆. 岗位分析与岗位评价［M］. 北京：机械工业出版社，2008.

13. 李咏鑫，王明辉. 人才测评［M］. 北京：中国轻工业出版社，2010.

14. 寇家伦. 人才测评［M］. 北京：中国发展出版社，2006.

15. 金瑜. 心理测量［M］. 上海：华东师范大学出版社，2001.

16. ［美］乔治·T. 米尔科维奇，杰里·M. 纽曼. 薪酬管理［M］. 北京：中国人民大学出版社，2008.

17. ［美］巴里·格哈特，萨拉·L. 瑞纳什. 薪酬管理——理论、证据与战略意义［M］. 上海：上海财经大学出版社，2005.

18. ［美］彼得·德鲁克. 管理的实践［M］. 北京：机械工业出版社，2006.

19. 孙波，饶征. 以 KPI 为核心的绩效管理［M］. 北京：中国人民大学出版社，2003.

20. ［美］彼得·德鲁克. 管理：任务、责任、实践［M］. 北京：中国社会科学出版社，1987.

21. 刘银花. 薪酬管理［M］. 大连：东北财经出版社，2007.

22. ［美］马克·休斯理德等. 员工积分卡：为执行战略而进行人力资本管理［M］. 北京：商务印书馆，2005.

23. 许树柏. 层次分析法原理［M］. 天津：天津大学出版社，1988.

24. 郝成义. 统计分析与计算机应用 [M]. 北京：中国统计出版社，1993.

25. 暴丽艳，徐光华. 人力资源管理实务 [M]. 北京：清华大学出版社，2010.

26. 周文霞. 职业生涯管理 [M]. 上海：复旦大学出版社，2004.

27. 徐芳. 培训与开发理论及技术 [M]. 上海：复旦大学出版社，2005.

28. 王淑贞，王铜安. 现代人力资源培训与开发 [M]. 北京：清华大学出版社，2010.

29. 李静. 企业人力资源规划体系 [J]. 中国商贸，2009，9 (49).

30. 何红光. HW公司人员供需预测模型研究 [J]. 经济研究导刊，2010，10 (26)：1~2.

31. 曾丽珊. 企业人力资源需求预测方法比较分析 [J]. 现代商贸工业，2009，21 (16)：133~134.

32. 于文华，周伟忠. 基于马尔可夫链的人力资源供给预测研究 [J]. 商场现代化，2008，12 (50).

33. 罗茹晏，罗景文. 浅谈马尔可夫预测法在企业人员规划中的应用 [J]. 科技管理研究，2011，8 (10)：2~4.

34. 何杏清，郭型仁. 劳动定额研究 [M]. 北京：劳动人事出版社，1986.

35. 安鸿章，孙义敏. 劳动定额标准化导论 [M]. 北京：中国劳动出版社，1995.

36. 吴小云，余丹. 评价中心评分者培训与评分效果 [J]. 管理科学文摘，2006 (9).

37. 黄先勇. 人才测评中的PM技术 [J]. 中国人力资源开发，2002 (2).

38. 霍静. 宽带薪酬的弊端与导入对策 [J]. 人才资源开发，2005 (8).

39. 张书涛. 关联矩阵法在企业领导干部考核中的运用 [J]. 中国科技信息，2007 (24)：195~196.

40. 于璐. 浅谈基于平衡计分卡框架的员工计分卡构建 [J]. 现代商业，2008 (3)：137.

41. 郑如霞. e-HR：人力资源管理的新模式 [J]. 中国管理科学，2001，9 (10).

42. 朱蓉蓉. 电子化人力资源管理 (e-HR) 研究 [D]. 长安大学硕士学位论文，2009.

43. 李之芳. 人力资源管理系统中决策支持功能的设计与实现 [D]. 暨南大学硕士学位论文，2009.

44. 国家技术监督局标准化司. 全国通用综合性基础标准体系表 [M]. 北京：中国标准出版社，1993.

45. 陈海霞. e-HR与人力资源开发管理 [Z]. 中国人力资源开发年鉴，2004.

46. 王继承. 绩效考核操作实务 [M]. 广州：广东经济出版社，2003.

47. 滕玉成，俞宪忠. 公共部门人力资源管理 [M]. 北京：中国人民大学出版社，2003.

48. 周占文. 新编劳动定额定员学 [M]. 北京：电子工业出版社，2005.

49. 张建国，徐伟. 绩效体系设计 [M]. 北京：北京工业大学出版社，2003.

50. 范中志. 工业工程基础 [M]. 广州：华南理工大学出版社，2007.

51. 金延平. 薪酬管理 [M]. 大连：东北财经大学出版社，2013.

52. 王怀明. 绩效管理 [M]. 济南：山东人民出版社，2004.

53. 郭京生，袁家海，刘博. 绩效管理制度设计与运作 [M]. 北京：中国劳动社会保障出版社，2007.

54. 林泽炎，李春苗. 员工职业生涯设计与管理 [M]. 广州：广东经济出版社，2003.

55. 戴良铁. 管理心理学——原理、方法、专家系统 [M]. 广州：暨南大学出版社，2002.

56. 戴良铁. 人力资源管理学 [M]. 广州：暨南大学出版社，2002.

57. 戴良铁. 人力资源管理实务——方法、工具、计算机软件 [M]，广州：暨南大学出版社，2003.

58. 戴良铁. 人力资源管理教程 [M]，广州：暨南大学出版社，2005.

59. McClelland D. C., Boyatzis R. E.. Opportunities for counselors from the competency assessment movement [J]. *The Personnel and Guidance Journal*, 1980, 58 (5): 368 - 372.

60. Goleman D., Boyatzis R., McKee A.. Primal leadership: The hidden driver of great performance [J]. *Harvard Business Review*, 2001, 79 (11): 42 - 53.

61. McLagan P. A.. Portfolio thinking [J]. *Training & Development*, 2000, 54 (2): 44 - 46.

62. Robertson I. T., Kinder A.. Personality and job competences: The criterion-related validity of some personality variables [J]. *Journal of Occupational and Organizational Psychology*, 1993, 66 (3): 225 - 244.

63. Hansen J. I. C., Sarma Z. M., Collins R. C.. An evaluation of Holland's model of vocational interests for Chicana (o) and Latina (o) college students [J]. *Measurement and Evaluation in Counseling and Development*, 1999, 32 (1): 2 - 13.

64. Azen S. P., Snibbe H. M., Montgomery H. R.. A longitudinal predictive study of success and performance of law enforcement officers [J]. *Journal of Applied Psychology*, 1973, 57 (2): 190 - 192.

65. Gomez-Mejia L. R., Welbourne T. M.. Compensation strategy: An overview and future steps [J]. *Human Resource Planning*, 1988, 11 (3): 173 - 189.

66. Gephart M. A.. Learning organizations come alive [J]. *Training and Development*, 1996, 50 (12): 34 - 45.

67. Stevens G., Stevens E.. The truth about EPSS [J]. *Training & Development*, 1996, 50 (6): 59 - 61.

68. Senge, P.. (1991) The learning organization made plain [J]. *Training and Development Journal*, 1991 (45): 37 - 44.

69. Butler S. K., Harvey R. J.. A comparison of holistic versus decomposed rating of position analysis questionnaire work dimensions [J]. *Personnel Psychology*, 1988, 41 (4): 761 - 771.

70. Levine E. L., Ash R. A., Hall H., et al.. Evaluation of job analysis methods by experienced job analysts [J]. *Academy of Management Journal*, 1983, 26 (2): 339 - 348.

71. Cascio W. F.. Managing a virtual workplace [J]. *The Academy of Management Executive*, 2000, 14 (3): 81-90.

72. Stemberg R. J.. Managerial intelligence: Why IQ isn't enough [J]. *Journal of Management*, 1997, 23 (3): 475-493.

73. McLagan P. A.. Competencies: The next generation [J]. *Training and Development*, 1997, 51 (5): 40-47.

74. Mannan H. R., Knuiman M., Hobbs M.. A Markov simulation model for analyzing and forecasting the number of coronary artery revascularization procedures in Western Australia [J]. *Annals of Epidemiology*, 2007, 17 (12): 964-975.

75. McLagan P.. Great ideas revisited. Competency models. Creating the future of HRD [J]. *Training and Development*, 1996, 50 (1): 60-65.

76. McLagan P.. Claim your change power now [J]. *Training and Development*, 2001, 55 (10): 58-61.

77. Boyatzis R. E., Kolb D. A.. Assessing individuality in learning: The learning skills profile [J]. *Educational Psychology*, 1991, 11 (3-4): 279-295.

78. Liangtie Dai. Concurrent Subsystem-Component Development Model (CSCDM) for developing adaptive E-Commerce systems. Lecture Notes in Computer Science (LNCS).

79. Liangtie Dai. Development and application of the expert system building tools for organizational behavior, 2012 3rd International and Conference on E-Business and E-Government (ICEE), Compilation and indexing terms, 2013, 6.

80. Liangtie Dai, Qiongyu Zhou. Research on the knowledge-based comprehensive decision support system for human resource management in SaaS mode. The 2014 international Computer Science and Service System (CSSS 2014).